직업정보론

직업상담대학총서 ③

직업정보론

김병숙 지음

Σ 시그마프레스

직업정보론

발행일 | 2007년 7월 4일 1쇄 발행

저자 | 김병숙
발행인 | 강학경
발행처 | (주) 시그마프레스
편집 | 장진희
교정 · 교열 | 민은영

등록번호 | 제10-2642호
주소 | 서울특별시 마포구 성산동 210-13 한성빌딩 5층
전자우편 | sigma@spress.co.kr
홈페이지 | http://www.sigmapress.co.kr
전화 | (02)323-4845~7(영업부) (02)323-0658~9(편집부)
팩스 | (02)323-4197

인쇄 | 성신프린팅 제본 | 동신제책

ISBN | 978-89-5832-365-5 가격 | 35,000원

머 리 말

직업학을 공부하고 직업상담을 구현하는 우리들은 21세기에 있어서 참으로 행복한 영역에서 활동하고 있다고 감탄하게 된다. 정보혁명과 더불어 지식기반경제로 전환하고 있는 현대에 있어 가장 중요한 능력은 가치 있는 정보를 알아내는 능력, 정보를 활용하여 의사결정을 하는 능력, 정보를 융합하여 새로운 정보를 가공해 내는 능력 등이다. 우리는 이 분야를 연구하고 논하며 타인들을 돕는 일들을 수행하면서 자연히 이와 같은 능력을 갖출 수 있어 다른 학문에서 갖지 못한 기쁨을 맛보게 된다.

직업정보는 직업상담이 일반상담과 다른 점을 확연히 나타내는 주요 영역이며, 직업상담의 성패를 가름하기도 한다. 직업상담의 발달과 함께 직업정보도 점점 체계화되고 있다. 이는 국가의 능력과도 비례되는 좋은 척도이기도 하지만, 특히 우리나라는 외환위기 이후 직업정보의 가치가 크게 향상되었다. 그 예로서 종단적 연구의 패널조사가 여러 연구기관에서 진행되고 있으며, 직업정보망이 두드러지게 발달하여 청소년, 여성, 노인, 아르바이트, 자격, 직업훈련 등 다양한 형태가 운영되고 있다.

이제까지 직업정보는 연구기관의 직업연구가들에 의해 생산된 것이 주류를 이룬다. 직업연구가들이 생산된 직업정보는 연구목적에 의한 것이어서 다양한 목적으로 활용하는 데에는 적합성이 떨어진다. 또한 직업정보는 쉽게 변질되는 속성을 갖고 있기 때문에 직업관련 의사결정을 하는데 어려움이 있어 결국 전문적인 도움을 필요하게 되는데, 정작 이 분야의 전문가들은 매우 적은 편이다. 마침 2010년에 직업정보의 실현의 장인 '직업체험관'의 개관을 앞둔 상태에서 직무분석가, 직업정보분석가, 직업컨텐츠개발전문가 등의 직업이 발달되지 못하였음에 더욱 안타까운 마음을 금할 수 없다. 직업정보분석가들의 활동영역을 개척하는 일, 직업정보분석가가 수집 · 분석한 정보를 가지고 내담자에게 알맞은 직업정보로 가공하는 일에 전념할 수 있도록 전문화시키는 일, 직업정보체계가 원활히 운영되도록 하는 일 등을 절감하여 우리나라 최초로 『직업정보론』 책을 펴내게 되는 소감을 밝힌바 있는데, 8년이 지난 지금도 그때와 상황이 나아진 것이 없다.

직업상담 대학총서의 3권인 『직업정보론』이 우리나라 최초로 1999년에 출간되었을 때 『직업정보론』은 『직업심리학』, 『직업상담심리학』, 『노동시장론』과 함께 우리나라 국가자격 '직업상담사'의 양성에 그 역할을 담당하였다. 이제 8년이 지난 2007년의 『직업정보론』은 1999년판 못지않은 새로운 역할을 구현할 것을 기대한다. 모쪼록 이 책이 이 분야의 전문가들을 양성하는 데 좋은 길잡이가 되었으면 하는 염원으로 집필하였다. 이러한 전문가들의 활동으로 인하여 직업정보를 원하는 이들에게 적합한 가독성이 있는 직업정보의 생산이 이어지게 하는 단초가 된다면 더 이상의 바람이 없을 것이다.

이 책을 펴냄에 있어 1999년판과 비교할 때 직업세계의 대단한 변화를 실감하게 되었다. 또한 이 책은 1999년판에서 직무분석기법의 김판욱 충남대학교 교수님, 노동시장기법의 강순희 박사님, 정보시스템의 이해 김중한 경기대학교 교수님 등의 여러 선생님께서 집필되었던 내용을 발췌 · 첨삭 · 요약 등의 과정을 거쳤다. 또한 노동부, 한국노동연구원, 한국직업능력개발원 등에서 발표된 논문의 일부를 발췌하였다. 참고하고 발췌된 내용은 이 책의 해당 페이지에 제시하였으며 지면을 빌어 이 모든 분들께 감사의 말씀을 드린다.

이 책을 이용하는 학생들에게 몇 가지 안내사항이 있다. 직업상담 대학총서인 『직업심리학』, 『직업상담심리학』, 『노동시장론』과 함께 이 책을 이용하여야 직업상담의 학문영역을 완성할 수 있음을 밝혀둔다. 또한 이 책은 변질된 직업정보의 속성으로 인하여 이미 최신 직업정보에서 벗어나고 있음을 고백하지 않을 수 없다.

끝으로 이 책이 나올 수 있도록 도와주신 (주)시그마프레스의 강학경 사장님과 편집과 교정에 애쓰신 편집부 여러 선생님께 감사하는 마음을 전한다. 또한 이 책이 완성되기까지 애쓴 김소영, 박선주, 김보인 조교, 그리고 김수정 선생 등의 노고에 감사한 마음을 전한다.

2007년 6월
서초동 연구실에서
김병숙

차 례

제 1 장 직업정보의 이해

제 2 장 직업정보 관리

제 3 장 직무분석과 직업정보

제 6 장 직업훈련과 자격제도

제 7 장 근로조건과 작업환경

01

직업정보의 이해

우리는 매시간 수많은 정보들을 대하게 된다. 이 정보들 중에는 자신이 처해 있는 상황에서 매우 의미 있는 정보가 있는가 하면, 그렇지 않은 정보도 있고, 또 어떤 경우에는 매우 혼돈스러운 정보를 접하게 되어 그 정보를 믿고 어떤 결정을 내리는 데 많은 고민을 하게 될 때도 있다. 직업과 관련된 정보는 개인이 진로를 결정하거나, 직업을 선택하거나, 직업을 전환하는 등의 의사결정 과정에서 필요한 정보들이다. 그러므로 이 장에서는 먼저 정보의 가치를 논하고 직업정보의 의의, 역할, 종류 등에 대해서 살펴보고자 한다.

|제1절| 직업정보의 의의 및 역할

정보 중 직업정보는 진로결정, 직업선택, 직업전환 등의 의사를 결정하는 과정에 작용하게 된다. 의사결정을 하는 과정에서 정확하거나 최신의 정보로서 가치를 발휘하게 될 때 효용성을 갖는다. 그러므로 정보에 대한 개념과 정보가 갖는 가치를 살펴보는 한편, 정보와 지식과의 차이를 확인하고 직업정보의 의의에 대하여 논하고자 한다.

1. 정보의 정의 및 가치

(1) 정보의 정의

1) 정보의 개념

정보는 변화하고 있으며 속도가 더욱 빠르게 진행되고 있다. 개인이 하나의 정보를 선택하게 되면 변화에 의해서 불확실성이 커지게 되고 정보의 가치가 적어질 수 있다는 이유 때문에 선택된 정보보다 선택되지 않은 정보가 더 가치 있는 것이 아닐까 하는 불안감을 갖게 된다.

컴퓨터가 등장한 이래 정보에 대한 관심은 더욱 증가되어 왔는데, 정보개념이 도입된 것은 1950년대부터이다. 정보개념의 주요 특징은 첫째, 정보를 내용적 · 질적 측면이 아닌 형식적 · 양적 측면에서 정의하여 모든 사상(事象)에 보편적으로 적용할 수 있는 정보개념을 만들어 냄으로써 정보 및 통신공학의 발달에 이론적 기틀을 제공하였다는 점이다. 둘째, 의미론적 정보를 '사상(事象)의 불확실성을 감소시켜 주는 요인'으로 정의함으로써 정보의 팽창에 대한 낙관론적 견해와 긍정적 의미부여의 원천을 이루었다는 점을 들 수 있다(최성모 편, 1998).

직업정보에서 정보의 개념은 후자의 의미론적 정보개념에서 접근한다. 정보(information)는 의미 있는 것이고, 수명(age)과 질(quality)의 속성을 갖는 것으로, 의사결정을 변화시킨다는 점에서 가치가 있다. 또한 정보는 설명(representation)에 추가되는 것이고, 그 이전의 정보를 수정하거나 확인시켜 주며, 혹은 정보수령자가 알지 못하고 또는 예측하지 못하는 어떤 것을 알려 준다는 의미에서 '놀라운 가치(surprise value)'를 갖는다. 그리고 정보는 의사결정 상황에 있어서 기대되는 결과에 부여되어 있는 확률을 변화시킨다는 점에서 의사결정 과정상의 의미를 갖는다(채명일, 1990).

다비스와 올슨(G. B. Davis & M. H. Olson, 1985)에 의하면, 정보는 의사결정자에게 의미를 주는 형태로 처리되고 현재와 미래의 활동이나 결정에 있어서, 실제나 인식 면에서 가치를 주는 자료라고 하였다. 안문석(1995)은 정보란 일정한 의도를 가지고 정리해 놓은 자료의 집합이며, 정보가 되기 위하여는 이용자, 즉 어떤 목적을 갖는 사람이 있어야 하고, 자료가 처리(process)되어야 한다고 하였다. 즉, 정보는 이용자를 위하여 자료를 일정한 규칙에 따라서 재배열, 요약, 삭제하는 행위 등을 거쳐야 한다.

이런 의미에서 모든 자료가 정보일 수는 없으며, 그 자료가 가치를 가질 때만 정보라고 할 수 있다.

표 1-1 정보와 지식(협의)의 차이

정보	지식
• 단편적 사고 • 수동적(외부에서 수용) • 지식창조의 매개자료 • 가치판단 및 정보체계	• 종합적 사고 • 능동적(주체적으로 사고 · 가공 · 판단) • 사고의 경험을 통해 정보를 체계화 • 의사결정 및 행동을 통한 가치판단

자료 : 삼성경제연구원(1999). 지식경영과 한국의 미래

2) 정보와 지식의 차이

정보는 흔히 지식과 혼동하여 사용되고 있다. 그러면 정보란 지식(knowledge)과 같은 것일까? 지식은 자료로부터 정보를 만들어 내는 데 사용된 일련의 규칙으로, 흩어져 있는 무수히 많은 자료로부터(의사결정자) 목적 추구라는 관점에서 가장 의미 있는 자료만을 선택하고, 그것을 다시 의미 있는 형태로 배열한다. 대부분의 경우, 정보를 넓게 해석하여 지식까지 포함하는 것으로 보나, 정보는 자료의 집합, 지식은 자료로부터 정보 등을 만들어 내는 데 이용되는 일련의 규칙을 의미하는 것으로 구분하는 것이 바람직하다(안문석, 1995).

[표 1-1]에서 정보와 지식의 차이를 보면 정보는 조직화된 사실로서 자료에서 찾아낸 형태이고, 지식은 정보에 의미를 부여한 것으로서 정보에 관련성과 목적성이 부가되면 지식으로 전환된다(삼성경제연구원, 1999).

(2) 정보의 가치

모든 정보가 가치가 있는 것은 아니다. 정보는 수명과 질뿐만 아니라 정보이용자인 개인이 추구하고자 하는 목적과 부합되어야 가치를 갖게 된다.

1) 정보의 가치평가

앤드루스(R. R. Andrus, 1971)는 정보의 정확성 외에 정보사용을 촉진시키거나 지연시키는 효용의 관점에서 정보를 평가해야 한다고 제안하였다.

① 형태효용(form utility) : 정보의 형태가 의사결정자의 요구사항에 보다 더 근접하게 맞추어짐에 따라 정보의 가치는 증가한다.

② 시간효용(time utility) : 필요할 때 필요한 정보를 사용할 수 있다면 정보는 의사결정자에게 보다 더 큰 가치를 준다.

③ 장소효용(place utility) : 정보에 쉽게 접근할 수 있거나 이를 쉽게 전달할 수 있다면 정보는 보다 큰 가치를 갖게 된다. 온라인시스템은 시간과 장소의 효용 모두를 극대화한 것이다.

④ 소유효용(possession utility) : 정보소유자는 타인에게로의 정보전달을 통제함으로써 그것의 가치에 크게 영향을 준다(채명일, 1990).

2) 정보의 수명

특정시점에서 정보의 수명은 그 정보가 만들어진 시점에서부터 그 다음 정보가 만들어지기까지로 볼 수 있다(안문석, 1995). 앤드루스는 정보가 가치를 가질 조건으로 다음과 같은 것을 제시하였다.

① 형식조건(form utility) : 정보의 형식이 이용자가 원하는 형식에 가까울수록 가치를 갖는다.

② 시간조건(time utility) : 정보의 이용자가 원하는 시간에 존재하면 가치를 갖는다.

③ 공간조건(space utility) 또는 물리적 접근조건(place utility) : 정보는 쉽게 접근할 수 있고, 쉽게 전달될수록 가치를 갖는다.

④ 소유조건(possession utility) : 정보의 소유자는 그 정보를 다른 사람에게 전파하는 것을 통제하여 정보가치에 영향을 미칠 수 있다.

2. 직업정보의 의의

(1) 직업정보의 중요성 연구

직업정보(vocational information)가 직업선택에 중요한 역할을 한다는 것은 많은 학자들이 동의하고 있다. 지금까지 직업정보의 중요성을 연구한 사례는 상당수 있는데, 예컨대 존슨(Johnson, 1981)은 중학생을 대상으로 직업정보를 활용한 직업탐색 집단을 운영한 결과, 대상자들의 직업선택에 대한 태도와 능력 양면에서 지속적인 효과가 있음을 발견하였다. 이 같은 효과는 비행청소년을 대상으로 한 연구(Pavlak & Kammer, 1985)에서도 동일하게 나타났다. 고트프레드슨(Gottfredson, 1996)은 직업정보를 청소년에게 제공하지 않으면 많은 종류의 진로를 선택범위에서 제외하는 경우가 많다고 하였다.

(2) 직업정보의 유용성

직업정보는 직위, 직무, 직업 등에 관한 모든 종류의 정보를 말하며, 이 정보는 직업을 선택하고자 하는 사람에게 최대한으로 유용하게 사용되어져야 한다(Hoppock, 1976). 여기서 직업정보 활용 대상자는 직업을 선택하고자 하는 개개인 모두를 뜻한다.

① 노리스(Norris, 1979)는 직업정보란 채용자격, 작업조건, 보상, 승진 등을 포함한 직위, 직무, 직업 등에 관한 유용하고 타당한 자료이며, 이는 인력수급, 미래정보의 자원 등에 중요하다고 하였다.

② 크라이티스(Crites, 1974)는 직업발달이 직업인식, 직업탐색, 직업선택, 입직과정 등을 거치며, 이러한 각각의 단계에서 직업지식이 중요한 역할을 한다고 보았다.

③ 슬로컴(Slocum, 1974)은 직업선택의 필수조건에 관한 정보가 직업준비를 할 때 사용될 수 있도록 미리 갖추어져 있어야 한다고 하였다.

(3) 직업정보의 의의

직업정보는 직업을 결정하고자 하는 의사결정 단계에서 가치를 갖는다. 직업정보는 노동력에 관한 것, 직업구조, 직업군, 취업경향, 노동에 관한 제반규정, 직업의 분류와 직종, 직업에 필요한 자격요건, 준비과정, 취업정보, 취업처 등에 대한 자세한 내용을 포함하여 이용자가 이해하고 적응하도록 도움을 주는 데 그 목적이 있으며, 근본적으로 특별한 문제를 해결하는 데 도움을 주어서 직업에 대해 좀 더 책임감을 받아들일 수 있도록 하는 데 그 의의가 있다.

대부분의 사람들은 직업결정에 대한 압력을 받아 진실로 무엇을 원하는지조차 모르고 결정을 하게 되는데, 남을 기쁘게 하거나 어떤 압력에서 벗어나기 위해 너무 서둘러서 결정을 한다면 삶의 목표를 수정해야 하는 경우도 생기게 된다. 따라서 직업을 결정하는 단계에서는 직업탐색, 지식의 습득, 최종적 행동 등으로 나타날 때까지 각 단계마다 적절한 직업정보가 필요하다.

바람직한 직업정보는 직업의식을 높이고 장래의 진로를 선택하고 결정하는 능력을 증가시키며, 또한 생활에 대한 적응과 자기실현을 도모하는 것이 가능하도록 능력을 배양하는 데 큰 도움을 줄 수 있다.

브라운(D. Brown, 2007)에 의하면, 생애공간의 전체에 내담자 집단에게 직업정보를 다음과 같이 사용하는 데 의의를 두었다.

1) 아 동

① 직업구조의 다양성 인식의 발달
② 부모의 직업과 세상의 작업자들에 대한 인식의 발달
③ 종족, 성역할, 장애인 등에 대한 고정관념에서 탈피
④ 교육과 일 사이의 연결에 대한 인정
⑤ 생애형태에서 직업과의 경제적 인식 발달

2) 청소년

① 일과 관련시켜 개인의 정체성에 초점을 맞추는 것
② 고등학교, 교육 및 훈련 프로그램 등을 추구하기 위한 동기를 주는 것
③ 연관된 작업자가 실제 검증하여 보여 주는 것
④ 생애설계의 기반을 제공하는 것
⑤ 고정관념을 제거시켜 주는 것
⑥ 공적 · 사적 부분에서 진로기회를 비교하는 것

3) 성 인

① 현재 직업적 수행을 향상시키기 위한 훈련기회에 대한 정보를 제공하는 것
② 다르거나 유사한 직업과 관련하여 수입을 평가하는 정보를 제공받는 것
③ 국가나 세계를 통한 직업탐색을 할 수 있도록 기술을 발달시키는 것
④ 다른 직업에 제안하거나 면접할 수 있는 고용가능성의 기법들을 발달시켜 주는 것
⑤ 장애인, 노인, 여성, 소수민족 작업자의 권리에 대한 정보와 권리가 약화되었을 때에 불만을 제기하는 것과 같은 권리에 관한 정보를 제공하는 것

4) 은퇴자

① 시간제 근로와 정시제 근로의 기회를 확인하는 것
② 그들이 갖고 있는 기술을 작업자나 자원봉사자로서 사용할 수 있는 것
③ 생애형태계획을 유지하는 것

3. 직업정보의 역할

(1) 의사결정을 위한 직업정보의 역할

1) 직업정보와 왜곡된 의사결정의 위험

우리는 매스컴 등의 매체에서 직업과 관련된 많은 정보를 접하게 되는데, 직업을 파악하는 데 있어 사실보다 편견이나 오류에 기저할 때가 많다. 가령 유망한 직업을 소개하면, 그 직업에서 요구하는 자질이나 그 직업의 장래성보다는 인기에 편승하여 직업을 선택하는 경우가 흔하다. 즉, 하나의 직업에 종사하기 위하여 그 직업과 관련된 최소한의 지식 · 기술 · 기능을 습득하기 위해서는 절대적인 기간이 필요한데도 불구하고 유행처럼 받아들여 유망한 직업에만 도전하게 된다. 또한 학교에서는 직업준비를 하는 데에 많은 시간을 소비하고 있으면서도, 막상 학생들에게 어떤 조건을 갖추고, 어떤 자세로, 어떻게, 어디서 직업을 구할 것인가를 가르치는 데에는 거의 시간을 투자하지 않는다.

그러므로 노동시장에 들어가려는 많은 입직자들은 직업정보를 원하게 되는데, 실제로 어떤 직업정보가 있는지, 어떤 직업정보를 사용하여야 하는지 등에 근거하여 선택하기보다, 쉽게 접할 수 있는 인간관계에서 단편적으로 입수된 직업정보에 의존하여 왜곡된 의사결정을 하는 경우가 많다.

2) 직업상담에서의 직업정보

많은 이론가들은 직업을 선택하지 않았거나 불확실하게 선택하였거나 현명하지 못한 선택이었거나 흥미와 태도가 불일치할 때에 직업상담이 실시되어야 한다고 보았다. 직업상담 혹은 진로상담에서 상담자의 개입(intervention)은 주로 직업정보를 제공하는 데 중점을 두어 왔는데, 최근 많은 연구들은 직업정보의 제공이 인지처리 양식에 주는 효과를 검증하는 데 비중을 두었다(Winner, 1984).

직업상담은 직업탐색 단계에서 실시됨으로써 내담자가 합리적인 의사결정을 하도록 지원할 수 있다. 즉, 직업상담은 자기개념의 구체화를 통해 현실적 자기이미지를 형성하여 직업을 갖기 위한 계획을 수립하는 단계에서, 자신의 능력이나 성격 · 적성 등을 정확히 객관적으로 판단할 수 있도록 돕는 활동을 한다. 또한 자기이해를 돕는 활동이 전개된 후에는 직업세계 이해단계를 거쳐야 하는데, 이때는 직업정보를 제공하여 개인이 수집한 정보가 왜곡되거나 단편적일 경우 이를 수정토록 도와주는 활동을 해야 한다.

직업상담에서는 직업선택을 합리적으로 하기 위하여 의사결정능력 배양을 위한 프로그램이 제공된다. 직업상담 과정에서 직업정보는 개인이 정보의 필요성을 인식하였을 때에 제공되는데, 이미 습득된 정보에 대해 지식을 증가시키거나 직업정보에 관한 질문을 통해서 부정확한 정보를 수집하였을 때에는 이를 수정해 주어야 한다. 또한 여러 가지 정보를 주되 나쁜 영향을 끼칠 우려가 있는 정보는 제공하지 말아야 하며, 정보를 구하는 최선의 방법, 진취력, 책임 등을 가지고 직업정보를 구하도록 독려하는 과정이 필요하다.

3) 직업정보 제공내용과 대상

우리나라에서는 한 직업에 종사하는 기간이 대략 8년 정도로 나타나고 있다. 그러므로 직업을 선택할 때에는 8년 후의 미래에 대하여 알아야 한다. 우리는 미래를 정확히 예측할 수 없고 다각적인 방법으로 논하고 있기 때문에 미래에 관한 다양한 정보를 대함으로써 그 오류를 감소시킬 수 있다. 즉, 개인이 직업선택을 하는 데에는 스스로 정보수집 능력을 기르고 분석하여 자신에게 가치 있는 정보를 대안으로 선택하는 것이 가장 최선인 것이다.

한편 직업과 관련된 직업, 즉 직업심리학자, 진로상담가, 직업상담가, 직업상담 프로그램 개발자, 취업상담가, 진로지도자, 직업지도자, 직업전문가 등은 직업의 추이와 직업분석, 노동시장의 현황, 국가정책, 인구구조, 미래사회의 변화, 직업의식 등과 관련된 직업정보가 필요하며, 구직활동을 하는 구직자나 직업전환을 하려는 작업자에게는 구인 · 구직과 관련된 정보가 필요하다. 그리고 기업에서는 노동력과 직무에 관한 정보를 제공하여 노동시장에서 요구하는 인력의 형태를 알 수 있도록 해 준다.

그 이외에 직업에 관한 조사 · 연구, 즉 직업구조의 변화, 인력수급 추계, 직무분석, 패널조사 등과 같은 조사와 연구를 지속적으로 수행함으로써 직업정보의 기초자료를 제공할 수 있다.

4) 의사결정을 위한 직업정보의 역할 분류

직업정보의 역할은 직업정보를 이용하는 자의 목적에 따라 ① 직업탐색, 직업결정, 직업전환 등의 의사결정을 위한 대안으로서의 역할, ② 의사결정을 하려는 자에게 도움을 주는 진로 및 직업상담에서 상담자 개입의 역할, ③ 직무와 노동시장에서 요구하는 인력형태에 관한 정보로서의 역할, ④ 직업에 관한 조사 · 연구의 기초자료로서의 역할 등으로 구분된다.

(2) 인력관리 측면에서의 직업정보의 역할

선진국의 경우 일찍이 인력관리를 위하여 직업정보를 관리하여 왔다. 직업정보를 기반으로 한 인력의 배치는 산업인력을 튼튼히 하고 노동생산성의 증가를 꾀하여 경쟁력을 높이는

표 1-2 의사결정을 위한 직업정보의 역할

목적	이용자
의사결정을 위한 대안	청소년, 학부모, 구직자, 작업자
진로 및 직업상담의 개입	직업심리학자, 진로상담가, 직업상담가, 직업전문가, 직업상담 프로그램 개발자, 진로지도자, 직업지도자
노동시장에서 요구하는 인력형태 정보제공	기업가
직업 조사 · 연구의 기초자료	직업심리학자, 직업전문가, 직업정보분석가, 직무분석가

데에 영향을 미쳤다.

1) 우리나라 교육의 문제점

이주호(1993)는 '청년층 고용문제와 교육 · 노동대책'에서 우리나라의 경우 오히려 지금까지 중학교 평준화, 고등학교 평준화, 대입예비고사의 폐지, 실업계 고등학교의 위축 등을 통해서 교육의 선별기능이 점차 축소되어 왔음을 지적했다. 그리고 향후 교육의 선별기능을 더욱 축소시키지 못하면 고학력에 대한 초과수요로 인하여 재수생 문제나 인문계 졸업자의 취업문제와 같은 청년층 고용불안의 주요 원인으로 작용할 것임을 예고했다. 이 지적은 일찍부터 진로교육을 실시하지 못한 우리나라 교육의 문제점이 노동시장에 어떤 영향을 미치는가를 지적한 것이다.

1990년대 들어서 청년실업, 이공계 기피, 3D[1] 산업 인력난, 과학기술인력 부족 등과 같은 인력수급 불일치 문제가 심화되고 있다. 인력수급 불일치의 원인으로는 크게 숙련불일치, 일자리 불일치, 빈번한 일자리 이동 등의 3가지로 나누어 볼 수 있다. 숙련불일치는 일자리에서 요구되는 숙련과 구직자가 갖춘 숙련이 일치하지 않음으로써, 기업들이 필요한 인력을 확보할 수 없는 데서 발생하는 수급불일치이다. 이것은 필요한 숙련과 기술 또는 해당 기능을 갖고 있는 인력이 존재하지 않기 때문에 발생하는 것으로 6T 분야[2]나 차세대

---

1) 전반적인 소득이 높아질 경우 사회 전반에 걸쳐 힘든(difficult) 일, 위험한(dangerous) 일, 궂은(dirty) 일을 기피하게 되는 현상이며, 3D는 영어의 머리글자인 D자를 따서 만든 용어이다.

2) 정부(2001. 8)에서는 정보기술(informational technology : IT), 바이오기술(bio-technology : BT), 나노기술(nanotechnology : NT), 환경기술(Environmental Technology : ET), 문화기술(cultural technology : CT) 등 국가전략분야의 지식개발과 인력양성 · 활용 체제를 구축을 위한 기본체제를 6가지로 제시하였다.

성장동력산업 등과 같은 첨단과학분야에서의 고급인적자원에 대한 공급부족을 들 수 있다. 우리나라의 경험을 개괄해 보면 대체로 산업화 초기에서 1980년대 초반까지는 교육기관에서 공급된 인력과 노동시장에서 필요로 하는 인력 간에 양적인 불일치는 있었어도 질적인 불일치는 크게 문제가 되지 않았으나, 1990년대 들어서는 숙련불일치와 빈번한 일자리 이동으로 인력수급의 질적 불일치가 확대되었다(김형만 외, 2002). 박재민 · 박명수(2004)는 이와 관련하여 선진국과 비교하면 아직까지 대학에서 이공계를 전공하는 비중은 높은 수준이나 문제는 이들이 고급과학기술인력으로 계속 성장 · 발전하지 못하고 있으며 질적 수준 또한 선진국과 큰 격차가 있음을 지적하였다. 특히 우수 학생의 이공계 이탈은 우려할 만한 수준으로 외환위기 이후 소득 및 직업안정성 면에서 우위에 있는 의사, 약사 등으로 빠져나가 향후 과학기술인력의 질적 저하가 예견된다고 평가하였다.

2) 노동이동과 노동시장정보

생산의 수단이며 목적인 노동은 여건이 허락하는 한 생산성이 낮은 부문에서 생산성이 높은 부문으로 부단히 이동한다.

김수곤(1981)에 의하면 노동이동은 자유경제체제에 있어서 생산활동에 신축성을 제공해 주며 노동시장의 분배기능을 효율화시켜 주는 중요한 요인이다. 근로자들이 그들의 한계생산가치가 높은 곳을 찾아서 이동하기 위해서는 다른 사람들의 수요와 공급가격, 그들의 구매계획과 판매계획, 그리고 취미와 기호 등에 관하여 여러 가지 시장정보를 알아야 한다. 이러한 시장정보는 귀중한 것으로 그것을 획득하는 데는 비용이 소요된다. 즉, 정보를 얻기 위해서 드는 교통비 따위의 직접비용(direct cost)과 정보를 수집하는 동안 벌 수 있었을 소득을 희생하여야 하는 기회비용(opportunity cost)이 그것이다. 그러므로 정보수집에 소요되는 단위시간당 한계비용과 정보수집에서 얻게 되는 한계수입, 부의 현재가치의 증가분을 갖게 될 때 근로자는 더 이상의 정보수집 활동을 중단하고 그때까지 알게 된 여러 직장 중에서 가장 높은 임금을 받을 수 있는 직장으로 이동하게 될 것이다.

한 개인이 한 회사로부터 다른 회사로 이동하는 데 대한 요인은 다양하며 복합적이다. 마치와 시몬(March & Simon)은 근로자가 그들의 직장을 떠나느냐는 현 직장의 비용과 편익을 고려하고 대안적 직장에 진입하는 것이 어느 정도 용이한가에 따라 결정된다고 하였다. 파머(Palmer)는 직업, 근로자, 노동시장의 제특성 등이 그 직장에 머무르느냐에 영향을 미치고 노동시장에서의 여러 가지 형태의 행위를 생성시키는 데 상호작용을 한다고 하였다. 이와 같이 노동이동이란 수많은 상황과 특징을 가지고 이루어지기 때문에 그 복잡한 특성을 적절히 설명하기가 어렵다.

성제환(1993)에 의하면 우리나라의 노동이동의 특성 및 원인은 사업장의 성격 및 근로자의 특성에 따라 상당한 차이가 있다고 하였다. 서비스업에 종사하고 있는 근로자 66명 중 1명의 비율로 전에 제조업에 근무한 경험이 있고, 유통업에 종사하고 있는 근로자의 7.7%는 현 직장이동 전에 제조업 근무경험이 있는 것으로 나타났다. 이와 같이 우리나라의 높은 근로자 유동은 기업의 인력관리에 어려움을 초래함으로써 지나친 노동이동의 자제를 촉구하기도 한다.

통계청에 의하면, 2001년 426만 7,000명의 제조업 취업자수가 2003년 420만 5,000명으로 6만 2,000여 명이 감소하였다. 같은 기간 동안 50명 미만 소규모 영세공장이 1만 3,343개가 늘어나면서 13~15만 명의 일자리가 새로 창출되어 50인 이상 공장에서는 20만 개(자영업자 포함)의 일자리가 감소하였다. 이와 같은 일자리 감소는 고용효과가 큰 대기업의 해외이전으로 더욱 가속화되고 있기 때문이다. 2006년 1월 현재 취업자를 보면, 산업별로 전년동월대비 취업자는 도소매 · 음식숙박업(586만 1,000명, 0.2%)을 제외한 각 산업별로 감소한 것으로 나타났다. 농림어업(−4만 4,000명, −6.6%), 건설업(−1만 4,000명, −3.7%), 사업 · 개인 · 공공서비스업(−35만 8,000명, −0.8%), 제조업(−5만 1,000명, −0.4%), 전기 · 운수 · 통신 · 금융업(10만 5,000명, −0.3%) 등에서는 감소하였다. 15세 이상 인구는 62만 4,000명이 증가한 반면, 취업자는 39만 3,000명이 감소하였다. 이러한 결과를 볼 때 '고용없는 성장'이 이어지고 있음을 알 수 있다.

3) 고용중재가 요구되는 노동시장

우리나라 노동시장 특징 중의 하나는 신규노동력이 제조업보다는 서비스업, 생산직보다는 사무 · 서비스직을 선택하고 있으며, 어렵고 힘든 일에 인력난을 유발시키고 있다는 점이다. 이것은 1980년대에 지속적인 노동력의 고학력화 및 인문화 현상이 1980년대 후반 이후 노동력 공급의 변화를 가져왔기 때문이다. 특히 1986~1988년에 급격히 상승한 가계소득은 생산직 부문의 취업기피 현상을 초래했으며, 때문에 대체 가능인력인 유휴노동력, 외국근로자 등의 활용으로 대처해 나가고 있는 실정이다. 더구나 대량실업이 이어진 1998년에도 어렵고 힘든 일에는 인력난이 있었음으로 보아 이러한 현상이 지속되고 있음을 알 수 있다. 인력난으로 인하여 경영에 어려움을 겪고 있는 기업이 있는 한편으로 적절한 고용처가 없다고 불평하는 실업자가 있는 셈이다. 즉, 1987년 이후 노동시장은 수요와 공급의 이중구조로 인한 인력난과 실업이 내재하고 있고 이러한 현상은 더욱 심화될 것으로 예측된다.

그러나 1998년 이후 대량실업이 이중구조의 해소에 어느 정도 역할을 하였는지에 대해서는 아직 보고되지 않았다.

우리나라는 2000년대에 들어와서 주요 수출산업의 고용흡수력이 저하된 상태이다. 그 이유는 일자리 창출의 근원지인 대규모 공장이 급속히 줄어들고 있기 때문이다. 한국산업단지공단이 전국의 공장을 조사한 결과, 300인 이상을 고용하는 대규모 공장은 지난 2001년 12월 2,026개에서 2005년 12월에는 1,617개로 2년 사이 409개가 감소하였다. 또한 체감경기와 밀접한 내수부문은 소비와 투자의 감소세가 지속되고 고용상황도 고용비중이 큰 내수산업의 침체로 이어지고 있다. 그러므로 수출을 중심으로 경기회복이 이어지더라도 일자리는 크게 늘어나지 않을 가능성이 높다.

노동부의 '노동인력수요동향조사'에 따르면, 노동시장에서 인력부족률은 장기적으로는 감소추세이나 기업규모별, 직종별로 불일치가 지속되고 있다고 보고하였다. 인력난은 1998년을 저점으로 다시 높아지는 추세를 볼 수 있으며, 특히 중소기업에서 인력난이 극심한 것으로 나타났다. 중소기업의 인력부족률은 1994년 4.6%에서 외환위기로 실업률이 치솟았던 1998년에는 0.87%로 최저를 기록하였으나, 이후 지속적으로 높아져 2004년에는 2.91%를 기록하였다. 특히 인력난이 심한 곳은 3D 업종이다. 이 업종은 대부분 중소기업, 생산직에 몰려 있으며 제조업 중 의복제조업, 특수목적용 기계제조업 등에 집중되어 있고, 건설, 음식점, 청소, 가사서비스, 간병 등의 서비스업종에까지 확대되고 있다. 그 동안 중소기업 인력난을 타개하기 위한 정부의 대책은 기술 및 기능인력 공급확대를 위한 병역특례제도와 단순생산인력 공급확대를 위한 외국인근로자 도입의 두 축을 중심으로 이루어져 왔다(송장준, 2003). 이 중 외국인근로자 도입은 1994년부터 중소기업협동조합중앙회 주관하에 실시되고 있는 산업기술연수제도를 통해 이루어졌으며, 연수제도의 근본 취지와 달리 실제로는 중소제조업체의 인력난을 해소하는 방편의 하나로 이용되면서 불법취업자 양산, 외국인근로자 보호 등 많은 문제점이 야기되었다. 이에 정부는 2003년 「외국인근로자의고용등에관한법률」을 제정하여 2004년 8월부터 외국인고용허가제를 본격적으로 시행하고 있다. 외국인력고용위원회(2004) 자료에 따르면, 단순기능 외국인력의 수는 지난 2000년 25만 명에서 꾸준히 증가하여 2004년 2월말에는 37만 4,000명에 달하는 것으로 나타나고 있다.

이와 같이 빈번한 노동의 유동성, 고용중재가 요구되는 노동시장 등에 대한 신속하고 정확한 정보는 물론 직업정보를 공급함으로써 구인 · 구직을 원활하게 하여 노동의 유동을 억제하고 생산과정에 참여하는 인적 자본의 효율성을 꾀할 수 있다. 또한 이와 더불어 기업의 정보를 구직자에게 신속히 제공함으로써 마찰적 실업을 줄일 수 있다.

(3) 고용보험에서 직업정보의 역할

1) 고용보험의 도입

고용보험은 실업의 예방, 고용의 촉진 및 근로자의 직업능력의 개발 · 향상을 도모하고, 국가의 직업지도 · 직업소개기능을 강화하며, 근로자가 실업한 경우에 생활에 필요한 급여를 실시함으로써, 근로자의 생활의 안정과 구직활동을 촉진하여 경제 · 사회발전에 이바지함을 목적으로 도입되었다. 특히 우리나라는 노동시장의 속성을 무시한 채 기계적인 인력수급 전망에 입각하여 인력수급계획을 수립함으로써 인력수급 불균형이 심화되었다. 현재 이에 따른 경제적 손실이 GNP의 5~6%에 이르고 있고 산업 간, 지역 간, 규모 간 등의 효율적 재배치와 유휴인력의 활용으로 국제경쟁력 회복이 국가의 중대과제로 대두되었다. 또한 고용보험이 도입됨으로써 노동시장의 정보를 원활히 제공할 수 있는 직업안정망을 근대화하고 노동시장의 유연성(labor market flexibility)을 강화해야 시장기능에 의한 인력수급의 원활화가 가능하다.

2) 고용보험법 및 고용보험사업의 시행

우리나라는 1993년 10월에 「고용보험법」을 통과시켰고 1995년 7월 1일부터 동법이 시행되었다. 고용보험사업은 고용안정사업, 직업능력개발사업, 실업급여 등으로 구성되었다. 고용안정사업은 적극적인 취업알선을 통한 재취업의 촉진과 근로자의 직업안정 및 고용구조 개선을 위한 것으로서 직업정보와 연관된 사업이다. 직업능력개발사업은 근로자의 직업능력 개발 등을 지원하고 실업자의 재취직훈련을 실시하는 것 등을 포함한다. 실업급여는 실직자의 생계지원 및 재취업촉진이다. 이와 같이 고용보험은 적극적인 노동시장 정책의 하나로 체계 내에서 상호 연계하여 실시하는 사회보험제도임과 동시에 노동시장정책의 핵심 정책수단이다(노동부, 2006). 〈그림 1-1〉은 고용보험제도의 기본구조를 나타낸 것이다.

고용보험제도
- 고용안정사업 : 실업의 예방, 재취업 촉진 및 노동시장 취약계층의 고용촉진
- 직업능력개발사업 : 근로자의 생애 직업능력 개발체제 지원
- 실업급여 : 실직자의 생계지원 및 재취업 촉진

자료 : 노동부(2005). 우리나라 고용보험 발전경과 10 고용보험년사 1995~2005

그림 1-1 고용보험제도의 기본구조

「고용보험법」에 나타난 직업정보와 관련하여 다음과 같은 법조항이 있다.

> 제33조(고용정보의 제공 및 고용지원기반의 구축 등)
> ① 노동부장관은 사업주 및 피보험자등에 대한 구인 · 구직 · 훈련 등 고용정보의 제공, 직업 · 훈련 상담 등 직업지도, 직업소개, 고용안정 · 직업능력개발에 관한 기반의 구축 및 그에 필요한 전문 인력의 배치 등의 사업을 할 수 있다.
> ② 노동부장관은 필요하다고 인정하는 경우에는 제1항의 규정에 의한 업무의 일부를 「직업안정법」 제4조의 4의 규정에 의한 민간직업상담원으로 하여금 수행하게 할 수 있다.

이와 같이 고용보험에서는 직업정보에 대한 국가적 의무를 제시하였다.

고용보험이 시행되고 실업급여가 1997년 7월 1일부터 적용된 후 1997년 10월부터 실업률이 급격히 높아지면서 고용보험은 1998년 10월 1일부터 전 사업장으로 확대 · 적용되었다. 다음 〈그림 1-2〉는 우리나라의 실업률을 나타낸 것이며, 여기에서 보면 1997~1998년까지는 실업률이 급격히 상승하였으나, 1999년부터 감소되기 시작하여 2001년에는 3.3~3.8% 포인트 대를 이루고 있다.

즉, 고용보험은 사회안정망으로서 그 역할을 하고 있음을 실업급여에서 알 수 있다. 실업자수 대비 고용보험 상실자 수의 비중이 1998년 11.1%에서 2004년 40.1%까지 꾸준히 증가하였고, 이후에 약간 낮아졌지만 2004년도에는 34.5%로서 1998년도에 비해 약 3배 이상 높아졌다. 이러한 상실자 수의 급격한 증가는 고용조정의 상시화와 피보험자 수의 증가의 제도적 요인에 기인한다. 상실자에서 이직자가 차지하는 비중도 1998년 33.6%로 이전에 비해 급격히 높아졌지만, 이후 이 비중이 일시적으로 낮아졌다가 2002년 이후 급격히 높아져서 2004년도에는 34.2%로서 1998년 수준을 오히려 넘어섰다. 이는 고용이 상대적으로 불안한 근로자들이 고용보험 적용확대에 따라 피보험자로 더 많이 들어오게 된 제도적 요인이 반영된 것이다(노동부, 2005).

3) 고용보험의 성격과 정보체계 구축

고용보험은 실업자의 생계를 지원하는 사후 구제적인 차원의 단순한 실업보험(unemployment insurance)이 아니라 사전적으로 고용조정 지원을 통한 실업예방 차원에서 잠재인력의 고용촉진, 직업능력개발 및 인력수급 원활화 등을 목적으로 하는 적극적 인력정책(active manpower policy)이다. 고용보험사업 중에서 특히 고용안정사업은 실업의 예방, 재취직 촉진 등을 위한 지원제도, 그리고 고용정보 수집 및 제공을 그 내용으로 하

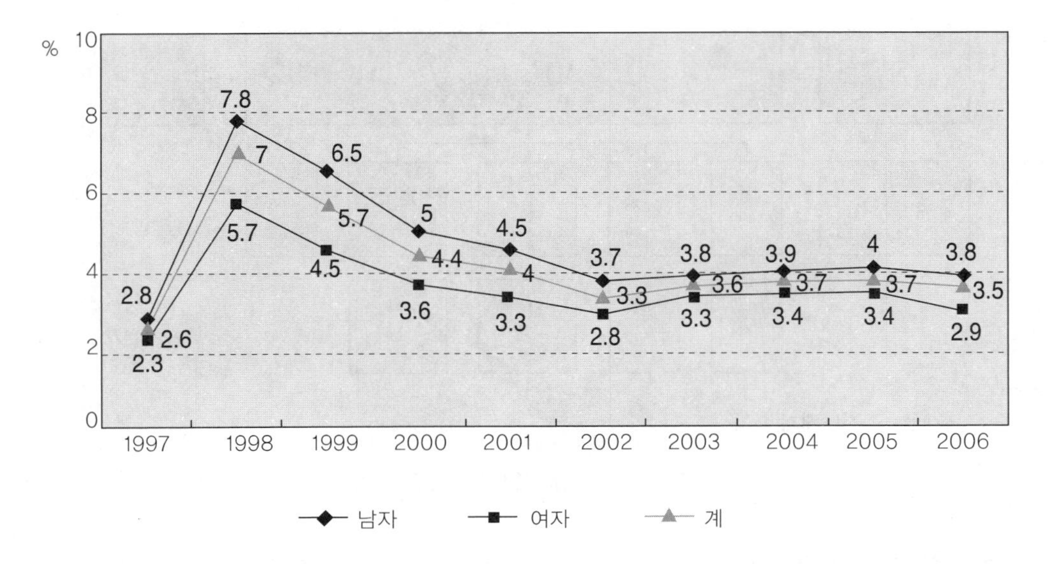

자료 : 통계청. 경제활동원연보 각년도

그림 1-2 우리나라의 실업률 추이

였다.

1999년도 고용 및 실업에 대한 고용정책에서는 실업대책 전달체계를 위하여 직업안정망 확충, 실업자 데이터베이스(DB)와 프로파일링(profiling) 및 노동시장 정보체계 구축 등을 추진하였다. 2001년 장기실업자 DB 관리, 2002년 고용보험 피보험자 신고를 온라인으로 처리하는 고용보험 EDI(www.ei.go.kr) 구축하여 고용보험 인터넷 서비스는 피보험자 자격관리 및 실업인정 등의 업무를 전자적으로 처리한다. 그 내용은 개인수급자는 고용보험 가입여부, 실업인정신청, 심사청구 등을 할 수 있으며, 기업은 피보험자 자격취득 · 변경 · 상실 · 전근신고 및 피보험자 목록 신청 등의 업무를 처리할 수 있다.

4. 직업정보의 생산 및 사용목적

(1) 직업정보의 생산과 이용자

직업정보는 그 성격상 국가에서 연 단위, 분기 단위, 월 단위별로 표준직업정보를 생산하게 된다. 표준직업정보의 생산은 직무분석가, 직업전문가, 직업연구가들에 의하여 이루어지는데, 이들은 국가에서 생산되는 직업관련 원자료를 가공하여 표준직업정보를 생산하고, 표

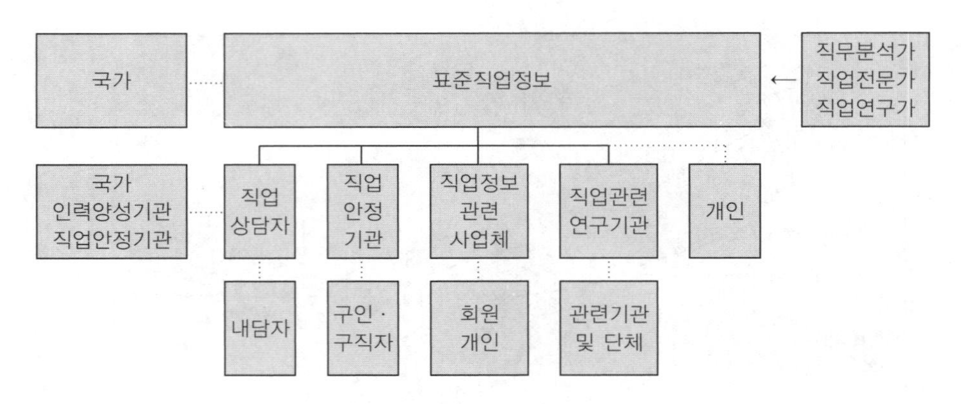

주 : → 가공, … 전달체계

그림 1-3 표준직업정보 전달체계

준직업정보는 이용자의 목적에 따라 정보를 재가공하게 된다. 이용자는 크게 〈그림 1-3〉에서와 같이 크게 5가지로 분류되는데, ① 의사결정자를 돕는 직업상담가, ② 구인과 구직자를 위한 직업안정기관, ③ 개인을 대상으로 한 직업관련 사업체, ④ 직업에 관한 연구를 수행하는 기관, ⑤ 직업과 관련하여 의사결정을 하는 개인 등이 그것이다.

(2) 직업정보의 사용목적

표준직업정보 이용자들은 사용목적에 따라 직업정보를 가공한다. 직업정보의 사용목적은 다음과 같이 요약할 수 있다.

① 직업에 대하여 흥미유발, 토론자료 제공, 태도변화, 더 나은 조사를 하도록 동기부여
② 전에 알지 못했던 직업에 대한 인식
③ 직무를 수행하는 기업이나 공장 등의 유형에 대한 지식 확대
④ 한 직업에서 일하는 활동, 일의 과정, 환경 등에 관한 지식 습득
⑤ 직업생활, 가족, 오락, 일의 전과 후의 다른 활동을 기술 · 묘사함으로써 한 직업에서 더 좋은 근로자의 생활형태를 비교
⑥ 학력취득자, 자격취득자, 중도탈락자 등이 직업생활을 인식함으로써 갖는 역할모형의 제공
⑦ 미래와 현재 그리고 자신의 생애설계를 하도록 돕는 직업에 대한 지식 확대

|제2절| 직업정보의 종류 및 관련법규

이 절에서는 직업정보의 종류를 학자들의 의견, 자료에서 나타난 내용 등을 살펴보고 내용을 분류하는 한편, 직업정보 관련 법규를 제시하고자 한다.

1. 직업정보의 종류

(1) 직업정보에 관한 이론

1) 노리스의 이론

노리스에 의하면, 중등학교 수준에서의 직업정보는 특별하고 직접적인 직업계획보다 미래지향적이고 일반적인 것을 만드는 데에 도움이 되는 정보이어야 한다고 주장하였다. 그는 중등학교 수준의 미래지향적인 직업정보를 ① 일에 대한 넓은 분야를 배우는 것, ② 커리큘럼과 이러한 분야와의 관계를 이해하는 것, ③ 특수한 직무고용에 대한 정보를 확보하는 것, ④ 직업세계에 대한 정확하고 수정 · 보완된 정보수집 방법을 이해하는 것, ⑤ 직업계획의 의미와 범위를 이해하는 것, ⑥ 일의 세계는 정지된 것이 아니라 항상 변화한다는 것을 이해하는 것 등을 제시하였다. 또한 그는 새롭거나 관련된 직무에서 요구되는 자격요건에 관한 정보를 알아야 한다고 하였다.

2) 훅의 이론

훅(Hook, 1976)은 직업을 선택하고자 하는 자가 직업정보에 대해 기대하는 요구가 다양하듯이 그들의 능력과 흥미가 다양하다고 보았다. 그러면서 일반적으로 직업선택을 할 때 알아두어야 할 사항으로 ① 선택 가능한 직업의 종류, ② 직업에 관한 정보의 수집방법과 정확성을 가지고 선택하는 방법, ③ 직업선택 방법, ④ 자기가 설정한 목표를 객관적으로 재검토하고 자신의 선택범위 내에 있는 직업군의 세부내용을 탐색하는 방법, ⑤ 직업선택 이전에 그 직업의 세부적인 내용을 이해하는 것 등에 대해 충고하였다.

3) 쉐릴의 이론

쉐릴(Sherrill)은 고용주와 피고용주와의 사이에 자주 거론되는 내용으로 ① 산업형태, ② 기업의 상태, ③ 산업 및 기업의 안정성, ④ 해당 직무, ⑤ 창의성과 자유성, ⑥ 전문적 지위, ⑦ 승진, ⑧ 보수, ⑨ 계속교육, ⑩ 거주지, ⑪ 직무 이외의 조건, ⑫ 주택자금, ⑬ 교통

수단, ⑭ 생활비, ⑮ 군복무, ⑯ 기업의 특징 등을 들었다.

4) 패터슨의 이론

패터슨(Patterson, 1964)은 직업상담 시 내담자에게 직업정보를 제시할 때에는 다음과 같은 점에 유의해야 한다고 하였다.

① 내담자의 입장에서 필요할 때에 직업정보를 제공해야 한다.
② 내담자에게 부정적인 영향을 주거나 조작하기 위해 사용되어서는 안 된다.

표 1-3 자료에 나타난 직업정보의 종류

자료명	Career Planning and Development	The Career Information Service	Occupational Information	Performance Based Teacher Education
제공처	A. Mumphvey	W. Norris, R. N. Hatch, J.R. Engelkes, B. B. Winborn(1979)	R. Hoppook (1976)	The National Center for Research in Vocational Education
내용	1. 일의 성질 2. 직업의 위치 3. 교육수준 4. 특별한 자격 5. 취업자 수 6. 고용경향 7. 직업경쟁 8. 건강수준 9. 고용방법 10. 보수 11. 승진의 기회	1. 직업의 본질, 직업 및 산업분야, 중요성 2. 직업 및 산업분야에서 직무의 변화, 한 직무에서 수행되는 일 3. 일의 환경 4. 직업, 직업분야 및 산업분야에서 개인적 보상의 가능성 5. 요구되는 자격 6. 진급, 승진 7. 미래의 고용기회에 영향을 줄 수 있는 기술 · 경제 · 지역적 요인에 관한 안내 8. 관련된 직업 9. 전문가 사회나 노동조합의 조합원 또는 요구되는 자격증 10. 성공하기 위해 필요한 개인적 자질	1. 고용전망 2. 일의 성격 3. 작업환경 4. 자격요건 5. 노동조합 6. 차별 7. 준비 8. 입직 9. 승진 10. 보수 11. 근로자의 수 12. 장점과 단점	1. 직업명 2. 내용 3. 자격(직업훈련, 학력, 경력, 자격시험, 노조현황, 요구되는 자질) 4. 유사한 자격과 기술을 요하는 다른 직업 5. 직업훈련 프로그램 이수 후 선택할 수 있는 직업 6. 졸업 후 훈련과 실습을 더 이수해야 할 직업 7. 진학보다 전문적인 직업훈련을 받을 수 있는 과정 소개 8. 인력수급 현황 9. 직업정보 수집 및 평가방법

표 1-3 자료에 나타난 직업정보의 종류(계속)

자료명	Career Guidance Through the life Span	Choice of Chance	Arco Handbook of Job and Career Oppotunities	Planning Your Career
제공처	E. L. Herr, S. H. Cramer (1979)	Gainer, Stark	Manpower Research Associates (1978)	R. Calvert, Jr.
내용	1. 직무명 2. 각 직무에서 요구하는 자격요건 3. 각 직무에서 요구하는 교육과 훈련 4. 보수 5. 고용가능성 및 잠재된 성장 6. 고등학교 과정에서 관련된 요구사항 7. 의사결정 과정	1. 10년 이내의 추세 2. 수행사항, 종사자 수, 관련지식, 일 3. 자격조건, 나이, 신체적 조건 4. 흥미 또는 기술 5. 자격 및 면허, 증명서 취득방법 6. 노동조합 및 가입 방법 7. 산업분류 8. 직업준비의 방법, 기간, 교육 정도 9. 견습기간 10. 취업방법 11. 전직, 더 요구되는 훈련 12. 연령 및 경험 13. 지역적 분포(연령, 성, 종족, 지역) 14. 위험성, 육체적 노동, 포함된 이익, 휴가 15. 취업정보 문의처 16. 관련직무	1. 고용 • 지역적 분포 • 기업의 특성 • 근로자 분포 2. 직무책임 • 직무내용 3. 입직자격 • 자격요건 • 승진, 승급 4. 직무전망 5. 평균수입 • 직급별 평균수입 6. 작업조건 • 작업조건 • 전문적 정보제공처	1. 직업의 유래 2. 직업의 중요성, 범위 3. 의무 : 직업의 정의, 일의 성질 4. 취업자 수 5. 자격 : 나이, 성, 특별한 자격이나 기술, 취업시험점수, 관계법규 6. 준비 : 교육수준, 훈련경험 7. 취업방법 8. 기술습득, 소요시간 9. 승진기회 및 방법 10. 관련직업 11. 보수 : 임금수준, 이익, 다른 보상, 총임금액 12. 작업조건 : 시간, 건강, 안전사고 13. 조직 : 고용자와 피고용자 14. 특정된 장소 15. 이익과 불이익 16. 정보공급처 : 잡지, 시청각, 영화

표 1-3 자료에 나타난 직업정보의 종류(계속)

자료명	100 Careers	Careers Guidance	한국직업전망서
제공처	L. Durham(1977)	P. P. Daws(1973)	중앙고용정보관리소(1998)
내용	1. 일의 유래 2. 일의 본질 3. 입직자격조건 4. 근로자들이 좋아하는 점 5. 근로자들이 싫어하는 점 6. 직업생활 출발을 위하여	1. 시장자료 • 입직자격(연령, 성, 자격증) • 실패 주의점(주요 탈락원인) • 기회(지역 및 국가) 2. 작업 시 주의점 • 훈련(직무와 기능 관련정보) • 신체적 조건, 긴장, 건강저해 위험 • 안전을 포괄한 경제적 · 물질적 관점 • 사회적 관점(작업자의 생애, 흥미) • 만족 이유(왜 그 직업에 머무르려 하는가?) • 불만족 이유(왜 그 직업에서 떠나려 하는가?) • 가치지향적 관점(직업을 통한 성취 및 만족목표) • 개인적 생애영향(작업자의 자아 및 생애에 미치는 영향) • 여성의 특징적 관점 • 건강사항(신체적 · 정신적 · 사회적) 3. 진로발달 전망 • 산업 및 직업 전망 • 산업 및 직업에서의 진로발전 • 다른 직업 및 산업분야에서 이동 가능한 진로	1. 직업의 특성 • 업무과정 활동 및 내용 • 사용장비 및 필요도구 • 업무의 난이도 2. 작업환경 • 작업장소 • 근로시간 • 안전장비 및 상해와 질병 • 육체적 · 정신적 스트레스 • 작업장의 위생상태 3. 교육훈련 및 자격 • 학위수준 • 필요한 직업훈련 및 소요기간 • 적성과 자질 • 채용방법 및 승진체계 4. 고용현황 • 해당직종 인력과 고용형태 5. 임금 • 임금수준 • 임금지급형태 6. 직업전망 • 향후 5년간 노동시장의 변화 • 기술변화 7. 관련정보처 • 부가정보제공처

표 1-3 자료에 나타난 직업정보의 종류(계속)

자료명	직무분석	취업촉진 자료	진로지도를 위한 교육과정 및 자료개발	직업이해를 위한 지도
제공처	한국직업능력개발원(1998)	김병숙(1987)	김충기(1984)	장석민 외(1987)
내용	1. 직업분류 • 직업명 • 현장직업명 • 교육훈련수준 • 자격종목 2. 직무수행에 필요한 조건 • 견습기간 • 직업활동영역 • 승진 및 전직 • 직업적성 • 소요특질 3. 인력양성 실태 및 취업경로 • 양성기관 • 취업경로 4. 작업환경조건 • 직무자세 • 작업장소 • 작업조건 • 안전 및 위생 5. 관련직업과의 관계 • 직업행렬 • 설명 6. 직업기초능력	1. 추세로 살펴본 직종 개황 • 개요 • 유래 • 미래여건 • 노동시장 개황 • 지역적 분포 2. 주목할 만한 일의 여건 • 취업 가능한 일의 종류 • 관련 및 유사한 일들 • 할당된 일의 내용 • 일터의 모습 • 관련된 법규들 3. 취업탐색의 지름길 • 취업경로 • 근로의 형태 • 임금 • 승진 및 전직 • 취업대상업체의 유형 • 취업규칙 4. 보다 유효한 정보공급처 • 노동조합이 하는 일 • 전문지식 공급처 • 취업정보 안내처 5. 일하며 배우는 직업인 • 교육기관의 교육내용 • 특별한 교육과정 • 직업훈련기관 6. 자기가능성에 대한 이해 • 갖추어야 할 조건 • 자격 및 면허 • 구비서류 • 올바른 직업선택방법 • 직업윤리 • 자기평가법	1. 직업분류와 직종에 관한 자료 2. 국가인력수급에 관한 자료 3. 직업선택을 위한 이해자료 • 취업조건 및 자격 • 사업장 내 작업환경 • 직업의 전망 및 보수 규정, 인간관계 4. 일의 내용, 심리적 보상 5. 노동시장의 구인 · 구직에 관한 정보 • 인원 · 지역별 · 성별 분석 • 직종별 분석 • 노동시장의 변화추세 • 고용과 취업을 다루는 기관 6. 직업의 의무, 업무의 성질, 취업하기 위한 자격, 준비와 훈련, 승진에 필요한 방법과 지식에 관한 자료 7. 직업연구에 필요한 정보의 원천 8. 직업정보를 평가하는 기준 9. 졸업생의 취직상황 10. 정부기관, 기업체, 산업체, 매스컴기관, 직업훈련원, 병원, 학교 등 현황소개 11. 직업윤리에 관한 정보 12. 가치관에 관한 정보	1. 직업특성 • 하는 일 • 사용되는 재료, 기계, 공구 • 작업형태 • 영향을 주는 기술혁신 2. 작업조건 • 작업장소 • 작업의 위험성 • 근무형태 • 휴가 • 편의 및 복지시설 3. 취업 • 산업 및 지역분포 • 근로자 수 • 근로자의 만족도 • 취업준비 내용 4. 교육, 훈련, 기타 자격 및 발전성 • 개인특성 • 교육 및 훈련 • 자격 및 발전성 5. 직업전망 • 안정성 • 전망 • 정년 6. 임금 • 평균임금 • 복지혜택 • 호봉 및 경력관계

③ 직업정보를 얻는 데 있어서 가장 효과적인 방법은 내담자 스스로 출판물을 찾아보든지 내담자가 선호하는 직종에 종사하는 사람들로부터 정보를 얻도록 격려하는 것이다.
④ 직업과 일에 대한 내담자의 감정과 태도는 자유롭게 표현되어야 한다.

이 접근법의 주요 내용을 요약하면, 내담자의 일에 대한 태도나 관심은 각기 주관적이고 특이하므로 상담자는 내담자 스스로 자기에게 필요한 직업정보를 탐색하고 명료화하도록 도와주어야 한다(김충기 외, 1993).

(2) 직업정보의 범위

직업정보와 관련된 자료에서 나타난 직업정보의 범위는 인간의 직업발달 단계를 통하여 제공되는 방대하고 포괄적인 내용이 있는 반면, 직업 그 자체가 갖는 특성에만 치중한 자료 등도 있어 질적 · 양적으로 매우 다양한데, 대체적으로는 미래사회 및 산업사회 변화, 직업세계의 전망, 직업세계의 구체적 정보, 개인정보 등을 포괄하고 있다. 다음 [표 1-3]은 직업정보와 관련된 자료에서 제시된 직업정보를 비교한 것이다.

(3) 국가별 직업정보

선진국에서는 노동과 관련된 행정부처, 고용보험 및 실업보험과 관련된 국가기관 등에서 직업정보를 생산하고 있다. 우리나라의 대표적인 직업정보 생산기관은 직업안정사업을 관장하는 한국고용정보원(구: 중앙고용정보원)이다.

[표 1-4]는 미국, 독일, 우리나라의 대표적인 직업정보기관이 발간한 정기인쇄물의 내용을 비교한 것으로 선진국에서는 진로계획 수립단계에서부터 취업에 이르기까지의 정보를 제공하는데, 특히 독일에서는 고학력인 석사의 진로에 관한 정보까지 다루고 있는 반면, 우리나라는 취업에 관한 정보에 지나지 않음을 알 수 있다.

(4) 직업정보의 분류

1) 내용별 직업정보 분류

직업정보는 내용면에서 미래사회에 관한 정보, 직업세계에 관한 정보, 개인에 관한 정보 등으로 분류된다.

① 미래사회에 관한 정보
㉠ 미래의 변화와 경제에 미칠 영향의 평가

㉡ 청년층의 부족현상과 장년층의 증가 등 인구구조의 변화
㉢ 가족구성과 직업성격에 의한 여성참여의 증가
㉣ 대학의 팽창으로 인한 고학력자의 증가와 대학졸업자 수요증가와의 불균형으로 인한 학력주의 사회의 폐단
㉤ 기술변화와 고용형태의 변화
㉥ 팽창되는 직업과 축소되는 직업의 유형 등

② 직업세계에 관한 정보

㉠ 고용의 지리적 분배

표 1-4 국가기관이 생산한 대표적인 직업정보 인쇄물 내용 비교

자료명	Michigan Career Outlook 2000	Beruf Aktuell Ausgabe 1993/94	직업안정사업 안내
제공처	Michigan Occupation Information Coordinating Committee	Berufsberatung des Arbeitsamtes	중앙고용정보관리소
내용	1. 미시간주립 직업정보 조정위원회 안내 2. 직업군 3. 진로계획표 이용안내 4. 진로계획표 5. 교육기회 6. 훈련기회 7. 자격증 8. 사립대학 및 대학교 9. 국립대학 및 대학교 10. 사회교육 11. 사립직업학교 12. 기술교육센터 13. 여성과 일 14. 교육 및 훈련 프로그램 제공방법 15. 재정적 지원의 자원 16. 직업훈련 참여법 17. 미시간 주립 재활서비스 18. 미시간 주립 고용안정위원	1. 직종별 직업훈련 안내 2. 직업명 3. 일의 내용 4. 교육 및 훈련 프로그램 안내 5. 계속교육 6. 직종의 전망 7. 임금 8. 교육과 직업과의 연계 9. 고등학교 졸업 후 진로안내 • 대학 커리큘럼 소개 • 자격증 • 직업에서 하는 일 • 근무처 10. 학사의 진로 11. 석사의 진로 12. 해외유학 안내(유럽) 13. 전공별 직업가이드 14. 직업상담소 안내 15. 지역직업안내소 안내 16. 노동시장 정보	1. 직업안정사업 소개 2. 직업안정기관 조직 3. 취업알선 절차 4. 취업정보 안내 5. 취업정보 자동응답 전화안내 6. 무료 · 유료 직업 안내 7. 전문인력 취업정보 8. 해외취업 안내 9. 직업적성검사 10. 전국 직업안정기관

표 1-5 단계별 · 대상별 직업정보의 종류

구분	취업 전	취업 시	취업 후
개인	• 성별 및 적정연령 • 학력 • 흥미 및 적성 • 성격 및 태도 • 신체조건 • 가정형편 • 자기평가	• 올바른 직업선택방법 • 직업윤리 • 구비서류 • 구인자 명단 • 취업경로	• 적응관계 • 전문지식 • 자기실현
기업	• 직업의 유래 • 관련 및 유사한 직업 • 취업 가능 직업명 • 생산품의 분류 • 사업체 유형 • 직무의 내용 • 작업환경 • 장비 및 공구	• 조직문화 • 임금 • 승진 • 전직 • 관련업체명(소재지, 근로자수, 생산품, 기숙사, 장학금, 통근버스, 사보, 노조) • 취업규칙	• 추가로 이수하여야 할 교육 • 책임의 한계
사회	• 직업의 지역적 분포 • 전문지식 공급처 • 지역적 특성	• 노조현황 • 관련단체 • 취업알선처	• 경기변동 • 직업관의 변화
국가	• 인력수급추계 • 산업 및 직업분류 • 직업훈련 • 노동시장(고용구조, 변화, 전망) • 고용보험 • 자격검정제도 • 교과과정(고교, 대학)	• 직업안정기관 • 관련법규	• 특별한 교육과정(방송통신고교 및 대학, 개방대학, 사이버대학, 학점인증제)

㉡ 블루칼라와 화이트칼라의 고용이동

㉢ 산업 및 직업의 분포

㉣ 사업체 특성 및 지역별 분포

㉤ 근로조건 및 작업환경

㉥ 직업에서 요구하는 자격 및 지식 등에 관한 상세한 정보를 포함한다.

③ 개인에 관한 정보

㉠ 자기평가

㉡ 직업지식

㉢ 할 수 있다고 생각되는 직업명

㉣ 가족경험

㉤ 교육경험

㉥ 작업경험

㉦ 다른 종류의 경험

㉧ 자신이 발견한 기능 및 능력

㉨ 자신의 흥미

㉩ 자신의 적성

㉫ 자신의 가치 등에 관한 정보를 포함한다.

2) 단계별 · 대상별 직업정보 분류

개인, 기업, 사회, 국가 등에 의해 생산되는 직업정보를 개인에게 제공함에 있어 취업 전과 취업 시, 취업 후로 분류하여 제시하면 [표 1-5]와 같다.

2. 직업정보 관련법규

우리나라에서 직업정보와 관련된 법규를 살펴보면 다음과 같다.

(1) 「고용정책기본법」(2007. 4. 11)

「고용정책기본법」은 국가가 고용에 관한 정책을 종합적으로 수립 · 시행함으로써 국민 개개인이 그 능력을 최대한 개발 · 발휘할 수 있도록 하고, 노동시장의 효율성의 제고와 인력의 수급균형을 도모하여 고용의 안정, 근로자의 경제적 · 사회적 지위의 향상 및 국민경제 · 사회의 균형 있는 발전에 이바지함을 목적으로 하며 국가에서 수행하는 직업정보의 근간을 제시하고 있다. 동법 제8조 고용정보 수집 및 제공에서는 ① 노동부장관은 구인과 구직의 신속하고 적정한 결합에 도움을 줄 수 있도록 고용동향, 직업에 관한 정보, 기타 고용에 관한 정보(이하 "고용정보"라 한다)를 수집 · 정리하여야 한다, ② 노동부장관은 고용정보의 수집 · 정리 또는 배포 등이 신속하고 효율적으로 이루어질 수 있도록 하여 구직자 및 구인자, 직업훈련기관, 교육기관 기타 고용정보를 필요로 하는 자가 광범위하게 이용할 수 있도록 하여야 한다, ③ 노동부장관은 제1항 및 제2항의 규정에 의한 업무를 효율적으로 수행하기 위하여 고용안정정보망, 고용보험전산망 등 고용관련 정보통신망을 구축 · 운영하여야 한다 등을 제시하여 노동부장관의 임무를 명시하였다. 제9조 직업에 관한 조사 · 연구, 제10조 인력의 수급동향 등의 작성 등에서는 국가에서 수행될 직업정보 관련범위를 설정하고 있고, 동법 제12조 학생 등에 대한 직업지도, 제15조 구직자에 대한 지도, 제17조 여성의 고용촉진의 지원, 제18조 청소년의 고용촉진의 지원, 제18조의 2 일용근로자 등의 고용안정 지원, 제22조 구인자에 대한 지원, 제23조 기업의 고용관리에 대한 지원 등에서는 직업정보 제공 대상별 의무사항을 제시하였다.

(2) 「직업안정법」(2007. 4. 11)

「직업안정법」은 모든 근로자가 각자의 능력을 계발 · 발휘할 수 있는 직업에 취직할 기회를 제공하고, 산업에 필요한 노동력의 충족을 지원함으로써 근로자의 직업안정을 도모하며 균형 있는 국민경제의 발전에 이바지함을 목적으로 제정되었다. 그리고 제3조 정부의 업무에서 고용정보의 수집 · 정리 또는 제공에 관한 사항 등을 제시하여 직업정보가 정부의 업무임을 명시하였다.

동법 제4조의 2 지방자치단체의 국내 직업소개업무 등에서 지방자치단체의 장은 필요한 경우 구인 · 구직자에 대한 국내직업소개 · 직업지도 · 직업정보제공업무를 할 수 있다고 하였다. 동법 제16조 고용정보의 수집 · 제공 등에서는 ① 직업안정기관의 장은 지역 안의 각종 고용정보를 수시 또는 정기적으로 수집하고, 그 수집된 정보를 정리하여 구인자 · 구직자 기타 고용정보를 필요로 하는 자에게 적극적으로 제공하여야 한다, ② 직업안정기관의 장은 고용정보를 수집하여 분석한 결과 지역 안에서 노동력의 수요와 공급에 급격한 변동이 있거나 현저한 불균형이 발생하였다고 판단하는 경우에는 적절한 대책을 수립하여 추진하여야 한다 등의 직업안정기관에서 수행될 업무를 명시하였다. 동법 제23조 직업정보 제공사업의 신고에서는 신문 · 잡지 · 기타 간행물 또는 유선 · 무선방송이나 컴퓨터통신 등에 의하여 구인 · 구직정보 등 직업정보의 제공을 주된 사업으로 하고자 하는 자에 대한 임무를 제시하였다.

(3) 「직업안정법시행령」(2006. 6. 30)

「직업안정법시행령」은 제10조 직업상담에서 직업안정기관의 장이 직업상담을 하는 경우에는 구직자의 개별적인 상황을 고려하고, 고용정보 및 직업능력개발에 관한 정보, 직업적성

검사 등을 활용할 것을 제시하였고, 동법 제12조 고용정보 제공의 내용 등에서는 직업안정기관에서 제공할 직업정보의 내용을 다음과 같이 나열하였다.

① 경제 및 산업동향
② 노동시장, 고용 · 실업동향
③ 임금, 근로시간 등 근로조건
④ 직업에 관한 정보
⑤ 채용 · 승진 등 고용관리에 관한 사항
⑥ 직업능력개발훈련에 관한 정보
⑦ 고용관련 각종 지원 및 보조제도
⑧ 구인 · 구직에 관한 정보

동법 제13조 구인 · 구직의 개척에서는 직업정보 수집방법을 제시하였으며, 제27조 직업정보 제공사업의 신고절차 및 변경, 제28조 직업정보 제공사업자의 준수사항 등에서는 직업정보 관련 사업자의 의무사항을 규정하였다.

(4) 「고용보험법」(2007. 5. 11)

「고용보험법」 제33조 고용정보의 제공 및 고용지원기반의 구축에서는 노동부장관이 사업주 및 피보험자 등에 대한 구인 · 구직 · 훈련 등 고용정보의 제공, 직업 · 훈련 상담 등 직업지도, 직업소개, 고용안정 · 직업능력개발에 관한 기반의 구축 및 그에 필요한 전문 인력의 배치 등에 대한 사업을 할 수 있음을 명시하였다.

(5) 「고령자고용촉진법」(2007. 4. 11)

「고령자고용촉진법」 제5조 구인 · 구직 정보수집에서 노동부장관은 고령자의 고용을 촉진하기 위하여 고령자에 관련된 구인 · 구직에 관한 정보를 수집하고 구인 · 구직의 개척에 노력하여야 하며 관련정보를 구직자 · 사업주 및 관련단체 등에 제공하여야 한다고 하여 정부의 고령자에 대한 직업정보 생산의무를 제시하였으며, 동법 제11조 고령자인재은행의 지정에서 ③ 노동부장관은 고령자인재은행에 대하여 직업안정업무를 행하는 행정기관이 수집한 구인 · 구직정보, 지역 내의 노동력 수급상황 기타 필요한 자료를 제공할 수 있음을 제시하여 고령자인재은행 운영에서는 직업정보 제공방법을 규정하였다.

이와 같이 직업정보는 국가에서 생산하여야 함을 규정하고 있는데, [표 1-6]은 직업정보 관련법규의 조항을 제시한 것이다.

표 1-6 직업정보 관련법규

「고용정책기본법」 (2007. 4. 11)	「직업안정법」 (2007. 4. 11)	「직업안정법시행령」 (2006. 6. 30)	「고용보험법」 (2007. 5. 11)	「고령자고용촉진법」 (2007. 4. 11)
• 제8조 고용정보의 수집 및 제공 • 제9조 직업에 관한 조사 · 연구 • 제10조 인력의 수급동향 등의 작성 • 제12조 학생 등에 대한 직업지도 • 제15조 구직자에 대한 지도 • 제17조 여성의 고용촉진의 지원 • 제18조 청소년의 고용촉진의 지원 • 제18조의 2 일용근로자 등의 고용안정 지원 • 제22조 구인자에 대한 지원 • 제23조 기업의 고용관리에 대한 지원	• 제3조 정부의 업무 • 제4조의 2 지방자치단체의 국내 직업소개업무 등 • 제16조 고용정보의 수집 · 제공 등 • 제23조 직업정보제공사업의 신고	• 제10조 직업상담 • 제12조 고용정보 제공의 내용 등 • 제13조 구인 · 구직의 개척 • 제27조 직업정보제공사업의 신고절차 및 변경 • 제28조 직업정보 제공사업자의 준수사항	• 제33조 고용정보의 제공 및 고용지원기반의 구축	• 제5조 구인 · 구직 정보수집 • 제11조 고령자인재은행의 지정

|제3절| 직업선택 결정모형

1. 직업선택과 직업정보

직업선택에 대한 이론구조의 형태는 사고와 관찰된 현상을 조직함에 있어 스스로 그 가치를 발견케 하기 위해 선택된 유추과정이다. 직업선택 결정이론은 직업적 행위에 관한 개념들을 차례로 상호 비교하여 설명하기 위해 정돈된 방법을 제공하는 것으로, 직업을 선택하고자 하는 자는 자신이 선택한 직업에 적절한 정보로 접근해야 한다.

직업과 진로를 선택하는 과정은 크게 자기에 대한 인식, 선택을 위한 준비, 선택을 하는 과정, 선택된 내용을 실천하는 것 등으로 나눌 수 있는데(Phillips, 1992), 이러한 각 단계에서 자기 자신에 관한 정보와 직업세계에 관한 정보는 필수적으로 중요하다. 위너와 피퍼(Winner & Piper)는 직업결정이 이루어진 사람들과 아직 이루어지지 않은 사람들을 대상으로 하여 이들의 인지복합성(cognitive complexity)에 직업정보가 주는 효과를 검증한바 있다. 그 결과 직업정보의 제공형태와 직업결정 상태에 따른 인지복합성 점수 간의 상호작용 효과는 없으나, 직업정보의 제공이 직업결정 상태에 관계없이 유용한 것으로 나타났다.

2. 직업선택 결정모형의 분류

직업선택 결정모형은 다음과 같이 2가지로 분류된다.

(1) 기술적 직업결정모형

기술적 직업결정모형(descriptive vocational decision making models)은 사람들의 일반적 직업결정 방식을 나타내고자 시도한 이론으로, 여기에는 타이드먼과 오하라(Tiedeman & O' Hara), 브룸(Vroom), 수(Hsu), 플레처(Fletcher) 등이 관여하였다.

1) 타이드먼과 오하라의 모형

타이드먼과 오하라는 직업선택 결정과정을 기대기간과 실행, 조정 등의 두 기간으로 분류하였다. 기대기간이란 직업선택을 결정하기 이전 기간으로서 ① 대안적 목표를 구별하기 위한 시행착오적 시기인 탐색단계, ② 대안적 목표와 목표가 수행되고 있는 현장, 활동범위, 순서, 형태를 분명히 하려는 구체화 단계, ③ 대안적 목표와 수행되는 상황에 개입하게 되는 선택단계, ④ 후에 닥쳐올 직업상황에 있어 자기이미지를 보다 완전하게 하려고 시도하는 명료화 단계 등으로 구분된다. 한편 실행과 조정의 기간은 직업선택을 결정하고 난 후의 행위단계를 의미한다.

2) 힐턴(Hilton)의 모형

힐턴의 모형은 인간이 복잡한 정보에 접근하게 되는 구조에 근거를 둔 이론으로서, 직업선택을 결정하기까지의 단계를 ① 직업을 선택하기 이전의 주변세계에 대한 조사시기인 전제단계, ② 특정직업에서 요구하는 행동을 상상하는 시기인 계획단계, ③ 자신이 갖고 있는 특성과 반대되는 직업을 갖게 됨으로써 생겨나는 행동을 시험해 보는 시기인 인지부조화

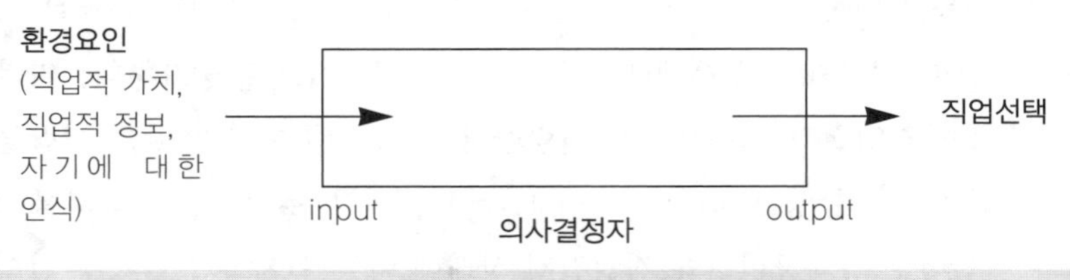

그림 1-4 수의 직업결정모형

단계 등으로 구분하였다. 또한 직업결정 과정은 자신이 세운 계획과 전제 간의 불일치점 혹은 불균형점을 조사하고 시험해 보며, 이들 간의 부조화가 없다면 현재 계획을 행위화시키는 과정이라고 보았다.

3) 브룸의 모형

브룸은 직업결정 요인을 균형, 기대, 힘의 원리 등으로 설명하였다. 즉, ① 균형은 직업선택 결정자가 직업에 대한 실제 만족과 달리 기대된 만족, ② 기대는 직업선택 결정자가 자신이 선택한 직업이 실현 가능하다고 믿는 정도, ③ 힘은 행위를 통제하는 가설적 인지요인 등을 의미한다고 보았다.

4) 수의 모형

수의 모형은 브룸의 모형과 비슷하나 '힘' 의 개념을 다르게 표현하였다. 즉, '힘' 이란 직업결정자의 독특한 직업목표를 성취하기 위해 최대한도의 기회를 가진 것으로 수정하였다. 이러한 그의 가정은 직업결정자가 선택과 목표 사이의 불균형을 극소화시키려고 시도한다는 것으로 설명된다.

5) 플레처의 모형

개념학습에 대한 생각에 근거를 둔 플레처의 직업결정모형은 미래에 대한 개념으로, 이들 개념은 기본적 인간욕구와 관련된 경험에 토대를 두며, 하나의 직업은 여러 가지 요인들, 즉 자기개념, 흥미, 태도, 가치관 등의 조합으로 이루어진다고 하였다. 또한 그는 직업개념에는 특수성 대 일반성, 구체성 대 추상성 등의 두 차원이 있다고 하였다.

(2) 처방적 직업결정모형

처방적 직업결정모형(prescriptive vocational decision making models)은 사람으로 하여금

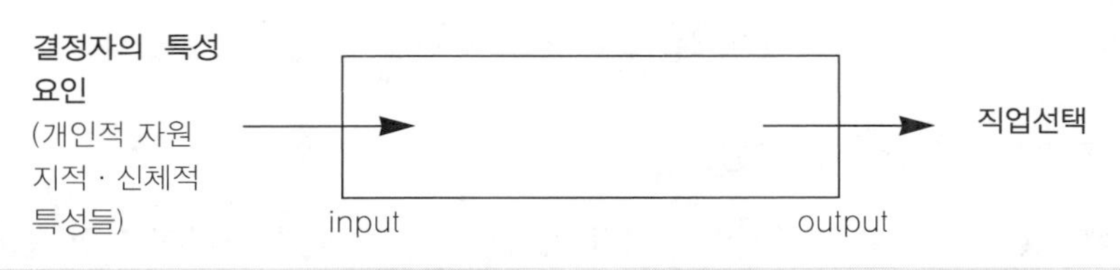

그림 1-5 칼도-주토우스키의 모형

직업을 결정하는 데 있어 실수를 감소시키고 보다 나은 직업선택을 할 수 있도록 도와주려는 의도에서 시도된 이론으로, 이 이론에 관련된 학자들로는 카츠(Katz), 겔라트(Gelatt), 칼도와 주토우스키(Kaldor-Zytowski) 등이 있다(Dilley, 1974).

1) 카츠의 모형

카츠는 직업결정자를 돕는 특수한 기술에 사용되어질 수 있는 구조를 강조하였다. 직업결정자는 자신의 특성요인을 나열 · 개발해 보고 이들 간의 가치와 중요도에 따라 비교해 보며 특성에 맞는 대안을 선택하고 그 대안이 제공하는 보수에 따라 평가영역에서 평가하여야 한다 하였다.

2) 겔라트의 모형

직업선택 결과보다는 그 선택과정을 중시하였으며, 직업정보를 3차원으로 분리 · 조직하고 훌륭한 선택결정은 3차원의 정보체계에서 각 체계마다 정보를 얻어냄으로써 가능하다고 하였다. 여기서 각 체계는 ① 대안적 행동, 가능한 결과, 결과와 연관된 가능성인 예언적 체계, ② 결과들 사이의 상대적 선호도인 가치체계, ③ 평가규칙인 결정준거 등을 중요시하였다. 또한 겔라트의 모형은 적절한 정보입력을 중요시하였다.

3) 칼도과 주토우스키의 모형

직업선택과 입력의 가치를 평가하는 것인 직업적 유용도 함수로 설명하였으며, 각각의 대안들에 적절한 가치의 순서를 가지고 대안에 이르기 위해 버려야 할 가치를 할당하는 관계를 〈그림 1-5〉와 같이 제시하였다.

직업결정자가 이용하는 정보의 양에 대한 가설에 대하여 힐턴은 직업결정자는 대안들에 관한 제한된 지식을 갖게 된다고 하였고, 칼도과 주토우스키는 직업결정자는 대안에 대한 무제한의 정보를 갖게 된다고 하였다. 한편 겔라트는 직업결정자는 적당하고 일반적인 정보의 양을 이용할 수 있다고 보아 적절한 정보탐구를 격려하였으며, 타이드먼, 오하라, 카츠 등은 컴퓨터에서 제공되는 정보체계를 통해 도움을 받을 수 있다고 보았다.

(3) 직업선택 결정전략에 관한 가정모형

직업결정자에 의한 직업선택 결정전략에 관한 가정은 고전적 모형, 세부적 모형, 절충형 등으로 구분한다.

1) 고전적 모형

고전적 모형은 여러 대안적 행위를 비교하여 가장 좋은 것을 선택하는 것으로 브룸, 겔라트, 칼도과 주토우스키 등의 모형에서 볼 수 있다.

2) 세부적 모형

세부적 모형은 힐턴, 수 등의 주장에서와 같이 대안과 미리 생각한 기준 간의 차이를 극소화시키려고 시도하는 것이다. 즉, 직업결정자는 경험의 결과에 의해 고정되거나 변형시키지 않은 규정을 가지고 있어야 함을 주장하였다.

3) 절충형

절충형은 고전적 모형과 세부적 모형을 절충한 것으로서 대표적인 인물은 카츠이다. 이 가정모형에서 직업결정자는 가치차원의 영역을 평가하고, 이것을 직업을 선택하기 위한 기대된 가치와 비교하여야 한다.

|제4절| 외국의 직업정보 활용실태

1. 미 국

(1) 개 요

미국의 경우 직업정보의 개발 및 보급에 대해서 연방 및 주정부 단위로 활동하는 대표적인 기관은 국립직업정보조정위원회(National Occupational Information Coordinating Committee : NOICC)이 있다. 국립직업정보조정위원회는 1976년 국회에 의해서 설립된 연방기구로 미국의 노동성, 교육성, 상업성, 국무성, 농업성 등에서 10개 기관을 대표하는 기구들로 구성되어 조정위원회의 역할을 수행하였다. 국립직업정보조정위원회의 전국망을 구축하고 주별 직업정보시스템을 위한 국가틀을 건설하기 위해 2000년 새로운 진로교육법에 의해 국립직업정보조정위원회의 기능이 연방정부 교육부로 이관되어 폐지되었다.

국립직업정보조정위원회는 주립직업정보조정위원회(State Occupational Information Coordinating Committee : SOICC)를 통해 주 단위로 활동하였다. 국립직업정보조정위원회와 주립직업정보조정위원회는 함께 직업 및 진로정보, 진로발달 프로그램의 활용촉진에 초점을 둔 범국가적 네트워크를 구성하였다. 법에 의해서 주립직업정보조정위원회는 주직업교육위원회, 직업재활기관, 고용안정기관, 직무훈련조정협의회, 경제개발기관 등으로 구성되어 있으며, 대다수의 주립직업정보조정위원회는 고등교육기관 및 기타 주립기관들을 포함하였다.

폐지 전까지 국립직업정보조정위원회는 각 주가 상이한 집단인 직업교육기관, 고용기관, 훈련관리자, 진로결정상 도움이 필요한 개인 등의 요구를 충족시킬 수 있도록 연방 및 주의 다양한 정보원으로부터의 정보수집을 도왔다. 국립직업정보조정위원회와 주립직업정보조정위원회의 활동영역은 매우 광범위하며, 노동성과 교육성에 의한 직업정보의 개발, 보급, 사용 등을 협력하는 내적 기구이다. 국립직업정보조정위원회는 56개 주의 직업정보협력위원회에서 자금을 받고 일을 하였다. 주립직업정보협력위원회는 주나 지방수준에서의 고용 및 훈련자, 교육자 등을 위한 직업정보와 사업내 훈련에 대한 정보를 갱신하며, 진로발달도구를 준비하였다.

대부분의 주에서 주립직업정보조정위원회는 직업정보시스템(Occupational Information System : OIS)을 개발하여 활용하고 있는데, 이는 전형적으로 연방 및 주 범위의 정보원으로부터 얻은 다양한 정보를 결합한 컴퓨터 데이터베이스이다. 주립직업정보조정위원회와 기타의 주립기관들은 진로정보보급체제(Career Information Delivery System : CIDS)를 갖추고 있으며, 아울러 개인들을 대상으로 하는 상담자들과 개인들이 이용할 수 있는 컴퓨터 데이터베이스를 갖추고 있다. 이들은 또한 진로정보에 관한 타블로이드판 신문과 직업전망보고서를 발간하고 있으며, 진로정보를 제공하는 직통전화와 직무 및 진로품평회를 개최하기도 한다.

국립직업정보조정위원회의 기본업무에 대한 경비는 미국의 노동성 및 교육성의 기금에 의해서 지원을 받고 있다. 국립직업정보조정위원회와 주립직업정보조정위원회는 1992년의 직무훈련제휴법(The Job Training Partnership Act : JTPA)과 1990년 퍼킨스(C. D. Perkins)의 직업 및 응용공학교육 개정법률(Vocational and Applied Technology Education Act

Amendments)에 기초를 두고 운용되었다.

(2) 주요 시스템

1) 직업정보시스템(OIS)

국립직업정보조정위원회는 주립직업정보조정위원회와의 협력하에 광범위하게 사용되는 직업정보시스템(OIS)을 위한 개념과 디자인을 개발하였다. 이 시스템은 고용, 훈련의 행정가, 직업교육자, 계획자, 진행자, 교사 등을 위한 노동시장과 교육자료 등을 혼합한 자료이다. 계획되어 있는 특수한 직업이 있는 산업에서 요구되거나 성장하는 직업들을 상세화하였다. 주립직업정보시스템은 특수한 직업에서 개인이 기술을 준비할 수 있는 훈련은 물론 요구되는 주 및 지방면허를 알려 준다. 학교입학정책, 재정적 지원 프로그램은 물론 직무훈련 프로그램, 2차적 유용한 훈련에 대한 정보를 담고 있으며, 원스텝으로 고용 및 훈련시스템으로 이동할 수 있다. 또한 개인의 흥미, 적성, 교육목표에 대한 적정한 직업과 진로가능성과 관련한 내용이다. 여러 다른 주들은 현재의 직업상황에서부터 이력서 준비 및 성공적인 면접기법에 이르기까지 내용과도 연결되어 있다.

각 주립직업정보조정위원회는 국립직업정보조정위원회의 기술적 · 재정적 지원을 받아 각 주에 적합하고 특수한 직업정보시스템을 개발하여 활용한다.

2) 진로정보 제공시스템(CIDS)

진로정보 제공시스템은 진로나 훈련기회를 유용하게 하는 다수의 직업 및 교육정보, 가기사정, 진로탐색 등에 대한 컴퓨터지원 프로그램이다. 개인 컴퓨터를 사용하여 진로정보를 알 수 있는데, 즉, 특수직업에 대한 공통책무, 요구하는 수준, 작업조건, 주의 고용전망, 요구되는 자격 및 자질 등에 관한 것이다. 학교입학정책, 재정적 지원 프로그램은 물론 직무훈련 프로그램, 2차적 유용한 훈련에 대한 정보를 담고 있다. 진로정보 제공시스템은 범국가적으로 약 1만 9,000곳에 설치되어 있으며, 연간 약 700만 명의 사람들이 본 시스템을 활용하고 있는 것으로 추정되고 있다.

3) 직업 및 노동시장 정보시스템(Civilian Occupational & Labor Market Information System : COLMIS)

직업 및 노동시장 정보시스템(COLMIS)은 직업 및 노동시장 정보의 유지 및 제공을 위하여 개발되었다. 이 정보를 통하여 교육자, 고용 및 훈련전문가, 계획자 및 행정가 등이 노동시장 정보에 더 많은 이해를 갖게 한다. 직업 및 고용성격과 같은 정보는 주에서의 유효한 훈련기회, 지역 내 기업의 이동형태 등이 포함되었다. 또한 주의 현재 노동시장의 역동성과 직업적 요구에 대한 모든 정보의 중앙보관소가 되기 시작했다.

(3) 주요 프로그램

1) 주 단위 훈련검사(State Training Inventory : STI)

국립직업정보조정위원회가 모든 주에게 제공하며, 주 및 지역의 사용자들로 하여금 특정지역에서 필요로 하는 프로그램을 제공하는 학교 및 프로그램 자체를 확인하는 것을 가능하게 해 주는 교육 컴퓨터 데이터베이스 시스템이다. 본 시스템은 국립직업정보조정위원회와 52개 주의 주립직업정보조정위원회에 의해서 개발되고 유지 · 관리된다.

2) 역량구축연수(Capacity Building In-Service Training)

진로발달 훈련 프로그램을 통하여, 국립직업정보조정위원회-주립직업정보조정위원회 네트워크(NOICC-SOICC Network)는 진로결정에 있는 성인이나 청소년을 충고하거나 지원하는 개업한 상담자, 직무배치담당자, 다른 개업자 등에게 기법을 향상시키기 위하여 훈련-훈련자 교수가 제공된다.

3) 진로의사결정 향상 프로그램(Improved Career Decision Making Program : ICDMP)

진로의사결정 향상 프로그램은 국립직업정보조정위원회의 지원을 받는 훈련 프로그램으로서 직업상담가로 하여금 지식을 확장시키고, 직업상담 과정에서 노동시장 정보의 활용을 도와주기 위해서 디자인된 것이다. 본 프로그램이 목표로 하고 있는 대상은 진로전문가와 고용 및 훈련전문가를 위시하여 현직 직업상담가, 상담학을 공부한 졸업생, 기타 진로계획 및 진로발달 활동에 관여하고 있는 인사 등이다. 이 프로그램은 국립직업정보조정위원회 및 고용 및 훈련행정당국에서 부단한 노력에 의하여 개발된 것이다.

4) 전환 중의 노동력(Workforce In Transition : WIT)

전환하려는 작업자의 욕구와 논점들에 대한 지식을 가진 참여자에게 기초적 상담과 코칭기술, 사정방법, 적절한 프로그램 설계, 실행전략 등을 준비한다. 전환하고자 하는 작업자의 진로발달, 직무탐색준비의 서비스를 제공하는 전문가 및 보조에게 기법을 훈련한다. 전환 중의 노동력훈련은 진로 및 고용상담원, 직무탐색 훈련자, 인사배치 담당자 등에게 유익한 프로그램이다.

5) 피고용인 진로발달 프로그램(Employee Career Development Program : ECDP)

피고용인 진로발달 프로그램은 성인들의 진로변화를 도와주는 일에 관련되는 직업상담가와 인력개발 전문가들을 위해서 국립직업정보조정위원회에 의해 개발된 훈련 프로그램이다. 공공기관, 교육기관, 기업 및 산업체 등의 직업상담가는 피고용인 진로발달 프로그램 워크숍을 통해서 직무 및 직업전환에 직면한 성인근로자를 도와줄 수 있는 진로발달 프로그램의 실행기법을 습득할 수 있는데, 피고용인 진로발달 프로그램 훈련은 현장에 있는 성인들의 진로발달 과정과 요구 등에 초점을 두고 있다.

(4) O*NET[3)]

1) O*NET 탄생의 배경

미국직업정보네트워크(Occupational Information Network : O*NET)는 미국직업사전을 대체할 목적으로 기획되었다. 현재 O*NET은 미국의 새로운 직업분류 및 직업정보시스템으로 고용안정 및 인적자원개발의 중요한 역할을 수행하고 있다. O*NET은 주요 직업의 작업특성, 입직하는 데 필요한 자격요건, 직업을 수행하기 위한 지식, 능력, 기술, 교육, 훈련 등에 관한 정보, 임금과 고용 등의 노동시장 정보 등을 종합적으로 제공하는 정보네트워크이다.

O*NET은 지식기반경제가 요구하는 직업 정보를 생산하기 위해서는 새로운 시각의 접근법이 필요하며 그것은 과업(task)뿐만 아니라, 작업자에게 요구되는 지식, 능력, 기술 등을 중심으로 설명하는 것이다. 기존의 직업정보는 작업자가 '하는 일', 즉 과업을 중심으로 설명하는 것이 주를 이루었고 『미국직업사전』은 그 대표적 사례라 할 수 있다.

O*NET은 1만 1,000여 개 대표 직종을 대상으로 직무수행능력, 지식, 경험, 작업환경, 노동시장정보 등에 대한 객관적인 정보를 제시하고 있다. O*NET은 직무내용뿐만 아니라 객관적인 직업능력을 선정하고 이를 각 직업별로 수치화하여 표현하고 있으며, 인터넷체제로서 관련정보의 효과적인 검색과 신속한 갱신이 가능한 것이 특징이다.

O*NET이 제공하는 다양한 정보 가운데에서 핵심은 '직업 간 비교 가능한' 직업정보를 개발하는 것이다. 이렇게 하여 교육과 훈련의 효율성을 확대하고, 특정 직업에서 이전 가능한 다른 직업이 무엇인지 알 수 있게 한다. 물론 직업정보개발의 역사를 되돌아보면 '직업 간 비교 가능한' 직업정보를 개발하겠다는 아이디어가 완전히 새로운 것만은 아니다. 『미

---

3) 이 부분은 한상근(2005). 직업연구의 현황과 과제, 진로교육연구, 제18권 1호, 한국진로교육학회, pp. 168~186에서 일부 내용을 발췌한 것이다.

표 1-7 직업사전과 직업정보네트워크의 비교

구분	직업사전	직업정보 네트워크
제공형태	서적	인터넷
정보형태	고정된 형태	사용자의 요구, 목적에 부합되도록 데이터를재배열할 수 있는 유동형 시스템
분석대상	제조업 중심의 다수의 블루칼라 근로자를 반영	현재의 지식경제와 지식근로자도 반영
분석방법	과업을 중심으로 근로자의 기능을 분석	근로자에게 요구되는 스킬을 중심
변수	DPT 등 8개 항목	483개 변수
정보내용	직업명에 대한 간단한 서술	노동시장정보와 연계된 분류체계를 이용하여 다양한 정보를 제공
이직 및 전직	이직과 전직에 필요한 정보를 제공하지 못함	이직과 전직에 필요한 정보를 제공
정보개선 주기	업데이트가 어려움	업데이트가 용이함

자료 : Mariani, Matthew(1999). Replace with a database : O*net replace the Dictionary of Occupational Title Occupational outlook Quarterly, Spring 1999, BLS.

국직업사전』에서 사용하는 작업자 기능(DPT), 일반교육수준(GED), 특정직업준비(SVP) 등의 직업명세사항은 모두 직업을 비교하고 분류하기 위한 전략에서 나온 개념들이다. 그러나 O*NET은 보다 본격적으로 직업 간 비교 가능한 직업정보 생산을 목적으로 하고 있다는 점에서 『미국직업사전』과는 차이를 보인다.

2) O*NET 생산의 과정

현장조사를 통한 기능적 직무분석을 사용한 『미국직업사전』 편찬 산업과는 달리 O*NET은 현직자들로부터 설문조사를 실시하여 얻은 정보에 의존하고 있는 것이 특징이다. 그러나 O*NET의 정보가 설문조사에만 의존하는 것은 아니며, 크게 기존 정보를 이용한 것과 설문조사에 따라 새로운 정보를 획득한 것으로 나누어진다. O*NET의 일부 정보는 『미국직업사전』처럼 이미 존재하고 있는 자료를 가공하여 만들어진 것이다. 그리고 O*NET의 많은 변수는 설문조사가 아니라 직업 전문가의 평정에 의존한 것이다(Mariani, 1999: 3).

O*NET은 『미국직업사전』처럼 미국에 존재하는 전체 직업이 아니라 대표 직업에 관한 정보를 생산하여 제공하고 있다. O*NET에서 채용한 대표 직업은 『미국직업사전』을 원자료로 삼아 다음과 같은 단계를 거쳐 최종적으로 1,100여 개의 직업을 추출하였다.

1단계는 O*NET을 위한 동질적 직업의 개발이다. 1만 1,761개 『미국직업사전』의 직업을 직업고용통계(occupational employment statistics : OES) 조사에 기초한 범주로 집단화하였고, 852개 직업고용통계 직업들 가운데 몇 가지는 너무 크기 때문에, 이 직업들은 2개 이상으로 나누어서 1,122개의 O*NET 직업단위(occupational units : OUs) 설정하였다. 2단계는 직업단위를 설명하기 위한 과업진술(task statement)의 개발이다. 각각의 직업단위에 대한 과업진술을 개발하기 위하여 『미국직업사전』의 과업진술을 조사하여 『미국직업사전』의 진술들을 결합하고 응축하여 보다 일반적 과업진술을 추출하였다. 3단계는 O*NET 내용 모형(content model)에 따른 직업단위의 평정(rating)이다. 직업단위들과 내용 모형을 연결시키기 위하여, 모형의 표제어(descriptor)에 대하여 직업단위들을 평정하였다. 4단계는 직업단위의 과업진술 평가이며, 과업진술의 신뢰성과 안면 타당성을 평가하기 위하여, 과업들을 기존의 직업 데이터베이스들과 비교하였다.

3) 내용 모형

O*NET의 내용 모형은 작업자 특성(worker characteristics), 작업자 요건(worker requirements), 경험 요건(experience requirements), 직업 요건(occupational requirements), 직업-특수 요건(occupation-specific requirements), 직업 특성(occupation characteristics) 등 6개의 요소로 구성되어 있다.

작업자 특성은 능력, 흥미, 근로 가치관 등으로 구성된다. 작업자 요건은 교육, 지식, 기초 기술, 범용 기능의 기술 등으로 구성되며, 이 항목들은 새로운 학습과 경험에 따라서 변화할 수 있다는 특성이 있다. 경험 요건은 훈련, 경험, 자격 등으로 구성된다. 즉, 어떤 종류의 훈련이나 경험이 필요한지, 어떤 종류의 자격이 필요한지를 나타낸다. 직업 요건은 일반 작업 활동, 작업 환경, 조직 환경 등으로 구성되며 해당 직업의 근로 자체를 기술하기 위한 구성 요소이다. 직업-특수 요건은 과제, 임무, 직업적 기술과 지식, 기계, 도구 및 장비 등으로 구성된다. 이 정보는 특정 직업과 관련된 특수한 정보로서 내용 모형 가운데 유일하게 비교 가능하지 않다는 특성을 가지고 있다. 직업 특성은 노동시장 정보, 직업 전망, 임금 등의 정보이며, 노동통계국의 직업 전망 자료, 직업고용통계(OES)의 임금 자료 등을 활용하였다.

(5) 미국진로정보넷(America's Career infonet : ACINET)

미국 노동부의 노동시장 정보시스템인 미국진로정보넷은 노동시장의 구직자와 고용인이

원하는 정보를 쉽게 얻을 수 있는 온라인 솔루션을 제공하고 있다. 미국진로정보넷은 진로원스톱(CareerOne Stop)이라는 포털사이트 안에서, 잡 뱅크(Job Bank), 서비스 로케이터(Service Locator)라는 독립된 사이트들과 함께 하위 메뉴를 이루고 있다. 이들 메뉴는 서로 유기적으로 링크되어 있으며, 특히 원하는 지역별, 직무별로 주문화된 상세검색을 할 수 있는 것이 장점이다. 방대한 양의 자료와 복잡한 메뉴로 인해 이용자들에게 혼란을 주며, 노동시장의 데이터의 업데이트가 이루어지지 않고 있다(http://www.acinet.org).

운영주체는 연방정부와 주정부 간의 파트너십 형태로 운영되며, 서비스 주요 대상자는 구직자, 실직자, 고용훈련 희망자, 고용기업 등이다. 진로정보는 전반적 고용시장 경향, 직무요건, 주(州)별 노동시장 소개, 주문화된 직업 상세검색 등 일반적 직업정보를 제공한다. 또한 직업적성검사, 해당 자격증, 고용기업 연락처, 고용훈련 정보, 관련 사이트, 지역생활 가이드 등의 참고자료가 있는 '진로자원자료실' 메뉴도 제공하고 있다.

진로비디오에서는 약 450개의 구체적인 직업별 업무에 대한 동영상을 볼 수 있다. 진로스포트라이트는 화제가 되는 직업을 메인화면에 소개하며, 해당 직업의 상세한 고용경향으로 링크시켰다.

2. 캐나다

(1) 캐나다 인적자원 및 사회개발(Human Resources and Social Development Canada : HRSDC)

노동시장 정보의 수집 및 분석은 캐나다 공공고용안정서비스의 주요 활동이다. 캐나다 인적자원 및 사회개발(Human Resources and Social Development Canada : HRSDC)은 진로, 직종, 진로경로, 훈련기회, 노동시장 동향 등의 정보에 관해 법적 책임이 있다. 이곳은 캐나다 표준직업분류, 미래직업(Job Futures), 진로상담가를 위한 진로핸드북(Career Handbook) 등을 발간한다.

이러한 정보를 개발, 배포하는 데 있어서 캐나다 인적자원 및 사회개발(HRSDC)은 기관 재부 자원 이외에도 지역별 파트너를 활용하여 조정업무를 하는데 이를테면 캐나다진로컨소시엄(Canada Career Consortium : CCC), 캐나다진로정보제휴(Canadian Career Information Partnership : CCIP), 캐나다워크인포넷(Canada WorkInfoNet : CANWIN) 등이 있다. 이러한 파트너들을 통해 자료수집 시스템을 조정한다. 이와 같이 캐나다의 시스템은 세계 최고의 수준을 자랑한다. 캐나다워크인포넷(CANWIN, www.workinfonet.ca)은 캐나다 전 국민에 대해 진로정보를 제공하도록 설계된 국가 포털사이트를 담당한다. 이는 지역별 주 파트너와 연계하여 공통된 가이드라인을 가지고 일한다.

캐나다 인적자원 및 사회개발(HRSDC)의 노동시장 정보 수집활동의 주요 결과물로 미래직업이 있다. 이는 진로지도기관에서 광범위하게 활용되며 진로별, 학문분야별 수급 전망자료가 포함되며 진로상담원들이 노동시장에 관한 일반적 질문에 답할 수 있도록 가이드를 제시한다.

(2) 캐나다워크인포넷(Canada WorkInfoNet : CANWIN)

캐나다워크인포넷(CANWIN)은 13개 주마다 다른 워크인포넷을 갖고 있다. 가령, 도메인 주소는 www.workinfonet.ca이나 브리티시컬럼비아 주의 워크인포넷은 www.workinfonet.bc.ca이다.

이 직업정보망은 진로계획, 학습, 고용 등 크게 3부분으로 나누어져 있으며, 각 부분들은 온라인 상담체제를 갖추고 있다. 진로계획은 ① 진로계획 단계, ② 장래계획 ③ 진로상담과 계획, ④ 진로발달 지침 등으로 구성되었다. 학습은 취학 전, 유치원~12학년, 추가교육 준비하기, 교육을 위한 자금, 캐나다 외에서 공부, 학습 및 기능개발, 면허 및 자격요건, 지역지원서비스 접근하기 등으로 구성되었다. 고용은 직업찾기, 직업, 고용주 주소록, 자원봉사 및 인턴십, 캐나다 외의 직업, 자영업, 사업수단 및 지원, 자금지원(고용보험, 산재보험, 퇴직 및 연금 등), 직장에서의 권리 · 의무(노조, 조사관계, 안전 · 보건, 근로기준, 인권 등), 지역지원서비스 접근하기 등으로 구성되었다.

(3) 리얼게임(realgame)

리얼게임(www.realgame.com)은 캐나다에서 1996년에 개발된 것이며, 500명 이상의 학부모, 교사, 지도상담사 등이 개발에 참여하였다. 리얼게임은 역할극과 시뮬레이션을 통한 진로발달 프로그램이다. 수업시간 중 양방향, 실험적 실습을 통해 학생들이 성인생활, 진로역할에 대하여 배우고 직업과 학업의 계획을 세우게 된다. 게임의 형식이지만 명확한 학습목표와 성취지표를 설정하였으며, 현재 오스트리아, 덴마크, 프랑스, 독일, 헝가리, 뉴질랜드, 영국, 미국 등 9개 국가에서 운영되고 있다. 리얼게임은 캐나다 인적자원 및 사회개발(HRSDC)에서 지원하고 있다.

이 프로그램은 ① 3~4학년용 : 8세 이상, ② 5~6학년용 : 10세 이상, ③ 7~8학년용 : 12세 이상, ④ 9~10학년용 : 14세 이상, ⑤ 11~12학년용 : 16~18세 이상, ⑥ 성인용 : 18세 이상 등으로 구성된다. 각국에서는 자국의 여건에 따라 이 중 하나나 전부 또는 여러 개를 운영하거나 도입 중에 있다.

3. 일 본

(1) 일본의 직업정보망

현재 일본의 경제사회는 고령인구 비율의 증가, 기술혁신의 진전, 서비스 경제로의 변환, 노동시장에서 여성참여율의 증가, 국제화 등을 포함하여 다양한 변화를 경험하고 있으며, 이러한 변화는 미래로 갈수록 더욱더 심화될 것으로 보인다.

고용안정에 관한 행정은 이처럼 변화하는 노동시장의 수요-공급 및 고용안정의 목표달성에 부응하는 모든 가능한 대책들을 필요로 한다. 여기서 노동시장센터와 공공직업안정사무소를 연결해 주는 온라인시스템은 전반적인 행정활동을 지원하고 촉진하는 역할을 수행한다.

노동시장센터(Labor Market Center)는 1964년에 설립되었는데, 이는 고용안정에 관한 행정서비스를 증진시키고 현대적인 노동시장을 육성하는 것을 목표로 삼고 있다.

현재 노동시장센터의 온라인시스템은 2개의 커다란 하위시스템으로 구성되어 있는데, 그 하나는 고용보험종합시스템(Employment Insurance Total System : EITS)이고, 다른 하나는 고용정보시스템(Overall Employment Information System : OEIS)이다.

(2) 고용보험종합시스템

고용보험종합시스템(EITS)은 고용보험 서비스, 즉 신청서비스 및 지불서비스 등에 관련된 자료들을 노동시장센터에 설치된 대형 컴퓨터에 의해서 즉각적으로 처리하도록 디자인된 것으로, 고용보험 신청업무 및 지불업무와 관련된 데이터를 신속하게 처리하는 완전히 기계화된 시스템이다. 고용보험종합시스템은 9년간의 개발 끝에 1981년부터 가동되기 시작하였다.

(3) 고용정보시스템

고용정보시스템(OEIS)은 급속히 발전하는 컴퓨터 공학을 최대한 활용하여 고용에 관한 전반적인 정보를 제공하는 획기적인 시스템이다. 노동시장센터는 1982년에 시작된 5개년 계획에 기반을 두고 고용정보시스템을 개발하였으며, 1986년 10월에 우선적으로 도쿄와 인근의 4개 현(縣)을 대상으로 실행한 후 1988년부터 전국적인 규모로 실행하기에 이르렀다.

고용정보시스템은 전 국가의 모든 직업안정기관과 연결되도록 디자인되어 있으며, 구인과 구직에 관한 정보를 통합하고, 사용자와 지역사회에 상세한 정보를 제공하며, 광범위한 지역과 신속한 고용변화를 커버하기 위해서 통합된 데이터를 활용한다. 오늘날 노동시장은 급속히 변화하고 있고, 구인과 구직 간에 잘못된 연결이 빈번하기 때문에 채용과 직업탐색 행위에서 여러 가지 문제가 발생하고 있다.

이러한 상황하에서 고용정보시스템은 직업안정기관의 고용전환 관련기능을 강화하고, 지역사회에 대한 정보제공 기능을 촉진시키고자 노력하고 있으며, 이 같은 획기적이고 대규모적인 시스템은 미래의 고용안정 행정에서도 매우 중요한 역할을 수행한다.

(4) 잡 월드(JOB WORLD)

잡 월드는 '나의 직업관'으로서 일본어의 의미는 '직업박물관'이다. 잡 월드는 '만지며, 느끼며, 체험한다'는 개념으로 오프라인에서 전시, 체험사업, 도서관사업, 상담, 원조사업, 연수, 세미나사업, 기획, 개방창조사업 등 직업에 관한 여러 가지 사업을 진행한다.

특히 잡 월드는 여러 직업을 체험할 수 있다. 직업검색구역, 직업의 정보 공간, 프로의 직업에 도전하기, 직업의 역사, 미래 공간, 자아발견 공간, 직업정보 및 상담 공간, 오프라인의 체험 공간 안내와 좋아하는 물건이나 관심으로 직업을 찾는 프로그램이 있으며 인터넷을 통하여 직업을 찾을 수 있다. 이 사이트(www.shigotokan.ehdo.go.jp)에서는 각 직업에 대한 영상을 제공하며 직업에 필요한 지식과 공부에 도움을 주는 정보를 제공하고 있다.

4. 독 일

(1) 연방고용공단

1) 연방고용공단의 성립

연방고용공단은 1952년 5월에 설립되었는데, 법적 근거로는 1952년 3월에 제정된 '직업소개 및 실업보험에 관한 연방기구의 설립에 관한 법률'에 의거한다. 그러나 실제로는 1927년 창설된 '국립 직업소개 및 실업보험청'의 조직과 기능을 이어받아 발족한 것이다.

독일에서의 직업소개는 중세의 길드(Guild)에 의해 약간 이루어졌으나 미약한 것이었고, 19세기 후반의 산업화 과정에서도 자선기관에 의한 제한된 활동 이외에는 기업주협회와 노동조합 간의 대립적 관계로 인하여 체계적인 활동이 이루어지지 못했다.

그러던 중 제1차 세계대전이 끝난 후 집단실업사태가 발생하자, 1918년 11월에 제대자, 당국과 노동조합, 기업주협회 등이 공동으로 근로자교환소를 설치했고, 1922년에는 법령상의 직업소개기관으로 자리잡았다.

한편 1918~1926년의 기간에 독일정부에서는 '실업자 지원제도' 를 도입하였으며, 1927년 7월에는 「직업소개및실업보험법」을 제정하여 동년 10월부터 시행하였다. 또한 연방고용공단의 전신인 '국립 직업소개 및 실업보험청' 이 설립되었는데, 동 기관은 직업상담과 도제훈련생 알선의 업무를 겸하게 되었다. 그리고 1969년 7월에 「직업소개및실업보험법」이 「고용촉진법」으로 바뀌면서 공단의 설립과 기능의 근거법령으로서 오늘에 이르게 되었다.

2) 연방고용공단의 조직

연방고용공단의 조직은 크게 자치기구와 집행기구로 나눌 수 있는데, 자치기구라 함은 고용촉진법의 규정범위 내에서 공단의 자치규정의 제정, 사업 및 예산의 결정, 각종 급부금의 지급기준 및 절차의 결정 등을 자율적으로 수행하기 위한 조직이다. 자치기구는 공단본부에 이사회와 집행위원회가 있고 지역직업안정소와 지방직업안정소에는 각각 해당 행정위원회가 있다.

1992년 1월을 기준으로 그 조직을 살펴보면 공단본부, 중앙 및 초지역적 과제를 위한 14개의 특별사무소와 11개의 주노동사무소, 그리고 184개의 지방노동사무소 및 646개의 분사무소로 구성되어 있다.

3) 연방고용공단의 목적 및 기능

본래 독일의 고용촉진법은 연방정부의 사회 · 경제정책의 일환으로 높은 고용수준의 달성 · 유지, 고용구조의 지속적인 개선, 그리고 이를 통한 경제성장의 촉진에 그 목적이 있다.

이 같은 목적을 달성하는 기관인 연방고용공단의 기능은 크게 7가지로 대별할 수 있는데, 그 내용은 ① 직업상담, ② 취업알선, ③ 직업훈련의 촉진, ④ 재활직업훈련 급부의 지급, ⑤ 고용의 창출 및 유지를 위한 급부의 지급, ⑥ 실업수당의 지급, ⑦ 파산보상금의 지급 등이다.

(2) 직업알선과 직업정보

연방고용공단의 기능 중 본 연구와 직접적으로 관련되는 직업상담 혹은 직업알선과 그에 따른 직업정보의 활용실태 등을 몇 가지로 나누어 살펴보면 다음과 같다.

1) 개별상담

노동사무소에서 구직자를 위해서 수행하는 활동 중의 하나로, 이 같은 상담을 담당하는 요원은 해당지역뿐만 아니라 타지역의 노동시장 정보도 숙지하고 있으며, 개인이 희망하는 직업에 대한 취업전망과 경우에 따라 받아야 할 재훈련에 관한 사항들도 자세히 알고 있기 때문에 구직자에게 여러 가지 실제적인 도움을 제공해 줄 수 있다.

2) 전문알선 서비스

전문알선 서비스는 특별한 자격을 갖춘 전문인력 및 지도인력을 위하여 특수 전문알선 서비스를 제공하는 것으로, 이 같은 서비스를 받는 인력들에는 대졸자, 예능인, TV 및 영화에 관련된 직업종사자 등이 있다.

이러한 특별 서비스는 구인시장을 빠짐없이 관리하고 있으며, 최신의 컴퓨터를 설치하여 신속한 정보입수가 가능하도록 되어 있다. 따라서 구직자의 입장에서 볼 때에는 언제나 최신의 구인정보를 알 수 있고 광범위한 알선기회를 접할 수 있다.

3) 국외취업의 알선

구직자가 원하는 새로운 직장이 국외에 있을 경우에 받을 수 있는 별도의 서비스이다. 이 업무를 담당하는 기관은 프랑크푸르트에 소재하는 중앙직업소개소(ZAV)이며, 이 곳에서는 구직자에게 유럽국가는 물론 다른 해외로의 취업도 소개하며, 다시 귀국하는 일도 알선하고 있다.

4) 기한부 근로관계의 알선

3개월을 넘지 않는 기한부 근로관계의 알선을 위하여 중소규모 이상의 많은 도시의 노동사무소에서는 별도의 알선 서비스를 갖추고 있다. 여기서 사무직 근로자의 기한부 취업알선은 '잡(JOB)'이라 하고, 생산직 근로자의 경우에는 이를 '서비스(SERVICE)'라 칭한다. 이 곳에 집중된 별도의 구인시장에서 기한부 근로자들은 좋은 취업기회를 얻게 된다.

5) 구인광고지의 발행

구직자의 구직행위에 대해 유용한 수단을 제공하기 위해서 연방고용공단에서는 중앙의 구인 · 구직광고지인 '시장+기회(Market+Chance)'를 발행하고 있다. 새로운 구인광고가 게재된 이 광고지는 주 1회 발행되며, 노동사무소에 비치된다.

특히 본 광고지는 구직자가 직장과 함께 거주지를 옮기고자 할 때, 이에 관계되는 정보를 추가로 제공하고 있다.

6) 취업정보 서비스

취업에 관련된 최신의 정보에 관한 사항은 취업정보 서비스제도가 담당하고 있다. 모든 노동사무소에 설치된 이 제도는 1일 생활권, 즉 직경 60~80km 내에 있는 모든 구인정보를 마이크로필름에 저장하고 있다.

구직자들은 관할 노동사무소에서 이 마이크로필름을 해독하여 자신의 관심에 따라 1차 선정을 한 다음, 취업알선 요원과의 상담을 통해 상세한 내용을 듣고 이에 따라 합리적인 의사결정을 할 수 있게 된다.

7) 직업정보 서비스

연방고용공단은 현재 직업상담 요원을 운영주체로 하여 방대한 직업안내 시스템을 구축하고 있다. 노동사무소에는 직업안내, 직업선택 및 직업훈련 계획 등에 관한 여러 가지 안내문, 소책자 그리고 관련서적들이 비치되어 있으며, 거의 모든 노동사무소에 직업정보센터(BIZ)가 갖추어져 있는데, 이 직업정보센터는 필요로 하는 모든 사람들이 무료로 이용할 수 있다.

또한 보통 중학교 및 실업중학교 학생, 인문학교 졸업생, 대학생 각각을 위한 직업안내 및 선택에 관한 자료들을 발행하고 있다. 그 예로 '단계-상승', '최신직업정보', '직업소식지', '학업선택과 직업선택', '제대로 합시다' 등을 들 수 있는데, 이 모든 자료는 관할 노동사무소에서 입수할 수 있다. 그 동안 140개 정도로 늘어난 노동사무소의 직업정보센터와 30개의 이동 자가정보시설(BIZ-mobil)이 확보하고 있는 정보도 계속 확대됨에 따라 정보획득은 더욱 용이해질 것으로 보인다.

(3) 독일의 제대로 합시다(Mach's Richtig)

독일연방고용공단은 청소년들이 사회에 진출하기 전에 직업 이해, 적성, 원하는 직업에 대한 가상 경험 등 진로선택 역량을 함양할 목적으로 구축되었다. 상담자의 직접적인 상담보다는 청소년들이 스스로 문제를 찾아 풀도록 하여 필요한 상담을 한다. 이 정보망(http://www.machs-richtig.de)은 청소년들이 실시간으로 제공자와 상호 간에 소통할 수 있도록 프로그램화되어 있다. 온라인과 오프라인이 통합되어 있어서, 학생 및 교사들이 온라인으로 이용함과 동시에 오프라인에서 책자와 시디롬(CD-ROM)을 이용할 수 있는 상호 보관적인 관계이다.

학생용 워크북은 흥미와 진로를 인식하기, 나의 흥미, 나의 능력 발견하기, 미래를 바라보기, 나는 어떻게 적응할 수 있을까? 등의 5가지로 구성되어 있으며, 교사방과 교사용 자료에서는 목표지향적인 진로선택 수업을 운영하도록 시디롬(CD-ROM) 등 다양한 미디어를 통한 자료와 방법을 제공하며, 모든 자료들은 수업시간에 사용할 수 있도록 하고 있다. 시디롬(PC 진로선택 프로그램)은 학생들이 진로의 세계를 체계화하고 자신의 흥미를 발견하며, 표준화된 방법으로 진로를 조사해 그 적합성을 점검하는 것을 도움을 준다. '전략적으로 정보를 수집하기' 프로그램과 더불어 약 540개의 진로훈련정보 및 약 320개의 진로와 가상직업 여행 요약 자료를 제공한다.

500여 개의 직업을 41개의 준거(예 : WHAT-직업, Where-채용장소, WITH WHAT-도구, 정보, 매체, 외국어)에서 찾을 수 있도록 망을 제공하며, 도제 기획 지원하기의 응용 프로그램은 학생들이 성공적으로 도제 기회에 지원하는 모든 단계를 돕는다(임언 · 김규상, 2006).

요약

1. 정보는 의사결정자에게 의미를 주는 형태로 처리되고 일정한 규칙에 따라 재배열하거나 요약 또는 삭제하는 것이다. 정보는 가치를 가질 때 정보라 할 수 있으며, 형태효용, 시간효용, 장소효용, 소유효용이 있을 때 가치가 있고, 형식조건, 시간조건, 공간 또는 물리적 접근조건, 소유조건 등을 갖추어야 한다.
2. 직업정보는 직업결정을 하고자 하는 의사결정 단계에서 가치를 가지며, 특별한 문제해결에 도움을 주어 직업에 대해 좀 더 책임감 있게 받아들일 수 있도록 하는 데 의의가 있다.
3. 직업정보는 노동력에 관한 것, 직업구조와 직업군, 취업경향, 노동에 관한 제반 규정, 직업분류와 직종, 자격요건, 준비과정, 취업정보 등 노동시장 전반과 직업에 관한 내용을 그 범위로 한다.
4. 직업정보는 직업상담에서 의사결정을 돕는 역할, 인력관리의 원활화, 고용보험의 기능에서의 역할 등을 갖는다.
5. 국가에서는 표준화된 직업정보를 제공하고, 직업상담가, 인력양성기관, 직업안정기관, 개인 등은 이를 재가공하여 이용한다. 이러한 직업정보는 개인, 기업, 사회, 국가에서 필요한 정보를 수집하여 개인에게 취업 전, 취업 시, 취업 후에 제공된다.
6. 직업정보의 종류는 미래사회에 관한 정보, 직업세계에 관한 정보, 개인정보 등으로 분류된다.
7. 직업정보와 관련된 법규에는 고용정책기본법, 직업안정법, 직업안정법 시행령, 고용보험법 등이 있으며, 이 법규들에서는 국가가 직업정보를 생산 · 운영하도록 규정하고 있다.
8. 직업선택 결정모형은 기술적 직업결정모형과 처방적 직업결정모형으로 구분되는데, 기술적 직업결정모형은 타이드먼과 오하라, 브룸, 수, 플레처 등의 이론가와 관련이 있으며, 처방적 직업결정모형은 카츠, 겔라트, 칼도와 주토우스키 등의 이론가들과 관련이 있다.
9. 외국에서는 직업정보망, 직업정보와 관련된 생산기관 등이 발달되어 있으며, 직업정보망의 원활한 가동을 위하여 각종 위원회와 연구기관 등을 운영하고 있다.

연구문제

1. 정보의 의미를 기술하고 정보와 지식과의 차이를 논하시오.
2. 정보가 가치를 갖는 조건과 그 효용성에 대하여 기술하시오.
3. 직업정보의 의미에 대해서 논하시오.
4. 직업정보가 인력관리 측면에서 어떤 역할을 해야 하는지에 대해서 논하시오.
5. 표준화된 직업정보는 무엇인지 예를 들어 설명하시오.
6. 직업정보와 관련된 법규들을 제시하고, 그 법규들에서 직업정보와 관련된 정부의 기능을 논하시오.
7. 직업정보의 종류를 일정한 분류방식에 따라 제시하시오.
8. 기술적 직업결정모형과 처방적 직업결정모형을 비교하여 논하시오.
9. 외국의 직업정보 운영을 소개하고, 이것이 우리나라에 시사하는 점을 논하시오.

02

직업정보 관리

직업정보가 생명과 가치를 가지려면 이용자의 목적에 따라 다듬는 작업이 필요하다. 직업정보 관리는 '수집 ⇨ 분석 ⇨ 가공 ⇨ 체계화 ⇨ 제공 ⇨ 축적 ⇨ 평가' 등의 단계를 거치면서 환류(feedback)되는 과정을 거친다. 직업정보는 국가에서 표준화된 정보를 바탕으로 우선 제공하지만 이는 매우 일반적인 것이며, 이용자의 목적에 따라 재가공되어 제공되어야 가치를 갖게 된다.

이 장에서는 직업정보의 이용자, 직업정보원, 직업정보 제공원, 직업정보의 생산과 평가 과정 등에 대해서 논하고자 한다.

|제1절| 직업정보 이용자와 정보의 범위

이 절에서는 직업정보의 이용자, 직업정보원과 직업정보제공원의 의미, 직업정보시스템의 단계 등에 대해서 살펴보고자 한다.

1. 직업정보 이용자

(1) 이용자에 따른 직업정보의 제공

직업정보의 관리는 '수집 ⇨ 분석 ⇨ 가공 ⇨ 체계화 ⇨ 제공 ⇨ 축적 ⇨ 평가' 등의 과정을 거치게 된다. 일반적으로 이러한 과정을 통합하기 위하여 정보시스템을 적용하는데, 하나의 자료가 이용자에게 유용한 정보로 존재하기 위해서는 시간과 공간의 구애 없이 신속하게 정보를 공유함으로써 의사결정의 효율성을 기할 수 있다.

직업정보는 획일적으로 제공되는 것이 아니라 이용자의 요구에 따라 가공되어 제공된다. 또한 정보사용능력이 뛰어난 시스템으로 가동되는 것이 효율적인데, 이를 위해서는 컴퓨터에 기반을 둔 의사결정지원시스템(Decision Support System : DSS)이 필요하다. 직업정보는 그 양이 방대할 뿐만 아니라 이용자 역시 매우 다양하므로 컴퓨터를 이용해야 하는데, 이를 위하여 우리나라에서는 고용정보 워크넷(WorkNet), 커리어넷(CareerNet)을 1999년부터 가동 중에 있다.

(2) 직업정보를 주로 이용하는 자

직업정보를 주로 이용하는 자는 의사결정을 위한 개인, 개인에게 영향을 주는 부모나 형제, 개인에게 직업에 관한 지식의 확장이나 의사결정에 도움을 주고자 하는 교사, 인력개발자, 직업상담가, 개인에게 프로그램을 통하여 진로성숙을 돕는 직업상담프로그램 개발자 등이다.

또한 개인이면서도 이미 직업생활을 하는 작업자 또는 직업생활이 일시 중단된 실업자, 직업에서 은퇴하고자 하는 자 등도 직업에 대한 또 다른 의사결정을 위하여 직업정보를 이용하게 된다.

한편 개인 또는 직업과 관련되어 업무를 수행하는 자에게 직업에 관한 지식을 확장시키기 위하여 정보를 표준화시키는 직무분석가, 직업정보분석가, 직업연구가, 직업전문가 등도 직업정보를 이용하게 된다.

기업가는 기업의 정보를 제공하여 구인활동을 증진시킬 수 있으며, 직무분석가, 직업정보분석가, 직업연구가, 직업전문가 등이 표준직업정보를 가공하는 데 도움을 준다.

(3) 이용자별 직업정보의 내용

① 개인 특히 직업을 선택하는 청소년은 미래사회, 직업세계, 자신 등에 관한 이해, 직업

인으로서의 의식과 직업관 등을 갖추고 의사결정을 하여 직업생활의 질을 추구하는 한편, 종사하는 직업에서의 전문화를 꾀할 수 있는 과정, 즉 직업선택부터 직업생활까지의 전 기간 동안에 필요한 직업정보를 이용한다.

② 청소년의 직업과 관련된 결정에 가장 많은 영향을 미치는 학부모들은 자녀의 진로나 직업에 관하여 올바른 의사결정을 돕는 직업정보를 요구하게 된다.

③ 진로상담교사 또는 인력개발자나 직업상담가는 의사결정자를 돕기 위한 다각적인 형태로 제시되는 직업정보가 필요하다.

④ 직업정보를 생산하거나 가공하는 직무분석가, 직업정보분석가, 직업전문가, 직업연구가 등은 정부시책, 미래·직업 등과 관련된 정보, 노동시장의 정보 등을 분석한다.

⑤ 기업은 기업이 갖고 있는 정보를 제공하여 노동시장의 정보분석에 도움을 주는 한편, 구직자를 분석한 정보를 요구한다.

⑥ 이미 직업에서 진로경로를 개척한 작업자, 실업자, 은퇴자 등은 직업전환이나 은퇴 후의 생활을 위한 의사결정을 위하여 노동시장을 분석한 자료나 미래사회의 정보를

표 2-1 이용자별 직업정보의 내용

이용자	정보 내용
청소년	직업의 세계, 미래사회의 변화, 자신에 대한 이해, 의사결정 단계, 직업인의 자세, 직업생활의 질, 전문가가 되는 길
학부모	직업의 세계, 미래사회의 변화, 직종의 변화, 정부시책, 청소년의 직업의식, 의사결정 단계, 전문가가 되는 길
진로상담교사/인력개발자	직업의 세계, 미래사회의 변화, 노동시장 추이, 의사결정 단계, 청소년 및 근로자의 직업의식, 전문가가 되는 길, 정부시책, 취업지도
직업상담가	직종의 변화, 미래사회의 변화, 노동시장 추이, 의사결정 단계, 청소년·여성·노인·장애인 등의 직업의식, 작업자의 직업의식, 정부시책, 인구구조, 조직문화, 취업알선, 여가활용
직무분석가	직종변화, 노동시장 추이, 인구구조, 기업의 직무내용
직업정보분석가	직종의 변화, 미래사회의 변화, 노동시장 추이, 의사결정 단계, 청소년 및 근로자의 직업의식, 정부시책, 인구구조, 기업문화
직업전문가/직업연구가	직업의 세계, 미래사회의 변화, 노동시장의 변화, 정부시책, 직업정보시스템 구조, 기업경영 형태
기업가	청소년 및 작업자의 직업의식, 직종의 변화, 노동시장 추이, 기업경영 형태, 구직자 현황
취업희망자/근로자/실업자	구인자 현황, 기업문화, 직업생활의 질, 전문가가 되는 길, 직업인의 자세, 노동시장 추이, 취업처 현황
은퇴자	미래사회의 변화, 의사결정 단계, 여가활용

필요로 한다.

[표 2-1]은 이용자별로 이용할 직업정보의 내용을 제시한 것이다.

2. 직업정보의 범위와 흐름

(1) 직업정보의 인식

그동안 우리는 정보화 사회에 살고 있으면서도 직업에 관한 의사결정을 하는 데 있어, 직업정보에 의존하는 것을 소홀히 하여 왔다. 종전에는 관례적으로 내려오는 직업에 대한 정보를 의심 없이 받아들여 직업에 관한 의사결정을 하는 것이 일반적이었으나, 대량실업이라는 격동의 사회변화를 겪고 나서부터 인간에게 정보의 중요성을 인식시켜 주었으며, 의사결정에 있어 정보의존도를 높이는 계기를 마련해 주었다. 그러나 아직도 개개인의 요구에 적합한 직업정보를 접하기란 매우 어려운데, 이는 정보가 다양하고 그 양 또한 방대하기 때문이며, 또한 정보가 너무 많다고 좋은 것만은 아니기 때문이다.

자못 흩어져 있는 정보를 꿰매어서 생명을 불어 넣어, 개개인의 의사결정에 역동적인 역할을 부여하는 데에는 많은 단계와 절차가 필요하기 때문에 개인의 요구에 맞도록 직업정보를 준비하는 것은 여간 어려운 일이 아니다. 고객의 요구에 민감하게 대응하여 재빨리 상품을 개발하듯이 직업정보에 신속화, 가치화, 다양화 등을 부여하고 고품질화를 추구한다면 이는 곧 인간의 의사결정에 고부가가치를 창출하는 길이기도 할 것이다.

수집된 정보라고 하여 모두 신뢰성이 있는 것은 아니다. 신뢰성을 갖춘 표준화된 정보를 분석하고 가공하여 제공한다면 정보의 가치가 높게 된다. 여기서 표준화된 정보란 언제, 어느 때, 누가 정보를 사용해도 객관성과 신뢰성이 있는 정보이다. 즉, 국제사회, 국가, 사회, 개인 등의 차원에서 목적에 따라 왜곡되지 않은 신뢰로운 정보를 분석 · 가공하여 제공하는 것이 직업정보의 참 의미를 갖는다.

(2) 직업정보의 범위

직업정보와 관련된 자료분석을 토대로 직업정보의 범위를 설정하면, [표 2-2]와 같이 개인에 대한 정보, 직업에 대한 정보, 미래에 대한 정보 등으로 분류할 수 있다. 개인에 대한 정보는 청소년기의 직업탐색에서부터 성인기의 직업선택, 중 · 고령기, 은퇴기 등에 이르기까지 개인이나 직업상담가가 수집해야 할 정보를 제시한 것이다. 직업에 관한 정보는 주로 노동시장이나 직업세계에 관한 정보로서 개인이 직업을 선택하거나 구인처를 결정할 때에

표 2-2 직업정보의 범위

개인에 관한 정보	직업에 관한 정보	미래에 관한 정보
1. 나 자신을 아는 방법	1. 직업의 종류 및 분포도	1. 인력수급 계획
2. 나의 적성, 흥미	2. 일의 성격 및 하는 일	2. 미래사회의 모습
3. 진로계획 수립 및 수정	3. 근로조건	3. 과학기술의 발전방향
4. 직업관 및 직업윤리	4. 작업조건 및 안전	4. 산업발전 추세
5. 교육기회	5. 필요한 신체적 · 정신적 특질	5. 인구구조 변화
6. 훈련기회	6. 자격 · 면허 취득방법	6. 산업구조 변화
7. 고등학교 졸업 후 진로	7. 직업의 장 · 단점	7. 직업구조 변화
8. 대학교 졸업 후 진로	8. 기업특징 및 기업문화	8. 국가시책
9. 사회교육기관 안내	9. 승진 및 승급	9. 기업경영의 전망
10. 여성 진로안내	10. 취업경로	10. 국제사회의 전망
11. 장애인 진로안내	11. 노동시장 관행	
12. 중 · 고령자 진로안내	12. 근로자의 직업관	
13. 의사결정 방법	13. 취업알선처	
14. 전문가가 되는 길	14. 구인처의 상세한 정보	
15. 구직자의 상세한 정보	• 기업의 발전방향	
• 연령	• 기업의 성격 및 조직	
• 학력 및 경력	• 근로자 직급별 · 직종별 분포도	
• 자격 및 면허	• 생산품 및 생산과정	
• 근무가능 직무	• 하는 일의 내용	
• 희망근무지	• 임금, 수당, 상여금, 퇴직금, 정년	
• 신체적 및 정신적 특질	• 근로시간, 근무형태, 휴가	
• 요구하는 최소의 복지 내용	• 근무지	
• 원하는 구인처	• 복지조건	
• 승급관행	• 고용방법 및 기준	

필요한 정보들이며, 미래에 관한 정보는 개인이 직업을 결정하는 데에 필요한 정보로서 생애주기에서 직업을 전환하거나 은퇴 시에 고려되어야 할 정보들이다.

(3) 정보의 흐름

정보는 최신의 가장 정확한 정보로서 존재하기 위하여 쉬지 않고 움직이는 흐름, 즉 체제를 갖추어야 한다. 직업정보 흐름의 체제는 직업정보 최종이용자 편의에 의한 순서로 제시되어야 하는데, 정보를 이용한 결과를 환류하는 과정이 포함된다. 또한 직업정보원이라는

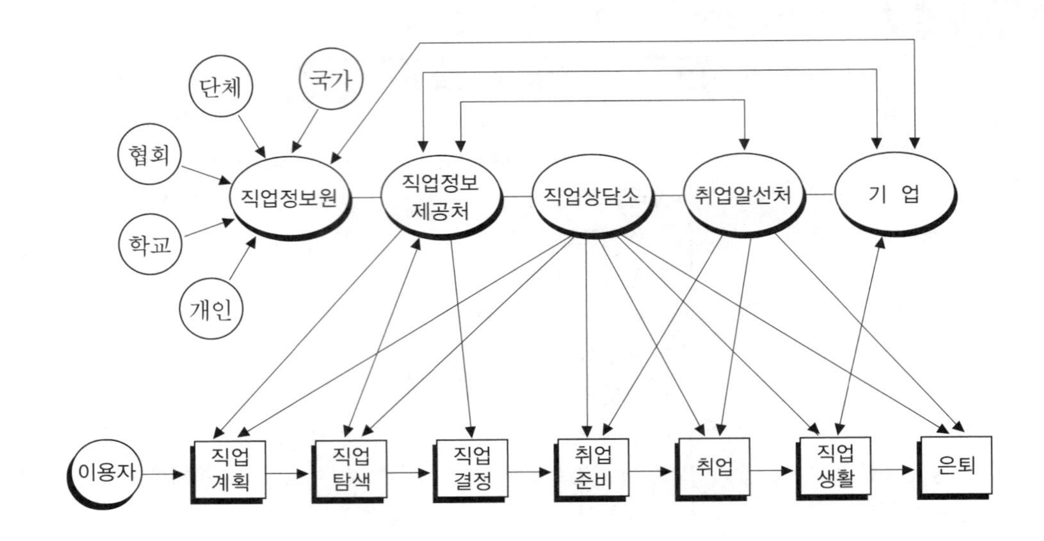

그림 2-1 직업정보 흐름의 체제

뚜렷한 목적을 가지지 않았으나 이와 유사한 성격의 정보를 생산하는 기관, 단체, 개인 등이 나름대로의 정보를 생산하고 있어 이들과의 정보망을 구축하여 직업정보 흐름에서 지원을 받아야 한다.

여기서 직업정보원이란 국가기관, 연구기관, 학교, 훈련원, 단체, 협회, 기업 등에서 생산되는 정보를 의미한다. 그리고 직업정보제공원은 직업정보원, 상담소, 취업알선처, 기업 등과 상호교류를 통하여 직업정보의 흐름을 이끌어 나가며, 개인의 직업탐색, 계획, 결정, 취업준비, 취업, 직업생활, 은퇴 등의 과정에서 공급하고 환류되는 과정을 거치면서 필요한 정보를 생산하는 곳을 말한다. 다음 〈그림 2-1〉은 직업정보의 흐름을 나타낸 것이다.

직업정보는 수집에서 제공하기까지 〈그림 2-2〉에서와 같이 '수집 ⇨ 분석 ⇨ 가공 ⇨ 체계화 ⇨ 제공 ⇨ 축적 ⇨ 평가'의 단계를 거쳐야 한다.

|제2절| 직업정보원과 직업정보제공원

이 절에서는 직업정보원과 직업정보제공원의 역할을 살펴보고 직업정보원과 직업정보제공원에서 제시된 정보를 비교하여 직업정보 수집에서 제공까지의 세부적인 과정을 제시할 것이다.

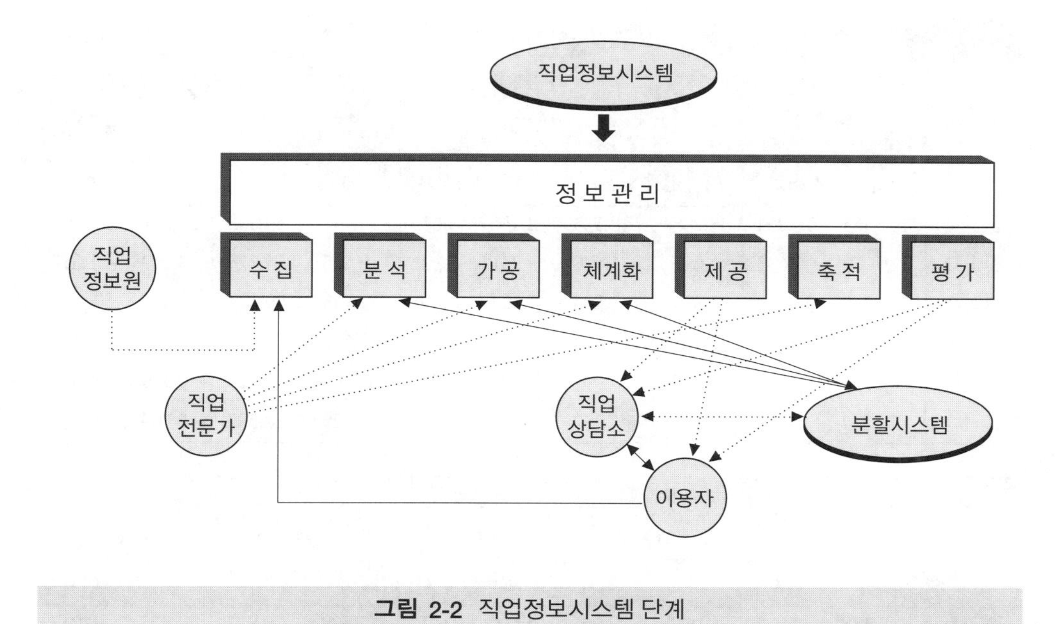

그림 2-2 직업정보시스템 단계

1. 직업정보원

직업정보원은 정보를 제공하는 형태를 의미한다. 직업정보원으로 가장 흔한 것은 원자료(raw data)인 통계자료의 형태이고, 그 밖에도 분석된 형태의 정보가 있다.

(1) 원자료 형태의 직업정보

원자료인 통계자료는 표준화된 국가정보이며 주로 국가기관에서 제공하고 있다. 이러한 통계자료는 직업전문가나 직업연구가들에 의하여 분석되는데, 정부에서 발표하는 통계들은 이러한 통계자료들로 구성되어 있다.

2000년에 들어오면서 연구기관에서는 종단적 연구를 위한 패널조사를 실시하고 있다. 패널조사는 동일기업이나 개인을 대상으로 해마다 동일한 내용을 조사하는 형태로서 조사결과는 중요한 원자료 형태의 직업정보이다.

[표 2-3]은 교육통계연보에 제시된 원자료로서, 대학교 졸업자의 진로 및 취업상황 중 일부를 제시한 것이다.

이러한 원자료는 표집방법, 대상, 조사하는 목적, 기간, 내용 등에 따라 분석되며, 직업전문가 또는 직업연구가, 직업상담가들에 의하여 분석되어진다.

표 2-3 원자료 형태의 예(대학교 졸업자의 진로형태)

구분	합계		설립별							
			국립		공립		사립		인문계	
	계	여자	계	여자	계	여자	계	여자	계	여자
졸업자	192,465	78,204	48,288	18,135	2,436	667	14,741	59,402	29,027	18,080
진학자	23,078	7,633	6,612	1,828	201	32	16,265	5,773	3,289	1,647
취업자	102,245	37,029	23,599	7,526	1,503	330	77,143	29,173	13,449	7,941
입대자	3,860	–	1,101	–	92	–	2,667	–	471	–
무직자	49,038	25,432	15,208	7,992	589	281	33,241	17,159	9,109	6,534
미상	14,244	8,110	1,768	789	51	24	122,425	7,297	2,709	1,958

구분	계열별									
	사회계		자연계		의약계		예체계		사범계	
	계	여자	계	여자	계	여자	계	여자	계	여자
졸업자	49,138	15,978	79,908	22,065	6,609	3,147	15,308	9,887	12,475	9,047
진학자	3,246	1,000	23,925	2,595	459	328	2,141	1,479	1,129	695
취업자	26,614	7,238	42,470	9,752	5,245	2,538	7,915	4,853	6,552	695
입대자	917	–	1,718	–	242	–	284	–	228	–
무직자	14,114	5,689	18,230	7,691	515	267	3,600	2,503	3,470	2,748
미상	4,247	2,051	4,676	2,027	148	125	1,368	1,052	1,096	897

자료 : 교육부(1998). '97. 교육통계연보

(2) 원자료를 분석한 형태의 직업정보

[표 2-4]는 원자료를 가지고 일반대학 계열별 남녀졸업자의 취업률(1997)을 분석 · 해석한 것을 제시한 것이다.

이와 같이 직업정보원은 직업에 관하여 이용자의 목적에 따라 원자료를 가지고 분석하는 것이 가장 흔한 방법이다.

(3) 분석자료 형태의 직업정보

통계자료 이외의 방법으로는 직무분석 자료 형태에서 직업정보를 수집할 수 있다. 이러한 직무분석 자료는 직업정보 수집에 가장 근접한 정보들로 구성되어 있다.

직무분석 기법에 대하여는 다음 장에서 자세히 소개될 것이며, 직무분석에 의한 직업정보 분석에 대한 설명도 같이 제시될 것이다.

표 2-4 원자료를 분석 및 해석한 형태의 예(일반대학 계열별 남녀졸업자의 취업률, 1997) (단위 : 명, %)

구분	전체			남			여			남녀간 취업률 격차
	졸업자	취업자	취업률	졸업자	취업자	취업률	졸업자	취업자	취업률	
총계	192,465	102,245	54.2	114,261	65,216	59.1	78,204	37,029	47.3	11.7
인문계	29,027	13,449	47.1	10,947	5,508	52.6	18,080	7,941	43.9	8.7
• 어문학	21,554	10,437	49.1	7,338	4,029	57.1	14,216	6,408	45.1	12.1
• 인문학	7,473	3,012	41.3	3,609	1,479	43.2	3,864	1,533	39.7	3.5
사회계	49,138	26,614	55.2	33,160	19,376	60.1	15,978	7,238	45.3	14.8
자연계	79,908	42,470	54.3	57,843	32,718	58.3	22,065	9,752	44.2	14.1
• 이학	21,562	10,250	48.4	12,179	6,130	51.9	9,383	4,120	43.9	8.0
• 공학	43,474	24,992	59.0	39,337	22,956	60.1	4,137	2,036	49.2	10.8
• 농림학	8,165	4,281	53.8	5,061	2,892	59.7	3,104	1,389	44.7	14.9
• 수해양	1,095	589	54.3	881	534	61.4	214	55	25.7	35.7
• 가정학	5,612	2,358	42.1	385	206	55.8	5,227	2,152	41.2	14.7
예체계	15,308	7,915	52.7	5,421	3,062	59.6	9,887	4,853	49.1	10.5
• 예술학	11,518	5,796	50.4	3,058	1,691	55.8	8,460	4,105	48.5	7.3
• 체육학	3,790	2,119	60.0	2,363	1,371	65.1	1,427	748	52.4	12.7
의학약계	6,609	5,245	82.4	3,462	2,707	84.1	3,147	2,538	80.6	3.4
• 의학	5,396	4,443	85.8	3,150	2,534	86.5	2,246	1,909	85.0	1.5
• 약학	1,213	802	67.3	312	173	59.7	901	629	69.8	−10.2
사범계	12,475	6,552	53.5	3,428	1,845	57.7	9,047	4,707	52.0	5.6

주 : 1) 원자료 : 교육부(1997). 교육통계연보

2) 전공계열별 · 학과별로는 진학자 통계가 없기 때문에, 취업률 = 취업자 수/(졸업자 수 − 입대자 수) × 100으로 계산된다. 따라서 대학원으로의 진학자가 많은 이학계 등의 진학자를 제외한 순수 취업률은 여기에서의 취업률보다 높게 나타날 수 있음을 유의해야 한다.

자료 : 이병희(1998). 교육시장과 신규노동력 공급전망(내부자료), 한국직업능력개발원

해석 : 이와 같이 여성실업자는 고학력 임금근로자의 전직실업이 크게 진행되고 있으나 신규실업자도 점증적인 증가추세에 있다. 같은 전공분야 내에서도 성별에 따라 대졸자의 취업률은 크게 다르다. 즉, [표 2-4]에서와 같이 약학계를 제외하고는 같은 전공계열 내에서도 남자대졸자의 취업률은 여자대졸자의 취업률을 크게 상회하여 1997년 현재 11.7%포인트 격차가 존재하며, 의약학계를 제외한 나머지 계열을 놓고 볼 때, 여자대졸자가 가장 취업이 잘되는 분야의 취업률(공학계, 49.2%)이 남자대졸자가 가장 취업이 안 되는 분야(인문계, 52.6%)보다도 낮다(이병희, 1998).

우리나라의 대표적인 직업정보망인 고용정보 워크넷(WorkNet)에 이용되는 정보의 종류와 내용출처에 대하여는 [표 2-5]에 제시되어 있는데, 이러한 정보는 원자료가 대부분이다.

표 2-5 고용정보의 종류별 내용과 출처

종류	내용	출처
경제 및 산업 동향에 관한 정보	1. 생산, 판매 등 산업활동 상황(산업 · 업종별 생산, 출하, 재고, 수주, 가동률 등) 2. 지역별 산업의 호 · 불황, 경기동향(산업 · 업종별 가격, 수익상황) 3. 고용조정 등 고용동향(산업 · 업종별 사업의 확대 · 전환 · 축소 상황, 기업정비 상황) 4. 산업의 장래 발전성 및 산업특성에 맞는 고용의 특징	1. 상공 · 무역 · 산업관계 통계 • 재경원(월간 경제동향) • 노동부(매월 노동통계조사보고서) • 중앙고용정보관리소(구인/구직 및 취업동향) • 통계청(한국통계월보) • 노동연구원(분기별 노동동향 분석) • 한국은행(조사통계월보) 2. 지방은행조사부 · 민간신용조사 기관의 경제월보, 기업동향조사 3. 시 · 도, 시 · 군 · 구의 노동경제 통계 4. 지역 내 사업체 · 사업주 단체의 방문 등에 의해 청취한 정보 5. 신문기사
노동시장 및 고용 · 실업 동향에 관한 정보	1. 인구, 경제활동인구, 고용 · 실업에 관한 정보 • 시 · 도, 시 · 군 · 구 연령별 인구 • 산업별, 직업별, 규모별, 연령별 경제활동인구 • 직업별 취업자 수 • 실업자 수 2. 신규취업자의 노동시장에 관한 정보 • 신규취업자의 노동력 수급상황 • 신규취업자의 채용 · 구인상황 • 신규취업자의 이직상황 3. 경력취업자의 노동시장에 관한 정도 • 산업별, 직업별, 규모별 구인상황(구인동향) • 성별, 연령별, 직종별, 고용형태별 구직상황(구직동향) • 성별, 연령별, 산업별, 규모별 직업소개 · 취직상황(소개 · 취직상황) 4. 고용동향에 관한 정보 • 고용보험 피보험자 성별, 산업별, 규모별 상황(고용동향 상황) • 고용보험 피보험자의 이직표 제출, 수급자격 결정, 수급상황(이직동향 상황) • 고용보험 피보험자의 가입, 적용상황(입직동향 상황)	1. 인구조사, 노동력 유동실태조사 등 노동통계 2. 직업안정업무 통계, 고용보험업무 통계 3. 노동시장 정보 4. 고용정보 전산망 통계(취업알선) 5. 지역 내 사업체, 사업주 단체의 방문에 의해 수집된 정보 6. 고용보험 전산망 통계

표 2-5 고용정보의 종류별 내용과 출처(계속)

종류	내용	출처
임금, 근로 시간 등 근로 조건에 관한 정보	1. 임금에 관한 정보 • 산업별, 규모별, 지역별, 성별, 연령별, 학력별, 근속연수별 정기급여 · 상여금 등 특별급여 상황 • 구인 · 구직에 관한 임금상황 • 경력취업자의 임금 및 초임에 관한 상황 • 임금인상 및 정기승급 상황 • 최저임금에 관한 상황 • 퇴직금 상황 2. 근로시간, 휴일, 휴가에 관한 정보 • 근로시간(기준근로시간, 시간 외 근로시간, 휴식시간) • 교대근무 상황 • 휴일 · 휴가 상황 3. 복리후생에 관한 정보 • 사회보험(고용보험, 산재보험, 퇴직금공제, 국민연금, 선원보험) 등의 적용가입 상황 • 기숙사, 오락시설, 체육시설 등의 설치상황 4. 정년에 관한 정보 • 정년 실시상황 • 정년연장에 관한 동향 등	1. 임금구조 기본통계조사, 매월 노동통계조사보고 등의 노동통계 2. 사업체로부터 청취한 정보 3. 고용정보 전산망 통계 4. 고용보험 전산망 통계
직업에 관한 정보	1. 직업개황 2. 직업별 근로조건의 특징 및 학력 · 자격 · 시험제 등 직업과 고용에 관한 각종 정보	1. 『한국직업사전』 2. 『한국직업전망서』 3. 직업핸드북(직업 · 자격 · 훈련 · 학과) 4. 자격정보
채용 · 승진 등 고용관리에 관한 정보	1. 채용관리에 관한 정보 • 채용계획 결정 등 참고가 되는 구직자 상황 • 신체장애인, 고령자의 고용상황 2. 적정배치관리에 관한 정보 • 배치, 이동, 승진에 관한 개선방법 및 사례 3. 교육훈련 및 능력개발 관리에 관한 정보, 사업내 교육훈련의 실시상황 및 사례 4. 근로조건 관리에 관한 정보 • 임금체계, 임금제도 상황 • 임금제도, 임금체계의 개선 및 사례 • 작업설비, 작업환경 개설 사례	1. 고용관리조사 2. 고용 및 노동관련 기관지, 신문 등의 관련기사 3. 인사 · 노무관리에 관한 조사, 연구기관의 조사결과, 연구자료 4. 사업체로부터 청취한 사례

표 2-5 고용정보의 종류별 내용과 출처(계속)

종류	내용	출처
채용 · 승진 등 고용관리에 관한 정보	5. 인간관계에 관한 정보 • 직장 내 인간관계제도의 실시상황 및 사례 6. 복리후생관리에 관한 정보 • 시설설치에 관련된 각종 지원제도 7. 퇴직관리에 관한 정보 • 정년연장, 재고용, 근무연장 등 퇴직관리의 실시상황 및 사례	
직업훈련에 관한 정보	1. 공공직업훈련에 관한 정보 • 공공직업훈련(위탁훈련 포함) 체계 • 공공직업훈련기관 소재지, 훈련과목, 훈련기간 등 • 직업훈련수강 장려제도 • 직업훈련 실시상황(입소, 수료, 취업현황, 취업할 사업체 등) • 훈련내용, 취득가능한 자격면허 2. 사업내 직업훈련에 관한 정보 • 훈련내용, 훈련시설, 사업내 직업훈련 실시기업 등 • 승진, 승급 등 관련사항	1. 공공직업훈련원생 모집요강 2. 각종 장려금 지급편람 3. 사업체로부터 청취한 사례
고용관련 각종 지원 및 보조 제도에 관한 정보	1. 재직자의 실업예방 • 고용안정사업의 고용조정지원금 제도 • 고용개선사업의 정년연장장려금, 고령자 고용확보지원금 제도 등 2. 이직자의 이직 후 생활안정과 재취업의 촉진 • 직업전환급부금 제도 • 고용안정사업의 특정구직자 고용개발지원금 제도 • 고용개선사업 및 능력개발사업의 각종 장려금 제도 3. 기타 지원, 대부, 융자 등 • 고용복지사업 지원제도 • 신체장애인 고용촉진법에 의한 지원금 제도 • 고용촉진사업에 의한 대부, 융자제도	1. 각종 장려금 지급편람 2. 고용촉진 융자안내

표 2-5 고용정보의 종류별 내용과 출처(계속)

종류	내용	출처
구인 · 구직에 관한 정보	1. 구인 · 구직 일람표 등의 정보 2. 직업안정기관에서 작성하는 사업체대장 등의 사업체에 관한 정보 3. 사업체가 작성하는 회사안내, 구인요강 등의 정보 4. 지역 내 사업체의 분포, 사업체 명부, 회사 연감 등의 사업체 정보	1. 구인표, 구직표 2. 회사안내, 구인요강 3. 사업체로부터 청취한 정보

자료 : 노동부 고용관리과 교육자료

(4) 가공된 상태의 직업정보

직업정보원의 주요 출처로는 원자료, 원자료를 분석한 자료, 직무분석 자료 등이 있으나 여기에는 이미 가공된 상태의 자료도 포함되어 있다. 그 예로 『한국직업전망서』와 같은 것을 들 수 있는데, 이는 통계자료나 직무분석 자료를 이용하여 직업에 대한 상세한 정보를 제시하고 있다. 그러나 이미 가공된 정보라 할지라도 개인의 특성, 즉 청소년, 성인, 중 · 고령자, 여성 그리고 구직자 등에게 제공될 시에는 재가공되어야 할 필요가 있다.

(5) 기타 직업정보원

1) 비디오 · 오디오로 제공되는 직업정보

비디오나 오디오로 제공되는 형태의 정보들은 직업정보를 목적으로 생산된 것이 있는가 하면, 직업과 관련된 주제나 자료를 포함하고 있는 것들로 구성된 것도 있다.

2) 인터넷의 직업정보

이용률이 증가하고 있는 형태인 인터넷은 현실성이 뛰어나고 자료를 저장할 수 있다는 강점이 있어 직업정보의 속성인 변화의 가속화에 적응력이 뛰어난 직업정보원이다. 그러나 이러한 형태의 원자료, 분석된 자료, 직무분석 자료, 가공된 자료 등은 직업정보화하는 데에 '분석 ⇨ 가공'의 단계를 거쳐 제공되어야 직업정보로서의 가치를 갖게 된다.

인터넷은 정보로서 가치가 있는 것에서부터 왜곡된 정보까지 너무나 방대하기 때문에 인터넷 직업정보는 그 가치를 잘 판단하여야 한다.

2. 직업정보제공원

직업정보원을 생산해 내는 기관이나 단체 등이 직업정보제공원이다. 직업정보제공원은 대부분이 정부부처에 의존하고 있으며, 그 밖에도 정부투자기관, 연구기관, 단체 및 협회, 개인 등이 있다.

직업정보제공원의 제공방법으로는 정보인쇄물이 가장 보편적인 방법이다. [표 2-6]은 직업정보제공원을 제시한 것인데, 직업상담 시에는 직업정보 제공원과 긴밀한 협력하에 정기적으로 직업정보가 수집될 수 있도록 정보체제를 갖추어야 한다.

표 2-6 직업정보제공원

제공원	제공자료명	제공방법	정보내용
통계청	『한국표준산업분류』	인쇄물	우리나라 전 산업에 대한 분류 및 이에 대한 내용 설명
	『한국표준직업분류』	인쇄물	우리나라 전 직업에 대한 분류 및 이에 대한 설명
	『광 · 공업 센서스』	인쇄물	우리나라 전 산업에 대한 현황 및 추세
	『한국통계월보』	인쇄물	인구추이, 산업별 생산지수, 연령별 경제활동인구, 광공업 상용근로자 월평균 임금 및 근로일수 제시
	『경제활동인구연보』	인쇄물	고용구조 및 고용구조의 변화추이 제공
노동부	『매월 노동통계조사 보고서』	인쇄물	노동시장 현황 및 임금, 근로시간, 고용동향, 월 급여액 제시
	『고용전망조사 보고서』	인쇄물	산업별 기술 · 기능계 현인원, 부족인원 및 자격증 소지별 근로자 수
	신규노동력 정보	인쇄물	각급 학교 졸업자 및 취업희망자 수를 파악하여 각 사업체에 신규인력정보 제공
	『임금 · 근로시간 제도종합보고서』	인쇄물	기업체의 임금체계 및 근로시간제도 개선을 위한 기초자료 제공
	『고용보험백서』	인쇄물	실업 및 직업능력개발 관련 1년의 실태 및 분석
	노동력수요 전망	인쇄물	지역별 사업체에 대한 활용계획, 임금, 모집방법, 모집시기 제공
	사업체 명단	인쇄물	노동부 각 지방사무소 5인 이상 고용업체명단 수록
	구인전용 전화	전화/상담	취업정보 문의를 위한 전화를 가설하여 전국에 직업안정망 설치
	구인업체 명단	게시/상담	노동부 각 지방사무소에 구인업체 명단을 게시하고 상담하여 구직표를 작성 · 접수

표 2-6 직업정보제공원(계속)

제공원	제공자료명	제공방법	정보내용
한국고용정보원	『한국직업사전』	인쇄물	연 1회 분야별로 발행하며, 직업에 대한 직무내용 및 작업명세서 제시
	『한국직업전망서』	인쇄물	2년 주기로 발행되며 200여 개의 직업에 대하여 안내
	WorkNet	인터넷	구인·구직, 직업정보 등에 대하여 온라인으로 제공하는 종합적인 직업정보시스템
	KNOW	인터넷	산업현장에서 요구되는 핵심적 지식, 업무수행능력, 성격, 흥미 및 직업전망, 자격·훈련 등을 제시하는 종합적 직업정보시스템
교육인적자원부	『교육통계연보』	인쇄물	1년의 학생, 교원, 학교에 관한 동태 파악
여성가족부	WonenNet	인터넷	온라인으로 여성지향의 직업정보 및 직업상담 실시
한국은행	『조사통계월보』	인쇄물	국내 및 국외 경제동향
한국산업인력공단	Q.net	인터넷	기술사 및 기능사 자격시험에 대한 기준, 자격취득 절차, 시험응시, 합격여부 확인
	www.hrdkorea.or.kr	인쇄물	평생직업능력 개발 안내
	국가기술자격 통계연보	인쇄물	1년 동안의 국가기술자격 통계를 제시
대한상공회의소	전국기업체 총람	인쇄물	전 산업의 산업별·제품별·지역별 사업체명단 수록
한국경영자총협회	임금실무자료	인쇄물	임금조정과 현황 및 임금관리 사례 소개
	노동경제연감	인쇄물	노동정책 전반과 국제 노동경제 동향, 문헌자료 수록
한국산업연구권	산업·기술동향	인쇄물	신기술, 신제품 및 국내외 산업동향 분석
	과학기술문헌속보	인쇄물	분야별 문헌 소개
한국직업능력개발원	직무분석	인쇄물	직무의 내용을 분석하여 직종소개, 직업훈련 및 자격검정에 대한 안내
	인력수급추계	인쇄물	미래 직종에 대한 구체적인 정보 제공
	연구보고서	인쇄물	직업관련 정보
	CareerNet	인터넷	진로 계획 및 진학정보, 직업세계정보 제공
한국노동연구원	인력수급추계	인쇄물	미래직종에 대한 정보
	노동	인쇄물	직종에 대한 구체적인 취업정보 제공
관련학회 및 연구소	각종 전문잡지/연구물	인쇄물	관련 산업에 대한 연구, 자료분석, 새로운 전문지식 소개
관련조합 및 단체	조합원 명단	인쇄물	관련 산업의 조합원에 대한 명단 수록
	연감	인쇄물	전년도의 해당 산업의 동향·추세 등을 분석하여 현황 제시

표 2-6 직업정보제공원(계속)

제공원	제공자료명	제공방법	정보내용
한국노동조합 총연맹	산별 노동조합명	인쇄물	산업별 노동조합 현황
TV	구직 · 구인안내	방영	구직 · 구인에 대한 상세한 정보
	직업안내	방영	직업에 대한 구체적인 내용 제시
라디오	구인 · 구직안내	방송	구인 · 구직 알선 및 상세한 정보
	직업안내	방송	직업에 대하여 상세한 안내
신문	구인 · 구직안내	인쇄물	구인 · 구직 알선 및 상세한 정보
	직업안내	인쇄물	직업에 대하여 상세한 안내
주간지	구인 · 구직안내	인쇄물	구인 · 구직 알선 및 상세한 정보
생활정보지	구인 · 구직안내	인쇄물	구인 · 구직 알선 및 상세한 정보
공공직업 안내소	구인 · 구직안내	상담	각 시 · 도에 설치 · 운영하며 전문기술 직종을 포함한 전 직종 알선
사설직업 안내소	구인 · 구직안내	방문/상담	해당 직종에 대해 유료 및 무료 알선
사업체	모집광고/회사소개서/상품광고	방송/인쇄물	사업체에 관한 일반적인 사항 및 모집직종, 모집방법에 대해 구체적으로 제공

3. 직업정보원의 네트워크

직업정보원으로서의 정보망으로는 우선 정부부처에서 홈페이지로 제시하고 있는 관련자료를 들 수 있다. 정부에서는 정부가 생산하는 각종 통계와 정부정책 등을 사이트로 게시하여 각종 정보를 제공하고 있다.

직업정보 네트워크는 정부부처, 정부투자기관 및 연구기관, 외국관련기관 등에서 직업정보를 수집할 수 있다. [표 2-7]은 직업정보와 관련 있는 정부부처의 사이트를 소개한 것이다.

표 2-7 직업정보와 관련된 정부부처 사이트

기관명	주소	기관명	주소
기획예산처	http://www.mpb.go.kr	문화관광부	http://www.mct.go.kr
재정경제부	http://www.mofe.go.kr	정보통신부	http://www.mic.go.kr
행정자치부	http://www.mogaha.go.kr	노동부	http://www.molab.go.kr
외교통상부	http://www.mofat.go.kr	보건복지부	http://www.mohw.go.kr
과학기술부	http://www.most.go.kr	통계청	http://www.nso.go.kr
교육인적자원부	http://www.moe.go.kr	중소기업청	http://www.smba.go.kr
여성가족부	http://www.mogef.go.kr	특허청	http://www.kipo.go.kr

정부부처에는 각 산하기관이 있으며 이러한 정부투자기관과 직업과 관련된 연구를 수행하는 연구기관에서는 각종 다양한 직업정보를 생산해 낸다. [표 2-8]은 이러한 정부투자기관 및 연구기관 등을 제시한 것이다.

또한 외국의 직업관련 정보망은 미래의 직업과 관련된 정보를 비교하여 분석할 수 있다. [표 2-9]는 외국의 직업관련 정보망을 소개한 것이다.

표 2-8 직업정보와 관련된 정부투자기관 및 연구기관

서비스 기관	주소	비고
학술연구정보서비스	http://www.riss4u.net	학술관련 국내외 정보
한국산업인력공단	http://www.hrdkorea.or.kr	가격제도 및 시행
근로복지공단	http://www.welco.or.kr	고용보험 및 산업안전 관련
한국산업안전공단	http://www.kosha.or.kr	산업안전
한국폴리텍대학	http://www.kopo.ac.kr	직업훈련
대한상공회의소	http://www.korcham.net	사업장
한국생산성본부	http://www.kpc.or.kr	생산관리
한국산업기술평가원	http://www.itep.re.kr	직업교육
한국직업능력개발원	http://www.krivet.re.kr	직업교육, 직업
한국교육개발원	http://www.kedi.re.kr	교육
한국노동연구원	http://www.kli.re.kr	노동시장
한국청소년정책연구원	http://www.youthnet.re.kr	청소년의 진로행동
한국개발연구원	http://www.kdi.re.kr	인력수급추계
한국경제연구원(전국경제인연합회)	http://www.keri.org	경제, 사업주
과학기술정책연구원	http://www.stepi.re.kr	기술발전
한국농촌경제연구원	http://www.krei.re.kr	농촌경제
대외경제정책연구원	http://www.kiep.go.kr	국제경제
한국보건사회연구원	http://www.kihasa.re.kr	인구구조, 인구동태
산업연구원	http://www.kiet.re.kr	산업구조, 산업전망
한국생산기술연구원	http://www.kitech.re.kr	기술발전, 기술전망
한국여성정책연구원	http://www.kwdi.re.kr	여성관련 정보
국립중앙도서관	http://www.nl.go.kr	학술관련 정보
국회도서관	http://www.nanet.go.kr	학술관련 정보

표 2-9 외국의 직업관련 정보망

서비스 기관	URL
OECD	http://www.oecd.org
미국 노동성	http://www.dol.gov
미국 통계청	http://www.census.gov
미국 노동통계국	http://stats.bls.gov
미국 직업성인교육국	http://www.ed.gov/about/offices/list/ovae
미국직업협회(American Vocational Association)	http://avaonline.org
미국진로정보넷(America' s Career infonet : ACINET)	http://www.acinet.org
캐나다인적자원 및 사회개발	http://www.hrsdc.ca
캐나다 통계청	http://www.statcan.ca
캐나다워크인포넷	http://www.workinfonet.ca
캐나다잡뱅크	http://www.jobbank.gc.ca
캐나다리얼게임	http://www.realgame.com
CEDEFOP(European Centre for the Development of Vocational Training)	http://www.cedefop.europa.eu
영국통계청	http://www.statistics.gov.uk
영국산업대학	http://www.learndirect.co.uk
독일연방고용공단 진로시스템	http://www.machs-richtig.de
오스트리아 국립진로정보시스템	http://www.myfuture.edu.au
일본 후생노동성	http://www.mhlw.go.jp
일본직업능력개발정보	http://www.mhlw.go.jp/bunya/nouryoku/
일본 잡월드	http://www.shigotokan.ehdo.go.jp

4. 패널조사와 직업정보

(1) 패널조사의 의의

패널조사는 시계열 자료의 성격과 횡단면 자료의 성격을 동시에 가지고 있는 조사 방법이다. 이는 단순한 시계열 자료나 단면 자료에 비해 패널자료는 ① 추정의 효율성(efficiency) 향상, ② 설명변수 간의 공선성(collinearity) 발생 가능성 축소, ③ 추정량의 편의(bias) 감소, ④ 정책의 효과를 동태적으로 분석 가능, ⑤ 상태 간의 변이과정(transition between states) 이해 가능, ⑥ 특정기간효과(period specific effect), 특정연령효과(age specific effect), 동시태생효과(cohort effect)에 대한 분석 가능 등을 들 수 있다. 미국을 비롯한 선진국에서는 이미 1970년대부터 다양한 주제의 패널연구를 시행하고 그 결과를 정책수립에 반영하였다. 특히 미국 패널조사의 역사가 가장 오래되었고, 활발하게 진행되고 있다(http://keep.nhrd.net).

지금까지 한국사회에서 청소년의 태도나 행위를 이해하기 위한 연구에 사용되었던 대부분의 조사설계들은 횡단적 조사설계(cross-sectional survey design)로서, 사건들 간의 '인과관계 설정에 있어서 시간적 순서(time order)의 조건'을 만족시키는 데 한계가 있었다. 또한 태도나 행위의 시간적 변화 유형이나 추세를 파악하고 설명하기가 어려웠다. 이와는 반대로, 종단적 조사설계(longitudinal survey design)는 사건들 간의 '인과관계 설정에 있어서 시간적 순서의 조건'을 만족시킬 수 있으며, 태도나 행위의 시간적 변화 유형이나 추세를 파악하고 설명할 수 있는 장점을 지닌다(박창남 외, 2001).

패널조사를 시행하는 대표적인 기관으로는 미국노동통계국(BLS)과 국립교육통계센터(NCES)가 있으며, 특히 국립교육통계센터의 패널조사는 학생을 조사 대상으로 한 교육관련 패널조사이다.

미국의 경우, 20년 이상 조사가 장기 지속됐거나 현재도 진행 중인 대표적인 패널조사로서, 노동시장에 초점을 맞추어 1966년부터 시작된 미국종단적조사(National Longitudinal Survey : NLS), 1979년부터 시작된 미국청년종단적조사(National Longitudinal Survey of Youth : NLSY), 가구와 개인의 소득 및 소비에 초점을 맞추어 1968년에 시작된 수입변동패널(Panel Study of Income Dynamics : PSID) 등을 들 수 있다. 1979년에 시작된 미국청소년종단적조사(NLSY)는 만 14~21세에 해당하는 1만 2,686명의 표본을 대상으로 20년째 조사가 수행되고 있으며, 20~30대 청년층의 노동시장 이동에 대한 광범위한 정보가 수집되어 미국의 노동관련 정책결정 및 연구활동의 가장 중요한 기초자료로 사용되고 있다. 또한 1997년에는 만 12~16세를 대상으로 미국청소년종단적조사(NLSY97)가 시작되었다.

또한 OECD 국가 중 1993년에 시작된 캐나다의 노동 및 임금변동조사(Survey of Labor and Income Dynamics : SLID), 1991년에 시작된 영국가정패널(British Household Panel Study : BHPS), 1984년에 시작된 독일사회경제패널(German Socio-Economic Panel : GSEP) 등이 있다.

우리나라의 경우에도 패널자료에 대한 관심이 커지면서 정부 출연 연구소들을 중심으로 패널조사가 진행되고 있다. 우리나라 패널조사는 1993년부터 대우경제연구소에 의해 수행된 한국가구패널조사(Korea Household Panel Study : KHPS), 1998년부터 한국노동연구원에 의해 수행되고 있는 한국노동패널조사(Korea Labor and Income Panel Study : KLIPS),

한국고용정보원의 청년패널(Youth Panel : YP)의 경우 2002년부터 조사, 한국청소년정책연구원의 '청소년패널조사'는 2004년부터 시행되었다.

(2) 우리나라 고용관련 패널

1) 청년패널(Youth Panel : YP)

청년패널조사는 우리나라 청년층을 대표하는 패널표본을 대상으로 1년 1회 학교생활, 직장경험, 직업관 및 앞으로의 진로, 직업교육훈련, 구직활동, 가계배경 등에 관하여 추적조사하는 종단면조사(longitudinal survey)이다.

만 15~29세에 해당하는 청년층의 실업률은 점점 심화되고 있다. 이는 최근 경기 위축만이 아니라 경력 중시형 노동력 수요로의 변화와 교육-노동시장간 괴리에 의한 인력수급의 양적 · 질적 불일치에 의해 발생하는 구조적인 문제이다. 청년실업의 근본적인 문제해결을 위해서는 학교에서 노동시장으로 이행(school to work transition)하는 각 단계 및 이동과정에 대한 정보가 필요하며, 이러한 정보를 제공하기 위해 시작된 것이 청년패널조사이다.

청년패널조사는 청년층의 학교생활, 사회 · 경제활동, 가계배경 등을 반영하는 기초자료를 수집하여 청년실업 해소를 위한 노동정책의 수립 및 관련 연구의 발전에 기여할 목적으로 2001년 한국고용정보원(www. keis.or.kr)에서 시작되었다.

청년패널조사는 만 15~29세의 연령층에 초점을 맞춘 우리나라 최초의 개인단위 패널조사라고 할 수 있다.

청년패널자료가 장기간에 걸쳐 구축될 경우 청년층의 학교에서 직업으로 이행과정 및 노동시장 진로 경로(career path)에 대한 광범위한 자료를 획득할 수 있으며, 청년과 관련된 여러 측면의 현황파악은 물론, 교육, 훈련, 고용안정 등을 위한 정책자료와 관련 연구자료로서 활용도가 매우 높을 것으로 기대된다.

청년패널조사는 노동부의 인력수급전망 인프라구축방안의 과제로 고용보험 연구사업지에서 예산지원을 받고 있으며, 「산업 · 직업별 고용구조조사(WIC-OES)」와 함께 통계청의 공식승인을 받아 수행되고 있다(통계청 승인번호 : 38701)(http://youthpanel.work.go.kr).

청년패널조사는 1995년 인구주택총조사의 10% 표본조사구(섬지역 조사구와 시설단위 조사구를 제외한 2만 2,029조사구)를 모집단으로 하였다. 1차년도 청년패널조사는 2001년도 산업 · 직업별 고용구조조사(OES)의 부가조사형식을 취했다. 따라서 패널조사만의 표본추출틀을 갖고 있지는 않으며 산업 · 직업별 고용구조조사(OES) 조사에서 사용된 표본추출방법을 그 모태로 하였다.

조사에 사용되는 표본 조사구는 7대 대도시와 각 도의 동부와 읍·면부의 총 15개 지역별로 작성된 추출단위 조사구 명부에서 각 시·도별 표본 조사구를 조사구 내의 가구 수 규모의 크기에 비례하는 확률비례계통추출법(probability proportional to sampling)을 적용하여 추출된다. 추출된 2,500개 조사구에서 각 조사구 당 20가구가 계통추출법(systematic sampling)에 의해 선정된다. 결국 조사대상가구는 지역, 주택특성, 산업구성비 등이 고려된 분류지표를 감안하여 조사구 내의 가구 수 규모의 크기에 비례하는 확률비례계통추출법을 적용한 2단 군집추출(2-stage cluster sampling)방법에 의해 추출된다. 조사구 붕괴로 인해 조사가 불가능할 경우 분류지표를 감안한 유사 조사구로 대체된다.

산업·직업별 고용구조조사(OES)를 위해 선정된 5만 가구 중에서 약 20%는 조사구별 무작위추출법(random sampling)을 사용하여 약 1만 가구를 청년패널구축의 대상가구로 선정하였다. 평균 가구원수를 3.12명으로 추정하고 이중 15~29세 이하의 인구비율을 25%로 추정하면 조상대상표본의 수는 약 8,000명으로 추정된다.

청년패널조사는 표본가구내 만 15~29세 해당하는 청년층을 대상으로 한다. 1차(2001)년도 청년패널조사에서 표본 6,500여 가구 중 만 15~29세에 해당하는 청년층은 1만 1,074명이었으며, 이 중 8,296명이 조사에 응답하였다. 1차 조사에서 응답한 8,296명이 청년패널 원표본이 되며, 2차 조사부터는 원표본 만을 대상으로 조사를 실시한다. 청년패널은 개인단위 패널조사로 원표본이 속한 가구에 만 15~29세에 해당하는 청년층이 있더라도 조사대상에 포함되지 않는다.

조사방법은 면접원이 조사대상가구를 직접 방문하여 질문하고 그 응답을 기록하는 면접타개식을 원칙으로 한다.

2) 한국노동패널조사(Korean Longitudinal Study of Ageing : KLoSA)

올바른 정책의 수립, 실행, 평가 등을 위해서 대표성 있고 신뢰할만한 기초자료의 뒷받침이 필수적이지만 현재 우리나라에서 실시하고 있는 각종 노동시장관련 통계조사들은 아직 그 내용이 빈약하거나 개별수준이 아닌 기업수준의 조사들이어서 개인의 특성 및 의사결정에 바탕을 둔 미시적이고 동적인 차원에서의 노동시장의 이해 및 정책결정에 별다른 도움을 주지 못하고 있는 실정이다.

동시에 경제와 노동시장의 국제화가 급속히 진행되고 있는 가운데 다른 나라들과의 비교분석이 가능한 노동시장 자료 또한 부재한 상황이다.

현재 우리나라에서 실시되고 있는 노동시장관련 전국규모 조사로는 통계청의 경제활동인구조사, 고용구조 특별조사, 노동부의 노동력유동실태조사 및 임금구조기본통계조사 등이 있다. 그러나 이상의 통계조사들은 모두 일정시점을 기준으로 한 횡단면적(cross-sectional) 조사로서 노동시장의 정지된 그림(snapshot view)을 보여 줄 수는 있으나 동적인 측면에서 개인의 경제활동참여, 노동시장 이동과정, 소득과 소비의 변화 등을 파악하는 데는 한계가 있다.

패널조사는 횡단면 조사의 이러한 단점을 보완하면서 동적인 차원에서 가구와 개인의 장기간에 걸친 변화와 상태간 이동과정을 보여줌으로써 횡단면 자료만 가지고는 불가능한 심도 있는 정책연구 및 정책평가를 가능하게 해 주는 장점을 가지고 있다.

예를 들면, 학교를 졸업한 청소년들의 노동시장 진입, 이동과정, 실업자들의 재취업과정, 장기실업의 역동성, 실업급여의 재취업효과, 개인의 의식구조와 노사관계의 변화, 육아장려금과 주부의 경제활동변화 등과 같은 연구들은 패널자료의 분석을 통해서만이 가능한 노동시장에 관련된 정책연구과제들이다.

선진국들에서는 이러한 정책연구의 필요성을 충족시키고 노동시장 기초연구의 활성화를 위해 우리보다 앞서 패널조사를 시작하여 오랜 기간 성공적으로 수행해 오고 있다.

이러한 시점에서 한국노동패널조사는 노동시장 관련 시초자료의 미흡, 부재 문제를 해소하고 보다 합리적이고 정확한 노동시장 및 고용정책의 수립과 앞으로 노동패널자료가 장기간에 걸쳐 성공적으로 구축될 경우 고용보험제도의 효율적 운영과 장기적인 발전에 기여할 뿐만아니라 기초자료로 활용될 것이다. 한국노동패널조사와 연구는 노동부의 고용정책실에 의해 배정되는 고용보험 연구사업비에서 예산 지원을 받고 있다(통계청 승인번호 : 33601)(http://www.kli.re.kr).

한국노동연구원에서 비농촌 지역에 거주하는 한국의 가구와 가구원을 대표하는 패널표본 구성원(5,000명 가구에 거주하는 가구원)을 대상으로 1년에 1회 경제활동 및 노동시장 이동, 소득활동 및 소비, 교육 및 직업훈련, 사회생활활동에 관한 추적 · 조사하는 종단면 조사이다.

한국노동패널조사는 1995년 인구주택 총조사의 10% 표본조사구(전국 2만 1,675조사구)를 모집단으로 하였다. 다만 1995년 인구 주택 총조사의 10% 표본조사구 중에서 5,000가구를 직접 추출하는 작업이 상당한 비용을 발생시키기 때문에 시간과 비용을 절약하고, 동시에 1997년 고용구조 특별조사의 결과와의 상호비교를 위하여 추출된 표본이 1997년 고용구조특별조사의 표번에 속하도록 하였다.

인구주택총조사의 10% 표본조사구인 2만 1,675조사구 중 제주도를 제외한 전국의 도시

지역만을 대상으로 이를 층화하였으며 층화의 기준은 지역을 우선으로 하고, 동일 지역 내에서는 1997년 고용구조특별조사의 층화방법을 채택하였다. 조사구의 추출방법은 계통추출방법을 사용하였으며 제주도를 제외한 전국의 시부만을 대상으로 1,000개의 조사구를 선정하고, 각 조사구 내에서는 1997년 고용구조특별조사의 조사대상가구 중에서 5가구를 임의 선정(random sampling)하는 것을 원칙으로 하였다. 조사대상은 제주도를 제외한 전국의 시 지역에서 추출한 5,000가구와 그 가구에 속해 있는 15세 이상의 인구를 그 대상으로 조사하였다.

조사대상자에 대한 조사방법은 면접원이 질문하고 그 응답을 면접원이 기록하는 면접타계식을 원칙으로 한다(http://www.kli.re.kr).

3) 사업체 패널조사(Workplace Panel Survey : WPS)

우리나라 사업체를 대표하는 패널구성원(2,000개)를 대상으로 전반적인 경영환경 및 인적자원관리체제, 노사관계의 현황 및 임금교섭과정 등에 관한 정보로 매년 축적하는 종단적 조사이다.

우리나라에서 사업체를 대상으로 한 전국규모 조사는 통계청의 '전국사업체기초통계조사'가 있다. '전국사업체기초통계조사'는 사업체의 업종이나 규모 등의 횡단면적인 정보만을 제공할 뿐 우리나라에서는 아직까지 기업의 인적자원관리와 노사관계에 관한 정보를 제공하는 자료는 부재한 실정이다.

사업체패널조사(WPS)는 '전국사업체기초통계조사'의 사업체 분포를 기준으로 하여 고용보험DB에 등록된 사업체를 대상으로 표본을 추출하여 2002년도부터 조사하고 있다. 본 조사는 인사담당자가 응답하는 '인사관리', 노무 담당자가 응답하는 '노무관리자가 본 노사관계', 근로자대표가 응답하는 '근로자대표가 본 노사관계' 등 3부분으로 구성되어 있다. 인사관리 부문에는 비정규근로, 모성보호, 임금협상 등 주요 이슈와 관련된 부가조사가 실시하였다.

2002년부터 시작된 사업체패널조사(WPS)는 총 3,777개 사업체에서 응답하였고, 2004년 제3차년도 조사에서는 총2,164개 사업체에서 조사에 참여하여 2~3차년도 패널 사업체는 1,606개로 패널유지율은 80.1%로 나타났다. 부가조사로 노동시장이나 노사관계 분야에서 현안으로 부상하는 주제(비정규근로, 임금교섭실태, 산전후휴가 및 육아휴직, 주5일제, 차별 등)를 선정하였다.

고령화 사회에서 인적자원의 효율적 양성 및 활용, 사회 통합적 노사관계의 정립을 통한 국가경쟁력제고 등의 중요성이 강조되는 시기에 사업체패널조사(WPS)는 비정규근로를 포함한 노동수요의 결정요인, 기업의 인적자원 관리체계의 구조변화, 노사관계의 현황 및 인식변화 등 노동현안에 관한 연구에 기초자료로 활용될 것이며, 각종 노동관련 국가정책을 개발하는데 있어서 중요한 자료이다. 조사 주관 기관은 한국노동연구원이다 (http://www.kli.re.kr).

4) 고령화연구패널조사(Korean Longitudinal Study of Ageing : KLoSA)

고령사회를 대비한 제도 개혁 및 정책 결정을 위해서는 고령자의 노동시장 참여, 소득 및 자산 현황, 개인의 은퇴결정, 사회보장제도의 효과, 건강, 가족 내 소득 이전 등을 파악하기 위한 체계적인 자료 구축이 요구된다.

고령화연구패널조사는 향후 고령사회로 변화해 가는 과정에서 효과적인 사회경제정책을 수립하고 시행함에 있어 활용될 기초자료를 생산하는 데에 목적이 있다. 이를 통해 고령사회의 다양한 측면들을 포착하고, 여러 분야의 학제적 연구가 가능한 자료를 구축하며, 나아가 미국, 유럽 등 이미 중고령자 대상 패널조사를 실시하고 있는 선진국과 비교가 가능한 자료를 생산하여 고령화 정책 및 학술 연구의 기초자료로 활용한다.

조사대상은 제주도를 제외한 지역에 거주하는 45세 이상 중고령자로서 2006년은 일반가구 거주자를 대상으로 표집 및 조사 실시하고 시설 거주자는 2008년에 추가로 표집 및 조사할 계획이다.

표본 수는 약 1만 명이며 고령화연구패널조사의 기본조사는 2006년부터 매 짝수 연도에 동일한 조사 항목을 중심으로 실시한다. 2007년부터 홀수 연도에는 기본조사에 포함되지 않은 내용을 중심으로 특정 주제를 정하여 조사를 실시하고 2007년에는 개인생애사(life history) 조사를 실시할 계획이다. 2006년 조사는 7월부터 12월 중순까지 실시되며, 이후 조사에서도 매년 하반기에 조사를 실시할 계획이다.

조사 방법은 노트북을 이용한 대인면접법(computer assisted personal interviewing)이며, 조사내용은 중 · 고령자의 경제 및 사회활동에 영향을 미치는 주요 항목들을 포괄하는 방향에서 선정하였다. 기본조사의 조사영역 및 항목 설정은 고령화에 대한 국제비교연구가 가능하도록 미국, 영국, 유럽 등의 고령자패널조사의 조사영역과 항목을 참조하여 초고를 작성하고, 이후 조사영역별로 관련 학문 분야의 교수, 연구원, 실무자 등의 회의와 서면 자문 등의 의견수렴 과정을 거쳐 설정하였다.

조사항목은 7개 조사 영역(A. 인구, B. 가족, C. 건강, D. 고용, E. 소득, F. 자산, G. 주

관적 기대감 및 삶의 만족도)으로 구분하여 설정하였다. 조사 주관 기관은 한국노동연구원(www.klosa.re.kr)이다.

5) 한국교육고용패널(Korean Education and Employment Panel : KEEP)

한국교육고용패널조사는 국·내외적으로 요구되고 있는 패널 조사의 장점을 극대화하고, 교육과 고용 간의 연계성과 학생들의 학교에서 노동시장으로의 이행 과정을 밝혀, 청년층의 인적자원개발을 위한 기초 자료를 제공한다. 한국교육고용패널조사는 한국직업능력개발원(www.krivet.re.kr)에서 운영하며 기획예산처의 지원을 받고 있으며 통계청의 공식 승인을 받아 수행되고 있다(통계청 승인번호 : 38902).

한국교육고용패널(KEEP)의 표집방법은 전국을 지역별로 층화(stratification) 표집하였고, 실업계 고등학교는 학교유형별로 층화표집하였다. 2단계에서 지역별 학생수 비중에 따라(실업계 고등학교는 학교유형별 학생 수 비중에 따라) 학교를 선정하고, 선정된 학교에서 학급 및 학생을 추출하는 층화집락추출법(stratified cluster sampling)을 사용하였다.

표본틀은 『2003년 교육통계조사』의 (전수)조사대상 중학교 2,903개 학교 중 제주도 42개, 도서벽지 166개, 2학년이 30명 이하인 446개를 제외한 시·읍·면 지역의 2,249개 학교, 전문계 고등학교 748개 학교 중 제주도 12개, 도서벽지 31개, 2학년이 30명 이하인 76개를 제외한 시·읍·면 지역의 631개 학교, 일반계 고등학교 1,297개 학교 중 제주도 17개, 도서벽지 38개, 2학년이 30명 이하인 75개를 제외한 시읍면지역의 1,167개 학교와 전문계 고등학교 중 종합고등학교 보통과가 있는 200개 학교 중 도서벽지 24개, 2학년이 30명 이하인 48개 학교를 제외한 시·읍·면 지역의 128개 학교를 합한 1,295개 학교가 표본틀(sample frame)로 하였다. 2003학년도에 2학년인 학생은 2004학년도에 3학년이 되며, 학생변동 상황 등을 고려하여 31명 이상의 2학년이 있는 학교를 표집대상으로 하였다.

학급 수는 중학교가 1~21개, 전문계 고등학교가 1~23개, 일반계 고등학교가 1~20개(종합고 보통과의 경우 1~12개)이므로 표본학급번호는 5~23개의 학급수에 대하여 각각 무작위 추출하여 작성하였다. 선정된 학급에서 계통추출법(systematic sampling)으로 5명의 학생을 선택하였다(http://keep.nhrd.net).

6) 인적자본기업패널조사(Human Capital Corporate panel Survey : HCCP)

인적자본 기업패널조사는 기업이 지닌 인적자본(human capital)의 수준과 인적자원 관리 및 노력이 기업의 성과에 어떤 영향을 미치는지 분석하기 위한 조사이다. 기업에 대한 조사(기업 및 사업장 조사)와 기업구성원(근로자) 조사로 구성되어 있다.

본 패널조사의 주요 내용은 기업(사업장)의 경우 시장 및 기술의 변화와 같은 외적 환경요소, 경영전략, 인적자원관리, 인력현황, 인적자원개발 등으로 구성되어 있으며, 근로자의 경우 관리직, 생산직, 서비스직, 핵심 전문직 등의 교육훈련 참여, 숙련수준 및 형성 과정 등으로 구성되었다. 한국직업능력개발원에서 2005년 6월부터 1차 인적자본 기업패널조사를 실시하였고, 2년마다 실시되는 중장기적 패널조사로 계획되었다.

1차 인적자본 기업패널조사는 기업 450개, 사업장(본사와 사업장 분리형) 205개, 근로자 14만여 명을 대상으로 한다. 조사방식은 기업(사업장) 방문 면접조사를 실시한다.

기업의 인적자원에 관한 패널자료의 구축을 통해 기업의 인적자원관리 및 개발과 근로자의 지식 및 숙련형성에 관한 질 높은 자료를 확보할 수 있다. 구축된 자료를 통해 기업의 인적자원관리 및 인적자원개발, 근로자의 숙련형성 과정에 대한 체계적 연구가 가능하다. 동시에 기업과 근로자가 지닌 인적자본의 수준을 측정하고, 그것이 기업 및 근로자의 성과와 어떠한 관련을 갖는가를 분석할 수 있다.

표본추출은 조사대상에 따라 [기업 추출]⇨[사업장 추출]⇨[근로자 추출] 단계로 구성하였으며, 이 중 가장 근간이 되는 것은 조사의 기본단위는 기업 표본추출이다. 표본의 규모는 기업, 사업장, 근로자에 대해 각각 기업 450개, 사업장(본사사업장외의 추가사업장, 본사사업장은 기업으로 취급) 205개, 근로자 1만 4,631 명으로 구성하였다(http://hccp.nhrd.net).

7) 한국청소년패널(Korea Youth Panel Survey : KYPS)

최근 우리나라 청소년들은 청년실업의 여파, 교실붕괴와 학업중단의 증가, 일탈행위를 통한 시행착오의 증가, 불충분한 여가사회화 등으로 인해 밝은 미래를 설계하는 데 많은 어려움을 겪고 있다. 청소년들의 잠재적 직업선택, 향후 진로설정 및 준비, 일탈행위 · 여가참여 등의 횡단적 실태 · 종단적 변화양상 및 그 원인 등에 대한 파악이 우선적으로 요구된다. 또한 청소년들에게 적성과 능력에 맞는 적절한 진로지원 대책, 성장과정에서 시행착오를 덜 할 수 있게 하는 사회문화적 지원 대책, 충분한 사회화를 경험할 수 있게 하는 여가활동지원 대책 등을 제시하여야 한다.

한국노동패널조사나 청년패널조사의 경우 직업과 임금, 노동과 같은 노동시장에 초점이 맞추어져 있어 교육 관련 정보가 충분히 제공되고 있지 못한 실정이고, 청소년패널조사의 경우는 직업 및 노동시장으로의 연결을 파악하기에는 한계가 있다.

그러므로 청소년을 대상으로 성장과정 중의 여러 가지 태도나 행위의 실태 및 변화양상에 대해 파악하고 그 원인에 대해 인과적으로 설명하기 위해서는 횡단적 연구보다는 시간적 흐름에 따른 종단적 연구를 위하여 한국청소년정책연구원(www.youthnet.re.kr)에서 한국청소년 패널을 수행하였다.

동일한 표본을 대상으로 적어도 2번 이상 서로 다른 시점에서 조사를 시행하는 전망적 패널조사설계(prospective panel survey design)의 방법은 이러한 2가지 장점을 갖고 있으며, 종단적 조사설계의 대표적 방법으로서, 청소년을 대상으로 성장과정 중의 여러 가지 태도나 행위의 실태 및 변화양상에 대한 파악을 목적으로 하거나 그 원인에 대한 인과적인 설명을 목적으로 하는 데에 가장 적합한 방법이다.

조사연구는 우선, 전국의 중학교 2학년 청소년들(2003년 조사 시작~2008년까지 추적조사)과 전국의 초등학교 4학년 청소년들(2004년 조사 시작~2008년까지 추적조사) 중 연구대상으로 선정된 동일한 청소년들을 대상으로 그들의 잠재적 직업선택 · 향후 진로설정 및 준비 · 일탈행위 · 여가참여 등의 생활실태에 대해 전망적 패널조사의 방법으로 추적 조사하여 종단적 패널 데이터를 구축하고자 한다.

한국청소년패널조사(KYPS)의 종단적 연구모형은 동일 표본을 3번 이상의 서로 다른 시점에서 반복 조사하는 중다전망적 패널설계(multiple point prospective panel design)를 설계의 기본원칙으로 하였다. 또한 시간이 지남에 따라 표본이 상실될 경우, 표본을 대체하지 않고 횡단적 · 종단적 가중치를 부여하여 표본의 대표성을 유지함을 설계의 기본원칙으로 하였다.

이러한 원칙하에, 전국의 중학교 2학년 청소년들 중 표본으로 선출된 청소년들을 대상으로 2003(중학교 2학년)~2008년(고등학교 3학년 졸업 이후 1년차)까지 6년 동안 반복적으로 추적조사하고, 전국의 초등학교 4학년 청소년들 중 표본으로 선출된 청소년들을 대상으로 2004(초등학교 4학년)~2008년(중학교 2학년)까지 5년 동안 반복적으로 추적 조사한다(http://www.youthnet.re.kr).

|제3절| 직업정보 관리단계

현대사회의 정보범람은 망망대해에 배를 띄운 것으로 비교될 정도이다. 이러한 정보 중에서 옥석을 가려내고 정보의 가치를 높이기 위한 일련의 작업들, 즉 분석, 가공, 체계화 등을 거쳐 평가하는 단계를 거쳐야 정보로서 가치를 발휘하게 된다. 그러므로 이 절에서는 직업정보의 관리단계를 논할 것이다.

1. 직업정보의 수집

(1) 직업정보 수집의 의의

현대사회는 정보범람의 시대로 수많은 정보들이 필요 여부와 관계없이 시간과 장소를 가리지 않고 우리 생활에 파고들고 있다. 따라서 이렇게 잡다한 정보 가운데 직업과 관련된 정보를 선정하고 수집한다는 것은 용이한 일이 아니다.

직업정보 수집은 이용자의 요구에 충실하여야 하는데, 여기서 이용자의 요구라 함은 현재 요구하고 있는 것과 장차 요구할 것이라고 예상되는 것을 포함하는 모든 요구, 아무도 표시는 않으나 필요하거나 유용할 것이라 믿어지는 모든 잠재적 필요 등을 말한다(최성진, 1991).

직업정보 자료는 대단히 방대할 뿐만 아니라 급속히 팽창 · 증가하고 있는 반면, 그 생명의 기간은 점점 단축되고 있다. 이러한 정보의 수집은 비용과 시간을 요구하게 된다. 그러나 동일한 목적을 가지고 정보를 공유한다면 놀라울 만큼 비용과 시간을 절감할 수 있게 될 것이다. 특히 그 정보가 개인의 의사결정을 지원했다면 시간과 비용의 개념 이상의 이익을 얻게 될 것이다.

많은 정보를 다양한 요구에 맞추어 수집한다는 것은 어려운 일이다. 직업정보의 수집방법은 구입, 기증, 상담, 조사, 관찰 등의 방법을 통해서 수집될 수 있으며, 직업정보는 책, 잡지, 신문기사, 방송 및 TV 프로그램, CD, 인터넷, 팸플릿, 광고, 상품, 견학, 경험담 등 모든 형태의 자료를 망라하고 있다.

(2) 직업정보 수집방법

직업정보를 수집하는 방법은 다음과 같다.

1) 구입에 의한 방법

우선 구입에 의하여 특정한 직업에 대한 이미 가공된 직업정보를 수집할 수 있다. 자격증과 관련되어 소개되는 직업에 관한 자료들(예 : 직업상담사가 되는 길)이 이러한 예에 해당된다.

2) 기증에 의한 방법

국가기관이나 정부투자기관 등에서 생산되는 정보로서 이는 매년, 매분기, 매월 등 정기적으로 생산되는 자료들과 부정기적으로 생산되는 자료들이다. 그러므로 이러한 직업정보는 직업정보제공원과 협의하여 정기적으로 자료를 기증받을 수 있도록 체제를 갖춘다.

정기적으로 생산되는 정보들은 통계청(예 : 경제활동인구조사, 고용구조 특별조사, 매월 고용동향), 노동부(예 : 사업체 노동실태조사, 매월 노동통계조사, 임금구조 기본통계조사, 노동력 수요동향조사, 노동력 유동실태조사, 직업훈련사업, 여성과 취업), 교육인적자원부(예 : 교육통계연보) 등에서 발간되는 자료들이다. 그리고 부정기적으로 발행되는 자료는 정부정책에 대한 제안서나 평가 등의 자료(예 : 고용보험 10년사)에서 수집된다.

3) 통신에 의한 공개 · 비공개 자료수집방법

인터넷을 통한 각종 직업정보의 제공은 각각 무료와 유료로 제공되고 있다. 무료로 제공되는 대표적인 직업정보망은 고용정보워크넷이며, 통계청에서는 각종 국가단위의 통계를 인터넷에서 검색할 수 있다[예 : 인구동태 통계결과(http://www.nso.go.kr)]. 또한 유료정보는 인터넷에 설치된 정보망이나 연구기관의 보고서 등에서 찾을 수 있다.

4) 상담에 의한 방법

이 방법은 직업에 관련된 정보를 가지고 일정한 장소에서 상담하는 경우로서 가장 대표적인 것이 구인 · 구직과 관련된 노동부 고용지원센터와 같은 직업안정기관에서 이루어지는 상담이다. 이 외에도 상담은 학교 · 직업훈련기관 · 단체, 창업관련기관 · 단체 등에서 실시된다.

5) 조사에 의한 방법

특정한 직업정보를 수집하기 위해서는 조사방법을 적용하는 것이 좋다. 조사방법은 조사목적과 방법, 내용 등을 확정하고 시행하게 되는데, 대표적인 조사방법으로는 직무분석, 인력수요의 예측, 패널 등에 관한 조사가 있다.

6) 현장방문 또는 체험에 의한 방법

관련된 직업이 있는 일터에 가서 직접 현장을 관찰하거나 그 직업을 체험함으로써 정보를 수집할 수 있다. 우리나라에서는 2010년도에 직업체험관을 건립 중에 있다.

(3) 직업정보 수집 시 기준

직업정보 수집 시에 다음과 같은 기준에 비추어 검토해야 한다.

1) 정확도

평가하고자 하는 자료가 다른 모든 기준에 다 부합한다 하더라도 이 기준에 어긋나면 가치가 전혀 없다. 모든 자료는 주제로 다루고 있는 직업을 공정하고 올바르게 묘사해야 이용자가 그 분야를 제대로 이해하는데 필요한 추론과 결론을 얻을 수 있다. 부정확한 정보는 결국 항상 오해를 불러일으키고 결국 사실이 아닌 오류에 근거한 결정으로 이어지게 만든다. 자료는 솔직하고 정직하며 묘사하고 있는 직업을 있는 그대로 설명해야 한다. 직업 상담가를 모두 도울 의향이 있는 출판업자라면 상담사가 그 자료의 정확도를 판단할 수 있는 정보를 출판물에 포함시킬 것이다. 이 정보에는 출판물에 들어있는 정보가 어떤 식으로 수집이 되었는지, 논의의 근거가 되는 표집의 크기, 위치, 분포도에 관한 언급, 이 정보를 수집하고 출판하도록 준비한 사람의 신분, 그리고 그 사람이 편견 없이 자료 제작을 할 능력이 있다는 증거, 그리고 자료를 획득한 날짜 등이 포함되어야 한다. 출판된 대부분의 자료가 상당히 넓은 지역에 근거하고 있기 때문에 상담가는 자료에서 다루고 있는 직업정보의 전반적인 정확도를 전국적으로 확인해야 할 뿐 아니라, 각 지역 상황이 묘사된 부분에서는 정밀성도 확인해야 한다.

2) 신용도

이 기준은 정확성과 밀접한 연관이 있다. 정확도는 정밀성에 중점을 두지만, 신용도에는 시간 요소가 가미된다. 다시 말해서 직업 정보를 평가할 때 이 정보가 현재 정확한가를 확인해야 한다.

어떤 시점에서 볼 때 특정 직업은 상대적으로 변화를 많이 겪지 않고 유지되고 있을 수도 있고, 아주 급속한, 어쩌면 극단적인 변화를 거치고 있을 수도 있으며, 혹은 그 중간 어느 지점 정도의 완만한 변화 중에 있을 수도 있다. 예를 들면, 현재 벌어지고 있는 기술 현대화의 결과로 제조업 분야 직업들은 광범위한 변화를 겪고 있다.

직업상담가가 어느 순간 특정 직업이 위에서 언급한 상태 중 어느 단계에 있는지를 정확히, 아니 대강이라도 예측하기란 무척 어렵다. 가장 좋은 판단의 근거는 아마도 직업세계 전체에서 벌어지고 있는 상황을 항상 파악하고자 하는 끊이지 않는 노력일 것이다.

3) 이용의 편이

직업정보를 수집하기 위한 예비단계에서만이라도 흔한 직업에 대한 자료에 더 중점을 두어야한다. 이 직업들이야말로 가장 많은 수가 가장 많은 관심을 보이는 분야들이기 때문이다.

이와 비슷하게, 어떤 자료는 그냥 훑어보는 정도에서 심각하게 연구를 하고자 하는 층까지의 학생들 혹은 상담 고객들이 모두 혜택을 볼 수 있도록 조직되고 준비된 것들도 있다.

4) 친근감

친근감은 자료의 형태에 따라 다르다. 그러나 쉽게 이해되지 않거나, 시대에 뒤떨어지거나, 부적절하게 개발된 자료는 절대 친근감을 줄 수 없다. 전산화된 자료는 프로그램이 사용자의 질문이나 명령어에 반응이 빠르고, 선명하고 내용을 잘 설명하는 그래픽을 갖추고 있으며, 이용 편의를 위해 따라 하기 쉬운 지시사항을 갖춘 자료가 친근감이 높은 자료라고 할 수 있다. 전산 자료, 시청각 자료, 인쇄 매체 등은 구입하기 전에 먼저 살펴보고 이용자 친근감을 검증한 다음 구입결정을 해야 한다.

5) 포괄성

직업정보 자료를 선택하기 위해 살펴볼 때 상담자는 특정 목표를 가지고 그 목표에 부합하는 자료를 찾는 경우가 간혹 있기는 하지만 대부분은 전반적으로 유용하게 사용될 자료를 찾게 된다. 자료를 평가할 때 포괄성을 염두에 두어야 한다. 특히 이용자가 진지하게 실제 선택과 결정을 해야 하는 단계인 고등학교 내지는 그 이후 단계에 있는 경우 그들에게 제공할 자료에 대해서는 포괄성을 더 고려해야 한다. 이 단계에서는 상담자 혹은 고객이 고려하고 있는 직업을 제대로 파악할 수 있는 정보는 모두 제공해야 하기 때문이다.

(4) 직업정보 수집 시의 유의점

직업정보를 수집할 때의 유의점은 다음과 같다.

1) 명확한 목표를 세운다.

'누구를 위하여', '무슨 목적으로', '어디서', '어떻게 해서', '무엇을' 수집할 것인가 등을 명확히 하여야 한다. 즉, 이용자가 무엇을 요구하는지에 대한 명확한 목표설정이 있어야 한다.

2) 직업정보는 계획적으로 수집하여야 한다.

정보는 가치를 가지며, 불확실성을 감소시키고, 의사소통의 오류를 통제해야 생명력을 갖는다. 그러므로 모든 자료가 정보가치를 갖는 것은 아니다. 즉, 직업정보는 우연히 눈에 띄거나 외부로부터 제공되는 자료를 모아 둔다고 해서 충분한 것이 아니다. 직업정보를 조직적이고 계획적으로 수집하기 위해서는 직업정보제공원을 파악하고 유기적인 관계 속에서 직업정보가 수집되는 흐름을 설정하여야 한다. 직업정보제공원의 기능을 충분히 이해하여 필요한 정보를 항상 공급받는다면 시간과 경비를 절약하는 것은 물론 항상 새롭고 정확한 정보를 비축할 수 있다.

3) 자료의 출처와 수집일자를 반드시 기록한다.

자료를 수집하면 자료의 출처, 저자, 발행연도 등을 반드시 명기하고 수집한 일자도 기입해야 한다.

4) 항상 최신의 자료인가 확인하여야 한다.

정보는 변화한다. 수집한 정보는 항상 유효한 것이 아니기 때문에 불필요한 자료를 폐기하고 새로운 정보를 보완하는 작업이 지속적으로 진행되어야 한다.

5) 직업정보 수집에 필요한 도구를 사용한다.

직업정보를 수집하기 위하여는 쓰기, 옮겨쓰기, 사진 오려붙이기, 녹음, 녹화, 입력 등의 작업이 이루어져 정리와 활용을 용이하게 하기 위한 상태로 제작되어야 한다.

2. 직업정보의 분석

(1) 직업정보 분석의 실시

이용자의 요구가 적시에 충족되기 위해서는 직업정보 분석기간의 길이, 양, 질 등이 고려되어야 하는데, 직업정보의 분석은 받아들인 자료의 내용을 파악하고 이용자가 요구할 것이라고 믿어지는 자료나 정보를 인식 · 분리하여 제공하기에 편리하도록 배열해 두기 위한 작업이다. 이때 유사한 자료 중 정확성을 평가하고 각출(access)하는 과정이 포함된다.

직업정보의 분석은 직업전문가에 의해 이루어져야 하는데, 수집된 직업정보를 필요도에 따라 선택하고 항목별로 분류하되, 오래되거나 불필요한 것은 버려야 한다. 또한 다양한 정보를 충분히 검토하여 가장 효율적으로 검색 또는 활용할 수 있는 방법으로 분류해야 한다. 이때 각 정보는 주제별, 활용대상별, 활용장소, 활용방법, 입수 연월일, 제공처 등의 내용으로 분류하고, 그 내용을 명확히 한다. 수집된 정보에 대하여는 목적에 맞도록 몇 번이고 분석하여 가장 최신의 객관적이며 정확한 자료를 선정한다.

표 2-10 용도에 따른 직업정보 분석의 분류

주제	미래사회 분석	직업세계 분석	노동시장 분석	개인 분석
용도	• 직업정보화 • 직업상담 • 직업상담 프로그램 개발 • 직업연구	• 직업정보화 • 직업상담 • 직업상담 프로그램 개발 • 직업연구	• 직업정보화 • 직업상담 • 직업상담 프로그램 개발 • 직업연구	• 직업상담 • 직업상담 프로그램 개발 • 직업연구
예시	• 미래사회전망 • 산업전망 • 직업전망 • 국제사회의 변화 • 기술의 변화 • 경영전략의 변화	• 산업구조 • 직업구조 • 직무내용 • 인력개발	• 사업체 유형 • 근로자 현황 • 근로조건 현황 • 직업 관련법규 • 직업 관련제도	• 직업의식 • 직업선호도 검사 • 집단별 특성 • 집단별 직업요구도

(2) 직업정보 분석의 분류

직업정보 분석은 용도에 따라 [표 2-10]과 같이 나누어진다.

(3) 직업정보 분석의 예

직업정보 분석은 전문분야로서 전문가에 의해 이루어 지는데, 직업전문가, 직업연구가, 직업상담가, 직업정보분석가 등에 의해 관련정보를 정확히 해석하고 난 후에 직업정보분석가들에 의해 해석되고 가공단계를 거친다.

이와 같은 자료는 2가지 형태로 제공되는데, 하나는 [표 2-4]의 '원자료를 분석 및 해석한 형태의 예' 처럼 관점을 가지고 분석하여 해석된 형태이고, 다른 하나는 [표 2-11]의 '직업정보 분석의 예' 처럼 원자료를 가지고 직업정보분석가들에 의해 다각도로 해석될 수 있는 여지를 갖고 있는 형태이다.

(4) 직업정보 분석 시의 유의점

직업정보 분석 시에 유의할 점은 다음과 같다.

1) 동일한 정보라 할지라도 다각적인 분석을 시도하여 해석을 풍부히 한다.

정보는 여러 가지 측면에서 분석하면 다양한 의미를 갖게 된다. 가령, 우리나라의 인구구조

직업정보 분석의 예(종사상 지위별 취업자)

2007년 3월 현재 취업 중인 2,312만 1,000명을 대상으로 종사상 지위별 고용구조를 살펴보면, 임금근로자는 1,573만 1,000명으로 전년동월에 대비하여 36만 2,000명(2.4%)이 증가했고, 비임금근로자는 747만 9,000명으로 전년동월에 대비하여 27만 3,000명(1.2%)이 증가했다.

임금근로자는 상용근로자가 33만 1,000명(4.1%) 증가한 반면, 임시근로자도 8만 5,000명(1.7%) 증가하였으나, 일용근로자는 5만 5,000명(−2.5%)가 감소하여 상요근로자의 증가가 가장 높게 나타났다. 한편, 비임금근로자 중 자영업주가 600만 2,000명(−1.36%) 감소하였고, 무급가족 종사자도 138만 7,000명(−0.8%)가 감소했다.

이러한 결과는 그동안 구조조정 과정에서 기업이 경쟁력 제고를 위해 상용근로자를 일용 및 임시근로자로 대체하는 관행이 좀 더 개선된 것으로 보인다.

표 2-11 종사상 지위별 취업자 (단위 : 천명, %)

구분	2006년 3월	2006~2007						
		2006년 11월	2006년 12월	2007년 1월	2007년 2월	2007년 3월	전년동월 대비	
							증감	증감률
전체	22,848	23,458	22,989	22,674	22,674	23,121	273	1.2
비임금근로자	7,479	7,657	7,267	7,136	7,136	7,390	−89	−1.2
• 자영업주	6,081	6,179	5,967	5,848	5,848	6,002	−78	−1.3
• 무급가족 종사자	1,398	1,479	1,300	1,288	1,288	1,387	−11	−0.8
임금근로자	15,369	15,801	15,722	15,539	15,539	15,731	362	2.4
• 상용근로자	8,101	8,367	8,343	8,399	8,399	8,432	331	4.1
• 임시근로자	5,103	5,198	5,234	5,125	5,125	5,188	85	1.7
• 일용근로자	2,165	2,236	2,144	2,015	2,015	2,112	−54	−2.5

원자료 : 통계청. 매월 고용동향 보도자료

는 출산율이 점차 낮아지는 한편, 평균수명이 늘어나면서 중 · 고령자가 증가하고 있는데, 이러한 현상에 대한 분석에서 보자면, ① 평균수명의 증가로 인하여 중 · 고령자의 여가시간이 길어짐에 따라 생애설계와 여가활용 등에 대한 직업설계, ② 중 · 고령자에게 적합한 직종개발과 직업훈련 프로그램의 설치, ③ 중 · 고령자에게 필요한 직업정보 생산 및 제공 등이 요구되고 있다. 그러나 다른 한 측면에서는 중 · 고령자 관련 산업이 유망함을 암시하고 있다. 그러므로 직업정보 분석시에는 여러 가지 측면에서 해석해 보아야 한다.

2) 전문적인 시각에서 분석한다.

직업정보는 다양한 변인에 의하여 변화하고 있는 상태이기 때문에 전문적인 시각에서 분석하여 가공될 수 있도록 정보 본래의 가치에 충실해야 한다. 이는 전문지식이 없는 개인이 정보를 왜곡되게 받아들이지 않도록 하는 장치이다.

3) 분석과 해석은 원자료의 생산일, 자료표집 방법, 대상, 자료의 양 등을 검토하여야 하는 한편, 분석비교도 이에 준한다.

정보생산자가 의도한 정보생산 목적에 부합한 분석과 해석이어야 하며, 비교기준에 적합하지 않은 정보들과 비교하는 일이 없도록 해야 한다. 그러므로 직업정보분석가는 원자료의 생산일, 자료표집 방법 · 대상 등을 면밀히 검토하고 정보가 갖는 시간적 생명을 제시하는 한편, 각종 자료와의 비교가 가능한 자료들인지 확인해야 한다.

4) 직업정보원과 제공원에 대하여 제시한다.

이용자가 분석된 자료에서 제2차적인 정보를 얻기 원할 경우가 있으므로 각 정보에 대하여는 직업정보원과 제공원에 대하여 분명히 밝혀야 한다.

3. 직업정보의 가공 및 체계화

(1) 직업정보의 가공

분석된 직업정보는 활용하기 쉬운 형태로 보존하거나 내용을 요약 · 정리하여 능동적으로 활용할 수 있도록 편집 · 가공하는 것이 중요하다.

직업정보의 가공시에는 처리된 자료를 선정해 정보관리(information management)로 전환시켜 정보를 공유하는 방법을 강구하고 어떠한 자료를 어떻게 저장할 것인가에 대해 설계하는 과정이 있어야 한다. 또한 이용자에 따라 길이, 내용, 형태, 이름 등이 서로 달라 정보를 주고받을 수 없기 때문에 정보의 표준화 작업이 필요할 뿐만 아니라 자료의 흐름을 조정(navigating)하는 표준방법을 채택하여 체계화하여야 한다.

직업정보는 사용하는 시기가 너무 빨라도, 또 너무 늦어도 그 효과가 감소한다. 따라서 직업전문가, 직업정보분석가, 직업상담가 등은 인간의 직업발달과 단계를 고려하여 동일한 자료를 대상별로 가공하는 작업을 해야 하며, 이를 사용목적에 따라서 가공하여야 한다. 또한 직업정보 가공시에는 정보의 생명력을 측정하여 활용방법을 선정하고, 이용자에게 동기

표 2-12 직업정보 가공목적 및 이용자

구분	청소년	성인	여성	중 · 고령자
가공목적	• 진로성숙 • 진학지도 • 전공선택 • 직업선택 • 직업상담가	• 생애설계 • 직업선택 • 직업전환 • 직업상담가	• 생애설계 • 직업선택 • 직업복귀 • 직업전환 • 직업상담가	• 은퇴 후 생애설계 • 여가활동 • 직업상담가
이용자	• 직업상담 프로그램개발자 • 부모 • 교사/교수 • 청소년	• 직업상담 프로그램개발자 • 인력개발자 • 성인	• 직업상담 프로그램개발자 • 인력개발자 • 여성	• 직업상담 프로그램개발자 • 인력개발자 • 중 · 고령자

를 부여할 수 있도록 구상하여야 한다.

직업정보의 가공은 [표 2-12]와 같이 직업정보 제공대상자 특성에 따라서 직업상담가, 직업정보분석가, 직업전문가 등에 의하여 이루어진다. 또한 이러한 정보의 이용자들은 직업상담가, 직업상담 프로그램개발자, 인력개발자, 부모, 교사, 개인 등으로 구분된다.

(2) 직업정보의 가독성[1)]

1) 가독성

'가독성(legibility)' 이라는 뜻을 나타내는 말에는 '독해성(legibility)' 와 '읽힘성(readbility)' 가 있다(Sandra B. Ernst, 1997). 한국출판연구소(2002)의 출판사전에 의하면 '가독성은 책의 내용이 얼마나 쉽게 읽혀질 수 있는가를 이르는 말로서 인쇄물은 읽혀질 서체, 편집, 인쇄방식 여하에 따라 쉽게 읽혀질 수도 있고 더디게 읽혀질 수도 있다. 광고물이나 상업디자인에서도 조형물이나 디자인의 독창성과 함께 문자의 가독성은 중요한 검토사항이 된다' 고 정의하고 있다. 글자의 모양은 꼭 식별되어야 할 뿐 아니라 특성을 지닌 낱말의 형태는 지각되어야 하며, 연속적인 본문은 빠르고, 정확하게, 그리고 쉽게 읽혀져서 이해되어야 하는데 직업정보 가독성은 글자와 관련된 타이포그래피(typography)[2)] 뿐만 아니라 그래픽,

---

1) 이 내용은 장지홍(2004). 표준직업정보의 가독성 분석 연구, 경기대학교 행정대학원 직업학과 석사학위 논문 중에 일부를 발췌한 것이다.

본문 편집 형식의 난해도와도 관계된다.

어휘에 있어서 직업관련 인쇄물은 이용자들의 읽기 수준에 맞춰 쓰여져야 하는데 대부분의 직업관련 저술들은 가독성에 많은 개선의 여지가 있음을 지적하고 있다. 직업관련 조사한 자료들의 대부분이 고등학생들이 손쉽게 접근할 만한 읽을거리로는 너무 어려우며 대학교육과 무관한 직업들을 망라하고 있는 재검토된 자료들의 53%가 대학수준의 읽기 능력을 요구하고 있음이 발견되었다. 또한 학생들이 보다 호의적으로 직업을 탐색하고 스스로 직업을 연구하도록 격려하기 위해서는 인쇄물은 읽기 쉬워야 한다는 주장이 제기되었다(Ruth, 1962; Hoppock, 1976; 김병숙, 2000).

많은 연구자들은 가독성에 영향을 미치는 요인으로 활자의 선택이 가장 중요한 것으로 생각하고 있다. 또한 글자형태, 글자 크기, 글줄 길이, 글줄 사이, 글자 사이, 페이지 혹은 판형(format)의 크기, 인쇄면적, 인쇄부위를 에워싼 여백, 디자인의 일관성을 돕는 시각적인 것이나 기계적인 것, 끝 손질 등도 가독성에 영향을 미치는 중요한 요인으로 보고 있다(John Ryder, 1979; Ruair Mclean, 1980; 안상수, 1980; 이혜정, 1986; 명계수, 1993; 김창희, 1995).

현대에는 글자가 가지는 본질적인 요소 외에도 시각적인 효과와 심미적인 효과 등 가독성이 차지하는 비중이 커지고 있다. 인쇄물이 갖는 최상의 가독성은 타이포그래피적 배열에 의해 이루어지게 되는 것이며 한두 개의 지엽적이고 단편적인 요소보다는 활자 선택에서부터 인쇄마감까지 하나도 빼놓을 것이 없는 전체적 것으로 보아야 한다(Tinker, 1963; 안상수, 1980; 석금호, 1982; 이희숙, 2002). 글자의 크기는 가독성에 결정적인 영향을 미치는데 글자는 크면 클수록 좀 더 먼 곳에서 글자를 잘 알아볼 수 있다. 글자의 크기를 증가시킬 때 최적 가독성을 유지하기 위해서는 글자 높이에 대한 획폭의 비로 나타내는 획폭비가 적합해야 한다. 가독성이 높은 한글 활자 크기는 8~10포인트이고 영어 알파벳은 9~12포인트가 가장 최적한 상태이며 2단 이상으로 조판한 경우 10포인트, 1단으로 조판한 경우 12포인트가 적합하다(Paterson & Tinker, 1943; Rehe, 1979; 석금호, 1982; 최동찬, 1986; 이희숙, 2002). 학생들의 학년별 가독성이 좋은 글자크기를 조사한 연구에서 초등학교 2학년은 14포인트가 가장 빠르게 읽히는 것으로 나타났으며 중학교 2학년은 11.5포인트, 고등학

2) 타이포그래피는 활자에 의한 인쇄술 전반을 포괄하는 용어로써 단순한 활자체의 배열이 아니라 활자를 조절하고 기능화하여 전체가 쉽게 읽혀지게끔 하는 것이다. 책, 잡지, 신문, 팸플릿, 전단(leaflets), 포스터, 광고, 티켓과 같이 인쇄되어진 그 모든 것들의 디자인을 포괄(Ruari Mclean, 1980)하며 활자체와 크기의 선택, 글자 사이, 글줄 길이, 글줄 사이, 여백의 조절, 그래프, 사진, 그림, 레이아웃 등과 같은 시각적인 요구의 효과적인 배열을 말한다.

교 2학년에게는 10포인트가 읽기에 적합한 것으로 조사되었다. 학생들을 대상으로 한 또 다른 연구 결과에서는 초등학교 2학년은 16포인트(24급), 초등학교 5학년은 12포인트(18급)보다 한급수씩 적은 글자 조건에서 2학년과 5학년 모두 빨리 읽혀지는 것으로 보고되었다. 또한 초등학교 3~4학년은 12포인트, 초등학교 5학년은 10.5포인트를 선호하는 것으로 나타났다(임의도, 1966; 주창현, 1987; 안상수, 1991; 정찬섭, 1993; 이영길, 1999). 한글의 활자체, 크기, 판형이 뇌성마비 학생의 가독성에 미치는 효과 연구에서는 15포인트의 글자 크기가 중 · 고등학교 뇌성마비 학생들에게 가독성이 가장 높게 나타났다. 14포인트, 16포인트도 효율적인 글자 크기였으나 13포인트 이하는 비효율적으로 조사되었다(이희숙, 2002).

한글의 가독성은 글줄 길이에 따라 달라질 수 있다. 넓은 글자 사이보다는 좁은 글자 사이가 읽기에 속도가 빠르고 가독성에도 도움을 주며 글줄 사이의 넓이에 따라 독서의 난이도가 변할 수 있다. 한글에서의 글줄 길이는 147mm일 때 가독성이 가장 좋다. 본문의 성격과 개성, 지면의 크기와 형태에 따라서 단짜기와 글줄길이는 다양하게 변화할 수 있으므로 효과적인 글자크기를 선택하여야 한다. 한편 한글 인터넷 신문에서 본문 글줄길이는 긴 글줄이 짧은 글줄에 비하여 상대적으로 가독성이 우수한 것으로 나타났다(Paterson & Tinker, 1929; Dearborn, 1933; Turnbull & Baird, 1980; 안상수, 1980; 석금호, 1982; 정찬섭, 1933; 이수정 1993; 박상태, 2002). 글자꼴마다 가독성이 가장 좋은 적정 글줄간격이 다를 수 있고 어떤 글줄 간격에서 글꼴의 가독성을 비교했는가에 따라 결과가 달라질 수 있으므로 글자꼴과 글줄간격은 같이 고려되어야 한다(정우현, 한재준, 정찬섭, 1993).

글씨체에 대한 연구에서는 일반적으로 사용되는 24가지 글꼴에 대해 그 형태에 따른 이미지를 예리함, 힘참, 약하고 부드러움의 차원 5가지 유형으로 분류한 연구가 있었으나 모두 네모틀 글자꼴[3)]로서 네모틀 탈피글자꼴[4)]은 분석대상에서 빠짐으로서 연구 결과를 폭넓게 사용하기에 한계가 있었다. 한편 한글의 원리와 구조적 특성 연구를 통한 한글 글자꼴 현황 분석과 네모틀 글자와 네모틀 탈피글자의 판독성 · 가독성 실험, 그리고 글자꼴의 선호도 · 이미지 조사를 통해 네모틀 탈피글자의 디자인상 개발과 기계화 시대에 있어서의 실

3) 네모틀 글자는 획수의 많고 적음에 관계없이 동일한 크기와 형태의 네모틀 안에서 구성되는 글자로서 인쇄매체에서 사용되는 활자가 대표적이며, 현재 사용하고 있는 거의 모든 한글이 이에 속한다.

4) 네모틀 탈피글자는 획수의 많고 적음, 또는 받침이 있고 없음에 따라 동일동형의 네모틀에서 벗어나 가로나 세로로 들쑥날쑥하게 구성되는 글자로서 타자기 등의 글자가 이에 속하며, 조립식이 가능한 돌출형 글자라고도 한다.

용화와 대중화 가능성이 제시되었다(이현주, 박동인, 1992; 원경인, 1990; 정우현, 한재준, 정찬섭, 1993).

타이포그래피뿐만 아니라 디자인의 요소에서 여백은 가치 있고 중요한 요소인데 서적의 경우 여백의 한계는 전체 지면의 60%를 넘지 말아야 한다는 조사가 있지만 여백은 레이아웃(lay-out) 여하에 따라 다르게 보이므로 확정지어 이야기할 수는 없다. 판면과 여백으로 이루어진 판형 전체에서 판면율이 작을수록 집중력이 강해지므로 정보 전달의 경제성을 만족시키기 위해 편집물의 특성에 맞는 판면율을 적용해야 하는데 서적의 종류에 따라 호화판일 경우 60%, 양질일 경우 67%, 교재일 경우 75%를 적용하는 것이 좋다(명계수, 1993; 최성규, 1995).

그래픽은 글과 그림의 구성을 통해 실행되는 실제적이고 실질적인 형태인데 복잡한 정보를 일목요연한 형태로 정리하여 시각적인 형태로 명료하게 표현함으로써, 어떤 사건이나 현상의 핵심적인 내용이나 구조, 과정, 배경 등을 설명해 주는 객관적인 자료이다. 그래픽의 가독성은 그것들을 어떻게 디자인 하느냐에 달려 있으므로 알기 쉽고 명확하며 일관되고 일목요연한 타이포그래피와 레이아웃이 요구된다(Pettersson, 1996).

인터넷상에서의 사용자는 책을 읽듯 웹페이지들을 꼼꼼하게 정독(reading)하지는 않는데 인터넷 신문의 편집에서의 가독성 요소는 서체의 선택, 글자 크기, 정렬, 글줄의 길이, 어간과 자간, 행간조절로 보고 있으며 일반적으로 웹에서의 가독성은 인쇄매체에 비해 70% 정도 밖에 되지 않는다. 한국교육학술정보원의 웹 컨텐츠 개발지침에는 화면 디자인과 활자의 표현에 대한 2가지 기준을 제시하고 있는데 화면디자인은 내용의 판독이 용이하고 조직화되어야 하며 비슷한 유형의 그룹화와 화면에서 다른 화면으로의 분리시 진행이 적절해야 한다고 한다. 또한 글꼴의 표현과 크기에 있어서는 5가지의 기준을 제시하였다(이영현, 고현주, 기명식 2001; 임도현, 현석훈, 2000; 김선화 2002; 박상태, 2002).

그림으로 구성된 책은 일반 서적과는 다른 특수성이 있으므로 언어를 지면에 시각화한 문자를 이해하는 데에 방해되는 요소를 최소한으로 감소시켜야 하고, 의미가 보다 효과적으로 전달되도록 하여야 한다. 한편 시각 정보의 표시에 대한 가독성과 가시도 연구에서는 문자 배열이 오독률에 영향을 미치는 것으로 나타났지만 색대비는 영향을 미치지 않는 것으로 나타났다(주창현, 1987; 정성재, 1995).

2) 가독성의 예

외국 주요국가들의 직업정보서를 살펴보면 『미국직업전망서』의 경우 인쇄책자의 형태를 다양화하고 이용자들의 활용편의를 돕기 위해 주제별로 별쇄본 낱권으로도 발간 · 판매하는 한편, 어린이와 같은 저학년 학생을 위한 직업전망서를 가공 · 제작하여 활용하고 있다. 또한 중학생 정도의 언어력만 있으면 내용을 이해할 수 있는 평이한 단어로 본문이 구성되어 있다. 『캐나다직업전망서』의 경우 색상과 도표를 통일성 있게 구성하고 다양한 그림을 활용하여 시각적 전달을 돕고 있다. 수량적 통계 자료의 가공은 직업정보를 이해하기 쉽도록 돕고 있어 책자 자체의 매력도를 높이고 있다. 또한 내용 편집체제는 일관된 형식을 따르고 있는데 직종 및 학과간 용이한 비교를 위해 동일한 설명과 도표들의 순서를 일치시키고 점으로 구분한 설명체제는 이용자를 섬세하게 배려한다. 『일본직업핸드북』은 초등학교 이하의 어린이들을 제외한 남녀노소를 서비스 대상으로 보고 있으며 문장은 「~입니다」형인 구어체로 구성하여 중학생용 진로지도 교과서를 읽는 느낌을 주게 한다. 이와 같이 이용자를 배려한 직업정보 제공형태는 직업정보를 딱딱한 교과서 같은 느낌을 벗어나게 하여 시각적 전달을 용이하게 한다. 우리나라 표준직업정보인 『한국직업사전』은 가독성에 대한 배려가 전혀 없었으나 『한국직업전망서』는 내용을 좀 더 다양하게 구성하였다. 2003년에 제작된 『한국직업사전』을 보면, 표에 색을 가미하였으나 아직도 가독성은 적은 편이다. 2003년에 이르러 『한국직업전망서』는 직업을 알리는 도판, 도표, 색 등을 사용하였으나 가독성이 높은 편은 아니다. 『한국직업사전』 등은 PDF형식으로 컴퓨터를 통한 전달이 가능하게 되었다. 이제는 직업정보의 보편화에서 한 걸음 나아가 컴퓨터 인터페이스(computer interface)를 통해 제공되는 직업정보 가독성에 대한 논의가 필요하다. [표 2-13]은 두 정보에 대한 편집형식을 비교한 것이다.

표 2-13 한국직업사전 및 한국직업전망서 편집 형식 비교

<table>
<tr><th colspan="2">종류</th><th>2003 한국직업사전</th><th>한국직업전망 2003</th></tr>
<tr><td rowspan="5">글자모양,
크기,
행간격</td><td>큰제목</td><td>• HY한양서체, 9point</td><td>• 서울들국화체, 38point</td></tr>
<tr><td>중간제목</td><td>• 산돌 고딕체, 9point
• 행간격 14</td><td>• 한양수평선M체, 12point</td></tr>
<tr><td>본문</td><td>• 산돌고딕체, 7point,
• 행간격 12</td><td>• 신문명조체, 11point
• 장평 85%, 자간 −10,
• 행간격 16</td></tr>
<tr><td>머리글</td><td>• 산돌고딕체, 7point</td><td>–</td></tr>
<tr><td>표제목</td><td>–</td><td>• 한양울릉도M체,
• 8point</td></tr>
</table>

표 2-13 한국직업사전 및 한국직업전망서 편집 형식 비교(계속)

종류	2003 한국직업사전	한국직업전망 2003
색	• 머리글 : 별색 100% • 배 경 : 별색+먹 10% • 글 자 : 먹 100%	• 2도 별색
일러스트	–	• 곡선의 테두리 사용과 원속에 일러스트를 삽입하여 박스 형태의 딱딱한 느낌을 탈피
사진	–	• 직무내용과 일치하는 내용을 삽입하고자 시도
그래프	–	• 막대그래프에 손 화살표를 일러스트로 넣는 등 부드러운 느낌 강조
레이아웃	–	• 테두리선의 두께나 전체적인 배치는 경험에 의한 주관적 기준이 적용

주 : 『2003 한국직업사전』과 『한국직업전망 2003』을 인쇄한 출판사와의 전화면담 결과를 요약 및 정리한 내용이다.

(3) 직업정보의 체계화

직업정보의 체계화는 직업상담가, 직업정보분석가, 직업전문가 등이 원자료, 분석된 자료, 가공된 자료 등의 누적이나 지속적인 분석 · 가공을 위하여 정보를 구조화하여 체계를 갖추고 이러한 체계에 의하여 가공하는 것이다. 여기서 체계란 직업에 관한 정보를 동일한 조건에서 구조화시킴으로써 이용자가 정보를 비교하여 의사결정을 하도록 돕는 것이다.

다음은 직업정보 체계(김병숙, 1995)를 이용자에게 소개하는 부분과 체계화된 내용을 나타낸 것이다.

직업정보 체계의 예(I)

직업소개 구성안내

끊임없이 변화하는 직업의 세계를 정확히 이해하고 정보를 수집한다면 자기 자신에게 맞는 직업을 선택할 수 있다. 우리나라에서는 1,404개의 직업이 표준화되었다. 여기서는 한국표준직업분류에 의해 분류된 직업과, 그 관련 직군에서 유사한 직종을 묶어서 대표적인 직종 200개를 소개하도록 하겠다.

여기서 소개된 직종은 결코 유망직종은 아니며 그 직군에 포괄된 직업 중에서 대표성이 있는 직업으로 구성하였다. 직업에 관한 정보는 직업개요, 하는 일, 근무조건, 근로시간과 임금, 승진 · 진급, 자격요건, 학력 · 훈련, 직업전망, 상세한 정보문의처 등 9개항으로 나누어 소개된다.

9개항에 대한 안내

1. 직업개요 : 직업에 대한 이해를 높이기 위한 대략적인 소개
2. 하는 일 : 그 직업에서 행하여지는 일의 내용
3. 근무조건 : 상세하지 않으나 직무수행에 따르는 특이할 만한 조건과 직무자세를 소개, 취업할 수 있는 업체의 유형을 나열
4. 근로시간 · 임금 : 직업이 속한 산업의 평균근로시간과 평균임금을 소개
5. 승진 · 진급 : 그 직업에서 종사하여 경력을 쌓으면 성취할 수 있는 진급과 승진에 관한 길을 도표로 제시
6. 자격요건 : 적성, 신체적 · 정신적 특질
7. 학력 · 훈련 · 자격 : 최소한의 자격요구 범위 내에서 가급적 요구되는 자격증을 포함
8. 직업전망 : 앞으로 그 직업이 속한 산업사회가 변하게 될 모습을 제시
9. 상세한 정보문의처 : 관련기관 및 협회 소개

다음 예시는 동일한 직업정보를 다른 체계, 즉 관심영역별로 구분한 체계를 나타낸 것이다.

직업정보 체계의 예(II)

관심영역별 직업

1. 금융	2. 광고 · 디자인	3. 신문방송
4. 유통	5. 식품 · 음료	6. 제약 · 화장품
7. 가전 · 정보통신	8. 반도체 · 컴퓨터	9. 건축 · 건설
10. 기계철강	11. 석유화학	12. 화섬면방
13. 자동차	14. 조선해운 · 항공	15. 비광물제조
16. 영화	17. 의료 · 보건	18. 여행 · 숙박
19. 경영 · 관리 · 법률	20. 국가사업 · 교육 · 복지	

직업정보의 체계화는 어떤 직업이라도 같은 형식으로 생산되어야 객관성을 가질 수 있는데, 이러한 객관성을 위하여는 직업에 대한 분류, 내용, 형식 등에 관한 직업정보의 체계화를 추진하여야 한다.

한편 체계화 작업을 위하여 직업조사시에 조사지를 사용하는 것이 좋은데, 앞의 [표 2-13]은 미국직업사전이 직업코드를 위하여 직업정보제공원에게 조사의뢰한 조사지이다. 이 조사지에는 각 항목에 대한 기술에서의 유의점까지 제시되어 있다.

표 2-14 미국직업사전을 위한 직업조사지

〈직업코드 질문지〉 미국노동성 고용 및 훈련국

<table>
<tr><td colspan="3">A. 사무소명</td><td>OMB NO. 12050137</td></tr>
<tr><td>1. 주명</td><td>2. 일자</td><td colspan="2">B. 정보수집</td></tr>
<tr><td colspan="2" rowspan="3">3. 지역사무소명</td><td colspan="2">1. 적절한 곳에 체크
( ) 고용인, ( ) 초보자, ( ) 훈련 프로그램,
( ) 기타</td></tr>
<tr><td colspan="2">2. 성명 및 주소</td></tr>
<tr><td colspan="2">3. 직위 및 연락처</td></tr>
<tr><td colspan="2">4. 담당자</td><td>4. 제조업/서비스업</td><td>SIC코드(4디지트)</td></tr>
<tr><td colspan="4">C. 직무기술</td></tr>
<tr><td colspan="4">1. 직무명</td></tr>
<tr><td colspan="4">2. 직무에 대한 개관 및 요약</td></tr>
<tr><td colspan="4">3. 수행과제의 주요 요건</td></tr>
<tr><td colspan="4">4-1. 취업요건(교육, 직업훈련, 경험 등)</td></tr>
<tr><td colspan="4">4-2. 기계, 도구, 장비, 직무수행임무</td></tr>
<tr><td>D. 직업코드</td><td>직업명</td><td colspan="2">직업코드(9자리)</td></tr>
<tr><td></td><td>산업</td><td colspan="2">GDE코드(6자리)</td></tr>
<tr><td colspan="4">현존하는 자료원, 요구된 자료의 수집과 유지, 정보수집을 재수집하거나 완성시키는 것, 다른 관점에서 정보를 수집하는 것 등을 포함하여 각 항목마다 평균 30분 동안 할당하여야 한다.</td></tr>
<tr><td colspan="4">E. 부가적인 정보 및 내용</td></tr>
<tr><td colspan="4">F. 다음 사항 중 한 가지만 체크하시오.
1. ( ) DOT의 정의 사용(제4판과 9자리 코드)
2. ( ) OCR코드 사용(전체 9자리 코드)
3. ( ) 새로운 코드와 직업명 사용(D에서 제시된 내용)
4. 더 많은 정보의 송부</td></tr>
<tr><td colspan="4">G. 인정되는 다른 활동</td></tr>
<tr><td colspan="2" rowspan="2">직업명</td><td colspan="2">직업코드(9자리)</td></tr>
<tr><td colspan="2">GOE코드(6자리)</td></tr>
<tr><td colspan="4">※ 직무기술서(C)를 작성하기 위한 지침
1. 직무의 목적이나 전체적인 목표를 한 문장으로 요약한다.
2. 정규적인 수행과제나 더 중요한 것을 기술하되, 다음 5가지 종류의 정보를 포함한다.
① 작업자 행동(작업자 과제들에 대한 활동)
② 기계, 도구, 장비, 그리고 부가적 장비
③ 작업자 활동들의 목적(작업결과, 과제목적)
④ 재료사용, 생산제작, 정신적 활동, 서비스 등
⑤ 지시사항(□□□의 간단한 작업서)</td></tr>
</table>

(4) 가공 · 체계화된 직업정보

직업정보 체계화 및 가공의 예에 제시되어 있는 3개의 직업정보는 직업정보를 체계화시키고 이러한 체계에 의하여 가공된 형태를 제시한 예이며, 체계에 의한 코드는 전산화하기 위하여 지정된 코드(#01# 직업코드, #02# 직업명, #03# 산업분류, #04# 일련번호, #05# 근로형태, #06# 학력, #07# 직업개요, #08# 하는 일, #09# 근무조건, #10# 근로시간과 임금, #11# 승진 · 진급, #12# 자격요건, #13# 학력 · 훈련, #14# 직업전망, #15# 상세한 정보문의처)이다. 그러므로 직업소개시에는 동일한 항목의 체계에 의해 제시될 직업정보를 가공해야 한다. (우)100-180 서울특별시 중구 청계천로 40번지 (한국관광공사빌딩 8층) (02)757-7485

직업정보 체계화 및 가공의 예

1. 호텔총지배인

직업코드 #01#02351(한국표준직업분류 코드)**[5)]

직업명 #02#호텔총지배인(Manager)*

산업분야 #03#909(한국표준산업분류 코드)*

일련번호 #04#28(직업정보 체계의 고유번호)*

근로형태 #05#1(1. 정시제 2. 시간제 3. 격일제 4. 자율파견적 근로 5. 재택근로 6. 탄력적 근로)*

학력 #06#3(1. 대학원 이상 2. 대졸 이상 3. 고졸 이상 4. 중졸 이상 5. 학력 미제한)*

직업개요 #07#*

우리나라에서는 굵직한 세계적 회담이나 스포츠를 유치할 때마다 숙소문제로 호텔의 능력을 되새기곤 하면서 아직도 더 많은 호텔을 지어야 한다고 결론짓는다. 호텔은 휘황찬란한 내부 장식을 곁들이고 정중한 대접을 제공하는 대신, 높은 숫자의 돈을 지불토록 한다. 호텔이 단순히 잠자고 먹는 기능을 갖고 있다고 생각하면 오산이다. 호텔은 수많은 직업을 갖고 있는 사람들이 모여서 움직이므로 직업의 백화점이라고 하여도 과언이 아닐 정도로 그 기능이 매우 다양하다. 호텔은 그 규모마다 등급이 매겨져 있다. 우리나라에는 2004년 현재 관광호텔수는 556개소이며, 총 객실수는 5만 9,638개이다.

---

5) *는 직업정보 체계화를 위한 코드에서 사용된 내용을 설명한 것이며, 각 코드는 하위체계를 갖고 있다. 가령, 직업개요 #07#은 직업의 역사, 직업에 대한 이해, 직업 관련법규 등의 체계를 갖는다. 그러므로 다른 2개의 직업코드는 이를 참조하기 바란다.

한편 호텔에는 무려 230개의 직종이 모여 있다. 호텔은 주로 관리직과 영업직으로 분류되며 이의 비율은 1 : 3 정도이다. 관리직은 주로 사무직, 청소원, 청원경찰, 영선직 등이며, 영업직은 지배인, 현관접객직, 식당접객직, 경리직, 객실접객직, 바텐더, 조리직, 제과직, 판촉 및 홍보직 등으로 구분된다. 이런 다양한 직종을 종합적으로 관리하여 고객에 대한 접대서비스의 개선에 관하여 지시한다. 광고 · 선전 · 홍보 등의 판촉활동, 재무, 회계, 부대시설, 자금의 분배 및 지출, 종업원의 채용, 대외적 활동 등 호텔업무를 운용하는 것이 호텔총지배인의 임무이다. 즉, 호텔총지배인은 호텔경영의 실제적인 책임자이다. 호텔은 특히 여성에게 각종 휴가제도를 철저히 지키고 남녀차별이 없는 그리고 기혼과 미혼에 구애받지 않은 인기있는 직장으로, 호텔 전체 종사자 중 여성은 30~50%를 차지하고 있으며, 이들은 주로 홍보, 판촉, 예약, 프론트오피스, 전산업무, 비서 및 사무, 교환, 디자이너, 영양사 등에 분포되어 있다.

호텔과 관련된 법에는 「관광진흥법」 제38조(관광종사원의 자격), 동법 시행령 제32조(자격을 요하는 업무), 동법 시행규칙 제28조(자격을 취득하여야 할 관광종사원) 등이 있다.

1996년도 12월 말 현재 자격취득자는 총지배인 226명, 지배인 1급 407명, 지배인 2급 1,410명에 이른다.

하는 일 #08#*

호텔총지배인은 객실 예약업무, 객실 판매업무, 접객, 회계, 식당, 주방, 홍보 등 호텔에서 이루어지는 제반 관리업무에 대한 계획을 수렴하고 조정하여 종사원의 근무상태를 지휘하고 감독한다.

또한 호텔의 생명이 철저한 서비스 정신에 있는 만큼 직원들의 서비스 정신을 고취하고 관리하여 능력을 개발하고 사원과의 의사소통과 동기부여 등에 관한 업무를 기획하고 주관한다.

대외적으로는 국제호텔 세미나나 외국호텔 시찰 등의 일을 하며 내부로는 사원세미나, 연수단, 노사관리, 국내손님 유치를 위한 호텔신상품 개발에 관한 기획 등이 호텔지배인의 주요 임무이다.

근무조건 #09#

호텔총지배인은 공채보다는 추천, 인맥을 통하여 취업하는 것이 통례이다. 호텔지배인은 학력보다 경력이 중요시되는 직업이므로 일단 호텔에 취업하여 경력을 쌓으면서 자격증을 취득하여야 한다. 이들은 해외 출장이 잦은 편이고, 국제적인 체인호텔일 경우 특히 국제세미나, 해외연수의 기회가 많다.

호텔은 관광호텔, 유스호스텔, 해상관광호텔, 휴양콘도미니엄, 가족호텔, 한국전통호텔 등으로 분류된다. 호텔지배인도 이러한 호텔종류에 따라 특급관광호텔의 총괄지배인인

총지배인, 1급 호텔의 총지배인, 특등급의 현관, 객실, 식당의 업장별 책임자인 1급 지배인, 2급 이하 호텔의 총지배인 업무와 1급 호텔의 업장 책임자인 2급 지배인이 있으며, 청소년 호텔지배인(정교사 자격증 소지자)은 총지배인 밑에 업장별로 3인 정도의 수석 당직 지배인이 있어 업무를 담당한다.

근로시간과 임금 #10#

호텔의 근무조건은 일찍부터 서구화된 사고방식과 경영체제가 반영되고 있어, 호텔지배인은 어떤 과정에서 경력을 쌓았는지에 상관없이 그 호텔에서 최고의 대우를 받는다. 호텔규모에 따라 근무형태가 다르며 가장 작은 규모의 호텔이라 할지라도 최소 월 300~500만원이 넘는 임금을 받는다. 상여금은 호텔에 따라 차이가 있으나 일반적으로 연간 400~600% 정도 받는다.

승진 · 진급 #11#

호텔총지배인은 2급 지배인 ➡ 1급 지배인(4년) ➡ 총지배인(5년)으로 승진 · 진급할 수 있다.

자격요건 #12#

호텔총지배인은 밝고 낙천적이며 봉사적인 기질이 있고 리더십을 갖춘 자라야 한다. 이들은 기획과 판촉에 대한 감각을 갖고 있어야 하며 서비스를 제공하는 업무이므로 예의범절이 상당한 수준으로 몸에서 배어 나와야 한다.

학력 · 훈련 #13#

현재 일하고 있는 호텔지배인이 모두 자격증을 소지하고 있는 것은 아니다. 호텔에서는 학력보다 경력을 중시하기 때문에 호텔 접객종사원이 되어 경력을 갖추면 호텔지배인이 될 수 있다.

호텔총지배인이 되려면 한국관광공사가 매년 3, 4월에 주관하는 시험에 응시하여야 한다.

① 2급 지배인 : 대학에서 관광 관련학과를 전공하거나 호텔의 현관, 객실, 접객종사원 자격증을 취득하고 3년 이상 실무경력이 있는 사람에게 응시자격이 부여된다. 특히 교통부장관이 지정한 전문교육기관에서 2급 지배인 양성과정을 졸업하였거나 4년제 대학에서 호텔경영 분야를 전공한 사람에게는 필기시험이 면제된다.

② 1급 지배인 : 2급 지배인 자격을 취득하고 4년 이상 실무경력이 있는 사람에 한한다. 호텔에서 부장급 이상으로 5년 이상 종사한 경력이 있는 사람이거나 2급 자격을 취득하고 2등급 이하 관광호텔에서 총지배인 업무에 5년 이상 있으면 필기시험에서 면제되는 혜택이 있다.

③ 총지배인 : 1급 지배인 자격을 취득하고 5년 이상의 실무경력이 있는 사람에게 응시자격이 주어진다. 또 1급 자격을 취득하고 특2급 이상의 관광호텔에서 부장급 또는 1등

급 이상의 관광호텔에서 총지배인으로 5년 이상 종사한 사람에게는 필기시험이 면제된다. 또한 호텔경영 분야의 박사학위 소지자로 호텔에서 3년 이상 실무경력이 있는 사람에게는 자동적으로 총지배인 자격을 부여한다.

직업전망 #14#

어떤 나라는 관광산업이 제일산업으로 굳혀져 많은 부가가치를 얻는 것을 본다. 우리나라는 그동안 관광산업에 대해 투자한 바가 적었다. 그러나 지금에 와서는 관광산업에 대한 관심이 커져 국책사업으로 채택되었을 뿐만 아니라 대규모의 세계적인 회의가 계속되고 있고 2002년 월드컵 개최를 위하여 노력을 경주하고 있으며, 앞으로도 호텔은 점점 증가할 예정이다. 호텔은 많은 인력을 필요로 하는데, 보통 객실 1개당 필요한 인력은 평균 1.2~1.5명이다. 이것으로도 볼 때 호텔지배인은 전망이 유망하며 또한 인기 높은 직업임을 알 수 있다.

상세한 정보문의처 #15#

호텔지배인 자격증의 시행처와 협회 그리고 설치대학 등에서 상세한 정보를 얻을 수 있다. 상세한 정보문의처는 다음과 같다.

한국관광협회(서울시 중구 청계천로 40 한국관광공사 빌딩 8층, 전화 : 02-757-7485, www.knto.or.kr), 한국관광공사 관광교육원(서울시 중구 청계천로 40 한국관광공사 빌딩, 전화 : 02-7299-600, edu.etourkorea.com), 경희대 호텔관광대학(전화 : 02-962-1823), 세종대 호텔경영학과(전화 : 02-3408-3312), 청주대 호텔경영학과(전화 : 043-229-8161), 경기대 호텔경영학과(전화 : 031-249-9525) 등이다.

2. 사장

직업코드 #01#02100

직업명 #02#기업고위임원

산업분류 #03#100

일련번호 #04#29

근로형태 #05#1

학력 #06#3

직업개요 #07#

사장은 사업체의 장이다. 수천 명에 이르는 종업원이 있는 기업에서부터 2~3명의 소자본으로 경영하는 사업체에 이르기까지 여기에는 모두 사장이 있다. 입지조건이 어떻든 우리나라에서는 탁월한 경영능력으로 사업을 번성시키는 입지적인 사장을 많이 보게 된다. 사장은 자본이 있어야 되는 것만은 아니다. 전문경영인으로 월급을 받고 기업을 경영하는 사장도 있다. 사장이 되기 위하여는 차근차근 실무자로부터 단계적으로 올라가는 경력을 쌓는 길이 있는가 하면, 과감히 자본을 투자하여 기업을 세우고 운영하는 사장도 있다.

하는 일 #08#

사장은 자본을 관리하고 거래를 유지하며 종업원을 관리하는 사업체 운영 전반의 최종 의사결정자이다. 사장은 사업의 최대이윤을 위하여 가장 합리적인 방법으로 사업체를 운영하고, 새로운 기술을 받아들이는 데 총력을 기울이며, 종업원의 근로조건과 복지에 대해 꾸준히 개선하고, 거래선에 대하여 긍정적인 관계를 유지토록 노력한다.

근무조건 #09#

사장은 사업 전반에 대한 의사결정을 하는데, 의결기구를 갖추고 있는 데가 있는가 하면 전반적인 일에 대하여 혼자 결정하는 등 사업체 규모에 따라 각기 다르다. 또한 사장의 보조업무를 전담하는 기구가 있는 데도 있지만 그렇지 못한 경우도 있으므로 일률적으로 근무조건을 소개할 수는 없다. 다만 그들에게는 사업을 위하여 잦은 회합과 출장이 있다.

근로시간과 임금 #10#

사장은 근로시간과 임금에 구애받지 않는다.

승진 · 진급 #11#

실무자로부터 계원⇨대리⇨차장⇨부장⇨이사⇨상무⇨전무(본부장)⇨사장의 순으로 진급되어, 사장이 되면 실무자의 위치에서 최고의 자리에 있게 된다. 기업이 방대하다면 사장에서 회장으로 될 수 있다.

자격요건 #12#

기업의 운명은 사업성이 얼마만큼 있는가에 따라 성패가 좌우되는데, 이는 사장의 기량에 의해 움직이는 경향이 짙다. 사장은 원대한 포부와 의타심을 배격하고 독자성을 발휘하여야 한다. 사장이 되기 위하여는 폭넓은 관련지식을 갖추어야 하기 때문에 보다 많은 공부를 하여야 하며, 새로운 것에 도전하는 자세와 투철한 책임감과 자부심이 어느 직업보다 더 요구된다. 특히 기술의 발전이 가속화되는 요즈음 사업을 번창시키기 위해서는 과감한 투자, 독특한 경영방법과 신뢰할 수 있는 종업원 등 모든 면에 있어 소홀함이 없어야 한다. 그 밖에도 사장이 되려면 능란한 사교술과 화제술, 원만한 인간관계를 이루어야 하며 환경에 순응하여야 한다.

학력 · 훈련 #13#

사장이 되기 위하여는 특별히 학력이 필요한 것은 아니다. 이보다 실무능력이 사장이 되는 데 더 중요하기 때문이다. 그러나 요즈음 새로운 과학 · 기술을 응용하는 사업으로 전향됨에 따라 바쁜 틈을 내어 각종 연수나 강연회에 참여하거나, 야간대학이나 대학원을 다니는 사장이 많다.

직업전망 #14#

1년에 수만의 사업체가 창업하거나 폐업한다. 이는 기업활동의 어려움을 나타내는 것으로 산업이 발달할수록 창업과 폐업은 더 빈번해질 것이다. 사장은 일생에서 도전할 만한 직업이다. 산업이 있는 한 사장은 존재하며 이 직업은 누구나 동경하는 직업 중의 하나가 될 것이다.

상세한 정보문의처 #15#

특별히 정보를 얻을 수 있는 곳은 없으나 굳이 지적한다면 창업할 시에 필요한 제반 관계법, 서류, 준비사항 등에 대하여 자문을 구할 수 있는 기관이나 단체에는 전국경제인연합회(서울시 영등포구 여의도동 28-1, 전화 : 02-780-0821~30), 중소기업청(대전광역시 서구 둔산동 920, 전화 : 042-481-4114), 중소기업진흥공단(서울시 영등포구 여의도동 24-3, 전화 : 02-769-6700), 중소기업협동조합중앙회(서울시 영등포구 여의도동 16-2, 전화 : 02-785-0010), 대한상공회의소(서울시 중구 남대문로 4가 45, 전화 : 02-316-3114) 등이 있다.

3. 공무원

직업코드 #01#0110

직업명 #02#공무원(Government Official)

산업분야 #03#100

일련번호 #04#30

근로형태 #05#1

학력 #06#3

직업개요 #07#

통일신라 원성왕 4년(788년) 독서삼품과로 출발하여 고려 광종 9년(958년) 과거제도를 실시하였다. 조선시대 이후 전통적인 유교정신으로 인해 과거에 급제하여 벼슬자리를 얻게 되는 것을 가문의 영광으로 여기는 풍조가 짙었다. 현대도 물론 과학기술 문명이 발달하여 기술계통의 직업을 중요시하면서도 한편으로는 행정고시나 사시 등의 공무원 시험을 선호하며 이를 중시하는 풍조가 계속되고 있다. 공무원은 우선 직위가 안정적이며 승진체계가 확실이 마련되어 있고, 국가를 운영하는 제반 업무를 관할한다는 점에서 중요한 직업이라고 할 수 있다.

국가업무를 집행하는 막중한 임무가 있어 국민의 이곳저곳에서 일어나는 모든 일들과 국가와 국가 간에 일어나는 모든 일에 관하여 국가에서 해야할 일을 하는 공무원은 우리나라의 엘리트들이다. 행정고시에 합격하여 5급 공무원이 되기 위하여는 별도의 고시공부를 해야 한다. 공무원은 국가와 지방자치단체에서 공공이익을 위해 일하는 커다란 보람과 자부심이 있으며, 신분이 보장되고 정년이 다른 직업보다 길고, 근무시간, 휴가가 정확하기 때문에 여가시간을 충분히 활용할 수 있다. 또한 공무원 시험제도는 기회가 균등하며 신분이 보장되고, 시험의 종류가 다양하여 기회가 많이 있다. 여성에게는 특히 남녀차별이 없고 산전산후 휴가 등 법적인 휴가를 정확히 제공하므로 가장 유망한 직업이라 할 수 있다. 특히 양성평등채용목표제에 30%의 할당제가 도입 · 실시되며, 공무원의 신분보장이 명시된 국가공무원법도 있다.

하는 일 #08#

공무원은 업무특성상 채용과 임용절차에 따라 다양하게 분류된다.

① 행정직 : 공무원을 대표하는 행정직 공무원은 정부의 모든 부처의 모든 부서에 배치되어 있으며, 국가의 복지 · 경제 · 국방 · 문화정책과 같이 정부에서 하는 거의 모든 정책의 업무를 수행한다.

② 감사직 : 감사직은 국가기관이나 정부투자기관에 대하여 직무감사와 회계감사, 공무원에 대한 직무감찰의 업무를 수행한다. 감사직은 지방공무원이 없고 국가공무원만 있으며, 주로 감사원에 배치된다.

③ 검찰사무직 : 법무부나 각 검찰청에 배치되어 형사사건의 접수 및 처리, 정보수집, 수사, 형집행 등과 같은 검찰사무의 보조업무를 수행한다.

④ 세무직 : 국세청이나 일선 세무서에서 각종 조세부과와 징수 및 국세 심사청구에 대한 심판과 같은 업무를 수행한다.

⑤ 전산직 : 중앙부처나 각 행정부처에서 행정전산화와 컴퓨터 프로그램의 작성과 운영에 관한 업무를 담당한다.

⑥ 외무행정직 : 주로 외무부의 각 부처나 해외에 있는 우리나라 공관에 파견되어 외무행정 · 외교 및 영사 업무를 수행한다. 외무행정직은 외무부에서 3년 동안 근무하다가 해외에 파견되어 3년 동안 주재하는데, 주기적으로 국내와 동일한 언어권의 국외를 순환하면서 근무하게 된다.

⑦ 국회행정직 : 국회의 행정업무인 인사 · 관리 · 기획업무와 국회만이 갖고 있는 고유한 의회지원 업무를 담당한다.

⑧ 교정 · 보도직 : 교정직은 법무부나 교도소의 교정시설에 배치되어 재소자의 구금 및 교화, 직업훈련의 업무를 수행한다. 보도직은 법무부나 소년원에 배치되어 소년원에 송치된 비행소년을 교육시키거나 기술훈련을 통해 사회복귀시키는 데 도움을 주는 일을 수행한다.

⑨ 직업상담직 : 직업상담직은 노동부의 고용지원안정센터에 배치되어 고용보험, 직업능력개발사업과 함께 직업상담을 실시한다.

⑩ 기술직 : 기계 · 전기 · 화공 · 토목 · 건축 · 농업 · 임업과 같은 기술적인 업무에 종사하는 기술직은 모든 중앙행정부처나 기관에서 일을 수행한다. 또한 청사나 시설을 관리 · 운영 · 감독하는 일, 또는 시행자로서 국가나 공공단체를 대표하여 용역회사나 시공업자들을 지휘하거나 감독하는 업무를 수행한다.

공무원은 중앙행정부에서 일하는 공무원과 특별시, 직할시, 도, 시, 읍, 면 등의 지방자치단체에서 근무하는 지방공무원이 있다. 관리직 공무원은 정부정책이나 법률, 시행령, 규칙 등을 수행하고 각 부처나 기관의 업무를 계획하고 조직하며 관리감독하는 일을 한다. 일반행정 공무원은 각급 행정관서에 소속되어 각 업무분야의 일부분을 직접 수행하거나 이를 관리한다.

근무조건 #09#
주로 관공서에서 일하며 각 부의 지방관청, 시, 도, 읍, 면의 행정기관에서 근무한다. 공무원은 정년까지 신분보장이 되며 근무시간과 휴가가 정확하게 실시되고 있기 때문에 여가활용이 용이하다. 또한 후생복지제도가 발달되어 있으며, 관련 부처에 일정기간 근무하면 법무사, 세무사, 변리사, 노무사 등의 자격증을 취득할 수 있다.

근로시간과 임금 #10#
공무원은 09 : 00에 출근하여 18 : 00에 퇴근하며, 주휴제, 공휴일, 월차휴가, 연차휴가가 정확히 실시된다. 공무원의 임금은 매년 1월에 조정되어 발표되며, 공무원의 봉급은 1~9급까지의 급에 따라 경력 1년에 대하여 1호봉이 올라가는 기본급 외에 가족수당, 정근수당, 상여금 500%를 지급한다.

1998년 현재, 일반직 공무원은 9급 369천 원, 8급 421천 원, 7급 473천 원, 6급 534천 원, 5급 654천 원, 4급 745천 원, 3급 855천 원, 2급 957천 원, 1급 1,071천 원 등이다. 각종 수당으로는 공통수당인 기말수당이 기본급의 100%씩 연 4회, 정근수당이 기본급의 50~100%씩 연 2회, 장기근속수당이 5~13만 원, 가산금 포함, 가족수당이 가족 1인당 1.5만 원(4인까지), 관리업무수당이(4급 이상) 기본급의 10% 등이 주어지고, 그 외에도 특수수당, 초과근무수당, 기타수당 및 복리후생비가 지급된다.

승진 · 진급 #11#
공무원 시험은 9급, 7급, 5급에 실시하고 있으며, 9급 · 8급 · 7급 · 6급 · 5급(계장) · 4급(과장) · 3급(부이사관) · 2급(국장) · 1급(실장) 등의 승진제도가 있다.

자격요건 #12#
공무원은 청렴결백하여야 한다. 공무원은 마음을 순수하게 가져야 하며 예의가 바르고 봉사정신이 투철해야 한다. 공무원은 항상 전체적인 시야에서 입각하여 일을 해야 하므로 풍부한 식견과 냉철한 판단력이 필요하다. 또한 일에 대하여 적극적이고 책임감이 강해야 하며 주의력, 표현력, 적응력, 의지력과 수리능력이 요구된다. 그 밖에도 직위에 따라서 지도력, 조직력, 행정교섭력 등이 요청되며, 업무의 대부분이 서기적인 활동으로 구성되어 있으므로 사무적인 흥미를 가져야 한다.

학력 · 훈련 #13#

공무원은 학력제한이 없는 것이 특징이다. 공무원법 제33조에 의하면 금치산자나 금고 이상의 형을 받는 등의 결격사유가 없고, 요구하는 신체조건에 부합되는 한 모든 사람이 응시할 수 있도록 규정하고 있으며 각각의 시험에 연령제한을 두고 있다.

① 행정 · 기술고등고시 : 최종시험일 기준 만 20세 이상 32세 이하
② 외무고등고시 : 최종시험일 기준 만 20세 이상 30세 미만
③ 사법시험 : 만 20세 이상 30세 미만
④ 군법무관 임용시험 : 공고일 기준 만 20~30세 미만
⑤ 7급 공무원 : 최종시험일 기준 만 20~35세까지
⑥ 9급 공무원 : 최종시험일 기준 만 18~28세까지(단 교정 · 보도직은 만 20~28세까지)

공무원이 되기 위해서는 중앙인사위원회에서 실시하는 시험에 응시하여야 하는데, 중앙인사위원회에서는 매년 1월 1일 공무원 시험에 대한 1년간의 시험일정에 대하여 시행공고를 한다(gosi.csc.go.kr). 고교 졸업 이상이면 공무원의 일을 수행할 수 있으나 관리직 공무원은 대부분 대학 졸업자로 구성되어 있다. 5급 이하 각급 공무원은 공개경쟁시험에 합격하여 신규채용이 되고 헌법, 행정법, 경제학, 통계학에 관한 지식이 있으면 유리하다. 또한 담당직무에 관련된 학식 · 기술 및 적응력 배양을 위하여 법령이 정하는 바에 따라 훈련을 받는다. 공무원의 종류에 따라 시험내용이 다르며 구체적인 시험내용은 직업정보 데이터베이스(DB)의 취업준비를 열람하기 바란다.

직업전망 #14#

공무원은 국민을 위하여 국가기관에서 행하는 모든 업무를 관장하는 중대한 일을 수행하며 업무의 성격상 우리나라의 엘리트로서 그 자부심과 긍지가 대단한 직업이다. 최근에는 국기기관에서 하는 일이 점점 작아지고 민간에게 이양하는 일이 점점 진행되고 있다고 하나, 여전히 공무원은 유망한 직업이다. 공무원은 국가발전과 사회생활의 다양화로 업무가 증가되고 있으며, 직업으로서 장래가 보장되어 있고 승진의 단계도 정확히 적용되어 앞으로의 발전성이 높은 직업이다.

특히 행정고등고시, 외무고등고시, 7급 공개경쟁채용시험 중 선발예정인원이 10명 이상인 시험단위에 대하여 여성의 할당제가 적용되고 있어 여성에게는 절대적인 기회가 되고 있다.

상세한 정보문의처 #15#
공무원에 관한 전반적인 사항은 2004년 6월 중앙인사위원회 사이버국가고시센터(100-777 서울시 중구 무교동 96 무교빌딩 인재채용과, 전화 : 02-751-1470, gosi.csc.go.kr)에서 관장한다.

(5) 직업정보 가공 시의 유의점

직업정보 가공 시에 유의할 점은 다음과 같다.

1) 직업은 그 분야에서 매우 전문적인 면이 있으므로, 전문적 지식이 없어도 이해할 수 있는 언어로 가공하되, 이용자의 수준에 준한다.

이용자는 직업에 대한 전문적 지식이 없는 청소년에서부터 직업생활의 경험으로 직업에 관한 지식을 습득한 성인에 이르기까지 그 폭이 매우 넓다. 직업에 대한 경력이 있더라도 직업전환 시 새로운 분야의 직업을 선택한다면 전문지식이 있다고 보는 데 무리가 있다. 그러므로 직업정보 가공 시에는 이용자가 이해할 수 있는 언어로 가공하여 가독력을 높여서 제공되어야 효율성이 높다.

2) 직업에 대한 장 · 단점을 편견 없이 제공한다.

직업은 그 특성상 장 · 단점을 갖고 있다. 직업정보 가공 시에 객관적 자료에 의한 장 · 단점을 제시하여야 의사결정을 하는 데에 도움을 줄 수 있다. 편견이 작용하였는지를 판단하기 위해서는 가공된 직업정보를 전문가의 도움을 받아 수정 · 보완하는 단계가 필요하다.

3) 현황은 가장 최신의 자료를 활용하되, 표준화된 정보를 활용한다.

직업정보의 생명은 가장 최신의 것이라야 한다. 현황이라고 하면, 가장 최신의 것인가 표준화된 정보인가를 확인하고, 가능한 한 가장 최신의 것으로 대체한다.

4) 객관성을 잃는 정보, 문장, 어투 등은 삼간다.

정보를 제공한다는 것은 긍정적인 입장에서부터 출발하여야 한다는 강박관념에 의하는 경우가 많다. 이러한 출발점으로 인하여 직업정보는 자칫 정보를 대하는 이용자의 판단을 흐리게 하거나 허황된 표현 등을 통하여 유인하고자 하는 개연성을 내포하게 된다. 가령, 근거없이 유망한 직업이라고 표현하는 것이 그 예이다. 그러므로 직업정보 제공 시에는 가능한 한 객관적인 언어나 메시지로 전달해야 한다.

5) 시청각의 효과를 부가한다.

직업정보는 전문성으로 인하여 매우 딱딱하고 지루한 내용이 많다. 이러한 내용에 대하여는 시청각 효과를 부여하여 이용자가 쉽게 접근할 수 있도록 구성한다.

6) 정보제공 방법에 적절한 형태로 제공한다.

직업정보의 전달매체는 인쇄, 방송, CD, 인터넷 등이 주류를 이룬다. 이에는 매체의 특성을 살려 적절한 형태로 제공되는 부분에 대한 지속적인 연구가 필요하며, 이용자의 특성에 맞는 매체로서 제공되는 것이 효과적이다.

이러한 이유로 인하여 직업정보 가공은 매우 세심하고 어려운 부분이다.

4. 직업정보의 제공

(1) 직업정보의 생산 및 제공 시 고려사항

직업정보는 이용자의 구미에 맞도록 생산되어야 한다. 막대한 재원과 노력 등을 들여 최신의 정보시스템을 가동한다 하더라도 이용자가 불편을 느끼거나 보완자료를 요구하거나 무관심을 나타낸다면 수고와 노력이 허사가 된다. 직업정보는 자칫하면 너무 전문적이어서 그 내용이 난해하여 이해가 쉽지 않은 경향이 있다. 따라서 이용자가 즐겁게 정보를 대할 수 있는 형태로 생산하는 것이 가장 바람직하다.

직업정보의 제공에 있어서는 ① 기술수준으로 정보를 얼마나 정확히 전달할 수 있는가, ② 정보의 표현양식이 얼마나 정확하게 바라는 의미를 전달할 것인가, ③ 이러한 정보가 인간행동의 동기부여 수단으로 얼마나 적합한가 등의 수준이 고려되어야 한다.

직업정보 제공은 ① 이용자의 접근성, ② 이용자에게 친근감을 주고 관심을 자극하는 친근감, ③ 도움없이 이용할 수 있는 사용의 편리함, ④ 이용자의 요구에 맞추어 항상 변화하는 적응성 등 4가지 요소가 적용되어야 한다(Brown. D, 2003).

(2) 직업정보의 제공방법

1) 제공유형

직업정보의 제공방법에는 ① 인쇄물, 슬라이드, 필름, 오디오 및 비디오테이프 · CD-Rom, 기록자료, 게시판, 산업박물관 이용 등의 매스미디어, ② 인터넷 등 컴퓨터의 이용, ③ 지역사회 인사와 면담, 직업선택과 지도, 직업정보의 비치 및 열람 등 자료은행 설치, ④ 전화서비스 체제, ⑤ 직업정보박람회를 개최하여 부모와 학생을 위해 장시간 개방하는 등의 방법이 있다.

직업정보는 최신성과 정확성이 그 생명이기 때문에 전산화된 시스템 가동이 필수적이다. 이러한 전산시스템은 정보전달에 있어 인간-기계시스템에서 오는 한계를 가지고 있으므로 이를 위한 보조자료가 준비되어야 한다. 보조자료는 개발에 소요되는 시간으로 인하여 구정보가 될 가능성이 다분하다. 따라서 이러한 단점을 이용자가 충분히 이해하여 의사결정시에 다양한 자료로 접근할 수 있도록 직업정보체제에서 검토해야 한다. 전산시스템의 내용을 더 상세히 설명하거나 부가적인 내용을 곁들인 자료를 중개정보원이라고 한다. 중개정보원은 직업정보시스템의 보조적인 매체로서 서적, 잡지, 신문, TV, 영화, 게임, 비디오 · 오디오, 인터넷, 직업정보 자료실, 안내판, 전화, 비디오테이프 · CD-Rom, 전람회 · 박람회 · 직업체험관, 상담소, 구인 · 구직정보지 등을 말하는데, 여기에는 매체의 특성에 따라 시각적 · 청각적 효과를 최대로 이용하여 직업정보의 난해성을 극복해야 하는 사명이 부과된다. 이와 같은 중개정보원은 〈그림 2-3〉과 같다.

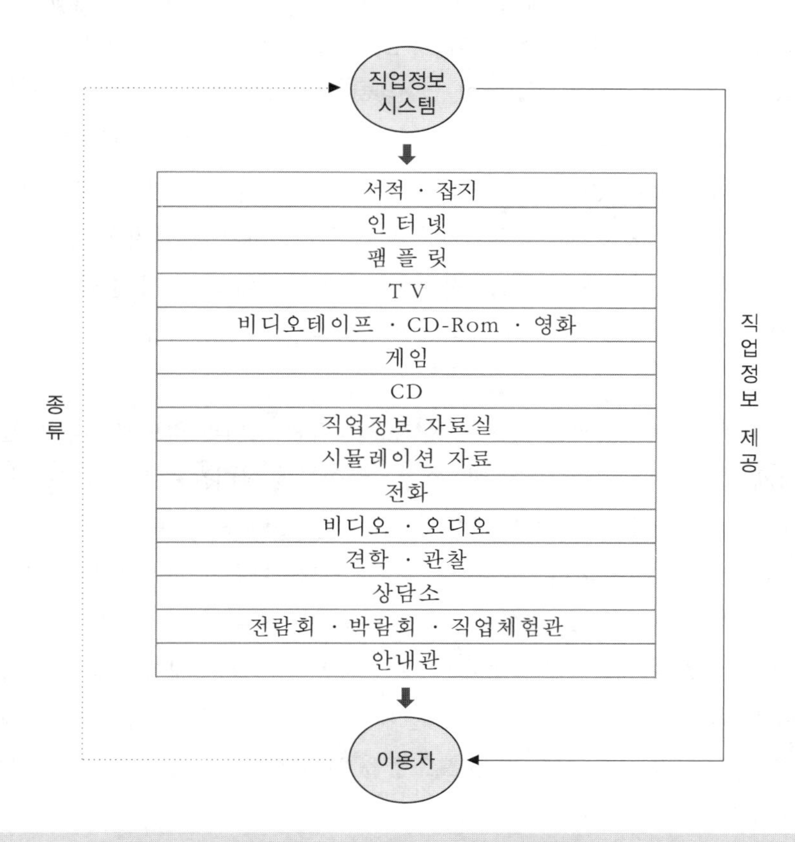

그림 2-3 직업정보시스템의 중개정보원

전산시스템과 중개정보원인 보조자료 등은 청소년, 학부모, 여성, 중 · 고령자, 장애인, 직업지도교사, 직업상담가, 직업전문가, 기업인 등이 쉽게 접할 수 있는 장소에 비치 또는 설치되거나 배치되어야 한다. 한편 이러한 직업정보 활동에 대하여는 대대적인 홍보를 실시하여야 하는데, 여기에는 직업정보의 가치에 대한 시각을 부여하는 홍보도 포함시켜야 한다. 또한 직업정보를 알기 위해서나, 구인이나 구직을 하려는 자 등은 직업정보제공원 및 중개정보원을 언제 어느 때라도 이용할 수 있도록 직업정보 환경을 조성할 필요가 있다.

2) 유형별 장단점

직업전망에 관한 정보를 제공하는 인쇄물을 포함한 정부 보고서 및 관련 자료들이 있다. 현재까지는 사용하기 쉽고 재발급이 용이한 인쇄물 정보가 직업정보의 가장 중요한 공급원 역할을 하고 있다. 그러나 자료의 인터넷 입력, 정보 보급의 전산화, 시청각 자료의 증가로 인해 인쇄물 정보의 중요도가 점점 줄어들고 있다. 직업 정보를 이런 형태로 보급하는 것이 인쇄물 형태보다 더 중요하게 될 지는 더 봐야 한다. 인쇄물은 미디어센터나 직업정보 자료실 등에 보관하기가 상대적으로 용이하고, 팩스로 전송하기도 간편하며 컴퓨터에 스캔을 해서 저장하고 사용자에게 전자메일로 전송하기도 쉬운 장점이 있다. 이 이외에도 인쇄물은 휴대가 용이해서 사용자 접근성이 높다는 장점과 함께 아동과 퇴직자들을 포함해서 진로발달의 여러 단계에 있는 모든 사람들이 손쉽게 이용할 수 있다는 장점이 있다.

그러나 인쇄물은 여러 가지 장점을 가지고 있지만 동시에 몇 가지 단점도 있다. 인쇄물을 읽는 독자가 정보를 수동적으로 받을 수만 있다는 것이 그 단점 중의 하나다. 또 일부 자료, 특히 정부에서 발간하는 자료들은 그다지 흥미로운 모양새를 갖추지 못하는 경향이 있다.

비디오테이프나 영화 등과 같은 시청각 자료는 다른 형태의 정보에 비해 이를 이용하기 위한 기자재 설치비용과 같은 초기 비용이 많이 들어서 상대적으로 사용비용이 높은 형태의 자료다. 그러나 이 고비용을 상쇄하고도 남을만한 뚜렷한 장점을 가지고 있다. 그 중 가장 눈에 띠는 장점으로는 비디오테이프와 같은 자료는 학습 과정에 음향과 활동이 가미되고 시각적인 자극도 겸비하고 있기 때문에 인쇄물보다 더 큰 효과를 거둘 수 있다.

컴퓨터를 이용한 진로상담 프로그램은 초기 설치비용 및 유지비용이 높고 학습자도 특별한 훈련을 받아야 이용할 수 있지만 다른 자료들과 비교했을 때 많은 장점들이 있다. 평가, 진로조사, 직업정보 등 서로 다른 요소들을 한꺼번에 아우를 수 있다는 것이 그 장점 중의 하나이다.

인터넷에 접속할 수만 있으면 온라인 직업정보망, 민간 출판업자, 정부 등에서 나오는 방대한 양의 자료에 쉽게 접근할 수 있다. 온라인 시스템에 저장되어 있고 소프트웨어 패키지로 구할 수 있는 자료는 스크린 상에서 텍스트 형태를 띠고 있기 때문에 인쇄물과 비슷한 점이 많다. 이 시스템이 인쇄물보다 더 편리한 점은 검색 엔진을 장치해서 기술이 있는 사용자라면 원하는 정보를 더 쉽게 찾아볼 수 있다. 그러나 인터넷에 익숙하지 않은 사용자라면 복잡한 검색엔진을 보면 접근성을 어렵다. 다시 말해, 이용자가 컴퓨터, 인터넷 서비스, 그리고 필요한 검색 기술을 가지고 있지 않으면 이 자료들에 대한 접근에 제한을 받게 된다는 단점이 있다.

프로그램화된 인쇄 자료에는 자가 조사연습 방법과 직업정보들이 포함된다. 이 자료들은 이용자가 속도를 조절할 수 있다는 장점과 함께 인쇄물보다 상대적으로 저렴하며 저장 · 유지가 쉽다. 이 자료는 휴대 및 운반이 쉽지 않고 소수의 고객 그룹에게만 제공된다.

시뮬레이션은 사용자가 특정 업무를 수행하는 입장이 되어보는 단순한 역할극에서부터 항공기 조종사나 우주인 훈련에 사용되는 고도로 복잡하고 비싼 훈련 시뮬레이션에 이르기까지 그 종류가 다양하다. 이 두 극단의 중간 정도에 복잡한 작업 환경—도시나 병원과 같은—에 시뮬레이션 하는 프로그램이 위치한다. 시뮬레이션은 이용자에게 활동적으로 참여할 수 있는 기회를 주고, 큰 집단에 사용할 수 있는 장점이 있지만 접근성이 제한될 가능성이 있다. 미래에는 진로선택을 고민하고 있는 사람이 가상현실을 통해 직장 환경 시뮬레이션에서 가상 경험을 할 수 있을 것이다. 현재 이런 종류의 시뮬레이션을 개발할 수 있는 기술은 있으나 비용이 너무 높아 현실화되지 못하고 있는 실정이다.

게임들은 다양한 사용자 수준을 대상으로 사용할 수 있고, 값이 싸고, 저장과 유지가 용이하다. 게임을 적절히 사용하면 지루해질 수 있는 활동들을 재미있게 만들어서 동기부여를 할 수 있다. 학습자가 직업정보를 얻는데 보조 장치로 게임이 사용될 수 있지만, 관찰이나 직접적인 학습경험을 대체해서는 안 된다.

직업실험실 및 체험실은 직업정보를 적극적으로 접근하도록 하기 위해 만들어졌다. 이 방법은 슈퍼마켓 계산대, 자동차 정비공장, 간호사실 등의 단순한 작업 환경을 시뮬레이션 하는 데 사용할 수 있다. 실험실은 학습자가 실제 같은 체험을 할 수 있도록 하고 인터액티브한 역할을 해볼 수 있도록 환경을 제공한다. 이런 실험실이 직업정보를 제공하는데 많이 이용되지 않는 까닭은 ① 실험실에 필요한 공간을 구해서 유지하고, ② 필요한 자제를 구입하고, ③ 시설을 관리하는 데 비용이 많이 들기 때문이다.

직업정보를 얻는 또 1가지 방법은 현장에 종사하고 있는 직업인들과 직접적인 접촉을 하는 것이다. 경우에 따라 직업인들이 직장을 떠나 학교나 훈련센터에 와서 자기가 하는 일에 대해 이야기할 수도 있다. 그러나 이 방법은 학습자가 작업환경을 관찰할 수 있는 기회를 박탈한다는 단점이 있다. 따라서 작업을 하고 있는 모습을 직접 관찰할 수 있는 것이 더 바람직하나 추가 비용이 발생할 수 있다. 이 비용에는 교통비, 그리고 학습자들이 초 · 중등 학생일 경우 이들을 감독 · 인솔하는데 따르는 인건비가 포함된다. 직접 관찰을 통한 정보 제공에서 자주 발생하는 또 다른 문제 하나는 직접 관찰할 수 있는 직업이 다양한지 여부이다. 예를 들면, 시골은 도시에 비해 관찰할 수 있는 직업의 범위가 훨씬 작다.

맛보기 체험, 단기간 시험적 취직, 시간제 근무, 인턴 근무 등을 통한 직업경험이야말로 그 직종에 대한 가장 정확한 지식을 얻는 방법이다. 이 방법도 조직하는 데 드는 비용, 즉 학습자들과 직장을 연결하고 이를 감독하는 데 드는 비용을 감안하지 않을 수 없다. 직업 관찰 프로그램과 마찬가지로 직업경험을 할 수 있는 직종이 그리 많지 않다는 것도 이 방법이 가지는 문제 중의 하나다.

[표 2-15]은 직업정보를 전달하는 유형별 장단점을 요약한 것이다.

표 2-15 직업정보 유형별 장단점

종류	비용	학습자 참여도	접근성
1. 인쇄물	저	수동	용이
2. 프로그램화된 자료	저	적극	제한적
3. 시청각 자료	고	수동	제한적
4. 진로상담 프로그램	중 – 고	적극	제한적
5. 온라인 시스템	저	수동	제한적
6. 시뮬레이션 자료	저	적극	제한적
7. 게임	저	적극	제한적
8. 직업 실험실	고	적극	극도로 제한적
9. 면접	저	적극	제한적
10. 관찰	고	수동	제한적
11. 직업 경험	고	적극	제한적
12. 직업 체험	고	적극	제한적

(3) 직업정보 생산과정의 공개

직업정보를 제공할 때에는 직업정보 생산과정에 대하여 공개하여야 한다. 공개내용에는 직업정보 생산에 사용된 직업정보원, 직업정보제공원, 가공방법 등이 포함되는데, 이러한 공개는 정보의 신뢰성을 부각시켜 주고 이용자가 의사결정하는 데에 도움을 준다.

『한국직업전망서』의 직업정보 생산과정 공개내용

1999년 『직업전망서』에서 가장 중점을 둔 직업전망 정보는 각 직업의 인력수요에 대해 전문적인 지식을 가지고 있는 전문가들로부터 수집한 질적인(qualitative) 정보이다. 현재 우리나라의 수량적인 고용전망은 산업별 · 직업별 중분류 수준(60개 산업, 27개 직종)까지 가능한 실정인 데 비하여, 본서의 200여 개 직종은 세분류 수준이므로 수량적인 전망을 하는 데 한계가 있다. 따라서 이 책의 직업전망 작업에서는 수량적인 전망을 직접 시도하지 않았으며, 중분류 수준의 수량적인 전망은 기존의 연구자료를 활용하였다. 또한 본서에서는 고용의 증가 또는 감소가 어느 정도 되는가에 대한 상세한 판단보다는 고용의 증감을 가져오는 노동시장의 변화요소(factors)를 파악하는 데 비중을 두었다.

이 책에서 직업전망 정보를 작성한 과정은 다음과 같은 단계로 구분할 수 있다.

1. 전문가 인터뷰를 통한 고용전망

각 직업의 고용정보에 대해 전문적인 지식을 가지고 있는 전문가란 협회의 임원, 업체의 인사책임자, 특정 직업 및 산업에 관련된 연구소의 연구원 등을 말한다. 여기에서는 이러한 전문가들로부터 고용전망에 관한 정보를 수집하기 전에 일차적으로 해당 직업의 고용전망에 관련된 기존의 발간자료를 수집하고 분석하였다.

일차적인 자료 수집 및 분석 후, 해당 직업의 고용전망에 관한 전문가 의견을 수집하기 위해서 먼저 관련협회의 임원이나 해당 직업의 대표적 업체의 인사책임자에게 향후 5년간 인력수요에 대한 인터뷰를 하였다. 인터뷰 대상 전문가는 직업별로 차이가 있으나 보통 2명에서 5명 정도였다.

기존의 자료가 많고 고용전망 변화요소가 비교적 분명한 직업에 대해서는 2명 정도의 전문가 인터뷰로 충분하였으나, 해당 직업이 다양한 산업에 연관되어 있고 경제환경에 따라 변화요소가 다양한 경우는 다수의 관련 직업 및 산업의 전문가를 통해 노동시장의 변화요소를 파악하고자 시도하였다. 전문가 인터뷰 방법은 팩스나 전자우편으로 사전에 질문지를 보내고, 직접 방문과 추가적인 전화통화를 통해 다음의 사항을 위주로 정보를 수집하였다.

- 향후 5년간 인력수요 판단(증가, 유지, 감소)
- 고용증가를 가져오는 요소
- 고용감소를 가져오는 요소
- 중장기 인력수급계획

위의 질문에서 전제로 한 것은 향후의 경제성장이 2000년을 기준으로 서서히 회복세로 돌아선다는 가정이었으며, IMF의 특수상황으로 인한 고용변화는 별도로 언급하도록 하였다. 본 조사의 전문가 대상 인터뷰에서 중점을 둔 부분은 고용증감의 판단보다는 이러한 노동시장의 변화를 가져오는 요인이 무엇인가 하는 점이었다. 즉 해당 전문가들이 고용증감을 판단하는 데 있어서 고용증가 요인과 고용감소 요인을 충분히 제시하게 한 후, 이러한 요인들에 따른 합리적인 판단을 하도록 질문을 유도하였다. 이는 이 책의 직업전망 정보에서 가장 역점을 둔 내용이 바로 향후의 고용증감을 가져오는 세부적인 고용변화 요인들이기 때문이다.

위의 전문가 인터뷰를 통해 수집한 전문가 의견이나 관련 자료 등을 종합하였을 때 상호간에 일관성이 없거나 의견이 다른 점들은 추가적인 인터뷰를 통해 다시 확인하고 조율하여 향후 고용증감에 대한 최종적인 판단을 하였다.

2. 수량적인 전망자료를 통한 검토

각 직업별로 전문가 인터뷰를 통해 자체적인 고용전망을 한 후에는 이를 다시 기존의 수량적인(numerical) 전망자료를 가지고 검토하였다. 여기에서 사용한 수량적인 전망자료는 한국직업능력개발원의 『산업인력 수급전망과 과제(1998)』, 과학기술정책관리연구소의 『과학기술인력 장기수급 전망 및 대응방향(1995)』, 한국노동연구원의 『중장기 인력수급 전망(1996)』 등의 책자에 실린 각 직업 및 산업의 향후 취업자수 전망자료들이다. 이러한 자료들의 향후 취업자수 전망수치를 본 작업에서 실시한 전문가 의견 수집을 통한 고용증감 전망과 비교하였으며, 예측결과가 서로 다르게 나온 경우는 그 원인을 분석하여 추가적으로 결과에 반영하였다.

3. 외국 직업전망 자료를 통한 보완

여기에서 사용한 외국 직업전망 자료는 미국의 『Occupational Outlook Handbook : OOH(1998)』, 일본의 『직업핸드북(1997)』, 캐나다의 『Job Future(1998)』 등이다. 각 나라마다 직업별 고용현황이나 경제성장 정도, 산업별 직업의 구성비율 등이 다르지만, 이러한 차이를 감안한다면 선진국의 노동시장 변화는 우리에게 좋은 참고자료가 된다. 특히 우리나라의 경우 산업의 발전과 직업별 고용성장이 미국과 일본의 발전 추세와 밀접한 연관을 가지고 변화하고 있으므로 이들 국가의 직업전망 자료와 비교 · 검토하는 작업은 우리나라의 고용변화 요인을 예측하는 데 중요한 과정이라고 할 수 있다. 이 책에서는 위의 3개의 외국 전망자료를 가지고 각각 대응하는 직업마다 향후 전망을 비교 · 검토하였고, 특히 산업구조의 변화나 기술의 발전과 같은 노동시장에 변화를 가져오는 요인들을 중점적으로 참조하였다.

이 책의 고용전망 정보는 이상과 같은 방법을 통해 작성되었으며, 여기에 추가적으로 노동시장 진입과 관련하여 중요한 참고자료가 되는 취업경쟁률과 이직률 등을 함께 실었다.

자료 : 중앙고용정보관리소(1999). 한국직업전망서

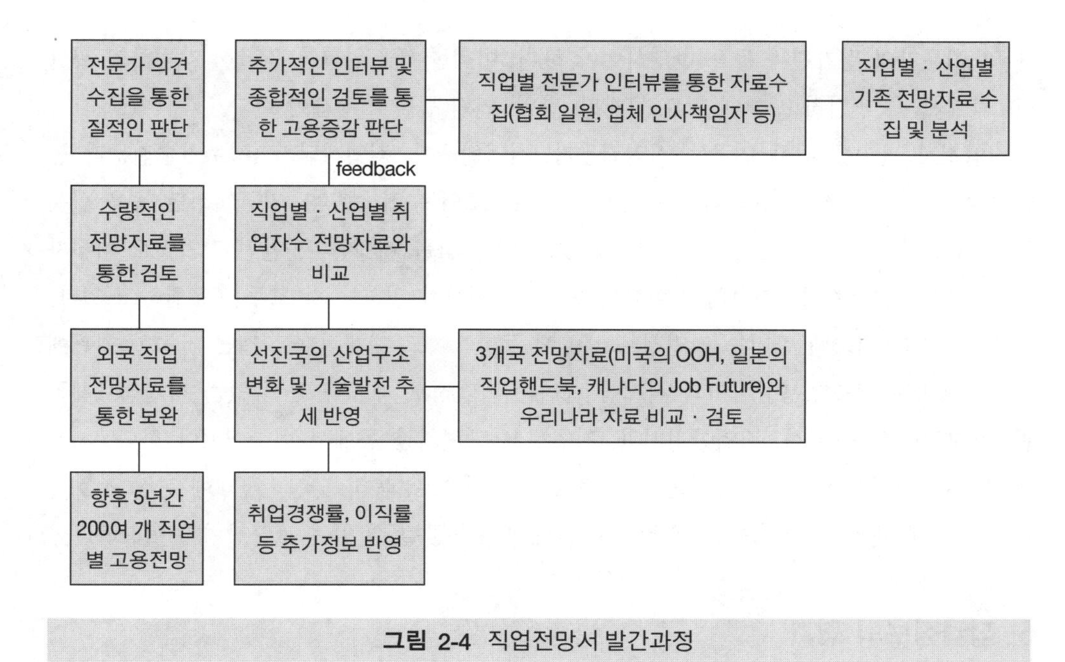

그림 2-4 직업전망서 발간과정

5. 직업정보의 축적

직업정보의 축적에 있어서는 직업정보 입력, 흐름, 관리, 보관 등을 실정에 맞게 설계하면서 컴퓨터의 용량, 정보통신기술, 정보기술의 기반구조를 구축하기 위한 정보관리 정책과 정보의 표준화가 함께 추구되어야 더 효과적일 수 있다. 이는 직업정보 전산망의 구축으로 적정한 정보관리시스템을 적용하여 서로 합의된 자료를 제공하고 교환하며, 보급된 정보를 축적하는 과정이다. 이 과정에서는 직업정보에 대한 평가과정을 거쳐 이를 환류시키며 직업정보 서비스에 대한 홍보 이후 이용자의 검색방법의 차이, 선호도, 요구사항 등에 대한 의견을 수렴하여 이를 수정 · 보완해야 한다.

이러한 직업정보시스템은 여러 가지 하위시스템으로 구성되는데, 각 하위시스템은 서로 상호교류를 이루고 있다. 하위시스템은 정보수집시스템, 정보분석시스템, 정보가공시스템, 정보체계시스템, 정보제공시스템, 정보축적시스템, 정보평가시스템 등 7가지로 분류된다.

각 하위시스템은 직업정보관리시스템에 통합되는데, 직업정보원, 전문가, 이용자의 지원이나 평가과정을 거쳐 환류되어야 한다. 시스템 관리는 중앙처리와 분산처리 등을 병행하여 운영되며, 이 때에 자료공유 네트워크를 구축하고 표준화 작업을 수행해야 한다. 소프트웨어 측면의 시스템 관리를 위하여는 직업정보의 종류, 양, 질 등에 관한 연구결과와 전문가 및 이용자의 평가결과 등을 반영하여야 하며, 이러한 네트워크를 원활히 가동하기 위한 시스템 성능을 진단하고 이에 필요한 재원, 장비, 인력 등을 지원해야 한다.

직업정보 관리를 위한 연구는 직업전문가, 직업연구가, 직업상담가, 정보기술전문가 등의 참여를 의미하고, 평가를 위한 전문가는 직업정보의 수집 · 분석 · 가공 · 상담 등을 실시할 수 있는 능력을 하나 또는 복합적으로 갖고 있는 자를 지칭한다. 한편 직업정보 이용자는 청소년에서부터 직업전문가에 이르기까지 직업정보를 원하는 자 모두를 포함하고 있다.

중앙처리의 시스템 관리는 직업정보 제공에 종합적이고 체계적으로 접근 가능한 기관에서 수행하여야 하고, 분산처리의 시스템 관리는 직업정보 제공과 관련 있는 직업정보제공원, 학교, 사회교육기관, 직업안정기관, 직업정보 관련기관 등에서 이루어져야 한다. 시스템 관리에 있어서 배제할 수 없는 것은 정보의 보완으로, 특히 구인 · 구직에 관한 정보가 목적 이외에 사용되지 않도록 필요한 이용자에게만 제공될 수 있는 보완장치가 필요하다.

6. 직업정보의 평가

직업을 알기 위해 필요한 정보의 종류와 다양한 형태의 가용한 정보, 그리고 이러한 정보를 확보할 수 있는 제공원에 관한 것을 논함에 있어, 직업정보에 대한 평가는 중요한 동시에 어려운 과제이다.

우리나라에서의 직업정보 개발은 중앙고용정보관리소에서 발간되는 『한국직업사전』으로 명맥을 유지하고 있다가, 대량실업을 맞이하면서 『한국직업전망서』를 발간하고 고용정보워크넷을 가동하기에 이르렀다. 이제는 이러한 직업정보들을 향상시키기 위해 평가활동을 수립하고 노력해 나가야 할 때이다. 직업정보는 인쇄형태 및 시청각적 자료들이 주류를 이루고 있는데, 이를 평가함으로써 직업상담가가 직업정보를 선별하고 사용하는 데에 중요한 길잡이가 될 수 있다.

미국에서는 『진로정보매체의 준비와 평가를 위한 지침들(Guidelines for the Preparation and Evaluation of Career Information Media)』을 발간하여 직업정보개발자, 직업상담가, 프로그램개발자 등에게 직업정보의 선별을 위한 도움을 주고 있다.

이 지침에서 직업정보를 평가하는 데 있어서의 권고항목들은 ① 직업의 본질, 직업분야, 산업 및 그 중요성, ② 단일직업에서 수행되는 일, 또는 그 직업분야에 있어서의 직무의 다양성, ③ 과제설정, ④ 직업에서 가능한 개인적 보상, ⑤ 입직 자격요건, ⑥ 발전가능성, ⑦ 전망(장래 고용기회에 영향을 미칠 기술적 · 경제적 · 인구학적 요인들을 포함), ⑧ 관련 직업들, ⑨ 자격면허 또는 조합원 자격과 전문가 집단, ⑩ 성공을 위해 필요한 개인적 자격조건들 등으로 구성되어 있다.

직업정보 평가에 있어 내용과 더불어 중요한 것은 주제와 관련된 활자와 형식을 위한 평가이다. 다음은 형식에 대한 평가를 제시한 것이다.

(1) 어 휘

직업관련 인쇄물은 이용자들의 읽기수준에 맞춰 쓰여져야 한다. 대부분의 직업관련 저술들은 가독성에 많은 개선의 여지가 있음이 지적되고 있다.

브레이필드와 리드(Brayfield & Reed)는 1950년 직업관련 저술의 3분의 2가 '매우 어려움' 으로, 나머지 32%는 '어려움' 으로 등급지워진다는 사실을 발견했다. 저자들은 연구에 사용된 책자들의 5%만이 대중적인 잡지수준의 가독성에 맞춰 쓰여졌기 때문에 필요한 이해와 흥미요건을 충족시키지 못한다고 설명하였다.

또한 왓슨과 런드퀴스트, 코틀은 미국 『직업전망서』(1957년판)의 문장길이와 어휘수준이 대학수준의 읽기능력을 요구하고 있음을 발견했다. 즉, 상담자용 기준으로는 맞지만 고등학교 수준의 내담자용으로는 문제가 있다고 밝힌 것이다. 또한 루스(Ruth, 1962)는 그가 조사한 자료들의 대부분이 고등학생들이 손쉽게 접근할 만한 읽을거리로는 너무 어렵다는 사실을 보고했다.

이 밖에 샤프(Sharp, 1966)는 본래 대학교육과 무관한 직업들을 망라하고 있는 재검토된 자료들의 53%가 대학수준의 읽기능력을 요구하고 있다는 사실을 발견했다. 수년에 걸쳐 직업정보 자료들의 가독성에 있어서는 거의 변화가 없었다. 1975년, 가독성을 위해 평가된 정보의 열둘 중 일곱이 읽기 어려움의 정도가 대학수준이었다. 호포크(Hoppock)는 읽기 쉬운 인쇄물은 학생들에게 보다 호의적으로 직업을 바라보도록 하며 스스로 직업을 연구하도록 고무한다고 주장하였다.

한편, 디너와 칵쵸위스키(Diener & Kaczkowski)는 상담과정에서 사용되는 직업정보에 대하여 상담자는 정보의 타당성과 포용성 평가에 어느 정도의 책임을 져야 한다고 지적하고 있다. 또한 가독성 결과를 평가하는 데 있어 가장 중요한 요소는 직업묘사에 있어서 세부묘사의 양이다. 묘사가 깊이 있고 폭이 넓어지면 낯선 낱말들의 수가 늘어나며 자연적으로 자료의 가독성 수준도 향상된다. 그러므로 가장 읽기 쉬운 자료가 최선의 자료이다. 상담자는 두 요소, 즉 가독성과 정보성이 최신성을 이루고 있는 자료를 선택해야 한다. 상담자는 이들 2가지 중요성을 유의함으로써 유용하면서도 이해하기 쉬운 직업정보를 내담자에게 보다 잘 전달할 수 있을 것이다.

(2) 형 식

직업정보의 내용이 자세하게 제시되었다 하더라도 직업정보매체는 영상물, 인쇄물 등의 형식에 따라 서로 다를 것이다. 그런데 모든 정보에 자세한 내용을 제시하는 형식을 채택하면, 정보를 재미있고 흥미있게 만들기가 어렵다.

예를 들면, 영화나 슬라이드는 내용이 잘 조직되고 특정 독자에게 초점이 맞춰진 경우에 적합하다. 만일 그 내용이 젊은이들에게 읽혀질 것이라면, 남성과 여성 모두 다루어져야 한다.

(3) 삽화와 그림

인쇄매체는 체제가 산뜻하고, 전체적인 형식은 흥미를 끌 수 있어야 하며, 삽화는 자료의 효능을 높일 수 있을 만큼의 질적 조건을 갖추어야 한다. 그리고 형식은 본래 의도했던 연령수준에 적절하게 제작되어야 하며, 사진들은 최근의 것으로 하되, 이용자의 성별 · 특성별로 접근해야 한다.

문단의 길이, 삽화의 수, 활자의 크기, 글자의 배열, 이 모두는 인쇄매체에 널리 이용될 것인지의 여부와 관련이 있다. 인쇄매체의 대중성을 결정하는 형식상의 특징들은 어휘의 난해함과 문장구성, 인간적 관심, 쪽수의 위치와 활자의 밀집상태, 인쇄매체의 길이, 문단의 길이, 주제의 특별한 측면들을 분류해 구분한 단락의 수, 그림에 할애된 지면, 그림의 수 등이다.

인쇄매체의 발행일자는 항상 명시해야 하는데, 자료들이 시간상 유효하고 정확한 상태를 유지하기 위해서는 아무리 방대한 자료일지라도 최소한 1년을 주기로 개정되어야 한다. 이는 직업정보가 급격히 변화하고 있어 이 중 일부분이 급속히 옛것이 되어서, 부정확하고 잘못 이해되기 쉽기 때문에 매우 중요한 부분이다. 가령, 영상물 속에서 일어나는 사실들은 현재의 것이더라도, 의상이나 장비가 구식이라면 관객들은 그와 같은 시각적 도움에 적은 관심을 갖게 된다.

(4) 편견으로부터의 자유

정보는 편견, 즉 성별, 종교, 민족적 배경, 또는 사회적 집단 등에서 추구하는 이기적 목적을 위한 선동적 행동으로부터 벗어나 있어야 한다.

(5) 신뢰성 부여

신뢰성은 다음과 같은 항목들, 즉 ① 발행인, ② 전문적인 컨설턴트, ③ 후원자, ④ 기고가,

⑤ 기금의 출처 등에 대한 신뢰성이 포함되어 있어야 한다. 직업정보는 신망있는 후원을 받아야 하며 어떤 조직 또는 집단이 연구를 후원하며, 누가 정보에 대하여 책임을 지는가, 그리고 자격요건과 입장은 어떤 것인가와 같은 질문들에 분명히 답할 수 있어야 한다.

정보를 획득하는 데 사용된 방법들은 이용자들에게 공개되어야 한다. 즉, 가공된 정보의 방법에 대한 자료조사, 학교 및 단체, 기업체 방문, 정부기관 관계관과의 면담 등에 관한 정보들은 공개되어야 한다.

이것이 자료를 수집하는 과정에서 행해진 작업과 표집의 확실성을 입증해 주어야 하는데, 어떤 정보들은 단순히 다른 자료들의 비교에 지나지 않지만, 다른 정보들은 다양한 조사방법들을 사용한 증거를 제시함으로써 신뢰성을 더할 수 있다.

자료는 인정받은 권위자 또는 타당한 조사연구들에 의해 정당성이 확인되어야 한다. 직업전문가들은 정보를 사용 가능한 형태로 바꾸는 과정에서 직업정보 생산보다는 출판물을 저술하는 데 보다 더 적임자인 경우가 많다. 그러나 이러한 실수를 하지 않기 위하여는 특정 직업분야의 전문가들로부터 자문을 받아 자료의 정당성을 확인할 수 있도록 공개되어야 한다.

직업관련 정보의 각 부분들은 직업, 훈련과 교육의 기회, 재정적 원조체계, 직업을 경험하고 탐색할 수 있는 기회들에 대한 정보의 추가출처를 이용자들에게 알려야 한다.

한편 영화나 슬라이드에 있어서는 영화의 상영과 집단토론의 가치를 높여 줄 '이용자 안내'가 자료의 일부분으로 포함되어야 한다. 미국국립직업지도협회에 의하면 이용자 안내서는 발행일자, 시간(상영시간은 대략 15~20분으로 제한), 목적, 주제분야, 이용자의 적절한 연령 및 학력수준, 직업범위, 내용의 개요 등이 포함되어야 한다고 지적하고 있다. 또한 이용자 안내서는 논의를 위해 제안된 질문들과 관련된 정보원의 참고목록, 표본이용자들로부터 얻은 사전의 평가 등을 포함하고 있어야 한다.

(6) 타당성

직업정보의 타당성을 시험하는 기법들은 직업상담가 또는 교사 및 인력개발자들에게 유용하다. 일반적인 심사나 이해범위에 대한 점검과 같은 기법들은 적용이 쉬우며, 그 외의 것들은 보다 많은 시간과 노력을 필요로 한다.

(7) 예비심사

정보의 타당성을 평가하는 직업상담가, 교사, 인력개발자 혹은 이용자들이 사용할 수 있는 간단한 방법은 자료를 시험적으로 심사해 보는 것이다. 이러한 심사에서는 다음의 사항들

표 2-16 표본이용자들에 대한 평가의 예

국제노동기구(ILO) 색인어집 사용자에 대한 조사설문지

ILO 시소오러스에 관심이 있거나 이후에 발행되는 개정판을 수령하고 싶으신 분은 질문에 답하여 다음의 주소로 보내 주십시오.

Decument Analysis and Terminology Section

Central Library and Documentation Branch

International Labour Organisation

CH-1211 GENEVA 22(Switzerland)

1. 귀하의 성명과 소속기관명

2. 귀하께서 ILO 시소오러스를 사용해서 문헌을 초록하거나 색인할 수 있습니까?

3. 귀하께서 3개국 중 사용하시는 언어는 무엇입니까?

4. 시소오러스 조사서와 연관된 인물들은 누구입니까?

5. 귀하께서 다른 언어로 번역하신 적이 있습니까?

6. 귀하께서 관여하시는 주제영역은 무엇입니까?

7. 전문용어 중 수정할 것이 있습니까? 있다면 어떤 주제영역입니까?

8. 귀하께서는 이와 다른 주제영역을 갖고 계십니까?

9. 만약 이후에 개정한다면 어떤 주제영역으로 계획하시겠습니까?

10. ILO 시소오러스를 사용하는 다른 사용자를 아십니까? 아신다면 그 기관의 이름, 주소, 성명을 부탁드립니다.

11. 시소오러스의 수정본을 원하십니까?

을 질문해야 한다.

① 발행일자는 언제인가? 정보는 아직 유효한가?

② 저자와 후원자는 그들의 분야에서 권위자로서 인정받았거나 전문적인 면에서 유능한가?

③ 정보가 연구분야의 활동과 관련하여 균형있고 편견없는 사진들을 제공하는가?

④ 정보가 관심을 끌 수 있는 형식으로 제공되는가?

⑤ 정보의 내용이 이용자의 수준에 비춰 볼 때 적절한가?

(8) 평가점검 항목

주의 깊은 예비심사에서 직업정보의 가치가 적거나 또는 전혀 없는 자료들을 제거할 수는 있지만, 예비검사를 통과한 자료들에서 모두 적절하다고 볼 수는 없다. 그러므로 평가점검 항목의 적용은 좀 더 엄격하고 따라서 보다 더 신뢰할 만한 정보평가 방법이다.

평가점검 항목은 상식수준에서 적용되어야 한다. 평가자는 인쇄물의 점검시에 모든 항목들과 일치하지 않음을 발견하려고 노력하는 데에 열중하게 되어 평가작업을 방해받을 수도 있다. 어떤 항목들은 한 특정기관이나 특정상황의 경우 다른 경우에 비해 더 중요할 수도 있으며, 점검항목의 모든 세목에 부합하지 않는 정보원을 반드시 버려야 하는 것은 아니다. 평가점검 항목은 경우에 따라서 쓸모 있는 최선의 정보원이 될 수도 있고 다른 사항과 함께 사용될 가능성도 있다. 그러나 평가점검 항목은 인쇄물의 장점과 단점을 평가하는데 중요한 단서를 제공할 수 있다. 이들의 정보에 대해서는 4가지로 구분하여 평가할 수 있는데, 적극 추천할 만함, 추천할 만함, 유용함, 추천불가 등이 그것이다.

(9) 이용자들의 평가

정보의 최종소비자의 욕구와 태도, 선호경향은 간과되어서는 안 된다. 정보에 대한 이용자들의 특수한 반응으로부터 얻어지고 그들의 사용범위에 의해 측정된 평가는 유용성의 중요한 지표가 되기 때문이다.

스플라버(Splaver)는 뉴욕 시의 고등학생 208명을 대상으로 직업관련 책자들에 대한 태도를 연구했는데, 이 연구에서 학생들은 대부분의 표준에 동의했다. 특히 직업관련 책자들이 이해하기 쉽고 흥미있을 것을 요청했는데, 찾아보기와 목차를 둘 것, 믿을 만한 출처에 근거할 것, 의무, 자격요건, 준비사항, 근무시간, 직업들이 갖는 유리한 점과 불리한 점들에 대한 자료를 포함시킬 것 등이 그것이다. 그러나 연구자는 다양한 능력의 차이를 갖는 학생들의 폭넓은 요구를 만족시킬 특수한 형태의 책자를 마련하는 것은 불필요하다고 결론을 내렸다.

이용자들은 스스로 직업정보를 평가하는 법을 배워야 한다. 즉, 이용자들은 직업정보 자료들의 내용, 표현방법, 접근법, 가독성, 형식과 그 외의 특성들을 비판적으로 평가하려는 의도를 가지고 자료들을 읽을 수 있어야 한다. 이때 편견의 증거들과 균형의 결핍은 지적되어야 할 사항이다.

이용자들은 업계, 학교, 기타 특별한 이해집단 등이 정보를 출판하도록 동기부여를 하는 요소들을 조사할 수 있으며, 어떤 그릇된 정보도 발견하고 분석할 수 있어야 한다. 또한 다양한 개인 출판업자들, 정부기관, 산업계 당사자, 노동조합 등이 발간한 인쇄물들을 비교하고 토론할 수 있어야 한다. 그리고 이용자들은 어떤 인쇄물도 모든 적절한 정보를 다 담을 수는 없다는 사실, 그러나 부적당한 점은 그 자체로 인식되어야 하며 보충자료들을 이용하여 극복되어야 함을 이해해야 한다.

요약

1. 직업정보 생산자는 직무분석가, 직업정보분석가, 직업전문가, 직업연구가, 직업상담가 등이며, 주요 이용자는 청소년, 학부모, 진로상담교사, 인력개발자, 직업상담가, 직무분석가, 직업정보분석가, 직업전문가, 직업연구가, 기업가, 취업희망자, 근로자, 실업자, 은퇴자 등이다.
2. 직업정보의 범위는 개인에 관한 정보, 직업에 관한 정보, 미래에 관한 정보로 구성되어 있으며, 직업정보원과 직업정보제공원이 상호교류를 통하여 개인의 직업탐색, 계획, 결정, 취업준비, 취업, 직업생활, 은퇴 등의 과정에서 직업정보가 공급되고 환류되는 과정을 거친다.
3. 직업정보 수집은 구입, 기증, 통신, 상담, 조사, 현장방문 및 체험을 통하여 이루어지며, 수집할 때의 유의점은 명확한 목표를 세우고, 계획적으로 수집하며, 항상 최신의 자료인가 확인하고, 수집에 필요한 도구를 사용하는 것이다.
4. 직업정보원은 원자료, 직업정보 분석자료, 직무분석자료, 가공된 자료 등으로 구분되며, 직업정보제공원은 직업정보원을 생산해 내는 정부부처, 정부투자기관, 단체, 협회, 개인 등이 있는데, 표준화된 정보는 주로 국가에서 생산한다.
5. 직업정보 분석에는 관점을 가지고 분석한 형태, 다각도로 해석될 수 있는 정보로서 직업전문가나 연구가들에 의하여 해석된 형태가 있다. 직업정보 분석시의 유의점은 동일한 정보라도 다각적인 분석을 통하여 해석을 풍부히 하고 전문적인 시각에서 분석하며, 해석시에 원자료의 생산일, 자료표집 방법 · 대상 등을 면밀히 검토하고, 직업정보원과 제공원을 제시하는 것이다.
6. 직업정보 가공은 직업상담가, 직업정보분석가, 직업전문가들이 원자료, 분석된 자료, 가공된 자료 등의 누적이나 지속적인 분석 · 가공을 위하여 정보를 구조화하여 체계를 갖추고 이러한 체계에 의하여 가공하는 것이다. 직업정보 가공시에 유의할 점은 ① 전문적인 지식 없이도 이해할 수 있는 언어로 가공, ② 직업에 대한 장 · 단점을 편견 없이 제공, ③ 가장 최신의 현황을 제시, ④ 객관성을 잃은 정보나 문장, 어투는 삼가며, ⑤ 시청각 효과를 부가, 정보제공 방법을 적절한 형태로 제공하는 것 등이다.
7. 가독성(legibility)은 '독해성(legibility)'와 '읽힘성(readbility)'이며, 책의 내용이 얼마나 쉽게 읽혀질 수 있는가를 이르는 말로서 인쇄물은 읽혀질 서체, 편집, 인쇄방식 여하에 따라 쉽게 읽혀질 수도 있고 더디게 읽혀질 수도 있다. 광고물이나 상업디자인에서도 조형물이나 디자인의 독창성과 함께 문자의 가독성은 중요한 검토사항이 된다.
8. 직업정보의 제공은 중앙정보관리시스템, 분산정보관리시스템, 최종이용자처리시스템

등에 의해 이루어지며, 이와 관련된 보조자료에는 서적, 잡지, 신문, TV, 영화, 비디오 · 오디오, CD, 인터넷, 박람회, 직업정보 자료실, 안내판, 전화, 마이크로필름, 전람회 · 관람회, 상담소, 구인 · 구직정보지 등이 있다.

9. 직업정보의 축적은 직업정보시스템, 정보분석시스템, 정보가공시스템, 정보체계시스템, 정보제공시스템, 정보축적시스템, 정보평가시스템 등 7가지의 시스템에 의해 이루어진다.
10. 직업정보의 평가대상은 직업의 본질, 직업분야, 산업 및 그 중요성, 단일직업에서 수행되는 일, 또는 그 직업분야에서 직무의 다양성, 작업설정, 직업에서 가능한 개인적 보상, 입직요건, 발전가능성, 전망, 관련직업들, 자격 · 면허, 성공을 위해 필요한 개인적 자격조건 등이다. 직업정보 평가시에는 어휘, 형식, 삽화와 그림, 일자와 교정, 편견으로부터의 자유, 신뢰성, 정보의 추가출처, 훈련과 교육, 재정적 지원의 출처, 경험과 탐색을 위한 기회 등을 평가한다.

연구문제

1. 직업정보 이용자들을 분류하고 이들이 원하는 정보의 내용을 기술하시오.
2. 직업정보의 범위를 제시하고 정보의 흐름은 어떤 맥락에서 작용하는지를 설명하시오.
3. 정보수집 방법과 수집 시의 유의점을 나열하시오.
4. 직업정보원과 직업정보제공원을 분류하여 설명하시오.
5. 표준화된 정보란 무엇인가 설명하시오.
6. 직업정보의 가독성에 대하여 논하시오.
7. 직업정보의 분석은 왜 전문성을 가져야 하는지를 설명하고 분석시의 유의점을 제시하시오.
8. 직업정보 가공과 체계화의 관계를 설명하고 가공시의 유의점을 제시하시오.
9. 직업정보 제공방법에는 어떤 것이 있는지 밝히고, 중개정보원의 필요성과 그 유형을 설명하시오.
10. 직업정보축적시스템을 설명하시오.
11. 직업정보 평가 시에 평가할 내용들을 제시하고 어떤 면을 평가하여야 하는지 논하시오.

03

직무분석과 직업정보[1)]

직업상담자가 직업에 대한 정보를 제공하는 데 있어 가장 중요한 정보원은 직업사전이다. 직업사전에는 직업에 관한 개괄적인 내용을 파악할 수 있는 자료와 앞으로의 직업 전망이 어떤지를 알려 주는 직업전망서가 있는데, 이에 기초가 되는 자료는 직무분석을 통해 획득된다. 직무분석 기법의 체득은 직업학의 학문의 가장 기초적인 것이다. 이 장에서는 직무를 분석하여 직업정보를 추출하는 기법을 제시하고자 한다.

|제1절| 직무분석의 개요

이 절에서는 직무분석에 대한 개괄적인 이해를 돕기 위한 내용으로 구성하였으며, 직무분석과 관련된 개념들을 살펴봄으로써 직무분석의 의의를 더욱 확연히 알 수 있다.

1) 이 장은 김병숙 · 김판욱 · 강순희 · 김중한(1999). 직업정보론에서 김판욱(1999)의 집필내용 중 일부를 발췌한 것이다.

1. 직무분석의 의의 및 필요성

(1) 지식기반경제에서 직무분석의 의의

최근 세계 통상환경을 보면, 자유무역협정(Free Trade Agreement : FTA)을 중심으로 한 지역주의(regionalism)가 가속화되고 있는 상황이다. 이러한 지역주의의 경향은 현재 발효 중인 186개의 지역협정의 체결시기별로 살펴보면, 70년대 이전 5개, 70년대 12개, 80년대 10개에 불과하던 것이 90년대 64개, 2000년 이후 95개 등이 체결되어 최근 지역주의의 광범위한 영향을 여실히 보여 주고 있다(WTO).

1992년 유럽연합(European Union : EU)의 출범과 1994년 북미자유무역협정(North America Free Trade Agreement : NAFTA)[2]의 발효를 계기로 지역주의가 세계적으로 확산되면서 자유무역협정(FTA) 네트워크 역외국가로서의 피해를 최소화하고, 나아가 이러한 도전에 적극적으로 대응하기 위해 자유무역협정(FTA)을 추진하게 되었으며, 특히 우리의 대외경제 규모가 국내총생산(GDP)의 70% 이상을 차지하고 있는 점을 고려할 때(2004년 국내총생산(GDP)에서 대외교역(수출+수입)이 차지하는 비중은 70.3%), 주요 경쟁국이 자유무역협정(FTA)를 추진하고 있는 통상환경하에서 우리나라가 기존 수출시장을 유지하고 새로운 시장에 진출하기 위해 자유무역협정(FTA)를 체결하였다. 또한 적극적인 측면에서, 능동적인 시장개방과 자유화를 통해 외국인 투자가 늘어나 일자리가 많아진다고 정부가 발표하였다. 최근 5년간 새롭게 생겨난 일자리 약 52만 개는 외국인투자에 의해 만들어졌음을 제시하였으며, 이러한 점을 고려할 때 한미 자유무역협정(FTA)은 정보통신 · 항공 · 금융 등 첨단 고부가가치 산업과 전문 분야를 중심으로 일자리를 만들어 내는 직접적 효과를 나타낼 것임을 전망하였다. 또한 소득과 일자리가 늘어나면 양극화도 줄일 수 있는데, 한미 자유무역협정(FTA)를 통해 성장잠재력과 파급효과가 큰 정보산업, 자동차, 사업 관련 서비

---

2) 북미자유무역협정(North America Free Trade Agreement : NAFTA)으로서, 미국 · 캐나다 · 멕시코 북미 3개국을 단일시장으로 통합하는 세계 최대의 자유무역지대를 형성시킨 무역협정이다. 주요내용은 상품 교역, 서비스 교역, 투자 및 지적재산권에 관하여 자유무역을 시행하는 것이다. 3국 간의 관세는 품목별로 향후 5~15년간에 걸쳐 단계적으로 철폐하여 15년 뒤 완전철폐를 목표로 하고 있다. 북미자유무역협정(NAFTA)의 체결로 세계 제1의 경제 블록이 형성되었는데, 전 세계 인구의 7%, 세계 총생산의 29%를 차지함으로써 유럽 공동체보다 인구와 총생산에서 각각 1%가 많다. 학자들은 북미자유무역협정(NAFTA)의 체결이 미국의 자본과 기술, 캐나다의 자원, 멕시코의 노동력 등을 결합시켜 국제시장에서 막강한 경쟁력을 갖추고 지역경제를 큰 폭으로 성장시킬 것으로 전망하였다. 또한 북미자유무역협정(NAFTA)은 블럭의 시장보호와 다른 지역에 대한 차별을 목적으로 하는 전형적인 지역경제 블록 형태를 띠고 있다는 점에서 국제경제질서에서 지역주의를 강화하고, 경제 블록화 현상을 심화시킬 것으로 예상된다.

스, 지식집약적 서비스 등 경쟁력을 강화하고 양질의 일자리를 창출함으로써 소득불평등을 개선할 수 있다고 보았다.

현대에서는 빛의 속도로 전 세계에 지식을 보급한다. 인터넷만 있다면 우리가 세계 어디를 가도 마치 한국에서 생활하는 것처럼 전혀 불편이 없다. 이러한 빛으로 전달되는 지식은 결국 세계를 하나로 묶는 거대한 시장의 사업들을 발달시킨다. 각 국가에서는 고도의 지식이 필요한 직업들을 성장시키고, 공장에서 생산하는 단순하고 반복적인 일 등은 이에 적합한 국가로 이전시키고 있다. 우리나라의 제조업들은 이미 10년 전부터 노동력이 싼 국가로 공장을 이전하였다. 그러므로 우리나라의 노동시장은 '고용 없는 성장' 시대로 진입하였다.

이와 같이 20세기가 자본과 노동이 생산요소의 핵심을 이룬 산업사회였다면, 21세기는 지식이 가장 큰 생산요소로서 세계경제를 이끌어 갈 것이다. 1990년대부터 등장하기 시작한 지식기반경제(knowledge based economy)는 지식의 창출에 바탕을 둔 경제 또는 경제구조를 말한다. 경제협력개발기구(Organization for Economic Cooperation and Development : OECD)[3]는 지식기반경제를 '직접적으로 지식과 정보를 생산 · 배포하는 산업에 기반을 둔 경제' 라고 하였고, 아시아태평양경제협력체(APEC)에서는 '산업 전반에 걸쳐 지식을 생산 · 분배 · 이용함으로써 경제를 발전시키고, 부를 창출하며, 고용을 확대하는 원동력이 되는 경제' 로 각각 정의하였다.

여기서 지식이란 단순히 무엇에 대한 앎만을 뜻하는 것이 아니라, 앎을 바탕으로 무엇인가를 새롭게 창출하고 조직해 체계화함으로써 다시 새로운 것을 창출할 수 있는 기술과 정보까지도 포괄하는 개념이다. 따라서 자본과 노동처럼 소모되는 것이 아니라, 계속 축적되면서 작게는 기업, 크게는 한 국가의 경쟁력을 좌우할 수 있는 지적 자산으로 작용한다. 이 때문에 1990년대 이후 세계 각국에서는 지적 자본, 곧 지식의 생산 · 획득 · 전파 · 이용 · 축적 등 지식기반이 튼튼한 국가가 경제 강국이 될 것이라는 가정 아래, 경쟁적으로 지식기반을 축적하는 데 힘을 쏟고 있다. 여기에는 조직 사이의 상호작용, 생산 노하우, 고객 서비스, 현장 지식, 컴퓨터 · 인터넷 · 휴대 전화 등 정보통신 기술, 디자인, 마케팅 방법 등 실용적인 지식과 기초과학 등 모든 학문적 지식이 포함된다.

---

3) 경제협력개발기구(Organization for Economic Cooperation and Development : OECD)는 1961년 경제발전과 세계무역의 촉진을 위해 설립된 국제기구이다. 한국은 1990년 10월 비회원국으로는 처음으로 경제협력개발기구(OECD) 조선사업부에 가입했고, 1996년 12월 29번째 경제협력개발기구(OECD) 정회원국이 되었다.

지식기반경제에서 고도의 지적 자산을 갖춘 개인만이 직업인으로 있게 되므로 결국 직무의 성격과 내용이 고도화되고 변화할 것이다. 그러므로 직무분석을 활용함으로써 이러한 직업시장에 대비가 가능하다.

직무에 관한 정보는 기업체뿐만 아니라 정부기관, 연구소, 군대 등 모든 조직에 필요하다. 즉, 그 직무의 정의, 하는 일들, 직무수행에 따르는 책임과 권한, 직무수행에 필요한 정신적 · 신체적 특질들, 직무에 종사하는 자들이 갖추어야 할 교육훈련의 수준, 작업들의 성취목표와 작업요소들, 다른 직무들과의 관계 등 수많은 정보가 각 분야 및 조직에 유용하게 활용된다.

결국 직무분석이란 어떤 직무의 특성을 규정하는 데 필요한 각종 정보들을 사용목적에 맞도록 과학적이고 체계적으로 분석하는 활동이다.

(2) 직무분석의 필요성

1) 인적자원관리의 필요성

인적자원의 양성, 배분, 활용 등은 인적자원 개발(human resource development : HRD)과 인적자원 관리(human resource management : HRM) 등이 독립된 영역이기보다는 상호 긴밀하게 연관성을 가지면서 시스템적으로 통합되어 이루어져야 한다.

최근 들어 우리나라는 인력수급 불일치에서 나타나듯이 급변하고 있는 인력수요의 요구를 공급에서 반영하지 못하고 있는 한계를 보였다. 인구감소, 노령화, 경제성장에 따른 노동공급의 축소 등과 같은 인력공급의 양적 제약이 예견되는 상황 속에서 고급기술인력에 대한 산업계의 수요 증가에도 불구하고 양질의 과학기술인력 공급은 이공계 기피 등으로 수요 부족을 나타낸 한 것이 단적인 예이다.

개인의 측면에서 보자면, 생애에서 직업생활의 질을 추구할 수 있는 진로를 선택하여 교육훈련을 통해 자기투자가 이루어지고, 노동시장에서 유지 · 관리되며 은퇴 후에도 또 다른 진로를 개척한다.

이와 같이 인적자원관리라 하면 인력공급과 수요로서의 의미뿐만 아니라 개인의 진로생애의 의미도 포함되어야 한다.

기업이나 국가뿐만 아니라 개인의 입장에서도 희망하는 직업에 대한 정보를 파악하여 그 직업이 요구하는 직무능력을 갖추도록 과학적이고 체계적으로 목표를 세우는 것은 매우 중요한 일이다. 또한 직업에서 요구하는 자질을 갖추기 위하여 인적자원개발의 역할도 중요하다. 이러한 노력은 비단 국가, 사회, 개인 등에 국한되지 않는다. 기업에서는 근로자를 채용할 때에도 그 직위에서 필요한 직무능력을 갖춘 자를 선발하기 위해서는 그 직위에서 수행하는 직무를 정확하게 분석해야 한다.

일반적으로 조직이 처해 있는 환경은 경제적 · 정치적 · 법적 · 기술적 · 사회적 · 문화적 · 생태적 · 국제적 환경으로 분류하곤 한다. 그중 고용에 관한 경제적 동향, 기술혁신의 변화, 인력수급의 조절, 노사관계의 조정 등도 있으나 정치적 변화, 국민의 가치관 변화, 국내시장의 개방화, 세계경제 기류 등도 복잡한 변수로 작용한다.

조직의 생명은 창의성과 융통성이 존재한다. 조직은 경쟁력을 갖기 위하여 끊임없는 변화, 창의성, 이를 조정하는 융통성 등을 갖고 운영의 묘를 꾀하고 있다. 그러므로 조직에서는 조직원마다 해당 직위에서 요구하는 직무수행능력을 능가하는 능력을 갖추고 항상 그 직위가 필요로 하는 위치에서 일을 하는가에 대한 감시체제를 갖고 있다. 경쟁사회에서 조직 구성원은 늘 경쟁적인 능력을 갖추기 위한 부단한 노력이 있어야 하므로 조직에서의 직무수행능력을 분석하여 공개한다면 조직에서의 인적자원관리는 물론, 개인의 직업생활의 질을 제고하는 데 중요한 정보로 작용하게 된다.

2) 직업선택의 중요한 정보

직업에 대한 정확한 이해없이 직업을 선택하는 것은 인생의 모험과 마찬가지이다. 직업사전에 있는 직업의 수는 각국의 경제발전 정도에 따라 차이가 있으나, 적게는 3,000여 개 많게는 2~3만여 개로 분류된다. 직업분류나 직업사전은 직무분석 자료를 기초로 편찬된 것이다.

학교에서 진로상담교사는 직업에 대한 정확한 정보가 있어야 진로상담이 가능하다. 직업안정기관의 직업상담원은 직업에 대한 정보를 가지고 실업자에게 상담을 한다.

학생, 학부모 등은 직업에 대한 정보를 충분히 이해하는 과정을 거치지 않고 유망한 직업, 위세를 갖춘 직업, 인기있는 직업 등에 대한 정보만으로 전공을 선택하고 학교명성에만 집착하는 현상이 아직도 진행되고 있어 이는 결국 고학력 실업이라는 큰 사회문제를 야기시키게 된다.

그러므로 직무분석의 자료는 학생, 학부모, 교사 등에게 직업정보화하여 제공될 수 있는 기반을 조성할 수 있다.

3) 기업 인력감축 및 조정의 기초자료

기업은 생산품의 생애주기(life-cycle)가 짧아짐으로써 생산시스템을 개편하게 됨에 따라 인력감축이나 조정을 상시하고 있다. 기업의 인력감축이나 조정은 직무내용에 대한 분석의 바탕 아래 이루어져야 한다.

대부분의 직무가 사무자동화, 생산자동화, 유통체계화 됨에 따라 인력의 유동이 매우 심하게 일어나고 있다. 또한 횡적 체제의 중간관리직들의 단계를 줄이는 수평적 체제의 팀제를 운영함으로서 35~45세를 대상으로 하는 구조조정이 증가하고 있다. 많은 기업들이 전산화로 인한 사무관리직 채용을 줄이고 있는 반면, 기능공의 부족으로 외국인근로자를 고용이 증가하고 있다. 이러한 인력관리의 어려움은 직무분석을 통해 인적자원에 대한 예측과 이에 대한 대처가 가능하다.

4) 임금수준의 결정자료

우리나라의 임금제도는 그동안 연공서열을 중시하였으나 외환위기 이후 연봉제와 성과배분제로 전환하고 있다. 노동부(2005)의 「연봉제 · 성과배분제 실태조사」 자료를 분석한 결과 1990년대 초반 특히 외환위기 이후 호봉제 폐지, 직능급이나 직무급 도입이 증가했지만 여전히 우리 기업의 지배적인 임금체계는 호봉급이다. 호봉급이 있는 경우는 62.7%로 지배적이고 이 중 45.4%가 호봉급만으로 기본급이 구성된 순수호봉급이며 나머지는 직능급 및 직무급과 배합되어 운영되는 것으로 나타났다.

그러나 정부부처의 공무원도 성과배분제를 채택하는 추세이어서 직무수행능력에 근거한 직무급체계를 도입할 수밖에 없다. 운동선수들의 연봉이 전년도 실적에 따라 결정되는 것처럼 직무급체계는 모든 직장인들이 해당직위의 직무가치에 따라 임금을 받게 되는 것이다. 이러한 직무급을 시행하기 위해서도 직무분석을 실시하여 얻은 결과를 기초로 작업을 해야 한다.

5) 교육훈련의 구성

교육훈련과정은 기업의 직무내용을 그대로 교과과정에 반영한다면, 이는 기업이 요구하는 인력을 양성하는 것이다. 교육인적자원부는 제7차 교육과정을 운영하면서 그동안 5년마다 교육과정의 개편을 시도하였으나 제7차 교육과정 이후부터는 수시 교육과정 개편을 적용하고 있다.

이와 같은 결과는 직업세계의 직무내용을 교육과정에 반영코자 하는 노력의 일환이다. 그러나 직무분석을 실시하고 그 결과를 다시 교육과정화하여 교재를 집필하고 인쇄하기까지 적어도 3년 정도의 기간이 소요되므로 결국, 직무분석한 결과를 교육훈련과정에 반영하여도 기업에서 요구하는 직무와는 일치시킬 수가 없다. 그 이유는 직업의 세계의 변화주기가 3년보다 더 빠르기 때문이다.

2. 직무분석의 발달과정

(1) 서구의 직무분석 발달과정

1) 직무분석의 도입

직무분석의 발달 초기에는 산업이 미미하여 조직의 규모도 작았으므로 지금과 같은 상세한 직무분석은 요구되지 않았다. 이때에는 직무분석이라기보다는 직위기술(position description)이라는 표현이 더 적합하였는데, 즉 해당직위에 관해서 수필과 같이 메모하거나 서술하는 형식에 지나지 않았다. 그러나 산업이 점차 발달되고 조직의 규모도 거대해짐에 따라 과학적이고 체계적인 인사관리가 필요하게 되었다. 이에 따라 총무과 인사계라는 부서가 생기게 되었고, 직원들을 채용하기 위해서 일정한 채용기준을 마련할 필요가 발생하였다.

또한 대량생산 체제하에서 생산성을 향상시키기 위하여 직무분석의 한 가지 방법인 미시적 접근방법으로 작업연구를 하기 시작하였다. 이 분야에서 가장 탁월한 공헌을 한 사람은 미국의 테일러(F. W. Taylor)와 길브레스(F. B. Gilbreth) 부부로서, 그들은 1903년 6월 새러토가(Saratoga)에서 개최된 대회에서 이 분야에 관한 연구를 발표하기 시작하여 1911년에 『공장관리에서의 시간연구』를 발표하였다. 그들은 이른바 '과학적 관리'를 위해서 종업원들의 단순직무기술부터 치밀하게 분석하였는데, 이러한 선구적 분석자들의 종업원관리에 대한 태도는 그 후 직무분석 방법론에 지대한 영향을 끼쳤다. 이들이 연구한 시간연구(time study)와 동작연구(motion study)는 작업개선과 임금결정에 중요한 정보를 제공하였는데, 이러한 분석태도는 오늘날 로봇에 의한 자동화 연구에도 중요한 단서를 제공하였다.

2) 직무분석의 발달

직무분석이 지금과 같은 체제로 발달하게 된 계기는 미국이 1914년 제1차 세계대전에서 전쟁수행에 필요한 물자를 대량생산하기 위하여 인간능력을 집약적으로 관리·운용할 필요가 있어 직무분석기법을 활용하면서부터다. 그러나 실질적인 직무분석은 제1차 세계대전이 끝나고 1930년대에 이르러 공무원임용시험위원회(Civil Service Commission), 시민교육시설 또는 각 사업관련기관에서 본격적으로 이루어지기 시작하였다.

1931년 미국 전국산업협의회(National Industrial Conference)의 보고에 따르면 미국에서는 6,000여 개의 사업장과 2,500여 공장에서 직무분석기법을 정식으로 채택하였다고 한다. 그리고 연방정부의 인사분류위원회(Personnel Classification Board)가 약 10만 5,000명에 이르는 직원들을 채용하면서 직무분석에 의한 분류가 이루어지기 시작하였다. 또한 제2차 세계대전(1939~1945)이 일어나자 미국의 전시인력위원회(The War Manpower Commission)가 직무분석을 실시하여 군대 내에서 그 효용성을 입증하게 되었다(전략기업컨설팅, 1994).

미국에서는 직업사전을 출판하게 되었는데, 『미국직업사전』은 1936년에 처음 제작되었으며 이 사전은 국립직업정보조정위원회의 요구에 의해 직무배치, 취업상담, 진로지도, 노동시장의 전망, 인력측정을 용이하게 하기 위한 표준화된 직업정보를 수록하였다. 그 후 1946년, 1965년, 1978년, 1991년에 개정을 거듭하였다. 이 직업사전의 특징은 대부분의 직업정보들이 근로자의 자기보고식 자료가 아니라 직업전문가들이 현장에서 실제 수행되는 직무를 직접 관찰하는 방법을 통해 조사함으로써 직업현장을 사실적으로 전달한 것이다.

(2) 우리나라의 직무분석 발달과정

우리나라에서는 6.25전쟁 이후 주한미군에서 직무급제도를 인사행정에 도입함으로써 산발적으로 직무분석이 실시되었다. 1970년대에 정부에서는 총무처를 중심으로 공무원에 대한 인사관리에 적용하고자 직무분석을 실시한 적이 있다. 그 후 1980년에 한국고용정보원의 전신인 노동부 국립중앙직업안정소에서 국제노동기구로부터 직무분석 전문가들을 초청하여 직업훈련연구소, 중앙직업훈련원, 한국검정공단, 한국경영자총연합회, 기아자동차, 금성통신 등의 정부기관, 연구기관, 학교, 경제단체, 민간기업체 등을 대상으로 직무분석가 양성프로그램을 6주간에 걸쳐 실시하였다. 그 결과 12명의 직무분석가들이 배출되었는데, 이들은 모두 소속기관에 돌아가 각각의 목적에 알맞는 직무분석을 실시하였다.

국립직업안정소에서는 이들이 중심이 되어 5년간에 걸쳐 『한국직업사전』을 편찬하였고, 직업훈련연구소에서는 1992년까지 직업훈련 직종마다 직무분석을 실시하여 직업훈련과정과 직업상담 자료를 개발하였으며, 그 이후 직업훈련연구소가 한국산업인력공단으로 흡수되면서 한국산업인력공단이 직무분석을 실시하게 되었다. 1995년 한국교육개발원에서는 공업고등학교 2.1체제 교육과정과 교과서를 개발하면서 직무분석을 실시한바 있으며, 1998년부터는 한국직업능력개발원에서 직무분석을 실시하고 있다.

3. 직무분석 자료의 특성

(1) 최신정보

직무분석은 분석시점에서 볼 때 가장 최신의 정보(up to date information)를 대상으로 한다. 직무분석은 분석 당시를 기점으로 하기 때문에 과거의 자료나 미래의 자료가 아닌 분석시점의 자료를 필요로 한다. 따라서 미래를 예측하는 데에는 제약이 있으나, 현시점에서 볼 때에는 가장 최신의 자료를 수집한 것으로 현재의 어떤 목적을 해결하는 데에는 유용한 자료로 쓰일 수 있다. 최신정보는 항상 변화하므로 직무분석 자료는 그 분석시점에서 활용되고, 다시 분석되어야 하므로 직업세계의 변화주기에 따라 그 주기를 정한다.

(2) 다목적성

직무분석 자료는 여러 가지 용도로 활용되는 다목적성(multi purpose)이 있다. 직무분석의 목적을 정하고 난 후에 직무분석을 하며 분석자료는 미리 정한 목적에만 사용된다. 하지만 직무분석 자료의 특성상 1가지 자료를 가지고 여러 가지 목적으로 활용되는 것이 보통이다. 예를 들면, 교육훈련을 위한 분석자료는 직업사전을 만들 때에도 쓰이고, 직업상담 자료로도 유용하다.

(3) 비가공성

직무분석 자료는 가공되지 않은 원자료(raw material)이다. 직무분석의 결과 획득된 자료는 아직 가공되지 않은 순수한 원자료로서 다듬어지지 않은 거친 부분이 있지만, 직무현장에서 생생하게 분석된 자료이기 때문에 그 나름대로 가치가 있다. 이 원자료는 다시 그 목적에 맞는 그릇에 담겨지는데, 직업정보, 교육훈련을 위한 교과과정, 자격검정을 위한 검정기준 등 사용목적에 맞추어 선택되거나 걸러져야 한다.

(4) 보편성

직무분석 자료는 보편성(generality)이 있다. 즉, 어떤 기업에서 인사관리에 필요한 자료를 얻기 위하여 직무분석을 했다고 하여도 그 직무분석 자료는 인사관리 외의 분야에도 두루 사용될 수 있는 보편성이 있어야 한다. 더욱이 직업사전을 만들기 위해 또는 교육과정을 개발하기 위해 직무를 분석한 경우에는 한 나라 안에서 통용될 수 있는 보편성이 있어야 한다. 이를 위해 직무분석은 한 사람 또는 한 직위만을 대상으로 할 것이 아니라 10여 명 또는 10여 개의 대표적인 기업의 직위를 대상으로 하여 이루어져야 한다.

(5) 체계성

직무분석 자료는 체계적(systematic)이다. 즉, 직무분석 자체가 상위개념으로부터 하위개념에 이르기까지 체계적인 접근방법으로 한 단계씩 분석을 해 나가기 때문에 그 결과로 얻어진 분석자료 역시 체계적일 수밖에 없다. 예를 들면, 직업에 대한 전반적인 정보는 직업분석, 직무의 정의와 수행작업의 종류는 직무분석, 구체적인 작업요소들은 작업분석 등에서 얻어지는 것처럼 분석항목과 내용들이 체계화되어 있다.

4. 직무분석의 개념과 관련용어

(1) 직무분석의 개념

직무분석은 관찰과 면밀한 조사에 의해서 특정한 직무의 결정적 특성을 나타내고 있는 정보를 보고하는 체계화된 절차로서, ① 그 직무에 포함된 작업들, ② 숙련작업자가 갖추어야 할 지식 · 능력 · 책임, ③ 그 직무와 다른 직무를 구별할 수 있는 확실한 근거가 들어 있다.

또한 직무분석은 "하나의 직위의 실체를 분명하게 하는 방법으로, 그 분석결과를 비교 검토하기 쉬워야 하고, 각종 목적에 사용하기 쉽도록 카드식 색인으로 정리해야 한다. 이러한 직무분석은 한 사람이 수행하거나 수행하지 않으면 안 되는 노동, 다시 말해서 장소의 의미가 아닌 직위와 결부된 활동과 임무를 의미하는 하나의 직위에 대한 조사와 기술이다. 또한 직무분석은 직위의 조직표 상의 위치를 나타내며, 임무와 활동을 기술하여 그 담당자가 필요한 육체적 · 정신적 · 의사활동적 · 성격적 요건을 알아내는 것이다. 그리고 이용목적에 부족함이 없는 정보를 수집하여 그 결과를 체계적으로 제시하며, 조직, 인사관계, 합리화 기준 기타 목적으로 사용되기 때문에 직위의 본질을 포함하면 되고 시간 · 동작연구와 같은 상세한 분석은 하지 않는다."(김판욱, 1992)

미국 노동성에서 발간된 『직무분석지침서(Training and Reference Manual for Job analysis)』에 의하면, 직무분석은 직무를 구성하고 있는 일의 전체, 그 직무를 수행하기 위해서 담당자에게 요구되는 경험, 기능, 지식, 능력, 책임, 그 직무와 타 직무와 구별되는 요인을 각각 명확히 밝혀서 기술하는 기술적인 수단과 방법이라고 제시하였다. 직무분석은 각 직무와 관련된 사실들을 조직적으로 기술하는 절차로서 직무연구(job study)라고도 불린다. 하비(R. J. Harvey, 1990)는 직무분석이란 조직과 사람과 연계된 체계적 정보라고 정의하여 직무와 사람과의 관계에 중점을 두는 정의를 부여하였고, 카스치오(Cascio, 1998)는 직무분석은 직무를 정의하고 직무를 수행하는 데 필요한 행위들을 정의해 놓은 것이다. 좀 더 포괄적으로 정의한 바에 의하면, 직무분석은 직무를 구성하고 있는 일의 전체 및 그 직무를 완수하기 위해서 담당자에게 요구되는 경험, 기능, 지능, 능력, 책임 등과 그 직무가 타 직무와 구별되는 요인을 각각 명확하게 밝히어 기술하는 절차라 하였다(송상호, 1997).

(2) 직무분석 관련용어

1) 과업(task) 또는 과제

과업 또는 과제라고도 불리워지며 하나의 임무를 수행하는 데 논리적으로 구획되어지는 독립된 일정량의 작업을 말한다. 이 일은 시작과 끝이 분명하고, 그 속에는 가르칠 만한 내용이 포함되어 있다. 따라서 모든 일은 성취수준이 있고, 이를 달성했는지를 평가할 수 있는 측정기준이 있다. 과업이란 특정 목적을 위해 수행되는 특정 작업 활동, 즉 일을 말한다(Cascio, 1998).

예를 들면, 시골 주유소의 경우 주인 혼자서 다음과 같은 일을 수행한다.

① 유조차에서 지하 기름탱크에 기름받기
② 주유기 정비하기
③ 차에 주유하기
④ 영업실적 계산하기
⑤ 주유소 홍보하기
⑥ 부대시설 관리하기

이러한 일들은 서로 중복되지 않고 개개의 일이 성격면에서 분명하게 다르다. 이 작업은 다시 몇 개의 하위요소인 작업요소(task element)로 나뉘어지는데, 이를 공정(operation)이라고도 한다. 이 작업요소 하나로는 유용한 결과를 얻을 수 없지만, 몇 개의 작업요소가 합해지면 유용한 결과를 얻을 수 있다(한국교육개발원, 1994).

2) 직위(position)

직위란 한 사람에 의해서 수행되고 있는 산업상의 일의 그룹이다. 어떤 조직 속에도 작업자의 수만큼 직위가 있게 되는데, 앞의 주유소 예에서는 주유소 소장이라는 직위가 있다. 만약 이 주유소가 번창하게 되어 주유원 3명과 경리원을 두었다면 직위는 소장을 포함하여 5개가 된다.

따라서 직위란 조직의 일원으로서 개인이 근무하는 직장 내 근무단위로 의무와 일과 책임의 집합이라고 할 수 있다.

3) 직무(job)

한 사람이 수행하는 임무(duty)와 과제(task)를 말한다. 만일 여러 사람이 동일한 일을 수행하고 있다면 그들은 같은 직무를 수행하고 있는 것인데, 이 직무가 선발, 훈련, 직무분류 및 과업배분의 단위가 된다(노동부, 1981). 앞의 주유소를 예로 들면, 직무는 소장, 주유원, 경리원 등 셋이 된다.

미국의 전시위원회는 "직무는 한 사람이 수행하는 일의 집합체이며, 그 속에 아무리 많은 일이 포함되어 있더라도 1명의 사람이 수행한다면, 그 일은 하나의 직무를 구성한다."라고 하였다. 직무분석의 대상인 직무는 현재에 특정 작업자들이 수행하고 있는 비슷한 과업을 묶어 놓은 것으로 비슷한 업무내용을 가진 직위들의 그룹으로 보나 조직 크기에 따라 하나의 직위와 관련될 수도 있다. 직군(job family)이란 유사한 작업 특성을 갖거나 직무분석에 의해 결정된 유사한 작업 과업을 가진 둘 이상의 직무들의 집단이다(Cascio, 1998).

4) 직업(occupation)

일군의 작업자들이 똑같은 임무나 책임을 지고 동일한 유형의 작업을 수행하고 있을 때, 이를 직업이라고 한다. 직업사전에서는 보수를 받고, 일정 기간 동안 고정적으로 일하고 있는 경우로 한정하고 있는데, 여기서 고리대금이나 경마 등으로 수입을 얻는 경우는 제외된다. 직무라는 용어가 가끔 직업과 동일시되는 경우가 있는데, 개인의 입장에서 보면 직업이지만 조직 전체 중에서 차지하는 일을 말할 때에는 직무가 된다.

|제2절| 직무분석의 목적과 기능

직무분석은 직무의 내용을 조직적으로 규명하여 직무에 관한 정확한 정보를 수집하는 과정으로서, 노무관리나 교육훈련을 구체적으로 전개하는 데 필요한 정보를 획득하려는 것이다.

노무관리에서는 직원의 채용에서부터 해고에 이르기까지 전 과정을 다루고 있는데, 직무분석의 결과는 조직원의 ① 채용 · 배치 · 승진, ② 교육훈련, ③ 조직확립, ④ 직무급 산정, ⑤ 안전관리나 업무개선 등에 활용된다.

이러한 여러 가지 노무관리의 목적들에 사용되는 직무분석의 결과는 여러 기업체들을 대상으로 분석하여 공통적인 요소들을 종합 · 정리해서 사용된다.

1. 채용과 배치를 위한 직무분석

(1) 채용과 배치의 합리적 성립

개인은 지능, 흥미, 성격, 적성 등 정신적 특질과 손가락 재능, 시력, 청력, 완력 등 육체적 특질 등이 다를 뿐만 아니라 교육훈련, 직장생활에서 경험한 내용 등도 다르다. 직업이나 직무가 요구하는 정신적 특질, 신체적 특질, 책임과 권한 등은 직업이나 직무의 특성에 따라 차이가 있다. 결국 개인과 직업과의 완벽한 일치는 존재하지 않으나 근접한 일치성을 위하여 직무분석의 자료를 활용하게 된다.

이와 같이 조직에서는 직무와 개인과의 일치뿐만 아니라 조직문화에 적합한지도 고려한다. 그러므로 조직에서 채용과 배치의 공통점은 1가지 우수성을 찾는 것이 아니라 구직자가 보유하고 있는 조건의 결정, 직무 또는 직장이 필요로 하는 조건, 조직문화에 적응성 등을 대응시켜 채용과 배치를 고려하게 된다.

채용단계의 직무분석에서 조직기능에 포함된 직무의 전반적 수준을 분석한다면, 배치단계의 직무분석에서는 각 직무에서 요구되는 수준과 조직집단의 기능을 잘 발휘할 수 있도록 협력관계의 수립도 고려해야 한다. 따라서 채용과 배치를 합리적으로 하기 위해서는 ① 충원이 필요한 직무에 취업하기 위한 필요조건을 명확하게 하고, ② 그러한 조건을 갖춘 사람들을 공급하는 원천을 알아내야 하며, ③ 응모한 사람들 중에서 직무의 요구조건에 맞는 사람들을 선발 · 고용 · 배치하는 방법도 분석해야 한다.

보통 직원을 선발할 때에는 이력서, 응시원서, 각종 증명서 등을 제출받아 서류로 심사한 후, 시험과 면접을 치른다. 그러나 이러한 절차는 그 직무에 필요한 최소한의 범위 내에서 능력을 평가하는 데 지나지 않으며, 조직구성원으로서 갖추어야 할 성격을 평가하는 데에는 부족하다. 그러므로 선발과정에서 3~4일 동안 합숙을 하면서 성격을 파악하려는 경우도 있다.

(2) 채용 · 배치와 직무분석의 기준

직무분석은 직무수행에 필요한 자격, 능력조건 등을 제시해 줄 뿐만 아니라 선발이나 배치의 기초자료를 제공하게 된다. 즉, 직무분석은 ① 최적 연령의 범위와 남녀 성별 및 적성, ② 취업에 필요한 지식과 기능의 숙련 정도, ③ 취업에 필요한 정신적 특질과 신체적 특질의 정도, ④ 직업병 관계와 부적합한 신체장애 등을 밝혀내어 사원들의 직무와 직장집단 내에서 부적응 사태를 감소시키기 위해 행해진다.

사원의 채용에 있어서는 이러한 질적 기준 외에 양적 기준인 적정인원도 문제가 된다. 정원기준이라는 양적 기준은 사용하는 생산설비, 작업방법, 경영상 요구되는 생산량 등에 따라 결정되는데, 일정한 생산설비, 작업방법 등이 정해지면 표준작업량과 조직의 흐름이 파악되고, 이에 따라 작업개선과 표준화가 이루어져 필요한 인원이 결정된다. 이러한 인원의 과부족을 조사하기 위해서는 조직의 직무를 직업행렬표(occupational matrix)로 체계화하여 분석해야 한다.

2. 기업 내 교육훈련과 직무분석

1) 기업 특성에 맞는 직무설정 · 분석

사원을 채용하였더라도 기업이 원하는 수준에 미치기에는 여러 가지 측면에서 부족하기 마련이다. 각 기업은 나름대로 특수한 능력과 자질을 요구하고 있으므로, 직무분석은 기업의 요구나 특성에 맞게 이루어져야 하며, 교육훈련을 통해 이러한 요구를 수행할 수 있는 능력을 갖추도록 해야 한다.

2) 새로운 직무에 대한 분석과 평생교육

지금의 급변하는 시대에서는 모두가 평생교육을 받아야 직업생애를 영위할 수 있으며, 각 기업에서도 사원들에게 사내외에서 평생교육을 시켜 직무수행능력을 향상시키고 있다. 이는 반도체의 발달로 많은 업무가 자동화되면서 새로운 직무들이 출현하고, 새로운 기술을 배워야만 작업할 수 있는 기계와 설비들이 속속 등장하고 있기 때문이다.

따라서 항상 새롭게 출현하는 직무에 대한 분석이 이루어져야 하며, 이에 맞게 교육훈련이 계획 · 실시되어야 한다.

3) 기업구조의 학습조직화로 직무의 문제점 해결

미국의 많은 기업들이 기업구조를 학습조직화(learning organization)함으로써 모든 조직의 구성원들로 하여금 새로운 것을 학습케 하여 직무의 문제점을 스스로 해결하도록 노력한다.

국내에서 활동하고 있는 외국의 기업들을 보면, 3부제 근무제도인 경우에 1부를 더 두어 항상 1부는 학습하게 함으로써 회사가 목표지향적으로 움직이도록 하며 조직은 조직원들의 능력만큼 발전하도록 한다.

4) 교육훈련을 위한 직무분석자료

사원들이 주어진 직무를 올바르게 수행하기 위해서는 다음의 사항들을 잘 알고 있어야 한다.

① 작업순서나 작업준비 등에 관한 것
② 작업환경, 주로 사용하는 기계설비, 안전에 관한 규칙
③ 관련지식, 작업표준, 작업요점에 관한 것
④ 갖추고 있어야 할 신체적 특성이나 정신기능에 관한 것
⑤ 목표설정, 계획수립 시 유의사항, 지식 · 경험과 목표지향 방법에 관한 것

교육훈련에서는 직무의 종류와 성격에 따라 차이는 있지만 위에서 언급한 내용들을 명확하게 분석하여 올바른 작업방법에 관한 자료를 제공한다.

그러나 직무분석 대상자가 숙련된 작업자이기 때문에 분석에서 얻어진 자료를 그대로 훈련에 적용하는 것은 무리이며, 훈련 대상자의 수준을 고려하여 목표나 가르치는 내용을 설정한다.

3. 조직을 위한 직무분석

(1) 조직개편을 위한 직무분석

기업들은 생산체계를 소품종 대량생산에서 다품종 소량생산, 또는 1인 1작업의 분업화에서 1인 1제품의 생산화 등으로 전환하고 있다. 또한 재고를 줄이기 위해 주문에 의한 생산 등 새로운 기술로 생산개념을 전환하는 이른바 리엔지니어링(reengingeering)에 의한 새로운 경영방식을 적극 활용하고 있는데, 이것은 과거 생산자 주도의 시장에서 별다른 경쟁 없이

성장했던 기업들이 국제 간 경쟁이 심화되고 고객의 요구 또한 날로 까다롭고 복잡해지고 있는 현 상황에 대처하기 위한 경영혁명이다. 즉, 리엔지니어링은 정보기술과 과정(process) 혁신의 개념이 결합된 것으로서, 정보기술을 적극 활용하여 현재의 환경에 맞는 경영방식을 찾아내자는 것이다.

조직관리 측면에서도 기존의 경영조직을 개선하여 중간단계의 여러 관리감독 계층을 단순화시키고, 부서에서 모든 지원업무까지 해결하는 팀제를 채택하고 있다. 팀제는 인건비를 줄일 수 있을 뿐더러 신속하게 의사결정을 내릴 수 있어 능률적인 조직으로 평가되고 있다.

기업들이 사업의 다각화와 확대를 꾀하면서 국내외 많은 사업부서를 만들고, 각각의 독립된 부서에게도 책임과 권한을 부여하는 등 유연한 조직으로 개편(restructuring)하고 있다. 이 경우에 새로운 사업의 목적을 달성하기 위해 새로운 조직을 만들어야 하는데, 조직원들의 능력과 새 사업의 목적에 따른 조직과 직무를 적절히 구성하기란 그리 쉬운 일이 아니다.

더욱이 구성원들의 직무만족을 고려하면서 일단 처음에 구성된 조직을 다시 해체하여 새로운 조직으로 편성하거나 일부 개편하는 일은 매우 어려운데, 직무분석은 이를 돕는 일을 담당하게 된다.

조직개편을 위한 직무분석에서는 기업의 특성을 충분히 고려해서 조직해야 한다. 예컨대 조직문화의 형태, 글로벌 시대의 조직행동, 산업의 종류, 직무내용에 대한 분류, 근속자의 분포도, 네트워크 등 여러 가지 특성을 면밀히 검토한다.

조직의 형태가 어떻든 각 직무의 일이 원활하게 이루어지려면, 각 직무마다 책임사항 및 권한과 다른 직무와의 관계 등이 명시한다.

이렇듯 시장상황이 급변해 가는 시점에서 기업들은 새로운 경영방식의 모색, 경영조직의 개선, 유연한 조직으로의 개편, 기업특성이 고려된 조직구성 등 다방면으로 조직개편 및 혁신을 꾀하고 있는데, 이를 위해서는 무엇보다 반드시 올바른 직무분석이 전제가 된다.

(2) 조직구성을 위한 직무분석

조직을 구성하는 데에도 직무분석은 필수적인 작업이다. 조직구성은 위에서부터 아래로 분화시켜 생산, 판매, 재무, 노무, 환경, 안전 등으로 구성하기도 하고, 밑에서부터 위로 차곡차곡 쌓아가듯이 구성할 수도 있다. 조직을 구성할 때에는 이 둘을 절충하여 종합적으로 검토하는 것이 바람직한데, 이를 위한 직무분석은 필수적인 작업이다.

여기서 조직구성을 위한 분석사항은 다음과 같다.

① 어떤 목적을 달성하기 위해서는 어떤 일을 해야만 하는지를 규정한 책임사항과 표준 작업 성취기준과 같은 책임완수의 기준
② 조직 내에서의 위치와 다른 직무와의 관계
③ 일을 수행하는 과정에서 부여되는 자유재량 권한과 권한을 부여하는 데 따른 전제조건으로서의 책임의 크기(책임 불이행에 따른 손해와 그 결과 처리) 등

4. 직무급 산정을 위한 직무분석

(1) 임금의 결정

임금결정이론에는 생존비설과 생산력설이 있다. 생존비설은 임금이 사원의 생활을 유지해준다고 보는 입장이고, 생산력설은 임금이 재생산을 가능하게 해 주는 요소가 있다는 것으로, 투입하는 노동의 질과 양에 따라 그 성과가 달라지고 그에 따라 임금이 결정된다는 입장이다. 결국 임금은 소위 생활급적 성격과 직능에 대응하는 성격을 갖는데, 양자의 성격이 서로 다르기 때문에 완전히 이상적인 급여체계란 존재하기 어렵다. 따라서 기업체는 양자가 조화를 이루는 범위 내에서 사회적 · 경제적 추이에 따라 임금을 정해야 한다.

(2) 우리나라의 임금체계

우리나라의 임금체계는 그동안 대부분의 기업들이 동양의 장유유서의 전통적 유교정신과 종신고용 체제하에서 연공서열제를 채택해 왔으나, 지금은 ① 우리나라의 임금수준도 세계 선진국 수준에 이르렀고, ② 기술변화에 따른 연공서열의 가치가 낮아지고 있으며, ③ 국제화 추세에 따라 능력주의가 강조되고 있는 추세에 있다. 또한 ④ 새로운 세대의 임금의식과 소비구조가 변화하고, ⑤ 정년연장과 고령자 활용에 따른 연공임금의 상승 등 여러 가지 여건 변화로 연공서열에 의한 임금체계가 한계에 이르고 있다. 이러한 이유로 노동대가적 또는 직능대응임금을 지향하고 있는데, 지금도 직종별, 숙련도 등에 따른 임금은 직능대응적 임금이다.

개인이 혼자서 하는 일로 그 결과가 생산기록으로 나타나는 경우나 또는 사회 공통적으로 관행적 임금척도가 있는 경우에는 직능대응적 임금체계를 택할 수 있다. 그러나 현대는 위와 같은 경우가 흔치 않고 기계기술을 근간으로 대규모, 협업적 생산조직을 가지고 있으며, 생산에 있어 조직이나 기계에 의존하는 정도가 높아 개개인의 수공적 숙련에 의해 생

산량이 정해지지 않는다. 이에 따라 최근 들어 우리나라에서도 경영에 있어 직무급, 직능급이 대두되고 있는 것이다.

(3) 직무급의 산정과 직무분석

직무급은 직무평가(job evaluation)에 의해 직무의 상대적 가치를 결정하여 직무임률을 산정하는데, 직무급에는 단일임률(single rate)과 일정한 폭을 가지고 있는 계층임률(rate range)이 있다. 여기서 계층임률일 경우 근무평가를 하여 일정한 폭의 임률 중에서 평균임률로 지급할 것인가 아니면 최고 또는 최저 임률을 적용할 것인가를 정하게 된다.

직무급을 설정하기 위해서는 직무평가를 해야만 하는데, 어떤 평가방식을 채택할 것인지를 정하기 위해서는 직무의 가치를 노동의 곤란도로 판정한다는 점에 착안한다. 따라서 직무급 결정을 위한 직무분석에서는 ① 직무에 필요한 지식 · 숙련, 직무종류에 따른 신체적 · 정신적 특성, ② 직무를 수행하기 위한 신체활동, 감각활동, 지적 활동, ③ 직무수행 과정의 심적 부담감, 즉 직무목표를 지향하는 의무, 의식적 또는 심적 긴장체제의 강도(책임의 크기와 손해 발생의 확률), ④ 작업환경 조건과 위험성에 대한 분석이 이루어진다.

이때 잘못된 분석을 하는 경우가 있는데, 예를 들면, ① 단순히 지식이나 숙련을 학력 또는 경력연수로 판정하거나, ② 심신의 활동이나 작업환경을 '중노동, 경노동, 좋다, 나쁘다' 라고 쓰여져 있는 항목에 표시하는 것, ③ 책임을 분석하면서 '크다, 작다, 거의 없다, 기계를 고장내거나 제품을 불량내면 안 된다' 등의 항목에 단순 체크하는 정도로 분석해서는 안 된다. 따라서 분석은 위와 같은 판정을 할 수 있을 만큼 상세하게 한다.

5. 교육과정 및 직업정보 개발

(1) 사원의 후생과 산업안전

노무관리는 사원을 하나의 인간으로서 보고 후생복지와 산업안전을 향상시켜주는 일을 한다. 노동력의 보전은 양성보다 더 중요한데, 특히 우리나라와 같이 산업재해율이 높은 나라의 경우 안전에 대한 인식이 매우 중요하다. 최근 들어 우리나라에서는 회사마다 사원들의 정신적 · 육체적 안전과 복지후생을 중요하게 다루고 있다.

따라서 직무분석은 ① 환경이나 작업과정의 위험성, 비위생성, 유독 · 유해성, 직업병의 유무, ② 작업장, 근무형태, 작업의 종류와 강도(신체 · 감각 · 지적 활동)를 밝혀서, 개선의 가능성이 있으면 과중 노동, 사고 · 재해, 질병에 대처하거나 복지후생 대책을 세운다.

이때 개선하기 어려운 상태라면 다음과 같은 관점을 가지고 직무분석을 실시한다.

① 위험성에 대해서 사고를 일으키기 쉬운 성격의 소유자
② 배치인원과 작업시간을 조정하여 과로를 방지하고, 사고·재해의 발생을 사전에 예방될 수 있는 적정인원
③ 유독성에 있어서는 보호구를 착용하고, 근무형태를 고려한 상태
④ 심신의 중노동에 대해서는 작업시간과 휴식시간의 적절성, 휴식시간의 적용
⑤ 직업병이 걸리기 쉬운 체질

(2) 업무의 개선

직무분석은 직무의 설계, 일의 분할, 작업방법, 작업의 흐름 등의 현상을 명확하게 하여 조직 전체에 관련된 개선점을 찾을 수 있는 자료를 제공한다. 직무분석 명세서에 개선점 항목을 두고 기술하게 하면 담당자가 간과해 버렸던 문제가 개선점으로 드러나게 되므로 직무분석의 결과 직무 자체의 개선, 즉 직무재설계(job redesign)를 할 수 있다. 이때 기술상·조직상의 조건만을 고려한 직무가 아니라 직무를 담당하고 있는 작업자 개인의 사회적·개인적 요소를 고려해서 직무의 내용 및 방법, 다른 직무와의 관계를 결정한 직무설계를 해야 한다는 주장이 있다.

직무분석을 하여 직무재설계를 하는 데 있어 유의할 점은 다음과 같다.

① 직무에 포함된 작업은 지역사회에서 인정받을 만한 정도의 능력, 주의, 노력 등을 필요로 한다.
② 직무에서 수행하는 작업은 제품 소비자에게 효용가치가 있어야 한다.
③ 단순작업은 기계화가 되어야 하고 작업자는 의미 있는 작업으로 범위를 확대하거나 직무순환제를 실시한다.
④ 작업준비나 보조작업까지 할 수 있도록 책임한계를 넓힌다.
⑤ 피드백하여 작업수행자가 작업결과를 확인하고 자신의 직무활동으로부터 학습이 일어나도록 한다.
⑥ 직무수행 기준에 어느 정도 탄력성을 주어 작업담당자에게 창의성을 발휘할 수 있는 기회를 준다.
⑦ 직무가 다른 직무와 상호 의존관계가 있으면서 그 직무에 상대적으로 스트레스가 많은 경우에는 다른 작업자와 가까이 배치하여 상호 의사소통을 원할하게 하고 스트레스를 줄이며 일의 무의미성을 경감시킨다.

(3) 교육과정 개발

교육훈련을 위하여는 교육과정 및 훈련 프로그램을 개발하는데, 이 기초자료는 직무분석자료에 의한다. 우선 직무분석은 산업체의 숙련작업자들이 하는 일을 명확히 분석함으로써 이를 토대로 학습자의 기초학력, 흥미, 교사의 지도능력, 시설과 재정 등 교육여건에 따라 교육과정을 결정할 수 있다.

교육과정 개발을 위한 직무분석에서는 숙련작업자들이 수행하고 있는 모든 작업들 또는 요구되는 능력들이 열거될 뿐만 아니라 각 작업마다 작업요소, 작업성취 수준, 사용하는 기계·기구·재료, 교육훈련을 할 때 고려해야 할 사항 등을 분석하게 된다.

이러한 구체적인 분석내용은 교육과정 개발뿐만 아니라 교재를 집필할 때에도 그대로 활용된다. 작업성취 수준은 숙련작업자의 최소수준이기 때문에 처음 학습하는 학습자들의 학습목표는 작업성취 수준을 참고하여 별도로 조정하여 결정한다.

(4) 직업정보

의사결정을 돕는 직업상담에서는 직업정보를 위한 직무분석이 선행되어야 한다. 직업의 세계가 빠르게 변화하고 있기 때문에 이러한 정보들을 표준화시키기 위하여는 객관적인 기준에 의하여 직무분석을 거쳐 분석된 결과를 가지고 정보화하는 과정이 이루어진다.

『한국표준직업분류』, 『한국직업사전』 등은 표준 직업정보로서 그 내용은 직무분석된 자료를 토대로 구성하였다. 이렇듯 직업정보가 직무분석에 의한 자료을 토대로 하여 구성되어야 하는 중요한 이유는 왜곡되지 않은 정보로서 그 가치를 높이기 위함이다. 직업세계의 빠른 변화는 정보의 변질을 가져오지만, 유행하는 직업정보들로 인하여 정보의 가치를 왜곡시켜 개인의 의사결정에 오도되는 일을 예방하기 위하여는 시간, 경비, 노력 등이 들더라도 직무분석된 자료에 근거한 직업정보가 생산되어야 한다.

|제3절| 직무분석의 방법 및 절차

직무분석 방법은 학자마다 다르게 접근하나, 보편적인 방법인 최초분석법, 비교확인법, 데이컴법에 대하여 방법과 절차를 논하고자 한다.

1. 직무분석의 방법

직무에 대한 정보를 얻기 위해 일반적으로 사용하고 있는 직무분석 방법은 매우 다양하나 작업 중심의 활동(work-oriented activity), 작업자 중심의 활동(worker-oriented activity) 등으로 나눌 수 있다(Gatewood & Field, 1994). 작업 중심의 직무분석방법은 직무 수행을 위한 다양한 과업을 기술하는 것을 말하고, 작업자 중심의 직무분석방법은 작업 활동과 관련된 작업자의 다양한 행동을 기술하는 것을 말한다.

작업 중심의 활동으로는 직접 관찰법(direct observation), 기능적 직무분석법(functional job analysis : FJA), 직무 인벤토리 · 체크리스트 방법이 있으며, 또한 직무분석 방법을 통하여 교육훈련 프로그램을 개발할 수 있도록 한 노턴(Robert E. Norton, 1993)이 제시한 데이컴 기법이 있다.

작업자 중심의 활동으로는 직무에 요구되는 행동에 대해 복합적으로 분석하는 중요 사건법(critical incident technique)이 있고, 직위분석 설문법(position analysis questionary)이 있다. 그 외에도 작업 수행의 표준 방법을 관찰하는 작업방법 분석법과 훈련받은 직무분석가에 의해 작업자의 과업, 의무, 행동들을 면접하는 면접법 등이 있다. 직무분석 방법의 사용분야와 장단점 등을 정리하면 [표 3-1]과 같다.

이와 같이 제시된 직무분석 방법을 좀 더 묶어 제시하면, 최초분석법, 비교확인법(verification method), 데이컴(DACUM)법 등으로 나눌 수 있다.

최초분석법은 분석대상이 산업발전에 따라 새롭게 발생한 직무 또는 직업인 경우에 참고할 만한 자료가 없을 때 활용된다. 그러나 이미 잘 알려진 직업으로 참고할 자료가 풍부한 경우에는 비교확인법이 더 효율적이다. 그리고 교육이나 훈련을 위한 목적으로 단기간 내에 효과적으로 분석하고자 한다면 데이컴법을 활용하는 것이 좋다. 한편 최초분석법으로 분석하려면 면담법, 관찰법, 녹화법, 체험법, 설문법 등 중에서 한두 가지의 방법을 선택하여 분석해야 하며, 비교확인법을 활용하는 경우에는 최초분석법의 일부를 겸용할 필요가 있다.

(1) 최초분석법(new analysis method)

분석할 대상직업에 관한 참고문헌이나 자료가 드물고 그 분야에 많은 경험과 지식을 갖춘 사람이 거의 없을 때, 직접 작업현장을 방문하여 분석을 실시하는 방법을 최초분석법이라고 한다. 그러나 이 방법은 많은 시간과 노력이 소요되므로 비교적 직무내용이 단순하고 반복되는 작업을 계속하는 경우에 적합하다. 최초분석법에는 면담법, 관찰법, 체험법, 설문

표 3-1 직무분석 방법

직무분석 방법	주요 사용자	관련기법	주요사용분야	장점	단점	비고
직접관찰법 (direct observation)	직무 분석가	관찰, 기록	복지	반복적인 수공작업에 대한 자료 얻기에 좋음	반복적 수공작업에만 한정, 정신적 과정이나 작업자의 질은 관찰 불가능	작업 중심
기능적 직무분석 (functional job analysis : FJA)	직무 분석가	관찰, 기록, 인터뷰, 판단	직무기술, 계획, 모집, 선발	넓게 적용할 수 있고 유용한 직무분류 시스템	FJA 훈련이 된 직무분석가 요구됨	
직무 인벤토리/체크리스트 (job inventory and checklist)	직무 종사자	판단 (점수평가)	계획, 선발, 훈련	자료 수집 빠름, 다른 직무에 대한 자료 비교 쉬움	인벤토리 구성시 시간 소모 많음	
작업방법 분석법 (work-methods analysis)	산업 엔지니어	관찰, 기록 (스톱워치나 비디오카메라 사용)	복지, 훈련, 보상	작업수행의 표준을 정하는 데이터베이스로 활용	반복적 수공작업에만 한정, 정신적 과정이나 작업자의 질은 관찰 불가능	작업자 중심
중요사건법(critical incident technique)	감독자나 관리자	관찰, 기록, 판단	평가	반복적이거나 일상적이지 않은 행동을 이해	긴 자료 수집 과정, 직무기술을 서로 전환하는 것이 어려움	
면접(interviewing)	직무 분석가	기록, 인터뷰	훈련, 직무기술	깊이 있는 정보 제공	시간 소모 많음	
직위분석설문 (position-analysis questionary : PAQ)	직무분석가, 직무 종사자, 감독자	판단 (점수평가)	계획, 선발, 훈련, 보상	넓게 적용할 수 있음, 다른 직무에 대한 자료 비교 쉬움	기술된 직무기술이나 의무를 제공하지 않음	
데이컴(DACUM)법 (developing a curriculum)	교육훈련 기관, 자격 검정기관	워크숍 (brainstorming)	교육, 평가, 자격검정	단기간에 완성, 교육훈련개발에 효과적, 자격출제기준 개발에 적합	직무분석 참여자의 전문성과 원만한 성격이 요구됨	

자료 : Mirabile, R.J.(1997). Everything You Wanted to Know about Competency Modeling. Training & Development. 한국직업능력개발원(1999, 2000, 2001, 2002, 2003, 2004), 직업교육훈련과정 개발을 위한 직무분석지침서 재인용

법, 녹화법 등이 있다.

1) 면담법(interview method)

특정 직무에 대한 오랜 경험을 통하여 많은 지식과 숙련된 기능을 가지고 있으면서, 그것을 언어로 정확하게 표현할 수 있는 사람과 직접 면담을 하면서 분석하는 방법이다. 이때 면담으로 분석에 협조하는 사람은 시간에 제약을 받지 않도록 미리 소속기관장의 허락을 얻어야 한다. 면담법은 상대방으로 하여금 자발적이고 능동적으로 필요한 자료를 충분히 제공하도록 유도하는 방법으로, 가장 정확하고 완전한 정보를 얻을 수 있으므로 가장 많이 활용되고 있으며, 다른 방법으로 직무분석을 할 때에도 기본적으로 병행해서 활용된다.

면담으로 직무분석을 할 때 유의해야 할 점들은 다음과 같다.

① 면담 시에는 항상 감독자와 떨어져서 자유로운 분위기 속에서 직무분석가가 개인별로 분석한다.
② 질문의 방법으로서 직접법과 간접법을 적절하게 사용한다. 면담의 시간이 짧은 경우나 상대자가 강한 내성적 성격의 소유자일 경우에는 직접법을 이용하는데, 직접법은 질문의 목적에 대해서 상대방이 아무 의문 없이 무엇인가 생각이 떠오르게 하면 "예" 또는 "아니오"라고 대답하게 하는 방법이다. 한편 간접법은 질문을 하기보다는 상대방이 직무에 대하여 스스로 생각하여 대답하도록 대화를 이끌어 가는 방법으로, 가능한 한 면담에서는 간접법을 사용한다.
③ 질문의 요점에서 대화가 빗나가지 않도록 이끌어 간다.
④ 대화를 하면서 얻은 자료는 직무분석 양식에 기입해 나간다.
⑤ 면담 중 가끔 협조자가 대답을 생각하면서 침묵할 때 인내를 가지고 기다린다.
⑥ 상대방의 하는 일과 발언에 관심과 흥미를 나타낸다.
⑦ 시간을 효율적으로 사용하기 위하여 항상 핵심적인 질문을 한다.
⑧ 응답 내용을 객관적으로 받아들이고 속단하지 않는다.
⑨ 언질이나 암시를 함으로써 어떤 기대감을 갖지 않는다.
⑩ 심리적으로 저항감이나 경계심을 갖지 않도록 부드러운 분위기를 갖게 한다.
⑪ 분석목적과 관계가 없는 사항이나 상대방의 자존심을 상하게 하는 질문은 피한다.

[표 3-2]는 면담법 중 일부를 제시한 것이다.

표 3-2 면답법 중 정신적 특질에 대한 면담지

이 직업을 갖기 위하여 어떤 정신적 특질을 갖고 있어야 한다고 보십니까? 다음의 정신적 특질을 읽고 맞는 수준을 선택하십시오. 정신적 특질에 대한 의미는 다음 네모 안에 제시되어 있으므로 참조하여 제시하여 주십시오.

정신적 특질	91% 이상	90~71%	70~41%	10~40%	10% 이하
1. 이해력					
2. 판단력					
3. 기억력					
4. 표현력					
5. 지도력					
6. 기획력					
7. 협조성					
8. 인내성					
9. 민첩성					
10. 심미성					

유형 1 : 이해력(어떤 사물의 의미를 파악하고, 원리 원칙에 따라 깊이 생각하고, 추리하는 능력)

유형 2 : 판단력(이해에 따라 적합한 결론에 도달하는 능력)

유형 3 : 기억력(원리 원칙을 논리적으로 보지 않고 기억하거나, 주의력을 집중시켜 분별하는 능력)

유형 4 : 표현력(의도된 생각이나 정보를 명확하고 정확하게 언어로 표현하는 능력)

유형 5 : 지도력(부하의 기분과 감정을 이해하고 통솔하거나, 개성력과 표현력을 가지고 효과적으로 부하를 교육, 훈련시키는 능력)

유형 6 : 기획력(어떤 목적을 정하고 방침을 세워 조직화하고 결정해 나가는 능력)

유형 7 : 협조성(동료나 상사와 사이좋게 일을 진행해 나가는 능력)

유형 8 : 인내성(단조로움을 이겨내기 위한 의지나 좋지 않아도 참고 견디는 능력)

유형 9 : 민첩성(힘이 빠르고, 민첩한 행동으로 처리하는 능력이며, 장소와 경우에 따라 의욕적인 태도로 행하는 것)

유형 10 : 심미성(미와 추를 식별하는 능력이나, 주어진 일을 예술적인 미를 감안하여 처리하는 능력)

2) 관찰법(observation method)

관찰법은 분석자가 직접 작업자의 직무활동의 실제를 상세하게 관찰하고 그 결과를 기술하는 방법으로, 분석자의 주관이 개입될 위험이 있다는 단점이 있다. 그러나 모든 직무활동이 시간적 · 공간적 형태를 취한다고 보면, 그 현장을 직접 목격하면서 실제적인 내용을 파악하기 때문에 효과적 방법이다. 특히 직무분석가가 대상 직업에 대하여 풍부한 경험을 가지고 있을 때에는 예리한 통찰력으로 많은 자료를 널리 수집할 수 있다.

그러나 직무활동은 시간적 · 공간적으로 노출되는 것 외에 중요한 내부구조를 포함하고 있다. 관찰은 성격상 직무의 외면을 파악하는 데는 적합하지만 내부구조를 이해하는 데는 제약이 있다. 따라서 직무의 특성이 시간적 · 공간적 형태로 나타나지 않는 지적 · 정신적 직무인 사무관리직, 작업동작 그 자체를 추출해도 직무내용이 다른 작업자를 감독하거나 조정하는 일 등에는 다른 방법을 택하는 것이 좋다.

여기서 작업현장을 직접 본다는 것은 여러 가지 장점을 가지고 있다. 즉, 작업하는 기계에서 발생하는 소음, 열, 색 등과 작업자의 동작 하나하나를 작업자의 설명을 들으면서 분석하기 때문에 그만큼 실질적이며 정확한 결과를 얻을 수 있다.

이러한 분석방법에서 특히 유의해야 할 점은 상급자나 작업자의 충분한 양해와 협조를 구해야 한다는 점이다. 생산공장이나 용역을 제공하는 공장은 시간이 무엇보다 중요하므로 작업을 중지하는 것이 사실상 어렵기 때문에 이 점을 고려하며, 작업 중에 질문하는 것은 안전사항이나 제조과정과 밀접한 관련이 있으므로 주의해야 한다.

다른 분석방법과 마찬가지로 이 방법도 효과적으로 수행하기 위해서는 분석자가 사전에 직무와 관련되는 참고문헌이나 감독자 등을 통하여 개괄적인 지식을 갖추어 두는 것이 바람직하다. 그리고 관찰할 때 가능하면 작업장면을 잘 설명할 수 있는 상급자를 대동하는 것이 효과적이다.

3) 체험법(empirical method)

체험법은 분석자 자신이 직접 직무활동에 참여하여 체험함으로써 생생한 직무자료를 얻는 방법이다. 이 방법은 직무활동에서의 의식의 흐름, 감각적인 내용, 피로의 상태 등 내부구조까지 분석할 수 있다는 장점이 있는 반면, 분석자가 체험을 한다고 해도 실제로 1년 동안 일어나는 직무의 단편만을 보기 때문에 전체를 판단하는 데 어려움이 있다. 이러한 이유 때문에 장기간 체험하게 되면, 그만한 시간, 노력, 경비 등이 발생하는 고비용의 방법이다. 또한 그 직무에 종사하고 있는 담당자의 심리상태에 도달하기까지는 매우 어렵다는 단점도 있다. 체험법은 분석가가 상당한 연습을 하여 하나의 인간 척도가 될 수 있는 단계에 이른다면 강한 인간적 실체감을 지닌 자료를 풍부하게 추출할 수 있으나, 현실적으로 상당한 기간 동안 분석을 위해서 분석가가 직접 체험한다는 것은 어려우므로 다른 방법을 보완하는 데 일부 활용되고 있다.

4) 설문법(questionaire method)

설문법은 현장의 작업자 또는 감독자에게 설문지를 배부하여 이들로 하여금 직무의 내용 및 특징 등을 기술하게 하는 방법이다. 이 설문법의 장점은 조사대상을 폭넓게 할 수 있으며, 관찰법이나 체험법으로 규명하기 어려운 전문직과 사무관리 분야의 작업내용과 중요점, 그 직무에 요구되는 고도의 기술, 지식, 오랜 경험을 쌓아야 알 수 있는 책임의 소재 및 정도 등에 관한 자료를 얻을 수 있다.

그렇지만 응답자가 설문의 내용을 충분히 이해하지 못하여 소기의 목적을 달성하지 못하거나, 응답자 자신이 어떤 특정한 부분을 지나치게 강조하는 경향이 있다. 그리고 자신이 담당하는 일 자체에는 정통해 있지만, 제한된 경험과 주관이 반영되어 객관적 사물의 판단이나 사실 조사에 어려움이 있으므로, 사실인지 편견인지 여부를 결정하는 데 특히 유의하여야 한다. 그러나 무엇보다 설문법의 가장 큰 단점은 응답자들이 성의있게 응답을 하지 않는다는 것과 회수율이 낮다는 것이다.

5) 녹화법(video tape recording method)

반복되는 단순직무로서 작업장의 환경이 작업을 장시간 관찰하기 어려운 경우, 예를 들면, 방적공장과 같이 습기, 소음, 분진 등 작업환경이 매우 열악하여 현장 내에 오랫동안 머무르기 어렵고, 소음으로 인하여 상호대화가 곤란한 경우에 비디오테이프에 작업장면을 촬영·녹화한 후에 사무실로 돌아와 작업자와 함께 영상기의 화면을 보면서 분석하는 방법이다.

사용되는 기재로 촬영기, 데크, 영상기 등과 테이프가 있어야 하며, 촬영기법은 우선 작업 전체를 적절한 거리를 두고 1번 촬영하고, 이어서 충분한 시간을 가지고 작업장면 하나하나를 줌렌즈로 확대하여 근접 촬영하도록 한다. 이때 작업 중에 발생하는 소리도 동시에 녹음하고, 가능하면 공정 전체를 3~4회에 걸쳐 반복하여 촬영하는 것이 좋다.

이 방법은 현장의 복잡한 곳을 떠나 쾌적한 환경 아래서 충분한 시간을 가지고 분석할 수 있고, 다시 보고 싶은 작업장면을 몇 번이고 반복하여 볼 수 있으며, 작업 하나하나마다 화면을 정지시켜 가면서 분석할 수 있다는 것 등의 장점을 갖고 있다. 이 방법도 분석에 앞서서 사전에 분석대상 직업에 대한 지식을 갖추어야 하며, 녹화를 위한 기계와 촬영전문가를 확보해야 하는 난점도 있다.

(2) 비교확인법(verification method)

역사가 오래되어 많은 자료가 수집될 수 있는 직업으로 수행하는 작업이 다양하고, 직무의 폭이 넓어 단시간의 관찰을 통해서 분석이 어려운 직업은 비교확인법이 적합하다. 이 방법은 지금까지 개발된 각종 자료를 수집 · 분석하여 일단 직무분석 양식에 직무분석가가 초안을 작성한 다음 현장에 나가 실제 여부를 면담이나 관찰과 같은 최초분석법으로 확인하는 방법이다.

일반적으로 가장 많이 사용되는 참고문헌으로는 직무정의와 작업명칭이 수록되어 있는 『한국표준직업분류』, 『한국직업사전』, 각국의 직업사전, 이미 발간된 교재, 협회 및 단체에서 제공되는 전문적 자료 등을 들 수 있다. 직무분석 결과에 의해 편찬된 직업사전을 참고한다면 직무분석의 근간으로 할 수 있다. 또한 각 나라마다 산업과 고용의 구조가 다르고 그 배경과 여건이 다르기 때문에 같은 직업명칭이라고 하더라도 약간씩의 차이는 있다. 이 차이점을 발견하여 자국의 실정에 알맞게 수정 · 보완하여 기초분석 자료를 작성하고, 현장에 나가 최근에 변화된 내용을 수정 · 추가하고 검증한다.

비교확인법은 직무분석가가 기존의 자료를 분석하고 난 후에 직무분석된 그 시기에서 현재 시점과의 직무의 차이를 확인하는 한편, 실제 현장에 나가 작성된 직무분석자료를 확인하는 것이므로 비교확인법이라고 한다.

우선 『한국표준직업분류』, 『한국직업사전』 등에 있는 직무기술(job description)을 보면 그 직업이 수행하는 직무의 개요를 요목화하였다. 왜냐하면 직무기술은 주요한 재료, 공구, 기계, 공법, 제품 등을 간략하게 포함하고 있기 때문이다. 또한 작업일람을 보면, 작업내용과 방법은 물론 작업 전체의 흐름을 알 수 있으며, 그 직업에서 요구하는 교육경험, 정신적 · 신체적 특질 등도 알 수 있다. 그리고 그 직무에 관련되는 교육훈련 교재, 전공서적, 상품메뉴얼 등을 참고하여 교육훈련의 교육과정, 목표, 교육훈련 교재가 되는 작업명세서, 관계지식과 실기, 성취수준과 안전 등을 알 수 있다.

그러나 이 비교확인법도 그 자체만으로는 특정직무의 분석을 완전하게 해낼 수 없으므로 다른 방법과 겸하여 상호 · 보완함으로써 완성될 수 있다.

(3) 데이컴법(DACUM method)

1) 데이컴법의 의미

데이컴이란 'developing a curriculum'의 약어로서 교과과정을 개발하는 데 활용되어 온 직업분석의 1가지 기법이다. 이 방법은 교육훈련을 목적으로 교육목표와 교육내용을 비교적 단시간 내에 추출하는 데 효과적이며, 미국과 캐나다의 교육계에서 일반화되어 있다. 교육훈련 프로그램 개발에 있어서 작업분석의 가장 대표적인 예로 활용되는 것이 데이컴(DACUM) 기법이다. 이 기법은 철저하게 실무자 중심으로 현실적인 요구를 도출하고 교육훈련을 위한 교육목표와 교육내용을 개발하는 데 소요되는 시간이 총 6~8주밖에 걸리지 않아 비교적 단시간 내에 직무분석 내용을 추출하는 데 효과적이다. 또한 접근방법 자체가 체계적이고 적용하기가 용이하다.

2) 데이컴법의 전제

데이컴법은 다음과 같은 몇 가지 가정을 전제로 한다.

① 전문적인 작업자는 다른 누구보다도 그 직무에 대하여 잘 기술할 수 있다.
② 1가지 직무는 해당 직업에 종사하고 있는 숙련된 사람이 수행하는 작업 명칭들로 충분히 기술될 수 있다.
③ 모든 작업에는 그 작업을 올바르게 수행하는 데 필요한 관계 지식과 태도가 있다.

3) 데이컴위원회

데이컴은 8~12명의 분석협조자(panel member)로 구성된 데이컴위원회를 중심으로 이루어진다. 이 위원회는 실무자가 사전에 준비한 쾌적한 장소에 모여 2박 3일 정도의 집중적인 워크숍으로 데이컴 차트를 완성함으로써 작업을 마친다.

데이컴위원회의 작업단계는 다음과 같은 절차를 밟아 진행된다.

① 데이컴에 관한 오리엔테이션
② 직무 혹은 직업영역에 대한 재검토
③ 일반적인 임무영역의 열거
④ 임무영역 내에서 수행되는 구체적인 작업 열거
⑤ 작업과 임무 기술에 관한 검토와 수정
⑥ 작업과 임무들을 논리적인 순서에 따라 정리

⑦ 취업 초기에 필요한 작업군 구별
⑧ 필요에 의한 기타 사항 열거

4) 데이컴분석가

데이컴법을 활용하려면 실무자가 약 6개월 전부터 분석협조자 선정, 작업장소 예약, 분석가 선정 등 워크숍 준비를 해야 하며, 실무자가 워크숍 준비를 완전하게 마친 후 실제 데이컴은 데이컴분석가(DACUM facilitator)가 맡아서 진행한다. 데이컴분석가는 전문가다운 인상과 외모를 갖추고, 타인에 대한 감수성이 예민하며, 데이컴을 진행하는 동안 열띤 분위기를 조성하고 유지할 수 있는 능력이 있어야 하며, 유머감각이 뛰어나고, 동기유발을 잘 시킬 수 있어야 한다. 또한 인내심도 있어야 하고 의사결정능력을 갖추고 여러 가지 의견을 종합할 수 있어야 한다.

5) 데이컴법의 실시

데이컴법을 실시하는 작업장의 한쪽 벽면은 직무와 과제명을 작성한 종이를 써서 붙일 수 있도록 넓은 벽면이어야 한다. 이 벽면을 데이컴벽(DACUM wall)이라고 하는데, 분석가는 이 벽면을 등지고 분석협조자들을 바라보며 사회를 진행한다. 분석협조자들은 한 테이블에 3~4명씩 앉고 사회자를 중심으로 앉는다. 이때 사회를 보는 분석가가 분석협조자들의 의견을 개진하여 1가지로 의견이 모아지면 이를 필기할 서기가 필요하다. 서기가 실내 어디서나 금방 알아볼 수 있도록 굵은 글씨로 임무영역이나 작업명칭을 써서 사회를 보는 분석가에게 건네주면 분석가는 데이컴벽에 임시로 붙인다. 이렇게 반복하여 모든 임무영역을 열거하고 다시 순서를 고려하여 재배열하고 작업명칭을 열거해 나가는데, 종이는 수시로 떼어서 이동할 수 있도록 하며 모든 작업이 끝나고 나서 일련번호를 매겨 데이컴 차트를 완성한다. 작업을 진행하는 동안 서기나 관람을 위하여 참석한 사람들에게는 발언권이 주어지지 않는다.

[표 3-3]은 한국직업상담협회가 데이컴법으로 실시한 직업상담사의 직무내용을 제시한 것이다. 직업상담사의 직무구성을 보면, 총 14개의 직무와 이와 관련된 임무에 따른 과제가 있다.

표 3-3 데이컴법으로 분석한 직업상담가 직무분석결과

임무	과제											
A 기획	A-1 전년도 사업평가 하기	A-2 예산확인 하기	A-3 직업상담 요구조사지 만들기	A-4 요구조사 하기	A-5 요구조사 분석하기	A-6 결과보고서 작성하기	A-7 회의하기	A-8 기획(안) 작성하기	A-9 관련부서 협의하기	A-10 기획(안) 확정하기	A-11 결재 받기		
B 노동시장 분석하기	B-1 조사계획 수립하기	B-2 조사대상 선정하기	B-3 조사지 개발하기	B-4 조사 실시하기	B-5 조사분석 하기	B-6 조사결과 보고하기							
C 검사도구 개발 및 해석	C-1 심리검사 대상확정 하기	C-2 검사문항 조사하기	C-3 검사문항 제작하기	C-4 검사문항 검토하기	C-5 사전검사 하기	C-6 사전검사 분석하기	C-7 수정 · 보완하기	C-8 검사도구 확정하기	C-9 신뢰도/타당도 검증하기	C-10 검사 실시하기	C-11 검사결과 해석하기		
D 직업 상담	D-1 신청서 확인하기	D-2 검사결과 확인하기	D-3 내담자 특성파악 하기	D-4 상담 실시하기	D-5 home work 주기	D-6 다음상담 회기 결정하기	D-7 상담일지 작성하기	D-8 수퍼바이저에게 지도받기	D-9 개입 평가받기	D-10 일일상담 기록지 작성하기 및 결재받기			
E 직업심리 치료	E-1 직업문제 확인하기	E-2 내담자 진단하기	E-3 심리치료 용검사 실시하기	E-4 판정하기	E-5 상담회기 결정하기	E-6 동의 받기	E-7 심리치료 하기	E-8 home work 주기	E-9 상담일지 작성하기	E-10 치료결과 확인하기			
F 프로그램 개발	F-1 목표 정하기	F-2 대상 정하기	F-3 프로그램 개발하기	F-4 프로그램 시험 · 수정 · 보완하기	F-5 프로그램 확정하기	F-6 매뉴얼 작성하기	F-7 매뉴얼 인쇄하기	F-8 대상자 모집하기	F-9 진행자 교육하기	F-10 진행자 교육하기	F-11 프로그램 진행하기	F-12 평가받기	F-13 수정 · 보완하기
G 직업정보 제공	G-1 직업정보 요구도 확인하기	G-2 직업정보 제공하기	G-3 의사결정 돕기	G-4 직업정보 탐색하기	G-5 직업정보 수집하기	G-6 직업정보 분석하기	G-7 직업정보 가공하기	G-8 직업정보 매체별 제작하기	G-9 직업정보 매체별 활용하기	G-10 *활용 결과 평가하기			

H 구인처 개척	H-1 수요조사 하기	H-2 업체선정 하기	H-3 업체 담당자와 일정확인하기	H-4 홍보물 준비하기	H-5 업체방문 하기	H-6 방문목적 홍보하기	H-7 담당자와 면담하기	H-8 면담결과 정리하기					
I 취업알선	I-1 노동시장 분석하기	I-2 채용정보 수집하기	I-3 취업동향 분석하기	I-4 구인처 확인하기	I-5 입사서류 클리닉	I-6 면접 클리닉	I-7 구인처와 연결시키기	I-8 추천서 작성하기	I-9 면접일자 확인하기	I-10 알선업체 동행면접	I-11 취업결과 확인하기		
J 행사기획	J-1 행사목표 선정하기	J-2 세부계획 수립하기	J-3 예산산정 하기	J-4 세부계획 확정하기	J-5 행사 홍보하기	J-6 행사실시 하기	J-7 행사평가 하기						
K 사후지도	K-1 취업자 카드작성	K-2 구인업체 감사편지 보내기	K-3 미취업자 에게 정보 제공하기	K-4 미취업자 취업알선 하기	K-5 직업전환 의사파악 하기	K-6 직업상담 하기	K-7 훈련 및 취업알선 제공하기	K-8 구인기업 간담회 하기	K-9 취업자 만족도 조사하기	K-10 추수 직업상담 하기	K-11 결과 확인하기		
L 네트워크 구축하기	L-1 현재 네트워크 상태평가하기	L-2 유관기관 조사하기	L-3 정보교류 협의하기	L-4 협정체결 하기	L-5 지역지원 인사파악 하기	L-6 자문받기	L-7 운영위원 회 구성 하기	L-8 협의하기	L-9 간담회 하기	L-10 간담회 결과보기			
M 직업상담 행정	M-1 직업상담 DB 구축하기	M-2 직업통계 관리하기	M-3 직업상담 홈페이지 관리하기	M-4 차년도 예산 확보하기	M-5 제안서 작성하기	M-6 제안서 설명하기	M-7 차년도 계획 수립하기	M-8 관련회의 참석하기	M-9 상담실 청결유지 하기	M-10 상담사례 관리하기	M-11 예산관리 하기	M-12 보고하기	
N 평가	N-1 각 사업별 결과보고 검토하기	N-2 전체 계획 서와실적 · 진도확인하기	N-3 직업상담 실적보고 하기	N-4 자문 및 간담회의견 수렴하기	N-5 개선안 수립하기	N-6 평가 회의하기	N-7 개선방안 확정하기						
O 자기관리	O-1 자기평가 하기	O-2 세미나 참석하기	O-3 직무교육 참석하기	O-4 간담회 참석하기	O-5 학회 및 외부행사 참여하기	O-6 상급학교 진학하기	O-7 문화활동 하기	O-8 자기 이미지 관리하기	O-9 스트레스 관리하기	O-10 건광관리 하기			

2. 직무분석의 절차

(1) 직무분석 절차의 요소와 단계

1) 직무분석 절차의 결정요소

① 직무분석의 목적

직무분석이 한 기관의 인사관리나 노무관리를 위한 분석인지, 아니면 국가적인 사업으로 직업사전이나 직업훈련기준 또는 자격검정기준을 만들기 위한 것인지 등에 따라 달라진다. 만약 개인회사의 조직을 재편성하여 인원을 조정하는 경우, 회사의 새로운 목적과 방침에 따라 회사를 중심으로 직무분석이 이루어진다. 그러나 국가적 표준을 작성하기 위한 목적이라면 전국적인 규모로 많은 기관의 협조를 받아 대대적으로 직무분석이 이루어지게 된다.

② 직무분석의 범위

직무분석의 범위는 목적에 따라 결정되기도 하지만, 직원채용을 위한 직업명세서 작성을 주로 한 경우, 직업분석을 실시하여 직업행렬표, 직업명세서, 직무명세서 등까지 분석하고, 교육이나 훈련을 목적으로 하는 경우에는 작업명세서까지 분석함으로써 한 단계 더 분석을 하게 된다.

③ 직무분석에 투자할 시간과 재정 형편

직무분석은 일단 분석을 한다면 철저하게 해야 하겠지만 주어진 여건, 특히 투자할 수 있는 시간과 재정 형편에 많은 영향을 받는다. 시간과 재정사정이 충분하다면 더 상세하고 신중하게 분석할 수 있으나 그렇지 않다면 분석해야 할 사항만 간략하게 하는 절차를 밟을 수밖에 없다.

④ 직무분석 협조자의 이해

직무분석을 실시하기 위해서는 기관장과 노동조합 등의 이해와 협조도 있어야 한다. 그리고 여러 기관에 걸쳐 직무분석을 하는 경우, 각 기관의 기관장과 해당부서의 책임자, 분석대상자들의 협조 등이 필요한데, 이러한 요소도 직무분석 절차를 결정하는 요인이 된다.

2) 직무분석의 단계

미국 노동성의 『직무분석메뉴얼』에서는 직무분석 단계를 준비단계와 실시단계로 나누었다. 일본 노동성은 직무분석의 사전준비, 사업체의 이해와 협력, 직무분석의 계획, 직무분석의 실시 등 4단계로 구분하였다. 藤田 忠은 『직무분석과 노무관리』라는 저서에서 직무분석 단계를 8단계로 제시하였다. 그는 ㉠ 분석목적의 확정, ㉡ 직무단위의 결정, ㉢ 직무분석표의 설계, ㉣ 분석원의 선발과 훈련, ㉤ 분석을 위한 협력체제의 확립, ㉥ 예비조사의 실시, ㉦ 본 분석의 실시, ㉧ 분석결과의 종합조정으로 진행한다고 하였다. 이때 분석 협력체제 확립을 위해서는 직제상의 협력의 획득과 종업원 관계의 조정이 필요하다고 하였으며, 예비조사에서는 조직도표와 공정도표를 작성하고 사전에 예비조사를 실시하도록 하였다. 조병린(1994)은 직무분석 단계를 크게 3가지 단계로 구분하였는데, ㉠ 계획준비단계, ㉡ 실시단계, ㉢ 사후관리단계가 그것이다. 한국은행의 직무분석 실무교본에서는 분석의 준비단계와 실시단계로 나누었다. 즉, ㉠ 준비단계 : 분석전담기관이나 부서의 설치, 분석원의 선발과 교육, 분석에의 협력체제 구축, 분석목적과 분석범위의 결정, 여러 가지 분석표 설계 등을 하는데, 이때 분석 협력체제는 간부의 지지를 확보하고, 일반사원이나 작업자에 대해 홍보를 하여 관계를 조정하고, 노동조합에 대한 홍보와 협조를 구한다. ㉡ 실시단계 : 먼저 예비조사를 하고 직무를 분석하여, 직무담당자의 확인과 관리자의 확인을 거쳐 직무기술서를 작성하는 순서로 이루어진다 등이다.

그러므로 다음과 같이 직무분석 단계가 있다.

① 사전준비 단계 : 주로 직무분석에 참고되는 자료를 수집하고 정리하는 일을 하는데, 대상산업의 공정과 설비, 기계장치에 대한 기술적 문헌, 직업사전에서 해당직업의 직무기술서, 기업체 총람, 기업체의 조직도 등을 수집하여 정리한다.

② 사업체의 이해와 협력을 구하는 단계 : 직무분석의 성패는 기업의 협력 여부에 달려 있다고 해도 과언이 아닐 만큼 중요하다.

③ 직무분석 계획단계 : 일단 분석대상 기업체를 방문하여 관찰하는 일, 분석조사표의 작성, 분석대상 직무의 사전조사, 분석대상 직업 또는 직무의 분류, 분석대상 직무를 확인하는 일 등을 한다.

④ 직무분석의 실시단계 : 직무분석 목적에 맞는 방법을 정하여 실제로 분석을 한다.

(2) 직무분석 과정의 실제

1) 직무분석 계획 수립

① 직무분석 실시여건 조성

직무분석 실시를 결정할 당시 직무분석에 따른 경비와 시간이 많이 소요된다는 것을 고려하여 치밀한 사전검토를 하여 실현가능성이 있는지를 우선 판단한다. 직무분석을 원활하게 실시하기 위해서는 의사결정을 위한 경영자, 구성원, 노동조합 등에 대한 사전 설득과정이 필요함을 인식한다. 첫 번째 단계에서는 경영분석을 통하여 인건비가 갖는 의미, 매출액, 부가가치, 인력 등을 검토하고 그 결과, 경영압박의 예견, 운영의 방만함, 인력감축 등의 요인발생을 확인한다.

이와 같이 경영분석과 노동비용 분석을 통한 직무분석의 당위성을 확인하고 경영자, 구성원, 노동조합 등에게 인식시킨다.

② 직무분석 종합계획서 작성

직무분석을 구체화하기 위해 직무분석 종합계획서를 다음과 같이 작성한다.

㉠ 먼저 직무분석을 실시하게 된 배경을 정리한다. 즉, 그동안 인사관리 과정에서 제기된 여러 가지 현황을 분석하여 문제점을 체계적이고 설득력 있게 작성한다. 아울러 이러한 문제점을 해결하는 방안으로 직무분석이 가장 적합한 접근방법임을 객관적 자료를 제시하여 설명한다.

㉡ 직무분석을 실시하는 조직을 설정하고 직무분석 조직을 구성한다. 이때 직무분석의 특성상 외부기관에 전부를 맡기지 않고 내부인력을 최대한 활용하고 전문가의 자문을 받는 형식을 취한다. 임시로 직무분석반을 조직하여 임무 · 권한 · 책임을 분명하게 하며, 직무분석팀 위에는 직무분석위원회를 두고 직무분석 작업을 관리하도록 한다.

또한 직무분석 요원으로 선발된 사람에 대해 사후관리에 대한 내용을 명문화하여 요원들의 신분을 확실하게 보장하는 한편, 사업장의 호응을 받도록 각 사업장에도 직무분석을 실시할 수 있는 임시팀을 개설한다.

㉢ 직무분석 요원을 선발하고 일정계획을 수립한다. 직무분석 요원은 직무분석을 실시하는 데 가장 적합한 직원을 선발하되 선발에 따르는 조직 내 부작용이 비교적 크지 않은 인물을 선정한다. 일정계획은 직무분석 접근방법을 면밀하게 검토하여 인력의 손실을 최대한 줄이도록 수립한다.

㉣ 직무분석 결과로 획득되는 산물을 명확하게 제시하며, 여기에는 직무편성, 직무기술서, 직무분류표, 조직정원표, 조직개선안, 신인사제도의 추진방향 등이 있다.

㉤ 소요예산을 편성하여 투자에 대한 효과를 분석한다. 비용항목으로는 전문가 자문비, 요원인건비, 요원교원비, 도서인쇄비, 복리후생비, 여비, 교통비 등을 계상한다. 한편 기대효과는 무형효과와 유형효과가 있는데, 무형효과는 금액으로 환산할 수 없기 때문에 제외하고 유형효과만 계상한다.

유형효과로는 다른 기업의 예를 참고하여 인력의 축소조정률을 금액으로 환산하는 방법을 택한다. 이렇게 하여 비용과 효과를 비교 분석하여 비용에 대한 효과가 크다는 사실을 입증하며, 종합계획서를 작성할 때 필요했던 자료를 간결하게 정리 · 첨부하여 신뢰도를 높인다.

2) 직무분석 실시

직무분석 종합계획을 수립한 후 곧이어 직무분석에 착수한다. 분석을 진행하면서 여러 가지 어려움이 예상되며, 그 중에서도 어려웠던 점은 직무분석 목표를 지나치게 광범위하게 설정하여 직무분석 담당자들에게 과중한 부담을 줌으로써 잘 진척이 되지 않을 수 있다. 이에 직무분석 기간 중에 수차례 논의를 거쳐 목표를 수정하고, 일부를 제외시키고 필요한 것은 새로 추가한다. 그러므로 직무분석에서 목표수립이 가장 중요하다.

① 직무분석 요원 교육

직무분석의 목적, 분석틀 확정, 방법, 결과제시 등을 포함한 직무분석 지침서를 개발한다. 직무분석 지침서 개발 시에는 관련 전문가의 자문을 받을 필요가 있으며, 이때에 전문적 지식을 갖춘 구성원의 참여도 필요하다. 선발된 직무분석 요원에게 직무분석 지침서를 중심으로 교육을 실시한다.

② 직무분석 홍보

직무분석 종합계획서에는 전체적인 윤곽만을 알 수 있도록 일정계획을 개괄적으로 하나 실제작업에 들어가서 이를 보다 구체화하여 일정을 확정하고 책임과 권한을 명확히 한다. 이러한 결정은 직무분석 요원들을 교육할 때 토의를 거쳐 결정한다. 또한 직무분석 비용도 보다 현실화하고 실시결과에 대해 중간보고를 하도록 한다.

이러한 준비과정을 마치고 직무분석 홍보를 시작하였는데, 이는 기업 전체 차원에서 직무분석에 대한 이해를 높여 상호 협조적인 분위기를 조성하여 소기의 목적을 달성하려는 데 의도가 있다. 먼저 사외 전문가를 초빙하여 강연형식으로 집합교육을 시행하는 것도 바람직하며, 이에 앞서 노동조합의 의견을 참조하며, 특히 회사 내에서 의견을 이끌어 가는 사람(opinion leader)에게 직무분석의 필요성에 대해 이해를 높인다. 홍보물을 제작하여 배포하는데, 이 홍보자료에는 '직무분석의 정의, 용어의 해설, 업무량 조사란?, 적정인원이란?, 직무분석은 어떻게 하는가?, 직무분석은 왜 하는가?' 등의 주제가 포함된다.

③ 직무조사 및 직무편성

이어서 직무조사를 통하여 업무량 측정을 실시한다. 이를 위해 설문조사를 실시하는데, 우선 설문조사 대상자를 결정하고 설문지 작성요령과 사무 · 영업 · 생산 분야별로 설문지의 표본을 작성하여 동시에 배포한다. 이와 동시에 개인별 업무분담과 업무처리 절차 및 방법을 알아보기 위해 과장급 책임자와 면담을 하여 직무분담표를 작성하는 한편, 필요에 따라 업무흐름도와 생산공정도에 대한 자료를 수집한다. 그 후 수집된 자료를 중심으로 세부적인 내용을 검토한 후 개인별 면담에 들어간다. 특히 면담하기 전에 면담자가 미리 준비할 수 있는 시간적인 여유가 필요하기 때문에 면담일정표는 사전에 작성하여 배포한다.

면담을 통해 얻어진 모든 자료는 일정한 양식과 규격에 맞도록 정리하되, 불확실한 부분에 대해서는 현장을 직접 찾아가서 확인하는 절차도 게을리하지 않는다. 이러한 과정을 거쳐 직무조사가 완료되면 직무편성으로 들어갔다. 여기서 직무편성이란 조직 및 인력관리를 효율화하기 위하여 현재 수행하고 있는 일을 관리가능한 단위로 묶는 작업으로, 직무편성 기준은 업무의 질적 수준과 업무량을 중심으로 편성하되, 법률적 혹은 정책적 배려사항 등을 고려하여 편성한다.

직무편성에 앞서 업무량 측정을 하였는데, 이때 불필요한 업무는 제거하고 현재 업무에 대해서 인력을 절감할 수 있는지를 면밀하게 검토하여 그 방안을 마련하도록 업무량을 측정한다.

측정 결과는 단위 작업별로 일 단위, 주 단위, 월 단위, 분기 단위, 연 단위 등으로 구분하되, 시간단위는 분으로 환산하여 정리한다. 이렇게 측정하여 분석된 정원사정표에 의해 정원을 산정하였는데, 이와 같이 직무조사 결과에 따라 직무를 편성하고 정원을 책정한 후 직무별로 직무기술서를 작성한다. 또한 직무별 정원과 기능조직도의 성격을 가미해서 실용적인 조직정원표를 고안한다.

④ 직무분류 및 정원확정

직무분석 초기에 작성하였던 직무분류 방식은 목적이 불분명하여 분류 자체로서 의미가 없으나 수차례의 수정과정을 거쳐 인사관리의 목적에 맞도록 체계화한다. 예를 들면, 직군은 총괄, 관리, 영업, 생산1, 생산2, 생산3, 생산4, 공무, 연구개발, 별정 등으로 기업의 상태에 맞게 구분하고, 직열은 직군에 따라 1~6개 등으로 구분하며, 이는 기업의 상태에 따라 달라질 수 있다. 번호는 직열별 · 직급별로 직무를 나열하고 그 순서에 따라 직무번호를 부여한다.

3) 직무분석 사후관리

직무분석을 지속적으로 유지하고 발전시켜 나가기 위해서는 이에 대한 명확한 사후관리 지침이 있어야 하므로 직무분석이 끝나는 시점에서 직무관리 규정을 제정한다. 직무분석 사후관리를 위한 직무관리 규정의 적용은 정원의 유지관리를 위한 관리방법의 도출이 하나의 큰 과제로 등장할 수 있다. 따라서 노동생산성 분석은 직무분석을 보완하는 수단으로 활용한다.

|제4절| 직무분석의 준비

직무분석을 실시하기 위하여 준비가 완비되어야 한다. 직무분석의 준비는 목적, 계획수립 등에서부터 직무분석을 담을 틀을 마련하는 것으로 직무분석 양식이 개발되어야 한다.

1. 직무분석의 목적설정과 계획수립

(1) 직무분석의 목적설정

직무분석을 실제로 실시하려면 먼저 직무분석의 목적을 명확하게 하여 직무분석 양식에 명기해 놓고 직무분석을 수행하면서 거듭 확인해야 한다. 왜냐하면 직무분석을 실제로 실시하다 보면 분석 자체에 몰입하여 분석이 어느 방향으로 진행되고 있는지를 분간하기 힘든 경우가 있기 때문이다. 이 경우에는 분석양식에 명기된 분석목적을 다시 보고 중심을 잡아야 한다.

직무분석을 하기가 힘들기 때문에 한번 할 때 아예 모든 목적에 복합적으로 활용할 수 있도록 다목적용으로 분석하고 싶겠지만 실제 분석작업에 소요되는 시간과 경비를 고려한다면 목적을 제한할 필요가 있다. 즉, 직무분석이 채용 · 승진 · 재배치 · 인원조정 등 인사관리를 위한 목적, 임금을 직무급으로 전환하려고 하는 직무평가를 위한 목적, 교육과 훈련을 위해 교육 프로그램을 개발하기 위한 목적, 작업개선을 하여 원가를 절감하기 위한 목적, 산업안전위생을 강화하기 위한 목적, 직업사전을 만들기 위한 목적, 아니면 진로정보를 개발하기 위한 목적, 교과서를 개발하기 위한 목적 등 구체적인 목적을 명시하여야 한다.

다목적용으로 분석하기 위해서는 분석양식도 복잡해질 뿐만 아니라 분석범위도 넓어지기 때문에 직무분석에 많은 시간과 경비가 소요되므로 분석은 1가지 목적에 충실하게 계획하는 것이 바람직하다.

(2) 직무분석의 계획수립

목적을 설정하고 직무분석을 실시하기로 최고경영자의 승인을 얻은 후에는 구체적인 직무분석 계획수립에 착수한다. 이 계획에는 분석범위, 분석 실시자, 분석기간, 일정, 분석비용의 산정, 분석방법 등이 포함된다.

1) 직무분석 범위의 결정

직무분석은 목적에 따라 분석범위를 결정해야 하는데, 1개 기업체 내에서 분석할 것인지, 여러 기업체에 걸쳐서 분석해야 할 것인지, 1개 기업체 내에서도 현업 부문만을 대상, 간접지원 부문, 개선이 강하게 요청되는 부문, 전 부문에 걸쳐서 일제히 실시 등을 정한다. 또는 대상을 사무직으로만 한정, 일선 생산직을 대상, 특정 공장이나 사업장만을 대상, 전 공장 · 전 사업장을 대상 등을 결정한다. 뿐만 아니라 최고경영층에서 최하위직 또는 전 직급, 일정직급 등에 걸쳐 시행할 것인지도 결정한다.

만약 직업사전을 개발하거나 전국에 통용될 교육과정과 교과서를 개발하기 위한 목적이라면 전국 기업체들을 대상으로 대표적인 기업을 선정하여 분석을 시행해야 할 것이다.

2) 직무분석 요구자와 실시자

직무분석을 요구한 사람과 직무분석을 실시하는 사람을 직무분석 양식에 명기해 놓는 것도 직무분석의 방향을 지속적으로 올바르게 하는 데 도움이 된다. 직무분석을 누가 담당할 것인가를 결정할 때 직무분석 요구자가 소속된 기관에서 자체 직원으로 팀을 만들어 분석할 수도 있을 것이고, 외부의 직무분석 전문가에게 의뢰할 수도 있을 것이다. 이때 자체 직원들이 팀을 만들어 분석을 수행하더라도 직무분석 전문가로부터 교육을 받아 확실한 방법을 전수해야 한다. 보기에는 직무분석이 쉬워 보여도 실제 분석에 들어가면 여러 가지 의문점이 발생하여 시행착오를 많이 겪게 되므로, 전문가가 속해 있는 연구기관에 의뢰하여 진행하는 것도 바람직한 방법이다.

3) 분석기간과 일정

직무분석은 준비작업부터 시작하여 분석을 마치고 정리를 하고 완성할 때까지 많은 시간이 소요되므로 분석기간을 짧게 잡으면 안 된다. 소요기간은 투입하는 분석목적, 인원, 비용, 대상직무, 근로자, 기업의 규모 등 여러 가지 요소에 따라 결정되나, 분석을 착수에서 완성까지 아무리 많이 기간이 소요된다고 하여도 1년 또는 1년 반 정도로 하는 것이 좋다. 더욱이 중소기업에서는 그보다 훨씬 짧은 기간 내에 완성하여야 분석의 취지를 살릴 수 있을 것이다.

이와 같이 분석에 소요되는 기간을 가능하면 짧게 잡기 위해서는 직무분석에 관련되는 여러 가지 요소를 합리적 · 능률적으로 계획하고 이용하는 것이 절대적으로 필요하다. 일단 직무분석에 소요되는 기간이 예정되면 그 기간 내에 수행해야 할 일을 단계적으로 구체화하여 일정계획을 수립한다.

4) 분석비용의 산정

직무분석을 외부에 용역으로 의뢰할 경우, 직무분석전문가 수당, 직무분석요원 수당, 분석협조자 수당 등의 인건비가 계상되어야 하고, 외부전문가의 자문을 받아 자체적으로 수행할 경우, 전문가 자문수당, 직무분석요원 교육훈련비, 직무분석요원 연장작업수당, 외부집중작업비, 직무분석지침서 발간비, 회의비, 여비, 통신비, 사무용품비, 직무분석양식 인쇄비, 직무분석 결과보고서 인쇄비 등을 계상한다.

2. 직무분석 양식

직무분석의 목적에 따라 직무분석 방법과 절차가 결정되면 이에 따라 직무분석에 사용할 양식을 설계한다. 직무분석 양식은 직무분석에서 분석되어야 할 항목들을 특성에 따라 묶어서 설계하는 것이다.

예를 들면, 정원조정이나 직무분석 대상범위를 한정짓기 위해서는 [표 3-4]와 같은 직업행렬표를 사용하고, 직무분석 목적과 실시자 등은 [표 3-5]와 같이 직무분석 양식 중 가장 먼저 설계되어야 한다. 인사관리에 필요한 채용자격이나 직무의 권한과 책임 등에 관한 항목은 [표 3-6]과 같은 직업명세서로 한데 묶어서 설계하고, 직무명세서와 작업성취 수준은 [표 3-7], 직무기술과 작업일람표는 [표 3-8]과 같이 직무명세서로 설계하며, 매 작업마다 구체적인 작업요소와 성취수준은 [표 3-9], 교육훈련 자료는 [표 3-10]과 같이 설계한다.

표 3-4 직업행렬표(occupational matrix)

직무수준 (JOB LEVELS)직업명	직업명	직업명	직업명	직업명
4급 수준 과학자/부장/관리 · 감독자 예시 : 관리/감독 (MANAGER/SUPRVISORY)	직무명 KSCO#	직무명 KSCO#	직무명 KSCO#	직무명 KSCO#
3급 수준 기술자 예시 : 과장/다기능기술자 (THE HEAD of A SECTION)	직무명 KSCO#	직무명 KSCO#	직무명 KSCO#	직무명 KSCO#
2급 수준 산업기사 예시 : 계장/숙련공 (MASTER)	직무명 KSCO#	직무명 KSCO#	직무명 KSCO#	직무명 KSCO#
1급 수준 기능공 예시 : 사원/단능공 (EMPLOYEE)	직무명 KSCO#	직무명 KSCO#	직무명 KSCO#	직무명 KSCO#

표 3-5 직무분석 결과자료

(SPECIFICATION & PERFORMANCE STANDARDS DOCUMENT)

KSCO CODE# :

직무(JOB) :	직무수준 :
직업(OCCUPATION) :	직업영역 :

직업분석 요구자 :	일자 :
직무분석 수행자 :	일자 :

1. 직무분석 목표

[일반목표]

내담자의 특성에 맞는 직업정보를 생산하기 위하여 산업체의 직무를 분석한다.

[세부목표]

① 직업행렬표를 작성하여 분석대상 직업이 관련 직업군들 속에서 어떠한 위치에 있는지를 명확하게 안다.

② 6개의 기업체에서 수행하고 있는 해당직업 숙련공의 작업들과 이들의 성취수준을 비교확인법으로 분석하여 작성된 기초자료를 검증한다.

③ 직업정보 자료로 제공될 수 있도록 요구하는 자질, 책임의 한계, 교육훈련 등의 항목을 분석한다.

2. 기업체

회사명 :

주소 :	전화번호 :
분석협조자 성명 :	직위 :

방문일자 :

표 3-6 직업명세서

<table>
<tr><td rowspan="3">1. 직업분류</td><td>① 직업명</td><td colspan="4"></td><td colspan="2">② K.S.C.O(No)</td><td colspan="3"></td></tr>
<tr><td>③ 현장직업명</td><td colspan="4"></td><td colspan="2">④ 집중산업명</td><td colspan="3"></td></tr>
<tr><td>⑤ 훈련직종명</td><td colspan="4"></td><td colspan="2">⑥ 자격종목명</td><td colspan="3"></td></tr>
<tr><td rowspan="4">2. 직업분석진</td><td>⑦ 직무분석가 성명</td><td></td><td>소속</td><td></td><td>부서명</td><td></td><td>직책</td><td></td><td>전화</td><td></td></tr>
<tr><td>⑧ 직무분석가 성명</td><td></td><td>소속</td><td></td><td>부서명</td><td></td><td>직책</td><td></td><td>전화</td><td></td></tr>
<tr><td>⑨ 분석협조자 성명</td><td></td><td>소속</td><td></td><td>부서명</td><td></td><td>직책</td><td></td><td>전화</td><td></td></tr>
<tr><td colspan="10">⑩ 분석일자</td></tr>
<tr><td rowspan="4">3. 직업분석의 목적</td><td>⑪ 일반목표</td><td colspan="9">분석하려고 하는 직업의 한계를 명확히 하고 직업에 대한 전반적인 관계자료를 분석 · 추출한다.</td></tr>
<tr><td rowspan="3">⑫ 세부목표</td><td colspan="9">㉠ 예비조사와 직업분석을 통해 직업분석 기초자료, 직업분석 대상, 기업체 일반현황, 협조자 의견, 직업관계 자료 등을 작성한다.</td></tr>
<tr><td colspan="9">㉡ 비교확인법이나 최초분석법을 통하여 직업행렬표와 직업일람표를 확정하고 직무분석의 한계를 명확히 한다.</td></tr>
<tr><td colspan="9">㉢ 직무분석 대상 기업체 선정 및 직무 실시를 위한 기초자료를 제공한다.</td></tr>
<tr><td>4. 수집한 자료 ⑬</td><td colspan="10"></td></tr>
<tr><td>5. 분석협조자의 의견 ⑭</td><td colspan="10"></td></tr>
<tr><td>6. 주요발견점 ⑮</td><td colspan="10"></td></tr>
</table>

<table>
<tr><td colspan="6">7. 취업에 필요한 조건</td></tr>
<tr><td colspan="2">⑯ 성 별</td><td>⑰ 적정연령</td><td></td><td>⑱ 최소교육 정도</td><td></td></tr>
<tr><td colspan="2">⑲ 적정훈련기관</td><td>⑳ 훈련기간</td><td></td><td>㉑ 소요자격증</td><td></td></tr>
<tr><td colspan="2">㉒ 견습기간(OJT)</td><td>㉓ 신체제약조건</td><td></td><td></td><td></td></tr>
<tr><td colspan="2">㉔ 직업활동영역</td><td colspan="4"></td></tr>
<tr><td colspan="2">㉕ 승진 및 전직</td><td colspan="4"></td></tr>
<tr><td colspan="2">㉖ 직업적성</td><td colspan="4"></td></tr>
<tr><td rowspan="2">㉗ 소요특질</td><td>정신적</td><td colspan="4"></td></tr>
<tr><td>신체적</td><td colspan="4"></td></tr>
</table>

<table>
<tr><td colspan="11">8. 작업환경 조건</td></tr>
<tr><td>㉘ 집무자세</td><td colspan="10"></td></tr>
<tr><td>㉙ 작업장소</td><td>실내</td><td>%</td><td>실외</td><td>%</td><td>사외</td><td>%</td><td>지하</td><td>%</td><td>높은 곳</td><td>%</td></tr>
<tr><td>㉚ 작업장 조건</td><td colspan="10"></td></tr>
<tr><td>㉛ 작업수행상의 위험성</td><td colspan="10"></td></tr>
</table>

9. 직무수행에 있어서의 책임의 한계	
㉜ 기계 · 설비 · 비품 · 공구에 관한 책임	
㉝ 자재 · 소모품 · 제품 및 금전관계에 관한 책임	
㉞ 서류의 작성 · 보관 · 보고 등에 관한 책임	
㉟ 지도 · 감독 · 교육 훈련 비밀 유지에 관한 책임	
㊱ 공정진행 · 안전관리에 관한 책임	

표 3-7 직무명세서와 작업성취기준

<table>
<tr><td>한국표준직업분류 코드 : (『한국표준직업분류』에 제시된 코드를 기재)
직무명(JOB) : (담당하고 있는 일의 명칭)
직업명(OCCUPATION) : (구체적 직업명, 현장직업명)</td></tr>
<tr><td>직업분야 : (직업이 소속된 분야)
분석요구자 : (직무분석 실시주체) 요구일시 : (분석요구자의 일시)
직무분석가 : (직무분석 실시자명) 완료일시 : (실제 완료한 일시)</td></tr>
<tr><td>1. 직무분석 목적(ANALYSIS OBJECTIVE)
(직무분석을 실시하는 목적을 기재)</td></tr>
<tr><td>2. 기관(ORGANIZATION)
기관명 : (직무분석을 실시를 한 기관명 기재)
주소와 전화번호 : (직무분석을 실시를 한 기관의 주소와 전화번호 기재)
접촉인사의 성명과 직위 : (기관에서 접촉한 인사의 인적사항)
방문일시 : (직무분석을 실시한 일시)</td></tr>
</table>

표 3-8 직무명세서(JOB SPESIFICATION)

<table>
<tr><td colspan="4">직무기술(JOB DESCRIPTION)
(직무에 대한 정의)</td></tr>
<tr><td rowspan="2">직업일람표(LIST OF TASKS)</td><td colspan="3">난이도</td></tr>
<tr><td>상</td><td>중</td><td>하</td></tr>
<tr><td>1. (해당 직무수대로 ~하기로 기재)</td><td></td><td></td><td></td></tr>
<tr><td>2.</td><td></td><td></td><td></td></tr>
<tr><td>3.</td><td></td><td></td><td></td></tr>
<tr><td>4.</td><td></td><td></td><td></td></tr>
<tr><td>5.</td><td></td><td></td><td></td></tr>
<tr><td>6.</td><td></td><td></td><td></td></tr>
<tr><td>7.</td><td></td><td></td><td></td></tr>
<tr><td>8.</td><td></td><td></td><td></td></tr>
<tr><td>9.</td><td></td><td></td><td></td></tr>
<tr><td>10.</td><td></td><td></td><td></td></tr>
<tr><td>11.</td><td></td><td></td><td></td></tr>
<tr><td>12.</td><td></td><td></td><td></td></tr>
<tr><td>13.</td><td></td><td></td><td></td></tr>
<tr><td>14.</td><td></td><td></td><td></td></tr>
<tr><td>15.
(특기사항 : 제품, 생산공정, 생산시스템 등의 이유로 인하여 직무분석한 내용 중에 특기사항 기재)</td><td></td><td></td><td></td></tr>
<tr><td colspan="4">입직초기 조건 및 특기사항(ENTRY REQUIREMENTS & NOTES)
(입직 시의 직무에서 오는 각종 정보 및 직무분석시 발견된 특기사항을 기재)</td></tr>
</table>

표 3-9 작업성취표준

작업명(TASK TITLE) 작업번호 : 1 (하나의 직무명을 기재)
특기사항(QUALIFYING NOTE) (이 과제에서 수행 시 참고해야 되는 내용 기재)
작업요소(TASK ELEMENTS) 1. (한 직무가 갖는 과제 수만큼 ~한다로 기재) 2. 3. 4. 5. 6. 7. 8. 9. 10. 11. 12. 13. 14. 15.
작업표준(TASK PERFORMANCE STANDARD : MINIMUM) (최소한의 과제수행기준을 제시하며, 구체적으로 기술)
작업에 요구되는 사항(TASK REQUIREMENTS) (1. 재료, 2. 공구, 3. 기계 등으로 분류하여 기재)

표 3-10 작업명세서

작업요소 번호	교육자료(TASK TRAINING DATA)
(작업요소 번호 기재)	실습(PRACTICE) (실습에 관한 사항을 실제 작업요소 번호를 기재하면서 제시)
(작업요소 번호 기재)	안전 및 보전(SAFTY & HYGENNE) (실습장에서 실습을 할 때에 안전수칙을 제시)
(해당 내용마다 작업 요소 번호 기재)	전문지식(TECHNICAL KNOWLEDGE) (· 로 번호처리하면서 전문지식을 나열)
(작업요소 번호 기재)	일반이론(GENERAL THEORY) (일반이론을 나열)
(작업요소 번호 기재)	응용수학(APPLED CALCULATIONS) (가, 감, 승, 제를 비롯한 구체적 응용수학을 제시)
(작업요소 번호 기재)	도표자료(GRAPHIC INFORMATION) (· 로 번호처리하면서 도표자료를 하나씩 명시)

|제5절| 직업분석 및 직무분석의 실제

직무분석이라는 말은 광의로 사용되기도 하고 협의로 사용되기도 한다. 직원채용 자격요건, 직무의 책임과 임무, 해당 직위의 인력 과부족 상태 등은 직업명세서와 직업행렬표를 보면 알 수 있는데, 이러한 자료들은 직무분석 중에서 직업분석에 의해 얻어진다. 직무의 정의를 설명하는 직무기술, 작업명, 작업마다 구체적 작업요소, 성취기준, 교육훈련 자료 등은 직무명세서와 작업명세서로 정리되는데, 이러한 자료는 직무분석에 의해 얻어진다. 그 외에 공정개선이나 작업개선을 위해 시간이나 동작 등을 미시적으로 분석하는 것은 작업분석이라고 부르고 있다. 이와 같은 분석들을 통털어 직무분석이라고 부르기도 한다.

1. 직업분석의 실제

(1) 직업분석 예비조사

1) 직업행렬표와 직업명세서의 활용

직업행렬표는 분석대상 직업을 일련의 관련 직업군 속에서 그 위치와 한계를 명확하게 하는데 도움을 준다. 즉, 직업행렬표는 상하좌우의 유사한 직업들 속에서 분석하려고 하는 직업이 어느 위치에 속해 있으며 관련 직업군들과의 경계는 무엇인지 알게 해 준다.

직업명세서는 직업명칭, 그 직업에 처음 취업하기 위해서 거쳐야 할 교육훈련과정, 소요자격증, 승진, 요구되는 정신적 · 신체적 특질, 작업환경, 책임과 임무, 직업에 관련된 일반정보 등 각종 직업관련 정보가 열거되어 있다. 이러한 자료들을 분석하기 위해서는 직업분석을 실시하기 전에 분석목표를 분명하게 세우고, 다음과 같은 질문에 답할 수 있을지에 대해서 사전에 검토해야 한다.

① 채용하거나 재배치를 해야 할 인력이 있는가?
② 승진, 전보 등 내부 노동시장의 이동형태는 어떻게 구성되어 있는가?
③ 교육과 훈련은 어떤 곳에서 실시해야 하는가?
④ 교육과 훈련의 국가 성취목표가 있는가?
⑤ 교육과 훈련이 가장 필요한 직무는 무엇이며, 어떤 방법으로 시켜야 하는가?
⑥ 각 직무가 수행하고 있는 작업에는 어떤 것이 있으며, 그들의 책임과 임무는 무엇인가?

인력개발계획은 대개 통계적 방법으로 접근을 하지만 직업분석을 할 때 사용되는 직업행렬표도 인력수급을 판단할 수 있는 근거가 될 수 있다. 기업 내에서 직업행렬표를 사용하여 인력의 과부족을 조사하는 것은 내부 노동시장의 재배치 계획을 세우는 데 매우 유용하다.

2) 직업분석의 목적과 범위설정

직업분석에 착수하면서 제일 먼저 하는 일은 직업명세서에서 처음에 명시한 직업분석의 목적을 숙지하는 일이며, 이를 강조하는 것은 분석에 몰두하다 보면 가끔 무엇을 위해 분석하는지를 잊어버리고 방황할 때가 있기 때문이다. 그리고 분석을 하는 도중에 가끔 분석목적을 상기하여 분석의 방향감각을 올바르게 할 필요가 있다.

다음에 할 일은 직업분석의 범위를 정하는 것이며, 직무분석가는 분석대상 직업, 직무, 공정 등에 대해서 사전에 많은 정보를 알아두어야 하는데, 이러한 정보들은 다음과 같은 데서 구할 수 있다.

① 정부기관, 경제단체, 노동조합, 전문학술단체, 출판사 등에서 발간한 기술서적
② 도서관에 있는 전문기술서적이나 관련 전문학술지
③ 분석기업체에서 발간한 기업홍보책자, 팸플릿, 카탈로그, 공정흐름도, 조직도 등
④ 『국제표준직업분류(International Standards Classification of Occupations : ISCO)』
⑤ 『미국직업사전(The Dictionary of Occupations Titles : DOT)』
⑥ 『캐나다직업사전(The Canadian Classification and Dictionary of Occupation : CCDO)』
⑦ 『한국직업사전』
⑧ 『한국표준직업분류(Korean Standards Classification of Occupations : KSCO)』

이상과 같은 정보자료에서 분석대상 직업에 대한 사전지식을 가지고 있어야 관련자들과 대화를 하는 데 어려움이 없고, 분석을 효율적으로 하여 분석시간을 단축할 수 있게 된다.

3) 사전협조 요청

직업을 분석할 때에는 분석에 앞서 분석할 기업의 책임자를 만나 사전에 양해를 구해 두는 것도 필요하다. 물론 기업이 직무분석을 요구한 경우는 예외이지만 국가적으로 통용되는 직무분석 자료를 위하여는 여러 기업을 대상으로 분석해야 하기 때문에 기업의 책임자에게

사전에 충분한 양해를 구해 두어야 한다. 이때 분석결과를 어떠한 목적으로 활용할 것이며, 분석결과의 일부는 분석기업의 인사관리나 교육훈련 목적에도 유용하게 활용될 수 있다는 것을 설명하여 허락을 얻도록 한다.

분석 준비작업은 다음과 같은 순서로 진행된다.

① 기업체 사전답사
② 분석기간 중 협력할 부서장의 면담과 협조요청
③ 조직도, 기업체의 작업장 배치, 분석대상 직무와 관련된 공정흐름, 분석대상 직무에서 일하는 작업남녀 인원 수 등에 관련된 각종 도표 입수

이 과정에서는 관련 책임자에게 분석목적이나 대상 등에 관해서 공문으로 협조 · 요청하여 정식으로 허락을 받는 것이 바람직하다. 공문을 정식으로 접수하면 기업체 자체 내에서도 협조를 하도록 기업체 내에서 조치를 취할 수 있어 편리하다. 이상과 같이 분석준비를 철저히 해야 분석을 좀 더 효율적으로 진행할 수 있게 된다.

(2) 직업명세서 작성

1) 직업명세서의 목적

직업명세서는 2가지 목적으로 사용되는데, 1가지는 분석현장에서 직업관련 자료를 작성하는 데 쓰이고, 다른 1가지는 직업에 관련된 명세서를 기록하는 데 쓰인다. 직업명세서에 있는 항목은 모두 작성되어야 하며, 어떤 특정한 항목에 관련된 정보를 작성할 수 없으면 그 이유를 설명해 놓아야 한다. 만약 직업명세서 양식만으로 부족하다면 다른 용지를 사용하여 작성하도록 한다.

직업분석의 목적은 요구하는 기관과 책임자에 의해서 진술되어야 한다. 직업분석을 요구하는 자는 직업명세서 자료양식의 첫 장에 날짜를 기입하고 서명하여야 하며, 분석가도 그가 분석을 맡았다는 증거로 날짜를 기입하고 서명을 해야 한다. 이때 분석할 대상직무를 구별하고자 직업명세서에 직무수준(job level)을 표시하는데, 일반적으로 생산직의 경우 생산감독, 다능공, 숙련공, 단능공 등 4단계로 나뉜다. 전문직의 경우에는 별도의 단계로 구분된 이를 직급으로 나누어 부장, 과장, 계장, 사원으로 구분할 수도 있는데, 기업에 따라 별도의 체계가 나뉘어져 있다. 이러한 단계별 수준을 미리 알게 되면 분석하는 데 도움이 되는데, 지금까지의 경험에 비추어 보면 대부분의 직업은 이처럼 4단계로 구분될 수 있음을 알 수 있다.

분석요구자와 직업의 수준을 나눌 때 그들은 대개 직급이나 임금체계를 떠올리게 되는데 이는 잘못된 것으로, 직업의 수준을 나눌 때에는 수행하는 일의 성취수준, 직무를 수행하는 데 필요한 기능과 지식 정도, 책임과 임무 등에 따라 구분하는 것이 바람직하다.

2) 직업명세서의 양식

① 직업분석 목적
이 항목은 분석양식 중에서 가장 중요한 항목으로, 직업분석 목적의 진술은 누구나 한번 읽으면 알 수 있도록 명확하면서도 간결하게 표현되어야 한다. 분석가들은 이 목적을 신중하게 해석해야 하고, 만약 필요하다면 분석요구자의 목적을 구체화시켜야 한다. 그리고 분석가나 그 상급자는 분석의 범위와 깊이, 분석을 통해서 얻고자 하는 최종결과에 대해 서로 동의한다.

② 기 관
이 항목은 분석을 하기 위해 협조할 기관의 명칭, 주소, 전화번호 등을 기입하는 것으로, 방문할 때 활용할 수 있도록 기관의 소재지(위치)를 분명하게 기입해 놓는다.

③ 관련 도표자료와 첨부자료명
도표자료는 분석대상 기업이나 직업을 한눈에 알 수 있도록 해 준다. 분석직업이 집중되어 있는 산업의 대분류와 중분류에 관한 자료는 분석의 우선순위를 결정해 주는 데 사용되고, 분석기간 중에 수집된 각종자료, 예를 들면, 공정흐름도, 조직도, 직무기술서 등을 이 항목에 기입하고 첨부해 놓으면 분석가가 참고자료로 활용한다.

④ 직업분석 요구자가 제시한 문제점과 견해
중간관리자나 감독과 같은 분석요구자들은 종종 분석에 활용될 분석관련 직업의 문제점이나 견해를 밝히는데, 만약 이런 의견들이 분석에 도움이 되는 것이라고 판단되면 이 항목란에 적어 놓는다.

⑤ 분석가의 관찰
이 항목에는 분석가 자신이 분석 도중에 관찰한 내용을 기입하는데, 예를 들면, 분석요구자가 제시한 통계숫자에 대한 신빙성 정도라든가 직업분석에 대한 분석요구자의 태도 등을 기입한다.

3) 직업행렬표(occupational matrix)

직업행렬표는 직무분석의 범위에 따라 여러 가지 직업분석에 맞도록 고안된 것으로, 모든 직업분석이 끝났을 때 최종 직업행렬표를 나타낼 수 있도록 작성된다. 이 행렬표의 좌측 수직란은 각 열거된 직무들이 위치하는 직무수준을 나타내며, 수직칸들은 분석의 한계를 구분짓는 데 사용된다. 예를 들면 1개의 수직 칸이나 몇 개의 칸들은 한 기관 내의 조직상 각 부서를 의미하기도 하는데, 수직 칸의 맨 위 칸에는 부서의 이름이나 적합한 직업명칭을 기록한다. 그리고 각 수직직업 내에서 직무를 나타내는 명칭들은 수평선상의 직무를 나타내기도 한다. 직업행렬표상의 각 항목은 다음과 같은 정보를 기록한다.

① 직무명(job titles) : 분석을 하는 기관에서 사용하는 실제 직무명을 기입하되, 최종적으로 직업행렬표를 정리할 때에는 가장 일반적으로 통용되는 직무명을 기입한다.
② 현재인원(existing workers) : 조직 내의 어느 특정한 직무에서 현재 일하고 있는 인원을 기입한다.
③ 신규수요 추정치(estimated number of new workers required) : 어느 특정직무를 수행하는 데 필요한 신규인력의 수를 기입한다. 이 숫자는 관리자와 협의하여 회사의 확장, 정기적 순환배치, 결원발생 등 여러 가지 상황을 고려하여 가장 정확한 추정치를 기입하는데, 만약 인원을 감축시킬 계획이 있다면 마이너스 표시를 한 숫자를 기입한다.

4) 직업명세서의 내용

직업명세서는 여러 가지 직업정보를 제공해 주는데, 그 내용은 다음과 같다.

① 현장직업명 : 직장에서 사용되고 있는 직업의 명칭을 기입한다.
② KSCO : 통계청에서 발간된 『한국표준직업분류』상의 직업명칭을 기입한다.
③ 직업명 : 직업행렬표상에서 사용한 직업명칭을 기입한다.
④ 수집한 자료 : 분석하는 동안 분석기관에서 수집한 자료명칭을 기입한다.
⑤ 분석협조자의 의견 : 분석을 하면서 직업의 전망, 기술변화, 상대적 처우, 승진기회 등 여러 가지 특기사항을 기록한다.
⑥ 취업에 필요한 조건(job entry requirement) : 취업 초기에 갖추어야 할 교육훈련조건, 소요자격증, 신체제약조건, 직업적성, 정신적 · 신체적 소요특질 등에 대하여

기록하되, 신체제약조건은 그 직업에 종사하는 데 있어 신체적 조건상 제약이 있으면 기입한다. 정신적 · 신체적 소요특질은 그 직업에서 요구하는 것으로, 이를 분석하기 위한 기초자료에 대해서는 나중에 언급한다.

⑦ 작업환경 조건 : 집무자세, 작업을 하는 장소, 작업장의 환경조건, 작업수행상의 위험요소 유무 등에 관하여 기술한다.

⑧ 직무수행에 있어서의 책임한계 : 기계 · 설비 · 비품 · 공구에 대한 책임, 자재 · 소모품 · 제품 · 금전에 관한 책임, 서류의 작성 · 보관 · 보고 등에 관한 책임, 지도 · 감독 · 교육 · 훈련 · 비밀유지에 관한 책임, 공정진행 · 안전관리에 관한 책임 등에서 책임이 있는 사항만 기입한다.

2. 직무분석의 실제

직업분석과 직무분석의 차이에 대해서는 앞에서 이미 언급한바 있는데, 인사관리에 필요한 정보들을 얻기 위해 직업명세서를 작성하기 위한 분석과 직업관련 자료들을 획득하기 위해서 분석하는 작업을 직업분석이라고 한다면, 직업행렬표에서 1가지 직업(또는 직무)을 선택하여 직무명세서를 작성하고, 교육훈련에 필요한 자료들을 획득하는 작업을 직무분석이라고 할 수 있다.

(1) 비교확인법과 최초분석법 준비를 위한 직업사전 정보 활용

직무분석도 직업행렬표에 열거된 직무 중에서 하나를 선택하여 시작하므로 직업분석으로부터 출발한다고 볼 수 있다. 직무분석을 실제로 행할 때 사용하는 방법은 주로 비교확인법과 최초분석법 중에서 선택한다. 이때 데이컴법을 통해서 얻은 데이컴 차트는 직무기술과 작업들이기 때문에 직무분석의 일부분만을 실시한 결과가 된다.

비교확인법은 분석대상 직무에 대해서 이미 알려진 정보가 많을 때 활용된다. 이 비교확인법(또는 검증법)은 잘 활용되기만 한다면 이미 분석된 자료들을 활용하기 때문에 작업현장에 나가 처음부터 다시 분석하는 수고를 덜 수 있는데, 단 분석자가 활용할 수 있는 기존의 자료를 충분히 얻을 수 있어야 한다는 것이 전제된다.

전통적인 직종이나 다능공 직무에 대해서는 이미 여러 나라에서 개발하였기 때문에 자료를 얻는 데 별 어려움이 없다. 이러한 분석에 활용되는 양식이나 전문용어들은 서로 다를 수 있지만 비교확인법으로 작업들이나 다른 정보들을 열거하는 일은 별로 어렵지 않다.

비교확인법으로 직무를 분석하는 절차는 비교적 간단하면서도 효과적이다. 우선 직업자료(occupational data form)로부터 직업명(또는 직무명)을 얻고, 『한국표준직업분류』, 『한국직업사전』, 『국제표준직업분류(ISCO)』, 『미국직업사전(DOT)』, 『캐나다직업사전(CCDO)』 등 여러 나라 사전에서 직무기술(job description)과 작업목록들을 입수한다. 그리고 이들 사전 속에서 분석대상 직무에 관련된 자료를 복사하여 1장에 정리하고 이들을 비교 · 종합하여 직무기술이나 작업목록(list of tasks)을 작성한다. 그리고 최종적으로 직무분석을 실제 착수할 때 사용할 작업일람표를 작성하여 직무분석표에 열거해 놓는다. 그런 후에 현장에 나가 직무분석 협조자들의 의견을 들으면서 임시적으로 작성해 놓은 직무분석 기초자료와 현장에서 수행되고 있는 작업들 간의 차이가 있는지를 비교하여 확인하면서 추가 또는 삭제하거나 수정해서 적절한 작업으로 보완해 나간다.

비교확인법의 장점은 이미 분석가가 해당직무에 대해 상당한 지식을 가지고 분석에 착수해서 상호 의사소통에 용이하다는 것이다. 그러나 분석가는 자신이 알고 있는 전문지식이 완전한 것이라고 생각해서는 안 되고, 어디까지나 객관적인 입장에서 분석하려고 노력해야 한다.

한편 최초분석법은 전혀 새로운 직업이 최근에 생겨나 참고할 만한 자료가 전혀 없거나, 사전류에서 직무명칭이나 직무기술 또는 작업명들까지만 알 수 있고, 나머지 작업명세서나 교육훈련에 필요한 자료들이 부족할 때 활용된다.

(2) 비교확인법과 최초분석법에 의한 직무분석 실시

비교확인법이나 최초분석법으로 직무를 분석할 때에는 기초자료들을 작성하여 작업현장에 나가 작업자의 작업을 관찰하거나 작업자와 면담을 한다. 분석자가 직접 눈으로 작업자의 작업광경을 관찰하는 일은 면담이나 비교확인으로 알 수 없는 일들, 다시 말해서 어느 일이 상대적으로 더 중요한 일인가를 알 수 있도록 하거나 면담이나 비교확인의 정확도를 높이는 데 도움이 된다.

관찰을 할 때는 작업자로 하여금 말로 표현하거나 글로 쓰라고 하지 말고 먼저 정확한 작업동작을 보여 주도록 요청한다. 면담법과 관찰법은 하위직급, 즉 단순반복작업을 주로 하는 단능공(limited skilled worker)을 분석하는 데 유리한데, 단능공 작업은 비교적 짧은 시간에 같은 작업이 반복되는 것이 보통인 반면, 다능공 작업은 단시간에 일어나지 않고 오랜 기간에 걸쳐 일어나기 때문에 전체 작업을 관찰하기가 쉽지 않다. 또한 작업의 특성상 시간이 많이 소요되는 작업이나 부정기적으로 일어나는 작업 등을 관찰하여 분석하는 것도 어려운데, 이러한 경우에는 다음과 같은 방법 중 한두 가지를 고려해 볼 필요가 있다.

① 기업체에서 현재 활용하고 있는 직무기술서를 참고하거나 작업자, 기술자, 관리자와 면담을 하여 보완한다.

② 협회, 학회, 노동조합 또는 유사 관련단체로부터 직무분석대상 직업에 관련된 직무기술서나 명세서를 입수한다.

③ 분석대상 직업에 대해 잘 알고 있는 사람들로 위원회를 구성하여 데이컴법과 같이 분석한다.

④ 현재 사용하고 있는 작업지침서, 정비지침서, 또는 다른 자료들을 입수하여 활용한다.

대개 직무분석가는 위와 같은 방법들을 복합적으로 활용하여 관찰을 통해 보완하도록 노력하되, 어떤 절차나 방법을 사용하든지 궁극적인 목적을 종합적으로 정확하게 분석하여 직무기술, 작업일람표, 작업성취수준 등 직무명세서에 있는 항목들의 자료를 획득하려고 노력해야 한다.

한편 관찰을 잘하는 기법은 경험으로 얻어지는데, 작업자의 직무를 관찰할 때에는 다음과 같은 4가지 사항에 유의해야 한다.

① 작업자가 작업을 하고 있는 동안에 작업자에게 말을 걸어 작업을 중단시키지 않으며, 면접은 작업이 끝난 후에 한다.

② 적절한 시간에 관찰하고 필요한 질문을 던진다.

③ 지금 하고 있는 작업에 대해 잘 알고 있는 다른 사람에게 물어보면서 관찰한다.

④ 비디오테이프에 모든 작업들을 녹화한 후 작업에 대해 잘 알고 있는 사람과 조용한 사무실에서 비디오를 보면서 작업들을 분석한다.

이때 분석가는 대화를 하면서 중요한 사항을 빠뜨리지 않고 요약해서 기록할 수 있는 능력을 갖추어야 한다. 특히 직무에 관련된 정보를 얻기 위해서는 직무명세서와 작업명세서 양식을 활용하는 것이 좋은데, 작업현장에서 기록하기 위해서는 클립보드(clipboard)를 사용하는 것이 편리하다.

(3) 직무명세서 작성

직무명세서를 작성하기 위해서는 다음과 같은 항목들을 차례로 작성해 나가야 한다.

1) 직무(job)

어떤 특정기업체에서 직무명세서를 작성할 때에는 기업체 내에서 통용되는 직무명(또는 직업명)을 기입하되, 국가 전체적으로 통용될 수 있는 직무명을 기입한다. 흔히 직무명은 『한국표준직업분류』에서 사용하는 직업명칭이나 직업코드번호를 사용한다.

2) 수준(level)

최종적으로 결정된 직무수준에 기입한다. 전문직과 생산직의 직무수준을 4단계로 구분하여 예시적으로 부장/관리 · 감독, 과장/다기능, 계장/숙련공, 사원/단능공 등으로 나타냈으나 이는 편의상이며, 그 직무를 분석하는 데에 있어 4가지 수준으로 분류해 보고 이에 맞는 칸에 기재하는 것이다.

3) 직업(occupation)

직무가 속해 있는 직업명칭을 기입한다. 예를 들면, 산소 아세틸렌 절단기(수동)는 '가스용접' 이라는 직업에 속한다.

4) 『한국표준직업분류』 번호(KSCO code)

직무명칭이 『한국표준직업분류』와 일치하면 그 명칭을 써 넣고, 그렇지 않고 비슷하면 유사명칭이라고 기입하며, 전혀 같은 명칭이 없으면 비워 놓는다.

5) 직업군(occupational area)

한 직업은 어떤 특정직업분야 또는 직업군에 속해 있다. 즉, 한 직업에서 수행되고 있는 작업들은 다른 직업들에 속해 있는 작업들과 상당 부분이 같다. 예를 들면, '가스용접' 이라는 직업은 '용접' 이라는 직업군에 속한다.

6) 분석요청자

직무분석은 공식적인 분석요청이 있어야 착수된다. 이 공식요청은 직무명세서 첫 장에 있는 분석요청자가 서명을 하여야 하는데, 이때 서명날짜도 기입해 놓는다. 직무분석을 마친 후에는 그 날짜에 직무분석가가 서명날인을 한다.

7) 직무분석 목표

직무분석 목표는 직무명세서에서 가장 중요한 항목으로, 이 목표진술은 1번만 읽어도 분석의 목표를 확실하게 파악할 수 있도록 간단 명료해야 한다.

직무분석가는 이 목적을 주의깊게 읽어야 하고, 필요한 경우에는 직무분석을 요청한 사람에게 목적을 더 자세하게 물어서 확인해야 한다. 그리고 직무분석가와 상급자는 직무분석의 범위, 깊이, 분석을 통해 얻게 될 최종 결과 등에 대해 합의를 해야만 한다.

8) 기 관

이 항목에는 직무분석을 위해 방문한 기업체의 이름과 주소를 기입해야 하며, 방문하기 전에 주소의 위치를 정확하게 알아 놓아야 한다.

9) 직무기술(job description)

직무의 정의를 간단·명료하게 기술해야 하는데, 이 직무기술은 직업사전의 첫 문장을 그대로 인용해도 무방하다. 『한국표준직업분류』에 기술되어 있는 직무기술의 예를 들면 다음과 같다.

> ① 조리사(개인 서비스) : 사유건물에서 음식을 준비하고 조리하는 자
> ② 바텐더(bartender) : 바에서 알코올 음료 또는 비알코올 음료를 서비스하는 자
> ③ 매뉴큐어리스트(manucurist) : 손톱이나 발톱을 청결하게 하거나, 원하는 형태로 다듬거나 광택을 내는 자

다시 말해서 직무기술은 한 문장으로 간결하게 직업의 정의를 서술한 것으로, 이 문장 속에는 직업 또는 직무를 어떤 사람에게 말해도 금방 그 직업의 특성을 이해할 수 있도록, 주로 사용하는 재료, 수공구, 기계, 설비, 공법과 주요 생산제품의 명칭 또는 제공되는 서비스의 종류, 요구되는 작업의 성취수준 등을 포함한다. 직업사전에 진술된 내용이 지나치게 간단하다고 생각되면 위에서 열거한 내용들을 약간 추가하여 누구나 쉽게 그 직업에 종사하는 사람이 어떤 일을 한다는 것을 알 수 있도록 진술한다. 또한 직무기술은 직업의 정의로 간주되기 때문에 문장의 마지막은 '~하는 자'로 마친다.

10) 작업일람표(list of tasks)

직무 또는 직업은 몇 개의 주요 작업으로 나뉘는데, 각 작업들은 시작과 끝이 분명하고 스스로 독립할 수 있으며, 작업을 마치고 났을 때 작업의 질을 측정할 수 있는 특성을 가지고 있다.

작업일람표에서 작업을 진술할 때에는 ① 문장은 직접화법을 사용하고, ② 동사는 현재형으로 하며, ③ 각 문장은 행동을 나타내는 동사를 사용하여 '~하기'로 마쳐야 한다.

예를 들면, 산소 아세틸렌 절단공(수동)의 작업들을 열거해 보면 다음과 같다.

① 절단, 연소 그리고 가우징 준비하기
② 산소 아세틸렌 장비와 절단 블로우파이프 그리고 가우징 블로우파이프 설치하기
③ 산소 아세틸렌 장비, 블로우파이프 그리고 가우징 블로우파이프 조작하기
④ 산소 아세틸렌 장비를 해체하여 보관하기

11) 입직초기 조건 및 특기사항(entry requirements and notes)

일반교육과 직업훈련에 관한 정보는 직업명세서에 나타나 있지만, 이 항목은 분석가가 실제 관찰을 해본 결과 중요한 사항들만을 진술한다. 예를 들면, 직무수준, 이 직무를 수행하는 데 특별히 요구되는 정신적 · 신체적 특질, 직업명세서에 이미 분석한 내용 중 변경하고 싶은 사항 등을 진술한다.

12) 작업명(task title)

작업일람표에 열거한 작업명을 기입한다.

13) 작업번호(task number)

작업일람표의 번호와 같은 번호를 순서대로 기입한다.

14) 특기사항(qualifying notes)

분석가는 기술한 작업이나 작업요소의 특성 및 프로그램 개발자에게 전하고 싶은 중요한 사항 등을 진술한다. 예를 들면, "이 작업은 다른 작업들을 수행하기 위해서는 반드시 미리 습득해야 할 작업이다. 이 작업은 비록 자주 수행하는 작업은 아니지만 직무에 매우 중요한 작업이므로 능숙하게 할 수 있도록 익혀야 한다." 등의 진술을 할 수 있다.

15) 작업요소(task element)

하나의 작업을 시작해서 마칠 때까지의 요소활동들을 논리적 순서에 따라 진술하는데, 여기서 요소활동들은 작업공정으로 볼 수 있다. 작업요소를 진술할 때에는 그 진술내용대로 작업을 하면 올바른 작업이 이루어질 수 있을 만큼 구체적이어야 하고, 끝은 행동을 나타내는 표현인 '~한다'로 마쳐야 한다.

16) 작업표준(task performance standard minimum)

작업을 완수하기 위해서 도달해야 할 최소한의 작업성취 수준을 진술한다. 이 작업표준은

생산현장에 있는 숙련된 사람의 최소표준이기 때문에 교육훈련을 위한 목표와는 구별된다. 이 항목을 진술할 때에는 간명하면서도 객관적 평가가 가능한 말로 표현해야 하는데, 이 때 시간제약과 같은 내용을 넣어도 무방하다.

17) 작업에 요구되는 사항(task requirements)

공구, 장비 또는 작업요소 등 활동을 하는 데 필요한 모든 항목들을 열거한다. 이 항목에는 교육훈련을 실시하는 데 필요한 가장 적합한 순서와 교육훈련 재료의 규격과 같은 필요정보를 구체적으로 기술해야 한다. 예를 들면, '0~25mm, 외경 마이크로미터' 로 기술해야지 무조건 규격도 없이 '마이크로미터' 로 기술하면 곤란하다.

18) 교육훈련자료(task training data)

이 양식은 모두 6가지 항목으로 구성되어 있다. 왼쪽에 있는 열은 작업요소번호로 각 항목별로 기재한 내용들이 어떤 작업요소와 관련되어 있는지를 알려 준다. 가끔 직무수준이 낮은 직무에서는 일반이론, 응용수학, 도표자료에 해당되는 내용이 거의 없는 경우가 있는데, 이런 경우에는 해당내용이 있는 실습, 안전 및 보건, 전문지식 항목만 기입하고, 나머지 3개 항목은 해당내용이 없다는 것을 기술한다.

19) 실습(practice)

이 항목은 실습을 통하여 생산현장에서 활용할 작업요소들에 관한 내용을 진술한다. 예를 들어 어떤 작업요소는 숙달을 시켜야 하며, 어떤 작업요소는 올바른 작업습관을 몸에 익혀야 하며, 또 어떤 작업요소는 전체 중에서 가장 중요하므로 숙달을 시켜야 한다는 등의 서술을 한다.

20) 안전 및 보건(safety and hygiene)

교육훈련생들의 안전과 복지에 관련된 구체적 내용을 진술하고, 특정 작업요소를 수행하는 데 따른 위험요소가 있는지를 나타낸다. 그리고 작업수행 과정에서 발생하기 쉬운 보건상의 문제도 언급한다.

21) 전문지식(technical knowledge)

어떤 특정작업이나 작업요소를 수행하는 데 반드시 알아야 할 전문 관계지식에 관한 제목을 기술한다.

22) 일반이론(general theory)

교육훈련생이 어떤 작업이나 작업요소를 수행하기 위해서 반드시 알아야 할 기초이론(관련 이론 · 지식)의 제목을 기술한다.

23) 응용수학(applied calculations)

해당 작업이나 작업요소를 수행하는 데 반드시 알아야 할 수학공식이나 능력의 제목을 기입한다.

24) 도표자료(graphic information)

교육 · 훈련생이 특정작업이나 작업요소를 수행하기 위해서 반드시 알아야 할 기술관련 도면, 차트, 시방서 또는 기타 도표의 이름을 기입한다.

|제6절| 직무분석 결과에서의 직업정보 생산법

1. 직무분석 결과 분석하기

직무분석 실시결과를 분석하여 직업정보를 생산하는 데에 가장 큰 역할을 하는 것은 직업명세서이다. 이러한 직업명세서는 직업분류, 취업에 필요한 조건, 직무수행에 있어서의 책임의 한계, 작업환경 조건, 관련직업과의 관계 등에 관한 정보를 제공한다.

다음은 한식조리사에 대한 직무분석 결과이며, 이 내용을 직업정보 사용자의 특성에 맞는 언어로 구성하는 것은 직업정보를 생산하는 방법 중의 하나이다.

2. 직업정보 생산하기

직무분석결과표와 직업명세서를 분석하여 생산된 직업정보는 사용자가 알아들을 수 있는 언어로 가공되는 과정을 거쳐야 한다. 다음은 직무분석 결과에 의한 직업정보의 가공된 결과를 나타낸 것이다.

표 3-11 직업명세서

1. 직업분류			
① 직업명	한식	② K.S.C.O.(NO.)	42121(한식조리사)
③ 현장직업명	조리사	④ 직무수준	준다능공
⑤ 훈련직종명	한식조리	⑥ 자격종목명	한식조리기능사
2. 취업에 필요한 조건			
⑦ 성별	남 · 여	⑧ 적정연령	만 18세 이상
⑨ 적정학력	고졸	⑩ 소요자격수준	한식조리기능사
⑪ 적정훈련기관	인정직업전문학교, 학원		
⑫ 훈련기관	1년	⑬ 견습기간(OJT)	3개월
⑭ 신체제약조건	색맹, 정신장애, 법정전염병, 화농성 상처 및 피부염환자		

⑮ 직업활동영역		• 호텔, 백화점, 대형건물의 부속식당 및 한식 전문식당
		• 단체급식 제공 학교, 병원, 사업체 부속식당
		• 열차, 항공기, 선박 등의 식당
		• 자영업
⑯ 승진 및 전직	승진	무경험자로서 자격증 소지자는 조리사 보조의 업무를 수행하며, 5년 정도의 경험 후 조리사로 승진되며, 조리사로서 10년 정도의 경험이면 부주방장, 주방장의 책임을 맡을 가능성이 있다.
	전직	현장실무와 추가교육을 받으면 양식, 중식, 일식, 복어조리 등으로의 전직이 가능하다. 또한 일정 정도의 경험을 쌓고 자금이 조성되면 자영업으로의 전환이 활발한 편이다.
⑰ 소요 특질	정신적	조리를 계획하여 재료를 측정하고 준비하여 작업을 진행, 완료하기까지 판단력과 인내심이 필요하다. 또한 조리작업시 민첩성과 타 동료와의 협조성이 요구되며, 요리를 보기 좋게 장식할 수 있는 심미성이 필요하다.
	신체적	대부분 서서 작업을 하기 때문에 다리의 힘이 필요하며 주방기구와 재료를 옮길 수 있는 팔의 힘이 요구된다. 또한 조리의 준비 및 위생관리를 점검하기 위한 시각의 예민성과 조리과정에 있어서 미각, 후각의 예민성이 필요하다.

3. 직무수행에 있어서의 책임의 한계 ⑱

각종 주방용 용기와 기기 등의 이상 유뮤를 점검하고 관리하며 소독하고 정돈해야 할 책임과 각 요리의 재료 및 향신료, 조미료 등을 절약하여 손실을 줄임으로써 원가를 관리할 책임이 있다. 또한 비품 및 설비 또는 소요재료에 대해 구매의뢰서를 작성하여 청구하거나 조리법을 기록 · 정리해야 하며, 조리사 보조원 및 하급조리사에게 기술지도는 물론 작업시 연료나 조리기구 사용에 관한 안전수칙을 교육하여 기술향상 및 안전사고를 방지할 책임이 있다.

4. 작업환경 조건	
⑲ 집무자세	손쓰기(70%), 보기(20%), 옮기기(10%)
⑳ 작업장소	실내(100%)

표 3-11 직업명세서(계속)

㉑ 작업장 조건	조리로 인해 실내온도가 높고 음식냄새가 배어 있으므로 이를 제거하기 위한 환풍시설 및 후드장치가 갖추어져 있어야 한다. 또한 항상 청결하고 깨끗한 상태를 유지시켜야 하며, 음식의 위생적인 관리를 위한 냉장시설 및 보관시설이 설치되어 있어야 한다.
㉒ 안전 및 위생사항	• 전기나 가스연료 사용으로 인한 폭발이나 화재에 유의해야 한다. • 주방기구의 부주의한 사용으로 인한 화상 및 외상에 주의해야 한다. • 작업장 바닥에 떨어진 음식물이나 물에 의해 미끄러지기 쉬우므로 주방용 실내화를 착용해야 한다. • 조리사는 6개월에 1번씩 정기적인 건강진단을 받아야 하며, 과로나 수면부족을 피해야 한다. • 크레졸은 악취로 인해 식품이나 식기 소독에는 부적합하므로 유의해야 한다. • 위생복, 위생모, 앞치마, 안전화 등을 착용해야 하며 귀금속의 착용을 금해야 한다.
5. 관련 직업과의 관계	
㉓ 직업행렬	주방장 K.S.C.O. NO.42110 부주방장 K.S.C.O. NO. 일식조리사 K.S.C.O. NO.42124 / 중식조리사 K.S.C.O. NO.42123 / 한식조리사 K.S.C.O. NO.42121 / 양식조리사 K.S.C.O. NO.42122 / 복어음식 조리사 K.S.C.O. NO.42129 일식조리보조 K.S.C.O. NO. / 중식조리보조 K.S.C.O. NO. / 한식조리보조 K.S.C.O. NO. / 양식조리보조 K.S.C.O. NO. / 복어음식 조리보조 K.S.C.O. NO.
㉔ 설명	한식조리사는 조리사의 직업군에 속하며 양식조리사, 일식조리사, 중식조리사, 복어음식조리사와 같은 수준의 직무를 이룬다. 조리사의 직무수준은 주방 내의 작업을 총감독하는 감독직 수준의 주방장이 있고, 주방장을 대행하거나 보조하고 조리사 작업에 도움을 주거나 조정하는 요리장 또는 부주방장과 실질적인 작업을 수행하는 제 1, 2, 3 조리사의 단계로 구분되며 그 하위직으로는 조리사보조원이 있다.

한식조리사 직업정보 생산 사례

1. 직종명 : 한식

2. 직종소개

한국의 식품개발사에서 농경이 발달된 신석기시대 후기부터 삼국시대 후기까지의 상고시대는 근원적인 의의가 있는 시기이다. 이 시기에는 농경의 발달, 농경기술의 개발을 비롯하여 기본식품을 개발하였고, 장류의 가공, 술빚기, 죽, 떡, 밥짓기, 젓갈, 채소절임, 포와 같은 기본조리법을 한국 고유의 것으로 개발해 주식, 부식 등의 분리 유형으로 일상식 구조를 형성하였다. 신라, 고려시대를 거치는 동안에는 양곡을 비롯하여 여러 가지 식품이 양산되었고, 한국 고유의 기호성을 살려 음식의 조리 · 가공법을 정비하였으며, 병과류와 차 마시는 풍습 등의 의례음식을 개발하는 등 한국 음식문화 형성에 획기적인 발전과 정비를 이루었다.

조선시대는 전대에서 완성한 한국음식에 고유한 전통성을 현저하게 정립시킨 시대라 할 수 있다. 또한 상차림의 격식이나 음식 조리방법 등에 봉건적 · 가부장적 가정윤리관이 크게 반영되어 사회풍토적 특성으로 한국음식의 전통성을 고정시킨 시대이기도 하다.

이런 역사를 가진 한식조리의 기술적인 발전을 살펴보면 과거에는 상급자로부터 어깨너머 식으로 배우는 교육에 그쳤고 음식도 전통적인 원형 그대로 발굴하는 데만 주안점을 두었다. 또한 재료면에서도 대부분 외국산에 의존하는 실정이었으나 현재는 조리실습에 대한 교육을 실시하는 전문단체가 급격히 증가하여 전문적인 교육이 이루어지고 있으며 원형 그대로의 재현이 아닌 현대인의 기호에 맞도록 음식 내용물을 변화시켜 일품요리화하고 있지만, 재료는 아직도 외국산에 의존하는 실정이다. 그러나 향후에는 첨단장비의 활용으로 영양, 맛, 색 등을 최상으로 유지시키고 인건비 등 각종 경비절감으로 고소득을 꾀하고, 재료면에서도 국산식 재료를 이용한 메뉴 개발에 주력할 것으로 예상된다. 이에 따라 예상되는 신장비로는 조리공정에 컴퓨터를 도입해 각종 자료를 분석하여 메뉴얼화하는 것과 각종 조리오븐(cooking oven), 데우기(warmer) 등의 신장비를 조리공정에 적용해 음식의 질, 맛, 색깔 등을 향상시키고 있다. 특히 한국음식도 단체급식이 증가하고 있으며 음식 자영업 중에 65%가 한식이다.

한식은 점점 고급화되어 가고 있고 김치, 된장, 술 등은 수출품으로 등장하였으며, 우리 고유한 전통음식을 개발 · 홍보하고 있으며 관광사업에 따라 정책적으로 육성하고 있다.

21세기에는 문화와 관광이 국가경쟁력을 좌우하게 될 것이다. 특히 음식은 국가전략산업인 관광산업의 주요한 자원이라는 점에서 그 가치와 중요성을 더해 가고 있다. 더욱이 2002년 한일 월드컵과 부산아시안게임을 맞이하여 전 세계인의 관심과 기대가 한국으로 집중되고 있는 지금, 우리의 음식문화와 관광산업은 그 어느 때보다 중요한 시기와 기회를 맞이했다고 할 것이다.

3. 직업활동 영역

한식조리사의 직업활동영역을 살펴보면 다음과 같다.

① 호텔, 백화점, 대형건물의 부속식당 및 한식 전문식당
② 단체급식 제공 학교, 병원, 사업체 부속식당
③ 열차, 항공기, 선박 등의 식당
④ 자영업

4. 조리사의 윤리강령

① 조리사는 국가경제 발전과 국민 식문화의 개선 향상에 목표를 둔다.
② 조리사는 국민의 건강과 생명을 첫째로 생각한다.
③ 조리사는 지속적인 연구활동으로 우리 전통음식을 세계화시키는 데 앞장선다.
④ 조리사는 향상된 서비스를 위해 모두 하나되어 봉사정신을 가지고 꾸준히 정진한다.
⑤ 조리사는 개인의 창의력과 전문성을 키워 이 땅의 조리문화 발전에 기여한다.
⑥ 조리사는 조리인의 고귀한 전통과 명예를 유지하고 계승 발전시킨다.
⑦ 조리사는 조리 환경을 청결히 유지하고 각종 질병 예방과 안전에 최선을 다한다.
⑧ 조리사는 모든 유관기관 및 단체와 상호 협력하고 관계법규 및 윤리강령 준수에 솔선한다(한국조리사회중앙회).

5. 취업정보

(1) 취업현황

한식조리업체는 호텔을 비롯한 서비스업체 및 공공기관, 학교 등 단체급식을 하는 곳과 조리사 자격증을 취득하고 업소에서 종사하던 경험과 노하우를 살려 독립하여 전국에 광범위하게 자영을 하는 경우가 많다.

취업을 원하면 www.work.go.kr에 구직등록 하거나, 인근 고용지원센터를 방문하여 구직등록을 한다.

한식직종과 유기적인 관계를 맺고 있는 기관에서는 한식과 관련된 전문적인 분야에 대해 현황분석과 발전방향 및 기술 · 정보교육 등을 제시하거나 새로운 기술 · 정보의 제공과 교육활동 등을 하므로 각 관련기관에서 발행되는 보고서나 간행물을 참고하여 보다 유용한 지식을 얻을 수 있다.

이 직종의 관련 정보단체는 다음과 같다.

* 한국조리사회중앙회(www.ikca.or.kr) : 서울시 종로구 행촌동 27-1 일성빌딩 3층 (전화 : 02-724-1545)

(2) 직업훈련 안내

한식직종은 인정 직업전문학교에서 기능사 양성을 목표로 직업훈련을 실시하고 있으며, 자세한 훈련기관은 노동부(www.molab.go.kr)의 직업능력개발에서 확인할 수 있다.

(3) 검정절차 및 방법

① 원서접수 : 전면 인터넷 접수(www.Q.net)

② 필기원서접수 : 필기접수기간 내 수검원서 제출(인터넷), 사진(6개월 이내에 촬영한 반 명함판 사진하일(.jpg), 정액 수수료

③ 수검사항통보 : 수험일시와 장소 즉시통보, 수검표 기재사항과 접수창구 기재사항 동일 여부 확인

④ 필기시험 : 수검표, 신분증, 필기구(흑색 사인펜 등) 지참, 접수 지역별 시험장에서 시행(기술사는 예외)

⑤ 합격자발표 : 접수사무소 게시공고, ARS자동응답안내(060-700-2009), 인터넷(www.Q-Net.or.kr)

응시자격(기술사, 기능장, 기사, 산업기사, 「전문사무일부종목」 제한종목은 합격예정자 발표일로부터 8일 이내(공휴일 제외) 반드시 응시자격서류를 제출하여야 되며, 단 실기접수는 4일이다.

⑥ 실기원서접수 : 실기접수기간(기능사 : 3일, 기사 : 4일) 내에 수검원서 제출(인터넷), 필기면제자만 수검원서 작성(당일 필기 합격자는 제외), 사진(6개월 이내 촬영한 반명함판 사진파일(.jpg), 정액 수수료

⑦ 수검사항통보 : 필답시험은 시험일자와 장소 즉시 통보, 작업형은 시행 10일 전에 게시공고, 인터넷 및 ARS통보

⑧ 실기시험 : 수검표, 신분증, 필기구, 수검자 지참공구 준비

⑨ 최종합격자 발표 : 접수한 사무소 게시공고, ARS자동응답안내(060-700-2009)

⑩ 자격증 교부 : 증명사진 1매, 수검표, 신분증, 수수료지참

※검정응시자 유의점

1. 부정행위자는 3년간 응시자격이 정지되며, 기 취득한 다른 기술자격증도 취소 또는 정지된다.
2. 국가기술자격수첩을 타인에게 대여(이중취업)하는 자는 국가기술자격법 제18조 및 동법시행령 제33조의 규정에 의거 1년 이하의 징역 또는 200만 원 이하의 벌금에 처

하며 일정기간(6월 내지 3년) 그 기술자격이 정지된다.

② 한식직종 자격검정 현황

한국산업인력관리공단에서 시행하고 있는 한식직종의 자격등급은 1983년부터 한식 기능사 1급, 한식조리 기능사 2급으로 구분되었으며, 1992년부터 한식조리 기능사로 통합되었다가, 1999년 한식조리기능사⇨조리산업기사(한식)⇨조리기능장 등으로 확정되어 지금에 이른다.

한식직종의 자격검정 현황을 살펴보면 [표 1]에서 보는 바와 같이 1983~2006년까지 287만 6,375명이 접수하고 239만 7,032명이 응시하여 최종합격인원은 53만 651명으로 20.4%의 합격률을 보였다.

표 1 한식조리사 자격시험 현황

구분	원서 접수인원	최종 응시인원	최종 합격인원	합격율
1983~2000	1,540,102	1,298,706	314,206	24.2%
2001	236,421	192,400	42,353	22%
2002	207,622	172,390	35,486	20.6%
2003	198,704	165,580	34,485	20.8%
2004	203,817	166,374	33,152	19.9%
2005	233,208	190,863	33,812	17.7%
2006	256,501	210,719	37,157	17.6%
계	2,876,375	2,397,032	530,651	20.4%

자료 : Q.net

③ 한식직종에 대한 시험안내

- 한식조리기능사 자격증은 한식부문에 배속되어 제공될 음식에 대한 계획을 세우고 조리할 재료를 선정, 구입, 검수하고 선정된 재료를 적정한 조리기구를 사용하여 조리업무를 수행하며 음식을 제공하는 장소에서 조리시설 및 기구를 위생적으로 관리, 유지하고, 필요한 각종 재료를 구입, 위생학적, 영양학적으로 저장 관리하면서 제공될 음식을 조리 · 제공하기 위한 전문인력을 양성하기 위하여 자격제도 제정하였다.
- 수행직무를 보면, 한식조리부문에 배속되어 제공될 음식에 대한 계획을 세우고 조리할 재료를 선정, 구입, 검수하고 선정된 재료를 적정한 조리기구를 사용하여 조리업무를

수행한다. 또한 음식을 제공하는 장소에서 조리시설 및 기구를 위생적으로 관리, 유지하고, 필요한 각종 재료를 구입, 위생학적, 영양학적으로 저장 관리하면서 제공될 음식을 조리하여 제공하는 직종이다.

• 한기조리기능사 자격 취득방법
  - 시 행 처 : 한국산업인력공단
  - 관련학과 : 전문대학 이상의 식품영양학과 및 식생활학과, 조리관련학과 등
  - 시험과목
    필기 : 1.식품위생 및 법규 2.식품학 3.조리이론과 원가계산 4.공중보건
    실기 : 한식조리작업
  - 검정방법
    필기 : 객관식 4지 택일형, 60문항(60분)
    실기 : 작업형(70분 정도)
  - 합격기준 : 100점 만점에 60점 이상
• 출제경향
  - 요구작업 내용 : 지급된 재료를 갖고 요구하는 작품을 시험 시간 내에 1인분을 만들어 내는 작업
  - 주요 평가내용 : 위생상태(개인 및 조리과정)/조리의 기술(기구취급, 동작, 순서, 재료다듬기 방법)/작품의 평가/정리정돈 및 청소
• 진로 및 전망
  - 호텔을 비롯한 관광업소와 일반 요식업소 및 기업체, 학교, 병원 등의 단체급식소와 자영업경영
• 업체 간, 지역 간의 이동이 많은 편이고 고용과 임금에 있어서 안정적이지는 못한 편이지만, 조리에 대한 전문가로 인정받게 되면 높은 수익과 직업적 안정성을 보장받게 된다.
  - 식품위생법상 집단급식소와 복어조리업, 허가면적 120m^2 이상인 식품접객업자는 조리사자격을 취득하고 시・도지사의 면허를 받은 조리사를 둔다(법 제20조).
• 다만 중소기업자가 운영하는 집단급식소는 그러하지 아니한다(기업활동규제완화특별조치법 제36조).

이 분야를 비롯한 다른 직종의 국가기술자격검정에 대한 안내를 받기 위해서는 한국산업인력관리공단(www.hrdkorea.or.kr)의 Q.net에서 자세한 정보를 얻을 수 있다.

요약

1. 일은 작업이라고도 불리며 하나의 임무를 수행하는 데 논리적으로 여러 개로 구획되어지는 독립된 일정량의 작업을 말한다. 이 일은 시작과 끝이 분명하고, 그 속에는 가르칠 만한 내용이 포함되어 있다. 따라서 모든 일은 성취수준이 있고, 이를 달성했는지를 평가할 수 있는 측정기준이 있다.
2. 직무분석은 직원채용과 배치를 위한 기초자료 작성, 기업 내 교육훈련과정 개발과 교재 개발, 조직개편을 위한 인원과부족 조사, 직무급 산정을 위한 기초자료 조사, 사원의 후생과 산업안전을 위한 기초자료 조사, 업무개선을 위한 기초자료 조사, 정규교육과정 개발과 개정을 위한 기초조사 등을 목적으로 실시된다.
3. 직무분석 방법에는 최초분석법(new analysis), 비교확인법(verification method) 및 데이컴(DACUM)법 등이 있다. 최초분석법은 분석대상 직무 또는 직업이 산업발전에 따라 새롭게 발생한 직무로 참고할 만한 자료가 없을 때 활용된다. 그러나 이미 잘 알려진 직업으로 참고할 자료가 풍부한 경우에는 비교확인법이 더 효율적이며, 교육이나 훈련을 위한 목적으로 단기간 내에 효과적으로 분석하고자 하면 데이컴법을 활용하는 것이 좋다.
4. 직원채용 자격요건, 직무의 책임과 임무, 해당 직위의 인력과부족 상태 등은 직업명세서와 직업행렬표를 보면 알 수 있다. 그리고 직무의 정의를 설명하는 직무기술이나 작업명 그리고 작업마다 구체적인 작업요소, 성취기준, 교육훈련 자료 등은 직무명세서와 작업명세서로 정리되는데, 이러한 자료는 직무분석에 의해 얻어진다.
5. 데이컴은 8~12명의 분석 협조자(panel mernber)로 구성된 데이컴위원회를 중심으로 이루어진다. 이 위원회는 실무자가 사전에 준비한 쾌적한 장소에 모여 2박 3일 정도의 집중적인 워크숍으로 데이컴 차트를 완성함으로써 작업을 마친다.

연구문제

1. 직업상담사의 직무와 직무분석에 관한 지식과 능력이 어떤 관계가 있는지에 대하여 논하시오.
2. 직업상담자가 활용하는 직업사전이나 직업전망서 등은 어떤 과정을 거쳐 개발되는지 중앙고용정보관리소를 방문하여 조사해 보시오.
3. 지난 5년 내에 새로 등장한 직업에는 어떤 것들이 있으며, 우리 주위에서 점차 자취를 감추고 있는 직업에는 어떤 것들이 있는지 조사해 보시오.
4. 몇 가지 직무분석 방법들을 열거하고, 그 방법들이 어떤 직업들을 분석하는 데 적합한지를 설명하시오.
5. 정규 교육과정이나 비정규 교육훈련프로그램을 개발하는 데에는 데이컴법에 의한 직무분석 방법이 적합하다고 하는데, 그 이유를 설명해 보시오.
6. 직무분석을 할 때 기업체의 협조를 구하는 일이 가장 중요하고 어려운데, 기업체가 적극 협조할 수 있도록 하는 방법에는 어떤 것이 있는지 논하시오.
7. 직무분석을 할 때 9명의 분석협조자를 선정하는 방법에 대해 설명하시오.
8. 직무분석을 할 때 작업을 열거하는 일은 매우 중요한데, 이 작업(task)이 갖고 있는 특징을 설명하시오.
9. 작업명세서의 작업수행기준(performance standard)이 교육현장에서 어떤 목적으로 활용되는지 논하시오.
10. 데이컴법은 숙련공이나 테크니션 작업을 분석하는 데 적합한데, 전문직 분석 시 어떤 한계점이 있는지 논하시오.

04

노동시장 분석기법[1)]

노동시장의 정보는 직업정보에서 노동시장 전체에 대한 전망을 조망하는 데 필요한 정보들이다. 이 장에서는 노동시장 전반에 관한 정보 등을 망라해 보고, 그 중에서도 주로 노동시장의 흐름과 특성 및 분석기법 등에 대해서 살펴보도록 하겠다.

|제1절| 노동시장 정보와 고용사정의 변화

노동시장의 정보와 고용정보에 대한 정보구성을 개괄적으로 살펴보고, 1998년의 외환위기로 인한 노동시장의 충격과 고용사정의 변화를 중심으로 논하고 그 이후의 고용사정을 제시하고자 한다.

1) 이 장은 김병숙 · 김판욱 · 강순희 · 김중한(1999). 직업정보론, 박문각에서 강순희(1999)의 내용을 첨삭한 것이다.

1. 노동시장 정보

(1) 노동력의 공급과 수요

노동력의 공급은 양적으로는 인구 또는 생산가능인구의 규모, 경제활동인구의 규모, 노동시간, 그리고 노동력의 질을 나타내는 인적 자본의 투자(교육훈련) 정도 등에 의하여 결정된다. 반면에 노동력의 수요는 기업이 생산하는 상품이 시장에서 수요되는 것에서 파생되기 때문에 결국 그 노동력을 이용하여 생산되는 상품의 가격, 상품을 생산함에 있어서의 노동생산성에 의하여 결정된다.

이러한 노동의 수요와 공급은 노동시장을 통하여 균형고용량과 임금 · 근로조건 등을 결정하게 되며, 노동시장에서 결정되는 고용, 임금, 근로시간이나 이에 영향을 미치는 노동생산성 등은 기업 또는 국가의 경쟁력과 근로자 생활에도 커다란 영향을 미치게 된다.

그림 4-1 노동시장 정보관련 주요 개념체계

(2) 노동시장 분석의 대상

노동력 상품은 일반상품과 달리 노동능력을 보유한 근로자와 분리될 수 없기 때문에, 순수한 시장적 요소 외에 사회관계를 내포하게 된다. 인간은 노동을 통하여 소득을 얻고 그 소득을 통하여 생활을 영위하므로 사회의 후생복지와 밀접히 관계될 뿐만 아니라(노동력의 재생산과정), 직접적으로 노동을 지출하여 생산하는 노동과정, 그리고 노동시장에서의 노동력의 거래(노동력의 매매조건) 등을 둘러싸고 갈등이 발생하기도 한다. 이는 노동시장 분석의 또 다른 측면으로서 이른바 노사관계의 분석이 불가피함을 의미하는 것이다.

따라서 노동시장 분석의 대상은 크게는 노동시장론 측면에서 고용, 임금, 근로시간, 노동생산성, 국제경쟁력, 근로자 생활 등과 노사관계론 측면에서 노동조합, 단체교섭, 노동쟁의와 노동과정에서의 산업재해문제 등으로 나뉜다. 이러한 항목은 노동시장 정보의 핵심이자 분석의 주요 대상이 될 것이다.

2. 고용사정의 변화

우리나라에서 경제관련 통계가 본격적으로 작성되기 시작된 1960년대 이후 지난 50여 년간 우리나라의 경제상황은 양적 · 질적인 차원에서 크게 변모하여 왔다.

특히 1997년 말의 외환위기는 이때까지 우리가 한 번도 겪지 못했던 경제위기와 이에 따른 노동시장의 구조변화를 가져왔다.

여기서는 그동안의 우리나라의 사회 · 경제적 변화와 인구구조의 변화과정 및 노동시장에서의 고용관련 지표의 변화를 파악 · 분석하고, 그것이 갖는 의미를 해석해 보고자 한다.

(1) 사회적 · 경제적 변화

1) 경제적 변화

한국경제는 지난 50여 년간 고도의 성장을 이룩하여 1963~1997년까지 연평균 경제성장률이 7.5%에 달했다. 그러나 1997년 말의 외환위기에서 비롯된 외환위기에의 돌입은 사상 초유의 대폭적인 마이너스 성장을 초래하여 1998년 경제성장률은 −5.8%를 기록하게 되었다. 그 후 다시 회복하여 [표 4-1]과 같이 2006년 현재 5.0의 성장률을 보였다.

표 4-1 연도별 경제성장률 (단위 : %)

연도	1963-97	1998	1999	2000	2001	2002	2003	2004	2005	2006
경제성장률	7.5	−5.8	9.5	8.5	3.8	7.0	3.1	4.7	4.2	5.0

자료 : 한국은행. 국민계정, 각 연도

이 기간 동안에 산업구조는 농림어업 중심에서 제조업과 서비스업 중심의 선진국형 산업구조로 개편되었는데, 1973년부터 2003년, 2005년까지 산업별 취업자 구조를 보면, 1차 산업의 취업자는 급격히 하락하고 있으며, 2차 산업은 1993년까지 정점을 이루다가 하락하기 시작하였다. 3차 산업은 1993년을 정점을 이루다가 하락하기 시작하였으나 3%대이다.

2) 사회적 변화

지난 50여 년간 고용사정에 영향을 미친 대표적인 사회측면의 변화는 출산율 저하, 핵가족화, 여성의 고학력화, 여성활동에 대한 사회인식의 개선 등으로 여성이 노동력 공급에 중요

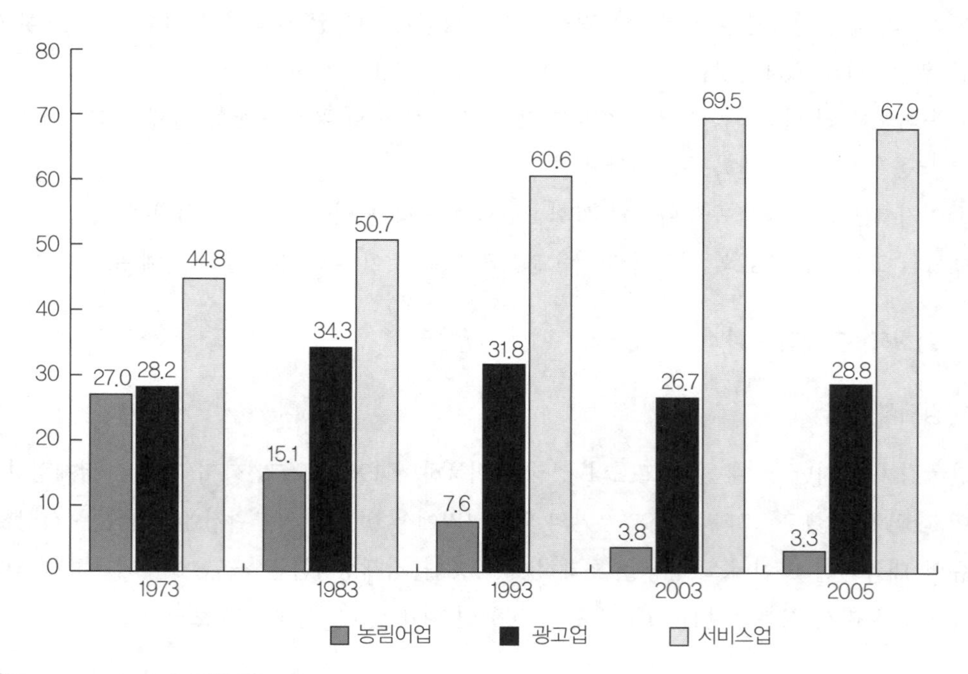

자료 : www.nso.go.kr(KOSIS)

그림 4-2 산업구조의 변화

표 4-2 여성의 경제활동 참가 추이

구분	1963	1975	1980	1990	2000	2005
경제활동인구(천명)	8,230	12,193	14,431	18,539	22,069	23,785
여성의 비중(%)	34.4	35.8	37.5	40.5	48.6	41.0
참가율(%)	56.5	58.3	59.0	60.0	61.0	62.1
여성참가율(%)	37.0	40.4	42.8	47.0	50.0	50.1

주 : 경제활동 참가율=경제활동인구/생산가능인구×100

자료 : 통계청, 경제활동인구연보

한 원천으로 등장하였다는 점을 들 수 있다. 이에 따라 경제활동인구 가운데 여성이 차지하는 비중은 1963년 34.4%에서 1998년에는 39.8%로 증가하였다.

여성의 경제활동참가율을 1975~2005년까지 추이를 보면, 지속적으로 증가하여 1975년의 40.4%에서 20년이 지난 2005년 현재 50.1%이다([표 4-2] 참조).

또한 소득증가에 따른 고학력 지향과 1980년 이후 대학졸업 정원제를 도입하면서 입학정원을 확충함에 따라 고학력자가 양산되는 결과를 초래하였다. 이에 따라 학령인구대비 대학진학률은 1965년 12.1%에서 1998년에는 64%로 대폭 증가하였다. 이러한 행진은 지금도 계속되어 2005년에는 82.1%에 이른다.

한편 1980년대 후반 이후 노사관계의 전환과 이른바 3D 직종의 기피현상과 같은 노동공급 행태의 변화 등도 제조업 부문의 고용흡수력의 저하를 초래하고 고용 및 임금구조에 커다란 변화요인으로 작용하고 있다.

국민계정 통계

국민계정 통계는 한국은행이 발간하는 '국민계정'에 발표되며, 그 외에 '조사통계월보', '주요 경제지표' 등을 이용할 수 있다.

1. 국민계정

한국은행은 1955년 이래 매 5년을 주기로 기준년을 변경하여 경제구조 및 상대가격 체계의 변화를 국민계정에 반영하고 있으며, 현재는 1990년을 기준년으로 개편된 1970~1994년의 시계열을 사용하므로 1970년 이전의 국민소득 시계열과는 비교될 수 없다.

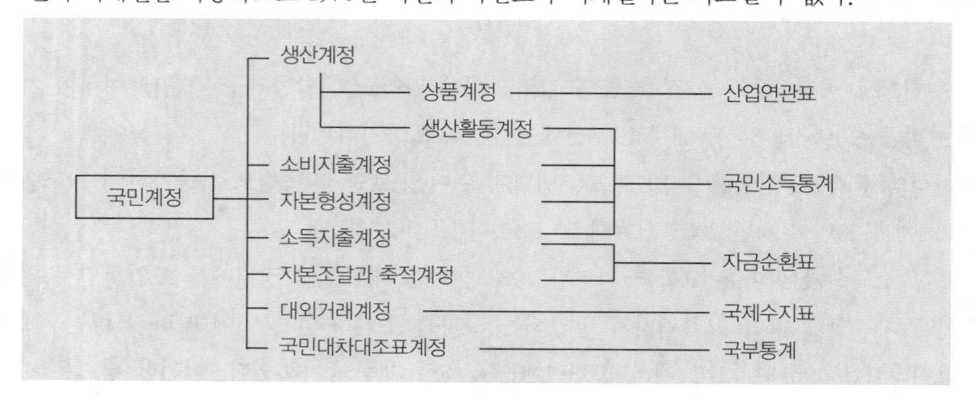

2. 주요 국민계정 통계용어

① 경제성장률 : 일정 기간에 있어서 한 나라의 경제가 이룩한 성과를 측정하는 중요한 척도의 하나로서, 불변가격에 의한 국민총생산(GNP) 또는 국내총생산(GDP)의 전년대비 증가율을 의미한다. 현재는 국내총생산 증가율을 경제성장률로 사용하고 있다.

② GDP 디플레이터 : 국민소득의 실질화를 위해 국민소득 추계 후 사후적으로 계산되는 종합적인 물가지수로서, 경상가격 GDP를 불변가격 GDP로 나누어 산출한다.

③ 대외거래 : 실물거래이건 자본거래이건 관계없이 거주자와 비거주자 사이에 발생한 거래를 종합하여 기록한 것으로서, 거래의 성격에 따라 경상계정과 자본계정으로 구분하고 있다.

- 경상수지 : 국제수지에서 상품 및 서비스, 소득, 경상이전을 합계한 수지로서, 국민경제의 대외금융자산 잔액의 증감을 의미한다.
- 상품수지 : 일정 기간에 걸친 외국과의 교역, 즉 수출과 수입의 화폐액 차이를 말한다.

표 1 주요 경제지표 추이 – 생산 및 수요 (단위 : 전년대비, %)

연도	경제 성장률 (GDP)	경제활동별 성장률			최종 소비지출 증감률	총 고정 자본형성 증감률
		제조업	건설업	서비스업		
1975	6.6	12.4	8.0	7.2	5.7	7.7
1980	−2.7	−1.6	−2.4	2.1	0.9	−10.7
1981	6.2	10.1	−5.2	4.4	4.8	−3.7
1982	7.6	6.9	18.3	7.7	5.2	11.0
1983	11.5	15.3	21.0	11.0	8.0	17.3
1984	8.7	16.9	6.3	10.3	6.7	10.0
1985	6.5	6.2	5.6	9.0	6.2	4.3
1986	11.6	19.5	3.1	13.2	8.2	10.6
1987	11.5	19.5	12.8	14.3	7.8	17.0
1988	11.3	13.8	8.6	12.6	8.8	13.7
1989	6.4	4.2	14.7	8.4	10.4	15.9
1990	9.5	9.7	25.7	9.9	10.1	25.9
1991	9.1	9.1	14.8	10.9	9.3	12.6
1992	5.1	5.1	−0.7	6.9	6.8	−0.8
1993	5.8	5.0	8.4	7.6	5.3	5.2
1994	8.6	10.5	4.7	10.8	7.0	11.8
1995	8.9	10.8	8.6	10.1	7.2	11.7
1996	7.1	7.4	6.6	7.9	6.9	7.1
1997	5.5	6.2	2.8	6.5	3.5	−3.5
1998	−5.8	−7.9	−10	−3.9	−10.6	−22.9
1999	9.5	21.8	−7.9	6.6	9.7	8.3
2000	8.5	17	−3.4	6.1	7.1	12.2
2001	3.8	2.2	5.5	4.8	4.9	−0.2
2002	7.0	7.6	2.8	7.8	7.6	6.6
2003	3.1	5.5	8.6	1.6	−0.3	4.0
2004	4.7	11.4	1.7	1.9	0.4	2.1
2005	4.2	7.1	−0.1	3.4	3.9	2.4
2006	5.0	8.4	−0.1	4.2	4.5	3.2

주 : 1) 서비스업에서 도소매 및 음식 · 숙박업, 운수 · 창고 및 통신업, 금융 · 보험 · 부동산 및 사업서비스업, 사회 및 개인서비스업 등은 수입세를 포함하고, 금융귀속서비스업은 수입세를 차감한다.

2) 1998년 이전은 1990년 가격기준이다.

3) 1998년 이후는 '2000=100' 기준이다.

자료 : 한국은행. 국민계정, 각 연도

표 2 주요 경제지표 추이 – 물가상승률 (단위 : 전년동기 대비, %)

연도	소비자물가 (2005=100)	생산자물가 (2005=100)	수출물가 (2005=100)	수입물가 (2005=100)	총통화	GDP 디플레이터 (2000=100)[1]
1980	28.8	38.9	30.3	59.1	25.8	50.6
1981	21.3	20.5	16.2	17.2	27.4	59.5
1982	7.1	4.5	3.3	1.9	28.1	63.5
1983	3.4	0.3	3.1	1.4	19.5	66.8
1984	2.2	0.8	5.8	4.0	10.7	70.4
1985	2.3	0.8	5.2	3.6	11.8	73.7
1986	2.7	−1.4	2.7	−4.3	16.8	77.1
1987	3.1	0.4	4.4	7.3	18.8	81.0
1988	7.1	2.8	4.3	5.8	18.8	86.4
1989	5.7	1.5	−1.8	−3.6	18.4	91.0
1990	8.5	4.1	2.3	−1.0	21.2	100.0
1991	9.3	4.8	3.8	0.0	18.6	110.1
1992	6.3	2.1	2.7	1.5	18.4	116.8
1993	4.8	1.5	2.5	3.5	18.6	122.7
1994	6.2	2.7	2.8	4.0	15.6	129.4
1995	4.5	4.7	1.3	5.7	15.5	136.7
1996	4.9	3.2	−4.2	0.7	16.2	141.4
1997	4.5	3.9	6.6	9.5	19.2	144.7
1998	7.5	12.2	31.3	28.2	28.7	−
1999	0.8	−2.1	−18.9	−12.1	5.1	99.3
2000	2.3	2.0	−1.0	7.7	5.2	100.0
2001	4.1	−0.5	−3.8	3.5	8.1	103.5
2002	2.7	−0.3	−7.0	−6.2	14.0	106.5
2003	3.6	2.2	−2.2	1.8	3.0	108.9
2004	3.6	6.1	6.2	10.2	6.3	112.3
2005	2.7	2.1	−6.7	2.9	7.0	111.8
2006	2.2	2.3	−1.9	5.3	12.5	111.7

주 : 1) '1990=100', '2000=100' 기준이다.
2) 총통화 증가율은 평균잔액 기준이다.
3) 수출물가와 수입물가의 경우 원화 기준이다.
4) ( ) 안은 전년(말)대비 증가율이다.

자료 : 한국은행. 조사통계월보, 각호
한국은행. 주요 경제지표, 각호

표 3 주요 경제지표 추이 – 대외거래 (단위 : 백만 달러, 원/달러)

연도	수출	수입	경상수지	상품수지	대미환율
1980	17,505	22,292	–	–	607(660)
1981	21,254	26,131	−4,607	−3,849	681(701)
1982	21,853	24,251	−2,551	−2,827	731(749)
1983	24,445	26,192	−1,524	−1,849	776(796)
1984	29,245	30,631	−1,293	−1,089	806(827)
1985	30,283	31,136	−795	−20	870(890)
1986	34,715	31,584	4,709	4,299	881(861)
1987	47,281	41,020	10,058	7,529	822(792)
1988	60,696	51,811	14,505	11,283	731(684)
1989	62,377	61,465	5,360	4,361	671(680)
1990	65,016	69,844	−2,003	−2,450	708(716)
1991	71,870	81,525	−8,317	−6,803	734(761)
1992	76,632	81,775	−3,943	−1,755	781(788)
1993	82,236	83,800	990	2,319	803(808)
1994	96,013	102,348	−3,867	−2,860	804(789)
1995	125,058	135,119	−8,508	−4,444	771(775)
1996	129,715	150,339	−23,005	−14,965	805(844)
1997	136,164	144,616	−8,167	−3,179	951(1,415)
1998	132,313	93,282	40,039	41,165	1,399(1,208)
1999	143,685	119,752	24,521	28,463	1,189(1,188)
2000	172,268	160,481	12,250	16,953	1,130(1,131)
2001	150,439	141,098	8,032	13,488	1,290(1,290)
2002	162,471	152,126	5,393	14,777	1,251(1,250)
2003	193,817	178,827	11,949	21,952	1,191(1,191)
2004	253,845	224,463	28,173	37,568	1,144(1,143)
2005	284,418	261,238	16,558	33,473	1,024(1,024)

주 : 1) 수출입은 통관 기준이다.

2) 1998년부터 경상수지 항목의 일부가 자본수지 항목으로 재편되었다. 또한 무역수지는 상품수지로, 무역외 수지는 서비스수지와 소득수지로 명칭이 변경되었다.

3) 대미환율은 기간평균치이고, ( ) 안은 연말 기준이다.

자료 : 한국은행. 조사통계월보, 각호

한국은행. 국민계정, 각 연도

(2) 인구구조의 여건변화

1) 인구 및 인구구조의 변화

우리나라의 인구성장률은 출산율과 사망률이 하락함에 따라 1960년대에는 2~3%의 높은 수준이었으나, 1970년에 2.0% 미만에 도달한 이후 1995년에는 1.0% 미만의 수준으로 하락하였으며, 이후 최근까지도 점차적으로 하락하고 있는 추세이다.

이러한 인구의 변화는 생산가능인구인 15세 이상 인구변화에도 반영되어 나타난다. 지난 1970년대와 1980년대에 2~3% 정도의 빠른 속도로 증가하여 경제성장을 위한 풍부한 노동력의 공급원이 되었고, 1980년대 중반까지도 '베이비 붐' 세대의 유입으로 2%를 상회하는 높은 증가세를 유지하던 15세 이상 인구의 증가율은 1980년대 중반 이후 빠른 속도로 둔화되어 1991년에 2%대에 진입한 이후 1998년에는 1.5%로 하락하고 말았다.

한편 출산율의 감소와 평균수명의 연장으로 인구구조가 크게 변모하였는데, 대표적인 변화로는 고령화가 크게 진척되고 있다는 점을 들 수 있다. 연령구조를 살펴보면, 전체 인구 중 65세 이상 고령층이 차지하는 비중은 1970년 3.1%, 1980년 3.8%, 1990년 5.9%, 1998년 6.6% 등으로 점차 높아지고 있으며 2000년에 7.2%로서 '고령화 사회'로 진입, 2005년에는 9.1%, '고령사회'는 2018년 등으로 전망되었다. 이는 적극적인 경제활동 욕구를 가지고 있는 고령층 인력의 활용대책과 노후보장을 위한 사회정책이 더욱 강구될 필요가 있으며, 국가발전틀을 초고령 사회에 두어야 함을 시사하는 것이다.

표 4-3 인구변화 추이 (단위 : 천명, %)

구분	1970	1980	1990	1995	2000	2005
전체 인구[1]	32,241	38,124	42,806	45,093	47,008	48,294
(증가율)	(1.82)	(1.37)	(1.02)	(1.01)	(0.84)	(0.44)
구성비						
0~14세	42.5	34.0	25.6	23.4	21.1	19.1
15~64세	54.4	62.2	69.3	70.7	71.7	71.8
65세 이상	3.1	3.8	5.1	5.9	7.2	9.1
15세 이상 인구[2]	17,468	24,463	30,887	33,558	36,186	43,910
(증가율)	(3.66)	(2.84)	(2.06)	(1.88)	(1.08)	(1.21)

주 : 1) '장래인구추계'의 전체 인구이다.

2) '경제활동인구조사'의 비속박인구(civilian non-institutional population)이다.

자료 : 통계청, 한국통계연감(1997) 및 장래인구추계(1996)

표 4-4 가구원수별 가구분포 및 평균 가구원수(1975~2005)

연도	일반가구 (천가구)	가구원수별 가구분포(%)						평균 가구원수(명)
		1인 가구	2인 가구	3인 가구	4인 가구	5인 가구	6인 가구 이상	
1975	6,648	4.2	8.3	12.3	16.1	18.3	40.7	5.0
1980	7,969	4.8	10.5	14.5	20.3	20.0	29.8	4.5
1985	9,571	6.9	12.3	16.5	25.3	19.5	19.5	4.1
1990	11,355	9.0	13.8	19.1	29.5	18.8	9.8	3.7
1995	12,958	12.7	16.9	20.3	31.7	12.9	5.5	3.3
2000	14,312	15.5	19.1	20.9	31.1	10.1	3.3	3.1
2005	15,887	20.0	22.2	20.9	27.0	7.7	2.3	2.9

자료 : 통계청. 인구주택총조사, 각 연도

반면 15세 미만의 연소층은 출생률의 저하와 '베이비 붐' 세대의 중장년층의 유입으로 구성비가 크게 감소하고 있다.

2) 가구구성원의 변화

우리나라는 인구성장률의 둔화와 산업화로 인하여 가족의 구성형태가 점차 핵가족화되고 있는 추세이다. 이에 따라 우리나라의 가구 수는 1985년 957만 1,000가구, 1990년 1,135 만 5,000가구, 1995년 1,295만 8,000가구, 2000년 1,431만 2,000가구, 2005년 1,589만 7,000가구 등으로 크게 증가하고 있는 반면, 평균 가구 구성원 수는 1985년 4.1명, 1990년 3.7명, 1995년 3.3명, 2000년 3.1명, 2005년 2.9명 등으로 지속적인 감소추세를 보였다([표 4-4] 참조).

(3) 고용사정의 변화

1) 농가노동력의 감소

1970년대 초반을 전후로 농촌지역에서 도시지역으로 인구이동이 급격하게 진행됨에 따라 농가인구는 급격히 감소하여 왔다. 우리나라의 생산가능인구(15세 이상 인구) 중 농가지역의 거주자는 1970년에는 46.7%의 비중을 차지하여 농가와 비농가의 차이가 별로 크지 않았으나, 이후 급격하게 감소하여 1990년에는 16.5%, 1998년에는 10.1%를 기록하였다. 반면 비농가지역의 생산가능인구는 [표 4-5]와 같이 2005년에 86.5%를 기록하여 우리나라의 노동력 10명 중 9명이 비농가지역에 거주하고 있는 것으로 나타났다.

표 4-5 농가 · 비농가별 인구구조의 변화 (단위 : 천명, %)

구분	1970	1980	1990	2000	2005
생산가능인구	17,468 (100.0)	24,463 (100.0)	30,887 (100.0)	36,187 (100.0)	38,300 (100.0)
농가	8,163 (46.7)	7,891 (32.3)	5,109 (16.5)	3,453 (10.4)	2,843 (13.5)
비농가	9,306 (53.3)	16,572 (67.7)	25,778 (83.5)	32,734 (89.6)	35,457 (86.5)

자료 : 통계청. 경제활동인구연보, 각 연도

2) 여성의 사회진출 확대

1970년대 이후 급격한 노동력 규모의 확대에도 불구하고 우리나라의 경제활동 참가율은 1980년대 중반까지는 낮은 수준에 머무르고 있었으며, 경제활동 참가율 수준이 본격적으로 상승하기 시작한 것은 노동력의 부족이 현저히 나타나기 시작한 1980년대 후반 이후부터

표 4-6 경제활동인구 및 참가율 추이(1970~2006) (단위 : 천명, %)

연도	전체		남자		여자	
	경제활동인구	참가율	경제활동인구	참가율	경제활동인구	참가율
1970	10,062	57.6	6,447	77.9	3,615	39.3
1980	14,431	59.0	9,019	76.4	5,412	42.8
1990	18,539	60.0	11,030	74.0	7,509	47.0
1995	20,797	62.0	12,433	76.5	8,364	48.3
1997	21,604	62.2	12,761	75.6	8,843	49.5
1998	21,390	60.7	12,883	75.2	8,507	47.0
1999	21,666	60.6	12,880	74.4	8,785	47.6
2000	22,134	61.0	13,034	74.2	9,101	48.6
2001	22,471	61.3	13,172	74.2	9,299	49.2
2002	22,921	61.9	13,435	74.8	9,486	49.7
2003	22,956	61.5	13,539	74.6	9,417	48.9
2004	23,417	62.1	13,727	75	9,689	49.9
2005	23,742	62	13,882	74.6	9,860	50.1
2006	23,978	61.9	13,977	74.1	10,000	50.3

자료 : 통계청. 경제활동인구연보, 각 연도

로, 이것은 상당 부분 여성의 경제활동 참가율의 상승에 기인한다. 남성의 경제활동 참가율은 1990년대에 들어서면서 증가폭이 둔화되거나 오히려 감소하고 있는 데 반해, 여성의 경제활동 참가율은 1980년대 중반까지 약 40%의 수준에 머무르고 있었으나, 1987년을 전후하여 급속히 상승하기 시작하여 1997년까지 지속되고 있다가 외환위기 이후 잠시 주춤하였으나 1999년부터 지속적으로 증가하여 2006년 50.2%를 나타냈다([표 4-6] 참조).

이와 같이 여성의 노동시장 진출이 급속하게 증가하고 있는 이유는 여성의 고학력화가 꾸준히 진척되어 왔고 가사노동의 자동화, 육아여건의 개선 등이 여성의 사회진출에 대한 욕구의 증가와 결부됨에 따른 결과로 볼 수 있다. 또한 비전통적 진로의 진입이 활발한 것으로 나타났다.

3) 고학력화에 따른 고용구조 변화

일반적으로 교육수준이 높을수록 경제활동 참가율이 높아지는 경향이 있다. 교육, 훈련 등 인적 자본에 대한 투자는 기본적으로 투자의 한계수익(미래의 소득)이 한계비용보다 높기 때문에 이루어지며, 동시에 인적 자본 투자에 따른 생산성의 향상은 높은 임금소득의 수입을 가능하게 하기 때문에 기대수익의 실현을 위하여 고학력자의 노동시장 참가유인은 그렇지 않은 사람보다 더 높게 된다.

표 4-7 성별 · 학력별 경제활동 참가율 추이 (단위 : %)

구분		합계	중졸 이하	고졸	대졸 이상
전체	1980	59.0	55.5	66.1	82.5
	1990	60.0	53.5	65.0	80.7
	2000	61.2	47.8	64.7	77.4
	2005	62.0	46	65.7	77.9
남자	1980	76.4	72.5	81.1	95.1
	1990	74.0	65.0	80.0	93.2
	2000	74.4	53.9	78.6	88.8
	2005	74.6	51.5	77.4	89.4
여자	1980	42.8	42.6	43.1	46.6
	1990	47.0	45.6	47.5	57.2
	2000	48.8	42.3	59.7	60.9
	2005	50.1	40.9	53.4	63.1

자료 : 통계청. 경제활동인구연보, 각 연도

대졸 이상 고학력층의 경제활동 참가율은 1997년까지 꾸준하게 80% 이상의 높은 수준을 기록한 반면, 중졸 이하 저학력 계층의 경제활동 참가율은 1980년 55.5%, 1990년 53.5%, 2000년 47.9%, 2005년 46.0% 등으로 지속적인 감소추세를 보였다. 특히 이러한 현상은 남성보다도 여성에게서 더욱 두드러지게 나타나고 있는데, 이는 여성의 고학력화 추세가 남성에 비해서 매우 빠른 속도로 이루어져 왔기 때문이다([표 4-7] 참조).

4) 실업률의 변화 추이

1963년부터 실업통계가 작성된 이래 지난 50여 년간의 실업률은 경제성장과 산업발전, 그리고 이에 따른 노동수요의 증대로 인하여 꾸준하게 낮아지는 추세를 보였다. 그 동안의 추세를 보면 지난 50여 년간 우리나라의 노동시장은 인구의 급속한 증가에도 불구하고 노동공급의 증가속도보다는 노동수요의 증가속도가 더욱 크게 나타났다. 1963~1997년 기간 동안 노동공급지표인 경제활동인구는 연평균 2.9% 증가한 반면, 취업자는 연평균 3.1% 증가함에 따라 실업률은 지속적으로 감소하고 있는 것으로 나타났다.

그러나 외환위기 이후 1998년과 1999년에는 6%대의 실업률을 보이다가 2000년대 들어와 3%대의 실업율을 나타냈다.

이러한 실업률의 변화 추이를 경제성장률과 실업률 수준 등 노동시장 지표의 상대적 수준에 따라 6단계로 나누어 살펴보면 다음과 같다.

① 제1기(1963~1972년) – 고성장 고실업기

1963~1972년 기간 동안 연평균 실업률은 5.8%를 기록하였다. 그러나 수입대체 산업화 및 경공업을 중심으로 한 고도의 경제성장에 따른 높은 노동수요의 증가로 1963년 8.1%에서 1972년에는 4.5%로 실업률이 급격하게 낮아지고 있는 추세를 보였다. 이 기간 동안의 취업자 증가율은 연평균 3.6%를 기록하였으며, 경제활동인구 증가율은 연평균 3.1%를 기록하였다.

② 제2기(1973~1978년) – 고성장 중실업기

1973~1978년 기간 동안 연평균 실업률은 3.8%로 전기에 비하여 크게 낮아졌다. 이는 경제개발 5개년 계획이 본격 궤도에 접어들고 초기의 경공업 및 70년대 중반 이후 중화학공업 위주의 경제성장이 이루어짐에 따라, 노동수요가 지속적으로 크게 증가하여 취업자 증가율이 연평균 4.2%에 이를 정도로 고용규모가 급격히 확대되었기 때문이다.

하지만 인구의 증가, 급속한 산업화로 인한 취업에의 기대 증가에서 비롯된 이농과 경제활동 참가의 급증은 노동공급 측면에서도 급격한 증가를 가져와 경제활동인구 증가율이 연평균 4.0%를 기록함에 따라 실업률은 크게 낮아지지 않았다.

③ 제3기(1979~1986년)—중성장 중실업기

1979~1986년 기간 동안 연평균 실업률은 3.9%로 전기와 비슷한 수준을 기록하였는데, 이는 경제성장률이 연평균 7%로 전기에 비하여 크게 낮아졌기 때문이다. 이 기간은 전반적으로 고성장 기조가 유지되기는 하였지만 산업구조가 노동집약적 산업에서 자본집약적 산업으로 본격 이동하는 과도기이며, 70년대 말과 80년대 초의 광주사태 등 정치 · 사회적 불안정 및 오일쇼크의 여파 등으로 경제성장률이 1980년 한때 마이너스를 기록하는 등 경제성장에 있어 들고 남이 심하였던 시기이다.

이와 같이 경제 전반의 성과가 불안정하게 진행됨에 따라 노동시장에서의 변화도 불안정하게 나타났는데, 이 기간 중 취업자 증가율은 연평균 1.9%를 기록하여 이전에 비해서 크게 낮아졌다.

④ 제4기(1987~1997년)—중성장 저실업기

1987~1997년 기간 동안 연평균 실업률은 2.4%로 거의 완전고용상태[2]를 기록하였다. 이 기간의 초기(1986~1988년)에는 이른바 저환율, 저유가, 저금리 등 3저호황으로 두 자리수의 성장률을 기록하기도 하였지만, 80년대 후반의 노사관계 환경의 급변과 대외경제 환경의 변화 등으로 기존의 요소투입 위주의 소품종 대량생산체제가 한계에 봉착함에 따라 경제구조의 변환이 요구되었고, 이는 예전과는 다른 중성장 체제로의 돌입을 예견하는 것이었다.

하지만 정부의 주택 200만 호 건설, 올림픽 특수 등에 따른 내수산업의 호황으로 인하여 서비스업 부문을 중심으로 취업자가 크게 증가하여 취업자 증가율은 연평균 2.6%로 지난 시기에 비하여 더 높아졌으며, 이러한 노동공급 증가를 앞지르는 노동수요의 증가로 인하여 실업률은 더욱 하락하여 자연실업률[3] 수준을 기록하게 되었다.

⑤ 제5기(1998~1999년)—안정성장하 고실업시기로의 전환

1997년 말의 금융 · 외환위기 이후 급격하게 노동시장이 악화됨에 따라 1998년에는 실업률

---

2) 노동에의 의지와 능력을 갖추고 취업을 희망하는 모든 사람이 고용되는 상태를 말한다. 이는 고용기회에 대한 완전한 정보가 없거나 이동의 제약 등으로 인하여 발생하는 마찰적 실업이나 현행의 실질임금이 희망임금 수준과 일치하지 않아서 발생하는 자발적 실업 등은 포함하지 않기 때문에 실업률이 0인 것을 의미하지는 않으며, 선진국의 경우 대체적으로 3~4% 정도의 실업률 수준을 완전고용상태로 보고 있다.

3) 정부가 경제에 대하여 전혀 간섭을 하지 않을 때 장기적으로 나타나는 실업률을 말한다. 이는 고정되어 있는 것이 아니며, 마찰적 실업의 정도, 노동시장의 경직성, 고용보험, 기타 경제 · 사회의 각종 제도적 관계에 의하여 영향을 받고 이에 따라 변화할 수 있다.

6.8%를 기록하게 되었다. 이 기간 동안 취업자 증가율은 −5.3%로, 1984년 이후 처음으로 마이너스 성장을 기록하였으며, 노동공급의 감소로 인해 경제활동인구도 1.0% 감소하였다.

특히 외환위기에서 경제 전반에 걸친 급격한 구조조정의 진행은 기존의 성장 패러다임의 완전한 변화를 초래하고 있으며, 이에 따라 기술적 반등효과가 반영되는 1999년을 제외하면, 그 이후의 경제성장률은 5% 전후로 안정되었다.

이에 따라 고용사정도 이전과 같은 완전고용수준으로의 복귀는 어려울 것으로 예상되며, 경제가 순탄하게 회복되더라도 장기실업자와 청년실업자가 증가하는 언제든지 실업에 노출된 시대로 접어들었다.

⑥ 제6기(2000년 이후)−상시 실업시기

외환위기 이후 6.8%의 높은 실업률을 보였다가 1999년 6.3%에서 2000년 4.1% 등으로 감소하였으며 2001~2005년까지 3.3~3.8%의 실업률을 나타냈다. 1998년 외환위기보다는 낮은 실업률인 3%대를 유지하고 있으나 기업들의 상시 구조를 조정하여 실업은 여느 때와 다른 양상으로 나타났다.

즉, 2005년 현재, 77만 9,000명의 실업자가 취업을 원하고 있다. 2004년 1~10월까지의 실업률은 3.5%이나 한계근로자와 불완전취업자를 포함한 유사실업률(U-6)은 7.8%에 달한다. 또한 공식적인 청년실업자는 36만 명이나, 취업준비생과 특별한 활동없이 쉬고 있는 유휴인력까지 포함하면 90만 5,000명의 청년들이 취업에 애로를 겪고 있다. 학교를 마치고 첫 취업까지의 소요기간도 평균 11개월에 달한다.

한편, 고령화가 급속히 진전되고 있으나 주된 일자리에서 평균 54.1세에 퇴직하고 있고, 50대 이상자 9만 8,000명이 마땅한 일자리가 없어 실업상태에 있다.

또한 임금근로자 중 비정규직이 540만 명(37.0%)에 이르고 있으며 연간 약 80만 명씩 늘어나고 있는 추세(2004. 8, 통계청)이고, 10~29인 사업체의 임금을 100이라고 할 때 500인 이상 대기업의 임금은 1997년 138.3이었으나 2003년에는 그 값이 168.3으로 크게 높아졌다. 수많은 실업자가 있는 반면, 외국인근로자는 42만 4,000명에 이르고 있고, 3D 업종 등 중소기업은 16만 8,000명의 인력부족을 겪고 있다. 학교교육 및 직업훈련이 산업수요에 맞게 이루어지지 못해 대학에서 배운 지식과 기술은 기업이 필요로 하는 수준의 26%에 불과하다(전경련, 2002. 12).

이와 같이 2000년대는 상시 실업에 노출되어 있으며, 청년실업이 깊어 가고 중 · 고령자의 조기퇴직으로 인한 실업이 있으며, 정규직과 비정규직의 격차, 그리고 대기업과 중소기

표 4-8 실업률 및 주요 고용지표의 장기 추이 (단위 : %)

기간	제1기 (1963~1972)	제2기 (1973~1978)	제3기 (1979~1986)	제4기 (1987~1997)	제5기 (1998 이후)
경제성장률	9.3	9.2	7.0	7.7	−5.8
경제활동인구 증가율	3.1	4.0	1.9	2.5	−1.0
취업자 증가율	3.6	4.2	1.9	2.6	−5.3
실업률	5.8	3.8	3.9	2.4	6.8

자료 : 통계청. 경제활동인구연보, 각 연도
한국은행. 국민계정, 각 연도

업의 격차가 존재하면서 그럼에도 불구하고 수많은 실업자가 있음에도 불구하고 중소기업은 일자리 부족 현상에 직면해 있고, 외국인근로자가 40만 명이 넘는다.

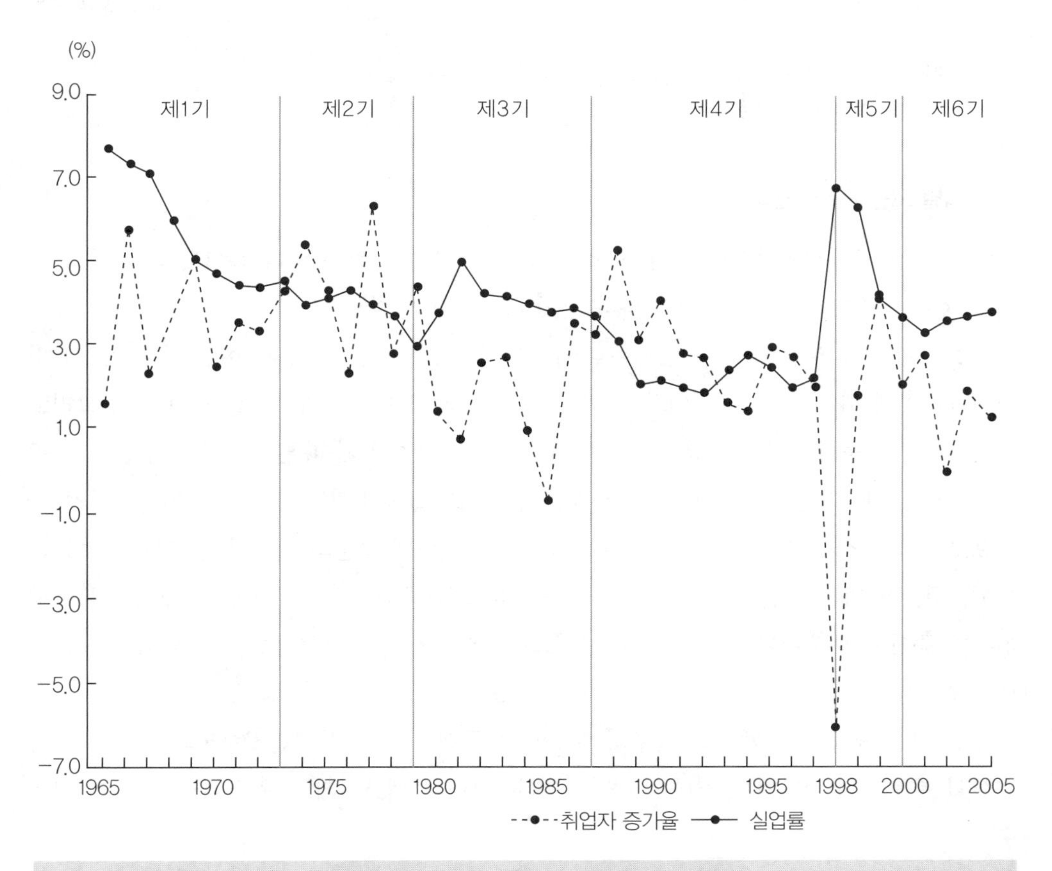

그림 4-3 지난 45년간의 고용사정의 변화

표 4-9 산업별 취업자 증가율 추세 (단위 : %)

기간	제1기 (1963~1972)	제2기 (1973~1978)	제3기 (1979~1986)	제4기 (1987~1997)	제5기 (1998~1999)	제6기 (2000년이후)
전체	3.6	4.2	1.9	2.6	−5.3	1.3
농림어업	0.6	−1.1	−4.0	−4.2	4.3	−1.7
제조업	10.0	11.5	3.1	0.1	−13.2	−1.6
서비스업	6.2	6.8	5.1	5.7	−4.4	4.7
건설업	8.1	17.3	0.9	8.1	−21.3	1.1

주 : 1) 제6기는 한국표준산업분류 8차개정(2000년) 기준에 적용하였다.
- 도소매, 음식숙박업 = 도매 및 소매업(G) + 숙박 및 음식점업(H)
- 사업, 개인, 공공서비스 및 기타 =부동산 및 임대업(L) + 사업서비스업(M) +공공행정(N) + 교육서비스업(O) + 보건 및 사회복지사업(P) +오락, 문화 및 운동관련 서비스업(Q) + 기타공공, 수리 및 서비스업(R) + 가사서비스업(S) + 국제 및 외국기관(T)
- 전기, 운수, 창고, 금융 = 전기, 가스 및 수도사업(E) + 운수업(I) + 통신업(J) + 금융 및 보험업(K)

2) 제6기의 서비스업은 사업, 개인, 공공서비스 및 기타이다.

자료 : 통계청. 경제활동인구연보, 각 연도

5) 산업별 고용구조의 변화

실업률의 감소는 산업발전에 따른 노동수요의 증대에 기인하여 나타나는데, 각 시기의 취업자 증가를 주도했던 산업은 시기마다 달리 나타난다.

제1 · 2기의 높은 취업자 증가는 주로 제조업 중심으로 이루어졌다. 이는 정부주도의 경제개발계획에 따른 급속한 산업화의 진전이 제1기의 경우 경공업 부문 중심으로, 그리고 제2기의 경우 중화학공업과 건설업 부문 중심으로 이루어짐에 따른 노동수요의 급격한 증가의 결과이다. 그러나 산업화가 어느 정도 진전되고 노동집약적 산업에서 자본집약적 산업으로 산업구조가 개편되는 시기인 제3기의 경우 제조업 부문의 취업자 증가율은 크게 둔화되었다. 이 기간 동안에는 취업자 증가가 서비스업 중심으로 옮겨가면서 제조업 부문의 취업자 증가를 보충함에 따라 우리나라의 고용구조가 서비스 산업화를 향하여 급격하게 진행하게 된다.

제4기에는 88올림픽 개최와 정부의 200만 호 주택건설 등 사회간접자본의 확충에 따라 건설업 부문의 취업자가 급격하게 증가하였다. 그러나 제조업의 경우 경공업 부문의 고용

4) 한국표준산업분류 8차개정(2000년) 기준에 적용하여 사업, 개인, 공공서비스 및 기타업을 의미한다.

규모가 크게 감소함에 따라 증가폭의 둔화가 더욱 심화되었다.

제5기는 제조업과 건설업의 대폭적인 감소가 일어났고, 서비스업도 감소가 일어났으나 농림어업만큼은 증가하였다. 이 시기는 우리나라 외환위기로서 우리나라 경제지표상에 −(마이너스)를 기록한 시대이므로 이러한 이변을 나타냈다.

제6기는 2000년대 이후로서 농림어업 및 제조업의 감소하고, 서비스업과 건설업이 증가한 것으로 나타났다. 이 중 서비스업[4]는 다른 산업보다 매우 높은 증가율을 보였다.

종합하여 보면, 우리나라의 고용구조는 〈그림 4-4〉에서와 같이 1960년대에 경제개발계획이 본격적으로 추진되면서 농림어업 부문의 비중이 감소되는 가운데, 1970년대 초반까지는 경공업 중심으로, 1970년대 중반 이후는 중화학공업 중심으로 2차 산업화가 진행되다가, 1980년대 후반에 들어서면서부터는 서비스 산업화가 급격하게 진행되는 추세를 보이고 있으며, 2000년대에는 농림어업의 급격한 감소, 제조업의 감소, 서비스 산업의 높은 증가 등을 보였다.

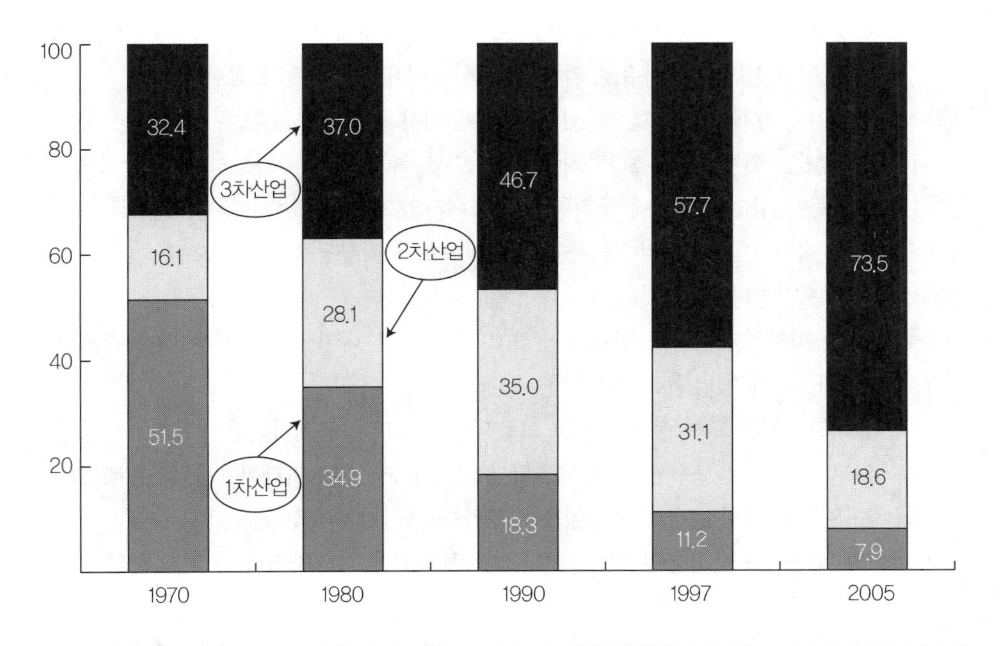

그림 4-4 산업별 고용구조의 변화 (단위 : %)

고용통계

고용통계는 가구조사(통계청)와 사업체 조사(노동부)로 대별된다.

1. 가구조사

인구 및 주택센서스와 경제활동인구조사 등을 말한다.

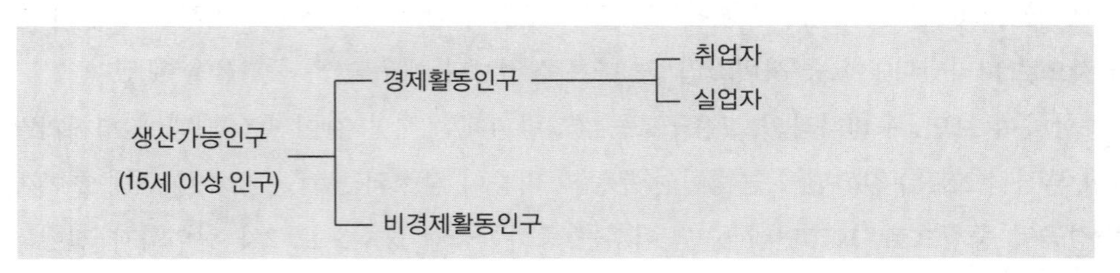

① 생산가능인구 : 조사대상 주간을 기준으로 하여 대한민국에 상주하는 만 15세 이상인 자를 조사대상으로 하나, 속박인구라고 하는 현역군인 및 공익근무요원, 전투경찰, 형이 확정된 교도소 수감자, 그리고 외국인 등은 제외된다.

② 경제활동인구 : 생산가능 인구 중 취업자 또는 실업자를 포함한다.

- 취업자 : 조사대상 주간 중 수입을 목적으로 1시간 이상 일한 자, 가구단위에서 경영하는 농장이나 사업체의 수입을 높이기 위해서 주당 18시간 이상 일한 무급 가족종사자, 직업이나 사업체를 가지고 있으나 일시적인 질병, 일기불순, 휴가, 노동쟁의 등의 불가피한 사유로 일하지 못한 일시휴직자 등을 포함한다.
- 실업자 : 경제활동을 할 수 있는 능력과 의사를 가지고 있으나 조사대상 주간 중 수입 있는 일에 전혀 종사하지 못한 자로서, 즉시 취업이 가능하며, 적극적으로 구직활동을 한 자, 과거에 구직활동을 계속하였으나 일시적인 질병, 일기불순, 구직결과 대기, 자영업 준비 등 불가피한 사유로 구직활동을 적극적으로 하지 못한 자 등을 포함한다.

③ 종사상 지위 : 취업자가 실제로 일하고 있는 신분 내지 기능상태에 따라 종사상 지위는 다음 5가지 범주로 구분된다.

- 상시고 : 임금 또는 봉급을 받고 고용되어 있으며 고용계약기간이 1개월 이상인 자
- 일고 : 임금 및 보수를 받고 고용되어 있으나 고용계약기간이 1개월 미만인 자, 또는 일정한 사업장이 없이 사업을 경영하는 자
- 자영업자 : 유급고용인 없이 자기 스스로 기업을 경영하거나 농장을 경영하는 자, 또는 상점이나 전문적인 직업을 독립적으로 경영하는 자
- 고용주 : 한 사람 이상 피고용인을 두고 기업을 경영하거나 농장을 경영하는 자
- 무급가족 종사자 : 자기에게 직접 이득이나 수입이 오지 않더라도 자기 가구에서

경영하는 농장이나 사업체의 수입을 높이기 위하여 돕는 자로 주당 취업시간이 18 시간 이상인 자

2. 사업체 조사

사업체 노동실태조사, 매월 노동통계조사, 노동력 수요동향조사, 노동력 유동실태조사 등을 포함한다.

① 노동통계조사의 모집단을 파악하는 사업체 노동실태조사는 근로자 5인 이상 전 사업체를 조사대상으로 하며, 개인업주 및 무급가족 종사자와 자유소득인을 포함하여 종사원이 5인이 되는 사업체를 조사대상에서 제외한다. 사업체의 취업자는 다음 6가지 범주로 구분된다.

- 상용근로자 : 임금을 목적으로 근로하는 자로서 기간을 정하지 아니하거나 1개월 이상 기간을 정하여 고용된 자와 일용 및 임시근로자로서 조사기준일 이전 3개월을 통산하여 45일 이상 근로한 자
- 임시근로자 : 직명에 관계없이 1개월 미만을 정하여 고용된 자를 말하며, 한시적 위원, 비상근직, 촉탁 등으로 조사기준일 현재 1개월 미만 재직하고 있는 자도 포함한다.
- 일용근로자 : 현재의 직명에 관계없이 사업체에서 그날 그날 필요에 의하여 고용된 자로서 조사기준일 이전 3개월 동안 45일 미만 근로자
- 유급임원 : 법인 또는 개인 업체의 임원으로서 상근 및 비상근을 불문하고 유급인 자
- 개인업주 : 법인이 아닌 개인 업체에서 경영주로서 실제로 조사대상 사업체를 경영하고 있는 자, 단 2인 이상이 공동경영하고 있는 경우에는 그 중 한 사람을 개인업주로 하고 나머지는 편의상 상용근로자로 분류한다.
- 무급가족 종사자 : 개인업체에서 개인업주의 가족으로 임금이나 급여를 받지 아니하고 조사대상 사업체에서 정상근로시간의 3분의 1 이상을 종사하고 있는 자

② 노동력 수요동향조사의 기술 · 기능 정도별 구분

- 지도기능자 : 생산공정에서 기능근로자의 감독 · 지도 등의 업무에 종사하는 자를 말하며, 직장, 조장, 반장 등의 직무를 담당하는 자
- 숙련기능자 : 고도의 숙련과 판단력, 책임, 적응력이 요구되는 작업에 있어서 그 직무를 능숙하게 수행할 수 있는 능력을 갖춘 자를 말하며, 6개월 이상의 기능습득을 요하는 기능직종에서 3년 이상의 경험을 가진 자로서 생산과정에 대한 충분한 지식과 단독적인 판단력을 활용할 수 있는 능력을 가지고 생산시설 및 생산공정에 대한 책임을 담당하여 생산활동에 직접 종사하는 자와 이와 같은 기능수준에 있다고 일반적으로 생각되는 자

- 반숙련기능자 : 6개월 이상의 기능습득을 요하는 직종에서 1년 이상의 경험을 가지며, 지도기능자나 숙련기능자의 지도를 받으면서 생산시설 및 생산공정에서 생산활동에 직접 종사하는 자로서 숙련기능자에 도달하지는 못했으나 미숙련 또는 수습(견습)기간이 아닌 자
- 미숙련기능자 : 위의 반숙련기능자의 수준에 도달하지 못한 정도의 기능자를 말하며, 현재 교육(견습) 중에 있는 기능자도 포함한다.

③ 표본조사인 매월 노동통계조사, 노동력 수요동향조사, 노동력 유동실태조사 등은 상용근로자를 조사대상으로 한다.

④ 상용근로자와 상시고와의 관계 : 가구조사에서 임금근로자인 상시고와 일고의 구분은 고용계약기간, 사업체 조사에서 임금근로자인 상용근로자와 비상용근로자의 구분은 근로계약의 사실적 관계를 각각 중시하므로 약간의 차이가 존재한다.

3. 고용관련 주요 통계

통계조사명	조사대상	조사내용	조사기준
경제활동인구조사	1990년 인구센서스를 모집단으로 한 3만 표본가구에 상주하는 만 15세 이상 인구	15세 이상 인구, 경제활동인구, 취업자, 실업자 등	15일이 속한 주간
사업체 노동실태조사	근로자 5인 이상 전 사업체	산업별 · 직종별 · 규모별 · 연령계층별 근로자 등	매년 4월 말
매월 노동통계조사	상용근로자 10인 이상(99년부터 5인 이상) 비농사업체 중 3,900개 표본사업체	상용근로자의산업별 · 규모별 · 근로자 종류별 고용 및 노동이동 등	매월 급여계산기간
노동력 수요동향조사	상용근로자 10인 이상 비농사업체 중 3,900개 표본사업체	상용근로자의 산업별 · 직종별 · 기술 및 기능 정도별 현재인원, 부족인원, 잉여인원 등	매년 3월 말
노동력 유동실태조사	상용근로자 10인 이상 비농사업체 중 3,390개 표본사업체	상용근로자의직종별 · 산업별 · 학력별 · 연령계층별 노동이동 등	매년 상 · 하반기
제조업 고용 동향전망조사	상용근로자 30인 이상 제조업 사업체 중 1,200개 표본사업체	상용 · 임시 · 시간제 근로자수, 인력과부족 현황, 채용계획, 고용조정 실시상황	매년 2, 5, 8, 11월 각 1일

표 1 인구구조 추이 및 전망 (단위 : 천명, %)

연도	연앙추계 인구	성비 (남/녀)	연령계층별 인구비중			인구 성장률	노령화 지수
			0~14세	15~64세	65세 이상		
1960	25,012	100.7	42.3	54.8	2.9	3.00	6.9
1965	28,705	101.4	43.8	53.1	3.1	2.55	7.0
1970	32,241	102.4	42.5	54.4	3.1	2.21	7.2
1975	35,281	101.4	38.6	58.0	3.4	1.70	8.9
1980	38,124	101.8	34.0	62.2	3.8	1.57	11.2
1985	40,806	101.7	30.2	65.6	4.3	0.99	14.2
1990	42,869	101.3	25.6	69.3	5.1	0.99	20.0
1995	45,093	101.4	23.4	70.7	5.9	1.01	25.2
1996	45,545	101.5	22.9	71.1	6.1	1.00	26.7
1997	45,991	101.5	22.4	71.3	6.3	0.98	28.3
1998	46,430	101.6	22.0	71.4	6.6	0.95	29.9
1999	46,858	101.6	21.8	71.4	6.8	0.92	31.4
2000	47,275	101.7	21.6	71.2	7.1	0.89	32.9
2001	47,676	101.7	21.6	71.0	7.4	0.85	34.5
2002	48,062	101.7	21.5	70.8	7.7	0.81	36.0
2003	48,431	101.7	21.4	70.5	8.0	0.77	37.5
2004	48,785	101.8	21.3	70.3	8.4	0.73	39.1
2005	49,123	101.8	21.2	70.1	8.7	0.69	40.8
2010	50,618	101.8	19.9	70.1	9.9	0.53	49.9
2015	51,677	101.7	18.4	70.3	11.3	0.35	61.4
2020	52,358	101.6	17.2	69.6	13.2	0.21	76.5
2030	52,744	100.9	16.0	64.7	19.3	−0.04	120.3

주 : 1) 성비＝남자/여자×100

2) $\text{노령화지수} = \dfrac{\text{0~14세 인구}}{\text{65세 이상 인구}} \times 100$

자료 : 통계청(1996). 장래인구추계

표 2 경제활동인구 추이 (단위 : 천명, %)

연도	생산가능인구		경제활동인구		취업자		실업자		경제활동 참가율[1]		실업률[2]	
	전국	비농	전국	비농	전국	비농	전국	비농	전국	비농	전국	비농
1963	14,551	6,161	8,230	3,215	7,563	2,691	667	524	56.6	52.2	8.1	16.3
1970	17,468	9,306	10,062	4,580	9,617	4,580	445	366	57.6	53.1	4.4	7.4
1975	20,918	12,334	12,193	6,181	11,692	6,181	501	434	58.3	53.6	4.1	6.6
1980	24,463	16,572	14,431	9,268	13,683	8,575	748	693	59.0	55.9	5.2	7.5
1981	25,100	17,155	14,683	9,486	14,023	8,871	660	616	58.5	55.3	4.5	6.5
1982	25,638	18,122	15,032	10,190	14,379	9,579	654	612	58.6	56.2	4.4	6.0
1983	26,212	18,983	15,118	10,587	14,505	10,011	613	577	57.7	55.8	4.1	5.5
1984	26,861	20,399	14,997	10,990	14,429	10,454	568	536	55.8	53.9	3.8	4.9
1985	27,553	21,397	15,592	11,745	14,970	11,165	622	580	56.6	54.9	4.0	4.9
1986	28,225	22,315	16,116	12,344	15,505	11,766	611	578	57.1	55.3	3.8	4.7
1987	28,955	23,212	16,873	13,124	16,354	12,630	519	493	58.3	56.5	3.1	3.8
1988	29,602	24,031	17,305	13,632	16,869	13,216	435	415	58.5	56.7	2.5	3.0
1989	30,265	24,847	18,023	14,359	17,560	13,920	463	439	59.6	57.8	2.6	3.1
1990	30,887	25,778	18,539	15,062	18,085	14,629	454	433	60.0	58.4	2.4	2.9
1991	31,422	26,540	19,048	15,690	18,612	15,281	436	409	60.6	59.1	2.3	2.6
1992	31,898	27,245	19,426	16,131	18,961	15,693	465	439	60.9	59.2	2.4	2.7
1993	32,400	28,145	19,803	16,760	19,253	16,236	550	524	61.1	59.5	2.8	3.1
1994	32,939	28,884	20,326	17,395	19,837	16,926	489	468	61.7	60.2	2.4	2.7
1995	33,558	29,671	20,797	17,991	20,377	17,587	419	404	62.0	60.6	2.0	2.2
1996	34,182	30,487	21,188	18,515	20,764	18,102	425	413	62.0	60.7	2.0	2.2
1997	34,736	31,200	21,604	19,024	21,048	18,484	556	540	62.2	61.0	2.6	2.8
1998	35,243	31,693	21,390	18,764	19,926	17,342	1,463	1,422	60.7	59.2	6.8	7.6
1999	35,757	32,210	21,666	19,096	20,291	17,765	1,374	1,332	60.6	59.3	6.3	7.0
2000	36,186	32,743	22,134	19,597	21,156	18,650	979	947	61.2	59.9	4.4	4.8
2001	36,579	33,204	22,471	19,994	21,572	19,125	899	863	61.4	60.2	4.0	4.3
2002	36,963	33,707	22,921	20,499	22,169	19,771	752	728	62.0	60.8	3.3	3.6
2003	37,339	34,273	22,956	20,663	22,138	19,866	817	796	61.5	60.3	3.6	3.9
2004	37,716	34,844	23,417	21,264	22,557	20,427	859	837	62.1	61.0	3.7	3.9
2005	38,299	35,457	23,742	21,616	22,856	20,750	886	865	62.0	61.0	3.7	4.0
2006	38,761	35,952	23,978	21,881	23,150	21,078	827	803	61.9	60.9	3.5	3.7

주 : 1) 경제활동 참가율 $= \frac{\text{경제활동인구}}{\text{생산가능인구}} \times 100$ 2) 실업률 $= \frac{\text{실업자}}{\text{경제활동인구}} \times 100$

자료 : 통계청. 경제활동인구월보, 각호; 통계청. 경제활동인구연보, 각호

|제2절| 외환위기 이후 노동시장의 변화

이 절에서는 1998년 외환위기 이후 노동시장의 양극화 현상이 깊어지고 있는 현황에 대하여 논할 것이다. 정규직과 비정규직, 대기업과 중소기업, 취업애로계층의 발달 등 계층간 양극화에 대한 원인과 현황을 분석하고, 고용동향에서 나타난 특징과 노동시장에서 시사점을 논하고자 한다.

1. 외환위기 이후 노동시장의 특징

(1) 노동시장의 양극화

1) 양극화의 원인

① 획일적인 인력감축
외환위기 이후 공공부분 구조조정 과정에서 정부가 획일적인 인력감축을 강요하였고, 이는 각 부문에서의 비정규직 확산에 촉매역할을 하였다. 공공부문에 대해 인력수요와는 관계없이 획일적인 인력감축을 강요함에 따라 인력수요가 여전한 기관의 경우 정규직의 감원과 비정규직으로의 전환을 통해 공공부문에서의 비정규직이 증가하였다.

공공서비스 수요의 증가에 따라 인력수요가 증가한 기관에 대해서도 정원 및 인건비 증액이 허용되지 않음에 따라 추가 소요인력을 비정규직으로 충원하면서 비정규직이 양산되었다.

② 불공정한 경제 및 노동시장 구조
소수 대기업에 다수 중소기업이 납품하는 수요독점적 거래구조로 인해 원청 대기업이 우월적 지위를 활용하여 하청 중소기업에 불공정한 거래를 강요하였다. 2003년 말 현재 중소기업 중 수급기업의 비중이 63.1%이며, 수급기업의 매출액 중 납품액 비율은 81.7%이다. 노동조합의 강한 요구에 의한 대기업의 과도한 임금인상에 따른 부담을 부당한 방법으로 중소기업에 상당부분 전가하였다. 예를 들면, 협력업체의 임금인상 시 협력업체에 초과이윤이 발생한 것으로 간주하고 납품단가를 일방적으로 인하하는 사례, 최저가 응찰자를 낙찰자로 선정한 이후에도 추가로 개별협상을 벌여 가격을 더욱 삭감하는 사례, 계약예정자의 원가산정 자료를 타 업체에 넘겨 경쟁을 부추기면서 추가적인 가격삭감을 요구하는 사례 등이다.

이에 따라 중소기업의 수익성이 악화되고 지불능력이 저하되면서 중소기업 일자리가 비정규직으로 충원되고 대기업과 중소기업, 정규직과 비정규직 간의 임금격차가 점차 확대되었다. 이는 대기업 대비 영업이익률 격차가 0.52%p(1998년)⇨1.17%p(2001년)⇨3.6%p(2003년) 등에서 알 수 있으며, 대기업 대비 중소기업 임금수준은 76.2%(1998년)⇨71.0%(2001년)⇨62.6%(2005년) 등으로 점점 낮아졌다. 이러한 사실은 전근대적이고 불공정한 원·하청구조를 개선하지 않고는 비정규직의 격차문제가 해소되기 어려울 것임을 나타낸다.

③ 대기업·정규직 중심의 노동시장 제도 및 관행

제도상 미비와 실 적용상의 어려움이 겹쳐서 국가·사회로부터 부가급부 수혜과정에서 격차가 존재한다. 즉, 퇴직금제 지급 대상도 1년 이상 근로자로 제한하여 1년 미만 근속자가 대부분인 비정규직에는 불리하다. 근속기간 1년 미만 비정규직 현황(2005. 8.)을 보면, 324만 9,000명(비정규직의 59.3%)이다. 이는 사회보험의 실적용 누락, 근로기준법 적용범위 일부 제한(5인 미만) 등도 격차 확대의 요인으로 작용한다.

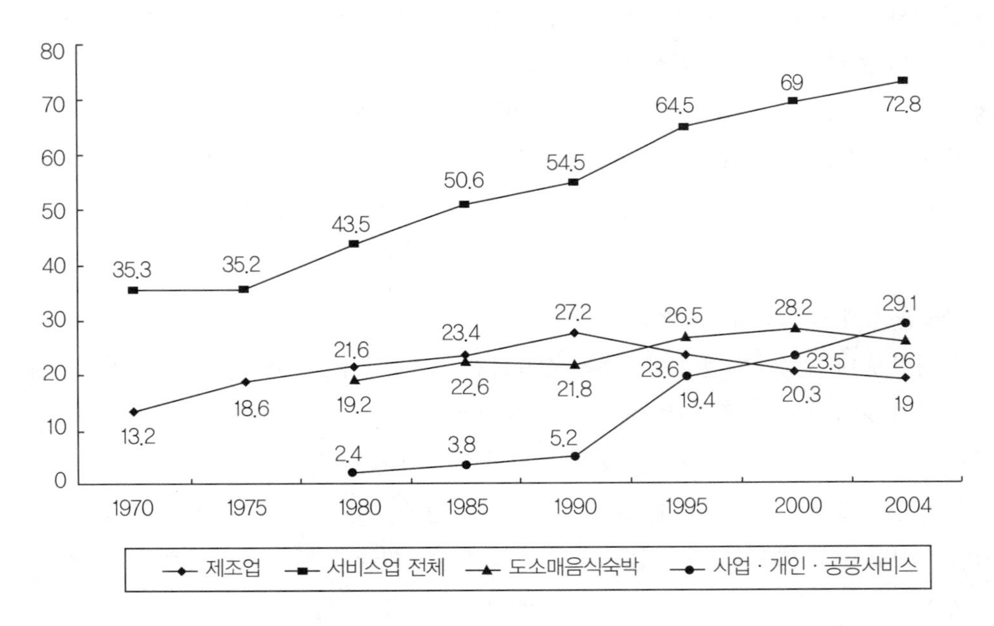

주 : 1990년 이전의 사업·개인·공공서비스 수치는 금융·보험·부동산 및 사업서비스이다.

자료 : www.nso.go.kr(KOSIS)

그림 4-5 산업별 취업자 비중 추이

한편, 사업장규모별 비정규비율을 보면, 5인 미만 50.4%, 5인 이상 33.2% 등으로 나타났다. 이는 기존의 노동관련 정책과 제도가 산업화 시대의 중견기업의 정규직근로자를 주된 대상으로 상정하여 마련된 것으로서 영세기업 근로자 및 비정규근로자와는 친화적이지 못하다.

많은 비정규직근로자는 사회적 지원시스템의 사회보험 적용, 부가급여 적용, 근로기준법 적용, 직업훈련 수혜 등에서 사각지대에 있다. 고용서비스, 직업훈련제도, 모성보호제도, 근로복지제도, 고용보험제도 등이 정규직근로자에게 적합하게 설계되어 있어 비정규직에 대해 적용하기에는 한계가 있다.

④ 산업구조의 서비스화와 직업에 대한 선호도의 변화

유통업 및 외식산업 등 업무량 및 영업시간의 변화가 심해 유연한 인력활용이 필수적인 서비스산업 중심으로 고용구조가 재편되었다. 산업별 비정규직 비율을 2005년 8월을 기준으로 볼 때 서비스업 38.1%, 제조업 20.7%이다.

비정규직근로자의 증가하는 이유 중에 하나는 여성의 적극적 경제활동참가로 가정과 직장의 양립 등을 위해 단시간근로 등 탄력적 근로형태 취업을 희망하는 인력이 증가하였기 때문이다. 여성임금근로자 수는 548만 1,000명(2001. 8.)⇨628만 6,000명(2005. 8.)으로 80만 5,000명이 증가하였다.

또한 일보다는 여가선호를 위한 자유로운 일자리로, 또는 장래 진로탐색(market testing)을 위한 과도기적인 취업선택 수단으로 비정규직 일자리를 활용하는 청년층이 대두되어 더욱 비정규직근로자가 양산되었다.

2) 정규직과 비정규직

① 비정규직의 개념과 범위

비정규직의 개념에 대해 국제적으로 통일된 기준은 없으나, OECD는 임시직근로자(temporary worker), 시간제근로자(part-time worker) 정도를 비정규직으로 파악하고, 임시직근로자에는 유기계약근로자(worker with fixed-term contract), 파견근로자(temporary agency worker), 계절근로자(seasonal worker), 호출근로자(on-call worker) 등을 포함한다.

외환위기 이후 비정규직의 개념 및 범위를 둘러싸고 논쟁이 지속됨에 따라 2002년 7월 노사정위원회 비정규특위에서 고용형태에 따른 분류기준에 합의하였다. 이에 의하면 비정규직은 고용형태를 기준으로 한시적근로자 또는 기간제근로자, 시간제근로자, 비전형근로자 등으로 정의하였다.

한시적근로자(고용의 지속성)는 근로계약기간을 정한 자 또는 정하지 않았으나 비자발적 사유로 계속근무를 기대할 수 없는 자를 의미한다. 시간제근로자(근로시간)는 근로시간이 짧은 파트타임 근로자이다. 비전형 근로자(근로제공 방식)는 파견근로자 · 용역근로자 · 특수고용 종사자 · 가정 내 근로자(재택, 가내) · 일일(호출)근로자를 의미한다.

우리나라의 비정규직의 범위는 외국에 비해 넓은 편이다. 즉, 특수형태 근로, 용역근로 등을 포함하고 있다. 기간제 근로자 범위도 다소 넓은 편인데, 계약기간을 정하지 않았으나 고용의 지속성을 기대할 수 없는 자도 포함한다.

근로지속이 가능한 무기계약근로자이기 때문에 정규직으로 분류되지만, 종사상 지위가 임시직 또는 일용직에 속하여 고용이 불안정하고 사회적 보호가 필요한 근로계층이 광범위하게 존재한다는 점을 인식하고 노사정 합의에서는 이를 '취약근로자'로 파악키로 하였다. 정부와 학계는 노사정 합의기준에 의해 비정규직 규모를 파악하고 있는 반면, 노동계는 '취약근로자'도 비정규직의 범위에 포함하여 파악하여 비정규직 규모에 대한 논란은 지속되고 있다.

노사정 합의 기준과 노동계 주장의 비정규직 범위

노동계는 노사정 합의 기준 비정규직에 고용형태가 정규직이나 종사상 지위가 임시 · 일용직인 '취약근로자'(C)를 비정규직에 포함한다.

- 노사정 합의기준(A+B) : 548만 3,000명(36.6%) ⇨ 고용형태 기준
- 노동계 기준(A+B+C) : 840만4,000명(56.1%) ⇨ 보호대상 기준

『경제활동인구 부가조사의 고용형태상 분류 (2005.8)』

구분	비정규직			정규직	소계
	한시적	시간제	비전형		
상용직	A(151만 3,000명, 10.1%)			D(6,41만 3,000명, 42.9%)	792만 6,000명
임시직 일용직	B(397만 3,000명, 26.5%)			C(3,07만 3,000명, 20.5%)	704만 3,000명
소계	548만 3,000명(36.6%)			948만 6,000명(66.4%)	

주 : 노사정과 노동계간에는 한시적(기간제) 근로자 개념 · 범위에 다소 차이가 있어 A+B+C와 노동계의 비정규직 규모는 정확히 일치하지는 않다.

② 비정규직의 현황

㉠ 비정규직의 추이

비정규직 규모는 2005년 8월 현재 임금근로자 1,496만 8,000명의 36.6%인 548만 3,000명이며, 2001년 8월 363만 5,000명(26.8%)에서 2005년 8월 548만 3,000명(36.6%)으로 184만 8,000명(9.8%p)이 급증하였다.

유형별로는 한시적근로자 65.9%, 비전형근로자 34.8%, 시간제근로자 19.0% 등으로 구성되어 한시적근로자가 비정규직의 대다수를 차지하였다. 비정규직의 급증은 한시적근로자의 급속한 증가에 기인한다. 즉, 한시적근로자는 2001년 8월 186만 5,000명에서 2005년 8월 361만 5,000명으로 175만 명으로 1.94배의 증가가 있었다.

표 4-10 비정규직의 변화 추이 (단위 : 천명, %)

연도	비정규직 (순계)[1]	한시적 근로		시간제 근로	비전형근로					
			기간제		소계	파견 근로	용역 근로	특수고 용형태	가정내 근로	일일 (단기근로)
2001.8	3,635 (26.8)	1,865 (13.8)	1,477 (10.9)	878 (6.5)	1,702 (12.6)	135 (1.0)	307 (2.3)	810 (6.0)	256 (1.9)	298 (2.2)
2002.8	3,839 (27.4)	2,063 (14.7)	1,536 (10.9)	807 (5.8)	1,742 (12.4)	94 (0.7)	332 (2.4)	772 (5.5)	235 (1.7)	412 (2.9)
2003.8	4,606 (32.6)	3,013 (21.3)	2,403 (17.0)	929 (6.6)	1,678 (11.9)	98 (0.7)	346 (2.4)	600 (4.2)	166 (1.2)	589 (4.2)
2004.8	5,394 (37.0)	3,597 (24.7)	2,491 (17.1)	1,072 (7.4)	1,948 (13.4)	117 (0.8)	413 (2.8)	711 (4.9)	171 (1.2)	666 (4.6)
2005.8	5,483 (36.6)	3,615 (24.2)	2,728 (18.2)	1,044 (7.0)	1,907 (12.7)	118 (0.8)	431 (2.9)	633 (4.2)	141 (0.9)	718 (4.8)

주 : 1) 순계는 각 고용형태별 중복인원을 제외하고 산정한 숫자이다.
2) ( ) 내의 숫자는 임금근로자 중 차지하는 비율(%)이다.

임시 · 일용직 추이를 통해 본 고용구조변화

종사상 지위에 의한 임시 · 일용직은 외환위기 이전부터 증가추세를 보이다가 외환위기를 계기로 증가속도가 가속화되었다. 이는 경제환경 변화가 외환위기 이전부터 노동시장에 영향을 미치다가 외환위기를 계기로 영향이 가속화된 것으로 추론된다.

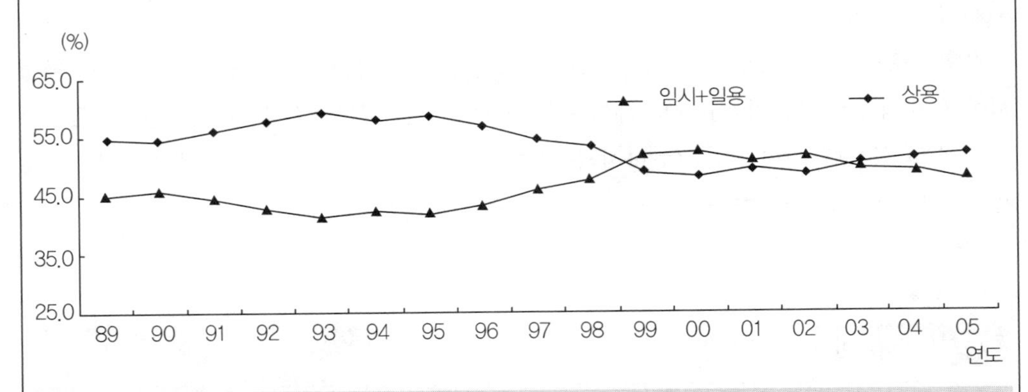

그림 1 임금근로자의 종사상 지위별 비중 추이

다만, 최근에 와서 임시 일용직이 감소하는 가운데 한시적근로자 중 상용직의 비중이 증가하였는데, 이는 서구식의 채용관행 채택경향, 최근 내수 부진에 따른 일시적 전략이 복합적으로 작용한 결과로 추정된다.

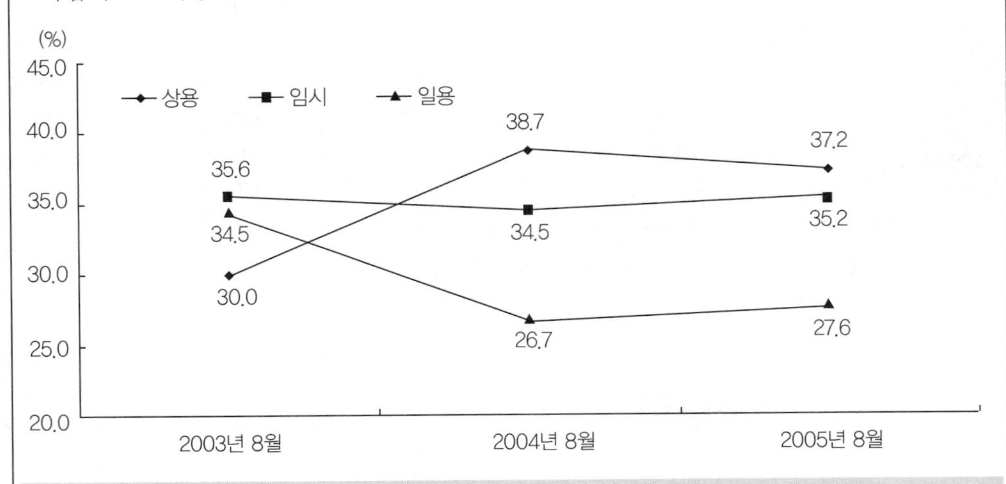

그림 2 한시적 근로자의 종사상 지위별 비중

ⓛ 비정규직의 특성

외국과 비교해 볼 때, 〈그림 4-6〉에서와 같이 한시적근로자 비율은 높은 반면에 시간제근로자 및 파견근로 등 비전형근로자의 활용 비중은 낮은 편이며, 증가율도 미미하다.

시간제근로자는 〈그림 4-7〉에서와 같이 2001년 8월 87만 8,000명에서 2005년 8월 104만

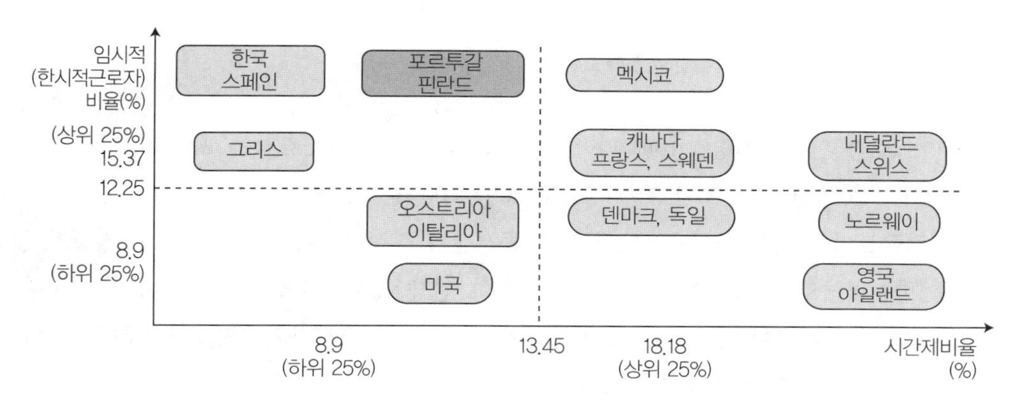

자료 : OECD Employment Outlook(2003). 한국은 경제활동부가조사 2005.8월 기준

그림 4-6 한시적 및 시간제근로자 국제 비교

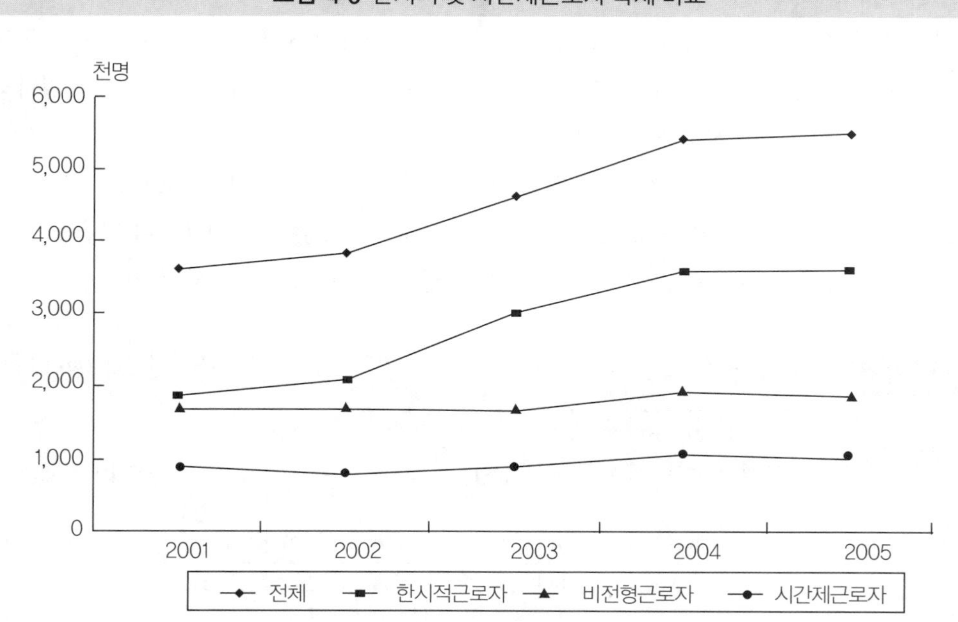

자료 : 통계청, 경제활동인구 부가조사, 각 연도

그림 4-7 비정규직 유형별 변화 추이 (단위 : 천명)

표 4-11 연령계층별 현황 (단위 : 천명, %)

구분	합계	15~19	20~29	30~39	40~49	50~59	60 이상
임금근로자(A)	14,968	238	3,772	4,516	3,759	1,869	814
비정규직(B)	5,483 (100.0)	168 (3.1)	1,237 (22.6)	1,371 (25.0)	1,364 (24.9)	800 (14.6)	543 (9.9)
B/A	36.6	70.6	32.8	30.4	36.3	42.8	66.7

자료 : 통계청(2005. 8). 경제활동인구 부가조사

4,000명으로 16만 6,000명(1.19배)의 증가에 그쳤다. 비전형근로자는 2001년 8월 170만 2,000명에서 2005년 8월 190만 7,000명으로 20만 5,000명(1.12배)의 증가에 그쳤다.

한시적근로자의 높은 증가율은 정규직 노동시장의 경직성으로 인하여 기업이 정규직 일자리를 한시적근로자 고용으로 우회적인 유연화 전략을 추구하고 있다는 것을 의미한다. 한시적근로자의 과도한 증가를 억제하기 위해서는 한시적근로자의 사용 억제보다는 정규직 노동시장의 유연화가 필요함을 시사한다.

임금근로자 중 연령계층별 비정규직 비율은 [표 4-11]에서와 같이 10대(70.6%), 60대(66.7%), 50대(42.8%) 등의 순으로 높게 나타났다.

이는 외환위기 이후 50대의 고용불안이 심각하다는 점과 동시에 연소자, 고령자 등 구직이 어려운 계층에 일자리를 제공하고, 경제활동참가율을 높이는데 비정규직 형태의 일자리가 유용할 수 있음을 시사하는 것이다.

전체 비정규직 중 남성(49.9%)과 여성(50.1%)의 비중은 비슷하게 나타났으나, 전체 임금근로자 중 여성근로자의 비율(42%)을 고려할 때 상대적으로 여성 비정규직이 많음을 의미한다. 특히, 시간제근로 · 특수형태근로 등에서 여성의 비중이 높다([표 4-12] 참조).

표 4-12 비정규직의 성별 현황 (단위 : 천명, %)

구분	정규직	비정규직(순계)	한시적 근로자	시간제 근로자	비전형 근로자					
					일일	파견	용역	특수형태	재택가내	소계
전체	9,486 (100.0)	5,483 (100.0)	3,615 (100.0)	1,044 (100.0)	718 (100.0)	118 (100.0)	431 (100.0)	633 (100.0)	141 (100.0)	1,907 (100.0)
남	5,947 (62.7)	2,736 (49.9)	1,864 (51.6)	309 (29.6)	466 (64.9)	43 (36.4)	247 (57.3)	240 (37.9)	14 (9.9)	967 (50.7)
여	3,539 (37.3)	2,747 (50.1)	1,751 (48.4)	736 (70.4)	252 (35.1)	75 (63.6)	183 (42.7)	394 (62.1)	127 (90.1)	941 (49.3)

자료 : 통계청(2005. 8). 경제활동인구 부가조사

표 4-13 교육 정도별 현황 (단위 : 천명, %)

구분	합계	중졸 이하	고졸	대졸 이상
임금근로자(A)	14,968	2,676	6,535	5,758
비정규직(B)	5,483 (100.0)	1,519 (27.7)	2,496 (45.5)	1,468 (26.8)
B/A	36.6	56.8	38.2	25.5

자료 : 통계청(2005. 8). 경제활동인구 부가조사

이는 양질의 비정규직 일자리 창출 · 활용이 여성의 경제활동참가율 및 일자리의 질을 높이는 주요수단이 될 수 있음을 시사한다.

한편, 교육 정도별 분포를 보면, [표 4-13]과 같이 임금근로자 중 교육 정도별 비정규직 비율은 대졸 이상(25.5%)보다 고졸(38.2%) 및 중졸 이하(56.8%)가 상대적으로 높다.

3) 취약계층[5)]

① 취약계층의 범위

1990년대 후반 이후 인력공급은 증가했으나, 성장률 둔화 및 고용흡수력 저하로 양질의 일자리 찾기가 어려워졌다. 또한, 경력자 위주 채용 형태, 성과중심 인력관리, 빈번한 직장이동 등 노동시장 환경이 급속히 변하고 있다. 고용보험 DB에 나타난 경력자 채용비중을 보면 1996년 39.6%, 2000년 77.0%, 2004년 79.0% 등으로 1996년에 비해 8년이 지난 2004년에는 약 2배에 달하는 신장을 가져왔다.

또한, 2004년 전직 · 자영업 목적 이직자는 68만 9,000명이나 전직지원 장려금 수급자는 0.4%의 2,700명에 불과하다. 2004년 600만 명 이상이 직장이동 또는 취직을 하고 있는 것으로 나타나고 있으며, 실업자, 취업준비 또는 유휴 청년인력, 장애인, 여성, 중고령자, 구직단념자, 비자발적 단시간근로자 등 취업애로계층이 있게 된다.

일반적으로 사회적 · 경제적 · 심리적 특징으로 인해 다른 집단보다 일자리를 구하기가 어려운 집단이 취약계층이다. 취약계층은 다음과 같다. 첫째, 노동시장의 배제계층으로 장기실업자, 비정규근로자, 저숙련 · 저임금근로자이다. 최소한의 교육연수를 이수하였음에도 불구하고 구조적 일자리 부족, 숙련수준의 고도화에 따라 배제될 위험이 있는 계층이다. 둘째, 전통적인 사회적 · 경제적 배제계층으로 저소득층이다. 산업사회에서나 지식기반사회

5) 이 내용은 나영선(2005). 취약계층, 한국의 인적자원, 도전과 새패러다임, 법문사의 내용을 일부 발췌한 것이다.

에서나 빈곤층으로 요약되는 집단으로서 노동시장에서 요구하는 최소한의 직무능력을 보유하지 못하여 불안정한 고용형태에 처해 있거나 절대적으로 낮은 임금을 받고 일하는 집단이다. 셋째, 최근 증가하고 있는 중등교육 단계의 학업중단 청소년도 취약계층에 해당된다. 넷째, 특수취약계층으로 장애인이 해당된다.

이와 같이 취약계층에 대하여 양질의 고용지원서비스가 제공되지 못함에 따라 인력수요와 공급간에 불일치가 존재하고 취업이 된 경우에도 일자리의 질(matching quality)이 열악하여 다시 실업과 빈곤의 함정에 빠지게 되는 문제점이 발생한다. 실업과 취업을 반복하는 근로빈곤층이 2004년 현재 132만 명에 이른다.

② 취약계층의 실태

㉠ 장기실업자

장기실업자는 실업과 취업을 오가는 반복실업, 장기실업 상태에서 구직을 포기하는 실망실업, 한시적 취업의 특성이 높은 임시 · 일용직 등 비정규직 취업 등을 장기실업자로 보아야 한다.

2002년 장기실업자의 규모는 실업기간 6개월 이상 실업자 9만 3,000명, 지난 1년 동안 2회 이상 반복 실업의 경험이 있는 자 8만 4,000명, 6개월 이상 장기 실업상태에서 취업하였으나, 임시 · 일용근로자 등 비정규직으로 취업한 자 9,000명, 6개월 이상 장기실업자였다가 노동시장에서 퇴출하여 비경제활동상태로 된 자 1만 1,000명 등 약 19만 7,000명으로 추산된다.

장기실업자의 특성을 보면, [표 4-14]에서와 같이 첫째, 20 · 30대이거나 전문대 이상의 고학력층으로 지속실업형, 고졸 이하거나 40대 이상의 고령층으로 반복실업형 또는 비정규직 재취업형, 30대 고학력층은 구직단념형 등으로 세분화 · 구조화되어 있다. 둘째, 남성, 30세 이상의 중장년층, 가구주의 경우에 장기실업자 등의 규모가 크다. 이는 산업 핵심노동력계층이 장기간 실업상태에 빠진 후 일자리로 복귀하지 못하고 결국 주변인력화되어 있음을 시사한다. 셋째, 고졸학력에서 장기실업자 비중이 가장 높은 것으로 나타나고 있으나 대졸이상 장기실업자의 비중이 꾸준히 높아지고 있어 고학력 장기실업자의 문제가 심각해지고 있다. 특히 29세 이하 청년층의 경우, 지속실업형의 장기실업 비중이 가장 높다. 넷째, 실업률의 하락에도 불구하고 일단 장기실업상태로 빠지게 되면 그 상태에서 벗어나지 못할 확률이 점차로 커지고 있다. 경제활동이동상태 패널분석에 의하면, 장기실업자중 취업으로의 탈출률은 1999년 18.0%를 정점으로 2002년 현재 15~16%대로 하락한 반면, 실업상태로 남을 확률은 1999년 69.8%에서 2002년 71.4%로 점차 높아졌다.

표 4-14 장기실업자 유형별 특성 (단위 : %, 명)

구분	계	연령				학력		
		20대	30대	40대	50대 이상	중졸 이하	고졸	전문대 이상
계	100.0(289)	100.0(40)	100.0(128)	100.0(120)	100.0(99)	100.0(128)	100.0(148)	100.0(112)
지속 실업형	33.2	37.5	41.1	28.3	26.3	28.1	28.4	45.5
반복 실업형	20.3	20.0	15.6	21.7	25.3	19.5	23.6	16.1
비정규직 재취업형	22.9	22.5	15.6	23.3	32.3	27.3	25.7	14.3
구직 단념형	19.5	15.0	25.0	17.5	16.2	20.3	17.6	21.4
기타	4.1	5.0	2.3	9.2	–	4.7	4.7	2.7

주 : 2003년 6월 한달 동안 전국 실업극복연대회의에 속하는 단체를 방문한 실업자 중에서 장기 실업자 범주에 속하는 389명의 실태조사 결과이다.

자료 : 나영선 외(2003). 장기실업자의 재취업 촉진을 위한 직업능력개발방안, 한국직업능력개발원

㉡ 저소득층

근로빈곤층은 전통적인 빈곤층, 즉 근로능력이 없으며 의사표현 능력이 부족한 빈곤층과 달리 외환위기 이후 증가된 실업빈곤층, 취업빈곤층 등이 있다. 한국사회의 빈곤율은 7.94%로 약 366만 명이며, 최저생계비 이상 중위소득 50% 이하의 차상위계층은 377만 명에 이른다. 이 중에서 정부제공서비스를 받는 사람들, 즉 기초생활보장 수급자 규모는 약 150만 명(전 인구의 3.2%)에 불과하다(2003년 현재 135만 명 수준으로 감소). 저소득층 중 비수급자 빈곤층은 약 217만 명(전 인구의 4.7%)으로서 공공부조의 사각지대에 있다.

근로빈곤층이 노동시장 주변인력으로 이동하였다가 빈곤층으로 퇴적화 · 구조화되고 있는 상황은 중위소득 60% 이하의 저소득근로능력자에 대한 실태조사 결과에서 발견된다(노대명, 2003). 약 40%가 저학력자이며, 조사대상의 18.7%가 실업자이다. 게다가 저소득근로능력자 중 취업자의 대부분(90%)은 특별한 직업기술을 보유하지 않았으며, 그럼에도 불구하고 직업훈련에 참여한 경험이 약 7%에 불과하였다. 임금근로자로 경제활동을 영위하는 경우에도 정규직은 10.9%이며 대부분 임시직(30.9%)이거나 일용직(58.2%) 및 무급가족종사자(31%)로 종사하고 있다. 월평균 소득은 69.2만 원, 연간총소득은 830만 원으로 비빈곤가구의 1/3에도 못미치는 수준이다. 빈곤가구는 이전소득의 비율이 42.3%나 치지하여 사회보장이전소득에 의존하고 있다. 미취업자의 경우 24개월 이상 장기간 실업상태에 있는

표 4-15 학교급별 · 연도별 학업중단자 분포(휴학자 포함) (단위 : 천명, %)

연도	중학교		일반고		실업고		합계	
	중퇴자수	중퇴율	중퇴자수	중퇴율	중퇴자수	중퇴율	중퇴자수	중퇴율
1980	25	1.0	15	1.7	15	2.0	55	1.3
1985	29	1.0	24	1.9	34	3.8	87	1.8
1990	24	1.0	27	1.8	25	3.0	75	1.6
1995	20	0.8	16	1.3	29	3.2	65	1.4
2000	17	0.9	17	1.2	32	4.3	66	1.7
2001	19	1.0	19	1.5	33	5.1	71	1.9
2002	20	1.1	20	1.7	28	4.9	68	1.9

자료 : 교육인적자원부. 교육통계연보, 각 연도

경우가 59%로 평균 실업기간은 5년 7개월로 나타났다.

ⓒ 학업중단 청소년

학생이 다른 학교로 진학하는 절차없이 중 · 고등학교 과정에서 졸업하기 전에 학업을 중단하는 청소년은 1990년 이후 한해에 약 7만 명(전체 중 · 고등학생의 1.9%) 정도 발생하고 있다.

특히 학업을 중단하였거나 상급학교에 진학하지 않은 청소년들이 정상적인 노동시장 진입을 통해서 사회에 성공적으로 정착하기란 매우 어려운 일이며, 그 결과 무분별한 임금착취와 저임금, 열악한 환경에 유입될 가능성이 높다. 학업중단 청소년에 대한 실태조사에서 전체 69%가 파트타임 및 아르바이트를 해본 경험이 있으며, 19세 미만 청소년의 고용을 금지하는 업소에도 아르바이트를 한 경험이 있음을 나타냈다. [표 4-15]에서와 같이 약 20%는 시간당 최저임금 2,048원에도 미치지 못하는 저임금을 받은 것으로 나타났다(이경상 외, 2003).

ⓓ 장애인

2000년 전국 장애인실태조사에 의하면, 전국의 장애인은 약 144만 9,000명(출현률 3.09%)로 추정되어 1995년의 105만 3,000명(출현율 2.35%)에 비해 89만 6,000명이 증가하였으며, 장애범주 확대로 장애인구가 증가하는 추세로서 2008년 장애인 출현률은 5%로 예상된다. 고용촉진 및 직업재활서비스 등 일차적인 정책대상이 되는 등록 장애인 수도 등록원년인 1989년 21만 8,601명에 불과하였으나 매년 급속히 증가하여 2003년 6월 현재 137만 7,684명에 이른다. 15세 이상 장애인 133만 2,000명 중 경제활동인구는 63만 7,000명(47.8%)이

표 4-16 장애인 의무고용사업체 연도별 장애인 고용률 (단위 : %)

연도	1991	1998	1999	2000	2001	2002
민간부문	0.40	0.54	0.91	0.95	1.10	1.12
정부부문	0.52	1.23	1.33	1.48	1.61	1.66
전체	0.43	0.63	0.96	1.01	1.16	1.18

자료 : 노동부(2003). 장애인 고용현황 및 고용촉진대책

고, 취업자 수는 45만 6,000명이며 실업자 수는 18만 1,000명이다. 따라서 실업율은 28.4%로서 2000년 6월 전체 실업율 4.2%에 비해 무려 6.8배에 이른 높은 수준을 나타낸다. 장애인 고용증대를 위하여 1990년부터 공기업 및 민간기업에 대해 장애인 의무고용제를 실시하고 있으나 장애인 고용률은 2002년 12월 현재 1.18%에 불과해 의무고용률 2%에 아직 미치지 못하고 있다([표 4-16] 참조).

취업장애인을 보면, 가장 비중이 높은 직업은 농어업직 26.7%. 단순노무직 23.6%, 서비스 · 판매직 21.0%, 기능직 11.4% 등의 순으로 나타났다. 장애인 취약한 근로조건 및 단순업무 편중분포를 보이고 있으며, 취업 이후에도 잦은 이직, 낮은 임금, 직장 부적응 등으로 고용상태가 불안정하다.

(2) 청년실업

① 청년실업 현황

2005년도 청년실업률은 [표 4-17]에서와 같이 8.0%로 2004년도 8.3%에 비해 다소 감소하였으며, 청년 실업자수도 38만 7,000명으로 2004년도 대비 2만 5,000명 감소하였다. 또한, 청년층의 학교 졸업 후 첫 취업까지의 소요기간도 2004년 11개월에서 2005년도에는 10개월로 단축되는 등 청년고용관련 지표가 다소 개선되었다. 청년실업률을 월별로 보면, [표 4-17]에서와 같이 2005년 1월 청년실업률은 9.3%로 2004년 1월과 비슷하였으나, 그 이후에는 전반적으로 2004년에 비해 낮은 수준을 유지하였다.

표 4-17 2004~2005년 청년실업률 추이 (단위 : %)

구분	1월	2월	3월	4월	5월	6월	7월	8월	9월	10월	11월	12월
2004	9.3	9.5	9.1	8.0	8.1	8.0	7.9	7.6	7.0	7.6	7.7	8.9
2005	9.3	9.0	8.8	8.2	7.4	7.8	8.3	7.4	7.2	7.2	7.3	7.9

자료 : 노동부(2003). 장애인 고용현황 및 고용촉진대책

표 4-18 청년층 졸업 · 퇴자 중 임금근로자의 첫 취업 소요기간 : 분포와 평균기간(단위 : %, 천명)

학력	임금근로자	3개월 미만	3~6개월 미만	6개월~1년미만	1~2년 미만	2~3년 미만	3년 이상	평균 (개월)
계	100.0(4,968)	53.9(2,678)	11.0(547)	8.3(412)	11.2(556)	5.6(277)	10.0(498)	10.7
중졸 이하	100.0(107)	18.2	15.2	7.3	20.3	8.4	30.6	32.4
일반고	100.0(794)	41.3	11.4	7.3	14.9	6.3	18.8	16.9
실업고	100.0(1,598)	54.5	11.5	8.6	8.9	5.0	11.6	11.2
전문대	100.0(1,285)	59.4	10.6	7.9	11.1	5.1	5.9	7.6
대학 이상	100.0(1,184)	58.9	10.1	9.1	11.1	6.2	4.7	7.3

자료 : 통계청(2003). 경제활동인구 청년층 부가조사

청년 실업자 38만 7,000명은 전체실업자 88만 7,000명의 43.6%를 차지하고, 청년 실업률 8.0%은 전체 실업률 3.3%의 2.2배로 여전히 높은 수준이다. 특히, 국민이 느끼는 청년실업에 대한 체감상황은 지표상의 실업상황보다 심각하다고 할 수 있다. 이것은 적극적 구직활동을 하지 않아 실업자로 분류되지는 않지만 취업에 어려움을 겪고 있는 '청년층 비경제활동인구'가 다수 존재하기 때문인 것으로 분석된다.

청년층의 취업기간까지의 소요기간이 길다. [표 4-18]에서와 같이 청년층 졸업 · 중퇴자가 임금근로자로서 첫 일자리를 얻기까지의 평균 소요기간은 10.7개월에 달한다. 학력별로 보면 학력이 높을수록 첫 일자리를 얻기까지의 평균기간이 짧다. 대학 이상은 7.3개월, 전문대 7.6개월, 실업고 11.2개월, 일반고 16.9개월 등으로 나타났다. 취업기간의 분포를 보면, 전문대나 대학 이상 졸업 · 중퇴자는 70% 정도가 3개월 이내에 취업하였으나 실업고 59.4%, 일반고 41.3% 등으로 그 비율이 상대적으로 낮다. 또 취업하는 데 2년 이상 소요된 자의 비율도 실업고 15.6%, 일반고 25.1% 등으로 전문대나 대학 이상 졸업 · 중퇴자의 약 11%보다 높은 것으로 나타났다. 즉, 전문대나 대학 이상 졸업 · 중퇴자에 비해 고교, 특히 일반고 졸업 · 중퇴자의 경우 2년 이상 장기실업자의 비중이 높음을 알 수 있다.

청년 실업률이 전체 실업률의 2배에 달하는 것은 선진국에서도 공통적으로 발생하는 현상이다. 예를 들면, 2004년도 OECD 국가의 청년 실업률 평균은 13.4%로 전체 실업률 6.9%의 1.9배이다.

② 청년실업의 원인

청년실업의 원인은 한국개발연구원의 전망에서와 같이 노동시장 수요측면에서 1980년대 7.8%, 1990년대 6.3%에 달하던 잠재성장률이 2003~2007년 4.8~5.4%, 2008~2012년

4.5~5.1%으로 감소하는 것으로 전망되는 등 경제성장 속도가 둔화되면서 고용흡수력이 저하된 점을 들 수 있다. 또한, 산업구조 고도화에 따른 고용 증가세 둔화로 동일생산 대비 일자리 증가 규모도 하락하고 있다. 실제 GDP 10억 원당 취업자 수를 나타내는 고용계수가 1990년 68.7명에서 2004년 32.7명으로 감소한 것으로 나타났다.

이러한 고용 흡수력 둔화가 기업의 신규채용 감소로 이어지면서 노동시장 신규진입자인 청년층에 가장 크게 영향을 미치고 있다. 전체 청년 인구 중 취업자 비중인 청년층 고용률(취업자/생산가능인구)이 1996년 46.2%에서 2005년 44.9%로 감소하였다.

노동시장 공급측면에서는 대학 진학률의 급격한 증가로 1996~2005년 10년간 대학 졸업자의 수가 17만 명 증가하였다[6].

또한, 대기업 · 공기업 등 소위 '괜찮은 일자리(decent job)' 의 취업경쟁률은 매우 치열한 반면, 청년실업이 심각한 상황에서도 중소기업의 인력난은 여전히 계속되고 있다[7].

노동시장 인프라 측면에서는 고용지원센터 등 직업안정기관과 학교의 역할이 미흡하여 청년층의 활용도가 낮은 점도 한 원인이다. 청년층 취업자의 주된 취업경로는 연고에 의한 경우 45.3%이며 공공 · 민간직업안정기관 또는 학교 취업소개기관 등을 통한 취업은 6.9%로서 소수에 불과한 것으로 나타났다. 또한, 공공 · 대학 등의 취업지원서비스가 강화되고 있음에도 불구하고 인력, 프로그램의 부족 등으로 대학생의 진로지도 서비스 수혜 경험이 많지 않은 것으로 조사되었다.

또한, 기업의 채용동향이나 산업계 수요 등 노동시장 정보를 분석하여 교육과정에 반영하고 청년층에게 제공하는 시스템이 갖추어지지 않는 등 노동시장 정보제공 부족도 청년실업의 원인으로 지적되고 있다.

이상과 같이 수요를 초과하는 대학졸업자 증가, 청년층 눈높이 조정 실패, 직업지도 취약 등으로 인해 학교-노동시장 간 이행이 장기화[8]되면서 청년실업이 더욱 심각해지는 것으로 분석된다(노동부, 2006).

한편, 대학에서 배출하는 신규인력의 지식과 기술 수준은 기업이 필요로 하는 수준의 26%에 불과(2002년 12월, 전경련)하므로 일자리 불일치(job mismatch)와 기능 불일치(skill mismatch) 현상이 지속되고 있다.

---

6) 대학진학률 : 27.2%(1980년) ⇨ 33.2%(1990년) ⇨ 51.4%(1995년) ⇨ 68.0%(2000년) ⇨ 82.1%(2005년) (교육인적자원부. 「교육통계연보」)

7) 5인 이상 사업체 부족인원(2005년 5월, 노동력수요동향조사 보고서, 노동부) : 22만 5,000명(전년동기대비 4만 5,000명, 25% 증가)

8) 학교교육 종료 후 첫 취업 때까지 소요기간은 평균 10개월(통계청. 청년층경제활동부가조사, 2004년 5월)

이와 같이 지속되는 불황으로 인하여 기업이 신규채용을 최대한 억제하게 됨으로써 청년 실업률이 급등하였을 뿐만 아니라 이들 청년 계층의 실업이 구조화되어 만성적인 실업이 발생할 가능성이 제기되는 등 실업 및 고용에 대한 불안이 사회 불안의 중요한 요인으로 작용할 가능성도 대두되었다.

(3) 고용 없는 성장

1998년도의 경제 및 노동시장 상황은 크게 ① 극심한 경기침체, ② 기업의 구조조정, ③ 노동시장의 구조적 변화, ④ 임금수준의 하락 등으로 표현할 수 있다. 1998년도 경제성장률은 −5.8%로 지난 1980년 이후 처음으로 마이너스 성장률을 기록하였으며, 설비투자는 전년대비 38.5%로 감소하였다. 기업의 경영환경도 극도로 악화되어 부도기업체는 1997년도의 1만 7,168개소에서 1998년에는 2만 2,828개소로 급격하게 증가하였다. 한편 기업은 악화된 경영환경을 개선하고 '고비용 저효율' 구조를 개선하기 위하여 1998년 초부터 본격적인 구조조정을 단행하기 시작하였다. 이러한 경제사정의 변화는 노동시장에 직접적인 타격을 가함으로써 노동시장 사정이 급격하게 악화되는 현상을 초래하였다.

외환위기를 겪은 이후 우리나라는 경제 각 부문의 구조조정 과정에서 경기 사이클이 짧아지는 한편 불황의 폭도 깊어지면서 구직난, 미취업의 장기화, 비정규직의 확대, 실업률의 급등 등 고용 상황의 악화를 경험한바 있다.

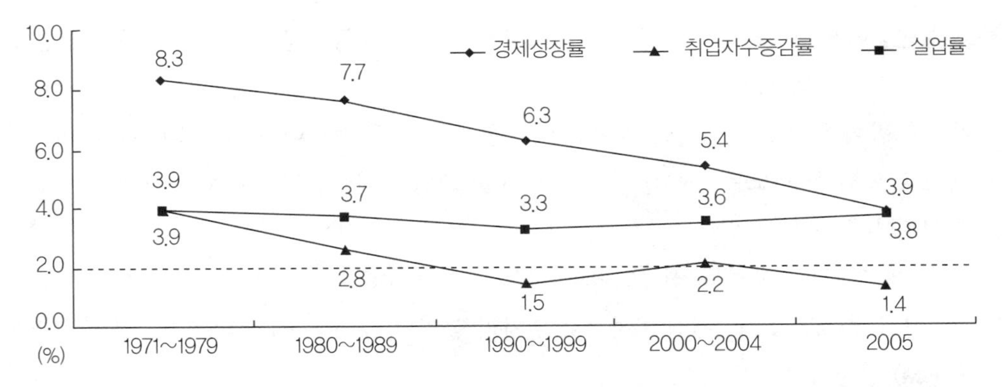

주 : 1) (1998년 제외 시) 1990~1999년의 성장률과 취업자 수 증감률은 각각 7.7%, 2.3%이다.
2) 2005년 경제성장률과 취업자 수 증감률은 추정치(취업자 수는 1~11월 자료)
3) 실업률 : 2000년부터는 4주 기준

자료 : 노동부 고용정책본부(2006. 1). 고용정책현황 및 과제

그림 4-8 경제성장률과 취업자 수 증감률 비교

표 4-19 GDP 증가율 및 취업계수 추이

연도	1980~1990	1991~1996	1997~1999	2000~2004
GDP증가율(%)	9.2	7.7	2.2	5.4
취업계수	63.5	47.0	39.8	34.5

주 : 취업계수(명/10억)=취업자/GDP

이와 같이 우리나라는 1970~80년대 7~8%대의 고성장 · 고고용에서 성장률과 고용흡수력이 감소하면서 점차 저성장 · 저고용으로 전환하는 추세에 있다(〈그림 4-8〉 참조).

외환위기 이후 구조조정의 상시화 및 자동화의 확산 등으로 일자리 창출 역량이 약화되었고 잠재성장률이 하락하고 있으며, 일자리창출 능력도 약화되어 '고용없는 성장' 의 시대를 나타내고 있다. 2003년 3.1%의 성장에도 불구하고 취업자수는 3만 명 감소하였다([표 4-19] 참조).

(4) 산업별 고용비중의 변화

우리나라 2005~2007년 1/4분기까지의 고용동향을 보면, [표 4-20]에서와 같이 경제활동인구는 2005년의 2,374만 3,000명에서 2007년 1/4분기는 2,369만 2,000명으로 감소되었다. 이에 따라 경제활동 참가율도 62.0%에서 60.8%로 감소하였다. 실업자는 2005년보다 2007년 1/4분기가 3만 6,000명이 감소하였고, 실업률도 0.1% 감소하였다.

산업별 취업자를 보면, 제조업 비중은 1989년 27.8%(488만 명)를 정점으로 지속적인 하

표 4-20 최근의 고용동향 (단위 : 천명, %)

구분	2005	2006					2007. 1/4
		연간	1/4	2/4	3/4	4/4	
15세 이상 인구	38,300	38,762	38,592	38,730	38,834	38,890	38,997
경제활동인구	23,743(1.4)	23,978(1.2)	23,491	24,225	24,112	24,083	23,692
참가율	62.0	61.9	60.9	62.5	62.1	61.9	60.8
취업자	22,856(1.3)	23.151(1.8)	22,557	23,409	23,313	23,303	22,841
실업자	887	827	914	816	798	780	851
실업률	3.7	3.5	3.9	3.4	3.3	3.2	3.6

주 : ( ) 안의 수치는 전년(동기)대비 증감률이다.
자료 : 통계청, 경제활동인구월보, 각 연도 및 월간자료

락을 보이고 있으며, 2005년 11월 현재 농림어업 7.9%(184만 명), 제조업 18.1%(420만 명), 서비스업 65.8%(1,527만 명) 등으로 나타나 서비스 고용비중은 지속적으로 증가하는 추세에 있다. 제조업의 취업계수도 지속적으로 감소추세에 있으며 노동절약적 기술진보 등으로 제조업에서의 순고용 증가는 기대하기 어려운 상황이다. 이와 같이 서비스부분의 증가가 계속될 전망이다. 1973~2005년의 산업구조변화는 〈그림 4-2〉를 참조하기 바란다.

이러한 산업구조 변화는 우리나라 산업구조가 농업, 제조업 등과 같은 물적 재화 중심에서 정보, 지식, 서비스 등과 같은 비물적 재화 중심의 산업구조로 이행되는 경제의 소프트화[9]에서 그 원인을 찾을 수 있다(오호영. 2005).

(5) 노동력 구성의 변화

우리나라의 대학진학률은 1980년 27.2%에 불과하였으나 2005년 현재 82.1%에 달한다. 25~34세 인구 중 고졸 이상 비율은 2004년 현재 한국 95%, 영국 70% 등으로 우리나라의 높은 진학률을 알 수 있다. 1980년대 이후 대학정원의 증가는 주로 인문계열 위주로 이루어졌다. 이러한 상황에 따라 전체 취업자 중 대졸 이상 비율은 〈그림 4-9〉에서와 같이

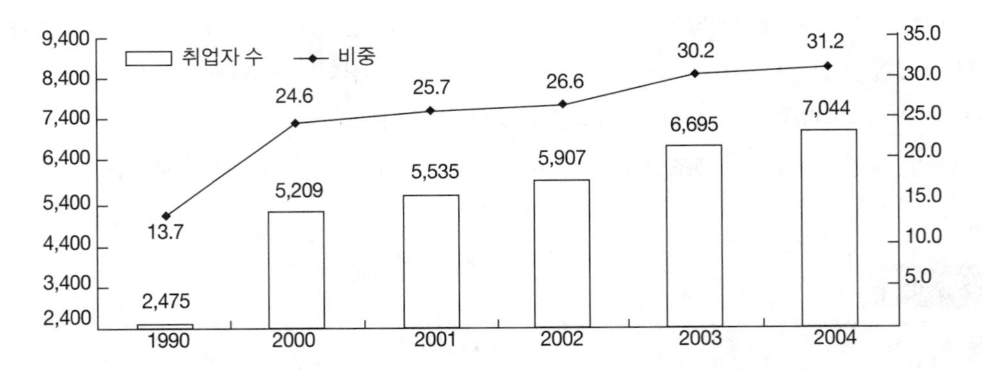

주 : 대졸이상자는 전문대졸 포함

자료 : 노동부 고용정책본부(2006. 1). 고용정책현황 및 과제

그림 4-9 대졸 이상 취업자 비중 및 취업자 수 추이

---

9) 경제의 소프트화는 모든 산업부문에 있어 구매, 기획, 관리, 정보 등 인간의 지적 노동서비스가 증가하는 현상을 포함하는 포괄적 개념이다. 경제의 소프트화가 가속화되고 경제의 성숙도가 높아지게 되면 경제의 서비스화가 빠른 속도로 이루어져 서비스산업이 자체적인 부가가치 창출의 원천으로 부상하게 된다. 실제로 과거에 비해 제조업 생산에 있어 서비스산업의 중간재 투입비중이 더욱 확대되고 있으며, 앞으로 이러한 추세는 지속될 것으로 예상된다.

1990년 13.7%, 2000년 24.6%, 2001년 25.7%, 2002년 26.6%, 2003년 30.2%, 2004년 31.2% 등 지속적으로 노동력의 고학력화가 급속히 진행하고 있다.

이러한 결과는 고졸과 대졸 간의 임금격차의 축소를 가져왔다. 고졸남성 평균임금을 100으로 했을 때 대졸남성 평균임금은 1980년 202.7이였으나, 지속적으로 낮아져 1990년 165.0, 2003년 151.7까지 떨어졌다.

한편, 급속한 인구고령화로 성장잠재력의 하락과 복지부담의 증가에 대한 우려가운데 2017년부터는 생산가능인구도 감소 추세로 전환할 전망이다. 우리나라는 65세 인구가 2000년 7%(고령화 사회), 2018년 14%(고령사회), 2026년 20%(초고령 사회) 등으로 예측하였다[10].

이와 같이 노동시장에서 노동력 고령화가 진행 중에 있다. 〈그림 4-10〉에서와 같이 1970년의 50세 이상 취업자는 16.3%였으나 지속적으로 증가하여 2004년에는 24.8%를 보였다.

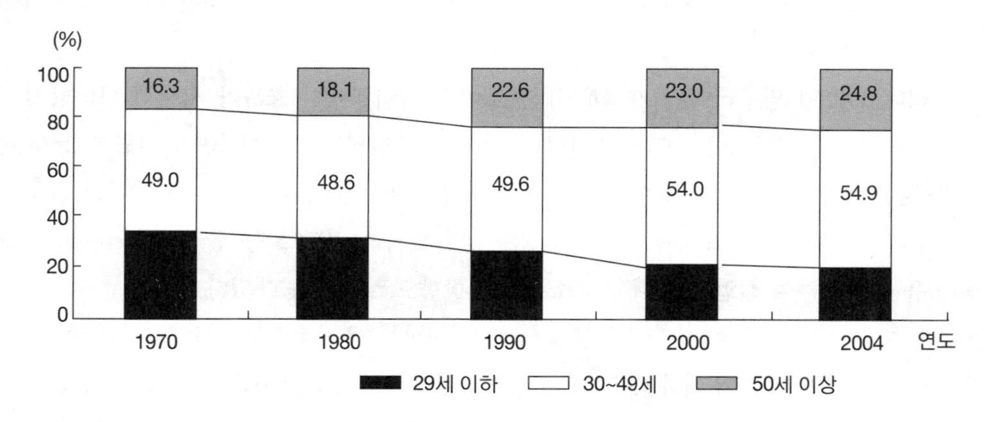

자료 : 노동부 고용정책본부(2006. 1). 고용정책현황 및 과제

그림 4-10 취업자 수 연령대 비중 비교

10) UN은 65세 이상 노인인구가 전체 인구에 차지하는 비율이 4% 미만인 국가를 유년인구국(young population), 4~7% 국가를 성인인구국(mature population), 7% 이상의 국가를 노년인구국(aged population)이라 정의하였다. 또한 이중 '고령화 사회(aging society)' 는 노인인구의 비율이 7% 이상인 사회, '고령사회(aged society)' , '초고령사회(super-aged society)는 20% 이상인 사회 등을 지칭한다.

2. 고용동향

(1) 3%대의 실업률과 실업의 위험도 증가

1) 실업에서의 탈피

실업률은 1997년 2.6%에서 1998년에는 6.8%로 급격하게 상승하였다. 월별 실업률 추이를 살펴보면, IMF 자금지원 신청 직후인 1997년 12월의 3.1%에서 1999년 3월에는 4.5%, 7월에는 7.6%로 급격하게 상승하였으며, 이후 실업률 상승추세가 다소 주춤하다가 11월 이후 다시 높아져 1999년 1월에는 8.5%, 2월에는 8.7%를 기록하였다.

이와 같은 실업률 상승 추세는 2가지 측면에서 해석할 수 있는데, 1998년도 상반기 실업률의 급격한 상승은 구조조정의 본격적 실시에 따른 경기적 요인과 노동시장의 조정에 의한 것이라면, 하반기 이후의 실업률 상승은 주로 계절적 요인에 의한 것으로서, 농업부분의 일자리 감소와 졸업을 앞두거나 방학을 이용하여 재학생들이 대거 구직활동에 나섰기 때문인 것으로 해석할 수 있다.

그러나 1998년 말부터 경기가 회복세를 보이고 실업대책의 효과가 서서히 나타나기 시작하다가 1999년 3월 이후에는 계절적 요인까지 반영되면서, 3월 8.1%, 4월 7.2%, 5월 6.5% 등으로 최근까지 실업률이 지속적으로 하락하였다. 더구나 당초의 전망과는 달리 실망실업자 효과(discouraged worker effect)가 장기화되는 것도 노동 공급압박(supply pressure)을 최소화하여 실업률을 더욱 감소시키는 방향으로 작용하고 있다.

IMF 자금지원 신청 이후 노동시장의 구조적 변화는 우선적으로 실업률의 급격한 상승 등 고용사정의 악화를 초래하였다. 1998년 연평균 실업자수는 146만 3,000명, 실업률 6.8% 등으로 100만 명 이상의 실업자수를 기록한 것은 사상 처음이었다. 취업자는 지난 1984년 이후 처음으로 전년대비 5.3% 감소하였으며, 경제활동인구는 전년대비 1.0% 감소하였고, 경제활동 참가율도 1997년의 62.2%에서 60.7%로 1.5%포인트 하락한 상태였다.

이와 같이 1998년 전까지 완전고용에 가까운 고용상태를 유지하다가 외환위기 이후 1998년 6.8%, 1999 6.3%의 고실업을 보였으나 2001년부터 3%대의 실업률을 보여 1976~1979년 상태와 유사하게 되었다. 2005년 3.8%의 실업률을 보이고 있는데, 2005년 한 해 동안 고용보험자격 상실한 자는 372만 1,000명으로 월평균 31만 명이 피보험자격을 상실하였다. 이는 2004년의 자격 상실자 336만 4,000명(월평균 28만 명)보다 35만 7,000명(10.6%)이 증가한 것이다.

2005년 1월 현재 90만 4,000명의 실업자(실업률 3.9%)가 일자리를 찾고 있으며, 이 중 청

표 4-21 월간 노동력 상태의 변화 (단위 : 천명)

구분	2004			2005		
	10월⇨11월	11월⇨12월	12월⇨1월	1월⇨2월	2월⇨3월	3월⇨4월
취업⇨실업	22,612	22,625	22,757	22,904	23,015	22,960
실업⇨취업	872	878	894	931	843	826

년이 43만 명(실업률 8.7%)에 달하고 있어 청년실업의 심각성을 알 수 있다. 또한 외국인 근로자가 42만 1,000명에 이르고 있으나, 중소기업은 16만 8,000명의 인력이 부족한 실정이다.

[표 4-21]은 2004년 10월부터 2005년 4월까지 월간 노동력 상태의 변화를 나타낸 것으로 취업에서 실업으로의 노동력 이동이 실업에서 취업으로의 노동력 이동보다 약 3배에 이르는 것으로 나타나 실업에서의 탈피가 매우 심각함을 보여 준다.

2) 정부의 사회적 일자리 창출정책

우리나라의 사회환경이 급변하면서 사회서비스에 대한 수요가 급증하고 있다. 급속한 고령화, 소득수준의 증가, 가족구조의 변화, 여성의 경제활동 욕구 증대 등으로 간병·가사 지원, 보육, 의료, 방과 후 교육 등 사회서비스에 대한 수요가 급격히 증가하였다. 그럼에도 전체 취업자 중 사회서비스 부문 취업자의 비중은 현저히 낮아 고용창출의 잠재력도 매우 크다. 2003년 OECD 국가의 평균 사회서비스 취업비중이 21.7%이나 우리나라는 12.6%에 불과하여 터키를 제외하고는 최저수준이다. 2004년의 경우 OECD 국가들의 소득수준이나 인구부양비를 고려한 회귀분석 결과, 우리나라의 사회서비스 고용비중이 16.7%는 되어야 하나 실제로는 12.7%에 불과하여 90만 개의 일자리가 부족한 상태이다.

사회서비스 부문은 제조업이나 여타 서비스업과는 다른 특성이 존재한다. OECD의 2000년 고용전망(Employment Outlook)에 따르면 대부분의 OECD 국가들에서 사회서비스 부문은 비시장성(非市場性), 공공재정에 의한 재원조달, 집단적 소비결정이라는 특성이 있다고 한다. 이로 인해 시장실패의 가능성이 높아 정부의 정책적 개입이 적절하게 이루어질 필요가 있다고 지적했다.

사회서비스 부문 중 민간시장 활성화 부문은 서비스산업 경쟁력 강화 차원에서 범정부적으로 추진 중이며, 노동부에서는 특히 민간 비영리단체 등 NGO와 정부가 협력하여 새로운 일자리를 창출하는 사회적 일자리 사업을 중점적으로 추진해 왔다. 2005년에는 2003년,

표 4-22 사회적 일자리 창출 현황

구분	인원 목표(명)	단체(개소)		인원(명)	
		신 청	선 정	신 청	선 정
2003	2,000	542	428	4,480	2,372
2004	3,000	1,355	888	10,143	3,281
2005	3,910	1,065	372	15,231	4,091

2004년 사업 시범실시 과정에서 나타난 문제점을 개선하였다. 무엇보다 사회적 일자리 사업이 공공근로와는 달리 중장기적으로 사회적 기업을 지향하면서 지속 가능한 일자리 창출을 추구하였으나 대부분이 정부 재정에만 의존하는 단기 저임금 일자리였다. 또한, 인력·예산 지원이 부족한 비영리단체들의 수요는 폭주한 반면 단위 사업당 규모의 제한이 없어, 888개 단체에 평균 3명이 배정됨에 따라 비영리단체에 실무 인력을 보조하는 제도로 전락할 우려가 있었다. 이에 따라 2005년에는 사업유형을 '공익형'과 자립을 지향하는 '수익형'으로 구분하여 수익형 사업의 비중을 높이는 방향으로 추진하였다. 심사 시 수익형에 가점을 부여하고, 공익형 사업은 원칙적으로 1년 지원, 수익형은 특별한 사유가 없는 한 3년간 지원하여 수익형으로의 전환을 유도하였다. 이에 따라 수익형 사업의 규모가 2004년 10%에서 2005년 약 40%로 증가하였다. 또한, 사업 최소인원을 10인으로 한정하였다. 참여자 1인당 월 67만 원의 인건비 및 사업주 부담 사회보험료(8.5%)를 지원하였으며, 2005년 사회적 일자리 사업 참여인원(연인원)은 4,971명이며, 지원금액은 284억 5,500만원이었다.

사회적 일자리 사업은 2년 반의 사업수행을 통해 약 1만 명의 취업취약계층에게 일자리를 제공하면서 사회서비스 공급 확대에도 기여하였다.

아울러, 기업과 정부에 의한 일자리 창출이 점차 어려워지는 추세에서 선진국에서 일자리 창출의 새로운 대안으로 주목받고 있는 제3섹터에서의 새로운 일자리를 창출하는 대안을 모색했다. 그러나 NGO들의 경영·일자리 역량이나 마인드가 아직 미흡하고, 정부지원 인프라도 취약하여 지속 가능한 안정적 일자리에는 한계가 있다. 특히, NGO들이 소규모·단독으로 운영하는 모형으로는 시장에서 자립할 가능성이 매우 낮은 상황이었다.

그러므로 노동부를 중심으로 관계부처, 민간 전문가로 「사회적 일자리 T/F」를 구성(2005. 3)하여 사회적 일자리 사업의 제도 개선, 향후 발전방향을 논의하였다. NGO가 기업과 연계하여 대규모로 자립지향형 사회적 일자리를 창출하는 모형을 새로이 개발하여 2006년 예산에 60억 원을 반영하였다. 또한 사회적 일자리가 사회적 기업으로 전환·발전

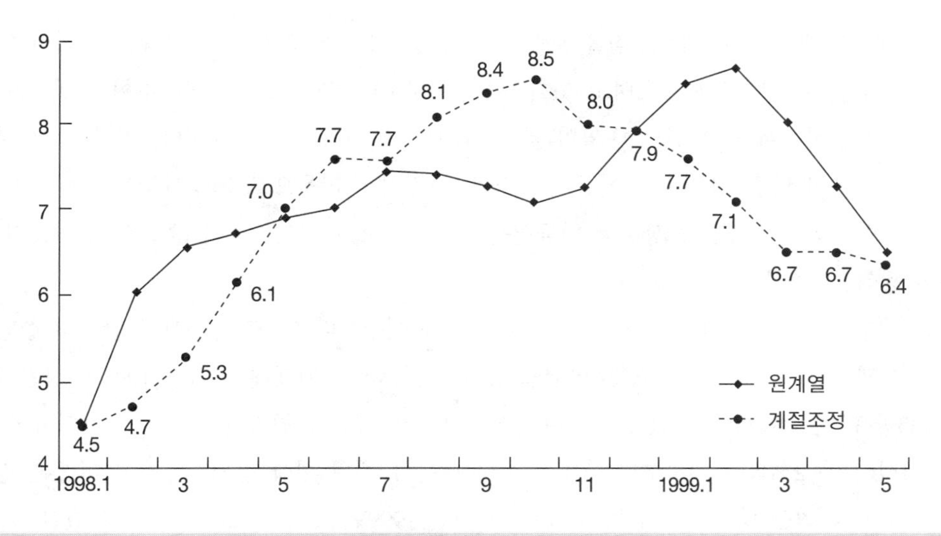

그림 4-11 원계열 실업률과 계절조정 실업률의 격차

될 수 있도록 체계적으로 지원하기 위해 사회적 기업법 제정방향에 대해 논의하고 법안 초안을 마련하였다.

3) 계절적 요인

우리나라에서 실업률의 일반적 추세를 보면, 신규졸업자의 노동시장 진입이 많고, 농림어업 등 계절적 산업의 영향으로 1~3월에 가장 높은 후 점차 감소하다가 11월부터 다시 증가하는 추세를 보인다. 계절적 요인을 제거한 계절조정 실업률과 원계열 실업률의 변화를 비교하여 보면, 계절조정의 경우가 전월대비 변화폭이 낮은 것으로 나타나는데, 이는 계절적 변화요인이 제거되었기 때문이다.

따라서 공공근로사업의 규모 등 모든 조건이 동일할 경우 원계열 실업률과 계절조정 실업률과의 격차만큼은 계절적인 특성이 반영된 것으로 추정할 수 있는데, 〈그림 4-11〉에서 보면 동절기의 실업률 하락에서 계절적 요인이 크게 기여하고 있음을 짐작할 수 있다.

4) 실망실업 효과의 장기화

일반적으로 경기가 회복되어 고용흡수력이 증대되더라도 비경제활동인구였던 사람의 노동시장 참여가 크게 증가할 경우 실업률은 오히려 상승할 수 있다[11]. 그런데 당초 예상과는

11) 이를 실망노동자 효과(discouraged worker effect)와 대비하여 부가노동자 효과(added worker effect)라 한다.

달리, 상반기에 경기가 회복조짐을 보이고 있음에도 불구하고 노동력 공급은 오히려 외환위기 직후인 1998년보다 감소하고 있다. 즉, 1999년의 경제활동 참가율 추이를 살펴보면, 전년동월에 비하여 1%포인트 내외의 낮은 수치를 기록하고 있는 것이다. 이와 같이 경제활동 참가율이 낮은 것은 IMF 자금지원 직후 구직의 어려움으로 노동시장에서 퇴출한 노동력이 여전히 비경제활동 상태로 머물면서 노동시장으로 재진입하지 않고 있기 때문인 것으로 해석할 수 있다.

1999년 들어서 남성의 경제활동 참가율 감소가 여성보다 더 크게 나타나 남성의 실망노동자 효과가 더욱 심화되었다. 실망실업자 규모는 IMF 지원체제 초기인 1998년 상반기의 30~35만 명 수준에서 1999년 5~6월 현재 50~60만 명 규모로 증가한 것으로 추정되며[12], 이 중 여성이 약 2/3를 차지하였다. 6개월 이상 또는 12개월 이상 장기실업자의 비중은 경기회복에 따라 최근 낮아지고 있는 추세를 보였다. 1999년 3/4분기 20.5%에 달하였던 6개월 이상 실업자의 비중은 2000년 1/4분기 13.4%로 급격히 하락하였으나 이후 다시 증가하여 2000년 3/4분기에는 15.0%를 기록하고 있다. 반대로 12개월 이상 장기실업자의 경우에는 그 비중이 지속적으로 하락하는 것으로 나타나고 있다. 외환위기 이전 15~17%대를 기록하였던 6개월이상 장기실업자의 비중은 외환위기 이후 급격히 낮아져 1998년 1/4분기의 경우 5.7%에 불과한데, 이처럼 장기실업률이 크게 낮아진 이유는 급격한 실업의 증대로 인한 것이며, 장기실업자의 절대수는 계속 증가하였다[13]. 즉, 1998년 1월의 경우 6개월 기준 5만 2,000여 명, 12개월 기준 1만 명이었던 장기실업자는 동년 9월에는 6개월 기준 32만 6,000명 12개월 기준 2만 7,000명으로 그 절대수가 급증하여 장기실업의 문제가 외환위기를 거치면서 더욱 심각하였다는 것을 알 수 있다.

6개월 이상 장기실업자 수는 2000년 9월 현재 11만 8,000명에 달하고 있는데, 장기실업자의 특성을 살펴보면 성별로는 취업에 대해 적극적인 남성, 그리고 연령대별로는 가계를 책임지는 40대 이상에서 6개월 이상의 장기실업자 비중이 상대적으로 높다. 또한, 학력별로는 전문대졸 이상의 고학력자들 중 장기실업자의 비중이 높게 나타났다.

12) 전에 직장을 가진 경험이 있던 비경제활동인구 중 지난 한해 동안 구직경험이 있던 자를 실망실업자로 보고 추정한 결과이다.

13) 1998년도 각 분기에 장기실업률이 낮은 것은 이 해 경제활동인구 표본이 새로이 개편된 것에도 부분적으로 기인한다.

(2) 노동시장의 유연 · 안정성(flexi-curity)

1) 유연 · 안정성의 의의

① 노동시장의 유연성

노동시장의 유연성은 노동시장의 환경과 수요의 변화에 대응하여 신속하고 용이하게 고용, 근로시간, 임금 또는 기능(노동력 숙련)을 탄력적으로 조정할 수 있는 노동시장의 능력을 의미한다.

일반적으로 수량 · 임금 · 기능 조정의 3가지 유연성으로 분류된다. 수량적 유연성은 근로자수의 조정으로 정리해고, 고용형태의 다양화 등이며, 근로시간 종정 등의 교대제가 포함된다. 기능적 유연성은 근로자 숙련 및 다기능화, 배치전환 등을 포함한다. 임금유연성은 탄력적인 임금조정, 직무급 · 성과급 등의 도입 등을 의미한다.

② 노동시장의 안정성

현재 일자리에서의 고용 · 소득의 안정성을 유지하고, 일자리를 상실하는 경우에도 최소한의 소득이 보장되면서 신속하게 새로운 일자리를 찾도록 해 주는 노동시장의 능력을 의미한다. 노동시장의 안정성을 위하여 고용 · 산재보험 등 사회안전망을 강화하고 평생직업능력개발체제를 구축하여 직장이동에 따른 고용 · 소득 불안을 최소화한다.

③ 노동시장 유연 · 안정성

이는 노동시장에서 유연성과 안정성이 적절한 조화를 이룬 상태를 의미하는 것으로 노동시장의 유연성을 제고하고 노동시장의 탄력적 노동비용 조정능력을 높임과 동시에 원활한 고용정보 제공, 직업능력개발, 사회안전망 강화 등을 통해 근로자의 소득 · 고용 안정성도 제고해야 한다. 노동시장의 비효율과 경직성을 극복하기 위하여는 노동시장의 유연성을 제고하는 동시에 유연화에 수반되는 불안정성과 불확실성을 완화하려는 노력이 필요하다.

2) 고용의 안정성

우리나라는 외환위기 이후 고용의 안정성이 크게 하락하였다. 외환위기 당시 취업자 수의 급속한 감소와 아울러 고용의 안정성도 크게 하락하였다. 취업자를 종사상 지위별로 살펴보면, 1998년에 상용근로자 증가율은 전년대비 −9.7%를 기록하였으며, 전체 감소인원 112만 2,000명 중 61.8%를 기록하여 가장 큰 폭으로 감소하였다. 한편 일용근로자도 건설업과 도소매 및 음식숙박업 등 일용근로자의 비중이 높은 산업의 극심한 침체로 인하여 전년대비 8.0% 감소하였다. 특히 1999년에 들어서면서 경기회복으로 인하여 비록 총량으로 보면 실업자 감소 및 취업자 증가로 이어지고 있으나, 취업의 안정성은 1998년보다도 더욱 악화되고 있다. 이러한 행진은 2005년 현재도 계속되고 있다. 비정규직은 농림어업과 건설업, 도소매 · 음식숙박, 사업 · 개인 · 공공서비스 등 서비스산업에서 비정규직 비율이 상대적으로 높은데, 이는 음식 · 도소매 숙박 등 영세 서비스산업의 확대가 비정규직의 증가의 한 요인이기 때문이다. 이들의 직종별 분포를 보면 2005년 현재와 같이 농림 · 어업직, 서비스 · 판매직, 기능 · 기계조작 · 단순노무직 등 지식집약도가 낮은 직종의 비정규직 비율이 높고, 전문 · 기술 · 행정관리직, 사무직 등 지식집약도가 높은 직종의 비정규직 비율은 낮다. 이는 취약부문의 일자리에서 비정규직 증가가 심화되는 추세이다. 과거에는 상 · 하위 일자리 모두에서 비정규직 일자리의 증가가 있었으나, 최근에는 주로 하위일자리에서 증가하였다.

한편 취업자 중 취업시간이 18시간 미만인 취업자는 [표 4-24]에서와 같이 2004년 73만 3,000명에서 2006년 1월 94만 6,000명으로 증가하였다. 그 가운데 비자발적인 경제적 이유로 18시간 미만 일을 하면서 추가적으로 취업을 희망하는 이른바 불완전취업자(under-

표 4-23 직종별 현황 (단위 : 천명, %)

구분	합계	전문, 기술, 행정관리직	사무직	서비스, 판매직	농림, 어업직	기능, 기계조작, 단순노무직
임금근로자(A)	14,968	3,506	3,039	2,670	60	5,693
비정규직(B)	5,483 (100.0)	912 (16.6)	695 (12.7)	1,258 (22.9)	42 (0.8)	2,575 (47.0)
B/A	36.6	26.0	22.9	47.1	70.0	45.2

자료 : 통계청(2005. 8). 경제활동인구 부가조사

표 4-24 불완전취업자의 추이 (단위 : 천명, %)

구분	2004	2005					2006 1월
			1/4	2/4	3/4	4/4	
18시간 미만 취업자	733	804	982	687	769	779	946
추가취업 희망자	144 (19.6)	153 (19.0)	134 (13.6)	146 (21.2)	154 (20.0)	178 (22.8)	153 (16.2)

주 : ( ) 안의 수치는 18시간 미만 취업자 전체에 대한 구성비이다.

자료 : 통계청, 경제활동인구월보, 각호

employed)를 보면, 2004년 14만 4,000명, 2005년 15만 3,000명, 2006년 15만 3,000명으로 나타났으나 2006년 1월에는 18시간 미만 취업자가 증가하여 그 비율이 낮아졌다. 그러나 2005년도를 보면, 2006년 1월에 해당되는 1/4분기는 다른 분기보다 낮게 나타나 시기적인 현상으로 풀이된다.

정규직과는 달리 비정규직의 49.8%가 고용계약기간이 설정되어 있어 상대적으로 고용이 불안정한 반면, 업무량 증감에 신축적인 대응이 용이(고용유연성)하다는 측면도 있다. 1년 미만자가 전체 비정규직의 28.2%(계약직의 56.7%)이며, 3년 이하 자가 전체 비정규직의 47.4%(계약직의 95.3%)이다([표 4-25] 참조).

평균근속기간를 보면, 비정규직 23.9월, 정규직 71.8월 등으로 비정규직이 정규직에 비해 짧아서 일자리에 대한 만족도가 낮거나, 고용불안정성이 가능성이 높다. 특히, 한시적근로자 평균근속기간이 점차 증가하고 있어 상시적인 업무에 정규직 채용에 따른 부담증가 등을 회피하기 위해 비정규직을 사용하는 경향을 시사(기간제근로 남용 가능성)한다.

(3) 실업의 장기화

실업기간이 점차 장기화됨에 따라 1998년 1월~1999년 4월 기간 월평균 개념으로 볼 때 전월 실업자 10명 중 2명은 다음 달에 취업하였으며 1명은 비경제활동인구로 퇴출하였고, 나

표 4-25 고용계약기간별 비정규직 현황 (단위 : 천명, %)

구분		비정규직(순계)	한시적 근로자	시간제 근로자	비전형 근로자					
					일일	파견	용역	특수형태	재택가내	소계
전체		5,483 (100.0)	3,615 (100.0)	1,044 (100.0)	718 (100.0)	118 (100.0)	431 (100.0)	633 (100.0)	141 (100.0)	1,907 (100.0)
계약기간설정	소계	2,728 (49.8)	2,728 (75.5)	337 (32.3)	–	44 (37.3)	192 (44.5)	79 (12.5)	37 (26.2)	338 (17.7)
	1년 미만	1,548 (28.2)	1,548 (42.8)	328 (31.4)	–	24 (20.3)	101 (23.4)	67 (10.6)	35 (24.8)	217 (11.4)
	1~3년	1,053 (19.2)	1,053 (29.1)	8 (0.8)	–	18 (15.3)	88 (20.4)	12 (1.9)	2 (1.4)	116 (6.1)
	3년 초과	127 (2.3)	127 (3.5)	1 (0.1)		2 (1.7)	3 (0.7)	–	–	5 (2.6)
계약기간 미설정		2,755 (50.2)	887 (24.5)	707 (67.7)	718 (100.0)	74 (62.7)	239 (55.4)	554 (87.5)	104 (73.8)	1,569 (82.3)

자료 : 통계청(2005. 8). 경제활동인구 부가조사

머지 7명은 다음 달에도 계속 실업상태에 있는 것으로 나타나고 있다.

한편 실업으로부터의 월평균 탈출률은 32.7%에 달하고 있는 것으로 나타났다. 따라서 실업에의 잔존률(100%-32.7%)을 1998년 1월 실업자 93만 4천 명에 월별로 계속 적용하면 1999년 4월에 이르러서는 0.3%인 2,400명 정도만이 남아있을 것으로 예측되나, 실제로 1998년 1월의 실업자를 추적조사한 결과 1.3%인 1만 2,000명이 1999년 4월까지도 계속 실업상태에 머물러 있어 장기실업자가 많음을 시사해 주고 있다. 이에 따라 전체 실업자 중에서 12개월 이상 연속적(complete spell)으로 실업상태인 자의 비율, 즉 장기실업률은 1998년 1.5%에서 1999년에는 약 8%에 이르렀다.

강순희(2000)에 의하면 계속하여 실업상태에 있었던 사람들뿐만이 아니라 비경제활동상태와 실업상태 사이를 이동한 사람까지도 고려할 경우 6개월 이상 미취업자는 공식지표상의 6개월 이상 장기실업자보다 10만 명 이상 더 많은 것으로 나타나고 있다. 특히 2000년 6월의 경우 1년 이상의 장기실업자는 1만 2,000명 정도지만 1년 이상 동안 비경제활동과 실업상태를 반복한 사람들은 10만 명에 가까운 것으로 조사되었다. 따라서 실업과 비경제활동 사이를 이동하면서 장기간 미취업상태에 놓여 있는 사람들도 취업의사가 있다고 볼 때, 장기실업정책의 대상이 되는 사람들의 규모는 20만 명이 넘는다고 볼 수 도 있다(금재호, 2001).

우리나라의 장기실업자 비중은 외국에 비해 낮은 편인데, 그 이유는 노동시장이 유연하기 때문이기 보다는 사회보장제도의 미비와 생계유지의 어려움으로 인해 상당수의 실업자

표 4-26 정규직 및 비정규직 평균근속기간 비교 (단위 : 월)

구분	2001	2002	2003	2004	2005
정규직	61.3	60.2	68.3	69.8	71.8
비정규직	20.4	22.1	20.5	24.1	23.9
한시적 근로	15.4	21.4	21.7	25.9	25.8
시간제근로	14.3	13.7	10.4	11.5	10.7
비전형근로	25.1	23.6	18.7	21.9	21.6
파견근로	24.2	21.4	24.9	26.7	28.5
용역근로	24.9	26.5	23.8	22.8	24.7
독립도급근로	32.4	33.7	40.0	37.1	38.5
일용호출근로	0.2	0.3	1.6	2.1	2.3
재택근로	24.4	22.8	11.5	16.5	13.6

자료 : 통계청(2005. 8). 경제활동인구 부가조사

들이 기대수준을 낮추어 취업할 수밖에 없기 때문인 것으로 판단된다. 대부분의 실직자들이 공공직업안정기관에 등록하는 외국에 비해 한국은 사회보장제도 및 공공직업안정기능의 미비로 구직등록의 비율이 낮고 비경제활동과 실업 사이의 이동이 빈번하다. 또한 실업자들의 대부분이 전직 임시 · 일용근로자의 의중임금(reservation wage)이 낮고 직종 · 직업전환이 용이한 점도 장기실업자의 비중이 낮은 것에 기여하였다. 더불어, 강력한 실업대책의 집행으로 상당수의 실업자들이 공공근로, 직업훈련 등에 참가하여 실업상태에서 일시적으로 벗어나 장기실업자로 잡히지 않는 것도 장기실업자의 비중이 낮은 또 하나의 원인으로 간주된다(김승택 외, 2005).

(4) 실업구조의 변화

전직실업자를 이직이유별로 살펴보면, 직장의 휴 · 폐업, 경영상 이유, 일거리가 없어서 등 비자발적 이유에 의한 실업비중이 높은 것으로 나타났다[14].

그 중에서도 내수경기 침체로 인하여 '일거리가 없거나 사업경영 악화'로 인한 전직실업자 비중이 가장 높은 수준을 차지하였다. 직장의 휴 · 폐업에 의한 실업자 비중도 1999년

표 4-27 실업자 특성별 구조 (단위 : 천명, %)

구분		2004	2005
전체		860(100.0)	887(100.0)
성 별	남성	534(62.0)	553(62.3)
	여성	326(38.0)	334(37.7)
연령계층별	15~29세	412(47.9)	387(43.6)
	30~39세	196(22.7)	210(23.6)
	40~49세	147(17.0)	165(18.6)
	50~59세	78(9.0)	93(10.4)
	60세 이상	27(4.0)	32(4.0)
학력별	중졸 이하	148(17.3)	154(17.3)
	고졸	460(53.4)	472(53.2)
	대졸 이상	252(30.0)	261(19.5)
가구주	가구주	(45.6)	(45.3)
	비가구주	(54.4)	(54.7)
실업기간	6개월 이상	294(20.1)	366(26.1)
	1년 이상	19(1.3)	121(8.6)

자료 : 통계청, 경제활동인구연보, 각 연도

초에 부도업체수가 급등함과 동시에 크게 증가하였으나 이후 부도업체수가 점차 예년수준으로 회복됨에 따라 점차 감소하는 추세를 보였다.

한편 실업구조를 연령별로 보면, 15~29세 청년층 실업자의 경우 신규취업이 어려워짐에 따라 상급학교 진학, 고시준비 등의 이유로 노동시장에서 퇴출하는 자가 많아졌으며, 전체 실업자에서 차지하는 비중은 타 연령층에 비하여 가장 높게 나타났고, 학력별로는 대졸 이상의 하향취업으로 고졸 이하 저학력층의 실업비중이 여전히 높다.

2004년과 2005년의 실업자 특성별 구조를 보면, 여성보다 남성이 높으며, 15~29세가 가장 높은 실업률을 보였으며, 학력을 보면 고졸이 가장 높았다. 또한 비가구주가 높았으며, 실업기간은 6개월 이상이 높았다([표 4-27] 참조).

평소 구직자는 15세 이상 인구의 3.4%(129만 2,000명)를 차지하고 있으며, 성별로는 남성 55.8%(72만 1,000명), 여성 44.2%(57만 1,000명) 등이다. 연령별로는 20대(30.2%)의 비중이 가장 높으며, 다음으로 30대, 40대 순이다. 남성은 20대와 50대 이상의 연령층에서 평소 구직자의 비중이 여성에 비해 높고, 여성은 10대, 30대, 40대 연령층에서 남성에 비해 높다([표 4-28] 참조).

표 4-28 연령계층별 평소구직자 (단위 : 천명, %)

평소구직자		연령계층					
		15~19세	20~29세	30~39세	40~49세	50~59세	60세 이상
전체	1,292	62	390	321	269	174	76
구성비	100.0 (100.0)	4.8	30.2	24.9	20.8	13.5	5.9
남자	721	28	220	174	137	106	56
구성비	100.0 (55.8)	3.9	30.4	24.1	19.0	14.7	7.8
여자	571	34	170	148	132	68	20
구성비	100.0 (44.2)	5.9	29.9	25.8	23.1	11.9	3.4

자료 : 통계청(2007). 2006년 인력실태조사결과

14) 노동시장에서 퇴출하였다가 재진입한 자(reentrant)가 과거에는 신규실업자로 되었으나 1998년부터는 전직실업자로 분류된다. 또한 전직실업자의 경우에도 이직시기에 따라 1년 미만 전직실업자와 1년 이상 전직실업자로 분류하여 이직시기가 1년 이상인 경우에는 전직의 상황을 질문하지 않기 때문에 실업구조의 분석은 이직시기가 1년 미만인 전직실업자에 한하여 가능하다.

표 4-29 비경제활동인구 중 구직단념자 (단위 : 천명)

구분	2006. 1	2006. 9	2006. 10	2006. 11	2006. 12	2007. 1
구직단념자	135	112	122	123	131	139
· (전년동월 증감)	(−1)	(−11)	(−3)	(2)	(1)	(4)

주 : 구직단념자는 비경제활동인구 중 취업의사와 능력은 있으나, 노동시장적 사유로 일자리를 구하지 않은 자 중 지난 1년 내 구직경험이 있었던 사람이다.

2007년 1월 현재 비경제활동인구 중 구직단념자는 [표 4-29]에서와 같이 13만 9,000명으로 전년동월대비 4,000명 증가하였다. 이와 같이 20대의 청년실업이 높게 나타나고 있으며, 비경제활동인구 중에 구직단념자가 증가하고 있어 실업이 깊어만 가고 있음을 알 수 있다.

종사자별 전직실업자를 보면, 2005년에는 비임금근로자가 약간 높았으나 2006년에는 상용근로자의 전직실업이 증가하였다. 이는 한편에서는 상용근로자에 대한 상시 구조조정이 일어나고, 한편으로는 경력직을 우선하는 노동시장으로 인하여 신규실업자가 늘어나는 현상을 보인다([표 4-30] 참조).

3. 임금 및 임금동향

(1) 임 금

임금은 정액급여, 초과급여, 특별급여 등 3가지로 구성된다.

표 4-30 종사상 지위별 전직실업자 (단위 : 천명, %)

구분	2004	2005
전체[1]	22,856(100.0)	23,151(100.0)
비임금근로자[2]	7,663(33.5)	7,671(33.1)
상용근로자	7,625(33.4)	7,917(34.2)
임시근로자	5,028(22.0)	5,056(21.8)
일용근로자	2,188(9.5)	2,212(9.6)

주 : 1) 전직실업자는 이직시기에 따라 1년 미만과 1년 이상으로 분류되며, 이 중 이직시기가 1년 미만인 전직실업자에 대해서만 실업구조가 파악된다. 따라서 이직시기가 1년 이상인 전직실업자의 경우는 1년 미만 전직실업자의 비중을 적용하여 종사상 지위별 구조를 파악한다.

2) 비임금근로자에는 자영업주 및 무급가족 종사자가 속한다.

3) ( ) 안의 수치는 전직실업자 전체에 대한 비중이다.

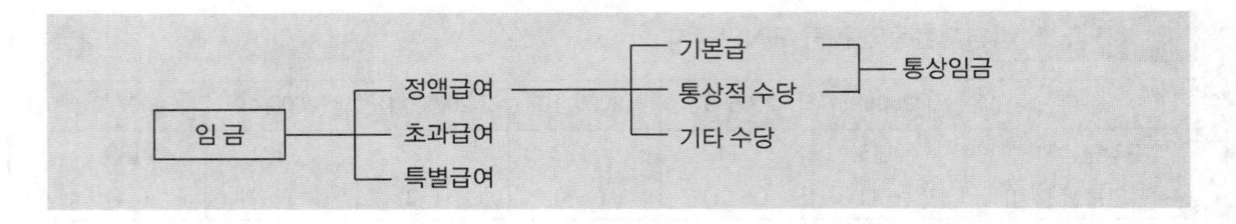

1) 정액급여

근로계약, 단체협약 또는 사업체의 급여규칙 등으로 정상근로시간에 대하여 지급하기로 미리 정하여져 있는 지급액, 지급조건, 산정방법에 따라 지급되는 급여로서, 다음의 3가지로 구성된다.

① 기본급
본봉, 연령급, 능률급, 근속급 등 기본적으로 지급되는 급여이다.

② 통상적 수당
단체협약, 근로계약, 취업규칙 등의 규정에 의하여 통상근로에 대하여 일정한 요건에 따라 모든 근로자에게 정기적 · 일률적으로 지급하는 수당으로서 직무, 직책, 자격, 책임자, 금융, 물가, 조정, 특수작업, 위험작업, 벽지, 한랭지, 생산장려, 기술, 승무(승무 시에만 지급하는 승무수당은 제외)수당 등을 포함한다. 이는 사업체에서 통상임금을 산정할 때 포함되는 수당이다.

③ 기타 수당
통상임금에 포함되지 않는 고정적 수당으로서 가족, 정근, 근속, 통근, 연월차, 주택, 결혼, 월동, 김장, 급식수당 및 현물급여(식사, 연탄 또는 기타 생활필수품 등 근로자에게 일률적으로 제공되는 현물의 평가액) 등을 포함한다.

2) 초과급여

정상근로시간 외의 근무로 인하여 추가로 지급되는 급여로 연장근로수당, 야간근로수당(하오 10시~상오 6시까지), 휴일근로수당, 일 · 숙직수당 등을 포함한다.

3) 특별급여

정기 또는 부정기적으로 근로자에게 지급되는 특별한 급여로서 상여금, 기말수당, 3개월을 초과하는 기간마다 산정지급하는 수당 등을 포함한다. 단, 노동부의 '매월 노동통계조사보고서' 에서는 임금인상 소급분이 특별급여에 포함됨에 유의해야 한다.

표 4-31 임금상승률 추이 (단위 : %)

연도	비농전산업		제조업	
	명목임금 상승률	실질임금 상승률	명목임금 상승률	실질임금 상승률
1980	23.4	−4.2	22.7	−4.7
1981	20.7	−0.5	20.1	−1.0
1982	15.8	8.1	14.7	7.1
1983	11.0	7.4	12.2	8.5
1984	8.7	6.4	8.1	5.8
1985	9.2	6.7	9.9	7.4
1986	8.2	5.3	9.2	6.2
1987	10.1	6.8	11.6	8.3
1988	15.5	7.8	19.6	11.6
1989	21.1	14.5	25.1	18.3
1990	18.8	9.5	20.2	10.7
1991	17.5	7.5	16.9	6.9
1992	15.2	8.4	15.7	8.8
1993	12.2	7.0	10.9	5.8
1994	12.7	6.1	15.5	8.7
1995	11.2	6.4	9.9	5.2
1996	11.9	6.7	12.2	7.0
1997	7.0	2.4	5.2	0.7
1998	−2.5	−9.3	−3.1	10.7
1999	12.1	11.2	14.9	14.0
2000	8	5.6	8.5	6.3
2001	5.6	1.5	6.3	2.1
2002	11.6	8.6	12.0	9.0
2003	9.4	5.7	8.8	5.1
2004	6.5	2.8	9.9	6.1
2005	6.4	3.6	7.8	4.9

주 : 실질임금＝명목임금÷소비자물가지수×100

자료 : 노동부. 매월 노동통계 조사보고서, 각호
통계청. 한국통계월보, 각호

표 4-32 임금총액의 내역별 추이 (단위 : 천원/월)

연도	비농전산업				제조업			
	임금총액	정액	초과	특별	임금총액	정액	초과	특별
1980	176	129	26	21	147	107	25	15
1981	212	155	29	28	176	128	29	19
1982	246	181	32	33	202	148	32	22
1983	273	200	36	38	227	163	37	27
1984	297	218	38	41	245	177	40	29
1985	324	239	39	46	270	195	42	33
1986	351	257	44	50	294	209	48	37
1987	387	277	49	61	329	227	55	47
1988	446	316	53	77	393	267	60	65
1989	541	375	60	105	492	326	70	96
1990	642	444	70	128	591	389	84	118
1991	755	522	78	155	690	458	95	137
1992	869	597	86	186	799	528	105	166
1993	975	670	91	214	885	586	111	188
1994	1,099	746	99	254	1,022	668	123	232
1995	1,222	828	111	283	1,124	731	142	251
1996	1,368	925	117	326	1,261	818	150	293
1997	1,463	1,012	118	333	1,326	893	155	278
1998	1,427	1,050	100	276	1,284	920	130	234
1999	1,543	1,543	116	324	1,442	963	178	300
2000	1,667	1,102	133	352	1,567	1,024	205	338
2001	1,752	1,181	131	364	1,659	1,094	203	360
2002	1,947	1,256	126	143	1,857	1,265	196	394
2003	2,127	1,531	135	460	2,017	1,371	205	440
2004	2,254	1,635	137	481	2,209	1,485	218	503
2005	2,404	1,756	149	498	2,387	1,604	246	536
2006	2,541	1,873	157	510	2,522	1,725	263	533

자료 : 노동부. 매월 노동통계 조사보고서, 각호

노동비용

노동비용은 사용자가 근로자를 고용함으로써 발생하는 제반비용으로서, 현금급여와 현금급여 이외의 노동비용으로 구성된다.

1. 현금급여

정액급여(기본급, 제수당 등), 초과급여, 상여 및 기말수당 등의 합계액

2. 현금급여 이외의 노동비용

① 퇴직금의 비용 : 해고 및 해고예고수당 등을 포함한 퇴직일시금 지급총액

② 법정복리비 : 산재보험료, 의료보험료, 국민연금, 고용보험 중 사업주 부담금과 장애인고용촉진기금 부담금 및 기타 법정복리비

③ 법정 외 복리비 : 사업주 단독의 시책에 따른 부담금으로 주거, 식사, 의료, 보건, 문화, 체육, 오락, 경조 등의 비용, 구판장 등에 관한 비용의 합계액을 말하며, 물적 시설에 대해서는 감가상각비, 유지관리비, 인건비(시설에 종사하는 자의 임금, 수당 등) 등을 포함

④ 교육훈련비 : 일반적으로 교양 또는 기능 · 기술을 높이기 위한 목적으로 설치한다. 근로자의 교육훈련 시설(학교는 제외)에 관한 비용, 교 · 강사에 대한 보수 및 사례, 위탁훈련에 소요된 비용 등의 합계액

⑤ 현물지급의 비용 : 통근, 정기승차권, 회수권 및 자사제품 등을 지급함으로써 소요되는 비용의 합계액

⑥ 모집비 : 기업이 종업원을 채용하기 위하여 행한 모집관리비, 채용시험에 소요된 비용, 채용자 부임수당, 모집관계 업무수당에 전담적으로 종사하는 자의 인건비 등의 합계액

⑦ 기타 노동비용 : 작업복 비용, 전근비용, 사보에 관한 비용, 표창 등 상기 항목에 분류되지 않은 비용의 합계액

표 1	근로자 1인당 노동비용 추이									(단위 : 천원/월, %)
연도	노동비용 총액	현금급여 총액	현금급여 이외의 노동비용							
			계	퇴직금 비용	법정 복리비	법정 외 복리비	현물지급 비용	모집비	교육 훈련비	기타 노동비용
1982	329.8 (100.0)	311.8 (79.4)	81.0 (20.6)	35.1 (8.9)	6.6 (1.7)	29.6 (7.5)	– (–)	– (–)	3.5 (0.9)	6.2 (1.5)
1983	429.9 (100.0)	335.7 (78.1)	94.2 (21.9)	47.8 (11.1)	7.2 (1.7)	28.1 (6.5)	– (–)	– (–)	4.0 (0.9)	7.0 (1.6)
1984	454.9 (100.0)	359.3 (79.0)	95.5 (21.0)	50.3 (11.1)	8.1 (1.8)	26.4 (5.8)	2.4 (0.5)	0.5 (0.1)	4.5 (1.0)	3.3 (0.7)
1985	392.5 (100.0)	326.6 (83.2)	65.8 (16.8)	24.7 (6.3)	8.2 (2.1)	23.9 (6.1)	2.1 (0.5)	0.5 (0.1)	4.0 (1.0)	2.4 (0.6)
1986	430.5 (100.0)	353.1 (82.0)	77.5 (18.0)	30.3 (7.0)	9.3 (2.2)	25.7 (6.0)	2.4 (0.6)	0.6 (0.1)	5.2 (1.2)	3.9 (0.9)
1987	468.6 (100.0)	393.2 (83.9)	75.4 (16.1)	27.4 (5.9)	10.7 (2.3)	27.1 (5.8)	2.7 (0.6)	0.8 (0.2)	4.4 (0.9)	2.2 (0.5)
1988	546.3 (100.0)	458.1 (83.9)	88.1 (16.1)	31.2 (5.7)	18.7 (3.4)	26.3 (4.8)	3.1 (0.6)	0.6 (0.1)	5.7 (1.0)	2.4 (0.4)
1989	659.7 (100.0)	554.7 (84.1)	105.0 (15.9)	34.7 (5.3)	19.7 (3.0)	35.7 (5.4)	3.3 (0.5)	1.2 (0.2)	7.1 (1.1)	3.4 (0.5)
1990	816.3 (100.0)	667.3 (81.7)	149.0 (18.3)	56.8 (7.0)	24.0 (2.9)	49.1 (6.0)	4.3 (0.5)	1.6 (0.2)	9.8 (1.2)	3.5 (0.4)
1991	1,011.5 (100.0)	781.2 (77.2)	230.3 (22.8)	90.0 (8.9)	37.9 (3.7)	75.3 (7.4)	3.5 (0.3)	2.3 (0.2)	6.3 (1.6)	5.0 (0.5)
1992	1,179.5 (100.0)	891.0 (75.5)	288.5 (24.5)	104.6 (8.9)	50.9 (4.3)	99.7 (8.5)	3.3 (0.3)	5.1 (0.4)	19.3 (1.6)	5.6 (0.5)
1993	1,336.8 (100.0)	989.3 (74.0)	347.5 (26.0)	121.7 (9.1)	61.9 (4.6)	124.6 (9.3)	3.9 (0.3)	2.9 (0.2)	24.3 (1.8)	8.2 (0.6)
1994	1,501.9 (100.0)	1,132.3 (75.4)	369.6 (24.6)	145.6 (9.7)	55.1 (3.7)	126.4 (8.4)	5.7 (0.4)	3.1 (0.2)	25.1 (1.7)	8.5 (0.6)
1995	1,726.7 (100.0)	1,294.9 (75.0)	431.8 (25.0)	203.9 (11.8)	64.7 (3.7)	120.8 (7.0)	1.1 (0.1)	3.5 (0.2)	25.7 (1.5)	12.1 (0.7)
1996	1,870.5 (100.0)	1,456.0 (77.8)	414.5 (22.2)	137.7 (7.4)	81.0 (4.3)	139. 5(7.5)	4.2 (0.2)	2.8 (0.1)	39.0 (2.1)	10.5 (0.6)
1997	2,082.2 (100.0)	1,542.9 (74.1)	539.3 (25.9)	228.6 (11.0)	98.1 (4.7)	154.0 (7.4)	5.3 (0.3)	2.0 (0.1)	39.5 (1.9)	11.7 (0.6)
1998	2324.7	1409.4	912.6	612.7	121.3	140.8	2.4	1.2	28.6	8.4
1999	2370.7	1550.0	774.1	435.9	163.0	173.5	4.6	2.4	33.1	7.9

연도	노동비용 총액	현금급여 총액	현금급여 이외의 노동비용							
			계	퇴직금 비용	법정 복리비	법정 외 복리비	현물지급 비용	모집비	교육 훈련비	기타 노동비용
2000	2777.3	1740.6	820.7	628.6	182.1	168.6	3.9	3.0	40.0	10.0
2001	2661.1	1840.4	1036.6	384.7	209.1	173.6	1.8	3.0	40.5	7.3
2002	2827.5	2053.4	820.8	291.1	220.4	197.2	3.2	2.7	48.3	10.8
2003	3206.0	2293.3	915.3	378.5	242.8	227.3	3.4	3.1	46.9	10.5
2004	3057.5	2449.3	607.9	212.1	191.6	161.5	4.6	4.8	24.3	9.1
2005	3221.1	2569.3	651.8	223.8	208.2	177.7	3.4	3.3	26.9	8.0

주 : ( ) 안은 노동비용 총액에 대한 구성비이다.
자료 : 노동부. 기업체노동비용 조사보고서, 각 연도

(2) 임금동향

1) 임금수준의 하락과 급속한 회복

외환위기체제 이전에는 두 자리의 높은 임금상승을 보이다가 1997년 12월 IMF 자금지원 이후 임금상승률은 급격히 하락하였다. 1990~1997년 동안 임금상승률은 연평균 12.5%로 상승하였으나 1998년에 전 산업의 명목임금 수준은 142만 7,000원으로 전년에 비하여 2.5% 감소를 보이고 있다. 더욱이 물가상승률을 감안한 실질임금은 1998년도에 전년에 비하여 9.3% 감소하였다.

한편 전반적인 임금수준의 하락 속에서 임금구성도 변화를 보이게 되는데, 임금내역별 구성을 보면, 임금총액에서 정액급여가 차지하는 비중이 높아지고 있다. 1996년의 정액급여 비중은 67.6%였으나 1998년에는 73.6%로 높아졌으며, 특별급여의 비중은 1996년의 23.8%에서 1998년에는 19.4%로 줄어들고 있다. 이는 그 동안 임금상승을 주도하면서 비중이 크게 증가하여 왔던 특별급여가 IMF 지원체제 이후 급격히 감소하였기 때문이다.

그런데 이와 같이 외환위기 이후 급속히 하락하던 명목임금 상승률은 경기가 회복조짐을 보임에 따라 1999년 들어 증가세로 반전하고 있다. 1999년 1/4분기 중 10인 이상 비농전산업의 명목임금은 전년동기에 비해 5.6% 상승한 151만 1,000원으로 나타났다. 또한 소비자물가 상승률이 0.1%로 매우 낮은 증가율을 보임에 따라 실질임금 상승률 또한 1997년 4/4분기 이후의 마이너스 추이를 벗어나 4.9%를 기록하였다.

2004~2006년의 내역별 임금수준을 보면, 특별급여의 상승률은 감소하고 있으며, 2005년

표 4-33 내역별 임금수준 및 상승률 동향 (단위 : 천원/월, %)

구분	2004	2005	2006
임금총액	2,254(6.0)	2,404(6.6)	2,541(5.7)
정액급여	1,635(6.8)	1,756(7.4)	1,873(6.7)
초과급여	137(1.7)	149(8.7)	157(5.4)
특별급여	481(4.6)	498(3.5)	510(2.4)
실질임금 상승률	(2.8)	(3.6)	(3.3)

주 : ( ) 안의 수치는 전년동기 대비 증감률이다.
자료 : 노동부. 매월 노동통계 조사보고서, 각호

이 가장 높은 상승률을 보였다([표 4-33] 참조).

2) 성별 격차의 축소와 규모별 격차의 확대

임금격차는 특성별로 다른 추이를 보였다. 성별 임금격차는 외환위기 이전이나 이후에도 꾸준히 축소되는 추세인데, 1996년 남성에 대한 여성의 상대임금은 60.9%였으나 1998년 63.7%, 1999년 65.2%, 2000년 66.6%, 2001년 66.9%, 2002년 66.5%, 2003년 66.9%이였다. [표 4-34]에서와 같이 2004년 65.7%였으나 2005년 67.8%로 그 격차를 축소시켰다.

이러한 성별 임금격차의 축소는 1998년 중에 실시된 고용조정이 남성의 경우 상대적으로 고연령·고임금 계층을 중심으로 이루어진 반면, 여성의 경우는 한계노동력을 중심으로 이루어졌기 때문으로 해석된다. 즉, 남성의 경우 고연령·고임금 계층의 퇴사는 해당기업의 근로자 구성을 변화시켜 해당기업에 속하는 남성의 평균임금을 낮추는 역할을 하는 반면, 여성의 경우 한계노동력의 퇴사는 해당기업에 속하는 여성의 평균임금을 높이는 작용을 한다.

표 4-34 성별 임금수준 및 상승률 동향 (단위 : 천원/월, %)

구분	2004	2005
남 성	1,957(5.8)	2,108(7.7)
여 성	1,286(6.6)	1,395(8.5)
남성/여성	65.7	67.8

주 : ( ) 안의 수치는 전년동기 대비 증감률이다.
자료 : 노동부. 매월 노동통계 조사보고서, 각호

표 4-35 성별 · 내역별 임금상승률 (단위 : %)

구분		2004. 1/4	2005. 1/4	2006. 1/4
남 성	급여총액	4.2	7.3	5.6
	정액급여	7.0	7.8	6.5
	초과급여	3.6	6.5	4.5
	특별급여	−4.1	5.8	2.9
여 성	급여총액	3.3	7.8	7.3
	정액급여	7.3	8.3	7.0
	초과급여	1.8	13.0	8.1
	특별급여	−10.0	4.5	8.3

자료 : 노동부. 매월 노동통계 조사보고서, 각호

이러한 추세는 1999년에 들어서도 지속되는데, 2004~2005년을 보면, 남성근로자의 임금상승률(5.8%, 7.7%)보다 높게 나타났다. 이에 따라 남성근로자의 임금을 100으로 할 경우 여성의 임금수준이 2004년 65.7%에서 2005년 2.1%포인트 상승한 67.8%로 나타나 성별 임금격차가 더욱 축소되고 있음을 보여 준다([표 4-35] 참조).

여성근로자의 임금상승률이 남성근로자에 비해 상대적으로 높게 나타난 것은 정액급여, 초과급여, 특별급여 상승률이 남성근로자에 비해 높게 나타난 것에서 알 수 있다.

한편 사업체 규모별 임금격차는 1997년에 다소 축소되었다가 1998년에 다시 확대되었으며, 2002년까지 이러한 추세는 지속되다가 2003년부터 주춤한 상태이다.

[표 4-36]에서와 같이 사업체 규모별 임금수준은 사업체의 고용규모가 커질수록 월급여

표 4-36 사업체 규모별 임금수준 (단위 : 천원, %)

구분	2005	2004	2003	2002	2001	2000	1999
5~9인	87.7	91.8	91.8	91.5	94.4	93.8	92.7
10~29인	100.0	100.0	100.0	100.0	100.0	100.0	100.0
30~99인	105.7	103.7	103.7	106.7	106.8	105.6	103.4
100~299인	110.0	109.6	110.2	111.2	113.6	111.3	109.8
300~499인	117.2	117.7	120.1	121.5	120.8	122.9	114.8
500인 이상	127.8	127.7	127.6	130.3	130.6	126.5	124.4
전 체	106.2	106.1	106.2	108.4	108.7	107.5	106.7

주 : 10~29인 규모 사업체 근로자의 평균 월급여액을 100으로 한 지수이다.

액 수준이 높은 추이는 지속됨을 보여 주는데, 고용규모별 월급여액의 격차는 10~29인 규모 사업체 월급여액을 100으로 할 때 500인 이상 규모의 월급여액이 127.8(1.3배)수준으로 2004년(127.7%)에 비해 높아진다.

사업체 규모별 임금동향을 보면, 1999년 1/4분기 중 300~499인 규모의 사업체 임금상승률이 전년동기 대비 7.6%를 기록하여 가장 높게 나타났으며, 그 다음으로 100~299인 규모의 사업체에서 6.8%를 보이는 등 상대적으로 중규모 이상의 기업이 소규모 기업에 비해 임금상승률이 높게 나타났다. 이는 사업체 규모 간 임금격차가 1998년에 이어 보다 확대되고 있음을 보여 주는 것이다.

300인 이상 대규모 사업체의 임금상승률이 높게 나타난 것은 대규모 사업체일수록 임금총액에서 차지하는 비중이 큰 정액급여 증가율이 높고[15], 특별급여 또한 규모가 클수록 증가율이 컸기 때문이다.

3) 임금제도의 변화

임금제도상의 주요 변화는 성과와 보상이 연계되는 임금제도로 전환하는 사업체가 늘고 있다는 점이다. 최근 증대되는 연공급 임금체계 개선의 필요성에 대한 인식의 확대를 반영, 연공서열 위주의 경직적 임금체계를 연봉제 · 성과배분제 등 능력 · 성과 위주 임금체계로 전환하려는 기업이 크게 증가하였다.

2005년 6월 노동부는 100인 이상 사업체를 대상으로 연봉제 · 성과배분제 도입실태를 조사하였다. 이에 따르면, 응답업체 2,974개소 중 1,440개소(48.4%)가 연봉제, 2,890개소 중 927개소(32.1%)가 성과배분제 등을 도입하여 전년 동기 대비 각각 5.4%p, 1.5%p 증가한 것으로 나타났다. 산업현장의 능력 · 성과 중심의 임금체계에 대한 개선노력을 반영하고 있는 것이다.

특히 연봉제 등 도입 성과를 보면 연봉제는 임금관리가 용이하고 근로자들의 업무태도 변화를 가져오는 효과가 두드러진 반면, 성과배분제는 생산성 향상과 협력적 노사관계에 기여하는 것으로 나타났다(노동부, 2006a).

---

15) 1999년 1/4분기 정액급여 상승률은 500인 이상 규모에서 4.1%로 가장 높은 반면 10~29인 규모에서는 0.8%의 증가율을 보여 주었다.

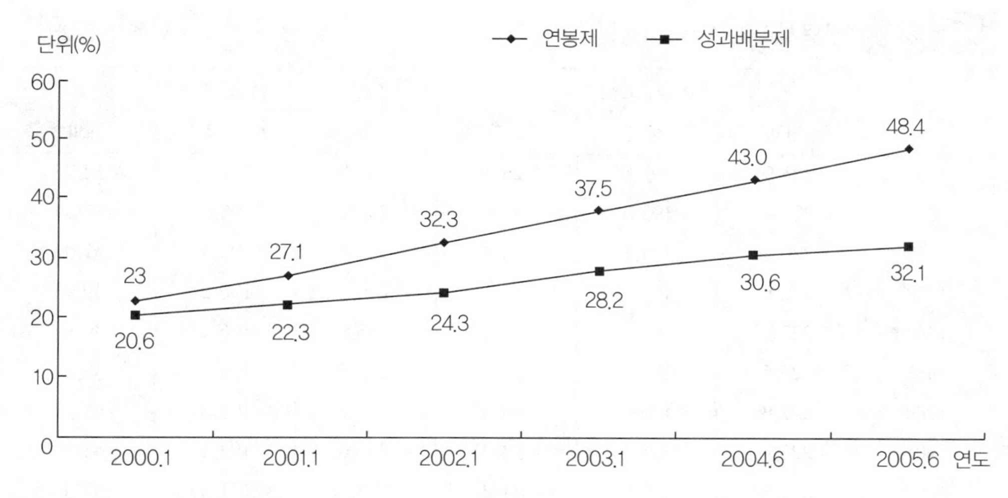

자료 : 노동부(2006). 2006 노동백서

그림 4-12 연봉제 · 성과배분제 추이

4. 근로시간 및 근로시간 동향

(1) 근로시간

근로시간은 정상근로시간과 초과근로시간으로 구성된다.

1) 정상근로시간

법정기준 근로시간(「근로기준법」 제42조의 일반근로자 8시간, 「산업안전보건법」 제46조의 유해위험작업근로자 6시간, 「근로기준법」 제55조의 연소근로자 7시간) 이내로 사업체의 취업규칙이나 단체협약으로 정한 정상근로일(주휴일, 취업규칙상의 휴일은 제외)에서 휴식시간을 제외하고 실제로 근로한 시간을 말한다.

2) 초과근로시간

정상근로시간 이외의 연장근로시간, 휴일근로시간 등 정규근로시간 이외에 초과하여 근로한 시간을 말한다.

(2) 근로시간 동향

경기침체로 정상근로시간과 초과근로시간이 감소함에 따라 총근로시간이 감소하였다.

표 4-37 근로시간의 내역별 추이 (단위 : 시간/월)

연도	비농전산업			제조업		
	전체	정상	초과	전체	정상	초과
1980	223.9	195.3	28.6	230.6	197.9	32.7
1981	225.4	192.8	32.6	233.1	195.6	37.5
1982	226.4	194.1	32.2	233.4	196.4	37.0
1983	227.8	193.7	34.1	236.1	196.2	39.9
1984	227.5	193.4	34.1	235.8	196.1	39.8
1985	225.5	192.7	32.8	233.5	194.9	38.5
1986	227.8	193.4	34.4	237.7	195.8	41.9
1987	225.4	191.5	33.9	234.6	193.1	41.6
1988	221.8	190.6	31.2	228.6	191.3	37.3
1989	213.7	185.2	28.5	220.0	185.7	34.3
1990	209.5	181.4	28.1	216.2	181.8	34.4
1991	208.2	181.3	26.9	214.0	180.5	33.5
1992	206.5	180.5	26.1	211.6	179.3	32.3
1993	206.4	181.3	25.1	212.2	180.8	31.4
1994	205.9	180.8	25.0	211.7	180.5	31.2
1995	207.0	181.0	26.0	213.7	180.6	33.1
1996	205.6	180.9	24.6	210.1	179.5	30.5
1997	203.0	179.6	23.4	207.6	178.3	29.3
1998	199.2	179.1	20.1	200.0	176.2	23.6
1999	206.6	184.0	22.6	216.0	182.7	33.3
2000	204.8	181.4	23.4	213.1	179.8	33.3
2001	202.5	182.1	20.4	208.7	178.9	29.8
2002	199.6	181.6	18.1	206.4	177.7	28.7
2003	198.2	180.6	17.6	205.9	177.9	28.0
2004	197.2	180.5	16.7	205.0	177.3	27.7
2005	195.1	177.5	17.6	202.7	173.6	29.1
2006	191.2	174.1	17.1	199.1	170.1	29.0

자료 : 노동부. 매월 노동통계 조사보고서, 각호

2003년 제조업의 월평균 근로시간은 [표 4-38]에서와 같이 205.9시간이나, 2004년 205.0시간, 2005년 202.7시간, 2006년 199.1시간 등으로 감소하고 있다. 이는 주5일제 도입과 연관

표 4-38 내역별 근로시간 수준 및 증감률 동향 (단위 : 시간/월, 일/월, %)

구분		2003	2004	2005	2006
비농 전산업	총근로시간	198.2(−0.7)	197.2(−0.5)	195.1(−1.1)	191.2(−2.0)
	• 정상근로시간	180.6(−0.6)	180.5(−0.1)	177.5(−1.7)	174.1(−1.9)
	• 초과근로시간	17.6(−2.8)	16.7(−5.1)	17.6(5.4)	17.1(−2.8)
	근로일수	23.9(−0.4)	23.7(−0.8)	23.2(−2.1)	22.7(−2.2)
제조업	총근로시간	205.9(−0.2)	205.0(−0.4)	202.7(−1.1)	199.1(−1.8)
	• 정상근로시간	177.9(0.1)	177.3(−0.3)	173.6(−2.1)	170.1(−2.0)
	• 초과근로시간	28.0(−2.4)	27.7(−1.1)	29.1(5.1)	29.0(−0.3)
	근로일수	24.1(0.0)	23.9(−0.8)	23.6(−1.3)	23.1(−2.1)

주 : ( ) 안의 수치는 전년동기 대비 증감률이다.

자료 : 노동부. 매월 노동통계 조사보고서, 각호

이 있어 근로일수가 2003년부터 지속적으로 감소하였다(2003년 24.1일, 2004년 23.9일, 2005년 23.6일, 2006년 23.1일). 제조업은 전산업보다 더 많거나 길지만, 현상은 점증적으로 감소하였다.

초과근로시간은 1990~1997년에 평균 25.3시간을 유지하였으나 1998년에는 20시간에 그쳤으며, 2000년대에는 17시간대에 머물러 대폭 하락하였다.

|제3절| 노사관계의 동향

노동조합, 노사분규, 임금인상, 노사갈등 등 우리나라 노사관계에 대하여 경제발전과 같이 성장한 노사관계 논점들과 현재의 논점들에 관하여 제시하고자 한다.

1. 노사관계

(1) 노사관계 주요지표

1) 노동조합에 관한 통계

노사관계는 주요지표는 조합원, 조직률, 노사분규 발생건수, 참가자 수, 손실일수 파업성향 등이다. [표 4-39]는 우리나라 노사관계 주요지표를 1970~2005년까지 제시하였다.

표 4-39 노사관계 주요지표 추이

연도	노동조합		노사분규				임금 근로자 (천명)
	조합원 (천명)	조직률 (%)	발생 건수	참가자 수 (천명)	손실일수 (천일)	파업성향 (일/천명)	
1970	473	12.6	4	1	9	2.4	3,746
1975	750	15.8	52	10	14	2.9	4,751
1980	948	14.7	206	49	61	9.5	6,464
1985	1,004	12.4	265	29	64	7.9	8,104
1986	1,036	12.3	276	47	72	8.5	8,433
1987	1,267	13.8	3,749	1,262	6,947	755.8	9,191
1988	1,707	17.8	1,873	293	5,401	562.0	9,610
1989	1,932	18.6	1,616	409	6,351	611.4	10,389
1990	1,887	17.2	322	134	4,487	409.8	10,950
1991	1,803	15.9	234	175	3,271	288.2	11,349
1992	1,735	15.0	235	105	1,528	132.1	11,568
1993	1,667	14.2	144	109	1,308	111.3	11,751
1994	1,659	13.5	121	104	1,484	120.7	12,297
1995	1,615	12.7	88	50	393	30.8	12,736
1996	1,599	12.2	85	79	893	68.5	13,043
1997	1,484	11.2	78	44	445	33.6	13,228
1998	1,402	11.5	129	146	1,452	119.1	12,191
1999	1,481	11.9	198	92	1,366		
2000	1,527	12.0	250	178	1,893		
2001	1,563	12.0	235	885	1,083		
2002	1,538	11.0	322	938	1,580		
2003	1,549	11.0	320	137	1,298		
2004	1,536	10.6	462	184	1,199		
2005			287	118	848		

자료 : 노동부. 내부자료
통계청. 한국통계월보, 각호
ILO. Yearbook of Labor Statistics, 각 연도

① 노동조합 수 및 노동조합원 수는 노동부에서 집계하는 노동조합 관련통계는 설립신고증을 교부받은 합법적인 노동단체를 대상으로 하므로 법외 노동단체는 통계에서 제외된다.

표 4-40 노동조합 수 및 조합원 수 추이 (단위 : 개소, 명)

연도	노동조합 수					노동 조합원 수
	전체	총연합단체	산별연맹 (노조)	지부 (단위노조)	분회 (단위노조)	
1963	2,150	1	16	313	1,820	224,420
1965	2,634	1	16	362	2,255	301,522
1970	3,500	1	17	419	3,063	473,259
1975	4,091	1	17	488	3,585	750,235
1980	2,635	1	16	2,618		948,134
1985	2,551	1	16	2,534		1,004,398
1986	2,675	1	16	2,658		1,035,890
1987. 6. 30	2,742	1	16	2,725		1,050,201
1987. 12. 31	4,103	1	16	4,086		1,267,457
1988	6,164	1	21	6,142		1,707,456
1989	7,883	1	21	7,861		1,932,415
1990	7,698	1	21	7,676		1,886,884
1991	7,656	1	21	7,634		1,803,408
1992	7,527	1	21	7,505		1,734,598
1993	7,147	1	26	7,120		1,667,373
1994	7,025	1	26	6,998		1,659,011
1995	6,606	1	26	6,579		1,614,800
1996	6,424	1	26	6,397		1,598,558
1997	5,733	1	41	5,692		1,484,194
1998	5,560	1	42	5,560		1,401,940
1999	5,637	1	43	5,637		1,480,666
2000	5,698	1	44	5,698		1,526,995
2001	6,150	1	45	6,150		1,568,723
2002	6,504	1	41	6,506		1,605,972
2003	6,257	1	43	6,257		1,549,949
2004	6,107	1	42	6,017		1,536,843
2005	6,213	1	42	5,971		1,506,172

주 : 1980년 12월 31일 「노동조합법」 개정으로 이전의 지부 및 분회가 기업별 단위노조로 통폐합된다.

자료 : 노동부

② 노동조합 조직률 : 노동조합 조직률 산정방법은 다양하나 일반적으로 조합원 수를 임금근로자(=피용자)로 나눈 수치로 정의된다.

2) 노사분규에 관한 통계

① 노사분규 : 노동부에서 집계하는 노사분규는 파업 또는 직장폐쇄를 수반한, 즉 조업중단을 초래한 노사분규만을 집계대상으로 한다. 그러나 특히 1990년 이전까지는 노사분규 집계기준이 그다지 명쾌하지 않으며, 자료의 출처에 따라 매우 상이한 수치가 게재되어 있다.

② 파업성향 : 쟁의행위의 강도는 파업성향으로 파악되는데, 이는 임금근로자 1,000명당 노동손실일수로 정의되며, 가장 보편적으로 통용되는 노동쟁의행위의 지표이다.

2. 시기별 노사관계 개관

1980년대 이후 우리나라 노사관계 전개의 주관적 · 객관적 조건들을 종합해 볼 때, 1987년과 1989년 그리고 1998년을 기준으로 하여 시기를 나눌 수 있다. 1987년 전반기까지 침체되었던 노동운동이 1987년 6월 이후 크게 고양되었다가 1989년을 정점으로 하여 그 이후 침체와 새로운 방향을 모색하는 양상을 보이면서 발전되어 오던 추세는 1998년 외환위기 이후 새로운 양상을 보이게 된다.

2000년에 들어와서 노동관계법의 개정으로 산업별 노동조합 등 초기업별 단위노동조합 체제로 전환하고 있다.

(1) 1987년 대규모 노동쟁의 이전 개관(1980~1987. 6)

이 기간은 노사관계가 철저하게 정치적 변화 또는 정부의 정책, 즉 제도적 요인에 의해 부침을 경험한 시기라 할 수 있다. 제5공화국하에서 전반적으로 노동운동이 극도로 위축됨에 따라 원시적인 노사관계가 지배하였는데, 이는 노동운동에 대한 전면적인 통제에서 비롯된 것이다. 하지만 이 기간 중에서도 1979년 10월 26일~1980년 5월 17일이나 1983년 말~1984년 말의 정치적 이완기 또는 이른바 '유화국면' 기의 노동운동을 주목할 필요가 있는데, 이는 노동운동에 대한 통제가 이완된 시기에 노동운동이 얼마나 활성화될 수 있는가를 단적으로 보여 주기 때문이다.

우선 1979년의 10. 26 사태로 유신체제가 붕괴되자 1970년대 내내 억눌려 왔던 노동자들의 잠재적 욕구가 일시에 분출되면서 신규노조 결성, 임금 및 근로조건개선, 휴 · 폐업 반

표 4-41 노동조합 조직률 추이 (단위 : %)

연도	조직률(A)			조직률(B)			조직률(C)
	전체	남자	여자	전체	남자	여자	
1963	20.3	20.8	18.5	9.4	9.6	8.7	–
1965	22.4	23.5	19.1	11.6	11.7	11.2	–
1970	20.0	20.1	19.7	12.6	13.1	11.5	–
1975	23.0	21.4	27.4	15.8	14.5	19.3	–
1980	20.1	18.5	23.6	14.7	13.6	17.0	21.0
1985	15.7	15.9	15.2	12.4	13.1	11.1	16.9
1986	15.5	16.2	14.2	12.3	13.2	10.5	16.8
1987. 6. 30	14.7	15.6	12.9	11.7	13.0	9.5	15.7
1987. 12. 31	17.3	18.5	15.0	13.8	15.3	11.1	18.5
1988	22.0	23.9	18.1	17.8	20.1	13.7	19.5
1989	23.3	25.8	18.5	18.6	21.8	13.4	19.8
1990	21.5	24.4	16.3	17.2	20.5	12.0	18.4
1991	19.7	22.8	14.2	15.9	19.1	10.7	17.2
1992	18.4	21.9	12.2	15.0	18.5	9.4	16.4
1993	17.2	20.5	11.3	14.2	17.5	8.8	15.6
1994	16.3	19.9	10.0	13.5	16.9	8.0	14.5
1995	15.3	18.7	9.3	12.7	15.9	7.4	13.8
1996	14.7	18.4	8.4	12.2	15.7	6.7	13.3
1997	13.5	17.5	7.0	11.2	14.9	5.6	12.2
1998	13.7	17.6	6.8	11.4	15.2	5.3	12.6
1999	14.7	18.4	8.3	11.7	15.4	6.1	11.9
2000	14.3	18.3	7.6	11.4	15.3	5.7	12.0
2001	14.3	18.5	7.1	11.5	15.7	5.4	12.0
2002	13.5	17.9	6.7	10.8	14.9	5.1	11.0
2003	13.0	17.1	6.8	10.8	14.5	5.5	11.0
2004	12.4	16.4	6.5	10.3	14.0	5.2	10.6

주 : 조직률 A = 조합원 수 ÷ 비농가 상시고 × 100

조직률 B = 조합원 수 ÷ 총피용자 × 100

조직률 C = 1987년 이전은 조합원 수 ÷ (상시고 − 공무원 − 사립학교교원) × 100

1988년 이후는 조합원 수 ÷ (상시고 + 일용고 − 공무원 − 사립학교교원) × 100

조직률 C는 노동부 집계방식

자료 : 노동부

대, 노동조합 민주화, 해고자 복직 등을 요구하며 노동운동이 격렬한 양상으로 분출되어 나타났다. 하지만 이는 1980년의 5. 18로 다시 위축되며, 그 해 12월 노동관계법의 개정에 따라 노동조합의 조직형태가 산업별에서 기업별로 바뀌는 과정에서 노동조합의 조직률도 낮아졌고 조직노동자 수도 계속 감소되었다.

이 시기에는 정부의 강력한 노동통제 속에서 노동쟁의 건수는 미미했지만 정치적 · 사회적 격변기에 한때 노동쟁의가 급증하여 1980년에 407건을 기록하기도 하였다. 하지만 그 이후 1981년에 186건, 1982년에 88건으로 격감하였다가, 경기가 호황인 상황에서 임금 등 노동조건이 별로 개선되지 않자 노동조합운동에 대한 억압상황에서도 다시 쟁의가 증가하여 1986년에는 276건에 이르렀다.

(2) 노동운동의 양적 · 질적 고양기(1987. 6~1989)

1) 노동조합조직의 확대

1980년대 전반기에 매우 위축되었던 노동조합운동은 1987년 6 · 29 선언 이후 일대 고양기를 맞게 된다. 우선 노동조합 조직결성이 활발하게 이루어지는데, 1987년 6월 당시 2,742개였던 노동조합수가 그 해 말에는 4,103개로 50%나 증가하였다. 이에 따라 노동조합원 수는 같은 기간에 21%, 노동조합 조직률은 14.7%에서 17.3%로 증가하였다. 또한 노총산하 산별연맹의 수도 1980년 이래 16개에서 1988년에는 20개로 증가하였으며, 노총에 소속되지는 않았으나 법적 지위를 획득한 독립산별노련인 사무금융노련도 1987년 8월에 발족하게 되어 제2노총의 합법적 조직의 단초를 열게 된다. 이와 함께 재야노동단체와 계통노조에 소속되지 않고 독자노선을 주창한 지역별 · 업종별 노조협의회도 활발한 활동을 벌이게 되는데, 이들은 1990년 초에 전국노동조합협의회를 결성하여 기존 노동조합운동에 새로운 바람을 일으키게 된다. 또한 이 시기 노동조합조직에 있어서 또 하나의 특징은 노동조합조직 규모의 증가와 함께 사무직, 전문기술직 및 공공부문 노조도 활발하게 조직되어 종전의 생산직 위주의 노동조합운동에서 벗어나 노동조합운동의 기반이 넓어지게 되었다는 점이다.

이러한 노동조합조직의 확대는 노동쟁의 발생건수의 증가로 연결되어 나타난다. 이는 그동안 해결되지 않은 채 누적되어 온 노동문제가 6 · 29 선언 이후 정치적 · 사회적 이완기를 계기로 전 지역, 전 업종에서 노동쟁의로 동시에 폭발하였기 때문이다. 창원, 울산 등 경남지역에서 먼저 제조업, 특히 중공업 분야를 중심으로 노동쟁의가 일어나 전국으로 파급되었는데, 경인지구에서는 제조공업 분야에서, 호남 · 충남 지역에서는 주로 버스, 택시 등 운수업 분야에서, 강원지역에서는 탄광업 분야에서 노동쟁의가 일어났다.

2) 노동쟁의의 특징

① 1987년 대규모 노동쟁의의 가장 큰 특징은 자연발생적 폭발력이다. 1987년 한해 동안의 총쟁의건수는 3,749건에 달하였으며, 그것도 6 · 29 이후 짧은 기간에 발생한 것이 3,628건으로 대부분을 차지하였다. 이는 오랫동안 억눌려 왔던 노동자들의 불만과 욕구가 자연발생적으로 거의 동시에 폭발되었다는 것을 반영하는 것으로, 이러한 이유로 1980년대 초반의 쟁의와는 달리 기존노조는 외면을 당하고 어용노조 시비가 끊이지 않았으며, 처음부터 탈법투쟁으로 일관하는 경우가 많았다.

② 노동쟁의의 원인은 임금인상, 근로조건 개선, 노조결성과 노조민주화 등으로 노동자에게는 지극히 당연한 기본권 확보에 관한 것이 주류를 이루고 있다. 1987년 노동쟁의를 원인별로 보면 임금인상 2,613건, 근로조건 개선 566건, 노조관련 143건으로 나타났으며, 이러한 점에서 요구내용은 경제적 차원에 머물렀다고 볼 수 있다. 하지만 노조건설 · 어용노조 민주화를 둘러싼 투쟁도 치열하게 전개되었음을 볼 때 노동자계급의 권익을 보장할 수 있는 자주적 조직에 대한 노동자들의 의식도 임금인상 · 근로조건 개선 못지않게 강고한 투쟁의 동력이 되고 있었음을 알 수 있다[16].

③ 노동쟁의는 중화학공업 지역의 대기업을 중심으로 발생하여 경공업 및 기타 지역으로 확산되는 양상을 보였으며, 요구사항의 타결에 있어서도 이들이 주도적인 역할을 하였다. 이는 이전과는 다른 특징으로 노동조합운동의 중심이 경공업에서 중공업으로, 중소기업에서 대기업으로, 여성노동자에서 남성노동자로 이동하고 있음을 보여 준다.

④ 노동쟁의의 유형이 종래에 비하여 대중적이며 대규모적인 연대투쟁의 형태를 취하였을 뿐만 아니라 장기적이며 완강하였다. 대표적인 예로는 현대그룹쟁의와 운수부문의 지역연대 파업을 들 수 있다.

⑤ 사무직, 전문기술직, 서비스직 등에서 노동쟁의와 노동조합 결성이 일반화되면서 사무직 노동운동이 기존의 생산직 중심의 노동운동과 함께 노동조합운동의 한 영역으로 자리 잡기 시작했다. 이는 노동계층 일반이 모두 함께하는 대중운동으로서 노동운동이 부각되는 계기가 되었다. 이것은 이전까지의 사회운동이 학생운동을 중심으로 한 다분히 지사적이고 선도적인 정치투쟁 중심이었음에 비하여 이제는 본래적 의미의 노동운동이 대중운동으로서 중심에 위치하게 되었음을 의미하는 것이기도 하다.

---

16) 1987년 7 · 8월의 노동자들에 있어서 민주노조는 경제적 평등과 노동현장의 민주화를 지속적으로 담보할 수 있는 '권력기구'로 인식되었다는 측면에서 이를 경제투쟁이자 민주화투쟁으로 봐야 한다는 주장이 있다(박승옥, 1990).

이 시기의 이와 같은 노동운동의 고양은 6 · 29 선언이라는 일정한 민주주의의 이행을 보장하는 조치에서 직접적으로 기인한 것이지만, 그 이면에는 그 동안의 자본축적과 1986년 이후 3여 년간 지속되었던 이른바 '3저호황'이 있었음을 간과해서는 안 된다. 기업들이 유사 이래 최대의 순이익을 올리는 시기인 7~8월에 대규모 노동쟁의가 발생하였으며, 이로 인해 이미 1987년 봄에 평균 7.5%의 임금인상이 있었음에도 불구하고 평균 20~25%의 임금재인상을 요구하는 투쟁이 일반화되기도 하였다. 이는 곧 경제적 호황이 기업 및 국민경제에 큰 부담으로 다가올 수밖에 없는 갑작스런 노동운동의 고양을 상당기간 지속시키는 배경이 되었다고 볼 수 있다.

(3) 1990년대 노동운동의 방향전환 모색기(양적 침체와 질적 성숙기)

1987년 이후 급격히 성장하였던 노사관계 및 노동운동은 1989년의 정점기를 거쳐 1990년대 초에 들어 새로운 국면을 맞이하게 된다.

1990년대에 들어 노동조합 및 조합원의 수, 노동조합 조직률이 감소세로 돌아섰고 노동쟁의 발생건수도 급격히 감소하고 있으며, 그동안 일정하게 진전을 보여 왔던 생산 및 노사관계의 민주화 추세도 정체되거나 오히려 후퇴하고 있음이 지적되기도 하였다. 1988년 1,873건, 1989년 1,616건이었던 노동쟁의 건수가 1990년에는 322건으로 줄어들고 그 이후 줄곧 감소하여 1995년에는 88건에 불과하였다는 사실은 놀랄 만한 일이다.

이는 노사 간의 교섭에 의한 임금인상률을 나타내는 협약임금 인상률의 추이에서도 잘 보여진다. 1987년 이후 17.2%, 13.5%, 17.5% 등으로 높게 나타나던 타결인상률은 1990년에 들어 9.0%로 낮아졌고, 1992년에는 6.5%로 1987년 이전의 가장 낮았던 수준에 근접하였으며, 1995년에는 7.7%에 머물렀다.

1987년 대규모 노동쟁의 이후 노동조합운동은 대폭적 임금인상, 노동시간 단축 등 노동조건 개선을 실현하고 상당 정도 노조민주화를 달성했지만, 직장민주화나 사회민주화, 발전적 노조운동을 위한 조직의 건설, 노동조합의 정책 · 제도개선활동을 위한 제도적 장치마련 및 정치세력화 등의 보다 높은 수준의 과제수행에는 제대로 착수하지도 못하고, 오히려 기존에 쟁취한 노동조건 개선의 성과마저 후퇴시킬 우려를 낳으면서 급격히 침체에 빠져들고 있는 것으로 평가되기도 하였다[17].

---

17) 이러한 측면에서 한국노동운동의 위기를 지적하는 논의는 1990년대 초반에 상당수가 있었다. 위기의 원인이나 전망과 대응 등을 둘러싸고 내용의 편차는 있지만, 그 대표적인 글로서는 강창선(1992), 김형기 · 임영일(1992), 김문수(1990), 정승국(1992), 박승옥(1992a), 박승옥(1992b), 임현진 · 김병국(1993), 임영일(1993), 최장집(1992), 강수돌 · 황기돈(1992) 등을 들 수 있다.

표 4-42 노동조합조직 및 쟁의행위 주요지표

연도	노동조합		노동쟁의				임금 근로자 (천명)	조합당 조합원 수
	조합원 (천명)	조직률[1] (%)	발생 건수	참가자 수 (천명)	손실일수 (천일)	파업성향[3] (일/천명)		
1980	948	14.7	206	49	61	9.5	6,464	360
1985	1,004	12.4	265	29	64	7.9	8,104	394
1986	1,036	12.3	276	47	72	8.5	8,433	387
1987[2]	1,267	13.8	3,749	1,262	6,947	755.8	9,191	309
1988	1,707	17.8	1,873	293	5,401	562.0	9,610	277
1989	1,932	18.6	1,616	409	6,351	611.4	10,389	245
1990	1,887	17.2	322	134	4,487	409.8	10,950	245
1991	1,803	15.9	234	175	3,271	288.2	11,349	236
1992	1,735	15.0	235	105	1,528	132.1	11,568	230
1993	1,667	14.2	144	109	1,308	111.3	11,751	233
1994	1,659	13.5	121	104	1,484	120.7	12,297	236
1995	1,615	13.8	88	50	393	30.8	12,736	244

주 : 1) 조직률 = 조합원 수 ÷ 총피용자 × 100

2) 1987년 6월 30일 기준 조직률은 11.7%이다.

3) 파업성향은 노동손실일수를 임금근로자 수로 나눈 것이다.

자료 : 노동부 내부자료

통계청. 한국통계월보, 각호

ILO. Yearbook of Labor Statistics, 각 연도

이와 같이 1990년대에 들어와 두드러지게 나타나고 있는 노동조합 운동의 양적 지표에서의 침체와 퇴조는 1989년 초의 공안정국 이후 노동운동에 대한 본격적인 탄압과 기업의 노무관리전략 변화 등의 제도적 요인과 함께 다른 환경적 요인, 특히 시장적 요인에서 비롯되었다고 할 수 있다.

한국경제의 급속한 세계시장에의 노출(세계화, 개방화)과 산업구조의 조정 및 노동시장 구조의 변화[서비스화(정보화), 소프트화] 등에 따른 제조업 및 생산직과 사무직 비중의 감소와 여성화 및 고령화, 고학력화, 그리고 노동계층 내부구성의 복잡화와 이질화는 조직 노동운동의 기반이 되는 노동조합의 조직 및 연대의 기반을 축소시키고 다른 한편으로는 고용불안을 심화시키게 되었다. 또한 대규모 사업장의 노조조직은 어느 정도 한계에 이른데다가 중소 · 영세사업장의 경우 휴 · 폐업, 공장이전 등으로 많은 노조가 해산된 것도 노동

조합 조직률 감소의 상당한 원인이 되었다. 뿐만 아니라 임금근로자들의 노동조건의 개선과 생활수준의 향상도 노동자 의식과 태도에 변화를 가져온 것으로 나타났다[18].

그러나 또 다른 측면에서 보면 이러한 노동운동의 양적 지표에서의 쇠퇴만으로는 노동운동의 위기 또는 전반적인 침체로 해석하기 어려운 측면이 있다. 이러한 양적 지표에서의 쇠퇴와 노동운동의 일정한 고립에 따른 '위기'는 다른 한편으로는 그때까지의 노동운동에 대한 반성을 토대로 새로운 대안을 모색하게 하였으며, 노동운동 내부에서도 조직적인 분화 등 상당한 변화를 야기하였기 때문이다. 이것으로 볼 때, 이 시기에 노동운동의 방향전환에 대한 진지한 모색이 이루어졌고 노동운동의 질적 측면에서도 일정한 발전이 있었음을 지적할 수 있다[19]. 이는 1989년 이후 노동운동 조직에서의 분화와 정비, 이념 및 활동에서의 수렴화 경향, 노동운동의 전문성 강화 등으로 정리할 수 있다. 이러한 노사관계 및 노동운동에서의 특징은 노사관계개혁위원회의 활동이나 1996년 말~1997년 초의 노동법 개정 총파업과정에서 잘 나타난다[20].

(4) 2000년대 안정기

1997년 노동관계법의 개정으로 기업별 노동조합에 의한 단결권 및 단체교섭권의 독점상태는 끝이 나게 되었다. 현행 「노동조합및노동관계조정법」은 기업별 노동조합체제를 사실상 강제하는 조항들을 상당부분 삭제하고 동시에 기업별 노동조합이 산업별 노동조합 등 초기업별 단위노동조합체제로 전환하는 방법으로서 이른바 '조직형태 변경'을 규정하여 새로운 조직형태의 노동조합이 등장할 수 있도록 하였다. 이러한 법개정을 배경으로 하여 2000년 이후 우리나라의 노동운동은 기업별 노동조합체제에서 산업별 단위노동조합체제(이하 '산별노조')로의 전환을 본격적으로 시도하였다. 외환위기 이후에 급속도로 전개되는 산업구조의 개편에 효과적으로 대응하고 동시에 기업별 노동조합체제가 갖는 한계, 즉 정규직 종업원을 중심으로 한 기업별 노동조합체제가 노정한 한계에 대한 노동운동의 전체적인 대

---

18) 근로자들의 개인주의적 경향, 조합원들의 노조활동에 대한 무관심, 패배주의, 기업별 의식의 강화와 연대투쟁에 대한 회의 등은 노동운동진영 내부에서도 상당수 지적되고 논쟁화되기도 했다[강창선(1992), 김형기(1992)].

19) 최영기(1996)는 1987년 이후 현재까지의 노동운동의 전개를 좌절했다거나 실패했다고 평가해서는 안된다고 주장한다. 그는 노동3권을 실질적으로 확보했고, 경제력의 공정배분을 실현했다는 점에서 조합원은 성공했지만 다만 지도부가 목표로 하였던 정치력의 공정배분에 실패했다는 점에서 노동운동의 전개를 '조합원의 성공과 지도부의 실패'로 표현하고 있다.

20) 시기별 노사관계 및 노동운동의 특징에 대한 자세한 내용은 강순희(1998)의 저서를 참조하기 바란다.

응양상으로 평가할 수 있다.

2000년 이후 우리나라에서는 산별노조로의 전환이 본격화되고 있다. 이는 금융위기 이후에 전개된 산업구조의 재편과 맞물리면서 그동안 지배적인 노동조합 조직형태였던 기업별 노동조합체제에 대한 노동운동의 전체적인 대응양상이라고 평가할 수 있다. 양대 노총에서 산별노조로의 전환 움직임이 공통적으로 뚜렷하게 드러나고 있다는 점이 이를 잘 반증한다. 예를 들어 민주노총의 경우 2002년 6월말 현재 산별노조는 24개, 전체 조합원수 24만 7,458명으로 민주노총 전체의 노조수 대비 2.5%, 총 조합원수 대비 41.1%에 이르고 있다.

산별노조의 전체적인 증가 추세나 일부 대규모 기업별 노동조합의 산별노조로의 조직전환 계획을 고려하면 최소한 민주노총에서는 조만간 가입조합원의 수에서 기업별 노동조합과 산별노조와의 위치가 역전될 것으로 예상된다(조용만, 2003).

1998년 외환위기를 배경으로 시장주도적 경제개혁이 단행되는 가운데 그 대립적 성격을 유지한 채 주요 쟁점이 '성과배분'으로부터 '고용구조'로 전이되는 변화를 보이는 한편, 정규 대기업 조직부문과 비정규/중소기업 미조직간의 노동분절성이 더욱 확대됨으로써 노사관계의 이중구조가 현저하게 고착화되고 있기도 하다(한국노동연구원, 2005)

2007년 현재 산업현장은 전반적으로 안정된 기조에서 지속되고 있으며, 현대자동차의 성과급지급 관련 파업으로 다소 불안하기도 하였으나, 이후 산업현장의 노사관계는 안정된 국면으로 지속되었다. 〈그림 4-13〉은 2003~2007년에 이르는 노사분규 발생건수와 근로손실일수를 나타낸 것이다.

지역·업종, 사업장 단위의 노사화합, 산업평화선언 사례가 증가하는 등 노사협력 분위

표 4-43 민주노총 소속 노동조합 가입형태별 조직현황(2002년 6월 말 현재)

구분	노조 수(개)		조합원 수(명)		비율 1(%)		비율 2(%)	
	2001.12	2002.6	2001.12	2002.6	2001.12	2002.6	2001.12	2002.6
기업별노조	871	858	344,150	341,219	90.2	88.2	57.8	56.6
산별노조	23	24	238,547	247,458	2.4	2.5	40.1	41.1
지역노조	72	91	12,546	13,662	7.4	9.3	2.1	2.3
전 체	966	973	595,594	602,339	100.0	100.0	100.0	100.0

주 : 1) 비율 1은 노동조합 수 기준, 비율 2는 조합원 수 기준이다.
2) 지역노조는 지역본부를 통해 직가입한 노조이다.

자료 : 민주노총(2002. 6). 조직현황

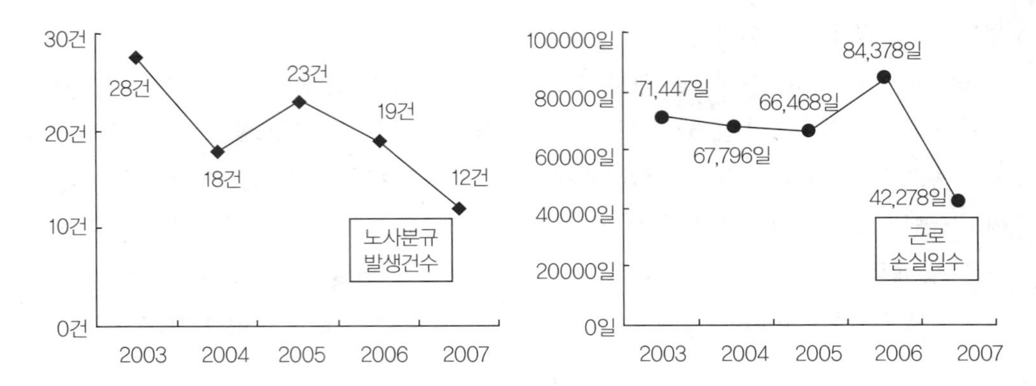

자료 : 노동부(2007. 5). 최근 노사관계 현황 및 과제

그림 4-13 노사분규 발생건수 및 근로손실일수(2003~2007)

기 확산되고 있어, 현대중공업 경영철학 노사공동선언 선포식(2007. 3), 포스코 포항제철소 한가족 노사화합 선포식(2007. 3) 등으로 이어진다.

또한 경영여건 악화 등을 고려하여 일부 사업장에서 노사가 임금동결에 합의한 기업[코오롱(임금동결 및 구조조정 금지 합의), GS칼텍스, LG필립스LCD(임금동결 합의) 등]도 있다.

임금인상률은 2007년 3월 말 현재 전년동기 대비 0.8%p 감소 등 안정된 추세에 있어 100인 이상 사업장 임금인상률을 보면, 2006년 3월 5.3%⇨2007년 3월 4.5%로 낮아졌으며, 임금동결 사업장은 2006년 46개소⇨2007년 55개소로 증가하였다(노동부, 2007. 5). 그러나 6월 말~7월경에 교섭이 본격화된다면, 파업이 발생함에 따라 노사관계의 불안을 가져온다.

3. 외환위기 이후 노사관계 동향

(1) 외환위기

외환위기 충격은 1998년 이후의 노사관계와 노동운동에 직접적인 영향을 미쳤다. 경제성장률 −5.8%라는 최악의 경제상황 속에서 기업의 대대적인 구조조정 등에 따라 근로자들의 고용불안은 최악의 상태에 놓이게 되었고, 실업자가 IMF 자금지원 직전인 1997년 10월 이후 불과 1여 년 사이에 120여만 명이 증가하여 1998년 2월에는 180만 명에 근접하기도 하였으며, 외환위기 이전 10여 년 이상 지속되어 온 구인난 시대가 하루아침에 구직난 시대로 바뀌게 되었다.

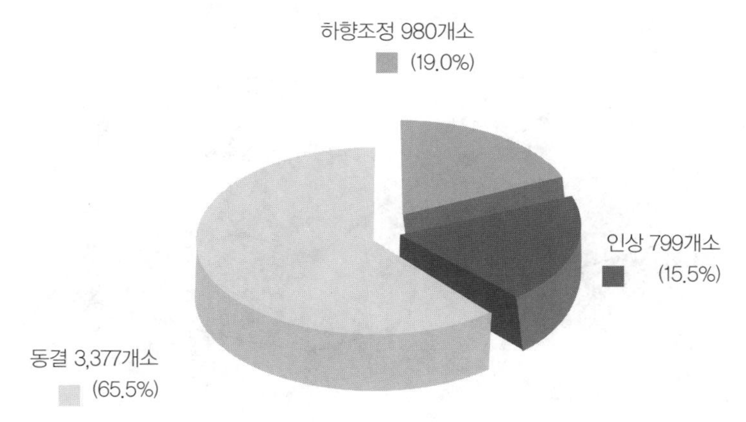

자료 : 노동부

그림 4-14 1998년 임금교섭 타결유형별 분포

이러한 상황하에서 고용조정을 둘러싼 노사 간의 갈등이 증폭되어 노동쟁의로 표출되는 경우가 많아 쟁의 발생건수는 이전 3여 년간에 비하여 증가하였지만 노동조합과 근로자의 교섭력은 약화될 수밖에 없었고 고용안정을 확보하기 위한 양보교섭이 불가피하게 되었다.

단적인 예는 임금교섭에서 나타나는데, 1998년 연말에 집계된 근로자 100인 이상 사업장의 협약임금 인상률은 −2.7%로 낮아졌다. 이는 전년동기의 4.3%에 비해서 무려 7.0%P나 낮은 것으로, 1980년 임금교섭현황 조사개시 이후 가장 낮은 인상률이다.

이를 타결유형별로 보면 임금동결 및 하향조정업체가 4,357개소로 전체 타결사업장의 84.5%를 차지한 반면, 임금인상업체는 799개소로 15.5%에 불과했다.

이러한 하향조정 · 동결교섭의 영향으로 근로자에게 실제 지급한 임금도 전년에 비해 대폭 감소하였는데, 1998년에 근로자 10인 이상 사업체의 명목임금 상승률은 −2.5%로 전년의 7.0%에 비해 9.5%P 낮아졌다.

한편 협약임금 인상률과 실제임금 상승률과의 차이는 1990년대 초에는 상당히 확대되다가 1993년 이후에는 점차 줄어들었으며, 1998년의 경우에는 그 격차가 0.2%P로 좁혀졌다[21]. 이는 1998년에 전반적인 임금안정 속에서 호봉승급조차 이루어지지 않은데다가 임금협약 후에 추가지급하는 사례 및 초과급여 · 특별급여의 지급도 크게 감소하였기 때문으로 보

21) 협약임금 인상률과 실제임금 상승률의 차이는 표본의 차이(100인 이상과 10인 이상 사업체), 임금제도상 미반영분(예를 들면, 단체교섭을 통한 임금인상과는 달리 연봉제나 성과배분은 협약임금 인상률에는 잘 반영되지 않을 수 있음), 교섭 이후 추가인상(wage drift), 호봉승급분, 고용조정에 의한 개별 평균임금에의 영향 등에서 기인한 것이다.

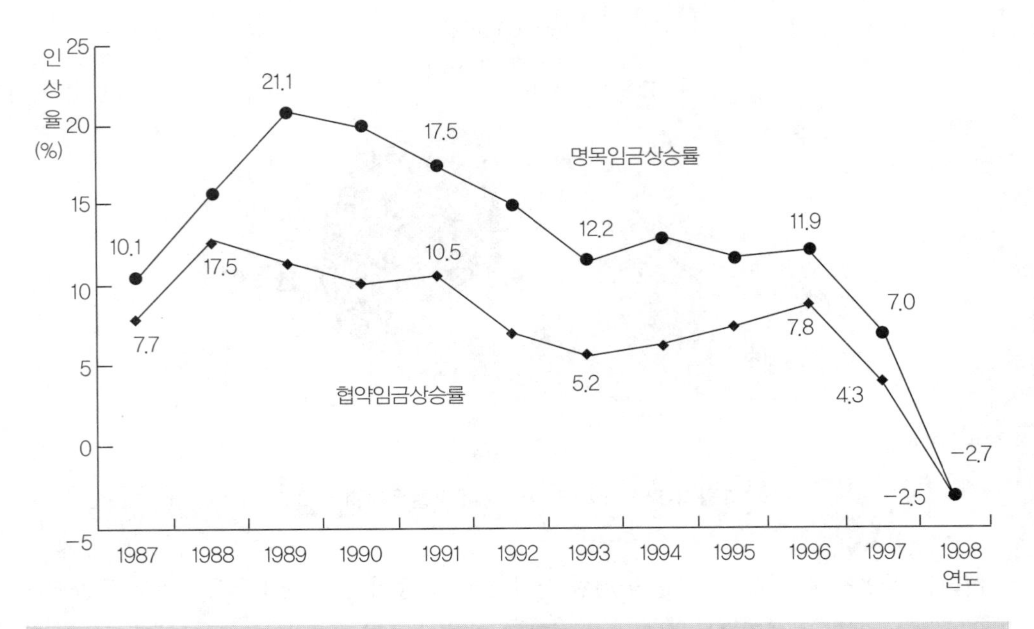

그림 4-15 연도별 임금인상률 추이

여진다.

이러한 양보교섭 속에서 임금관련 노사분규도 감소하고 있다. 1980년대 후반 노사분규는 주로 임금교섭과 관련하여 발생하였으며, 1993년 이후부터 임금관련 분규비중은 작아지기는 하였지만 1998년에 그 비중이 21.7%에 그치고 있다.

1999년에 들어서는 경기가 회복되고 근로자들의 임금보전 요구가 증가하면서 연초부터 불안한 기미를 보였다. 즉, 1999년 5월 21일 현재 총 59건의 노사분규가 발생하여 전년도 같은 기간의 약 1.7배에 달하고 있는 것으로 나타났다. 또한 분규참가자 수도 대규모 사업장에서의 분규가 증가함에 따라 전년 같은 기간의 39천 명에서 46천 명으로 증가하였다. 따라서 노동손실일수는 지난 해 같은 기간의 188천 일에 비해 거의 3배 가량 증가한 546천 일을 기록하였다.

그러나 임금교섭 타결현황에서 노사관계의 불안현상은 아직 가시화되고 있지 않다. 우선 임금교섭 타결진도를 보면, 〈그림 4-16〉에서와 같이 1999년 1~3월간 근로자 100인 이상 사업장 5,097개소 중 8.9%에 해당하는 453개소가 임금교섭을 타결하였는데, 이는 전년동기의 교섭타결 진도율 8.1%보다 약간 높은 수치로, 전년에 이어 1999년에도 임금교섭이 비교적 순조롭게 타결되고 있었다.

10
5
0
−1
−3
−5
타결진도율
0.1%
3.5%
8.9%
1월
2월
3월
−0.3%
−4.1%
−3.1%
협약인상률

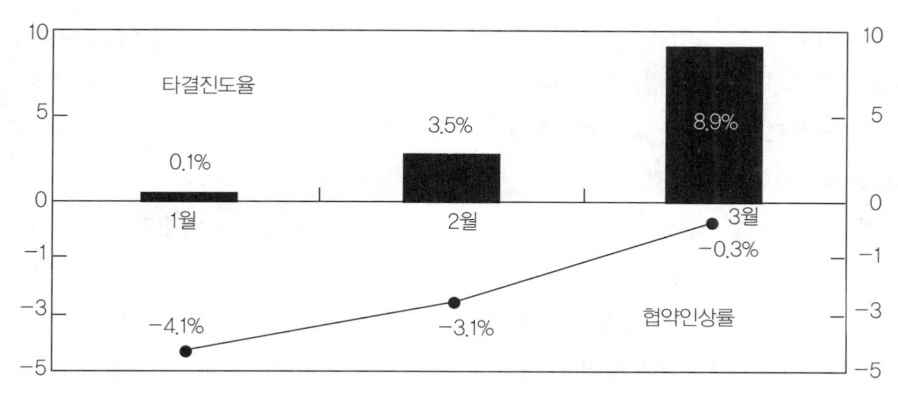

자료 : 노동부

그림 4-16 1999년 월별 협약인상률 및 진도율 추이(누계분)

협약인상률은 3월 중 타결업체 273개소의 협약인상률이 0.1%를 기록한 데 힘입어 −0.3%로 나타났으며, 이는 전년동기 −0.8%에 비해서 0.5%P 높은 수치로서 경기회복을 반영하여 노사 간 큰 갈등 없이 전년보다는 높은 임금인상률로 타결되고 있음을 보여 주는 것이다.

타결내용에서 보면, 〈그림 4-17〉에서와 같이 전체 타결업체의 76.6%에 해당하는 347개소가 임금을 동결하거나 하향조정하였으며, 임금을 인상한 업체는 타결업체의 23.4%인 106개소로 나타났다.

(2) 2000년대

2007년으로 예정된 노사관계 제도의 전반적인 변화로 인해 발생할 수 있는 고용관계 제도의 변화이다. 5년 전 노사정위원회를 통해 노·사·정 간에 합의된 노사관계 제도 선진화의 내용이 향후 어떠한 방향으로 타협되는가에 따라 한국의 고용관계는 20년 만에 1987년

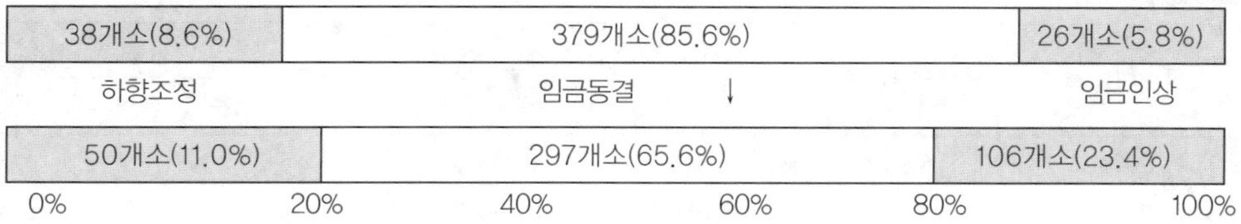

38개소(8.6%)
379개소(85.6%)
26개소(5.8%)
하향조정
임금동결
임금인상
50개소(11.0%)
297개소(65.6%)
106개소(23.4%)
0%
20%
40%
60%
80%
100%

그림 4-17 타결유형별 사업장 분포의 변화(1998. 3 ⇨ 1999. 3)

의 체제적 타협과 그 성격을 달리하는 새로운 체제 모형이 등장할 가능성이 높다. 비정규직 문제를 둘러싼 노사 대립, 복수노조의 허용, 노조 전임자에 대한 임금 지급 금지 등과 같은 노사관계 로드맵의 중요한 매듭들은 그 자체로 시스템의 변화로 이어질 잠재력을 내재하고 있다.

국내외 시장경쟁의 격화는 생산효율성과 유연성을 제고하려는 기업경영측의 이해와 고용불안 및 노동강도를 제한 · 저지하려는 노사 간의 갈등이 항상적으로 표출될 가능성이 존재하며, 현행의 대기업 주도 산업 · 경제구조가 유지되는 경우 제도적 · 정책적으로 고용구조의 유연화가 더욱 확대됨에 따라 대기업 정규조직부문의 소수 특혜노동자집단(privileged minority)과 중소기업 · 비정규미조직부문의 다수 주변노동자집단(marginal majority) 간의 노동양극화가 심화되면서 노노각축 · 사회적 갈등이 심화될 소지가 크다(한국노동연구원, 2005).

산업현장의 노사분규건수는 37.9% 감소(2004년 462건⇨2005년 287건)하고, 불법분규건수는 70.7% 감소(2004년 58건⇨2005년 17건)하는 등 산업현장의 노사관계는 전반적으로 안정 기조를 유지하였다.

한편, 정부는 「공무원노조법」 시행(2006.1.28)에 대비하여 시행령 등 하위 법령 준비를 하였으며, 비정규직의 증가와 함께 노동시장의 양극화 문제 등이 대두되면서 노동시장의 건전한 발전과 사회통합을 위한 「기간제및단시간근로자보호등에관한법률」(2006. 12. 21 제정, 2007. 4. 11 개정)이 제정되고 2007. 7. 1 시행을 앞두고 있다.

2004년 12월 「근로자퇴직급여보장법」이 제정되고, 2005년 12월부터 퇴직연금제도가 시행됨에 따라 개별 사업장에서는 노사합의로 기존의 퇴직금제도 대신 퇴직연금제도를 선택적으로 실시할 수 있게 되었다.

한편, 2000년에 들어와서 임금인상이 외환위기 전과 같이 이루어지고 있으며, 협약된 임금인상률을 보면, 2004년 5.2%, 2005년 4.7%를 보였다([표 4-44] 참조).

표 4-44 임금교섭 타결현황(2005. 12. 31 현재)

연도	지도대상	타결	진도율	협약인상률	
				임금총액 기준	통상임금 기준
2004	5,909	5,514	93.3	5.2	−
2005	6,228	5,650	90.7	4.7	−

주 : 지도대상은 근로자 100인 이상 사업체로 한다.

자료 : 노동부 노사협의과

표 4-45 노동쟁의 발생 추이 (단위 : 건수, %)

구분	1987	1990	1993	1995	1997	1999	2000	2003	2005
전체	3,749 (100)	322 (100)	144 (100)	88 (100)	78 (100)	198 (100)	250 (100)	320 (100)	287 (100)
임금관련분규	2,613 (69.7)	167 (51.9)	66 (45.8)	33 (42.2)	18 (23.1)	40 (20.2)	47 (18.8)	43 (13.4)	36 (12.5)

자료 : 한국노동연구원(1998). KLI 노동통계(1998년은 노동부 집계자료)

표 4-46 노사분규 주요지표 동향

구분	1997	1998	1999	2000	2001	2002	2003	2004	2005
노사분규 발생건수	78	129	198	250	235	322	320	462	287
쟁의발생 신고건수	630	850	1,069	1,090	1,096	1,042	896	868	891
노사분규 해결건수	77	121	195	205	224	310	303	447	433
분규참가자수(천명)	44	146	92	178	89	94	137	184	118
노동손실일수(천일)	445	1,452	1,366	1,894	1,083	1,580	1,299	1,199	848

자료 : 노동부

노동쟁의 발생건수도 [표 4-45]에서와 같이 1987년 2,613건, 1990년 167건에 비해 2000년부터 감소하기 시작하여 2000년 43건, 2005년 36건을 나타냈다.

노사분규 발생건수는 [표 4-46]에서와 같이 2005년을 보면, 노사분규 발생건수 287건, 쟁의 발생건수 891건, 노사분규해결건수 433건, 분규참여자수 11만 8,000명, 노동손실일수 84만 8,000일 등으로 나타났다([표 4-46] 참조).

|제4절| 근로자 생활 및 국제경쟁력

근로자의 생활의 질을 위한 제도, 국제적인 기준과의 비교 등을 통하여 우리나라 근로자의 생활을 질을 조망하고자 한다.

1. 근로자 생활

(1) 소득수준

외환위기에서 임금동결이나 삭감뿐만 아니라 복리비를 삭감한 기업도 많았는데, 한국노동연구원 조사에 의하면 조사대상 기업의 51.6%가 1998년도에 복리비를 전년에 비해 감소시켰다고 한다.

이와 같은 임금수준의 하락에 따라 기업의 인건비 부담 역시 대폭 감소하였는데, 한국은행 자료에 따르면 제조업체의 매출액 중 인건비가 차지하는 비율은 1997년 상반기의 12.0%에서 1998년 상반기에는 9.4%로 2.6%P나 대폭 하락하였다. 또한 임금수준의 하락과 환율상승이 동시에 발생하면서 임금비용의 국제경쟁력도 크게 회복되었다. 1996년도 한국근로자의 시간당 임금은 7.5달러로 주요 경쟁국인 대만의 6.1달러에 비해서 1.4달러나 높았으나, 1998년 상반기에는 한국근로자의 시간당 임금이 4.3달러로 대폭 하락하여 주요 경쟁국인 대만과 역전이 되면서 1.8달러나 낮아졌다.

한편 마이너스 임금인상 및 고용감소의 영향으로 1998년의 도시근로자 가구소득이 전년에 비해 무려 6.7% 감소하였는데, 특히 3/4분기의 경우는 전년동기에 비하여 14.4%나 감소하고 있다. 이에 따라 소득의 양극화가 심화되는 등 소득분배 문제가 매우 심각해지고 있으며[22], 향후 경제난 및 고용불안에 따른 소득분배 문제가 더욱 심화될 경우 이것이 새로이 심각한 사회문제로 대두될 소지가 크다.

2000년대에는 노동시장의 양극화가 이루어지고 있는데, 정규직과 비정규직의 근로조건과 소득수준의 격차가 높다. 비정규직 근로자는 2005년 8월 현재 임금근로자 1,496만 8,000명의 36.6%인 548만 3,000명이며, 2001년 8월 363만 5,000(26.8%)에서 2005년 8월 548만 3,000명(36.6%)으로 184만 8,000명(9.8%p)이 급증하였다. 비정규직의 임금수준은 년 1,156만 원이며, 이는 정규직의 62.6%에 해당한다.

[표 4-47]에서와 같이, 2003~2005년까지 가득소득 증가율 추이를 나타낸 것으로 2003년 288만 3,300원, 2004년 299만 4,200원, 2005년 314만 9,500원 등으로 연평균 3.8~5.7의 증가율을 보였다.

---

22) 도시근로자 가구의 1998년 가구소득을 5분위 계층별로 보면, 상위계층인 5분위계층의 소득은 4,240만 4천 원으로 1분위 계층의 소득 784만 1천 원의 5.41배이며, 저소득층일수록 소득 감소폭이 커 소득이 가장 낮은 20%인 1분위는 17.2%가 감소한 반면, 소득이 가장 높은 20%인 5분위는 0.3% 감소에 불과하여 소득격차가 확대되고 있다(통계청).

표 4-47 가구소득 증가율의 추이 (단위 : %, 천원)

구분	2003	2004					2005				
	연평균	연평균	1/4	2/4	3/4	4/4	연평균	1/4	2/4	3/4	4/4
증가율 (가구소득)	5.7 (2,883.3)	3.8 (2,994.2)	5.3	4.2	2.0	3.8	5.1 (3,149.5)	4.7	4.7	3.4	7.8

자료 : 통계청

(2) 소비자 물가지수

소비자 물가지수는 도시가계가 소비생활을 영위하기 위하여 구입하는 재화의 가격과 서비스 요금의 변동을 종합적으로 측정하기 위하여 작성하는 수치이다.

소비자 물가지수의 조사대상 품목은 1995년 기준지수의 경우 서울을 비롯한 36개 주요 도시가계의 1995년도 월평균 총소비지출액 중에서 품목별 소비지출액이 1만분의 1 이상의 비중을 갖는 509개 품목을 대상으로 하고 있다([표 4-48] 참조).

(3) 생계비

생계비는 실태생계비와 이론생계비로 나눌 수 있다.

1) 실태생계비

각 가구가 현실생활의 필요에 의하여 지출한 실제적인 비용으로서 조사를 통해 집계된 생계비를 말한다. 실태생계비로는 통계청의 2인 이상 가구를 대상으로 하는 '도시가계조사'와 1991년부터 5년마다 1인 가구를 대상으로 발간하고 있는 '가구소비실태 조사보고서'가 있으며, 최저임금심의회에서의 단신근로자를 대상으로 한 '근로자 생계비조사'가 있다.

2) 이론생계비

이론적으로 각 가구가 생활에 필요할 것이라고 생각되는 재화나 서비스의 표준적인 수량을 설정하고, 이 수량에 의하여 필요생계비를 산출하는 것을 말한다. 대표적인 이론생계비로는 한국노총의 '도시근로자 생계비'와 민주노총의 '표준생계비' 등이 있다.

표 4-48 소비자 물가지수 추이 (단위 : 1995=100, %)

연도	총지수			
		식료품	식료품 이외	주거비
1980	40.4(28.7)	37.4(26.8)	42.1(30.7)	34.9(27.4)
1981	49.0(21.3)	47.7(27.5)	49.4(17.3)	39.1(12.0)
1982	52.5(7.1)	48.9(2.5)	54.6(10.5)	42.4(8.4)
1983	54.3(3.4)	49.6(1.4)	57.2(4.8)	48.0(13.2)
1984	55.5(2.2)	50.3(1.4)	58.8(2.8)	51.5(7.3)
1985	56.8(2.3)	52.2(3.8)	59.8(1.7)	53.6(4.1)
1986	58.4(2.8)	53.4(2.3)	61.5(2.8)	55.7(3.9)
1987	60.2(3.1)	55.1(3.2)	63.4(3.1)	57.5(3.2)
1988	64.5(7.1)	60.7(10.2)	66.7(5.2)	61.0(6.1)
1989	68.2(5.7)	64.9(6.9)	70.0(4.9)	65.2(6.9)
1990	74.0(8.5)	71.4(10.0)	75.4(7.7)	72.4(11.0)
1991	80.9(9.3)	80.3(12.5)	81.3(7.8)	80.8(11.6)
1992	86.0(6.3)	85.2(6.1)	86.3(6.2)	86.8(7.4)
1993	90.1(4.8)	88.4(3.8)	90.9(5.3)	91.8(5.8)
1994	95.7(6.2)	96.7(9.4)	95.2(4.7)	95.8(4.4)
1995	100.0(4.5)	100.0(3.4)	100.0(5.0)	100.0(4.4)
1996	104.9(4.9)	103.9(3.9)	105.4(5.4)	103.7(3.7)
1997	109.6(4.5)	107.9(3.8)	110.3(4.6)	107.1(3.3)
1998	117.8(7.5)	117.3(8.7)	118.1(7.1)	109.5(2.2)
1999	97.8(0.8)	99.1	97.2	100.2
2000	100.0(2.3)	100.0	100.0	100.0
2001	104.1(4.1)	103.5	104.3	103.9
2002	106.9(2.7)	107.7	406.7	109.2
2003	110.7(3.6)	112.4	110.1	113.2
2004	114.7(3.6)	119.5	112.9	115.8
2005	117.8(2.7)	122.8	116.0	116.1

주 : 1) 주거비 = 집세(월세 및 전세) + 주택설비수리비 +기타 주거비

2) ( ) 안은 전년동기 대비 증가율이다.

자료 : 통계청. 소비자 물가, 각호

표 4-49 도시근로자 가구당 월평균 가계수입 추이 (단위 : 천원, %)

연도	총수입 (1) = (2) + (3) + (4)	소득 (2)				기타 수입 (3)	전월 이월금 (4)
			근로소득	가구주	비가구주		
1982	457.4	313.6	284.3	258.0	26.2	77.3	66.6
1983	523.9	359.0	323.9	293.9	30.0	86.5	78.3
1984	576.7	395.6	357.6	323.2	34.4	96.5	84.6
1985	614.7	423.8	378.8	340.1	38.7	103.6	87.4
1986	686.6	473.6	419.0	368.3	50.7	119.4	93.6
1987	833.4	553.1	482.7	415.4	67.3	175.5	104.8
1988	1,008.0	646.7	566.8	487.8	79.1	229.0	132.3
1989	1,348.7	804.9	694.6	595.2	99.4	395.2	148.6
1990	1,608.1	943.3	809.3	691.1	118.3	482.5	182.3
1991	1,920.3	1,158.6	986.2	829.6	156.6	542.5	219.2
1992	2,335.0	1,356.1	1,156.6	986.1	170.5	721.1	257.8
1993	2,555.9	1,477.8	1,275.7	1,066.8	208.9	811.4	266.7
1994	3,007.5	1,701.3	1,449.0	1,187.2	261.9	1,018.7	287.5
1995	3,282.6	1,911.1	1,642.5	1,321.2	321.4	1,061.1	310.5
1996	3,697.0	2,152.7	1,837.7	1,477.7	360.0	1,221.0	323.3
1997	4,069.7	2,287.3	1,938.8	1,543.0	395.8	1,461.4	321.0
1998	3,935.3	2,133.1	1,815.5	1,494.2	321.4	1,552.7	249.5
1999	4,229.5	2,224.7	1,873.3	1,539.5	333.8	1,768.8	235.9
2000	4,502.1	2,386.9	2,008.5	1,639.4	369.1	1,866.1	249.1
2001	5,115.4	2,625.1	2,210.5	1,785.7	424.8	2,238.4	252.0
2002	5,366.4	2,792.4	2,379.8	1,905.2	424.6	2,333.9	240.1
2003	6,064.4	2,940.0	2,593.3	2,065.6	527.7	2,893.3	231.1
2004	6,503.4	3,113.4	2,728.1	2,169.6	558.5	3,171.7	218.4
2005	–	3,250.8	2,801.9	2,223.5	578.4	–	–

(4) 최저임금제

1) 최저임금제의 개념

최저임금제란 국가가 노사 간의 임금결정과정에 개입하여 임금의 최저수준을 정하고, 사용자에게 그 수준 이상의 임금을 지급하도록 법으로 강제함으로써 저임금근로자를 보호하는

표 4-50 전년동기(년 또는 분기) 대비 증가율

연도	총수입 (1) = (2) + (3) + (4)	소득 (2)				기타 수입 (3)	전월 이월금 (4)
			근로소득	가구주	비가구주		
1982	12.1	11.6	14.2	13.9	17.2	3.9	25.9
1983	14.5	14.5	13.9	13.9	14.4	12.0	17.6
1984	10.1	10.2	10.4	10.0	14.6	11.5	8.0
1985	6.6	7.1	5.9	5.2	12.4	7.3	3.3
1986	11.7	11.7	10.6	8.3	31.2	15.3	7.2
1987	21.4	16.8	15.2	12.8	32.6	47.0	11.9
1988	21.0	16.9	17.4	17.4	17.5	30.5	26.3
1989	33.8	24.5	22.5	22.0	25.7	72.6	12.3
1990	19.2	17.2	16.5	16.1	19.0	22.1	22.7
1991	19.4	22.8	21.9	20.0	32.4	12.4	20.3
1992	21.6	17.0	17.3	18.9	8.9	32.9	17.6
1993	9.5	9.0	10.3	8.2	22.5	12.5	3.5
1994	17.7	15.1	13.6	11.3	25.4	25.5	7.8
1995	9.1	12.3	13.4	11.3	22.7	4.2	8.0
1996	12.6	12.6	11.9	11.8	12.0	15.1	4.1
1997	10.1	6.3	5.5	4.4	9.9	19.7	−0.7
1998	−3.3	−6.7	−6.4	−3.2	−18.8	6.2	−22.3
1999		4.3	3.2	3.0			
2000		7.3	7.2	6.5			
2001		10.0	10.0	8.9			
2002		6.4	7.7	6.7			
2003		5.3	9.0	8.4			
2004		5.9	5.2	5.0			
2005		4.4	2.7	2.5			

주 : 1) 도시근로자 가구당 월평균 가계수지 통계는 조사가구수의 차이에 따라 약간의 편차는 있다. 1998년의 경우 도시근로자 조사가구수는 3,098가구, 가구당 인원수는 3.62명, 가구당 취업인수는 1.48명, 가구주 평균연령은 39.91세이다.

2) 소득 = 근로소득 + 사업 및 부업소득 + 기타소득

3) 기타소득 = 이자 및 배당금 + 임대료 + 사회보장수혜소득 + 수증 및 보조소득 + 기타소득

4) 기타수입 = 저축 찾은 금액 + 계 탄 금액 + 빌린 돈 + 월부 및 외상수입 + 기타수입

자료 : 통계청. 한국통계월보, 각호

제도이다.

2) 최저임금제의 실시

① 1953년에 「근로기준법」을 제정하면서 제34조와 제35조에 최저임금제의 실시근거를 두었으나 제반여건을 감안하여 실시를 유보하였다.
② 1986년 12월 31일에 「최저임금법」을 제정 · 공포하여 1988년 1월 1일부터 실시하였다.

3) 최저임금법 제정목적

근로자 임금의 최저수준을 보장하여 근로자의 생활안정과 노동력의 질적 향상을 기함으로써 국민경제의 건전한 발전에 이바지하기 위해서이다(제1조).

4) 적용대상 사업체

근로자를 사용하는 모든 사업 또는 사업장(이하 "사업"이라 한다)에 적용한다. 다만, 동거의 친족만을 사용하는 사업과 가사사용인에 대하여는 적용하지 아니한다. 「선원법」의 적용을 받는 선원 및 선원을 사용하는 선박의 소유자에 대하여는 이를 적용하지 아니한다(제3조).

5) 적용기준

1인 이상 근로자를 사용하는 모든 사업 또는 사업장으로 사업의 종류별 구분없이 동일하게 적용하며, 수습사용 중에 있는 자로서 수습사용한 날부터 3월 이내인 자, 감시 또는 단속적으로 근로에 종사하는 자, 사용자가 노동부장관의 승인을 얻은 자 등은 다른 금액으로 최저임금액을 정할 수 있다.

6) 주지의무

① 주지의무(위반 시 100만 원 이하의 과태료)를 제시하였는데, 사용자는 최저임금액 등을 근로자들이 볼 수 있는 장소에 게시하거나 그 외 적당한 방법으로 근로자에게 주지시켜야 한다. 주지사항은 최저임금액, 최저임금에 산입하지 아니하는 임금의 범위, 적용제외 근로자의 범위이다.
② 최저임금액 이상의 지급의무(위반 시 3년 이하의 징역 또는 2,000만 원 이하의 벌금부과, 병과 가능)가 있다. 즉, 사용자는 근로자들에게 최저임금액 이상의 임금을 지급하여야 하며, 최저임금액을 이유로 종전의 임금수준을 저하시켜서는 안된다.

③ 근로기준법에 따라 근로시간을 단축(주 44시간⇨40시간)하는 사업장의 경우 단축 전 근로시간에 따른 최저임금액을 받을 수 있도록 하여야 한다.

④ 도급인의 연대책임에 대하여, 도급으로 사업을 행하는 경우, 수급인이 도급인의 책임 있는 사유로 근로자에게 최저임금액에 미달하는 임금을 지급한 때에는 도급인은 해당 수급인과 연대하여 책임을 진다.

7) 최저임금액

① 최저임금액은 시간, 일, 주 또는 월을 단위로 정하되, 일, 주 또는 월을 단위로 하여 최저임금액을 정하는 때에는 시간급으로도 이를 표시해야 한다(제5조).

② 적용기간 : 2007.1.1 ~ 2007.12.31

③ 시간급 3,480원(8시간 기준 일급 27,840원)

「근로기준법」 제61조 제3호의 규정에 의하여 감시 또는 단속적으로 근로에 종사하는 자로서 사용자가 노동부장관의 승인을 얻은 자는 최저임금액의 30% 감액(시간급 2,436원) 적용시간급

8) 최저임금액 산정

① 기본급과 통상적 수당이 산정의 기초가 된다.

② 임금이 확정되고 소정근로시간이 정해지면 임금을 그 기간에 상응하는 총소정근로시간 수로 나누어 시간급 임금을 산출한 다음 시간급 최저임금액과 비교하여 최저임금액 이상이면 된다.

9) 기 타

① 최저임금 이상 강제지급(법 제6조) 및 위반 시 벌칙(법 제28조)

② 사용자의 근로자에 대한 주지의무(법 제11조) 및 위반 시 벌칙(법 제31조)

③ 최저임금적용 제외근로자 인가기준(시행규칙 제3조 제1항)

(5) 산업재해지표

1) 산업재해지표

일반적으로 산업재해의 발생정도를 표시하는 지표로는 재해율, 도수율, 강도율, 천인율 등이 있다.

표 4-51 최저임금제의 주요지표 추이

연도	시간급 (원)	일급 (8시간 기준, 원)	월 환산액 (원)	비고(인상률, %)
1988	1그룹 : 462.50 2그룹 : 487.50	3,700 3,900	111,000 117,000	1그룹 12개 업종 : 식료품, 섬유, 의복, 가죽, 신발, 나무, 종이, 고무 · 플라스틱, 도기, 자기, 전기기기, 기타 제조업 2그룹 19개 업종 : 1그룹 외 제조업
1989	600	4,800	144,000 (240시간 기준)	1그룹 대비 29.7 2그룹 대비 23.7
1990	690	5,520	165,000 (240시간 기준)	시간 기준 15(월액 대비 15)
1991	820	6,560	192,700 (235시간 기준)	시간 기준 18.8(월액 대비 16.4)
1992	925	7,400	209,050 (226시간 기준)	시간 기준 12.8(월액 대비 8.5)
1993	1,005	8,040	227,130 (226시간 기준)	시간 기준 8.6(월액 대비 8.6)
1994. 1~ 1994. 8	1,085	8,680	245,210 (226시간 기준)	시간 기준 7.96(월액 대비 7.96)
1994. 9~ 1995. 8	1,170	9,360	264,420 (226시간 기준)	시간 기준 7.8(월액 대비 7.8)
1995. 9~ 1996. 8	1,275	10,200	288,150 (226시간 기준)	시간 기준 8.97(월액 대비 8.97)
1996. 9~ 1997. 8	1,400	11,200	316,400 (226시간 기준)	시간 기준 9.8(월액 대비 9.8)
1997. 9~ 1998. 8	1,485	11,880	335,610 (226시간 기준)	시간 기준 6.1(월액 대비 6.1)
1998. 9~ 1999. 8	1,525	12,200	344,650 (226시간 기준)	시간 기준 2.7(월액 대비 2.7)
1999. 9~ 2000. 8	1,600	12,200		시간 기준 4.9
2000. 9~ 2001. 8	1,865	14,920		시간 기준 16.6
2001. 9~ 2002. 8	2,100	16,800		시간 기준 12.6
2002. 9~ 2003. 8	2,275	18,200		시간 기준 8.3
2003. 9~ 2004. 8	2,510	20,080		시간 기준 10.3

표 4-51 최저임금제의 주요지표 추이(계속)

연도	시간급 (원)	일급 (8시간 기준, 원)	월 환산액 (원)	비고(인상률, %)
2004. 9~ 2005. 8	2,840	22,720		시간 기준 13.1
2005. 9~ 2006.12	3,100	24,800		시간 기준 9.2
2007. 1~ 2007.12	3,480	27,840		시간 기준 12.3

자료 : 최저임금심의위원회

표 4-52 최저임금 심의를 위한 생계비 (단위 : 원)

구분	최심의 실태생계비 ('05년 10월 기준)		한국노동연구원 최저임금심의를 위한 생계비('96. 4. 3~'97. 3. 4)		한국노총 ('97년 10월 기준)
	29세 이하 평균	18세	1인 가구 평균	18세 (연령조정)	
식품비	277,851	206,800	160,825	128,660	176,889
주거비	148,215	71,228	91,555	73,244	135,592
광열수도비	22,467	14,471	21,510	17,208	55,544
가구집기, 가사용품비	19,008	8,290	12,875	10,300	34,388
피복 · 신발비	101,443	72,809	27,981	22,385	58,445
보건의료비	24,375	10,546	20,514	16,411	36,845
교육교양오락비	77,060	58,513	16,641	13,313	20,000 (교육비)
교통 · 통신비	209,994	129,708	33,174	26,539	51,575
기타 소비지출	158,933	99,997	71,126	56,900	133,125 (교양오락 포함)
조 세	24,954	29,130	0	0	6,177
사회보장분담금	110,396	99,765	18,847	18,847	32,618
기타 비소비지출	–	–	617	617	10,960
생계비	1,176,695	749,843	475,662	384,422	856,998
(저축)	–	–	(94,586)	(71,776)	104,840

자료 : 최저임금심의위원회

표 4-53 산업재해 발생 추이 (단위 : 천원/월, %)

연도	적용[1] 사업장 수	대상 근로자수 (천인)	재해자 수(인)					재해율	경제적 손실액(백만원)			근로 손실[4] 일수 (천일)
			전 체	사망 자 수[2]	부 상	신체 장애자	직업 병		전 체	산재 보상금	간접 손실액[3]	
1980	63,100	3,753	113,375	1,273	110,191	14,873	1,183	3.02	312,520	62,504	250,016	26,008
1981	59,029	3,457	117,938	1,295	114,388	14,806	2,555	3.41	381,084	76,216	304,867	25,655
1982	54,159	3,465	137,816	1,230	133,683	15,882	2,903	3.98	485,704	97,140	388,563	26,473
1983	60,213	3,941	156,972	1,452	152,500	16,868	3,020	3.98	588,053	117,610	470,442	29,680
1984	64,704	4,385	157,800	1,667	154,930	16,655	1,203	3.60	710,882	142,176	568,706	30,888
1985	66,803	4,495	141,809	1,718	138,533	19,824	1,558	3.15	929,990	185,998	743,992	36,584
1986	70,865	4,749	142,088	1,660	138,791	21,923	1,637	2.99	1,073,650	214,730	858,920	38,171
1987	83,536	5,357	142,596	1,761	139,212	25,244	1,623	2.66	1,206,030	241,206	964,824	42,010
1988	101,445	5,744	142,329	1,925	138,254	26,239	2,150	2.48	1,484,973	296,995	1,187,979	38,566
1989	118,894	6,688	134,127	1,724	130,842	25,536	1,561	2.01	1,846,527	369,305	1,447,221	37,513
1990	129,687	7,543	132,893	2,236	129,019	27,813	1,638	1.76	2,696,757	539,351	2,157,406	43,588
1991	146,284	7,923	128,169	2,299	124,333	29,854	1,537	1.62	3,507,750	701,514	2,806,056	46,245
1992	154,820	7,059	107,435	2,429	103,678	33,569	1,328	1.52	4,657,820	931,564	3,726,256	50,574
1993	163,152	6,943	90,288	2,210	86,665	29,932	1,413	1.30	4,362,655	872,531	3,490,124	46,835
1994	172,871	7,273	85,948	2,678	82,352	29,907	918	1.18	4,992,814	998,563	3,994,251	52,676
1995	186,021	7,894	78,034	2,662	74,252	29,803	1,120	0.99	5,667,887	1,133,577	4,534,310	55,332
1996	210,226	8,157	71,548	2,670	67,349	27,394	1,529	0.88	6,776,685	1,355,337	5,421,348	44,082
1997	227,564	8,236	66,770	2,742	62,604	28,854	1,424	0.81	7,780,210	1,556,042	6,224,168	46,634
1998	215,539	7,582	51,514	2,212	48,014	24,759	1,288	0.68	7,255,330	1,451,066	5,804,264	41,511
1999	249,405	7,441	55,405	2,291	51,593	19,591	1,521	0.74	6,371,130	1,274,226	5,096,904	39,397
2000	706,405	9,485	68,976	2,528	63,989	19,784	2,459	0.73	7,281,330	1,456,266	5,825,064	44,089
2001	909,461	10,581	81,434	2,748	63,511	19,784	2,937	0.73	7,281,330	1,456,266	5,825,064	44,089
2002	1,002,263	10,571	81,911	2,605	75,116	26,354	4,190	0.77	10,101,675	2,020,335	8,081,340	54,011
2003	1,006,549	10,599	94,924	2,923	84,261	30,356	7,740	0.90	12,409,070	2,481,814	9,927,256	59,135
2004	1,039,208	10,473	88,874	2,825	78,154	33,899	7,895	0.85	14,299,570	2,859,914	11,439,656	61,569
2005	1,130,094	11,059	85,411	2,493	76,518	36,973	6,400	0.77	15,128,855	3,025,771	12,103,084	69,188

주 : 1) 적용사업장 수는 산업재해보상보험법의 적용을 받는 사업장이다.

2) 사망자 수는 재해 당시의 사망자 수에 양중사망자 수를 포함한 것이다.

3) 간접손실액은 하인리히 방식에 의해 직접손실액(산재보상금 지급액)의 4배로 계상된다.

4) 근로손실일수 = 신체장애자의 등급별 손실일수 +사망자 손실일수 +부상자, 직업병자의 요양일수

자료 : 통계청, 산업재해분석, 각 연도

2) 각 지표의 산식과 정의

① 재해율

이 지표는 전체근로자 중 재해근로자의 비중을 나타내는 것으로, 재해자 수 중 사망자 수는 요양 중의 사망자 수를 포함한다.

재해율 = (재해자 수 ÷ 근로자 수) × 100

② 도수율

이 지표는 1인이 근로연시간당 작업 시 몇 번의 재해를 당했는가를 나타낸다.

도수율 = (재해건수 ÷ 총근로시간 수) × 100 ÷ 근로연시간 수

③ 강도율

이 지표는 1,000시간 작업 중 재해로 인한 근로손실일수가 얼마인가를 나타내는 것으로, 총근로손실일수는 신체장애자의 등급별 손실일수, 사망자 손실일수, 부상자 · 직업병자의 수를 합한 것이다.

강도율 = (총근로손실일수 ÷ 총근로시간 수) × 1,000

④ 천인율

이 지표는 대상근로자 1,000인당 재해자수 비율을 나타내는데, 이것은 재해율의 10배이다.

천인율 = (재해자 수 ÷ 근로자 수) × 1,000

(6) 노동생산성

노동생산성이란 노동투입량 1단위당 산출량으로 정의되며, 노동투입량과 산출량을 어떻게 정의하느냐에 따라 ① 국민경제 노동생산성 증가율, ② 기업경영분석의 1인당 부가가치 증가율, ③ 한국생산성본부(KPC)의 노동생산성 지수 등 3가지 형태의 노동생산성 지표를 구할 수 있다.

1) 국민경제 노동생산성 증가율

국민경제 노동생산성은 국민경제 전체로서의 노동생산성을 나타내므로 취업자 1인당 부가

표 4-54 국민경제 노동생산성 증가율 추이 (단위 : %)

연도	국민경제 노동생산성		명목임금 상승률	
	비농전산업	제조업	비농전산업	제조업
1971	13.7	18.1	15.4	16.2
1972	24.0	22.2	17.5	13.9
1973	23.3	17.7	11.5	18.0
1974	31.2	27.8	31.9	35.3
1975	25.4	23.0	29.5	27.0
1976	28.3	19.2	35.5	34.7
1977	20.3	19.8	32.1	33.8
1978	25.1	24.6	35.0	34.3
1979	23.8	27.9	28.3	28.6
1980	23.8	30.3	23.4	22.7
1981	21.2	30.5	20.7	20.1
1982	9.8	6.8	15.8	14.7
1983	14.0	12.6	11.0	12.2
1984	12.0	15.1	8.7	8.1
1985	4.3	4.6	9.2	9.9
1986	12.4	12.0	8.2	9.2
1987	9.8	3.5	10.1	11.6
1988	13.2	14.8	15.5	19.6
1989	6.9	3.6	21.2	25.1
1990	15.7	12.5	18.8	20.2
1991	16.0(16.9)	15.6(25.8)	17.5	16.9
1992	8.8(11.4)	12.2(12.6)	15.2	15.7
1993	8.5(11.2)	12.3(17.5)	12.2	10.9
1994	9.8(13.1)	12.8(16.3)	12.7	15.5
1995	11.1(13.6)	13.1(16.1)	11.2	9.9
1996	7.9(8.8)	9.0(11.2)	11.9	12.2
1997	6.5(6.9)	12.1(13.4)	7.0	5.2
1998	p(4.8)	p(21.2)	−2.5	−3.1
1999	−	−	12.1	14.9
2000	8.2	8.3	8.0	8.5
2001	−2.4	−2.9	5.6	6.3
2002	10.7	10.9	11.6	12.0
2003	4.8	4.8	9.4	8.8
2004	10.6	10.8	6.5	9.9
2005	8.2	8.1	6.4	7.8

주 : 1) 국민경제 노동생산성은 취업자 1인당 경상GDP의 증가율로 산출된다.
2) ( ) 안의 수치는 1995년 가격기준이다.
3) p는 잠정치이다.

자료 : 한국은행. 국민계정, 각 연도
통계청. 경제활동인구연보, 각 연도
노동부. 매월 노동통계 조사보고서, 각 연도

표 4-55 부가가치율 추이 (단위 : %)

연도	제조업	대기업	중소기업
1999	10.1	14.8	1.2
2000	−13.7	−21.0	1.6
2001	−4.6	−4.9	−4.1
2002	12.8	21.9	−2.0
2003	−1.8	−1.3	−2.6
2004	6.9	10.9	−1.6
2005	−5.0	−9.7	5.7

자료 : 한국은행. 기업경영분석, 각 연도

표 4-56 물적 노동생산성 지수(전체종사원 기준) (단위 : 2000=100)

연도	총지수		광업		제조업		전기업	
		증감률		증감률		증감률		증감률
2000	100.0	8.2	100.0	4.6	100.0	6.8	100.0	6.0
2001	97.6	−2.4	103.7	3.7	95.1	−4.9	103.0	3.0
2002	108.0	10.7	109.5	5.6	104.4	9.8	111.5	8.2
2003	113.2	4.8	108.8	−0.7	109.0	4.4	120.9	8.4
2004	125.2	10.6	114.6	5.4	120.0	10.0	123.2	1.9
2005	135.5	8.2	108.5	−5.4	127.2	6.1	126.2	2.4
2006	152.6	10.1	106.3	−2.0	141.5	11.2	129.7	2.8
2004. 1/4	124.7	12.2	100.2	5.3	116.1	11.2	137.6	1.6
2/4	124.6	12.7	126.0	7.9	121.2	12.6	115.4	2.7
3/4	122.9	10.2	109.9	7.0	115.5	10.5	116.0	5.3
4/4	128.3	7.4	123.2	2.1	126.9	6.5	123.9	−1.4
2005. 1/4	132.2	6.0	91.0	−9.2	118.8	2.3	140.1	1.8
2/4	130.1	4.4	119.3	−5.3	125.1	3.2	116.9	1.3
3/4	134.0	9.0	104.6	−4.8	124.6	7.8	116.6	0.5
4/4	145.3	13.2	118.6	−3.7	140.4	10.7	131.5	6.1
2006. 1/4	146.3	10.7	93.1	2.3	135.9	2.3	144.9	3.4
2/4	148.2	13.9	112.7	−5.5	141.2	−5.5	121.1	3.6
3/4	149.9	11.9	101.0	−3.4	139.6	−3.4	122.1	4.8
4/4	164.1	12.5	118.2	−0.4	149.0	−0.4	130.9	−0.5

주 : 1) 종업원 10인 이상 사업체의 전체종사원(상용 + 비상용) 기준이다.
2) 전기업은 가스 및 수도업을 포함한다.

자료 : 한국생산성본부, 생산성리뷰, 각호

가치로 산출되며 부가가치는 통상 국내총생산(GDP)을 사용한다. 국내총생산(GDP)과 취업자수는 각각 한국은행의 '국민계정' 과 통계청의 '경제활동인구연보' 를 이용한다.

국민경제 노동생산성 증가율은 적정임금 인상률 산정 시 주로 사용되는 노동생산성 지표이다.

$$\text{국민경제 노동생산성 증가율} = \left\{ \frac{\text{생산성 증가율}}{\text{취업자 수}} \right\} \text{의 증가율}$$

2) '기업경영분석' 의 1인당 부가가치 증가율

'기업경영분석' 의 1인당 부가가치 증가율은 종업원 한 사람이 산출한 부가가치액의 전년대비 증가율로 측정되는 대표적인 노동생산성 지표이다.

$$\text{1인당 부가가치 증가율} = \left\{ \frac{\text{당기 종업원 1인당 부가가치}}{\text{전기 종업원 1인당 부가가치}} \right\} \times 100 - 100$$

3) 한국생산성본부(KPC)의 노동생산성 지수

① 물적 노동생산성 지수

물적 노동생산성 지수는 산업생산 지수를 노동투입량 지수로 나누어 지수화한 것으로서, 노동투입량의 종류에 따라 전체종사원 기준, 상용근로자 기준, 생산직 기준 등 3가지 지수

표 4-57 부가가치 노동생산성 지수(불변가격) (단위 : 2000=100)

연도	총지수		광업		제조업		전기업	
		증감률		증감률		증감률		증감률
2000	100.0	8.1	100.0	6.4	100.0	7.2	100.0	6.8
2001	99.7	−0.3	105.1	5.1	97.1	−2.9	103.6	3.6
2002	109.2	9.5	99.7	−5.1	105.8	9.0	112.1	8.2
2003	116.7	6.8	100.5	0.8	113.1	6.8	120.7	7.7
2004	129.7	11.1	110.9	10.3	124.6	10.2	124.2	2.9
2005	140.8	8.5	109.4	−1.3	132.3	6.2	128.1	3.2

주 : 1) 노동투입은 전규모 전체 종사원 기준이다.

자료 : 한국생산성본부, 생산성리뷰, 각호

표 4-58 주요 국가의 노임단가 지수[1] 추이 – 제조업(미국달러 기준) (단위 : 2000=100.0, %)

연도	한국	대만	일본	미국
2000	100.0(8.6)	100.0(3.2)	100.0(2.0)	100.0(3.4)
2001	106.4(6.4)	98.7(−1.3)	99.9(−0.1)	103.1(3.1)
2002	119.1(11.9)	98.7(−0.1)	98.8(−1.1)	106.8(3.6)
2003	129.5(8.7)	101.3(2.6)	101.2(2.4)	109.9(2.9)
2004	142.5(10.0)	103.9(2.6)	103.0(1.8)	112.7(2.5)
2005	153.6(7.8)	106.8(2.8)	103.8(0.8)	115.6(2.6)

주 : 1) 노임단가 지수(자국통화 기준)=(명목임금 지수÷대미환율 지수÷노동생산성 지수)×100,000

2) ( ) 안은 전년대비 증감률이다.

표 4-59 주요 국가의 월평균 임금총액 추이 – 제조업 (단위 : 자국통화, %)

연도	한국	대만	일본	미국
1990	590,760(20.2)	22,047(12.2)	321,802(−)	−
1991	690,310(16.9)	24,467(11.0)	336,685(4.6)	−
1992	798,548(15.7)	26,981(10.3)	341,508(1.4)	−
1993	885,398(10.9)	28,870(7.0)	341,374(0.0)	11.70(2.4)
1994	1,022,496(15.5)	30,803(6.7)	347,853(1.9)	12.04(2.9)
1995	1,123,895(9.9)	32,555(5.7)	357,524(2.8)	12.34(2.5)
1996	1,261,168(12.2)	33,911(4.2)	366,103(2.4)	12.75(3.3)
1997	1,326,241(5.2)	35,492(4.7)	375,612(2.6)	13.14(3.1)
1998	1,284,477(−3.1)	36,546(3.0)	371,437(−1.0)	13.45(2.4)
1999	1,475,500(14.9)	37,882(3.7)	366,793(−1.0)	13.58(3.0)
2000	1,601,469(8.5)	39,080(3.2)	371,452(1.6)	14.32(3.4)
2001	1,702,350(6.3)	38,586(−1.3)	368,915(−0.3)	14.76(3.1)
2002	1,907,118(12.0)	38,565(−0.1)	363,937(−1.3)	15.29(3.6)
2003	2,073,992(8.8)	39,583(2.6)	369,290(1.8)	15.74(2.9)
2004	2,279,724(9.8)	40,611(2.5)	380,183(1.6)	16.15(2.6)
2005	2,458,022(7.8)	41,751(2.8)	380,558(1.0)	16.56(2.5)

주 : 1) 미국은 주당 임금 × (30.4 ÷ 7)로 계산하였다.

2) 각국의 월임금은 단위기간(또는 시간)당 임금률로 계산한 것이 아니라 실근로시간이 고려된 실지급임금이므로 단위기간(또는 시간)당 임금수준 비교가 아님에 유의해야 한다.

3) ( ) 안은 전년대비 증감률이다.

표 4-60 주요 국가의 주당 근로시간 추이 – 제조업 (단위 : 시간/주, %)

연도	한국	대만	일본	미국
1980	53.1(−)	50.8(−)	41.0(−)	39.7(−)
1981	53.7(1.1)	48.4(−4.8)	40.8(−0.4)	39.8(0.3)
1982	53.7(0.1)	48.3(−0.2)	40.8(−0.2)	38.9(−2.3)
1983	54.4(1.2)	48.3(0.0)	41.0(0.6)	40.1(3.1)
1984	54.3(−0.1)	48.7(1.0)	41.6(1.4)	40.7(1.5)
1985	53.8(−1.0)	47.3(−3.0)	41.4(−0.4)	40.5(−0.5)
1986	54.7(1.8)	48.1(1.8)	41.0(−0.8)	40.7(0.5)
1987	54.0(−1.3)	48.1(0.0)	41.2(0.5)	41.0(0.7)
1988	52.6(−2.6)	47.6(−1.2)	41.7(1.1)	41.1(0.2)
1989	49.2(−6.5)	46.9(−1.5)	41.3(−1.0)	41.0(−0.2)
1990	48.2(−2.0)	46.4(−0.9)	40.7(−1.5)	40.8(−0.5)
1991	49.3(−1.0)	46.5(0.1)	39.9(−1.9)	40.7(−0.2)
1992	48.7(−1.1)	46.5(0.0)	38.7(−2.9)	41.0(0.7)
1993	48.9(0.3)	46.5(0.2)	37.6(−2.8)	41.4(1.0)
1994	48.7(−0.2)	46.6(0.0)	37.6(−0.2)	42.0(1.4)
1995	49.2(0.9)	46.4(−0.4)	37.8(0.6)	41.6(−0.1)
1996	48.4(−1.7)	46.3(−0.2)	38.2(1.1)	41.6(0.0)
1997	47.8(−1.2)	46.5(0.4)	38.1(−0.2)	42.0(1.0)
1998	46.1(−3.6)	45.6(−0.2)	37.5(−1.8)	41.4(−0.7)
1999	50.1(8.7)	45.8(0.2)	37.4(−0.3)	41.4(0.1)
2000	49.3(−1.6)	45.8(0.0)	38.0(1.6)	41.3(−0.2)
2001	48.3(−2.0)	42.5(−1.7)	37.6(−1.1)	40.3(−2.4)
2002	47.7(−1.2)	43.2(1.6)	37.8(0.5)	40.5(0.5)
2003	47.6(−0.2)	43.4(0.4)	38.2(1.1)	40.4(−0.2)
2004	47.4(−0.4)	42.3(−0.3)	38.7(1.3)	40.8(1.0)
2005	46.7(−0.4)	42.1(−0.5)		40.7(0.2)

주 : 1) 미국은 원수치, 그 외의 국가는 주당 근로시간 − 월 근로시간 × (7 ÷ 30.4)로 계산한다.

2) 미국은 지불근로시간, 그 외의 국가는 실근로시간을 고려하여 계산하되, 지불근로시간이란 실제로 근로하지 않았지만 임금이 지불된 시간(유급휴가, 유급휴일 등)을 포함한다.

3) ( ) 안은 전년대비 증감률이다.

표 4-61 주요 국가의 시간당 보수비용 추이 – 제조업 (단위 : 미국달러)

연도	한국	대만	일본	미국
1975	0.32	0.04	3.00	6.36
1980	0.97	1.00	5.61	9.87
1985	1.23	1.50	6.34	13.01
1986	1.31	1.73	9.22	13.26
1987	1.59	2.26	10.79	13.52
1988	2.20	2.82	12.63	13.91
1989	3.17	3.53	12.53	14.32
1990	3.71	3.93	12.80	14.91
1991	4.61	4.39	14.66	15.58
1992	5.22	5.09	16.34	16.09
1993	5.64	5.23	19.21	16.51
1994	6.40	5.55	21.35	16.87
1995	7.29	5.92	23.82	17.19
1996	8.09	5.93	20.91	17.70
1997	7.22	5.89	19.37	18.20
1998	5.67	5.39	17.62	18.52
1999	7.36	5.78	20.44	18.90
2000	8.23	6.19	21.93	19.65
2001	7.72	6.15	19.35	20.52
2002	8.77	5.64	18.60	21.33
2003	9.69	5.69	20.26	22.20
2004	11.13	5.98	21.84	22.82
2005	13.56	6.38	21.76	23.65

자료 : U. S. BLS, Hourly Compensation Costs for Production Workers in Manufacturing, 각호

가 발표되고 있다.

② 부가가치 노동생산성 지수

부가가치 노동생산성 지수는 불변 국내총생산(GDP) 지수를 노동투입량 지수로 나누어 지수화한 것으로서, 불변가격 기준으로 산출되며 전체 종사원 기준이다.

2. 국제경쟁력

(1) 노임단가 지수

노임단가 지수란 단위생산물당 임금을 나타내는 자료이다. 임금은 노동비용을 구성하는 일부분이기 때문에 일반적으로 노임단가는 단위노동비용보다 작거나 같은데, 통상적으로는 노동비용에 대한 자료가 불충분하여 이 2가지 지표를 무차별하게 사용하기도 한다. 노임단가 지수(미국달러 기준)는 상품의 국제경쟁력을 나타내는 하나의 지표로서, 월임금(미국달러 기준)과는 달리 노동생산성을 고려한 임금이라는 장점이 있다.

(2) 시간당 보수비용

시간당 보수비용은 미국 노동성 노동통계국(BLS)이 각국의 노동통계를 이용하여 작성한 수치로서, 특히 한국의 경우 '매월 노동통계조사보고서' 의 임금총액과 근로시간, 그리고 '기업체 노동비용조사보고서' 의 보수비용을 이용하여 산출한 수치를 말한다. 단, 여기서 보수비용은 현금급여와 부가급여를 포함한 것이다. 따라서 '기업체 노동비용조사보고서' 의 노동비용 항목 중 모집비, 교육훈련비 등 일부 항목이 제외되어 계산되고 있다.

요약

1. 넓은 의미의 노동시장정보는 크게 노동시장 관련정보와 노사관계 관련정보로 나눌 수 있다. 노동시장 관련정보에는 고용, 임금, 근로시간, 노동생산성, 국제경쟁력, 근로자 생활 등, 노사관계 관련정보에는 노동조합, 단체교섭, 노동쟁의와 노동과정에서의 산업재해 등이 포함된다.
2. 노동시장 분석은 노동자의 임금과 근로조건 등 경제적 측면과 관련된 변수들을 국민경제적 입장에서 분석하는 것이며, 노사관계 분석은 노동조합과 사용자(단체), 그리고 이를 둘러싼 사회경제적 환경과 제도 등에 대하여 분석하는 것이다.
3. 노동시장에서 거래되는 것은 상품으로서의 노동력으로서, 이러한 노동력상품은 일반상품과 구별되는 특징이 있는데, ① 노동자와 노동력을 분리할 수 없다는 점, ② 저장이 불가능하다는 점, ③ 근로자에게 있어 생계의 유일한 원천이라는 점 등이 그것이다. 이상의 이유로 노동자는 조건이 불리하여도 판매를 하여야만 하는 이른바 '궁박판매'가 불가피하여, 거래에서 수요자보다 불리한 입장에 놓일 수 있다. 한편 노동력상품은 소비과정에 의해 상품의 질(숙련, 경력 등)이 향상된다.
4. 노동수요의 주체는 생산물 시장에서 공급자인 기업인데, 이는 노동수요가 생산물의 수요증가에 의해 유발되는 파생수요(derived demand : 유발수요)이기 때문이다. 이러한 노동수요를 결정하는 요인은 노동의 가격(임금), 이자 등 다른 생산요소의 가격, 그 노동을 사용하여 생산하는 상품의 수요, 노동생산성, 생산기술 등이다.
5. 노동수요의 곡선은 기업의 이윤을 극대화하는 조건을 충족시키는 점들의 집합이다. 이는 노동 한 단위를 투입하였을 때 추가적으로 생산되는 생산물의 가치(VMPL)가 노동 한 단위의 가격(임금)과 같아지는 점들의 집합으로, 상품가격(P)×노동의 한계생산성(MPL)을 의미하며 우하향한다.
6. 노동수요의 (임금)탄력성은 임금변화율에 대한 노동수요의 변화율의 비를 의미하며, 노동수요량의 변화율/임금변화율로 정의되는데, 그것이 0일 때를 완전비탄력적, 1일 때를 완전탄력적이라 한다. 일반적으로 노동수요가 비탄력적일수록 노조의 교섭력은 커진다.
7. 노동공급의 주체는 일반시장에서 수요자인 노동자 개인이다. 노동공급을 결정하는 요소로는 인구규모와 구성, 경제활동 참가정도, 노동시간, 노동강도, 그리고 노동인구의 교육과 숙련 정도 등이다.
8. 노동력(labor force)은 일반적으로 생산가능인구(만 15세 이상 인구) 중에 노동시장에 참가하는 사람, 즉 경제활동인구를 의미한다. 경제활동 참가율은 (경제활동인구/생산

가능인구)×100으로 정의되는데, 이는 대체로 개인의 주관적인 의중임금(reservation wage)이 낮을수록, 재산소득이 낮을수록, 시장 임금(w)이 높을수록, 보육시설이 발달하고 가사노동의 자동화가 잘되어 있을수록, 그리고 불경기로 가구주가 실직하여 부인의 생계보조 필요성이 증가할수록 높아진다.

9. 경기침체로 남편이 실직되었을 경우 부인이 추가적으로 구직활동에 나서 경제활동 참가율이 증가하는 경우를 부가노동자 효과(added worker effect)라 하며, 반대로 경기침체로 실업률이 높아지자 취업할 가능성이 떨어질 것으로 보고 구직을 포기하여 경제활동 참가율이 감소하는 경우를 실망노동자 효과(discouraged worker effect)라 한다.
10. 실업률은 실업자수를 경제활동인구로 나눈 백분율이다. 이러한 실업에는 경기적 요인에 의한 경기적 실업, 구직자와 구인자가 적절히 대응되지 못하기 때문에 발생하는 마찰적 실업, 산업구조가 변화함에 따라 필요한 기술수준의 근로자가 없거나 부족하여 발생하는 구조적 실업, 그리고 기후, 계절 등 계절적 요인에 의하여 발생하는 계절적 실업 등이 있다.
11. 단기 노동공급은 소득과 여가의 선호관계에 의해 개인이 일하고자 하는 노동시간을 결정함에 따라 나타나는 결과이며, 장기 노동공급은 교육과 훈련 등을 통하여 노동력의 가치와 규모를 증대시키는 것으로서, 흔히 인적 자본이론(human capital theory)으로 설명된다.
12. 인간은 투자에 의해 경제적 가치, 즉 생산력을 증가시킬 수 있다. 인적 자본이란 인간에게 체화된 기술(skill)과 생산적 지식(knowledge)의 저량을 의미하는데, 개인은 투자수익과 투자비용의 비교를 통해 인적 자본에의 투자여부 및 규모를 결정하게 된다. 인적 자본 투자의 대표적인 것은 정규교육, 직업훈련 등이며, 이 외에도 개인은 이주 또는 이직, 정보획득 등을 통하여 인적 자본의 가치를 높일 수 있다. 이러한 인적 자본에의 투자는 효과가 나타나거나 그 성과 회수에 시간이 걸리는 경우가 많다.
13. 노동자의 구직활동(job search) 기간이 길수록 더 좋은 일자리를 찾게 될 확률은 증가하는 반면, 그에 따르는 탐색비용(search cost)은 증가한다. 탐색비용은 탐색에 든 시간뿐 아니라 이 시간 동안 다른 일을 했을 경우의 소득(즉 포기소득)까지 고려해야 하며, 노동시장 정보는 이러한 탐색비용을 낮추는 데 중요한 역할을 한다.
14. 경쟁시장가설은 노동시장도 다른 재화시장과 마찬가지로 경쟁상태하의 조건에서 임금과 근로조건이 결정된다고 보는 것인 반면, 분단노동시장가설은 노동시장에는 제도적 장애물(법, 관행, 선호 등)이 있어서 노동력의 흐름이나 배분, 임금 · 근로조건 등이 경쟁상태하에서와는 달리 결정된다는 것이다.
15. 노동조합은 일종의 노동공급을 독점하는 기구로서, 일정수준 이하의 임금에서는 노동

공급을 중단 또는 철회한다. 그런데 이러한 노동조합의 시장임금수준 이상의 임금요구는 고용의 감소를 초래할 수 있다.

16. 노동조합의 임금인상효과로 고용이 감소하고, 이 때 회사를 떠난 노동자들이 다른 노조 없는 산업이나 직장에 취업하려 함에 따라 비조직 분야의 임금이 하락하게 되는데, 이를 노조의 파급효과(이전효과)라 한다. 반면에 비노조 사업장의 사업주가 노조의 조직화를 두려워하여 이를 방지하고자 자발적으로 임금을 올리는 경우를 노조의 위협효과라 한다.

17. 노동시장관련 주요 개념들
    ① 의중임금 : 기꺼이 일하려고 하는 최저한의 임금수준을 말한다.
    ② 동일노동 동일임금 원칙 : 노동시장에서 경제적인 힘에 의하여 동일한 질(숙련)의 노동에 대하여는 동일한 임금이 지급되는 것을 말한다.
    ③ 임금격차 : 임금격차에 있어 차이는 성, 연령, 학력, 산업, 직종, 경력, 숙련 등의 차이에 따라 임금수준이 다른 경우를 말하며, 이러한 인적 및 산업관련 속성, 생산성관련 속성들이 동일함에도 불구하고 임금수준이 다를 때를 차별이라 한다.
    ④ 보상격차(보상적 임금격차, 균등화 임금격차) : 어떤 직종에 존재하는 어떤 불리함 또는 추가적인 부담 등에 대하여 보상해 줌으로써 그렇지 않은 직종과 균등한 상태로 유지해 주는 임금격차(예 : 위험한 일, 더러운 일 등에 대하여 동일한 가치의 임금보다 더 지급하는 것)와 더 많은 인적 자본 투자에 따른 보상으로서 임금을 더 주는 것(예 : 의사, 전문기술자, 기능장)을 말한다.

18. 임금은 노동자에게는 생계비로서, 기업에게는 비용으로서 의미를 가진다. 근로기준법(제18조)에는 "임금이라 함은 사용자가 근로의 대상으로 근로자에게 임금·봉급 기타 여하한 명칭으로든지 지급되는 일체의 금품을 말한다."라고 되어 있다.

19. 법률상의 기준임금에는 평균임금과 통상임금이 있는데, 통계적으로 평균임금은 임금조사의 임금총액(정액급여+초과급여+특별급여)과 같으며, 통상임금은 기본급에 통상적 수당을 더한 것과 대체적으로 같다. 평균임금은 퇴직금, 사회보험급여 산정의 기준이 되며, 통상임금은 시간 외, 야간 및 휴일근 로시의 가산임금의 산정기준이 된다. 이때, 정액급여라 함은 '기본급+통상적 수당+기타 수당'을 의미한다.

20. 정상근로시간이라 함은 법정근로시간(근로기준법 제42조의 일반근로자 8시간, 산업안전보건법 제46조의 유해위험작업근로자 6시간, 근로기준법 제55조의 연소근로자 7시간) 이내로 사업체의 취업규칙이나 단체협약으로 정한 정상근로일(주휴일, 취업규칙상의 휴일은 제외)에서 휴식시간을 제외하고 실제로 근로한 시간을 말한다. 초과근로시간은 정상근로시간 이외의 연장근로시간, 휴일근로시간 등 정규근로시간 이외에 초

과하여 근로한 시간을 말한다.

21. 실태생계비란 각 가구가 현실생활의 필요에 의하여 지출한 실제적인 비용으로서 조사를 통해 집계된 생계비를 말하며, 이론생계비란 이론적으로 각 가구가 생활에 필요할 것이라고 생각되는 재화나 서비스의 표준적인 수량을 설정하고 이 수량에 의해 필요생계비를 산출하는 것을 말한다.
22. 국가가 임금의 최저한도를 정하여 임금을 이보다 낮게 하여서는 근로자를 고용하지 못하도록 하여 저임금근로자를 보호하는 제도가 최저임금제이다. 우리나라에서는 1988년 1월 1일부터 이 제도를 도입하였으며, 2007년 시간급 3,480원, 일급 8시간 기준 27,840원, 감시 · 단속전근로자시간급 2,436원이다.
23. 노동(소득)분배율이란 국민소득 중에서 노동소득이 차지하는 정도를 나타내는 지표로 구체적으로는 부가가치(GDP)에서 피용자보수(인건비)가 차지하는 비율을 말한다. 노동(소득)분배율은 노동소득 분배분의 상대적 크기를 측정하는 데 사용되고 있다.
24. 노동생산성이란 노동투입량(man-hour) 1단위당 산출량으로 정의되며, 노동투입량과 산출량의 구분에 따라 다양한 개념이 사용되고 있는데, 물적 노동생산성, 부가가치 노동생산성(불변, 경상), 국민경제 노동생산성 등이 그것이다.
25. 단위노동비용은 노임단가지수라고도 하며, 노동생산성 1단위당 노동비용(임금)을 뜻한다. 여기서 노동생산성은 일반적으로 불변 부가가치 노동생산성을 의미한다. 즉, 단위노동비용(노임단가지수)=노동비용(임금)/생산성으로 정의된다. 따라서 노동생산성의 향상은 단위노동비용을 낮추는 역할을 하며, 노동생산성 증가율이 노동비용(임금 : 노동 1단위당 비용) 상승률과 동일하면 단위노동비용은 변동이 없게 된다.

연구문제

1. 노동(서비스)과 노동력의 차이에 대하여 논하시오.
2. 노동시장이 생산물 시장과 다른 점에 대하여 논하시오.
3. 노동수요를 생산물 시장의 파생수요라 하는 이유를 설명하시오.
4. 노동수요의 특성을 논하시오.
5. 노동수요곡선이 우하향하는 이유를 설명하시오.
6. 노동수요의 탄력성을 결정하는 요인을 논하시오.
7. 장기노동수요와 단기노동수요를 비교설명하시오.
8. 노동공급의 결정요인을 논하시오.
9. 개별 노동자의 노동시간 결정원리를 설명하시오.
10. 노동공급의 탄력성 결정요인을 설명하시오.
11. 후방굴절형 노동공급곡선을 설명하시오.
12. 역S자형 노동공급곡선을 설명하시오(임금이 최저생계비 이하로 하락하면 노동공급이 오히려 증가할 수 있음을 참조).
13. 부가노동자 효과와 실망노동자 효과를 설명하시오.
14. 직업탐색이론에 대하여 설명하시오.
15. 평균임금과 통상임금의 차이에 대하여 설명하시오.
16. 보상임금격차에 대하여 설명하시오.
17. 동일노동 동일임금원칙에 대하여 설명하시오.
18. 사용자의 효율임금정책에 대하여 설명하시오.
19. 필립스 곡선에 대하여 설명하시오.
20. 임금, 물가, 노동생산성의 관계에 대하여 설명하시오.
21. 노동분배율에 대하여 설명하시오.
22. 노동조합의 임금 및 고용효과를 설명하시오.
23. 최저임금제의 고용효과에 대하여 설명하시오.
24. 불완전취업과 실망실업에 대하여 설명하시오.
25. 노동시장의 유연성에 대하여 설명하시오.

05

고용보험과 직업안정

고용보험(employment insurance)은 1995년 시행된 이후 노동시장의 구조적 변화에 대응하여 사회안전망으로서의 역할과 함께 적극적인 노동시장 정책의 역할을 충실하게 하고 있다. 고용보험 제도는 실직자의 생활보장을 위한 실업급여지급이라는 사후구제적인 차원에 머무르지 않고, 실업을 사전에 예방하며 인력의 효율적 활용을 도모할 수 있는 직업능력개발사업 및 고용안정사업을 포함하고 있으며 사회보장적 기능과 고용정책적 기능이 혼합된 제도이다. 그러므로 이 장에서는 고용보험과 직업안정과 연계하여 제도의 발달, 적용, 실태 등에 관하여 살펴보고자 한다.

|제1절| 고용보험[1)]

1995년에 시행된 고용보험은 10년이 지난 2005년에 일자리를 제공에 대한 관점으로 고용보험 제도를 대폭 개편하였다. 개편내용을 보면, 고용안정 · 직업능력개발사업의 지원 대상에 취업할 의사를 가진 자, 65세 이상인 자, 영세 자영업자 등을 추가하였고, 사업주의 고용창출 · 고용개선에 대한 지원과 아울러 고용안정에 관한 지원금을 근로자에게 직접 지원

1) 이 내용은 노동부(2006b). 2006 고용보험백서에서 일부 내용을 발췌한 것이다.

할 수 있는 근거를 마련하였다. 그러므로 이 절에서는 고용보험에 대한 전반적인 정보를 제시할 것이다.

1. 고용보험의 의의 및 도입배경

(1) 의 의

고용보험이란 실직근로자에게 실업급여를 지급하는 전통적 의미의 실업보험 사업 외에 적극적인 취업알선을 통한 재취업의 촉진과 근로자의 고용안정을 위한 고용안정사업, 근로자의 직업능력개발사업 등을 상호 연계하여 실시하는 사회보험제도이다.

따라서 실업보험은 단순하게 실직자의 생계를 지원하는 사후적 · 소극적 사회보장제도에 그치는 반면, 고용보험은 실직자에 대한 생계지원은 물론 재취업을 촉진하고 더 나아가 실업의 예방 및 고용안정, 노동시장의 구조개편, 직업능력개발을 강화하기 위한 사전적 · 적극적 차원의 종합적인 노동시장정책의 수단이라고 할 수 있다(노동부, 2006).

(2) 도입배경

1991년 6월 12일에는 경제기획원에서 관계부처, 학계, 노사대표 등이 참석한 가운데 고용보험제도 도입에 대한 정책협의회가 개최되었다. 고용보험제도를 도입하기로 결정한 정부는 우리나라에 적합한 고용보험제도의 모형을 개발하고 관련연구를 수행하도록 하기 위하여 1992년 3월 9일 인력정책심의위원회의 의결에 따라 한국노동연구원에 고용보험연구기획단을 설치하였다. 1993년 4월 1일 노총 · 경총의 중앙노사합의에서 양측은 고용보험제의 조기실시를 대정부 건의사항으로 채택하였으며, 1993년 7월에 발표한 신경제5개년계획에서 고용보험 제도를 1995년에 시행하기로 하였다. 고용보험연구기획단은 1992년 5월 18일에 발족한 이래 1년 동안 40여회에 걸친 주요 쟁점별 토의를 거쳐 1993년 5월 18일 고용보험연구기획단의 공식견해를 집약하여 우리나라 고용보험제도의 실시방안을 정부에 제출하

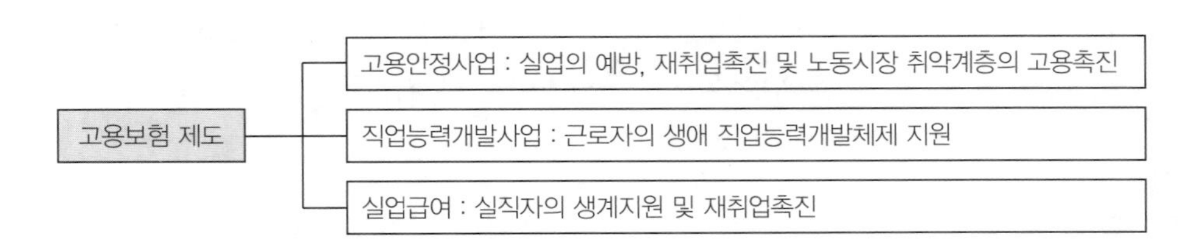

그림 5-1 고용보험제도의 기본구조

였다.

고용보험기획단은 우리나라에 고용보험 제도를 도입해야 하는 이유로 ① 산업구조의 원활화와 경제의 효율성 제고, ② 직업안정기능의 활성화와 인력수급의 원활화, ③ 직업훈련의 활성화와 경쟁력 강화, ④ 실직근로자의 생활안정과 재취업의 촉진, ⑤ 남북통일에 대비한 적극적 노동시장정책의 추진 등 5가지를 제시하였다.

「고용보험법」은 1993년 12월 27일 법률 제4644호로 공포되었고 그 시행시기는 1995년 7월 1일로 법에 명시되었다. 「고용보험법시행령」은 1995년 4월 6일 대통령령 제14570호로 공포하였다. 또한 1995년 6월 12일 「고용보험법시행규칙」을 노동부령 제100호로 공포하여 고용보험시행을 위한 기본법령의 제정을 완료하였다.

고용보험은 원칙적으로 모든 사업 또는 사업장에 적용되지만, 사업규모를 고려하여 대통령령으로 정하는 사업 또는 사업장에 대해서는 그 예외가 인정된다. 제정 당시에는 고용보험의 적용범위를 실업급여와 고용안정사업, 직업능력개발 사업 등으로 2원화하여 전자의 실업급여는 상시근로자 30인 이상의 사업 또는 사업장에 적용되었고, 후자의 고용안정사업, 직업능력개발사업 등은 상시근로자 70인 이상의 사업 또는 사업장에 적용되도록 하였다.

1998년 1월 1일부터 실업급여는 상시근로자 30인에서 10인 이상, 고용안정사업 및 직업능력개발사업은 상시근로자 70인에서 50인 이상 등의 사업장으로 적용 · 확대되었으며, 동년 3월 1일부터 실업급여는 상시근로자 10인에서 5인 이상 사업장으로 적용 · 확대되었다.

일반사업장에서 65세 이상인 자, 1월간 소정근로시간이 60시간(1주간 소정근로시간 15시간) 미만인 자 등은 고용보험 적용에서 제외되도록 하였다. 2004년 1월 1일부터는 일용근로자, 60세 이후에 새로이 고용되는 자(64세까지 적용) 등에 대하여 고용보험 적용이 확대 되었고, 시간제근로자의 적용범위도 대폭 확대되었으며, 2006년 1월 1일부터는 65세 이상인 자의 경우에는 실업급여를 제외하고 고용안정 · 직업능력개발 사업을 적용받도록 하였다. 또한, 2003년 1월 1일부터는 5인 미만 농 · 림 · 어업 및 수렵업 중 법인에 대하여 고용보험을 확대 · 적용하였고, 2004년 1월 1일부터는 총공사 금액 3억 4,000만 원에서 전 규모의 건설공사로 확대(단, 개인이 시공하는 2,000만 원 미만 또는 연면적 330m^2 이하는 적용제외)하였다. [표 5-1]은 고용보험 적용 대상의 확대를 나타낸 것이다.

다만, 사업의 규모 및 산업별 특성을 고려하여 사업장 및 피보험자 관리가 매우 어렵다고 판단되는 일부 사업에 대해서는 적용을 제외하고 있으나 이러한 사업장도 근로자의 과반수의 동의를 얻으면 임의로 고용보험에 가입할 수 있도록 하여 고용보험이 명실상부하게

표 5-1 고용보험 적용대상 사업장

구분	적용대상 사업장 규모						
	1995.7.1~1996.12.31	1997.1.1~1998.12.31	1998.3.1~1998.2.28	1998.3.1~1998.6.30	1998.7.1~1998.9.30	1998.10.1~2003.12.31	2004.1.1~
실업급여	30인 이상	30인 이상	10인 이상	5인 이상	5인 이상	1인 이상	1인 이상
고용안정 · 직업능력개발	70인 이상	70인 이상	50인 이상	50인 이상	5인 이상	1인 이상	1인 이상
(건설업 총공사 금액)	(40억 원)	(44억 원)	(34억 원)	(34억 원)	(3억 4,000만 원)	(3억 4,000만 원)	(2,000만 원)

주 : 건설업은 3사업(실업급여, 고용안정, 직업능력개발사업)의 적용기준이다.

사회안전망으로서 자리매김하게 되었다.

국가, 지방자치단체 등이 실업자의 고용 및 생활안정을 위하여 직접 행하는 사업으로서 실업자에게 일시적으로 일자리를 제공하는 사업에 종사하는 자는 고용보험의 적용대상에서 제외하였으나, 2002년 12월 「고용보험법시행령」이 개정되어 2004년 1월 1일부터 고용보험이 적용되었다.

「고용보험법」은 시행하면서 [표 5-2]에서와 같이 7차례에 걸쳐 개정하였다.

(3) 적용사업장

고용보험적용사업장 수는 1995년 3만 8,953개소, 1996년 4만 3,723개소, 1997년 4만 7,427

표 5-2 고용보험 관련법 개정

법령별		주요내용
고용보험법	1993.12.27 제정 법률 제4644호	• 피보험자 등에게 직업생활의 전 기간을 통하여 자신의 직업능력을 개발 · 향상 시킬 수 있는 기회를 제공하고, 직업능력의 개발 · 향상을 지원하기 위한 직업능력개발 사업을 실시하는 것을 목적으로 제정
	1996.12.30 개정 법률 제5226호	• 사업주 및 사업주단체 등이 운영하는 교육훈련시설의 설치 및 장비구입에 필요한 비용을 지원 또는 대부 신설 • 피보험자 등의 직업능력의 개발 · 향상을 촉진하기 위하여 직업능력개발 사업에 대한 기술지원 사업, 기능 · 기술장려 사업 등을 실시하고 그 실시에 필요한 비용을 지원할 수 있도록 함 • 건설근로자 등 고용상태가 불안정한 근로자에 대하여 고용안정사업 또는 직업능력개발 사업을 실시하는 사업주 및 사업주단체에 대하여 고용보험에 의한 지원을 실시할 수 있도록 함

표 5-2 고용보험 관련법 개정(계속)

법령별		주요내용
고용보험법	1998. 2.20 개정 법률 제5514호	• 피보험자 등이 직업능력개발훈련을 받거나 기타 직업능력의 개발·향상을 위하여 노력하는 경우 필요한 비용을 지원할 수 있도록 함 • 실업자의 재취직촉진을 위한 직업능력개발훈련을 실시할 수 있도록 함 • 노동부장관이 정하는 직종에 대한 직업능력개발사업을 위탁하여 실시할 수 있도록 함 • 허위 기타 부정한 방법으로 직업능력개발사업의 지원을 받은 경우 지원을 제한하거나 지원된 것의 반환을 명하거나 또는 당해 허위 기타 부정한 방법에 의하여 지급받은 금액에 상당하는 금액 이하의 금액을 추징할 수 있도록 함
	1998. 9.17 개정 법률 제5566호	• 이 법의 적용대상이 되는 단기고용근로자의 범위를 확대 • 직업안정기관에 실업을 신고한 날부터 3월간은 구직급여의 지급을 유예할 수 있도록 함 • 고용보험의 최소 가입기간을 12월에서 6월로 완화
	1999. 12.31개정 법률 제6099호	• 180일 이상 고용보험에 가입하도록 함으로써 실업급여의 수급요건을 완화 • 실직자의 수급권 보호를 위하여 이직후 12월을 한도로 하여 그 이전에 지급 • 허위 기타 부정한 방법이 경미할 경우에는 2주간에 한하여 실업급여를 지급받을 수 없도록 함 • 실업인정대상 기간 중 근로제공 또는 소득발생사실을 신고하지 않거나 사실과 다르게 신고한 경우, 구직활동내용을 사실과 다르게 신고한 경우에 당해 실업인정대상기간에 한하여 구직급여를 지급하지 않음 • 장기 실직자의 생계지원을 위하여 90~240일까지 실업급여를 지급받을 수 있도록 함
	2001. 8.14 개정 법률 제6509호	• 육아휴직을 30일 이상 부여받은 근로자에게 고용보험에서 육아휴직급여를 지급하고, 매월 20만 원의 육아휴직급여를 지급하고 산전후휴가급여의 상한액은 월 135만 원, 하한액은 최저기준월액으로 정함
	2002.12.31개정 법률 제6850호	• 일용근로자의 개념을 종전과 같이 "1월 미만의 기간 동안 고용되는 자"로 함 • "60세 이후에 새로이 고용된 자"에 대해서는 65세까지는 고용보험을 적용 • 사업주의 이직확인서 제출의무와 근로자의 교부 청구 시 교부의무를 법으로 상향 규정 • 피보험자 신고제도 개선

표 5-2 고용보험 관련법 개정(계속)

법령별		주요내용
고용보험법	2002.12.31개정 법률 제6850호	• 구직급여 수급요건 보완, 급여기초임금일액 산정방식 개선, 대기기간 제도개선, 구직급여 지급방식 개선, 조기재취업수당 제도개선, 소득신고 및 구직급여감액제도 폐지
	2005.12.7. 개정 법률 제7705호	• 고용안정사업과 직업능력개발사업의 통합 · 운영 • 고용안정 · 직업능력개발사업의 지원대상 확대 65세 이상자의 계속 취업지원을 위하여 고용안정 · 직업능력개발 사업에 적용하도록 함 • 고용안정 · 직업능력개발사업의 확대 · 강화 • 고용된 근로자에게 지원금 직접 지원제도 신설 • 고용지원서비스 인프라 확충 • 자영업자의 고용안정 · 직업능력개발사업 임의 적용 • 피보험자격 신고 등 개선 • 이직확인서 제출 면제 등 개선 • 일용근로자 수급자격 인정 특례 • 실업인정제도 개선 • 기타 고용보험 심사제운영 개선 및 부정수급 신고 포상제도 도입
고용보험법 시행령	1995. 4. 6 제정 대통령령 제14570호	• 「고용보험법」에서 위임된 사항과 그 시행에 관하여 필요한 사항을 규정함을 목적으로 제정
	1996. 3. 9 개정 대통령령 제14935호	• 고령자수강장려금의 지원범위를 교육훈련기관외에 노동부장관이 인정하는 기관까지 확대 • 사업내 직업훈련 승인 · 교육훈련기관 지정업무를 지방노동관서에 위임
	1997. 5. 8 개정 대통령령 제15367호	• 이직예정자를 대상으로 창업교육훈련을 실시하는 사업주에 대하여 창업교육훈련지원금을 지급하고 자비로 창업교육훈련을 수강하는 경우 수강장려금 지급 • 교육훈련을 운영하고 있거나 운영하고자 하는 자에 대하여 시설 · 장비구입 비용 대부
	1997.12.31 개정 대통령령 제15587호	• 수강장려금 지급대상을 50세 이상자 외에 고용조정으로 인한 이직예정자까지 확대
	1998. 2.12 개정 대통령령 제15624호	• 1998. 7. 1부터 고용보험 적용대상을 10인 이상(고용안정 · 직업능력개발사업 50인 이상) 사업장에서 5인 이상 사업장으로 3사업 전면 확대
	1998.10. 1 개정 대통령령 제15902호	• 적용대상 사업장을 5인 미만의 근로자를 사용하는 사업장으로 확대

표 5-2 고용보험 관련법 개정(계속)

법령별		주요내용
고용보험법 시행규칙	1995. 6.12 제정 노동부령 제100호	•「고용보험법」 및 동법시행령에서 위임된 사항과 그 시행에 관하여 필요한 사항을 규정함을 목적으로 제정
	1995.12.30 개정 노동부령 제104호	• 교육훈련계획서 제출기한을 훈련개시 7일 전에서 3일 전으로 완화
	1996. 3. 9 개정 노동부령 제106호	• 하나의 사업주가 2개 이상의 사업을 행하는 경우 교육훈련 등 계획의 신고 시 주된 사업장 관할 지방노동관서에 일괄 제출하던 것을 사업장별로 관할 지방노동관서에 각각 제출 • 교육훈련기관 지정업무가 지방노동관서에 위임됨에 따라 동 신청서를 지방노동관서에 제출 • 보험연도를 달리하여 계속되는 훈련의 경우 당해연도 말일까지 집행된 훈련비용은 다음연도 1월까지, 나머지는 훈련종료 후 1월 이내에 정산 · 제출
	1997. 6.18 개정 노동부령 제117호	• 이직예정자를 대상으로 직업전환훈련을 실시하는 경우 당해훈련과정과 관련된 실무분야의 유경력 강사를 확보해야 하는 등의 지원기준을 정함 • 사업내직업훈련의 비용정산보고 및 지원신청을 통합
	2000. 4. 1 개정 노동부령 제161호	• 수강장려금에 대한 지원기준 구체화
	2001. 7. 23 개정 노동부령 제173호	• 사업주에 대한 직업능력개발훈련비용(훈련비 및 훈련수당)의 구체적인 지원기준을 훈련종류, 훈련대상자, 훈련방법, 훈련과정 등을 고려하여 노동부장관이 고시토록 함 • 노동부고시로 정하고 있는 수강장려금의 지급요건 및 한도액을 상향 규정하고, 수강장려금의 지급제한 등을 노동부장관이 정할 수 있도록 함 • 실업자재취직훈련 실시기관의 범위를 구체적으로 규정하고 훈련실시기관의 위탁계약 체결, 허위, 기타 부정한 방법으로 훈련실시 시 위탁계약 해지 · 위탁배제 등의 제재조치 등에 관한 구체적인 사항은 노동부장관이 정하도록 함
	2001. 7. 23 개정 노동부령 제173호	• 예규(실업자직업훈련실시규정)에서 규정하고 있는 실업자재취직훈련의 훈련비 및 훈련수당의 지급기준, 감액 및 미지급되는 범위를 시행규칙에 상향규정하고 훈련수당의 지급수준, 지급절차 등 지급에 필요한 사항 등은 노동부장관이 정할 수 있도록 위임근거를 마련함 • 유사행정 정비계획에 따라 산업인력공단 예규에서 정하고 있는 직업능력개발훈련시설 등에 대한 대부대상자, 대부대상시설의 범위, 대부한도액, 대부결정의 취소 및 대부금의 반환 등 대부절차 및 비용대부요건을 시행규칙에 상향규정함

표 5-2 고용보험 관련법 개정(계속)

법령별		주요내용
고용보험법 시행규칙	2001. 7. 23 개정 노동부령 제173호	• 정부위탁훈련의 대상자 및 그 우선순위에 관한 사항을 구체적으로 규정하고, 위탁훈련직종은 노동부장관이 고시할 수 있도록 하며, 위탁훈련실시기관은 노동부장관이 선정하도록 함
	2003.1.4 개정 노동부령 제188호	• 근로자 수강지원금 지원 절차 등 신설 • 능력개발 대부금 대부절차 등 신설
	2003.10.1 개정 노동부령 제212호	• 근로자수강지원금의 주말(토/일요일)에만 훈련과정 지원요건 완화 - 2주 이상 40시간 이상 ⇨ 2주 이상 20시간 이상

개소, 1998년 40만 개소, 1999년 60만 1,394개소, 2000년 69만 3,414개소, 2001년 80만 6,962개소, 2002년 82만 5,531개소, 2003년 84만 5,910개소, 2004년 100만 2,638개소, 2005년 114만 8,474개소 등으로 증가하여 10년만에 29.5배의 높은 신장율을 보였다. 피보험자 수는 1995년 420만 4,258명, 1996년 433만 885명, 1997년 428만 430명, 1998년 526만 7,658명, 1999년 605만 4,479명, 2000년 674만 7,263명, 2001년 690만 8,888명, 2002년 717만 1,277명, 2003년 720만 3,347명, 2004년 799만 3,602명, 2005년 866만 2,510명이 되어 피보험자는 2.1배의 신장율을 나타냈다([표 5-3] 참조).

표 5-3 사업규모별 고용보험 적용 현황 (단위 : 개소, 명)

구분		1997.12	1998.12	1999.12	2000.12	2001.12	2002.12	2003.12	2004.12	2005.12
전 체	사업장 수	47,427	400,000	601,394	693,414	806,962	825,531	845,910	1,002,638	1,148,474
	피보험자 수	4,280,430	5,267,658	6,054,479	6,747,263	6,908,888	7,171,277	7,203,347	7,576,856	8,063,797
30인 미만	사업장 수	13,794	356,317	560,029	646,671	758,105	775,398	790,735	950,830	1,093,023
	피보험자 수	104,676	1,555,479	2,245,564	2,698,595	2,908,387	3,065,153	2,960,023	3,287,003	3,484,320
30~ 99인	사업장 수	24,331	29,697	28,510	32,605	34,814	36,195	39,469	37,199	39,215
	피보험자 수	1,091,205	940,722	1,013,779	1,096,996	1,105,230	1,177,615	1,198,683	1,213,338	1,313,075
100~ 499인	사업장 수	7,981	12,137	11,181	11,927	12,101	12,311	13,968	12,990	14,104
	피보험자 수	1,337,413	1,221,190	1,260,988	1,347,329	1,346,776	1,393,392	1,433,684	1,454,224	1,545,623
500~ 1000인	사업장 수	760	1,131	1,034	1,288	1,161	1,041	1,114	1,055	1,362
	피보험자 수	460,007	391,088	397,699	415,260	424,456	451,622	404,937	427,660	503,378
1000인 이상	사업장 수	561	718	640	923	781	586	624	564	770
	피보험자 수	1,287,129	1,159,179	1,136,449	1,189,083	1,124,039	1,083,495	1,206,020	1,194,631	1,217,401

주 : 일용근로자 제외

표 5-4 피보험자격 상실사유별 현황(2005) (단위 : 명, %)

구분	계	남	여
계	3,720,733(100.0)	2,193,053(100.0)	1,527,680(100.0)
전직/자영업	669,277(18.0)	475,679(21.7)	193,598(12.7)
결혼/출산/거주지 변경 등 가사사정	85,463(2.3)	17,453(0.8)	68,010(4.5)
질병/부상/노령 등	70,914(1.9)	31,857(1.5)	39,057(2.6)
징계해고	8,457(0.2)	5,979(0.3)	2,478(0.2)
기타 개인사정	1,588,064(42.7)	955,431(43.6)	632,633(41.4)
회사이전 등 근로조건 변동	42,926(1.6)	24,632(1.1)	18,294(1.2)
기타 회사사정에 의한 퇴직	537,005(14.4)	310,186(14.1)	226,819(14.8)
폐업/도산/공사중단	199,360(5.4)	116,147(5.3)	83,213(5.4)
경영상 필요에 의한 퇴직	54,594(1.5)	31,465(1.4)	23,129(1.5)
정년퇴직	17,724(0.5)	13,860(0.6)	3,864(0.3)
계약기간 만료/공사종료	397,072(10.7)	174,888(8.0)	222,184(14.5)
고용보험 비적용	34,985(0.9)	26,523(1.2)	8,462(0.6)
기타(이중고용)	14,892(0.4)	8,953(0.4)	5,939(0.3)

피보험자 자격 상실 사유별로 보면, [표 5-4]에서와 같이 가장 많은 이유가 ‘기타 개인사정’으로 42.7%에 달하며, 그 다음은 ‘전직 · 자영업’ 18.0%, ‘기타 회사사정에 의한 퇴직’ 14.4%, ‘계약기간 만료 · 공사종료’ 10.7%, ‘폐업 · 도산 · 공사중단’ 5.4%, ‘결혼 · 출산 · 거주지 변경 등 가사사정’ 2.3%, ‘질병 · 부상 · 노령’ 등 1.9%, ‘회사이전 등 근로조건 변동’ 1.6%, ‘경영상 필요에 의한 퇴직’ 1.5%, ‘징계해고’ 0.2% 등 비자발적 퇴직이 35.7%에 이르는 것으로 나타났다. 남성과 여성도 동일한 현상을 보이나 다만, 여성은 ‘계약기간 만료 · 공사종료’의 경우가 14.5%를 보였으며 남성 8.0%보다 1.8배에 이른다.

1) 고용보험 적용제외

일반사업장에서의 적용제외근로자은 다음과 같다.

① 65세 이상인 자

고용보험 피보험자가 65세에 도달한 날부터 적용대상에서 제외된다. 다만, 고용안정 · 직업능력개발사업에 관하여는 그러지 아니한다.

② 1월간 소정근로시간이 60시간(1주간의 소정근로시간 15시간) 미만인 자

1월간의 소정근로시간이 60시간 미만인 자(주단위로 소정근로시간을 정한 경우에는 1주간

표 5-5 보험사업별 보험요율 및 부담(영 제69조)

구분		2003. 1. 1 이후		1999~2002년		1998년 이전	
		근로자	사업주	근로자	사업주	근로자	사업주
실 업 급 여		0.45%	0.45%	0.5%	0.5%	0.3%	0.3%
고 용 안 정		–	0.15%	–	0.3%	–	0.2%
직업능력 개발사업	150인 미만 기업	–	0.1%	–	0.1%	–	0.1%
	150인 이상 우선지원대상기업	–	0.3%	–	0.3%	–	0.3%
	150인 이상~1000인 미만 기업	–	0.5%	–	0.5%	–	0.5%
	1000인 이상 기업	–	0.7%	–	0.7%	–	0.5%

의 소정근로시간이 15시간 미만인 자)는 피보험자격을 취득할 수 없다. 다만, 생업을 목적으로 근로를 제공하는 자 중 3개월 이상 계속하여 근로를 제공하는 자 및 일용근로자는 제외된다.

특정직종에 따른 적용제외 근로자는 다음과 같다.

㉠ 국가 및 지방공무원법에 의한 공무원
㉡ 사립학교교직원연금법의 적용을 받는 자(2000. 1. 12 개정)
㉢ 별정우체국법에 의한 별정우체국 직원

외국인의 경우, 국내 거주 자격이 있는 외국인은 취업활동에 아무런 제한이 없으므로 당연 적용대상으로 하되, 출입국관리법상 국내 취업활동이 가능한 체류자격을 가진 외국인의 경우에는 본인이 가입을 희망하는 경우에 적용토록 하고 있다(사업주는 외국인근로자 본인이 서명한 외국인가입신청서에 외국인등록증 사본을 첨부하여 관할 직업안정기관에 제출하여야 함). 출입국관리법상 일정한 체류자격이 없는 외국인의 경우에는 국내 고용이 금지되어 있으므로 이른바 '불법취업근로자'는 당연히 고용보험의 적용대상이 되지 않고 있다.

2) 보험요율

2002년 말에는 실업율이 3%대로 안정적으로 하향 유지됨에 따라 「고용보험법시행령」을 개정하여 [표 5-5]에서와 같이 2003년부터 적용할 보험료 중 실업급여는 임금의 1.0%(근로자 0.5%, 사용자 0.5%)에서 0.9%(근로자 0.45%, 사용자 0.45%)로 인하하였고, 고용안정사업 보험료도 0.3%(사용자 전액부담)에서 0.15%(사용자 전액부담)으로 인하하였다.

2. 고용보험사업

(1) 고용안정사업

1) 고용안정사업의 분류

고용안정사업은 근로시간 단축, 교대제 전환 등을 통해 일자리를 창출하는 고용창출사업, 경기의 변동, 산업구조의 변화과정에서 기업의 고용조정이 실업을 최소화하면서 원활하게 이루어질 수 있도록 지원함으로써 근로자의 실업을 예방하고 고용안정을 도모하는 고용조정지원사업과 고령자 · 여성 등 노동시장 취약계층에 대한 고용촉진지원사업 등으로 대별할 수 있다.

그림 5-2 고용안정사업의 체계

그러므로 고용안정사업의 목적은 첫째, 고용창출지원사업은 근로시간단축, 교대제 전환 등을 통하여 일자리를 창출한 기업을 지원하기 위한 것이다, 둘째, 고용조정지원사업은 경영사정이 어려운 기업의 고용조정을 지원함으로써 근로자의 실업을 예방하고 기업의 경영부담을 완화하기 위한 것이다, 셋째, 취약계층 고용촉진사업은 노동시장의 통상적인 조건하에서는 취직이 특히 곤란한 고령자 · 장기구직자 · 장애인 · 여성고용을 촉진하기 위한 것이다, 넷째, 고용촉진시설지원사업은 직장보육시설을 설치 운영하는 경우에 지원하는 제도로서 여성의 육아부담을 완화하기 위한 것이다 등이다.

2) 고용안정사업의 체계

고용안정사업은 산업구조의 변화와 기술진보과정에서 근로자의 고용안정을 보장하면서 기업의 고용조정을 합리적으로 지원하기 위한 것으로서 고용창출 지원사업, 고용조정지원사업, 취약계층 등의 고용촉진사업, 고용촉진시설지원사업 등이 있다.

고용안정사업은 실업의 예방을 위한 고용조정지원사업(휴업수당지원금, 인력재배치지원금, 전직훈련지원금)과 고령자, 여성 등 유휴인력의 고용촉진을 위한 고용촉진지원사업(지역고용촉진지원금, 고령자 등 고용촉진장려금, 고용촉진시설장려금)으로 크게 대별되어 운영되어 왔다. 구체적인 내용을 보면, 고용안정사업은 고용유지지원금, 전직지원장려금, 재고용장려금, 고령자고용촉진장려금, 신규고용촉진장려금, 육아휴직장려금 등 〈그림 5-2〉에서와 같이 구성되어 시행 중에 있다.

3) 대 상

고용안정사업은 상시근로자 5인 이상 사업장으로 적용한다.

4) 사업내용

① 고용유지지원금

고용유지지원금은 경영상 이유 등으로 고용조정이 불가피하게 되어 휴업, 휴직, 인력재배치, 훈련 및 교대제전환의 고용유지조치를 실시하여 근로자의 고용을 유지하는 경우 지급된 임금의 1/2~3/4(교대제전환 : 10/100~20/100)와 훈련비를 보험연도 180일 범위 내(인력재배치 : 1년)에서 지원한다.

② 전직지원장려금

전직지원장려금은 생산량 감소 등 경영상 이유로 고용조정이 불가피한 사업주가 고용조정, 정년퇴직 또는 근로계약만료로 이직하는 근로자를 대상으로 신속한 재취업을 지원하기 위해 전직지원서비스를 제공하는 경우 소요비용의 3/4~2/3을 12개월 한도 내(1인당 300만 원 한도)에서 지급한다.

③ 재고용장려금

재고용장려금은 당해 사업에서 고용조정으로 이직한 후 6월부터 2년 이내에 재고용하거나 임신 · 출산 · 육아 등으로 이직한 여성근로자를 이직한 후 6월부터 5년 이내에 재고용한 사업주에게 재고용 1인당 월 40만 원(대규모 기업 30만 원)씩 6개월간 지급한다.

④ 고령자고용촉진장려금

고령자고용촉진장려금은 노동시장에서 취직이 특히 곤란한 고령자의 고용촉진을 지원하는 제도로 고령자다수고용촉진장려금과 정년퇴직자 계속고용 장려금이 있다. 고령자다수고용촉진장려금은 근로자 대비 1년 이상 고용된 고령자를 업종별 4~42%를 초과하여 고용하는 경우 분기 1인당 15만 원, 정년퇴직자 계속고용 장려금은 정년을 57세 이상으로 정한 사업장에서 18월 이상 근무한 고령자를 정년도래 후 계속 고용하거나 3월 이후 재고용하는 경우 1인당 월 30만 원씩 6개월간(500인 이하 제조업은 12개월) 지급한다.

⑤ 육아휴직장려금

육아휴직장려금은 여성 근로자에게 육아휴직 기회를 부여하기 위한 지원제도로서 육아휴직기간동안 1인당 월 20만 원, 대체인력을 채용할 경우 1인당 월 30만 원(대규모기업 20만 원)을 지급한다.

⑥ 신규고용촉진장려금

신규고용촉진장려금은 고령자, 여성가장, 청년실업자 등 노동시장의 취업계층이 고용지원센터 등에 구직신청 후 일정기간 이상 경과한 경우 이들을 채용하는 사업주에게 1인당 월 15~60만 원씩 1년간 지원한다.

⑦ 중장년훈련수료자채용장려금

중장년훈련수료자채용장려금은 실업자재취업훈련 등 실업자를 대상으로 하는 훈련을 수료한 40세 이상인 자를 채용한 사업주에게 채용 1인당 채용 후 6월간은 50만 원, 나머지 6월간은 월 20만 원씩 1년간 지원한다.

⑧ 임금피크제 보전수당

2006년부터 신설된 임금피크제 보전수당은 노사합의로 임금피크제를 도입 · 실시한 해당 사업자에서 18개월 이상 근무한 54세 이상 근로자로서 임금이 10% 이상 하락한 근로자에 대하여 피크임금과 당해 연도 임금과의 차액에 100분의 50을 곱한 금액으로 분기 150만 원 한도로 지급한다.

⑨ 출산후계속고용지원금

출산후계속고용지원금은 산전후(유 · 사산)휴가 중이거나 임신 34주 이상 중 계약기간 또는 파견기간이 만료된 자와 1년 이상 계속 근로계약을 체결한 사업주에게 월 40~60만 원을 6개월간 지급한다.

⑩ 중소기업근로시간단축지원금

중소기업근로시간단축지원금은 주 40시간 근무제를 조기에 도입한 우선지원대상기업이 근로자를 고용한 경우 1인당 분기 180만 원씩 주 40시간 근무제 법정시행일전까지 지원한다.

⑪ 교대제전환지원금

교대제전환지원금은 교대제를 새로이 실시하거나 조를 늘려 교대제를 전환(4조 이하인 경우에 한함)하고 교대제 전환전 근로자 수를 초과한 경우 사업주에게 1인당 분기 180만 원씩 1년간 지원한다.

⑫ 중소기업고용환경개선지원금

중소기업고용환경개선지원금은 작업환경 등 개선을 위하여 1,000만 원 이상 투자하고 근로자를 고용한 중소기업 사업주에게 설비투자 비용의 50%(최대 3,000만 원) 및 근로자 1인당 120만 원을 1회에 한하여 지급하며, 중소기업 전문인력 활용 장려금은 기술사 등 전문인력을 채용하거나 우선지원 대상 기업 외의 기업으로부터 지원받아 고용 또는 사용하여 경쟁력을 제고하는 중소기업 사업주에게 1인당 분기당 360만 원씩 1년간 지원한다. 또한, 중소기업의 사업주가 신규업종에 진출하고 근로자를 고용하여 일자리를 창출한 경우 1인당 분기 180만 원씩 1년간 중소기업신규업종진출지원금을 지급한다.

⑬ 직장보육시설지원 및 설치비용 융자

직장보육시설지원 및 설치비용융자는 근로자의 육아부담을 완화하기 위해 직장보육시설을 설치 · 운영하는 사업주에게 보육시설 설치비용 융자 및 보육교사, 보육시설의 장 및 취사부의 임금을 지원한다. 보육시설 설치비용 융자는 5억 원 한도(연리 1~2%, 5년 거치 5년 균등분할 상환) 내에서 지원하고 보육교사, 보육시설의 장 및 취사부의 임금은 월 70만 원을 보육시설의 운영기간 동안 지원한다.

표 5-6 사업별 고용안정사업 지급액 현황 (단위 : 억 원)

구분	지원금액									
	1996	1997	1998	1999	2000	2001	2002	2003	2004	2005
계	85.2	122.44	1,098.7	1,975.0	1,257	1,470.5	1,179	1,127	1,410	2,677
• 고용유지지원금	0.2	0.4	742.2	794.3	293.9	559.7	327	274	320	309
• 채용장려금	–	–	58.7	751.8	407.8	202.3	14	0.1	–	–
• 재고용장려금	–	–	–	5.2	14.2	7.6	5	7	3	8
• 전직지원장려금	–	–	–	–	–	0.4	4	6	14	15
• 훈련관련 지원 (창업 · 적응 · 직업전환)	–	0.04	3	–	–	–	–	–	–	–
• 고령자고용촉진	65	90	121.7	254.5	367.5	416.2	400	462	413	340
• 장기구직자고용촉진	–	–	–	0.5	3.6	29.5	72	52	60	–
• 여성고용촉진	14	20	23.7	15.4	23.5	38.2	41	61	76	72
• 신규고용촉진장려금	–	–	–	–	–	–	–	–	8	840
• 중소기업근로시간단축지원금	–	–	–	–	–	–	–	–	17	121
• 중소기업전문인력채용장려금	–	–	–	–	–	–	–	–	–	92
• 기타	6	12	149.4	153.3	146.2	216.6	316	265	499	880

주 : 1) 창업 · 적용 · 직업전환 훈련지원금은 1998. 7. 1 폐지
2) 채용장려금은 2001. 7. 1 폐지
3) 장기구직자고용촉진장려금은 2004. 10. 1 폐지(신규고용촉진장려금으로 제도변경)

⑭ 건설근로자퇴직공제부금지원/ 건설근로자고용안정지원금/ 고용환경개선지원

그 밖에 건설근로자의 고용안정지원을 위하여 건설근로자퇴직공제부금지원, 건설근로자고용안정지원금제도와 고용관리진단지원, 장기실업자 취업지원 및 고령자 등 고용환경개선지원사업 등을 운영한다.

5) 현 황

고용안정사업은 2004년에는 신설 제도의 시행, 고용안정 인프라 확충 강화 등에 기인하여 1,410억 원이 집행되었으며, 2005년에는 고용안정센터 자체청사 확보, 신규고용촉진장려금 및 일자리창출 지원제도의 활성화 등으로 지원 실적이 2,677억 원으로 전년대비 90% 증가하였다.

(2) 직업능력개발사업

1) 직업능력개발사업의 분류

우리나라의 직업훈련제도는 1967년「직업훈련법」제정으로 정식 도입되었으며, 1976년에 사업주에 대한 직업훈련의무제를 근간으로 하는「직업훈련기본법」이 제정 · 시행됨으로써 직업훈련제도의 틀이 확립되었다.

「직업훈련기본법」은 산업사회에 필요한 기능인력을 양성하는 데 목적이 있었다. 법 시행후 20여 년 동안 상급학교에 진학하지 못한 청소년을 양질의 기능인력으로 양성하여 기간산업분야에 공급함으로써 경제발전에 크게 기여하였으며, 노동시장에서 불리한 위치에 있는 장애인, 주부, 고령자, 실업자 등에 대하여 직업훈련의 기회를 확대하였다.

한편 1995년 이후 이원화로 운영 중이던 직업능력개발사업과 직업훈련의무제를 일원화할 필요성이 있었고 직업능력의 개발 · 향상에 관한 새로운 직업훈련제도의 틀이 필요하게 됨에 따라 근로자의 평생직업능력개발을 지원하는 새로운 직업능력개발체제를 구축하고자 종전의「직업훈련기본법」을 폐지하고 1997년 12월 24일「근로자직업훈련촉진법」을 제정하여 1999년 1월부터 시행하였다. 2004년「근로자직업훈련촉진법」이「근로자직업능력개발법」으로 전면 개편되었다.「근로자직업능력개발법」제2조에 의하면 직업능력개발사업을 ① 직업훈련, ② 매체 · 과정개발, ③ 조사 · 연구 등으로 규정하였다.

현행「고용보험법」에 의하여 실시하고 있는 사업은 직업능력개발훈련, 유급휴가훈련, 직업능력개발훈련시설 · 장비자금대부, 근로자수강지원금, 근로자학자금 대부 · 지원, 직업능력개발훈련비 대부, 검정수수료 등 지원 및 전직실업자 취업훈련 등이 있다.

2) 대 상

직업능력개발훈련 대상은 직업능력개발 훈련과정으로 인정을 받은 과정에 재직근로자 등을 자체 또는 위탁훈련을 실시하는 사업주이다. 실업자재취직훈련대상은 고용보험 피보험자였던 실업자로서 직업안정기관에 구직등록하고 직업훈련 수강을 희망하는 자가 훈련대상이 된다.

우선선정직종훈련 대상은 ① 고용안정센터 및 인력은행에 구직 등록한 15세 이상 실직자, ② 인문계 고등학교 3학년에 재학 중인 자 중 상급학교 비진학 예정자 등이다.

3) 사업내용

① 직업능력개발훈련

직업능력개발훈련은 적용받고 있는 사업주가 훈련비용을 부담하여 재직근로자 등을 대상으로 직업능력개발훈련을 실시할 경우 소요된 비용을 고용안정 · 직업능력개발사업 개산보험료 100%(우선지원대상기업은 240%)까지 지원하도록 하였다.

② 유급휴가훈련

유급휴가훈련은 사업주가 1년 이상 재직근로자를 대상으로 120시간 이상의 훈련을 실시(150인 미만 사업의 경우에는 7일 이상의 휴가를 주어 30시간 이상 훈련)하는 경우 월 단위로 환산한 최저임금액과 훈련비를 지원하도록 하였다.

③ 직업능력개발훈련시설 · 장비자금 대부사업

직업능력개발훈련시설 · 장비자금 대부사업은 직업능력개발훈련을 실시하고 있거나 하고자 하는 사업주 등에게 직업능력개발시설 설치 및 장비구입 비용(소요비용의 90% 범위 내에서 한도 60억 원)을 1~4%의 장기저리(5년 거치 5년 상환)로 자금을 대부하도록 하였다.

④ 근로자수강지원금

근로자수강지원금은 이직예정인 피보험자, 40세 이상의 자 또는 300인 미만 사업에 종사하는 자, 근로계약기간이 1년 이하인 자, 단시간근로자, 파견근로자, 일용근로자 등이 자비로 훈련을 받은 경우 수강비용을 전액 지원(한도는 연 100만 원, 재직기간 5년간 300만 원)하도록 하였고, 정보화기초과정의 경우 전체 피보험자가 훈련을 받을 경우 동 훈련수강비를 지원하도록 하였다.

⑤ 근로자학자금 대부

근로자학자금 대부는 근로자 개인의 직업능력개발은 물론 장기적으로는 기업의 생산성 향상에 기여하도록 하는 제도로 근로자가 직업능력개발을 위하여 기능대학 또는 전문대학이상의 학교에 입학 또는 재학하는 경우 등록금(입학금, 수업료, 기성회비 등)을 연리 1~1.5%로 학자금을 대부하고 있고, 기능대학 또는 전문대학 이상의 학교에 입학하거나 재학하는 우선지원대상기업의 피보험자(피보험기간 3년 이상) 중 성적우수자에 대하여 학자금을 지원(학기당 200만 원 한도)하고 있다. 또한 근로자가 직업능력개발훈련을 수강하는 경우 그 수강료(한도는 연 300만 원)를 연리 1.5%로 대부하는 직업능력개발훈련비 대부가 있다.

⑥ **검정수수료 등 지원**

검정수수료 등 지원은 고용보험 피보험자가 국가기술자격을 자비로 2종목 이상 취득한 경우 검정수수료 전액과 교재비 · 수강료를 10만 원 정액으로 2회까지 지원한다.

실업자재취업훈련은 고용보험피보험자이었던 실업자가 재취업에 필요한 기능 · 기술의 습득을 위한 훈련을 받는 경우 훈련비와 훈련수당을 지급하여 실업자의 재취업 촉진 및 생활안정을 도모함으로써 근로자의 삶의 질을 향상되도록 하였다.

⑦ **우선선정직종훈련**

우선선정직종훈련은 제조 · 건설업부문의 생산직관련 3D 직종분야의 기능인력난 및 실업난 해소를 위해 비진학청소년 및 실업자에게 훈련비 및 훈련수당을 지원하도록 하였다.

4) 사업현황

2005년도 직업능력개발훈련지원 실적은 [표 5-7]과 같이 전년대비 3만 70개소 사업장이 증가한 11만 1,419개소 사업장에 대하여 지원하였으며, 훈련인원도 전년대비 39만 2,379명이 증가한 235만 509명이 참여하였고, 2,364억 9,500만 원이 지원되었다.

실업자재취업훈련의 2005년도 지원실적을 보면, [표 5-8]에서와 같이 6만 4,179명, 1,367억 8,800만 원으로 전년도에 비해 감소하였다.

2005년도 훈련 직종별 현황을 살펴보면, [표 5-9]와 같이 정보통신 24.1%, 서비스 22.0% 기계장비 15.8% 등의 순으로 나타났으나 사무관리 직종에 대하여 지속적으로 증가하는 것으로 나타났다.

표 5-7 직업능력개발훈련비 지원 (단위 : 개소, 명, 백만 원)

구분	2001	2002	2003	2004	2005
사업장	80,860	62,035	64,225	81,349	111,419
인 원	1,555,402	1,584,823	1,661,978	1,958,130	2,350,509
지원금	170,414	170,107	180,838	198,243	236,495

표 5-8 실업자재취업훈련 지원 (단위 : 명, 백만 원)

구분	2003	2004	2005
인 원	57,662	53,710	64,179
지원금	131,991	124,206	136,788

표 5-9 직종별 실업자재취업훈련 분포 (단위 : %)

구분	계	기계장비	전기전자	정보통신	산업응용	서비스	사무관리	기타
2003	100	13.8	8.4	26.3	5.8	23.4	9.9	12.4
2004	100	14.0	6.0	26.6	5.7	24.2	10.2	13.3
2005	100	15.8	6.8	24.1	6.3	22.0	12.0	13.0

주 : 여성가장훈련 제외

표 5-10 우선선정직종훈련 지원 (단위 : 명, 백만 원)

구분	2003	2004	2005
인 원	11,662	16,014	14,479
지원금	70,767	89,992	83,133

우선선정직종훈련은 매년 증가추세에 있으며, 2005년도에는 1만 4,479명에 대하여 831억 3,300만 원이 지원되었다([표 5-10] 참조).

(3) 실업급여

1) 실업급여의 분류

고용보험에 있어서 실업이란 근로의 의사와 능력이 있음에도 불구하고 취업하지 못한 상태에 있는 자를 말하는데, 이러한 실직자들의 생활안정을 도모하고 구직활동을 용이하게 하기 위하여 실업급여를 실시한다. 실업급여의 종류로는 구직급여와 취직촉진수당으로 나눌 수 있다. 구직급여는 소정의 수급요건을 만족시키는 수급자격자의 생활안정을 도모하기 위해 지급되는 기본적 성격의 급여이다. 취업촉진수당은 다시 조기재취업수당, 실직근로자의 재취업에 필요한 직업훈련수강을 용이하게 하기 위한 직업능력개발수당, 광역에서 구직활동을 하는 자에 대하여 인센티브를 주기 위한 광역구직활동비, 재취업 또는 직업훈련을 위해 주거를 이전하는 자에 대하여 지급하는 이주비로 구분된다.

2) 실업급여의 체계

실업급여는 일반적으로 구직급여와 취업촉진수당의 2가지로 구분할 수 있다.

구직급여는 실직자의 생활안정을 위하여 지급하는 급여로서 실업급여의 가장 핵심을 이루는 급여이다. 그리고 실직자에 대한 보호를 강화하기 위해 부상 · 질병 등으로 취업이 불

표 5-11 실업급여의 종류

구분		요건	수급액
구직급여		• 이직 전 18개월 중 고용보험가입사업장에서 180일 이상 근무(2000.3.31 이전 이직자는 12월 중 6월 이상) ※ 이직시 퇴직금 · 퇴직위로금 등 1억 원 이상을 지급받은 자는 실업신고일로부터 3개월 실업급여 지급유예됨 • 근로의 의사와 능력이 있음에도 불구하고 취업하지 못한 상태 • 자발적 이직, 중대한 귀책사유로 해고된 경우는 제외 • 구직노력을 적극적으로 할 것	• 이직 전 평균임금의 50% 최고/1일 : 3만 5,000원(2000.12.31 이전 이직자는 3만 원) 최저/1일 : 시간급 최저임금의 90%(1999.12.31 이전 이직자는 최저임금의 70%)
	상병급여	• 실업신고를 한 이후 질병 · 부상 · 출산으로 실업의 인정을 받지 못한 날 - 출산의 경우는 출산일로부터 45일간 지급	• 구직급여일액과 동일
	훈련연장급여	• 실업급여수급자로서 직업안정기관이 장의 직업능력 개발훈련지시에 따라 훈련을 수강하는 자	• 구직급여일액의 70% (2000.3월 이전 : 구직급여일액과 동일하였음) - 최대 2년
	개별연장급여	• 직업안정기관의 장의 직업소개에 3회 이상 응하였으나 취업되지 못하는 등 취직이 특히 곤란하고 생활이 어려운 수급자격자	• 구직급여일액의 70% - 60일 범위 내
	특별연장급여	• 실업급증 등으로 재취업이 특히 어렵다고 인정되는 경우 노동부장관이 고시한 기간 동안 실업급여의 수급이 종료된 자	• 구직급여일액의 70% - 60일 범위 내
취업촉진수당	조기재취업수당	• 구직급여의 소정급여 일수를 남긴 채 재취업된 경우	• 구직급여 미지급분의 $\frac{1}{2}$ ※ 중소기업 생산직에 취업한 경우 전액
	직업능력 개별수당	• 수급자격자가 직업안정기관의 장의 지시에 의한 직업능력개발훈련 등을 받는 경우	• 훈련기간 중의 교통비, 식대 등 - 5,000원/1일
	광역구직 활동비	• 직업안정기관의 소개에 의해 구직활동을 거주지에서 멀리 떨어진 지역(50km 이상)에서 할 경우	• 교통수단별 소요비용 • 숙박료 2만 2,000원/1박 (2001.12.31 이전 2만 원)
	이주비	• 취업 또는 직업안정기관의 장이 지시한 직업능력개발훈련을 받기 위해 주거를 이전할 필요가 있는 경우	• 이주경비 최저 4만 3,150원 최대 34만 8,790원

가능한 수급자격자에 대해 구직급여에 갈음하여 지급하는 상병급여제도와 구직급여를 연장하여 지급하는 구직급여연장제도를 마련하여 시행하고 있다.

취업촉진수당은 구직급여를 받고 있는 근로자가 빠른 시일 내에 새로운 직장을 구하는 것을 도와주기 위하여 지급하는 급여로서 조기재취업수당, 직업능력개발수당, 광역구직활동비, 이주비 등으로 세분할 수 있다.

3) 대 상

① 피보험단위기간의 충족

고용보험적용사업장에서 근무한 실직근로자로서 이직일 이전 18개월(기준기간) 중 피보험단위기간이 180일 이상이어야 한다. 피보험단위기간이란 임금지급의 기초가 된 날을 말한다.

실업급여 수급자격을 인정받은 후 취업했다가 다시 실업하게 되는 경우에는 새로이 피보험단위기간이 충족되어야 한다.

② 이직사유가 수급자격 제한사유에 해당하지 않아야 함

전직 · 자영업 등을 위해 직장을 스스로 그만두었거나 중대한 자신의 귀책사유로 해고된 경우에는 보험사고를 스스로 유발한 것이므로 실업급여를 받을 수 없다.

그러나 직장을 스스로 그만둔 경우에도 장기간 계속된 임금체불 · 휴업 등과 같은 정당한 사유가 있는 때에는 받을 수 있다.

㉠ 중대한 귀책사유로 해고된 경우의 예시
- 형법 또는 직무와 관련된 법률을 위반하여 금고이상의 형을 선고받고 해고된 경우
- 공금횡령, 회사기밀누설, 기물파괴, 허위서류작성 등으로 회사에 막대한 손실을 끼쳐 해고된 경우 등

㉡ 정당한 사유가 있는 이직유형의 예시
- 채용 시 제시된 근로조건 또는 채용후 일반적으로 적용받던 임금 · 근로시간과 실제 임금 · 근로시간이 2할 이상 차이가 있거나 기타 근로조건이 현저하게 낮아지게 되어 이직하는 경우
- 상사나 동료 등으로부터 종교, 성별, 신체장애, 노조활동 등을 이유로 불합리한 차별대우를 받은 사실에 의해 이직하는 경우
- 사업장의 전일(全日) 휴업이 월 중 5일 이상이거나 부분휴업이 월중 통산하여 40시간 이상인 달이 3월 이상 계속되어 이직하는 경우

- 사업장이 다른 곳으로 이전되어, 통근이 곤란(통근 시 이용할 수 있는 통상의 교통 수단으로는 사업장으로의 왕복소요시간이 3시간 이상인 경우를 말함)하게 되어 이직하는 경우
- 동거를 위한 주소이전, 육아, 노약자의 간호 등 가정사정의 변화를 이유로 이직하는 경우
- 체력의 부족, 심신장애, 질병, 부상, 시력 · 청력 · 촉각의 감퇴 등으로 인하여 피보험자에게 부여된 업무를 수행하는 것이 불가능 또는 곤란하게 되어 이직하는 경우
- 결혼, 임신, 출산, 병역법에 의한 의무복무 등으로 인한 퇴직이 관행인 사업장에서 그 관행에 따라 이직하는 경우 등

③ 실업상태에 있어야 함

실업급여는 실직근로자의 생계안정과 재취업촉진을 지원하므로 수급자격 신청 당시 실업상태에 있어야 한다. 즉 근로의 의사와 능력이 있음에도 불구하고 취업하지 못한 상태에 있어야 한다. 따라서 사업자등록을 하고 자영업을 하는 경우에는 실업급여를 받을 수 없다.

④ 수급기간 내에 지급받아야 함

수급기간이란 실업급여를 지급 받을 수 있는 기간으로 원칙적으로 이직일 다음날로부터 기산하여 12개월 내이며, 임신 · 육아 · 본인 및 배우자 또는 본인 및 배우자의 친 · 인척의 질병 · 부상, 병역법에 의한 의무복무 등의 경우에는 최장 4년까지 연장이 된다. 이직 후 언제까지 실업급여 지급을 신청해야 하는지에 대한 제한은 없으나, 실업급여는 원칙적으로 이직일의 다음날로부터 12월을 초과하면 소정급여일수가 남아 있는 경우에도 더 이상 지급하지 않으므로, 실직한 근로자는 이직 후 지체 없이 직업안정기관에 출석하여 구직신청을 하고 수급자격 인정신청을 하는 것이 유리하다.

4) 자격산정기준

① 수급자격

수급자격이 인정되면 구직급여는 원칙적으로 이직일의 다음날로부터 12월의 수급기간 내에 실업의 인정을 받은 날에 대하여 소정급여일수를 한도로 지급된다(「고용보험법」 제39조).

소정급여일수란 하나의 수급자격에 의하여 구직급여를 지급받을 수 있는 일수로 수급자격자의 피보험기간과 이직 당시 연령에 따라 최소 90일에서 최대 240일이다(법 제41조).

② 피보험기간의 산정(법 제41조 제2항)

원칙적으로 피보험기간은 당해 수급자격과 관련된 이직당시의 적용사업에서의 고용기간으로 한다. 다만, 적용제외 근로자로서 고용된 기간은 제외한다.

피보험기간의 산정 방법은 당해 사업에 고용되기 전에 다른 적용사업에서 이직한 사실이 있고 그 이직일로부터 3년(2000. 3. 31 이전 이직자는 1년)이내에 피보험자격을 재취득한 경우에는 그 이직전의 적용사업에서의 고용기간을 산입하여 피보험기간을 계산한다. 다만, 이직 시의 적용사업에서 피보험자격을 재취득하기 전에 구직급여를 지급받은 사실이 있는 경우에는 그 구직급여와 관련된 이직일 이전의 고용기간은 피보험기간에 산입하지 않는다.

하나의 피보험기간에 있어서 피보험자로 된 날이 법 제14조의 규정에 의한 피보험자격의 취득의 확인이 있었던 날부터 소급하여 3년 전인 경우에는 당해 확인이 있은 날부터 소급하여 3년이 되는 날에 당해 피보험자격을 취득한 것으로 보아 피보험기간을 계산한다. 해외근로기간, 군복무기간, 휴직·휴업기간, 쟁의행위기간, 노조전임자로 근무한 기간 등은 노동판례에 의거 계속근로연수로 인정되므로 피보험기간에 포함된다.

③ 급여수준

㉠ 구직급여의 수준

구직급여의 지급수준은 원칙적으로 급여기초일액의 100분의 50을 곱한 금액으로 한다. 다만 이와 같이 산정된 구직급여일액이 최저구직급여일액보다 낮은 경우에는 최저구직급여일액을 당해 수급자격자의 구직급여일액으로 한다. 산정된 급여수준이 시간제최저임금보다 낮은 경우에는 시간제최저임금의 90% (1999. 12. 31이전 이직 자는 70%)에 해당하는 금액을 최저구직급여일액으로 한다.

표 5-12 구직급여의 소정급여일수

피보험기간 / 연령	1년 미만	1년 이상 3년 미만	3년 이상 5년 미만	5년 이상 10년 미만	10년 이상
30세 미만	90일	90일	120일	150일	180일
30세 이상~50세 미만	90일	120일	150일	180일	210일
50세 이상 및 장애인	90일	150일	180일	210일	240일

주 : 장애인은 「장애인고용촉진및직업재활법」에 의한 장애인을 말한다.

㉡ 급여기초임금일액

급여기초임금일액은 구직급여의 산정기초가 되는 임금일액을 말하며 「근로기준법」 제19조의 규정에 의한 평균임금으로 한다(법 제35조 제1항). 평균임금이 그 근로자의 통상임금보다 낮은 경우에는 통상임금을 기초일액으로 하고(법 제35조 제2항), 기초일액이 이직 전 1일 소정근로시간에 이직 시 적용되던 시간당 최저임금액을 곱한 금액보다 낮은 경우에는 그 최저임금액을 기초일액으로 한다(법 제35조 제4항).

㉢ 기초일액

기초일액은 법 제35조에 의해 평균임금, 통상임금 또는 기준임금에 의해 산정된다. 평균임금은 「근로기준법」 제19조에 의하여 산정하며, 평균임금이 통상임금보다 저액인 경우 통상임금을 기초일액으로 한다(일용근로자는 제외). 또한, 평균임금(통상임금) 산정이 곤란한 경우 및 기준임금을 보험료로 납부한 경우에는 기준임금을 기초일액으로 한다. 다만, 보험료를 기준임금으로 납부한 경우에도 법 제35조 제1항 및 제2항의 규정에 따라 산정한 기초일액이 기준임금보다 많은 경우에는 당해 기초일액을 적용한다(2005.1.1 이후). 평균임금(통상임금) 또는 기준임금이 최저기초일액보다 미달할 경우 최저기초일액을 적용하며, 7만원을 초과하는 경우에는 7만 원으로 한다.

종전에는 평균임금의 산정기간이 2월 미만인 경우에는 당해 사업에 고용되기 직전의 다른 적용사업에서 산정한 평균임금을 계산하여 양 사업장에서의 평균임금을 합산한 금액을 평균하여 계산하였으나, 2004.1.1부터는 최종이직일 이전 3월 이내에 피보험자격을 취득한 사실이 2회 이상인 경우에는 최종 이직일 이전 3월간에 그 근로자에게 지급된 임금총액을 당해 산정의 기준이 되는 3월의 총일수로 나눈 금액으로 한다.

$$\text{기초일액} = \frac{\text{이직전 3월간(일용은 4월 - 최종 1월) 임금총액}}{\text{이직전 3월간(일용은 4월 - 최종 1월) 총일수}}$$

기초일액의 산정이 곤란한 경우 산정방법(법 제35조 제3항)은 사회통념상 상당한 노력을 하였음에도 불구하고 사업주의 도산·폐업 또는 소재불명 등의 사유로 인하여 평균임금내역을 전부 확인하기가 곤란한 경우를 말한다. 기초일액은 당해수급자격과 관련한 이직 일에 적용되는 시간단위 기준임금액에 이직전 1일 소정근로시간을 곱한 금액으로 한다.

실업급여를 지급받기 위한 요건으로서 종래에는 첫째, 이직 전 18월(기준기간) 중 12월(피보험단위기간) 이상 적용사업의 피보험자로서 고용되어 임금을 목적으로 근로를 제공하였을 것, 둘째 정당한 이유 없이 자발적으로 이직하거나 자신의 중대한 귀책사유에 의하여 해고된 것이 아닐 것, 셋째 근로의 의사와 능력이 있음에도 불구하고 취업하지 못하고 있을 것, 넷째 구직노력을 적극적으로 할 것의 4가지 요건을 충족시켜야 하였다. 그리고 실업급여를 지급받을 수 있는 소정급여일수도 피보험단위기간 및 연령에 따라 30~210일간으로 하였으나, 실업급여의 수혜범위를 확대하기 위해 「고용보험법」을 개정하여 현재는 피보험단위기간을 180일로 하고 소정급여일수도 90~240일간으로 확대하였다. 또한 종래에는 이직일의 다음날로부터 10월이 경과하면 소정급여일수 여부에 관계없이 그 이후에는 실업급여가 지급되지 않게 하였으나 현재는 이직일의 다음날로부터 12월이 경과하면 소정급여일수 여부에 관계없이 그 이후에는 실업급여를 지급되지 않도록 하였다. 취직이 특히 곤란하고 생활이 어려운 수급자격자에 대해서는 60일을 한도로 실업급여를 연장 지급할 수 있게 하고, 실업급여의 수급자격자가 직업안정기관의 장의 지시에 따라 직업훈련을 수강하는 경우에는 직업훈련기간(최대 2년) 동안 실업급여는 계속 지급되도록 하였다.

1일분의 실업급여액은 이직전 사업장에서 지급받던 평균임금(급여기초임금일액)의 50%로 하였다. 다만 가족수당 · 급식비 등의 복리후생적 수당은 임금총액의 산정에서 제외시켰다. 산정된 급여기초임금일액이 7만 원을 초과하는 경우에는 7만 원(당초 시행 당시 7만 원에서 6만 원으로 인하되었다 다시 7만 원으로 조정, 2006. 1.1부터는 8만 원)을 급여기초임금일액으로 하였다.

표 5-13 실업급여 신청 및 급여 지급현황 (단위 : 명, 백만 원)

구분	신규 신청자	자격 인정자	지급자	초회 지급자	지급 종료자	실업인정 건수	급여액		
							총액	구직급여	취업촉진수당
1996	10,133	9,914	7,308	7,308	969	27,031	10,459	9,986	473
1997	51,017	50,312	48,677	40,426	28,931	260,665	78,732	76,155	2,577
1998	438,465	434,199	412,600	376,383	251,517	2,480,448	799,154	783,881	15,273
1999	327,954	325,220	462,635	303,332	404,517	2,440,410	936,185	913,948	22,237
2000	260,574	258,727	303,631	225,739	286,609	1,743,144	470,793	445,909	24,884
2001	349,148	347,303	374,286	315,211	263,344	2,743,568	845,109	787,960	57,149
2002	299,215	297,109	362,895	276,113	297,819	2,476,271	839,319	778,232	61,087
2003	379,600	375,561	433,798	344,281	310,876	2,965,339	1,030,304	950,424	79,880
2004	471,542	467,730	589,611	470,761	495,697	3,781,280	1,448,306	1,333,409	114,896
2005	565,753	562,524	696,544	546,917	539,734	4,207,599	1,751,974	1,608,714	143,260

주 : 구직급여에는 상병급여가 포함된 수치이다.

자료 : 노동부(2006b). 2006 고용보험백서

실업급여를 지급받기 위해서는 실업을 신고한 날부터 1~4주의 범위 안에서 직업안정기관에 출석하여 직전 기간동안 실업한 것으로 인정을 받아야 한다. 실업급여를 지급받기 위해서는 반드시 구직등록을 하여야 하며, 만일 정당한 이유 없이 직업안정기관의 직업소개, 직업지도, 직업훈련지시를 거부하는 경우에는 실업급여지급은 정지되도록 하였다. 실업급여는 수급자격자가 지정한 은행의 계좌에 입금하는 방식으로 지급하게 하였다.

실업급여의 수급자자격을 취득하였어도 적극적인 구직노력을 결한 경우, 직업훈련을 거부한 경우 또는 허위나 부정한 방법으로 부정수급을 받거나 받고자 한 경우에는 그 지급이 정지 또는 중지되도록 하였다.

실업급여 이외에 여성 고용안정을 위하여 육아휴직급여 및 산전후휴가급여를 지원하는 제도를 2001년 11월부터 시행하고 있다. 육아휴직급여는 피보험자가 고용보험에 6개월 이상 가입한 후 육아휴직을 30일 이상 부여받은 경우 육아휴직기간동안 월 40만 원을 지급(여자의 경우 최대 10.5개월, 남자의 경우 12개월)하고 있다. 산전후휴가급여(유산 · 사산휴가 포함)는 고용보험에 6개월 이상 가입한 후(산전후 또는 유 · 사산휴가 종료일 기준) 산전후 휴가 등을 부여받은 경우 우선지원 대상기업은 90일분, 그 외의 기업은 30일분을 최고는 135~405만 원, 최저는 최저임금을 지급하고 있다.

표 5-14 실업급여 종류별 지급현황 (단위 : 백만 원)

구분	계	구직급여	취업촉진수당					상병급여
			소계	조기 재취업 수당	능력 개발 수당	이주비	광역구직 활동비	
1996	10,459	9,958	473	469	4.0	0.0	0.0	28
1997	78,732	75,943	2,577	2,558	19.0	0.0	0.0	212
1998	799,154	782,865	15,273	15,257	15.1	1.6	0.1	1,016
1999	936,185	911,308	22,237	22,225	4.5	7.0	0.0	2,640
2000	470,793	443,546	24,884	24,877	0.3	6.8	0.0	2,363
2001	845,109	783,861	57,149	57,120	2.2	27.4	0.0	4,099
2002	839,319	773,861	61,087	61,055	3.6	28.4	0.0	4,371
2003	1,030,304	945,599	79,880	79,853	–	27.0	–	4,825
2004	1,448,306	1,327,384	114,896	114,859	1.3	36.1	0.3	6,024
2005	1,751,974	1,602,875	143,260	143,209	7	42	2	5,839

주 : 구직급여에 연장급여 포함한다.

자료 : 노동부(2006b). 2006 고용보험백서

5) 현 황

2005년 평균 실업률 3.5%로 전년도와 동일하며, 실업자는 평균 83만 명으로 전년 81만 3,000명에 비해 1만 7,000명(2.1%) 증가하였다.

2005년 실업급여 신규신청자는 56만 5,753명으로 전년 47만 1,542명에 비해 9만 4,211명(20.0%)이 증가하였다. 실업급여 지급자 수는 69만 6,544명으로 전년 58만 9,611명에 비해 10만 6,933명(18.1%)이 증가하였다. 이에 따라 실업급여 지급액은 1조 7,519억 원으로 전년 1조 4,483억 원에 비해 3,037억 원(21.0%)이 증가하였다([표 5-13] 참조).

2005년에 지급된 실업급여액은 1조 7,519억 원으로 실업급여 종류별 지급내역을 보면 구직급여가 68만 4,863명에게 1조 6,028억 7,500만 원(91.5%), 조기재취업수당이 9만 9,925명에게 1,432억 900만 원(8.2%), 상병급여가 502명에게 58억 3,900만 원(0.3%) 지급된 것으로 나타났다. 이는 전년과 비교할 때 조기재취업수당은 24.6%, 구직급여는 20.8% 각각 증가하였으나, 상병급여는 3.4%가 감소한 것이다.

(4) 모성보호

1) 의 미

좁게 보자면 여성근로자의 임신·출산과 관련된 모성건강, 모성안전 정책만이 '모성보호정책' 이 될 것이나, 사회의 재생산은 생물학적인 출산 뿐 아니라, 양육이 수반된다는 점을 고려하면 사회적 모성도 광의로 모성보호정책에 포함될 수 있다.

모성보호를 위해 「근로기준법」에서는 산전후휴가, 임산부의 시간외근로 금지 및 야간이나 휴일근로 제한, 보건상 유해·위험한 사업 사용금지 등을 보장하고 있고, 「남녀고용평등법」에서는 영아의 양육을 위한 육아휴직 등을 보장하고 있다.

표 5-15 여성근로자의 모성보호 범위

모성의 정의	제도의 분류	정 책 내 용
생물학적모성	모성건강, 안전	유해·위험사업장 사용금지, 근로시간제한, 야간·휴일근로 제한
	모성휴가제도	산전후휴가, 생리휴가
사회적 모성	양육지원	직장보육시설, 수유시간
	육아휴직제도	육아휴직

자료 : 노동부(2006b). 2006 고용보험백서

표 5-16 연도별 모성보호급여 지원실적 (단위 : 명, 백만 원)

구분	산전후휴가급여		육아휴직급여	
	인원	급여	인원	급여
2001	2	2	25 (남 2, 여 23)	5
2002	22,711	22,602	3,763 (남 78, 여 3,685)	3,087
2003	32,133	33,522	6,816 (남 104, 여 6,712)	10,576
2004	38,541	41,610	9,303 (남 181, 여 9,122)	20,803
2005	41,104	46,041	10,700 (남 208, 여 10,492)	28,242

2) 모성보호 급여제도

① 산전후휴가급여

산전후휴가급여는 소정의 수급요건을 갖춘 피보험자(이하 "산전후휴가급여수급자격자"라 한다)에게 지급하는 것으로서 재직자급부의 부가급여적인 성격을 지닌 급여이다.

산전후휴가급여는 ㉠ 피보험자가 「근로기준법」 제72조의 규정에 의한 산전후휴가를 부여받았을 것, ㉡ 산전후휴가종료일 이전에 피보험단위기간이 통산하여 180일 이상일 것, ㉢ 산전후휴가 종료일로부터 6월 이내에 산전후휴가급여를 신청할 것 등 3가지 요건을 모두 충족한 경우에 지급된다.

산전후휴가급여액은 산전후휴가개시일 현재의 「근로기준법」상 통상임금액에 상당하는 금액을 지급하되, 피보험자의 산정된 통상임금에 상당하는 금액이 135만 원을 초과하는 경우에는 135만 원을 산전후휴가급여로 지급한다. 다만, 피보험자의 산정된 통상임금에 상당하는 금액이 피보험자의 휴가개시 전 1월간의 소정근로시간에 휴가개시일 당시 적용되던 「최저임금법」에 의한 시간단위에 해당하는 최저임금액을 곱한 금액(최저기준월액) 보다 낮은 경우에는 최저기준월액을 산전후휴가급여로 하고 있다.

② 육아휴직급여

육아휴직급여는 근로자의 직장과 가정의 양립지원을 위해 2001. 8. 14. 「고용보험법」 개정 시 도입되어 2001. 11. 1.부터 시행된 제도로서 만 1세 미만의 영아를 가진 남녀근로자가 그 영아를 양육하기 위해 육아휴직을 실시하는 경우 육아휴직기간 동안 고용보험기금에서 매월 40만 원의 육아휴직급여를 지급한다.

육아휴직급여는 2003년 1인당 월 30만 원에서 2004. 2. 25. 이후 월 40만 원으로 조정되었다. 육아휴직급여를 지급받기 위해서는 피보험자가 ① 남녀고용평등법상의 육아휴직을 30일 이상 부여받았을 것, ② 육아휴직개시일 이전 피보험단위기간이 통산하여 180일 이상일 것, ③ 동일한 자녀에 대해 피보험자인 배우자가 30일 이상의 육아휴직을 부여받지 않고 있을 것, ④ 육아휴직 개시일 이후 1월부터 종료일 이후 6월 이내 육아휴직급여를 신청할 것 등의 요건을 갖춘 경우에 지급한다. 육아휴직급여는 남성근로자의 경우 최대 12개월, 여성근로자는 최대 10.5개월까지 받을 수 있으며, 만 1세 미만의 영아를 입양한 근로자의 경우에도 당해 영아를 입양한 날부터 「남녀고용평등법」에 의한 육아휴직을 실시할 수 있으며, 육아휴직급여의 지급대상이 된다.

3) 사업현황

2005년 출산한 여성근로자 4만 1,104명에게 460억 원을 산전후휴가급여로 지급하였고, 육아휴직급여도 1만 700명에게 282억 원을 지급하는 등 매년 증가하였다. 특히, 육아휴직급여 지급실적은 2001년 11월 제도 도입 이래 처음으로 1만 명을 넘어서는 등 육아휴직이 활성화되었다. 다만, 남성의 육아휴직급여 수급비율이 1.9%에 불과한 것은 우리나라 육아문화를 반영한 것이다.

3. 고용안정과 직업능력개발의 통합

(1) 통합배경

최근 한국경제는 저임금 · 고성장 · 저실업에서 고임금 · 저성장 · 저고용으로 변화되는 구조적 전환기에 직면하면서 좋은 일자리 부족, 인력수급의 불일치 및 양극화 심화 등 노동시장의 여건이 악화되고 있는 실정이므로 인력수급의 원활화, 고용 인프라 확충, 평생능력개발체제 구축 등 적극적 노동시장정책을 통한 노동시장의 활력 제고와 국가경쟁력 강화가 시대적 과제로 대두되었다.

지난 10년간 고용보험은 사회안전망 강화에 주력하였으나, 보험원리에 입각한 보수적 제도운영으로 적극적 노동시장정책으로서의 역할이 미흡하여 경기불황 등 제한적 요건에서의 소극적인 운영으로 고용안정사업의 실적저조 및 적립금 과다가 발생하고, 기업의 생산성과 직결되는 직업능력개발 투자가 저조하며 고용 인프라 확충 · 신규 구직자 지원 등 노동시장의 실수요에 효과적으로 대응하는 정책기능이 미흡하였다. 따라서 노동시장의 구조적 변화에 대응하여 적극적 노동시장정책의 역할을 수행하도록 고용보험제도의 틀을 개편하고, 국가고용지원서비스 혁신보고(2005.4.6)사항의 실천을 위하여 「고용보험법」을 개정을 추진하였다. 「고용보험법」 개정 법률안은 2005년 12월 7일 공포되었다.

(2) 「고용보험법」 개정 내용

1) 개정내용

① 고용안정사업과 직업능력개발사업의 통합 · 운영

고용안정사업 및 직업능력개발사업은 기업의 인력활용 지원을 통하여 근로자의 고용의 안정을 도모하는 적극적 노동시장정책 수단이므로 고용안정사업과 직업능력개발사업을 고용안정 · 직업능력개발사업으로 통합 · 운영하고, 사업의 명칭 · 보험료율 · 기금의 용도 · 기금계정을 종래 3분류에서 2분류로 변경하였다.

② 고용안정 · 직업능력개발사업의 지원대상 확대

고용안정 · 직업능력개발사업이 사업주의 인력확보 지원을 위한 사업임을 명시하고, 지원대상에 취업할 의사를 가진 자까지 포함하여 청년층에 고용정보 제공 등 채용 전 지원을 활성화함으로써 장기 실업예방 및 취업촉진사업을 강화하고, 지원범위를 피보험자로 제한해야 한다는 논란을 입법적으로 해결하였으며, 65세 이상자의 계속 취업지원을 위하여 고용안정 · 직업능력개발사업에 적용하였다.

③ 고용안정 · 직업능력개발사업의 확대 · 강화

현행 고용안정사업은 국내외 경기변동, 산업구조의 변화 등 경기적 요인에 의한 조건을 부하하고 있어 사업 활성화에 제약요인으로 작용하고 있으므로 고용안정 · 직업능력개발사업에서 경기불황 등 경기적인 요건을 삭제하여 일시적인 불황 등에 그치지 않고 상시적인 인력수급 불일치 등 지원수요에 대응하는 체계를 마련하였다. 아울러 다양화된 노동시장의 수요에 부응하도록 지원 사업을 확대하였다. 즉 고용환경개선, 근무형태 변경 등을 통한 고용기회를 확대하는 사업주에 대한 지원 근거와 고용관리 진단 등 고용개선지원 사업 및 피보험자 등의 창업촉진 지원 근거를 마련하였다. 또한 실업자 재취업촉진을 위한 훈련을 피보험자등의 취업촉진훈련으로 확대하였고, 직업능력개발에 대한 평가사업 및 자격검정사업의 근거를 마련하였고 우선지원 대상기업뿐만 아니라 고용안정 조치 및 직업능력개발실적 우수자의 경우에도 우대 지원하도록 하였다.

④ 고용된 근로자에게 지원금 직접 지원제도 신설

현행 고용촉진 등 지원금은 사업주의 고용안정 조치에 대한 지원금으로 설계되고 있으나 고용관계 결정은 근로자의 동의가 필요하고 고용보험은 근로자의 고용안정과 사업주의 인력확보를 동시에 지원하는 사업이므로 고용된 근로자에 대하여도 지원할 수 있도록 근거를 마련하였다.

⑤ 고용지원서비스 인프라 확충

고용관련 인프라는 고용보험사업의 효율적인 시행을 위해 사전에 충실히 마련되어 있어야 하나 그 지원을 일반회계로 해야 한다는 당위성 논란에 따라 관련예산 투자는 극히 저조한 상황이 계속되고 있어 고용관련 인프라에 대한 투자부족으로 다양화된 노동시장의 인력수요에 충실하게 부응하지 못하고 있는 실정이다. 따라서 고용촉진시설에 대한 지원을 다양한 시설이 포함되도록 지자체 등이 지역 내 특화사업을 개발로 고용안정 · 직업능력개발사업을 실시하는 경우 필요한 지원을 할 수 있도록 하였고, 고용보험기금으로 보험사업 목적수행 및 기금증식을 위한 부동산을 취득 · 처분할 수 있도록 하였다.

⑥ 자영업자의 고용안정 · 직업능력개발사업 임의 적용

사실상 노무에 종사하는 자영업자가 고용안정 · 직업능력개발사업에 임의 가입하여 임금근로자로 전직 시 등에 직업능력개발훈련을 받을 수 있도록 하였다.

⑦ 피보험자격 신고 등 개선

건설일용근로자 피보험자격에 대한 신고주체를 「건설산업기본법」 제2조 제5호의 규정에 의한 건설업자, 「주택법」 제9조의 규정에 의한 주택건설사업자, 「전기공사업법」 제2조 제3호의 규정에 의한 공사업자, 「정보통신공사업법」 제2조 제4호의 규정에 의한 정보통신공사업자, 「소방시설공사업법」 제2조 제1항 제2호의 규정에 의한 소방시설업자, 「문화재보호법」 제18조의 11의 규정에 의한 문화재수리업자 등 관련법에 의한 면허업자로 명시하고, 원수급인은 하수급인에 관한 자료를 노동부령이 정하는 바에 따라 신고하도록 하였다. 신고된 피보험자격의 취득 · 상실 등에 관한 사항을 피보험자 및 원수급인 등 관계인에게 통지하도록 하고, 피보험자격의 취득 · 상실 등의 신고를 전자적 방법으로 하며, 이에 필요한 장비 등을 지원할 수 있다.

⑧ 이직확인서 제출 면제 등 개선

이직확인서는 임금지급, 이직사유 등 수급자격 확인을 위하여 필요한 서류이므로 실업급여의 수급을 원하지 않는 경우에는 이직확인서 제출을 면제하고, 피보험자격의 확인제도는 본인의 청구를 받아 사실을 조사한 후 피보험자 등의 권리를 보호하는 제도이므로 이미 사업주가 신고한 것도 확인하도록 하는 규정을 삭제하였다. 다만 사업주가 신고한 사항도 사실과 다른 경우에는 확인 청구가 가능하다.

⑨ 일용근로자 수급자격 인정 특례

상용직 당시에 수급자격을 갖춘 자가 잠시 일용근로를 한 경우 일용직의 수급요건인 피보험단위기간 90일을 채우지 못하면 실업급여의 혜택을 받을 수 없어 일용 노동시장의 인력공급을 제한하는 부작용 및 잠시 일용근로를 한 경우에는 실업급여가 배제되지 않도록 1개월 미만의 일용근로를 한 자에 대하여는 상용 근로 시 이직한 사업장을 기준으로 수급자격을 판단할 수 있도록 예외를 인정한다.

⑩ 실업인정제도 개선

일률적으로 2주 1회씩 실업인정을 하는 현행 방식은 재취업활동에 대한 개별·구체적인 확인이 어렵고 형식적인 구직활동을 유발하는 등 실업인정의 실효성이 낮은 실정이므로 직업안정기관의 장에게 재취업활동계획의 수립지원, 직업소개 등 대통령령이 정하는 조치를 취하여 적극적으로 재취업을 지원하도록 하고, 실업인정기간은 수급자별 특성을 감안하여 재취업지원에 필요한 기간으로 하되 1~4주의 범위 내에서 노동부령이 정하는 기준에 따라 수급자별 실업인정기간을 정하도록 하였다.

⑪ 고용보험 심사제운영 개선 및 부정수급 신고 포상제도 도입 등

독임제의 심사관의 전문성 보완 및 효율적인 운영을 위하여 심사관을 노동부에 배치하여 통합·운영하고 심사위원회에 사무국을 두도록 하였고, 사업주와 근로자가 공모하여 부정수급을 하는 경우에는 예방 및 조치가 어렵고 확산될 우려가 있기 때문에 고용안정지원금·장려금, 직업능력개발훈련비용, 실업급여 등의 부정행위를 신고하는 자에 대한 신고포상제도를 도입하였다. 그 밖에 육아휴직급여의 신청기간을 6월에서 12월로 연장하여 민원인의 편의를 도모하였고, 직업능력개발에 관한 양자협정, 자유무역협장 및 사회보장협정의 체결 등에 맞추어 국제협력사업 및 국가가 예산의 범위 안에서 보험사업의 관리·운영비를 부담할 수 있도록 근거를 마련하였다.

2) 신설내용

① 부정행위신고자 포상제도 신설

2005. 12. 7 「고용보험법」의 개정을 통하여 각종 지원금 등의 부정행위 및 사업실시자 등

의 부정행위를 신고하는 자에 대하여 포상제도를 도입하였다.

② 중소기업 전문인력 활용 장려금 지원대상 확대

2005. 12. 30「고용보험법시행령」을 개정하여 우선지원 대상기업이 대규모기업과 협약을 체결하고 대규모기업에서 근무하고 있는 전문인력을 지원받아 사용하는 경우에도 지원할 수 있도록 지원대상을 확대하였다.

③ 교대제전환 지원금 지원대상 확대

2005. 12. 30「고용보험법시행령」을 개정하여 교대제를 새로이 시작하는 사업주도 지원대상이 될 수 있도록 하였다.

④ 전직지원 장려금 지급요건 완화

2005. 12. 30「고용보험법시행규칙」을 개정하여 전직지원 장려금의 지급요건을 재고량 50% 이상 증가에서 10% 이상 증가하였으며, 생산량 · 매출액 10% 이상 감소를 각각 5% 이상 감소로 완화하였다.

⑤ 육아휴직자 대체인력 지원 확대

2005. 12. 30「고용보험법시행령」을 개정하여 육아휴직자 대체인력채용장려금의 지급요건을 대체인력에 대한 지원 대상을 산전후휴가 개시일부터 대체인력을 30일 이상 고용한 경우로 하고, 지원요건을 육아휴직 복귀자의 90일 이상 고용을 30일 이상 고용으로 완화하며, 동 장려금은 노동부장관의 고시로 정하되, 우선지원 대상기업에 차등 지원하도록 하였다.

⑥ 중장년훈련수료자채용장려금 지원요건 완화

2005. 12. 30「고용보험법시행령」을 개정하여 중장년훈련수료자채용장려금의 지급요건인 실업자 재취업훈련의 3월 이상 훈련과정을 1월 이상의 훈련과정으로 완화하도록 하였다.

⑦ 건설근로자고용안정지원금 대상 확대

2005. 12. 30「고용보험법시행령」을 개정하여 지원금 지원 대상에서 제외하였던 총공사금액이 300억 원(하수급인의 경우 하도급공사의 공사금액이 50억 원을 초과하는 사업장도 지원대상에 포함시켜 모든 건설공사에 대하여 지원하도록 하였다.

⑧ 임금피크제 보전수당 및 출산후계속고용지원금 신설

2005. 12. 30「고용보험법시행령」및「고용보험법시행규칙」을 개정하여 기업의 임금피크제 도입 촉진을 통해 근로자의 고용안정과 기업의 임금부담 완화를 동시에 추구하고자 사업주가 근로자대표의 동의를 얻어 55세 이상 연령이상의 고용보장을 조건으로 일정연령, 근속

시점 또는 임금액을 기준으로 임금을 감액하는 임금피크제를 시행하는 경우 100분의 10 이상의 임금이 감액된 근로자에게 일정 금액을 지급하는 임금피크제 보전수당 제도를 신설하였다.

또한, 계약종료와 산전후휴가가 겹치는 기간제 등 비정규 여성근로자의 출산으로 인한 고용불안을 완화할 수 있도록 산전후휴가(유산 · 사산휴가 포함)기간 또는 임신 34주 이상인 계약직 등의 여성근로자와 1년 이상의 재계약을 체결하는 사업주에 대하여 노동부장관이 고시하는 금액을 6월간 지원하는 출산후계속고용지원금 제도를 신설하였다.

⑨ 직장보육시설 지원 확대

직장보육시설의 보육교사 및 시설장의 임금지원 수준을 확대(2004년 월 70만 원⇨2005년 월 80만 원)하였고, 2005. 12. 30 「고용보험법시행규칙」을 개정하여 보육교사 및 보육시설의 장 이외에 취사부 임금의 일부를 추가로 지원할 수 있도록 하였다.

(3) 주요내용

1) 근로자 능력개발 기회 대폭 확대

「고용보험법시행령」을 개정하여 근로자 수강지원금 신청시 사업주의 확인절차를 폐지하고 비정규직근로자 우대지원 방안을 마련하여 직무과정의 경우 수강료의 100%, 외국어과정의 경우 수강료의 80%까지 지원하도록 지원내용을 상향조정하였으며, 근로자 수강지원금 지원대상에 전자학습(e-Leaning) 과정을 포함하고 실시기관과 승인요건을 완화한바 있다.

2) 사업주 직업능력개발지원 강화

「근로자직업능력개발법」 개정시행(2005.7.1)에 따른 훈련과정 인정절차 등을 변경하여 최소훈련시간을 2일 16시간(우선지원 대상기업은 1일 8시간 이상)으로 완화하고 훈련과정 사전승인 절차를 인정 및 지정에서 인정으로 통일하였으며, 훈련과정 인정유효기간(1년)을 설정하고 소규모기업의 지원한도를 연간 250만 원에서 연간 500만 원으로 인상하였다. 우선지원대상기업의 훈련비 지원율을 상향조정(훈련직종별 훈련비 단가의 90%⇨100%)하였다.

현장훈련 사전실시 요건을 집체훈련 외에 원격훈련을 실시한 경우에도 가능토록 개선하였으며, 지원수준을 상향(20%⇨40%) 조정하고 훈련수당 및 기숙사비 지원을 신설하였다.

사업주가 구직자를 대상으로 양성훈련을 실시하는 경우 훈련비 지원한도를 초과하더라도 훈련비 · 훈련수당을 계속지원(「고용보험법시행령」 제30조 개정)하여 사업주의 기능인력 양성 활성화 및 구직자의 직장체험기회의 확대를 도모하였다. 아울러, 유급휴가훈련제도의 활성화를 위해 대기업의 인건비 지원한도(1인당 120만 원)를 폐지한바 있다.

3) 사업주 직업능력개발훈련 훈련비용 지원한도 조정 등

2005. 12. 7 「고용보험법」 개정으로 고용안정사업과 직업능력개발사업이 통합됨에 따라 보험료가 통합되어 사업주 직업능력개발훈련 훈련비용 지원한도를 고용안정 · 직업능력개발사업 보험료의 100%(우선지원대상 기업은 240%) 등으로 조정하고, 구직자, 채용예정자를 대상으로 사업주가 실시하는 양성훈련의 훈련비용은 지원한도 이외에도 예산의 범위 안에서 추가로 지급하도록 하였다.

4) 계약직 등 훈련비용 지원

2005. 12. 30 「고용보험법시행령」 개정으로 계약직, 시간제, 파견근로자, 일용근로자에 대하여 사업주가 실시하는 직업능력개발훈련의 경우 현행보다 우대하여 지원하고, 훈련비용뿐만 아니라 임금까지 지원하며, 근로자수강지원금 경우도 일반근로자보다 지원수준을 높이도록 하였다.

5) 능력개발비용의 지원 제도 신설

2005. 12. 30 「고용보험법시행령」 개정으로 우선지원대상기업의 피보험자가 대학에 다니는 경우 예산의 범위 안에서 노동부장관이 정하는 기준에 따라 대학 학자금을 지원하도록 하였다.

6) 핵심직무능력 향상훈련 등 신설

2005. 10. 26 「고용보험법시행령」 개정으로 우선지원대상기업의 사업주 또는 근로자의 핵심직무능력 향상을 위하여 실시하는 직업능력개발훈련 및 우선지원 대상기업 근로자의 직무지식 습득기회를 확대하거나 그 기업 내의 직무지식을 원활하게 축적 · 공유할 수 있도록 하는 등의 학습조직화를 촉진하기 위하여 실시하는 직업능력개발사업에 비용을 지원할 수 있도록 하였다.

|제2절| 직업안정

1. 직업안정기관의 발전과정

(1) 직업안정기관의 발달

우리나라에서는 근세 초기 일본이 한국을 침략하는 과정에서 처음으로 직업소개제도가 생겨났으며, 1918년에는 「근로자모집취체규칙」이 제정되었고, 1922년에는 행정기관으로서 경성직업소개소가 개설되었다. 그 후 8개소의 직업소개소가 설치 · 운영되었으나, 그 취급 직종이 일용직 등 일부 직종에 국한되어 있었다. 1919년 제1차 국제노동기구(ILO) 총회에서는 '실업에 관한 조약'(제2호) 및 '실업에 관한 권고'(제1호)를 채택하여 가명국은 무료 공공직업소개제도를 설치할 것과 영리직업소개제도를 폐지할 것을 결의함으로써 직업소개제도 발전에 많은 영향을 주었다.

1948년 정부수립 당시 중앙사회부에 노동국 직업과가 있었고, 서울 등 주요 도시에 직업소개소가 설치되었으며, 1961년 군사혁명정부에 의하여 우리나라 독립 이후 최초의 「직업안정법」이 제정 · 공포되었다. 이 법은 근로자의 능력에 적합한 직업에 취업할 기회를 부여하고 공업, 기타 산업에 필요한 노동력을 충족시켜 직업안정을 도모함과 동시에 국민경제 발전에 기여할 것을 목적으로 하여 정부가 행할 직업안정 업무로서 직업소개, 직업지도, 직업보도, 노동시장에 관한 조사 · 분석, 실업보험 등을 규정하였다.

이어 종전 지방자치단체에서 운영하던 직업안정소를 1968년 10월까지 노동청장 소속하의 25개 국립직업안정소로 개편하고, 지방자치단체에서는 노동청장의 승인을 얻어 무료 직업소개 사업을 계속 행함으로써, 직업안정망이 인력관리행정의 구심체로서 체계적으로 조직화되어 노동시장정보 분석, 지역 간 · 산업 간 인력의 수급조절과 직업지도 등 본격적인 직업안정 업무를 수행할 기틀이 마련되었다. 1979년 중앙직업안정소가 창설되어 직업안정을 위한 연구 및 서비스를 담당하게 되었다.

1986년 10월에는 서울에 최초로 전문인력 취업정보센터 1개소가 개설된 후 전국 6대 도시에 확대 설치되었다. 이곳에서는 전문인력에 대한 직업지도, 구인 · 구직정보의 수집 · 분석 등의 업무를 수행하였고, 고학력자에 대한 인력수급의 원활화와 취업정보 부재에 의한 마찰적 실업해소에 기여하였다.

1987년 5월부터는 전국 직업안정기관을 온라인(on-line)으로 연결한 취업알선 전산망이 개통되어 시 · 군 · 구 및 한국산업인력관리공단을 연결함으로써 구인 · 구직자에게 전국단위의 신속 · 정확한 취업알선 서비스를 제공하게 되어 취업알선 업무가 크게 개선되었다.

우리나라 직업안정 · 고용정책 역사의 근본적 틀의 새로운 변화는 1993년부터 이루어졌다고 보아야 할 것이다. 고용여건 변화에 효율적으로 대처하고, 근로자의 직업능력을 지속적으로 개발 · 향상시키며, 인력부족에 효율적으로 대응하는 등 보다 적극적인 차원에서의 고용정책을 종합적으로 추진할 필요성을 느낀 정부는 1993년 12월 「고용정책기본법」 및 「고용보험법」을 제정하고, 1995년 1월에 「직업안정및고용촉진에관한법률」을 「직업안정법」으로 전면 개정하였다. 우리나라 직업안정기관은 노동부에서 '인력은행'과 '고용안정센터' 등을 운영하여 오다가 '고용안정센터'로 일원화하였다. 또한 한국고용정보원(구: 중앙고용정보원)에서는 1998년 12월 고용정보워크넷(www.work.go.kr)을 개통하였다.

1995년 7월 고용보험제도가 처음 시행될 때에는 추가적인 고용안정기관이 확충 없이 기존의 전국 46개 지방노동관서의 직업안정과와 고용보험과에서 취업알선, 고용보험 등의 업무를 담당하였다. 그러나 고용보험의 적용 대상이 점차 확대되고 또한 실업이 급증함에 따라 증가하는 민원 수요를 대처하고자 1998년 8월에 지방노동관서의 직업안정과와 고용보험과를 분리하여 별도의 고용안정센터로 독립하였고, 지속적으로 고용안정센터를 확대 · 설치하였다.

특히, 외환위기의 1998~1999년 고용안정센터는 전국에 설치되었다. 우선 고용관련 민원 행정수요에 적극적으로 대응하고 자활사업의 원활한 추진을 위하여 서울과 6개 광역시에 소재하지 않은 13개소의 인력은행을 2002년에 고용안정센터로 전환하였다. 이후 고용안정센터는 1998년 11개에서, 1999년 122개, 2000년 126개로 증가하였다. 2001년에는 35개 취약지구에 고용안정센터 분소를 설치하여 전국에 모두 168개 고용안정센터가 설치 · 운영되었다. 2003년부터는 고용안정센터를 종합고용안정센터와 일반고용안정센터로 나누어 운영하게 되었으며, 이에 따라 고용안정센터 수는 점차 축소되었다.

(2) 고용정책의 발달

우리나라 직업안정 · 고용정책 역사의 근본적 틀의 새로운 변화는 1993년부터 이루어졌다고 보아야 할 것이다. 고용여건 변화에 효율적으로 대처하고, 근로자의 직업능력을 지속적으로 개발 · 향상시키며, 인력부족에 효율적으로 대응하는 등 보다 적극적인 차원에서의 고용정책을 종합적으로 추진할 필요성을 느낀 정부는 1993년 12월 「고용정책기본법」 및 「고용보험법」을 제정하고, 1995년 1월 「직업안정및고용촉진에관한법률」을 「직업안정법」으로 전면 개정하였다.

「고용보험법」은 제15조 제1항에서 "노동부장관은 국내외 경기의 변동, 산업구조의 변화, 기타 경제상의 이유 등으로 노동력이 부족하게 되거나 고용기회가 감소하여 고용상태가 불안하게 되는 경우에는 피보험자 등의 실업의 예방, 재취직의 촉진, 고용기회의 확대, 기타 고용안정을 위한 고용안정사업을 실시한다."라고 규정하고, 제16조 내지 제20조에서 고용안정사업의 구체적인 수단들을 제시하였다.

고용지원센터가 수행하는 고용보험 업무 가운데 가장 많은 비중을 차지하고 있는 것은 전통적으로 공공직업안정기관에서 수행했던 실업급여 관련 업무이다. 여기에 실업급여 수급 자격 접수와 인정, 그리고 실업급여 신청 접수 및 지급 업무가 포함되는데, 단순히 급여만 지급하지 않고, 실업자에 대한 적극적 취업알선 서비스를 제공하도록 하고 있다.

실업자에 대한 적극적 취업알선 서비스로는 취업담임제가 있는데, 취업담임제란 실업급여 수급자의 재취업 지원을 지원하기 위하여 실업인정 담당자가 실업급여 수급자의 취업담임자가 되어 실업급여에서 취업알선, 직업지도, 직업훈련상담 등 고용안정센터에서 실시하는 여러 관련된 서비스를 책임지고 제공하는 프로그램이다. 취업담임제는 고객 중심의 서비스를 제공하고 실업급여 수급자에 대한 취업지원 서비스를 효과적으로 제공하고자 2001년 5월부터 점진적으로 실시하고 있으며, 현재는 고용지원센터 여건에 따라 실시 여부 및 그 형태를 달리하여 시행하고 있다. 2006년에 '고용안정센터'는 '고용지원센터'로 명칭을 전환하였다.

(3) 직업상담의 전문화

1) 직업상담사 자격제도 도입

외환위기로 인하여 대량실업이 진행되면서 정부에서는 직업안정기관을 확충하기에 이르렀으며, 1996년 인력은행을 설치한 후, 1998년부터 고용안정센터에 직업상담원을 민간인으로 배치하기에 이르렀다. 이때에 직업상담사 자격제도를 신설하고, 2000년에 직업상담사를 국가자격제도로서 시행하였다. 이는 상담분야가 최초로 국가자격제도 내에 도입되었을 뿐만 아니라 국가기술자격제도 내의 사무관리 분야에 최초로 사회조사분석사와 함께 직업상담사가 설치되었다. 1년에 2회 실시하는 직업상담사 자격은 2006년 현재 [표 5-18]에서 같이 직업상담사 2급은 4만 7,745명이 응시하여 2,999명이 합격하여 8.96%의 합격률을 보였다. 2004년도에는 직업상담사 1급을 실시하였으며, 총 474명이 응시하여 20명이 합격하여 4.8%의 합격률을 보였다.

직업상담사 자격의 검정과목은 직업심리학, 직업상담심리학, 직업정보론, 노동시장론,

표 5-17 고용지원센터의 고용보험 관련 주요 업무 현황

업무구분	업무내용
실업급여	수급자격신청 접수, 수급자격 여부 판단, 수급자격 인정, 실업급여 신청, 상담, 신청자 교육, 실업급여 지급
피보험자격 관리	신고/신청서 접수, 서류 검토/사업장, 근로자 확인, 전산 입력, 결재, 자격 확인 통지서 발송
부정수급	부정수급 조사 계획안 작성, 부정수급 의심자 관련 자료 취합, 부정수급 의심자 출석요구 및 조사, 결재, 고용보험 반환 중지, 납부고지서 발부 의뢰 등 조치
모성보호 급여	신청서 접수, 지원요건 해당 여부 확인, 임금 조사 및 전산망 조회, 지원 대상 확인 후 지원금 산출, 지원금 지급, 지급상황 통보
고용안정 사업	접수, 선람, 지원요건 해당 여부 확인, 지원금 산출을 위한 기초 자료 수집, 지원 대상 확인 후 지원금 산출, 결재, 지원금 지급 의뢰, 지원금 지급 결정 통보
직업능력 개발사업	직업훈련계획서 검토 및 복명서 작성, 직업훈련과정 승인, 위탁계약 체결, 훈련생 상담, 확인증 발급, 훈련비, 수당 지급

주 : 직업훈련상담 외 직업능력개발 사업의 행정 절차는 노동부 지방노동사무소의 관리과에서 담당하여 왔으나, 2005년 고용안정센터로 이관하였다.

자료 : 중앙고용정보원(2002). "고용안정센터 평가모델", 노동부(2005). 고용보험 10년사에서 재인용

표 5-18 연도별 직업상담사 자격취득현황(2000~2006)

자격종목별	연도	원서접수인원	최종응시인원	최종합격인원	합격률
1급	계	168	123	20	4.8
	2003	97	70	0	0
	2004	71	53	0	0
	2005	150	103	18	17.5
	2006	156	119	2	1.7
2급	계	47,745	37,471	2,999	8.96
	2000	36,253	29,382		7.6
	2001	4,993	3,541	335	9.5
	2002	2,579	1,882	203	10.8
	2003	2,166	1,495	100	6.7
	2004	1,754	1,171	120	10.2
	2005	2,379	1,681	282	16.8
	2006	5,050	3,595	725	20.2

자료 : Q.net.hrdkorea.or.kr

노동법 등으로 구성되어 있다. 직업상담사들은 공공직업안정기관, 대학 및 전문대학의 취업지원팀, 청소년 · 여성 · 노인단체 및 협회, 직업전문학교, 헤드헌팅사, 인력파견업체 등에서 활동하고 있으며, 2000년 3월 한국직업상담협회(www.kvoca.org)가 설립되었다.

2) 공공직업안정기관의 직업상담원

직업안정기관이 확대 · 설치되는 과정에서 민간 직업상담원의 채용이 이루어졌다. 1996년에 민간 직업상담원이 배치된 3개의 인력은행을 설치하였다. 민간 직업상담원이 배치된 이들 인력은행의 취업알선 실적이 우수하여 1997년 5월에 인력은행의 추가 설치와 민간 직업상담원의 추가 배치가 이루어졌다. 그러므로 고용안정센터의 인력은 대략 공무원 30%, 민간 직업상담원 70%로 구성되게 되었으나, 점점 공무원의 배치가 증가하여 2006년 1월 현재, 공무원 대 직업상담원의 비율은 40 : 60으로 공무원이 증가하였다. 이러한 이유는 2002년부터 현재까지 직업상담원의 채용이 이루어지지 않았기 때문이다.

고용안정 업무를 담당하는 인력은 고용보험 적용사업체의 확대에 따라 그 수요가 증대하여 1999년 8월 현재 총 3,161명(일용직은 제외)의 담당직원이 활동하고 있다. 이는 1997년 2월 대비 3.4배 증가한 수치이지만, 1인 이상 사업장의 근로자와 임시 · 시간제까지 고용보험이 확대되어 노동부의 직업안정 종사자의 예상치인 3,600~4,000명에 부족한 인력이며, 100만 명이 넘는 실업자에게 양질의 정보와 상담을 제공하기에는 역부족이다.

이는 [표 5-19]에서 볼 수 있는데, 공무원과 직업상담원을 나타낸 것이다. 고용보험의 확대적용으로 인하여 1999년보다 2배 이상 신장을 하였음에도 불구하고, 이와 관련 인력은 1999년의 2,661명에서 2005년 12월 현재 2,716명으로 55명 증가하였는데, 직업상담원은 점점 감소하고 있는 반면, 공무원은 836명에서 1,104명으로 증가하였다. 2007년 5월 노동부 내의 직업상담 직렬 공무원제도가 신설되고 2007년 6월 9일 직업상담 직렬 특채 시험을 노동부 직업상담원을 대상으로 실시되고 있어 앞으로 직업상담 인력이 증가할 것으로 예측된다.

표 5-19 고용지원센터 인력현황

구분	1998	1999	2000	2001	2002	2003	2004	2005. 12
인력	2,056명	2,661	2,462	2,492	2,364	2,367	2,347	2,716
	상담원1,296 공무원 760	상담원1,825 공무원 836	상담원1,919 공무원 543	상담원1,949 공무원 543	상담원1,821 공무원 543	상담원1,764 공무원 603	상담원 1,715 공무원 632	상담원 1,612 공무원 1,104

주 : 공무원은 정원기준, 직업상담원은 현원기준이다.

자료 : 노동부 고용정책본부(2006). 고용정책 현황 및 과제, 노동부(2006). 2006 고용보험백서

2. 직업안정기관의 의미

(1) 직업안정기관의 의미와 취업알선

1) 직업안정기관의 의미

「직업안정법」에 의하면, 직업안정기관이란 직업소개, 직업지도 등 직업안정 업무를 수행하는 지방노동행정기관을 의미한다. 여기서 직업소개라 함은 구인 또는 구직의 신청을 받아 구인자와 구직자 간에 고용계약의 성립을 알선하는 것이며, 직업지도라 함은 취직하고자 하는 자의 능력과 소질에 적합한 직업의 선택을 용이하게 하기 위하여 실시하는 직업적성검사, 직업정보의 제공, 직업상담, 실습, 권유 또는 조언, 기타 직업에 관한 지도를 의미한다.

2) 직업안정 수단으로서의 취업알선

① 취업알선의 의미

직업안정 수단의 가장 큰 비중은 취업알선에 있다. 취업알선은 구인 또는 구직의 신청을 받아 구직자와 구인자 간에 고용계약의 성립을 알선하는 것으로, 「직업안정법」에서는 직업소개와 동일어로 사용하고 있다. 여기서 구인이라 함은 대가를 지불하고 노동력의 제공을 요구하는 것이며, 구직이라 함은 자기의 노동력을 제공하여 대가를 얻기 위해 직업을 갖는 것이다.

② 취업알선의 원칙

취업알선은 7가지의 원칙을 가지고 수행한다.

㉠ 채용조건에 적합한 구직자를 알선하는 적격자 알선의 원칙

㉡ 구직자에게는 직업선택의 자유가 있고 구인자에게는 채용의 자유가 있는 자유의 원칙

㉢ 국가가 행하는 취업알선은 공공성을 가져야 하는 공익의 원칙

㉣ 직업소개는 구직자 또는 구인자에 대해 노동능력 이외에 성별, 종교, 사회적 신분, 혼인여부 등을 이유로 취업알선, 직업지도, 고용관계의 결정에 차별대우를 받지 않는 공평의 원칙

㉤ 구인자는 직업안정기관에 구인 신청 시 각종 근로조건을 명시하여야 하고, 직업안정기관에서는 구직자를 취업알선시 종사해야 할 업무의 내용 및 임금, 근로시간, 기타의 근로조건을 명시하여야 하는 근로조건 명시의 원칙

ⓑ 가급적 직업안정기관에서는 구직자에게 통근지역 내에서 취업알선토록 노력해야 하는 통근권 내 거주자 알선의 원칙

ⓢ 취업알선에 관계하였었거나 관계하는 자는 그 업무상 지득한 근로자 또는 사용자에 관한 비밀을 누설하지 않는 비밀보장의 원칙 등

(2) 직업안정기관의 종류

우리나라의 경우 직업안정제도가 제대로 갖추어지지 않은 상황에서 대량실업이 이어지면서 정부에서 급격히 직업안정망을 구축하게 되었다. 우리나라 전통성을 갖고 있는 대표적인 공공직업안정기관인 고용지원센터는 1997년 말 46개 지방노동관서와 7개 인력은행 등 총 53개소였으나, 1998년에 들어서 인력은행이 대도시와 전국의 주요 도시로 확산됨에 따라 1999년 8월 현재 고용안정센터 113개소, 일일취업센터 15개소, 인력은행 20개소, 노동관서 등의 국립직업안정기관에서 공무원 967명, 민간계약직의 직업상담원 2,194명이 활동하기에 이르렀으며, 2005년 12월 현재, 공무원 1,104명, 직업상담원 1,612명이 있다.

또한 우리나라의 공공직업안정기관으로는 시 · 군 · 구 취업정보센터, 여성회관, 부녀복지관, 근로복지관 등 공공직업안내소와 공공기관인 한국산업인력공단, 한국장애인고용촉진공단 등이 있다. 한편 민간직업안정기관에는 비영리법인과 공익단체인 경총, 재향군인회, YWCA, 중소기업협동조합, 대한노인회, 대한상공회의소, 대한주부클럽연합회 등이 있으며, 유료직업소개소에는 헤드헌터, 근로자파견업체, 근로자공급사업체 등이 있다.

외환위기 이후 직업안정기관은 많은 정비를 거치게 되었다. 외환위기의 실업대란에 대처하기 위해 설립된 고용안정센터는 1998년의 99개소에서 2001년에는 168개소까지 증가하였으나 2001년을 정점으로 고용안정센터의 숫자는 감소하여 2004년 11월 현재 130개소(종합센터 35개소)이며, 2006년 7월 현재 고용지원센터는 총 95개로서 종합센터 44개, 일반센터 37개, 출장팀 14개 등으로 구성되었다. 지방자치단체는 16개 광역 및 234개 기초 자치단체가 대부분 취업정보센터이나 명칭은 다양하며, 실질적인 전담조직과 전문인력을 배치한 경우는 극소수이다.

한편 민간부문은 직업소개, 직업정보제공, 근로자파견, 근로자공급 등 민간고용지원서비스업과 대학이 대표적인 기관이며, 민간 고용지원서비스기관은 2004년 현재 직업소개 6,543개소, 직업정보제공 255개소, 근로자파견 1,050개소, 근로자공급 42개소 등 총 7,890개소이며, 일부를 제외하고는 영세한 수준이며 직업소개소가 대부분을 차지하고 있으며, 2007년도 현재는 8,000여 개가 넘는 등 이 분야가 팽창하고 있다. 대학은 주된 신규인력공

급원(2004년 49만 명)으로서 상당수가 취업지원 부서를 운영하고 있으나, 인력 · 조직 · 투자는 취약하다. 2004년 7월 현재, 125개 4년제 대학 조사에 따르면 74%(92개교)가 취업지원 부서를 두고 있다.

3. 공공직업안정기관

(1) 역할과 기능

우리나라 대표적인 공공직업안정기관인 고용지원센터는 「직업안정법」에서 규정하고 있는 역할과 기능은 다음과 같다.

① 직업소개
공공직업안정기관은 구인 · 구직 신청 접수, 구인 · 구직 상담, 직업 또는 구직자의 알선, 취직 또는 채용여부의 확인 등 절차에 따라 직업소개를 하여야 한다.

② 직업지도
직업지도란 취직하고자 하는 자가 자신의 능력과 소질에 적합한 직업을 선택하는 데에 도움을 주기 위하여 실시하는 직업적성검사, 직업정보 제공, 직업상담, 실습, 권유 또는 조언, 기타 직업에 관한 지도를 의미한다. 공공직업안정기관은 새로 취직하려는 자, 신체 또는 정신에 장애가 있는 자, 기타 취직에 관하여 특별한 지도를 필요로 하는 자 등에 대하여 직업지도를 하여야 한다. 필요한 경우 공공직업안정기관은 각급 학교나 「근로자직업훈련촉진법」에 의한 공공직업능력개발훈련시설에서 행하는 무료직업소개사업에 협력하여야 하고, 이들의 요청이 있으면 학생 또는 직업훈련생에게 직업적성검사나 집단상담 등의 직업지도를 실시해야 한다.

③ 고용정보 수집 · 정리 · 제공
고용정보는 채용 및 취업 관련 정보뿐만 아니라 교육, 훈련, 실업, 경제활동, 노동이동 등 노동시장과 관련된 정보까지 포괄하는 것이다. 공공직업안정기관은 지역 안의 각종 고용정보를 수시 또는 정기적으로 수집하고, 그 수집된 정보를 정리하여 구인자 및 구직자 등 고용정보를 필요로 하는 자에게 적극적으로 제공하여야 한다.

④ 민간부문에 대한 지도 · 감독
공공직업안정기관은 국외 무료직업소개사업, 국외 유료직업소개사업, 직업정보제공사업, 국외 취업자모집사업, 국내 · 외 근로자공급사업의 신청, 변경, 폐지 등의 신고나 등록, 허

가 업무 등을 수행해야 한다. 민간 직업소개 및 인력서비스 기관의 실적 보고와 현장지도 점검, 허위구인광고 단속, 유해업소 관련 미성년자 보호대책 업무 등도 수행[2)]한다.

⑤ 고용보험 적용 및 사업 집행

사업장의 고용보험 가입/탈퇴 및 보험료 납부는 근로복지공단에 담당하고, 고용지원센터에서는 고용보험 피보험자격 취득 및 상실에 대한 관리를 담당한다. 고용보험 4개 사업을 통하여 사업주 및 근로자에게 지급하는 여러 가지 수당, 장려금, 지원금 등의 신청 접수, 인정, 지급뿐만 아니라 부정수급 적발 등을 담당한다.

(2) 고용지원센터의 업무

21세기로 접어들면서 여러 선진국에서 공공고용안정기관이 전통적인 역할인 직업중개 및 실업보험 관리의 기능을 넘어서서, 광범위한 노동시장 정보의 수집 및 해석과 제공, 노동시장 조정 프로그램 관리, 특정 목표 집단(target group)을 위한 전문서비스 제공 등의 기능까지도 수행하게 되는 노동시장정책의 핵심적 역할을 담당하게 되었다. 공공고용안정기관은 노동시장 조정 프로그램에 있어서 서비스 제공자, 노동시장 정보 제공자, 직업중개자, 코디네이터, 총괄자, 협력자, 촉진제, 활력소의 역할을 모두 맡게 된 것이다(ILO, 2001).

우리나라도 그동안 직업안정기관이 직업소개 · 직업지도 등 직업안정업무를 수행하는 지방노동행정기관으로 보았다. 그러나 외환위기 이후 직업안정기관의 성격이 고용보험 사업을 수행하는 기관으로 전환하면서 고용안정 업무에는 취업알선 서비스, 고용보험 서비스, 고용정보제공 서비스, 직업훈련 서비스 등을 수행하게 되었다([표 5-20] 참조).

① 취업지원 업무

취업지원 업무는 구직자 취업알선에서부터 직업지도, 외국인 산업연수생, 탈북자, 자활 대상자 등 특수 계층 지원, 직업훈련 상담, 그 외 「직업안정법」에서 규정하는 민간직업안정기관 관리 · 감독 등 그 범위가 매우 넓다.

구직자 취업알선 서비스란 취업을 원하는 구직자에게 취업알선을 제공하는 것으로, 여기에는 일자리에 대한 정보 제공에 그치는 것이 아니라 심층상담 실시, 구직기술 향상, 직업지도, 직업훈련 안내 등 취업 가능성을 높일 수 있는 보다 다양한 서비스를 제공한다. 고용

---

2) 국내 무료직업소개사업의 신고나 국내 유료직업소개사업의 등록 등은 시 · 군 · 구에서 담당한다. 또한 시 · 군 · 구 지방자치단체는 공공직업안정기관과 함께 민간 직업소개 및 인력서비스 기관의 실적 보고와 현장지도 점검, 허위구인광고 단속, 유해업소 관련 미성년자 보호대책 등도 수행하고 있다.

표 5-20 고용안정센터의 취업지원 관련 주요 업무

업무구분		업무내용
취업알선	구인구직취업알선	구인구직 접수, 상담, 구인구직 등록, 구인업체 및 구직자료 제공, 알선(필요시 동행면접), 결과 통보, 채용
	동행면접	구인/구직 접수, 상담, 동행면접업체 및 희망구직자 접수, 알선, 업체 면접일시 지정/확인, 구직자 통보, 구인업체 방문 및 면접, 채용여부 통보
	고용정보모니터링	일정기간 모니터링 접수건 확인, 확인된 사항 수정, 분기별 실적 취합, 보고
	만남의 날	행사계획안 작성, 상담, 만남의 날 행사 안내, 업체 신청서 접수 및 선정, 등록구직자 안내, 행사 준비, 행사 시행, 결과 처리/보고
직업지도	청소년 직업지도	학교 홍보, 신청접수, 출장방문/검사실시, 검사결과 처리, 결과발송 및 해석담당
	성인 직업지도	내방자 사전상담, 적합 직업심리검사 실시, 검사결과 처리, 해석상담, 훈련 및 취업상담
	성취프로그램	참가자 모집, 진행준비, 성취프로그램 진행, 프로그램진행 결과 정리, 보고서 작성/보고
	직장체험프로그램	사업장/학교방문 및 홍보, 구인신청서 접수, 직장체험 프로그램 신청자 접수, 직장체험 프로그램 참여자 결정, 통보 및 연수약정서 체결, 직장체험프로그램 실시, 지원금 지급의뢰 및 사후관리
특수계층 취업지원	공공근로대상자 상담업무	분기별 공공근로 상담요청 접수, 일별 공공근로 상담자 지정 및 통보, 대상자 상담 및 상담일지 작성, 상담내역 등록, 상담자 리스트/결과 통보, 결과 조치 및 보고
	구인업체개척사업	신청서 접수, 요원적격자 선정, 참여자 교육, 구직세일즈 투입, 요원 일일 관리, 구직 세일즈 결과 보고
	자활지원업무	자활대상자 명단 통보, 면담요구서 발송, 상담 후 진로지정, 3단계 자활지원과정 실시 의뢰, 취업알선 및 지원, 결과 통계 처리 및 보고
	외국인 산업연수생 지원	외국인 상담 접수, 구인업체 확인, 취업알선, 사후관리
	탈북자 지원 업무	탈북자 명단 통보, 심층상담, 구인업체 확인, 직업훈련실시 의뢰, 취업알선 서비스 제공, 사후관리
직업훈련	직업훈련 상담	직업훈련상담 신청서 접수, 직업훈련상담(직업심리검사 결과 해석), HRD-Net 입력, 직업상담 확인증 발급, 직업상담 대장 작성
민간기관 감독	직업안정법 업무	직업소개사업 및 구인업체 허가/변경신고서 접수, 모니터링 및 피해사례 접수, 요건확인/현장점검/상황확인, 검토보고서 작성, 허가통보/시정명령/고발 등

자료 : 중앙고용정보원(2002). 고용안정센터 평가모델

지원센터에서 이루어지는 구직자 취업알선 서비스 절차는 다음과 같다(〈그림 5-3〉 참조). ① 구직표 작성 ⇨ ② 구직 직종이나 구직 유형 또는 구직자 거주지에 따른 담당자 배정 ⇨

③ 취업상담 ⇨ ④ 이후 상담 결과에 따라 취업알선, 동행면접, 직업훈련, 성취 프로그램 등에 대한 안내 및 지원 등을 한다.

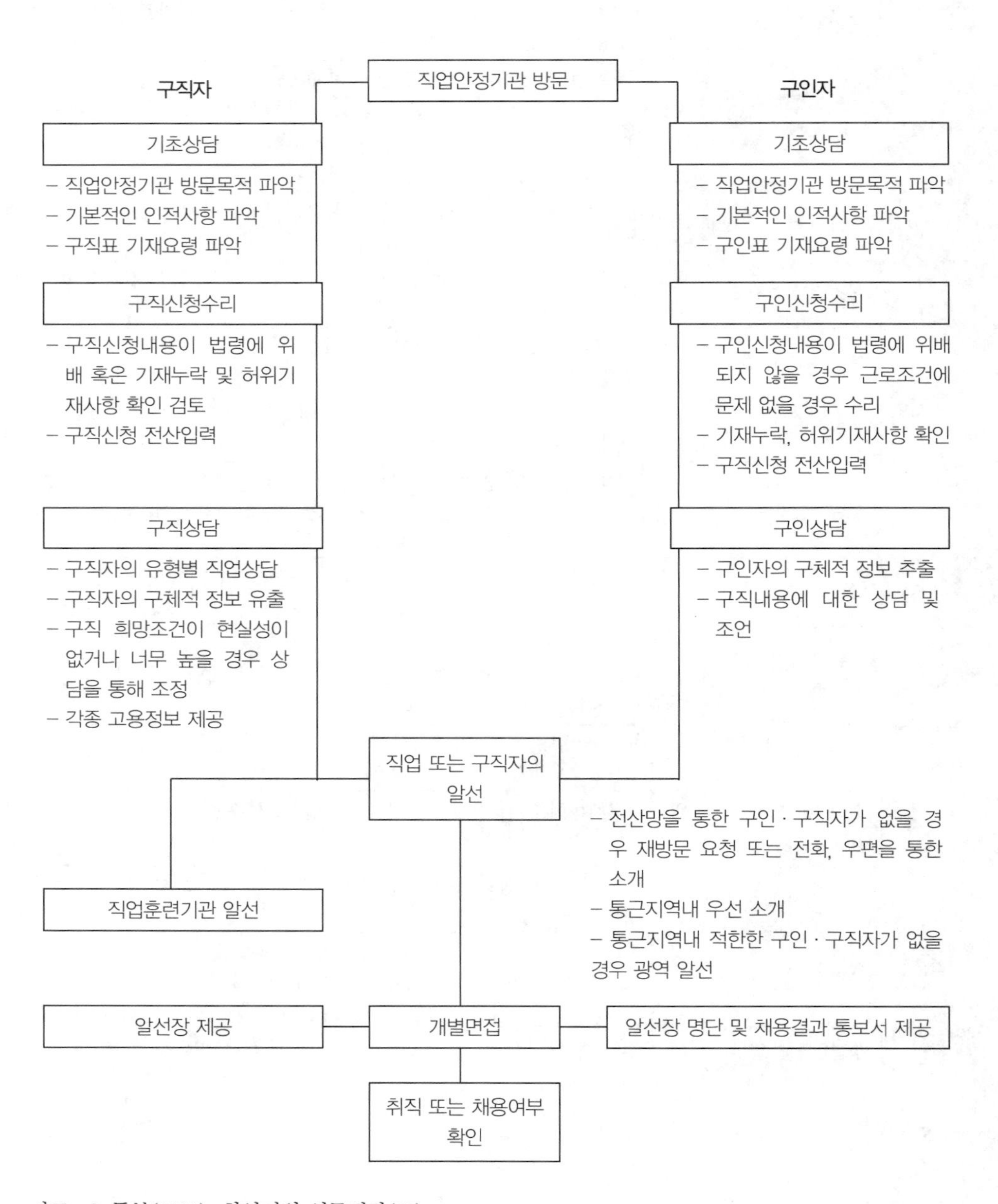

자료 : 노동부(2001). 취업지원 업무편람(II)

그림 5-3 고용지원센터 취업알선 절차 흐름도

표 5-21 구직자 유형별 분류 및 서비스

구직자 유형		취업지원서비스
A등급	취업의사는 있으나 능력 및 구직기술이 부족한 구직자	개별 심층상담에 의해 구직기술 습득, 각종 취업지원 제도와의 연계 등을 통해 취업을 지원
B등급	취업의사와 취업능력은 있으나 취업기술이 부족한 구직자	집단적 심층상담 프로그램에 의한 구직기술 습득 지원
C등급	취업의사, 취업능력, 취업기술을 모두 갖춘 구직자	취업알선 담당자가 구인정보를 제공하여 취업을 지원

또한, 취업취약계층의 경우 중점적으로 관리하면서 차별화된 서비스 제공한다. 장기실업자, 고령자, 여성, 장애인, 청소년 등 취업취약계층의 경우, 별도로 관리하면서 보다 많은 취업지원 서비스를 제공한다. 또한 구직자의 상황을 파악하고 적성 및 능력에 맞는 직업을 알선하기 위하여 구직자를 대상으로 심층상담을 지속적으로 실시한다. 자기소개서 작성, 면접기술 등을 교육하고, 적합한 일자리를 소개하거나 직업훈련 또는 공공근로 등을 안내하며, 때로는 사회복지기관, 시 · 군 · 구청, 고령자인재은행 등의 유관 기관과 연계하여 취업지원 서비스를 제공한다.

한편, 구직자 특성에 따른 유형 분류 및 취업지원 서비스 차별화를 실시한다. [표 5-21]에서와 같이, 구직자의 취업의사, 취업능력 및 취업기술 등을 기준으로 A, B, C등급으로 구분하고 취업자 등급에 따라 서비스를 차별화한다. 즉, A등급 구직자는 취업능력 및 취업기술이 부족한 구직자로서, 개별 심층상담을 비롯한 집중적인 취업지원 서비스 제공한다. B등급 구직자는 취업능력은 있으나 취업기술이 부족한 구직자로서, 취업기술을 향상시키기 위한 성취 프로그램 등 집단상담 프로그램 등으로 지원한다. C등급 구직자는 취업능력과 취업기술을 모두 갖추어 셀프 서비스가 가능한 구직자로서, 구인정보를 주로 제공한다.

고용지원센터에서는 필요한 경우 구직자의 구인업체 면접 시 직업상담원이 동행하여 구인업체를 같이 방문하는 동행면접을 실시하기도 한다. 동행면접이란 직업상담원이 직접 구직자와 함께 구인업체를 방문하여 현장면접을 통해 취업을 지원하는 제도이다. 동행면접은 구직자의 심리적 안정과 자신감을 제고시키며 구인업체의 근로조건을 확인하고 조정할 수 있어 구직자에게 도움을 주어 취업률을 높이는 데 기여한다.

② 직업지도

고용안정센터에서는 청소년과 구직자의 직업선택을 지원하기 위하여 다양한 직업지도 서비스 제공을 추진한다. 현재 고용안정센터에서 실시하는 직업지도로는 크게 직업심리검사,

표 5-22 고용안정센터에서 실시하는 집단상담 프로그램

구분	청년층직업지도 프로그램	취업희망 프로그램	성취 프로그램
대상	• 청소년 및 청년층(15~29세) • 개인뿐만 아니라 고등학교, 대학교, 직업훈련기관 등에서 단체 실시 가능	• 학력과 나이 무관	• 고졸 이상 • 나이 무관
인원	• 1회 5~15명	• 1회 5~8명	• 1회 10~15명
운영	• 4.5일 27시간 • 2003년, 8개 고용안정센터	• 3일 18시간 또는 5일 30시간 • 2003년, 10개 고용안정센터	• 5일 30시간 • 2003년 26개 고용안정센터

집단상담 프로그램, 청소년 직장체험 프로그램 등이 있다.

㉠ 직업심리검사

직업심리검사는 고용안정센터를 방문하는 청소년이나 성인을 대상으로 실시하거나, 학교장의 협조를 받아 관할 구역의 대학교나 중 · 고교를 직접 방문하여 집단적으로 실시한다. 현재 고용안정센터에서 실시하는 직업심리검사 종류로는 직업선호도검사, 청소년용 적성검사, 성인 직업적성검사, 성인 구직욕구진단검사, 구직효율성검사, 직업전환검사, 창업전환검사, 청소년 직업흥미검사 등이 있다.

㉡ 집단상담 프로그램

집단상담 프로그램은 구직자들의 구직의욕과 자신감을 고취하고, 이력서작성, 면접요령 등 구직기술 습득을 통해 취업을 적극적으로 지원하는 프로그램이다. 현재 고용안정센터에서 실시하는 프로그램으로는 실직기간 중에 경험하는 정신적 · 신체적 부담을 덜어주고, 강한 재취업 의욕을 부여하여 취업가능성을 높여 주는 성취 프로그램, 취업희망 프로그램, 청년층을 대상으로 하는 청년층 직업지도 프로그램 등의 직업지도 프로그램, 고졸 이상이면 나이와 무관하게 참여할 수 있는 성취 프로그램이 있다([표 5-22] 참조). 모든 고용안정센터에서 집단상담 프로그램을 실시하는 것은 아니지만, 점차 실시 센터를 확대할 계획이다.

㉢ 청소년 직장체험 프로그램

청소년 직장체험 프로그램은 청소년층에게 현장 경험을 쌓게 하여 직업선택 및 진로 결정에 도움을 주고, 다양한 경력형성 기회를 부여하기 위하여 실시하는 것으로 연수지원제와 인턴취업지원제가 있다.

- 연수지원제 : 고교 · 대학 재학생 및 졸업자를 대상으로 2~6개월의 연수기간까지 대기업 · 공공기관 · 사회단체 등에서 다양한 현장경력을 쌓을 수 있도록 월 30만 원의 수당을 지급하는 제도
- 인턴취업지원제 : 미취업 청소년층을 인턴사원으로 채용하는 중소기업 사업주에게 인턴기간(3개월) 동안 매월 60만 원씩 수당을 지원하고 인턴기간 종료 이후에 정규직원으로 채용할 경우에는 추가로 3개월분(180만 원)을 지원해주는 제도

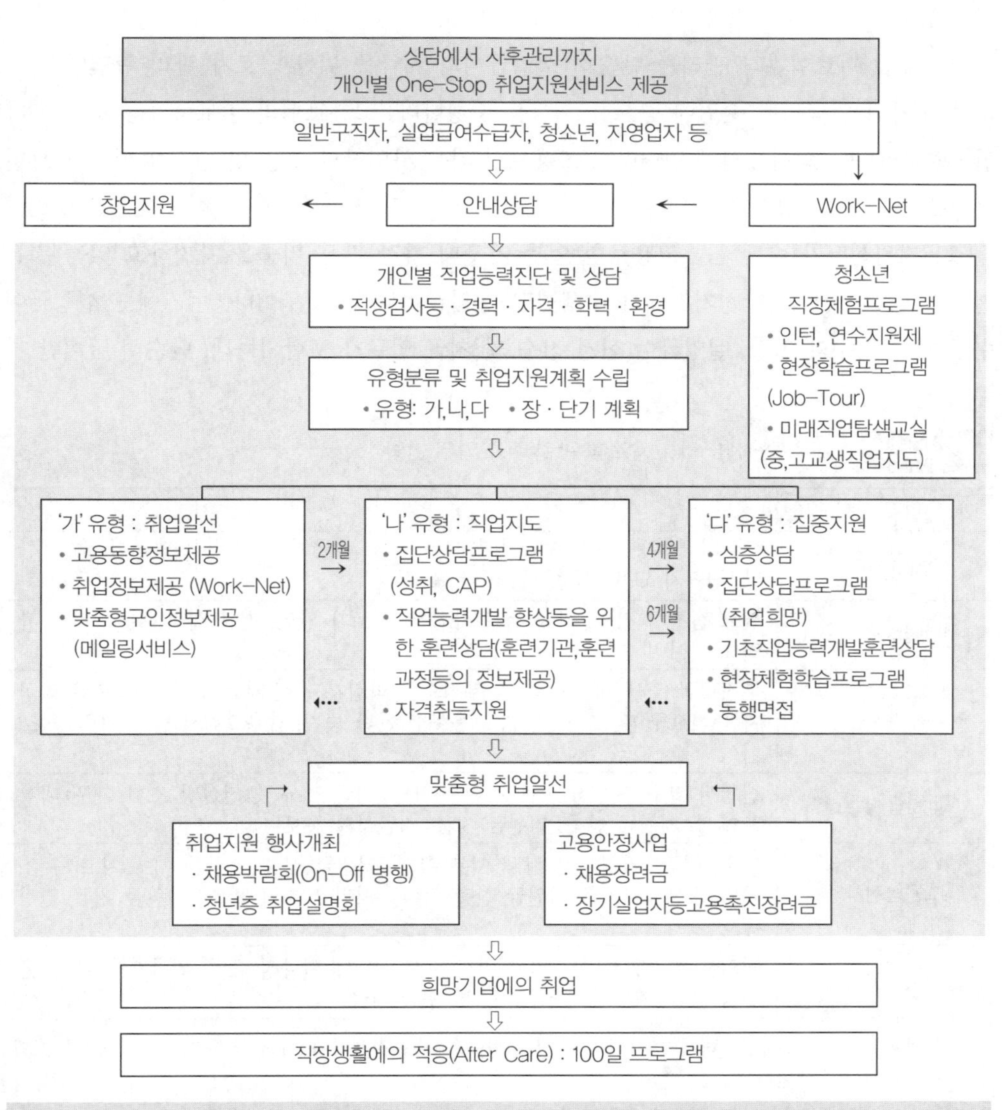

그림 5-4 개인별 원스톱 취업지원서비스

노동부 고용정책본부(2006)의 고용정책현황 및 과제에 의하면, 〈그림 5-4〉 개인별 원스톱 취업지원서비스를 추진할 계획을 제시한 것이다.

③ 고용보험 업무

고용지원센터에서 수행하는 고용보험 업무는 고용보험 피보험자격 취득 및 상실 관리, 실업급여 수급자격 인정 및 급여 지급, 사업주를 대상으로 고용 관련 보조금을 지급하는 고용안정사업, 모성보호사업(산전후휴가급여 및 육아휴직급여 지급), 그리고 각종 수당 및 보조금 등의 부정수급 적발 등이 있다([표 5-23] 참조).

고용보험 피보험자격 관리는 단순히 실업급여의 지급을 위한 근로자 관리 측면뿐만 아니라 국가의 인력정책 수립에 중요한 역할을 수행한다. 고용보험의 피보험자는 보험에 가입·탈퇴한다는 의사표시가 없더라도 고용보험 적용 사업장의 고용 및 이직에 따라 피보험자격을 취득 또는 상실하게 된다.

고용지원센터가 수행하는 고용보험 업무 가운데 가장 많은 비중을 차지하고 있는 것은 전통적으로 공공직업안정기관에서 수행했던 실업급여 관련 업무이다. 여기에는 실업급여 수급 자격 접수와 인정, 실업급여 신청 접수 및 지급 업무가 포함되는데, 단순히 급여만 지

표 5-23 고용지원센터의 고용보험 관련 주요 업무 현황

업무구분	업무내용
실업급여	수급자격신청 접수, 수급자격 여부 판단, 수급자격 인정, 실업급여 신청, 상담, 신청자 교육, 실업급여 지급
피보험자격 관리	신고/신청서 접수, 서류 검토/사업장, 근로자 확인, 전산 입력, 결재, 자격 확인 통지서 발송
부정수급	부정수급 조사 계획안 작성, 부정수급 의심자 관련 자료 취합, 부정수급 의심자 출석요구 및 조사, 결재, 고용보험 반환 중지, 납부고지서 발부 의뢰 등 조치
모성보호 급여	신청서 접수, 지원요건 해당 여부 확인, 임금 조사 및 전산망 조회, 지원 대상 확인 후 지원금 산출, 지원금 지급, 지급상황 통보
고용안정사업	접수, 선람, 지원요건 해당 여부 확인, 지원금 산출을 위한 기초 자료 수집, 지원 대상 확인 후 지원금 산출, 결재, 지원금 지급 의뢰, 지원금 지급 결정 통보
직업능력개발	직업훈련계획서 검토 및 복명서 작성, 직업훈련과정 승인, 위탁계약 체결, 훈련생 상담, 확인증 발급, 훈련비, 수당 지급

주 : 직업훈련상담 외 직업능력개발 사업의 행정 절차는 고용안정센터가 아닌 노동부 지방노동사무소의 관리과에서 수행한다.

자료 : 중앙고용정보원(2002). 고용안정센터 평가모델

급하지 않고, 실업자에 대한 적극적 취업알선 서비스를 제공하도록 하고 있다. 실업급여 지급과 취업알선을 같이 제공하는 취업담임제가 실시되고 있다. 취업담임제란 실업급여 수급자의 재취업을 지원하기 위하여 실업인정 담당자가 실업급여 수급자의 취업담임자가 되어 실업급여에서부터 취업알선, 직업지도, 직업훈련상담 등 고용지원센터에서 실시하는 여러 관련된 서비스를 책임지고 제공하는 시스템이다. 고객 중심의 서비스를 제공하고 실업급여 수급자에 대한 취업지원 서비스를 효과적으로 제공하고자 2001년 5월부터 점진적으로 실시하고 있으며, 현재는 센터 여건에 따라 실시 여부 및 그 형태를 달리하여 시행한다.

고용안정사업에는 고용조정이나 고용촉진과 관련하여 사업주를 지원하는 다양한 프로그램들이 있다. 고용안정사업 업무로는 각종 사업 신고서와 각 지원금 및 장려금 신청서 수리, 실제로 사업을 실시하는지 확인 · 감독, 부정행위 감독 및 행정처리 등이 있다. 이전에는 모든 고용지원센터에서 고용안정사업 업무를 수행하였으나, 업무의 효율성을 꾀하기 위하여 2003년부터 이루어진 고용지원센터 개편과 함께 인력 규모가 큰 종합고용지원센터에서만 담당하고 있다.

(3) 현 황

1) 고용보험 적용 대상의 확대

고용보험은 1995년 7월부터 실시되었는데, 실업급여는 30인 이상, 고용안정 및 직업능력개발사업은 70인 이상 사업장에 적용되었다가 1997년 12월에 대량실업이 발생하면서부터 그 적용범위가 확대되어 1998년 10월부터는 1인 이상 사업장에까지 적용되기에 이르러 오늘에 이른다. 건설업의 총 공사금액도 그후 3차례 조정되어 지금은 2,000만 원이다.

2006년 1월 1일부터는 65세 이상인 자의 경우에는 실업급여를 제외하고 고용안정 · 직업능력개발 사업을 적용하고, 2003년 1월 1일부터는 5인 미만 농 · 림 · 어업 및 수렵업 중 법인에 대하여 고용보험을 확대하였다. 2004년 1월 1일부터는 총공사 금액 2,000만 원 등 고용보험 적용대상이 확대되어 직업안정기관의 업무가 대폭적으로 확대되었다. 고용보험 적용 대상에 대하여는 [표 5-1]을 참조하기 바란다.

[표 5-24]는 2006년 1월 현재 고용안정센터의 공무원과 직업상담원과의 업무내용을 나타낸 것으로 고용보험 업무가 40.4%를 차지하여 가장 많이 종사하는 것으로 나타났다.

1999년도 현재 1인 이상 사업장의 고용보험 적용으로 인하여 총 40만 개 사업장에 526만 7,000명의 피보험자가 있으며, 사업장수가 가장 많은 비율을 차지하는 규모는 5인 미만이나 피보험자수의 비율은 7.6%를 나타냈다. 2000년 69만 3,414개소의 674만 7,263명, 2005

년 114만 8,474개소의 866만 2,510명이 되어 사업장은 2.8배, 피보험자는 2.1배 등의 신장율을 나타냈다. 구체적인 사업장 및 피보험자 수는 [표 5-3]을 참조하기 바란다.

고용지원센터에서 수행되는 업무들의 비중을 분석하면 고용보험 업무(실업급여 및 적용) 45%, 고용안정사업 업무 6%, 외국인고용허가제 업무 4%, 기타 행정업무 7%이며, 취업지원 업무는 38%에 그치고 있다.

그간 구직자나 직업상담원을 대상으로 실시한 실태조사들에 따르면 구직자 1인당 평균 상담시간은 약 10~20분 정도로 나타났다. 상담 내용도 실업으로 인한 구직자의 심리적 어려움 또는 경제적 고충을 들어주는 수준인 것으로 나타나서 고용지원센터에서 실시하고 있는 각종 프로그램에 대한 안내를 비롯한 내실 있는 취업지원 및 알선서비스를 제공하는 데에는 한계가 있는 것으로 보여진다.

2) 공공직업안정기관 수

우리나라의 공공직업안정기관은 [표 5-25]에서와 같이 494개소(2004년 11월)로 노동부 고용지원센터 130개소와 지방자치단체의 취업정보센터 253개소이다.

외환위기의 실업대란에 대처하기 위해 설립된 고용안정센터는 1998년의 99개소에서 2001년에는 168개소까지 증가하였으나, 2001년을 정점으로 고용안정센터의 숫자는 감소하여 2004년 11월 현재 130개소(종합센터 35개소)였으나 2006년 7월 현재 고용지원센터는 총 95개로서 종합센터 44개, 일반센터 37개, 출장팀 14개 등으로 구성되었다.

3) 인 력

노동부의 고용지원센터에 근무하는 인력은 2006년 6월 현재 2,383명으로 1999년에 비해 10.4%가 감소하였다. 공무원은 2000년 이후 517~642명의 범위에서 다소 증가하는 추세를 보이고 있으나 민간인 직업상담원은 2001년의 1,949명을 정점으로 줄어들고 있다. 이는 그

표 5-24 고용안정센터 업무 분야별 근무 현황

구분	계	고용안정센터						관리과 능력개발
		소계	취업지원	고용안정	고용보험	고용허가제	기타	
총 계	2,352	2,067	543(26.3%)	233(11.3%)	836(40.4%)	108(5.2%)	347(16.8%)	285
공무원	689	577	28(4.9%)	141(24.4%)	164(28.4%)	53(9.2%)	191(33.1%)	112
상담원	1,663	1,490	515(34.6%)	92(6.2%)	672(45.1%)	55(3.7%)	156(10.4%)	173

자료 : 노동부고용정책본부(2006). 고용정책현황 및 과제

이후부터 직업상담원의 충원이 이루어지 않았기 때문이다. 이에 따라 전체 인력 중 민간인 직업상담원의 비중도 2000년의 78.8%에서 2004년 6월에는 73.1%로 하락하였으며, 2005년 12월 현재 59.4%로 낮아졌다.

2000년 이후 고용지원센터에서 시작된 업무들은 다음과 같으며, 센터별로 각 업무당 1명 이상의 담당자가 필요하나 직업상담원 충원이 이루어지지 않아 업무량이 폭주하였다.

표 5-25 공공직업안정기관의 현황(2004. 11)

구분	기관명	취업알선 대상	기관 수	상담실시 여부[1]
중앙정부	고용안정센터	국민 전체	130	◎
	일일취업센터	일용직	3	◎
	해양수산부	선원	1	○
	국가보훈처 취업지원시스템	국가유공자	25	○
	국방취업지원센터	군전역 인력	1	◎
	중소기업청	중소기업 취업희망자	13	○
공공기관	장애인고용촉진공단	장애인	13	◎
	한국산업단지공단 취업알선센터	공단입주업체 취업희망자	21	○
지방자치단체	시 · 군 · 구 취업정보센터	지역주민	253	○
	일일취업안내소	지역주민	34	○

주 : 1) ◎ 적극 수행, ○ 필요 시 수행, × 취업상담 하지 않음.
자료 : 노동부 노동시장기구과 내부자료

표 5-26 고용안정센터와 인력은행[1]의 인력 추이 (단위 : 명, %)

구분		1998	1999	2000	2001	2002	2003	2004. 6
인원[2]	전체	2,050 (100.0)	2,661 (100.0)	2,436 (100.0)	2,497 (100.0)	2,364 (100.0)	2,367 (100.0)	2,383 (100.0)
	공무원	754 (36.8)	786 (29.5)	517 (21.2)	548 (21.9)	543 (23.0)	603 (25.5)	642 (26.9)
	직업상담원	1,296 (63.2)	1,875 (70.5)	1,919 (78.8)	1,949 (78.1)	1,821 (77.0)	1,764 (74.5)	1,741 (73.1)
기관당 평균인원		17.2	18.7	18.3	14.1	14.2	15.3	18.3

주 : 1) 인력은행은 2002년 고용안정센터로 통합되었다.
자료 : 노동부 노동시장기구과 내부자료

- 2000년부터 지방노동관서 제1센터(전국 46개 센터)에서 청소년 직장체험 프로그램(인턴취업지원제, 연수제) 실시
- 2000년 10월부터 모든 센터에서 국민기초생활보장법 시행에 따른 자활 업무 시작
- 2003년 7월부터 지방노동관서 제1센터(전국 46개 센터)에서 사회적 일자리 창출 사업 실시
- 2003년 9월부터 69개 센터에서 고용허가제 관련 외국인근로자 업무 시작
- 2004년 1월부터 일용직근로자의 고용보험 적용으로 인하여 모든 센터에서 취득 및 상실 업무 시작
- 2006년 1월부터 65세 이상자의 계속 취업지원을 위하여 고용안정 · 직업능력개발사업에 적용 시작

이는 주요 선진국에 비해 공공고용서비스에 종사하는 직원 수가 적을 뿐만이 아니라 직원 1명이 담당하는 경제활동인구 수도 우리나라는 2004년 6월 9,897명으로 외국에 비해 많다. [표 5-27]은 주요국의 공공고용서비스 직원 1인당 인구, 임금근로자, 구직자, 실업자 및 실업급여수급자를 나타내고 있다.

우리나라는 직원 1인이 담당하는 인구, 임금근로자, 실업자가 외국에 비해 많은 반면, 공공고용서비스의 등록 구직자와 실업급여 수급자는 상대적으로 적어 공공고용서비스의 역할이 미흡하다. 고용지원센터 직원의 업무내용을 분석하면 고용보험업무가 45%, 고용안정업무 6%, 외국인고용허가제 업무 4%, 기타 행정업무 7%, 그리고 취업지원 38%로 취업지원 업무의 비중이 절반에 미달하였다(노동부, 2007).

취업지원업무를 전담하는 인력은 683명으로 전체 인력의 32%에 불과하다. 이는 고용지원센터당 3~5명의 인력만이 취업알선에 전념하고 있음을 의미한다. 일본의 경우 헬로우 위

표 5-27 고용안정센터 직원수와 직원 1인당 경제활동인구

구분	일본 (2003.6)	독일 (2004.6)	영국 (1999)	미국 (1997)	한국[1] (2004.6)
직원 수(명)	13,000	93,274	35,992	70,682	2,383
경제활동인구(천명)	66,780	39,474	29,470	143,006	23,585
직원 1인당 경제활동인구(명)	5,137	423	819	2,023	9,897

자료 : ILO, The Public Employment Service in A Changing Labour Market, 2001 등

표 5-28 주요국의 공공고용서비스 직원 1인당 지표

구분	일본 (1995)	독일 (1996)	벨기에 (1996)	오스트리아 (1995)	스웨덴 (1995)	미국 (1995)	한국 (2004. 6)
인구	8,173	911	830	1,899	1,009	3,821	15,468
임금근로자	3,401	364	245	763	399	1,697	4,834
등록 구직자	121	56	59	55	52	–	88
등록 실업자[1]	–	41	49	51	42	–	261
실업급여 수급자	51	32	48	46	38	33	61

주 : 1) 한국은 경제활동인구조사의 실업자 수

크(Hellow Work) 인력의 절반 정도가 고용보험이나 행정업무가 아닌 취업알선, 진로지도, 구인처 개척 등의 업무에 투입되어 직업상담원은 본연의 업무인 취업지원보다 실업급여와 같은 고용보험업무에 더 많이 투입되고 있는 실정이다. 그 결과 고용안정센터는 지역의 종합적 취업센터라기보다 노동행정기구화 되어가고 있다.

4) 취업률[3)]

2002년 고용안정센터에 구직 등록한 구직자는 87만 1,895명이고 이 가운데 취업한 사람은 18만 450명으로 취업률은 20.7%였다. 그러나 취업자 18만 450명의 취업경로를 살펴보면, 고용안정센터의 취업알선에 의한 취업은 5만 3,012명, 전체 취업자의 27.7%인 것으로 나타났다([표 5-29] 참조). 이는 구직등록자 136만 4,267명 가운데 1.4%만이 고용안정센터의 취업알선으로 취업한 것이다. 다만 고용안정센터에 등록하는 모든 구직자가 취업알선을 받고

표 5-29 고용안정센터에 등록한 구직자 중 취업자의 취업경로(2002) (단위 : 명, %)

취업자 수	고용안정센터의 취업알선에 의한 취업				공공근로	본인취업	외부 구인정보
	상담알선	행사참여	정보제공	소계			
191,685 (100.0)	53,012 (27.7)	3,327 (1.7)	16,767 (8.7)	73,106 (38.1)	5,056 (2.6)	109,816 (57.2)	3,707 (1.9)

자료 : 중앙고용정보원, 워크넷 구인 · 구직 및 취업알선 원자료

3) 고용안정센터에 등록하는 구직자의 경우 시장에서 취업이 어려운 취업취약계층이 많고, 취업이 아닌 다른 이유로 인하여 방문하는 민원인이 많기 때문에 취업률만을 가지고 성과를 측정하는 것은 한계가 있다. 예를 들면 2002년의 경우 고용안정센터에 등록한 구직자의 경우 51%만이 취업알선을 받기 위하여 등록한 경우이고, 나머지는 실업급여 수급(26.3%), 직업훈련 상담(16.9%) 등으로 나타났다.

표 5-30 구인 · 구직 및 취업건수의 변화 (단위 : 명, 건)

구분		노동부 소속기관			시 · 군 · 구 취업정보센터	기타
		고용안정센터	인력은행	소계		
구인	2000	560,752	119,175	679,927	369,388	75,231
	2001	615,273	49,170	664,443	331,185	75,759
	2002	641,561	9,385	650,946	281,451	55,934
	2003	489,168	–	489,168	181,525	53,808
구직	2000	970,425	157,705	1,128,130	1,196,109	113,132
	2001	1,025,368	69,880	1,095,248	763,377	100,156
	2002	871,895	12,946	884,841	472,949	64,774
	2003	932,826	–	932,826	323,912	63,330
취업	2000	240,795	64,126	304,921	133,983	24,767
	2001	237,350	22,305	259,655	125,439	20,719
	2002	191,685	2,112	193,797	136,048	14,526
	2003	180,450	–	180,450	102,839	13,961

주 : 기타에는 한국산업인력공단에서 운영하는 취업정보센터, 기타 공공직업안내소 등이 포함되며, 일일 취업센터는 제외한다.

자료 : 중앙고용정보원. 워크넷 구인 · 구직 및 취업알선 원자료

자 하는 것이 아니기 때문에 구직자의 등록 의사를 감안하면, 2002년 고용안정센터에 구직 등록을 하는 구직자(87만 1,895명) 가운데 순수 취업을 목적으로 하는 사람은 44만 4,562명(51.0%)이므로, 이들을 기준으로 취업률을 계산하면 16.4%이다.

고용안정센터를 이용하는 구직자의 수는 2002년 87만 1,895명을 기록하였으나 2001년에 비해서는 15만 3,473명이 감소하였으며, 취업자 수도 2001년의 23만 7,350명에서 2002년 19만 1,685명으로 19.2%가 하락하였다. 그러나 구인업체의 구인 수는 2000~2002년의 기간 동안 지속적으로 증가하였다.

2000~2002년 고용안정센터 구인 · 구직 및 취업 실적을 보면, 구직자 1인당 고용안정센터에 등록된 일자리 수(구인배율)는 증가하였지만, 취업률과 충족률은 하락한 것으로 나타났다(김승택 · 신현구, 2004). 즉 구직자 1인당 고용안정센터에 등록된 일자리는 늘어났음에도 불구하고 취업자 수는 감소하였다. 2001년에 실시한 실태조사에 따르면, 공공직업안정기관에서 알선을 받은 일자리에 대한 구직자들의 만족도는 평균 2.7점(1~5점 척도)으로 나타나 다소 불만족하는 것으로 나타났다(유길상 · 임동진, 2002). 불만족하는 이유로는 경력과 기능의 불일치, 낮은 임금, 열악한 근무환경 등이 많은 것으로 나타나 고용안정센터에

구직자들이 원하는 일자리가 부족하다는 측면을 간접적으로나마 보여준다고 할 수 있다. 현재 고용안정센터에서는 1명 정도의 전담자 또는 다른 업무를 겸임하면서 구인개척 업무를 담당하는 담당자와 구직세일즈를 통한 구인업체 개척사업을 통하여 구인정보를 수집하고 있으나 역부족인 상태이다.

5) 직업상담원 충원

고용서비스연구팀(2005)의 『고용서비스 선진화방안』에 의하면 다음과 같이 고용지원센터의 직업상담원이 2,000명 이상 충원되어야 한다고 보고했다.

OECD(1991)는 공공고용서비스 직원 1인당 실업자 수와 실업률 사이에 상당한 상관관계가 있는 것을 발견([표 5-31] 참조)했다. 취업알선 인력을 기준으로 공공고용서비스 직원 1인당 실업자 수가 증가할수록 국가 전체의 실업률도 증가하였다. 이는 공공고용서비스에 대한 투자가 실업률에 영향을 미치고 있음을 시사하는 것이다. 노르웨이는 1988년 이후 실업이 급속도로 증가하자, 그 해 2,049명이었던 공공고용서비스 인력을 1995년 4,234명으로 2배 증가하였으며, 그 결과 실업은 하락하였고 직원 수를 다시 감소할 수 있었다. 영국의 대처내각은 1979~1986년의 기간 동안 공공고용서비스 인력을 1/3로 축소하였으나 동 기간 실업률은 급증하여 실업자수가 300만 명(1982년)에 달하고, 1년 이상의 장기실업자도 100만 명에 도달하였다. 공공고용서비스 인력을 증원하였다면 실업률을 줄일 수 있었을 것이라는 주장이 대두되고, 1986년 실업자를 위한 새로운 대규모 상담프로그램인 '다시 시작

표 5-31 1988년 공공고용서비스 직원 1인당 실업자 수 (단위 : 명, %)

국가명	취업알선 인력기준 1인당 실업자 수	공공고용서비스 전체 인력 기준 직원 1인당 실업자 수	실업률
스웨덴	14	9	1.6
영국	53	36	6.9
노르웨이	68	46	4.9
독일	86	39	6.2
호주	109	44	7.2
네덜란드	152	42	9.2
캐나다	213	49	7.7
프랑스	271	78	10.0
스페인	713	–	19.1

자료 : OECD(1991). 'Employment Outlook', ILO(2001)에서 재인용

(Restart)' 를 시작하면서 공공고용서비스 인력을 대폭 충원하였다. 그 결과, 1987~1990년 사이 실업 및 장기 실업률은 대폭 하락하였고, 이러한 실업률 하락에 '다시 시작(Restart)' 가 커다란 기여를 한 것으로 평가된다. 이후 영국정부는 실업률이 상승하면 공공고용서비스 인력을 추가 증원하며, 다른 국가들에 비해 상대적으로 많은 공공고용서비스 인력규모를 유지하였다.

고용지원센터의 인력확충 규모를 파악하기 위한 2가지의 기준이 있다.

① 기준 1 : 일본의 사례 적용

직원 1인당 경제활동인구가 최소한 일본 수준에 도달하도록 인력을 확충한다. 일본의 직업상담원은 1인당 5,137명의 경제활동인구를 담당하고 있으며, 다른 국가들에 비해 가장 많은 경제활동인구를 담당한다. 일본 수준으로 확대하기 위해서는 고용안정센터의 직원수가 2004년 7월 현재보다 92.7%가 늘어난 2,208명이 증원되어야 한다[4].

② 기준 2 : 고용안정센터의 시장점유율에 근거한 인력확충 규모

[표 5-32]에서 고용보험의 취득자 수는 2003년 344만 9,449명으로 고용보험취득자 수/고용보험가입자의 비율이 임금근로자에게 똑같이 적용된다면, 2003년 1년 동안 약 690만 명의 임금근로자가 신규로 취업한 것이다. 비임금근로자를 포함할 경우 신규 취업자는 더욱 증가할 것이다.

표 5-32 고용안정센터 직원 1인당 업무량 지표 설정을 위한 기초 통계

연도	취업자 수	임금 근로자 수	실업자 수	고용보험 가입자 수	고용보험 취득자 수	고용보험 상실자 수
1998	19,938천 명	12,298천 명	1,490천 명	5,267,658	2,963,828	1,975,706
1999	20,291천 명	12,665천 명	1,374천 명	6,054,479	3,330,353	2,499,662
2000	21,156천 명	13,360천 명	913천 명	6,747,263	3,695,723	2,981,558
2001	21,572천 명	13,659천 명	845천 명	6,908,888	3,435,154	3,234,745
2002	22,169천 명	14,182천 명	708천 명	7,171,277	3,692,771	3,404,669
2003	22,139천 명	14,403천 명	777천 명	7,203,347	3,449,449	3,394,502

자료 : 중앙고용정보원. 고용보험통계연보, 각 연도

4) 증가한 인력 모두가 고용안정센터에 근무한다는 가정을 전제로 한다.

표 5-33 고용안정센터 취업알선 관련 통계치 (단위 : 명)

연도	고용안정센터					
	구인인원	구직자 수	알선건수	취업건수	알선률	취업률
2000	560,752	970,425	2,193,756	240,795	226.1	24.8
2001	615,273	1,025,368	2,772,810	237,350	270.4	23.1
2002	641,561	871,895	2,530,315	191,685	290.2	22.0
2003	410,581	869,292	1,608,634	180,071	185.1	20.7

자료 : 중앙고용정보원. 구인 · 구직 및 취업알선 원자료

신규 취업자의 5%를 고용안정센터에서 담당할 경우 [표 5-33]에서와 같이 고용안정센터는 한해 동안 34만 5,000명을 취업시켜야 하며, 이는 2003년도 고용안정센터 취업건수 18만 71명의 1.9배에 달한다. 나아가 목표를 10%로 상향 조정하였을 경우 고용안정센터에서 69만 명을 취업시켜야 하고 이는 2003년 고용안정센터 취업건수의 3.8배 수준에 이른다. 그러므로 고용안정센터의 시장점유율을 10%로 올리기 위해서는 고용안정센터의 인력을 2004년 7월 현재(2,383명)의 최소 2배 이상으로 확충할 필요하다.

[표 5-34]에 나타난 주요국의 공공고용서비스 인력을 보면, 독일은 5만 5,900명의 인력이 있으며, 덴마크는 지역사무소당 담당 인구는 5만 4,000명이고, 인력은 2,250명으로 우리나라의 37만 763명의 인구에 2,383명과 담당 인구면에서 현격한 차이가 나며, 덴마크 기준으로 보면, 1만 4,813명의 인력이 필요하다.

표 5-34 주요국의 공공고용서비스 인력

구분	덴마크 (1995)	독일 (1996)	벨기에 (1996)	오스트리아 (1995)	스웨덴 (1995)	한국 (2004.7)
공공고용서비스 지역사무소 개소	97	184	123	184	380	130
지역사무소 당 인구(명)	54,000	443,000	82,000	84,000	23,000	370,763
공공고용서비스 인력(명)	2,250	55,900	5,100	3,050	8,740	2,383
국가 총인구(천명)	5,205	81,422	10,157	17,855	8,781	48,199

자료 : 중앙고용정보원. "고용보험통계연보", 각 연도

4. 공공부문 고용서비스의 추이[5)]

(1) 공공고용서비스의 흐름

선진국에서 나타난 공공고용서비스의 최근 경향은 새로운 고용 정책과 프로그램을 수용하고자 하는 기본 방향에 따라 ① 분권화, ② 서비스 통합, ③ 경쟁적 서비스 제공 등으로 나타났다.

1) 권한과 책임의 분권화

분권화(localization)는 분산화(decentralization)와 구별되는 개념으로서, 후자가 중앙의 권한과 감독 기능을 지자체나 민간 기구에 위임하는 것에 목적을 둔다면, 전자인 분권화는 중앙의 권한 이양이나 위임의 개념이라기보다는 지자체의 기능 및 자율성을 확대하는 한편, 지역 내 다양한 고용서비스 간의 연계를 강화하기 위해 중앙 및 지방 정부 사이의 유기적이고 유연한 협력체계 구성을 의미한다.

중앙정부에서는 기금 조성, 일반 정책 개발, 시스템 개발, 모니터링, 업무 평가 등의 기능을 수행하는 반면 고용서비스 설계의 상당 부분은 지역적 조건에 맞추어 이루어지도록 함 따라서 중앙정부의 고용정책을 보완하는 유연성과 지역 특유의 서비스 수요를 충족할 수 있는 자율적 조직을 지방(regional) 및 지역(local) 사무소가 가져야 고객의 다양한 요구에 대응할 수 있다.

분권화 전략을 추구하는 국가들이 점차 증가하고 있는데, 공공고용서비스를 지방 또는 지역에 분산시키고, 고용정책의 설계 및 수행에 있어 지역 차원의 관리를 강화하고 있다. 공공고용서비스(Public Employment Service)기관의 운영에 대한 규제를 완화하는 대신 성과관리를 보다 철저히 하고 중앙, 지방, 일선 실무자 등 사이의 상호 의사소통을 활성화하고 있다.

2) 서비스 통합

상당수의 국가에서 취업알선, 실업급여, 적극적 노동시장 프로그램 등의 3가지 기능을 통합하는 경향이 대세를 이루고 있다. 노동시장 프로그램들의 최대한의 효과를 최대한 끌어

---

5) 고용서비스 연구팀(2005)의 『고용서비스 선진화방안』에서 일부 내용을 발췌하였다. 또한 이 보고서에서는 이 내용에 대하여 ILO(2001)에서 제시한 The Public Employment Service in A Changing Labour Market을 참조하였음을 제시하였다.

내기 위하여 프로그램 간의 상호 연계성을 강화하려는 흐름이 형성되고 있으며, 적극적 노동시장 정책과 소극적 사회보장 정책을 조화시키고자 하는 시도가 주된 움직임이 있다. 고객들은 높은 수준의 노동시장 정보, 구직 상담, 기타 노동시장 프로그램의 지원에 접근할 수 있어야 하며, 그와 같은 프로그램의 여러 단계에서 소득 지원이 필요하다.

서비스 통합은 반드시 제도적 통합을 전제로 하는 것이 아니며, 기능적 통합과 프로그램들 사이의 긴밀한 업무 협력을 의미한다. 또한 공공고용서비스가 직접 각종 서비스 및 프로그램을 제공하는 주체가 되어야 한다는 것을 의미하기보다는 자원의 배분과 조정 기능을 공공고용서비스가 수행한다는 점을 의미한다.

취업알선, 실업급여, 적극적 노동시장정책 프로그램 등은 이미 여러 국가에서 다양한 방법으로 제도적 통합을 이루고 있다. 독일의 경우, 취업알선, 실업급여, 노동시장정책 프로그램을 단일 기관에서 수행한다. 미국은 취업알선, 노동시장 정보, 실업급여 행정을 단일 기관에서 수행하며, 같은 기관에서 노동시장정책 프로그램의 일부도 수행한다. 스웨덴은 취업알선, 훈련, 노동시장정책 프로그램을 단일 기관에서 수행하며, 실업보험은 노동조합에서 담당한다.

서비스 통합 방식은 이용자에게 여러 서비스를 한 장소에서 제공하는 원스톱(one-stop) 서비스로 나타나기도 하며, 중복되거나 상호 연결될 수 있는 서비스를 단일 장소에서 제공하는 것은 서비스 제공자가 아닌 고객 중심의 통합 개념을 의미한다. 미국의 경우, 취업지원, 고용상담, 취업알선 및 정보 제공, 실업급여 신청, 교육훈련 기회 제공 등을 원스톱진로센터(one-stop career center)에서 제공하며, 여러 취업 관련 기관들이 해당 지역의 공동장소를 이용하고, 그러한 기관들 중 하나 또는 여러 개가 공동장소의 운영을 맡도록 지역위원회에서 선정한다. 영국은 현재 지역고용센터(job-centre plus)가 고용서비스, 훈련 알선 및 실업급여를 원스톱으로 제공하며, 지역고용센터에서는 사회복지급여 지급기관의 직원이 공공고용서비스 직원과 함께 업무를 수행한다.

단계적 맞춤 서비스의 제공(tailored service delivery)은 구직자 및 고용주의 개별적 특성과 필요에 따라 제공되는 공공고용서비스를 차별화할 수 있다. 예를 들면, 인터넷 취업정보자가 검색 서비스와 같은 셀프 서비스(self-service) 도구를 활용할 능력이 있는 고객과 그렇지 않는 고객을 구별하고 가장 적합한 서비스를 각각의 고객에게 제공한다. 전통적인 의미에서의 취업 연계(job broking)는 공공고용서비스 직원이 서비스 이용자를 대신하여 모든 업무를 수행하는 폐쇄체계를 통해 이루어졌는데, 1970년대 들어 일자리 정보를 공개된 게시판에 공고하기 시작하면서 공공고용서비스 직원의 개입 정도가 축소되었고 구직자 스스로 일자리를 알아보는 이른바 '셀프서비스 혁명'이 발생하였다. 따라서 공공고용서비스가 취업 연계 과정에 관여하는 정도는 구직자와 구인정보가 어떤 방식으로, 어느 정도 수준까지 연결되느냐에 따라 다양해진다.

단계적 맞춤 서비스에서는 공공고용서비스 수요자의 필요에 따라 최소한의 상담원 지원만이 요구되는 '완전공개 셀프서비스'나 '제한된 공개 셀프서비스'를 선택할 수 있다. 이러한 서비스 제공 방식에서는 각각의 서비스에 대하여 그 대상자를 정확하게 선별할 수 있는 시스템이 중요하다([표 5-35] 참조). 스웨덴의 경우, 고용 서비스를 4개의 범주로 나누어 대상자에 따라 차별적으로 제공하고 있으며, 고용서비스에는 취업지원, 직업지도, 적극적 노동시장 프로그램 참여 및 여타 서비스가 있다. 구직자가 장기간의 지속적 지원을 필요로 하는 경우에는 직업재활 또는 다양한 형태의 사례 관리(case management) 서비스를 제공한다. 미국 위스컨신주의 경우 구직자와 고용주의 특성에 따라 3단계의 서비스 셀프서비스, 기본서비스, 집중서비스 등을 제공한다.

표 5-35 공공고용서비스 정보 게시 방법에 따른 서비스의 특징

비공개(closed)	부분공개(semi-open)	공개(open)
• 일자리와 구직자에 대한 정보가 공공고용서비스 상담원에게만 제한되어 공공고용서비스는 구직자와 고용주의 알선에 대한 절대적인 통제력을 가짐 • 사업주 입장에서 구직자들을 세밀하게 심사하여 소수의 적격자만 면접하면 되기 때문에 이를 긍정적으로 받아들이지만, 취업능력이 떨어지는 구직자들의 경우 취업기회가 원천적으로 제한될 수 있는 문제가 발생 • 취업애로계층의 취업에 관련한 공공고용서비스의 책임과 공공고용서비스와 사업주와의 신뢰 형성, 둘 사이의 조화가 필요	• 셀프서비스제도의 출현 이후 대부분의 국가에서 부분공개제도의 형태로 공공고용서비스를 제공하고 있음(사업주의 이름과 주소를 공개하지 않는 방식) • 구직자들은 스스로 구직활동을 수행하며 적합한 일자리를 발견할 경우 사업주의 이름과 주소를 제공받음 • 이때 공공고용서비스 담당자는 심사기능을 수행하게 되는데, 심사 통과 시 사업주에게 연락을 취해 구직자와의 면담을 주선	• 공공고용서비스가 구직자와 구인업체 쌍방에게 직접 취업정보를 제공함에 따라 구직자와 사업주가 직접 서로 연락하도록 하는 방식(심사과정 또한 없어짐) • 일반적으로 사업주 이름, 주소, 연락처 등의 사업주 정보는 모두 공개되나, 구직자의 세부 인적사항에 대한 정보는 개인정보 보호 차원에서 제한적으로 공개됨 • 인터넷 사용이 일반화되면서 공개된 구직 파일을 통해 구직자가 직업상담원의 도움 없이 스스로 취업할 수 있는 범위까지 확대

3) 민간 기관과의 경쟁

공공 부문의 효율성 개선에 대한 압력으로 공공고용서비스 업무에도 경쟁시스템이 도입되기 시작하였는데, 다음과 같은 4가지 유형이 있다.

① 민영화(privatization) : 공공고용서비스 기능을 민간 부문으로 영구 이전하고 필요한 재원은 스스로 조달
② 위탁(contracting out) : 공공고용서비스 기능의 일부 또는 전부를 민간에게 위탁하고 필요한 재원은 공공기금에 의해 지원
③ 시장경쟁(market testing) : 공공 부문과 민간 부문이 함께 참여하는 경쟁 입찰을 통하여 서비스 제공의 사업자 선정
④ 바우처 제도(voucher system) : 여러 서비스 공급자들 중에서 수요자가 직접 선택하도록 하고, 수요자의 특성에 적합한 서비스를 제공한다는 장점

민간고용서비스기관과의 경쟁 체제에서 공공고용서비스는 구매자와 공급자 역할을 동시에 수행하며, 구매자가 되어 고용서비스를 외부 기관에 위탁할 수 있다. 또는 계약에 의거하여 고용서비스를 정부에 조달하는 공급자가 될 수도 있다.

경쟁체제 도입의 전제 조건을 보면, 첫째, 경쟁 체제의 관리 · 감독 업무를 담당하는 공공고용서비스 직원들이 적절한 통제 권한 및 기술을 갖추어야 한다. 둘째, 공공 및 민간 부문 공급자들 사이에 공정한 경쟁의 장이 확립되어야 하며, 구직자들이 일부 서비스는 공공고용서비스로부터, 다른 서비스는 민간 서비스기관으로부터 받는 경우 반드시 서비스 공급자들 사이에 업무 연계가 필요하다.

경쟁체제의 장점은 ① 고용서비스 투자의 효율성 및 효과성을 극대화, ② 다양한 민간 및 공공서비스 기관을 활용함에 따라 고용서비스 업무의 세분화가 용이, ③ 기존의 서비스 체계에서는 어려웠던 새로운 서비스나 프로그램들의 개발 및 제공이 가능, ④ 공공고용서비스 인력의 충원 없이도 신규사업을 추진할 수 있다 등이다.

경쟁체제의 단점은 ① 서비스나 프로그램의 제공에 있어 경기변동 또는 노동시장의 급격한 변화에 민첩하게 대응할 수 있는 역량이 취약하여질 위험성, ② 경쟁시스템 도입에 따른 예상 결과를 정확하게 예측하지 못한 상황에서 경쟁시스템이 도입될 경우 소기의 성과를 달성하지 못할 가능성, ③ 경쟁시스템을 조정 · 관리하기 위한 새로운 조직의 필요성과 더불어 기관운영 상의 문제가 발생할 수 있음, ④ 공공고용서비스 직원들의 사기가 저하될 위험성과 함께 서비스의 질적 측면에서 공공고용서비스의 경쟁력이 민간에 뒤처질 가

능성이 제기되며, 이 경우 공공과 민간의 경쟁적 협력을 통한 시너지 효과를 기대하기 난망 등이다.

오스트리아의 사례를 보면, 1998년에 공공고용서비스를 310개의 민간, 지역, 정부기관으로 구성된 고용네트워크로 대체하였고, 고용네트워크는 구직자에 대한 취업알선 업무를 담당하고 자금을 지원 받는데, 취업을 성사시킨 실업자 1인당 수수료(장기실업자는 할증 수수료)를 받는 형식이기 때문에 성과 위주라는 특징을 가지고 있다. 캐나다는 보다 신중하게 경쟁체제를 도입하는 경우라 할 수 있다. 파트너십 체제를 통한 프로그램 및 서비스의 제공, 그리고 지역사회와 기타 관련 기관 · 단체들의 참여도를 높이는 방향으로 경쟁체제를 도입하였고, 일반적으로 공공고용서비스가 민간단체들과 계약을 체결하는 방법으로 상호협력 체계를 구성하는데, 캐나다는 프로그램 및 서비스의 제공과 관련된 책임(responsibility)은 민간에게 이전되지만, 성과 및 평가에 관련된 책임은 여전히 공공고용서비스가 지닌다. 따라서 공공고용서비스는 프로그램과 서비스의 실효성에 대하여 책임을 져야 하며 매년 의회에 세부목표 대비 실적을 보고하여야 한다.

(2) 공공고용서비스 효율성 증대를 위한 방향

1) 공공고용서비스 인력의 훈련 및 투자의 강화

공공고용서비스에 종사하는 직원(공무원 및 직업상담원)들의 역량 개발은 업무의 질을 높이는 동시에 이를 통한 서비스의 질적 관리를 가능하도록 하기 위한 필수적인 요소이다. 공공고용서비스의 성과 달성 여부는 자신들이 하는 일의 가치를 인정받고 있다고 믿는 유능하고 전문적인 실무자들에 달려 있다.

최근 공공고용서비스를 둘러싼 상황은 직원들의 핵심역량에도 영향을 미친다. 핵심역량에는 노동시장 기능과 노동시장 정책을 이해하는 능력, 서비스 주체들 간 의사소통 및 연계, 조정 능력, 합리적인 판단 능력, 효과적인 업무 및 시간관리 능력, 팀 내 적응력, 변화에 대처하고 적극적으로 정보기술을 활용하는 능력 등이 포함되며 이를 위해 지속적인 학습이 필요하다.

여러 국가들에서 공공고용서비스 인력개발의 중요성을 인식하고 이에 대한 투자를 증대시키고 있다. 선진국에서는 신규 인력에 대한 기본 훈련뿐만 아니라 모든 직원들을 대상으로 직업 및 직무 향상훈련을 실시한다.

노르웨이는 4개의 모듈로 구성된 신규 직원에 대한 기본 훈련과정을 설계한다.

① 공공고용서비스의 최종 목표와 이를 달성하기 위한 수단에 대한 이해 제고
② 노동시장정책의 집행 방법에 대한 이해 제고
③ 구직자 등록 절차에 관한 훈련
④ 세부적인 전문분야에 대한 개별 전문 과정 등으로 구성

독일의 경우, 현장 훈련(공공고용서비스 지역사무소 직원 훈련), 프로젝트 참여, 컴퓨터 훈련을 기본 훈련과정으로 운영한다. 신규 직원들은 공공고용서비스 훈련 학교에 등록하고, 스터디 그룹에 참여하며 자발적으로 학습 준비를 하여야 한다. 지역사무소에서도 지속적인 훈련을 실시하는데, 자율학습, 공식수업, 현장지원, 컴퓨터 응용 훈련, 인터넷 온라인 훈련 등의 형태를 지닌다.

핀란드는 직원 훈련과 개발을 위한 종합적이고 체계적인 방안을 정기적으로 수립하고, 노동부 산하 노동연수원에서 훈련을 실시한다. 공공고용서비스 전략과 훈련내용의 연계를 강화하고 발생할 가능성이 있는 여러 문제에 대처하도록 직원들의 핵심 역량을 배양하며, 훈련 기회를 더욱 확대하고 공평하게 배분한다. 한편, 직원들의 자기개발노력을 장려하는 훈련 패키지를 제공하고 훈련의 실효성을 평가하는 방법을 개발한다.

공공고용서비스 관리자의 능력개발을 위한 노력도 필요하다. 노르웨이에서는 공공고용서비스 관리자들에게 필요한 능력을 제시한다. 즉, ① 노동시장과 노동시장정책에 대한 지식, ② 유관기관, 단체 및 일반 대중들에게 정보를 전달, 제공하는 능력, ③ 조직목표를 완수하는 능력, 원활한 커뮤니케이션과 네트워크 형성 능력, 기관 내의 팀 및 부서의 발전을 촉진할 수 있는 능력과 조직 내에서 팀간 협력정신을 선도할 수 있는 능력 등이다.

프랑스는 지역 공공고용서비스 관리자에게 요구되는 핵심역량을 규정하고 이를 갖추도록 훈련 및 교육 프로그램을 도입한다. ① 프로그램으로는 외부 채용자인 경우 1개월간의 지역사무소 관찰, ② 1주일간의 행정업무 관련 오리엔테이션, ③ 기술평가 및 유경험 관리자와의 한시적 조 근무 배치 등이다.

2) 고용서비스 관련 주체들과의 관계 재정립

먼저, 사회적 파트너들과의 관계를 보면, 전통적으로 공공고용서비스는 노사정 위원회 산하의 자율적 조직으로 운영되는 경우가 많다. 이는 사용자단체와 노동조합을 공공고용서비스 감독에 참여시킴으로써 공공고용서비스에 대한 지원을 확보할 수 있기 때문이다. 최근 들어 그 관계가 다양해지고 있어 스웨덴과 영국은 노사정 3자 주의를 포기한 반면, 오스트리아와 네덜란드는 노사정 3자 자율관리에 의한 독립적 민간고용서비스기관을 설립하

였다.

주무 정부부처, 기타 행정기관, 민간단체들 등과의 관계를 보면, 과거에는 정부가 특정 집단에 대하여 특정 서비스를 제공하는 상대적으로 좁은 범위의 프로그램을 제공하였지만, 최근의 추세는 노동시장의 상호 연관된 문제들을 해결하기 위해 관련된 여러 정부기관 및 민간단체들을 함께 참여하는 광범위한 프로그램의 도입 · 운영이 일반적이다. 노동시장 프로그램은 실업만이 아니라 복지수당 의존에 따른 장기실업자 문제, 빈곤, 주거, 환경, 약물, 보건 및 교육 등의 다양한 문제들과 연계되는 추세이며, 공공고용서비스 단독으로 이러한 문제를 해결하는 것은 불가능하며, 관련 타 부처들뿐만 아니라 지자체, 공공 및 민간 개발기구, 사회, 교육, 문화, 환경 등 다양한 분야의 단체들이 공동으로 참여해야 할 필요성이 발생한다. 따라서 정책 입안자들과 관련 분야의 민 · 관 서비스 제공자들을 하나 또는 다원화된 협력체제로 조직할 수 있는가가 중요하다.

지역 협력기관들과의 관계를 보면, 지역 내 노동조합, 사용자, 지역사회단체 등과의 연계는 지역적 특수상황을 이해하고 있는 이들에 의해서 지역 문제를 해결하도록 새로운 문제해결의 장을 마련하는 방식이다. OECD도 공공고용서비스, 지방정부, 지역사회단체들이 일자리 창출, 직업 훈련정책, 생산적 복지 등과 관련한 정책 집행에 참여하는 것이 필요하다고 지적하였다. 멕시코의 경우, 사용자 단체, 민간 훈련기관, 노동조합, 정부 기관 대표로 구성된 집행위원회가 공공고용서비스기관에 설치되어 운영에 대한 지침을 제공한다. 이 집행위원회는 연방 정부와 주 정부의 노동시장 정책 협의 및 조정을 담당하고 있는 생산성과 국가경쟁력을 위한 국가협의회에도 소속된다. 아일랜드의 경우, 일련의 중앙 협약을 통해 다양한 형태의 사회적 연계를 형성한다. 이를 바탕으로 특정 집단 및 계층의 고용과 관련된 다양한 사회 주체와 정부 간의 공동관리시스템을 수립하는 전통을 유지한다. 이러한 연계체계는 지역사회에 기반을 둔 '지역기반 파트너십(area-base partnership)'이라고 할 수 있다. 장애인, 장기실업자, 여성 등과 같이 노동시장 내 취업취약집단의 대표들도 포하며, 이를 통해 지역 주민의 생활 전반에 관한 광범위한 문제들을 다룰 수 있게 된다.

지역기반 제휴의 혁신사례를 보면, 지역통합고용서비스(local employment services : LES) 네트워크 구축하였다. 지역통합고용서비스는 집중적이고 통합된 고용서비스를 실업자와 지역통합고용서비스기관 사이에 일대일 방식으로 제공한다. 지역 내 활용 가능한 서비스 주체, 즉 지역기반자원센터, 실업자센터, 공공고용서비스기관, 사회복지기관, 제휴 사무소 등과의 접점(contact point)으로서 기능한다.

한편, 민간직업안정기관(private employment agency : PREA)과의 관계를 보면, 지난 20

년 동안 공공고용서비스의 독점적 지위에 대한 회의와 제고가 OECD 국가들을 중심으로 확산되었고, 1997년 6월 ILO는 고용기관협약(제181호)을 통하여 공공고용서비스의 독점시대가 끝났음을 인정하였다. 이러한 배경에는 ① 경제자유화의 환경 속에서 독점적 공공기관이 급변하는 노동시장에 제대로 대처할 수 있는가에 대한 의구심이 증폭, ② 다른 공공기관과 마찬가지로 공공고용서비스 역시 재정위기에 따른 공공지출 축소 문제에 직면하면서 업무수행 및 서비스 제공 활동에 제약을 받아 「PREA 합법화」 반대를 주장하기가 더욱 어려워지고 있음, ③ 공공고용서비스가 독점적 지위를 지니고 있다 하더라도 고용주들이 공공고용서비스 외 채용방식을 이용하는 것을 통제할 수는 없기 때문 등과 같은 요인들이 작용하였다.

유럽집행위원회가 설정한 공공고용서비스와 민간직업안정기관의 관계 유형을 보면, ① 구인·구직정보 및 기본적인 취업알선서비스와 적극적 일자리 연계 및 조정 분야에서의 협력적 관계, ② 특정 노동시장 분야 또는 특정 서비스 종류에서 상호보완적인 관계, ③ 공공고용서비스 서비스 유료화 가능성을 내포하는 것으로서, 고용주에게 제공하는 서비스에 있어서 경쟁적인 관계 등이다.

아직까지는 공공고용서비스의 독점적 지위의 해체가 취업알선 서비스에 미친 영향은 미미한 것으로 나타나고 있는데, 향후 공공고용서비스와 민간직업안정기관의 관계는 ① 정부가 추진하고 있는 고용정책의 종류, 특성, 범위, ② 고용서비스의 효과적 운영과 성과에 관한 공공고용서비스와 민간직업안정기관의 상대적 능력, ③ 경쟁체제를 어느 정도까지, 그리고 어떠한 방식으로 허용할 것인지의 판단, ④ 노동시장 내 취업애로계층의 지원을 위해 공공고용서비스가 최소한 담당해야 할 시장점유율의 적정 수준에 대한 판단 등의 요인들에 의해 결정될 것으로 보인다.

3) 공공고용서비스기관의 국가 간 교류 확대

최근 여러 국가들이 공공고용서비스 간 정보 교류를 촉진하기 위한 국가간 네트워크에 참여하고 있다. 세계공공고용서비스연합(World Association of Public Employment Services : WA공공고용서비스)는 ILO의 지원을 받아 각국의 공공고용서비스 책임자들이 자발적으로 조직한 것으로, 2년에 1번씩 세계대회를 개최한다. 기술 워크숍, 개발도상국을 위한 훈련기금, ILO와 공동으로 공공고용서비스 자동 데이터베이스 개발, 매년 2~3회 전문지 『공공고용서비스(Public Employment Service)』를 발간하며, 선진국과 개발도상국간 지역사무소의 자매결연 프로그램 등의 활동을 수행한다.

유럽 집행위원회의 고용, 노사관계 및 사회 사무국(DGV)은 고용정책 수행에 있어 공공고용서비스의 중심적인 기능 및 역할을 전제하고 EU 회원국 간 정기적 정보 교류 체계를 조직하였다. 이를 통하여 EU 국가 간 벤치마킹 프로젝트, 공공고용서비스의 역할 및 기능, 그리고 새로운 프로그램 등에 대한 정보 교류, 상대적으로 공공고용서비스 기능이 취약한 중부 유럽 국가들에 대한 기술 지원 등의 공동 활동을 수행한다.

미주고용서비스기관총회(Interstate Conference of Employment Service Agencies : ICESA)는 미국 내 각 주의 고용서비스를 연계하며, 취업알선 관련 정보 교류 및 상호 지원, 인력개발 네트워크 강화 등을 수행한다.

5. 민간직업안정기관[6)]

(1) 지자체의 고용서비스

1) 지자체 취업정보센터의 현황

광역지자체 시 · 도와 기초지자체 시 · 군 · 구마다 취업정보센터를 운영하고 있다. 취업정보센터의 인력은 정규직 지방공무원과 비정규직 직업상담보조요원으로 구성되어 있는데, 후자는 주로 공공근로사업 참여자나 공익요원, 자원봉사자들이다. 취업정보센터는 지자체별로 다양한 형태로 운영되고 있는데, 취업지원업무만을 전담하는 별도의 기구로 존재하는 경우도 있지만 실업대책기구 내에 위치하여 공공근로사업을 수행하는 경우도 있다.

취업알선을 담당하는 공무원들의 전문성은 순환근무 등으로 인하여 고용안정센터 등의 다른 공공직업안정기관 종사자들에 비해서 상대적으로 낮다. 취업정보센터의 서비스는 대도시와 중소도시, 도시지역과 농촌지역 간의 편차가 크고 지자체 단체장의 의지와 역량에 따라 서비스의 양과 질이 크게 변동되는 경향이 있다.

2004년 10월 11~14일까지 전국 총 36개 시 · 군 · 구를 대상으로 취업알선 업무 추진 현황을 파악한 결과, 취업알선 담당부서가 지자체별로 다양하고, 취업알선만을 전담하는 별도의 부서는 없으며, 취업알선 담당직원 수는 일용직, 공익요원 등을 포함하여 1~6명이며, 대부분의 조사대상 지자체가 담당공무원이 1명으로 운영되고 있었고(33개소), 이들 대부분은 타 업무를 겸임하고 있는 실정(33개소)이다. 담당공무원의 평균 근무기간은 1년 이하가 25개소(직급은 7~8급이 다수)이며, 취업알선 창구는 민원실이 아니라 과 내에 있는 경우가 24개소로 민원인의 접근성 및 활용가능성이 낮은 편이다.

---

6) 고용서비스연구팀(2005)의 『고용서비스 선진화 방안』에서 일부 내용을 발췌하였다.

표 5-36 지자체별 취업알선 담당부서 및 직원 현황

구분	현황
담당부서명	• 지역경제과(16), 경제정책과(1), 지역경제팀(1), 산업경제과(2), 기업지원과(2), 경제지원과(1), 지역개발과 (1), 통상개발과(1), 경제통상과(1), 유통경제과(1), 경제과학과(1)
	• 노사경제과(1), 노동정책과(1)
	• 사회복지과(2), 사회보장과(1), 복지사업과(1)
	• 주민자치과(2)
담당직원 수	• 지자체별로 1~6명이 담당(총 71명, 1개 지자체 평균 1.97명) - 1명 17개소, 2명 12개소, 3명 3개소, 4명 1개소, 5명 1개소, 6명 2개소 ※ 일용, 공공근로, 공익, 연수생 등 모두 포함한 수치임
	• 지자체별로 담당공무원수는 0~3명(총 38명, 1개 지자체 평균 1.05명) - 0명 1개소, 1명 33개소, 2명 1개소, 3명 1개소
담당직원 직급	• 공무원은 6급 1명, 7급 19명, 8급 12명, 9급 3명, 기능직 3명
	• 일용직 13명, 공익 5명, 공공근로 11명, 연수생 2명, 청원경찰 1명, 자원봉사 1명
담당직원의 평균 근무기간	• 지자체별로 6개월(예산군)~3년(강동구청, 의성군, 용인시) 근무 - 1년 미만 25개소, 2년 8개소, 3년 3개소(지자체 평균 1년 4개월)
취업알선 전담여부 (타 업무 겸임시 타 업무 내용)	• 공무원이 전담하는 경우는 3개소(성동구, 강동구, 예천군) ※ 직업소개업무, 담배소매업, 수출, 공공근로, 오지개발사업, 고용촉진훈련, 물가조사, 노동조합, 기초생활보장법 관련 업무, 예산업무, 광공업, 소비자 관련업무 등 겸임

자료 : 노동부 내부자료(2004). 자체 취업알선업무 추진현황보고서, 고용혁신단(2005). 고용혁신서비에서 재인용

2) 지자체 취업정보센터의 취업성과

2000~2002년까지의 지자체 취업정보센터의 구인 · 구직, 취업건수 및 구인배율, 취업률, 충족률을 분석한 결과, 구인배율은 구직자 한 사람당 소개할 수 있는 일자리가 몇 개나 되는지를 나타내는 지표로 취업정보센터의 구인배율은 2000년에 0.31에서 2002년 0.6으로 2배 정도 증가하였다. 구인등록이 줄어들었음에도 불구하고 구인배율이 이렇게 늘어난 것은 구인 등록자 수의 감소보다 구직 등록자 수의 감소가 훨씬 컸기 때문이다. 전 직종을 대상으로 취업알선을 하지만 공공근로 신청자가 절대적으로 많은 취업정보센터의 취업률은 20%대로 나타났다. 기업이 필요로 하는 사람을 얼마나 소개하였는가를 나타내는 충족률의 경우, 2000년 36.3%에서 2002년 48.3%로 증가하였다. 이는 취업률 증가와 함께 해석할 때 취업센터의 직업소개 효과성이 높아지고 있음을 시사하는 것이다([표 5-37] 참조).

표 5-37 지자체 취업정보센터의 구인 · 구직, 취업건수 및 구인배율, 취업률, 충족률(단위 : 명, %)

	구인 수	구직자 수	취업자 수	구인배율[1]	취업률[2]	충족률[3]
2000	369,388(27.1)	1,196,109(44.1)	133,983(19.3)	0.31	11.2	36.3
2001	331,185(24.3)	763,377(33.7)	125,439(18.2)	0.43	16.4	37.9
2002	281,451(23.0)	472,949(28.3)	136,048(23.8)	0.60	28.8	48.3

주 : 1) 구인배율 = 구인 수 ÷ 구직자 수
2) 취업률(%) = 취업자 수 ÷ 구직자 수 × 100
3) 충족률(%) = 취업자 수 ÷ 구인 수 × 100

자료 : 한국산업인력공단, 중앙고용정보원, 워크넷(Work-Net) 구인 · 구직 및 취업알선, 원자료 : 김주섭 · 신현구(2003). 공공 · 민간 직업안정기관 운영실태 및 개선과제에서 재구성

공공근로 신청자 위주의 취업알선이 이루어지고 있는 취업정보센터의 특성을 고려할 때, 센터에 대한 구인구직 모두의 수요가 점차 특화되어가는 것으로 해석된다. 즉, 충족률의 향상은 취업정보센터의 업무능력 및 실적 향상에 기인한 것이 아니라 역설적으로 구인 · 구직 수요가 감소하고 수요가 공공근로 및 단순노무직으로 특화되고 있기 때문이다.

2004년 10월 11~14일까지 전국 총 36개 시 · 군 · 구를 대상으로 취업알선 실적을 파악한 결과, 구인자 수가 0명인 곳이 13개소, 취업알선 실적이 0명인 경우 14개소, 취업자수가 0명인 곳이 15개소로 실적이 매우 부진하였다. [표 5-38]은 구직 사유에 따라서 구직등록자를 분류한 것으로, 시 · 군 · 구 취업정보센터의 구직등록자 특성을 고용안정센터의 구직등록자의 특성과 대비하여 살펴본 것이다.

취업정보센터의 경우 취업을 목적으로 등록하는 구직자는 20% 수준(고용지원센터, 51.0%)인데 비해, 공공근로를 목적으로 구직등록 한 경우가 72.1%를 차지하여 등록 구직

표 5-38 고용지원센터 및 시 · 군 · 구 취업정보센터에 등록한 구직자의 구직 사유(2002) (단위 : 명, %)

구분	취업	의보 연장	대출	실업 급여	공공 근로	직업 훈련	기타	분류 불능	계
고용안정센터	444,562 (51.0)	1,204 (0.1)	2,881 (0.3)	229,465 (26.3)	37,098 (4.3)	147,622 (16.9)	8,051 (0.9)	213 (0.0)	871,096 (100.0)
시 · 군 · 구 취업정보센터	85,651 (19.7)	654 (0.2)	652 (0.1)	479 (0.1)	313,725 (72.1)	24,171 (5.6)	9,473 (2.2)	25 (0.0)	434,830 (100.0)

자료 : 한국산업인력공단, 중앙고용정보원, 워크넷(Work-Net) 구인 · 구직 및 취업알선, 원자료 : 김주섭 · 신현구(2003). 공공 · 민간 직업안정기관 운영실태 및 개선과제

자의 대다수가 실질적인 취업이 아니라 공공근로 참여를 위하여 구직등록을 하고 있다는 것을 알 수 있다.

3) 파견근로업

파견근로에 대한 공식적인 통계는 1998년 「파견근로자보호등에관한법률」이 제정되어 양성화되었다. 파견업체는 급격히 증가하여, 그 수가 2000년 하반기에 1,357개소에 달했다가 2001년도에 들어서 감소하는 추세로 돌아섰다. 2003년 6월 현재 허가된 파견사업체의 수는 1,143개로 구조조정이 이루어졌음을 알 수 있다.

허가업체 규모에 대한 실적업체의 비중은 이러한 구조조정의 과정을 거치면서 오히려 상승하고 있으며 사용사업체 수와 파견근로자 수도 장기적으로 증가하는 추세에 있다. 그러나 실적업체 당 평균 파견근로자 수는 약 70명 수준을 넘어서지 못하고 있으며 사용업체 수도 어느 정도 증가하기는 했으나 큰 변화를 보이지는 않고 있다. 파견대상 업무는 2003년 6월 현재 허용된 26개의 업종 중 비서 · 타자원 · 관련사무원, 수금원 및 관련근로자, 전화외판원, 예술연예 및 경기준전문가, 자동차운전원의 순서로 파견근로자의 규모가 분포되어 있고, 그 외의 연도에도 이들 5개 업종이 번갈아가며 상위를 차지하였다.

노동시장 측면에서의 파견근로는 노동시장에서 취업의 곤란을 느끼는 한계적 구직자들에게 취업의 정보와 교육훈련의 기회를 제공해 줄 수 있으며 구직활동에 드는 비용과 노력을 절약할 수 있는 장점이 있을 뿐더러, 인력채용에 어려움을 느끼는 기업들에 대해 효율적인 인력공급을 할 수 있는 장점이 있다. 또한 정규직이 되기 전에 취업경력이 필요한 사람, 일정 기간 동안 일을 할 수 있는 사람, 유연한 근무시간이나 근무기간을 원하는 사람,

표 5-39 파견사업체 현황 (단위 : 개소, 명)

연도별	파견사업체		사용사업체 수	파견근로자 수	실적업체당 평균	
	허가업체 수	실적업체 수			파견근로자 수	사용업체 수
2003.6	1,143	889(77.8%)	8,182	61,297	69	9.2
2002.12	1,243	901(72.4%)	7,784	63,919	71	8.7
2002.6	1,243	867(69%)	7,088	60,078	69	8.4
2001.12	1,257	868(69%)	7,187	57,763	67	8.3
2000.12	1,357	820(60%)	7,054	53,029	65	8.6
1999.12	1,244	832(67%)	6,488	53,218	64	7.8
1998.12	789	564(71%)	4,302	41,545	74	7.6

자료 : 노동부(2003). 「파견근로 현황」, 내부자료

특정한 전문직종에서 일하는 사람 등 개인 사정에 따라 파견 근로에 참여할 수 있다.

4) 직업정보제공업

인터넷이라는 강력한 도구를 이용하는 직업정보제공 사업체들이 2001년 146개에서 2002년 190개로 1년 동안 30%의 성장률을 보였고, 2003년 상반기 현재 노동부에 등록된 직업정보제공사업체는 모두 192개로 나타났다. 직업정보제공업체는 이전에는 취업정보지 등이 주를 이루며 1993년 46개 업체에 그쳤으나, 1999년 66개, 2000년 104개, 2001년 146개, 2002년 190개 등으로 크게 증가하였는데, 인터넷의 급속한 확산과 함께 인터넷을 정보제공매체로 활용하는 사업체가 이러한 증가를 주도하였다.

특히 1995년 「직업안정법」 개정으로 직업소개업과 직업정보제공업의 겸업이 허용되었기 때문에 직업정보제공사업을 하는 사업체는 대부분 직업소개업을 같이 운영하는 경우가 많다. 관련 업계에서는 전문 직업정보업체가 운영하는 인터넷 사이트뿐만 아니라 주요 포털사이트에서 전문업체와 제휴하여 구인 · 구직 정보를 제공하는 경우가 많아서 인터넷에서 채용정보를 제공하는 사이트가 다수이다.

주요 온라인 채용정보업체들의 2002년 영업 실적을 보면 상위 기업들에게 매출액이 편중되어, 2002년 전체 시장의 매출액 규모는 약 300억 원으로 추정되고 있는데, 상위 3사인 스카우트사(社)와 인크루트사가 50억 원대, 잡코리아사가 40억 원대, 그 외 리쿠르트, 잡이스, 잡링크 등이 30억 원대를 기록하여 이들 6개 기업만 250억 원으로 전체 시장의 80% 이상을 차지하고 있고, 상위 3개 기업은 148억 원으로 전체의 50% 정도를 차지하고 있는 것으로 나타났다.

현재 국내 정보제공업 중 '온라인 고용' (on-line recruiting : ONLR)분야는 '오프라인 고용' (off-line recruiting : OFFLR) 분야에 비해 상당한 경쟁력을 가지고 있다. 이는 IT기술의 확산이 급속하게 이루어진 사회의 상황과 함께 청년층의 취업이 어려워지며 '온라인 고용'을 이용하는 주 고객들이 증가하는 추세가 주요 원인이다. 고연령층은 여전히 '오프라인 고용' 을 사용하는 추세며, 이 시장은 축소되거나 세분화[전문인력은 헤드헌팅(head-hunting)을 이용하고, 그 외 단순직은 광고지 등을 이용하는]되는 양상이 나타나고 있다. 국내업체들이 중국 등 시장에 진출할지를 고려하고 있는 상황이다.

현재 리크루트나 인크루트 등 가장 역사가 오래된 직업정보제공업체들은 더 이상 확대되어가지 않는 시장의 제한을 극복하기 위해 헤드헌팅이나 소개업 등 여러 사업을 동시에 추진하는 종합인력개발회사로 확대해 나가는 것을 계획하고 있다.

선진국의 경우 직종의 수준에 따라 분리된 시장(segmented market)이 존재하고 그 분리된 시장에 대해 각각 전문성을 가진 업체들이 등장하게 되고, 또한 지역별로 특화된 업체들이 도출되어 업체별로 전문성을 가지고 있다.

그러나 우리나라는 기업들의 의식이 포괄적인 인적자원관리에는 관심이 적고 해당 업체들의 자본 규모가 크지 않기 때문에 전문성 있는 지식기반시스템을 가진 업체로 성장하기 어려운 점이 있다. 기업들은 인적자원관리의 차원이 아닌 홍보, 즉 정보 제공 정도의 수준에서 '온라인 고용'을 이용하고 있으며, 과거 인적 네트워크에 따라 학연이나 지연 등의 기업 인맥이 구성되는 부분이 점차 개선되고 있으나 아직까지 영향력을 발휘하고 있다. 개인 구직자들은 '온라인 고용'을 대중적으로 사용하고 있는데 반해, 기업 쪽은 일부 대기업과 전문가직종에서만 시장이 형성되어 산업의 다양화가 이루어지지 못하고 있다.

전문성을 가지기 위해 직위별 고용(hiring by position)이 이루어져야 하고, 이에 따른 차별된 요금[기간별 고용서비스 제공(retainer search)에 따른 분할금(down-payment) 또는 선수금제도]이 적용되어야 하는데 기업들이 신규 채용(recruiting) 자체를 투자로 생각하는 변화가 나타나야 가능하다. 단기적으로 시장상황이 바뀔 것이라고 예상하기는 어렵고 장기적으로 성숙한 직업정보제공 서비스 시장을 조성할 수 있는 정책 추진이 필요하다.

종합인력개발회사 또는 종합고용서비스회사가 개발되어 전문성을 가진 선도기업의 역할을 해 줄 때 비로소 인력수요자인 기업들이 인적자원관리의 중요성에 대한 의식 변화가 가능하다. 외국기업들의 평가에 따르면 국내 고용시장은 성장의 가능성은 매우 높은 것으로 나타났다. 그 근거는 현재 일부 특정 산업에서만 기업 활동이 집중되고 있기 때문에 이러한 고용관행의 변화가 전 산업에 확산되게 되었을 때 국내 시장의 규모는 확대될 가능성이 높다는 데 있다. 그러나 현재의 판단으로는 시장규모가 확대되기 전까지는 수익을 창출하기 어려운 것으로 나타났다. 직업정보제공업체들은 직업소개업 등에 관련된 「직업안정법」과 같은 노동법의 영향을 받는 동시에, 개인정보 보호라는 분야에서 정보통신법의 규제를 받고 있다.

5) 직업소개업

1992년에 1,120개에 불과하던 민간직업안정기관의 규모는 [표 5-40]에서와 같이 2004년 7월 현재 6,516개소까지 급증(직업정보제공업 포함)하였다. 따라서 전체 직업안정기구에서 민간직업소개기관이 차지하는 비중 또한 급증하고 있다.

직업소개소의 경우, 국내유료 직업소개소는 2000년 3,168개에서 2002년 5,169개로

63.2% 증가하였는데, 법인은 463개에서 515개로, 개인은 2,705개에서 4,654개로 증가하여 법인과 개인 모두 빠르게 증가하고 있으나 일정한 규모를 갖춘 기업보다 개인들이 직업소개업에 진출하는 규모가 커져 영세한 직업소개업체가 증가하는 약점을 지니고 있다[7].

한편, 국내 무료직업소개소는 2000년 210개에서 2002년 403개로 91.9%의 성장률을 보였으며, 국외 유료직업소개소는 서울을 중심으로 한 대도시에 대부분 소재하고 있는데 2001년 24개에서 2002년 22개로 감소하였다.

국내 (유료)직업소개업체들은 영세업체가 절대 다수인 구조로 건설 일용직, 간병인, 파출부 등 임시, 일용직 등에 대한 직업소개가 90% 이상이다.

직업소개업체들의 문제점과 과제를 보면, ① 등록 및 무등록 직업소개소의 직업소개부조리로 적발된 위반내용을 살펴보면 장부미비치 및 허위기재, 등록증, 요금표 미부착, 선불금 수수, 소개요금 과다징수, 상담원 자격미달 등이 빈번하게 적발되고 있음, ② 무분별한 양적 증가로 인한 과다경쟁으로 사업부진을 겪고 있는 직업소개소들이 많아 질적으로 떨어지

표 5-40 민간직업안정기구 현황

1) 연도별 직업소개 현황

(단위 : 개)

연도	직업소개소						직업정보 제공
	계	국내유료			국내무료	국외유료	
		소계	법인	개인			
2000	3,378	3,168	463	2,705	210	–	–
2001	4,339	3,969	473	3,496	346	24	146
2002	5,997	5,169	515	4,654	403	22	264

자료 : 노동부 내부자료에서 발췌하여 정리

2) 연도별 민간직업안정기구 수

구분	1998	1999	2000	2001	2002	2003	2004.7
합계	1,902	2,595	3,378	4,315	5,572	5,725	6,516
유료(개소)	1,773	2,422	3,168	3,969	5,169	5,322	6,114
무료(개소)	129	173	210	346	403	403	402

자료 : 노동부 내부자료

7) 직업소개업과 직업정보제공업을 각각 신고하기 때문에 2가지 기능을 동시에 수행하는 업체의 경우 일부 중복되어 추산되었을 가능성도 있다.

는 결과를 초래함, ③ 또한 전문성 부족, 영업부진 등 영세성을 벗어나기 힘든 업체들이 다수 존재, ④ 등록제 완화 이후 상담알선의 수행능력이 현저히 떨어지는 문제점이 발생하기 때문에 직업소개업자의 자격요건을 강화하거나 또는 자격증 제도를 운영하자는 의견과 교육을 실시하자는 의견이 있음 등이다.

(2) 직업안정기관의 시설 및 장비

직업안정기관을 찾는 실업자들은 진로와 희망 등 극히 개인적인 상담이 필요하므로 직업안정기관은 심리적인 안정을 갖고 의사결정을 돕는 환경이 조성되어 있어야 한다.

실업자들의 직업안정기관 시설에 대한 만족도를 보면, 정보제공(정보지 보유량, 컴퓨터 시설 등)에 대하여 17.7%(135명), 자료이용자 및 대기자 좌석보유에 대하여 28.3%(215명), 편의시설(공중전화, 음료수 자판기 등)에 대하여 23.4%(178명), 기관이용 시 심리적 안정감에 대하여 14.6%(111명) 등의 만족감을 나타내고 있는데, 이러한 결과는 쾌적한 상담환경 조성에 많은 부분이 보완되어야 함을 시사하는 것이다.

|제3절| 직업정보망[8)]

현대에는 웹형태로 직업정보를 공급하고 있으며, 우리나라는 1998년부터 workNet을 가동 중이다. 이 절에서는 우리나라 직업정보망과 관련하여 정보, 시스템, 의사결정 등에 대한 논의를 거쳐 직업정보망을 조망할 것이다. 이러한 직업정보망은 무형의 직업안정기관으로서 역할을 다하고 있다.

1. 시스템에서의 정보

(1) 정보의 개념 및 종류

1) 자료와 정보

정보는 학자에 따라 다양하게 정의되어 왔으나, 포괄적으로 보면 자료에 부가가치가 부여

8) 이 절에서 1. 정보, 2. 시스템, 3. 의사결정, 4. 조직과 정보, 5. 인터넷응용 등은 김병숙 · 김판욱 · 강순희 · 김중한(1999). 『직업정보론』 박문각에서 김중한(1999)의 내용을 참조하여 기술한 것이다.

되거나 불확실성을 감소시킬 때 정보라고 인식되어진다. 즉, 정보란 수신자에게 의미 있는 형태로 처리·표현된 자료를 말하며, 현재 혹은 미래의 행동이나 의사결정에 실제적으로 영향을 미치거나 인지되는 가치를 갖고 있어야 한다. 자료가 단지 어떤 상황에 대한 사실을 의미한다면 정보는 수신자에게 특정한 목적에 의미 있는 가치를 부여할 수 있어야 한다. 즉, 정보는 특정인의 어떤 과업을 수행하기 위하여 도움이 되는 자료를 의미한다.

한편 최근 지식(Knowledge)에 대한 관심이 고조되고 있는데, 지식이란 행동을 하는 데 효과가 있는 정보, 결과에 초점을 맞춘 정보라 할 수 있다. 다시 말해 지식이란 보다 구체적이고 전문화된 성격을 가지고 있으며, 이를 통해 어떤 결과를 산출해 낼 수 있어야 한다. 즉, 지식은 특정 목적에 사용될 수 있도록 응용된 정보로서, 정보가 지식으로 전이되기 위해서는 특정 목적에 사용할 수 있도록 하여야 한다. 이러한 지식 활동은 정보처리, 가공, 사고, 분석, 권고, 절차의 정형화를 포함하는 활동들을 의미한다.

2) 정보의 종류

특정 업무를 수행하는 데 적합한 자료나 정보의 종류는 포맷된 자료, 문자열, 화상, 오디오, 비디오로 나눌 수 있다. 정보의 제공은 의사결정자의 업무 성격과 목적에 따라 필요한 종류의 자료나 정보가 제공될 때 가장 효과적이라고 할 수 있다.

(2) 정보의 특성

① 정확성(accuracy)

정보나 자료의 정확성은 무엇보다도 중요한데, 업무에 따라 그 정확성의 정도는 달라질 수 있다.

② 현실성 및 시의성

현실성(reality)은 자료나 정보가 현재의 상태를 얼마나 나타내고 있는가를 의미하며 시의성(timeliness)은 자료의 현실성이 업무나 사용자에게 얼마나 영향을 미치는가를 의미한다.

③ 완전성 및 요약성

완전성(completeness)은 제공된 정보나 자료를 가지고 얼마나 완전하게 업무를 수행할 수 있는가를 의미하며, 요약성(level of summarization)은 자료나 정보가 얼마나 필요한 정도의 세밀성을 표현하는가를 의미한다. 정보의 홍수는 사람들이 도저히 소화할 수 없을 정도이기 때문에 이를 정보과잉(information overload)이라고 부르는데, 여기서 요약성의 중요성이 대두된다.

④ **접근성 및 원천**

접근성(accessibility)은 사용자가 얼마나 손쉽게 필요한 정보나 자료에 접근 · 입수할 수 있는가를 의미하며 원천(source)은 자료나 정보를 어디에서 입수하였는지를 나타내는 것이다. 원천에는 공식적(formal) 원천과 비공식적(informal) 원천이 있는데, 공식적 원천은 공적인 채널을 통하여 입수하는 것이고, 비공식적 원천은 지연, 학연, 혈연 등과 같은 비공식적 채널을 통하여 얻는 것이다.

⑤ **관련성**(relevance)

관련성은 입수한 자료나 정보가 사용자의 업무에 얼마나 관련(도움)이 되는가를 의미한다. 관련성은 정보의 가치와도 상당히 깊은 관계를 가지고 있다.

⑥ **행위성**(performance)

정보는 단순히 정보를 주지시키는 경우인가 아니면 이로 인하여 행위가 이루어지거나 권한을 행사할 수 있게 하는가에 따라 그 역할이 상당히 달라질 수 있다. 사실을 알려 주는 순수한 의미의 정보를 정보적정보(informative information)라 하고, 권한과 책임을 부여하는 정보를 행위적정보(performative information)라 한다. 행위적 정보는 그 특성상 파급효과가 지대하다. 정보사회로 발전함에 따라 행위적 정보의 중요성은 더욱 신중하게 다루어져야 할 것이다.

2. 시스템

(1) 시스템의 정의

시스템이란 하나 이상의 구성요소(개체)들이 공동의 목표를 달성하기 위하여 상호유기적으로 작용하는 통합된 결합체를 의미한다. 시스템은 관련된 여러 독립된 하위시스템(subsystems)으로 구성될 수 있고, 역으로 여러 관련된 시스템이 모여서 하나의 상위시스템(supra-system)을 구성할 수도 있다.

(2) 시스템의 구성요소

1) 경계(boundary)

시스템의 외부와 내부를 구분하는 것을 경계라고 하는데, 경계는 시스템이 하고 있는 활동의 범위를 정의한다고 할 수 있다. 경계 밖은 시스템의 외부로서 환경(environment)이라고

하는데, 환경은 시스템의 활동에 영향을 미치지만 시스템이 통제할 수 없는 영역이다. 시스템은 환경으로부터 입력(input)을 받으며, 시스템 내부의 구성요소를 통해 처리(process)과정을 거쳐 출력(output)을 다시 환경으로 내보낸다. 즉, 시스템은 입출력을 통하여 환경과 교류하고 있는 것이다.

2) 인터페이스(interface)

인터페이스(interface)는 시스템 간의 연결 혹은 하위시스템 간의 경계를 의미하는 것으로, 어떤 시스템의 출력을 다른 시스템의 입력으로 연결시켜 주는 역할을 한다. 우리가 컴퓨터와 만나는 것을 사용자 인터페이스라고 하는데, 이는 주로 키보드, 마우스, 모니터 등을 통하여 이루어진다. 인터페이스는 시스템 혹은 하위시스템 간의 원활한 교류를 위해서 아주 중요한데, 즉 용이하고, 친절하고, 편하게 접근할 수 있어야 한다. 윈도우즈(Windows)는 그래픽을 활용하여 사용자 인터페이스를 촉진하고 있는데, 이렇게 그래픽을 이용한 사용자 인터페이스를 그래픽 사용자 인터페이스(Graphic User Interface : GUI)라고 한다.

3) 오류와 통제

① 오류(error, variety)
오류는 시스템 혹은 구성요소의 활동 및 그 결과가 미리 정해진 목표나 기준에서 벗어나는 것을 의미한다.

② 통제(control)
통제는 시스템이나 구성요소가 오류를 범하고 있는가를 관찰하며, 오류를 발견하면 시스템이나 구성요소가 정해진 목표나 기준에 다시 회귀하도록 하는 것을 의미한다.

4) 피드백

시스템이나 구성요소가 과연 미리 정해진 목표나 기준에 맞게 활동하고 있는가를 알려 주는 것이 피드백(feedback)이다.

3. 의사결정

(1) 인간의 의사결정 과정

'인간은 어떻게 의사결정을 하는가? 어떤 절차에 의해서 하며 어떠한 유형의 의사결정이

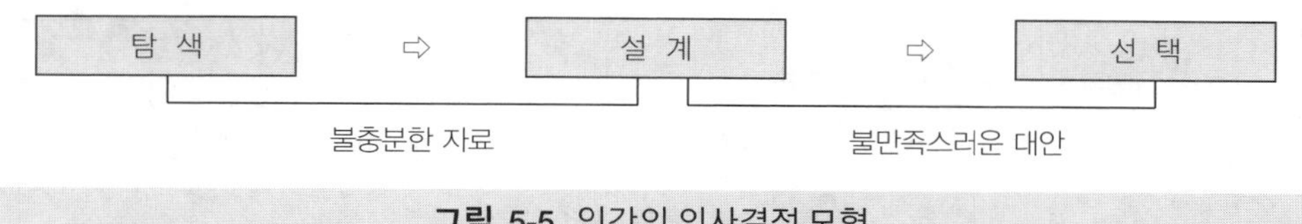

그림 5-5 인간의 의사결정 모형

있는가? 그리고 이러한 의사결정의 모형에는 어떠한 것들이 있는가? 등과 같은 질문은 인간의 의사결정 과정을 이해하고, 올바른 의사결정을 유도하며, 정보시스템을 통하여 의사결정을 지원하는 데 기초가 되는 것들이다.

가장 널리 알려진 의사결정 과정은 사이먼(Simon)이 주창한 3단계 모형으로서, 이는 인간의 의사결정에 관한 연구에 기초를 제공하였다. 사이먼의 모형은 〈그림 5-5〉와 같이 탐색(intelligence), 설계(design), 선택(choice)의 3단계로 구성되어 있다.

1) 탐 색

이 단계에서는 의사결정의 필요성을 인식하면서 시작하게 되는데, 의사결정의 필요성은 문제를 발견하거나 기회를 포착함으로써 비롯된다. 문제의 발견은 개념적으로 현 상태와 바람직한 상태와의 격차를 인식하는 것으로 정의된다.

2) 설 계

이 단계에서는 문제해결을 위한 여러 가지 대안을 마련하는데, 설계는 탐색단계에서 수집한 자료를 기초로 가능한 대안을 모색하는 과정과 각각의 대안을 의사결정 기준에 따라 평가하는 과정으로 구성되어 있다. 이 과정에서 의사결정에 필요한 자료가 불충분한 경우, 다시 탐색단계로 되돌아갈 수 있는데, 이러한 의미에서 의사결정 과정은 반복적(iterative)이며, 단순한 연속적(sequential) 과정이 아니다.

3) 선 택

의사결정 과정의 마지막 단계인 선택은 설계단계에서 개발한 대안 중 하나를 선택하는 단계이다. 여러 대안 중 하나를 선택하여야 하는 입장이어서 생각보다 많은 어려움이 따르게 되는데, 이는 미래에 대한 불확실성과 선택기준의 다양성, 모호성, 심리적 요소 등이 존재하기 때문이다. 이때 대안의 선택이 여의치 않으면 설계단계로까지 회귀할 수 있다.

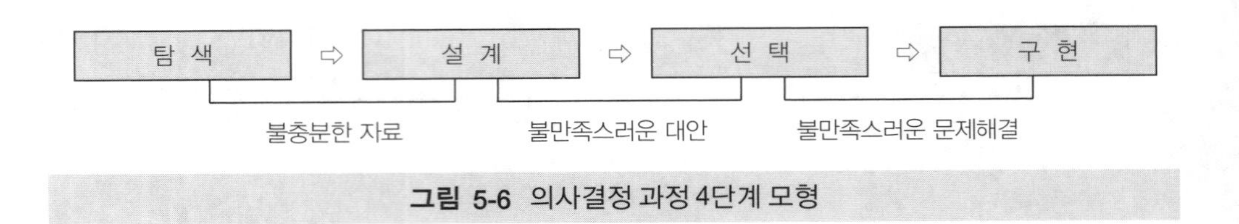

그림 5-6 의사결정 과정 4단계 모형

(2) 정보와 의사결정

많은 학자들은 사이먼이 제시한 3단계 모형에 의사결정의 구현(implementation)을 포함한 4단계 모형을 제시하고 있다. 여기서 구현이 중요한 이유는 의사결정과정은 문제해결을 위한 과정이고, 결정된 대안의 올바른 구현은 의사결정 못지않게 중요시되어야 하기 때문이다.

〈그림 5-6〉과 같이 4단계가 진행되는 과정에서 의사결정자가 만족하지 않는 경우에는 전단계로 되돌아갈 수 있다. 또한 각 단계마다 고유한 정보요구가 있는데, 이를 살펴보면 다음과 같다.

1) 탐색단계에서의 정보

정보시스템은 탐색단계에서는 적합한 관리자에게 의사결정을 필요로 하는 조직의 내·외부상황에 대한 정보를 준다. 따라서 정보시스템은 경영환경에서 발생하는 조직의 운영이나 활동을 탐색하는 데 사용될 수 있으며, 잠재적인 의사결정 상황을 확인하기 위해 외부환경 탐색에 사용될 수도 있다.

2) 설계단계에서의 정보

의사결정 과정상의 설계단계에서는 실행할 대안들을 개발하고 평가하는 작업을 한다. 이 단계에서 중요한 것은 의사결정을 해야 할 상황이 프로그래밍이 가능한지의 여부, 다시 말해서 구조적인가의 여부를 고려하는 것이다. 이는 곧 해결하고자 하는 문제에서 일반적인 규칙을 쉽게 발견해 낼 수 있는가를 파악하는 것을 말한다.

3) 선택단계에서의 정보

정보시스템은 의사결정자에게 설계단계에서 개발된 대안들 중에서 적절한 행동방안을 선택할 수 있는 정보를 제공해 주어야 한다. 이것은 탐색단계에서 충분한 정보가 모아지고 충분한 수의 대안이 개발되고 평가되어야 한다는 것을 전제로 한다. 그러나 현실세계에서는 시간과 자원이 충분하지 않기 때문에 의사결정자들은 결정을 내려야 하는 시점에서는 최적화보다는 '희생'을 선택하려 한다. 즉, 그들은 모든 관련 정보를 모으고, 모든 대안들을 고려하고, 그 중에서 최적안을 선택하는 이성적인 경제인처럼 행동하지는 못한다. 그 대신에 사이먼이 언급한 바 있는 '제한적인 이성'으로 행동하게 된다. 즉, 그들은 불완전한 정보와 제한된 대안들이 그들의 주관적인 선호나 받아들일 수 있는 결과를 보장해 준다면 이에 근거해 의사결정을 하고자 한다.

따라서 정보시스템은 의사결정자들에게 각 대안들의 요점을 요약하고 조직화하여 제공해 주어야 한다.

4) 구현단계에서의 정보

구현단계에서는 선택단계에서 얻어진 대안들을 구현하기 위한 활동이 행하여지며, 구현한 후에는 의사결정이 성공적이 되도록 감시한다.

정보시스템은 의사결정 때문에 영향을 받는 경영활동에 대한 피드백을 제공해 주는데, 이는 의사결정자로 하여금 그들의 결정이 성공인지의 여부를 알려 주고 의사결정이 지속적으로 뒤따라야 하는지를 알 수 있도록 해 준다.

(3) 의사결정의 특성

인간의 의사결정 과정은 합리성(rationality)에 근간을 두고 있다. 그러나 인간이 항상 합리적으로 의사결정을 하고 행위를 하는가에 대해서는 많은 의문과 다양한 견해가 제시되고 있다.

1) 제한된 합리성과 만족

고전적 경제이론은 의사결정자가 첫째 관련된 모든 정보를 수집하여 객관적으로 분석 · 검토하고, 둘째 실현 가능한 모든 대안을 파악하고 개인 혹은 조직의 최선이 되는 기준에 근거하여 공정하게 평가하며, 셋째 각 기준 간의 장 · 단점을 잘 고려하여 일정하고 분명한 기준에 근거하여 최선의 대안을 선택한다고 주장한다. 즉, 의사결정자는 제한된 합리성(bounded rationality)을 가지고 있다고 볼 수 있다.

2) 의사결정 시 발생하는 오류

인간이 의사결정을 내릴 때 자주 나타나는 오류를 심리학자들은 다음과 같이 파악하고 있다.

① 잘못된 준거틀(poor framing) : 인간은 정보가 제공된 준거틀에 따라 의사결정을 내린

다는 것

② 최신성(recency) : 사람들은 옳고 그름에 상관없이 가장 최신의 정보나 경험을 가장 신뢰한다는 것

③ 고정(anchoring) : 처음한 결정에서 크게 벗어나지 못하는 현상

④ 잘못된 확률(poor probability) : 사람들은 잘 아는 사건 혹은 좋은 사건에 대해 확률을 높게 측정하는 반면, 나쁜 사건에 대해서는 확률을 낮게 예측하는 경향

⑤ 자만(overconfidence) : 자기 자신의 전문분야에 대해 자만하는 경향

⑥ 상승효과(escalation) : 자신이 실패한 일에 더욱 많은 자원을 투입하고 집착하는 경향

⑦ 연관편의(association bias) : 과거의 성공전략에 모든 것을 연관시키는 경향

⑧ 집단사상(group think) : 집단 의사결정의 경우 만장일치를 유도하다 소수의 선각적이거나 참신한 아이디어가 무시될 가능성

4. 조직과 정보시스템

(1) 정보시스템의 유형 및 구성

일상적인 조직 내의 활동을 위해서는 많은 양의 자료처리가 필요하다. 컴퓨터를 기반으로 하는 정보시스템은 이러한 자료들을 빠르고 정확하게 처리해 주며, 경영자에게 기업의 목표를 달성할 수 있도록 해 준다.

1) 정보시스템의 유형

각 계층이 필요로 하는 정보의 특성을 보면 [표 5-41]과 같이 각 계층마다 정보의 유형이 다

표 5-41 계층별 정보의 특성

정보의 특성	운영관리층	중간관리층	최고의사결정자층
출 처	내부	〈------------------------〉	외부
범 위	좁음	〈------------------------〉	넓음
종합정도	상세정보	〈------------------------〉	종합정보
시간범위	역사적	〈------------------------〉	미래적
즉시성	매우 높음	〈------------------------〉	매우 낮음
정확성	높음	〈------------------------〉	낮음
이용빈도	빈번함	〈------------------------〉	간헐적

자료 : Gorry and Scott Morton(1971)

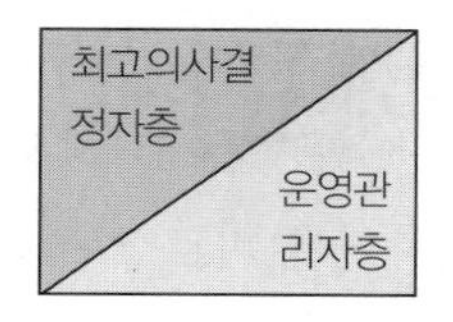

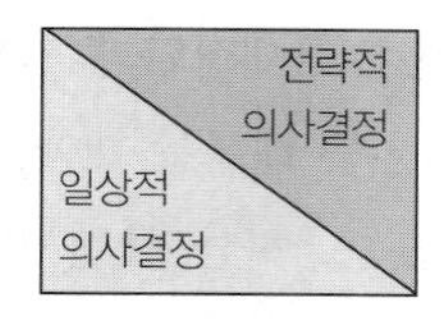

그림 5-7 조직의 관리계층과 의사결정 유형과의 관계

르게 나타난다. 여기서 이들이 필요로 하는 정보를 제공해 주는 정보시스템을 각각 거래처리시스템(transaction processing systems), 정보보고시스템(information reporting systems), 의사결정지원시스템(decision support systems) 등이라고 부른다.

2) 정보시스템 간의 상호작용

3가지 유형의 정보시스템은 서로 독자적으로만 사용되는 것이 아니고 다음과 같이 서로 상호작용하면서 사용된다. 즉, 〈그림 5-7〉과 같이 조직의 각 관리계층은 다른 유형의 의사결정을 위한 정보를 필요로 한다.

보다 높은 수준의 정보시스템은 보다 낮은 수준의 정보시스템이 저장하고 있는 자료를 사용한다. 그리고 보다 낮은(높은) 수준의 정보시스템은 보다 높은(낮은) 수준의 의사결정 계층을 위하여 사용될 수 있다.

조직의 상위계층에 있는 의사결정자들일수록 전략적인 의사결정을 많이 하지만 때로는 일상적인 의사결정도 하게 된다. 하위계층의 의사결정자들의 경우에도 일상적인 의사결정을 주로 하지만 전략적인 의사결정을 해야 하는 경우가 생길 수 있다.

5. 인터넷 응용

(1) 인터넷의 개요

자유스러운 정보의 공유, 상호 독립성, 자유스러운 의견개진과 자기표현, 열린 마음과 정보, 정보분배를 통한 민주화, 컴퓨터와 정보매체에 대한 무제한적인 접근 등으로 인터넷은 폭발적으로 그 사용 영역을 확장하고 있다.

신뢰성 있는 정보전달을 위한 통신망 구축에서 시작한 인터넷은 이제 전 세계를 연결하는 지구촌 통신망으로 자리를 굳혔고, 각국의 정보고속도로 구축에 따라 더욱더 통신망으로서의 역할이 커질 것으로 보인다.

우니나라는 1982년 서울대학교와 전자통신연구소 간에 SDN을 구축함으로써 인터넷을 시작했지만 1993년까지는 대부분 대학, 연구기관에서만 부분적으로 사용되었다. 그러다가 1994년 상용서비스를 제공하는 통신사업체들이 생겨나면서 비로소 우리나라의 인터넷이 본격적으로 확산되기 시작하였다.

(2) 인터넷 서비스

인터넷을 통하여 정보통신 분야에서 우리가 할 수 있는 일은 다양하지만, 일반적으로 잘 알려지고 가장 많이 쓰이는 서비스는 다음과 같다.

① 세계의 컴퓨터 접속 및 정보검색 Telnet
② 전자우편(Email)
③ 다양한 정보파일 전송입수 FTP
④ 지구촌 전자게시판 Usenet News
⑤ 메뉴방식의 정보검색 Gopher
⑥ 복합정보(하이퍼미디어) 검색 WWW
⑦ 실시간 지구촌 대화
⑧ 채팅 그리고 토의
⑨ 전자우편을 이용한 정보입수 Mailing List
⑩ 흥미로운 온라인 게임
⑪ 파일 및 사람 찾기 (검색)서비스
⑫ 인터넷 전화
⑬ 인터넷 라디오 및 TV
⑭ 인터넷 영상회의

6. 직업정보망

(1) Work-Net(www.work.go.kr)

노동부 고용안정정보망인 Work-Net은 1998년 개통한 이후 여러번에 걸친 개편을 거듭하였으며 2005년 대대적인 개편이 있었고, 취업알선의 정보제공의 중심망이다. 접속자 수와 페이지뷰에 있어서 정부 기관 중 수위를 다툴 정도로 접속이 많은 사이트로서 일평균 접속자 수는 20여만 명에 이르고 일 평균 조회수는 800만 건에 달하며, 총구직자 수는 35만 명이며, 총구인자 수는 5~10만 개에 달한다. 정보제공은 구직자와 구인업체를 중심으로 일자리 정보, 구직자정보와 이에 관련된 정보가 주를 이루고 있으며 각각 회원으로 가입하게 되면 구인활동과 구직활동에 필요한 개별적인 서비스를 받을 수 있도록 설계되어 있다. 기업회원으로 기입하게 되면 온라인을 통한 구인활동 및 구직자의 지원현황 파악 등이 가능하다.

개인 회원에 가입하게 되면 자신이 이력서 등 상세한 내용을 상담원에게 제공하여 상담 서비스를 받을 수 있다. 현재는 청소년, 여성, 중 · 고령자, 기업, 아르바이트 등의 하위망을 갖고 있다.

직업적성검사 등 직업지도정보, 직업세부정보, 고용정보, 훈련, 학과 등에 관한 다양한 정보를 제공하고 있으며, 온라인을 통한 직업심리검사와 직업상담(KNOW)은 학생 및 구직자에게 직업선택과 상담의 다양성을 제공한다.

고용지원센터 상담원 및 지자체 공무원 등에게 구인신청 또는 구직신청을 통해 구인자와 구직자 사이의 고용계약의 성립 등 취업알선 업무와 구인구직통계, SMS/FAX, 모니터링 업무를 지원해 주는 취업알선서비스를 제공한다.

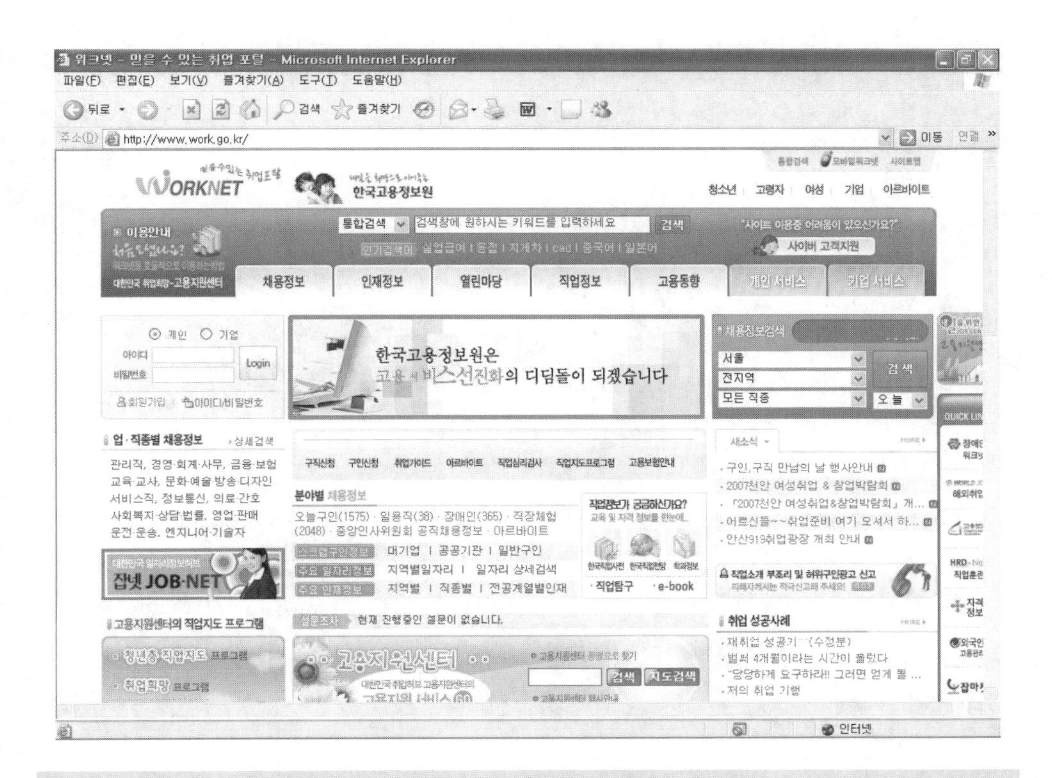

그림 5-8 Work-Net 초기화면

이와 같이 워크넷은 직업관련 정보의 너무 다양한 정보가 한곳에 산재하여 있고 그 기능이 다양하여 전체적으로 너무 무거운 편이며, 직업심리검사, 직업정보가 비교적 용이한 수준의 자료부터 전문가 수준까지 한꺼번에 집중되어 산재하여 있다. 너무나 많은 양의 정보가 한꺼번에 모여 있어 초보 사용자에게는 어려운 편이다. 뿐만 아니라 집단상담 프로그램까지 안내까지 하여 그 기능의 복합화로 인하여 컨텐츠의 질의 높거나 풍부하지 않다. 이는 미국이나 캐나다가 직업에 대한 여러 가지 측면에서 다양하게 독립적인 정보망을 운영하는 것과 비교된다.

(2) 고용보험(www.ei.go.kr)

고용보험사업의 진행을 위한 서비스 제공이 주된 업무이며, 고용보험과 관련된 개인 서비스의 제공한다. 즉, 가입 여부를 확인하고 받을 수 있는 급여액과 기간을 확인하는 고용보험 가입여부, 구직활동에 대하여 센터에서 확인을 받아야 하나 도서지역의 특례자에 한하여 온라인으로 구직활동을 인정하는 실업인정신청, 개인이 신청한 요청한 심사청구를 고용

그림 5-9 고용보험망 초기화면

안정센터에서 처리해야 하는데 청구서를 온라인으로 제출 가능한 심사청구, 육아휴직 급여는 상담원을 통한 특별한 절차가 필요하지 않으므로 온라인을 통하여 처리 가능한 육아휴직 급여 등이 있다.

기업 서비스의 제공은 기업에서 자격취득, 자격변경, 자격상실, 피보험자 목록과 같은 고용보험 업무를 온라인을 통하여 처리하고, 고용지원센터 상담원에 의한 재입력 방지 등 업무 효율 증대한다.

고용안정을 위한 다양한 고용지원 사업에 대한 안내 및 상담기능의 부족하고, 다양한 민원에 일방적인 신청만 가능하고 민원의 세부적인 진행절차에 대한 현시점의 안내가 부족하다.

(3) HRD NET(www.hrd.go.kr)

2003년 1월부터 노동부 및 한국고용정보원에서 운영하는 직업훈련 종합정보망이며, ① 직업능력개발에 관한 수요자의 다양한 요구를 반영하는 직업훈련 종합정보망 기능수행, ② 직업훈련관련 행정의 전산화를 통한 효율성 및 편의성 제고, ③ 직업능력개발 관련 종합 DB 구축 등의 기능이 있다. 정보제공의 경우, 공개서비스로 훈련정책, 훈련제도, 훈련교사, 훈련과정 등에 대한 소개 및 검색이 제공되고 있으며, 회원용 서비스로는 본인의 훈련내역과 출결, 적합훈련 등의 정보가 제공되고 있다. 기관용으로 훈련평가의 결과 및 관리가 제

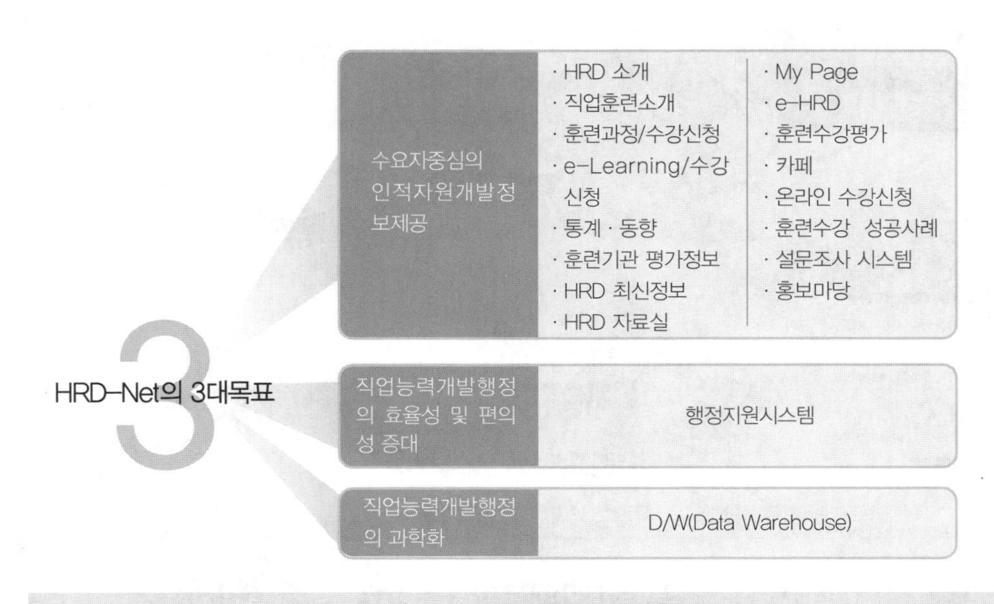

그림 5-10 HRD-NET 구성내용

공되고 있다.

행정지원의 경우, 행정지원시스템을 이용하여 훈련과정과 훈련생 등에 대한 입력과 관리를 수행하고 있다. 직업훈련 DB의 경우, 정부지원을 받는 재직자 및 실직자 관련 훈련의 훈련과정, 훈련생, 지원금에 대한 DB를 구축하고 있다.

2003년 이전에는 훈련기관 및 행정기관에서 HRD-NET을 이용한 훈련집행률이 저조했으나, 신고용보험시스템이 운영되기 시작한 2004년부터 훈련기관이 지원금수령을 위해서는 HRD-NET에 훈련과정, 훈련생 등에 대한 정보를 의무적으로 등록하도록 하였다. 2004년 상반기에 총 63천여 명의 실직자관련훈련 참여자, 1,270천명의 재직자관련 훈련참여자가 HRD-NET에 등록되어 있다.

2004년 11월에 HRD-Net 인트라넷 시스템을 구축하였고, 2005년 6월 HRD-NET 종합서비스 및 사용자 요구사항 조사 등을 추진하였다. 〈그림 5-10〉은 HRD-NET의 구성내용을 제시한 것이다.

〈그림 5-11〉은 HRD-NET의 초기화면을 제시한 것이다.

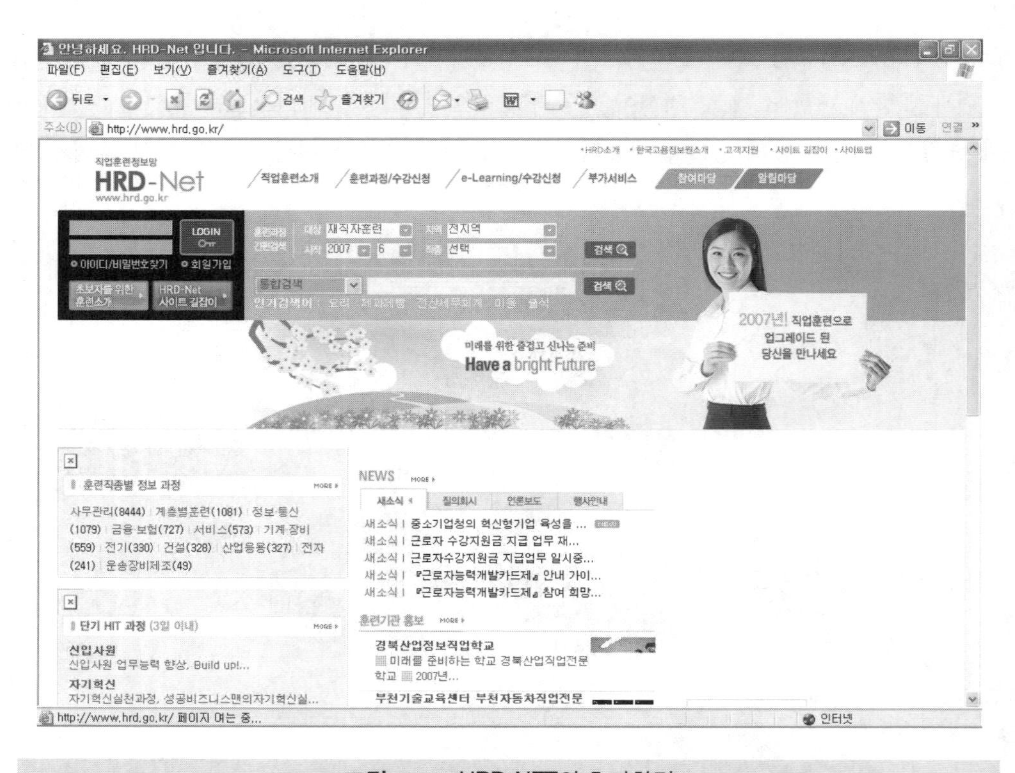

그림 5-11 HRD-NET의 초기화면

(4) 한국직업정보시스템(KNOW : know.work.go.kr)

비현실적인 직업분류에 기초하고 있으며, 내용이 부실한 직업사전의 한계를 극복하고 변화하는 직업세계에서 보다 정확하고 풍부한 정보를 제공함으로써 진로지도와 직업교육 · 훈련에 실질적인 도움을 주기 위한 KNOW는 미국에서 개발되어 실용화 단계에 들어간 O' NET(Occupational Information Network)을 모델로 하고 있으나, 아직도 O' NET 수준의 정보를 제공하고 있지는 못하다(강순희, 2004).

한국직업정보시스템(KNOW)은 진로지도를 위한 정보시스템으로 크게 '학과정보'와 '직

표 5-42 미국의 O' net과 캐나다의 직업자료창고(ODW)의 직업정보 내용

종류	미국의 O' net	캐나다 직업자료창고(ODW)
직업 명칭	미국표준직업분류	캐나다표준직업분류
직업 개요	직업에 대한 정의	직업 개요
작업자 특성	① 능력 ② 흥미 ③ 직업의 가치(작업의 중요성)	① 적성 ② 흥미 ③ 육체적 활동
작업자 요건	① 직능-기본 및 범기능적 직능 ② 지식 ③ 교육(요구되는 일반적 교육)	① 핵심 직능(Essential Skills) ② 지식
경험 요건	① Job Zones : 직업경험, 교육, 훈련 (요구 정도에 따라 5단계로 구분) ② 경험 ③ 자격증	고용요건 ① 교육 형태와 수준 ② 훈련 ③ 직업 경험 ④ 교육훈련지수와 자격
직업 요건	① 일반적 작업 활동 ② 작업의 맥락(Work Context) ③ 조직의 맥락	① 범-직업 직능 ② 작업환경조건 ③ 작업조직
직업 특수적 요건	① 업무 수행에 필요한 지식 ② 업무 수행에 필요한 기술 ③ 사용하는 도구, 기계, 설비	직무 특수적 직능 Jobscan/ELE
직업 특성	① 노동시장정보 ② 직업전망 ③ 임금	Job Futures의 노동시장 정보

자료 : 금재호 · 김동우 · 김기헌(2001). 외국의 직업정보시스템: 미국과 캐나다를 중심으로, 한국노동연구원

업정보'와 함께, 진로상담서비스를 제공한다. 학과정보는 관련직업, 학과개요, 학과영역, 관련학과 및 전공, 주요 교과목, 개설대학, 적성과 흥미, 취득자격증/면허, 진출분야, 취업현황 등에 대한 정보를 보여 준다.

'직업정보'에서는 관련학과, 업무수행능력, 지식, 성격, 흥미, 하는 일, 임금, 전망, 되는 길, 관련자격/훈련기관, 일자리 현황 및 관련 직업 등의 다양한 정보를 제공하고 있다. 일자리 현황에서는 해당 직업에 종사하는 인력을 채용하는 구인업체의 정보가 연계되어 즉각적으로 구직활동을 할 수 있도록 서비스를 하고 있다. 우리나라 직업정보시스템이 미국의 O'net을 기초로 개발되고 있으나 아직도 미국의 O'net이나 캐나다의 직업자료창고(Occupational Data Warehouse : ODW)와 비교하여 부족한 점이 많다([표 5-42] 참조).

한국직업정보시스템(KNOW)는 우리나라의 대표적인 학과와 직업에 관한 종합적인 정보를 수집하여 온라인상에서 제공함으로써 진로선택, 직업상담 및 직업훈련 등 국가인적자원개발에 유용한 기초 정보를 제공하는 종합적인 직업정보 인프라 시스템이다. 학과정보는 학과개요, 학과영역, 관련학과/전공, 주요교과목, 개설대학, 적성과 흥미, 취업률 등이며, 직

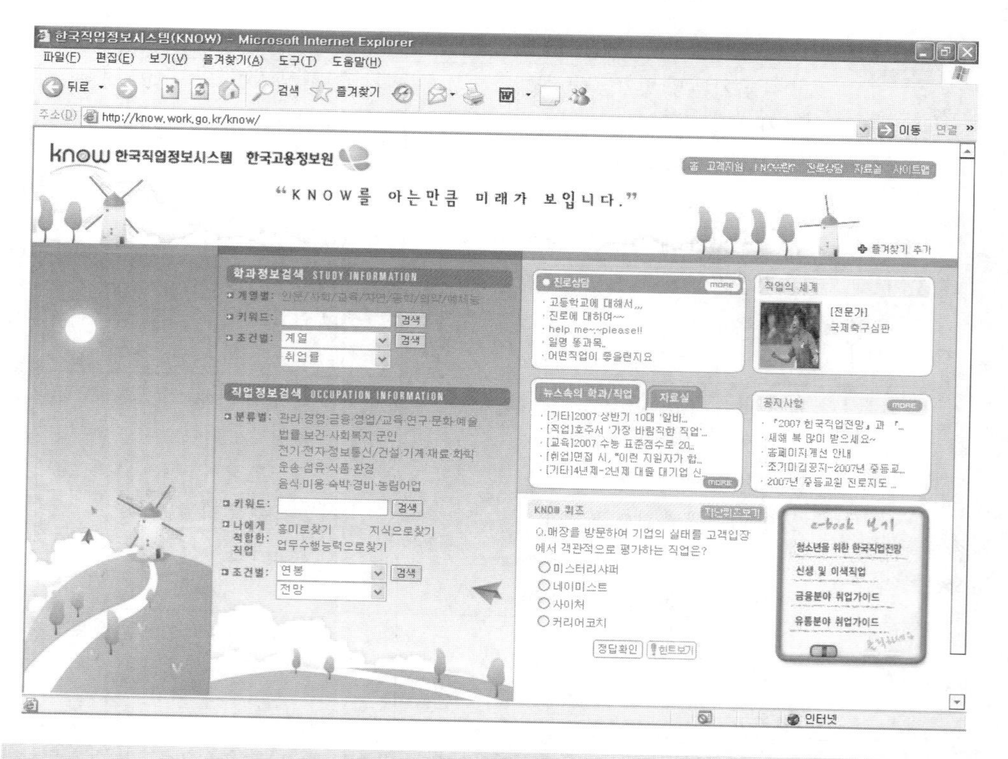

그림 5-12 KNOW 초기화면

업 정보는 업무를 수행하기 위해 필요한 능력, 성격, 지식, 흥미, 학력, 자격, 훈련, 상세한 업무 내용, 업무환경, 되는 길, 직업전망, 평균임금, 고용 및 일자리 현황 등이다. 또한 진로와 관련된 고민을 온라인상에서 연중 수시로 진로상담이 실시되고, 뉴스 속의 학과/직업을 통하여 뉴스에서 다루어진 최신 학과 및 직업에 관련된 정보 수집, 제공하고 있으며, 검색 인기 학과/직업 Top 5(주간 단위 집계), 온라인 설문조사, 게시판, 자료실 등을 운영한다.

(5) CareerNet(www.careernet.re.kr)

다른 정보망과는 달리 한국직업능력개발원에 의해 개발되고 운영되는 CareerNet은 초등학생, 중고생, 대학생, 성인, 교사 및 연구자, 학부모 등을 대상으로 진로정보를 제공하는 정보시스템이다. CareerNet은 학교정보, 학과정보, 직업사전, 자격정보, 진로지도/자료의 정보와 함께 상담사례 등을 서비스하고 있다. 또한 심리검사와 진로상담의 서비스도 제공한다.

'학교정보' 에서는 전국의 일반계 고등학교, 특성화 고등학교, 실업계 고등학교, 특수목

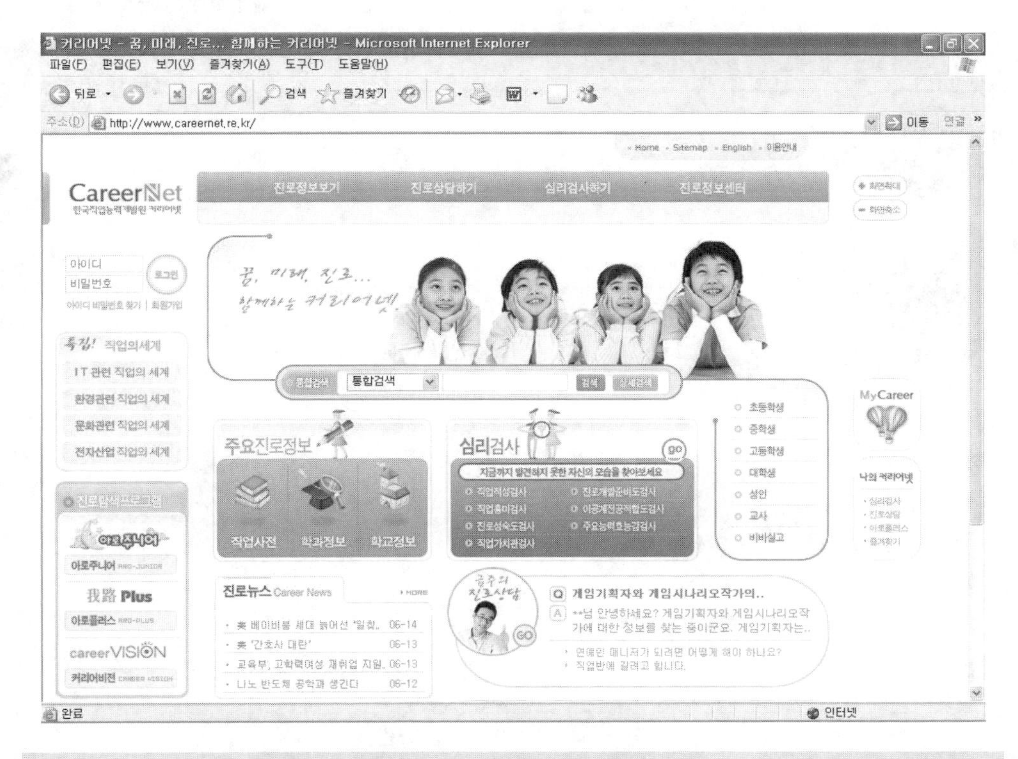

그림 5-13 CareerNet의 초기화면

적 고등학교, 2년제 및 4년제 대학 등 각급 학교의 주소, 홈페이지, 전화번호 등의 연락처와 함께 기숙사, 장학금, 전형방법, 설치학과, 그리고 학생 수, 교직원 수, 설립연도 등의 다양한 정보를 수요자가 찾아볼 수 있다.

'학과정보' 에서는 고등학교, 대학교, 대학원에 속한 학과들의 교육목표, 교육내용, 전공교과목, 장래 진로, 적성 및 능력, 취업률 및 설치학교 등을 소개하며, '직업사전' 에서는 한국에 존재하는 직업들에 대하여 직업의 특성, 적성 및 능력, 준비방법 등을 요약하고 있다. 또한 '자격정보' 에서는 자격의 종류를 국가자격, 민간자격, 국제통용자격으로 분류하고 각각의 자격에 대한 설명을 제공한다.

CareerNet에 나타난 자료와 정보는 독자적으로 작성하기보다는 기존에 있는 각종 자료와 정보들을 취합하고 있는 수준에 머무르고 있다는 한계가 있다. 또한 정보의 연계성측면이나 다양성 측면에서 부족한 점이 많아 진로설정을 위한 수요자의 욕구를 충족시키기에는 미흡하다(강순희, 2004).

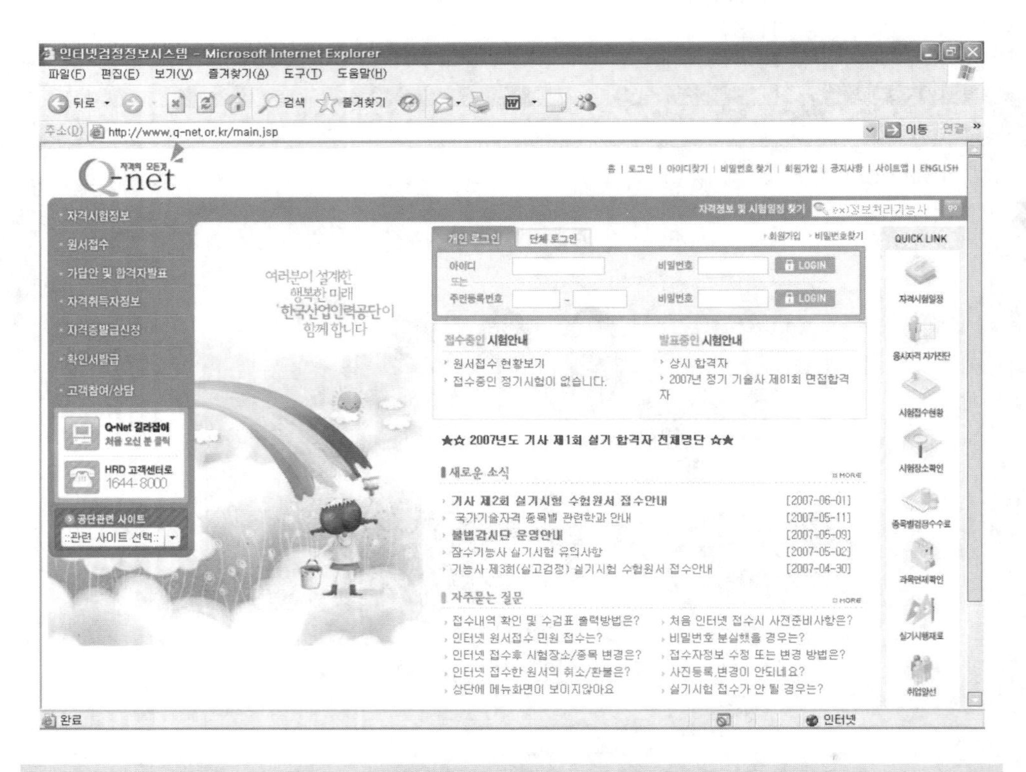

그림 5-14 Q-Net의 초기화면

(6) Q.Net(www. g–net.or.kr)

한국산업인력공단에서 운영하는 Q.Net(Qualification Network)은 한국의 국가 및 민간자격과 외국자격에 대한 정보를 제공하고 있다. 자격에 대하여 검정기준, 검정일시, 자격시험 신청에서부터 결과에 이르기까지 망라하고 있다.

요약

1. 고용보험은 적극적인 취업알선을 통한 재취업의 촉진과 근로자의 고용안정을 위한 고용안정사업, 근로자의 직업능력개발사업 등을 상호 연계하여 실시하는 사회보험제도이다.
2. 고용보험은 1998년 1월 1일부터 상시근로자 30인에서 10인 이상에게 실업급여, 고용안정사업 및 직업능력개발사업은 상시근로자 70인에서 50인 이상 등의 사업장으로 적용 확대되었으며, 동년 3월 1일부터 실업급여는 상시근로자 10인에서 5인 이상 사업장으로 적용 · 확대되었다.
3. 고용보험의 고용안정 사업은 근로시간 단축, 교대제 전환 등을 통해 일자리를 창출하는 고용창출사업, 근로자의 실업을 예방하고 고용안정을 도모하는 고용조정지원사업과 고령자 · 여성 등 노동시장 취약계층에 대한 고용촉진지원 사업 등이다.
4. 고용보험의 직업능력개발사업은 직업능력개발훈련, 유급휴가훈련, 직업능력개발훈련시설 · 장비자금대부, 근로자수강지원금, 근로자학자금 대부 · 지원, 직업능력개발훈련비 대부, 검정수수료 등 지원 및 전직실업자 취업훈련 등이 있다.
5. 고용보험의 실업은 근로의 의사와 능력이 있음에도 불구하고 취업하지 못한 상태에 있는 자들의 생활안정을 도모하고 구직활동을 용이하게 하기 위하여 구직급여와 취직촉진수당 등으로 실업급여를 제공한다.
6. 고용보험은 기업의 인력활용 지원을 통하여 근로자의 고용의 안정을 도모하는 적극적 노동시장정책 수단이므로 고용안정사업과 직업능력개발사업을 고용안정 · 직업능력개발사업으로 통합 · 운영한다.
7. 우리나라 직업안정 · 고용정책 역사의 새로운 변화는 1993년 고용여건 변화에 효율적으로 대처하고, 근로자의 직업능력을 지속적으로 개발 · 향상시키며, 인력부족에 효율적으로 대응하는 등 보다 적극적인 차원에서의 고용정책을 종합적으로 추진할 목적으로 1993년 12월 「고용정책기본법」 및 「고용보험법」을 제정하고, 1995년 1월 「직업안정및고용촉진에관한법률」을 「직업안정법」으로 전면 개정함에 그 근원을 둔다.
8. 직업안정기관은 직업소개, 직업지도 등 직업안정 업무를 수행하는 지방노동행정기관을 의미한다. 직업소개라 함은 구인 또는 구직의 신청을 받아 구인자와 구직자 간에 고용계약의 성립을 알선하는 것이며, 직업지도는 취직하고자 하는 자의 능력과 소질에 적합한 직업의 선택을 용이하게 하기 위하여 실시하는 직업적성검사, 직업정보의 제공, 직업상담, 실습, 권유 또는 조언, 기타 직업에 관한 지도를 의미한다.
9. 우리나라의 공공직업안정기관은 노동부 고용지원센터, 시 · 군 · 구 취업정보센터, 여성회관, 부녀복지관, 근로복지관, 공공직업안내소, 한국산업인력공단, 한국장애인고용촉진공단

등이 있다. 민간직업안정기관에는 비영리법인과 공익단체인 경총, 재향군인회, YWCA, 중소기업협동조합, 대한노인회, 대한상공회의소, 대한주부클럽연합회 등이 있으며, 유료직업소개소에는 헤드헌터, 근로자파견업체, 근로자공급사업체 등이 있다.

10. 정보시스템이란 특정 응용분야의 활동과 관련된 자료를 수집 · 분석 · 처리하여 의사결정자가 의사결정을 하는 데 필요로 하는 유용한 정보를 제공해 줄 수 있는 인간과 컴퓨터 시스템의 구성요소들로 이루어진 시스템을 말한다.

11. 인간의 의사결정 방법으로 가장 널리 알려진 것은 사이먼(H. Simon)이 주창한 3단계 모형으로서, 이는 인간의 의사결정에 관한 연구에 기초가 되었다. 사이먼의 모형은 탐색(intelligence), 설계(design), 그리고 선택(choice)의 3단계로 구성되어 있다.

12. 조직에서의 정보시스템은 효과성과 효율성을 확보할 수 있도록 부가가치 처리과정을 감시 · 통제하기 위하여 사용될 수 있다. 조직의 각 계층수준에 따라 그들이 필요로 하는 정보의 유형은 각각 다르다. 이들이 필요로 하는 정보를 제공해 주는 정보시스템을 각각 거래처리시스템, 정보보고시스템, 의사결정지원시스템이라고 부르며, 이 3가지 유형의 정보시스템은 서로 독자적으로만 사용되는 것이 아니고 서로 상호작용하면서 사용된다.

13. 의사결정지원시스템은 구조화되지 않은 또는 반구조화된 문제에 대한 결정을 지원하며, 임원정보시스템은 조직 내 고위수준의 임원들을 도와주기 위한 모든 하드웨어, 소프트웨어, 데이터와 사람들을 포함하는 전문화된 의사결정지원시스템이라고 할 수 있다. 전략정보시스템은 기업이 주어진 환경에서 경쟁우위를 확보하기 위한 정보시스템이다.

14. 우리는 사용자의 관점에서 인터넷의 기술적인 측면보다는 이를 활용하여 현재 수행하고 있는 업무의 효율성 및 효과성을 증진시킬 수 있는 방법을 모색해야만 할 것이다. 대표적인 인터넷 서비스로는 전자우편, 파일의 송수신을 위한 파일전송 서비스(FTP), 원격시스템 접속을 위한 텔넷(Telnet), 사용자 상호간 정보교환을 위한 유즈넷 뉴스(Usenet News) 등이 있으며, 월드와이드 웹(World wide Web : WWW)의 대중화와 함께 WWW가 인터넷 서비스를 통합하는 형태로 발전하고 있다. 인터넷 사용자의 확대와 함께 인터넷을 통하여 획득할 수 있는 정보 또한 빠른 속도로 늘어나고 있으며, 이를 위한 서비스 역시 더욱 발전해 가고 있다.

20. 직업정보망은 고용정보워크넷(www.work.go.kr), 고용보험(www.ei.go.kr), HRD NET(www.hrd.go.kr), 한국직업정보시스템(know.work.go.kr), CareerNet(careernet.re.kr), Q.net(www.q-net.or.kr) 등이 있다.

연구문제

1. 고용보험의 의의를 설명하시오.
2. 고용보험의 도입배경을 제시하고 그동안 발전하여 온 사회·경제적 배경을 논하시오.
3. 고용보험사업에 대하여 논하시오.
4. 고용안정사업의 종류와 내용을 제시하시오.
5. 직업능력개발사업의 분류와 그 내용을 설명하시오.
6. 실업급여의 의미와 그 내용을 설명하시오.
7. 직업안정기관의 종류를 나열하고 그 기능을 제시하시오.
8. 공공직업안정기관의 역할과 민간직업안정기관의 역할을 비교하여 논하시오.
9. 공공직업안정기관의 현황을 제시하고 문제점을 나열하시오.
10. 민간직업안정기관의 현황을 제시하고 문제점을 나열하시오.
11. 조직에서의 정보시스템의 역할을 설명하시오.
12. 정보시템의 구성요소를 논하시오.
13. 조직에서의 정보시스템이 다양한 형태를 갖게 되는 이유를 설명하시오.
14. 거래처리시스템의 역할과 그 중요성을 기술하시오.
15. 의사결정지원시스템이 지원하는 기능은 무엇인지 설명하시오.
16. 인터넷을 한 문단으로 정의하시오.
17. 메일링 리스트와 유즈넷 뉴스의 근본적인 차이점을 설명하시오.
18. 우리나라 직업정보망을 비교하여 설명하시오.

06

직업훈련과 자격제도

인적자원 관리영역의 하나인 인적자원 개발은 인적자원 개발, 인적자원 환경, 인적자원 활용 등으로 구성되어 있다. 인적자원 개발의 직업훈련은 제1차 경제개발 5개년 계획이 시작된 1962년부터 발달하기 시작하였다. 우리나라의 직업훈련은 도입에서부터 정착 · 성장 · 전환 · 성숙하기까지 우리나라 경제발전과 그 맥을 같이하여 왔었다.

그러다가 1995년 고용보험제도의 실시와 맞물리면서 직업능력개발이라는 차원으로 직업훈련의 변혁기를 맞이하게 됨에 따라 자격제도는 인력의 양성과 평가의 틀로서 직업훈련과 함께 성장하여 왔다. 이 장에서는 인력의 양성과 평가의 두 축이 되는 직업훈련과 자격제도에 대해서 개관해 보고자 한다.

|제1절| 직업훈련

현대 산업사회는 다품종소량 생산체제에서 고용의 유연성으로 인하여 직업의 경계가 모호해지고 새로운 일의 형태가 대두하고 있으며, 이러한 노동시장의 움직임에 대응하는 인적자원 개발이 요청되고 있다. 그러므로 이 절에서는 직업훈련의 의미, 종류, 형태, 발달과정, 현황 등에 대하여 제시할 것이다.

1. 인적자원 개발과 훈련

(1) 인적자원 관리영역

인적자원 관리영역은 〈그림 6-1〉에서와 같이 훈련과 개발, 조직개발, 진로경로 개척과 같은 인적자원 개발(human resource development : HRD)영역, 조직/직무설계, 인적자원 기획, 수행관리 체제, 노사관계 등과 관련된 인적자원 환경(human resource environment : HRE)영역, 선발 및 배치, 고용인 지원, 보상/유인, 고용정보 체계 등과 관련된 인적자원 활용(human resource utility : HRU) 영역 등으로 구분된다.

(2) 인적자원 개발

모든 조직은 물적 자원(physical resource), 재정적 자원(financial resource), 인적자원(human resource)으로 구성되어 있는데, 인적자원 개발은 물적 자원과 재정적 자원만을 중시하는 현대 산업사회의 경향을 인간 자체의 자원개발에도 동등하게 역점을 두어 강조하는

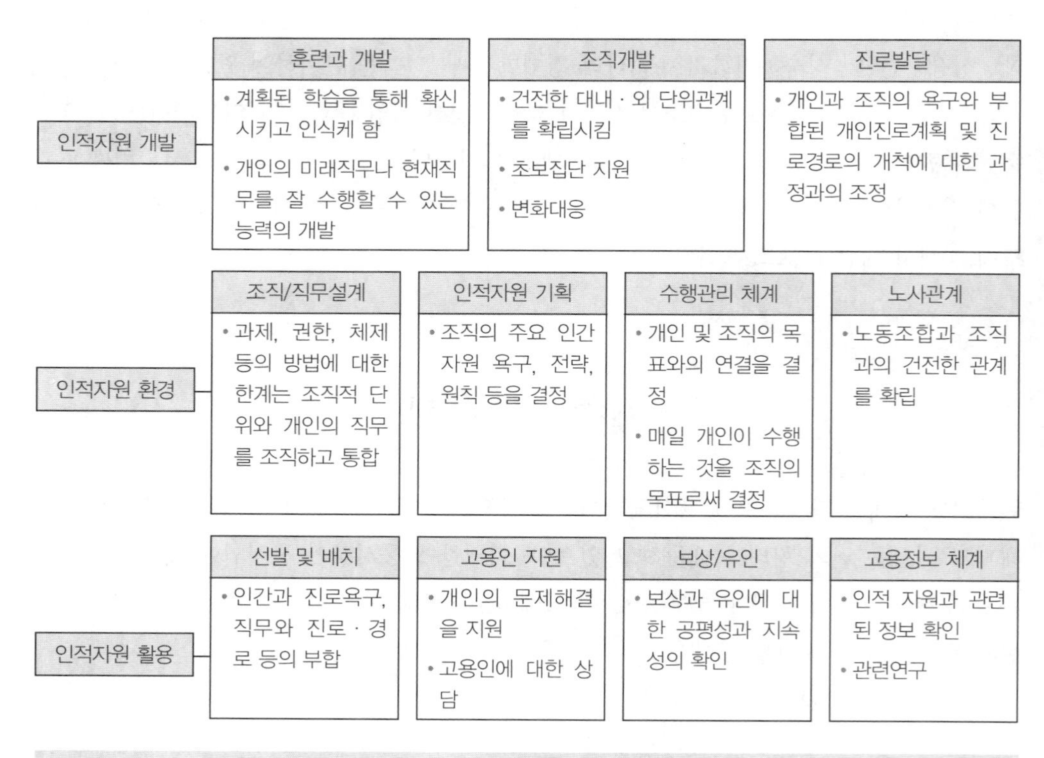

그림 6-1 새로운 인적자원 관리영역

학습경험을 의미한다(손태근, 1990).

네들러(L. Nadler, 1984)는 1969년에 처음으로 인적자원 개발의 개념을 도입하였다. 그는 인적자원 개발이란 산업체에만 국한된 것이 아니라 고용주가 근로자에게 또는 조직이 근로자에게 그 조직의 목적에 따라 직무능력과 개인적인 성장 가능성을 기르기 위해 일정기간 내에 제공하는 조직적인 학습경험이라고 보고 그 특성을 다음과 같이 제시하였다.

① 반드시 의도적이고 계획적이며 조직적인 학습이어야 한다.
② 이러한 학습은 제한된 특정기간 내에 이루어져야 하며, 시간개념은 비용측면보다 학습성취 및 성취 여부의 평가시점을 더욱 중요시한다.
③ 조직의 현재 또는 미래의 직무와 관련이 있어야 하므로 뚜렷한 목적하에 조직의 직무성과 향상을 위하여 효과적인 방법과 내용을 계획적으로 추진하여야 한다.
④ 직무성과의 향상 가능성을 증대시켜야 한다.
⑤ 개인과 조직의 가능성을 증대시켜야 한다.

또한 질리와 에그랜드(J. W. Gilly & S. A. Eggland, 1989)는 인적자원 개발을 고용인의 지식, 기술, 태도, 행위 등을 개선시키기 위하여 제한된 조직 내의 학습활동이라 하였으며, 맥라겐과 수하돌닉(P. A. McLagen & D. Suhadolnik, 1989)은 개인, 집단, 조직 등의 효율성을 향상시키기 위하여 훈련 및 개발(training and development), 조직개발(organization development), 진로발달(career development)을 통한 계획적이고 조직적인 학습활동이라고 정의하였다.

이와 같이 인적자원 개발은 개인이나 조직 내에서 운영되는 훈련을 포함하고 있다.

2. 인적자원 개발

(1) 인적자원 개발의 중요성

21세기 국가발전 틀에서 인적자원 개발의 중요성이 강조되는 것은 과학기술의 발달, 노동시장의 구조적 변화, 직업세계의 융합화 · 복합화 · 통합화, 자유무역협정(FTA) 시대의 개방화, 세계화 등의 변화와 밀접한 관련이 있다. 또한 지식기반산업 시대에서는 지식과 정보를 새롭게 창출하고 활용하는 능력이 그 어느 때보다 요구되기 때문에 새로운 지식과 정보를 습득하는 일은 개인의 자산이 됨을 의미하며 이는 곧 국가의 부를 창출하는 원천이기도 하다. 이러한 변화된 환경에서 평생동안 학습하는 것은 이제 '선택'의 문제가 아니라, 개인과 국가의 생존을 위한 '필수'가 되었다. 그러므로 국가에서는 '사람입국'을 선언하기에 이르렀다.

정보기술의 발달은 노동이동을 촉진시키고 노동시장을 점차 유연하게 만들고 있을 뿐만 아니라 자유무역협정으로 인하여 국제 간의 노동이동이 더욱 활발해질 것으로 예상되어 인적자원 개발의 중요성이 더욱 부각되었다.

이러한 환경변화에 덧붙여 우리나라의 인구구조, 산업구조, 노동시장 변화 등은 인적자원 개발 정책의 틀의 변화를 촉구하고 있다. 인적자원의 양적 투입확대에 의한 경제성장 전략은 인구정체, 노령화 등 노동력 공급부족으로 한계에 봉착하였으며, 21세기 지식기반 사회에 부합하는 새로운 성장전략을 모색하기 위해서는 인적자원의 양성, 배분, 활용 등에 있어서 질 중심의 발상전환이 필요하다. 더구나 경제의 소프트화, IT 등 하이테크 중심의 산업구조 조정은 고도의 전문성과 혁신능력을 갖춘 고급두뇌를 양성하지 않고서는 원활히 이루어지기 어렵다.

우리나라는 인적자원의 공급부족이 일어나고 있으며 공급부족을 재촉하는 원인 중에 하나는 출산율의 급격한 저하에 있다. 그러므로 인적자원 개발 여지가 많은 여성, 고령자, 외국인 등의 인적자원 개발 정책의 필요성이 요구된다. 선진국에 비해 10% 이상 낮은 여성의 경제활동참가율, 40세 중반이 되면 노동시장에서 퇴출되는 젊은 노인 양산, 북한이탈주민, 외국인근로자 등이 증가함에도 불구하고 비교문화적 접근의 결여 등은 우리나라 인적자원 개발의 난제이기도 하다.

(2) 인적자원 개발의 필요성

우리나라는 그동안 압축성장과 외환위기 극복에서 양극화된 구조적 문제가 노출한 채 성장과 통합이라는 위기에 놓여 있다. 우리나라의 성장률 저하와 양극화의 심화를 보면 다음과 같다.

첫째, 우리나라의 성장 잠재력이 현저히 약화되어 노동투입과 투자가 감소하는 가운데, 생산성 향상을 이끌 기술혁신 능력이 한계에 직면해 있다.

둘째, 경제 전반에 걸쳐 이중구조가 심화되고 있는데, 대기업과 중소기업, 수도권과 지방권, 제조업과 서비스업 등이다. 또한 노동시장의 양극화가 심화되어 청년실업, 조기퇴직, 비정규 형태의 고용 확대 등이 나타난다.

셋째, 고용 없는 성장이 우려된다. 지식기반경제로 이행함에 따라 서비스분야 및 고급기술기반 제조업의 비중이 증가하는 방향으로 산업구조가 고도화되고 있다. 이러한 고도화는 경제 전반적으로 고용흡수력이 감소되어 고용 없는 성장의 우려가 제기된다.

넷째, 지식기반 경제의 진전에 따른 산업구조 고도화 및 기술발전으로 숙련도와 지식·기술수준이 높은 창의적인 혁신 인력에 대한 수요가 확대되고 있으며 이들에 대한 인적자원투자도 증대되고 있는 반면, 단순, 기술·기능인력의 수요는 상대적으로 감소하고 있으며, 주변인력에 대해서는 노동의 유연화가 급속히 진행되고 있다. 이러한 유연화는 재택근로, 이동근로, 계약제근로, 파견근로 등 다양한 고용형태의 비정규직이 증가한다.

다섯째, 여성의 경제활동참가율(53.9%)이 남성(78.2%)에 비해 현저히 낮은 수준이며, 대졸 이상 여성의 고용률은 55%로 OECD 평균 79%보다 24%P 낮은 상황이다.

여섯째, 우리나라 인구구조는 급격히 고령화되고 있으며, 전체인구 가운데 15~29세 인구의 비율은 빠른 속도로 하락하면서 동시에 50대 이후의 비율은 급증하는 '생산가능인구의 역피라미드화'로 경제활력의 저하가 우려되고 있다.

일곱째, 사회는 다원화되고, 급격한 경제성장에 걸맞는 사회적 신뢰가 성숙하지 못한 상태에서 세대 간·계층 간 가치관의 갈등이 심화되고 있어 사회통합의 저해를 가져오고 있다.

그러므로 사회통합 위에 혁신역량의 제고를 통한 지식과 기술개발의 역량 강화에 초점을 두고 이 모든 것이 가능하도록 유능한 인적자원 개발, 즉 학습복지(learnfare)가 이루어져야 한다(채창균, 2006).

(3) 인적자원 개발의 과제

1) 여 성

여성의 경제활동참가율의 제고는 출산과 양육, 가정, 한국정서 등의 복합적인 요인들이 작용함으로써 해결하는 데 어려움이 있으나 여성 스스로 비전통적 진로를 선택하는 경향이 높고, 출산과 양육의 사회적 비용 부담 등에 대한 폭넓은 이해를 촉구하는 정책이 여성가족부에서 일어나고 있어 긍정적이나 그 속도는 매우 느리다. 북구 국가들이 가족친화적 고용정책을 통해 여성의 경제활동참가율을 높이는 한편 출산율도 높은 수준을 유지하고 있음은 참고할 대목이다.

2) 중·고령자

조직퇴직 관행으로 지나치게 일찍 노동시장에서 사장되고 있는 중·고령인적자원의 활용을 위해 연령차별과 같은 노동시장 관행, 중·고령자 취업지원에 대한 정책개발 등을 추진하는 한편, 재직근로자에 대한 정년맞이 프로그램, 은퇴 후 노년준비하기 프로그램 등의 다양한 프로그램을 개발함으로써 중 · 고령의 인적자원 개발 촉진을 수행할 수 있다. 우리나라 인력 중에 질좋은 인력인 50대 이후 인력이 장기간 노동시장에서 머무를 수 있는 정책들이 개발되어야 한다.

3) 취약계층의 저숙련 함정

우리나라의 경우 중간 수준의 일자리는 감소하고, 고소득 및 저소득 일자리는 크게 증가하는 고용구조의 격차도 심화되고 있어 소득수준별 하위 1~4분위 및 상위 7~10분위 일자리는 증가한데 비해, 중위 5~6분위 일자리는 감소(한국노동연구원, 2006)하였다. 이는 글로벌 경쟁의 격화와 급속한 기술진보로 고숙련 노동의 가치는 증가하는 반면, 저숙련 노동의 가치는 하락하는 노동시장의 양극화가 발생한 것이다. 한편, 임금격차의 확대 및 저임금근로자의 높은 비중 등 고용과 복지의 선순환이 약화되는 여건하에서 고용의 양적 확대만으로는 양극화 극복에 한계(working poor)가 있다. 그러므로 저소득 일자리를 차지하고 있는 취약계층에 대한 직업능력개발은 저숙련 함정(low skill- bad job trap)에서 탈피하고, 숙련제고를 통해 고용의 기회와 질을 높여 조화로운 사회통합을 가능케 한다(high skill-good job chance).

4) 인력자원 개발의 불일치

한편, 인적자원의 질적 불일치를 해소하기 위해 학습-고용 간의 연계강화를 위한 인프라의 구축, 교육혁신, 평생학습체제의 정착 등이 필요하다, 고학력화 추세 속에서 나타나고 있는 청년실업, 과학기술인력 부족 등은 기업이 필요로 하는 기술 및 숙련수준별 인력수요와 학교에서 배출되는 인력공급이 불일치하기 때문에 발생하고 있다. 노동수요의 변화에 교육부문이 능동적으로 반응할 수 있도록 신호전달체계를 정비하고 이와 관련된 신규통제 생성, 정보제공을 위한 인프라를 구축 등이 요구된다.

5) 인적자원 활용도 제고

1990년대 들어서 청년실업, 이공계 기피, 3D 산업 인력난, 과학기술인력 부족 등과 같은 인력수급 불일치 문제가 심화되고 있다. 인력수급 불일치의 원인으로는 크게 숙련불일치, 일자리 불일치, 그리고 빈번한 일자리 이동의 3가지로 나누어 볼 수 있다.

첫째, 숙련불일치는 일자리에서 요구되는 숙련과 구직자가 갖춘 숙련이 일치하지 않음으로써, 기업들이 필요한 인력을 확보할 수 없는 데서 발생하는 수급불일치이다. 이것은 필요한 숙련과 기술 또는 해당 기능을 갖고 있는 인력이 존재하지 않기 때문에 발생하는 것으로 6T 분야나 차세대 성장동력산업 등과 같은 첨단과학 분야에서의 고급인적자원에 대한 공급부족을 들 수 있다.

둘째, 일자리 불일치는 구직자가 요구하는 임금이나 근로조건과 사용자가 제공하는 처우수준 양자 간에 괴리가 존재하기 때문에 발생한다. 일반적으로 기피업종을 중심으로 나타나는 인력난으로, 3D 업종이나 중소기업에서의 인력난이 여기에 해당된다. 이러한 현상은 산업구조가 고도화되는 과정에서 대부분의 국가가 겪는 것으로 제한적 노동공급, 고학력화, 고령화 등 주로 노동공급 측의 변화에 의해 나타난다.

셋째, 외환위기 이후 노동시장의 유연성이 높아지고 비정규직의 비중이 높아짐에 따른 빈번한 일자리 이동 역시 인력난을 야기하는 주요 원인 중의 하나이다. 이는 사용자와 근로자 쌍방에서 평생일자리의 개념이 약화됨으로써 사용자 측면에서는 근로자 인적자원 개발을 위한 교육훈련투자 유인이 저하되고, 근로자는 조직에 대한 충성도가 저하되어 처우가 나은 일자리로 이동하려는 성향을 보이게 된다(김형만 외, 2002).

3. 직업훈련의 의미 및 종류

(1) 직업훈련의 의미

1) 직업훈련과 교육훈련

직업훈련(vocational training)은 넓은 의미에서 필요한 직무수행능력을 습득 · 향상시키기 위하여 실시하는 훈련으로, 즉 직업을 갖고자 하는 자에게 산업사회에 적응하기 의한 능력을 갖추기 위하여 필요한 기능 · 지식 · 태도를 함양하도록 도와주고, 취업한 자에게 기술혁신과 산업변화에 대처하기 위한 능력을 향상시켜 자기실현을 꾀하도록 도와주는 일련의 훈련활동이다. 이에 비해 교육훈련(education and training)은 적절한 관습이나 태도를 향상시키고 효과적으로 직무를 수행할 수 있도록 도와주는 계획적이고 조직적인 교육적 활동이다.

2) 직업훈련의 정의

「근로자직업능력개발법」(법률 제8429호)에 나타난 직업훈련의 정의에 따르면, 직업훈련은 근로자의 직업능력개발을 위한 훈련이라 하였으며, 직업능력개발훈련은 근로자에게 직업에 필요한 직무수행능력을 습득 · 향상시키기 위하여 실시하는 훈련이라고 규정하였다. 김시종(1979)에 의하면 직업훈련은 직무를 보다 잘 수행하는 데 필요한 모든 직업능력을 훈련을 통하여 체득시킴으로써 노동생산성을 높이는 것이라고 정의하였다. 국제노동기구(I.L.O)에 의하면 직업훈련이란 직업과 직업군 내에서 효율적인 수행을 위해 요구되는 지식, 기능, 태도를 준비하기 위한 목적을 가진 활동으로, 기초적 · 보충적 · 향상적이며 새롭고 특별한 직무와 관련된 모든 것을 포함하나 일반교육은 포함하지 않는다고 규정하였다.

이와 같이 직업훈련은 교육법에 의한 교육과 다르나 교육계와 상호작용 관계를 유지함을 의미한다. 직업훈련은 자신에게 적합한 교육수준을 가지고 특정한 직업에 필요한 기술 · 기능 등 직업능력을 갖추기 위한 체계적 · 계획적인 활동이며 교육보다 실제적인 면을 내포하고 있다.

3) 직업훈련의 의의

직업훈련은 산업사회에서 필요로 하는 기능인력을 기업체 내의 기존 생산시설, 장비, 재료, 인력 등을 활용하여 개개 기업의 특성에 부응하는 인력양성을 수행함으로써 기업의 효율적 인력관리를 꾀할 수 있도록 기업의 직업훈련 참여를 촉진시키고 있다. 즉, 직업훈련을 통하여 기업 자체에서 필요로 하는 인력을 스스로 양성함으로써 생산현장에 쉽게 적응할 수 있는 인력을 충족할 수 있고, 사업체 내의 기존 설비, 장비, 재료 등을 활용함으로써 훈련경비를 절감할 수 있으며, 생산현장의 경험이 풍부한 자를 훈련교사로 활용함으로써 훈련내용이 더욱더 효과적이 될 수 있다.

(2) 직업훈련의 형태

직업훈련은 실시자의 성격에 따라 공공직업훈련, 사업내 직업훈련, 인정직업훈련으로 구분된다.

1) 공공직업훈련

공공직업훈련(public vocational training)이라 함은 국가, 지방자치단체 또는 공공직업훈련법인이 숙련된 다능공 양성을 목표로 실시하는 정규훈련방식의 직업훈련 형태이다. 공공직업훈련은 국가, 지방자치단체, 대통령이 정하는 공공단체 등에서 운영하며, 훈련비 전액 또는 일부가 국비로서 여기에는 수업료, 실습비, 실습복, 교재비 등이 포함되고, 입학자 전원에게 기숙사가 제공된다. 그리고 직업훈련 수료 후에는 전원 취업이 알선되며, 생활보호대상자, 국가유공자녀는 정부에서 소정의 훈련수당을 지급받게 된다.

2) 인정직업훈련

인정직업훈련(authorized training)은 공공직업훈련법인 이외에 비영리법인이 노동부장관의 인가를 받아 실시하는 기능공 양성목표를 가진 정규훈련방식의 직업훈련 형태이다. 인정직업훈련은 법인과 개인이 각각 추구하는 영리 · 비영리 목적에 따라 훈련직종을 선정하여 운영하여 왔다. 비영리단체인 사업주단체나 지역공단 그리고 종교적 또는 복지적 측면이 강한 각종 기관과 단체가 참여하고 있으며 개인이 설립한 직업훈련원도 있다.

3) 사업내 직업훈련

사업내 직업훈련(in-plant training)은 기업주가 단독 또는 타 기업주와 공동으로 사업체 내에서 기능공을 양성하거나 고용된 근로자에게 직무향상 및 직무보충 등을 훈련하는 직업훈련 형태이다.

사업내 직업훈련은 기업체가 필요로 하는 직종에 대한 훈련을 실시하는 것으로 훈련 수료 후 소속기업에 취업이 가능하다.

(3) 직업훈련의 역할

1) 역할변화

직업훈련의 역할이 인력수급 조절에서 인적자원 개발 및 인적자원 관리측면으로 변화하게 된 주요 계기는 우리나라 경제사회개발 5개년 계획의 추진방향과 관련이 있다.

직업훈련은 그동안 노동집약적 산업을 육성 발전시키는 데 공헌하여 왔으나 산업과 기술의 발전은 직업훈련의 역할 변화를 요구하게 되었고, 직업훈련은 사회적 · 경제적 여건 변화 속에 그 역할을 인력수급 조절에 국한하였다.

직업훈련은 국가의 인적자원 개발과 인적자원 관리의 중요한 시책의 하나로 점점 부각되기 시작하였다. 정부는 비진학청소년의 문제해결을 위한 하나의 수단으로 사업주단체의 공동훈련원을 지원하기에 이르렀다. 그러나 변화가 가속화되는 현대 산업사회가 직업훈련의 역할변화를 요구하게 됨에 따라 직업훈련은 인적자원 관리측면에서 평생직업교육훈련체제로 전환하게 되었는데, 이는 1987년 6 · 29 이후 사회 · 경제 전반에 걸쳐 나타난 자율화와 민주화의 현상에 기인한 것으로 볼 수 있다.

이러한 직업훈련은 고용보험제도가 들어오면서 근로자의 직업능력개발 측면에서 정립하게 되었다. 「근로자직업능력개발법」(법률 제8429호) 제5조 제2항(1. 인력의 수급동향 및 전망을 반영한 직업능력개발훈련의 수급에 관한 사항, 2. 근로자의 직업능력개발에 관한 노사의 참여 및 협력 증진에 관한 사항, 3. 직업능력개발훈련과 자격 간의 연계에 관한 사항, 4. 기업내 학습조직 · 인적자원개발체제의 구축에 관한 사항, 5. 직업능력개발사업의 평가에 관한 사항, 6. 직업능력개발훈련의 표준 설정, 직업능력개발훈련교사 · 인력개발담당자의 육성 · 지원, 직업능력개발훈련매체 · 방법의 개발 · 보급 등 직업능력개발훈련의 여건조성에 관한 사항, 7. 중소기업의 직업능력개발훈련 활성화에 관한 사항, 8. 원격훈련의 활성화에 관한 사항, 9. 그 밖에 근로자의 고용의 촉진 및 고용의 안정을 위하여 직업능력개발사업의 실시가 필요하다고 인정하여 노동부장관이 정하는 사항)과 그 이전 법인 1999년도의 「근로자직업훈련촉진법」 제6조 제2항(1. 산업인력 수급에 관한 사항, 2. 직업능력개발훈련의 실시목표에 관한 사항, 3. 직업능력개발훈련의 기본시책에 관한 사항, 4. 직업능력개발훈련 재원의 확보 및 투자에 관한 사항, 5. 직업능력개발훈련 시설의 설치 및 확충에 관한 사항, 6. 특정 계층 · 직종 · 지역의 근로자에 대한 직업능력개발훈련의 촉진에 관한 사항) 등을 비교하여 분석해 보면, 직업훈련은 1970년대에는 경제적 도구로서 인력수급 조절의 역할을 하였고, 1980년대에는 기술집약적 산업의 인력개발 측면에서, 1990년대에는 평생 직업교육훈련 체제 내에서 그 역할이 변화되고 있음을 알 수 있다. 1998년에 대량실업을 맞이하면서 평생직업교육훈련체제로서의 역할은 적극적인 실업대책의 일환으로서까지 그 의미가 발전하였으며, 2000년대에 들어와서는 직업훈련의 새로운 도전기이다. 2000년대는 무한경쟁, 지식기반사회로 특징 지워지는 현 시대에 맞는 직업훈련제도의 또 다른 혁신이 요구되고 있다. 파트너십을 기반으로 한 네트워크형 추진체제로 지역실정에 맞는 인력개발체제를 구축하고 분권화를 통한 지역균형발전에도 기여해야 하므로 직업훈련 정책대상 확대(재학생, 영세 자영업자 등), 고용안정 · 능력개발사업 재정통합, 지역 · 노사중심의 능력개발 등 직업능력개발이라는 큰 명제로 전환하고 있음을 알 수 있다.

다음 〈그림 6-2〉는 직업훈련의 역할변화를 나타낸 것이다.

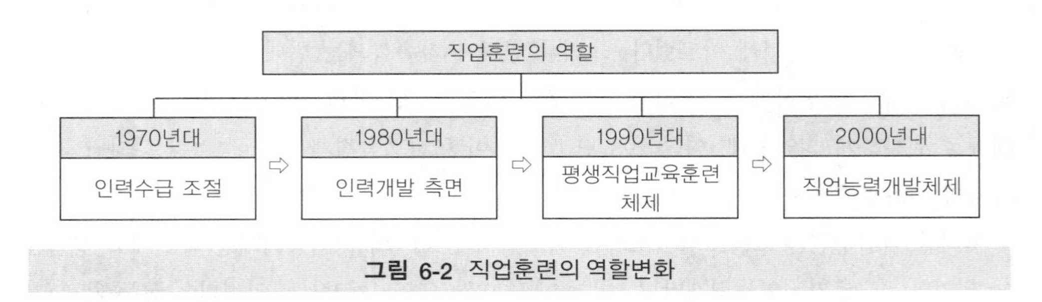

그림 6-2 직업훈련의 역할변화

2) 사회안전망의 역할

우리나라의 실업대책 훈련은 근로자의 직업능력을 높여서 취업을 촉진하고, 인력자원의 질과 성장잠재력을 향상시켜 근로자의 경쟁력을 높이는 국가발전전략의 하나이며, 실업자의 근로의지를 유지 · 개발하여 노동력의 마모를 방지함으로써 성장잠재력을 훼손하지 않으려는 데 의의가 있다.

실업으로 인한 사회적 문제는 다음과 같다.

① 가족해체와 가족문제

실업이 장기화되면, 가정생활이 동요되고 인간의 삶 자체가 흔들리게 되어 인적 비용(human cost)이 발생하게 된다. 개인적으로는 그 실업유형에 관계없이 근로자의 물질적 생존기반을 박탈하게 되어 가정생활을 파탄으로 몰고 갈 수 있음은 잘 알려진 사실이다. 가장의 실직으로 자녀들이 학업을 계속할 수 없다면 중도에서 탈락한 이들이 사회비행화하는 계기를 만들 수도 있을 것이다. 그리고 사후에 이들을 산업인력화하는 데에는 매우 큰 사회적 비용이 소모될 것이며, 이는 곧 국민부담으로 전가될 것이다.

② 사회불안 고조

높은 실업률은 사회적으로는 생산에 기여할 인력자원을 활용하지 못하게 함으로써 생산뿐만 아니라 경제성장에 손실을 가져오게 하여 잠재적인 GDP 수준에 못 미치게 하며 자연실업률을 높이는 순환을 계속하게 한다. 특히 10대 및 20대 초반 청소년들의 취업이 좌절되어 실업이 장기화될 경우, 이들이 사회로부터 소외되고 비행화하면 엄청난 사회적 문제가 발생할 수 있다.

③ 실업자의 심적 충격에 의한 좌절

실업이 갑자기 찾아오면 진로 경로 개척이 중단되면서 높은 심적 충격을 맞게 된다. 특히 연령이 높을수록 직업능력 보유에 대한 불안감으로 충격이 더욱 심화된다.

실업자 직업훈련의 중요한 기능은 사회안전망으로서의 역할이다. 실업자 직업훈련 실시규정 제24조의 훈련수당에 의하면 1일 4시간 이상이고 1개월 8시간 이상 과정을 수강한 자, 훈련기간 중 단위개월의 출석일수가 100분의 80 이상인 자에 대하여 교육비, 가족수당, 보육수당, 능력개발수당, 우선선정 직종수당 등을 지급한다. 이를 보면 직업훈련이 사회안전망을 보조하는 역할로서 상당한 가치가 있음을 알 수 있다.

훈련생의 훈련수당이 적은 것은 일부 훈련생이 중도 탈락하는 불만요인이 되며, 훈련수당이 높을 때에는 취업을 도피하기 위한 교육훈련이 될 수 있으므로 적정한 수준의 훈련수당 산정이 필요하다.

실업자 직업훈련의 우선 훈련대상으로는 정리해고된 자와 구직등록 후 3개월이 경과된 자를 포함하였으며, 훈련수당 지급대상을 목적으로 훈련받는 자를 방지하기 위하여 1년에 3회 이상 훈련과정을 수강한 자를 제외하고 있다. 훈련생의 직업훈련카드(바우처)제도는 현재 시험 시행 중에 있으나 국가적인 입장에서 훈련비용에 대한 지원행정의 효율화 측면에서 운영되는 경향이 있다. 즉, 직업훈련카드는 훈련과정명, 시작 · 종료일, 정원 수, 교육시간, 훈련비 단가, 식사 · 기숙사 제공, 훈련생의 출결사항 등 훈련비용에 대한 내용으로만 구성되어 있다.

실업에 있어서 직업훈련이 사회안정망으로서의 기능을 확고히 하기 위해서는 실업자의 심적 상태와 가족관계 등에 대한 처치가 포함되어야 한다. 단지 실업자의 근로의욕 및 직무보유를 위한 기능으로써 직업훈련이 실시된다면 병의 근본을 치료하는 것이 아니라 통증을 소진시키는 진통제의 효과만을 추구하는 것이 된다. 한편 직업훈련의 중요한 기능으로 근로복지를 들 수 있는데, 아직까지는 이러한 시각이 고려되지 않고 있으며, 직무습득과 유지의 방법이나 그 효과 등에만 치중되어 있다.

3) 평생직업능력개발의 역할

직업훈련의무제를 근간으로 하는 직업훈련기본법은 정부주도적인 기능인력양성제도이었지만 「근로자직업능력개발법」은 기업 또는 근로자의 자율적인 인적자원 개발을 지원하기 위한 제도이다. 또한 「근로자직업능력개발법」은 중소기업 근로자의 자율적 훈련 및 중소기업 사업주가 실시하는 직업훈련, 일용 · 단시간 · 파견 등 비정규 근로자가 자율적으로 직업훈련을 받는 경우 우대 지원함으로써 취약계층(중소기업 및 비정규 근로자)에 대한 직업훈련 기회 확대하였다.

직업훈련의무제 하에서는 공공 · 인정 · 사업내 훈련기관이 정해진 훈련기준에 따라 실시하는 훈련만이 직업훈련으로 인정을 받았으나 「근로자직업능력개발법」 하에서는 영리기관을 포함하여 대학, 노 · 사단체 및 그 연합체, 민간직업능력개발단체 등 다양한 기관의 훈련시장 참여가 가능하였다. 훈련기관 및 훈련과정에 대한 평가시스템을 구축하여 평가결과에 따라 인센티브를 부여하거나 부실한 훈련 · 과정은 퇴출시킴으로써 훈련의 내실화를 도모하고 평가결과를 공개하여 훈련생이 합리적으로 훈련기관 및 과정을 선택할 수 있도록 하였다. 사업의 범위도 기존의 훈련비 중심의 지원에서 매체개발 · 조사연구, 직업능력개발 현황 및 성과 등을 측정 · 평가할 수 있는 통계자료, 지표 · 지수 등을 체계적으로 개발 · 활

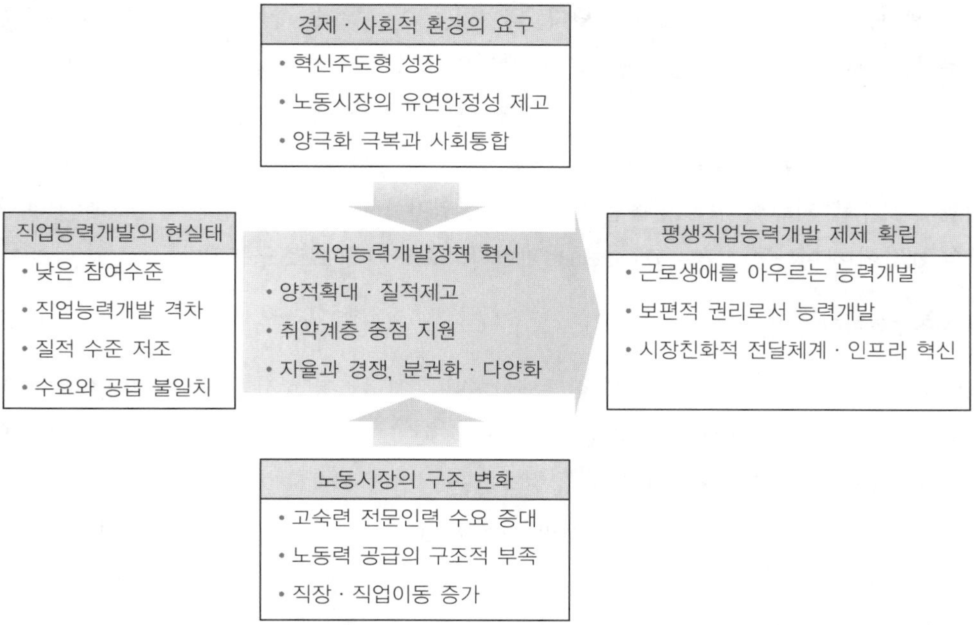

경제 · 사회적 환경의 요구
- 혁신주도형 성장
- 노동시장의 유연안정성 제고
- 양극화 극복과 사회통합

직업능력개발의 현실태
- 낮은 참여수준
- 직업능력개발 격차
- 질적 수준 저조
- 수요와 공급 불일치

직업능력개발정책 혁신
- 양적확대 · 질적제고
- 취약계층 중점 지원
- 자율과 경쟁, 분권화 · 다양화

평생직업능력개발 제제 확립
- 근로생애를 아우르는 능력개발
- 보편적 권리로서 능력개발
- 시장친화적 전달체계 · 인프라 혁신

노동시장의 구조 변화
- 고숙련 전문인력 수요 증대
- 노동력 공급의 구조적 부족
- 직장 · 직업이동 증가

자료 : 노동부(2007). 평생직업능력개발 기본계획(2007~2011)

그림 6-3 평생직업능력개발체제

용의 직업능력개발 통계 · 지표 체계화를 제시하였다. 〈그림 6-3〉은 평생직업능력개발체제를 나타낸 것이다.

(4) 직업능력개발 훈련체계

1) 기술인력의 체계

생산현장의 기술은 생산설비를 설계 · 건설할 수 있는 능력, 생산설비를 운용 · 정비할 수 있는 능력, 신제품과 새로운 공정 등을 창출하고 기존제품이나 기존공정을 개선할 수 있는 능력 등으로 구분된다.

선진국에서 기술인력에 대한 직무영역이 구분된 것은 20여 년 전의 일로서 기능공(craftsman), 엔지니어(engineer), 과학자(scientist)의 3계층으로 이루어졌으나, 기술혁신이 거듭됨에 따라 기술에 관련된 직무가 세분화되고 과학자와 엔지니어의 수준이 높아지면서 각 직무계층이 점차 전문화 · 다양화되는 경향을 띠기 시작하였다.

『한국표준직업분류』에 의하면 우리나라의 기술인력은 과학자, 기술자, 산업기사, 기능공 등의 체계를 갖고 있는 것으로 나타났다. 국가가 개인의 기술 · 기능 및 지식의 정도를 측정하기 위하여 그 능력이 일정한 수준에 있음을 공증하는 제도가 국가기술자격제도인데, 이는 기술인력의 자질향상 및 사회적 지위향상과 경제발전에 기여함을 목적으로 하고 있다. 이 제도에 의하면 기술체계는 생산과 보수, 조작 등에 관련된 기능공(skilled worker), 생산과 보수를 지원해 주는 활동을 담당하는 산업기사(technician), 생산과 생산과정의 연구와 개발에 참여하는 기술자(engineer), 과학자(scientist) 등으로 구분된다.

2) 직업훈련과정에 따른 분류

직업훈련과정은 기능사 훈련과정을 비롯하여 사무 · 서비스직 종사자 훈련과정, 감독자 훈련과정, 관리자 훈련과정 및 직업훈련교사 훈련과정으로 분류된다. 「근로자직업능력개발법시행령」(대통령령 제20028호)에 정한 훈련과정은 직업에 필요한 기초적인 직무수행능력을 습득시키기 위하여 실시하는 훈련과정인 양성훈련(basic training), 양성훈련을 받는 자나 직업에 필요한 기초적인 직무수행능력을 가지고 있는 자에게 더 높은 직무수행능력을 습득시키거나 기술발전에 대응하여 필요한 지식 · 기능을 보충하기 위하여 실시하는 향상훈련(up-grade training), 종전의 직업과 유사한 새로운 직업에 필요한 직무수행능력을 습득시키기 위하여 실시하는 전직훈련(training for the change of occupation) 등으로 분류된다.

3) 직업훈련방법에 따른 분류

직업훈련의 방법은 실시하는 장소의 개념에 따라 집체훈련, 현장훈련, 원격훈련 등으로 구분된다. 「근로자직업능력개발법시행령」(대통령령 제20028호)에 정한 훈련은 집체훈련[off the job training : Off JT – 직업능력개발훈련을 실시하기 위하여 설치한 훈련전용시설 그

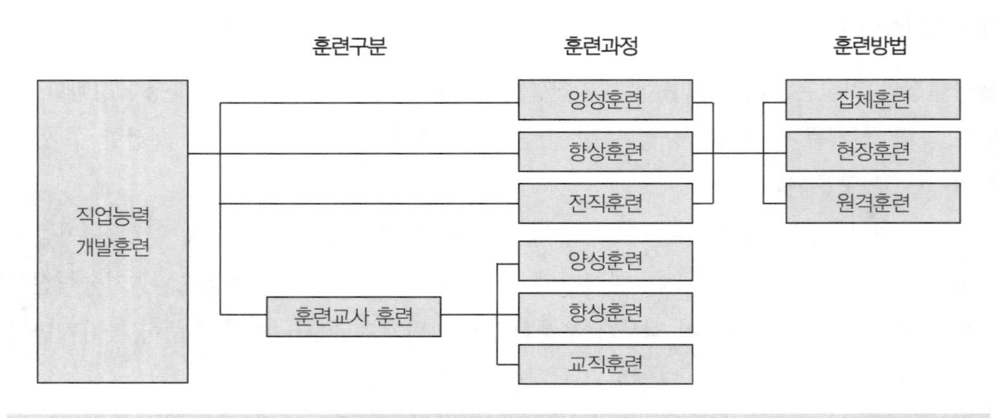

그림 6-4 직업능력개발 훈련체제

밖에 훈련을 실시하기에 적합한 시설(산업체의 생산시설 및 근무 장소를 제외한다)에서 실시하는 방법], 현장훈련[on the job training : OJT – 산업체의 생산시설 또는 근무 장소에서 실시하는 방법], 원격훈련(정보통신매체 등을 이용하여 직업능력개발훈련의 실시자가격지 간에 있는 근로자에게 실시하는 직업능력개발훈련)을 의미한다(〈그림 6-4〉 참조).

4) 훈련주체

자체훈련은 사업주가 훈련과정 편성, 훈련진행 등을 직접 수행하는 경우를 의미하며, 사업주가 훈련생관리를 직접하는 경우에도 훈련교사 및 훈련프로그램 일체를 동일 훈련기관에 위탁하는 경우에는 제외된다. 즉, 자체훈련은 사업주가 훈련비용을 부담하여 실시하는 훈련으로 훈련계획수립, 훈련실시, 훈련생관리 등을 당해 사업주 등이 직접 수행하는 훈련이며, 위탁훈련은 사업주가 훈련비용을 부담하여 다른 훈련기관에 재직근로자 또는 채용예정자를 위탁하여 실시하는 훈련으로 당해 훈련기관이 훈련실시, 훈련생관리 등을 하는 훈련이다.

5) 평생직업능력개발체제

1995년 고용보험제도 도입으로 모든 기업이나 근로자에 대해 노동시장 각 단계별로 평생능력개발을 지원할 수 있는 체계 구축하였다. [표 6-1]은 노동시장 단계별 직업훈련체계를 나타낸 것으로 정규교육시기에서부터 실업시기에 이르기까지 중도탈락자, 비진학청소년, 미취업자, 비경제활동참가자, 근로자, 실업자 등을 대상으로 하였다.

표 6-1 노동시장 단계별 직업훈련 지원체계

단계	정규교육시기	노동시장진입시기	재직시기	실업시기
대상	• 중도탈락자 • 비진학청소년	• 미취업자(청년실업자) • 비경제활동자(여성, 고령자 등)	• 근로자	• 실업자
규모 (2005.10)	• 중도탈락자 2만 4,000명(2005.4) • 비진학청소년 10만 2,000명(2005.4)	• 청년실업자 34만 명 • 비경제활동인구 1,441만 2,000명	• 고용보험피보험자 858만 8,000명 • 사업장 105만 7,000개소	• 전체실업자 87만 명 • 전직실업자 84만 명
종류	• 기능사양성과정	• 신규실업자훈련	• 재직자훈련	• 전직실업자훈련

자료 : 노동부(2006). 직업능력개발사업 현황 및 정책과제

4. 직업훈련 도입배경 및 발전과정

(1) 도입기(1953~1971)

우리나라가 직업훈련에 국가적인 관심을 갖게 된 것은 광복 이후 사회교육의 일환으로 교육법에 의거하여 실업교육이 실시되면서부터였으나, 직업훈련에 관한 최초의 법적 근거를 갖춘 것은 1953년 5월에 공포한 「근로기준법」(법률 제1268호)의 '기능자 양성에 관한 규정'에서 비롯하였으며, 이 외에도 산업교육진흥법 등 관계특별법에 기술 · 기능개발을 위한 규정이 명시되었다.

직업훈련제도 도입 당시인 1960년대 초반에는 빈약한 부존자원, 저저축으로 인한 투자재원의 부족, 낮은 기술수준, 국내수준의 협소, 남북분단으로 인한 정치적 · 사회적 불안과 과중한 방위비 부담 등 경제적으로 어려운 여건에 처해 있었다. 단지 개발가능성이 높은 저임금의 노동력만이 하나의 가능성이었다. 이러한 어려운 여건 속에서 공업화를 통한 산업의 근대화를 꾀하고자 경제개발 5개년 계획이 수립되었으나, 제조업 생산분야의 조속한 성장을 위한 기술 · 기능인력의 부족이 문제점으로 나타났다. 노동집약적 산업육성을 통한 경제건설을 위하여는 완전실업 내지 불완전실업 상태의 유휴 노동력에게 기술을 습득시키는 것이 매우 시급히 요청되었다. 이에 따라 「근로기준법」, 「산업교육진흥법」 등에 의해 분산적으로 실시해 오던 직업훈련을 일원화하는 「직업훈련법」을 제정(1967. 1. 16)하게 되었다.

「직업훈련법」은 그 당시 근로자에게 직업훈련과 기능검정을 실시하여 공업 및 기타 산업에 필요한 기능사를 양성함으로써 근로자의 지위향상을 도모하고 국민경제 발전에 기여하고자 제안되었다. 직업훈련은 공공 · 사업내 · 인정직업훈련으로 구분되었는데, 사업주의 직업훈련 실시는 의무사항이 아니었고, 실시를 원하는 사업주에게 기준에 적합할 시에만 인정직업훈련으로 간주할 뿐이었다.

제1차 경제개발 5개년 계획을 추진하던 1962년의 국민총지출에 대한 국민총고정자본이 차지하는 비율은 3,889억 원의 13.9%에 지나지 않는 486억 원이었으나, 1986년에는 56조 3,585억 원의 46.5%인 26조 2,457억 원으로 25년간 3배에 달하는 자본을 형성하였다. 이 자본형성에 결정적인 역할을 한 것은 외국자본으로, 그 중 미국과 일본이 가장 많은 비중을 차지하고 있었는데, 이들 미국, 일본 자본이 한국에서 얻은 이윤이 세계에서 가장 높았던 까닭은 저임금의 노동력때문이었다.

1970년대에 들어오면서 우리나라의 경제성장은 무리한 대외의존적 성장정책으로 경제적 · 구조적인 모순이 나타나기 시작했다. 뿐만 아니라 1973년과 1979년 두 차례에 걸쳐 석유파동이 일어남으로써 세계 경제의 침체, 자원민족주의와 신보호무역주의로 대외의존이 더욱 심화되었다. 또한 외채의 누중과 원리금 상환부담의 가중, 차관원리금 상환 및 무역국제수지의 지속적 약화, 차관사업의 부실화, 차관사업의 독점화와 중소기업의 위축, 수출산업과 내수산업 간의 불균형 심화 등의 경제적 여건에도 불구하고 1970~1979년까지 10년간에 걸쳐 연평균 9.4%의 높은 경제성장률을 기록하였는데, 이는 1960년대보다 더 높은 기록이었다.

1970년대 산업별 연평균 경제성장률을 보면, 농어업 3.3%, 광공업 17.2%, 사회간접자본 및 기타 9.3% 등이며, 제조업이 급성장을 주도하였음을 알 수 있다. 이러한 발전은 1973년 전기기계, 화학, 제1차 금속, 수송용 기계의 산업을 중시하는 중화학공업 건설에 정책의 중점을 두었기 때문이다. 또한 1970년대의 수출은 8만 3,520만 불에서 1979년대는 150만 5,550만 불로 무려 18배나 증가하였으나 수입은 19만 8,400만 불에서 203만 3,860만 불로 10배에 이르러 수출이 수입보다 높은 증가를 나타냈다.

1960년대 후반에 들어와서는 기능공을 배출하기 위한 직업훈련교사 양성이 시급함을 깨닫고 1968년 6월부터 교사면허과정을 개설하여 운영하다가 1973년 3월 13일 법률 제2606호에 의거 직업훈련과정을 기능사와 교사훈련과정으로 구분하는 등 법을 보완하게 되었다. 경제성장에 부응하여 기능인력의 능력향상과 원활한 공급을 기하고 직업훈련의 전문화와 효율화를 도모하기 위하여 직업훈련제도의 전반적인 체제개선을 기하려는 시도로 제1차 개정된 「직업훈련법」은 직업훈련을 공공 · 사립직업훈련으로 구분하고, 사립직업훈련에 사업체에서 실시하는 사업내 직업훈련을 포함하였다.

사업체에서 직업훈련 형태는 고용상태의 근로자에게 근로계약에 의해 직업훈련을 실시함으로써 근로를 제공하였으며, 직업훈련생에게는 훈련약정서를 작성하여 승인절차를 거쳐 훈련기간의 2배에 달하는 기간을 직업훈련 실시자가 지정하는 사업체에 취업하여야 하는 취업의무조항을 두고 있었다. 이 의무조항은 그때 당시의 사회 풍속도를 단편적으로 보여 주고 있는데, 직장에 대한 근로자의 장기간 고용이 결여되어 있음을 알 수 있다.

[표 6-2]는 1960년대와 1970년대 초반에는 직업훈련 도입기에 나타난 직업훈련 실적으로 사업내 직업훈련의 활동이 미미하였으나, 1970년대부터는 그 활동이 활발했음을 보여 주고 있다.

표 6-2 도입기의 직업훈련 실적 (단위 : 명)

구분 \ 연도	계	1967	1968	1969	1970	1971
총 계	251,163	10,738 (36)	20,180 (95)	25,212 (133)	30,558 (158)	35,808 (164)
1. 기능공훈련	202,775	5,392	15,115	18,405	25,323	30,551
① 공공훈련	73,691	1,502	6,309	8,419	7,177	8,833
• 국립인정훈련원	3,930	–	–	167	319	605
• 정부기관	31,164	1,502	1,363	3,291	3,118	3,443
• 지방자치단체	38,597	–	4,946	4,961	3,740	4,785
② 사립훈련	129,084	3,890	8,806	9,986	18,146	21,718
• 사내훈련	86,541	3,890	8,022	8,527	13,483	14,303
• 법인체훈련	42,543	–	784	1,459	4,663	7,415
2. 특수훈련	48,388	5,346	5,065	6,807	5,235	5,257

자료 : 노동청(1981). 직업훈련사업 추진현황, p. 37

(2) 정착기(1972~1979)

1973년 5월 중화학공업 장기육성계획이 발표됨에 따라 1973년 이후 외자도입이 크게 늘어났으며, 1970년대 전반에는 노동집약적 경공업에 적합한 인력인 중졸자 인력의 공급이 증가하였다가 1970년대 후반부터 자본집약적 중화학공업 육성시책에 적합한 고졸자 능력을 갖춘 인력이 요청되었다. 이와 같은 현상으로 1970년 이후 우리나라에서는 상급학교의 진학률이 계속 증가하게 되었다.

또한 1970~1976년간 연평균 고용증가율은 4.3%(GNP 성장률 9.4%)의 높은 수준인 것에 반하여, 1976년 이후 전반적으로 연평균 13%의 고용흡수력을 보여 준 결정적인 이유는 제조업이 노동집약적 산업에서 자본집약적 산업으로 구조전환을 하였기 때문이다.

이러한 경영여건에 따라 1974년 12월 26일 법률 제2741호로 직업훈련에 관한 특별조치법을 제정하여 공포하였다. 이 특별조치법의 주요 골자는 일정규모 이상의 사업주에 대해 매년 일정비율의 인원을 의무적으로 양성토록 하는 사업내 직업훈련 실시 의무제를 도입하는 것이다. 즉, 광업, 제조업, 전기 및 수도업, 건설업, 운수 · 창고 및 통신업, 서비스업 등 6개 사업의 근로자가 2,000명 이상이거나 고용근로자의 연인원이 6만 명 미만인 사업주는 사업내 직업훈련 실시의무자로 규정하였다. 또한 경과조치로서 1976년까지 상시근로자 500명 이상이거나 연 근로자가 15만 명 이상인 자로 국한하였다.

그러나 의무대상의 제외사항을 두어 6개 대상 사업 중에서도 사업내 직업훈련이 가능치 않은 일정대상을 선정 · 규정하였다. 훈련인원은 상시근로자 15/100 이상이거나, 전년도 고용근로자 연인원의 1/2000 이상이어야 하며, 기능사 기초훈련은 실시인원의 2/3를 대상으로 재훈련, 향상훈련을 하되, 적응훈련은 1/3로 정하였다. 또한 사업내 직업훈련을 실시하거나 훈련인원 규정을 위반한 사업내 직업훈련 실시의무자는 500만 원 이하의 벌금을 내도록 규정하였다.

사업내 직업훈련제도를 도입한 그 당시는 인력이 있어도 인력이 모자라는 기술 · 기능인력의 수급상 불균형이 일어난 상태였으며, 이러한 상황은 앞서 지적한 바와 같이 수출의 급신장이 주요 원인이었다. 사업내 직업훈련 실시 의무규정이 제정되고 경과기간이 도래한 1976년 12월 31일에는 종전의 「직업훈련법」과 「직업훈련에관한특별조치법」을 통 · 폐합하고 「직업훈련기본법」을 제정하였다. 이때 직업훈련의 과제는 직업훈련 분담금제도를 설정하여 사업내 직업훈련으로서 기능사 기초훈련을 실시하여야 할 사업주가 이를 실시할 수 없는 경우에는 분담금을 납부하도록 하는 것이었고, 이에 따라 기능사 양성을 위한 국립직업훈련원을 특수법인으로 개편하기 위한 제반조치가 요구되었다. 이 기본법에서는 직업훈련 분담금제도를 신설하여 사업주가 훈련을 실시하거나 분담금을 납부케 하는 선택적인 방안을 규정하였다.

이러한 조치는 사업내 직업훈련이 정착할 수 있는 기틀을 마련하였고, 적용범위도 더욱 확대되어 상시 근로자 수가 300인 이상인 사업체, 도급한도액 20억 이상인 전 사업체로 정하였고 기능사 기초훈련을 의무적으로 실시하여야 한다는 규정도 포함하였다. 기능사 기초훈련의 의무인원은 전년도 상시 근로자 수의 10/100을 초과하지 않은 범위 내에서 노동청장이 매년 기능인력의 수급상황을 고려하여 산업별로 책정 · 고시하는 비율에 당해기업의 전년도 상시 고용근로자 수를 곱하여 산출되었다. 또한 직업훈련실시 의무사업주는 분담금 납부를 하고자 할 경우 '산업별 1인당 월평균 훈련비 의무훈련인원 훈련기간' 에 상당하는 금액을 납부하여야 한다고 명문화하였다.

1976년 12월 31일 법률 제2974호로 제정된 「직업훈련촉진기금법」은 직업훈련기본법에 의한 분담금을 재원으로 설치하여 효율적인 운영관리를 목적으로 제정되었다. 이 법에는 직업훈련 분담금을 사업 및 관리하기 위한 사항이 포함되었다.

다음 [표 6-3]은 1970년대 직업훈련 정착기의 직업훈련 실적을 나타낸 것으로, 이를 보면 사업내 직업훈련의 비중이 점차적으로 높아짐을 알 수 있는데, 이것은 특히 1975년부터 급격히 상승하여 전체 실적의 57~77%를 차지하였다.

표 6-3 정착기의 직업훈련 실적 (단위 : 명)

기관별 \ 연도별	1972	1973	1974	1975	1976	1977	1978	1979
총 계	27,525	39,851	41,310	75,254	125,653	83,027	100,425	128,294
공공직업훈련	9,918	16,234	16,355	17,480	18,164	14,878	19,201	27,485
• 법인	678	1,174	2,106	2,999	4,243	5,539	10,041	12,817
• 정부기관	3,893	5,164	8,757	10,240	11,445	7,468	4,769	8,076
• 자치단체	5,347	9,896	5,492	4,241	2,476	1,871	4,391	7,222
사업내 직업훈련	10,799	14,214	12,940	42,667	96,820	58,739	73,038	90,992
인정직업훈련	6,808	9,493	1,215	15,107	10,669	9,410	8,186	9,817

(3) 성장기(1980~1986)

우리나라의 산업구조는 제조업 비중의 급격한 증대, 특히 제조업에서 차지하는 중화학공업의 비중 상승, 수출입의 급속한 신장 등 1970년대 말에 산업구조 전반에 걸쳐 고도화가 이루어졌다. 그러나 수출의 급격한 성장은 수입을 크게 유발시켜 무역수지의 악화를 오히려 가속화시켰으며 국민경제의 대외의존성을 높이게 되었다. 높은 대외의존성은 우리나라의 생산과 고용 등이 대외요인의 변수에 따라 종속되어지는 것을 의미하는 것으로, 불안요인으로 작용하였다. 이에 따라 경제성장률이 1978년의 11.6%에서 1979년 6.5%로 하강하였고, 실업률도 3.2%에서 3.8%로 증가하는 등 인력배분의 문제가 거론되었으며, 직업훈련에 직업안정을 촉진시키기 위하여 사업내 직업훈련의 기능사 기초훈련인 양성훈련 이외에 전직훈련을 의무조항에 부가하게 되었다.

1981년 직업훈련의 담당부처인 노동청이 노동부로 승격되면서 직업훈련에 관한 제2 · 3차 개정을 거듭하여 「직업훈련기본법」이 전문개정되었는데, 이 개정안에는 사업내 직업훈련의 향상 및 재훈련까지 의무에 포함됨을 규정하였고, 분담금의 자진납부제도가 도입되었다. 그리고 「직업훈련기본법」의 구체적인 시행에 관한 「직업훈련기본법시행령」이 1982년 5월에 개정되었으며, 「직업훈련촉진기금법」도 1981년 12월 31일에 개정되어 기금의 용도를 확대하였다.

「직업훈련기본법시행령」에는 직업훈련이 경제여건에 따라 인력수급에만 급급함을 탈피하고 직업훈련 본연의 자세를 탐색해 가는 과정이 나타나 있는데, 그 예가 사업내 직업훈련의 범주를 확대한 것이다. 즉, 사업주가 자기의 비용부담으로 고용근로자를 근로청소년을 위한 특별학급이나 산업체 부설학교의 공업계 학과에 취학케 하여 졸업시킨 경우 그 졸업인원을 사업내 직업훈련 실시인원으로 인정하는 규정인 것이다. 「직업훈련기본법시행령」은 제정된 1981년 12월에 제1차 개정을 통해 사업내 직업훈련을 실시해야 할 건설업의 범위 결정방법을 단순화시켰으며, 사업내 직업훈련을 실시하여야 할 사업의 결정기준이 되는 '상시 고용근로자 수' 의 산출방법을 단순화시켰다. 또한 사업주가 고용근로자를 상업계 학과에 취학시킨 경우 그 졸업인원에 대하여도 직업훈련 실시인원으로 인정하였다.

「직업훈련기본법」과 동법 시행령 개정에 따라 그 시행에 필요한 사항이 규정되어 1982년 노동부령으로 「직업훈련기본법시행규칙」을 개정하였다. 이 시행규칙은 1984년 2월 24일 제1차 개정작업을 거쳤으며, 그 내용은 사업내 직업훈련 실시 사업주가 노동부 지방사무소에 제출하는 서류를 간소화하게 하였다.

1982~1986년까지는 사업내 직업훈련의 내실화를 꾀하고 훈련을 기피하는 사업주에게 인식제고를 위한 방안을 모색하며 훈련의무 부담의 공평화를 위한 다각적인 방법으로 접근하게 되었다. 그 이유는 산업 간, 직종 간의 실시비율에 대한 불만과 직업훈련 실시에 관한 각종 규제사항, 분담금 납부에 관한 이견 등이 사업내 직업훈련 실시자의 불만으로 제기되어 내용의 조정 등이 불가피하게 되었기 때문이다. 이에 따라 직업훈련의 실시비율을 낮추고 실시비율 기준을 '상시 고용근로자 수' 에서 '임금총액' 으로 변경하여 오늘에 이르게 되었으며, 직업훈련의무의 인정범위를 확대하고 협동훈련제도의 법적 근거를 신설하였다.

[표 6-4]는 직업훈련 성장기에 사업내 직업훈련의 실적을 나타내 주는 자료이다. 이에 따르면 1980~1982년까지는 48~63%의 비율을, 1983년부터는 37~40%선을 유지하고 있음을 알 수 있는데, 이러한 현상의 주요 원인은 사업내 직업훈련 실시업체는 증가하고 있으나, 훈련보다는 분담금 납부를 선호하였기 때문이다.

표 6-4 성장기의 직업훈련 실적 (단위 : 명)

구분 \ 연도	1980	1981	1982	1983	1984	1985	1986
총 계	104,480	78,365	62,820	52,142	51,846	55,385	50,858
공공직업훈련	13,131	26,274	28,085	24,711	22,803	22,583	22,862
• 공단	15,007	13,013	15,663	12,377	12,079	12,957	13,398
• 정부기관	8,330	6,941	6,422	7,810	7,086	6,787	6,842
• 자치단체	7,191	5,971	5,820	4,219	3,420	2,521	2,386
• KNOP	603	349	180	308	218	318	236
사업내 직업훈련	66,213	48,406	30,131	20,960	20,764	23,876	19,042
인정직업훈련	7,136	3,685	4,704	6,471	8,729	8,926	8,954

자료 : 노동부(1987). 직업훈련 사업현황, p. 109

(4) 전환기(1987~1994)

우리나라는 1987년 6.29 선언 이후에 정치적으로 민주적 기틀을 확립하였으며, 사회적으로는 민주화와 자율화의 물결이 이어지면서 그동안 누적된 많은 문제들이 한꺼번에 소리를 드높이고 있었다. 특히 노동운동이 쟁점을 이루면서 노사분규가 폭발적으로 발생하여 생산이 저하되고 수출이 감소되었으며, 3고 현상에 의해 경제적으로 어려운 난관에 부딪치게 됨에 따라 급기야는 경제난국 극복위원회를 발족시키게 되었다. 그리하여 1987년 3.1%에서 1988년 2.5%로 하강하던 실업률이 1989년 1/4분기에는 3.3%로 증가하였으며, 특히 대졸자의 실업률이 높게 나타났다.

경제적으로 전환기를 맞은 우리나라는 제6차 경제사회발전 5개년 계획의 추진하에 국민의 교육수준 향상으로 권리의식이 증대되고 균형분배 욕구가 빠른 속도로 증가됨에 따라 1988년에 수정계획을 발표하기에 이르렀다. 노사분규 및 임금상승, 품질향상을 위한 자동화 · 기계화, 투자증대에 의한 인력절약 경향이 두드러져 고용증가율이 둔화되었으며, 1986년 제4차 「직업훈련기본법」 개정(1986. 5. 9)에 의해 직업훈련이 개정되었다. 개정의 주요 내용은 직업훈련을 실시하는 자 및 교육기관은 직업훈련에 필요한 시설의 사용 및 정보의 제공 등에 관하여 서로 협조적인 체제 구축을 위하여 훈련의무부과 인원기준을 변경하였으며, 사업내 직업훈련은 향상 및 재훈련을 포함하였고 분담금 자진납부제도를 도입하였다. 또한 직업훈련생에게도 훈련수당, 재해위로금 등 지급근거규정을 처음으로 정하였다.

한편 「직업훈련기본법시행령」이 같은 해 12월 31일에 제2차 개정되었으며, 분담금 연체요금 인하, 사업내 직업훈련과정의 관리자 훈련과정 추가 등이 개정내용이다. 이와 관련하여 동 시행규칙이 제2차 개정되었는데, 이때 사업내 직업훈련계획 승인신청기간이 변경되었고, 각종 서식이 정비되었다. 또한 「직업훈련촉진기금법」도 같은 해에 제2차 개정되었으며, 기금의 용도도 더욱 확대되었다.

고용증가율은 계속 둔화상태에 있었으나 계속적인 숙련기능공의 부족, 중소기업의 인력난 등으로 직업훈련에서도 그 역할을 확대하기에 이르러 1989년 3월 「직업훈련기본법시행령」이 개정되었다. 여기에서는 직업훈련 등을 실시할 의무 사업주를 상시 근로자 수 300인에서 200인으로 확대실시하고 직업훈련을 실시하여야 할 사업주의 범위를 확대하여 세탁업과 염색업 사업주를 포함시켰으며, 직업훈련 분담금을 분할 납부할 수 없는 상한금액을 10만 원 미만으로 설정하였는데, 개정된 시행령은 1989년 7월 1일부터 시행되었다.

직업훈련 전환기에 들어선 1980년대 후반부터 사업내 직업훈련 실시업체는 점점 양성훈련을 회피하고 감독자 · 관리자의 향상훈련 추세로 나아갔다. 사업내 직업훈련 중 고용근로

표 6-5 전환기의 직업훈련 실적 (단위 : 명)

구분 \ 연도	1987	1988	1989	1990	1991	1992	1993	1994
총 계	61,384	47,129	61,919	75,463	104,558	180,018	188,408	218,239
공공직업훈련	22,593	20,745	20,073	24,441	25,950	26,131	26,204	31,671
• 공 단	14,580	14,025	14,235	18,343	18,465	18,116	18,407	22,704
• 정부기관	67,764	5,648	480	4,254	4,433	5,082	4,991	4,815
• 자치단체	1,232	1,072	1,458	2,844	3,052	2,933	2,615	2,104
• KNOP	14	–	–	–	–	–	–	–
사업내 직업훈련	14,208	18,168	15,019	25,690	43,304	122,457	122,151	152,030
인정직업훈련	9,258	10,335	21,671	17,571	24,249	30,276	35,677	29,304

자료 : 노동부(1995). 직업훈련 사업현황, p. 65

자 교육훈련인원은 1만 6,233명으로 전체 사업내 직업훈련인원 3만 4,771명의 거의 절반을 차지하였다. 이는 기업체에서 기술혁명에 의해 고용근로자에 대한 재교육의 필요성이 요구됨에 따라 이에 대한 교육훈련을 실시했기 때문인 것으로 보인다. [표 6-5]는 전환기의 직업훈련 실적을 나타낸 것이다.

(5) 변혁기(1995~1999)

우리나라 직업훈련의 변혁기는 2000년대 이전까지이다. 우리나라는 1994년에 심각한 인력수급 불균형으로 인하여 직업훈련체제를 개편해 오다가 1995년에 고용보험제도를 도입함으로써 변혁기를 맞게 되었다. 직업훈련법령은 직업훈련의무제를 골자로 하는 「직업훈련기본법」과 1995년 7월부터 시행되는 「고용보험법」상의 직업능력개발사업으로 이원화되었는데, 이는 훈련체제가 복잡하고 기능이 미비하여 자율적인 직업훈련 실시와 근로자의 다양한 직업능력개발 기회를 제공하는 데 한계가 있었다. 이에 「직업훈련기본법」을 폐지하고 1997년 12월에 「근로자직업훈련촉진법」을 제정하여 1999년 1월 1일부터 시행하게 되었다. 이와 같은 두 제도의 통합은 정보화 · 국제화에 따른 산업구조의 변화로 말미암아 직업능력의 개발 및 향상에 새로운 직업훈련제도의 틀을 가져오게 하였는데, 이는 곧 근로자의 평생직업능력개발로의 변화를 의미한다.

우리나라는 생산현장의 근로분위기 이완으로 인하여 인력활용의 효율성이 부진하여 제조업 취업자의 1인당 생산액이 일본의 1/3 수준이었으며, 국내기업이 점유하고 있는 설비자산의 생산도가 낮아서 제조업의 설비투자효율은 90년 이후 60~70% 수준에 정체되어 있었다. 또한 후발개도국 추격에 따른 국내산업의 입지가 약화됨에 따라 경상수지 적자가 심화되었다. 이에 따라 기업들의 연쇄도산과 금융기관들의 대량 부실화, 한보철강의 부도, 진로 및 기아그룹의 부도위기 등이 장기화되면서 동남아 금융위기가 발발하여 국제금융기금에 구제금융을 받게 되었다. 그리하여 1994년 2.4%, 1995년 2.0%, 1996년 2.0%, 1997년 2.6% 등으로 유지하여 오던 실업률이 국제금융기금 구제금융 지원 이후 1998년 6.8%의 대량실업으로 이어지면서 적극적인 실업대책의 일환으로 직업훈련을 실시하게 되었다.

[표 6-6]에서와 같이 실업자 직업훈련에서 가장 높은 비율을 점유하고 있는 실업자 재취직훈련은 직업훈련기관, 교육훈련기관, 대학교 · 전문대학, 학원 등에서 고용보험 적용사업장 실업자를 대상으로 운영하고 있다. 고용촉진훈련은 고용보험 미적용실업자, 생활보호대상자, 영세농어민, 전역예정장병 등을 대상으로 시 · 도지사가 주체가 되어 훈련을 실시하고 있으며, 실업자 중 귀농 · 어 희망자에게 영농 · 어와 관련된 직업훈련 기회를 제공하기 위하여 영농 · 어 훈련을 실시하고 있다. 또한 고학력 미취업자에 대한 직업능력개발의 기

표 6-6 실업자 직업훈련의 종류

종류		내용
실업자 재취직훈련		• 대상 : 고용보험 적용사업장 실업자 • 훈련기관 : 직업훈련기관, 교육훈련기관, 대학교 · 전문대, 학원
고용촉진훈련		• 대상 : 고용보험 미적용 실업자, 생활보호대상자, 영세농어민, 전역예정장병 • 훈련기관 : 직업훈련기관, 학원
영농 · 어 훈련		• 대상 : 귀농 · 어를 희망하는 실업자, 주부, 전역예정장병 • 훈련기관 : 지방해양수산청, 어촌지도소, 농촌진흥청, 농촌지도소, 농 · 축협, 전문대, 전국귀농운동본부
대학훈련		• 대상 : 고학력 신규미취업자 및 고용보험 미적용 실업자 • 훈련기관 : 대학교 · 전문대
창업훈련		• 대상 : 고용보험 미적용 실업자 • 훈련기관 : 산업인력공단, 대한상공회의소의 산하 직업훈련기관
인력개발훈련	기능사 양성훈련	• 대상 : 신규실업자 • 훈련기관 : 공공 · 인정 · 사업내 훈련기관
	정부위탁훈련	• 대상 : 무기능 · 미취업 · 비진학 청소년 등 실업자 • 훈련기관 : 대한상공회의소 및 인정직업훈련기관
	유급휴가훈련	• 대상 : 재직근로자 • 훈련기관 : 기업체

표 6-7 1998년 실업대책 직업훈련 현황 (단위 : %)

훈련종류	계획인원	실시인원
총 계	320,000	362,941
재취업훈련	289,000	333,541
• 실업자 재취직훈련	141,000	170,096
• 대학훈련	26,000	43,012
• 고용촉진훈련	110,000	101,709
• 영농 · 어 훈련	2,000	5,126
• 창업훈련	10,000	13,598
인력개발훈련	31,000	29,400
• 기능사 양성훈련	11,000	14,515
• 정부위탁훈련	10,000	11,000
• 유급휴가훈련	10,000	3,885

자료 : 노동부(1999). 1998 노동백서

회부여와 조기취업을 촉진하기 위하여 고용안정을 위한 대학교 · 전문대 특별과정을 운영하고 있다. 이 밖에도 고용보험 미적용 실업자를 위하여 창업훈련을 실시하고 있으며, 기능사 양성훈련과 정부위탁훈련 및 1년 이상 재직한 고용보험 피보험자를 대상으로 유급휴가훈련을 실시하고 있다.

[표 6-7]은 1998년 실업대책 직업훈련 실시현황으로, 이는 1997년의 4만 2,182명에 비해 9배 이상 증가한 36만 2,941명을 대상으로 하였다. 이와 같은 직업훈련은 적극적인 실업대책의 하나로 사회안전망의 역할을 수행하여 왔다.

(6) 개편기(2000~)

2000년대 들어오면서부터 직업훈련은 직업능력개발훈련체제로 개편되었다. 이는 1995~2000년대까지 변혁기를 태동하기 위한 기간이였다면, 2000년대는 직업훈련의 새로운

표 6-8 연도별 직업훈련 실시 인원 (단위 : 명)

구분	1997	1998	1999	2000	2001	2002	2003
직업능력 개발훈련	184,007	408,603	781,408	1,220,334	1,555,402	1,584,823	1,661,978
실업자 직업훈련	42,000	331,000	358,351	216,317	180,361	152,301	108,932

틀을 정착시키는 시기라 할 수 있다. 「직업훈련기본법」에 의한 직업훈련의무제가 폐지되고, 전 사업장이 「고용보험법」에 의한 직업능력개발사업의 적용을 받게됨으로써 제조업, 생산직뿐만 아니라 사무서비스 분야까지 사업주의 자율적 선택에 따른 다양한 훈련과정이 정부 지원을 받게 되었고, 근로자의 능력개발 기회가 확대되었다.

2004년 「근로자직업훈련촉진법」이 「근로자직업능력개발법」으로 전면 개편되었다. 「근로자직업능력개발법」 제2조에 의하면 직업능력개발사업을 ① 직업훈련, ② 매체 · 과정개발 ③ 조사 · 연구 등으로 규정하였다. 새로운 틀로서의 직업능력개발사업 실적과 예산을 보면 [표 6-9]와 같다.

표 6-9 연도별 직업능력개발사업 실적 및 예산(2000~2004) (단위 : 천명, 억 원)

훈련명	2000		2001		2002		2003		2004	
	인원	예산	인원	예산	인원	예산	인원	예산	인원	예산
총 계	1,516	7,629	1,871	7,186	1,900	8,009	1,873	7,625	2,134	5,621
실업대책직업훈련	216	3,384	189	2,739	152	2,898	110	2,727	109	3,074
• 재취업훈련	189	2,845	158	2,053	129	2,143	87	1,814	82	1,889
– 실업자재취직훈련	120	2,155	104	1,525	88	1,520	58	1,320	54	1,242
– 고용촉진훈련	47	487	38	393	25	296	12	126	10	119
– 취업훈련	7	63	4	46	16	327	17	368	18	528
– 취업유망훈련	10	111	9	65	–	–	–	–	–	–
– 창업훈련	5	29	3	24	–	–	–	–	–	–
• 인력개발훈련	27	539	31	686	23	755	23	913	27	1,185
– 기능사양성훈련	13	122	12	126	12	132	11	205	11	285
– 우선직종훈련	7	361	10	459	11	623	12	708	16	900
– 유급휴가훈련	7	56	9	101	–	–	–	–	–	–
재직자향상훈련	1,239	1,751	1,617	2,170	1,675	2,951	1,725	2,554	2,003	2,121
• 사업주직업능력개발훈련	1,220	1,405	1,555	1,704	1,585	1,762	1,662	1,808	1,958	1,982
• 유급휴가훈련	–	–	–	–	6	111	6	69	6	80
• 근로자수강지원금	19	346	62	466	60	556	29	42	39	59
• 학자금대부	19	346	4	431	24	522	28	635	31	748
기능인력양성훈련	61	2,494	65	2,277	73	2,160	38	2,344	22	426
• 다기능기술자등 훈련	59	2,294	63	2,106	70	1,964	34	2,109	19	178
• 훈련교사양성훈련	2	200	2	171	3	196	4	235	3	248

주 : 학자금대부는 2001년부터는 수강장려금과 함께 포함하였으나, 2002년부터 구분한다.

자료 : 노동부(2006). 직업능력개발현황 및 정책과제

표 6-10 연도별 직업훈련 재정투자 추이 (단위 : 억 원)

구분	2001	2002	2003	2004	2005	2006
전체	7,212	7,655	8,062	8,584	9,752	11,563
고용보험기금	5,121	5,593	5,921	6,424	7,268	9,157
일반회계	2,091	2,062	2,141	2,361	2,484	2,406

자료 : 노동부(2006). 2006 직업능력개발사업현황 및 정책과제

2005년도에 들어와서 평생능력개발에 대한 수요가 증가함에 따라 직업훈련에 대한 정부의 재정투자를 점차 확대 중에 있다.

「근로자직업훈련촉진법」은 그동안 직업훈련을 공공직업훈련, 인정직업훈련, 사업내 직업훈련 등으로 구분하여 오던 것을 단순화하여, 정부가 정하는 교과내용, 시설, 교사 등에 관한 훈련기준에 따라 실시하는 훈련, 즉 기준훈련과 그 밖의 훈련으로 정하였다. 이러한 단순함은 오히려 제조업이나 생산직에 국한하여 실시하여 오던 직업훈련이 사무서비스 분야까지 확대된 것으로, 직업훈련시장의 활성화로 비영리법인뿐만 아니라 영리법인, 학교 등에서 참여할 수 있도록 문호를 개방한 것이다.

(7) 직업훈련 관련 법규

2004년 「근로자직업훈련촉진법」을 「근로자직업능력개발법」(04.12.31 개정법률 제7298호)으로 전면 개정이 됨으로써 직업훈련은 직업능력개발로 그 틀을 변화시켰다. 이와 같이 직업훈련은 관계법의 제정과 개정을 거듭하여 변천하여 왔는데, [표 6-11]은 그 내용을 제시한 것이다.

표 6-11 직업훈련관계법 주요 변천내용

법령별		주요내용
직업훈련법	1967. 1.16 제정법률 제1880호	• 근로기준법, 사업교육진흥법 등에 의해 분산적으로 실시해 오던 직업훈련을 일원화하여 국가적인 정식제도로 출발
	1973. 3. 13 개정법률 제2606호	• 직업훈련과정을 기능사와 교사훈련과정으로 구분하는 등 제정법을 보완
직업훈련에 관한 특별 조직법	1974. 12. 26 제정법률 제2741호	• 일정규모 이상 사업주에게 매년 일정비율의 인원을 의무적으로 양성토록 하는 사업내 직업훈련 실시의무제 규정

표 6-11 직업훈련관계법 주요 변천내용(계속)

법령별		주요내용
직업훈련 기본법	1974. 12.31 제정법률 제2973호	• 직업훈련법과 직업훈련에 관한 특별조치법을 통폐합 • 직업훈련 분담금제도를 설정하여 사업주로 하여금 훈련을 실시하거나 분담금을 납부토록 선택적으로 규정
	1979. 12. 28 개정법률 제3214호	• 직업안정 촉진을 위해 사업내 직업훈련에 있어서 양성훈련 외에 전직훈련도 의무에 포함
	1981. 4. 8 개정법률 제3422호	• 정부조직 개편에 따른 법률개정(노동청 · 노동부)
	1981. 12. 31 개정법률 제3422호	• 직업훈련의 원칙에 여성, 중고령자 및 신체장애자에 대한 직업훈련의 중요성 포함 • 직업훈련과정을 기능사와 훈련교사 외에 사무, 서비스 종사자, 감독자, 관리자 등에 확대 • 전 훈련생에 대한 훈련수당, 재해위로금 등의 지원근거 규정 • 사업내 직업훈련에 있어 향상 및 재훈련도 의무에 포함
	1986. 5. 9 개정법률 제3814호	• 직업훈련의무 부과기준의 변경 • 훈련의무 인정범위 확대 • 협동훈련제도의 법적 근거 신설 • 분담금 자신신고 납부제도 도입
직업훈련 촉진기본법	1976. 12. 31 제정법률 제2974호	• 직업훈련기본법에 의한 분담금을 재원으로 설치하여 효과적으로 관리 운용함으로써 직업훈련의 촉진을 도모함을 목적으로 출발
	1981. 12. 31 개정법률 제3508호	• 기금의 용도 확대(한국직업훈련관리공단에 대한 출연금)
	1986. 5. 9 개정법률 제3815호	• 기금의 용도 확대(직업훈련시설의 설치 및 장비의 구입에 필요한 비용 대부)
	1999. 2. 8 제정법률 제5882호	• 직업훈련촉진기금법 폐지 • 직업훈련기금이 보유하고 있는 자산과 부채는 고용보험법에 의한 고용보험기금에 귀속
근로자 직업훈련 촉진법	1997.12.24 제정 법률 제5474호	• 직업훈련의무제등 각종 규제의 폐지 · 완화를 통하여 민간훈련의 제약 요인을 해소하고 영리법인의 훈련사업에의 참여, 훈련기관 성과에 따른 차등지원 등으로 훈련시장에 경쟁체제를 확립하여 민간주도의 직업능력개발 기반을 조성 • 공공훈련을 수요자중심체제로 전환, 기업 · 근로자 수요에 따른 다양한 훈련과정을 마련하고 민간훈련에 대한 기술 · 정보제공 등 지원을 확대하고, 특히 실직자, 중고령자등 사회 취약계층에 대한 공공훈련의 역할을 강화 • 재직근로자의 지속적인 능력개발을 위해 향상 · 전직훈련등 다양한 과정의 훈련서비스를 제공하고 제조 · 생산직 위주의 기능훈련을 서비스직 분야로 확대하며 중소기업의 인력개발을 우선적으로 지원

표 6-11 직업훈련관계법 주요 변천내용(계속)

법령별		주요내용
근로자 직업훈련 촉진법	2001.3.28 개정 법률 제6455호	• 노동부장관이 직업능력개발 훈련교사들의 능력향상에 필요한 사업을 실시 • 국민기초생활보장법 수급자 중 취업대상자에 대하여 실시하는 직업능력 개발훈련에 에 대한 근거규정 마련 • 허위 · 부정한 방법으로 훈련비용의 지원을 신청하거나 지원을 받은 자 등에 대하여 그 인정 또는 지정을 취소 • 직업능력개발훈련을 실시하는 훈련기관 또는 훈련과정을 평가하고 그 결과를 훈련비용 지원 등에 반영 • 「근로자직업훈련촉진법」을 「근로자직업능력개발법」으로 전면 개정 • 훈련의 취약계층(중소기업 및 비정규 근로자)에 대한 지원 강화
근로자 직업능력 개발법	2004.12.31 개정 법률 제7298호	• 국가경제의 기간이 되는 산업, 정보통신산업 · 자동차산업 등 국가전략산업중 인력이 부족한 직종으로 구성되는 우선선정직종의 선정기준 및 훈련대상등 근거 마련 • 지정직업훈련시설을 설립 · 설치하고자 하는 자는 당해 훈련시설을 적정하게 운영할 수 있는 인력 · 시설 및 장비, 교육훈련실시경력 등을 갖추어야 함 • 직업능력개발사업을 실시하거나 위탁을 받은 자의 부정행위를 신고하는 자에 대하여 예산의 범위 내에서 포상금을 지급
근로자 직업훈련 촉진법 시행령	2001. 7.30 개정 대통령령 제17327호	• 직업능력개발훈련시설의 지정요건을 완화함 - 실업자훈련이나 재직자훈련 등 노동부장관의 지원을 받아 실시하는 훈련인원이 총 훈련인원의 100분의 50 이상일 경우에는 훈련시설의 지정을 받을 수 있도록 함 - 사업주가 소속근로자를 위하여 설치한 훈련전용시설과 기준훈련실시에 필요한 시설 · 장비 등을 갖추고 당해 기준훈련직종의 훈련을 실시하는 경우에는 훈련시설로 지정을 받을 수 있도록 함 • 국가발전의 기간이 되는 직종에 대하여 훈련기준을 정함 - 훈련기준에 훈련목표, 교과목 및 그 내용, 시설 및 장비, 훈련기간 및 시간(3월 이상, 350시간 이상), 훈련방법, 훈련교사, 적용기간 등을 포함하도록 함 • 노동부장관이 직업능력개발훈련교사의 능력향상을 위하여 교육훈련사업, 훈련기법 및 매체개발 사업, 국제교류 및 협력사업, 조사 · 연구사업 등을 실시하고 그 사업에 대한 소요비용을 지원할 수 있도록 함 • 직업능력개발훈련법인의 허가요건 중 출연재산을 3억 원에서 2억 원으로 하향 조정함 • 사업주에 대한 지원범위를 직업능력개발『훈련』에서 직업능력개발『사업』으로 확대함

표 6-11 직업훈련관계법 주요 변천내용(계속)

법령별		주요내용
근로자 직업훈련 촉진법 시행령	2001. 7.30 개정 대통령령 제17327호	• 단체협약, 노사협의회의 의결 또는 이에 준하는 노사합의에 따라 사업주가 소속근로자에게 직접 실시하는 훈련(훈련기간이 3일 이상이고, 훈련시간이 20시간 이상인 과정에 한함)으로서 그 훈련을 수강하는 것이 승진 · 승급 · 전보 등 인사관리를 함에 있어 우대되고 있는 경우에는 훈련방법 등에 따라 훈련과정의 지정요건을 달리 정할 수 있도록 함 • 훈련기관 및 과정에 대한 평가를 통하여 우수훈련기관 및 과정에 대해서는 훈련비 추가지원, 실업자훈련의 우선실시, 훈련시설 및 장비구입 비용의 우선 융자 · 지원을 할 수 있도록 함
근로자 직업훈련 촉진법 시행규칙	2001. 11. 5 개정 노동부령 제178호	• 직업능력개발훈련시설의 지정신청 시 필요한 첨부서류를 정함 - 직업능력개발훈련계획서 - 훈련시설의 건축물대장등본(또는 임대차계약서 사본) 및 훈련시설의 평면도 - 지정신청일이 속한 분기전 1년간의 훈련실적을 증빙하는 서류 - 사업자등록증 또는 법인등기부등본 - 직종별 훈련기준에 의한 시설 · 장비 등을 구비하였음을 증명하는 서류 • 훈련시설로 지정을 받은 자는 지방노동관서의 장의 요청이 있는 경우 또는 지정일로부터 1년마다 노동부장관이 정하는 훈련실시상황을 보고하도록 함 - 보고내용, 보고방법 등 보고에 필요한 사항은 노동부장관이 정함 • 영 12조 내지 13조의 규정에 의한 실업자 등 훈련대상자(직업안정기관 또는 지방자체단체에 구직등록)의 기준을 정함 • 법 제17조의 2 제2항 내지 제4항의 규정에 의한 위탁계약 해지, 시정요구 및 위탁제한의 구체적 조치기준을 설정함 • 직업능력개발훈련법인의 임원의 요건을 정함 - 임원 중 민법 제777조의 규정에 의한 친족관계에 있는 자가 50/100 미만이어야 하고, 감사는 임원과 친족관계가 없어야 함 · 훈련과정의 인정 또는 지정의 취소, 시정명령 및 인정 또는 지정제한의 구체적 조치기준을 설정함 · 인정받은 훈련과정의 변경신청기한을 훈련개시 14일 전에서 7일 전까지로 완화함 · 영 제3조 제1항의 규정에 의한 훈련시설과 사업주가 소속근로자를 대상으로 직접 실시하는 훈련과정의 지정신청을 훈련개시 14일 전에서 7일 전까지로 완화함

자료 : 노동부(1999). 1998 직업능력개발훈련 사업현황
노동부(2006). 직업능력개발사업현황 및 정책과제

5. 직업훈련 실시현황

(1) 직업훈련 실태

1) 직업능력개발사업의 지원내용

고용보험의 3대 사업 중의 하나인 직업능력개발사업은 기업과 근로자 직업능력개발의 지원을 그 내용으로 하고 있다.

① 기업에 지원하는 분야
직업능력개발 사업의 지원내용을 보면 기업에 지원하는 분야는 ㉠ 직업훈련비용 지원, ㉡ 교육훈련비용 지원, ㉢ 유급휴가훈련비용 지원, ㉣ 직업훈련시설 비용 대부 등이다.

② 근로자에게 지원하는 분야
근로자가 지원받을 수 있는 부분은 ㉠ 교육수강비용 대부, ㉡ 실업자 재취직훈련비용, ㉢ 수강장려금 지원 등이다.

③ 실업자훈련지원
실업자직업훈련은 다른 훈련지원보다 그 종류가 다양하다. 즉, ㉠ 고용보험적용 사업장에서 실직한 만 15세 이상의 근로자로서 직업안정기관에 구직등록을 하고 직업훈련을 희망하는 자에게 전직실업자훈련지원, ㉡ 한국산업인력공단, 대한상공회의소 등에서 비진학 청소년 등 실업자를 대상으로 취업훈련을 실시하고 있는 정부위탁(우선선정직종) 훈련 지원, ㉢ 신규 미취업자, 고용보험 적용을 받지 않는 실업자도 취업에 필요한 훈련을 받을 수 있는 취업훈련 지원, ㉣ 고용보험의 적용을 받지 않은 실업자, 취업보호대상자, 영세농어민 등도 취업과 창업에 필요한 훈련을 받을 수 있는 고용촉진훈련 지원, ㉤ 국민기초생활보장법상의 수급자는 취업과 창업에 필요한 훈련을 받을 수 있는 자활직업훈련 등이다.

2) 직업능력개발훈련

① 훈련내용
직업능력개발훈련은 훈련내용에 따라 양성훈련, 향상훈련, 전직훈련으로 구분된다. 이 중에서 양성훈련은 국가나 국가공공기관, 단체 및 개인의 인정직업훈련, 기업이 운영하는 사업내 직업훈련 등에서 실시되는데, 2006년도 현재 공공직업훈련기관은 54개(한국산업인력공단 21개소, 기능대 24개소, 한국기술교육대학교 1개소, 대한상공회의소 인력개발원 8개소), 민간직업훈련기관 3,121개소[노동부 지정 61개소, 노동부 훈련법인 56개소, 대학 · 전

문대학 91개소, 학원 776개소, 기타(사업주 자체) 1,113개소] 등 총 3,175개소이다. [표 6-12]는 2006년도 직업능력개발훈련의 종류별 훈련 인원수를 나타낸 것이다.

3) 실업자 재취직훈련의 지원현황

직업능력개발사업에서 중요한 사업은 실업대책직업훈련이다. 실업대책직업훈련 중 실업자 재취직훈련을 보면, 1996년에 593명에서 1997년에 1,949명으로 3.3배 증가하였고, 1998년에는 16만 3,111명으로 1996년에 비해 275.1배, 1997년에 비해 83.7배 증가하였다. 2000년은 [표 6-13]에서와 같이 12만 296명, 2001년 10만 4,559명, 2002년 8만 8,372명, 2003년 5만 7,662명, 2004년 5만 3,710명 등 점점 감소하고 있다. 이와 반대 현상으로 정부위탁의 우선직종훈련이 2000년 6,885명에서 2004년 1만 6,014명으로 급격히 증가하였다.

(2) 직업훈련과정

1) 우선선정직종훈련

우선선정직종훈련은 국가경제의 기간(基幹)이 되는 산업 중 인력이 부족한 직종, 정보통신

표 6-12 직업능력개발훈련 종류 : 연간 267만 명 훈련(2006)

구분	사업명(훈련대상)		재원	비고
실업자 직업훈련 (14만 명)	신규실업자 (고용보험미가입자)		일반회계 (공공 · 우선 직종훈련은 기금)	취업훈련(1만 7,000명), 정부위탁훈련(1만 9,000명), 기능사양성훈련(2만 7,000명), 실업자재취업훈련(5만 8,000명)
	전직실업자 (고용보험 가입자)		기금	
	기타 실업자	북한이탈주민(0.1만 명)	일반회계	북한이탈주민훈련
		자활직업훈련(2,000명)	일반회계	자활직업훈련
		지역실업자(8,000명)	일반회계	고용촉진훈련(영세농어민, 비진학 청소년 등)
		영세 자영업자(5,000명)	일반회계	영세 자영업자 훈련
재직자 직업훈련 (253만 명)	직업능력개발훈련지원(245만명) 유급휴가훈련(7,000명) 근로자수강지원금(7만 명)		기금	–

자료 : 노동부(2006). 직업능력개발사업현황 및 정책과제

산업 · 자동차산업 등 국가전략산업 중 인력이 부족한 직종, 그 밖에 산업현장의 인력수요 증대에 따라 인력양성이 필요하다고 노동부장관이 고시하는 직종 등으로 2007년도 우선선정직종이 [표 6-14]와 같이 고시되어 2007년부터 실시하는 우선선정직종훈련에 적용된다. 이는 「근로자직업능력개발법」 제15조 제1항 및 동법 시행령 제10조 제1항, 「고용보험법시행령」 제34조의 2 제2항 및 동법 시행규칙 제43조의 7 제3항의 규정에 의하여 우선선정직종훈련을 위한 훈련직종을 국민에게 알리고자 하는 것이며, 2007년도에 우선선정직종훈련으로 실시할 수 있는 91개 훈련직종이다. 적용기간은 2007년 1월 1일~2007년 12월이다. 우선선정직종훈련은 직업능력개발훈련시설, 직업능력개발훈련법인이 해당된다.

2) 공공직업훈련기관(기능대, 직교) 통합, 지역분권화 및 기능조정

2005년 12월 개정된 「한국산업인력공단법」 및 「기능대학법」에 따라 2006년 3월 1일 학교법인 기능대학(전국 24개 대학)과 한국산업인력공단 소속 직업전문학교(전국 19개)를 통합하여 4개 특성화 대학 및 7개 권역별 다수캠퍼스(전국 40개 캠퍼스, 3개 직교는 폐교 또는 지자체 이양) 체제로 전환하면서 대학명칭도 한국 폴리텍(Ⅰ~Ⅶ대학)으로 변경하였다.

각 권역별로는 중심대학을 선정하여 학교법인의 기능을 권역별 중심대학장에게 대폭 위임함으로써 지역인적자원개발의 중심기관으로서의 역할을 담당할 수 있도록 하였고, 기존

표 6-13 실업대책 직업훈련 현황 (단위 : 명)

훈련종류	2000	2001	2002	2003	2004
총 계	221,943	180,361	152,301	180,827	108,248
• 재취업훈련	194,490	158,312	129,813	86,405	81,561
– 실업자재취직훈련	120,296	104,559	88,372	57,662	53,710
– 고용촉진훈련	52,683	37,657	25,153	11,700	9,795
– 취업훈련(북탈 포함)	6,666	4,276	16,288	17,043	18,056
– 취업유망분야훈련	10,146	8,656	–	–	–
– 창업훈련	4,699	3,164	–	–	–
• 인력개발훈련	20,196	22,049	22,488	22,422	26,687
– 기능사양성훈련	13,311	12,260	11,578	10,760	10,673
– 우선직종훈련 (정부위탁)	6,885	9,789	10,910	11,662	16,014
• 유급휴가훈련	7,257	–	–	–	–

자료 : 노동부(2006). 직업능력개발사업

학장의 정년제를 폐지하고 임기제로 전환하여 책임경영이 실현될 수 있는 체제를 구축하였다. 한국 폴리텍(Ⅰ~Ⅶ대학)은 다음과 같이 기능사양성훈련 과정, 다기능기술자 양성훈련

표 6-14 2007년도 우선선정직종훈련을 위한 훈련직종

분야	2007년도 우선선정직종훈련을 위한 훈련직종(91개)
기계(41)	선반, 기계조립, 생산기계, 생산가공, 치공구, 기계설계제작
	CNC선반, 머시닝센터, 전산응용가공, 컴퓨터응용기계
	메카트로닉스, 시스템제어, 공유압, 유비쿼터스설비제어
	사출금형, 프레스금형, 전산응용프레스금형, 전산응용사출금형
	플랜트배관, 건축환경설비, 플랜트설비, 열기계, 보일러, 에너지설비, 열냉동설비, 건축배관, 고압가스, 공조냉동기계
	자동차차체수리(자동차판금), 자동차보수도장
	용접, 전기용접, 특수용접, 자동화용접, 수중용접, 파이프용접
	기계정비, 차량정비*, 건설기계정비, 항만장비정비
	건설기계운전(불도저, 굴삭기, 지게차, 기중기, 로우더, 모터그레이더, 로울러)
금속(8)	열처리, 주조, 정밀주조, 단조*
	전기도금, 특수도금, 반도체표면처리, 비파괴시험기기운용
전기(8)	전기공사, 내선공사, 외선공사, 동력배선, 전기계측제어, 전기시스템제어
	전기기기, 일렉트로닉스
전자(4)	전자기기, 반도체장비설비, 의료전자, 내장형하드웨어
통신(5)	광통신, 정보통신설비, 정보통신시스템, 전자통신, 네트워크운영관리
조선(5)	선체가공, 선체조립, 선박기관정비, 선체의장, 선박도장
항공(1)	항공기정비
건축(4)	건축시공, 실내건축
	창호제작, 건축목공
토목(2)	토목시공, 측량
국토개발(1)	조경시공
섬유(3)	염색가공
	방적*, 제직
공예(6)	귀금속공예*, 보석가공*
	가구설계제작, 건축도장, 금속도장, 가구도장
산업응용(3)	스크린인쇄, 옵셋인쇄
	제품응용모델링

주 : 위 표에 기재된 기계분야의 차량정비, 금속분야의 단조, 섬유분야의 방적, 공예분야의 귀금속공예, 보석가공 직종은 2009년도부터 제외된다.

자료 : 노동부(2006). 2007년도 우선선정직종 고시

표 6-15 한국 폴리텍(Ⅰ~Ⅶ대학)(www.kopo.or.kr)의 직업훈련과정

1) 기능사양성훈련 과정	
훈련기간	주간 1년 과정
입학자격	· 만 15세 이상 실업자 · 인문계 고등학교 3학년에 재학 중인 상급진학 비진학자
전형방법	서류전형 및 면접
훈련생 특전	· 기숙사 무료제공 및 훈련비, 식비 등 전액 국가부담 · 국가기술자격(기능사) 필기시험 면제 및 취업알선 · 우선선정직종 훈련수당 20만 원(재학생은 10만 원) · 교통비 5만 원(통학생에 한함)
2) 다기능기술자 양성훈련과정	
훈련기간	주간 및 야간 2년 과정(일부 기능대는 주간만 운영) ※ 훈련수료 후 「산업학사」학위 수여
입학자격	고등학교 이상 졸업자 및 예정자
전형방법	- 1차 전형 : 서류전형 - 2차 전형 : 면접 및 신체검사
훈련생 특전	- 희망자 전원 기숙사 제공(일부 기능대 제외) - 재학 중 군입영 연기

표 6-16 한국폴리텍대 개편 현황

현행(45)	개편 후(40)		비고
서울정수기능대학 서울정보기능대학 성남기능대학	한국폴리텍 Ⅰ대학	서울정수대학 서울강서대학 성남대학	중심대학
인천기능대학 인천직업전문학교 경기직업전문학교	한국폴리텍 Ⅱ대학	인천대학 남인천캠퍼스 화성캠퍼스	중심대학
춘천기능대학 강원직업전문학교 원주직업전문학교 강릉직업전문학교 정선직업전문학교	한국폴리텍 Ⅲ대학	춘천대학 원주캠퍼스 강릉캠퍼스 정선캠퍼스	중심대학 정선군과 공동운영
대전기능대학 청주기능대학 제천기능대학	한국폴리텍 Ⅳ대학	대전대학 청주대학 제천대학	중심대학 제천시와 공동운영

표 6-16 한국폴리텍대 개편 현황(계속)

현행(45)	개편 후(40)		비고
아산기능대학 홍성기능대학 충주직업전문학교	한국폴리텍 Ⅳ대학	아산대학 홍성대학 충주캠퍼스	홍성군과 공동운영
광주기능대학 전남직업전문학교 전북기능대학 고창기능대학 목포기능대학 익산직업전문학교 순천직업전문학교 제주직업전문학교 전북직업전문학교	한국폴리텍 Ⅴ대학	광주대학 김제대학 고창대학 목포대학 익산캠퍼스 순천캠퍼스 제주캠퍼스 남원캠퍼스	중심대학 고창군과 공동운영 목포시와 공동운영 남원시와 공동운영
대구기능대학 구미기능대학 경북직업전문학교 포항직업전문학교 영주직업전문학교 김천직업전문학교	한국폴리텍 Ⅵ대학	대구대학 구미대학 달성캠퍼스 포항캠퍼스 영주캠퍼스 김천캠퍼스	중심대학 김천시와 공동운영
창원기능대학 한백창원직업전문학교 부산기능대학 울산기능대학 거창기능대학 한독부산직업전문학교 진주직업전문학교	한국폴리텍 Ⅶ대학	창원대학 부산대학 울산대학 거창대학 동부산캠퍼스 진주캠퍼스	중심대학 거창군과 공동운영(3년 후 양도)
안성여자기능대학	한국폴리텍 여자대학		특성화 대학
섬유패션기능대학	한국폴리텍 섬유패션대학		
항공기능대학	한국폴리텍 항공대학		
바이오기능대학	한국폴리텍 바이오대학		
충남직업전문학교	강경바이오기능대와 통합		폐 교
충북직업전문학교	기능전환(외국인전용시설)		

자료 : 노동부(2007). 2007 평생직업능력개발 기본계획

표 6-17 대한상공회의소 인력개발원(양성훈련)

훈련기간	주간 2년 과정
입학자격	• 만 15세 이상 실업자 • 인문계 고등학교 3학년에 재학 중인 상급학교 비진학자
전형방법	면접 및 서류전형
훈련생 특전	• 훈련비용 전액 국가부담, 기숙사 무료제공 • 국가기술 산업기사 응시자격 부여 • 학점은행제에 의한 공업전문학사 취득가능 • 우선선정직종 훈련수당 20만 원(재학생은 10만 원) • 교통비 5만 원(통학생에 한함)

표 6-18 민간훈련기관 현황

종류	기관 수	기능
훈련법인	56개소	직업훈련을 주목적으로 법인격을 취득한 민간훈련기관(구인정직업훈련원)
노동부지정훈련시설	612개소	직업능력개발훈련을 실시하기 위하여 노동부장관의 지정을 받은 훈련시설 ※ 사업주, 사업주단체 훈련시설, 학원 등
기타	2,453개소	실업자 또는 재직자훈련에 참여한 학원, 사업주 · 사업주단체, 대학 · 전문대학 등

과정 등을 운영한다.

[표 6-16]는 한국폴리텍대의 중심대학을 제시한 것이다.

대한상공회의소 인력개발원(양성훈련)은 훈련비용의 전액을 국가가 부담하고 기숙사 무료, 국가기술 산업기사 응시자격 부여, 교통비 및 훈련수당 지급 등을 지급한다.

3) 민간훈련기관

민간훈련기관은 훈련법인, 노동부지정훈련시설, 기타 등으로 구분된다. [표 6-18]에서와 같이 훈련법인 56개소, 노동부지정훈련시설 612개소, 기타 2,453개소로 나타났다.

2000~2004년까지 직업능력개발훈련 참여기관 현황을 보면, [표 6-19]에서와 같이 2000년부터 지속적으로 증가하여 2003년에 4,209개소였으나 2004년도에 3,569개소로 감소하였는데, 감소원인은 지정시설 외 훈련기관이 감소하였기 때문이다.

표 6-19 직업능력개발훈련 참여기관 현황 (단위 : 개소)

연도	구분	계	공공훈련기관					민간훈련기관			
			산업인력공단직업전문학교	기능대학	대한상공회의소	장애인공단	기타	훈련법인	여성인력개발센터	노동부지정시설	지정시설외훈련기관
2000	계	2,592	52					2,540			
	기관 수		22	21	8	–	1	84	24	278	2,154
2001	계	2,854	53					2,801			
	기관 수		21	23	8	–	1	77	46	138	2,540
2002	계	3,190	54					3,136			
	기관 수		21	23	8	–	2	119	45	372	2,600
2003	계	4,208	53					4,155			
	기관 수		21	23	8	–	1	67	51	601	3,436
2004	계	3,569	53					3,516			
	기관 수		21	23	8	–	1	63	51	627	2,775

주 : 2003, 2004년의 기타는 한국기술교육대학교

자료 : 노동부(2006). 직업능력개발사업현황 및 청책과제

|제2절| 학습사회와 전자학습[1)]

전자학습은 현대인이 꿈꿔온 학습사회 구현에 결정적인 기여를 한다고들 말한다. 이 절에서는 학습사회의 의미와 전자학습(e-Learning)을 통한 학습사회 구현의 공헌도, 전자학습(e-Learning)적 관점에서 학습사회의 개념, 학습사회 구현을 위한 전자학습(e-Learning)의 접근 방향 등을 논해보고자 한다.

1. 학습사회와 전자학습(e-Learning)의 의미

(1) 학습사회

허친스(Hutchins, 1968)는 그의 저서 『학습하는 사회』(The Learning Society, 1968)에서 학

1) 이 내용은 강경종 · 이수경(2005)의 학습사회와 e-Learning, 한국의 인적자원 도전과 새패러다임, 한국직업능력개발원, 법문사의 내용 중 일부를 발췌한 것이다.

습사회(learning society)의 개념을 처음 제시하였다. 그 후 일리히(Illich, 1970)의 『학교사회로 가는 것』(Do schooling Society), 유네스코 Faured위원회의에서 『학습되는 것』(Learning to be, 1972), 카네기(Carnegie) 재단 고등교육위원회의 『학습사회로 향하여, 생애, 일과 서비스의 대안적 통로』(Towards a Learning Society: Alternative Channels to life, Work and Service, 1973) 등이 있다.

우리나라에서는 학습사회란 시대적 상황에 의해 당연히 추구해야 할 과제이자 목표였으며, 개념적인 특성을 따로 밝히기보다는 학습사회라는 개념이 내포하는 당위성에 기대어 논의를 전개하였다. 안상헌(1998)은 이전까지 진행되어온 기존의 연구들이 선진국의 학습사회론을 수입하고, 선진국의 체제를 모방하여 규정을 만들면 평생학습사회의 건설이 가능할 것이라고 믿는 풍토에 머물렀기 때문에, 이론에 대한 진지한 논의의 장을 마련해 주지 못했으며, 당연한 결과로서 진정 우리에게 필요한 한국사회의 교육을 개력하는 데 적합한 '교육논리' 의 개발에는 이르지 못하는 것이었다고 비판하였다.

이러한 지적에서도 살펴볼 수 있듯이 이규환(1980)은 "학습사회의 건설은 평생교육이 성취하려는 궁극적인 과제이다.", 장진호(1981)는 "학습사회란 평생교육의 기본 이념을 단적으로 표현한 말이다."라고 하였으며, 이희수 외(2000)는 "평생교육의 원리가 제대로 적용되면 그 결과로 창출되는 사회가 바로 학습사회이다." 등이라 하여 개념적인 특성이 중요하게 다루어지기보다는 단순히 평생교육의 지향점으로서 갖는 의미에 초점을 둔 채로 다루어졌으며, 개념이나 특성, 구성요소가 면밀히 다루어지지는 못하였다.

인문교육과 직업교육을 절충한 포괄적 접근에서 학습사회란 모든 시민들이 전 생애에 걸쳐서 계속적으로 교육과 훈련에 참여하며 양질의 인문교육, 적절한 실업교육 그리고 인간에게 가치 있는 직업을 취득할 수 있는 사회를 말한다. 학습사회는 수월성과 형평성을 결합시키며, 국가 경제 번영을 보장하기 위하여 모든 시민들에게 지식, 이해, 기술을 연마하게 한다. 또한 경제적 성공뿐만 아니라 사회적 통합을 보장하고, 전체 공동체 사회의 삶의 질을 향상시키기 위하여 시민들은 비판적 대화와 행동에 참여할 수 있게 된다. 이러한 학습사회에서는 사회적 포용증대, 경제적 경쟁력 제고, 문명화된 삶을 위한 교양영역으로서의 학습사회를 핵심내용으로 하였다.

그러므로 학습사회란 '사회 구성원 개개인이 사회를 구성하고 있는 모든 부분에서 학습기회를 제공하고 교육활동에 참여하여, 목적하는 바를 생애에 걸쳐 주체적으로 학습을 계속 할 수 있는 사회' 로 이해한다.

(2) 전자학습(e-Learning)

학습사회 구현을 위한 전자학습(e-Learning)의 접근방향은 정보사회, 학습사회의 특징을 바탕으로 설정하는 것이 옳다. 최근에 연구(박종선 외, 2003)에 의하면, 기업교육훈련 맥락에서 e-Learning은 조직 구성원들에게 직무수행을 위한 기본적인 지식을 전수(delivery)하거나 교양을 함양하고 교육비용을 절감하기 위한 최적의 방법으로 인식되고 있는 것으로 나타났다. 이에 비해 지식을 관리하고 변화를 극복하기 위한 방법이나 조직차원의 핵심인재 양성을 위한 방법으로서의 전자학습(e-Learning)의 역할은 상대적으로 낮게 인식되었다.

기업교육훈련 맥락에서 전자학습(e-Learning)은 기초 교양중심의 지식을 저렴한 비용으로 전달하는 역할에는 적합하나, 기업의 핵심인재를 양성하기 위한 적절한 전략으로는 부적합한 것으로 인식되고 있다. 또한, 전자학습(e-Learning)이 기업조직의 정보와 지식을 공유하고 관리하며 변화를 극복하기 위한 방법으로 그다지 높게 인식되지 못한다.

그러나 전자학습(e-Learning)은 단순히 교육훈련을 위한 지식 전수의 수단이나 비용 절감을 위한 교육기법만은 아니다. 오히려, 기업조직의 새로운 경쟁우위를 확보하고 경영성과를 제고하는 데 기여할 수 있는 실질적인 혁신전략이며, 조직 내에서 정보의 생성과 확산, 성과 등을 개선하기 위한 직접적인 지원책으로서 지식창조와 지식공유문화의 창출 및 유지를 위한 전략이 되어야 한다. 이를 위해서 전자학습(e-Learning)의 목적은 단순하게 정보를 전달(delivering information)하는 것이 아니라 학습을 전달(delivering learning)하는 데 있다(Bork, 1996).

지식기반의 학습사회 구현을 위해 조직에서 전자학습(e-Learning)을 도입하는 이유는 조직구성원들의 학습성과를 향상시키는 측면과 함께 다른 조직적인 맥락에서의 그 접근 방향을 구체적으로 살펴보면 다음과 같다.

첫째, 전자학습(e-Learning)은 조직의 교육훈련을 위한 비용 절감 효과가 있긴 하지만 단순히 비용 절감을 위해 전자학습(e-Learning)을 도입하고 활용하기보다는 기업조직의 새로운 혁신전략으로써 전자학습(e-Learning)의 잠재력을 잘 인식하고 있기 때문이다. 즉, 최근 사회변화와 외부환경 변화의 다양성은 결국 조직의 생존과 직접적인 관련이 있고, 전자학습(e-Learning)이 조직 내부의 변화를 유발하고 리드하는 역할 수행시 적극 지원할 수 있다는 견해에서이다.

둘째, 전자학습(e-Learning)이 경쟁우위 확보와 경영성과를 향상시킬 수 있는 실질적인 대안이라는 점이다. 물론 특정 조직에서 학습을 열심히 하는 것이 그 조직의 경쟁 우위를 확보하고 성과를 향상시킬 수 있는 전략이라고 단언하기 어렵다.

그러나 전자학습(e-Learning)이 지니고 있는 기본적인 네트워킹의 속성으로 인해 실제 특정 조직에서의 지식관리와 지식관리를 통한 생산성 향상 등이 결국은 대외적으로 경쟁우위 확보와 경영성과를 높이는 데 기여할 수 있는 가능성을 갖고 있기 때문에 전자학습(e-Learning)을 기업의 경쟁우위 확보를 위한 전략으로 적극 활용할 필요가 있다.

셋째, 전자학습(e-Learning)이 특정 조직을 위한 정보의 생성, 확산을 위한 지원 가능성 때문이다. 특정 조직에서 전자학습(e-Learning)을 운영한다는 것은 단순한 학습 수단이라기보다 기본적인 기업조직의 인프라(하드웨어, 소프트웨어, 네트워크 등)를 구축하여 특정 시간의 교육을 수행하는 것 이상으로 업무프로세스 자체의 개선을 통해 창출되는 자원 등을 기업의 데이터베이스에 잘 보존하여 차후 활용 가능토록 관리한다면 조직의 성과를 개선하는 데 직접적인 역할을 수행할 수 있다고 보기 때문이다. 즉, 조직 자체의 네트워킹을 통해 그 조직의 홈페이지나 게시판 등을 활용하여 지식창조와 지식공유문화의 창출이 가능하고, 이러한 방법은 그 어떤 것보다 효과적이게 된다.

넷째, 지식기반사회에서 전자학습(e-Learning)은 기업조직의 목표 달성을 위한 학습 체제의 역할을 일차적으로 수행해야 한다. 즉, 조직구성원들이 직무 수행 시 필요한 지식, 기술, 태도 등을 습득하기 위한 하나의 학습체제로서의 역할을 수행해야 한다는 의미이다. 이를 위해서는 학습구조(learning architecture)의 구축에 관심을 가질 필요가 있다. 학습구조란 조직구성원의 역량과 성과를 최고도로 개선할 목적으로 학습의 모든 전자 및 비전자적 구성요소를 설계, 배치, 통합하는 것을 뜻한다. 즉, 학습 목표에 기여하는 모든 것을 어떻게 구조화하고 통합하느냐에 그 핵심이 있다. 학습구조란 학습 목표를 성취하기 위해서 교실학습, 전자학습(e-Learning), 지식관리시스템, 현장실습 등과 같은 다양한 요소들을 필요 시 활용할 수 있도록 전자학습(e-Learning)을 수행하기 이전에 구조화하고 통합하는 활동을 의미한다.

(3) 전자학습(e-Learning)과 컴퓨터 기술

학습사회 구현을 위한 전자학습(e-Learning)에 관한 논의는 컴퓨터 기술의 진화와 그 맥을 같이하고 있다. 〈그림 6-5〉를 보면, 초기의 컴퓨터 기술은 stand-alone 방식으로 네트워크 기술의 발전이 충분히 이루어지지 못했기 때문에 주로 시디롬(CD-ROM) 방식의 컴퓨터보조훈련(computer based training : CBT)이 전자학습(e-Learning)을 대표하는 형태이다. 이러한 형태의 전자학습(e-Learning)은 네트워크의 대역폭에 제한을 받지 않았기 때문에 풍부한 멀티미디어 자료를 포함할 수 있는 특성을 가졌으나 강사나 동료학습자와의 커뮤니케이션에는 한계가 있었다. 1990년대 중반에 들어서면서 네트워크 기술이 발전되고 인터넷과 인트라넷이 보급되면서 전자학습(e-Learning)은 네트워킹된 연결성을 강조하는 개념으로 변화되고 있는 추세이다. 즉, 웹(web)이라는 인터넷 기술이 보편화되어 학습에 활용됨으로써 '커뮤니케이션', '상호작용', '정보공유' 가능성이 극대화되고 이를 통한 커뮤니티의 활성화가 전자학습(e-Learning)의 중요 특성을 부각되었다. 또한, 최근에는 무선(wireless)으로도 상호연결이 가능한 m-Learning이라는 개념이 등장하여 언제 어디서나 네트워킹된 학습이 가능하게 되었다.

이와 같은 전자학습(e-Learning)의 변화는 최근의 훈련 패러다임이 수행과 성과에 실질적인 기여를 하는 해결 방안(intervention)으로 전환된 것에 기인하고 있다. 로젠버그(Rosenberg, 2001)는 전자학습(e-Learning)의 개념 속에 교수(instruction)와 정보(information)를 포함시키면서 수행을 향상시키기 위한 2가지 방안으로 구조화된 코스웨어와 직접적으로 수행을 지원하고, 정보의 생성과 보급을 하는 지식관리(knowledge management)를 제시하였다. 그는 본래 훈련과 지식관리, 수행지원의 개념과 특성은 구분되는 것이나 수행지원과 지식관리체계가 통합되고 있으며 훈련과 지식관리 요소를 아우르는 포괄적 개념의 전자학습(e-Learning)을 주장하였다.

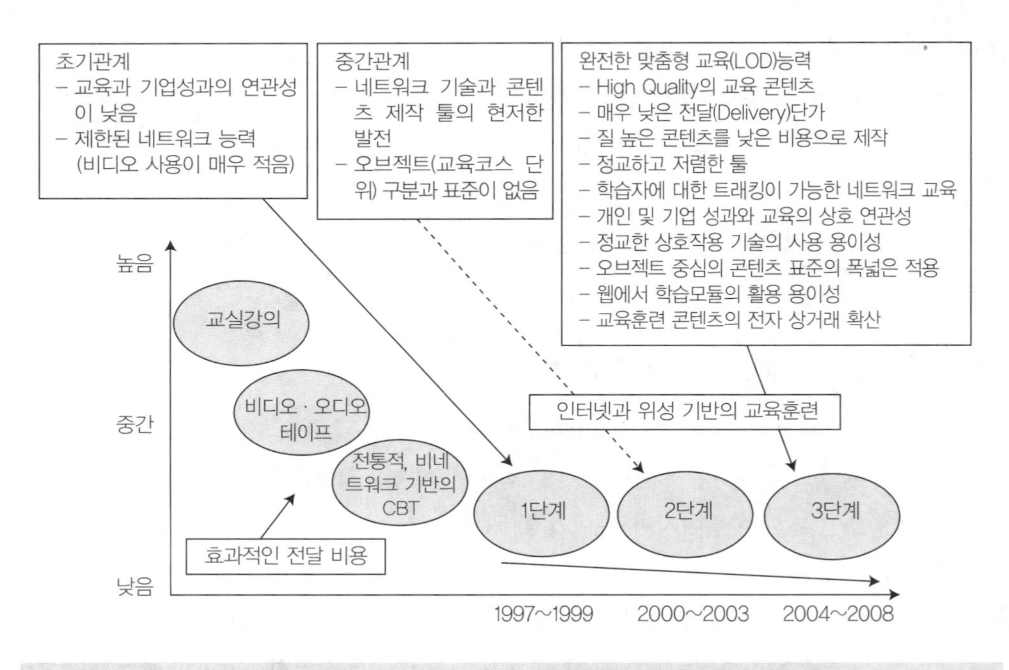

그림 6-5 전자학습(e-Learning)의 발달과정

표 6-20 훈련, 지식관리, 수행지원의 관계

훈련	지식관리	수행지원
목적 : 가르치는 것	목적 : 정보를 제시하는 것	목적 : 수행을 직접 가이드하는 것
참여를 위해서는 업무가 중단됨(온라인이라 하더라도)	훈련보다는 업무중단을 덜 요구함	이상적으로는 업무 자체와 직접적으로 통합됨
프로그램이 학습자가 어떻게 학습을 할지에 대하여 지시함	학습자가 어떻게 학습할지를 결정함	처리해야 하는 업무가 도구의 역할을 결정하며 학습은 수행을 위한 이차적인 것임
목표는 사용자에게 지식과 기술을 전이하는 것	목표는 사용자에게 리소스를 주는 것	목표는 수행을 완벽하게 처리하는 것

슬로만(Sloman, 2003)은 정보시대에서 인적자원을 통해 경쟁 우위를 획득하고자 하는 대응 방안으로 활용되고 있는 지식관리, 수행관리, 훈련 간에 경계가 허물어지고 수렴되는 추세를 지적한다. 이러한 수렴현상은 이들 개념이 모두 현재의 인적자원들이 가진 능력을 확대하여 성과에 기여하고자 한다는 공통점을 가지며 통합적 관점을 통해 시너지 효과를 내고자 하는 목적을 가진다. 이러한 상황에서 전자학습(e-Learning)은 이들을 실질적으로 통합시킬 수 있는 대안이 되고 있다. 즉, 지식관리, 수행관리, 전자학습(e-Learning)이 모두 동일한 테크놀로지 플랫폼을 사용하게 되면 프로세스의 효율성 측면에서 보다 유용해진다. 예를 들면, 한 조직 내에서 인트라넷이나 인터넷에 연결되어 있는 사용자가 전자학습(e-

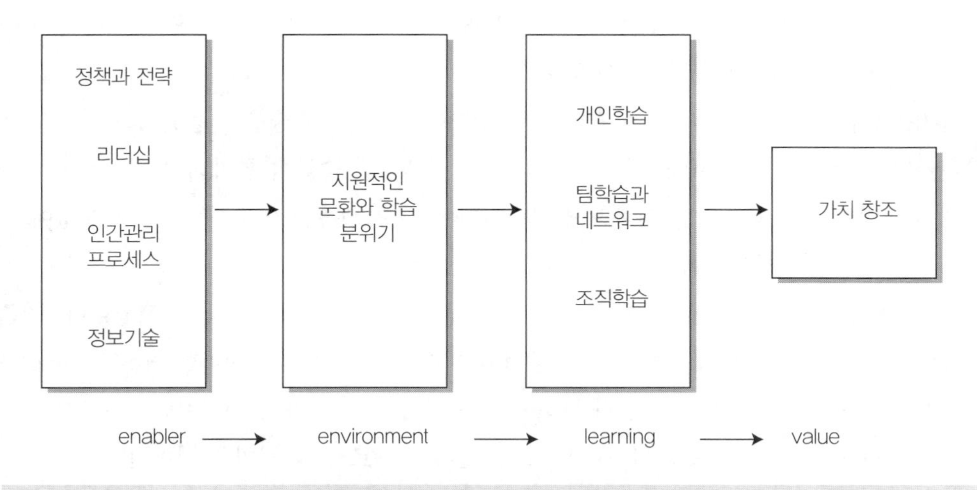

그림 6-6 전자학습(e-Learning)과 학습조직의 연계

Learning) 훈련모듈과 정보를 담고 있는 지식 데이터베이스를 오가면서 활용하게 되며 수행을 지원하는 각종 가이드, 충고 등을 동일한 경로로 접근할 수 있다. 따라서 향후에는 전자학습(e-Learning)의 개념이 단순히 학습에 관한 것을 넘어서서 주요한 비즈니스 프로세스와 변화관리 도구로 작용할 수 있음을 시사한다.

결국, 전자학습(e-Learning)은 지식의 습득과 창출이 끊임없이 요구되는 사회에서 개인의 능력을 지속적으로 확장할 수 있는 장을 마련해 주며, 조직 차원에서 조직의 성과와 연계될 수 있는 지식을 생성, 공유하기 위한 문화를 확산하고 이를 가능하게 하는 실제적인 체제로서의 역할을 한다고 볼 수 있다.

〈그림 6-6〉은 전자학습(e-Learning)이 학습 도구를 넘어서 조직 내 지식 프로세스 및 수행관리와 연계되어 조직을 학습조직화하는 모형을 제시하였다.

2. 전자학습(e-Learning)의 이론적 접근

(1) 전자학습(e-Learning)의 의미

일반적으로, 전자학습(e-Learning)에서 'e'가 'electronic'을 뜻하며, 교육을 '전자적' 형태로 진행한다는 의미이다. 로젠버그(2001)는 전자학습(e-Learning)의 기본적인 준거를 다음의 세 가지로 열거하였다.

첫째, 전자학습(e-Learning)은 네트워크에 연결되어 있어서 전자학습(e-Learning) 환경에서는 학습내용으로서의 정보를 갱신, 검색, 저장, 분배 및 공유하는 것이 즉각적으로 가능하다. 즉, 통신망으로 연결되어 있지 않은 CD-ROM이나 DVD와 같은 각종 기기나 매체는 전자학습(e-Learning)으로 분류될 수 없다.

둘째, 전자학습(e-Learning)의 학습내용은 표준화된 인터넷 기술을 사용한 컴퓨터를 경유하여 최종 사용자(학습자)에게 전달된다. 다양한 형태의 기술들이 통합되고 있지만 중요한 것은 보편적인 전달 플랫폼을 사용해서 학습자가 어떤 플랫폼을 이용하는지와 관계없이 동일한 학습내용이 전달되도록 하는 것이다.

셋째, 전자학습(e-Learning)은 학습에 대하여 능동적 학습에 대한 개념을 포함한다. 기존 교육의 일방적 전달의 한계를 지녔던 전통적인 패러다임을 넘어서, 전자학습(e-Learning)은 학습자의 능동적 학습활동이 가능한 교육형태를 의미한다. 따라서 전자학습(e-Learning)은 웹기반 교육이나 인터넷기반 교육의 개념을 포괄하며 때로는 그 의미를 넘어선다.

로젠버그의 3가지 기준에 비추어 본 전자학습(e-Learning)의 개념은 컴퓨터 네트워크에 연결된 상황에서 인터넷 기술을 사용한 학습자의 능동적 학습활동을 기반으로 하는 교육을 의미한다고 볼 수 있다.

이러한 전자학습(e-Learning)의 'e' 의 의미를 일반적으로 간주되고 있는 'electronic' 을 뛰어넘어서 좀 더 폭넓은 관점으로 접근하는 입장이 늘고 있는 추세다. 즉, 단순한 기술적 · 매체적 접근에서 벗어나, 교육의 본질적 측면에서 전자학습(e-Learning)을 추구하고자 하는 노력으로 볼 수 있다. 마시에(Massie, 2000)는 전자학습(e-Learning)에서 'e' 의 의미를 경험(experience), 확대(extended), 확장(expanded)으로 해석하였다. 경험으로서의 'e' 는 전자학습(e-Learning)이 학습자에게 학습시간, 학습장소 등에 대한 다양한 경험, 시뮬레이션, 지역공동체(community) 등을 통한 다양한 학습활동의 경험을 제공한다는 의미이다. 확대로서의 'e' 의 의미는 전자학습(e-Learning)이 학습을 단편적 사건(event)의 관점에서 벗어나 생활 속에서 계속 지속되는 과정으로 인식함으로써 기업이나 조직에서의 학습의 선택권을 확대한다. 확장으로서의 'e' 의 의미는 교실이라는 공간적 제약을 넘어서 교육의 범위를 확장한 전자학습(e-Learning)의 특성을 강조한다. 그 밖에도 웹을 이용하여 인터넷상의 방대한 학습정보와 자원에 대한 접근과 이용이 가능하다는 의미의 탐색(exploration)으로서의 'e' , 기존 전통교육의 교수자 중심에서 학습자 중심으로 학습의 권리와 권한이 이양된다는 권한이양(empowerment)으로서의 'e' , 학습자들의 능동적인 학습활동에의 관여 및 참여를 가능하게 한다는 참여(engagement)로서의 'e' , 학습결과를 스스로 표현한다는 표현(expression)으로서의 'e' , 다른 어떤 네트워크 인터페이스보다 전자학습(e-Learning)에서 주로 이용되는 웹이 가지고 있는 사용상의 편리성(easy of use)으로서의 'e' 를 의미하기도 한다(Rossett, 2002).

그러므로 전자학습(e-Learning)의 시각을 'e' 라는 전자적 매체에 주목하기보다는 'e' 를 기반으로 하는 'Learning' 이라는 본질적 속성에 주목하여야 한다.

전자학습(e-Learning)의 특성을 살펴보고 그 의미를 분석하여 보면(이수경, 2001), 첫째, 쌍방향적 의사소통 및 활동이 가능하다는 점이다. 이를 통해 궁극적으로 전자학습(e-Learning)에서의 상호작용은 교수자-학습자, 학습자-학습자, 학습자-학습내용, 학습자-운영자간의 다양한 형태로 구현될 수 있으며, 이를 통해 일방향성의 대중매체(TV, 라디오 등) 및 시디롬을 이용한 교육과는 차별화된 교육방법을 적용할 수 있게 된다.

둘째, 시간에 구애받지 않는 학습환경을 전자학습(e-Learning)이 제공하고 있다는 점이다(Harasim, 1990; Harasim 등, 1995). 시간에 구애받지 않는 학습환경은 비동기식, 즉 실시간이 아닌 의사소통을 가능하게 한다는 뜻이다. 이 말의 의미는 학습자 상호 간, 혹은 학습자와 교수자 간의 상호작용을 위해서 서로에게 맞는 시간을 정해야 할 필요가 없음을 의미한다. 학습자가 원하는 편리한 시기에 학습활동을 할 수 있다는 것이다. 이 특성은 그룹 활동의 역동성과 학습과정에 커다란 영향을 끼친다.

셋째, 전자학습(e-Learning)이 장소에 구애받지 않는 학습환경을 제공한다는 점이다(Harasim, 1990; Harasim 등, 1995). 즉, 물리적 공간이라고 하는 장애를 제거하여 학습에서의 범위를 넓힌 것으로 다양한 장소에서 학습이 발생하도록 한 것이다. 지리적으로 아주 멀리 떨어져 있는 장소에 있는 학습자라 할지라도 교수자 및 다른 학습자와의 상호 활동이 가능하다.

넷째, 전자학습(e-Learning)의 학습형태가 자율적이라는 점에서 그 효과가 기존의 전통적인 집합형태의 교육보다 높을 수 있다(Rosenberg, 2001). 일방적인 강의식으로 진행되는 것이 아니고 각 개인의 수준, 요구, 필요에 따라 학습 내용, 진도, 방법을 정하기 때문이다. 이러한 자율적인 학습은 개인의 요구에 부합한 맞춤식 교육을 가능하게 만들며 기존 집합교육과의 차별성을 갖게 한다.

다섯째, 전자학습(e-Learning)은 교육비용의 절감에 기여한다(유인출, 2001a; Rosenberg, 2001). 전자학습(e-Learning)의 교육비용은 크게 '순교육비' 측면과 '기회비용' 측면에서 기존의 교육 방식에 비해 경제적이다. 우선, '순교육비' 측면에서 전자학습(e-Learning)은 물질적 투자와 기간시설이라는 자본에 대해 종래의 노동집약적인 교수과정을 대체함으로써 장기적으로 교원, 직원의 인건비 절감과 강의실, 실습실 같은 시설비 절감의 효과를 가져온다. 다음으로 전자학습(e-Learning)은 '기회비용'의 절감에 기여한다. 기존의 집합형태의 교육은 정해진 장소로 이동해서 교육이 수해되므로 순교육비 외에 이동 및 숙박을 통한 물질적, 시간적 부대비용이 소요된다. 그러나 전자학습(e-Learning)은 교육을 위하여 이동할 필요가 없기 때문에 교통비, 숙식비 등의 물질적 부대비용을 절감할 수 있다.

또한, 학습자들이 연수원 시설로 이동하는 데 소요되는 시간을 절약할 수 있으므로 업무활동에 투입할 수 있는 시간이 확보된다. 이와 같은 물질적, 시간적 부대비용의 절감은 결과적으로 기회비용을 감소하는 효과를 가져온다(김정일, 1999; 이수경, 2001; 정인성, 2003). 그 밖의 특성으로는 책이나 교과서와 같은 고정된 형태의 인쇄매체가 아니기 때문에, 학습내용의 수정 · 보완이 용이하다는 점을 들 수 있다. 아울러, 전자학습(e-Learning)은 네트워크를 통하여 학습내용을 빠르고 신속하게 전달할 수 있다는 특성이 있다.

3. 전자학습(e-Learning)의 교육훈련시장 현황

(1) 평생교육에서의 전자학습(e-Learning)

교육인적자원부는 1999년 3월부터 2000년 2월까지 원격대학을 시범 운영하였으며, 이어 「평생교육법」 개정(1999. 8. 31.) 및 「평생교육법시행령」 개정(2000. 3. 13)과 더불어 '원격대학 형태의 평생교육 시설' 에 대한 인가를 시작하였다.

이들 원격대학, 즉 사이버 대학은 사업체로부터 위탁을 받아 교육을 실시할 수 있도록 하고, 산업체 위탁생의 입학 및 편입의 경우에는 그 모집 단위별 입학정원의 20% 범위 내에서 별도 정원을 인정하였다. 이들 대학들의 원격학습문화 정착의 노력이 무엇보다 중요하다는 것에 많은 관계자들이 동의하여 기획 예산처에서 원격대학 콘텐츠 개발지원비를 지원하고 있다. 지금은 초기단계이므로 이들 원격대학의 끊임없는 노력과 원격학습 문화정착을 위한 시간이 필요할 것이다.

원격대학은 설립주체에 따라 크게 3종류로 분류될 수 있다. 첫째 학교법인이 설립한 대학, 둘째 기업과 대학 등 몇 개의 주체가 모여 하나의 원격대학을 설립한 컨소시엄 형태의 대학, 셋째 학교가 아닌 일반재단이 설립한 대학이다.

2002년 현재, 등록생 중 고졸 학력자(검정고시 포함)는 87.4%이었으며, 전체 학생 중 취업자 비율은 85.8%를 차지하여 대부분 직장을 다니면서 학위를 취득하고 싶어 하거나 재교육을 희망하는 직장 근로자층이 주로 등록한 것으로 판단된다(교육인적자원부, 2002). 주소지별로는 수도권이 70.2%를 차지하였는데, 이는 원격대학임에도 불구하고 대학의 소재지가 주로 수도권에 위치한 것과 관련 있는 것으로 보인다.

원격대학이 평생교육기관으로서 성인을 대상으로 새로운 전자학습(e-Learning) 문화정착을 위한 과제는 다음과 같다.

첫째, 전임교원뿐만 아니라 우수한 파트타임 교원을 확보하여 교원 풀(pool)제를 효과적으로 운영하여야 한다.

둘째, 서인학습의 특성에 맞게, 우리나라 원격대학에서 학생들 개개인의 학습사(學習史)를 관리해 주고 안내해 주는 온라인 튜터로서의 역할이 더욱 강조되어야 할 필요가 있다.

(2) 기업에서의 전자학습(e-Learning)

국내 100대 기업이 종업원 교육에 투자하는 비용은 1999년 기준으로 2조 3,000억 원이라는 막대한 규모에 달한다. 기업은 당연히 교육비를 줄이면서 교육효과를 높이는 방법을 모색하게 되고, 하나의 대안으로 등장하게 된 것이 바로 전자학습(e-Learning)이다. 전통적 방식에 의한 오프라인 교육이 기업교육에서 차지하는 비중은 일정기간 동안 높은 수준을 유지할 것으로 예상이 되지만, 향후 전자학습(e-Learning)을 통한 기업교육은 계속 증가할 것이다.

한편, 포스코는 2000년에 인적자원개발과 비용절감을 위해 전자학습(e-Learning)을 도입하였고 2002년 9월 말에 총 147개 2002년 9월 말에 총 147개 과정이 운영되고 있으며 8만 5,000명이 이수한 결과, 집체 교육과 전자학습(e-Learning) 교육의 비율은 41:59인 것으로 나타났다.

교육방식은 사이버교육, 컴퓨터기반 학습, 원격강의, 학습지식 DB 등의 4가지 방식이며, 생산직 직원교육이 많고 서울 · 포항 · 광양에서 동시에 수강을 할 수 있는 방법으로 운영되고 있다. 이 전자학습(e-Learning)시스템은 인사정보시스템과 연결되어 있고, 6시그마 운동 및 경영혁신 등과도 연계가 되어 있다.

삼성인력개발원은 1996년의 '사이버유니버시티'로 시작, 2002년 9월 말 총 235개 과정을 운영하여 약 10만 명이 전자학습(e-Learning)을 통한 교육과정을 이수한 것으로 나타났다. 이곳에서는 집합교육, 전자학습(e-Learning), 연결학습을 조화롭게 활용하고 있으며, 집합교육과 전자학습(e-Learning)의 비율은 약 14 : 86으로 전자학습(e-Learning)이 훨씬 높은 것으로 나타났다. 해외 교육도 전자학습(e-Learning)을 통해 실시하며, 교육을 인사고과에 반영하여 수료율이 높고 지식관리와도 연계하는 것으로 나타났다. 이처럼 전자학습(e-Learning)은 기업의 성과창출측면에서 효율성 및 가능성을 지니고 있다.

기업에서 실시되고 있는 전자학습(e-Learning)의 규모, 비중, 참여율을 살펴보면 빠른 성장과 확대를 확인할 수 있다. 실제로, 노동부의 인터넷 통신훈련 제도가 실시된 1999년 이후 현재까지 인터넷 통신훈련에 참여한 기업 및 재직 근로자의 숫자는 빠르게 증가하였다. 1998년 7개 기관, 1999년에는 인터넷 통신훈련 지정 기관 16개, 2000년 51개, 2001년 110개 등으로 대폭 늘어났다. 즉, 1999~2001년으로 오면서 지정 승인 기관수가 약 6.9배 증가하였다. 단, 2001년까지 급속한 증가세를 보나 2002년에 오면서 처음으로 감소세를 보였는

표 6-21 국내 기업 전자학습(e-Learning) 시장 규모 (단위 : 억 원, %)

구분	2001	2002	2003	2004	2005
전체 기업교육 시장	25,323	27,095	28,992	31,021	33,193
기업전자학습(e-Learning) 시장	3,494	5,771	7,973	9,958	11,651
비중	13.8	21.3	27.5	32.1	35.1

데, 이는 2002년부터 인터넷 통신훈련 제도가 본격적으로 정비되기 시작하면서 지정승인에 대한 질적 관리가 이루어졌기 때문으로 해석된다. 기관 지정승인에 대한 규정과 아울러 콘텐츠에 대한 심사제도가 도입되면서 지속적인 성장세가 멈추기는 하였으나, 여전히 인터넷 통신훈련을 실시하는 기관수는 93개로 높은 수치를 보이고 있으며, 인터넷 통신훈련 참여 인원은 기관수의 감소에도 관계없이 계속적인 증가 추세를 나타내고 있다.

인터넷 통신훈련에 참여한 재직 근로자의 수는 1999년 1만 9,653명, 2002년 57만 1,006명으로 약 29.1배의 가파른 증가를 보였다. 1999년 전체 훈련인원의 2.5%가 인터넷 통신훈련에 참여하였던 근로자였던 반면, 2002년의 경우 33.8%로 전체 훈련의 약 1/3 수준을 차지하는 것으로 나타났다.

(3) 직업능력개발훈련

노동부의 직업능력개발훈련 지원 실적을 보면, 1999~2000년 사이에 직업능력개발훈련에 참여한 재직자 수가 전체적으로 약 1.9배 증가한 반면, 통신훈련[2]은 약 5.9배 증가한 것으로 나타나 다른 훈련방법(집체훈련, 현장훈련)에 비해 빠른 속도로 확산되고 있다. 2000~2001년 직업능력 개발훈련 참여 재직자 수 역시, 집체훈련에 비해 통신훈련은 약 2배 이상의 높은 증가율을 보였다. 연도별 훈련비중의 변화 추이를 보면, 1999~2000년, 2001~2002년으로 가면서 집체훈련의 경우 전체 훈련에서 차지하는 비중이 계속적으로 감소하는 경향을 보이는 반면, 통신훈련의 비중은 계속적인 높은 증가율을 보였다.

재직자 직업능력개발훈련에 투입된 지원금의 규모도 1999~2000년 2.1배, 2000~2001년 1.2배, 2001~2002년 0.9배 등으로 집계된 반면, 통신훈련의 경우는 이보다 높은 7.1배, 2.0배, 1.2배로 나타났다. 연도별로도 집체훈련의 경우 전체훈련 중 차지하는 비중의 계속적으로 감소하는 반면, 통신훈련의 경우 가파른 증가세를 보이고 있다. 1999년의 경우, 전체 지원금액의 2.8%를 차지하였던 인터넷 통신훈련이 2002년에는 전체의 20.1%를 차지하였으며, 지원액으로 보면 2002년 기준 전체 지원금액 1,642억 중 약 331억이 통신훈련에 투입된 것으로 나타났다([표 6-22] 참조).

(4) 전자학습(e-Learning)의 문제점

인터넷 통신훈련은 기업 내 전자학습(e-Learning)의 괄목할 만한 성장을 이끌어내는 데 긍

---

2) 통신훈련의 수치는 우편통신을 포함하고 있으나, 통신훈련 중 인터넷 통신훈련이 차지하는 비중이 적지 않다는 점을 감안해 볼 때 인터넷 통신훈련의 전반적 경향을 살펴볼 수 있다.

표 6-22 연도별 훈련비중 변화 추이 (단위 : %)

구분		1999	2000	2001	2002
집체훈련	지원인원수	95.5	86.1(−9.4)	76.7(−9.4)	69.6(−7.1)
	지원 금액	96.4	89.6(−6.8)	83.2(−6.4)	78.8(−4.4)
현장훈련	지원인원수	0.3	0.7(−0.4)	0.1(−0.6)	0.1(0.0)
	지원 금액	0.8	0.8(0.0)	0.2(−0.6)	1.1(0.9)
통신훈련	지원인원수	4.2	13.2(9.0)	23.2(10.0)	30.3(7.1)
	지원 금액	2.8	9.6(6.8)	16.6(7.0)	20.1(3.5)
전체	지원인원수	100.0	100.0	100.0	100.0
	지원 금액	100.0	100.0	100.0	100.0

주 : 괄호 안은 전년대비 증감률

정적인 영향을 미쳤다고 볼 수 있으며, 이는 바로 인터넷 통신 훈련의 주요한 정책 성과로 평가될 수 있는 부분이다. 그러나 현행 인터넷 통신훈련 제도 안에서도 여전히 풀지 못한 문제점들이 있다.

기업 현장의 전자학습(e-Learning)에서 가장 큰 문제점으로 지적되고 있는 부분은 '전자학습(e-Learning)의 획일화'와 '교육훈련 기회의 형평성' 측면이다. 특히, '전자학습(e-Learning)의 획일화'는 전자학습(e-Learning)의 질적 수준과 내실화와 밀접한 관련이 있다는 측면에서 날카로운 비판과 질책이 이루어지는 부분이다.

우선, 전자학습(e-Learning) 획일화 측면의 경우, 기업에 개설된 인터넷 통신훈련과 과정들의 분야, 종류, 대상, 수준, 개발방법 등이 획일화되어 있다는 점이다. 유사과정들이 중복적으로 개발 · 운영되고 있으며, 특히 과정 개발이 용이한 특정 분야 및 이론 중심의 과정들로 편중되어 있다는 점이다.

기업에서 이루어졌던 인터넷 통신훈련의 실태를 살펴보면, 대부분의 과정이 '사무관리', '정보 · 통신', '금융 · 보험' 분야의 기초적 성격의 과정에 지나치게 치우쳤다. 이들 분야가 전체 2,815개 과정 중 2,420개로 86.0%를 차지하였다. 이와 같이 동일한 분야, 유사한 과정에 여러 기업이 중복 투자를 하고 있어 국가적으로 낭비 요소로 작용하였다. 아울러 이들 중 전체의 76.7%에 해당되는 과정이 직무관련 기초 과정으로, 전문 과정의 경우 23.3% 수준에 그쳤다. 즉, 많은 과정들이 기초 소양 수준에 편중되어 있는 실정이다.

또한 개발 방법의 경우 기업의 요구 및 특성을 반영하여 다양화, 특성화되지 못한 채 획일화되어 있는 실정이다. 단편적으로, 야적 측면에서 볼 때 인터넷 통신훈련이 일정 수위에

표 6-23 훈련분야별 전자학습(e-Learning) 현황(2002) (단위 : 개, %, 명)

구분	훈련과정		훈련인원	
	과정 수	비율	실시인원	비율
금융 · 보험분야	483	17.2	98,441	15.6
기계 · 장비분야	21	0.7	18,523	2.9
사무관리분야	1,276	45.3	357,870	56.3
서비스분야	56	19.9	7,677	1.2
전자분야	134	4.8	25,072	3.9
정보 · 통신분야	661	23.5	101,260	15.9
기타 분야	184	6.5	26,607	4.2
합 계	2,815	100.0	635,450	100.0

자료 : 노동부 내부자료(2003)

올랐다고 볼 수 있는 2002년의 경우, 운영되었던 콘텐츠 대부분이 HTML[3] 개발 방식에 집중되었으며(전체 과정의 84.6%), 게임, 시뮬레이션 등 다양한 교수 설계 요소가 활용되지 못하고 있는 것으로 나타났다(노동부, 2003). 인터넷 통신훈련의 내용, 대상, 수준에 따라 콘텐츠 측면에서 다양한 교수 설계 및 방법이 고려되고 적용되어야 함에도 불구하고, 많은 과정들이 교수 설계적 요소가 간과된 채 일방적 정보전달 형태로 콘텐츠가 획일적으로 개발되고 있기 때문이다.

전자학습(e-Learning)의 교육훈련 기회의 형평성 측면에서도 문제 제기가 이루어지고 있다. 현재, 인터넷 통신훈련 제도에 의해서 혜택을 받고 있는 근로자의 범위가 '대기업 사무관리직 종사자' 에 집중되어 있는 실정이다. 2000년도에 기업 자체적으로 인터넷 통신훈련이 실시된 경우를 살펴보면, 전체 과정 중에서 1개 과정을 제외한 나머지 과정들이 모두 대기업 재직근로자를 대상으로 운영되고 있었다(이수경, 2000). 2002년의 경우만 보아도, 인터넷 통신훈련이 이루어지고 있는 기업 중 300인 이상 대기업이 전체 인터넷 통신훈련의 87.8%를 차지하고 있는 반면, 150인 미만 기업은 4.6%에 불과하였다. 즉, 기존의 기업 교육훈련에서 나타나는 교육훈련의 빈익빈 부익부 현상을 그대로 답습하고 있으며, 오히려

3) 월드 와이드 웹(WWW)에서 하이퍼텍스트 문서를 작성하는 데 사용되는 기본 언어이다. 'hyper text markup language' 의 약칭이다. 인터넷의 월드 와이드 웹을 통해 볼 수 있는 수많은 문서와 홈페이지들은 기본적으로 하이퍼텍스트 형식으로 작성되는데, 이때 사용되는 언어가 HTML이다. HTML은 문자로 된 정보뿐만 아니라 화상이나 음성, 다른 문서로의 이동(하이퍼링크) 등을 기록할 수 있다. 원래는 문서의 구조를 기록하는 것이었으나, 점차 표나 입력형식 등의 기록 기능이 추가되어 문자의 크기나 행간, 1행이나 1쪽의 글자 수 등 다양한 표현이 가능하게 되었다.

그 정도가 더 심화되어 있다(전체 기업교육훈련의 경우, 300인 이상 대기업의 교육훈련 참여율 74.5%, 150인 미만 기업의 교육훈련 참여율 17.2%). 인터넷 통신훈련이 기존의 교육훈련 소외 계층에 대한 대안적 교육훈련체제로 부각되고 있음에도 불구하고, 현실적으로 중소기업 종사자, 생산직 근로자들은 인터넷 통신훈련에서도 역시 집체훈련과 마찬가지로 교육훈련의 기회로부터 소외되고 있는 실정이다.

4. 전자학습(e-Learning) 산업 현황

전자학습(e-Learning) 운영 서비스 산업은 전자학습(e-Learning) 솔루션을 기반으로 개발된 전자학습(e-Learning) 콘텐츠를 최종 수혜자인 학습자에게 효과적·효율적으로 전달하여 학습자의 만족 및 학습효과를 이끌어 내는 총체적 운영 서비스를 말한다. 즉, 전자학습(e-Learning) 운영서비스 산업은 전문영역별, 주제별 등으로 특화되어 제작된 전자학습(e-Learning) 콘텐츠(예 : 외국어 영역, 직무관련 영역 등)를 최종 소비자인 학습자에게 제공하는 서비스 산업으로서, 학습이 일어나기 전, 중, 후의 학사·행정 관리, 교과목 운영 및 관리, 학습독려·촉진활동 등과 관련된 운영 서비스를 제공하는 산업을 지칭한다. 1990년대 중반 이후 인터넷이 보편화되면서 기업의 연수원(예 : 삼성인재개발원, LG인화원 등)과 일부 대학(예 : 동아대학교, 숙명여자대학교 등)을 중심으로 활발하게 도입되었던 전자학습(e-Learning)이 1990년대 후반 이후 다양한 산업분야로 운영서비스의 범위를 확대해나가고 있다. 이 현상은 다른 나라에 비해 전자학습(e-Learning)이 가장 발달되었고 보편화된 미국의 경우에도 마찬가지로 발달해 왔다.

교육인적자원부는 1995년 이후 전자학습(e-Learning) 관련 교육개혁방안을 여러 차례 제시한 이후, 기존 대학에서의 사이버교육 실험운영과 시범운영(1998. 3~2000. 2)을 통해 원격교육을 활성화하기 위한 기본 토대를 마련하였다. 이후 평생교육법령(1999. 8)의 개정 및 「평생교육법시행령」(2000. 3)의 개정과 더불어 본격적인 평생교육법령하의 원격대학(사이버대학) 설립을 인가하기 시작하였다. 한편, 고등교육법령하의 원격대학원이 특수대학원 산하로 설립·인가되었으며, 2003년 1월 현재 총 6개의 대학에서 원격대학원을 운영하고 있다. 이상과 같은 교육인적자원부의 노력은 대학 및 사이버대학에서의 운영 서비스 산업이 발전하게 된 기폭제가 되었다. 현재, 교육인적자원부는 전자학습(e-Learning) 운영 서비스 산업과 관련하여 원격대학의 설립인가와 관련된 영역을 담당하고 있다.

각 정부기관 및 부처의 노력 이외에 우리나라 각계각층의 전자학습(e-Learning) 도입 및

표 6-24 전자학습(e-Learning) 운영 서비스 산업 관련 제고 및 정책

연도	기업	학교	공공기관
1995		교육부 교육개혁방안 제시	
1996		사이버교육관련 정책연구 실시 (1996. 10~1997. 5)	
1997	삼성인력개발원 사이버 교육운영 서비스 실시	사이버대학 시범운영기관 선정기준안 발표(1997. 10)	
1998	LG 사이버 아카데미 운영 서비스 실시	사이버대학 프로그램 시범·실험운영 (1998. 3~2000. 2)	
1999	삼성사이버유니버시티 운영 서비스 실시	평생교육법 제정(1999. 8)	정보통신공무원교육원 공무원 대상 시범운영 서비스 실시
2000	현대인재개발원 cylearn 운영 서비스 실시 크레듀 운영서비스 실시	평생교육법령 : 평생교육법, 시행령, 시행 세칙 개정(2000. 3) 고등교육 법령하 원격대학원 설립 · 인가(1개 대학 : 아주대)	중앙공무원 교육원 공무원대학 운영 서비스 실시 철도경영연수원 시범운영 서비스 실시
2001		사이버대학 설립 증가(9개 사이버대학 : 한국디지털 대학 등) 원격대학원 설립 증가(2개 대학 : 숙명여대 등)	한국정보문화진흥원 대국민정보화교육 운영서비스 실시 한국농림수산정보센터 사이버학당 운영실시
2002		사이버대학 설립 증가(6개 사이버대학: 한양사이버대 등), 원격대학원 설립(2개 대학 : 중부대 등) 및 증설(1개 대학 : 숙명여대)	
2003		사이버대학 설립 증가(1개 사이버대학 : 국제디지털대학), 원격대학원 설립(1개 대학 : 성균관대)및 증설 (2개 대학 : 숙명여대, 중부대 등)	

적용 노력이 1995년 이후 지속적으로 이루어지고 있으며, 2000년 이후 전자학습(e-Learning) 운영 서비스 업체가 급속도로 증가하게 되는 전기를 맞게 되었다. 최근에는 일반 초중등학교, 사이버고등학교뿐만 아니라 유아교육분야, 입시학원 및 영어학원 등 사설교육기관, 공공기관의 전자학습(e-Learning)에 이르기까지 그 적용범위를 확대해 나가고 있다.

국내 전자학습(e-Learning) 운영 서비스 산업 현황에서 제시하는 시장 범위는 순수하게 웹사이트 서비스 분야 중 직접적인 소비자 대상의 온라인 교육 콘텐츠 시장만을 한정하기

로 하였다. 이는 상당한 온라인 서비스가 오프라인의 한 서비스 분야로 운영되고 있기 때문이며, 산업의 규모로 전자학습(e-Learning) 운영서비스를 통해 상거래가 이루어지는 경우 그 수수료만을 포함하였다.

한편, 인터넷에 기반을 둔 학습이란 관점에서 국내 전자학습(e-Learning)에 대한 전반적인 평가를 내리는 데 있어 유용한 자료로서 영국의 컨설팅 업체인 경제인 지능조직(Economist Intelligence Unit : EIU)에서 발표한 전자학습(e-Learning) 준비도 세계 순위를 들 수 있다(EIU, 2003). 이 순위는 약 150가지의 양적 · 질적 기준을 4가지 항목(교육, 산업, 정부, 사회)로 나누어 각 '영역'(sector)의 준비도를 일반적인 인터넷의 접속과 사용, 그리고 새로운 기술에 대한 태도와 인터넷 기반학습 프로그램의 활용 등에 근거하였다. 세계 60개국을 상대로 조사한 결과를 보면 다음 [표 6-25]와 같은데, 우리나라는 총점에서 5위를 차지하고 있다.

|제3절| 자격제도

자격은 개인의 직업능력을 향상시키고 국가의 경쟁력 제고의 기능을 갖는다.

우리나라의 자격제도는 「국가기술자격법」에 의한 기술자격(technical qualification)과 개별 법령에 의한 기타 국가자격이 있으며 국가에서 인정하는 민간자격이 있다. 이 절에서는 자격의 개념과 의미, 자격시스템, 자격제도 운영에 관하여 살펴보고자 한다.

표 6-25 60개국의 전자학습(e-Learning) 준비도 순위(상위 5개국)

구분	총점		교육		산업		정부		사회	
	점수	순위	점수	순위	점수	순위	점수	순위	점수	순위
스웨덴	8.42	1	8.17	6	8.26	4	9.67	1	7.76	2(tie)
캐나다	8.40	2	8.83	2	8.35	3	8.80	14(tie)	7.67	6
미 국	8.37	3	8.90	1	8.39	1(tie)	8.27	22	7.92	1
핀란드	8.25	4	8.00	9	7.97	5(tie)	9.60	2	7.69	5
한 국	8.24	5	8.32	4	8.39	1(tie)	8.73	16(tie)	7.36	12

자료 : Economist Intelligence Unit(2003). The 2003 전자학습(e-Learning) Readiness Rankings

1. 자격제도의 의미

(1) 자격의 개념

1) 자격의 개념규정

우리나라 「자격기본법」에 의하면 자격이란 일정한 기준과 절차에 따라 평가·인정된 지식 및 기술의 습득 정도를 나타내는 개념으로 규정되고 있다. 이에 비해 경제협력개발기구(OECD, 1996)에서는 자격인정(certification)이란 공식적·형식적인 과정을 거쳐서 확인된 결과이며, 훈련과정이나 시험을 통하여 성공적으로 성취한 결과를 실증해 준 결과라고 보았다. 이 밖에도 엄격하고 공식적으로 관리되는 자격제도와는 달리 개인이 스스로 획득한 자질(qualification)이 갖는 사회적·경제적 가치를 인정해 주는 제도가 일부 국가에 존재한다(신명훈 외, 1998).

자격(qualification)은 '…을 할 수 있는 능력' 을 말하며, 일반적으로는 '일정한 기준과 절차에 따라 평가 또는 인정된 능력(지식, 기술, 소양 등)을 말한다. 여기에서 직무수행과 직접 관련이 있는 직업자격(vocational qualification)과 구체적인 직업·직무에 관련되지는 않지만 직업생활에 공통적으로 요구되는 기초소양, 학업(교육훈련)의 이수결과, 또는 일부부처에서 시행하고 있는 명장제도나 무형문화재 등과 같은 능력평가인정제도도 포함되어야 한다. 그러나 우리 사회에서 자격이란 오랫동안 직업자격에 한정되어 있고, 그 중에서도 일반검정(testing service)을 통하여 획득하는 자격에 익숙해져 있다.

'자격제도' 란 '인간의 능력(지식, 기술, 소양 등)을 일정한 기준과 절차에 따라 평가 또는 인정하기 위한 시스템' 을 의미한다. '자격증' 은 '이러한 시스템을 통해 능력이 있다고 평가 또는 인정받는 사람에게 수여되는 증서' 이다. 따라서 자격증, 학위증, 이수증 등은 이러한 자격이 자격제도를 통해 외부화·외현화된 것이다(이동임 외, 2003).

2) 자격 관련용어

자격과 관련하여 유사한 용어로 사용되는 면허(license)는 일정한 일을 수행하도록 허가하는 행위이며, 공공성이 필요한 행위에 대해 관청이나 공인이 허가한 결과로 특수한 행위를 특수한 사람에게만 허가하는 행정처분이라 할 수 있다. 이와 유사한 용어로서 공인, 인증, 인정이라는 용어를 혼용하여 사용하는데, 공인(authorization)은 사전적 의미로 국가나 사회단체가 어느 행위나 물건에 대하여 인정하는 행위이며, 인증(attestation)이란 어떤 행위 또는 문서의 성립 기재가 정당한 절차로 이루어졌음을 공식적인 기관이 증명하는 것을 의미한다. 한편 인정(accreditation)은 국가나 지방자치단체가 자체의 판단에 의하여 어떤 일의 당부를 결정하는 것이다(국어대사전, 1997).

3) 자격의 검정과 평가

자격제도와 관련하여 사용하고 있는 용어에는 검정(assessment)과 평가(evaluation)가 있다. 여기서 검정은 개인의 성취정도를 평가하는 행위로서 등급화(grading), 시험(examining), 측정(testing), 자격부여(certifying) 등의 의미를 내포하고 있으며, 이에 비해 평가는 개인에 대해서보다 프로그램, 교육훈련과정, 기관과 같이 대상에 적용되는 개념으로 어떤 대상에 가치나 의미를 부여할 때에 사용되며, 주로 상호 비교관점을 중시한다(신명훈 외, 1998).

4) 자격의 구분

「자격기본법」에 의하면 관리주체별 자격에 대하여 2종류로 구분하고 있다. 즉, 법령에 의하여 국가가 신설하여 관리 · 운영하는 국가자격, 그리고 국가 외의 법인, 단체 또는 개인이 신설하여 관리 · 운영하는 민간자격 등으로 구분된다.

(2) 자격의 기능[4)]

자격의 기능은 다음과 같다.

1) 교육과 노동시장의 연계

자격은 교육과 노동시장을 연계시켜 주는 기능을 발휘한다. 자격은 학력과 마찬가지로 근로자가 보유하고 있는 인적 자산의 가치를 알려 주는 신호기제(signal)이다. 학력(學歷)도 학력(學力)의 잠재적 생산성을 알려 주는 신호기제의 기능을 갖지만 신호기제로서의 효과는 불충분하다. 따라서 학력은 학교 등의 교육 공급자가 주도적으로 만드는 신호기제라고 할 수 있다. 학교가 다양화 · 특화되고, 학습방법이 다양화될 때, 학력의 신호기제 효과는 더욱 축소될 수밖에 없고 대신 자격의 효과는 더욱 커지게 된다. 결국 자격은 교육 수요자와 공급자 간에서 근로자의 능력을 증명하는 역할을 맡고 있으며, 노동시장에서 노동능력에 관한 정보의 불완전성을 보충하는 기능을 한다고 볼 수 있다.

---

4) 자격의 기능은 '신명훈 외(1998). 자격제도의 종합적 실태분석과 개선방안 연구'에서 제시된 내용을 제시한 것이다.

2) 인적 자산의 가치평가기준

자격은 인적 자산의 가치를 평가하는 기준으로서 모집 및 채용비용과 적응훈련비용을 줄여준다. 한 사회 내에서 다양하고 전문화된 인적 자산에 대한 가치가 사회적으로 통용될 수 있는 신호기제가 있다면 거래비용을 대폭 줄일 수 있다. 시장 내에서 재화나 서비스가 거래될 때 제공되는 재화나 서비스의 질을 사전에 정확하게 알기는 쉽지 않다. 그 때문에 소비자가 재화 및 서비스의 질을 직접 평가하지 않고 그를 제공하는 회사나 개인의 능력을 알려고 할 때, 자격은 소비자의 판단을 지원하는 기능을 발휘한다.

3) 근로자의 직업능력개발 촉진

자격은 한 개인의 직업능력의 증명서이기 때문에 근로자의 능력개발을 촉진시키는 기능을 발휘한다. 자격은 개인들에게 진로 경로 개척의 기회가 되고 승진 및 승급 시 유리한 조건을 제공해 줄 수 있다는 점에서 능력발달의 촉진수단이 된다.

4) 자격취득자의 이득 보호 및 개선

자격은 자격취득자의 직업적인 이득을 보호하고 개선하는 기능을 발휘한다. 취업이나 승진 · 승급 또는 전직과정에서는 자격증 소지자가 유리하기 때문에 근로자들은 자격취득을 통해 자신이 보유하고 있는 인적 자산의 가치를 보다 객관적으로 보여 줄 수 있고, 그에 따른 정당한 대우를 받을 수 있다.

5) 근로조건 향상

자격은 직무수행에 필요한 작업환경의 필요성을 강조함으로써 자격을 소지한 직업인의 근로조건을 향상시키는 기능도 발휘한다.

(3) 자격의 요건

자격의 기능이 발휘되기 위해서는 자격이 기본적인 요건을 갖추어야 하는데, 그 내용은 다음과 같다.

1) 투명성

자격은 투명성(transparency)을 가져야 한다. 자격은 자격과 관련하여 이해관계를 갖는 사람들, 즉 개인, 고용주, 교육 프로그램 운영자들에게 명확하게 신호(signal)를 전달해 주어야 하며, 인적 자산의 내용이나 수준에 대해서 기준을 제시함으로써 학생이나 근로자가 획득한 인적 자산의 양과 질을 알려 줄 수 있어야 한다. 자격에 의해 주어지는 정보의 신뢰성이 높을 때 자격은 투명성을 갖게 된다.

2) 호환성

자격은 호환성(transferability)을 갖추어야 한다. 자격은 자격 간에 상호 호환이 가능하고 그에 따라 부분적 혹은 전면적으로 대체될 수 있어야 한다. 호환성은 학습된 인간의 능력은 전이될 수 있다는 이론에 그 근거를 두고 있는데, 유사종목의 자격검정시 유관 과목시험을 면제해 주고 있는 '국가기술자격제도의 시험과목 면제조항' 이나 자격취득자가 대학진학시 관련과목을 인정해 주는 '학점은행제' 는 자격의 호환성을 높여 주는 구체적인 제도라고 할 수 있다.

3) 경제성

자격은 경제성(economy)을 갖추어야 한다. 자격제도를 유지하는 비용이 지나치게 들어감으로써 자격제도가 주는 사회경제적 편익보다 비용이 더 커서는 안 된다.

4) 탄력성

자격은 탄력성(flexibility)을 갖추어야 한다. 이를 위해서는 사회경제적 변화에 따라 신속하게 개정되어야 한다. 산업구조의 변화속도가 빠른 현 시점에서 자격의 탄력성 제고는 그 어느 요건보다 중요하다고 할 수 있다.

5) 공신력

자격은 공신력(authenticity)을 갖추어야 한다. 공신력이 상실된 자격은 효용가치를 잃고, 결국은 소멸되고 만다. 시대가 변함에 따라 자격이 다종 다양해지는 것은 보편적인 추세라고 할 수 있다. 이러한 상황에서는 사업자 간의 부당한 경쟁이 자격의 남발 등 부작용을 초래할 수도 있으므로 자격의 공신력을 유지시킬 수 있는 제도적 장치가 뒷받침되어야 한다.

6) 경쟁력

자격은 경쟁력(competitiveness)을 갖추어야 한다. 자격의 유효성은 법 · 제도를 통한 국가나 이익단체 등에 의한 인위적인 보호에 의해서가 아니라 소비자들의 평가에 의해서 확보되어야 한다. 특정 자격소지자에 대한 법적 보호는 최대한 지양해야 한다. 이를 위해서는 다양한 자격제도를 운영하여 상호 경쟁하는 제도를 도입하고 그 결과는 국민이 선택하도록 하여야 한다.

7) 통용성

자격은 통용성(currency)을 갖추어야 한다. 자격은 국내뿐만 아니라 가급적 외국에서도 통용되고, 인접 직종에서도 통용되도록 하는 것이 바람직하다. 국가 간 무한경쟁시대를 맞이하여 선진국은 자국 자격의 국제적 통용성 확보를 위해 적극 노력하고 있다.

8) 공평성

자격은 공평성(access and equity)을 유지해야 한다. 자격취득 기회나 접근 절차는 모든 국민에게 공평해야 한다. 이를 위해서는 자격제도 운영에 있어서 학력 · 연령 · 성별에 상관없이 자격취득 기회가 개방되고, 거리 · 지역 등으로 인한 불이익이 없도록 해야 한다.

2. 자격제도의 변천

(1) 초기 자격제도의 법제화

우리나라의 자격제도는 1953년 휴전성립을 계기로 태동하기 시작하였으나, 기술자격검정 운영이 법제화되고 제도화된 것은 연차적 경제개발계획이 추진되기 시작한 1960년대부터이다.

1958년 3월 11에 화재에 관한 「소방법」이 제정되었고, 1961년 12월 13일에는 「총포화학류단속법」이 제정되었으며, 1961년 3월 5일에는 「원동기단속법」, 1961년 12월 31에는 「전기사업법」과 「전기측정법」, 1963년 2월 26일에는 「전기공사업법」, 1963년 3월 5일에는 「광산보안법」, 1963년 11월 11일에는 「기술사법」, 1967년 1월 16일에는 「직업훈련법」이 제정되어 기능검정이 폭넓게 적용되었다. 이러한 법령에 의거하여 1960년대에 각종 소비재공업의 내수산업화와 전력 · 석탄 등 에너지 산업, 철강, 조선, 기계, 석유화학, 시멘트 등의 중화학공업의 개발과 수출산업을 육성 · 지원하는 데 크게 공헌하였다.

이때 우리나라는 제3차 경제개발 5개년 계획의 정책목표인 중화학공업 육성을 추진하고 있었는데, 19개의 서로 다른 법령으로 운영하여 오던 26종의 자격제도는 자격종목의 혼란과 자격기준의 불일치 · 불균형, 유사자격의 중복 및 자격취득자에 대한 우대조치의 미비 등 많은 문제점을 안고 있었다. 이에 정부에서는 기술 및 기능수준의 평가제도 확립으로 기술자 및 기능자의 자질을 향상시키고, 기술자격 취득자에 대한 우대조치의 확대로 기술인의 사회적 지위향상과 그 활용의 극대화를 꾀하고 기술자격제도를 매개로 하여 기술교육과 직업훈련을 산업요구에 부응토록 하기 위하여 1973년 12월 31일에 국가기술자격법을 제정 · 공포하기에 이르렀다.

(2) 자격제도의 발전

1976년 12월 8일에는 「국가기술자격법」에 의한 기술자격검정의 전담기관으로 국가기술검정공단이 설립되었고, 1982년에는 인력양성과 자격과의 통합을 위하여 한국산업인력관리공단이 설립되었다.

그 후 [표 6-26]에서와 같이 1983년 12월 30일에 서비스계, 보수교육제도, 갱신등록제도 등에 대한 신설을 위하여 「국가기술자격법」을 개정하였고, 1997년 3월 27일에 기술자격등급 단순화와 국가와 민간기술자격의 연계체제를 구축하기 위하여 다시 개정하게 되었으며, 동년동일 자격제도를 국가자격과 민간자격으로 구분하고 자격제도의 관리주체를 다원화하기 위하여 「자격기본법」을 제정하기에 이르렀다(「자격기본법」의 내용은 부록 3을 참조하기 바란다). 한편 1999년 2월 8일에는 기술자격 취득자의 보수교육을 폐지하고 갱신등록규정을 삭제하여 법률을 개정하게 되었다.

(3) 자격제도의 전망

1973년 「국가기술자격법」 제정을 통해 구축된 국가기술자격제도는 그간 우리 경제의 산업화 과정에서 필요한 기술 · 기능 인력을 국가에서 직접 검증 · 공급함으로써 경제성장의 인적 토대를 제공하는 데 중요한 한 축을 담당하였다.

자격의 현장성과 활용성을 제고하여 능력에 대한 신호기제로서 자격의 기능을 강화하고 자격소지자에 대한 산업체의 정당한 평가와 보상이 이루어짐으로써 자격이 사회 전반에 만연한 학력주의 해소에 기여하고 자격취득을 통하여 직업능력개발이 촉진될 것으로 기대하고 있다.

그러나 산업구조가 다변화되고 기술변화의 속도가 가속화됨에 따라 현행 국가주도의 기술자격 시스템은 새롭게 대두되는 다양한 산업수요와 산업현장의 기술변화를 신속하게 반영하지 못하여 자격의 현장성과 통용성이 떨어진다는 비판이 제기되고 있다.

그간 산업수요 변화에 따라 자격종목을 신설 또는 통폐합하는 등 산업수요에 부응하는 방향으로 국가기술자격제도를 개선하였으며, 2004년에는 국가기술자격법령을 전면 개정하여 국가기술자격 검정의 민간위탁 확대를 위한 법적 근거를 마련하고 산업현장의 기술변화

표 6-26 자격제도의 법적 변천

법령별		주요내용
국가기술 자격법	1973. 12. 31 제정법률 제2672호	• 기술자격에 관한 기준과 명칭을 통일하여 적정한 자격제도를 확립하도록 국가적인 정식제도로 출발
	1981. 12. 31 개정법률 제 3510호	• 국가기술자격법 이관(과학기술처⇨노동부) • 기술자격제도 심의위원회 신설
	1983. 12. 30 개정법률 제3664호	• 서비스계 신설 • 보수교육제도 신설 • 갱신등록제도 신설
	1997. 3. 27 개정법률 제5318호	• 기술자격등급 단순화 • 국가와 민간기술자격의 연계체제 구축
	1999. 2. 8 개정법률 제5890호	• 기술자격 취득자의 보수교육 폐지 • 갱신등록규정 삭제
	2004. 2. 9 개정법률 제7171호	• 국가기술자격제도 발전계획 수립 • 자격종목 신설 · 변경, 폐지절차 개선 • 자격정지 처분기간의 상한선 명시 등
	2005. 12. 30 개정법률 제7830호	• 국가기술자격 등급의 구분
	2007. 4. 27 개정법률	• 국가기술자격 취득자의 교육훈련 • 수탁기관의 위탁취소 등
국가기술 자격법 시행령	1974. 10. 16 제정 대통령령 제7283호	• 국가기술자격법 개정에 따른 시행령 제정
	1976. 12. 31 개정 대통령령 제8357호	• 검정시행을 한국기술검정공단에 일부 위탁
	1977. 12. 31 개정 대통령령 제8799호	• 한국기술검정공단에 위탁 자격종목 확대
	1979. 1. 6 개정 대통령령 제9283호	• 의무검정의 권한 노동청장에 이관
	1979. 6. 22 개정 대통령령 제9509호	• 기술자격 취소 · 정지 시 한국기술검정공단에 통보
	1980. 12. 31 개정 대통령령 제10124호	• 열관리기사 1급 등 일부종목 자격기준을 총리령으로 정함
	1982. 4. 29 개정 대통령령 제10802호	• 사무관리분야를 국가기술자격법에 흡수하고 신설된 한국직업훈련관리공단에 위탁
	1983. 12. 20 개정 대통령령 제11281호	• 검정응시자격에 학력과 경력의 조화 및 사무관리 분야 검정을 대한상공회의소에 위탁
	1984. 11. 15 개정 대통령령 제11543호	• 서비스계 신설 및 보수교육 실시시기, 방법 등 규정 • 사무관리분야의 기술자격취득 시 등록에서 제외
	1987. 7. 1 개정 대통령령 제12195호	• 금형, 교통기사 등 신설과 국내기능경기대회 입상자의 기능사 응시자격 부여

표 6-26 자격제도의 법적 변천(계속)

법령별		주요내용
국가기술 자격법 시행령	1988. 12. 19 개정 대통령령 제12555호	• 각종 서식란에 본적란 제외
	1989. 3. 27 개정 대통령령 제12668호	• 화약류관리, 윤활관리 등 14종목 신설과 서비스계에 제과사 및 제빵사 종목 신설과 응시자격 부여
	1991. 10. 31 개정 대통령령 제13494호	• 기술계의 분야를 21개 분야에서 22개 분야로 확대하고 기능계의 분야를 15개 분야에서 19개 분야로 확대
	1993. 7. 8 개정 대통령령 제13925호	• 교육기관에서 평가받은 성적을 실기시험에 반영할 수 있는 근거마련과 자격증 대여 시 정지기간 등을 강화
	1994. 11. 10 개정 대통령령 제14413호	• 1년간 산학협동훈련을 받은 실업계고등학교 졸업자 또는 공공직업훈련 시설의 응시자가 기능사 2급 자격을 취득하고자 할 경우 그 시설에서 평가한 성적을 자격검정 성적에 갈음토록 하고, 일부자격 종목을 민간전문기관에 위탁할 수 있도록 함
	1995. 10. 16 개정 대통령령 제14783호	• 다기능기술자 응시자격 종목을 신설하고, 기술사등 응시자격의 경력기준을 완화하고, 섬유기계기능장 등 24개 종목 신설과 서비스계의 타자종목을 폐지
	1997. 6. 2 개정 대통령령 제15384호	• 해양생산관리사 1급, 실내건축기능사 등 4개 종목 신설 및 전화교환종목 폐지
	1998. 5. 8 개정 대통령령 제15794호	• 계열구분 폐지, 자격등급 5등급(기술사, 기능장, 기사, 산업기사, 기능사) 25개 분야 • 기능사보 폐지(2001년 12월 31일까지 시행토록 함)
	1999. 2. 5 개정 대통령령 제16106호	• 민간이 시행할 수 없는 종목(329종목)을 정함 • 전기철도기사 · 기능사 종목 신설 • 모래채취기운전기능사를 준설선운전기능사에 통 · 폐합
	1999. 10. 11 개정 대통령령 제16572호	• 보수교육제도 폐지에 따른 조문정리, 전문사무분야를 신설하고 동 분야에 전자상거래관리사, 직업상담사, 사회조사분석사 자격 신설 • 기초사무분야에 전산회계사 신설
	2002. 4. 27 개정 대통령령 제17951호	• 기상예보기술사 등 기술기능분야 21종목 신설 • 컨벤션기획사, 게임관련 자격 등 서비스분야 12종목 신설
	2003. 11. 4 대통령령 제18116호	• 콘크리트기사, 웹디자인 기능사 등 15개 종목신설 • 검정시행계획 변경기간 설정
	2004. 11. 3 전문개정 대통령령 제18580호	• 국가기술자격제도 신설, 변경에 따른 전문개정
	2006. 6. 22 일부개정 대통령령 제195호	• 국가기술자격 등급 규정 정비, 기술사제도 발전전문위원회 신설
	2007. 4. 12 일부개정 대통령령 제200호	• 실업계 고등학교를 전문계 고등학교로 정정

표 6-26 자격제도의 법적 변천(계속)

법령별		주요내용
국가기술 자격법 시행규칙	1974. 10. 10 제정 총리령 제142호	• 신규제정
	1982. 5. 8 개정 노동부령 제11호	• 사무관리분야 종목이 한국직업훈련관리공단에 흡수됨에 따라 시험과목 등을 정함
	1983. 12. 31 개정 노동부령 제23호	• 사무관리분야의 검정기준 및 위탁범위를 정하고 국방부에 위탁할 대상종목을 정함
	1985. 1.11 개정 노동부령 제29호	• 보수교육기관의 종목기관을 정하고 국가기술자격 취소 및 정지기준을 정함
	1987. 9. 1 개정 노동부령 제41호	• 기술자격종목중 주관식 필기시험으로 과하는 종목을 신설하고 사무관리 자격증 서식을 변경함
	1989. 4. 4 개정 노동부령 제51호	• 윤활관리기사 1, 2급의 시험과목을 정하고, 사무관리검정의 합격 결정기준을 신설하며 검정수수료를 정함
	1991.12.13 개정 노동부령 제72호	• 기능장 전종목에 실시 시험부과와 기능사 2급의 선 실기종목을 폐지하고, 보수교육기관을 추가함
	1993. 8.19 개정 노동부령 제83호	• 기술계학원 이수자, 기능사 2급 필기시험 면제기관지정과 응시자격 부여 및 사내기술 대학이수자 응시자격 부여
	1994. 7. 4 개정 노동부령 제92호	• 직업훈련원의 수료자에게는 훈련과정이 속하는 기술분야의 종목에 바로 응시토록 하고, 실업계 고등학교 졸업자에게도 필기시험을 바로 면제토록 함
	1994. 11. 15 개정 노동부령 제96호	• 기능사 2급 자격검정에 실업계 고등학교 또는 공공직업훈련시설이 평가한 시험성적으로 갈음함에 따라 필요한 문제를 한국산업인력공단으로부터 교부받아 평가한 후 그 결과를 공단에 제출토록하여 합격자를 결정하도록 하고 승강기 기사의 자격종목 신설에 따른 시험과목을 정함
	1995. 10. 16 개정 노동부령 제101호	• 다기능기술자 종목이 신설됨에 따라 이에 따른 시험과목을 정하고, 기능대학졸업자에게 10분의 5 이상만 이수하여도 시험에 응시토록 조정함
	1997. 7.29 개정 노동부령 제118호	• 해양생산관리기사 1급 등 4개의 신설종목의 시험과목을 정함
	1999. 2.23 개정 노동부령 제144호	• 기술사-기능장-기사-산업기사-기능사 등 5등급으로 변경됨에 따른 시험과목 정비, 합격인원예정제시행에 따른 구체적인 방법을 정함
	2000. 1.15 개정 노동부령 제160호	• 보수교육폐지에 따른 규정정비, 상업계졸업자 워드프로세서 3급, 컴퓨터 활용능력 3급, 전산회계사 3급 중 1개 종목 필기시험 면제, 직업상담사 등 4개 직종이 신설됨에 따른 시험과목 등 신설
	2002. 5.31 개정 노동부령 제183호	• 컨벤션기획사, 게임관련 자격 등 33종목(기술 · 기능분야 21종목, 서비스분야 12종목)에 대한 시험과목 등을 신설

표 6-26 자격제도의 법적 변천(계속)

법령별		주요내용
국가기술 자격법 시행규칙	2003. 11. 25 노동부령 제201호	• 콘크리트기사, 웹디자인기능사 등 15개 종목의 국가기술자격의 시험과목 신설 - 측량 및 지형공간 정복기사, 산업기사 시험과목 변경
	2004. 12. 31 노동부령 제217호	• 국가 외 검정금지 종목을 정비 • 국가기술자격 종목의 규정
	2005. 5. 7 노동부령 제134호	• 국가기술자격의 종목을 통합하고 시험과목 변경
	2005. 7. 1 노동부령 제225호	• 직업능력개발훈련과정 인정 신청기간의 완화
	2005. 11. 11 노동부령 제239호	• 반도체 설계 산업기사, 타워크레인 운전기능사 등 8개 종목 신설
	2006. 7. 19 노동부령 제255호	• 행정기관이 보유한 행정정보의 공동이용을 위함
자격 기본법	1997. 3.27 제정 법률 제5314호	• 자격제도를 국가자격과 민간자격으로 구분하고 자격제도의 관리주체를 다원화하는 등 자격제도에 관한 기본적인 사항을 정함으로써 자격제도의 관리 · 운영을 체계화 · 효율화하고 자격제도의 공신력을 높여 국민의 직업능력개발을 촉진하고 사회 · 경제적 지위향상을 도모함을 목적으로 제정
	1999. 1.29 개정 법률 제5733호	• 한국직업능력개발원의 설립근거 변경 (한국직업능력개발원법⇨정부출연연구기관 등의 설립 · 운영 및 육성에 관한 법률)
자격 기본법 시행령	1997. 8. 9 제정 대통령령 제15453호	• 민간자격의 국가공인 및 자격교육에 관한 사항
	1997. 12. 31 개정 대통령령 제15598호	• 행정절차법의 시행에 따른 개정
	1999. 1. 29 개정 대통령령 제16093호	• 출연연구기관의 설립 · 운영에 따른 개정
	2001. 1. 29 개정 대통령령 제17115호	• 교육인적자원부의 명칭변경으로 인한 개정
	2004. 3. 17 개정 대통령령 제18312호	• 전자적 민원처리 활성화

반영을 위해 출제기준일몰제를 도입하였다.

2005년에 자격의 현장성 제고를 위해서 전문위원회를 26개에서 52개로 세분화하여 구성하고 위원의 과반수를 산업현장 전문가 중심으로 위촉하도록 하였다(총 504명 중 산업계 인사 271명, 54%).

표 6-27 신설 국가기술자격

자격종목명	직무내용
반도체설계 산업기사	디지털 및 아날로그회로를 반도체 집적회로로 제작하기 전까지의 단계에 해당되는 전반부(Front-End) 및 후반부(Back-End)의 설계와 관련된 제반 소프트웨어 활용 업무 수행
전자부품장착(SMT) 산업기사 · 기능사	전자기기를 PCB 표면에 장착하기 위한 장비생산, 생산장비 유지보수 관리(고장수리, 예방정비, 안전점검) 및 생산에 필요한 품질관리, 생산성관리, 자재관리 기초업무 등의 전반적인 SMT 장비생산 업무 수행
설비보전기사 · 기능사	산업현장에서 사용되고 있는 생산시스템이나 설비(장치)에 대한 폭넓은 지식과 경험을 바탕으로 생산설비의 과학적 보전 및 진단, 수명 연장, 성능 최적화를 통한 생산성 향상, 생산설비의 유해요인 제거 등의 업무 수행
화학분석 기사	각종 화학 관련 제품개발 · 제조 · 평가에 있어 제품의 품질을 향상시키기 위해 원재료나 제품 등의 화학성분 함량을 분석하기 위한 계획을 수립하고 분석항목을 측정하여, 자료를 분석 · 평가 · 관리하는 기술업무 수행
자동차보수도장 기능사	자동차 차체의 손상된 표면을 원상회복시키기 위해 작업공정을 결정하고 소재 종류와 도장 특성에 따라 현장 조색작업과 함께 부분도장, 플라스틱부품 도장, 도안도장 및 광택작업 등과 같은 보수관련 응용작업을 실시하며 보수도장작업 관련설비와 장비의 점검 및 유지 · 보수업무 수행
타워크레인운전 기능사	건설자재 등의 중량물을 타워크레인 운전을 통하여 일정한 장소로 운반, 타워크레인 설치 · 해체, 관련 장비의 점검 및 유지 · 보수업무 수행

자료 : 노동부(2006). 2006 노동백서

신산업분야의 국가기술자격 종목을 지속적으로 개발하기 위하여 반도체설계 산업기사, 전자부품장착(SMT) 산업기사 · 기능사 등을 국가기술자격으로 신설하였다.

2000~2005년까지 사업주가 단독 또는 공동으로 근로자의 직업능력개발 및 기술향상을 위하여 실시하는 자격검정사업 중 일정한 요건을 충족하는 18개 사업체, 54종목을 선정하여 9억 8,500만 원의 검정개발비 및 검정운영비를 지급하였다(2005년 27종목, 2억 4,800만 원).

3. 자격제도 운영현황

(1) 자격제도 운영체제

현재 우리나라의 국가자격은 「국가기술자격법」에 의한 기술자격과 각 주무부처 15개의 개별 법령에 규정하고 있는 국가자격으로 구분된다. 제도의 총괄운영은 「국가기술자격법」에 의해 노동부가 운영하고, 시험문제 출제, 검정실시 등 자격시험 관련업무는 한국산업인력공단과 대한상공회의소에 위탁하여 운영하고 있다. 한국산업인력공단은 기술 · 기능 분야와 서비스 분야 중 기타 서비스, 대한상공회의소는 서비스 분야 중 사업서비스에 대한 검정업무 등을 각각 담당하고 있다.

국가기술자격은 기계, 금속, 화공 및 세라믹, 전기, 전자, 통신, 조선, 항공, 토목, 건축, 섬유, 광업자원, 정보처리, 국토개발, 농림, 해양, 산업디자인, 에너지, 안전관리, 환경, 산업응용, 교통, 공예, 음식료, 위생, 기초사무, 전문사무 등 모두 27개 분야로 분류된다.

국가기술자격이외에 국가자격은 112종목이 22개 부 · 처 · 청에 의해 관리 · 운영되고 있으며, 전문서비스 분야의 자격으로 개별 부처의 필요성에 의해 신설 · 운영되며, 주로 면허 성격을 갖는다.

국가공인민간자격은 「자격기본법」에 의거 2000년도 3월 이후 시행되었으며 민간자격에 대한 국가공인에 대한 한국직업능력개발원이 공인, 변경공인 신청절차를 운영한다.

(2) 국가기술자격의 등급체계 및 응시요건

국가기술자격 체계는 「국가기술자격법시행령」에 따라 기술 · 기능 분야와 서비스 분야로 구성되어 있다. 기술 · 기능 분야는 23개의 직무분야로서 기술사, 기능장, 기사, 산업기사, 기능사의 5단계 등급체계를 갖고 있으며, 서비스 분야는 사업서비스와 기타 서비스로 구성

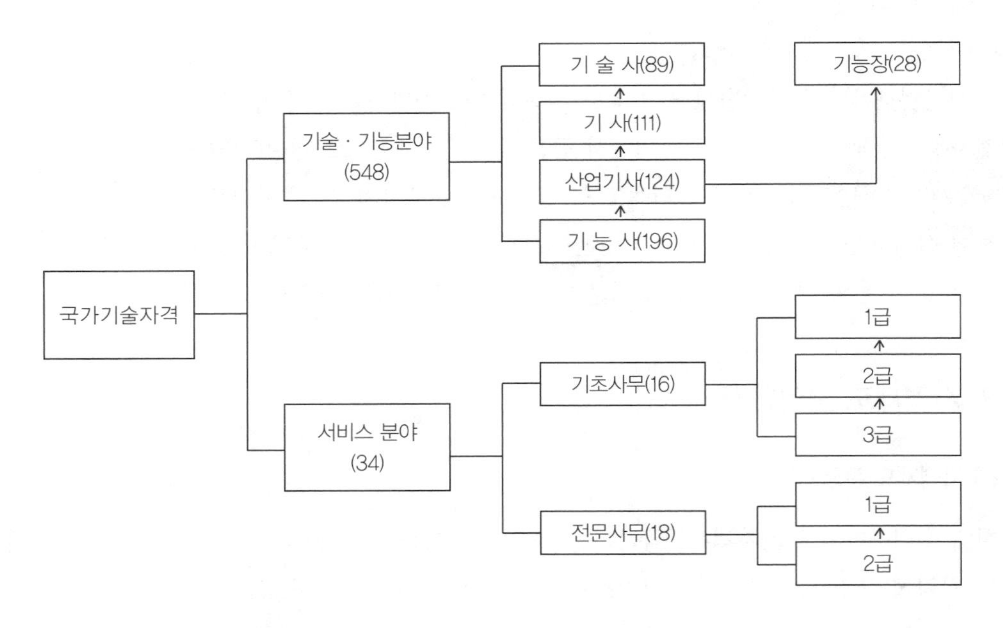

자료 : 노동부(2006). 2006 노동백서

그림 6-7 국가기술자격 등급체계

표 6-28 자격등급

자격등급	평가기준
기술사	응시하고자 하는 종목에 관한 고도의 전문지식과 실무경험에 입각한 계획, 연구, 설계, 분석, 조사, 시험, 시공, 감리, 평가, 진단, 사업관리, 기술관리 등의 기술업무를 수행할 수 있는 능력의 유무
기능장	응시하고자 하는 종목에 관한 최상급 숙련기능을 가지고 산업현장에서 작업 관리, 소속 기능인력의 지도 및 감독, 현장훈련, 경영계층과 생산계층을 유기적으로 연계시켜 주는 현장관리 등의 업무를 수행할 수 있는 능력의 유무
기 사	응시하고자 하는 종목에 관한 공학적 기술이론 지식을 가지고 설계, 시공, 분석 등의 기술업무를 수행할 수 있는 능력의 유무
산업기사	응시하고자 하는 종목에 관한 기술기초이론지식 또는 숙련기능을 바탕으로 복합적인 기능업무를 수행할 수 있는 능력의 유무
기능사	응시하고자 하는 종목에 관한 숙련기능을 가지고 제작, 제조, 조작, 운전, 보수, 정비, 채취, 검사 또는 직업관리 및 이에 관련되는 업무를 수행할 수 있는 능력의 유무

표 6-29 검정방법

자격등급	검정방법	
	필기시험	면접시험 또는 실기시험
기술사	단답형 또는 주관식논문형(100점 만점에 60점 이상)	구술형 면접시험(100점 만점에 60점 이상)
기능장	객관식 4지택일형(60문항)(100점 만점에 60점 이상)	주관식 필기시험 또는 작업형(100점 만점에 60점 이상)
기사	객관식 4지택일형 – 과목당 20문항(100점 만점에 60점 이상) – 과목당 40점 이상(전 과목 평균 60점 이상)	주관식 필기시험 또는 작업형(100점 만점에 60점 이상)
산업기사	객관식 4지택일형 – 과목당 20문항(100점 만점에 60점 이상) – 과목당 40점 이상(전 과목 평균 60점 이상)	주관식 필기시험 또는 작업형(100점 만점에 60점 이상)
기능사	주관식 필기시험 또는 작업형(100점 만점에 60점 이상)	주관식 필기시험 또는 작업형(100점 만점에 60점 이상)

자료 : www.hrdkorea.or.kr

되어 있다. 사업서비스는 사무관리 직무분야에 1 · 2 · 3급의 등급체계를 갖고 있으며, 기타 서비스는 2개 직무분야에 기능장과 기능사의 2개 등급체계를 갖고 있다.

〈그림 6-7〉은 국가기술자격의 등급체계를 나타낸 것으로, 기술사 자격의 응시자격은 기

사, 산업기사, 기능사의 자격을 취득한 후 동일종목의 직무분야에서 각각 4년, 6년, 8년 이상 실무에 종사한 자, 4년제 대학이나 전문대학을 졸업한 후 응시하고자 하는 종목에 속하는 동일 직무분야에서 각각 7년이나 9년 이상 실무에 종사한 자, 기사나 산업기사 수준에 해당되는 교육훈련을 실시하는 기관에서 소정의 과정을 이수한 자, 각각 7년 혹은 9년 이상 실무에 종사하거나 학력요건 없이 응시하고자 하는 종목이 속하는 동일 직무분야에서 11년 이상 실무에 종사한 자, 외국에서 동일한 등급 및 종목에 해당되는 자격을 취득한 자 등에게 주어진다.

자격등급별 평가기준을 보면, [표 6-28]과 같이 기술사. 기능장, 기사, 산업기사, 기능사 등 5가지로 분류된다.

자격등급에 의한 검정방법을 보면, [표 6-29]와 같다.

4. 자격 운영현황

(1) 자격종목 수

1) 자격구분

우리나라의 자격제도는 시행주체별로 국가자격과 민간자격으로 구분할 수 있다. 국가자격은 「국가기술자격법」에 의한 국가기술자격과 개별법령상의 국가자격으로 구분할 수 있고, 민간자격은 순수 민간자격과 국가가 공신력을 인정한 공인민간자격 그리고 사업내 근로자

표 6-30 우리나라 자격의 일반현황(2006. 4)

구분		종목 수	관련법	관계부처	자격종류(예)
국가자격	국가기술자격	582	국가기술자격법(노동부)	노동부(19개 부처청)	기술사 · 기능장 · 기사 · 산업기사 · 기능사, 워드프로세서 등
	기타	120여 개	개별법령	25개 부처	변호사(변호사법)
	국가자격				의사(의료법) 등
민간자격	공인민간자격	62	자격기본법(교육자원부)	12개 부처청	인터넷정보검색사, TEPS 등
	민간자격	690여 개	자격기본법(교육자원부)		결혼상담사, 증권분석사 등
	사업내 자격	54	고용보험법(노동부)	노동부	TV Master, 고객상담사 등

자료 : 노동부(2006). 2006 노동백서

표 6-31 기술분야별 자격종목 현황 (2006. 1. 1)

직무분야별 \ 등급별	총계	기술사	기능장	기사	산업기사	기능사
총 계	582	89	28	111	124	196
1. 기계	113	9	9	15	27	53
2. 금속	44	6	6	9	7	16
3. 화공 및 세라믹	16	2	1	3	3	7
4. 전기	18	5	1	4	5	3
5. 전자	15	3	1	3	5	3
6. 통신	20	1	1	5	6	7
7. 조선	6	1	–	1	1	3
8. 항공	8	2	–	1	1	4
9. 토목	30	11	–	5	5	9
10. 건축	32	4	2	3	6	17
11. 섬유	21	4	–	3	7	7
12. 광업자원	17	3	–	3	3	8
13. 정보처리	7	2	–	2	2	1
14. 국토개발	12	4	–	4	2	2
15. 농림	38	5	1	11	9	12
16. 해양	23	4	–	9	6	4
17. 산업디자인	10	1	–	3	3	3
18. 에너지	5	2	–	2	1	–
19. 안전관리	23	8	1	7	6	1
20. 환경	20	6	–	8	5	1
21. 산업응용	31	5	–	9	7	10
22. 교통	3	1	–	1	1	–
23. 공예	16	–	1	–	1	14
24. 음 · 식료품	15	–	2	–	5	8
25. 위생	5	–	2	–	–	3
26. 기초사무	16	워드프로세서, 한글속기, 비서, 컴퓨터활용능력, 전산회계운용사				1~3급
		전자상거래운용사				–
27. 전문사무	18	직업상담사, 사회조사분석사, 전자상거래관리사, 켄벤션기획사, 소비자전문상담사, 임상심리사, 텔레마케팅관리사, 게임프로그래밍전문가, 게임기획전문가, 멀티미디어콘텐츠제작전문가, 스포츠경영관리사				1~2급

의 특정기술 습득을 지원하기 위한 사업내 자격으로 구분된다.

2) 기술 · 기능 분야 등급별 자격종목 수

분야로는 기계분야가 118개로서 가장 많은 종목을 갖고 있으며, 그 다음은 48개 종목의 금속분야이다. [표 6-31]은 기술 · 기능 분야의 등급별 자격종목 수를 구체적으로 제시한 것이다.

3) 소관부처별 국가기술자격 종목현황

15개 종목별 소관부처는 「국가기술자격법시행령」 제13조와 관련하여 시행령 【별표 6】에 제시되어 있으며, 구체적인 내용은 [표 6-32]와 같다. 주무부처는 검정시행 계획의 수립, 검정의 시행공고, 합격자 결정, 등록, 자격증 교부, 자격취소 및 정지, 보수교육 등의 권한을 가지고 있으며, 아울러 금품수수 같은 부정한 방법으로 자격을 취득하거나 자격증을 대여하는 행위 등에 대해 자격취득자의 자격을 취소하거나 정지시키는 권한도 갖고 있다(노동부, 1999).

표 6-32 소관부처 자격 및 관련법규

관련부처	자격명	제도운영부서	연락처	관련법규
건설교통부	감정평가사	부동산평가팀	504-9127	지가고시및토지등의 평가에대한법률
	건축사	건축기획팀	504-9139	건축사법
	공인중개사	토지관리팀	504-9123	부동산중계업법
	교통안전관리자(도로,삭도, 선박, 철도,항공,항만하역)	교통안전팀	2110-8121	교통안전법
	화물운송종사자	물류산업팀	504-9085	화물자동차운수사업법
	물류관리사	물류정책팀	504-9083	화물유통촉진법
	사업용조종사	항공안전본부	2669-6342	항공법
	운송용조종사			
	운항관리사			
	자가용조종사			
	주택관리사(보)	주거환경팀	504-9136	주택건설촉진법
	항공공장정비사	항공안전본부	2669-6342	항공법
	항공교통관제사			
	항공기관사			
	항공사			
	항공정비사			

표 6-32 소관부처 자격 및 관련법규(계속)

관련부처	자격명	제도운영부서	연락처	관련법규
경찰청	경비지도사	생활안정과	313-0701	용역경비업법
	자동차운전기능검정원	교통기획과	313-0674	도로교통법
	자동차운전강사(학과 · 기능)			
공정거래위원회	가맹사업거래상담사	가맹사업거래과	504-9467	가맹사업거래의 공정화에관한법률
과학기술부	방사성동위원소 취급자특수면허	원자력실 방사선안전과	503-3677	원자력법
	방사성동위원소취급자일반면허			
	방사선취급감독자면허			
	원자로조정감독자면허	원자력안전과	503-7625	
	원자로조정사면허			
	핵원료물질취급감독자면허	방사선안전과	503-3677	
	핵원료물질취급자면허			
관세청	관세사	통관기획과	042)481-7813	관세사법
	보세사	수입물류과	042)481-7828	관세법
교육인적자원부	사서교사	교원양성연수과	2100-6323	초 · 중등교육법
	사회교육전문요원	평생학습진흥과	2100-6455	사회교육법, 시행령
	실기교사	교원양성연수과	2100-6323	초 · 중등교육법
	양호교사			
	전문상담교사(초등, 중등, 특수)			
	정교사(유치원, 초등, 중등, 특수)			
국세청	주조사	소비세과	397-1863	주세법
금융감독원	보험계리사	보험개발원	368-4000	보험업법
	보험중개사			
	손해사정사			
노동부	공인노무사	근로기준팀	507-1713	공인노무사법
	산업안전지도사 (기계, 전기, 화공, 건설)	산업안전국 안전보건정책팀	503-9744	산업안전보건법
	산업위생지도사			
	직업훈련교사	능력개발지원팀	503-9759	직업훈련기본법
농림부	가축인공수정사	축산정책과	500-1894	축산법
	경매사	유통정책과	500-1828	농수산물유통및가격안정에관한법률
	수의사	가축방역과	500-1933	수의사법

표 6-32 소관부처 자격 및 관련법규(계속)

관련부처	자격명	제도운영부서	연락처	관련법규
농림부	환지사	농업기반공사	031)250-3047	농어촌정비법
	농산물품질관리사	소비안전과	500-1834	농산물품질관리법
문화 관광부	경기지도자	생활체육과	3704-9830	국민체육진흥법
	호텔경영사	관광정책과	3704-9710	관광진흥법
	호텔관리사			
	호텔서비스사			
	관광통역안내사			
	국내여행안내사			
	사 서(준사서)	중앙도서관	590-0731	도서관및도서진흥법
	사 서(1급)			
	사 서(2급)			
	생활체육지도자	생활체육과	3704-9830	국민생활진흥법
	정학예사(1급)	국립중앙박물관	2077-9126	박물관및미술관진흥법
	정학예사(2급)			
	정학예사(3급)			
	준학예사			
	무대예술전문인(기계)	기초예술진흥과	3704-9533	공연법
	무대예술전문인(음향)			
	무대예술전문인(조명)			
문화재청	문화재수리기능자	건조물과	042)481-4860	문화재보호법
	문화재수리기술자			
법무부	변호사	법무지원팀	503-7301	변호사법
청소년 위원회	청소년지도사	활용기획팀	2100-8591	청소년기본법
	청소년상담사			
법원행정처	법무사	인사담당관	3480-1286	법무사법
보건 복지부	간호사	보건자원과	031)440-9120	의료법
	간호조무사			간호조무사및의료 유사업자에관한규칙
	물리치료사			의료기사등에 관한법률
	방사선사			
	응급구조사			응급구조에관한법률
	의무기록사			의료기사등에관한법률
	의사			의료법
	임상병리사			의료기사등에관한법률

표 6-32 소관부처 자격 및 관련법규(계속)

관련부처	자격명	제도운영부서	연락처	관련법규
보건복지부	작업치료사	보건자원과	031)440-9115	의료기사등에관한법률
	전문의			의료법(전문의의수련 및자격인정등에 관한규정)
	조산사			의료법
	안경사			의료기사등에관한법률
	약사			약사법
	영양사	식품정책과	031)440-9115	식품위생법
	사회복지사	복지정책과	503-7563~4	사회복지사업법
	위생사	질병정책과	503-7543	위생사등에관한법률
	정신보건간호사	정신보건과	503-7544	정신보건법시행령
	정신보건사회복지사			
	정신보건임상심리사			
	안마사	보건의료정책과	031)440-9103	안마사에관한규칙(의료법)
	치과기공사	구강정책과	507-6102	의료기사등에 관한법률
	치과위생사			
	치과의사			의료법
	의지보조기기사	재활지원과	503-8500	의료기사등에관한법률
	한약사	한약담당관실	503-7529	약사법
	한약업사			
	한약조제사			약사법시행규칙
	한의사	한방의료담당관실	503-7535	의료법
산림청	산림토목기술자	치산과	042)481-4276	산림법
	영림기술자	산림정책과	042)481-4132	
산업자원부	유통관리사	유통물류과	2110-5145	유통산업발전법
재정경제부	공인회계사	회계감독국	3786-7759	공인회계사법
	세무사	국세공무원교육과	031)250-2272	세무사법
정보통신부	아마추어무선기사(1급)	한국무선국 관리사업단	3140-1601	전파법
	아마추어무선기사(2급)			
	아마추어무선기사(3급-전화)			
	아마추어무선기사(3급-전신)			
	무선통신사 - 항공무선통신사			
	무선통신사 - 육상무선통신사			
	무선통신사 - 해상무선통신사			
	무선통신사 - 제한무선통신사			

표 6-32 소관부처 자격 및 관련법규(계속)

관련부처	자격명	제도운영부서	연락처	관련법규
중소기업청	경영지도사	구조개선과	042)481-4553	중소기업진흥및제품구매촉진에관한법률
	기술지도사			
특허청	변리사	산업재산보호과	042)481-5931	변리사법
해양수산부	감정사	항만운영과	3674-6654	항만운송사업법
	검량사			
	검수사			
	구명정수	선원노정과	3674-6114	선원법
	기관사			선박직원법
	도선사	힝만운영과	3674-6654	도선법
	소형선박조정사	선원노정과	3674-6114	선박직원법
	운항사			
	통신사			
	항해사			
	의료관리자			선원법
	위험화물적재선박승무원			
소방방재청	소방시설관리사	소방제도운영팀	3703-5247	소방법
	화재조사관	화재조사분석팀	3703-2930	
행정자치부	행정사	주민제도팀	3703-4860	행정사법

4) 민간자격 종목 수

민간자격 국가공인제도는 「자격기본법」(1997. 3.27 법률 제5,314호) 제17조에 의거 국가외의 법인 · 단체 또는 개인이 운영하는 민간자격 중에서 사회적 수요에 부응하는 우수 민간자격을 동법 제19조 및 동법 시행령 제18조에 의거 한국직업능력개발원의 조사 · 연구를 수행하고 이에 대한 결과를 직업교육훈련정책심의회 심의를 거쳐 국가가 공인해 주는 제도이다.

정부는 민간자격 제도를 활성화하는 과정에서 민간자격의 남발을 방지하고, 국가자격과의 역할 분담을 위하여 일부 종목에 대하여 민간자격을 제한하고 있다. ① 「자격기본법」(제16조)에 의한 민간자격 대상의 제한 분야는 사회통념에 반하거나 미풍 양속을 해할 우려가 있는 분야, 국민의 생명, 건강 및 안전에 직결되는 분야, 고도의 윤리성이 요구되는 분야, ② 국가기술자격법상 국가 외의 자가 행할 수 없는 기술자격(총 328종), ③ 개별법령에 의해 국가만이 행할 수 있는 자격으로 규정한 분야 등으로 규정하였다.

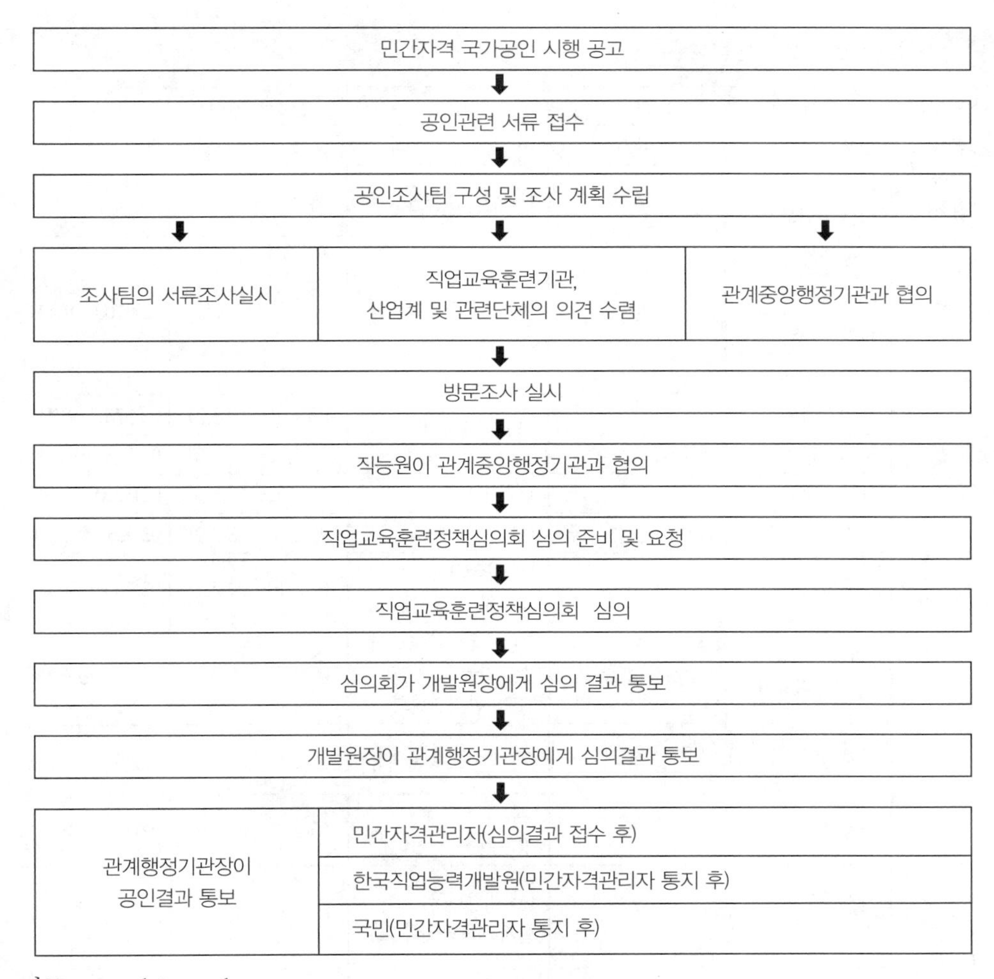

자료 : www.krivet.re.kr

그림 6-8 민간자격 국가공인 절차

현재「자격기본법시행령」제8조 제2항은 민간자격 관리 · 운영 규정의 내용이다. 동 규정에는 현재 ① 자격의 등급 · 종목 및 명칭, ② 자격의 검정을 담당할 인력보유현황, ③ 자격의 관리 · 운영조직에 관한 사항, ④ 자격의 검정기준 · 검정과목 · 검정방법 · 응시자격 및 유효기간에 관한 사항, ⑤ 검정과목의 면제에 관한 사항, ⑥ 자격증서의 발급에 관한 사항, ⑦ 자격의 등록 · 갱신등록 및 보수교육에 관한 사항, ⑧ 기타 자격의 관리 · 운영에 관하여 필요한 사항 등이 제시되었다.

한국직업능력개발원에서 시행하고 있는 민간자격의 신청 및 인정절차는 〈그림 6-8〉과

표 6-33 민간자격 종목 수

소관부처	자격종목	등급	시행처	현 유효기간	연락처
금융감독위원회(2)	신용관리사		(사)신용정보협회	'06.2.15~'08.2.14	02)3775-3543
	CRA (신용위험분석사)		(사)한국금융연수원	'06.2.15~'08.2.14	02)3700-1642~5
재정경제부(4)	신용분석사		(사)한국금융연수원	'07.1.20~'10.1.19	02)3700-1642
	여신심사역				
	국제금융역				
	자산관리사			'05.1.5~'08.1.4	
	재경관리사		삼일회계법인	'07.4.01~'10.3.31	02)3781-9493
	회계관리	1급/2급		'07.4.01~'10.3.31	02)3781-9493
	재무설계사		한국 FPSB	'07.4.01~'10.3.31	02)3270-7609
교육인적자원부(14)	한자능력급수	1급/2급/3급/3Ⅱ급	(사)한국어문회	'05.2.10~'08.2.9	02)525-4951~3
	실용영어	1급/2급/3급	(사)한국외국어평가원	'06.2.10~'09.2.9	02)780-2360
	TEPS (영어능력검정)	1^+급/1급/2^+급/2급	(재)서울대학교 발전기금 TEPS 관리위원회	'05.2.10~'08.2.9	02)886-3330
	한자실력급수	사범/1급/2급/3급	(사)한자교육진흥회	'06.2.10~'09.2.9	02)766-7691~2
	실용한자	1급/2급/3급/4급	(사)한국외국어평가원	'06.2.10~'09.2.9	02)780-2360
	한자급수 자격검정	사범/1급/준1급/2급/준2급	(사)대한민국 한자교육연구회	'06.2.10~'09.2.9	02)708-4949
	영어회화능력 평가시험	ESPT-성인 1급/2급	(주)이에스피 평가아카데미	'06.2.10~'09.2.9	02)365-0572~3
	한국영어검정	1급/2급/2A급	(사)한국평생교육평가원	'06.2.10~'08.2.9	02)849-3930
	한국한자검정	1급/2급/3급/준3급		'06.2.10~'08.2.9	02)849-3930
	한자능력자격	1급/2급/준2급/3급	(사)한국한자 한문능력개발원	'05.2.10~'08.2.9	031)705-8851
	Mate Speaking	Expert expert ~Moderate Mid(8개 등급)	숙명여자대학교	'06.2.10~'08.2.9	02)710-9167
	Mate Writing	Expert ~Moderate Mid(5개 등급)		'06.2.10~'08.2.9	02)710-9167

표 6-33 민간자격 종목 수(계속)

소관부처	자격종목	등급	시행처	현 유효기간	연락처
교육인적 자원부(14)	FLEX 중국어	1A~3C (9개 등급)	대한상공회의소	'07.4.13~'09.4.12	02)6717-3614
	FLEX 일본어	1A~3C (9개 등급)		'07.4.13~'09.4.12	02)6717-3614
행정 자치부(2)	옥외광고사	1급/2급	(사)한국광고 사업협회	'03.2.6~'08.2.5	02)889-8855
	행정관리사	1급/2급/3급	(사)한국행정 관리협회	'04.2.1~'09.1.31	02)3493-9944
문화 관광부(3)	실천예절 지도사		(사)범국민예의생활 실천운동본부	'06.2.17~'08.2.16	02)742-4986
	종이접기 마스터		(사)한국종이 접기협회	'06.2.27~'11.2.26	02)2264-4561
	한국어 교육능력		(재)한국어 세계화재단	'06.2.17~'11.2.16	02)2661-9783
산업 자원부(7)	산업기계정비사		대한상공회의소	'06.2.9~'11.2.8	02)2102-3614
	사출금형제작사				
	프레스금형제작사				
	전기계측제어사				
	무역영어	1급/2급/3급/4급			
	샵마스터	3급	(사)한국직업 연구진흥원	'04.1.17~'09.1.16	02)3676-0500
	지역난방 설비관리사		(사)한국열관리사 협회	'07.2.1~'10.1.31	02)2675-3436~8
정보 통신부(12)	E-TEST Professionals	1급/2급/3급/4급	(주)삼성SDS	'07.2.17~'11.2.16	02)3429-5085
	정보시스템 감리사		(사)한국정보사회 진흥원	'07.2.17~'11.2.16	02)2131-0481
	PC활용능력 평가시험(PCT)	A급/B급	피씨티	'07.2.17~'11.2.16	02)927-7911
	인터넷정보 관리사	전문가/1급/2급	(사)한국정보통신 산업협회	'07.2.17~'11.2.16	02)563-8485
	리눅스마스터	1급/2급		'07.1.15~'11.1.14	
	공무원정보이용 능력평가(NIT)			'05.2.17~'09.2.16	
	디지털정보활용 능력(DIAT)	초급/중급/고급		'05.2.17~'09.2.16	

표 6-33 민간자격 종목 수(계속)

소관부처	자격종목	등급	시행처	현 유효기간	연락처
정보 통신부(12)	네트워크관리사	2급	(사)한국정보통신 자격협회	'04.1.20~'08.1.19	02)515-3820
	PC정비사	1급/2급		'07.1.15~'11.1.14	
	정보기술자격 (ITQ)시험	A급/B급/C급	한국생산성본부	'04.1.20~'08.1.19	02)724-1160
	정보보호전문가 (SIS)	2급	(사)한국정보보호 진흥원	'06.1.20~'10.1.19	02)4055-114
		1급			
	PC Master (정비사)		(사)정보통신컴퓨터 자격관리협회	'06.2.23~'08.2.22	02)3676-0600
보건 복지부(3)	점역 · 교정사	1급/2급/3급	(사)한국시각장애인 연합회	'07.4.1~'12.3.31	02)950-0154
	병원행정사		(사)대한병원행정 관리자협회	'07.2.1~'12.1.31	02)677-0823~4
	수화통역사		(사)한국농아인협회	'06.2.20~'11.2.19	02)461-2262
노동부(13)	기계전자제어사		대한상공회의소	'06.2.9~'11.2.8	02)2102-3614
	치공구제작사				
	CNC기계절삭 가공사				
	기계설계제도사				
	기계 및 시스템 제어사				
	공작기계절삭 가공사				
	자동화설비제어사				
	산업전자기기 제작사				
	컴퓨터 운용사				
	가구설계제도사				
	문서실무사	1급/2급/3급/4급	한국정보관리협회	'06.2.9~'11.2.8	02)454-9154
	펜글씨검정	1급/2급/3급	대한글씨검정교육회	'06.2.9~'11.2.8	02)732-5346
	전산세무회계	전산세무 1급/2급, 전산회계 1급/2급	한국세무사회	'07.1.17~'12.1.16	02)521-8398~9

표 6-33 민간자격 종목 수(계속)

소관부처	자격종목	등급	시행처	현 유효기간	연락처
경찰청(2)	열쇠관리사	1급/2급	(사)한국열쇠협회	' 05.1.3~' 08.1.2	02)442-7981~2
	도로교통사고 감정사		도로교통 안전관리공단	' 07.4.6~' 12.4.5	02)2230-6114
산림청(2)	수목보호기술자격	수목보호 기술자	한국수목보호연구회	' 05.1.15~' 10.1.14	02)967-5048
	분재관리사	분재관리사 1급/2급, 분재전문 관리사	한국분재조합	' 05.2.01~' 08.1.31	02)3463-5038
11개 부처	67개 자격종목		39개 기관		

같은 단계를 거친다.

2007년 현재 민간자격은 11개 부처의 39개 기관에서 운영하는 67개 자격종목이 있다. [표 6-33]은 우리나라 민간자격의 종목 수, 기간 등을 제시한 것이다

5) 사업내 자격

사업내 자격이란 사업주 또는 사업주 공동(경우에 따라서는 사업주 단체 또는 그 연합단체도 가능)이 해당 근로자의 직업에 필요한 능력개발과 향상 등을 위해, 근로자가 가지고 있는 직업능력의 정도를 일정한 검정기준과 절차에 의하여 평가한 후 인정하는 자격을 의미한다. 노동부는 이러한 사내자격 중에서 우수한 사내자격을 운영하는 기업을 지원하기 위해 사내자격을 평가 · 인정하는 제도를 운영하고 있다.

사업내 자격은 각 기업의 특수한 직무내용에 맞는 인력의 확보를 위해 현장 직무내용에 적합한 인력을 자체적으로 양성하여 생산성 및 품질향상을 하는 데 그 목적이 있다. 그러므로 구체적인 목적은 첫째, 근로자의 직업능력개발이다. 지식기반 경제하에서 기업은 핵심역량을 강화하여야 하기 때문에 사업내 자격은 근로자의 직업능력을 측정하는 것만 아니라, 기업 특유의 인적자원 개발 촉진 차원에서 접근한다. 둘째, 기업의 경쟁력 제고이다. 사업내 자격은 기존의 국가자격이 평가할 수 없는 수준의 기술을 평가하여 현장 근로자의 직무수행능력을 향상시키고, 기업의 인적자원 관리와 연계되어, 교육훈련의 결과가 직접적으로 성과에 반영되도록 하는 중요한 매체가 될 수 있다. 셋째, 능력 중심의 인적자원 관리이다. 사업내 자격은 기업의 성과에 직접 기여하고, 근로자의 실제 업무 수행능력을 현장에

서 평가하게 되므로 능력중심의 적절한 인적자원 관리와의 연계가 필수적이다. 임금이나 근로조건이 대부분 기업 단위에서 결정되므로, 사업내 자격의 의미는 근로자의 보상 및 처우문제에 있어서 의미가 크다.

기존의 국가기술자격이 국가중심의 표준화된 인력을 양성하고, 향후 사회적으로 필요한 분야의 인력을 정책적으로 양성하기 위한 것인 반면, 사업내 자격은 기업의 특정 직무분야에서 필요한 기술 · 기능분야에 대해 기업 스스로 교육훈련과 평가를 통해 인력을 양성하고 활용하는 데 그 목적이 있다. 그러므로 국가기술자격과 차별화를 보면, 첫째, 기업의 특성에 따라 자격의 등급 등 다양화이다. 국가기술자격이 통일적 자격체제로 정부 주도로 운영되고 있는 반면, 사업내 자격은 기업별로 관리 · 운영되고 있어 사업내 자격의 등급, 검정방법, 응시자격 등이 매우 다양하다. 자격의 등급은 주로 직무수준에 따라 분리되어 있고, 검정방법에서도 현장의 설비 · 장비를 이용한 현장점검, 업무실적을 실기시험 성적으로 대체하는 방법 등 다양하게 운영하고 있다. 또한, 응시자격은 해당 직무의 현장경력 및 관련 교육훈련내용과 밀접하게 연계되어 있다. 둘째, 검정내용은 개별 기업의 직무내용에 근거한다. 국가기술자격은 업종별 공통의 직무내용에 근거한 출제기준에 따른 검정을 시행하고 있는 반면, 사업내 자격은 해당 기업의 직무내용에 근거한 특정 기술 · 기능 등을 중심으로 출제기준을 구성, 운영하고 있다. 셋째, 자격의 유효기간 및 보수교육제도 실시이다. 국가기술자격과 다르게 사업내 자격은 자격취득자의 능력을 지속적으로 유지 · 관리할 수 있도록 유효기간을 설정하고, 다양한 형태의 보수교육제도를 운영하고 있다. 즉, 사업내 자격은 자격취득 후 일정기간이 지나면 해당자격과 관련된 직무의 수행여부를 확인하고, 일정시간 이상의 교육훈련실시와 재평가 등으로 자격취득자의 사후관리를 시행하고 있으며, 이를 충

표 6-34 사업내 자격과 국가기술자격 비교

내용	사업내 자격	국가기술자격
자격종목명	세부직무 중심	포괄적 직무중심
자격등급	직무수준에 따라 다양	기술사, 기능장, 기사, 산업기사, 기능사
응시자격	현장경력 및 교육이수 등	학력 및 경력중심
검정내용	해당 기업의 구체적인 직무내용	포괄적 직무내용 및 일부 교육훈련기관의 교육훈련 내용
검정방법	이론, 실기(실적)	이론 및 실기(일부 면접)
자격관리운영체계	다양함	체계적
보수교육	대부분 실시	없음
기업의 활용성	승진, 승급 및 보수산정용	입직용, 재직자용

족하지 못할 경우에는 자격취득을 무효화하는 사례가 늘어나고 있다. 넷째, 기업의 생산성 향상에 직접 기여이다. 사업내 자격은 평가체제가 현장의 직무내용에 기반하여 이루어져 있으므로, 기업에서는 근로자의 직업능력 및 생산성 향상에 직접 기여한다. 즉 근로자의 기술·기능의 향상으로 인력절감의 효과를 얻고, 제품생산의 불량을 줄이며, 서비스에 대한 고객의 만족도가 증가하는 등 기업의 생산성과 이미지 향상 등에 기여하고 있는 것으로 나타났다(노동부, 2006).

표 6-35 사내자격검정 인정현황

사업체명	소재지	검정종목	인정일
삼성 SDS(주)	서울(강남구)	INNOVATOR(1)	2000. 2.10
(주) 혜인	서울(서초구)	건설기계정비(전기, 엔진, 유압, 동력전달)(4)	2000. 2.10
삼성에버랜드(주)	서울(중구)	방재관리사(1)	2000. 4.24
		Building Facility Management(1)	2001.12.19
		SIX SIGMA(1)	2001.12.26
한전기공(주)	성남(분당구)	기계, 전기, 계측제어, 핵연료장전, 품질, 비파괴검사, 용접, 고업세정, 송전정비, 크레인운전(10)	2000. 9.20
LG전자(주)	평택	SIX SIGMA(1)	2000. 9.20
(주)삼영검사 엔지니어링	서울(중구)	비파괴검사(1)	2000. 9.20
삼성전기(주)	수원(팔달구)	SIX SIGMA(1)	2001. 7. 4
		AMEE(1)	2002. 7.25
삼성전자(주)	평택	SIX SIGMA(1)	2001. 8.20
삼성전자서비스(주)	수원(영통구)	가전서비스, AV서비스, 통신서비스, PC서비스(4)	2001.11.13
아남전자서비스(주)	인천(부평구)	TV, VCR, AD/가전(3)	2002. 7.25
LG엔시스(주)	서울(마포구)	SIX SIGMA(1)	2002. 7.25
		ATM, CD, BP, 통합단말(4)	2002.11.12
제일화재 해상보험(주)	서울(중구)	Assistant(1)	2003. 3.18
현대중공업(주)	울산(동구)	취부사, 마킹절단사, 배관조립사, 전기조립사, 목의장사, 중방식도장사, 기관설치사, 목형사, 조형사(9)	2003. 8.22
대림자동차공업(주)	경남(창원시)	이륜차정비기술자격(1)	2004. 3.17
계(14개 기관)		46종목	

자료 : 이동임(2004). 자격제도의 현황과 과제, Workingpaper 2004-10, 한국직업능력개발원

이와 같이, 사업내 자격의 체제는 현장의 직무내용에 기반하여 이루어져 있으므로, 기업에서 근로자의 기술능력 향상 및 생산성 향상에 큰 기여를 하고 있는 것으로 조사되었다. 대부분 기업에서는 근로자의 업무능력을 평가할 수 있는 도구로서 사내자격을 국가기술자격 이상으로 승진, 임금, 배치 · 전환 등의 인사관리에 활용하고 있다.

(2) 자격검정 현황

1) 자격검정의 단계와 절차

검정이라 함은 자격의 인정에 필요한 시험 및 평가의 과정을 의미한다. 자격검정은 검정계획의 수립과 시행의 단계, 시험문제의 개발과 보관 · 인쇄 등의 단계, 시험채점과 합격자 관리 등의 3단계로 구성되어 있다.

자격검정의 주무부처인 장관은 다음 연도의 시험검정계획을 다음 연도 개시 7일 전까지 공고하며, 기술자격의 종목, 등급, 응시자격, 검정방법, 시험과목, 일시, 장소 및 응시절차 등에 대한 사항은 실시 1개월 전에 공고한다. 시행공고 후에는 수검원서 교부와 접수⇨수험자명단 전산처리⇨시험문제 인쇄⇨시험감독위원회 위촉⇨시험장 준비(시설 · 재료 등)⇨시험 시행⇨채점⇨합격자 발표⇨자격증 교부 등의 절차가 진행된다.

2) 국가기술자격 검정현황

2005년도의 경우 기술사 1,388명, 기능장 2,997명, 기사 10만 2,258명, 산업기사 8만 9,727명, 기능사 35만 377명, 사무관리 52만 3,522명 등 총 107만 269명이 자격을 취득하였고,

표 6-36 국가기술자격취득자 현황

등급 \ 구분	자격취득 총 인원수	2005 실적		
		응시	합격	합격률(%)
총계	25,435,751	4,632,015	1,071,993	23.1
기술사	28,585	19,922	1,388	7.0
기능장	11,964	17,997	2,997	16.7
기사	934,686	533,813	102,258	19.2
산업기사	1,053,950	448,778	89,727	20.0
기능사	6,353,020	1,321,210	350,377	26.5
사무관리	17,053,546	2,290,295	525,246	22.9

자료 : 노동부(2006). 2006 노동백서

1967~2005년까지 국가기술자격을 취득한 총 인원수는 2,543만 5,864명이다.

국가기술자격취득자를 분야별로 보면 기술 · 기능분야가 33%, 서비스분야가 67%를 차지한다. 기술 · 기능분야 자격취득자의 등급별 분포는 기술사 0.3%, 기능장 0.1%, 기사 10.6%, 산업기사 12.3%, 기능사 76.7%이다.

전반적으로 최근 대학진학률 증가 및 학력수준 증대로 인해 기사 및 산업기사 자격취득자는 증가하고 있는 반면, 실업계 고교 진학 기피 및 생산자동화에 따른 단순기능 인력수요 감소로 인해 기능사 자격취득자는 소폭 감소하는 추세이다.

(3) 국가직업능력표준 개발 및 활용

21세기 세계시장에서의 경쟁은 그 어느 때보다 치열해지고 있는 가운데 국가는 인적자원개발의 실효성을 증대할 수 있는 직업교육 · 훈련과 자격제도의 획기적인 변화를 필요로 하게 되었다. 이러한 필요에 의해 2001년 노사정위원회에서 직업능력개발 정책결정 및 제도 운영 과정에 노 · 사의 실질적인 참여를 활성화하기로 합의하였고, 이에 따라 2002년부터 『일－직업교육 · 훈련－자격』을 연계하는 국가직업능력표준개발에 착수하였다.

국가직업능력표준의 효율적인 개발을 위해 전체 산업분야를 89개의 영역으로 체계화하고 2005년도까지 20분야 100직종을 개발하였으며, 직종 · 직무의 구별 없이 모든 근로자에게 필요한 기초직업능력표준에 대해서는 문제해결능력 등 10개 능력으로 체계화 하여 개발하고 직업교육 · 훈련에 필요한 교재를 개발하였다. 또한, 국가직업능력표준을 체계적으

표 6-37 국가직업능력표준 개발현황

구분	분야 및 직종	개발내역	비고
계	20분야 100직종		
2002	5분야 20직종	자동차정비(4), 용접(6), 정보기술(5), 전기공사(4), 자동제어(1)	
2003	5분야 24직종	건설시공관리(4), 건축설계(4), 기계가공(7), 기계설계(1), 미용서비스(4), 자동차정비(4)	2002년 개발한 자동차 정비분야 추가개발
2004	5분야 32직종	건설시공(10), 환경(3), 기계장비 설치 및 유지보수(6), 출판 · 인쇄(6), 마케팅(7)	
2005	5분야 24직종	금속(4), 기계조립 및 제어(4), 건축기계설비(4), 전기(4), 전자(3), 정보통신서비스(5)	정보통신서비스는 2002년 정보기술을 보완개발

자료 : 노동부(2006). 2006 노동백서

로 개발하기 위한 개발매뉴얼을 작성하여 제시하고, 국가직업능력표준의 상시적인 보급·보완을 위하여 피드백시스템(nos.hrd.go.kr)을 구축하였다.

국가직업능력표준을 활용한 훈련프로그램(5직종), 교재(3직종), 학습안내서(3직종)를 개발하여 경기직업전문학교, 전문건설공제조합 직업전문학교, (주)커민스디젤 등 9개 공공·민간훈련기관에서 시범적용훈련을 실시하였으며, 이를 객관적으로 분석하여 직업교육·훈련에서의 효과성을 입증하였다.

또한, 국가기술자격의 현장성 제고를 위해 2005년 국가직업능력표준을 적용하여 17종목의 출제기준을 개발하였으며, 향후 국가기술자격에서 직업능력표준을 적용하기 위해 직업능력표준의 능력단위별로 자격 86종목의 연계성을 분석하였다.

표 6-38 국가직업능력표준 출제기준 적용현황

적용표준	기능사	기능장	산업기사	기사
6분야 17종목	9	1	4	3
기계가공	수치제어선반, 수치제어밀링	기계가공	컴퓨터응용가공	–
기계설계	전산응용기계제도	–	기계설계	기계설계
자동차정비	자동차정비, 자동차차체수리	–	–	–
정보기술	–	–	정보통신	정보통신
출판·인쇄	인쇄, 전자출판	–	인쇄	인쇄
건설시공	건축도장, 미장	–	–	–

자료 : 노동부(2006). 2006 노동백서

요약

1. 인적자원 관리(Human Resource Management : HRM)는 인적자원 개발(Human Resource Development : HRD), 인적자원 환경(Human Resource Environment : HRE), 인적자원 활용(Human Resource Utility : HRU) 등의 영역으로 분류되며, 이 중에서 인적자원 개발은 개인이나 조직 내에서 운영되는 훈련을 포함하고 있다.
2. 직업훈련은 직업을 갖고자 하는 자에게 산업사회에 적응하기 위한 능력을 갖추기 위하여 필요한 기능, 지식, 태도를 개발하도록 도와주고, 취업한 자에게 기술혁신과 산업변화에 대처하기 위한 능력을 향상시켜 자기실현을 꾀하도록 도와주는 일련의 훈련활동이다.
3. 직업훈련은 실시자의 성격에 따라 공공직업훈련, 사업내 직업훈련, 인정직업훈련 등으로 구분되고, 훈련과정에 의하여 양성훈련, 향상훈련, 전직훈련으로 구분된다. 또한 장소에 따라 현장훈련, 집체훈련, 통신훈련으로 구분되며, 훈련기준을 준수하느냐에 따라 기준 훈련과 기준 외 훈련으로 구분된다. 직업훈련은 1970년대에는 인력수급 조절 역할에서 1980년대에는 인력개발 측면에서, 1990년대에는 평생직업 교육훈련 측면에서, 2000년대에는 직업능력개발 측면에서 역할 변화를 가져왔다.
4. 직업훈련의 최초의 법적 근거는 1953년 근로기준법의 '기능사 양성에 관한 규정'에 의거하며, 1967년에 「직업훈련법」을 시행하기에 이른다. 그동안 직업훈련은 도입기(1953~1971), 정착기(1972~1979), 성장기(1980~1986), 전환기(1987~1994), 변혁기(1995~) 등의 변천을 거쳤으며, 고용보험제도와 맞물리면서 그 성격이 직업능력개발 측면으로 변화되었다.
5. 전자학습(e-Learning)은 지식의 습득과 창출이 끊임없이 요구되는 사회에서 개인의 능력을 지속적으로 확장할 수 있는 장을 마련해 주며, 조직 차원에서 조직의 성과와 연계될 수 있는 지식을 생성, 공유하기 위한 문화를 확산하고 이를 가능하게 하는 실제적인 체제이다.
6. 자격은 일정한 기준과 절차에 따라 평가 · 인정된 지식 및 기술의 습득정도를 나타내는 개념이며, 면허는 일정한 일을 수행하도록 허가하는 행위이다. 자격은 교육과 노동시장을 연계하고, 인적 자산의 가치를 평가하는 기준으로서, 모집 및 채용의 비용과 적응훈련비용을 절감해 주고, 근로자의 능력개발을 촉진시키며, 직업적인 이득 보호와 개선 및 자격을 소지한 직업인의 근로조건을 향상시키는 기능도 한다. 한편 자격의 요건으로는 투명성, 호환성, 경제성, 탄력성, 공신력, 경쟁력, 통용성, 공평성을 들 수 있다.

7. 우리나라의 자격제도는 1953년 휴전성립 때부터 태동하였다가 1967년 「직업훈련법」이 제정되어 기폭제가 되었으며, 1973년 「국가기술자격법」을 제정 · 공포하기에 이르러 1997년에는 자격법을 단순화하는 「자격기본법」이 제정되었다.
8. 국가기술자격은 총 27개 분야의 582개의 종목을 갖고 있으며, 기술 · 기능계는 기술사, 기능장, 기사, 산업기사, 기능사 등 5단계의 등급체계를 갖고 있다. 한편 서비스 분야는 사업서비스와 기타 서비스로 구분되고, 사무서비스 분야는 1 · 2 · 3급의 등급체계를 갖고 있으며, 기타 서비스는 기능장과 기능사 등 2개의 등급체계를 갖고 있다.
9. 국가자격은 120여 개가 있으며, 민간공인국가자격은 62개, 사업내 자격은 56개 등이 있다.

연구문제

1. 인적 자원 개발과 직업훈련과의 관계를 설명하시오.
2. 직업훈련의 개념과 그 의미를 논하시오.
3. 직업훈련의 성격과 형태 및 과정, 방법에 대하여 설명하시오.
4. 직업훈련 역할의 변화에 대해서 논하시오.
5. 직업훈련의 도입배경을 간략히 소개하고 발전과정을 논하시오.
6. 우리나라 직업능력개발사업의 지원형태를 제시하시오.
7. 실업자 직업훈련 체제가 갖는 의미를 논하고, 우리나라 실업자 재취직훈련의 문제점을 논하시오.
8. 학습사회와 전자학습에 대하여 인적자원개발 측면에서 논하시오.
9. 직업훈련과 직업안정과의 연계구축은 어떻게 이루어져야 하는지 논하시오.
10. 자격의 개념과 기능 및 기본적 요건은 무엇인지 설명하시오.
11. 우리나라 자격제도의 변천을 논하시오.
12. 우리나라의 국가기술자격 체계를 설명하시오.
13. 사업내 자격의 목적과 국가기술자격체계와 다른 점을 비교하여 설명하시오.

07

근로조건과 작업환경

직업정보 중에서 근로조건과 작업환경은 이미 선택된 직업에 관한 상세한 정보들로 구성되어 있다. 이 장에서는 먼저 근로조건에 대하여 근로자가 지금 당면한 직장에서의 고용변화를 다루고 우리나라의 근로시간, 휴가, 임금, 해고 등에 대한 현상을 분석해 보고자 하며, 작업환경과 관련해서는 산업안전보건과 산업재해에 입각하여 논하고자 한다. 이는 제4장의 노동시장 분석기법에서 제시된 정보와 같은 측면의 정보를 다루는 것이나, 이 장에서는 개인의 입장에서 노동시장에 입직하기 위하여 필요한 직업정보인 근로조건에 관한 정보들로 구성하고자 하였다.

|제1절| 근로조건

이 절에서는 조직에 대한 의의, 특성 등과 작업자가 조직에 들어가 작업을 하기 위한 조건들 즉, 임금, 해고, 근로시간 및 휴가 등에 대하여 논할 것이다.

1. 조직에서의 고용변화

(1) 기업의 의의와 주요 목표

1) 기업의 의의

기업(enterprise)은 자본주의 사회에 있어서 상품을 생산하는 사업체로서, 기업개념에 관하여는 여러 가지 견해가 있다. 『경영학사전』(1976)에 의하면 기업은 첫째, 영리경제의 단위이며 개별경제로, 자본주의 경제에서만 존재하는 수단이다. 둘째, 생산경제의 조직체라는 견해이다. 셋째, 소유단위라는 견해로서, 즉 경영 또는 재산의 개념을 전제로 하고 경영 또는 재산의 소유단위가 기업이라는 견해이다. 넷째, 기업을 재무단위로 보는 견해로서, 생산적인 측면과 재무적인 측면에서 각각의 개념을 설명하는 것이다. 다섯째, 기업은 대외적 측면의 문제로서 개별자본의 일체로 파악하기도 한다. 그러므로 기업이란 일정한 계획에 따라 자본을 운영하는 주체이며, 영리행위의 총체라고 정의된다.

한편 『경영학사전』(1974)에서 기업을 자본주의 사회에 있어서의 상품생산의 사업체라고 규정한 것과 달리, 신유근(1989)은 기업이란 특정한 목적을 실현하기 위해 의식적이고도 합리적으로 구성된 목적지향적 실체라 하였다.

기업은 경영이라는 의미와 서로 맞물려 움직이는데, 이는 기업이 자본주의 경제체제에서 특유한 경영유형이기 때문이다. 이와 같은 기업은 영리를 목적으로 하고 생산요소를 종합하여 계속적으로 경영하는 경제적 사업인 것이다.

2) 기업의 주요 목표

기업은 영리를 목적으로 생산활동원에 참여하는 경제적 조직체로, 기업이 추구하는 목표는 크게 영리성과 생산활동으로 구분된다. 영리를 목적으로 함은 기업의 목적이 이윤추구에 있음을 의미하는 것으로, 즉 기업이 손실을 발생하지 않고 획득된 이윤을 가급적 증대시키고자 하는 활동임을 말한다. 그러므로 영리의 목적은 이윤극대화 원리(principle of profit-maximization)로 표현된다. 또 하나의 기업목표인 생산활동은 이러한 이윤극대화 원리에 포함되는데, 이것으로 볼 때 기업의 최대목표는 이윤추구에 있다고 할 수 있다.

① 이윤추구

기업의 의사결정은 '이윤극대화 추구에 목표를 두고 완전한 지식을 갖고 있을 때 행동한다'라는 철칙을 갖고 있다. 주로 경제역할에 한하여 기업이 얼마나 잘 운영되었는지는 기업이 가지고 있는 이윤에 의해 평가되는 것이므로 기업은 자유경제의 시장구조하에 주어진

표 7-1 총자본경상이익률 추이

구분 \ 연도		2000	2001	2002	2003	2004	2005
제조업		1.24	0.35	5.08	5.15	9.38	7.81
제조업 업종별	음·식료품	2.74	4.08	4.14	3.32	3.79	6.59
	섬유 제품	−1.09	−1.20	0.30	−2.47	−0.09	−0.81
	봉제 의복 및 모피제품	1.08	7.08	6.17	2.13	2.67	7.35
	가죽, 가방 및 신발	−0.39	3.28	5.90	3.03	2.05	3.04
	목재 및 나무제품(가구 제외)	2.58	−0.40	3.64	4.29	2.55	0.15
전산업		0.93	1.05	4.90	5.20	8.16	7.34
어업		4.11	3.70	1.43	1.75	5.37	1.37
광업		−0.85	−0.38	−0.99	0.57	−0.30	5.77
전기·가스 및 증기업		4.31	4.49	6.98	6.12	6.18	5.38
건설업		3.54	−1.41	1.96	6.13	6.45	8.31
도매 및 소매업		0.05	1.80	5.76	6.09	8.07	7.21
숙박업		1.07	1.49	2.47	0.58	1.65	2.22
운수업		−2.80	−1.71	1.44	1.67	7.70	6.20
통신업		4.71	6.59	8.22	6.45	7.09	8.25
사업 및 서비스업		7.23	4.09	0.65	3.20	5.32	8.50
오락·문화 및 운동관련 산업		4.74	3.95	5.90	5.52	6.05	6.11

자료 : www. bok.or.kr(ECOS)

상황 속에서 최대의 이윤을 추구해야 한다.

그러나 현대의 기업은 점점 더 복잡성을 더해가는 경영환경에 놓이게 되었으며, 경영환경은 완전한 지식으로 판단할 수 없는 불확실성도 내포하고 있다. 더군다나 경제발전을 나타내는 계수인 국민 1인당 GNP는 생산량에 의존하고 있다.

기업에 대한 수익성 분석의 대표적인 비율은 총자본경상이익률(normal profit to total assets)로 표시된다. 총자본경상이익률은 기업에 투하 운영된 총자본이 어느 정도의 수익을 올리는가를 나타내는 지표로서, 이 비율이 높을수록 기업수익성이 양호하다는 것을 의미한다. 물론 여기에는 업종별·규모별로 차이가 있으므로 동일업종, 동일규모의 다른 기업과 비교하여 검토하여야 한다. 총자본경상이익률은 경상이익/총자본을 백분율을 한 것으로, [표 7-1]은 총자본경상이익률 추이를 나타낸 것이다. 제조업은 기업이 지닌 경영자본을 모두 생산에 투입하여 얻은 이익이 2005년 현재 총자본의 7.81%에 해당하는 금액의 이익률을 얻었으며, 이는 전년도 9.38%에 비하여 마이너스 이익률을 나타냈다. 전년도에 비해 높

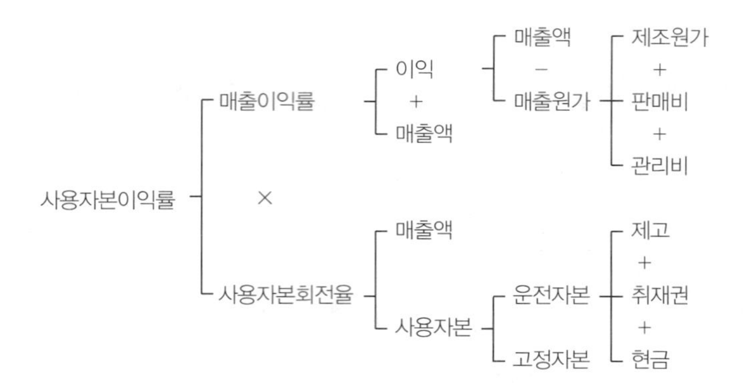

자료 : 한국생산성본부 역(1989). 사업부제와 이익관리

그림 7-1 사용자본이익률 관리방법 (단위 : %)

은 증가율을 나타낸 산업은 광업으로 6.07%의 증가율을 나타냈으며, 어업, 전기 · 가스 및 증기업, 도매 및 소매업, 숙박업, 운수업 등의 산업은 마이너스 성장의 이익률을 나타내었다. 가장 적은 격차를 나타낸 산업은 숙박업으로 0.57%의 감소율을 나타내었고 가장 높은 격차를 나타낸 산업은 운수업이었다.

최대이윤은 엄밀히 말해서 이윤극대화를 추구하는 기업이 한계비용을 한계수익과 같게 함으로써 얻어지는 이윤이다. 이윤극대화 활동을 위한 경영결정으로는 첫째, 원가절감 계획을 들 수 있고, 둘째, 관리비 절감을 들 수 있다. 관리비 절감에 의해 매출원가를 저하시키고 매출액 이익률을 높이면 자본율이 높아지고 자본회전율도 향상되나 판매가가 매출원가 이하이면 매출액 이익률과 자본회전율이 저하된다. 셋째, 매출액 확대로, 매출액이 확대되면 매출액 이익률과 자본회전율이 함께 향상된다. 넷째, 자본계획인데, 매출액을 일정하게 유지하면 고정자본 및 운전자본을 절약함으로써 자본회전율을 높여 이익률을 향상시킬 수 있다. 이 외에 공정관리의 개선, 마케팅 활동, 자재관리의 합리화, 사무관리의 개선, 기술개발 등이 자본이익율을 향상시키는 활동이다(한국생산성본부 역, 1989). 우라케구리요시(1989)는 위에 기술된 경영결정에 대한 자본이익률 관리방법을 〈그림 7-1〉과 같이 소개하였다.

이학종(1989)은 한국과 미국 · 일본의 기업목표를 비교 · 분석하였는데, 그에 의하면 미국기업은 자본이익률(return on investment)과 주식의 시장가격을 가장 중요한 목적으로 삼는데 비해 한국과 일본은 시장점유율과 자본이익률 그리고 신제품 개발을 중요한 목적으로 삼고 있다고 하였다. 그 이유로는 자본이익률은 한국이나 일본 · 미국 세 나라의 기업에서

표 7-2 기업의 목적 비교

기업의 목적	한국	미국	일본
자본이익률	1.23(2)*	2.43(1)	1.24(2)
주주의 자본이득	0.14(8)	1.14(2)	0.02(9)
시장점유율 확대	1.55(1)	0.73(3)	1.43(1)
제품 포트폴리오 개선	0.19(6)	0.50(4)	0.68(5)
생산 및 물적 유통의 효율성	0.47(5)	0.46(5)	0.71(4)
재무구조의 건전화	0.82(4)	0.38(6)	0.59(6)
신제품 개발	1.24(3)	0.21(7)	1.06(3)
기업의 대외이미지 개선	0.12(9)	0.05(8)	0.20(7)
작업조건의 개선	0.15(7)	0.04(9)	0.09(8)

주 : *는 순위별로 3점에서 0점까지 배정되었다. ( )은 순위이다.

자료 : 이학종(1989). 한국기업의 구조와 전략, 법문사

가장 중요한 목적의 하나이나, 미국기업은 주주들의 부의 극대화와 자신의 업적평가를 위하여 자본이익률을 주요 목적으로 삼는 반면 한국과 일본은 시장확대에 필요한 자금조달을 위하여 자본이익률을 강조하고 있다고 해석하였다.

재무제표는 기업의 건강상태를 회계수치로 표시한 것으로, 재무제표를 이용하여 기업의 재무상태나 기업 경영활동의 결과를 분석하는 것이 재무분석이다. 재무분석은 주로 비율분석에 의거하는데, 재무분석에 있어 유동성비율은 단기부채를 갚을 수 있는 능력이며, 부채비율은 총자산을 구성하고 있는 자기자본과 타인자본의 비율을 의미한다. 이러한 재무제표를 분석한 자료가 기업내부의 관리목적에 이용되면 수익성, 안전성, 유동성, 성장성 등을 분석할 수 있게 된다. [표 7-3]은 재무분석의 주체와 목적을 나타낸 것이다.

이윤추구는 결국 기업확장을 위한 내부자금을 제공해 줄 뿐만 아니라 외부자금이 필요할 때 자금조달을 용이하게 해 주는 수단이다. 기업은 가능한 성장발전을 꾀하기 위한 하나의 수단으로 최대이윤을 추구하며, 최대이윤은 자본을 증식시키는 데 환원된다.

신유근(1989)은 기업은 재화와 용역의 효율적인 생산·배분의 과정에서 이윤을 추구하는 사회단위이고, 노조는 구성원의 경제적 보상과 직무상의 안정을 확보해 주는 사회단위이며, 정부는 복지증진의 주체가 되는 사회단위라는 논리가 다원사회의 사고방식임을 지적하였다. 또한 경제적 목적에는 극대이윤의 원리와 만족이윤의 원리가 존재하는데, 극대이윤은 단일목적론이나 만족이윤은 극대이윤의 목적 중에 하나로 존재한다면서, 경제적 성장을 꾀한 기업은 점점 만족이윤의 원리에 입각한 최대이윤을 추구하고 있다고 보았다.

표 7-3 재무분석의 주체와 목적

주 체	목 적	분석의 요점
금융기관 신용조사기관	신용분석	수익성, 담보력, 유동성
투자자	투자분석	
증권투자자	주가변동	성장성
연금기금	배당 · 이자의 안정과 수익성	성장성, 경상수지비율
일반기업	신용분석(거래처 신용)	수익성, 안정성, 성장성
노동조합	지급능력 분석	매출액, 인건비 비율, 수익성, 안정성
정부		
• 상공부	행정지도	국제경쟁력, 기술력, 성장성
• 국세청	세금징수	분식방지, 과세소득의 계산
각종 연구소	기업행동과 기업성장의 요인분석	성장성, 수익성, 종합경영력
기업		
• 최고경영자	경영분석(장기전략, 중기계획)	종합경영력, 수익성, 성장성
• 중간경영자	중기예산	안정성, 유동성
• (재무담당)	단기예산	수익성
• (기타)	단기예산	수익성, 성장성

자료 : 윤규섭(1989). 재무제표 읽는 법, EM문고

② 생산성 향상

기업이 추구하는 최대이윤 이외에 다른 주요 목적으로는 생산성 향상을 들 수 있다. 생산성(productivity)은 목적과 산출방식에 따라 차이가 있는데, 대체적으로 투입(input)에 대한 산출(output)의 비율을 의미한다. 생산성에 영향을 미치는 요소는 일반적으로 노동의 질과 양, 자본(설비투자), 기술혁신, 자원(원자재), 생산방법, 산업구조, 생산관리방법, 연구개발투자, 생산규모 등이다. 또한 생산성은 노동생산성으로 사용되고 있으며, 인 · 시간당 물량적 표시로서 더욱 분명해진다.

산업자원부(1989)에 의하면 "생산성이란 생산과정에 사용된 노동, 자본 등 투입물의 생산적 능률 또는 효율적 이용도를 의미한다."고 하였다. 한편 유럽생산성본부의 정의에 따르면 "생산성이란 노동력, 생산설비, 원자재 등의 생산요소와의 비율에 의한 것으로, 여러 가지 형식의 생산성을 측정할 수 있는데, 각 생산요소의 생산성은 그 생산요소의 효율만을 표시하는 것이 아니고 그것과 산출물과의 대비를 표시한 것이다."라고 하였다(한국경영자총협회, 1989). 생산성 분석은 기업활동의 능률 내지 업적을 측정 · 평가하고 나아가 그 발

생원인과 성과배분의 합리성 등을 규명하려는 것이다. 그러므로 생산성에 관한 지표는 곧 경영합리화의 척도라 할 수 있다.

근래에는 기업경영의 성과를 부가가치생산성이란 개념으로 측정하는 것이 일반화되어 있는데, 이는 기업이 고임금 · 고능률 · 고매출액을 실현하기 위하여 종래의 명목적 수익인 매출액 중심의 경영에서 실질적 수익이라 할 수 있는 부가가치 중심의 경영으로 질적 전환을 하고 있는 데서 유래하였다(한국은행, 1989). 한국생산성본부(1989)에 의하면 경제성장은 노동 및 자본의 물량적 증가에 의해 이루어졌지만 노동의 질적 변화, 기술혁신 등의 생산성 향상에 의해서도 이루어져 왔으며, 경제성장과 생산성과는 일반적으로 다음과 같은 관계가 있다고 하였다.

경제성장률 = 노동생산성 증가율 + 노동투입 증가율

또한 경제성장에 대한 생산성의 기여도를 우리나라와 일본, 서독과 비교하여 [표 7-4]와 같이 제시하였다.

생산성(productivity)은 노동생산성과 자본생산성으로 분류된다. 일반적으로 노동생산성(productivity of labour)은 노동력 단위당 성과를 나타내는 지표로, 보통 종업원 1인당 부가가치산출액을 의미한다. 이 산출액은 노동생산성의 향상정도를 알 수 있는 중요한 지표로, 종업원 1인당 부가가치는 다음과 같이 나타낼 수 있다.

$$\text{종업원 1인당 부가가치} = \frac{\text{법인세 차감 전 순이익 1 인건비 1 금융비용 1 조세공과1감가상각비}}{\text{종업원 수}}$$

표 7-4 경제성장에 대한 생산성의 기여도 (단위 : %)

구 분	일 본	서 독	한 국		
	1956 ~ 1971	1950 ~ 1962	1972 ~ 1983	1984 ~ 1990	1991 ~ 2000
GNP 성장률(A)	8.9	6.3	8.2	7.9	7.2
노동증가	(1.9)	(1.4)	(3.2)	(2.2)	(1.3)
자본증가	(2.1)	(1.4)	(2.0)	(2.1)	(2.3)
생산성 향상(B)	(4.9)	(3.5)	(3.0)	(3.6)	(3.6)
기여율(B/A)	55.7	55.6	36.6	45.6	50.0

자료 : 한국생산성본부(1997). 한국생산성운동 30년사

(2) 우리나라 기업의 일반적 특성

1) 우리나라 기업의 발달

조직의 생명은 창의성과 융통성이 존재하느냐에 달려 있다. 따라서 조직은 경쟁력을 갖기 위하여 끊임없는 변화와 창의성, 그리고 이를 조정하는 융통성을 갖고 운영의 묘를 꾀하고 있다.

우리나라가 1950년대 농업본위국에서 1970년대 공업본위국으로 전환하는 데 기여한 조직은 기업이다. 우리나라 기업의 뿌리는 19세기 말에서부터 시작되는데, 1908년 당시의 기록에 의하면, 한국인 소유 제조업체 수는 총 6개였으며 1개 업체당 평균 고용인은 15명에 불과했던 것으로 나타났다. 1911년 당시 군소수공업자들의 합동으로 최초의 주식회사인 경성직유주식회사가 자본금 10만 원으로 서울에서 창립되었다. 이 회사는 직공 60명으로 출발하였으나 1917년 김성수에 의해 인수되면서 1919년 경성방직주식회사로 변경되었는데, 이 회사를 우리나라의 근대적 대기업의 효시라고 볼 수 있다.

우리나라의 기업은 일본의 식민지 체제와 6.25 동란을 거치면서 단절기를 맞이하였다가, 6.25 전쟁 이후 다시 태동기를 맞아 1953~1957년의 4년간 미국과 우방국의 원조를 집중적으로 제공받게 되었다. 1955년 당시 광업과 제조업체수는 9,093개에서 종업원 100인 이상 고용사업체가 300개소에 불과하였으며, 종업원 1,000인 이상은 7개 업체였는데, 이는 주로 방직업에 해당되었다.

본격적으로 우리나라 기업이 발전하기 시작한 것은 정부 주도하에 계획적인 경제개발을 시작한 1962년 이후부터이다. 1954년에 우리나라의 산업은 농림 · 수산업 39.4%, 광공업 12.6%, 서비스업 · 사회간접자본 · 기타 48.0%로 농업국이었으나 1975년에는 농림 · 수산업 22.5%, 광공업 28.8%, 서비스업 · 사회간접자본 · 기타 47.9% 등으로서 공업국으로 전환되었다. 1997년 현재 농림 · 수산업 5.6%, 광공업 31.7%, 서비스업 · 사회간접자본 · 기타 62.6% 등으로 농림 · 수산업의 급속한 감소와 서비스업 · 사회간접자본 · 기타 부분의 팽창을 보여 주고 있으며, 2000년 69.0%, 2006년 74.2% 등을 나타냈다.

1962년 이후 국민총생산에서 제조업이 차지하는 비중은 급격히 상승하였는데, 1962~1982년의 20년 동안 실질국민소득이 5.1배 증가한 데 비해 제조업은 19.0배 증가하였고, 전 산업에서 차지하는 제조업의 비율은 1962년의 9.1%에서 1982년에 34.2%로 증가하였다. 이러한 증가는 개발도상국에서 그 유래를 찾아볼 수 없는 것으로, 이와 같은 기업의 성장은 관주도형의 경제개발에 기인한 것으로 설명되어진다.

2) 우리나라 경제성장의 부작용

우리나라는 관주도형 경제개발을 추진함에 있어 경이적인 경제개발을 하게 된 반면 이에 못지않은 경제적 부작용도 발생하였다.

경제적 측면의 부작용으로 먼저 들 수 있는 것은 정부의 지원에 의한 재벌의 자본축적이다. 대한상공회의소(1989)는 우리나라에 있어서 정부의 시장개입은 직접적이고 강제적이며 또한 개별적이라고 하면서, 그 구체적인 관계를 [표 7-5]와 같이 제시하였다. 그리고 정부가 재벌의 자본축적에 기여한 경로를 분석하였는데 첫째, 정부소유 재산의 불하로서, 여기에는 일제의 귀속재산, 국유지 및 정부보유기업이 포함되며, 두 번째는 외환관리하에서 환율이 적정시세를 반영하지 못하고 국내통화가 과대평가되어 있을 때 수입에서 얻은 이득이며, 세 번째는 정부가 낮은 금리로 금융을 융자해 주었을 때 거기서 발생하는 이득이라고 주장하였다. 이 중에서 첫 두 경로는 1950년대에 많이 사용되었으며, 금융을 통한 지원은 주로 1960년대와 1970년대에 걸쳐서 사용되었다고 분석했다.

다음으로 우리나라 경제성장에서 나타나는 부작용으로 빼놓을 수 없는 것이 불균형적인 경제발전이다. 농업과 공업, 서울과 지방, 대기업과 중소기업 간에 불균형적 발전이 이루어짐으로써 파생되는 부작용이 지금 곳곳에서 나타나고 있다. 그 중 대기업과 중소기업과의 관계를 보면, 정부는 그 동안 대기업 편향적인 경제발전을 추진하여 독과점 기업들로 하여금 시장점유를 허용해 왔다. 우리나라의 중소기업은 1989년 당시 전체 사업체의 97.9%를 차지하고 있었으나, 대기업의 독점에 의한 체계적 압박으로 중소기업의 독자적 존립이 저해되어 왔다. 그러다가 1997년도 외환위기 이후 대기업의 구조조정으로 인하여 1998년도에는 중소기업이 98.8%를 차지하게 되었다.

표 7-5 우리나라의 정부와 기업과의 관계

관련영역	정부개입의 수단	미국/일본과 비교
1. 자원배분에의 개입	투자결정/금리결정	매우 높음
2. 생산수단의 직접소유	국영기업의 비중, 국유화	높음
3. 기업활동영역의 규제	인허가/통폐합/폐업규제	매우 강함
4. 기업결합활동의 규제	독과점 규제	약함
5. 기업경영상 규제	가격 · 임금결정 규제	높음
6. 기업에 대한 지원	자금 · 조세 · 정보 지원	높음
7. 조세정책/소득재분배	기업에 대한 세율/준조세적 부과금	약함/많음

자료 : 대한상공회의소(1989). 한국기업의 성장전략과 경영구조

3) 우리나라 기업의 발전배경

우리나라 기업이 발전할 수 있었던 중요한 환경을 대한상공회의소(1989)에서는 ① 산업구조의 급격한 변화, ② 정부에 의한 투자재원의 배분, ③ 수출금융을 포함한 정책금융 및 은행융자의 저금리정책, ④ 차관 및 기술 · 자본 등 외국자본 의존형 경제성장 등을 지적하였고, 1960~1985년의 한국기업의 성장모형을 〈그림 7-2〉와 같이 제시하였다. 다음은 한국기업의 성장요인을 환경–전략–구조–성과라는 틀에 의해 설명한 것이다.

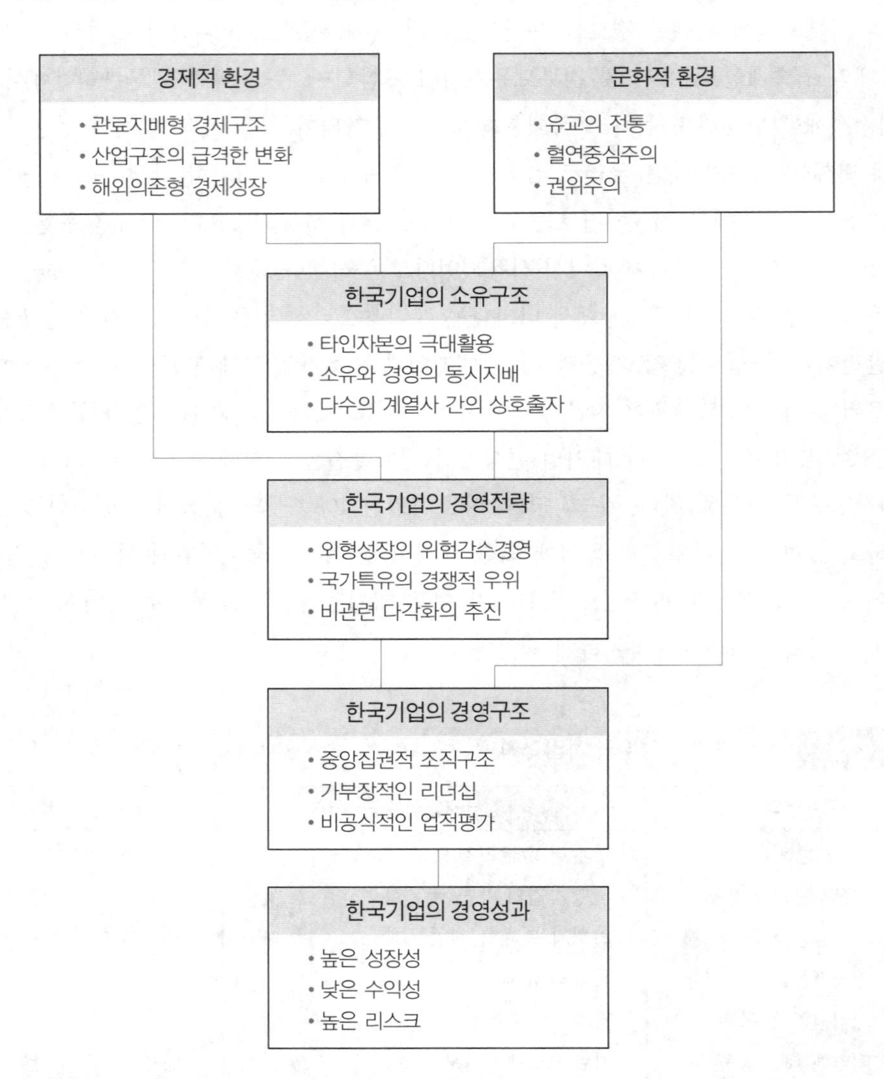

자료 : 대한상공회의소(1989). 한국기업의 성장전략 및 경영구조

그림 7-2 한국기업의 성장모형

4) 우리나라 기업의 재무구조

우리나라 기업의 재무구조상 큰 특징은 낮은 자기자본비율이다. 자기자본비율이란 자기자본과 타인자본을 합하여 사용 중인 총자본에 대한 자기자본의 비율을 말한다. 자기자본은 기업의 대차대조표의 자본금, 법정준비금(legal reserve)[1], 임의준비금[2], 당기 미처분이익을 모두 합한 것을 말한다(이필상 외, 2005). 그런데 기업의 안정성의 바로미터(barometer)인 유동비율, 고정비율, 부채비율 등 재무구조가 불안정해지면서 1997년 12월 구제금융의 지원을 받아들이게까지 되었다. 1980년대에 들어와서 타인자본 의존성이 점차 개선되고 자기자본비율이 높아지고 있는 추세였음에도 불구하고 우리나라 기업의 재무구조는 여전히 개선점이 많았다.

서울대학교 경영연구소(1998)에서 실시한 우리나라 기업이 중요시하는 배분비율은 대기업에서는 수익성 다음에 안전성, 중소기업에서는 안전성 다음에 수익성 등을 중시하는 것으로 나타났다. 또한 목표이익의 설정은 대다수의 기업이 매출액 이익률을 기준으로 하고 있다고 분석하였다. 재무구조 악화의 원인은 대기업 · 중소기업의 수익성 저조, 과대설비투자, 매출채권 증대의 순으로 나타났으며, 상대적으로 보면 중소기업의 수익성 저조비율이 대기업에 비해 높은 편으로 나타났고, 과대설비투자에 대한 비율은 대기업이 약간 높은 편으로 나타났다.

자기자본은 타인자본과 달리 변제의 의무가 없고 업적에 따라 배당지급을 탄력적으로 행할 수 있는 등 기업경영에 있어 안정적이면서 편리한 자금원이 된다. 따라서 총자본에 대한 자기자본의 비율이 높다면, 즉 자기자본비율이 높으면 기업경영의 안전도가 높다는 해석을 할 수 있다. 현재는 과거처럼 분모에 총자산, 즉 총자산만으로 비율을 계산하지 않고 급변하는 금융환경에 따라 위험자산으로 비율을 계산한다.

국제결제은행(Bank of International Settlements : BIS)[3]은 1983년 6월 자기자본비율 규제의 국제통일에 관한 기본적 범위에 합의했다. 특히 2007년부터는 기존의 BIS기준을 개선

---

1) 법정준비금은 강제적립금, 법정적립금이라고도 하며, 영업상의 이익을 재원으로 하는 이익준비금, 액면 이상의 주식을 발행한 초과금액, 감자차익, 합병차익 등을 재원으로 하는 자본준비금으로 나누어진다. 원칙적으로 자본결손의 전보에 충당하는 이외의 용도로 사용할 수 없다.

2) 임의준비금 임의적립금이라고도 하며 회사가 특정 또는 불특정의 목적을 위하여 정관 또는 주주총회의 결의에 따라 임의로 적립하는 준비금을 말한다. 임의준비금의 목적으로서는 손실의 보전, 배당의 평균화, 사채의 상환, 주식의 소각, 퇴직수당, 그밖의 여러 가지가 있을 수 있으며 기업회계기준에 따라 특정의 명칭을 붙인 과목으로 명시하고 있다.

한 신BIS협약, 일명 바젤II협약이 도입된다. 신BIS협약이 적용되면 건전성 평가와 위험관리에 많은 영향을 미칠 것이며 현행 기준하에서 자기가본비율은 보험관리에 많은 영향을 미칠 것으로 보인다. 현행 기준하에서 자기자본비율은 보유유가증권의 내재된 이익을 일정비율로 가산한 자기자본을 위험도에 따라 평가한 자산(위험가중자산)으로 나누어서 계산한다. 이에 반해 신BIS협약에서는 위험가중자산을 계산할 때 신용위험을 세부적으로 평가하여 반영해야 한다. 즉, 외부기관 내지 내부 기준에 따라 신용도를 평가하고 위험가중치를 차별적으로 적용해야 한다. 따라서 신BIS협약은 감독 및 감시기능이 더 강화되나 자기자본비율의 전반적 하락이 예상된다(이필상 외, 2005).

(3) 노동시장의 고용유연성과 직장의 고용변화

1) 노동시장의 고용유연성과 고용형태의 변화

인적 자원이 신속하고 효율적으로 배분되는가에 따라 노동시장의 유연함을 논한다고 하면, 고용의 유연성은 고용량과 근로시간, 고용형태에 따라 그 정도가 나타난다고 할 수 있다. 특히 1997년 하반기 이후부터 전일제로 근무하는 형태의 정규노동 틀에서 고용형태가 다양화되어 비정규근로형태가 급속히 추진되고 있는데, 이는 기업에서 경쟁력을 확보하기 위해 양적인 노동력 확보보다는 고용구조의 질적 변화를 꾀하려는 경향이 짙어지고 있음을 보여 주는 것이다.

기업의 구조조정(restructuring)이 진행되고 있는 가운데 두드러진 현상은 근로자와의 고용형태를 변화시키고 있는 것이다. 톨마스콕(Tolmaskoc, 1987)은 조직구조의 요소로서 ① 소수의 간부, ② 집합형태가 아닌 작업자의 순환, ③ 간부서비스의 스카웃, ④ 전문가보다는 전문가시스템, ⑤ 더 많은 인적 자원 계획 등을 제시하였다. 이와 같이 기업에서는 중요한 업무만을 중심으로 고용계약을 전일제로 운영하고 그 외의 일에 대하여는 임시적인 고용형태나 시간제근로, 계약제, 재택근로 등으로 전환시킴으로써 기업의 소형화를 추구하고 있다. 또한 고용인을 선발할 때에는 기본기술과 사회적 기술 그리고 훈련을 쌓은 유망한 고용인을 선호하며, 외부로부터 얻는 신용에 의하여 고용인을 선발하고 있다.

---

3) 국제결제은행(Bank of International Settlements : BIS)은 1930년 스위스 바젤에서 주요국의 공동출자로 설립된 국제은행이다. 원래의 설립목적은 1차대전 후 독일의 배상문제를 처리하기 위하여 발족했으나 2차대전 후에는 유럽에서의 결제대리 기관의 역할과 국제신용질서유지를 위한 역할을 수행하고 있다. 특히 1988년 7월 금융혁신과 경쟁심화에 따른 은행들의 위험 증대에 대처하기 위하여 은행의 자기자본규제에 대한 국제적 통일기준을 설정한바 있다.

2) 기업의 구조조정 활동

기업의 구조조정(corporate restructuring)의 궁극적인 목적은 기업경영의 효율적 확보에 있다. 즉, 불필요한 부분을 없애고 핵심역량을 중심으로 사업을 재구성하므로서 수익성을 높이려는 기업의 생존전략이다.

기업의 구조조정은 기업인수합병(mergers and acquisitions : M&A), 차입매수(leveraged buy-out : LBO), 분리매각(divestitures), 분리설립(spin-offs) 등의 다양한 형태로 진행된다.

① **기업합병**(merger)

둘이상의 기업을 통합하여 하나의 기업으로 만드는 것이다. 이는 ㉠ 둘이상의 기업이 모두 해산하고, 해산된 모든 기업들의 자산, 부채, 자본이 합쳐져서 신설기업의 자산, 부채, 자본을 구성하는 신설합병(consolidations), ㉡ 2개 이상의 합병대상기업 중 1개 기업만이 법률

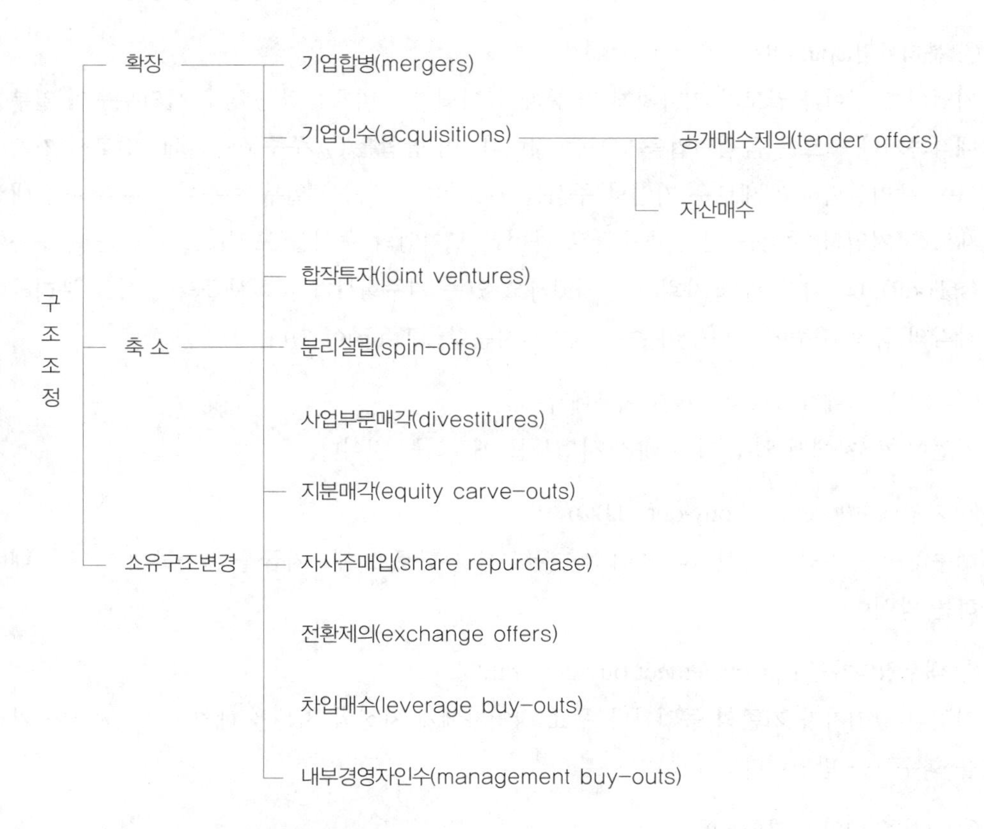

자료 : 이필상 외(2005). 경영분석, 박영사

그림 7-3 기업구조조정의 유형

적으로 합병 후에 존재하며 다른 기업을 인수하고 인수되는 기업은 해산하여 소멸하는 흡수합병(mergers) 등으로 분류된다.

② **기업인수**(acquisition)

기업인수는 인수대상기업의 주식의 일부 또는 전부를 매수하기 때문에 제의에 응하지 않는 나머지 주주들이 그대로 그 기업의 소유권을 보유하게 된다. 이 방식은 ㉠ 주식을 인수하는 형태로서, 인수기업 지배주주가 대상기업의 지배주주로부터 직접 주식을 취득하거나, 기업의 공개매수 방법을 통해 주식을 취득해 기업을 지배하는 방법이며, ㉡ 자산을 인수하는 형태로 인수기업과 피인수기업 간에 영업권의 양도 · 양수계약을 체결하고 피인수기업의 주요한 자산 전부 또는 일부에 대해 소유권을 인수하는 방법이다.

③ **합작투자**(joint ventures)

상호이익을 위해 공동으로 업무를 수행할 것을 약정하는 단기적 동업관계를 말한다.

④ **분리설립**(spin-offs **내지** spin-outs)

기업의 조직이나 규모가 지나치게 커 통제가 어렵거나 비효율적인 경우 사업부문의 일부를 매각하거나 새로운 독립기업을 만드는 것이다. 이 방법은 ㉠ 주주분할(split-off)로서 기존회사를 분리설립하고 새로운 기업의 주식을 기존 주주 중에서 일부 주주에게 부여하는 대신 새로운 기업의 주식을 받는 주주들로 하여금 모기업의 주식을 포기하도록 하는 주주분할(split-off), ㉡ 여러 개의 자회사를 지배하고 있는 지주회사가 자회사들의 주식을 분리하여 각각의 특정 주주에게 나누어 주는 지주회사분할(split-up)이 있다.

⑤ **사업부문 매각**(divestiture)**과 지분매각**

기업이 제3자에게 일부 자산 내지 사업부를 매각하는 것이다.

⑥ **차입매수**(leveraged buy-out : LBO)

매수하려는 기업의 자산이나 장래의 현금흐름을 담보로 매수자금을 차입하여 기업을 매수하는 방식이다.

⑦ **내부경영자인수**(management buy-out : MBO)

기업의 창업자가 기존의 동업자나 주요 경영자에게 자신의 지분을 매각함으로써 투자자금을 회수하는 방법이다.

⑧ **자사주 매입과 전환제의**

자사주 매입은 자기자본으로 자신의 회사주식을 매수하는 것이며, 전환제의(exchange

offer)는 특정기업이 발행하는 보통주, 우선주, 채권 등의 증권 중에서 한 종류의 증권소유자에 다른 종류의 증권으로 전환을 요청하는 것이다.

⑨ 기타 구조조정 기법들

㉠ 사기업화(going private)

기업의 주주들이 보유한 공개기업을 개인소유의 회사로 전환하는 것이다.

㉡ MBI(management buy-in)

내부 경영자 인수(MBO) 시 기존 경영진이 지분을 전액 인수하는 것이 어려운 경우 외부 투자자에게 일분 지분을 매각하는 방법이다. 차입매수와 내부경영자인수를 결합한 형태이다.

㉢ 기업매각(trade sales)

차입매수와 내부경영자인수를 거친 기업이 어느 정도 성장하게 되면 당해 기업을 대기업, 외국기업 등에 매각하여 소요된 자금을 회수하는 것으로 가장 많이 활용되는 자본 회수법이다.

㉣ 환매부 매각(buy-back)

투자자가 기업이 당초의 정해진 기간 안에 공개되지 않거나 경영성과가 호전되지 않을 경우 투자자본을 기업에게 매각하는 방법이다.

3) 기업의 구조조정 활동 – 현대그룹의 예

기업의 구조조정 활동에는 확장, 분리, 기업통제, 소유구조 변동 등이 포함된다. 특히 분리(seel-off)는 분리설립(spin-off), 분리독립(split-off), 분리정리(split-up), 분리공개(equity carve-out), 분할매각(divestiture) 등으로 분리된다.

우리나라의 경우 구조조정 차원에서 회사분할 내지 분사화할 필요성이 강하게 제기되고 있다. 분사화하는 많은 이유 중의 하나로 내부노동시장(internal labor market)의 요인을 들 수 있는데, 이는 인사관리상의 동기로부터 비롯된다. 대표적인 예로써 50년간 현대그룹의 분사를 보면, [표 7-6]에서와 같이 법인격이 존재하였던 93개의 계열사 중에서 설립경위와 그룹소속 여부가 모호한 5개사를 제외한 88개사를 대상으로 그룹의 계열사 현황과 설립형태를 분석한 결과, 33.0%가 분사로 나타났다.

현대그룹은 인사관리상의 이유보다는 핵심능력 이전, 경영자의 축적, 회계 · 세무상의 필요 등의 이유가 큰데, 일단 발전성이 크다고 판단되면 분사화를 했다가 분사기업이 성과가 좋으면 계속 분사기업을 유지하고 그렇지 않으면 과감히 원래의 사업으로 통합하였으며,

표 7-6 현대그룹 계열사의 현황과 설립형태

현황			설립형태		
구 분	계열사 수	비중(%)	구 분	계열사 수	비중(%)
현 존	48	54.5	신규	36	40.9
소 멸	22	25.0	분사	29	33.0
별 도	15	17.0	합작	9	10.2
미 상	3	3.4	인수	14	15.9
계	88	100	계	88	100

자료 : 김용열(1999). 한국기업의 분사화 전략, 산업연구원

또 성과가 좋은 분사기업은 재차 분사화가 이루어졌다. 그러므로 한국기업의 분사화 전략은 최근의 구조조정기에 나타나는 회사분할제도와 구분되어야 하며, 현대그룹의 사례에서 분사화는 소극적인 구조조정전략으로서가 아니라 적극적인 성장전략의 의미가 있다고 볼 수 있다(김용열, 1999). 이러한 분사전략에서 인력의 조정이 빈번히 이루어졌음을 알 수 있는데, 이 가운데 고용형태가 불확실하게 된 인력의 비중은 추정되지 않았다.

4) 조직의 구조조정과 경영혁신

① 조직의 구조조정과 경영혁신에 대한 불만

조직의 구조조정과 경영혁신에 대한 불만은 다음과 같다(한국 인사 · 조직학회 편저, 1997).

첫째, 인적 요소와 경영혁신에 관련된 불만 및 저항의 수준 사이에 관련성이 있다는 것이다.

둘째, 경영혁신을 수행하려면 구성원들의 불만을 비롯한 스트레스, 불안 등을 수반할 수도 있다는 것이다. 기구감축(downsizing) 때문에 해고를 결정하는 데 사용되는 기준들은 종업원들의 불만을 초래할 수도 있다. 그러한 기준들은 연공이나 성과가 될 수도 있을 것이며, 업적평가, 생산통계치, 직무기술서, 이력서, 면접 등과 같은 요인이 될 수도 있다.

셋째, 경영혁신 과정에서 흔히 구성원들의 저항을 당면하게 된다는 것이다. 저항은 변화, 손실, 자기주장, 학습, 창의성과 함께 나타나는 불안하고 고통스럽고, 당황스러운 감정으로부터 자신을 보호하려는 방법이다.

넷째, 구성원들의 불만은 저항적인 태도나 의향 및 행동을 유발할 수 있다는 것이다. 불만족한 종업원들은 태업, 조직이탈, 냉담과 같은 결과를 초래할 수 있다.

다섯째, 구성원들의 불만수준과 밀접한 관계가 있다. 기대불확정, 모순되는 역할요구, 외

재적 통제감, 만족의 상실, 발전적 생활의 변화 등 개인적·사회적 요인이 전문가나 관리자들 사이에 중요한 요인으로 제기된다.

여섯째, 조직 내 구성원들의 저항수준은 소외수준의 증대와 관련이 있다.

② 조직의 구조조정과 경영혁신의 추세

조직의 구조조정과 경영혁신의 추세는 결국, 개인을 하루종일 직장에 얽매이지 않게 만들고, 안정적인 직업을 일생 동안 갖는다는 관념이 없어져 불안정한 직업인으로 있게 함으로써 새로운 직장을 찾을 때까지 1년 아니면 그 이상 동안 살아남기 위한 노력을 하게 만들었다.

정규근로의 특징은 ㉠ 고용주에 대해 종속적이며, ㉡ 고용기간이 정해져 있지 않은 상용고(고용계약기간이 1년 이상인 자)이고, ㉢ 근로시간은 전일제, ㉣ 임금지급은 월급제이며, ㉤ 임금과 고용보호 장치가 존재하고, ㉥ 임금이 기술·근속연수에 비례한다는 점 등이다. 이에 비해 비정규근로는 고용계약기간이 1월~1년 미만인 임시직, 계약직, 고용계약기간이 1개월 미만인 일용직 등을 포함하고 있다. 「기간제및단시간근로자보호등에관한법률」(일부개정 2007.4.11 법률 제8372호)에 의하면, "기간제근로자"라 함은 기간의 정함이 있는 근로계약(이하 "기간제 근로계약"이라 한다)을 체결한 근로자를 말한다. 「근로기준법」(일부개정 2007.5.17, 법률 제8435호)에 의하면, "단시간근로자"라 함은 1주 동안의 소정근로시간이 그 사업장에서 같은 종류의 업무에 종사하는 통상 근로자의 1주 동안의 소정근로시간에 비하여 짧은 근로자를 말한다. 비정규직은 고용형태를 기준으로 한시적 근로자 또는 기간제근로자, 시간제근로자 및 비전형근로자로 정의되며, 한시적근로자는 고용의 지속성이 비자발적 사유로 계속근무를 기대할 수 없는 자이며, 시간제근로자는 근로시간이 짧은 근로자이고 비전형근로자는 근로제공 방식이 파견, 용역, 특수고용, 가정 내(재택, 가내), 일일(호출) 등의 형태를 띤다.

통계청의 경제활동인구 조사에 의하면, 임시일용직이 임금근로자에서 차지하는 비중은 1993년 41.2%에 불과하였으나 이후 상승하기 시작하여 외환위기 직전 45.9%까지 상승하였다. 외환위기를 겪으면서 임시일용직의 비중이 급상승하기 시작하여 1998년에는 47.0%로 상승하고 1999년 3월 절반을 넘어서고 1999년에는 51.6%, 2000에는 52.1%까지 상승하였으며 이후 52% 내외의 수준을 유지하고 있다([표 7-7] 참조).

또한 단기간 근로자의 고용추세를 보면 미만근로자인 단기간 고용의 구성비가 매년 꾸준히 증가하여 2000년에는 39.6%까지 상승하다가 2001년부터 14%대에 머무르고 있는 것으로 나타났다.([표 7-8] 참조).

표 7-7 임시 및 일용직 등 비정규근로자의 비중 (단위 : %)

구 분	1996	1997	1998	1999	2000	2001	2002	2003	2004	2005
상용직	56.6	54.1	53.0	49.5	47.8	48.0	48.4	47.9	49.2	48.4
임시 · 일용직	43.4	45.9	47.0	51.6	52.1	50.8	51.6	52.1	50.8	51.6

자료 : www.nso.go.kr(KOSIS)

표 7-8 단기간근로자 고용추세

구 분	1996	1997	1998	1999.8	2000	2001	2004	2005
상용직	20,817	21,106	19,994	20,527	7,769	7,978	8,105	8,181
비정규직	1,296	1,544	1,854	2,143	1,047	1,164	1,380	1,567
구성비	6.2	7.3	9.3	10.4	39.6	13.9	14.5	14.5

자료 : www.nso.go.kr(KOSIS)

5) 고용형태에 따른 법적 보호제도

「기간제및단시간근로자보호등에관한법률」(일부개정 2007.4.11 법률 제8372호)에 의하면, 기간제근로자의 사용에 대하여 ① 사용자는 2년을 초과하지 아니하는 범위 안에서(기간제근로계약의 반복갱신 등의 경우에는 그 계속근로한 총기간이 2년을 초과하지 아니하는 범위 안에서) 기간제근로자를 사용할 수 있다. 다만, 다음 각 호의 어느 하나에 해당하는 경우에는 2년을 초과하여 기간제근로자로 사용할 수 있다. 사용자가 제1항 단서의 사유가 없거나 소멸되었음에도 불구하고 2년을 초과하여 기간제근로자로 사용하는 경우에는 그 기간제근로자는 기간의 정함이 없는 근로계약을 체결한 근로자로 본다로 정하였다.

단시간근로자의 초과근로에 대한 제한사항을 보면, ① 사용자는 단시간근로자에 대하여 「근로기준법」 제2조의 소정근로시간을 초과하여 근로하게 하는 경우에는 당해 근로자의 동의를 얻어야 한다. 이 경우 1주간에 12시간을 초과하여 근로시킬 수 없다고 하였다.

「파견근로자보호등에관한법률」(일부개정 2007.4.11, 법률 제8372호)에 의하면, "근로자파견"이라 함은 파견사업주가 근로자를 고용한 후 그 고용관계를 유지하면서 근로자 파견계약의 내용에 따라 사용사업주의 지휘 · 명령을 받아 사용사업주를 위한 근로에 종사하게 하는 것을 말한다. 근로자 파견사업은 제조업의 직접 생산공정 업무를 제외하고 전문지식 · 기술 · 경험 또는 업무의 성질 등을 고려하여 적합하다고 판단되는 업무로서 대통령령이 정하는 업무를 대상으로 한다. 출산 · 질병 · 부상 등으로 결원이 생긴 경우 또는 일시적 · 간헐적

표 7-9 근로자 파견 대상업무

한국표준 직업분류	대상업무	비고
213	컴퓨터전문가의 업무	
241	사업전문가의 업무	
243	기록 보관원, 사서 및 관련정보 전문가의 업무	사서(24321)의 업무를 제외한다.
2444	언어학자, 번역가 및 통역가의 업무	
31141	전산 · 전화통신 기술공의 업무	보조업무 중 난청지역의 수신상태를 확인 · 점검하는 업무에 한한다.
3118	도안사의 업무	
3121	컴퓨터 보조원의 업무	
31317	녹화장비 조작원의 업무	보조업무에 한한다.
31325	라디오 및 텔레비전 방송장비조작원의 업무	보조업무에 한한다.
33409	달리 분류되지 않은 기타 교육 준전문가의 업무	
3431	관리비서 및 관련 준전문가의 업무	
347	예술, 연예 및 경기 준전문가의 업무	
411	비서, 타자원 및 관련 사무원의 업무	자료입력기조작원(4113)과 계산기 조작원(4114)의 업무를 제외한다.
414	도서, 우편 및 관련 사무원의 업무	
4215	수금원 및 관련 근로자의 업무	
4223	전화교환 사무원의 업무	전화교환사무원의 업무가 당해 사업의 핵심업무인 경우를 제외한다.
5113	여행 안내요원의 업무	
5122	조리사의 업무	「관광진흥법」 제3조의 규정에 의한 관광숙박업의 조리사업무를 제외한다.
5131	보모의 업무	
51321	간병인의 업무	간호조무사의 업무를 제외한다.
5133	가정 개인보호 근로자의 업무	
52204	주유원의 업무	
832	자동차 운전원의 업무	제2조 제2항 제5호 및 제6호의 업무를 제외한다.
91132	전화외판원의 업무	
91321	건물 청소원의 업무	
91521	수위의 업무	

주 : 국표준직업분류는 통계청고 시 제1992-1호에 의한 것이다.

자료 : 「파견근로자보호등에관한법률」

으로 인력을 확보하여야 할 필요가 있는 경우에는 근로자파견사업을 행할 수 있다고 하였다. [표 7-9]에서와 같이 「파견근로자보호등에관한법률」을 제정하여 1998년 7월 1일부터 시행하여 컴퓨터전문가, 사서 등 26개 업무에 대해 「근로기준법」을 적용하고 있고, 계약제근로자에 대하여는 근로계약이 1년을 초과하는 경우에도 유효한 것으로 보고 있다.

(4) 취업과 실업

1) 사업체 수

① 연도별 · 규모별

기업은 종업원 수에 따라 소기업, 중기업, 대기업으로 분류된다. 소기업은 종업원수가 15인 이하이고, 중기업은 16~299인 이하이며, 대기업은 300인 이상으로 분류되었으나, 2004년부터는 5~29인, 30~299인으로 분류되었다.

2005년에는 총 사업체 수는 138만 9,138개소이며, 그 중 5~29인 이하가 133만 4,829개소로서 96.0%이며, 30~299인은 5만 2,417개소로서 3.8%이고, 300인 이상 대기업이 1,892개소로서 0.1%로 나타났다([표 7-10] 참조).

② 지역별

지역별로 보면 1997년 현재 서울에 34.3%가 집중화되어 있으며, 부산 8.0%, 대구 4.0%, 인천 5.6%, 광주 2.0%, 대전 1.7%, 경기 16.5%, 강원 2.6%, 충청 5.4%, 전라 6.4%, 경상도 12.4%, 제주도 1.0% 등으로 경인지방에만 56.4%가 밀집되어 있음을 알 수 있다.

표 7-10 연도별 · 규모별 사업체 수 (단위 : 개소, %)

규모 \ 연도	1990	1995	2000	2002	2003	2004	2005
전규모	128,668	178,051	1,282,814	1,375,601	1,394,596	1,382,768	1,389,138
(%)	100.0	100.0	100.0	100.0	100.0	100.0	100.0
5~15(29)인*	69.7601	99,712	1,103,771	1,265,337	1,284,512	1,331,077	1,334,829
(%)	54.2	56.0	82.0	91.9	92.1	96.2	96.0
16(30)*~299인	56,762	76,226	100,457	108,252	108,094	282,607	52,417
(%)	44.1	42.8	7.7	7.8	7.7	3.6	3.8
300인 이상	2,145	2,113	1,753	2,012	1,990	2,084	1,892
(%)	1.7	1.2	0.1	0.1	0.1	0.2	0.1

주 : 2004년부터 5~29인, 30~299인으로 분류되었다.

2) 근로자 수

① 연도별 · 규모별

사업체에서 종사하는 근로자는 1970년에는 108만 4,063명이나 1997년에는 634만 2,071명으로 5.9배에 달하는 증가를 가져왔다. 1997년 규모별 근로자 분포도를 보면, 1~15인 16.9%, 16~299인 57.7%, 300인 이상 25.4% 등을 점유하였다.

그러나 외환위기를 넘기면서 근로자가수가 감소하여 [표 7-11]에서와 같이 1999년은 546만 9,934명이였으나 지속적으로 증가하기 시작하여 2005년은 658만 4,715명이다. 2005년 규모별 근로자 분포도는 1~29인 40.3.%, 30~299인 39.3%, 300인 이상 20.4%를 점유하였다.

② 지역별

지역별 사업체 수(2004. 12. 31 기준)의 근로자 수를 보면, 서울 26.2%, 부산 8.2%, 대구 5.3%, 인천 4.8%, 광주3.0%, 대전 1.7%, 울산 1.9%, 경기 20.1%, 강원 3.1%, 충북 2.7%, 충남 3.3%, 전북 3.3%, 전남 3.2%, 경북 4.7%, 경남 6.1%, 제주 1.3% 등이다. 경인지방에만 46.3%가 밀집되어 있는데, 1997년의 53.5%보다 감소되었다.

③ 성별 · 연령별

1997년도 현재 남성과 여성의 근로자 비율은 72.1 : 27.9를 보이고 있으나 2006년에는 남성 450만 948명, 여성 204만 3,767명으로 69.0 : 31.0으로 여성의 비율이 높아졌으며, 2006년에 가장 많이 참여하는 연령대는 30대로서 220만 9,523명 으로 33.6%의 비율을 보이고 있으며, 20대는 172만 7,133명으로 26.2%, 40대는 160만 5,074명으로 24.4% 등의 분포를 보였다([표 7-12] 참조).

표 7-11 연도별 · 규모별 근로자 수 (단위 : 인, %)

규모 \ 연도	1999	2000	2001	2002	2003	2004	2005
전규모	5,469,934	5,735,072	6,150,915	6,437,680	6,379,547	6,450,563	6,584,715
(%)	100.0	100.0	100.0	100.0	100.0	100.0	100.0
5~29인	1,268,197	2,238,793	2,432,521	2,459,815	2,620,809	2,616,252	2,652,409
(%)	36.0	39.9	39.6	38.2	41.0	40.5	40.3
30~299인	2,256,938	2,334773	2,465,595	1,087,057	2,494,522	2,529,509	2,585,186
(%)	41.3	40.7	40.1	39.6	39.2	39.2	39.3
300인	1,240,674	1,161,506	1,252,799	1,426,959	1,264,216	1,304,802	1,347,120
이상(%)	22.7	20.3	20.4	22.2	19.8	20.3	20.4

표 7-12 성별 · 연령계층별 종사자수(2006) (단위 : 명)

구분	총수	19세 미만	20~ 24세	25~ 29세	30~ 34세	35~ 39세	40~ 44세	44~ 49세	50~ 54세	55~ 59세	60세 이상
계	6,584,715	44,247	585,002	1,142,131	1,196,169	1,013,354	875,196	729,878	450,846	272,242	275,650
남	4,540,948	14,899	196,447	653,863	898,554	796,432	666,970	540,691	336,583	210,785	225,724
여	2,043,767	29,348	388,555	488,268	297,615	216,922	208,226	189,187	114,263	61,457	49,926

자료 : 상게서

표 7-13 직종별 인력수요 현황 (단위 : 명, %)

대분류	2005			2006		
	현원	부족인원	부졸률	현원	부족인원	부족률
전직종	7,113,555	225,479	3.07	7,273,651	205,166	2.74
관리직	220,645	1,143	0.52	200,528	443	0.22
경영 · 회계 · 사무관련직	1,405,729	21,588	1.51	1,447,933	21,064	1.43
금융 · 보험관련직	283,883	2,7530.96	277,552	2,932	1.05	
교육 및 자연과학 · 사회과학연구관련직	316,423	5,385	1.67	321,453	5,410	1.66
법률 · 경찰 · 소방 · 교도관련직	20,190	365	1.78	19,100	127	0.66
보건 · 의료관련직	234,698	2,142	0.9	258,399	2,989	1.14
사회복지 및 종교관련직	77,525	3,339	4.13	88,429	2,986	3.27
문화 · 예술 · 디자인 · 방송관련직	132,561	6,808	4.88	134,694	7,112	5.02
운전 및 운송관련직	425,596	38,409	8.28	440,238	33,951	7.16
영업원 및 판매관련직	651,585	21,349	3.17	633,113	15,044	2.32
경비 및 청소관련직	371,795	4,298	1.14	399,925	3,011	0.75
미용 · 숙박 · 여행 · 오락 · 스포츠관련직	69,113	2,875	3.99	69,943	3,561	4.84
음식서비스관련직	209,902	7,639	3.51	214,147	7,316	3.3
건설관련직	383,535	7,701	1.97	407,427	12,309	2.93
기계관련직	508,316	18,602	3.53	551,356	17,892	3.14
재료관련직 (금속 · 유리 · 점토 · 시멘트)	286,151	15,348	5.09	297,366	12,850	4.14
화학관련직	170,770	8,534	4.76	199,159	8,623	4.15
섬유 및 의복관련직	164,438	7,380	4.3	150,215	7,418	4.71
전기 · 전자관련직	466,744	17,668	3.65	519,565	15,0561	2.82
정보통신관련직	219,092	9,631	4.21	214,427	9,390	4.2
식품가공관련직	73,889	2,462	3.22	80,591	3,197	3.82
환경 · 인쇄 · 목재 · 가구 · 공예및생산단순직	409,198	19,604	4.57	332,689	12,353	3.58
농림어업관련직	11,777	456	3.73	15,402	132	0.85

④ 직종별

직종별 인력수요를 보면, [표 7-13]에서와 같이 2005년, 2006년 모두 운전 및 운송관련직이 가장 높은 부족률을 나타냈으며, 그 다음은 2005년 재료관련직(금속 · 유리 · 점토 · 시멘트), 2006년 문화 · 예술 · 디자인 · 방송관련직 등으로 나타났다.

2. 해고의 제한

(1) 근로자 귀책사유

1) 해고의 예고(근로기준법 제32조)

「근로기준법」 제32조 제1항에 의하면 사용자는 근로자를 해고(경영상 이유에 의한 해고를 포함한다)하고자 할 때에는 적어도 30일 전에 그 예고를 하여야 하며, 30일 전에 예고를 하지 아니한 때에는 30일분 이상의 통상임금을 지급하여야 한다. 다만, 천재 · 지변 기타 부득이한 사유로 사업계속이 불가능한 경우 또는 근로자가 고의로 사업에 막대한 지장을 초래하거나 재산상 손해를 끼친 경우로서 노동부령이 정하는 사유에 해당하는 경우에는 그러지 아니하다라고 규정하였다.

2) 예고해고의 적용 제외(근로기준법 제35조)

「근로기준법」 제32조의 규정은 다음 각 호의 1에 해당하는 근로자에게는 적용하지 아니한다.

1. 일용근로자로서 3월을 계속 근무하지 아니한 자
2. 2월 이내의 기간을 정하여 사용된 자
3. 월급근로자로서 6월이 되지 못한 자
4. 계절적 업무에 6월 이내의 기간을 정하여 사용된 자
5. 수습 사용 중인 근로자

3) 해고 등의 제한(근로기준법 제30조)

사용자는 정당한 이유없이 해고, 휴직, 정직, 전직, 감봉, 기타 징벌을 하지 못하고, 근로자가 업무상 부상 또는 질병의 요양을 위하여 휴업한 기간과 그 후 30일간 또는 산전 · 산후의 여성이 휴업한 기간과 그 후 30일간은 해고하지 못하도록 제한하였다.

이와 같이 사용주가 근로자를 해고할 때에는 30일 전에 해고예고를 하여야 하며, 그렇지 않으면 1개월분의 통상임금을 지급한다.

4) 취업규칙

사용자가 근로자를 해고할 때에는 사업장에서 운영되고 있는 취업규칙에 의하여야 한다. 규칙이란 질서가 유지되도록 노력하는 것이며, 사람이 모여 사는 곳에서 서로 간에 지켜야 할 도리이다. 취업규칙이란 근로자가 취업 후 지켜야 할 규칙으로, 「근로기준법」을 근거로 한 근로자와 사용자 간의 약속이다. 여기서 사용자라 함은 사업경영 담당자를 뜻한다.

취업규칙은 근로시간이 명시되어 있으며 휴식시간에 대해 실시시간을 제시하고 교대제, 교대시간의 명시와 임금에 대한 결정, 계산방법, 지급마감일, 승급제도와 퇴직금에 관한 사항이 기재되어 있다. 또한 휴가, 유급휴일, 무급휴일이 포함되고 상과 벌에 대한 규정과 특히 합당한 해고를 위한 해고사유 사항 등이 명시되어 있다. 물론 사용자가 일방적으로 규정한 것이 아니라 근로자 과반수의 동의를 얻어 「근로기준법」에 저촉되지 않는 범위 내에서 규정된 것이다.

취업 시에는 취업규칙을 숙지해야 하고 이를 지키지 않을 때에는 근로자를 해고할 수 있는 귀책사유에 의해 근로자가 손해를 볼 수 있다.

① 취업규칙의 작성 · 신고(근로기준법 제96조)

「근로기준법」 제96조에 의하면 취업규칙은 다음의 사항 등이 포함되어야 함을 정하고 있다.

1. 시업 · 종업의 시각, 휴식시간, 휴일, 취업교대에 관한 사항
2. 임금의 결정, 계산과 지급방법, 임금의 마감, 지급시기와 승급에 관한 사항
3. 가족수당의 계산과 지급방법에 관한 사항
4. 퇴직에 관한 사항
5. 퇴직금, 상여와 최저임금에 관한 사항
6. 근로자의 식비, 작업용품 등 부담에 관한 사항
7. 근로자를 위한 교육시설에 관한 사항
8. 안전과 보건에 관한 사항
9. 업무상과 업무 외의 재해부조에 관한 사항
10. 표창과 제재에 관한 사항
11. 기타 해당업무의 근로자 전체에 적용될 사항

② 근로자 귀책사유에 의한 해고사항

다음의 예는 취업규칙에서 제시된 근로자 귀책사유에 의한 해고사항을 예시한 것이다.

근로자 귀책사유에 대한 취업규칙 모의안의 예

제73조 【해고 등의 제한】 ○○○○○(주)는 적당한 사유없이 직원을 해고, 정직, 전직, 감봉 기타 징벌을 행하지 아니한다.

제74조 【해고】 ○○○○○(주)는 다음 각 호의 1에 해당하는 자는 해고한다.

1. 근무태도가 불량하여 5회 이상 경고를 받은 자
2. 무단지각, 조퇴, 외출을 월간 7회 이상 하거나 1주일에 4회 이상 한 자. 단, 이 횟수는 무단지각, 외출, 조퇴를 합산한 함수를 말한다.
3. 월간 5일 이상 무단결근하였거나 1주간 3회 이상 또는 계속하여 4일 이상 무단결근한 자
4. 법률에 의하여 공민권을 정지 또는 박탈한 자
5. 고의로 사무소 물품을 파손한 자
6. 고의로 중대한 사고를 발생시켜 사무소에 손해를 끼친 자
7. 정기 또는 수시 검진결과 취업이 부적당하다고 판단되는 자
8. 난치의 전염병자
9. 신체 및 정신상 질환으로 직무를 감당할 수 없다고 인정된 자
10. 입사 시 제8조 제1항에 의한 경력을 속이거나 숨기고 입사한 자
11. 업무상 비밀을 누설하여 ○○○○○(주)에 손해를 끼친 자
12. 퇴직신고를 하지 않고 타 직장에 근무한 자
13. 정당한 사유없이 직원을 선동하여 출근거부, 작업거부, 작업진행의 방해를 하게 한 자
14. 정당한 사유에 대한 상사의 명령에 5회 이상 불복한 자
15. 업무수행 중 고의로 인한 과실이 5회, 부주의로 인한 과실이 7회로서 ○○○○○(주)에 손해를 끼친 자
16. ○○○○○(주)의 물품을 허가없이 지출하거나 지출하려고 한 자
17. 직접적으로 ○○○○○(주)의 명예 또는 신용을 손상시키는 행위를 행한 자

제75조 【경고】 전조의 해고기준에 도달하는 행위를 한 자는 경고한다.

제76조 【해고예고】

1. ○○○○○(주)의 사장은 직원을 해고하고자 할 때에는 30일 전에 예고한다.
2. 예고하지 아니하고 해고할 시에는 30일분의 통상임금을 지급한다.
3. 직원의 귀책사유로 인하여 해고할 때에는 노동위원회의 인정을 받고 해고수당을 지급하지 아니한다.

제77조 【해고예고의 적용제외】 전조 규정은 다음 각 호의 1에 해당하는 자에게 적용하지 아니한다.

1. 일용근로자로서 3개월 미만 근속자
2. 2개월 이내의 기간을 정하여 채용된 자
3. 계절적 업무에 6개월 이내의 기간을 정하여 채용된 자
4. 수습근로자로서 3개월 미만인 자
5. 월급근로자로서 6개월이 되지 아니한 자

(2) 경영상의 해고

「근로기준법」 제30조 제1항은 "사용자는 근로자에 대하여 정당한 사유없이 해고, 휴직, 정직, 전직, 감봉 기타 징벌을 하지 못한다."라고 규정하고 있다. 그러나 동법 제31조는 경영상 이유에 의한 해고제한을 명확히 하고 있다.

1) '경영상의 해고'의 의미와 특징

① '경영상의 해고'라는 용어의 적절성
우리나라는 고용조정, 정리해고, 명예퇴직 등의 명칭하에 기업에서 해고를 단행하고 있으나 정리해고라는 용어는 일본에서 사용하는 용어로서 우리나라에서 무비판적으로 차용한 것이다. 고용조정은 근로시간과 근로자수를 조정하는 것 외에 기존 노동력의 활용방법을 변경하는 것, 임금조정 등 질적인 것을 포괄하는 개념이므로 경영상의 해고라는 용어가 적절하다고 하였다(한국노동연구원, 1998).

② 경영상의 해고의 특징
경영상의 해고는 경제적 · 산업구조적 또는 기술적 성격에 기인한 기업합리화 계획에 따라 근로자를 감축하거나 또는 그 인원구성을 바꾸기 위하여 행하는 것으로서, 다음과 같은 특징이 있다.

㉠ 통상해고가 근로자의 일신상 또는 형태상의 사유에 기인함에 비해 경영상의 해고는 사용자측의 경영상 사정에 의해 이루어진다.
㉡ 해고대상자가 특정되지 않은 단계에서부터 해고안이 제시된다.
㉢ 해고자가 복수로서 집단성을 갖는다.
㉢ 해고를 피하기 위한 방법 및 해고의 기준 등에 관하여 근로자 대표에게 60일 전에 통보하여 성실히 협의하여야 한다.

2) 경영상 이유에 의한 해고의 제한요건(근로기준법 제31조)

① 긴박한 경영상의 필요성

「근로기준법」 제31조 제1항에 의하면 사용자는 경영상의 이유에 의하여 근로자를 해고하고자 하는 경우에는 긴박한 경영상의 필요성이 있어야 한다. 이 경우 경영악화를 방지하기 위한 사업의 양도 · 인수 · 합병은 긴박한 경영상의 필요가 있는 것으로 본다라고 명시하고 있다.

㉠ 경영상 해고에 대한 학설 : 긴박한 경영상의 필요성의 요건은 해고를 하여야 할 필요성으로서 다른 요건들에 앞서는 전제요건이다. 어느 정도의 경영상의 필요성이 있을 때 경영상 해고가 정당화될 수 있는지에 대한 학설은 크게 다음과 같은 3가지 입장으로 대별되고 있다.

- 도산회피설 : 인원정리를 하지 않으면 기업의 존속유지가 위태롭게 되는 경우에 한하여 정리해고의 유효여건이 된다는 견해로서, 정리해고를 하지 않으면 기업의 도산이 필연적이라는 객관적 상태에 있어서만 그 정당성이 인정된다는 입장이다.
- 합리적 필요설 : 도산회피까지는 이르지 않더라도 사용자가 인원정리를 결정한 것이 객관적으로 보아 합리적인 것이라고 인정된다면, 그 결정은 정리해고를 무효로 하는 것은 아니라는 견해로서 기업경영에 있어서의 사용자의 판단을 존중하는 입장이다.
- 감량경영설 : 생산성 향상, 이윤추구를 위하여 사용자가 인원정리의 결정을 할 수 있고 그 결정은 유효한 것으로 보는 입장이다.

㉡ 긴박한 경영상의 필요성이 인정된 사례

- 생산의 중단 · 축소로 인해 작업부서를 폐지한 사례
- 취업규칙 등에 근거하여 경영합리화를 목적으로 직제개편한 사례
- 경영상의 이유로 과(科)를 폐지하고 법인산하 타 사업장으로 흡수한 사례
- 계속된 노사분규로 인하여 장기적으로 경영이 악화된 사례
- 경영개선을 위한 기구개편의 사례
- 독립채산제 형식으로 운영된 사업소를 인력감축한 사례
- 임원 등 외부로부터의 자금지원에 의존하던 기업이 자금지원이 중단된 경우의 사례
- 계속적 적자난으로 사업을 하도급제로 운영한 사례
- 수익성 감소로 기업의 일부 조직을 폐쇄한 사례
- 계속적인 경영적자로 인원을 감축한 사례
- 원청회사의 화재로 정상가동이 불가능하여 감원한 사례

- 회사정리계획인가를 받은 업체가 누적되는 경영적자로 인하여 감원한 사례
- 소규모 영세업체에서 경쟁력 없는 분야를 폐쇄하고 해당 근로자를 해고한 사례
- 국가보훈처에서 출자한 회사에서 감량운영방안 등의 대책수립을 지시받고 감원을 행한 사례 등

㉢ 긴박한 경영상의 필요성이 인정되지 않는 사례

- 경영상 해고 후 경영실적이 호전된 사례
- 노동조합의 파업으로 인한 경영난으로 일부 사업장을 폐쇄한 사례
- 영업이 양도 · 양수되는 경우의 사례
- 경영진의 사정으로 분할하여 운영한 사업의 하나를 폐지한 사례
- 경영상 해고의 시점에서 기업의 자금사정을 고려한 사례
- 감원을 단행하면서 새로운 사무실을 구입한 사례
- 경영권을 인수한 새로운 경영진이 경영개선의 노력없이 감원한 사례
- 경영상의 해고를 단행하면서 근로자 모집광고를 낸 사례 등

② 해고회피 노력

「근로기준법」 제31조 제1항에 의하면 사용자는 해고를 회피하기 위한 노력을 다하여야 하며 합리적이고 공정한 해고의 기준을 정하고 이에 따라 그 대상자를 선정하여야 한다. 이 경우 남녀의 성을 이유로 차별하여서는 아니되며, 경영상 해고의 첫 번째 요건인 긴박한 경영상의 필요성이 인정된다고 하더라도 사용자는 경영상 해고를 하기에 앞서서 상당한 기간 동안 '해고회피 노력'을 다하여야 한다. 이에 대한 자세한 내용은 「근로기준법」 제31조 제2항에 제시되어 있다.

㉠ 해고회피 노력으로 인정하고 있는 것

- 연장근로의 축소, 근로시간(임금) 감축 등 인건비 절감
- 신규채용의 중지
- 임시직 등의 재계약 정지
- 배치전환 · 사외파견, 전직훈련, 다른 직종으로의 전환
- 일시휴업(휴직)
- 퇴직희망자 모집
- 사무실 규모 축소, 임원의 임금동결 등

사용자가 위에서 예시한 해고회피 방안을 빠짐없이 이행해야 해고회피 노력을 다한 것으로 인정받는 것은 아니나, 개별기업의 특성을 고려하여 노사가 협의하여 실효성

있는 방안을 선택하여 최선을 다해야 한다.

㉡ 해고회피 노력을 인정한 사례

- 사실상 해고조치 외에 마땅한 방법이 없는 경우의 사례
- 사무실 규모축소, 임원의 임금동결, 촉탁직원의 권고사직 등을 행한 사례
- 신규채용 중단, 명예퇴직 실시 등을 행한 사례
- 다른 직종으로의 전환을 제의한 사례
- 기구 통·폐합을 단행하면서 취업알선, 일정기간 임금지급 등을 행한 사례
- 경영합리화 조치를 취하면서 근무시간 단축, 임원 차량매각 등을 행한 사례
- 신규채용 억제 등을 행한 사례 등

㉢ 해고회피 노력을 인정하지 않는 사례

- 경영합리화 조치, 신규채용 억제 등의 적극적인 노력을 하지 않은 사례
- 조업단축이나 배치전환의 노력이 없었던 사례
- 희망퇴직자, 인건비 절감, 휴직희망자 모집 등을 행하지 않은 사례
- 타 공장보다 일시휴직 등의 해고회피 노력을 하지 않은 사례
- 희망퇴직자의 모집, 작업장식의 합리화 등의 노력이 없었던 사례
- 해고회피를 위한 보다 적극적인 노력이 없었던 사례
- 인건비 확보 및 퇴직희망자의 모집·배치전환 등의 노력이 없었던 사례
- 정년자의 자연감소가 예상됨에도 불구하고 정리해고를 단행한 사례
- 희망퇴직자의 모집 등의 노력이 없었으며 오히려 사원을 증원한 사례
- 해고통보를 하면서 3개월분의 기본급여만 지급한 사례 등

3) 경영상 해고회피 방법 및 지원

① 경영상 해고를 회피하기 위한 방법

최근 3년간 인력을 감축한 기업을 대상으로 고용조정 과정에서 인력감축을 최소화하거나 해고를 회피하기 위하여 가장 중점을 둔 방법에 대하여 조사한 바에 의하면, '임금동결(삭감) 등 임금조정'이 26.7%로 가장 많았고, 그 다음으로는 '근로시간 단축과 신규채용 중지' 22.5%, '희망퇴직' 20.8%, '아웃소싱' 7.9% 등의 순으로 나타났다.

② 정부의 해고회피 노력 지원제도

정부는 경기불황, 경영사정 악화, 기업구조 조정 등으로 사업규모 축소조정, 원자재 부족, 생산량 감소, 판매부진·재고누적 등이 계속되어 감원이 불가피함에도 근로시간 단축, 휴

표 7-14 인력감축을 최소화하기 위한 방법 (단위 : %)

근로시간 단축과 신규 채용중지	정규직원의 비정규직원 으로의 전환	근로자의 다기능화 추진	배치전환 이나 타사 업장 전출	일시 휴업	임금동결 (삭감) 등 임금조정	아웃소싱 (분사, 외주 등)	희망 퇴직	기 타
22.5	5.0	4.2	6.7	4.6	26.7	7.9	20.8	1.7

자료 : 한국경영자총협회(1998). 1999 노동경제연감

업, 훈련, 사외파견, 휴직, 인력재배치 등 고용유지 조치를 취하여 고용을 유지하는 사업주에게 고용보험에서 임금과 훈련비를 무상으로 지원(고용유지 지원금)하고 있다. 또한 기업의 구조조정 과정에서 불가피하게 감원되는 근로자의 재취업을 지원하기 위하여 구조조정 기업이 취업을 알선하여 재취업된 경우 이들 근로자를 고용한 기업에 채용장려금을 지급하고 있는데, 이러한 지원제도는 고용보험에 가입되어 있는 사업장에 한하여 실시하고 있다. [표 7-15]에서와 같이 2006년 현재 사업규모별 고용보험 적용 사업장수는 114만 8,474개소이며, 피보험자수는 806만 3,797명이다.

4) 퇴직관련 지원제도

자발적 및 비자발적 실업자가 되거나 퇴직자가 되는 경우, 기업에서는 퇴직에 대한 지원제도를 고용관련 지원, 자산 및 소득관련 지원, 복리후생관련 지원, 생활관련 지원 등으로 분류할 수 있다.

한국경영자총협회(1998)에서 기업의 고용관련 지원제도를 조사한 결과, '퇴직상담 및 정보제공'을 해 주는 제도를 운영하고 있는 기업은 전체의 22.9%를 차지해 고용지원제도 가운데 가장 많이 운영되고 있는 것으로 나타났으며, 그 다음으로는 '퇴직 조기통보와 전직

표 7-15 사업규모별 적용 고용보험 사업장 수 및 근로자 수(2006) (단위 : 개소, 명)

구 분	사업장 수	피보험자 수
30인 미만	1,093,023	3,484,320
30 ~ 49	22,172	552,718
50 ~ 99	17,043	760,357
100 ~ 299	12,103	1,158,291
300 ~ 499	2,001	387,332
500 ~ 999	1,362	503,378
1000 이상	770	1,217,401
총 계	1,148,474	8,063,797

표 7-16 퇴직자 지원을 위해 가장 중요한 제도(기업, 퇴직 및 재직근로자 비교) (단위 : %)

구 분	기업	퇴직근로자	재직근로자
1	전직 · 재취업 · 자격취득을 위한 교육훈련 지원	재취업 알선	재취업 알선
2	재취업 알선	전직 · 재취업 · 자격취득을 위한 교육훈련 지원	전직 · 재취업 · 자격취득을 위한 교육훈련 지원
3	위로금 지급	의료 · 보건관련 지원	위로금 지급
4	조기통보와 전직을 위한 휴직 · 휴가제도	퇴직준비(인생설계) 교육	조기통보와 전직을 위한 휴직 · 휴가제도
5	하청기업 설립 지원	위로금 지급	창업 지원
6	상담 및 정보 제공	조기통보와 전직을 위한 휴직 · 휴가제도	퇴직금 누진제
7	퇴직준비(인생설계) 교육	퇴직금 누진제	의료 · 보건관련 지원
8	창업 지원	창업 지원	퇴직준비(인생설계) 교육

주 : 위 항목들은 19가지 퇴직지원제도 가운데 중요도순으로 8가지만 나타낸 것이다.
자료 : 한국경영자총협회(1998). 1999 노동경제연감

을 위한 휴직 · 휴가제도' 18.2%, '재취업 알선' 17.2%, '하청기업 설립 지원' 16.7%, '종업원 자녀 우대채용' 13.0%, '창업 지원' 9.9%, '전직 · 재취업 · 자격취득 교육훈련 지원' 9.4%, '공동출자 · 공동경영' 이 1.0% 등으로 나타났다.

다음 [표 7-16]은 퇴직자 지원을 위해 가장 중요한 제도에 대하여 기업, 퇴직 및 재직근로자와 비교한 것인데, 3개의 집단 모두 '사회보장제도의 활성화' 를 가장 많이 지적하고 있다.

3. 근로시간 및 휴가

(1) 근로시간

우리나라는 「근로기준법」상 1주간의 근로시간은 휴게시간을 제하고 44시간을 초과할 수 없으며, 1일 근로시간은 휴게시간을 제하고 8시간을 초과할 수 없다고 규정하고 있다. 또한 근로시간에 의한 근로형태를 규정하고 있는데, 탄력적 근로시간제, 선택적 근로시간제 등이 그것이다.

휴게시간은 근로시간이 4시간인 경우에는 30분 이상, 8시간인 경우에는 1시간 이상을 주어야 하며, 이 시간을 근로자가 자유롭게 이용하도록 한다. 1일 8시간 근로 이후의 시간에 근로하는 것을 연장근로라 하고 특히 하오 10시부터 상오 6시까지의 근로를 야간근로라 한

다. 또한 여성에 대하여는 생후 1년 미만의 유아를 가진 자가 휴게시간을 청구할 때에는 1일 2회 각각 30분 이상의 유급수유시간을 준다.

이러한 근로시간에 대하여는 각 사업장 특성에 따라 취업규칙에 정하고 있는데, 다음은 취업규칙에 제시된 근로시간과 휴일에 대한 예시이다.

근로시간에 대한 취업규칙 모의안 예

제2절 근무시간 및 휴일

제20조 【기준근무시간】 직원의 실제 근로시간은 8시간이며 식사시간 및 휴식시간 1시간을 제외한 시업시간, 종업시간, 휴식시간은 다음과 같다.

① 11월~익년 2월 : 시업 상오 09:00, 종업 17:00

② 3월~10월 : 시업 상오 09:00, 종업 18:00

③ 휴식시간 : 12:00~13:00

제21조 【시간외 및 휴일근무】 ① 업무상 필요한 경우에는 1일 2시간, 1주일에 12시간 한도로 직원의 동의를 얻어 연장근로할 수 있다.

② 만 18세 이상의 여자에 대하여는 1일에 2시간, 1주일에 12시간, 1년에 150시간을 초과하지 않은 범위 내에서 시간외 근로를 시킬 수 있다.

제22조 【출근】 직원은 시업시간 전에 출근하여 출근부에 자신이 서명날인하여야 한다.

제23조 【근무명령】 시간 외 또는 휴일 근무자는 미리 그 근무명령서에 의하여 수명한 후 근무한다.

제24조 【주휴일】 사무소는 매주 일요일을 주휴일로 정하고 유급으로 한다.

제24조 【휴일】 본사무소의 휴일은 다음과 같다.

1. 국경일
2. 법정공휴일
3. 기타 소장이 정하는 휴일

제3절 출근 · 퇴근 · 결근

제25조 【출근】 직원은 근무개시시간 전에 출근하여 근무태세를 갖추어야 한다.

제26조 【비상출근】 퇴근시 또는 휴일이라도 본사무소에 비상사태가 돌발한 것을 안 때에는 긴급출근하여야 한다.

제27조 【퇴근】 직원은 업무종료시간이 지난 후라도 소속상급자의 승인을 받고 퇴근을 하여야 한다.

제28조 【결근】 ① 직원이 결근하고자 할 경우에는 그 사유를 서면으로 소장 또는 사무

장에게 신고하여야 한다.

② 질병 또는 부득이한 사유로 5일 이상 결근하고자 하는 경우에는 진단서 또는 결근 사유서를 증명할 수 있는 서류를 결근신고서에 첨부 제시하여야 한다.

제29조 【결근계 및 지참계】 ① 직원이 질병 기타 사유로 인하여 출근하지 못하거나 지참하였을 때에는 당일 정오까지 결근계 또는 지참계를 제출하여야 한다.

② 결근자의 계속 결근기간 중의 휴일은 결근일수로 본다.

제30조 【조퇴계】 직원이 질병 기타 사유로 인하여 퇴근시간 전에 퇴근하고자 할 때에는 조퇴계를 제출하여야 한다.

제31조 【외출허가】 직원이 근무시간 중에 외출할 때에는 외출부에 의하여 사무장의 허가를 받아야 한다.

제4절 출 장

제32조 【출장명령】 직원이 사무소의 업무로 출장할 때에는 출장명령을 받아야 한다.

제33조 【변경원】 출장명령을 받아 직원이 수명 기일 내에 출장할 수 없을 때에는 출장명령변경원(취소 포함)을 제출하고 지시를 받아야 한다.

제34조 【변경의 사전승인】 출장용무 변경에 의하여 목적지 이외의 곳에 들리거나 지정 출장기일을 신축할 필요가 있을 때에는 반드시 미리 연락하고 귀임 즉시 사후승인을 받아야 한다.

제35조 【복명서】 출장자가 귀임하였을 때에는 귀임 후 3일 이내에 복명서를 제출하여야 한다. 다만, 비밀에 속하는 사항 또는 간단한 사항은 구술로 복명한다.

제36조 【여비】 출장자에 대하여는 여비규정에 정하는 바에 따라 출장여비를 지급한다.

다음은 근로시간을 위한 취업규칙상의 취업관리의 예를 제시한 것이다.

취업관리 요령의 예

제1장 근 태

제1조 【근무시간】 취업규칙(이하 "규칙"이라 한다) 제16조의 규정에 따른 통상근무자의 시무 및 종무시각과 휴식시간은 다음과 같다. 다만, 정부지시가 있을 때에는 이에 따른다.

1. 평일근무시간은 ○○시부터 ○○시까지로 한다. 다만, 토요일의 종무시간은 ○○시까지로 한다.
2. 주식시간은 ○○시부터 ○○시까지로 한다. 다만, 토요일에는 주식시간을 두지 아니한다.

제2조 【지참 및 조퇴】 ① 지참은 출근시각으로부터 3시간까지의 출근을 말한다.

② 종무시각 전의 퇴근은 조퇴로 취급하고 1일 근무시간이 2시간에 미달되거나 월 3회

이상의 지각인 경우에는 1일의 결근으로 취급한다.

제3조 【구속된 자의 근태취급】 ① 직원이 관계기관에 연행 또는 구속되었을 때에는 즉시 그 사항을 사장에게 보고하여야 한다.

② 직무수행으로 인한 사건으로서 무혐의가 확정된 경우에는 사장 또는 총무이사의 인정에 따라 특별휴가로 처리할 수 있다.

③ 제2항 이외에 본인의 귀책사유로 인하여 구속된 경우에는 유계결근으로 취급한다.

④ 구속기소되었을 때의 휴직발령은 기소일로 한다.

⑤ 단 ㅇㅇㅇㅇㅇ(주)와 관계없는 민 · 형사사건의 증인으로 당국에 소환당하였을 때에는 본 ㅇㅇㅇㅇㅇ(주)에서 인정하였을 경우에 한하여 특별휴가로 인정한다.

제3조의 2 【무보직자의 근태취급】 인사규정에 따라 무보직된 자는 출근을 하지 아니하여도 된다.

제4조 【특별유급휴가】 ① 규칙 제35조의 규정에 따른 휴가를 요하는 자는 사실을 증명할 만한 증빙서를 제출하여야 한다. 다만, 증빙서를 첨부할 수 없는 휴가는 총무이사의 인정으로 대체할 수 있으나, 3일 이상의 질병휴가에 있어서는 치료기간을 사무소 지정병원, 공의 또는 종합병원의 진단서를 반드시 제출하여야 한다.

② 축휴 · 기휴에 있어서 회갑 또는 탈상일을 택일하여 경조하는 경우에는 이를 인정할 수 있다.

제5조 【결근 중의 휴일】 결근(또는 특별유급휴가)기간 중의 휴일은 결근(또는 특별유급휴가)일수로 간주한다. 다만, 연월차휴가 실시기간 중의 휴일은 휴가에 산입하지 아니한다.

제6조 【연월차 휴가】 ① 규칙 제37조 제1항의 개근자라 함은 휴가계산기간 중 휴(무)결 · 병결 · 정직 또는 휴직이 없는 자를 말하며, 9할 이상 출근자라 함은 동 계산기간 중 총근무일수의 9할 이상 출근자를 말한다.

② 2년 이상 근속자의 연차휴가계산 예시

1. 개근자 : 10일+(근속연수(만)−1)일=연차휴가일수
2. 9할 출근자 : 8일+(근속연수(만)−1)일=연차휴가일수

제7조 【출근부의 정리】 ① 출근부는 매일 아침 근태담당자가 이를 점검하고 기록이 없는 직원의 사유를 명령사항에 의하여 출퇴근카드에 표시하여야 한다.

② 제1항의 사유표시는 다음과 같이 한다.

공휴, 현장출근, 출장, 공상, 유결, 무결, 병결, 월휴, 연휴, 축휴, 기휴, 특휴, 생휴, 산휴, 병휴, 정직, 지참, 조퇴, 휴직, 교육, 파견

제8조 【근태연월차 휴가카드】 근태주관부서에서는 개인별 근태연월차 휴가카드를 작성, 비치한다.

우리나라는 1998년도 현재 평균 199.2시간을 근로하는 것으로 나타났다. 이는 월 25일 근무로 환산하면 1일 8.0시간 근로하는 것이 된다. [표 7-17]에서와 같이 우리나라는 2001년부터 감소하기 시작하여 2006년에는 월 평균 총 근로시간의 상승률이 −를 기록하였고, 2006년 191.2시간, 주당 총근로시간 44.0시간, 주당 정상근로시간 40.1시간 등으로 나타났다.

상용근로자 5인 이상 사업체의 월평균 근로일수는 [표 7-18]에서와 같이 2004년 23.7일, 2005년 23.2일 등으로 나타나 2005년에 감소하였다. 우리나라 근로자는 총근로시간은

표 7-17 5인 이상 사업체의 상용근로자 1인당 월 평균 일수 및 근로시간 동향 (단위 : 시간, %)

구분	2001	2002	2003	2004	2005	2006
월평균 총 근로시간	202.4	199.6	198.2	197.2	195.1	191.2
• 주당총근로시간	46.6	46.0	45.6	45.4	44.9	44.0
상 승 률	21.1	21.4	20.7	−0.5	21.1	22.0
• 주당정상근로시간	41.9	41.8	41.6	41.6	40.9	40.1
상 승 률	0.4	−0.3	−0.5	−0.1	−1.7	−1.9

자료 : www.nso.go.kr(KOSIS)

표 7-18 상용근로자 5인 이상 사업체의 월평균 근로일수 및 근로시간 동향 (단위 : %)

구분	근로일 수				총근로시간 수					
			증감차				주당		증감률	
	2004	2005	2004	2005	2004	2005	2004	2005	2004	2005
전 산업	23.7	23.2	−0.2	−0.5	197.2	195.1	45.4	44.9	−0.5	−1.1
성별 남성	23.7	23.1	−0.1	−0.6	199.1	197.2	45.8	45.4	−0.5	−1.0
성별 여성	23.9	23.3	−0.1	−0.6	192.9	190.4	44.4	43.8	−0.5	−1.0
광업	24.1	23.6	−0.5	−0.5	188.9	190.5	43.5	43.9	−4.3	0.8
제조업	23.9	23.6	−0.2	−0.3	205.0	202.7	47.2	46.7	−0.4	−1.1
전기/가스/수도산업	23.4	22.0	−1.0	−1.4	198.4	184.4	45.7	42.5	−4.8	−7.1
건설업	24.3	24.0	0.0	−0.3	189.3	185.9	43.6	42.8	−0.7	−1.8
도소매/음식숙박업	24.2	23.7	−0.1	−0.5	190.5	192.2	43.9	44.3	−0.2	0.9
운수/창고/통신업	23.8	23.0	−0.1	−0.8	204.1	197.6	47.0	45.5	−0.5	−3.2
금융보험/부동산업	22.7	21.7	−0.2	−1.0	192.6	191.0	44.3	44.0	0.1	−0.8
사회/개인서비스업	23.9	23.3	−0.1	−0.6	186.5	184.5	42.9	42.5	−0.3	−1.1

자료 : 노동부(2006). 2006 노동백서

2004년 197.2시간, 2005년 195.1시간 등이며, 2005년이 근로시간이 감소하였다. 여성은 남성보다 오래 일하고 적은 시간에 근로하는 것으로 나타났다.

2004년, 2005년 모두 건설업이 한달에 가장 많이 일하며(24.3일, 24.0일), 제조업이 가장 많은 시간 일하는 것(47.2시간, 46.7시간)으로 나타났다.

(2) 휴 가

사용자는 1주일에 소정근로일수를 개근한 자에게 유급휴일인 주휴제를 주어야 하고, 1월에 대하여 1일의 월차유급휴가를 실시하며, 1년간 개근한 근로자에게는 10일, 9할 이상 출근한 자에게는 8일의 연차유급휴가를 주어야 한다. 또한 임신 중의 여자에 대하여 산전 · 후를 통하여 60일의 유급보호휴가를 주어야 하며, 산후에는 30일 이상 휴가를 확보하여 사용하도록 한다.

다음은 취업규칙에 제시된 휴가에 대한 내용의 예이다.

휴가에 대한 취업규칙 모의안 예

제5절 휴 가

제37조 【휴가의 구분】 휴가는 다음과 같이 구분한다.
1. 위로휴가
2. 특별휴가
3. 질병휴가
4. 연 · 월차휴가

제38조 【위로휴가】 ① 위로휴가는 직원의 심신단련과 표창사가(賜暇)하는 휴가로서 휴가기간은 소장이 정한다.
② 근로기준법이 정하는 바에 의한 유급휴가 보상기간은 제1항으로 대신할 수 있다.

제39조 【특별휴가】 특별휴가는 직원이 업무에 종사하기 어려운 부득이한 사유가 발생하였을 경우에 허용하는 휴가로서, 그 사유와 기간은 다음과 같다.
1. ○○○○○(주)의 업무로 법원의 소환이 있을 경우 그 소요기간
2. 법적 투표에 참가할 경우 그 소요기간
3. 병역검사, 예비군소집, 민방위훈련 기타 이에 준하는 사유가 발생하였을 때 그 소요기간
4. 천재지변, 교통차단 및 기타의 사유로 출근이 불가능할 때 그 소요기간
5. 사무소의 업무로 인한 손상 또는 나병(羅病)인 경우 그 치료기간

6. 본인의 결혼인 경우 7일 이내
7. 본인의 자녀, 형제자매의 결혼인 경우 1일
8. 부모, 배우자의 회갑인 경우 1일
9. 친족사망의 경우에는 다음의 구분에 따른 일수
  가. 부모, 배우자 : 7일 이내
  나. 조부모, 자녀 : 3일 이내
  다. 백수부모, 배우자의 부모, 형제자매 : 3일 이내
10. 부모탈상의 경우 2일

제40조 【질병휴가】 제35조 제5항 이외의 사유로 부상 또는 나병(羅病)으로 인해 업무에 종사할 수 없을 경우에 허용하는 휴가로서, 그 기간은 의사의 진단서 또는 소견서 등을 기초로 상병 상태에 따라 소장이 정한다.

제41조 【연 · 월차휴가】 ① 직원으로서 월간 개근자에게는 1일의 월차유급휴가를 준다.

② 직원으로서 연간 개근자에게는 10일의 연차유급휴가를, 연간 9할 이상 출근자에게는 8일의 연차유급휴가를 준다.

③ 2년 이상 근속한 자에게는 1년을 초과하는 근속연수 1년에 대하여 제2항의 연차유급휴가를 준다.

④ 제1, 2항의 휴가는 직원의 자유의사에 따라 적치하여 사용하거나 분할하여 사용할 수 있다.

⑤ ○○○○○(주)의 형편에 따라 제1, 2항의 휴가를 줄 수 없을 때에는 해당일수의 통상임금을 지급한다.

⑥ ○○○○○(주)는 월차 및 연차휴가를 주는 것이 사업상 지장이 있을 경우 그 시기를 변경할 수 있다.

⑦ 제1, 2항의 휴가계산기간은 다음과 같다.

1. 월차휴가 : 당월 1일부터 당월 30일까지
2. 연차휴가 : 전년도 입사일자부터 당해연도 입사일자 전일까지

제42조 【생리휴가】 여자직원이 생리일에 휴가를 청구할 경우에는 월 1일의 유급휴가를 주며, 이를 사용하지 않을 경우에는 통상임금을 지급한다.

제43조 【산전후 휴가】 ① 임신중의 여자직원에 대하여는 60일로 유급휴가를 준다. 그리고 산후에는 30일 이상을 확보하여 사용하도록 한다.

② 임신중인 직원의 청구가 있을 경우에는 경미한 업무에 전환시킨다.

제44조 【육아기간】 사무소는 생후 1년 미만의 유아를 가진 여자직원의 청구가 있을 때는 1일 2회 각각 30분의 유급수유시간을 준다.

제45조 【휴가근무성적】 제34, 35, 36, 37, 38, 39조의 규정에 따른 휴가는 근무성적에 영향을 주지 아니한다.

제46조 【휴가의 허가】 제34, 35, 36, 37, 38, 39조의 규정에 따른 휴가를 요하는 자는 미리 허가를 받아야 한다.

제47조 【출근명령】 업무상 필요할 때에는 휴일 또는 휴가 중이라도 출근을 명할 수 있다.

제6절 휴 직

제48조 【휴직사유】 직원이 다음 각호의 1에 해당하는 경우에는 휴직을 명할 수 있다.

1. 일신상 사정으로 휴직을 청원할 때
2. 신체가 쇠약하여 업무를 이행하기 곤란하다고 사무소의 지정의사 또는 공의가 인정하였을 때
3. 질병으로 2개월을 초과하여 계속 결근하였을 때
4. 요양소 입소자로서 소정의 요양기간이 경과하였으나 계속하여 업무를 수행하기 곤란하다고 사무소 지정의사 또는 공의가 인정하였을 때
5. 사사로 결근 1개월을 초과하였을 때
6. 병역법에 의한 징소집에 응하였을 때
7. 「근로동원법」에 의하여 동원되었을 때
8. 형사사건으로 구속기소되었을 때
9. 인사위원회의 징계심사에 회부되어 휴직을 필요로 할 때
10. 공상치료기간이 3개월 이상에 이를 때
11. 천재 · 사변 기타 특별한 사유가 발생하였을 때

제50조 【휴직기간】 휴직기간은 제48조 제1호, 2호 및 제4호의 경우에는 6개월, 제3호의 경우에는 10개월, 제5호의 경우에는 1개월로 한다.

제51조 【신분】 휴직된 자는 직원으로서의 신분을 보유하나 직무에 종사하지 못한다.

제52조 【재직연수 계산】 휴직기간은 근무연수에 산입한다. 다만 제48조 제1, 5, 8, 9호의 규정에 따른 휴직의 경우는 제외하되 제8, 9호에 있어서 무죄판결을 받은 경우와 징계처분을 받지 아니한 경우에는 근무연수에 산입한다.

제53조 【복직】 제48조 제1, 2, 3, 4, 5호 이외의 휴직자는 휴직기간 종료 후 30일 이내에 소속부서에 복직원서를 제출하여야 한다. 다만 제대자는 60일 이내로 한다.

제2장 출 장

제10조 【이사의 출장】 이사가 출장하고자 할 때에는 사전에 사장에게, 그 외 직원은 총무이사에게 보고하여야 한다.

제11조 【근태 및 출장증명서 발행】 근태담당자는 출장명령대장 및 출근부를 정리하고 출장증명서를 발행한다.

제12조 【예산】 출장은 예산범위 내에서 집행하여야 한다.

제13조 【임무이행 확인】 출장자는 행선지의 임무이행 확인을 받아야 한다. 다만, 본 ○○○○○(주)에서 확인할 수 없는 출장은 복명서로 대치할 수 있다.

제14조 【출장증명서 반납】 출장자는 귀임 즉시 출장증명서를 근태담당자에게 제출하여야 하며 근태담당자는 그 내용을 확인, 출장명령대장에 기록하고 '귀임' 표시를 하여야 한다.

4. 임 금

(1) 우리나라의 임금수준

1) 기초임금의 구분

임금이라 함은 사용자가 근로의 대상으로 근로자에게 임금, 봉급 기타 어떠한 명칭으로든지 지급하는 일체의 금품을 의미한다. 임금을 산정하는 기초가 되는 임금에는 평균임금, 통상임금, 초임금 등이 있다.

① 평균임금이라 함은 이를 산정할 사유가 발생한 날 이전 3개월간에 그 근로자에 대하여 지급되는 임금의 총액이며, 이는 퇴직금, 휴업수당, 휴업보상 등을 산정할 시에 사용된다.

② 통상임금이라 함은 근로자에게 정기적·일률적으로 소정근로 또는 총근로에 대하여 지급하기로 정하여진 시간제금액·일급금액·주급금액·월급금액 또는 도급금액을 의미한다. 통상임금은 상여금이나 성과급을 적용할 시에 사용된다.

③ 초임금은 견습기간을 지나고 나서 받는 8시간 기준의 기본급이며 이 초임금은 성별, 학력별, 일의 내용에 따라 다를 수 있으나, 초임금으로 출발하여 근무연수와 일의 숙련도에 따라 임금이 점차 오르게 된다.

2) 초임금 수준

① 산업별·직급별

기업에서는 임금의 출발이 초임금에서 비롯되고 있는데, 2005년 현재 대졸자가 [표 7-19]에서와 같이 입직하여 받는 초임금은 평균 182만 4,300원이며, 가장 낮은 초임금은 도·소매

표 7-19	산업별 · 직급별 초임금 수준(2005)	(단위 : 천원)

구분	평균	제조업	건설업	도 · 소매 및 소비자 용품 수리업	운수 · 창고 및 통신업	금융 및 보험업
부 장	3,990.1	3,960.6	4,086.0	3,780.2	4,045.0	5,348.6
차 장	3,441.2	3,387.8	3,542.5	3,222.3	3,504.5	4,383.9
과 장	2,929.8	2,488.4	2,883.8	2,758.2	2,786.1	4,011.6
대 리	2,488.4	2,411.1	2,424.7	2,333.6	2,551.5	3,592.2
대졸신입	1,824.3	1,763.4	1,852.7	1,717.4	1,793.6	2,348.1

및 소비자용품 수리업의 171만 7,400원이고 가장 높은 초임금의 산업은 금융 및 보험업의 234만 8,100원이다. 한편 대리 248만 8,400원, 과장 292만 9,800원, 차장 344만 1,200원, 부장 399만 100원 등의 초임금을 받는다. 이는 대졸신입을 100으로 보았을 때 대리 136.4, 과장 160.6, 차장 188.6, 부장 218.7 등으로 나타났다.

② 산업별 · 학력별

산업별로 학력별 초임금은 격차가 있는데, [표 7-20]에서와 같이 2005년 현재 대졸자는 182만 4,300원을 받고, 전문대졸은 160만 7,400원을 받는다, 대졸자를 100으로 하였을 때 전문대졸업자는 88.1, 고졸 이하 사무직 72.6, 생산직 81.9 등을 보였다. 대학졸업과 전문대졸업과 가장 큰 폭으로 차이를 보이고 있는 산업은 운수 · 창고 및 통신업이다.

3) 임금조정 결정요인

임금은 화폐로 지급되는 명목임금과 화폐로 환산될 수 없고 후생시설 이용형태로 지급되는 실질임금이 있다. 명목임금은 기본급과 제수당으로 구분되며, 제수당은 기본급 이외의 임

표 7-20	산업별 · 학력별 초임금 수준(2005)	(단위 : 천원)

구분		평균	제조업	건설업	도 · 소매 및 소비자 용품 수리업	운수 · 창고 및 통신업	금융 및 보험업
대 졸		1,824.3	1,763.4	1,852.7	1,717.4	1,793.6	2,348.1
전문대졸		1,607.4	1,547.2	1,682.4	1,537.6	1,550.8	2,191.6
고졸	사무직	1,323.7	1,275.1	1,355.6	1,263.9	1,326.7	1,715.5
	생산직	1,494.1	1,413.6	1,495.6	1,377.7	1,447.3	–

자료 : www.nso.go.kr(KOSIS)

표 7-21 임금조정 결정요인 (단위 : %)

구분	계	타기업의 임금 수준 및 조정결과	기업의 지불능력	종업원 생계비	노조의 요구	물가 상승률	기 타
비율	100.0	28.1	45.5	13.0	3.5	3.3	6.6

자료 : 한국경영자총협회(1998). 1999 노동경제연감

금을 말한다. 이러한 임금을 결정하게 되는 요인에 대하여 기업에서 가장 많이 고려하는 것은 기업의 지불능력이며, 그 다음은 타 기업의 임금수준과 조정결과에 의한다.

4) 인건비 절감대책

기업에서는 인건비를 절감하기 위하여 [표 7-22]에서와 같이 신규인력의 채용억제 41.0%, 감원 및 조직축소 24.9%, 승진 및 승급 동결 11.1%의 순으로 대책을 마련하고 있는 것으로 나타났다.

5) 임금조정 적용원칙

구제금융 이후 우리나라에서는 임금의 조정이 진행되었다. 임금을 조정할 때에 사용되는 기준은 [표 7-23]에서와 같이 전체 직급에서 동일하게 삭감하여 반납하는 형식을 취하고 있는 것이 68.0%에 이른다.

표 7-22 인건비 절감대책 (단위 : %)

구 분	계	기계화 · 자동화 추진	신규인력의 채용억제	감원 및 조직축소	제품가격 인상	승진 및 승급 동결	기 타
비율	100.0	6.7	41.0	24.9	6.4	11.1	10.0

자료 : 한국경영자총협회(1998). 1999 노동경제연감

표 7-23 임금조정 적용원칙 (단위 : %)

구분	계	상위직이 더 많이 삭감(반납)	하위직이 더 많이 삭감(반납)	전체 직급이 동일하게 삭감(반납)
비율	100.0	31.6	0.4	68.0

자료 : 한국경영자총협회(1998). 1999 노동경제연감

6) 승급이나 승진 시 임금조정 여부

승급이나 승진 시에 임금이 조정되는지에 대하여는 [표 7-24]에서와 같이 승급이나 승진 시 모두 조정되는 기업은 47.0%이고, 승진이나 승급 시 모두 동결된 기업은 25.7%를 보이고 있으며, 승급 시 15.2%, 승진 시 12.1%를 나타냈다.

7) 내역별 임금추이

[표 7-25]는 임금총액과 정액급여, 초과급여, 특별임금에 대한 내역을 제시한 것이다. 2006년 4/4분기 임금총액은 272만 1,000원이며, 작년당기보다 17만 7,000원이 상승하였으며, 이는 작년당기보다 7.0% 증가하였다. 또한 정액급여 8만 4,000원, 초과급여 5,000원, 특별급여 5만 4,000원 등이 상승하였다.

8) 성별 · 산업별 임금내역

우리나라 근로자는 1999년 8월 현재 임금총액이 157만 2,612원이다. 이 중에서 정액급여는

표 7-24 정기 승급 및 승진 실시여부

구분	계	승급 · 승진 모두 이루어짐	모두 이루어짐 이루어짐	승급만 이루어짐	승급 · 승진 모두 동결
비율	100.0	47.0	15.2	12.1	25.7

자료 : 한국경영자총협회(1998). 1999 노동경제연감

표 7-25 내역별 임금추이 (단위 : %)

구분	2004	2005				2006			
		1/4	2/4	3/4	4/4	1/4	2/4	3/4	4/4
임금	2,255	2,348	2,272	2,454	2,544	2,487	2,399	2,558	2,721
총액	(6.0)	(7.5)	(7.4)	(5.6)	(6.1)	(5.9)	(5.8)	(5.3)	(5.7)
정액	1,636	1,726	1,734	1,761	1,804	1,839	1,856	1878	1,923
급여	(6.8)	(8.0)	(7.6)	(7.2)	(6.8)	(6.6)	(7.0)	(6.6)	(6.6)
초과	137	142	151	147	158	149	160	157	163
급여	(1.7)	(7.8)	(8.9)	(7.9)	(10.1)	(5.1)	(6.5)	(6.7)	(3.5)
특별	482	480	387	545	582	499	384	533	636
급여	(4.6)	(5.7)	(6.2)	(0.2)	(2.9)	(3.8)	(−0.7)	(−4.0)	(9.2)

자료 : www.nso.go.kr(KOSIS)

110만 8,430원이고, 초과급여는 13만 2,267원, 특별급여는 33만 1,914원이다. [표 7-26]은 성별 · 산업별 임금내역을 나타낸 것이다.

9) 우리나라의 임금격차 추이

우리나라의 임금은 학력별 · 성별 · 지역별 · 규모별 · 직급별 격차를 보이고 있다. 노동시장에서의 이러한 차별은 점차 개선되고 있으나 여전히 격차가 존재하고 있다.

① 직급 간 · 학력별 임금격차

2003~2006년까지의 각 직급 간 임금격차는 크게 변화하지 않은 상태로 유사한 수준을 보였다. [표 7-27]과 같이 대졸신입에 대한 고졸신입의 임금격차는 100 : 74.8~73.1을 보였다. 2006년을

표 7-26 상용근로자 5인 이상 사업체의 월평균 임금동향 (단위 : 원, %)

구분		근로일수	증감		총근로시간	상승률		정상시간	상승률		초과시간	상승률	
			2006	2005		2006	2005		2006	2005		2006	2005
전산업		22.7	−0.5	−0.5	191.2	−2.0	−1.1	174.1	−1.9	−1.7	17.1	5.4	−2.8
성별	남성	22.6	−0.5	−0.6	193.3	−3.9	−1.9	174.8	−3.4	−2.7	18.4	−0.5	0.7
	여성	22.8	−0.5	−0.6	186.5	−3.9	−2.5	172.4	−3.5	−3.8	14.2	−0.3	1.4
광공및 제조업		23.1	−0.5	−0.3	199.1	−1.8	−1.1	17.01	−2.0	−2.0	29	−0.	5.1
전기/가스/수도산업		21.8	−0.2	−1.4	182.7	−1.0	−7.1	168.8	−0.6	−3.3	13.9	−5.4	−35.5
건설업		23.4	−0.6	−0.3	181.9	−2.1	−1.8	177.5	−2.3	−0.9	4.4	2.3	−28.3
도소매/음식숙박업		23.2	−0.5	−0.5	189	−1.7	0.9	178.6	−1.4	−1.2	10.5	−4.4	52.8
운수/창고/통신업		22.6	−0.4	−0.8	194.9	−1.4	−3.2	173.1	−1.0	−1.9	21.8	−4.4	−12.0
금융보험/부동산업		21.3	−0.4	−1.0	186	−2.6	−0.8	179.5	−2.6	−1.4	6.5	−4.4	19.2
사회/개인서비스업		23.4	−0.3	−0.7	180.8	−1.0	−0.5	172.8	−1.0	−1.1	8	−2.0	14.0

표 7-27 직급 간 · 학력 간 초임금 격차(대졸=100) (단위 : %)

구분	2003	2004	2005	2006
부장	219.6	223.0	218.7	212.4
차장	186.3	188.2	188.6	185.8
과장	159.0	161.0	160.6	160.2
대리	136.7	135.1	136.4	133.5
대졸신입	100.0	100.0	100.0	100.0
고졸신입	74.3	74.8	73.1	74.2

보면, 대졸신입이 100일 때 부장은 212.4, 차장 185.8, 과장 160.2, 대리 133.5 등을 보였으며 이는 2005년보다 격차가 감소한 것이다.

② 성별 임금격차

2005년 현재 남성의 임금은 210만 8,732원이며, 여성은 139만 5,979원이다. [표 7-28]은 성별 임금격차를 나타낸 것으로, 남성을 100으로 하여 여성의 임금비율을 보면, 2001년 65.1, 2002년 64.8, 2003년 65.2, 2004년 65.7, 2005년 66.2 등으로서 1996년의 60.9보다 격차를 줄였으나 아직도 격차가 크다.

③ 학력별 임금격차

교육정도별 임금수준은 고졸임금수준을 100으로 할 때 대학교 졸업 이상은 157.8, 전문대학 졸업자는 102.3, 중졸이하는 83.7로 나타났다. 대학교 졸업 이상의 임금수준은 2004년 155.0에서 2005년 157.8로 높아져 고졸 임금수준과의 격차가 늘어난 반면, 중졸 이하의 경우 임금수준이 79.9에서 83.7로 높아져 임금격차가 줄어든 것으로 나타났다.

④ 직종별 임금격차

직종별 임금격차를 보면, 사무직과 생산직의 차이는 1996년에 100 : 80.5에서 1998년에는

표 7-28 성별 임금 및 격차 (단위 : 원, %, 남성 = 100)

구분	2001	2002	2003	2004	2005
평균	1,393,059	1,532,750	1,651,100	1,750,421	1,887,507
남성	1,558,940	1,716,024	1,850,106	1,957,976	2,108,732
여성	1,015,178	1,112,457	1,206,802	1,286,258	1,395,979
격차	65.1	64.8	65.2	65.7	66.2

자료 : www.nso.go.kr(KOSIS)

표 7-29 교육정도별 근로자 임금 격차 추이(2001~2005) (고졸 = 100)

연도	중졸 이하	고졸	전문대학졸	대학교 졸업 이상
2001	85.1	100.0	102.9	157.9
2002	83.0	100.0	100.8	153.8
2003	82.5	100.0	101.3	155.4
2004	79.9	100.0	101.2	155.0
2005	83.7	100.0	102.3	157.8

자료 : 노동부. 임금구조기본통계조사보고서, 각 연도

표 7-30 직종별 근로자 임금격차 추이(2001~2005) (단위 : 천원, 사무종사자 = 100)

연도	월평균 임금 (천원)	임금수준(사무종사자 = 100)						
		고위임직원 및 관리자	전문가	사무 종사자	서비스 종사자	농림어업 종사자	기능원 및 관련 관련기능 종사자	단순노무 종사자
2001	1,748	189.4	154.8	100.0	77.6	87.4	99.9	60.5
2002	1,880	177.6	140.5	100.0	70.0	91.0	93.1	59.1
2003	2,038	183.4	141.8	100.0	70.5	91.1	92.4	57.9
2004	2,175	178.9	131.3	100.0	66.6	86.4	88.0	54.3
2005	2,333	176.9	130.5	100.0	63.9	88.6	86.6	53.1

자료 : 노동부. 임금구조기본통계조사보고서, 각 연도

100 : 77.6으로 격차가 더 벌어진 상태이다. 2005년 근로자 월평균임금은 233만 3,000원이며, 직종별 임금수준은 사무종사자 임금을 100으로 할 때, 고위임직원 및 관리자가 176.9로 가장 높았고, 단순노무종사자는 53.1로 가장 낮았다. 2004년과 비교하면, 고위임직원 및 관리자의 임금수준은 178.9에서 176.9로 전문가의 경우 131.3에서 130.5로 낮아져 사무직과의 임금격차가 줄었고, 단순노무종사자는 임금수준이 54.3에서 53.1로 더 낮아져 사무직과의 임금격차가 전년보다 커진 것으로 나타났다.

표 7-31 사업체 규모별 임금총액추이 (단위: 천원, %)

구분	2002	2003	2004	2005	2006
전 규모	1,948 –	2,127 (9.2)	2,254 (6.0)	2,405 (6.6)	2,542 (5.7)
1규모 (5~9인)	1,466 –	1,543 (5.2)	1,642 (6.4)	1,783 (8.6)	1,886 (5.8)
2규모 (10~29인)	1,705 –	1,808 (6.1)	1,945 (7.6)	2,081 (7.0)	2,187 (5.1)
3규모 (30~99인)	1,856 –	2,004 (8.0)	2,124 (6.0)	2,259 (6.3)	2,413 (6.8)
4규모 (100~299인)	2,067 –	2,230 (8.0)	2,387 (7.1)	2,517 (5.4)	2,646 (5.1)
5규모 (300~499인)	2,357 –	2,474 (5.0)	2,683 (8.4)	2,822 (5.2)	2,943 (4.3)
6규모 (500인 이상)	2,718 –	3,043 (11.9)	3,327 (9.3)	3,541 (6.4)	3,660 (3.4)

주 : ( ) 안의 %는 전년동기 대비 증가율이다.

⑤ **사업체 규모별 임금격차**

우리나라는 사업체의 규모가 작을수록 임금이 낮다. 이러한 규모별 격차는 [표 7-31]에서 잘 나타나고 있는데, 500인 이상을 100으로 보았을 때, 300~499인은 86.7, 100~299인은 76.0, 30~99인은 68.3, 10~29인은 62.7의 격차를 보였다.

⑥ **산업별 임금격차**

임금격차는 산업별로도 나타나고 있는데, [표 7-32]에서와 같이 전산업의 평균임금보다 낮은 임금의 산업은 제조업, 도소매 및 음식숙박업, 운수 · 창고 · 통신업이며, 가장 높은 임금의 산업은 전기 · 가스 · 수도사업이다. 산업별 임금수준은 제조업 임금을 100으로 할 때, 전기 · 가스수도업이 173.0으로 가장 높았고, 건설업이 93.5로 가장 낮았다. 전기 · 가스수도업은 2004년 176.9에서 2005년 173.0으로 낮아져 제조업과의 임금격차가 줄어든 반면,

표 7-32 산업별 근로자 임금격차 추이(2001~2005) (제조업 = 100)

연도	광업	제조업	전기 · 가스 · 수도업	건설업	도소매 음식숙박업	운수 · 창고 · 통신업	금융,보험 부동산업	사회,개인 서비스업
2001	110.9	100.0	157.8	108.5	96.6	112.4	119.2	118.3
2002	105.1	100.0	173.3	99.7	95.4	107.5	116.3	105.8
2003	106.8	100.0	177.2	99.5	95.8	103.8	115.2	105.5
2004	105.3	100.0	176.9	98.1	95.0	102.0	112.5	104.1
2005	108.1	100.0	173.0	93.5	94.6	99.6	110.5	103.1

자료 : 노동부. 임금구조기본통계조사보고서, 각 연도

표 7-33 연도별 상여금 지급기준 (단위 : 업체 수, %)

구분	1995	1996	1997	1998
기본급	993(59.8)	1,009(57.2)	969(56.2)	809(53.4)
기본급+직책수당	204(12.3)	258(14.6)	250(14.5)	184(12.2)
통상임금	334(20.1)	366(20.7)	361(20.9)	312(20.6)
월급여 총액	93(5.6)	93(5.3)	93(5.4)	66(4.4)
형평에 따라 일정액 지급	7(0.4)	11(0.6)	13(0.8)	71(4.7)
기 타	29(1.7)	27(1.5)	38(2.2)	72(4.8)
계	1,660(100.0)	1,764(100.0)	1,724(100.0)	1,514(100.0)

주 : 무응답 제외

자료 : 대한상공회의소(1998). 제조업 근로자 모델별 임금조사보고서

건설업, 도소매 음식숙박업은 제조업과의 임금격차가 커졌다.

10) 상여금 지급기준

한편 상여금은 기업에서 임의로 정하고 있다. 우리나라 기업에서 상여금의 지급기준은 [표 7-33]과 같이 기본급을 제공하는 기업이 1998년에 53.4%, 통상임금 20.6%, 기본급과 직책수당 12.2%의 순을 보이고 있다.

고용형태별 상여금과 퇴직금에 대한 2005년 현황은 [표 7-34]와 같다. 정규근로자 743만 9,000명 가운데 상여금 적용 근로자는 537만 7,000명(적용률 72.3%), 퇴직금 적용 근로자는 604만 4,000명(적용률 81.2%)이다. 비정규직근로자 223만 9,000명 가운데 상여금 적용 근로자는 59만 8,000명(적용률 26.7%), 퇴직금 적용 근로자는 97만 4,000명(적용률 43.5%)이다. 정규근로자의 상여금 적용률은 비정규직근로자에 비하여 3배 가량 높으며, 정규직근로자의 퇴직금 적용률은 비정규직근로자에 비하여 2배 가량 높다.

비정규직근로자 가운데 외국인근로자의 상여금 및 퇴직금 적용률은 각 48.9%, 63.2%이다. 재택 · 가내근무자는 각 27.4%, 30.3%이고, 파견근로자는 각 46.8%, 82.4%임. 용역근로자는 각 38.2%, 73.4%이고, 일시대체근로자는 각 18.1%, 19.8%이고, 일용근로자는 각 8.2%, 14.5%이다. 시간제근로자는 각 12.0%, 23.8%이다. 계약직근로자는 각 47.9%, 72.5%이다.

표 7-34 고용형태별 근로자의 상여금 및 퇴직금 적용 (단위 : 천명, %)

구분		전 체 근로자	상여금 적용자(적용률)	퇴직금 적용자(적용률)
합 계		9,678	5,975 (61.7)	7,019 (72.5)
정규근로자		7,439	5,377 (72.3)	6,044 (81.2)
비정규근로자	소 계	2,239	598 (26.7)	974 (43.5)
	외국인근로자	130	64 (48.9)	82 (63.2)
	재택 · 가내근무자	9	2 (27.4)	3 (30.3)
	파견근로자	70	33 (46.8)	58 (82.4)
	용역근로자	207	79 (38.2)	152 (73.4)
	일시대체근로자	9	2 (18.1)	2 (19.8)
	일용근로자	633	52 (8.2)	91 (14.5)
	시간제근로자	554	67 (12.0)	132 (23.8)
	계약직근로자	626	300 (47.9)	454 (72.5)

자료 : 한국노동연구원(2005). 사업체근로실태조사 분석

비정규직근로자 가운데 일용근로자와 시간제근로자의 상여금 적용률(각 8.2%, 12.0%)은 낮고, 외국인근로자의 상여금 적용률(48.9%)은 높은 편이다. 비정규직근로자 가운데 일시대체근로자와 일용근로자의 퇴직금 적용률(각 14.5%, 19.8%)은 낮고, 파견근로자와 용역근로자의 상여금 적용률(각 82.4%, 73.4%)은 높은 편이다(한국노동연구원, 2005).

11) 임금에 관한 취업규칙

「근로기준법」에서는 기업에서 임금의 결정 · 계산 · 지급방법, 임금의 산정기간 · 지급시기 및 승급에 관한 사항을 취업규칙에 명시토록 하였다. 다음의 예는 임금에 관한 취업규칙의 예시문이다.

임금과 관련된 취업규칙의 예

제4장 임 금

제64조【임금】임금은 기본급과 제수당으로 구분하고 월급제로 한다.

제65조【임금마감과 지급일】① 임금은 매월 ○일 기간하여 매월 ○○일에 마감하고 매월○○일에 지급한다.

② 임금은 보험료, 제세금, 저축금, 가불금을 공제하고 현금으로 지급한다.

제66조【시간외 휴일근로수당】종업원이 시간외 휴일근로를 할 경우에는 통상임금의 50/100을 가산 지급한다.

제67조【비상시 지급】○○○○○(주)는 종업원이 출산, 질병, 재해, 혼인 또는 부득이한 사유로 7일 이상에 걸쳐 귀향하는 등의 비상사태에 충당하기 위하여 청구할 때에는 지급기일 전이라도 근로에 대한 임금을 지급한다.

제68조【상여금】○○○○○(주)는 매월 10월 1일부터 익년 3월 31일까지 소정의 근로일수를 9할 이상 출근한 자에 대하여 월 통상임금의 100%를 3월 말에 지급하고, 매월 4월 1일부터 9월 30일까지 소정의 근로일수를 9할 이상 출근한 자에 대하여 월 통상임금의 100%를 9월 말에 지급한다.

제5장 퇴직 및 해고제재

제69조【퇴직기준】직원이 다음 각호의 1에 해당하는 경우에는 퇴직한다.

1. 퇴직을 원할때
2. 정년이 달한 때
3. 사망하였을 때
4. 근로계약이 만료하여 계약갱신이 되지 아니하였을 때

5. 정년연령이 되었을 때
6. 채용 결격사유가 입사 후 발견되거나 발생한 때

제70조 【정년】 종업원의 정년은 만 ○○세 되는 다음날로 한다.

제71조 【퇴직원】 종업원이 퇴직하고자 할 경우에는 적어도 15일 전에 퇴직원을 제출하여야 한다.

제72조 【퇴직금】 ○○○○○(주)는 종업원이 1년 이상 근로하고 퇴직하였을 때는 1년에 대하여 평균임금 30일분의 퇴직금을 14일 이내에 지급한다. 단, 당사자의 합의가 있을 경우에는 3개월간 연장하여 지급할 수 있다.

(2) 우리나라의 최저임금제

1) 최저임금제의 도입

최저임금제는 국가가 임금결정에 직접 개입하여 임금의 최저수준을 정하고 사용자로 하여금 그 지급을 법적으로 강제함으로써 임금수준 결정을 노동시장에서의 수요 · 공급의 원리 또는 노 · 사 간의 자율적인 교섭에만 맡겨두었을 경우 발생할 수 있는 취약계층의 지나친 저임금을 해소하여 이들의 생활안정을 도모하기 위한 제도이다(노동부, 1999).

이 제도는 1988년에 도입되었고, 도입되었을 당시는 근로자 10인 이상의 제조업, 광업, 건설업으로 확대해 나가는 등 그 적용범위를 연차적으로 확대하였다가 1990년부터 전 사업에 확대 적용하기 위하여 「최저임금시행령」을 개정하였다.

2) 최저임금제의 적용시기 및 대상

최저임금은 근로자의 생계비, 유사근로자의 임금, 노동생산성 및 소득분배율 등을 고려하여 정한다. 이 경우 사업의 종류별로 구분하여 정할 수 있다. 최저임금액은 시간 · 일 · 주 또는 월을 단위로 하여 정한다. 이 경우 일 · 주 또는 월을 단위로 하여 최저임금액을 정하는 때에는 시간급으로도 이를 표시하여야 한다.

최저임금액을 정함에 있어 단위가 된 기간과 다른 경우에는 그 근로자에 대한 임금을 다음 각호에 정하는 바에 따라 시간에 대한 임금으로 환산한다.

① 일 단위로 정하여진 임금에 대하여는 그 금액을 1일의 소정근로시간수(일에 따라 소정근로시간수가 다른 경우에는 1주간의 1일 평균 소정근로시간수)로 나눈 금액, ② 주 단위로 정하여진 임금에 대하여는 그 금액을 1주의 소정근로시간수(주에 따라 소정근

로시간수가 다른 경우에는 4주간의 1주 평균 소정근로시간수)로 나눈 금액, ③ 월 단위로 정하여진 임금에 대하여는 그 금액을 1월의 소정근로시간수(월에 따라 소정근로시간수가 다른 경우에는 1년간의 1월 평균 소정근로시간수)로 나눈 금액, ④ 시간·일·주 또는 월외의 일정기간을 단위로 정하여진 임금에 대하여는 제1호 내지 제3호에 준하여 산정한 금액 등이다.

생산고에 따른 임금지급제 기타 도급제로 정하여진 임금에 대하여는 그 임금산정기간(임금마감일이 있는 경우에는 임금마감기간을 말한다. 이하 이 항에서 같다)의 임금총액을 그 임금산정 기간 동안의 총근로시간수로 나눈 금액을 시간에 대한 임금으로 한다.

근로자가 받는 임금이 제1항 또는 제2항에서 정한 2이상의 임금으로 되어 있는 경우에는 그 부분에 대하여 각각 해당 규정에 의하여 환산한 금액의 합산액을 그 근로자의 시간에 대한 임금으로 한다.

근로자의 임금을 정한 단위가 된 기간의 소정근로시간수가 그 근로자에게 적용되는 최저임금액을 정함에 있어 단위가 된 기간의 근로시간수와 다른 때에는 제1항 각호에서 정한 바에 따라 그 근로자의 임금을 시간에 대한 임금으로 환산한다.

3) 최저임금에 포함되지 않는 임금

① 월 1회 이상 정기적으로 지급되지 않는 임금(정근수당, 근속수당, 상여금, 정근수당, 체력단련비, 결혼수당, 월동수당, 김장수당 등)

표 7-35 연도별 최저임금의 적용범위와 최저임금액 (단위 : 원, %, 천명)

구분		2001.9 ~2002.8	2002.9 ~2003.8		2003.9 ~2004.8		2004.9 ~2005.8		2005.9 ~2006.12	
최저임금액(원)	시간급	2,100	2,275		2,510		2,840		3,100	
	일급	16,800	18,200		20,080		22,720		24,800	
적용	업종	전 산업	전 산업		전 산업		전 산업		전 산업	
	근로자 수(명)	7,152	상용	7,421	상용	7,971	상용	7,985	상용	8,027
			전체	13,216	전체	13,631	전체	14,149	전체	14,584
수혜근로자 수(명)		201	상용	215	상용	342	상용	530	상용	494
			전체	849	전체	1,035	전체	1,245	전체	1,503
영향률(%)		2.8	상용	2.9	상용	4.3	상용	6.6	상용	6.2
			전체	6.4	전체	7.6	전체	8.8	전체	10.3
인상률(%)		12.6	8.3		10.3		13.1		9.2	

② 소정의 근로시간 또는 근로일에 대해 지급하는 임금 이외의 임금(연·월차근로수당, 유급휴가 근로수당, 유급휴일 근로수당, 연장·휴일·야간근로수당, 일·숙직수당 등)
③ 생활보조적·복리후생적 급여 및 수당(가족수당, 급식수당, 주택수당, 통근수당, 식사, 기숙사·주택제공, 통근차운행 등 현물이나 이와 유사한 형태로 지급되는 급여 등 근로자의 복리후생을 위한 성질의 것)

4) 최저임금의 적용범위와 최저임금액

다음은 연도별 최저임금의 적용범위와 최저임금액을 제시한 것이다. 인상률을 보면, [표 7-35]에서와 같이 2001~2005년 평균 10.7%의 인상률을 보였다.

(3) 연봉제 도입

1) 임금의 형태

임금의 형태는 고정급과 성과급으로 구분되며, 여기서 고정급은 시급제, 월급제, 연봉제 등으로 구분된다. 시급제는 임금이 시간 단위로 결정되는 임금형태이며, 월급제는 월 단위로 결정되고 연봉제는 연 단위로 결정된다. 이와 같이 고정급제는 임금을 지불하는 기간에 의하여 분류되고, 성과급제는 개인이 수행한 성과에 의하여 결정되며, 집단성과급제는 조직의 성과목표에 준하게 된다.

표 7-36 연봉제 도입사유 (단위 : %)

구분	생산성 향상	임금의 동기유발기능 향상	인재 육성	인사관리의 유연성 제고	기 타	합 계
국내기업	21.1	52.4	4.1	21.1	4.1	100.0
외국인투자기업	25.6	23.3	2.4	19.2	29.6	100.0

자료 : 한국경영자총협회, 1998 임금조정실태조사

표 7-37 연봉제 실시 후 나타난 문제점 (단위 : %)

구분	동료·상하 간의 지나친 경쟁의식	단기적인 실적에 치중	평가에 대한 불신감 팽배	고용불안 확산	기 타	합 계
국내기업	9.6	15.4	61.5	5.8	7.7	100.
외국인투자기업	10.7	26.8	0.0	32.1	30.4	100.0

자료 : 한국경영자총협회, 1998 임금조정실태조사

시급제는 주로 생산직과 시간제 근로형태에 도입되었고, 월급제는 사무관련직이나 감독직, 연봉제는 관리직, 전문직, 계약직에 각각 적용된다. 연봉제는 개별종업원의 능력, 실적 및 공헌도를 평가하여 연간 임금액이 결정되는 능력중심의 임금 지급체계로서, 형식상으로는 임금형태의 한 종류이지만 내용상으로는 임금체계의 직무급과 성과급의 혼합형태인 직무성과급이다.

2) 연봉제 도입사유

연봉제를 도입하면 능력과 실적이 임금과 직결되어 있으므로 능력주의, 실적주의로 종업원들에게 동기를 부여함으로써 계속하여 의욕적인 근무를 꾀할 수 있게 된다. 또한 과감한 인재기용이 용이하며, 경영감각이 배양되고 임금관리가 용이해질 뿐만 아니라 상사와 부하 간의 의사소통도 원활해진다(양병무, 1999).

우리나라 기업에서 연봉제를 도입하는 사유에 대해서는 [표 7-36]에서와 같이 '임금의 동기유발기능 향상' 52.4%, '생산성 향상' 21.1%, '인사관리의 유연성 제고' 21.1% 등으로 나타났으나, 외국인투자기업의 경우는 '임금의 동기유발기능 향상'이 23.3%를 나타내고 있어, '기타' 29.6%, '생산성 향상' 25.6%보다 낮은 점유율을 보였다.

3) 연봉제 실시 후 문제점

연봉제 도입 후 나타난 문제점에 대하여 우리나라 기업은 '평가에 대한 불신감 팽배'가 61.5%의 높은 점유율을 보인 반면, 외국인투자기업에서는 '고용불안 확산'이 32.1%를 나타났다.

표 7-38 연봉제 실시 후 부문별 성과 (단위 : %)

구분		매우 크다	크다	보통	작다	매우 작다	합 계
임금관리의 효율성 증진	국내기업	18.5	50.5	27.8	1.9	1.9	100.0
	외국인기업	11.1	50.8	36.5	1.6	0.0	100.0
생산성 향상	국내기업	5.6	50.8	36.5	1.6	0.0	100.0
	외국인기업	9.7	53.2	35.5	1.6	0.0	100.0
인력조정의 유연성 제고	국내기업	5.6	46.3	40.7	7.4	0.0	100.0
	외국인기업	5.6	46.3	40.7	7.4	0.0	100.0
인건비 절감	국내기업	1.9	16.7	66.7	14.8	0.0	100.0
	외국인기업	6.6	19.7	59.0	13.1	1.6	100.0

자료 : 한국경영자총협회. 1998 임금조정실태조사

4) 연봉제 실시 후 부문별 성과

연봉제 실시 후 부문별 성과는 [표 7-38]에 제시되어 있다. 가장 큰 성과가 있다고 응답한 것은 국내기업과 외국인기업 모두 '임금관리의 효율성 증진'으로 나타났다.

|제2절| 작업환경

이 절에서는 작업장의 환경에 대하여 『한국직업사전』, 『미국직업사전』, 『캐나다직업사전』 등을 참조하여 제시하고자 한다.

1. 작업조건

작업조건은 작업환경과 밀접한 관련이 있다. 작업조건은 작업장소, 저온 및 온도변화, 고온 및 온도변화, 축축함과 다습함, 소음과 진동, 위험성, 대기조건 등 7가지 요인으로 구분된다.

(1) 작업장소

작업장소는 실내, 실외, 실내외로 다음과 같이 구분된다.

① 실내(I) : 눈 · 비 · 바람과 온도변화로부터 보호를 받으며, 작업의 75% 이상이 실내에서 이루어진다.
② 실외(O) : 눈 · 비 · 바람과 온도변화로부터 보호를 받지 못하며 작업의 75% 이상이 실외에서 이루어진다.
③ 실내외(B) : 작업이 실내와 실외에서 비슷한 비율로 이루어진다.

(2) 저온 및 온도변화

신체적으로 불쾌감을 느낄 정도의 저온이나, 두드러지게 신체적 반응을 야기시킬 정도의 저온으로 급변함을 의미하는 것이다. 저온의 작업장의 예는 냉동관련 작업이며, 신체적으로 침착성과 내구성이 저하된다.

(3) 고온 및 온도변화

신체적으로 불쾌감을 느낄 정도의 고온이거나 두드러지게 신체적 반응을 야기시킬 정도의

표 7-39 고온의 허용한도

작업강도 \ 작업 · 휴식시간비	경작업	중등작업	중작업
계속 작업	30.0°	26.7°	25.0°
매시간 75% 작업, 25% 휴식	30.6°	28.0°	25.9°
매시간 50% 작업, 50% 휴식	31.4°	29.4°	27.9°
매시간 25% 작업, 75% 휴식	32.2°	31.1°	30.0°

고온으로 급변함을 의미한다. 주로 용해, 압연, 단조, 제강, 가열, 열처리 등의 공정부서에 있으며, 신체적으로는 피부질환이나 혈압상승 등의 이상을 가져온다. [표 7-39]는 고용의 허용한도를 제시한 것이다.

(4) 축축함 · 다습함

신체의 일부분이 수분이나 액체에 직접 접촉되거나, 신체에 불쾌감을 느낄 정도로 대기 중에 수증기가 충만한 상태이다. 액체와 접촉하는 작업장소로 방적공장의 경우 비교적 습도가 높으며, 장기간 노출되면 신체적으로 피부질환과 같은 질환이 발생된다.

(5) 소음 · 진동

심신에 피로를 주거나 청각장애 및 생리적 영향을 끼칠 정도의 소음, 전신을 떨게 하고 팔과 다리의 근육을 긴장시키는 연속적인 진동이 있는 상태이다. 기계운전음, 작업음, 송풍음, 보일러음, 용접음, 드릴음, 선반음, 압착기음, 착암기음 등에서 소음이 발생하며 건설업, 금속기계 제조업에서는 공정상에서 소음이 발생된다. 이런 상태에 장기간 신체적으로 노출되

표 7-40 여러 가지 소음의 수준

소음크기(dB)	소리의 예	소음크기(dB)	소리의 예
4	방음실에서의 최소 가정음	70	복잡한 거리, 보통 기계공장
10	2mm 거리에서 속삭임	80	고가, 철도(차내)
20	대단히 조용한 방	90	떠들썩한 공장
30	조용한 개인사무실	100	지하철역을 통과할 때
40	소리를 낮춘 대화	110	드릴소리
50	사무실	120	제관, 리베팅
60	보통의 대화	130	귀가 쑤시는 아픔

면 직업병인 난청에 걸리게 된다. 다음 [표 7-40]은 여러 가지 소음의 수준을 제시한 것이다.

[표 7-41]은 인간이 시간당 노출될 수 있는 소음의 허용한계를 제시한 것이다. 150dB 이상 노출되면 단시간 내에 난청에 빠져서 회복되지 못하나, 100dB인 경우에는 일시적인 난청에 빠지게 된다.

[표 7-42]는 분진의 종류와 인간에게 노출이 허용될 수 있는 기준치를 제시한 것이다. 분진은 공기 중에 미립상태의 물질이 있는 것으로 신체적으로 후두부를 자극하여 기관지까지의 사이에 포집되어 폐까지 도달하는 것이 적으나, 미세한 알갱이인 경우 폐에 침착하여 직업병인 진폐증을 일으킨다.

(6) 위험성

작업원이 신체적인 손상의 위험에 노출되어 있는 상황을 가리킨다. 기계 · 전기 · 화상 · 폭발 · 방사선 등의 위험이 있으며, 이러한 위험성에 대해서 다음과 같이 그 범위를 한정한다.

① 기계적 위험 : 기계 및 장비에 의한 위험과 무거운 물체의 낙하위험
② 전기적 위험 : 고압전선 및 전기설비에 의한 감전의 위험
③ 화상위험 : 고열재료 및 장치와 화학약품에 의한 화상위험
④ 폭발위험 : 가스 · 압축공기 등 폭발성 물질에 의한 폭발위험
⑤ 방사선 위험 : 라듐 · 우라늄 · 토륨 등 방사선 물질과 X선 · 자외선 · 적외선 등에 의한

표 7-41 소음의 허용한계

1일 노출시간(hr)	8	4	2	1	1/2	1/4
소음강도(dB)	90	95	100	105	110	115

표 7-42 분진의 종류 및 허용기준

종류	내용	허용기준
제1종 분진	유리규산 30% 이상의 분진 · 활석, 납석, 알루미나, 알루미늄, 규조, 유화광(석면 제외)	2mg/m
제2종 분진	유리규산 30% 미만의 광물성 분진⇨산화철 흑연, 카본블랙, 활성탄, 석탄	5mg/m
제3종 분진	기타 분진 면분진 석면	10mg/m 1mg/m 2개/cm

시력장애 및 신체적 위험

⑥ 기타 : 위에 명시되지 않은 신체적 위험

(7) 대기조건

작업장의 대기 중에는 작업자가 직무를 수행하는 데 방해가 되거나 건강을 해칠 수 있는 물질이 다량 포함되어 있는데, 이러한 상태는 냄새, 분진, 연무, 가스, 환기불량, 기타 등으로 분류된다.

① 냄새 : 작업장 특유의 냄새가 불쾌할 정도로 난다.

② 분진 : 유지 · 나무 · 가죽 · 석면 등의 부스러기 · 분말 · 미분자가 대기 중에 다량 포함되어 있다.

③ 연무 : 연소, 화학반응 과정에서 연기 · 증기가 많이 나고 냄새를 동반한다.

④ 가스 : 유독성 · 무독성 가스가 발생한다.

⑤ 환기불량 : 통풍이 잘 안 되고 질식감을 느낄 정도로 공기의 이동이 충분하지 못하다.

⑥ 기타 : 위에서 명시하지 않은 불쾌한 대기조건

이 밖에 작업 대기조건 중에는 조명도 포함된다. [표 7-43]은 이상적인 조도를 나타낸 것이다.

표 7-43 이상적인 조도

<table>
<tr><th>조도단계</th><th>조도범위(Lux)</th><th colspan="3">범위</th></tr>
<tr><td>2,000</td><td>3,000~1,500</td><td colspan="3">검사a, 시험a, 식별a, 설계, 제도, 제어판, 제어실의 제어계기판</td></tr>
<tr><td>1,000</td><td>1,500~700</td><td colspan="2">검사b, 시험b, 식별b, 설계실, 제도실</td><td rowspan="2">제어실</td></tr>
<tr><td>500</td><td>700~300</td><td colspan="2">검사c, 시험c, 식별c, 포장a, 창고 내 업무</td></tr>
<tr><td>200</td><td>300~150</td><td>포장b, 화물취급</td><td colspan="2" rowspan="2">전기실, 공조기계실 등 출입구, 복도, 통로, 계단, 세면실, 화장실</td></tr>
<tr><td>100</td><td>150~70</td><td>비상계단, 옥외 동력설비</td></tr>
<tr><td>50</td><td>70~30</td><td colspan="3">비상계단, 옥외 동력설비</td></tr>
<tr><td>20</td><td>30~15</td><td colspan="3">옥외(원료, 재료 등의 치장, 통로, 구내 정비용)</td></tr>
</table>

주 : a-가는 것, 암색인 것, 대비가 약한 것, 위생에 관계되는 것

b-a와 c의 중간

c-썻는 것, 밝은 것, 대비가 강한 것, 값이 싼 것

2. 산업안전보건

(1) 산업안전보건의 발전과정

산업안전보건정책은 우리나라의 경제발전과 함께 변천하여 왔다. 산업안전보건정책의 변천과정은 크게 정책의 부재기, 여명기, 형성기, 발전기로 구분된다. 최근 산업안전보건제도 및 정책방향은 단순히 재해율의 저하 및 경제적 손실의 최소화를 목표로 설정하는 것이 아니라 급격히 변화하는 노동환경에 대응할 수 있는 국제적 기준 확보, 산업안전보건 분야의 기술개발, 근로자 삶의 질 향상, 노·사의 산업안전보건에 대한 인식전환 등에 있다.

1) 정책의 부재기(1960년대)

경공업 위주의 수입대체 산업개발전략으로 저임금·저가격을 통한 성장을 추진하였고, 「근로자기준법」에 의한 최저기준마저 확보가 곤란한 시기였으나, 산업의 미발달로 중대재해, 직업병 등 심각한 재해는 나타나지 않았다. 즉, 이 시기에는 재해발생에 따른 산재환자 치료와 사후보상에 치중하였으며, 근로자와 사업주의 산업재해에 대한 인식이나 정부의 대책은 전무한 상태였다.

1961년 보건사회부 노동국에 설치된 산업안전보건위원회를 분리·독립시켜 노동청 노정국 기준과 내 안전보건담당계를 설치운영하였으며, 1964년부터는 산재보험제도가 시행되었다.

2) 정책의 여명기(1970년대)

노동집약을 통한 원가재공 수출전략과 중화학공업 중점육성으로 높은 재해와 각종 직업병이 표출되었으며, 「근로자기준법」에 의한 최저기준 확보를 위한 노력과 함께 산업안전보건정책에 대한 초보적 관심이 대두되었다.

1972년에는 노동청 근로기준국 및 지방사무소에 산업안전담당관을 두고, 산업재해통계를 작성·발표하기에 이르렀다.

3) 정책의 형성기(1980년대)

급속한 산업발달에 따라 중대재해가 증가하는 등 새로운 형태의 재해가 발생하면서 산업재해가 경제성장 저해 및 사회불안 요인으로 작용하여, 1981년 「산업안전보건법」을 제정하기에 이르렀다. 그러나 재해예방정책의 골간이 구성되었음에도 실효성 확보를 위한 구체적 수단이 결여된 상태였다.

1987년 한국산업안전공단이 발족되었고, 1990년「산업안전보건법」전면 개정으로 산재예방정책의 획기적인 전환점을 마련하는 한편, 그동안 노동부 본부 산업안전과를 1989년에 산업안전국으로 확대 개편함과 동시에 전국 27개 지방노동관서에 산업안전과를 신설하게 되었다.

4) 정책의 발전기(1990년대 전반)

1990년대는 기술혁신에 의한 산업기술의 발전에 비해 재해예방기술이 낙후된 상태에 있다. 이 시기에는 산업현장의 근로환경과 근로자의 욕구가 생존권적 욕구에서 생활권적 욕구로 변화함에 따른 능동적인 대처가 미흡하게 됨에 따라 '제1차(1991~1996년) 산업재해예방 6개년 계획'을 1991년에 수립하였으며, 재해율 1.71%(1990년)에서 0.93%(1996년)로 45.6% 감소목표를 설정하게 되었다.

그리고 1991년에는 직업병 종합대책을 수립하였고, 범국민 무재해 1,000만 명 서명운동(1992~1993년), 범국민 안전문화운동(1995년) 등을 차례로 전개하였으며, 산재예방 특별사업계획을 수립(1995년)하여 3년(1995~1997년) 동안 3,000억 원을 투자하여 재해율 0.7% 목표를 설정하였다. 또한 산업안전선진화 3개년계획(1996년)을 수립하여 2000년까지 재해율 0.5%, 사망률 1.0% 달성을 목표로 하였다.

5) 정책의 정착기(2000년 이후)

2005년은 '제2차 산재예방 5개년계획' 상 1차년도로 재해율 0.79% 및 업무상 사고 사망만인율[4] 1.34 달성을 목표로 정하고, 이를 위해 ① 산업재해 취약부문 재해예방역량 제고, ② 중대사고 고위험 사업장 중점관리, ③ 작업환경관리와 근로자 건강증진 활성화, ④ 노・사 안전의식 제고 및 자율적 예방활동 강화 등을 추진하여 재해율 0.77%를 달성, 2004년 0.85% 대비 9.4% 감소, 업무상사고 사망만인율은 1.26으로 2004년 1.47 대비 14.29%를 감소하였다.

산재취약 사업장의 재해예방역량 제고를 위하여 1,000억 원의 재원을 투입하여 50인 미만 소규모 사업장 1만 1,330개소를 'CLEAN사업장'으로 조성하였다. 'CLEAN 사업'이란 '위험요인(danger), 유해환경(dirtiness), 힘든 작업(difficulties) 등이 존재하는 사업장에 대

---

4) 전체 근로자 수 중에서 일정한 기간, 예컨대 1년 동안 사망한 인원수의 빙율을 사망율이라 하며, 일반적으로 산업재해 통계에서도 근로자 1만 명당 사망자 수를 나타내는 사망만인율 지표를 활용하고 있다.

하여 시설 및 공정개선을 통해 안전하고 건강한 일터로 조성'하는 것을 의미한다. 2004년부터 시작하여 2005년부터는 지원품목을 확대(75종 ⇨ 90종)하고, 지원금액도 상향조정(2,000만 원 ⇨ 3,000만 원)하여 소규모 사업장의 재해감소 및 고용증가를 가져 왔다. 산재다발 및 작업환경 불량사업장에 대한 기술지도 및 「안전보건개선계획수립명령」을 통하여 재해유발요인을 개선, 모기업을 통한 협력업체의 안전보건활동 지원을 위한 「모기업-협력업체 재해예방 파트너십」을 운영하였다.

'사망재해예방종합대책'을 수립하여 사망사고 다발작업을 집중개선하고, 노사공동의 안전작업운동인 'High Five 운동'을 전개토록 하여 업무상 사고 사망자 수를 2004년 대비 139명(2004년 1,537명 ⇨ 2005년 1,398명)을 감소시켰다. '중대산업사고 예방센터' 4개소를 설치 · 운영하였다.

(2) 산업안전보건법의 목적

우리나라에서 제정한 「산업안전보건법」의 규정내용을 보면, "「산업안전보건법」이란 산업안전 · 보건에 관한 기준을 확립하고 그 책임의 소재를 명확히 하여 산업재해를 예방하고, 쾌적한 작업환경을 조성함으로써 근로자의 안전과 보건을 유지 · 증진함을 목적으로 한다."라고 되어 있다. 따라서 이 법의 궁극목적은 근로자의 안전과 보건을 유지하는 데 있으며, 산업재해 예방과 쾌적한 작업환경 조성은 근로자의 안전과 보건을 유지 · 증진시키기 위한 수단이 된다.

1) 산업안전보건에 관한 기준 확립

산업안전보건에 관한 기준이라 함은 산업재해를 예방하고 쾌적한 작업환경을 조성하여 근로자의 안전과 보건을 확보하기 위한 산업안전에 관한 법, 시행령, 시행규칙, 안전규칙, 보건규칙, 취업제한규칙, 그리고 상기 법령에 의하여 발하여지는 명령, 즉 고시 · 예규 · 훈령 등에 나타난 각종 준수사항을 의미한다고 볼 수 있다. 또한 그 기준은 사업주 · 근로자 · 안전보건관계자 및 산업재해예방단체들이 지켜야 할 최소한의 것이기 때문에 산업재해를 예방하기 위한 법리의 선상에서 더욱 넓은 범위의 준수사항까지를 포함하여야 된다.

2) 책임의 명확화로 산업재해 예방

산업안전에서 책임이라 함은 일반론적인 의미에서 광의로는 도덕 · 종교 · 정치적 책임 등에 대립되는 법률적 책임을 뜻하는 것으로, 법률적 불이익 또는 제재를 받는 것을 말한다. 한편 협의의 책임은 위법한 행위를 한 자에 대한 법률적 제재로서 민사책임과 형사책임으로 구분되는데, 형사책임은 위험한 행위로 인하여 사회적 질서를 문란하게 한 데 대한 사회적 제재, 즉 형벌을 받아야 하는 사회적 책임을 말한다.

산업재해라 함은 근로자가 업무에 관계되는 건설물 · 설비 · 원재료 · 가사 · 증기 · 분진 등에 의하거나 작업 기타 업무에 기인하여 사망 또는 부상하거나 질병에 이완되는 것을 말한다.

여기서 산업재해를 예방하여야 할 의무를 가진 사업주 · 근로자 · 관리감독자 등이 안전 · 보건을 추진하는 데에 대한 혼동이 산재해 있으며, 정부의 산업재해 예방에 대한 명확한 정책수립 등을 위한 규정이 법령에 나타나 있지 않으므로, 법 개정을 통하여 보다 체계적이고 조직적인 산업재해 예방활동을 할 수 있도록 하였다.

3) 쾌적한 작업환경 조성

작업환경의 실태를 파악하기 위하여 해당 근로자 또는 작업장에 대하여 사업주가 측정계획을 수립하여 시료를 채취 및 분석 · 평가하고, 산업재해를 예방하기 위하여 잠재적 위험성의 발견과 그 개선대책의 수립을 목적으로 노동부장관이 지정하는 자가 실시하는 조사 · 평가를 한다.

사망자가 1인 이상 발생한 재해, 3개월 이상의 요양을 요하는 부상자가 2인 이상 발생한 재해, 부상 또는 질병자가 동시에 10인 이상 발생한 재해 등에 대하여는 중대재해라 한다.

「산업안전보건법」은 최저기준으로 '쾌적한 작업환경 조성'을 위해 사업주에게 책무를 과하고 있는데, 여기서 쾌적한 작업환경의 기준은 그 직장의 특수성에 따라서 사업주가 자주적으로 행할 목표이며, 벌칙에 의해 그 실현이 강제되는 것이다.

(3) 작업안전의 수칙

작업자는 산업현장에서 안전수칙을 준수하고 작업에 임하여야 재해를 예방할 수 있다. 안전의 3대 원칙은 ① 점검정비의 철저화, ② 정리정돈의 생활화, ③ 생산작업의 표준화이다.

1) 산업재해를 예방하기 위한 유의사항

① 안전수칙 준수
② 작업복장
③ 보호구 착용 철저
④ 정리정돈의 생활화
⑤ 작업순서의 준수

⑥ 연락, 신호의 결정
⑦ 안전장치 기능의 확인
⑧ 위험구역 출입금지
⑨ 비정상작업 시의 안전대책
⑩ 공구상자(toolbox) 정리의 생활화
⑪ 위험예지훈련의 습관화
⑫ 지적 확인의 생활화
⑬ 통로의 확보

2) 작업 시의 바람직한 태도

작업자는 표준작업에 대한 실행이 숙달된 상태에서 작업에 임하여야 피로를 적게 느끼므로 작업 시 다음과 같은 태도를 가져야 한다.

① 규칙적인 생활로 항상 건강한 마음과 밝은 마음을 가져야 한다.
② 작업에 임하면 다른 생각을 하거나 한눈을 팔지 말고 자신의 작업에 전심전력하여야 한다.
③ 작업종료를 알리는 벨이 울릴 때까지는 작업시간이라는 것을 잊어서는 안 된다.

3) 불안전 행동의 원인

① 작업의 위험에 대해 알지 못하였다(지식부족).
② 알고 있기 때문에 안전하게 작업하려고 하였으나 잘되지 않았다(경험부족).
③ 알고 있었으나 수행하지 않았다(의욕부족).
④ 체력이 따르지 못한다(피로).
⑤ 업무에 대한 부적응
⑥ 근심
⑦ 인간의 특성에 의한 실수
㉠ 숙련자의 실수
- 오랜기간 같은 작업을 하고 있었다(습관적 동작).
- 작업을 잘 알고 있다(지레짐작을 잘한다).
- 작업을 잘할 수 있다(노력을 하지 않는다).
- 작업을 빨리 할 수 있다(딴짓을 한다).
- 작업에 대한 자신감이 있다(확인을 하지 않는다).

㉡ 주의력

- 의식을 1가지에 집중시킨다면 그 대상으로부터 생각이 빗나가 의식이 몽롱해져 버린다(집중력).
- 여러 가지 대상에 대해 동시에 주의를 충분히 기울일 수 없다(선택성).
- 자신의 앞에 있는 것은 잘 알 수 있지만 뒤에 있는 것에 대해서는 알기 어렵다(방향성).
- 주의력의 정도는 항상 변화한다(변동성).

4) 안전점검표 작성

작업장에서는 다음과 같은 안전점검표를 매일 작성하여 안전을 기해야 한다.

안전점검표의 예

1. 정리, 정돈, 청소
   - 작업장의 정리, 정돈, 청소상태는?
   - 공구, 기구의 정리 · 정돈은?
   - 통로, 도로상의 청소는?
   - 불용품, 폐품 등의 처리 상태는?
   - 제품, 반제품, 원료 등의 적재 및 보관법은?
2. 보호구의 작용, 작업복의 작업상태
   - 보호구는 착용하고 있는가?
   - 작업복은 규정대로 입고 있는가?
   - 작업상태는 좋은가?
   - 불안전한 신발을 신고 있지 않은가?
   - 장갑을 사용금지작업에 착용하고 있지 않은가?
3. 기계장치 표시
   - 기계의 청소나 정비상태는 좋은가?
   - 안전장치를 제거하지 않았는가?
   - 기계의 회전부분에 접촉의 위험은 없는가?
   - 표시는 정확하게 게시하고 있는가?
   - 표시의 파손이나 더러운 것이 없는가?
4. 전기설비, 조명
   - 전기용접용 배선설비의 상태는 좋은가?
   - 스위치함의 상태는 좋은가?

- 전기배선 상태는 좋은가?
- 조명, 채광의 상태는 좋은가?
- 벽과 천장에 불용물이나 파손은 없는가?

5. 건강한 직장생활을 위한 준수사항

① 자연광선을 최대로 이용한 조명과 채광의 유지
② 전체 환기장치인 여과기 설치
③ 후드 형식으로 된 국소배기장치 설치
④ 분진이 있는 장소에서의 마스크 착용
⑤ 산과 알칼리를 취급하는 작업에서 장갑, 마스크, 앞치마 등 보호구 착용
⑥ 소음이 있는 곳에서 난청을 방지하기 위한 귀마개 착용
⑦ 유기용제 취급 시에는 안전에 만전을 기함.
⑧ 금속 및 기타 화학물질을 취급하는 데에서는 안전수칙 준수
⑨ 고열이 있는 곳에서는 보호구 착용 및 휴식시간 엄수
⑩ 산소결핍 작업에서의 보호구 착용 및 안전수칙 준수
⑪ 컴퓨터 단말기의 취급 시 전자파 주의
⑫ 작업환경 측정 및 개선
⑬ 작업과 건강과의 관계 유지를 위한 관심
⑭ 작업에서 오는 피로를 풀기 위한 적정한 휴식방법 채택
⑮ 적당한 운동을 주기적으로 실시

- 적절한 음주와 흡연
- 스트레스 조절
- 1년 1회 이상 건강진단 실시
- 질병 예방에 만전을 기함.

3. 산업재해

우리나라에는 일을 하다가 일로 인하여 재해가 발생할 경우에 이를 보상하기 위한 산업재해보상제도가 있다. 산업재해보상이란 근로자가 업무상의 사유로 재해를 당한 경우 치료비와 보상금을 지급하고 장학금과 생활정착보조, 직업재활 등의 혜택을 받을 수 있는 사회보장제도이며, 관련법으로는 「근로기준법」, 「산업안전보건법」 등이 있다.

(1) 산업재해 시 주의점

근로자가 산업재해를 입었을 경우 다음과 같은 점에 주의해야 한다.

① 5인 이상 근무하는 사업장은 산재보험이 강제 적용되므로 회사에서 산재처리를 기피하더라도 재해를 입은 근로자가 청구할 수 있다.
② 사고현장 사진, 사고 목격자, 목격자 진술서 등을 확보해 두어야 한다.
③ 사고보고서의 내용이 사실에 맞게 기재되었나 확인해야 한다.
④ 사업주와 민사합의는 치료가 종결되고 장해급여를 지급받은 후에 하는 것이 유리하다.
⑤ 타인에 의하여 재해를 당했다면 가해자의 인적 사항 · 증인(목격자)을 확보해 두어야 한다.
⑥ 응급치료와 기타 비용지출이 있으면 영수증을 잘 보관하였다가 추후에 청구한다.
⑦ 진단서, 요양급여, 청구서 등 관련서류 일체는 필히 복사하여 보관하여야 한다.
⑧ 산재보험 청구는 3년 이내에 해야 한다.
⑨ 산재보상, 민사배상에서 기준이 되는 임금은 사고발생 전 3개월간의 평균임금이므로 휴업급여 청구 시 평균임금이 정확히 산정되었는가를 확인한다.
⑩ 병원이 너무 먼 경우에는 가까운 병원에서 치료를 받을 수 있다.

(2) 민사배상 청구 시의 유의점

산업재해보상은 민사배상을 배제하지 못하므로, 민사배상의 청구 시에는 다음 사항을 유의해야 한다.

1) 장해급여

① 장해등급에 이의가 없으나 손해에 대한 배상이 요구될 경우 사업주를 상대로 민사배상을 요구한다.
② 장해등급에 이의가 있으면 산재심사 청구 후에 민사합의 또는 민사소송을 제기한다.

2) 유족급여

① 산재보험에서 지급하는 유족급여액보다 민사배상액이 많은 것이 통례이므로 유족급여 수령 후 민사배상 청구가 가능하다.
② 사업주가 확인을 회피하거나 산재처리를 기피하여야 하는 경우, 장해등급이 장해상태보다 낮게 결정된 경우, 산재 미가입 사업장인 경우, 재요양 필요 시, 실제임금과 평

표 7-44 장해급여표(평균임금 기준)

등급	일시금	연금
제1급	1,474일분	329일분
제2급	1,309일분	291일분
제3급	1,156일분	257일분
제4급	1,012일분	224일분
제5급	869일분	193일분
제6급	737일분	164일분
제7급	616일분	138일분
제8급	495일분	
제9급	385일분	
제10급	297일분	
제11급	220일분	
제12급	154일분	
제13급	99일분	
제14급	55일분	

균임금이 다를 경우, 출장 · 출근 시에 발생된 산재를 인정받지 못한 경우, 수급권자가 잘못 지정되었거나 변경된 경우, 민사소송을 제기할 경우, 민사배상 합의를 할 경우, 과로나 스트레스로 발생된 질병인 경우 등에는 근로복지공단과 상담하여야 한다(근로복지공단의 주소는 부록 4를 참조하기 바란다).

(3) 산업재해보상을 받을 수 있는 경우

산업재해보상은 업무상 재해라야 보상받을 수 있다.

① 사업주 지배관리하에서 업무수행 중 발생한 재해
② 사업장 시설의 하자로 발생한 재해
③ 업무수행을 위한 출장 중의 재해
④ 사업주가 제공한 차량을 이용하여 출 · 퇴근 중 발생한 재해
⑤ 작업환경, 근무조건 등 유해요인으로 생기는 질병
⑥ 과로 스트레스에 기인한 질병(뇌경색, 뇌출혈 등 뇌질환, 심근경색 등 심장질환) 등

(4) 산업재해보상에서의 보험급여의 종류

① 요양급여 : 4일 이상의 요양이 필요한 재해의 치료를 위해 지정의료기관에서 입원치료, 통원치료, 또는 자가치료에 소요되는 요양비의 전액을 지급하는 것이다.

② 휴업급여 : 요양으로 인하여 근무하지 못한 동안 평균임금의 70%를 매월 지급한다.

③ 상병보상연금 : 의료기관에서 치료가 끝났으나 신체장해가 잔존하는 경우 장해보상일시금(1급 내지 14급) 또는 장해보상연금(1급 내지 7급까지의 선택 가능, 1급에서 3급까지만 연금)을 지급한다.

④ 유족급여 : 사망한 피해 근로자의 유족에게 지급되는 급여로서 유족의 선택에 따라 1,300일분의 일시금이나 연금으로 지급한다. 배우자, 자녀, 부모, 조부모, 형제자매의 순서에 의하며, 미성년자인 경우 법정대리인이 신청한다.

⑤ 장의비 : 사망한 피해근로자의 유족에게 120일분을 지급한다.

(5) 위험상황 신고대상 및 방법

1) 신고대상

위험상황 발생 시에는 노동부에 신고하며, 위험상황 신고대상은 다음과 같다.

표 7-45 산업재해 발생현황 (단위 : 개소, 명, 백만 원)

구분	2005	2004	증감	증감율(%)
사업장 수(개소)	1,130,094	1,039,208	90,886	8.75
근로자 수(명)	11,059,193	10,473,090	586,103	5.60
재해자 수(명)	85,411	88,874	−3,463	−3.90
재해율(%)	0.77	0.85	−0.08	−9.41
사망자 수(명)	2,493	2,825	−332	−11.75
사망만인율	2.25	2.70	−0.45	−16.67
업무상질병자 수	7,495	9,183	−1,688	−18.38
근로손실일수(일)	69,188,477	61,569,895	7,618,582	12.37
산재보상금(백만 원)	3,025,771	2,859,914	165,857	5.80
경제적손실액(백만 원)	15,128,855	14,299,570	829,285	5.80

주 : 1) 간접손실액 : 직접손실액(산재보상금)의 4배로 추정

2) 재해자 수 : 근로복지공단에 최초요양신청서를 제출한 재해자 중 요양승인을 받은 자(요양승인일 기준)와 지방노동관서에 산업재해조사표(산재은폐 포함)가 제출된 재해자를 합산한 수이다.

자료 : 노동부(2006). 2006 노동백서

① 건축물, 터널, 갱 등에 심한 균열이 시작되고 벽에 걸린 물건이 떨어지는 등 붕괴 등의 징후가 뚜렷한 경우
② 지하굴착 또는 지하작업 중에 지하수의 분출로 붕괴 등의 위험이 있는 경우
③ 압력용기 · 기구 · 설비 등의 균열 또는 압력의 급상승으로 폭발이 예상되는 경우
④ 가연성, 인화성, 독성물질 및 기타 유해 · 위험물질 등이 누출되어 화재 · 폭발 및 중독, 질식 등의 위험이 있는 경우
⑤ 대형크레인, 리프트 등의 지지부분에서 휨 또는 균형으로 근로자의 안전에 위해를 미칠 위험이 있는 경우
⑥ 작업 중인 근로자에게 기타 안전보건상 위해요인이 현존하여 재해가 발생할 가능성이 있는 경우

2) 신고방법

신고방법은 근로자 또는 노동조합에서 기명(성명, 주소 또는 소속 등)으로 문서 또는 유선(전화 또는 모사전송 등)으로 신고사항을 지방노동관서의 산업안전과(위험상황신고실)에 신고한다. 위험상황 신고처는 지방노동관서 산업안전과(위험상황신고실)이며, 신고전화는 (지역국번) 4949, 0049, 4900 또는 4545, 0045 중에서 설치되어 있으며 근무시간 이후에는 당직실과 연결되어 있으므로 24시간 신고가 가능하다(각 지역별 신고처는 부록 4를 참조하기 바란다).

4. 우리나라의 산업재해 현황

최근 우리나라는 산업재해율이 지속적인 감속 추세를 보이고 있으며 1995년의 경우 산재보험제도 시행 31년만에 최초로 0.99%의 재해율을 보였다. 그리고 1998년에는 0.68%의 재해율을 나타내어 산업안전의 선진화를 꾀할 수 있는 발판이 마련되었다.

(1) 연도별 산업재해 현황

1993년도에는 산업재해보상보험법 적용사업장 15만 3,554개소에 종사하는 근로자 773만 3,837명 중에서 4일 요양을 요하는 재해자 9만 288명이 발생하였다. 이에 비해 1997년도는 20만 2,095개소의 사업장에 종사하는 634만 2,071명의 근로자가 적용받았으나 재해자는 6만 6,770명에 이르렀다. 즉, 1997년에는 1993년에 비해 사업장 수와 근로자 수가 증가했음에도 불구하고 재해자 수가 감소하였으며, 재해율은 1993년 이래 지속적인 감소추세를 보

이고 있다.

1997년도 재해자 수를 보면, 전체 근로자의 1.1%인 6만 6,770명의 재해자가 발생하였으며, 이 재해자 중 4.1%인 2,742명이 사망하였고 43.2%가 신체장애인이 되었다.

2004년 재해율은 0.85였으나 2005년에는 0.77로 낮아졌다. 사망자 수도 2,825명에서 2,493명으로 낮아졌으며, 사망만인율이 2.70에서 2.50으로 감소하였다.

(2) 질병종류별 산업재해 현황

근로자 개인의 질병을 조기에 발견하고 적시에 치료 및 작업전환 등의 적절한 조치를 취하기 위한 일환으로 근로자의 건강을 유지 · 증진시키기 위하여 근로자 건강진단을 실시해야 한다. 건강진단 실시결과 직업병 유소견 건수가 1991~1997년까지 지속적으로 감소추세를 보이고 있으며, 특히 1991년에 비해 1997년도에는 2.87배 정도 감소한 것으로 나타났다.

그러나 [표 7-46]에서와 같이 2001년부터 2005년까지 질병종류별 현황을 보면, 2003년에 급격히 증가하였다가 2004년에 증가하였으나 2005년에 감소하는 양상을 보였다.

2005년도 직업병 발생자 수는 전년대비 32명(1.3%)이 증가한 총 2,524명으로 전체 직업성질병(7,495명)의 33.7%를 차지하였다. 직업병의 종류별로는 진폐가 전년대비 51명(2.6%) 증가한 1,994명이고, 난청이 36명(13.5%) 증가한 302명, 금속 · 중금속이 10명(△50%) 감소한 10명, 유기용제가 2명(△9.5%) 감소한 19명, 특정화학물질이 4명(10%) 증가한 44명, 바이러스 등 기타 직업병이 47명(△23.3%) 감소한 155명이었다. 질병유소견자의 직업병 이환

표 7-46 질병종류별 현황 (단위 : 명, %)

구분		2001	2002	2003	2004	2005
총 계		5,653	5,417	9,130	9,183	7,495(100)
직업병	소 계	1,542(27.3)	1,351(24.9)	1,905(20.9)	2,492(27.1)	2,524(33.7)
	진 폐	949	915	1,320	1,943	1,994(26.6)
	난 청	289	219	314	266	302(4.0)
	금속 · 중금속	25	8	19	20	10(0.1)
	유기용제	45	48	33	21	19(0.3)
	특정화학물질	32	32	58	40	44(0.6)
	기타〈바이러스 등〉	202	129	161	202	155(2.1)

※ 특정화학물질 : 석면, 벤지딘염산염, 기타 발암성 물질

자료 : 노동부(2006). 2006 노동백서

성이 강한 진폐, 특정화학물질 중독 및 난청이 여전히 증가추세를 유지하고 있으나, 그 증가율이 대폭 감소되는 현상을 보였다.

또한, 2005년도 작업관련성 질환은 [표 7-47]에서와 같이 전년대비 1,723명(△25.8%)이 감소한 총 4,971명이 발생하여 전체 직업성질병(7,495명)의 66.3%를 차지하였다. 작업관련성 질환의 종류별 분포를 보면 당초 증가할 것으로 예상되었던 근골격계질환이 전년대비 1,211명(△29.5%) 감소한 2,901명으로 부담작업에 의한 근골격계질환은 전년대비 1,027명(△34.8%) 감소한 1,926명, 요통은 184명(△15.9%) 감소한 975명이 발생하였다. 또한 뇌심혈관질환도 전년대비 451명(△19.7%) 감소한 1,834명이 발생하였고 그 중 사망자는 608명으로 180명(△22.8%)이 감소하였으며 질병자는 전년대비 271명(△18.1%)이 감소한 1,226명이 발생하였다(노동부, 2006).

(3) 업종별 산업재해 현황

2005년 업종별 재해현황을 보면 [표 7-48]에서와 같이 근로자 1,105만 9,193명 중에 재해자

표 7-47 2005년도 직업성(업무상) 질병현황 (단위 : 명, %)

구분			2001	2002	2003	2004	2005
총 계			5,653	5,417	9,130	9,183	7,495(100)
직업병	소 계		1,542〈27.3〉	1,351〈24.9〉	1,905〈20.9〉	2,492〈27.1〉	2,524〈33.7〉
	진 폐		949	915	1,320	1,943	1,994(26.6)
	난 청		289	219	314	266	302(4.0)
	금속 · 중금속		25	8	19	20	10(0.1)
	유기용제		45	48	33	21	19(0.3)
	특정화학물질		32	32	58	40	44(0.6)
	기타 〈바이러스 등〉		202	129	161	202	155(2.1)
작업관련성질병	소 계		4,111〈72.7〉	4,066〈75.1〉	7,225〈79.1〉	6,691〈72.9〉	4,971〈66.3〉
	근골격계질환	소계	1,634	1,827	4,532	4,112	2,901(38.7)
		부담작업	768	1,167	2,906	2,953	1,926
		요통	866	660	1,626	1,159	975
	뇌 · 심질환		2,231	2,056	2,358	2,285	1,834(24.5)
	기타 〈간질환 등〉		246	183	335	294	236(3.1)

주 : 특정화학물질은 석면, 벤지딘염산염, 기타 발암성물질을 말한다.

자료 : 노동부(2006). 2006 노동백서

표 7-48 업종별 재해현황 (단위 : 명, %)

구분	2005년 12월			전년동기			증감	
	근로자 수	재해자 수 (사망자)	재해율 (사망만인율)	근로자 수	재해자 수 (사망자)	재해율 (사망만인율)	재해자 수 (사망자)	재해율 (사망만인율)
총 계	11,059,193	85,411 (2,493)	0.77 (2.25)	10,473,090	88,874 (2,825)	0.85 (2.70)	−3,463 (−332)	−9.41 (−16.67)
광 업	16,014	2,258 (421)	14.10 (262.89)	16,135	2,289 (436)	14.19 (270.22)	−31 (−15)	−0.63 (−2.71)
제조업	3,053,545	35,999 (649)	1.18 (2.13)	2,929,451	37,579 (672)	1.28 (2.29)	−1,580 (−23)	−7.81 (−6.99)
건설업	2,127,454	15,918 (609)	0.75 (2.86)	2,009,686	18,896 (779)	0.94 (3.88)	−2,978 (−170)	−20.21 (−26.29)
전기가스 수도사업	52,842	126 (7)	0.24 (1.32)	50,606	129 (8)	0.25 (1.58)	−3 (−1)	−4.00 (−16.46)
운수창고 통신업	669,107	4,700 (184)	0.70 (2.75)	654,776	5,099 (212)	0.78 (3.24)	−399 (−28)	−10.26 (−15.12)
기타 산업	5,140,231	26,410 (623)	0.51 (1.21)	4,812,436	24,882 (718)	0.52 (1.49)	1,528 (−95)	−1.92 (−18.79)

수는 8만 5,411명이며, 이 중 사망자는 2,493명으로 재해율 0.77%, 사망만인률 2.25%를 나타냈으며, 2004년과 비교하면 감소를 보였다. 광업이 14.10%의 가장 높은 재해률을 보였는데, 사망만인률은 262.89%이다. 이에 비해 전기·가스수도업이 가장 낮다.

(4) 사업장 규모별 산업재해 현황

재해가 나타난 사업장 규모를 보면, [표 7-49]에서와 같이 재해자 8만 5,411명 가운데 가장 많은 재해자가 있는 규모는 5~49인으로 44.7%를 보이고 있으며, 가장 적은 재해자를 나타내는 규모는 300~499인이며 5.4%를 나타냈다. 한편 5~49인 사업장에서는 사망자가 높은 점유율을 보였다.

(5) 입사근속기간별 산업재해 현황

입사근속기간별 재해자를 보면, 6개월 미만이 전체의 45.65%를 차지하고 있으며, 이는 가장 낮은 근속연수 4~5년 미만의 3.40%보다 13.4배에 이르는 것으로 나타났다.

표 7-49 사업장 규모별 재해현황(2005) (단위 : 명, %)

구분	2005년 12월			전년동기			증감	
	근로자 수	재해자 수 (사망자)	재해율 (사망만인율)	근로자 수	재해자 수 (사망자)	재해율 (사망만인율)	재해자 수 (사망자)	재해율 (사망만인율)
총 계	11,059,193	85,411 (2,493)	0.77 (2.25)	10,473,090	88,874 (2,825)	0.85 (2.70)	−3,463 (−332)	−9.41 (−16.67)
5인 미만	1,417,972	21,604 (471)	1.52 (3.32)	1,346,245	19,562 (504)	1.45 (3.74)	2,042 (−33)	4.83 (−11.23)
5인 ~ 49인	3,684,063	38,138 (918)	1.04 (2.49)	3,735,117	40,861 (1,053)	1.09 (2.82)	−2,723 (−135)	−4.59 (−11.70)
50인 ~ 99인	1,104,213	6,753 (229)	0.61 (2.07)	1,070,191	6,821 (245)	0.64 (2.29)	−68 (−16)	−4.69 (−9.61)
100인 ~ 299인	1,842,136	8,146 (396)	0.44 (2.15)	1,724,674	8,377 (437)	0.49 (2.53)	−231 (−41)	−10.20 (−15.02)
300인 ~ 999인	1,478,382	4,650 (293)	0.31 (1.98)	1,307,809	5,176 (338)	0.40 (2.58)	−526 (−45)	−22.50 (−23.26)
1,000인 이상	1,532,427	6,120 (186)	0.40 (1.21)	1,289,054	8,077 (248)	0.63 (1.92)	−1,957 (−62)	−36.51 (−36.98)

표 7-50 입사근속기간별 재해현황(1998) (단위 : 명, %)

월 별	재 해 자	구 성 비
총 계	51,514	100.0
0 ~ 6개월 미만	23,518	45.65
6개월 ~ 1년 미만	5,351	10.39
1 ~ 2년 미만	5,900	11.45
2 ~ 3년 미만	3,777	7.33
3 ~ 4년 미만	2,458	4.77
4 ~ 5년 미만	1,751	3.40
5 ~ 10년 미만	4,517	8.77
10년 이상	4,242	8.24

자료 : 상게서

(6) 월별 산업재해 현황

월별 재해자를 보면, [표 7-51]에서와 같이 가장 높은 달은 7월이며, 가장 낮은 달은 10월로 나타났다.

(7) 요일별 산업재해 현황

요일별 재해현황을 보면, [표 7-52]에서와 같이 월요일이 제일 높고 그 다음은 수요일로 나타

표 7-51 월별 재해발생 현황(1998) (단위 : 명, %)

월 별	재 해 자	구 성 비
총 계	51,514	100.0
1월	4,090	7.94
2월	4,180	8.11
3월	4,492	8.72
4월	4,295	8.34
5월	4,302	8.35
6월	3,599	6.99
7월	5,208	10.11
8월	3,896	7.56
9월	4,908	9.53
10월	3,546	6.88
11월	4,697	9.12
12월	4,301	8.35

자료 : 상게서

표 7-52 요일별 재해발생 현황(1998) (단위 : 명, %)

요일별	재 해 자	구 성 비
총 계	51,514	100.0
월요일	8,733	16.95
화요일	8,178	15.88
수요일	8,304	16.12
목요일	7,966	15.46
금요일	8,213	15.94
토요일	6,676	12.96
일요일	3,444	6.69

자료 : 상게서

났으며, 가장 낮은 요일은 일요일이고 그 다음은 토요일이었다. 이는 전체 근로자가 일요일과 토요일에는 업무를 수행하지 않거나 격주제 근무를 수행하기 때문인 것으로 판단된다.

(8) 재해정도별 산업재해 현황

재해정도별 상해현황을 보면, [표 7-53]에서와 같이 29~90일 정도의 기간을 요하는 재해가 가장 높으며, 그 다음은 91~180일, 6개월 이상의 순으로 나타났다. 즉, 29일~6개월까지의 비율이 전체의 83.74%에 이른다.

표 7-53 재해정도별 재해현황(1998) (단위 : 명, %)

재해정도별	재해자(명)	구성비(%)
총 계	51,514	100.0
사 망	2,212	4.29
6개월 이상	11,088	21.52
91 ~ 180일	12,535	24.33
29 ~ 90일	19,521	37.89
15 ~ 28일	3,933	7.63
8 ~ 14일	1,462	2.84
4 ~ 7일	763	1.48

자료 : 노동부

표 7-54 연령별 재해발생 현황(1998) (단위 : 명, %)

연령별	재해자(명)	구성비(%)
총 계	51,514	100.0
18세 미만	144	0.28
18 ~ 24세	4,166	8.09
25 ~ 29세	6,562	12.74
30 ~ 34세	6,823	13.24
35 ~ 39세	7,911	15.36
40 ~ 44세	7,245	14.16
45 ~ 49세	5,859	11.37
50 이상	12,804	24.85

자료 : 상게서

(9) 연령별 산업재해 현황

연령별로 재해현황을 보면, 50세 이상 근로자가 24.85%의 높은 재해율을 나타내고 있으며, 그 다음은 35~39세의 순으로 나타났다. 반면에 18세 미만은 가장 낮은 재해율인 0.28%로서, 50대 이후 재해율은 18세 미만 재해율의 88.7배에 이르는 것으로 보인다.

요약

1. 기업은 영리를 목적으로 생산활동에 참여하는 경제적 조직체이며, 기업의 목적은 이윤추구에 있다. 우리나라 기업은 19세기 말에 1950년대 농업본위국에서 1970년대 공업본위국으로 전환하는 데 기여했고, 경제개발 5개년계획에 의한 경제발전과 함께 성장하여 왔다. 우리나라 기업의 재무구조상 주요 특징은 낮은 자기자본비율이다.
2. 기업의 구조조정은 기업경영의 효율적 확보에 있다. 즉, 불필요한 부분을 없애고 핵심역량을 중심으로 사업을 재구성하므로서 수익성을 높이려는 기업의 생존전략이다. 기업의 구조조정은 기업인수합병, 차입매수, 분리매각, 분리설립 등의 다양한 형태로 진행된다.
3. 기업의 구조조정은 근로자의 고용형태를 변화시키고 있는데, 재택근로, 시간제근로 등의 계약직, 일용직 등 불안정한 고용형태를 띠고 있으며, 단기간 근로자의 고용형태가 뚜렷히 증가하고 있다.
4. 2005년에는 총 사업체 수는 138만 9,138개소이며, 그중 5~29인 이하가 133만 4,829개소로서 96.0%이며, 30~299인은 5만 2,417개소로서 3.8%이고, 300인 이상 대기업이 1,892개소로서 0.1%로 나타났다. 남성과 여성의 근로자 비율은 2006년에는 69.0 : 31.0(2006년 기준)이다.
5. 해고의 제한을 위하여 근로기준법에서는 해고예고와 해고 등의 제한 등을 명문화하였다. 또한 근로자귀책사유로 인한 해고 시에는 취업규칙에 명시토록 하였으며, 경영상의 해고에 대하여는 회피노력, 지원 등을 제시하고 있다.
6. 우리나라 근로시간은 근로기준법상 휴게시간을 제하고 44시간을 초과할 수 없으며, 1일 근로시간은 휴게시간을 제하고 8시간을 초과할 수 없다. 우리나라 근로자는 2005년 현재 23.2일 근로하고, 총근로시간은 195.1시간이며, 여성은 남성보다 오래 일하고 적은 시간에 근로한다. 2005년 건설업이 가장 오래 일하며(24.0일), 제조업이 가장 많이 일하는 것(46.7시간)으로 나타났다.
7. 2005년 현재 대졸자는 182만 4,300원을 받고, 전문대졸은 160만 7,400원을 받는다, 대졸자를 100으로 하였을 때 전문대졸업자는 88.1%, 고졸 이하 사무직 72.6%, 생산직 81.9% 등을 보였다. 대학졸업과 전문대졸업과 가장 큰 폭으로 차이를 보이고 있는 산업은 운수 · 창고 및 통신업이다.
8. 한편 우리나라는 국가가 임금결정에 개입하여 임금의 최저수준을 정하는 최저임금제를 채택하고 있으며, 기업에서는 종업원의 능력과 실적 공헌도를 평가하여 연간 임금액을 결정하는 연봉제를 채택하고 있다.

9. 작업자의 작업환경은 자료, 사물, 사람 등과의 직무수행기능 정도, 육체적인 활동에 의한 작업행동 형태, 작업장소, 온도변화, 습기, 소음, 진동, 분진, 위험성 등의 작업조건 등으로 구분된다.
10. 산업안전보건은 정책의 부재, 여명, 형성, 발전의 형태를 띠면서 발전하여 왔으며, 일로 인하여 발생된 재해에 대하여 산업재해보상을 국가에서 수행한다. 2005년 업종별 재해현황을 보면 근로자 1,105만 9,193명 중에 재해자 수는 8만 5,411명이며, 이 중 사망자는 2,493명으로 재해율 0.77%, 사망만인률 2.25%를 나타냈다가 지속적으로 감소하고 있으며, 1998년 현재 0.68%의 재해율을 보였다.
11. 1997년도 업무상 질병자에서 가장 높은 질병은 뇌 · 심혈관질환자가 39.5%를 나타내고 진폐증 23.7%, 난청 18.0% 등 3대 질병이 81.2%를 차지하고 있다.

연구문제

1. 우리나라 기업의 발전과정과 기업을 평가할 때에 어떤 방법들이 유용한지를 설명하시오.
2. 우리나라 기업의 일반적 특성을 구체적으로 논하시오.
3. 노동시장에서의 고용형태의 변화를 설명하고 단기간 근로에 대하여 논하시오.
4. 우리나라의 사업체 및 근로자의 현황을 설명하고 특성을 제시하시오.
5. 우리나라에서 해고의 제한을 위한 장치에 대하여 관련법을 근거로 하여 설명하시오.
6. 우리나라에서 법적으로 가능한 근로시간과 휴가를 설명하고 우리나라 현황을 논하시오.
7. 우리나라의 임금수준을 논하되 임금격차를 제시하시오. 또한 최저임금제의 도입배경을 설명하시오.
8. 연봉제를 기업에서 도입하게 되는 이유와 연봉제의 장단점을 논하시오.
9. 작업조건에서 위험성에는 어떤 종류가 있는지 설명하시오.
10. 소음, 분진, 진동에 대한 인간의 노출 허용기준을 제시하고 많이 노출되었을 시에 나타나는 질병에 대하여 논하시오.
11. 산업안전보건의 변천과정을 진술하고 산업안전과 보건의 의미를 설명하시오.
12. 작업안전수칙에는 어떤 사항이 포함되는지 설명하시오.
13. 산업재해보상이 성립되기 위한 조건을 설명하시오.
14. 우리나라 산업재해 발생의 특징에 대하여 논하시오.

08

우리나라 표준직업정보

우리나라의 대표적 직업정보는 표준화된 직업정보이다. 『한국표준산업분류』, 『한국표준직업분류』, 『한국직업사전』, 『한국직업전망서』, 고용정보 워크넷 등이 그 예이다. 이 장에서는 우리나라의 표준직업정보의 생산과정과 내용 등을 상세히 논하고자 한다.

|제1절| 직업정보의 생산과정

노동시장에 존재하고 있는 직업에 관하여 최신의 정확한 정보를 제공한다는 것은 매우 방대한 작업이다. 이러한 직업정보 생산사업은 국가적인 사업으로 총체적인 정보제공은 적게는 3년에서 많게는 18년에 이르는 장구한 세월이 필요한 것으로 나타났다. 이렇게 긴 기간이 필요한 것은 우리나라의 사회적 · 경제적 환경조성에 많은 제약조건이 따르기 때문이지만, 이러한 정보 자체가 갖는 절대적인 시간소요가 매우 크기 때문이기도 하다.

1. 『한국표준산업분류』의 생산과정

『한국표준산업분류』는 산업관련 통계자료의 정확성, 비교성을 확보하기 위하여 작성된 것으로서 1963년 3월 경제활동 중에서 우선 광업과 제조업 부분에 대한 산업분류를 제정하였고, 이듬해 4월 비제조업 부문에 대한 산업분류를 추가로 제정함으로써 우리나라의 표준산업분류체계를 완성하였다. 이렇게 제정된 『한국표준산업분류』는 유엔의 『국제표준산업분류』(1차 개정 : 1958년)에 기초하여 작성된 것이다.

우리나라의 대표적인 직업정보의 하나인 『한국표준산업분류(Korean Standard Industrial Classification : KSIC)』는 경제기획원에서 통계자료의 정확성과 비교성을 높이기 위한 통계기준 업무의 일환으로 1963년 3월 경제활동 중 우선 광업과 제조업에 대한 『한국표준산업분류』를 제정하여 제1권을 발간하였고, 다음 해 4월 비제조업에 대한 『한국표준산업분류』를 제정하여 제2권을 발간하였다.

그러나 양권을 통합하여야 할 필요성이 제기되면서 1965년 1월부터 1965년 9월까지 제1차 산업분류 개정작업을 단행하여, 1965년 9월에 제1차 개정을 하였고, 1968년 상업센서스 등 대규모 신규조사에 대비하여 1967년 4월~1967년 9월까지 제2차 개정작업을 단행하여 1968년 2월에 제2차 개정을 하였다. 그리고 1968년에 『국제표준산업분류』가 제2차 개정됨에 따라 1969년 1월 전면 개정작업에 들어가 1970년 3월에 제3차 개정을 하였다. 1970년 이래 급속한 경제성장이 이루어지면서 동 분류가 통계목적은 물론 일반 행정목적에도 사용되는 데에 불편이 없도록 보완하여 1984년 1월에 제4차 개정을 하였다.

한편 1968년에 제2차 개정되었던 『국제표준산업분류』가 그동안 국제적인 경제 및 산업구조의 변동실태와 새로운 산업내용을 반영하여 20여 년만인 1989년에 개정 · 권고됨에 따라 동 개정권고 분류체계 및 분류내용을 기본으로 하여 국내적 산업실태와 통계적 요청에 부합토록 하기 위하여 1989년부터 개정작업에 착수, 1991년 9월에 개정 고시하여 현재에 이르고 있다[(대한통계협회, 1991) ([표 8-1] 참조)].

이번 개정은 『한국표준산업분류』가 1991년에 제6차 전면 개정된 이래 8년이 경과하였으며 지식화 · 정보화 사회를 대비하고, 서비스산업 활동의 비중 증대 및 전문화 추세를 반영하기 위하여 표준산업분류를 전면적으로 개정할 필요성이 대두되었다. 이에 따라 1998년 4월 개정작업에 착수, 1년 9개월에 걸쳐 제8차 개정작업을 추진, 통계청 고시 제2000-1호(2000.1.7)로 확정 · 고시하고, 2000년 3월 1일부터 시행하게 되었다.

새로운 산업출현과 산업활동의 전문화 및 다양화에 따른 산업구조의 변화를 반영하여 반도체 관련산업(액정표시장치, 전자카드제조업), 전기통신산업(전기 통신회선설비 임대업, 무선 호출업, 별정통신업), 금융서비스업(투자 자문업, 유가증권관리 및 보관업), 영화 및 방송산업(만화영화제작업, 통합유선 방송업), 통신판매업(전자상거래업) 등의 새로운 산업을 신설하였으며, 서비스산업의 전문화 및 비중 증대경향을 반영하여 사업서비스 부문의 디자인 산업, 사무관련 서비스업, 건축기술 및 엔지니어링서비스산업 등을 보다 세분하였다.

우리나라 산업실정과 산업분석의 효용성 제고를 고려하여 통신업, 사업서비스산업, 오락, 문화 및 운동관련 서비스업을 대분류로 상향 조정하였고, 중 · 소 · 세분류 항목을 확대 조정하였으며, 제조업, 도소매업 및 서비스업에 분산되어 있던 기계장비, 자동차 및 소비용품 수리업 등을 통합하여 서비스산업 부문에서 '92 수리업'의 중분류로 신설하는 한편 국내 생산 업체의 결합생산 상태 또는 비중감소경향 등을 고려하여 세세분류 항목을 삭제 및 통합함으로서 분류체계를 전반적으로 조정하였다.

재생재료 가공원료 생산업과 폐기물 처리업의 개념 및 구분한계를 명확히 하는 등 각 산업의 개념 및 정의를 보다 구체화하는 데 주력하였다.

주요 관심 산업에 대한 분석과 행정목적에 보다 효율적으로 사용할 수 있도록 기본분류에서 관련 산업부문을 발췌하여 정보산업, 문화산업, 스포츠산업, 환경산업, 물류산업 및 관광 산업분류표 등의 특수목적 분류표를 개발하였다.

사업체의 산업활동, 산출물(상품 및 서비스) 및 수출입통계를 연계분석 할 수 있는 통합 경제분류체계 구축을 위한 기본틀이 마련되도록 산업별 생산품과 무역상품분류 상의 연계성을 고려하여 세세분류 항목을 조정하였다(www.nso.go.kr).

2. 『한국표준직업분류』의 생산과정

수입(경제활동)을 위해 개인이 하고 있는 일을 그 수행되는 일의 형태에 따라 체계적으로 유형화한 것이 직업분류이며, 국내 직업구조 및 실태에 맞도록 표준화한 것이 『한국표준직업분류』이다.

우리나라에서 체계적인 직업분류를 한 것은 1960년 당시 내무부 통계국에서 국세조사에 사용한 것이 처음이었다. 그 후 통계업무를 경제기획원에서 관장하게 됨에 따라 통계기준 설정업무의 일환으로 각종 통계표준분류를 설정하게 되어 1963년 10월 『한국표준직업분류(Korean Standard Classification Occupation : KSCO)』가 제정되었고, 1966년 1월 제1차 개정안을 발간하게 되었다.

이후 각국에서 사용토록 권고된 국제노동기구(ILO)의 『국제표준직업분류(International Standard Classification Occupation : ISCO)』를 근거로 1970년 8월에 제2차 개정을 하였으며, 이때에는 직업의 소분류까지만 채택하였다. 그러나 급속한 경제발전으로 인하여 각 산업별 근로자의 직무가 전문화 내지 세분화됨에 따라 1974년 소분류를 세분류까지 확장하여 제3차 개정작업을 하였다.

국제노동기구(ILO)에서는 그동안 경제발전에 따른 직업구조의 변화와 노동관련 통계의 정확성과 비교성 제고를 위한 새로운 통계적 요청에 부합하기 위하여 1988년 제14차 국제노동관계관회의에서 새로운 『국제표준직업분류』 개정안을 확정하고, 이를 각국에서 사용토록 권고하였다. 이에 우리나라에서는 1991년부터 개정작업을 착수, 새로운 권고체계와 국내의 산업구조 및 직업실태를 반영하여 제4차 개정을 1992년 12월에 개정 · 고시하였다(통계청, 1993).

1992년 제4차 개정된 『한국표준직업분류』는 전면 개정된 이래 7년이 경과하였으며 정보통신 및 서비스산업의 급속한 발달에 따라 새로운 직업이 많이 출현하였고, 산업의 기계화에 따라 많은 직업이 쇠퇴하여 직업분류를 전면 개정할 필요성이 대두되었다. 이에 따라 1998년 7월 개정작업에 착수, 1년 6개월에 걸쳐 제5차 개정작업을 추진, 통계청 고시 제2000-2호(2000. 1. 7)로 확정 · 고시하고 2000년 3월 1일부터 시행하게 되었다([표 8-1] 참조).

새로운 산업출현과 기술변화에 따른 직업구조 변화를 반영하여 정보통신산업, 서비스산업 등에서 발생한 새로운 직업을 신설하였으며, 직업의 전문화 · 단순화를 반영하여 전문직은 세분하였고 생산관련 직업은 통합하였다. 우리나라의 사회실정과 직업분석의 효율성 제고를 고려하여 대분류의 판매직과 서비스직을 세분하고 중 · 소 · 세분류를 확대 조정하였으며, 금융전문가를 신설하고 라디오 · TV아나운서, 디자이너, 영양사 등을 준전문가에서 전문가로 이동하였다. 또한 행정의 전문화 추세를 반영하여, 행정 및 기업경영에 종사하는 직업의 분류체계를 신설 · 조정하였다. 맹인학교 교사, 사업능률 전문가, 보모 및 보도석재 포장원 등 현실에 맞지 않는 명칭을 일반적으로 통용되는 명칭으로 변경하여 현실 이용도를 제고하였다. 타자원, 버스안내원, 전통적 촌장 등 쇠퇴한 직업 및 우리나라에 존재하지 않는 직업은 통 · 폐합하였다. 관리자, 전문가, 판매직 등에 대한 분류기준 및 분류단계별 개념을 명확하게 하여 직업에 관한 각종 통계작성 및 이용을 현재보다 더 표준적으로 활용할 수 있도록 하였다(www.nso.go.kr).

3. 『한국직업사전』의 생산과정

인력개발연구소가 3,260여 종의 직업을 분류하여 발간한 1969년판 『한국직업사전』은 경제기획원 조사통계국에서 발간된 『한국표준직업분류(Korean Dictionary of Occupations : KDO)』와 국제노동기구(ILO)에서 제정된 『국제표준직업분류』의 소분류까지를 기준으로 하여 발간되었다.

이에 국립중앙직업안정소는 1980년 『한국직업사전』 편찬계획을 수립하여 그 준비단계로 1981년까지 『한국표준직업분류』, 『국제표준직업분류』, 『미국직업전망서』, 『캐나다직업전망서』, 『한국표준산업분류』, 1969년판 『한국직업사전』 등 직업관련 전문서적과 국내 기업의 직무분석 관계자료를 수집 · 분석하였으며, 『미국직업사전』을 번역하였다. 또한 1982~1986년까지 연차적 사업계획에 따라 1,000여 개의 사업체를 대상으로 현장 직무분석을 통하여 2만여 직무를 조사 · 분석하였으며, 산업분야별로 자료를 정리하여 산업별 직업사전을 발간하였다(국립중앙직업안정소, 1986).

표 8-1 직업정보의 생산기간

구분	『한국표준산업분류』			『한국표준직업분류』			『한국직업사전』		
	기관	소요 준비기간	생성일	기관	소요 준비기간	생성일	기관	소요 준비기간	생성일
제정	경제기획원		1963. 3 1964. 4	내무부 통계국		1960	인력개발 연구소		1969
제1차	경제기획원	8개월	1965. 9	경제 기획원		1966. 1	국립중앙 직업안정소*	6년	1986
제2차	경제기획원	5개월	1968. 2	경제 기획원		1970. 8	중앙고용 정보관리소	7년	1996
제3차	경제기획원	1년	1970. 5	경제 기획원		1974. 11	중앙고용 정보원	6년	2003
제4차	경제기획원	3년	1975. 5	통계청	1년 8개월	1992. 12			
제5차	경제기획원	1년 10개월	1984. 1	통계청	1년 6개월	2000. 1			
제6차	대한통계협회	3년	1991. 9						
제7차	통계청		1998. 2						
제8차	통계청	1년 9개월	2000. 3						

주 : 국립중앙직업안정소에서 발간된 『한국직업사전』은 엄밀히 구분하자면 인력개발연구소가 발간한 『한국직업사전』의 개정판이 아니다.

표 8-2 각국의 직업사전 내용 비교

구분	한국	미국	캐나다
발행연도	2003년(3판)	1991년(4판)	1971년(1판)
내 용	1. 직업코드 2. 직업명칭 3. 산업명칭 4. 유사직업명 5. 직업개요 • 수행직무 • 수행가능 직무기술 6. 관련직업명 7. 직업명세사항	1. 직업코드 2. 직업명 3. 산업분포 4. 유사직업명 5. 직업정의 • 진술문 • 요소진술 • 가능성 6. 관련직업명 7. 직무관련코드	1. 직업코드 2. 직업명 3. 산업분포 4. 직업특성 • 훈련소요기간 • 신체적 요구 • 사물 · 사람 · 자료 관련 기능 5. 진술문 6. 작업자 의무 7. 유사, 관련 직무
직업명세사항 또는 직능등급	작업환경, 유사명칭, 관련직업, 자격/면허, 조사연도	사물-사람-자료	적성, 신체적 활동, 환경적 조건, 교육, 직업준비, 흥미, 기질 등에 관하여 제2권으로 제시
특이사항	구체적인 직업명세사항을 제시	직업사전의 전산화 안내 포함	직업 각각에 대한 정신적 · 신체적 특질을 제시

자료 : 1) 고용정보원(2003). 『한국직업사전』
2) U. S. Department of Labor Employment and Training Administration(1991), Dictionary of Occupational Ttitles revised 4th ed, Vol. I , Vol II
3) Canada The Minister of employment and immigration(1971), Canadian Classification & Dictionary of Occupation, Vol. 1, Vol. 2

『한국직업사전』의 제2판은 제1판에 수록하지 못했던 직업별 기능 정도, 교육, 습숙기간, 신체적 활동, 작업환경, 자격 · 면허 등의 직업명세사항을 추가하여 개정한 것으로, 1987~1994년까지 사업체의 현장 직무분석을 통하여 2만여 개 이상의 직무를 조사 · 분석하고 1만 2,000여 개의 직업을 정리 · 수록하였다(중앙고용정보관리소, 1996).

1997~2002년 동안 조사한 각 산업별 직업을 재분류하고 산업분류 개정으로 조사에서 누락되었던 도 · 소매업, 자동차제조업 등에 대한 추가 직무조사를 실시하여 국내의 전체 산업 및 직업에 대한 정보수록, 또한 일반인의 이해를 높이기 위해 전체적인 구성체제를 변환하여 2003년에 『한국직업사전』 제3판(중앙고용정보원, 2003)을 발간하게 되었다([표 8-1] 참조).

직업사전을 만드는 과정은 장구한 세월, 많은 인력, 섬세한 기술 등이 복합적으로 지원되어야 가능한 사업이다. 『미국직업사전』은 1939년에 처음 제작된 것으로, 이 사전은 국립직업정보서비스 시스템의 요구에 의해 직무배치, 취업상담, 진로지도, 노동시장의 전망, 인력측정을 용이하게 하기 위하여 표준화된 직업정보를 수록하고 있으며, 그 후 1949년, 1965년, 1978년, 1991년 등 4차에 걸쳐 개정을 거듭하였다. 『미국직업사전』은 대부분의 직업정보들이 근로자의 자기보고식 자료가 아니라 직업전문가들이 현장에서 실제 수행되는 직무를 직접 관찰하는 방법을 통해 조사함으로써 직업현장을 사실적으로 전달하며, 미국 노동시장에서 가장 많이 사용되는 직업명을 사용하고 있으며, 직업분류와 구체적인 특징에 관한 질적인 정보를 담고 있다.

『캐나다직업사전(Canadian Classification & Dictionary of Occupation : CCDO)』은 그 내용이나 질적 측면에서 뛰어난 점을 갖고 있는데, 그 이유는 각 직업마다 적성, 신체적 활동, 환경적 조건, 교육, 직업준비, 흥미, 기질 등에 관하여 상세하게 정보화시켜 2권으로 제작하였기 때문이다. 한국, 미국의 직업사전에 포함된 내용은 물론 추가적으로 직무에 대한 흥미요인, 직무에 요구되는 기질 및 환경조건에서도 특수한 사항(위험, 대기조절) 등이 포함되어 양적 · 질적인 측면에서 우수한 직업사전으로 꼽힌다. 또한 다양한 사용자들을 위해 공통된 부호와 언어 사용과 2언어 체제(영어와 불어)로 출판하였다.

우리나라의 직업사전은 『미국직업사전』과 달리 작업환경, 유사명칭, 관련직업, 자격/면허, 조사연도 등을 기호화하여 제시하였다. [표 8-2]는 각국의 직업사전의 정보내용을 비교한 것이다.

4. 『한국직업전망서』의 생산과정

직업전망서는 직업전망 활동을 통하여 새롭게 신생, 소멸, 감소, 증가하는 직업정보를 생성 · 가공 · 제공하는 인쇄 매체 위주의 직업정보서로서 노동시장의 변화 정보를 사전에 예측하며 노동시장에 새로이 진입하는 개인들의 구직활동 및 직업선택과 직업훈련과정에 유용한 정보로 활용하는 데 목적이 있다.

이러한 목적으로 사용되는 직업전망서의 인쇄매체는 나라마다 표현하는 어휘에 차이가 있다. 일본의 경우 『직업핸드북』, 미국의 경우 『직업전망서(Occupational Outlook Handbook : OOH)』, 캐나다의 경우 『미래의 직업(Job Futures)』이란 명칭으로 정기적인 발간이 이루어지고 있다.

우리나라는 외환위기 그 당시 직업정보의 다양화를 꾀하기 위하여 미국, 일본 등의 직업전망서를 번역하는 한편, 1999년도에 최초로 『한국직업전망서(Occupational Outlook

Handbook)』를 생산하게 되었다. 『한국직업전망서』는 『한국직업사전』(1995)의 1만 1,537개 직업을 미국, 일본, 캐나다 등의 직업전망자료와 비교 · 검토하여 200여 개의 직종을 선정한 것이다. 해당직업의 고용전망에 관한 자료를 분석한 후에는 전문가의 의견을 수렴하기 위하여 전문가 집단에게 면접법을 사용하였는데, 면접의 내용은 ① 향후 5년간 인력수요 판단(증가, 유지, 감소), ② 고용증가를 가져오는 요소, ③ 고용감소를 가져오는 요소, ④ 중장기 인력수급계획 등이었다. 또한 인력수급 연구자료를 가지고 예측결과를 확인하는 한편 외국의 직업전망서를 참조하여 보완하였다.

1999년 『1999 한국직업전망서』를 최초로 발간하고, 2001년 『정보기술직업전망』, 2002년 『2003 한국직업전망』, 2003년 『이공계학과 및 직업전망』, 2004년 『2005 한국직업전망』, 2005년 『문화예술직업전망』 등에 이어 『2007 한국직업전망서』가 발간되었다.

5. 고용정보 워크넷의 생산과정

구직자는 노동시장에 입직하기 위하여 직업안정기관에 구직등록을 하며, 사업장에서는 구직자를 구하기 위하여 구인등록을 한다. 직업안정기관에서 사용하는 구인 · 구직에 관한 정보는 고용정보 워크넷에 입력되는데, 이 정보는 전국에서 공동으로 활용하게 되므로 항상 최신의 것이어야 하고 정확해야 한다. [표 8-3]은 고용정보 워크넷상의 구인 · 구직표에서 얻을 수 있는 직업정보를 제시한 것이다.

표 8-3 구인 · 구직표에서의 직업정보

구분	직업정보의 내용
구인정보	사업체명, 대표자, 소재지, 담당자, 전화번호, 종업원 수, 사업자등록번호, 주생산품목, 업종, 자본금, 설립연월일, 노조유무, 구인직종, 성별, 인원, 연령, 학력, 전공, 경력, 자격면허, 기술 및 기능 정도, 병역, 혼인, 기본급, 각종수당, 근무지, 기숙사제공, 통근버스, 식사제공, 고용형태, 가입보험, 상여금, 퇴직금, 임금형태, 휴일, 근무형태, 근로시간, 선발일시, 장소, 방법, 준비물
구직정보	성명, 주민등록번호, 연락처, 취업희망조건(직종 1.2, 지역 1.2, 임금, 숙식 제공 여부, 통근버스 여부), 주요 경력(사업체명, 근무부서, 직위, 재직기간, 퇴직사유, 경력인정 연월, 기술 및 기능 정도, 고용형태), 학력 및 직업훈련(최종학교명, 전공, 직업훈련원명, 훈련직종, 직업훈련기간, 어학, 영어 정도), 자격면허명 및 취득일자, 신체상황(신장, 체중, 시력, 색맹), 병역관계(병역, 군별, 복무기간, 가족관계), 본인 희망사항, 상담지도결과

|제2절| 표준직업정보

1. 『한국표준산업분류』[1]

(1) 『한국표준산업분류』의 기능

『한국표준산업분류』는 생산단위(사업체단위, 기업체단위 등)가 주로 수행하는 산업활동을 그 유사성에 따라 체계적으로 유형화한 것이다. 이러한 『한국표준산업분류』는 산업관련자료의 수집, 제표, 분석 등 통계목적을 위하여 작성된 것으로 통계법에서는 산업통계 자료의 정확성, 비교성을 위하여 모든 통계작성기관이 이를 의무적으로 사용하도록 규정하고 있다. 『한국표준산업분류』는 통계목적 이외에도 일반행정 및 산업정책관련 법령에서 그 법령의 적용대상 산업영역을 한정하는 기준으로 준용되고 있다.

(2) 『한국표준산업분류』의 체계

산업이란 '유사한 성질을 갖는 산업활동에 주로 종사하는 생산단위의 집합' 이라 정의되며, 산업활동이란 '각 생산단위가 노동, 자본, 원료 등 자원을 투입하여, 재화 또는 서비스를 생산 또는 제공하는 일련의 활동과정' 이라 정의된다. 산업활동의 범위에는 영리적 · 비영리적 활동이 모두 포함되나, 가정 내의 가사 활동은 제외된다.

분류구조는 대분류(알파벳 문자 사용/Sections), 중분류(2자리 숫자 사용/Divisions), 소분류(3자리 숫자 사용/Groups), 세분류(4자리 숫자 사용/Classes), 세세분류(5자리 숫자 사용/Sub-Classes) 등의 5단계로 구성된다. 부호처리를 할 경우에는 아라비아 숫자만을 사용토록 했다. 국제권고분류체계를 기본체계로 하였으나, 국내실정을 고려하여 국제분류의 각급 항목을 분할하여 독자적으로 분류항목과 분류부호를 설정하였다.

대분류(sections)의 신 · 구관계에서 A~H는 기본적으로 동일, I+J=I, K=J, L+M=K, N=L, O=M, P=N, Q+R=O, S=P, T=Q이며, 원칙적으로 분류항목 간에 산업내용의 이동을 억제하였으나 일부 이동내용에 대한 연계분석 및 시계열연계를 위하여 신구 연계표를 활용하도록 하였다.

중분류(divisions)를 나타내는 숫자 부호체계의 처음 단위는 '0' 에서 시작하여 '9' 에서 끝나도록 하였다. 각 분류단계에서 더 이상 세분되지 않을 때 '0' 을 사용한다(예를 들면

---

1) 이 내용은 통계청(www.nso.go.kr)에서 일부 내용을 발췌한 것이다.

05/어업, 소분류/050). 또한 소분류 이하에서 '9' 는 기타 항목을 의미한다.

이와 같이 『한국표준산업분류』는 알파벳을 이용한 대분류, 2자리 숫자를 사용한 중분류, 3자리 숫자를 사용한 소분류(groups), 4자리 숫자를 사용한 세분류(classes), 5자리 숫자를 사용한 세세분류(sub-classes) 등 5단계의 분류체계를 갖고 있다.

우리나라의 산업분류는 [표 8-4]에서와 같이 20개의 대분류, 63개의 중분류, 194개의 소분류, 442개의 세분류, 1,121개의 세세분류로 구성되어 있다.

표 8-4 『한국표준산업분류』의 단계별 항목 수

대분류	중분류	소분류	세분류	세세분류
A 농업 및 임업	2	6	17	29
B 어업	1	2	4	8
C 광업	3	7	12	18
D 제조업	23	71	174	473
E 전기, 가스 및 수도사업	2	4	6	7
F 건설업	2	7	13	43
G 도매 및 소매업	3	21	54	162
H 숙박 및 음식점업	1	2	6	22
I 운수업	4	12	21	48
J 통신업	1	2	5	9
K 금융 및 보험업	3	5	15	34
L 부동산 및 임대업	2	6	10	21
M 사업 서비스업	4	15	29	70
N 공공행정, 국방 및 사회보장 행정	1	5	8	25
O 교육서비스업	1	5	11	23
P 보건 및 사회복지사업	2	4	10	22
Q 오락, 문화 및 운동관련 서비스업	2	7	21	55
R 기타 공공, 수리 및 개인 서비스업	4	11	24	49
S 가사 서비스업	1	1	1	1
T 국제 및 외국기관	1	1	1	2
20	63	194	442	1,121

자료 : www.nso.go.kr

(3) 분류의 원칙

1) 산업분류

산업분류는 생산단위가 주로 수행하고 있는 산업활동을 그 유사성에 따라 유형화한 것으로 이는 다음과 같은 분류기준에 의하여 분류된다.

① 산출물(생산된 재화 또는 제공된 서비스)의 특성
- 산출물의 물리적 구성 및 가공단계
- 산출물의 수요처
- 산출물의 기능

② 투입물의 특성
- 원재료, 생산공정, 생산기술 및 시설 등

③ 생산활동의 일반적인 결합형태

2) 통계단위

통계단위는 생산단위의 활동(생산, 재무활동 등)에 관한 통계작성을 위하여 필요한 정보를 수집 또는 분석할 대상이 되는 관찰 또는 분석단위를 말한다. 관찰단위는 산업활동과 지리적 장소의 동질성, 의사결정의 자율성, 자료수집 가능성이 있는 생산단위가 설정되어야 한다. 생산활동과 장소의 동질성의 차이에 따라 통계단위는 다음과 같이 구분된다.

① 하나 이상의 장소, 단일 장소
② 하나 이상의 산업활동 기업집단 지역단위
③ 기업체 단위
④ 단일 산업활동 활동유형단위 사업체 단위

사업체 단위는 공장, 광산, 상점, 사무소 등으로 산업활동과 지리적 장소의 양면에서 가장 동질성이 있는 통계단위이다. 이 사업체 단위는 일정한 물리적 장소에서 단일 산업활동을 독립적으로 수행하며, 영업잉여에 관한 통계를 작성할 수 있고 생산에 관한 의사결정에 있어서 자율성을 갖고 있는 단위이므로 장소의 동질성과 산업활동의 동질성이 요구되는 생산통계 작성에 가장 적합한 통계단위라고 할 수 있다. 그러나 실제 운영면에서 사업체 단위에 대한 정의가 엄격하게 적용될 수 있는 것은 아니다. 실제 운영상 사업체 단위는 '일정한 물리적 장소 또는 일정한 지역 내에서 하나의 단일 또는 주된 경제활동에 독립적으로 종사하는 기업체 또는 기업체를 구성하는 부분단위' 라고 정의할 수 있다. 한편, 기업체 단위란 재화 및 서비스를 생산하는 법적 또는 제도적 단위의 최소결합체로서 자원배분에 관한 의사결정에서 자율성을 갖고 있다. 기업체는 하나 이상의 사업체로 구성될 수 있다는 점에서 사업체와 구분되며, 재무관련 통계작성에 가장 유용한 단위이다.

3) 생산단위

생산단위의 산업활동은 일반적으로 주된 산업활동, 부차적 산업활동 및 보조적 활동이 결합되어 복합적으로 이루어진다. 주된 산업활동이란 산업활동이 복합 형태로 이루어질 경우 생산된 재화 또는 제공된 서비스 중에서 부가가치(액)이 가장 큰 활동을 말하며 부차적 산업활동은 주된 산업활동 이외의 재화생산 및 서비스제공활동을 말한다. 이러한 주된 활동과 부차 활동은 보조 활동의 지원 없이는 수행될 수 없으며 보조 활동에는 회계, 창고, 운송, 구매, 판매촉진, 수리업무 등이 포함된다. 보조 활동은 모 생산단위에서 사용되는 비내구재 또는 서비스를 제공하는 활동으로서 생산활동을 지원해 주기 위하여 존재한다. 생산활동과 보조 활동이 별개의 독립된 장소에서 이루어질 경우 지역 통계작성을 위하여 보조단위에 관한 정보를 별도로 수집할 수 있다. 다음과 같은 활동단위는 보조단위로 보아서는 안되며 별개의 사업체로 간주하여 그 자체활동에 따라 분류하여야 한다.

① 고정자산 형성의 일부인 재화의 생산, 예를 들면 자기계정을 위한 건설활동을 하는 경우 이에 관한 별도의 자료를 이용할 수 있으면 건설활동으로 분류한다.
② 모 생산단위에서 사용되는 재화나 서비스를 보조적으로 생산하더라도 그 생산되는 재화나 서비스의 대부분을 다른 사업체에 판매하는 경우
③ 모 생산단위가 생산하는 생산품의 구성부품이 되는 재화를 생산하는 경우, 예를 들면 모 생산단위의 생산품을 포장하기 위한 캔, 상자 및 유사제품의 생산
④ 연구 및 개발활동은 통상적인 생산과정에서 소비되는 서비스를 제공하는 것이 아니므로 그 자체의 본질적인 성질에 따라 사업서비스업으로 분류한다.

산업결정방법은 다음과 같다.

① 생산단위의 산업활동은 그 생산단위가 수행하는 주된 산업활동(판매 또는 제공되는 재화 및 서비스)의 종류에 따라 결정된다. 이러한 주된 산업활동은 산출물(재화 또는

서비스)에 대한 부가가치(액)의 크기에 따라 결정되어야 하나, 부가가치(액)의 측정이 어려운 경우에는 산출액에 의하여 결정한다.

② 상기의 원칙에 따라 결정하는 것이 적합하지 않을 경우에는 그 해당 활동의 종업원 수, 임금 및 급여액 또는 설비의 정도에 의하여 결정한다.

③ 단일사업체가 산업영역을 달리 할 수 있는 2가지 이상의 활동을 복합적으로 결합하여 수행할 경우로서 종업원 수 및 시설 면에서 그 주된 활동을 구분할 수 없을 때에는 그 활동의 결합형태에 따라 산업결정 방법을 달리한다. 벌목과 제재, 점토채취와 벽돌제조 등과 같이 수직적으로 결합되는 경우에는 일반적으로 최종단계의 활동에 따라 분류되며, 제조한 신발과 구입한 신발의 판매, 빵 · 과자 제조와 설탕과자 제조 등과 같이 수평적으로 결합되어 이들 활동을 별도로 분리하여 파악할 수 없을 경우에는 주된 산출물에 따라 분류된다. 예를 들면 벌목한 대부분의 원목을 원목대로 판매하고 일부만 제재하는 경우에는 벌목업으로 분류되어야 하나 벌목한 원목을 판매하지 않고 이를 직접 제재하는 경우에는 제재업으로 분류한다.

④ 계절에 따라 정기적으로 산업을 달리하는 사업체의 경우에는 조사시점에서 경영하는 사업과는 관계없이 조사대상 기간 중 산출액이 많았던 활동에 의하여 분류된다.

4) 산업분류의 적용원칙

① 생산단위는 산출물뿐만 아니라 투입물과 생산공정 등을 함께 고려하여 그들의 활동을 가장 정확하게 설명된 항목에 분류해야 한다.

② 복합적인 활동단위는 우선적으로 최상급 분류단계(대분류)를 정확히 결정하고, 순차적으로 중, 소, 세, 세세분류 단계 항목을 결정하여야 한다.

③ 수직적으로 결합되어 있는 단위는 달리 명시된 항목내용이 없으면 최종제품의 성질에 따라 분류한다.

④ 수수료 또는 계약에 의하여 활동을 수행하는 단위는 자기계정과 자기책임하에서 생산하는 단위와 동일항목에 분류되어야 한다.

⑤ 자기가 직접 실질적인 생산활동은 하지 않고, 다른 계약업자에 의뢰하여 재화 또는 서비스를 자기계정으로 생산케 하고, 이를 자기명의로, 자기책임하에서 판매하는 단위는 이들 재화나 서비스 자체를 직접 생산하는 단위와 동일한 산업으로 분류하며, 제조업의 경우에는 그 제품의 고안에 중요한 역할을 하고 자기계정으로 재료를 제공하여야 한다.

표 8-5 『한국표준산업분류』의 산업설명문의 예

17310 원단편조업(Knitted fabrics mills)

각종 섬유를 환편, 경편, 횡편 및 평편 등의 각종 기계적 방법으로 편조하거나 또는 수작업으로 뜨게 하여 의복용 및 기타용의 광폭 편조원단을 제조하는 산업활동을 말한다.

<예 시>

· 메리야스원단 제조 · 편조원단 제조

<제 외>

- 구입한 편조원단을 재단 · 재봉하여 의복을 제조할 경우에는 그 제품의 종류에 따라 (181) 중의 적합한 항목에 분류
- 특정형의 의복부분품을 편조하는 경우는 그것이 사용되는 의복 편조업으로 분류
- 원단, 스트립 및 모티브상의 레이스 편조(17999)

⑥ 각종 기계장비 및 용품의 개량, 개조 및 재생은 그 기계장비 및 용품의 제조업과 동일 산업으로 분류하나 이들의 경상적인 유지수리를 전문으로 수행하는 독립된 사업체의 산업활동은 '92 : 수리업' 으로 분류한다. 수수료 또는 계약에 의하여 운송사업장 내에서 철도차량, 선박 및 항공기의 경상적인 점검, 보수 및 유지관리활동은 '63 : 운수관련 서비스업' 으로 분류되며, 고객의 특정 사업장내에서 건물 및 산업시설의 경상적인 유지관리를 대행하는 경우는 '75 : 사업지원 서비스업' 에 분류한다.

⑦ 동일단위에서 제조한 재화의 소매활동은 별개 활동으로 파악되지 않고 제조활동으로 분류되어야 한다. 그러나 자기가 생산한 재화와 구입한 재화를 함께 판매한다면 그 주된 활동에 따라 분류한다.

⑧ '공공행정 및 국방, 사회보장사무' 이외의 다른 산업활동을 수행하는 정부기관은 그 활동의 성질에 따라 분류하여야 한다.

(4) 『한국표준산업분류』에 의한 직업 유추

『한국표준산업분류』에서 제공되는 직업정보는 대분류, 중분류, 세세분류에서 5개의 분류코드가 갖고 있는 산업을 설명하고, 산업을 설명하는 내용에는 직무내용을 암시하고 있으므로 그 산업에 속한 직업을 유추할 수 있다. [표 8-5]는 『한국표준산업분류』의 산업설명의 예를 제시한 것으로, 이 설명을 통해 그 산업에서 활동할 수 있는 직업을 알 수 있다.

2. 『한국표준직업분류』[2)]

(1) 분류목적

『한국표준직업분류』의 직업분류는 행정자료 및 인구총조사 등 고용관련 통계조사를 통하여 얻어진 직업정보를 분류하고 집계하기 위한 것으로 직업관련 통계를 작성하는 모든 기관이 통일적으로 사용하도록 하여 통계자료의 정확성과 비교성을 확보하기 위한 것이다. 또한 각종 직업정보에 관한 국내통계를 국제적으로 비교, 이용할 수 있도록 하기 위하여 ILO의 국제권고분류체계(ISCO)를 근거로 설정되고 있다.

이러한 직업관련 통계는 각종 장 · 단기 인력수급 정책수립과 직업연구를 위한 기초자료뿐만 아니라 다음과 같은 자료로 활용되고 있다.

- 취업알선을 위한 구인 · 구직안내 기준
- 직종별 급여 및 수당지급 결정기준
- 직종별 특정질병의 이환율, 사망률과 생명표작성 기준
- 산재보험률, 생명보험률 또는 산재보상액, 교통사고 보상액 등의 결정기준

(2) 직무와 직업의 정의

직업분류상 직무(job)란 '생산활동에 종사하는 개별 근로자 한 사람에 의하여 정규적으로 수행되었거나 또는 수행되도록 설정 · 교육 · 훈련되는 일련의 업무와 임무' 라고 정의하였다. 직무는 직업분류의 가장 기본적인 개념이며, 직업은 유사한 직무의 집합으로 정의된다.

여기서 '유사한 직무' 는 '동일한 형태의 일' 이며, '일의 정규성' 이란 일정형태의 직무를 매일, 매주, 매월, 계절적 · 주기적으로 행하거나 또는 명확한 주기를 갖지 않더라도 현재 계속되고 있으며, 그 일에 대하여 의사와 능력을 가지고 행하는 것을 의미한다. 일의 계속성이란 일시적인 것을 제외한 다음에 해당되는 것을 말한다.

① 매일, 매주, 매월 등 주기적으로 행해지는 것
② 계절적으로 행해지는 것
③ 명확한 주기는 없으나 계속적으로 행해지는 것
④ 현재 하고 있는 일을 계속적으로 행할 의지와 가능성이 있는 것

『한국표준직업분류』에서 직업으로 보지 않는 활동에는 다음과 같은 것들이 있다.

---

2) 이 내용은 통계청(www.nso.go.kr)에서 일부 내용을 발췌한 것이다.

① 이자, 주식배당, 임대료(전세금, 월세금) 등과 같은 재산 수입이 있는 경우
② 연금법, 생활보호법, 국민연금법 및 고용보험법 등의 사회보장에 의한 수입이 있는 경우
③ 경마, 경륜 등에 의한 배당금 수입이 있는 경우
④ 예적금 인출, 보험금 수취, 차용 또는 토지나 금융자산을 매각하여 수입이 있는 경우
⑤ 자기 집에서 가사 활동
⑥ 정규 교육기관에 재학하고 있는 경우
⑦ 시민봉사활동 등에 의한 무급 봉사적인 일에 종사하는 경우
⑧ 법률위반 행위나 법률에 의한 강제노동을 하는 경우, 즉 강도, 절도, 매춘, 밀수 및 수형자의 활동 등을 말한다.

(3) 분류체계 및 원칙

1) 분류체계

직업분류체계는 직무(수행된 일의 형태)를 기본으로 하여 직능(직무수행능력)을 근거로 편재되었다. 직능은 특정임무를 수행할 수 잇는 능력으로 이것은 특정한 직업에 종사하는 종사자 간의 숙련도 차이를 의미하는 것은 아니다.

직능(skill)은 교육, 훈련, 경험 또는 선천적 능력과 사회적 · 문화적 환경을 통하여 얻어

표 8-6 『한국표준직업분류』 표의 체계

대분류	중분류	소분류	세분류	세세분류
0 의회의원, 고위임직원 및 관리자	3	8	34	72
1 전문가	8	33	75	240
2 기술공 및 준전문가	9	29	68	193
3 사무 종사자	2	11	28	58
4 서비스 종사자	4	14	31	75
5 판매 종사자	3	6	9	18
6 농업, 임업 및 어업숙련 종사자	3	10	24	48
7 기능원 및 관련 기능 종사자	5	17	70	282
8 장치, 기계조작 및 조립 종사자	4	23	82	357
9 단순노무 종사자	4	9	23	58
A 군인	1	2	3	3
11	46	162	447	1,404

지며, 자격(qualification)은 시험합격 등과 같은 공식적인 기준을 충족함으로써 부여된다.

『한국표준직업분류』에서는 직무와 직무능력의 2가지 개념구조를 갖고 있으며, [표 8-6]에서와 같이 대분류 11개, 중분류 46개, 소분류 162개, 세분류 447개, 세세분류 1,404개 등으로 분류되었다.

분류부호는 아라비아 숫자로 표시하며 대분류항목 1자리, 중분류 2자리, 소분류 3자리, 세분류 4자리, 세세분류은 5자리로 표시된다. 또한 동일 중 · 소분류에 포함된 세 · 세세분류 끝항목의 숫자 9는 「기타~」를 말하는 달리 분류되지 않은 항목 표시를 말한다.

『한국표준직업분류』에서는 특종직종에 대한 분류의 원칙을 제시하였다. 즉, 자영업주 직종은 고용상태에 따라 구분되는 개념이라는 점에서 그들이 주로 수행하는 직무내용이 관리자 또는 감독자들이 하는 일과 유사한가 또는 동일분야에서 종사하는 다른 근로자와 유사한가에 따라 분류하였다. 계속적인 관찰, 평가, 지도 등에 의하여 직무훈련 업무를 주로 하는 지도적 근로자의 직업은 그들이 지도하는 특정직종, 기능 또는 기계조작업무 근로자의 직종으로 분류하였다. 개인교수는 학교수준의 교사와 동일하게 보아 '3340 기타 교육준전문가' 로 분류하였으며, 연구 및 개발업무 근로자는 '2. 전문가' 로 분류하였고, 다만 연구자가 교육업무에 종사할 경우 교육자로 분류하였다. 수습 또는 훈련생은 그들의 실질적 업무 및 임무에 따라 분류하였으며, '0. 군인' 에서는 국방문제와 관련된 정부기업에 고용된 민간인, 경찰(헌병 외), 세관원 및 국경경비대 또는 기타 무장 민간복무자, 국가의 요청에 따라 단기간 군사훈련 또는 재훈련을 위해 일시적으로 응집된 자 및 현역에 있지 않은 예비군은 제외되었다.

2) 분류원칙

① 포괄적인 업무에 대한 분류

동일한 직업이라 할지라도 사업체 규모에 따라 직무범위에 차이가 날 수 있다. 예를 들면, 소규모 사업체에서는 음식조리와 제공이 하나의 단일 직무로 되어 조리사의 업무로 결합될 수 있는 반면, 대규모 사업체에서는 이들이 별도로 분류되어 독립적인 업무로 구성될 수 있다. 직업분류는 국내외적으로 가장 보편적인 업무의 결합상태에 근거하여 직업 및 직업군을 결정한다. 따라서 어떤 직업의 경우에 있어서는 직무의 범위가 분류에 명시된 내용과 일치하지 않을 수도 있다. 이러한 경우 다음과 같은 분류원칙을 적용한다.

㉠ 수적우위 원칙

2개 이상의 직무를 수행하는 경우는 수행되는 직무내용과 관련 분류 항목에 명시된 직무내용을 비교 · 평가하여 관련직무 내용상의 상관성이 가장 많은 항목에 분류한다.

㉡ 최상급 직능수준 우선 원칙

수행된 직무가 상이한 수준의 훈련과 경험을 통해서 얻어지는 직무능력을 필요로 한다면 가장 높은 수준의 직무능력을 필요로 하는 일에 분류하여야 한다.

㉢ 생산업무 우선 원칙

재화의 생산과 공급이 같이 이루어지는 경우는 생산단계에 관련된 업무를 우선적으로 분류한다. 예를 들면 빵을 굽는 제빵원이 빵을 제조하고 이를 판매하였다면 판매원으로 분류하지 않고 제빵원으로 분류하여야 한다.

② 다수직업 종사자의 분류

한 사람이 전혀 상관성이 없는 2가지 이상의 직업에 종사할 경우 그 직업을 결정하는 일반적 원칙은 다음과 같다.

㉠ 취업시간이 많은 직업을 택한다.
㉡ 위의 경우로 분별하기 어려운 경우는 수입이 많은 직업을 택한다.
㉢ 위의 2가지 경우가 분명치 못할 경우에는 조사 시 최근의 직업을 택한다.

3) 특정직종의 분류요령

① 관리, 행정 및 입법적 기능 수행업무 종사자

관리, 행정 및 입법기능을 수행하는 자는 대분류 '0 : 의회의원, 고위임직원 및 관리자'에 분류된다. 따라서 주된 업무가 정책 결정, 법규 등의 입안 업무를 주로 하는 중앙 및 지방정부 고위공무원 및 공사기업 감독자와 농업, 도 · 소매업 및 음식숙박업 등의 관리자, 자영업주 중 행정 및 관리 업무를 주로 하는 자 등이 여기에 분류된다.

② 품질검사 직종

주된 업무가 제품의 품질기준과 제조 명세사항이 준수되도록 하는 것을 주업무로 한다면 '2372 : 산업안전 및 품질검사 종사자'로 분류하나, 제품을 기계적으로 검사하는 것으로 이루어져 단순히 시각적 확인검사를 주로 하는 시험 및 검사원은 그 제품의 생산자와 함께 분류된다.

③ 자영업주 직종

자영업주는 수행되는 일의 형태에 따른 구분이 아니라 고용상태에 따라 구분된 개념이므로 직업분류에서 자영업주의 직업은 그들이 주로 수행하는 직무내용이 관리자 또는 감독자가 하는 일과 유사한가, 동일 분야에서 종사하는 다른 근로자와 유사한 일을 하는가에 따라 그 주된 직무의 유사성에 따라 분류된다.

④ 감독 직종

반장 등과 같이 주로 수행된 일의 전문, 기술적인 통제업무를 수행하는 감독자는 그 감독되는 근로자와 동일 직종으로 분류한다. 그러나 주된 업무가 자기 감독하에 있는 일 또는 근로자의 일상 작업활동을 기획, 조직, 통제, 지시하는 업무인 경우에는 관리직으로 보아 '02: 행정 및 경영관리자 또는 03 : 일반관리자' 로 각각 분류된다.

⑤ 지도 직종

계속적인 관찰, 평가 및 지도에 의하여 직무훈련 업무를 주로 하는 지도직 종사자의 직업은 그들이 지도하는 특정직종, 기능 또는 기계조작 종사자로 분류된다.

⑤ 연구 및 개발직종

연구 및 개발업무 종사자는 '대분류 1 : 전문가' 에서 그 전문분야에 따라 분류된다. 다만, 연구자가 교육업무에 종사할 경우에는 교육전문가로 분류하여야 한다.

⑥ 군인 직종

군인은 별도로 대분류 'A : 군인' 에 분류된다. 이것은 수행된 일의 형태에 따라 분류되어야 한다는 일반원칙보다는 자료수집상의 현실성에 따라 규정된 것이다. 산업분류상에서 군부대는 '75 : 공공행정, 국방 및 사회 보장행정' 에 분류된다.

⑦ 기능원과 기계조작원의 직무능력 관계

하나의 제품이 기능원에 의해 제조되는지 또는 대량 생산기법을 유도하는 기계를 사용해서 제조되는지에 따라 필요로 하는 직무능력에 대단한 영향을 미친다. 즉 기능원은 재료, 도구, 수행하는 일의 순서와 특성 및 최종제품의 용도를 알아야 하는 반면 기계조작원은 아주 복잡한 기계 및 장비의 사용방법, 기계에 어떤 결함이 발생하고 있다면 이를 대체하는 방법을 알아야 한다. 또한 기계조작원은 생산품의 명세서가 바뀌거나, 새로운 기법이 도입될 때 이를 적용할 수 있는 직무능력수준과 훈련을 가져야 한다.

(4) 대분류 내용

『한국표준직업분류』상 11개의 대분류는 직업을 군집화한 것으로, [표 8-7]은 대분류의 항목 내용을 요약한 것이다.

표 8-7 「한국표준직업분류」상의 대분류

대분류명	내 용
0. 의회의원, 고위임직원 및 관리자 (Legislators, Senior Officials and Managers)	법률과 규칙을 제정하고, 정부를 대표, 대리하며 정부 및 특수이익단체의 정책을 결정하고 이에 대해 지휘 · 조언한다. 또한 정부, 기업, 단체 또는 그 내부 부서의 정책과 활동을 기획, 지휘 및 조정하는 직무를 수행한다. 대분류의 범위를 정하는 직무능력에 관한 사항은 적용되지 않았다.
1. 전문가 (Professionals)	물리, 생명과학 및 사회과학 분야에서 높은 수준의 전문적 지식과 경험을 기초로 과학적 개념과 이론을 응용하여 해당 분야를 연구, 개발 및 개선한다. 또한 고도의 전문지식을 이용하여 의료 진료활동과 각급 학교 학생을 지도하고 예술적인 창작활동을 수행한다. 이 대분류에 포함되는 직업은 제4수준의 직무능력을 필요로 한다.
2. 기술공 및 준전문가(Technicians and Associate Professionals)	하나 이상의 물리, 생명과학 및 사회과학 분야에서 기술적 지식과 경험을 기초로 전문가의 지휘하에 조사, 연구 및 의료, 경영, 상품거래에 관련된 기술적인 업무와 스포츠 활동을 수행한다. 이 대분류에 포함되는 대부분의 직업은 제3수준의 직무능력을 필요로 한다.
3. 사무 종사자 (Clerks)	관리자, 전문가 및 준전문가를 보조하여 경영방침에 의해 사업계획을 입안하고 계획에 따라 업무추진을 수행하며, 당해 작업에 관련된 정보기록, 보관, 계산 및 검색 등의 업무를 수행한다. 또한 금전취급 활동, 여행알선, 정보요청 및 예약업무에 관련하여 많은 고객을 대상으로 하는 사무적인 업무를 수행한다. 이 대분류에 포함되는 대부분의 직업은 제2수준의 직무능력을 필요로 한다.
4. 서비스 종사자 (Service Workers)	개인보호, 이 · 미용, 조리 및 신변보호에 관련된 서비스를 제공하는 업무를 수행한다. 이 대분류에 포함되는 대부분의 직업은 제2수준의 직무능력을 필요로 한다.
5. 판매 종사자 (Sale Workers)	도 · 소매 상점이나 유사사업체 또는 거리 및 공공장소에서 상품을 판매하며, 상품을 광고하거나 예술작품을 위하여 일정한 자세를 취하고 상품의 품질과 기능을 선전하는 등의 활동을 수행한다. 이 대분류에 포함되는 대부분의 직업은 제2수준의 직무능력을 필요로 한다.
6. 농업, 임업 및 어업숙련 종사자 (Skilled Agricultural, Forestry and Fishery Workers)	농산물, 임산물 및 수산물의 생산에 필요한 지식과 경험을 기초로 전답작물 또는 과수작물을 재배 · 수확하고 동물을 번식 · 사육하며 산림을 경작, 보존 및 개발한다. 또한 물고기의 번식 및 채취 또는 기타 형태의 수생 동식물을 양식 · 채취하는 업무를 수행한다. 이 대분류에 포함되는 대부분의 직업은 제2수준의 직무능력을 필요로 한다.
7. 기능원 및 관련 기능종사자(Craft and Related Trades Workers)	광공업, 건설업 분야에서 관련된 지식과 기술을 응용하여 금속을 성형하고 각종 기계를 설치 및 정비한다. 또한 섬유, 수공예 제품과 목재, 금속 및 기타 제품을 가공한다. 작업은 손과 수공구를 사용하며 이러한 업무는 생산과정의 모든 공정과 사용되는 재료, 최종 제품에 관련된 내용을 알 수 있어야 한다. 이 대분류에 포함되는 대부분의 직업은 제2수준의 직무능력을 필요로 한다.
8. 장치, 기계조작 및 조립 종사자 (Plant , Machine Operators and Assemblers)	대규모적이고 때로는 고도의 자동화된 산업용 기계 및 장비를 조작하고 부분품을 가지고 제품을 조립하는 업무로 구성된다. 작업은 기계조작뿐만 아니라 컴퓨터에 의한 기계제어 등 기술적 혁신에 적응할 수 있는 능력을 포함하여 기계 및 장비에 대한 경험과 이해가 요구된다. 이 대분류에 포함되는 대부분의 직업은 제2수준의 직무능력을 필요로 한다.

표 8-7 『한국표준직업분류』상의 대분류(계속)

대분류명	내용
9. 단순노무 종사자(Elementary Occupations)	주로 수공구의 사용과 단순하고 일상적이며, 어떤 경우에는 상당한 육체적 노력이 요구되고, 거의 제한된 창의와 판단만을 필요로 하는 업무를 수행한다. 이 대분류상 대부분의 직업은 제1수준의 직무능력을 필요로 한다.
A. 군인(Armed Forces)	의무복무 중인 사병을 제외하고 현재 군복무에 종사하는 자로 민간고용이 자유롭지 못한 자를 말한다. 국방과 관련된 정부기업에 고용된 민간인, 경찰, 세관원 및 무장 민간 복무자, 국가의 요청에 따라 단기간 군사훈련 또는 재훈련을 위해 일시적으로 소집된 자 및 예비군은 제외한다. 대분류의 범위를 정하는 직무능력에 관한 사항은 적용되지 않았다.

(5) 직업설명문

[표 8-8]은 『한국표준직업분류』에서 제시된 직업설명문의 예시이다. 이 예시에서, 회계 및 부기사무원은 세분류상의 직업명이며 4121은 직업코드이다. 부기사무원은 세세분류상의 직업명이며 41211의 직업코드를 갖는다. 이와 같이 『한국표준직업분류』는 대분류, 중분류, 소분류, 세분류상의 직업군과 직업명에 대한 설명문을 제시하였고, 각 세세분류상의 직업에서는 직업에 대한 정의와 주요 업무, 포함 또는 미포함되는 직업명을 제시하고 있다.

(6) 직무능력 수준

『한국표준직업분류』는 개념상의 분류구조, 즉 직무와 직무능력(직능)의 개념을 근거로 한 분류구조를 갖는다. 직무(job)란 직업분류의 통계단위가 되는 개별 근로자에 의하여 수행되었거나 수행되도록 설정한 일련의 업무 및 임무로서, 직업은 주된 임무 및 임무가 높은 유사성을 갖는 직무로 구성되며, 특정 직무근로자의 직업은 그들이 수행하는 과거, 현재, 미래의 직무에 의하여 분류된다. 한편 직능이란 '특정직무를 수행할 수 있는 능력'으로, 주어진 업무 및 임무 기능의 복잡성과 범위에 따른 개념인 직능수준과 생산된 재화 및 서비스의 종류, 원재료, 전용기계 및 도구, 필요한 지식분야에 의하여 결정되는 직능의 전문성 등 2가지 측면의 개념을 갖는다. 그러나 직능은 자격(qualification)과 구분되는 것으로, 자격이란 공식적인 실험, 시험합격과 같은 일련의 공식적인 기준을 충족함으로써 수령되는 것을 의미한다.

국제표준직업분류(ISCO)에서 정의한 직무능력수준은 정규교육을 통해서만 얻을 수 있는 것은 아니며, 비정규적인 훈련과 경험을 통하여서도 얻게 된다. 따라서 분류에서 사용되는 기본개념은 정규교육 수준에 의해 분류되는 것이 아니라 직무를 수행하는 데 필요한 특정업

표 8-8 『한국표준직업분류』의 직업설명문의 예

4121 회계 및 부기사무원(Accounting and Bookkeeping Clerks)

회계 및 부기사무원은 회계 및 장부기록과 계산, 임금지급을 포함하여 임금 및 생산비의 계산을 돕는 자로서, 그들의 주요 업무는 다음과 같다.

<주요 업무>

- 회계 및 장부기록장에 기재한다.
- 필요한 계산을 수행한다.
- 기타 제한된 회계 및 부기기능을 수행한다.
- 기존 기록으로부터 단위당 생산비를 계산한다.
- 개별 종업원이 작업한 시간이나 수행한 작업의 기록에 따라 임금을 계산한다.
- 사업에 부수하여 현금담당 및 현금거래의 기록유지, 임금패킷의 작성 및 임금을 지급한다.

<포함>

- 회계사무원 • 비용계산사무원 • 부기사무원 • 임금사무원

41211 부기사무원(Bookkeeping Clerks)

기업의 재무적 거래의 한 부분의 지불계정과 수취계정에 관한 기록을 유지하며 제한된 경리직 기능을 수행하는 자를 말한다.

<포함>

- 회계사무원 • 총계정원장사무원 • 부기사무원 • 사무실출납계원
- 할인액부기사무원 • 이율부기사무원 • 이윤부기사무원 • 대장기재사무원

무의 수행능력이다. 이러한 기본개념에 의하여 설정된 분류체계는 국제적 특성을 고려하여 4개의 직무능력수준으로 구분하고 직무능력이 정규교육(또는 훈련)을 통하여서 얻어지는 것이라 할 때 국제표준교육분류(ISCED)상의 교육과정 수준에 의하여 다음과 같이 정의하였다.

① 제1직능수준

일반적으로 5, 6, 7세에 시작하여 6년 정도 시행되는 교육으로 국제표준교육분류(ISCED)상의 제1수준의 교육과정(초등교육과정 수준) 정도의 정규교육 또는 훈련을 필요로 한다. 이러한 수준의 직업에 종사하는 자는 최소한의 문자이해와 수리적 사고능력이 요구되는 간단한 직무교육으로 누구나 수행할 수 있다.

② 제2직능수준

일반적으로 11, 12세에 시작하여 3년 정도 계속되는 교육 또는 14, 15세에서 시작하여 3년 정도 계속되는 교육으로 국제표준교육분류(ISCED)상의 제2, 3수준의 교육과정(중등교육과정 수준) 정도의 정규교육 또는 훈련을 필요로 한다. 이러한 수준의 직업에 종사하는 자는

일정한 직무훈련과 실습과정이 요구되며, 훈련실습기간은 정규훈련을 보완하거나 정규훈련의 일부 또는 전부를 대체할 수 있다.

③ 제3직능수준

일반적으로 17, 18세에 시작하여 2, 3년 정도 계속되는 교육으로 국제표준교육분류(ISCED)상의 제5수준의 교육과정(기술전문교육과정 수준) 정도의 정규교육 또는 훈련을 필요로 하며, 이러한 교육과정의 수료로 초급대학 학위와 동등한 학위가 수여되는 것은 아니다. 이러한 수준의 직업에 종사하는 자는 일정한 보충적 직무훈련 및 실습과정이 요구될 수 있으며, 정규훈련과정의 일부를 대체할 수도 있다. 또한 유사한 직무를 수행함으로서 경험을 습득하여 이에 해당하는 수준에 이를 수도 있다.

④ 제4직능수준

일반적으로 17, 18세에 시작하여 4년 또는 그 이상 계속하여 학사, 석사나 그와 동등한 학위가 수여되는 교육으로 국제표준교육분류(ISCED)상의 제6, 7수준의 교육과정(대학 및 대학원 교육과정 수준) 정도의 정규교육 또는 훈련을 필요로 한다. 이러한 수준의 직업에 종사하는 자는 일정한 보충적 직무훈련 및 실습이 요구된다. 또한 유사한 직무를 수행함으로서 경험을 습득하여 이에 해당하는 수준에 이를 수도 있다.

그러나 위와 같은 4개의 직무능력 수준의 정의는 다음과 같이 직업분류상의 11개 대분류항목 중 9개 항목의 정의에 적용되었으며, 대분류 0 : 의회의원, 고위임직원 및 관리자와 대분류 A : 군인 항목에는 적용되지 않았다.

0 의회의원, 고위임직원 및 관리자 : 직능수준과 무관하게 설정
1 전문가 : 제4직능 수준 필요
2 기술공 및 준전문가 : 제3직능 수준 필요
3 사무 종사자 : 제2직능 수준 필요
4 서비스 종사자 : 제2직능 수준 필요
5 판매 종사자 : 제2직능 수준 필요
6 농업, 임업 및 어업숙련 종사자 : 제2직능 수준 필요
7 기능원 및 관련 기능 종사자 : 제2직능 수준 필요
8 장치, 기계조작 및 조립 종사자 : 제2직능 수준 필요
9 단순노무 종사자 : 제1직능 수준 필요
A 군인 : 직능수준과 무관하게 설정

3. 『한국직업사전』[3)]

(1) 한국직업사전의 목적

급변하는 노동시장의 여건과 국제적으로 가속화되어 가는 기술혁신, 그리고 이에 따른 산업구조의 개편 및 기업생존을 위한 구조조정의 본격화 등 최근 국내 · 외 노동시장의 환경은 급속히 변화하고 있으며 이에 발맞춰 직업의 세계에서도 다양한 변화가 일어나고 있다. 그러므로 국내 직업의 변화를 지속적으로 분석하여 현실에 맞게 조사 · 분석 · 보완하는 것은 사회적으로, 국가적으로 매우 중요한 일이다.

이러한 시대적 요구에 부응하기 위해 발간되고 있는 『한국직업사전』은 우리나라의 전체 직업변화를 한눈에 조망할 수 있는 유일한 자료로서 기술혁신 및 산업구조조정 등에 따라 변동 · 생성 · 소멸되는 직업현황을 체계적으로 분석 · 제공하여 산업사회 및 노동시장 구조적 변화를 파악할 수 있도록 하고자 하는 목적에서 발간되었다.

『한국직업사전』은 전문가의 직무분석을 통해 표준직업명을 제정하고, 객관적이고 표준화된 직업정보를 제공함으로써 고용안정정책, 직업상담 및 취업알선의 기본적 자료로 활용되며 가장 기본적인 노동시장 정보의 인프라를 구축 · 제공하는 데 그 목적이 있다. 또한 통계청의 새로운 산업분류 개편에 부합하여 산업의 동향에 따른 직업의 현실을 적극적으로 반영함으로써 직무조사에 참여한 기업들을 시작으로 직업의 직무분석에 대한 이해가 확산되고 이를 통한 효율적 조직관리, 인사관리의 합리성을 도모할 수 있게 하였다.

(2) 표준화 체제

『한국직업사전』(중앙고용정보원, 2003)은 공공직업안정기관에서 직업소개 업무를 위하여 필요로 하는 표준화된 직업정보를 제공하기 위하여 발간하게 되었다. 『한국직업사전』은 『한국표준직업분류』에 의하여 체계화되었으며, 직업코드 역시 『한국표준직업분류』 체계를 적용하였다.

직업분류는 『한국표준직업분류』의 세분류까지 4가지 코드, 즉 10개의 대분류, 28개의 중분류, 116개의 소분류, 397개의 세분류를 그대로 적용하여 총 1만 1,537개의 직업을 분류하였다. 여기서는 6,000여 개의 직업이 직업명칭으로, 3,500여 개가 관련직업으로, 2,500여 개가 유사직업으로 정의되었는데, 이 중에서 기술 · 기능계통의 직업은 4,543개이다.

---

3) 이 내용은 『한국직업사전』(중앙고용정보원, 2003)의 내용 중 일부를 발췌한 것이다.

(3) 직업기술의 구성—5가지

① 직업코드

『한국표준직업분류』(2000)의 세분류 체계를 기준으로 4자리 숫자로 표기된다. 그러나 『한국표준직업분류』(2000)의 특성상 동일한 직업에 대해 여러 개의 직업코드가 포함될 경우에는 직무의 유사성 등을 고려하여 가장 타당하다고 판단되는 직업코드를 부여하였다.

직업코드 4자리에서 첫 번째 숫자는 대분류, 두 번째 숫자는 중분류, 세 번째 숫자는 소분류, 네 번째 숫자는 세분류를 나타낸다.

(예) '8231' '고무제품용 기계조작종사자'
▷ 8. 장치, 기계조작 및 조립종사자
▷ 82. 기계조작원 및 조립종사자
▷ 823. 고무 및 플라스틱제품용 기계조작종사자
▷ 8231. 고무제품용 기계조작종사자

또한, 동일한 세세분류 직업코드를 가지는 2개 이상의 직업에 대해서는 가, 나, 다 순으로 정렬하였다.

② 본 직업명칭

산업현장에서 일반적으로 해당 직업으로 알려진 명칭, 혹은 그 직무가 통상적으로 호칭되는 것으로 『한국직업사전』에 그 직무내용이 기술된 명칭이다. 즉 사업주가 근로자를 모집할 때 사용하는 명칭, 사업체 내에서 일반적으로 통용되는 명칭, 구직자가 취업하고자 할 때 사용하는 명칭, 해당 직업 종사자 상호 간 호칭, 그 외 각종 직업 관련 서류에 쓰이는 명칭을 말한다.

특별히 부르는 명칭이 없는 경우에는 직무내용과 산업의 특수성 등을 고려하여 누구나 쉽게 이해할 수 있는 명칭을 부여하였다.

실제로 현장 근로자를 대상으로 하는 직무조사의 경우 작업자 스스로도 자신이 무엇으로 불리는지 알지 못하는 경우가 있는데 이는 작업자들 간에 사용하는 호칭과 기업 내 직무편제상의 명칭이 다르기 때문이다. 따라서 직업명칭은 해당 작업자의 의견뿐만 아니라 상위 책임자 및 인사담당자의 의견을 수렴하여 결정하였다. 또한 가급적 외래어를 피하고 우리말로 표기하되, 우리말 표기가 현장감이 없을 경우에는 외래어를 교육인적자원부에서 정한 외래어표기법에 따라 표기하였다.

③ 직무개요

주로 직무담당자의 활동, 활동의 대상 및 목적, 직무담당자가 사용하는 기계, 설비 및 작업 보조물, 사용된 자재, 만들어진 생산품 또는 제공된 용역, 수반되는 일반적, 전문적 지식 등을 간략히 포함한다.

④ 직무수행

직무담당자가 직무의 목적을 완수하기 위하여 수행하는 구체적인 작업(task) 내용을 작업 순서에 따라 서술한 것이다. 단, 공정의 순서를 파악하기 어려운 경우에는 작업의 중요도 또는 작업빈도가 높은 순으로 기술하였다. 작업을 수행하면서 수반되는 작업요소(task element)는 직무를 기술하는 데 필요한 것이라면 포함한다. 직무의 특징적인 작업을 명확히 하기 위하여 작업자가 사용하는 도구·기계와 관련시켜 작업자가 무엇을, 어떻게, 왜 하는가를 정확하게 표현하되 평이한 문체로 이해하기 쉽게 기술하였다. 작업과 작업요소는 상대적인 개념으로 어떤 직업에서는 작업요소인 활동이 다른 직업에서는 작업(task)이 될 수 있고 또 어떤 근로자에게는 하나의 직무가 될 수 있으므로 직무특성에 따라 적절히 판단하였다. 문장기술의 통일성을 확보하기 위하여 조사자는 다음의 원칙을 고려하여 수행직무를 기술하였다.

- 해당 작업원이 주어일 때는 주어를 생략하나, 다른 작업원이 주어일 때에는 주어를 생략하지 않는다.
- 작업의 본질을 표현하는 동사와 그것을 규정하는 수식어를 적절히 사용하여 문장을 완성한다. 직무의 특성이 나타나지 않는 일반적인 문장은 가급적 피한다.
- 문체는 항상 현재형으로 기술한다. 즉 "……한다." "……이다."의 형식이 된다.
- 작업의 내용을 기술할 때 추상적인 언어는 사용하지 않는다.
- 문체는 간결한 문장으로 한다.
- 내용기술은 시간적 순서(작업순서)에 의해 작성한다.
- 작업 내용순서를 구체적으로 기술한다.
- 전체를 정확히 파악하여 중요한 내용을 모두 기술한다.
- 주된 직무보다 빈도나 중요도는 낮으나 수행이 가능한 작업에 대해서는 '수행직무'에서 "~하기도 한다."로 표현한다. "~하기도 한다."라는 문장은 이 직업에 종사하는 사람이 가끔 이런 작업을 수행할 것이라는 의미가 아니라 다른 사업체에 있는 이 직업에 종사하는 사람이 일반적으로 수행하거나 수행 가능한 작업을 나타낸다.
- 외래어의 정확한 이해를 위해 원어(原語)를 함께 표기한다.

⑤ 부가직업정보(산업분류, 정규교육, 숙련기간, 직무기능, 작업강도, 육체활동, 작업장소, 작업환경, 유사명칭, 관련직업, 자격 · 면허, 조사연도, 직업전망, JOB MAP)

(4) 부가직업정보

1) 산업분류

해당 직업을 조사한 산업을 나타내는 것으로 『한국표준산업분류』(2000)의 소분류 산업을 기준으로 하였다.

2개 이상의 산업에 걸쳐 조사된 직업에 대해서도 해당 산업을 모두 표기하였으며 대분류 기준의 모든 산업에 포함되는 일부 직업은 대분류의 소분류 산업을 모두 표기하는 것이 아니라 '제조업', '도매 및 소매업' 등 대분류 산업을 기준으로 표기하였다. 단, '산업분류'는 수록된 산업에만 해당 직업이 존재하는 것을 의미하는 것이 아니라 그 직업이 조사된 산업을 나타내고 있다. 따라서 타 산업에서도 해당 직업이 존재할 수 있다.

2) 정규교육

해당 직업의 직무를 수행하는데 필요한 일반적인 정규교육수준을 의미하는 것으로 해당 직업 종사자의 평균 학력을 나타내는 것은 아니다. 현행 우리나라 정규교육과정의 연한을 고려하여 '6년 이하' (무학 또는 초졸 정도), '6년 초과~9년 이하' (중졸 정도), '9년 초과~12년 이하' (고졸 정도), '12년 초과~14년 이하' (전문대졸 정도), '14년 초과~16년 이하' (대졸 정도), '16년 초과' (대학원 이상) 등 그 수준을 6개로 분류하였으며 독학, 검정고시 등을 통해 정규교육 과정을 이수하였다고 판단되는 기간도 포함된다.

표 8-9 직무기능 체계

자료		사람		사물	
0	종합	0	자문	0	설치
1	조정	1	협의	1	정밀작업
2	분석	2	교육	2	제어조작
3	수집	3	감독	3	조작운전
4	계산	4	오락제공	4	수동조작
5	기록	5	설득	5	유지
6	비교	6	말하기-신호	6	투입-인출
7	–	7	서비스제공	7	단순작업
8	관련없음	8	관련없음	8	관련없음

3) 숙련기간

정규교육과정을 이수한 후 해당 직업의 직무를 평균적인 수준으로 스스로 수행하기 위하여 필요한 각종 교육, 훈련, 숙련기간을 의미한다. 해당 직업에 필요한 자격/면허를 취득하는 취업 전 교육 및 훈련기간뿐만 아니라 취업 후에 이루어지는 관련 자격/면허 취득 교육 및 훈련기간도 포함된다. 또한 자격 · 면허가 요구되는 직업은 아니지만 해당 직무를 평균적으로 수행하기 위한 각종 교육 · 훈련기간, 수습교육, 기타 사내교육, 현장훈련 등이 포함된다. 단, 해당직무를 평균적인 수준 이상으로 수행하기 위한 향상훈련(further training)은 '숙련기간' 에 포함되지 않는다.

4) 직무기능

해당 직업 종사자가 직무를 수행하는 과정에서 '자료(data)', '사람(people)', '사물(thing)' 과 맺는 관련된 특성을 나타낸다. 각각의 작업자 직무기능은 광범위한 행위를 표시하고 있으며 작업자가 자료, 사람, 사물과 어떤 관련을 가지고 있는지를 보여 준다. 3가지 관계 내에서의 배열은 아래에서 위로 올라가면서 단순한 것에서 차츰 복잡한 것으로 향하는 특성을 보여 주지만 그 계층적 관계가 제한적인 경우도 있다.

'자료(data)' 와 관련된 기능은 정보, 지식, 개념 등 3가지 종류의 활동으로 배열되어 있는데 어떤 것은 광범위하며 어떤 것은 범위가 협소하다. 또한 각 활동은 상당히 중첩되어 배열 간의 복잡성이 존재한다. '사람(people)' 과 관련된 기능은 위계적 관계가 없거나 희박하다. 서비스 제공이 일반적으로 덜 복잡한 사람과 관련된 기능이며 나머지 기능들은 특정한 순서를 표시하는 수준을 가지고 있는 것은 아니다. '사물(thing)' 기능은 작업자가 기계와 장비를 가지고 작업하는지 혹은 기계와 관련 없는 도구와 작업보조구를 가지고 작업하는지 기초하여 분류된다. 또한 작업자의 업무에 따라 사물과 관련된 요구되는 활동수준이 달라진다.

① 자료(data) : '자료' 와 관련된 기능은 만질 수 없으며 숫자, 단어, 기호, 생각, 개념 그리고 구두상 표현을 포함한다.

0. 종합(synthesizing) : 사실을 발견하고 지식개념, 또는 해석을 개발하기 위해 자료를 종합적으로 분석한다.
1. 조정(coordinating) : 데이터의 분석에 기초하여 시간, 장소, 작업순서, 활동 등을 결정한다. 결정을 실행하거나 상황을 보고한다.
2. 분석(analyzing) : 조사하고 평가한다. 평가와 관련된 대안적 행위의 제시가 빈번하게 포함된다.

3. 수집(compiling) : 자료, 사람, 사물에 관한 정보를 수집, 대조, 분류한다. 정보와 관련한 규정된 활동의 수행 및 보고가 자주 포함된다.
4. 계산(computing) : 사칙연산을 실시하고 사칙연산과 관련하여 규정된 활동을 수행하거나 보고한다. 수를 세는 것은 포함되지 않는다.
5. 기록(copying) : 데이터를 옮겨 적거나 입력하거나 표시한다.
6. 비교(comparing) : 자료, 사람, 사물의 쉽게 관찰되는 기능적, 구조적, 조합적 특성을 (유사한지 또는 명백한 표준과 현격히 차이가 있는지) 판단한다.

② 사람(people) : '사람' 과 관련된 기능은 인간과 인간처럼 취급되는 동물을 다루는 것을 포함한다.

0. 자문(mentoring) : 법률적으로나 과학적, 임상적, 종교적, 기타 전문적인 방식에 따라 사람들의 전인격적인 문제를 상담하고 조언하며 해결책을 제시한다.
1. 협의(negotiating) : 정책을 수립하거나 의사결정을 하기 위해 생각이나 정보, 의견 등을 교환한다.
2. 교육(instructing) : 설명이나 실습 등을 통해 어떤 주제에 대해 교육하거나 훈련(동물포함)시킨다. 또한 기술적인 문제를 조언한다.
3. 감독(supervising) : 작업절차를 결정하거나 작업자들에게 개별 업무를 적절하게 부여하여 작업의 효율성을 높인다.
4. 오락제공(diverting) : 무대공연이나 영화, TV, 라디오 등을 통해 사람들을 즐겁게 한다.
5. 설득(persuading) : 상품이나 서비스 등을 구매하도록 권유하고 설득한다.
6. 말하기-신호(speaking-signaling) : 언어나 신호를 사용해서 정보를 전달하고 교환한다. 보조원에게 지시하거나 과제를 할당하는 일을 포함한다.
7. 서비스제공(serving) : 사람들의 요구 또는 필요를 파악하여 서비스를 제공한다. 즉각적인 반응이 수반된다.

③ 사물(thing) : '사물' 과 관련된 기능은 사람과 구분되는 무생물로서 물질, 재료, 기계, 공구, 설비, 작업도구 및 제품 등을 다루는 것을 포함한다.

0. 설치(setting up) : 기계의 성능, 재료의 특성, 작업장의 관례 등에 대한 지식을 적용하여 연속적인 기계가공작업을 수행하기 위한 기계 및 설비의 준비, 공구 및 기타 기계장비의 설치 및 조정, 가공물 또는 재료의 위치조정, 제어장치 설정, 기계의 기능 및 완제품의 정밀성 측정 등을 수행한다.

1. 정밀작업(precision working) : 설정된 표준치를 달성하기 위하여 궁극적인 책임이 존재하는 상황하에서 신체부위, 공구, 작업도구를 사용하여 가공물 또는 재료를 가공, 조종, 이동, 안내하거나 또는 정위치시킨다. 그리고 도구, 가공물 또는 원료를 선정하고 작업에 알맞게 공구를 조정한다.
2. 제어조작(operating-controlling) : 기계 또는 설비를 시동, 정지, 제어하고 작업이 진행되고 있는 기계나 설비를 조정한다.
3. 조작운전(driving-operating) : 다양한 목적을 수행하고자 사물 또는 사람의 움직임을 통제하는데 있어 일정한 경로를 따라 조작되고 안내되어야 하는 기계 또는 설비를 시동, 정지하고 그 움직임을 제어한다.
4. 수동조작(manipulating) : 기계, 설비 또는 재료를 가공, 조정, 이동 또는 위치할 수 있도록 신체부위, 공구 또는 특수장치를 사용한다. 정확도 달성 및 적합한 공구, 기계, 설비 또는 원료를 산정하는데 있어서 어느 정도의 판단력이 요구된다.
5. 유지(tending) : 기계 및 장비를 시동, 정지하고 그 기능을 관찰한다. 체인징가이드, 조정타이머, 온도게이지 등의 계기의 제어장치를 조정하거나 원료가 원활히 흐르도록 밸브를 돌려주고 빛의 반응에 따라 스위치를 돌린다. 이러한 조정업무에 판단력은 요구되지 않는다.
6. 투입 · 인인출(feeding-off bearing) : 자동적으로 또는 타작업원에 의하여 가동, 유지되는 기계나 장비안에 자재를 삽입, 투척, 하역하거나 그 안에 있는 자재를 다른 장소로 옮긴다.
7. 단순작업(handling) : 신체부위, 수공구 또는 특수장치를 사용하여 기계, 장비, 물건 또는 원료 등을 정리, 운반, 처리한다. 정확도 달성 및 적합한 공구, 장비, 원료를 선정하는데 판단력은 요구되지 않는다.

5) 작업강도

'작업강도' 는 해당 직업의 직무를 수행하는 데 필요한 육체적 힘의 강도를 나타낸 것으로 5단계로 분류하였다. 그러나 '작업강도' 는 심리적, 정신적 노동강도는 고려하지 않았다.

또한 각각의 작업강도는 '들어올림', '운반', '밈', '당김' 등을 기준으로 결정하였는데 이것은 일차적으로 힘의 강도에 대한 육체적 요건이며 일반적으로 이러한 활동 중 1가지에 참여한다면 그 범주를 기준으로 사용한다.

표 8-10 작업강도

작업강도	개요
아주 가벼운 작업	최고 4kg의 물건을 들어올리고 때때로 장부, 대장, 소도구 등을 들어올리거나 운반한다. 앉아서 하는 작업이 대부분을 차지하지만 직무수행상 서거나 걷는 것이 필요할 수도 있다.
가벼운 작업	최고 8kg의 물건을 들어올리고 4kg 정도의 물건을 빈번히 들어올리거나 운반한다. 걷거나 서서하는 작업이 대부분일 때 또는 앉아서 하는 작업일지라도 팔과 다리로 밀고 당기는 작업을 수반할 때에는 무게가 매우 적을지라도 이 작업에 포함된다.
보통 작업	최고 20kg의 물건을 들어올리고 10kg 정도의 물건을 빈번히 들어올리거나 운반한다.
힘든 작업	최고 40kg의 물건을 들어올리고 20kg 정도의 물건을 빈번히 들어올리거나 운반한다.
아주 힘든 작업	40kg 이상의 물건을 들어올리고 20kg 이상의 물건을 빈번히 들어올리거나 운반한다.

① 들어올림 : 물체를 주어진 높이에서 다른 높이로 올리거나 내리는 작업
② 운반 : 손에 들거나 팔에 걸거나 어깨에 메고 물체를 한 장소에서 다른 장소로 옮기는 작업
③ 밈 : 물체에 힘을 가하여 힘을 가한 반대쪽으로 움직이게 하는 작업(때리고, 치고, 발로 차고, 페달을 밟는 일도 포함)
④ 당김 : 물체에 힘을 가하여 힘을 가한 쪽으로 움직이게 하는 작업

6) 육체활동

'육체활동' 은 해당 직업의 직무를 수행하기 위해 필요한 신체적 능력을 나타내는 것으로 균형감각, 웅크림, 손, 언어력, 청각, 시각 등이 요구되는 직업인지를 보여 준다. 단, '육체활동' 은 조사대상 사업체 및 종사자에 따라 다소 상이할 수 있으므로 전체 직업 종사자의 '육체활동' 으로 일반화하는 데는 무리가 있다.

표 8-11 육체활동

구분	내용
균형감각	손, 발, 다리 등을 사용하여 사다리, 계단, 발판, 경사로, 기둥, 밧줄 등을 올라가거나 몸 전체의 균형을 유지하고 좁거나 경사지거나 또는 움직이는 물체 위를 걷거나 뛸 때 신체의 균형을 유지하는 것이 필요한 직업이다. (예시직업 : 도장원, 용접원, 기초구조물설치원, 철골조립원 등)
웅크림	허리를 굽히거나 몸을 앞으로 굽히고 뒤로 젖히는 동작, 다리를 구부려 무릎을 꿇는 동작, 다리와 허리를 구부려 몸을 아래나 위로 굽히는 동작, 손과 무릎 또는 손과 발로 이동하는 동작 등이 필요한 직업이다. (예시직업 : 단조원, 연마원, 오토바이 수리원, 항공기엔진정비원, 전기도금원 등)
손사용	일정기간의 손사용 숙련기간을 거쳐 직무의 전체 또는 일부분에 지속적으로 손을 사용하는 직업으로 통상적인 손 사용이 아닌 정밀함과 숙련을 필요로 하는 직업에 한정한다. (예시직업 : 해부학자 등 의학관련직업, 의료기술종사자, 기악연주자, 조각가, 디자이너, 미용사, 조리사, 운전관련직업, 설계관련 직업 등)
언어력	말로 생각이나 의사를 교환하거나 표현하는 직업으로 개인이 다수에게 정보 및 오락제공을 목적으로 말을 하는 직업이다. (예시직업 : 교육관련직업, 변호사, 판사, 통역가, 성우, 아나운서 등)
청각	단순히 일상적인 대화내용 청취 여부가 아니라 작동하는 기계의 소리를 듣고 이상 유무를 판단하거나 논리적인 결정을 내리는 청취활동이 필요한 직업이다. (예시직업 : 피아노조율사, 음향관련직업, 녹음관련직업, 전자오르간검사원, 자동차엔진정비원, 광산기계수리원 등)
시각	일상적인 눈 사용이 아닌 시각적 인식을 통해 반복적인 판단을 하거나 물체의 길이, 넓이, 두께를 알아내고 물체의 재질과 형태를 알아내기 위한 거리와 공간관계를 판단하는 직업이다. 또한 색의 차이를 판단할 수 있어야 하는 직업이다. (예시직업 : 측량기술자, 제도사, 항공기조종사, 사진작가, 의사, 심판, 보석감정인, 위폐감정사 등 감정관련직업, 현미경, 망원경 등 정밀광학기계를 이용하는 직업, 촬영 및 편집관련 직업 등)

7) 작업장소

'작업장소'는 해당직업의 직무가 주로 수행되는 장소를 나타내는 것으로 실내, 실외 종사비율에 따라 구분한다.

표 8-12 작업장소

구분	내용
실내	눈, 비, 바람과 온도변화로부터 보호를 받으며 작업의 75% 이상이 실내에서 이루어지는 경우
실외	눈, 비, 바람과 온도변화로부터 보호를 받지 못하며 작업의 75% 이상이 실외에서 이루어지는 경우
실내 · 외	작업이 실내 및 실외에서 비슷한 비율로 이루어지는 경우

8) 작업환경

'작업환경'은 해당직업의 직무를 수행하는 작업원에게 직접적으로 물리적, 신체적 영향을 미치는 작업장의 환경요인을 나타낸 것이다. 작업자의 작업환경을 조사하는 담당자는 일시적으로 방문하고 또한 정확한 측정기구를 가지고 있지 못한 경우가 일반적이기 때문에 조사 당시의 조사자가 느끼는 신체적 반응 및 작업자의 반응을 듣고 판단한다. 온도, 소음, 진동, 위험내재 및 대기환경이 미흡한 직업은 근로기준법, 산업안전보건법 등의 법률(부록참조)에서 제시한 금지직업이나 유해요소가 있는 직업 등을 근거로 판단할 수 있다. 그러나 이러한 기준도 산업체 및 작업장에 따라 달라질 수 있으므로 절대적인 기준이 될 수 없다.

표 8-13 작업환경

구분	내용
저온	신체적으로 불쾌감을 느낄 정도로 저온이거나 두드러지게 신체적 반응을 야기시킬 정도로 저온으로 급변하는 경우
고온	신체적으로 불쾌감을 느낄 정도로 고온이거나 두드러지게 신체적 반응을 야기시킬 정도로 고온으로 급변하는 경우
다습	신체의 일부분이 수분이나 액체에 직접 접촉되거나 신체에 불쾌감을 느낄 정도로 대기 중에 습기가 충만하는 경우
소음 · 진동	심신에 피로를 주는 청각장애 및 생리적 영향을 끼칠 정도의 소음, 전신을 떨게 하고 팔과 다리의 근육을 긴장시키는 연속적인 진동이 있는 경우
위험내재	신체적인 손상의 위험에 노출되어 있는 상황으로 기계적 · 전기적 위험, 화상, 폭발, 방사선 등의 위험이 있는 경우
대기환경미흡	직무를 수행하는 데 방해가 되거나 건강을 해칠 수 있는 냄새, 분진, 연무, 가스 등의 물질이 작업장의 대기 중에 다량 포함되어 있는 경우

9) 유사명칭

'유사명칭' 은 본직업을 명칭만 다르게 부르는 것으로 본직업과 사실상 동일하다. 예를 들어, '보험모집원' 이라는 직업은 '생활설계사' , '보험영업사원' 이라는 유사명칭을 가지는데 이는 동일한 직무를 다르게 부르는 명칭들이다. '유사명칭' 은 별개의 '직업' 이 아니라 '직업명칭' 이므로 직업 수 집계 등에서는 제외된다.

10) 관련직업

'관련직업' 은 본직업과 기본적인 직무에 있어서 공통점이 있으나 직무의 범위, 대상 등에 따라 나누어지는 직업이다. 하나의 본직업에는 2개 이상의 관련직업이 있을 수 있으며 직업 수 집계에 포함된다.

11) 자격 · 면허

'자격 · 면허' 는 해당 직업에 취업 시 소지할 경우 유리한 자격증 또는 면허를 나타내는 것으로 현행 국가기술자격법 및 개별법령에 의해 정부주관으로 운영하고 있는 국가자격 및 면허를 수록한다. 한국산업인력공단 및 대한상공회의소에서 주관 · 수행하는 시험에 해당하는 자격과 각 부처에서 개별적으로 시험을 실시하는 자격증을 중심으로 수록하였다. 그러나 민간에서 부여하는 자격증은 제외한다.

12) 조사연도

'조사연도' 는 해당 직업의 직무조사가 실시된 연도를 나타낸 것이다.

13) 고용구조조사(Occupational Employment Statistics : OES) 코드

'고용구조조사(OES) 코드' 는 중앙고용정보원의 『한국고용직업분류(Work Information Center Occupational Employment Statistics WIC-OES)』(2001)에 속해있는 해당직업의 코드를 연계한 것이다. 고용구조조사(OES)코드의 분류와 『한국표준직업분류』는 그 분류의 기준이 다르기 때문에 정확히 연계시키는 데는 한계가 있다. 따라서 고용구조조사(OES) 코드 중 가장 유사한 분류를 수록하였다.

14) 직업전망

직업전망은 한국고용정보원에서 매 2년마다 발간하고 있는 『한국직업전망』의 결과물로써 한국직업전망의 직업과 그 보다 하위 세부 관련 직업인 한국직업사전의 직업을 상호 연계시킴으로써 독자에게 풍부한 직업정보를 제공한다.

(5) 『한국직업사전』 편찬과정

사업계획 수립	한국직업사전(통합본)을 발간하기 위하여 매년 4~6개 정도의 산업을 조사대상으로 선정(매년 조사된 4~6개 정도의 산업을 중심으로 산업별 『한국직업사전』 발간)
⇩	
조사할 산업의 규모에 따라 담당 직무조사자 선정	
⇩	
직무조사 준비	① 조사대상 사업체, 조사 일정 및 방법 등의 세부계획을 작성 ② 원활한 직무조사를 위하여 관련 단체, 협회 및 연구소의 협조, 관련 전공서적 및 발간물 등을 통한 선행연구
⇩	
사업체 직무조사 실시	① 조사할 산업을 조사 기간을 고려하여 세부 시행계획을 수립 ② 해당 사업체의 책임자에게 업무협조 의뢰 ③ 사업체의 업무분장을 중심으로 조사 대상 산업특징을 나타내는 직무와 일반적인 직무로 구별하여 조사 ④ 사무직 및 행정직, 기타 전산업에 걸쳐 나타나는 직무는 직무내용의 변화, 직업의 변화 등의 변동사항을 파악한 후 조사 ⑤ 면접법, 관찰법, 기록법, 비교확인 법 등의 직무조사방법 활용 ⑥ 직무조사를 통하여 수집된 각종 직업정보 및 자료를 분석/평가하여 표준화된 직업정보로 정리
⇩	
산업별 직업 사전 및 통합본 발간	직무조사를 통하여 조사된 각종 직무를 표준화된 직업정보로 체계화시키기 위하여 통계청의 『한국표준직업분류』의 세세분류를 기준으로 배열

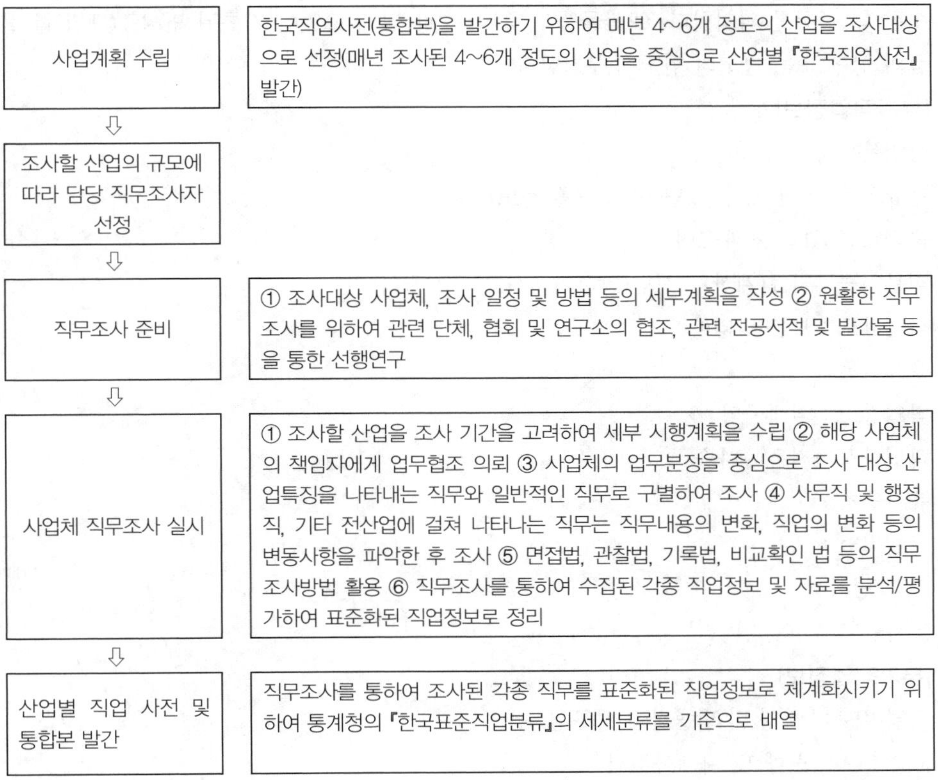

그림 8-1 『한국직업사전』 편찬과정

(6) 『한국직업사전』의 직업기술구성의 예

냉동창고관리원

[직무개요]

수산물, 육류 및 기타 상온에서 부패될 수 있는 물품을 저장 · 보관하기 위하여 냉동설비가 장치된 창고를 관리한다.

[수행직무]

창고에 반입되는 물품을 분류하여 수량 및 종류를 확인하고 반입서류를 작성한다. 입고한 물품의 종류에 따라 냉동창고의 저장온도를 조절하기 위하여 온도계를 확인하고 냉동스위치를 조작한다. 수시로 가스압력계와 온도계를 점검하여 일지에 기록하고 이상현상이 발생될 경우에는 냉동설비를 유지 · 관리하는 작업원에게 연락한다. 출고되는 물품의 종류 및 수량을 확인하고 반출서류를 점검한다. 창고에 저장된 물품을 점검하여 변질물품의 수량 및 종류를 파악한다. 보관물품의 품명, 수량 및 입고일이 기록된 명세표(팻말)를 물품의 상단 또는 창고의 입구에 부착한다.

[부가직업정보]

산업분류 : 창고업

정규교육 : 9년 초과~12년 이하(고졸 정도)

숙련기간 : 1년 초과~2년 이하

직무기능 : 자료(계산) / 사람(말하기 · 신호) / 사물(유지)

작업강도 : 보통 작업

육체활동 :

작업장소 : 실내 · 외

작업환경 : 저온 / 다습

유사명칭 :

관련직업 :

자격/면허 :

조사연도 : 1998년

[부가직업정보]

직업전망 : 경영 및 법률관련 사무원

JOBMAP : 구매 및 자재사무원

4. 한국직업전망서

(1) 『한국직업전망서』의 직업선정 방법

『2007 한국직업전망』에는 14개 분야 213개 직업이 수록되어 있다.

수록직업은 『한국고용직업분류(KECO)』의 세분류 직업 392개 중에서 종사자 수가 2,000명 이상인 직업으로 선정하였다. 이후 직업별 해당 전문가들과 연구진들의 의견을 종합하여 최종 수록직업을 선정하였다. 비록 종사자 수가 적더라도 자원공학기술자, 해양공학기술자, 임상심리사, 아나운서, 리포터, 쇼핑호스트, 컴퓨터보안전문가, 무용가 등 일반인의 관심이 높거나, 직업으로서 가치가 높다고 인정되는 직업은 수록직업으로 선정하였고, 보험계리사, 변리사 등 관련 자격 및 면허가 있어야 입직이 가능한 직업도 포함하였다. 반면, 직무가 유사하거나 일반인의 관심이 상대적으로 낮은 제조 기능직 분야의 장치 조작원, 조립원, 단순노무자 등의 직업은 해당 직업의 종사자 수가 많아도 여러 직업을 하나의 직업으로 통합하였다.

(2) 구성체계

『2007 한국직업전망』에서 제공하는 각 직업별 구성체계는 다음과 같다.

1) 하는 일

'하는 일' 에는 해당 직업 종사자들이 일반적으로 수행하는 업무내용과 과정을 수록하고 있다. 여러 직업을 하나로 통합하여 수록한 경우 포함된 각각의 세부직업에 대한 정보를 기술하였다.

2) 근무환경

'근무환경' 에는 해당 직업 종사자들의 일반적인 근무시간, 초과근무, 교대근무 여부를 비롯해 작업복 및 안전장비 착용 여부, 상해와 질병 노출정도, 육체적 · 정신적 스트레스 여부, 근무장소의 온 · 습도, 위생상태, 소음 등의 물리적 환경 등이 포함된다.

3) 되는 길

- 교육 및 훈련 : 해당 직업에 종사하는 데 유리한 학력과 전공, 그리고 세부 전공별 교육과정 및 내용과 직업훈련기관이나 사설학원의 훈련과정 등을 소개하였고, 업무수행을 위해 갖추어야 할 지식, 기술 등이 포함되었다.
- 관련 학과 : 고등학교, 전문대학, 대학교에 개설되어 있는 관련 학과를 수록하였다.
- 관련 자격 및 면허 : 해당 직업에 종사하기 위해 반드시 취득해야 하거나 취득 시 취업에 유리한 면허와 국가(기술)자격, (공인)민간자격을 수록하였다.
- 입직 및 진출분야 : 해당 직업에 입직하기 위한 방법, 주요 채용기관들의 채용전형 등을 소개하고 해당 직업 종사자들의 진출분야 등을 수록하였다.
- 승진 및 경력개발 : 해당직업의 승진체계를 설명하고 경력을 쌓은 후 이 · 전직하는 분야 및 직업 등을 수록하였다. 단, 승진체계의 경우 기업체에 따라 차이가 있을 수 있어 『2007 한국직업전망』에서는 일반적인 승진경로를 설명하였다.

  그러나 관련학과, 관련 자격 및 면허가 없는 직업의 경우, 그 내용을 생략하였다.

4) 적성 및 흥미

'적성 및 흥미' 는 해당 직업에 종사하는 데 유리한 성격, 흥미, 적성 등이 기술되었다.

5) 종사현황

'종사현황' 은 한국고용정보원에서 2005년 전국 5만 가구를 대상으로 조사한『산업 · 직업별 고용구조조사』자료를 바탕으로 해당 직업의 종사자 수, 연령분포, 성별분포, 학력분포, 전공분포 등을 수록하였다. 하지만 표본 크기가 작은 직업이나 공식적인 통계자료가 없는 경우에는 한국직업정보시스템(KNOW)이나 관련 기관 및 협회 등에서 제공하는 조사 결과를 참고하였다. 또 무용가, 직업군인, 자원공학기술자, 해양공학기술자 등의 경우 종사자 수에 대한 정확한 데이터가 없어 그 내용을 생략하였음을 밝혀둔다.

6) 수입

'수입' 은 한국고용정보원에서 2005년 전국 5만 가구를 대상으로 조사한 산업 · 직업별 고용구조조사와 한국직업정보시스템(KNOW)의 임금조사 자료를 바탕으로 해당 직업 종사자의 월평균임금, 임금순위 상위 25%, 하위 25% 등 3개 영역으로 구분하여 제시하였다.

하지만 기업규모, 경력, 개인의 능력 등에 따라 해당 직업 종사자의 임금이나 수입에 차이가 있을 수 있다는 것을 염두에 두고 임금순위의 격차를 살펴볼 필요가 있다. 또한 특정 직업의 경우 적은 표본 수 때문에 실제 임금현황과 다소 차이가 있을 수 있다는 점을 유의해야 한다.

7) 직업전망

'직업전망' 은 향후 5년간 해당직업의 고용전망을 중심으로 기술하였으며, 특히 고용증가 또는 감소에 영향을 주는 요인들, 인력의 수요와 공급에 따른 입직경쟁률, 이 · 전직 정도 등을 고려하였다.

또한 전문가 6,400명을 대상으로 실시한 조사결과와 학계, 협회, 기업체 인사 담당자들의 의견, 각 직업 및 산업과 관련한 연구보고서 등을 종합적으로 참조하였으며, 담당 연구진들의 합의와 전문가 자문을 거쳐 최종적인 직업전망을 기술하였다. 전망의 방향은 '감소', '다소 감소', '현 상태 유지', '다소 증가', '증가' 등 5가지 영역으로 나누어 예측되었다.

8) 관련 정보처

직업정보와 관련된 협회, 공공기관, 학회 등의 전화번호와 홈페이지를 수록하였다.

9) 관련 직업

직업과 관련된 한국고용직업분류상의 직업명칭과 분류코드를 수록하였다.

(3) 국가별 직업전망서 비교[4)]

1) 미 국

『미국직업전망서』는 50년이 넘는 긴 역사적 배경을 가지고 있으며, 현재 20만 부 이상이 발간되어 학교 및 공공고용안정기관에서 적극 활용되고 있다. 『미국직업전망서』는 인쇄책자와 동일한 내용을 검색 기능과 연결(link) 기능을 통하여 인터넷에서 제공 가능하도록 설계하였고 독자들은 PDF파일을 통해 언제든지 책자와 동일한 정보를 출력할 수 있다. 『미국직업전망서』를 발간하는 노동통계청은 직업전망서에 관련된 정보서로서 『산업으로의 진로안내 2000~2001』, 『고용전망 1988~2008』, 『직업설계와 훈련자료』 등을 발간하여 직업전망서와 상호보완적으로 정보연계를 돕는 기관 역할을 한다.

미국직업전망서는 11개 대분류에 따라 243개의 직업에 대한 직업전망 정보들을 제공하고 있으며, 직업명, O*NET 번호, 직업의 특성, 직업이 하는 일, 작업환경, 고용 현황, 훈련 자격 및 승진, 직업전망, 임금, 관련 직업, 추가 정보원의 내용을 제공한다. 또한 추가정보인 '미래의 직업' 정보를 통하여 고용 창출직업, 신규 성장직업 등의 유망직업, 표준직업분류와 O*NET 코드번호를 제시하고 있으며 '취업정보 제공처', '구직 및 일자리 평가', '고용전망의 가정과 방법', '자세히 제시되지 않은 직업'의 포괄적 직업종합정보로서 역할을 담당한다.

2) 캐나다

캐나다의 직업전망서인 『Job Futures』는 '일의 세계', '직업전망서', '학과전망서', '지침서'의 4권으로 구성되어 있고, 각 내용에 따라 링 바인더와 소책자 형식을 취하고 있어 독자의 활용편의성을 돕고 있는 것이 특이점이다. 『캐나다직업전망서』의 가장 큰 특징은 다양한 도표와 그래픽을 제시하고 있다는 점이다. 이는 수량적 통계 자료를 가공하여 독자로 하여금 직업과 학과정보에 대해 읽기 쉽고 이해하기 쉽게 할 뿐 아니라, 책자 자체의 매력도를 높이고 있어 『캐나다직업전망서』의 발간 목적 달성에 큰 역할을 하고 있다.

직업전망과 학과전망의 경우는 내용 편집체제가 일관된 형식에 따르고 있는데 책을 펼칠 경우, 시작하는 짝수와 홀수의 2쪽에 모든 설명들을 담고 있기 때문에 독자가 한눈에 볼 수 있도록 사용 편의를 섬세히 배려하고 있다. 직종 및 학과 간 비교를 용이하게 하기 위해

4) 이 내용은 이지연(2001). 주요국의 직업전망서 비교분석 연구, 한국직업능력개발원에서 일부 내용을 발췌한 것이다.

동일한 설명내용들과 도표들의 순서를 일치시키고 그 순서를 점으로 구분한 개조식 설명체제는 독자의 이해를 빠르게 돕는다.

『캐나다직업전망서』는 인터넷으로도 제공되는데 검색창과 다양한 리스트 항목을 제시하고 있으며 관련 직업 및 학과로의 연결과 국가직업분류로 연결되어 있다. 또한 화면 구성은 문자전용 화면과 출력용 화면을 제공하여 컴퓨터 활용 편의를 돕는다.

『캐나다직업전망서』의 경우 10개 산업 대분류, 34개 산업 중분류에 따라 211개 해당 직업의 직업전망 정보들을 제공하고 있다. 직무내용, 교육 · 훈련 및 경험, 근로환경, 2004년까지 국가적 전망의 문자 내용과 근무분야, 고용유형, 근로자 연령층, 고용전망, 연령별 평균임금 분포, 과거 10년간 실업율 변화에 관한 도표들이 제시되어 있고 관련 직업과 학과 코드가 제시되어 있다. 학과전망서의 경우는 9개 학문분류별 155개의 학과정보를 담고 있으며, 관련 학과의 프로그램, 졸업생 설문조사, 최근 졸업생 동향, 2004년까지 국가적 전망의 문자 내용, 진출 직업 상위 5개, 고용상태, 평균 임금, 자영업 비중, 고용 전망의 도표가 제시되고, 학과와 관련된 직업 코드 등이 제시되어 있다.

3) 일 본

일본의 직업전망서인 『직업핸드북』은 5년 주기로 발간되는데 1997년에 제4편이 발간되어 약 300개에 이르는 직업에 대한 해설 및 전망자료들을 제공하고 있으나, 그 활용도가 높지 않다. 직업전망 과정은 단체, 기업, 사무소, 관련 공공기관, 전문가 등의 취재 협력을 통한 질적 정보와 국가적 수준의 국세조사를 통해 구축된 양적 통계자료를 통한 수량적 전망을 하고 있다. 『직업핸드북』은 12개 대분류 직업군과 33개 세부 직업군에 따라 297개 직업들에 대한 직업전망 정보들을 담고 있으며, '어떤 직업인가, 이 직업에 종사하는 사람들, 이 직업에 취업하려면, 이 직업의 역사와 전망, 노동조건의 특징, 이 직업에 대한 문의처 및 관련 단체의 내용' 을 제공하고 있다. 참고자료로서 '직업핸드북' 이용방법과 직업선택 가이드를 제공하고 있으며, 향후 15년간 직업전망을 통해 직종별 · 산업별 고용 규모 변화와 성장직업, 감소직업, 고용 창출직업이 제시되어 있다. 직업선택 가이드에서는 진로지도에 관한 내용으로 의사결정방법과 직업선택 관련 정보들을 제공하고 있어 직업을 준비하고 선택하여야 하는 학생 및 구직자들의 활용 및 이해를 높이고 있다. 또한 직업핸드북의 내용들을 CD-ROM을 통해 보급하고 있는데 CD-ROM에서는 DTP 분류, 6가지 흥미 영역, 9가지 적성능력 등 다각적으로 직업을 검색할 수 있는 기능을 담고 있다.

|제3절| 고용정보 워크넷

우리나라의 직업관련 정보망은 고용정보 워크넷(www.work.go.kr)이다. 고용정보 워크넷은 한국고용정보원(구 중앙고용정보원)에서 개발하여 관리하고 있다. 이 정보망은 우리나라에서 가장 강력한 직업정보망이다. 그러므로 이 절에서는 고용정보 네트워크에 대한 구조를 살펴보고자 한다.

1. 고용정보 워크넷의 개요

직업안정기관에서는 그동안 취업알선 전산망을 가동하여 오다가 1999년 4월 1일 고용안정정보망인 고용정보 워크넷(www.work.go.kr)을 개통하게 되었다. 고용정보 워크넷은 노동부 지방관서, 직업훈련기관, 개인 등을 인터넷으로 연결하여 직업정보를 제공하는 고용정보시스템으로, 우리나라에서 직업정보의 획기적인 발전을 꾀하는 전환점을 제시하였으며, 개인이 쉽게 직업정보를 수집할 수 있는 가장 다양한 최신식 시스템이다. 고용정보 워크넷은 인터넷에서 개인에게 8개의 메뉴를 설정하고 있으며, 인트라넷은 9개의 메뉴를 갖고 있다.

고용정보 워크넷은 인터넷이나 PC통신이 가능한 곳이면 언제 어디서나 사용할 수 있는, 공간과 시간을 초월한 직업정보망이다. 또한 우리나라의 표준화된 직업정보를 수록한 방대한 직업정보망으로서, 국립직업안정기관이나 직업안정 관련기관 및 단체와 연결되어 있다. 그동안 취업정보는 구인 · 구직 등 매우 제한된 정보만을 다루어 왔으나, 고용정보 워크넷은 국내 · 국외 취업, 장애인, 일용직, 상용직 등으로 세분화된 취업정보를 다루고 있다. 또한 다양한 고용동향자료를 제공함으로써 개인 스스로 의사결정을 하는 데에 도움을 주고 있으며, 직업상담, 알선정보 팩스제공, 대화방 등을 운영하고 있다.

고용정보 워크넷은 개인이 접속할 수 있는 인터넷과 노동관련 공무원 및 직업상담원의 업무수행을 위한 인트라넷으로 구성되어 있으며, 직업안정기관의 직업상담원은 인트라넷의 취업알선시스템을 운용한다.

고용정보 워크넷은 다양한 일자리 정보, 인재정보, 각종 취업알선정보, 직업적성 · 흥미검사, 사이버직업상담, 사이버채용박람회, 집단상담 프로그램의 신청 등 다양한 취업지원 서비스를 구인업체 및 구직자에게 신속하고 편리하게 제공함으로써 정보부족으로 인한 마찰적 실업을 최소화하기 위한 서비스이다.

표 8-14 취업알선 전산망과 고용정보 워크넷의 시스템 차이점

구분	기존 취업알선 시스템(C/S)	고용정보 워크넷(인트라넷)
업무적 차이점	일반, 장애인, 일용의 구분이 어렵다.	상용, 장애인, 일용을 별개의 시스템으로 구분하였다. • 일용직으로 구직 중인 사람이 상용 · 장애인으로 중복 구직신청이 가능하다(단, 상용 · 장애인 중복구직신청 불가). • 장애인 구직등록의 경우 장애등급, 유형정보를 관리한다.
	구직유형의 구분이 없다.	고령자, 고급인력, 주부, 산업기능요원, 일반인 등의 구직유형별 구직신청으로 구성되어 있다.
	고용보험 가입 여부, 실업급여 수급 여부를 직접 입력한다.	고용보험 가입 여부, 실업급여 수급 여부를 고용보험 시스템으로부터 일괄적용한다.
	알선장, 채용결과통보서를 팩스로 보낸다.	시스템에서 직접 팩스 서비스가 가능하다.
		직업훈련시스템과 연계성을 가지고 있다.
기능적 차이점	폐쇄적인 시스템으로서 N/S에 접근할 수 있는 사용자만 사용가능하다.	일반인이 어떠한 장소에서든지 인터넷으로 구인 · 구직신청이 가능하고 상담원이 인증함으로써 알선가능한 구인 · 구직자료로 전환되며 N/W의 구조와 관계없이 LOGIN ID만 가지고 있으면 취업알선시스템 사용이 가능하다.
	지역별로 자료가 분산되어 있다.	통합 데이터베이스로 구성되어 있다.
	상대적으로 속도가 빠르고, 프로그램 기능이 다양하다.	상대적으로 속도가 느리고, 프로그램 기능이 브라우저의 제약을 받는다.
	프로그램 변경 시 각 클라이언트에게 프로그램이 배포되어야 한다.	프로그램 변경 시 서버의 프로그램만 수정하면 된다. 단말기는 일반적인 웹 브라우저만 가지면 된다(넷스케이프).
	단말접속이 지속적이다.	프로그램의 자료 요구 시에만 단말접속이 일어난다.

자료 : 중앙고용정보관리소(1999). 직종코드집

고용정보 워크넷은 1987년 5월 취업알선시스템 서비스 개시(텍스트 위주의 서비스 제공), 1996년 9월 국내 · 외 취업알선 서비스 개시, 1998년 11월 워크넷 서비스 개시, 2000년 10월 실업 및 복지전산망 연계 구축의 일환으로 워크넷 기능확대사업(자활시스템 구축), 2003년 8월 워크넷 개편사업 완료 및 서비스 개시 등을 하였다. 2005년 고용정보 워크넷은 대대적인 개편을 하게 이른다. 즉, 2005년 고용 · 취업종합정보서비스 1차 사업 완료(청소년 워크넷, 고령자 워크넷 서비스 개시), 2006년 9월 고용 · 취업종합정보서비스 2차 사업

완료(구인정보허브시스템, 여성, 장애인, 단기일자리, 기업 워크넷 등 서비스) 등의 개편이 이루어졌다.

취업종합정보서비스로서 워크넷은 회원으로 가입한 개인에게 업 · 직종별, 지역별 일자리 등 다양한 일자리정보를 비롯하여 온라인 구직신청, 맞춤정보서비스, 온라인지원서비스, 쪽지서비스, 마이잡(My Job) 보기, 메일링 등의 취업관련 서비스를 제공한다.

회원으로 가입한 기업에게 직종별, 지역별 인재 등 다양한 인재정보를 비롯하여 온라인 구인신청, 인재정보관리, 쪽지서비스, 채용관리, 메일링 등의 취업관련 서비스를 제공한다. 그 밖에 직업심리검사, 나에게 적합한 직업찾기, 자료탐색, 취업가이드, 직업지도프로그램, 사이버직업상담, 직무분석자료 등 직업정보 서비스와 잡맵(Job Map), 취업나침반, 일자리 동향, 인재 동향, 통계간행물, 연구자료 등의 고용동향 서비스를 제공한다.

고용지원센터 직업상담원 및 지자체 공무원 등에게 구인신청 또는 구직신청을 통해 구인자와 구직자 사이의 고용계약의 성립 등 취업알선 업무와 구인구직통계, SMS/FAX, 모니터링 업무를 지원해 주는 취업알선서비스를 제공한다.

또한 청소년 직장체험, 사회적일자리, 구인업체개척사업 지원을 위한 제반 서비스를 제공하며, 고용지원센터에서 실시하고 있는 성취 프로그램, 청년층 직업지도 프로그램, 취업희망 프로그램 등 다양한 집단상담 프로그램에 대한 서비스를 제공한다.

고용정보 워크넷은 일평균 접속자 수는 20여만 명이며, 일평균 조회수는 800만 건이다. 총 인재 수는 35만여 명, 총 일자리 수는 10만여 명, 5만 5,000개소의 기업이 있다. 또한 고용지원센터, 시 · 군 · 구 등 취업알선담당자 2,171명이 취업알선을 운용하고 있다.

2. 고용정보 워크넷의 구성

(1) 사용자 중심

고용정보 워크넷은 평균 30여만 명의 유효 인재정보와 5만여 개의 유효 구인정보를 보유하고 있으며, 개인 및 기업이 이용할 고용정보의 인터넷은 [표 8-15]에서와 같이 ① 채용정보, ② 직업정보, ③ 고용동향, ④ 인재정보, ⑤ 열린마당, ⑥ 개인, ⑦ 기업, ⑧ 워크넷 이용안내 등으로 구성되었다.

표 8-15 고용정보 워크넷의 메뉴

메뉴	내용
채용정보	① 업 · 직종별, ② 지역별, ③ 간편검색, ④ 상세검색, ⑤ 스크랩 구인정보(대기업, 공공기관, 일반구인), ⑥ 중앙인사위원회, ⑦ 채용정보, ⑧ 산업단지별, ⑨ 상시채용, ⑩ 직장체험
직업정보	① 직업심리검사(검사안내, 검사실시, 결과조회, 상담하기), ② 직업찾기(명칭별검색, 분류별검색, 능력과 적합한 직업, 지식과 적합한 직업), ③ 자료탐색(한국직업사전, 한국직업전망, 외국직업전망, 학과정보, 직업관련 동영상, 직업정보자료실, 전문가가 말하는 나의 직업), ④ 취업가이드(이력서작성법, 자기소개서작성법, 면접준비 방법, 인사담당자 인터뷰사례, 영어취업가이드, 영어면접준비방법), ⑤ 직업지도프로그램(성취프로그램, 청년층 직업지도 프로그램, 취업희망 프로그램, JOB SCHOOL), ⑥ 직업상담(사이버직업상담, 취업알선기관), ⑦ 직무분석
고용동향	① JOB MAP, ② 취업나침반, ③ 채용동향(취업 쉬운 직업, 취업 어려운 직업, 채용정보 많은 직업), ④ 인재동향(구인 쉬운 직업, 구인 어려운 직업, 인재 많은 직업), ⑤ 임금정보, ⑥ 통계간행물(구인구직취업동향(월보), 구인구직취업동향(팜플렛), 고용동향분석, 고용보험통계(연보), 고용보험통계(월보), HRD-Net 통계분석), ⑦ 취업알선통계, ⑧ 연구보고서, ⑨ 고용관련기사
인재정보	① 직종별, ② 지역별, ③ 간편검색, ④ 상세검색, ⑤ 전공계열별
열린마당	① 새소식, ② 채용박람회, ③ 자유토론마당, ④ 서식자료실, ⑤ 지역고용동향, ⑥ 관련 사이트, ⑦ 커뮤니티(커뮤니티 광장, 공지사항, 커뮤니티 검색, 커뮤니티 제안), ⑧ 취업성공사례(전체 취업성공사례, 우수 취업성공사례), ⑨ 이벤트(진행 중인 이벤트, 지난 이벤트)
개인	① 구직정보관리(이력서 관리, 구직신청정보, 지원 및 알선된 채용정보, 북마크한 채용정보, 나를 북마크한 기업, 나에게 지원제의 한 기업), ② My 정보보기(자주 가는 메뉴관리, 마이폴더, 허위구인정보신고, 메일링서비스(개인), 열람차단기업 관리, 나의 커뮤니티, 나의 상담리스트, 심리검사 결과조회), ③ My 쪽지(쪽지쓰기, 받은 쪽지함, 보낸 쪽지함), ④ 맞춤 채용 정보, ⑤ 선택채용정보(장애인, 고령자, 병역특례, Clean 3D, 취업 쉬운 직업, 채용정보가 많은 직업)
기업	① 구인정보관리(구인신청, 진행구인정보, 채용관리, 마감구인정보, 상시채용, 아르바이트 등록, 인재 북마크, 채용정보를 북마크한 인재, 지원 제의한 인재), ② 인재 추천의뢰(대학교 추천의뢰, 직업훈련학교 추천의뢰, 추천의뢰 결과보기), ③ My 정보보기(자주 가는 메뉴관리, 마이폴더, 메일링서비스(기업), 나의 커뮤니티, 나의 상담리스트), ④ My 쪽지(쪽지쓰기, 받은 쪽지함, 보낸 쪽지함), ⑤ 선택인재(장애인, 고령자, 병역특례, 구인 쉬운 직업, 인재 많은 직업)
워크넷 이용 안내	① Search, ② Mobile, ③ FAQ, ④ Sitemap, ⑤ 기관소개(한국고용정보원), ⑥ 개인정보보호정책, ⑦ 저작권정책, ⑧ 고용보험 가입 여부 확인, ⑨ 직업소개소/파견업체, ⑩ 고용지원센터

자료 : www.work.go.kr

(2) 대상별

1) 청소년 워크넷(youth.work.go.kr)

초등학생부터 대학생에 이르는 청소년을 대상으로 진학정보, 직업세계에 대한 정보를 제공한다. 청소년 고용정보 워크넷으로서의 청소년 워크넷은 [표 8-16]과 같은 컨텐츠로 구성되었다.

표 8-16 청소년 워크넷 컨텐츠

구분	컨텐츠
초등학생	① 흥미로운 직업세계(나랑 맞는 직업은, 세상에 이런 직업도, 알쏭달쏭 직업 이야기), ② 진로와 직업 온라인 학습, ③ 관련 사이트(학습, 정부기관, 진로와 직업, 박물관, 도서관), ④ 선생님과의 상담, ⑤ 자유게시판
중학생	① 심리검사(직업심리검사 안내, 직업심리검사, 심리검사결과, 심리검사 관련 사이트, 심리검사 관련 상담), ② 진로와 직업 온라인 학습, ③ 직업정보(직업검색, 나에게 적합한 직업 찾기, 신생 및 이색 직업, 영화로 보는 직업), ④ 고교정보(고등학교 안내, 고등학교 찾아보기, 관련 사이트), ⑤ 잡스쿨(잡스쿨 소개, 새소식, 참가소감문, 모임방, 참가신청, 후원기관), ⑥ 사회봉사활동, ⑦ 자유게시판
고등학생	① 진로가이드(학과정보, 공공훈련기관, 진로와 직업), ② 직업가이드(나에게 적합한 직업 찾기, 직업검색, 미래유망직종, 33가지 직업이야기, 영화로 보는 직업), ③ 직업심리검사(직업심리검사 안내, 직업심리검사, 심리검사 결과, 심리검사 관련 사이트, 심리검사 관련 상담), ④ 취업한마당(일/훈련/자격 검색, 대기업 채용, 공공기관 채용, IT 채용, 병역특례 채용, 이력서 관리, 구직신청 관리, My Job 보기), ⑤ 청소년직장체험(직장체험제도, 직장체험일자리, 직장체험 통계) ⑥ 잡스쿨(잡스쿨 소개, 새소식, 참가소감문, 모임방, 참가신청, 후원기관), ⑦ 정보마당(사회봉사 활동, 자료실, 자유게시판, 관련 사이트)
대학생	① 취업한마당(채용정보, 기업정보, 이력서관리, 구직신청관리, My Job 보기), ② 청소년직장체험(직장체험제도, 직장체험일자리, 직장체험통계), ③ 심리검사(직업심리검사 안내, 직업심리검사, 심리검사 결과, 심리검사 관련 상담), ④ 취업가이드(취업뉴스, 면접노하우, 면접후기, 전문가 칼럼, 이력서/자기소개서, 취업통계), ⑤ 정보마당(사회봉사활동, 대학생활설계, 공무원/어학/자격, 청년고용촉진장려금, 직업지도프로그램(CAP), 창업정보, 공공훈련기관, 지역고용동향, 장학재단, 자료실, 자유게시판)
마이페이지	① 개인정보관리, ② 이력서관리, ③ 구직신청관리, ④ My Job 보기, ⑤ 나의 상담 내역, ⑥ 심리검사 결과조회
자료실	① 자료실, ② 동영상 자료실
유스워크넷 이용	① 유스워크넷 회원관련, ② 상담관련, ③ 직업심리검사관련, ④ 취업한마당, ⑤ 직업정보 찾기
관련 서비스	① 아르바이트, ② 진로지도교사, ③ 대학취업지원실, ④ 직업전문학교, ⑤ 기능대학

자료 : youth.work.net

2) 여성 워크넷(women.work.go.kr)

여성 워크넷은 ① 여성채용정보, ② 직업훈련, ③ 정보마당, ④ 여성지원정책, ⑤ 참여마당, ⑥ 여성인재 등으로 구성하여 진로단절된 여성들의 노동시장에 들어가기 위한 정보들로 구성하였다. [표 8-17]은 여성 워크넷의 컨텐츠을 나타낸 것이다.

표 8-17 여성 워크넷 컨텐츠

구분	컨텐츠
여성채용정보	① 업 · 직종별, ② 지역별, ③ 산업단지별, ④ 직업훈련별, ⑤ 여성직종 TOP20, ⑥ 주부채용정보, ⑦ 여성단기 채용정보, ⑧ 사회적 일자리, ⑨ 전문채용정보(스크랩채용정보, 중앙인사위원회채용정보), ⑩ 취업지원실별 채용정보, ⑪ 채용정보검색
직업훈련	① 직업으로 보는 훈련/자격증, ② 직업훈련, ③ 여성전문교육(서울지역 여성교육기관, 전국여성인력개발센터), ④ 주부 · 준고령자 단기훈련, ⑤ 취업지원실 교육정보, ⑥ 자격증정보 교육 · 훈련기관안내
정보마당	① 취업소식(여성채용정보동향, 취업뉴스) ② 창업소식(창업뉴스, 창업경진대회 입상아이템), ③ 여성유망직종, ④ 주부재취업유망직종, ⑤ 여성취업 길라잡이(취업에 앞서, 이력서 작성법, 자기소개서 작성법, 체크! 면접요령, 취업 준비 시 유의사항), ⑥ 창업기초가이드, ⑦ 직업지도 프로그램(성취 프로그램, 청년층 직업지도 프로그램, 취업희망 프로그램), ⑧ 직업심리검사, ⑨ 취업성공사례, ⑩ 자료실
여성지원정책	① 최신정책소식(노동부, 여성가족부), ② 고용보험지원제도(취업/교육지원, 실업급여), ③ 취업지원(여성재취업지원, 여대생 커리어 개발사업, 맞춤형취업지원(여대생), 사회적 일자리 지원사업, 여성가장지원), ④ 창업지원, ⑤,보육지원(보육료지원, 직장보육시설 지원사업), ⑥ 모성보호(직장여성의 모성보호, 모부자 복지), ⑦ 여성평등 및 인권보호(성희롱 방지조치, 남녀차별금지, 양성평등채용목표제), ⑧ 직장 내 분쟁해결, ⑨ 기타근로자복지사업(근로여성임대아파트, 생활안정지원, 학자금지원, 문화여가활용지원), ⑩ 보육시설정보
참여마당	① 새 소식, ② 채용박람회, ③ 이벤트, ④ 이야기 방, ⑤ 자원봉사참여, ⑥ 사이트 이용문의, ⑦ 여성추천커뮤니티
여성인재정보	① 워크넷 인재정보(직종별, 지역별, 전공계열별), ② 교육기관 추천 인재, ③ 대체인력정보

자료 : women.work.go.kr

3) 고령자 워크넷(senior.work.go.kr)

고령자 워크넷은 ① 일자리, ② 인재검색, ③ 취업도우미, ④ 상담실, ⑤ 취업도움기관, ⑥ 기타 서비스 등 6가지 분류에 의한 컨텐츠로 구성하였다. 고령자를 위한 화면 크기 조절도 부가하였다([표 8-18] 참조).

표 8-18 고령자 워크넷의 컨텐츠

구분	컨텐츠
일자리	① 최신 일자리, ② 지역별 일자리, ③ 직업별 일자리, ④ 노인관련기관 일자리, ⑤ 사회적 일자리, ⑥ 자원봉사
직업훈련	① 희망지역별 인재, ② 희망직업별 인재, ③ 희망임금별 인재
취업도우미	① 취업 전 준비, ② 훈련정보, ③ 법률 · 정책정보, ④ 취업성공사례, ⑤ 창업정보, ⑥ 복지시설안내, ⑦ 평생교육안내
취업도움기관	
여성지원정책	① 상담, ② 창업상담
기타 서비스	① 알림방, ② 관련 사이트, ③ 이용 도우미, ④ 개인정보보호정책, ⑤ 저작권정책, ⑥ 사이트맵, ⑦ 취업담당자 서비스

자료 : senior.work.go.kr

4) 기업 워크넷(biz.work.go.kr)

기업 워크넷은 개별 기업들의 인재관리를 할 수 있도록 구성하여 ① 인재정보, ② 채용관리, ③ 인적자원개발, ④ 인사노무정보, ⑤ 참여마당 등 5가지로 구분하여 컨텐츠를 갖고 있다.

표 8-19 기업 워크넷의 컨텐츠

구분	컨텐츠
인재정보	① 직종별, ② 지역별, ③ 간편검색, ④ 상세검색, ⑤ 전공계열별, ⑥ 오늘 등록된 이력서
채용관리	
인적자원개발	① 훈련과정검색, ② 행정업무지원, ③ 이력조회, ④ 직업훈련동향분석, ⑤ 인재추천의뢰
인사노무정보	① 노동정보, ② 지원금정보, ③ 중소기업지원정보, ④ 4대사회보험, ⑤ 노동행정서비스, ⑥ 인사노무정보, ⑦ 관련기관 찾기, ⑧ 서식자료
기타 서비스	① 새 소식, ② 이벤트 소식, ③ 채용박람회, ④ 사이버플, ⑤ 설문조사, ⑥ 지식나눔터, ⑦ 이용안내, ⑧ 자료실

자료 : biz.work.go.kr

5) 아르바이트 워크넷(alba.work.go.kr)

아르바이트 워크넷은 ① 알바채용, ② 테마알바, ③ 알바인재, ④ 커뮤니티, ⑤ 구직서비스, ⑥ 구인서비스, ⑦ 마이페이지 등 7가지로 분류하여 컨텐츠를 구성하였다. 아르바이트는 청년 실업자, 청소년, 여성들을 대상으로 단기 일자리 제공에 대한 정보를 공급한다. [표 8-

표 8-20 아르바이트 워크넷의 컨텐츠

구분	컨텐츠
알바채용	① 전체 알바, ② 오늘의 알바, ③ 지역별 알바, ④ 직종별 알바, ⑤ 급여별 알바 ⑥ 역세권별 알바
테마알바	① 주말 알바, ② 재택 알바, ③ 단기 알바, ④ 장기 알바, ⑤ 청소년 알바, ⑥ 대학생 알바, ⑦ 포토 알바, ⑧ 대학가 알바, ⑨ 고임금 알바, ⑩ 인기 알바
알바인재	① 전체 알바인재, ② 오늘의 알바인재, ③ 지역별 알바인재, ④ 직종별 알바인재, ⑤ 연령별 알바인재, ⑥ 상세검색
커뮤니티	① 알바 경험담, ② 백수, 백조 이야기, ③ 공지사항, ④ 이벤트, ⑤ 알바뉴스
구직서비스	① 이력서 등록/수정, ② 맞춤 알바정보
구인서비스	① 무료구인 등록, ② 내가 등록한 알바, ③ 맞춤 인재정보, ④ 포토알바등록
마이페이지	① 구인관리(무료 구인등록, 내가 등록한 알바, 맞춤 인재정보, 포토알바등록), ② 회원정보 관리(회원정보 수정)

자료 : alba.work.go.kr

20]은 아르바이트 워크넷의 컨텐츠를 나타낸 것이다.

(3) 직업상담원 중심

취업알선 업무는 구인 또는 구직의 신청을 받아 구인자와 구직자 사이에 고용계약의 성립을 알선하기 위한 제반 서비스를 제공하며 ① 구직, ② 구직, ③ 지원금, ④ SMS/FAX ⑤모니터링, ⑥ 통계 등 6개의 단위업무로 구성되어 있다.

3. KNOW직업정보시스템

KNOW직업정보시스템(know.work.go.kr)은 대학 진학을 앞둔 청소년에게 학과선택을 돕기 위한 시스템이다.

KNOW의 '학과정보' 에서는 계열별 학과의 개요, 전공영역, 주요 교과목, 개설대학, 필요한 적성과 흥미를 비롯해 졸업 후 취득자격, 진출직업, 취업률 등에 대한 정보를 제공한다.

KNOW의 '직업정보' 에서는 본인의 흥미, 성격, 지식, 능력 등에 맞는 직업을 온라인상에서 검색할 수 있으며 각 직업에 대하여 구체적인 정보를 얻을 수 있다.

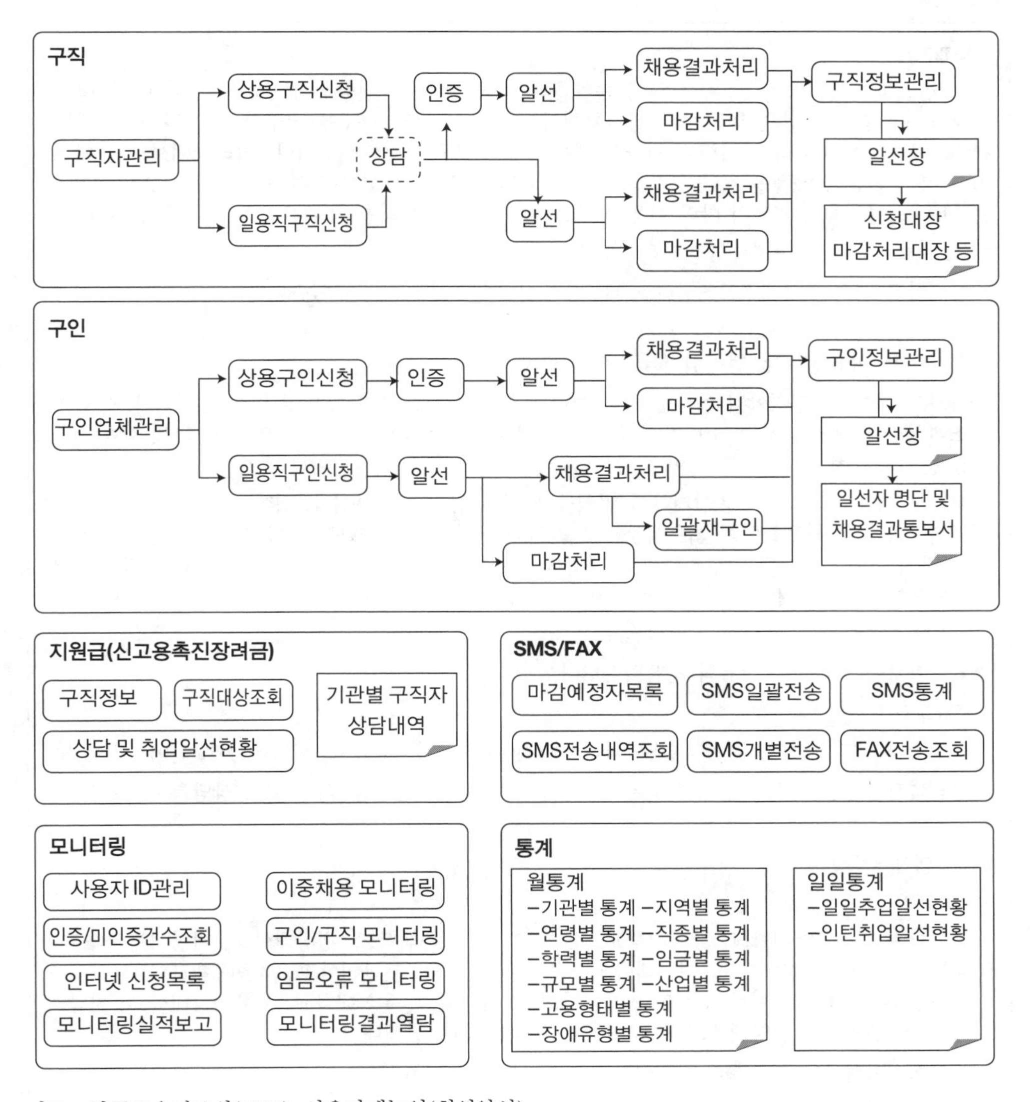

자료 : 한국고용정보원(2005). 사용자매뉴얼(취업알선)

그림 8-2 취업알선업무 내용

표 8-21 학과정보의 예

1. 학과개요

흔히 심리학이라고 하면 다른 사람의 속마음을 꿰뚫어보는 독심술을 공부하는 것이 아닐까라고 생각하는 사람들이 있습니다. 물론 심리학에서는 인간의 감정, 사고를 연구합니다. 하지만 그것에서 그치는 것이 아니라 심리학은 인간의 행동까지도 연구하는 학문입니다. 심리학에서는 눈에 보이지 않는 인간의 마음을 직관이 아닌 과학적인 연구방법을 통해 분석하며 우리가 밖으로 표현하는 행동을 연구하여 개인의 삶의 질을 높이고 보다 건강한 사회를 가꾸기 위한 공부를 합니다.

2. 학과영역

- 심리학은 영역은 크게 '기초심리학' 과 '응용심리학' 으로 나눌 수 있습니다.
- '기초심리학' 은 인간의 생리, 감각, 인지, 성격 등의 기초심리를 다루는 것으로 생리심리학, 지각심리학, 학습심리학, 언어심리학, 발달심리학 등이 포함됩니다.
- '응용심리학' 은 심리학적 이론을 사회 여러 분야에 적용한 것으로 임상 및 상담심리학, 산업 및 조직심리학, 범죄심리학, 소비자심리학 등이 해당되며 현대사회가 안고 있는 심리 및 행동 문제를 분석하여 해결하는 영역들이 포함됩니다.
- 이러한 기초심리학과 응용심리학의 영역들로 인해 심리학은 사회학, 법학, 경제학 등 인문학과 사회과학을 모두 포괄하는 기초학문으로 인식되고 있지만 계량화된 과학적인 실험을 통해 인간을 분석한다는 점에서 자연과학과도 밀접한 관련을 맺고 있다고 볼 수 있습니다. 따라서 심리학에서는 실험, 심리검사, 통계분석 등에 대한 연구방법론도 많은 비중을 차지하고 있습니다.

3. 관련학과/전공

관련학과로는 심리학과 상담학과가 있습니다.

4. 주요교과목

- 심리학과 – 기초심리학과목 : 발달심리학, 인지심리학, 사회심리학, 성격심리학, 언어심리학 등
- 상담학과 – 입문과목 : 심리학개론, 상담이론과 실재, 집단상담, 아동상담, 상담특론, 재활상담 등

5. 개설대학

<대학교 심리학과>

- 심리학과 : 가톨릭대학교, 강원대학교, 경남대학교, 경북대학교, 경상대학교, 계명대학교, 고려대학교, 대구가톨릭대학교, 대구대학교, 덕성여자대학교, 부산대학교, 서울대학교, 성균관대학교, 성신여자대학교, 아주대학교, 연세대학교, 영남대학교, 우석대학교, 이화여자대학교, 전남대학교, 전북대학교, 중앙대학교, 충남대학교, 충북대학교, 한림대학교
- 산업심리학과 : 광운대학교, 대전대학교, 선문대학교, 호서대학교
- 교육심리학과 : 서울여자대학교, 숙명여자대학교

<대학교 상담학과>

- 상담학과 : 동신대학교 삼육대학교 전주대학교
- 기독교상담학과 : 삼육대학교 천안대학교
- 심리상담치료학과 : 건양대학교
- 청소년교육 · 상담학과 : 순천향대학교
- 청소년복지상담학과 : 대구한의대학

6. 적성과 흥미

- 사람들의 성격, 행동, 사고와 다양한 사회현상에 대해 지적 호기심과 탐구정신이 있어야 하고 다른 사람을 배려하고 이해할 수 있는 성격을 가진 사람에게 유리한 전공입니다.
- 심리현상에 대한 각종 조사 및 실험결과를 논리적으로 분석할 수 있는 능력이 있어야 하며 사소한 것도 놓치지 않는 세밀한 관찰력이 필요합니다.
- 생물, 통계 등 자연과학 교과목에 소질이 있으면 학과공부에 유리할 수 있으며 컴퓨터를 이용한 시뮬레이션 등의 실험도 하게 되므로 컴퓨터를 잘 다룰 줄 알면 좋습니다.

7. 취득자격

- 국가자격 : 임상심리전문가, 정신보건임상심리사, 소비자전문상담사, 직업상담사, 청소년상담사 등
- 민간자격 : 산업심리사, 산업 및 조직심리사, 미술치료사, 놀이치료사 등

8. 진출직업/분야

- 공무원: 교도직 공무원(교도소, 소년원 등)
- 일반기업 : 광고대행사, 컨설팅업체, 리서치 회사, 병원, 심리검사기관, 각종 상담기관, 중 · 고등학교(상담교사), 지방자치단체, 법무부, 문화관광부 산하 각종 상담소 등

9. 관련직업

상담전문가(심리상담사), 시장 및 여론조사전문가, 인문계열교수, 임상심리사(심리치료사), 직업상담원 및 취업알선원 등의 직업이 실무종사자들의 설문조사결과자료와 관련이 있습니다.

10. 재학생 및 취업현황<한국교육개발원, 교육통계DB, 2006년 12월 기준>

학과/전공 구분	재학생(명)	여학생 비율(%)	졸업생(명)	취업자(명)	취업률(%)
심리학과 대학교	4,436	72	1,132	502	57.97
상담학과 대학교	409	72	62	23	45.1
전문대학교	19	95	40	21	63.64

4. 한국고용직업분류(KECO)[5)]

(1) 한국고용직업분류(KECO)의 의미

한국고용직업분류(Korean Employment Classification of Occupation : KECO)는 노동시장의 상황과 수요에 적합하도록 각종 직무를 분류한 것으로 직업정보의 제공을 통한 노동시장 효율성의 제고를 기본 목적으로 한다. 우리나라의 현실적 직업 구조를 반영하여 조사상 정확성과 용의성을 확보하고 노동시장에서의 적절한 직업단위에 대한 데이터를 수집하여 의미 있는 통계 정보 전달을 위하여 개발되었다.

---

5) 이 내용은 중앙고용정보원(2003). 한국고용직업분류에서 일부 내용을 발췌한 것이다.

한국고용직업분류(KECO)는 직업훈련, 자격, 직업정보, 취업 등 수요자의 정보연계에 대한 요구를 반영하고자 노력하였는데, 이는 직업별로 필요한 취업정보, 훈련정보, 고용동향 등 각종 고용정보를 수집 · 정리하고 이를 수요자에게 제공하기 위한 분류체계로서 한국고용직업분류(KECO)가 개발되었기 때문이다. 이러한 연계성의 제고는 온라인을 통한 직업정보의 중요성이 커지는 정보흐름의 변화와 관련되어 있다. 한국고용직업분류(KECO)를 중심으로 연계된 다양한 정보는 직업정보의 직접 수요자인 취업희망 구직자, 진로를 결정하여야 하는 학생 · 학부모, 인력이 필요한 기업주, 직업안정기관의 직업상담원, 교육 · 훈련기관의 훈련지도자 등에게 체계적으로 제공될 수 있다.

분류기준에 있어서도 한국고용직업분류(KECO)는 직업능력수준, 직업능력형태(skill type)와 더불어 산업, 직업이동성, 노동시장 구조 등과 같은 요인들을 고려하였다.

(2) 한국고용직업분류(KECO)의 개발과정 및 분류원칙

1) 개발과정

2000년 12월 한국노동연구원 · 통계청에서 『고용직업분류』를 발간하였으며, 2001년 9월 중앙고용정보원이 『한국고용직업분류 2001 분류』를 발간하였다. 2002년 9월 『2002 산업직업별 고용구조조사-중앙고용정보원(Occupational Employment Statistics-Work Information Center : OES-WIC)』의 개정하는 작업이 있었으며, 2003년 9월 한국고용직업분류를 개정하여 『한국고용직업분류』를 편찬하게 되었다.

2) 분류원칙

① 직능유형 우선

직능유형(skill type)은 작업자가 수행하는 일이 갖는 여러 측면에서의 성격을 말한다. 여기에는 직무수행 결과 생산되는 최종생산물, 일을 수행하는 방법(정신적, 육체적 활동)과 과정, 일을 수행하는 데 필요한 지식, 주요 활용 도구 및 장비 등이 포함된다. 이는 직무능력수준과 대비되는 개념인데 직능수준은 유사한 업무를 수행하는 데 필요한 직무수행 능력의 높낮이를 말하는 것으로 정규교육, 훈련, 경험, 선천적 능력, 사회적 · 문화적 환경 등에 의해 · 습득된다. 직능수준이 객관적으로 검증 가능한 경우에는 특정 직업의 입직 여부를 결정하는데 이용되는 경우가 많다.

직능유형에서 가장 중요한 것은 일의 수행 결과물이라고 할 수 있다. 최종생산물이 무엇이냐에 따라 직무의 성격이 상당히 달라지기 때문이다. 일반 사무직이라고 해도 운송서비스업 분야에서의 직무내용은 제조업체에서의 그것과 다른 것으로 알려졌다. 그것은 최종생산물인 운송서비스가 특수한 분야이고 이와 관련된 분야의 업무는 생산물의 성격에 따라 일반사무직에서 요구하는 지식이나 경험과는 상이하기 때문이다. 일을 수행하는 방법이나 필요한 지식, 도구 등도 세부 직업을 구별하는 기준이 된다. 또한 직업별로 필요한 숙련도, 교육, 훈련, 자격증에 기반한 동질성과 노동이동의 용이성 여부도 직업단위를 결정하는 요소이다.

② 중분류 중심

과거 여러 나라의 직업분류에서 일반적으로 준수되었던 10진법 중심의 분류는 여러 가지의 편리함이 있다. 하위분류를 10개 이내로 함으로써 일단 적절한 대분류를 가지고 있으며, 10진법에서와 같이 수치의 위치 값과 수치 값을 사용할 수 있다. 그런데 10진법의 최대 약점은 제한된 10개의 수 때문에 관련성이 낮은 부분을 하나로 묶는 무리를 행할 수밖에 없다. 예를 들면, 고용직업분류에서는 대분류 3으로 교육과 법률 관련직을 분류하였는데, 하나의 분류에 해당되는 직업상 공통점은 거의 없는 편이다.

이처럼 영역이 다른 분야는 다르게 분류하고 하나의 분류가 독립적인 성격을 갖게 하기 위해서는 10진법이라는 인위적인 틀을 무시할 필요가 있어, 본 분류에서는 위치 값은 의미를 두지 않았으며 단지 기타의 경우 소분류 이하에서 9를 사용하여 식별하였다.

③ 포괄성

실제 직업을 조사하는 현장에서는 사전적으로 고려하기 힘든 복합적이거나 어느 직무를 우선시해야 할지 판단하기 어려운 애매한 직무를 가지고 있는 경우가 수시로 출몰한다. 어느 경우든 주어진 직업 가운데 하나로 분류할 수 있어야 하기 때문에 이에 대한 준비를 해야 한다. 즉, 존재하는 모든 직무는 예외 없이 특정의 직업으로 반드시 분류되어야 하는 것이다.

기존의 직업분류로 포괄할 수 없는 신생직무가 탄생할 경우에도 일정 정도의 고용자 수가 생성되기 전에까지는 가장 유사한 직업으로 분류되어 조사된다. 직업조사가 진행되면 직업분류 코딩과정에서 신생직업의 추가와 기존 직업의 소멸 등에 관한 절차를 준비하여 포괄성을 보완할 것이다.

④ 배타성

모든 동일한 직무는 다른 여러 사람이 수행한다고 해도 동일한 하나의 직업으로 분류될 수 있어야 하며, 여타의 직업으로도 분류될 수 있는 여지가 가능한 적어야 한다. 동일한 직무를 수행하는 사람은 교육이나 훈련배경과 상관없이 동일한 직업으로 분류되어야 하는데, 이는 각 단위 직업 간에는 서로를 구별하는 배타적인 직무특성이 확립되어 있어야 한다는 의미이다. 여러 사람이 다양하고 복잡한 직무를 동일하게 여러 직장에서 수행하고 있을 때 모두 하나의 동일한 직업으로 일관되게 분류할 수 있으며, 상이한 직무는 다른 직업으로 구별할 수 있는 명시적인 기준을 구체적으로 제시할 필요가 있다.

⑤ 연계성 유지

직업분류는 직업분류 자체로 사용되기도 하나 직업과 관련된 학과, 훈련과정, 자격 등 여러 분야와 연계성을 가지기 쉽도록 분류되어야 하며 이러한 분류의 중심에 있어야 한다는 원칙이다. 이를 위하여 학과나 훈련과정에도 적용될 수 있는 분류를 적용해야 한다. 온라인을 통한 정보제공의 중요성이 커지면서 직업분류에서 연계성이 갖는 중요성이 더욱 커지고 있다. 연계성을 높이기 위해서는 각 단위의 직업분류, 특히 중심적인 직업분류가 포함하고 있는 하위 직업의 내용을 파악하는 것이 용이해야 한다. 하위 직업을 파악하기 어려운 분류는 다른 분류에 적용하기가 어렵기 때문에 호환성이 낮을 수밖에 없다.

⑥ 최소고용과 노동시장 우선

『한국직업사전』에는 1만 개에 가까운 직무명이 나타나 있다. 이러한 직무를 모두 직업단위로 모두 포함하여 개별직업으로 분류하지 않는다. 이는 개별 직무별 직업전환, 훈련, 자격 및 향후 전망 등 직업정보로서의 의미가 적기 때문이다. 이에 따라 단위직업은 최소 고용인원이 있는 직무단위로 한다. 단위 직무별로 최소고용이 성립하지 않을 경우에는 유사직무를 통합하여 단위직업의 포괄범위를 넓히고, 너무 과다한 고용인원을 포괄하고 있을 경우에는 직무성격에 따라 직무단위를 나누도록 한다.

노동시장에서 직업별로 통용되는 명백한 제도나 관습이 있는 경우에는 아무리 많은 고용이 있거나 적은 고용을 가지고 있다고 해도 단위직업으로 분류하는 것을 원칙으로 한다. 이는 면허제도나 관습에 따라 개별적인 직무단위로 인정되는 경우로 고용인원과 상관없이 개별적인 직업정보로서 의미를 갖기 때문이다.

3) 대 · 중분류 구조

한국고용직업분류(KECO)의 대분류와 중분류는 다음과 같다. 중분류가 중심인 체제이므로 대분류는 사용자의 편의에 따라 명칭의 변경 등 다양한 선택이 가능하다.

대분류 Ⅰ 관리직

01. 관리직

대분류 Ⅱ 경영재무직

02. 경영 · 회계 · 사무 관련직

03. 금융 · 보험 관련직

대분류 Ⅲ 사회서비스직

04. 교육 및 자연과학 · 사회과학 연구 관련직

05. 법률 · 경찰 · 교도 관련직

06. 보건 · 의료 관련직

07. 사회복지 및 종교 관련직

08. 문화 · 예술 · 디자인 관련직

대분류 Ⅳ 판매 및 개인서비스직

09. 운전 및 운송 관련직

10. 영업 및 판매 관련직

11. 경비 및 청소 관련직

12. 미용 · 숙박 · 여행 · 오락 · 스포츠 관련직

13. 음식 서비스 관련직

대분류 Ⅴ 건설 · 생산직

14. 건설 관련직

15. 기계 관련직

16. 재료 관련직(금속 · 유리 · 점토 · 시멘트)

17. 화학 관련직

18. 섬유 및 의복 관련직

19. 전기 · 전자 관련직

20. 정보통신 관련직

21. 식품가공 관련직

22. 환경 · 인쇄 · 목재 · 가구 · 공예 및 생산단순직

대분류 Ⅵ 농림어업직

23. 농림어업 관련직

대분류 Ⅶ 군인

24. 군인배타성

4) 분류의 구성

한국고용직업분류(KECO)는 대분류 7개, 중분류 24개, 소분류 119개, 세분류 384개로 구성하였다. 미국의 표준직업분류(ASOC)처럼 대분류 체제를 코드 분류체제에서 포함시키기는 하였으나, 중분류를 대외적으로 주로 사용함으로써 데이터의 활용성을 증대코자 하였다.

한국고용직업분류(KECO)와 미국표준직업분류(ASOC), 캐나다표준직업분류(NOC) 등은 모두 중분류가 23~25개를 유지하여 주목된다.

한국고용직업분류(KECO)는 대분류로 보면 건설 · 생산직에 직업이 집중한 경향이 있기는 하나 중분류가 많아 전체적으로 큰 집중현상이 발생하지 않는다.

(3) 한국고용직업분류의 특징

1) 세분류 직업조사 결과를 반영

2001년과 2002년에 걸친 산업직업별고용구조조사를 통해 얻어진 13만여 건의 데이터의 분석에 기초하여 각각 2002, 2003년 분류단위 및 분류구조를 시장에 적합하도록 각각 전면조정과 부분조정을 하였다. 따라서 산업직업별고용구조조사 직업분류는 우리나라의 직업세계의 현실을 가장 잘 반영하고 있는 직업분류라고 할 수 있다.

표 8-22 각 직업분류의 분류단계별 항목 수 비교

분류수준 \ 분류종류	KECO	KSOC	ASOC	NOC
대분류	7	10	10	9
중분류	24	46	23	25
소분류	119	162	98	141
세분류	384	447 (세세분류 1,404)	452 (세세분류 822)	520

표 8-23 한국고용직업분류(KECO)의 분류단계별 항목 수 비교

대분류	관리직	경영 · 재무직	사회 서비스직	판매 및 개인서비스직	건설 · 생산직	농림어업직	군인	합계
중분류	1	2	5	5	9	1	1	24
소분류	7	8	27	21	50	5	1	119
세분류	21	36	90	76	147	13	1	384

2) 중분류 중심체계

대분류 7개, 중분류 24개, 소분류 119개, 세분류 384개로 구성하여 미국표준직업분류처럼 대분류체제를 코드 분류체제에서 제외시키고 사실상 중분류를 대분류로 사용함으로써 데이터의 활용성을 확대하였다.

3) 중분류를 직능유형(skill type) 중심으로 재구성

하나의 중분류(skill type) 내에 직능유형에 따라 소분류 체계를 전문가, 준전문가 · 기술공, 중간직(사무, 기능, 조작, 농업숙련), 단순직으로 구분하여 이를 모든 직능유형에 동일하게 적용하였다.

현대적 개념의 직업의 분류는 직능유형(skill type)과 직능수준(skill level)에 의해 결정된다. 직능유형이라고 하는 것은 그 일을 하기 위해 필요한 지식, 능력, 기질(knowledge, skill, attribute : KSA)를 말하며, 직능수준은 지식, 능력, 기질 등의 수준을 말한다. 공장 자동화의 도입과 지식산업의 발전에 따라 다수의 수작업을 요하는 기능직이 기계를 사용하는 조작직으로 변화하고 있으며 직무상에는 차이가 별로 없는 지식직업의 증가에 따라 직무중심의 구분보다 해당 직무를 수행하기 위해 필요한 지식과 기술의 영역을 중심으로 분류하는 것이 적절하다고 할 것이다.

직능유형은 과학, 교육, 서비스, 판매, 제조 등을 일컬으며, 직능수준은 전문가, 일반직(사무, 기능, 조작, 농업숙련), 단순직으로 구분할 수 있다.

국제표준직업분류(ISCO-88)에 기반을 둔 한국표준직업분류는 직능수준우선분류이나 고용직업분류는 미국표준직업분류(ASOC)나 캐나다표준직업분류(NOC)처럼 대분류와 중분류를 직능유형으로 구분하고 직능수준을 분류의 세 번째 단위에 위치토록 하는 직능유형우선분류방식을 채택하였다. 즉 기존에 3개 대분류에 걸쳐 있던 법률관련 종사자를 하나의 대분류에 동일유형의 직업을 배치하였다. 기존의 방식으로는 1,400여 개의 전체 분류체계를

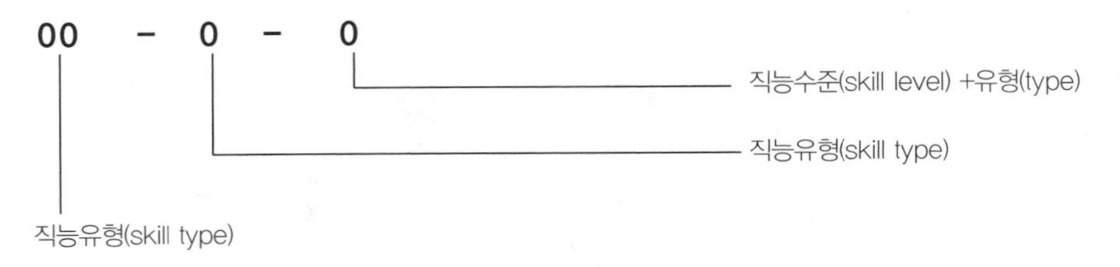

그림 8-3 분류번호체계에서 직능수준(skill level)과 직능유형(skill type)의 관계

모두 외우고 있어야 정확한 분류가 가능하였다. 한국고용직업분류의 직업분류는 직능유형 우선분류방식을 채택함으로써 누구나 쉽게 이해하고 사용할 수 있도록 하여 조사 및 활용의 용이성과 정확성을 확보하였다.

요약

1. 『한국표준산업분류』, 『한국표준직업분류』, 『한국직업사전』 등은 국가에서 표준화시킨 우리나라의 대표적인 직업정보로서, 『한국표준산업분류』는 1,195개, 『한국표준직업분류』는 1,567개, 『한국직업사전』은 1만 1,537개의 직업으로 분류되어 있다.
2. 『한국표준산업분류』는 5가지 코드로 구성되어 있으며, 17개의 대분류, 60개의 중분류, 160개의 소분류, 334개의 세분류, 1,195개의 세세분류로 되어 있고, 세세분류별 특정산업에서의 직무내용을 제시하고 있어 그 산업에 속해 있는 직업을 알 수 있다.
3. 『한국표준직업분류』는 5가지 코드로 구성되어 있고, 11개의 대분류, 46개의 중분류, 162개의 소분류, 447개의 세분류, 1,404개의 세세분류로 구성되어 있으며, 세세분류상의 직업에 대한 정의와 주요 업무, 포함 · 미포함된 직업명을 제시하고 있다. 또한 『한국표준직업분류』는 개념상의 분류구조를 갖고 있는데, 이는 직무와 직무능력(직능) 개념을 근거로 한다.
4. 『한국직업사전』은 『한국표준직업분류』 체계를 따랐으며, 각 직업마다 직업코드, 직업명칭, 산업명칭, 유사직업명, 내용설명, 관련 직업명 등을 제시하였다. 특히 직업명세사항인 자료 · 사람 · 사물, 일반교육수준, 습숙기간, 육체적 활동, 환경조건 등을 각 직업마다 코드화하여 제시하고 있다.
5. 『한국직업전망서』는 200개의 직업에 대한 안내를 하는 자료로서 직업의 특성, 작업환경, 교육훈련 및 자격, 고용현황, 임금, 직업전망, 관련정보처 등 7가지 사항에 대한 정보를 제공한다.
6. 고용정보 워크넷(www.work.go.kr)은 취업정보, 직업선택, 직업훈련, 실업대책, 고용보험, 통계자료, 관계법령, 부가서비스 등 8가지의 인터넷과 취업알선시스템, 직업훈련시스템, 직업상담관리, 상담정보모음, 자료관리, 사용자관리, 게시판, 자료실 등 9가지의 인트라넷으로 구성되어 있다.
7. 『한국고용직업분류』(KECO)는 고용정보를 수집 · 정리하여 이를 수요자에게 제공하기 위한 분류체계로서 직업능력수준, 직업능력형태, 산업, 직업이동성, 노동시장 구조 등과 같은 요인을 고려하였다.

연구문제

1. 우리나라의 대표적인 직업정보의 생성과정을 설명하고 최신정보 인쇄물의 발간연도, 개정횟수를 제시하시오.
2. 『한국표준산업분류』의 분류코드와 각 코드별 분류개수를 제시하고 분류원칙을 설명하는 한편, 수집할 수 있는 직업정보를 제시하시오.
3. 『한국표준직업분류』의 분류코드와 각 코드별 분류개수를 제시하고 분류원칙을 설명하는 한편, 수집할 수 있는 직업정보를 제시하시오.
4. 『한국직업사전』에서 수집할 수 있는 직업정보를 제시하고 직업명세사항을 설명하시오.
5. 『한국직업전망서』에서 수집할 수 있는 직업정보를 제시하시오.
6. 고용정보 워크넷의 인터넷과 인트라넷을 설명하고, 개인이 수집할 수 있는 정보를 제시하시오.
7. 『한국고용직업분류』(KECO)에 대하여 의미, 분류원칙 등을 설명하고 그 구조를 설명하시오.

직업코드와 직업명[1]

0 의회의원, 고위임직원 및 관리자 : 의회의원, 고위임직원 및 관리자는 법률과 규칙을 제정하고, 정부를 대표 · 대리하며 정부나 특수이익단체의 정책을 결정하고 이에 대해 지휘 · 조언한다. 또한 정부, 기업, 단체 또는 그 내부 부서의 정책과 활동을 기획, 지휘 및 조정한다.

01101 **중앙 의회의원**

국회를 주재하거나 그에 참여하고 법령을 제정, 비준, 개정 및 폐지하며 그들이 대표하는 선거구민의 이익을 대변하는 자를 말한다.

01102 **지방 의회의원**

지방자치단체의 의회를 주재하거나 그에 참여하며, 헌법과 법령의 수권범위 내에서 조례와 규칙을 제정, 개정 및 폐지하며 그들이 대표하는 선거구민의 이익을 대변하는 자를 말한다.

01220 **지방정부 고위공무원**

각급 지방자치단체의 조직 및 행정관리, 주민복리증진, 농림 · 상공업 등의 산업진흥과 지역개발 및 주민생활 환경의 설치, 관리 등 지방행정 분야의 정책수행을 기획, 조직 및 통제하는 자를 말한다.

01310 **정당 고위임원**

정당의 정강정책을 결정 · 작성하고 당헌, 당규를 규정하며, 그 수행 및 적용하는 부서를 조직, 지휘 및 통제하고 대외적으로 소속 정당을 대표 · 대리하는 자를 말한다.

---

1) 여기에 제시된 직업코드와 직업명칭은 2000년 『한국표준직업분류』에 의한 것이며, 세세분류의 직업만 제시하였다.

01320 경제이익단체 고위임원

사용자단체, 근로자단체 등 경제이익단체의 정책, 정관 및 규칙을 결정 · 작성하고 그 수행 및 적용하는 부서를 조직, 지휘 및 통제하며, 대외적으로 소속단체를 대표 · 대리하는 자를 말한다.

01330 기타 특수이익단체 고위임원

박애주의단체, 경기단체, 환경보호단체 등의 정책, 정관 및 규칙을 결정 · 작성하고 그 수행 및 적용하는 부서를 조직, 지휘 및 통제하며, 대외적으로 소속단체를 대표 · 대리하는 자를 말한다.

02100 기업 고위임원

이사회나 관리기구에 의해서 설정된 지침의 범위 내에서 기업 또는 단체(특수이익단체 제외)를 대표하며, 2명 이상 다른 고위임직원의 협조를 받아 경영방침을 결정하고 활동을 기획, 지휘 및 조정하는 자를 말한다.

02200 정부행정부서 관리자

고위공무원의 포괄적인 지휘하에 다른 부서 관리자와 의논하여 사법행정 및 법무, 경찰, 교도, 소방 등 공공질서와 치안유지 및 단속행정, 고용 및 사회보장행정, 농림수산업 관련행정, 광업 및 연료에너지 관련행정, 제조, 도 · 소매 및 음식, 숙박, 창고, 건설, 운수, 교통, 통신 및 기타 산업지원 관련 부서와 외무, 국방행정 업무를 기획, 지휘, 조정하는 자를 말한다.

02310 농림어업 생산부서 관리자

경영자의 포괄적인 지휘하에 다른 부서 관리자와 의논하여 작물생산, 축산, 조경, 영림, 벌목, 어로, 양식 등과 관련된 생산활동을 기획 · 지휘 및 조정하는 자를 말한다.

02321 광업 생산부서 관리자

석탄채굴, 연탄제조, 천연가스 채취, 금속 · 비금속광물 채굴 및 채취, 소금채취업 등과 관련된 생산활동을 기획, 지휘 및 조정하는 자를 말한다.

02322 제조업 생산부서 관리자

각종 식품, 섬유, 가죽제품, 목제품, 화학제품, 금속 · 비금속제품, 기계장비 및 운수장비 등 제조, 출판 및 인쇄, 재생재료 가공업 등과 관련된 생산활동을 기획 · 지휘 및 조정하는 자를 말한다.

02323 전기, 가스 및 수도사업 생산부서 관리자

전기, 가스의 제조 및 공급과 물, 증기 및 온수의 공급 등과 관련된 생산활동을 기획 · 지휘 및 조정하는 자를 말한다.

02330 **건설업 생산부서 관리자**

지반조성 및 관련 발파, 시굴 및 굴착, 정지 등의 토공사, 건설용지에 각종 건물 및 구축물을 신축 · 설치, 증축 · 개축 · 수리 및 보수 · 해체 등과 관련된 생산활동을 기획, 지휘 및 조정하는 자를 말한다.

02341 **도매업 운영부서 관리자**

각종 상품의 중개 및 도매, 상품종합도매, 상품연쇄화사업 등과 관련된 활동을 기획, 지휘 및 조정하는 자를 말한다.

02342 **소매업 운영부서 관리자**

각종 신품 · 중고품의 소매, 슈퍼, 백화점, 통신판매 등과 관련된 활동을 기획, 지휘 및 조정하는 자를 말한다.

02343 **자동차 판매업 운영부서 관리자**

자동차 판매, 자동차부품 판매, 이륜자동차 판매 및 자동차연료 판매 등과 관련된 활동을 기획, 지휘 및 조정하는 자를 말한다.

02351 **숙박업 운영부서 관리자**

호텔, 여관, 하숙, 회원제 숙박시설 운영 등과 관련된 활동을 기획, 지휘 및 조정하는 자를 말한다.

02352 **음식점업 운영부서 관리자**

각종 식당, 주점, 다과점 등의 음식업체에서 음식물 제공과 관련된 활동을 기획, 지휘 및 조정하는 자를 말한다.

02361 **운수업 운영부서 관리자**

육상 및 파이프라인 운송, 수상운송, 항공운송, 운수관련 서비스 등과 관련된 활동을 기획, 지휘 및 조정하는 자를 말한다.

02362 **창고업 운영부서 관리자**

경영자의 포괄적인 지휘하에 다른 부서 관리자와 의논하여 타인 또는 타사업체의 상품 및 농산물, 냉동물, 가스 및 유류 등 각종 물품의 저장설비에 관한 서비스 활동과 관련된 활동을 기획, 지휘 및 조정하는 자를 말한다.

02363 **통신업 운영부서 관리자**

경영자의 포괄적인 지휘하에 다른 부서 관리자와 의논하여 우편, 전신, 전화, 기타통신시설에 의한 통신 및 관련 서비스 제공에 관한 활동을 기획, 지휘 및 조정하는 자를 말한다.

02371 **금융 및 보험업 운영부서 관리자**

은행, 금융리스, 투자신탁, 상호금융, 증권거래, 보험, 연금, 공제, 보험중개, 보험

감정 등과 관련된 활동을 기획, 지휘 및 조정하는 자를 말한다.

02372 **부동산 및 임대업 운영부서 관리자**

부동산 임대, 공급, 중개, 감정 및 관리나 운수장비 기타 산업용 기계장비 및 개인, 가정용품 임대 등과 관련된 활동을 기획, 지휘 및 조정하는 자를 말한다.

02373 **정보처리 및 컴퓨터운영업 운영부서 관리자**

컴퓨터설비 자문, 소프트웨어 자문, 개발 및 공급, 자료처리, 데이터베이스 운영, 사무, 회계, 계산기기 유지, 보수 등과 관련된 활동을 기획, 지휘 및 조정하는 자를 말한다.

02374 **연구개발업 운영부서 관리자**

자연과학, 인문과학, 사회과학 등에 대한 상업, 비상업적 연구개발 등과 관련된 활동을 기획, 지휘 및 조정하는 자를 말한다.

02375 **시장 및 여론조사업 운영부서 관리자**

상품의 잠재수요, 인지도, 친숙도, 구매습관 등의 시장 조사나 정치적, 경제적, 사회적 관심도 또는 의식상태 등의 여론 조사 등과 관련된 활동을 기획, 지휘 및 조정하는 자를 말한다.

02376 **광고서비스업 운영부서 관리자**

광고대행, 광고물 작성, 옥외광고 게시 및 대리업 등과 관련된 활동을 기획 · 지휘 및 조정하는 자를 말한다.

02379 **기타 사업 서비스업 운영부서 관리자**

법무 및 회계서비스, 사업 및 경영상담, 인력공급 및 알선, 경호, 경비, 사업장 및 산업설비 청소, 사진촬영 및 처리, 포장 및 충전, 디자인, 신용조사, 연예인 대리, 물품감정, 사업중개, 상품전시 및 행사대리, 사무관련 대리서비스 등과 관련된 활동을 기획, 지휘 및 조정하는 자를 말한다.

02381 **환경관련 서비스업 운영부서 관리자**

일반 및 특정폐기물 수집 · 처리, 대기 및 수질오염물질 처리 및 공공장소 청소 등과 관련된 활동을 기획, 지휘 및 조정하는 자를 말한다.

02389 **기타 위생, 수리 및 개인관련 서비스업 운영부서 관리자**

수리, 세탁, 이 · 미용 등과 관련된 활동을 기획 · 지휘 및 조정하는 자를 말한다.

02391 **교육서비스업 운영부서 관리자**

기관장 및 경영자의 포괄적인 지휘하에 다른 부서 관리자와 의논하여 유아교육기관, 초등학교, 중학교, 고등학교, 대학교, 대학원 등 국 · 공 · 사립 및 주 · 야간 교육기관과 성인교육 및 기타 교육기관의 서비스, 직업훈련을 위한 학원, 특수교육기관, 개인교습소의 업무를 기획, 지휘, 조정하는 자를 말한다.

02392 **보건 및 사회복지사업 운영부서 관리자**

기관장 및 경영자의 포괄적인 지휘하에 다른 부서 관리자와 의논하여 각종 질환의 예방과 치료를 위한 보건 서비스 업무와 적십자사, 자선기금모금 및 배정을 위한 기구, 원호협회, 보육시설, 아동복지시설, 노인복지시설, 가족복지협회 및 기타 자선기구 등의 업무를 기획, 지휘, 조정하는 자를 말한다.

02393 **오락, 문화 및 운동관련 서비스업 운영부서 관리자**

기관장 및 경영자의 포괄적인 지휘하에 다른 부서 관리자와 의논하여 영화제작 및 배급, 영화상영, 방송과 연극, 음악 및 기타 예술관련사업, 공연관련사업, 박물관 및 사적지 관리운영, 식물원, 동물원 및 자연보존 관리운영을 포함하여 운동, 경기인 및 경기 후원업, 경기장 운영업, 운동설비운영업과 기타 오락관련 업무를 기획, 지휘, 조정하는 자를 말한다.

02399 **그 외 기타 운영부서 관리자**

경영자의 포괄적인 지휘하에 다른 부서 관리자와 의논하여 여행자 및 관광객을 위하여 여행정보, 여행일정 계획 등 여행관련 서비스 제공, 숙식 및 운송을 알선하는 업체의 활동과 여행자 안내, 매표대리와 기타 운영부서 활동을 기획, 지휘하며 조정하는 자 등이 여기에 분류된다.

02411 **재무부서 관리자**

경영자의 포괄적인 지휘하에 다른 부서 관리자와 의논하여 기업 또는 단체 내부의 예산, 회계 및 재정업무와 재무상황 평가, 예산편성 및 각종 재정운용을 감독하고 재정정책 수립에 참여하는 자를 말한다.

02412 **경영부서 관리자**

경영자의 포괄적인 지휘하에 다른 부서 관리자와 의논하여 기업 또는 단체 내부의 경영업무를 기획, 지휘 및 조정하며 경영정책 수립과정에 참여하는 자를 말한다.

02420 **인사 및 노사관계부서 관리자**

기업 또는 단체의 인사 및 노사관계 활동을 기획, 지휘 및 조정하는 자로서 직원의 채용, 훈련, 승진, 임금구조 결정, 임금협상, 근로자와의 접촉 및 자문, 기타 인사관련 업무에 관한 절차를 기획 및 조정하고 인사정책 수립 과정에 참여하는 자를 말한다.

02430 **판매부서 관리자**

기업 또는 단체의 판매 및 마케팅 활동을 기획, 지휘, 조정하는 자로 판매기록 및 시장평가에 기초하여 특별판매 및 시장전략과 가격목록, 할인 및 인도조건,

판촉예산, 판매방법, 특별 유인 및 캠페인 등을 결정하고 판매 및 마케팅 정책수립 과정에 참여하는 자를 말한다.

02440 **광고 및 홍보부서 관리자**

기업 또는 단체의 광고 및 홍보활동을 기획, 지휘, 조정하는 자로 신문, 라디오 및 텔레비전 방송국, 경기 및 문화단체, 광고대행사 등의 직원과 광고계약을 체결하고 대량전달 매체 및 일반 대중에게 기업 또는 단체의 계획, 업적 및 견해를 알리는 홍보 프로그램을 기획, 지휘하는 자를 말한다.

02450 **구매부서 관리자**

기업 또는 단체의 공급, 보관 및 분배활동을 기획, 지휘 및 조정하는 자로 구매계약을 체결하고, 공급자와 적정가격을 협의하며 구매상품의 품질을 확보하는 자를 말한다.

02460 **전산업무부서 관리자**

기업 또는 단체의 전산업무를 기획, 지휘 및 조정하는 자로 전산장치 및 소프트웨어의 선정, 설치, 유지, 보수와 외부 제공 전산서비스의 구매 등을 지휘하는 자를 말한다.

02470 **연구 및 개발부서 관리자**

기업 또는 단체의 연구 및 개발활동을 기획, 지휘 및 조정하는 자로서 내부에서 사용하거나 외부 연구기관의 용역을 받아 새롭고 개선된 기술공정과 제품 또는 재료의 효용성을 개발하기 위한 연구 · 개발활동을 기획, 지휘 및 조정하는 자를 말한다.

02490 **그 외 기타부서 관리자**

상기 세세분류의 어느 항목에도 포함되지 않은 부서 관리자가 여기에 분류된다.

03010 **농림어업 일반관리자**

작물생산, 축산, 조경, 영림, 벌목, 어로, 양식업 등의 소규모 기업에서 관리업무에 종사하는 자를 말한다.

03021 **광업 일반관리자**

석탄채굴, 연탄제조, 원유 및 천연가스 채취, 금속 · 비금속광물 채굴 및 채취, 소금채취업 등의 소규모 기업 또는 단체에서 관리업무에 종사하는 자를 말한다.

03022 **제조업 일반관리자**

각종 식품, 섬유, 가죽제품, 목제품, 화학제품, 금속 · 비금속제품, 기계 장비 및 운수장비의 제조, 출판 및 인쇄, 재생재료 가공 등의 소규모 기업에서 관리업무에 종사하는 자를 말한다.

03023 **전기, 가스 및 수도사업 일반관리자**
전기, 가스의 제조 및 공급, 증기 및 온수의 공급, 수도사업 등의 소규모 기업에서 관리업무에 종사하는 자를 말한다.

03030 **건설업 일반관리자**
지반조성 및 관련 발파, 시굴 및 굴착, 정지 등의 토공사, 건설용지에 각종 건물 및 구축물의 신축 · 설치, 증축 · 개축 · 수리 및 보수 · 해체 등과 관련된 소규모 기업에서 관리업무에 종사하는 자를 말한다.

03041 **도매업 일반관리자**
각종 상품의 중개 및 도매, 무역 및 무역중개, 상품연쇄화사업 등의 소규모 기업에서 관리업무에 종사하는 자를 말한다.

03042 **소매업 일반관리자**
각종 신품 · 중고품의 소매, 슈퍼, 백화점, 통신판매업 등의 소규모 기업에서 관리업무에 종사하는 자를 말한다.

03043 **자동차 판매업 일반관리자**
자동차판매업의 소규모 기업에서 관리업무에 종사하는 자를 말한다.

03051 **숙박업 일반관리자**
호텔, 여관, 하숙, 회원제 숙박시설 운영업 등의 소규모 기업에서 관리업무에 종사하는 자를 말한다.

03052 **음식점업 일반관리자**
각종 식당, 주점, 다과점 등의 소규모 기업에서 관리업무에 종사하는 자를 말한다.

03061 **운수업 일반관리자**
육상 및 파이프라인운송, 수상운송, 항공운송, 여행알선, 운수관련 서비스업 등의 소규모 기업에서 관리업무에 종사하는 자를 말한다.

03062 **창고업 일반관리자**
타인 또는 타사업체의 상품 및 농산물, 냉동물, 가스 및 유류 등 각종 물품의 저장설비에 관한 서비스 활동을 제공하는 소규모 업체에서 관리업무에 종사하는 자를 말한다.

03063 **통신업 일반관리자**
우편, 유 · 무선 전화 및 전신, 부가가치통신 등의 소규모 업체에서 관리업무에 종사하는 자를 말한다.

03071 **금융 및 보험업 일반관리자**
은행, 금융리스, 투자신탁, 상호금융, 증권거래, 보험, 연금, 공제, 보험감정 등의 소규모 기업에서 관리업무에 종사하는 자를 말한다.

03072 **부동산 및 임대업 일반관리자**

부동산 임대, 공급, 중개, 감정 및 관리나 운수장비와 산업용 기계장비 및 개인, 가정용품 임대 등의 소규모 기업에서 관리업무에 종사하는 자를 말한다.

03073 **정보처리 및 컴퓨터운영업 일반관리자**

컴퓨터설비 자문, 소프트웨어 자문 · 개발 및 공급, 자료처리, 데이터베이스 운영, 사무 · 회계 · 계산기기 유지, 보수 등의 소규모 기업에서 관리업무에 종사하는 자를 말한다.

03074 **연구개발업 일반관리자**

자연과학, 인문과학, 사회과학 등에 대한 상업 · 비상업적 연구개발 분야의 소규모 기업에서 관리업무에 종사하는 자를 말한다.

03075 **시장 및 여론조사업 일반관리자**

상품의 잠재수요, 인지도, 친숙도, 구매습관 등의 시장조사나 정치적, 경제적, 사회적 관심도 또는 의식상태 등 여론조사업 분야의 소규모 기업에서 관리업무에 종사하는 자를 말한다.

03076 **광고서비스업 일반관리자**

광고대행, 광고물 작성, 옥외광고 게시 및 대리업 등 광고업 분야의 소규모 기업에서 관리업무에 종사하는 자를 말한다.

03079 **기타 사업서비스업 일반관리자**

법무 및 회계서비스, 사업 및 경영상담, 인력공급 및 알선, 경비, 사업장 및 산업설비 청소, 사진촬영 및 처리, 포장 및 충전, 디자인, 신용조사, 연예인 대리, 물품감정, 사업중개, 상품전시 및 행사대리, 사무관련 대리서비스 등의 소규모 사업서비스업체에서 관리업무에 종사하는 자를 말한다.

03081 **환경관련 서비스업 일반관리자**

일반 및 특정폐기물 수집 · 처리, 하수처리 관리, 대기 및 수질오염물질처리 및 공공장소의 청소와 관련된 분야의 소규모 업체에서 관리업무에 종사하는 자를 말한다.

03082 **회원단체 일반관리자**

산업단체, 노동조합 및 전문가 단체 등을 대표하여 1인 이하 다른 관리자의 협조와 일정수의 비관리직의 보조하에 사업활동을 기획, 지휘하며 조정하는 자를 말한다.

03089 **기타 위생, 수리 및 개인관련 서비스업 일반관리자**

수리, 세탁업 등과 관련된 서비스 분야의 소규모 업체에서 관리업무에 종사하는 자를 말한다.

03091 **정부행정 일반관리자**

소규모 정부행정기관을 대표하여 1인 이하 다른 관리자의 협조와 일정 수의 비관리직의 보조하에 사업활동을 기획, 지휘하며 조정하는 자를 말한다.

03092 **교육서비스업 일반관리자**

소규모 교육기관을 대표하여 1인 이하 다른 관리자의 협조와 일정 수의 비관리직의 보조하에 사업활동을 기획, 지휘하며 조정하는 자를 말한다.

03093 **보건 및 사회복지사업 일반관리자**

소규모 보건 및 사회복지기관을 대표하여 1인 이하 다른 관리자의 협조와 일정 수의 비관리직의 보조하에 사업활동을 기획, 지휘하며 조정하는 자를 말한다.

03094 **오락, 문화 및 운동관련 서비스업 일반관리자**

소규모 오락, 문화 및 스포츠기관을 대표하여 1인 이하 다른 관리자의 협조와 일정 수의 비관리직의 보조하에 사업활동을 기획, 지휘하며 조정하는 자를 말한다.

03099 **그 외 기타 일반관리자**

상기 세세분류 어느 항목에도 포함되지 않은 자로 소규모 업체를 대표하여 1인 이하 다른 관리자의 협조와 일정 수의 비관리직의 보조하에 사업활동을 기획, 지휘하며 조정하는 자가 여기에 분류된다.

1 전문가 : 전문가는 물리, 생명과학 및 사회과학 분야에서 높은 수준의 전문적 지식과 경험을 기초로 과학적 개념과 이론을 응용하여 해당 분야를 연구, 개발 및 개선한다. 또한 고도의 전문지식을 이용하여 의료 진료활동과 각급 학교 학생을 지도하고 사업, 법률 및 사회서비스를 제공하며 예술적인 창작활동을 수행한다.

11111 **수학자**

수학분야를 연구하여 개념, 이론 및 운영방법을 개선, 개발하고 자연과학, 사회과학, 생명과학 또는 경영 등의 광범위한 분야에서 수학적 원리, 모델 및 기법을 정립하며 그들의 실제적 응용에 관하여 조언하거나 직접 응용하는 자를 말한다.

11112 **통계학자**

통계학 및 통계조사 등의 분야를 연구하여 개념, 이론 및 운영방법을 개선, 개발하고 자연과학, 사회과학, 생명과학 또는 경영과 같은 분야에서 각종 자료수집 및 통계기법에 관하여 조언하거나 응용하는 자를 말한다.

11121 **물리학자**

물체 사이에 작용하는 힘, 열 · 빛 · 소리의 성질과 작용, 전기, 자기 및 전자의 성질 및 특성 등을 연구하며 원자, 분자 및 핵의 구조와 특성 또는 질병의 진단과 치료를 위하여 물리학의 지식과 방법을 응용하는 자를 말한다.

11122 **천문학자**

천체의 현상을 관찰하고 해석하는 자로서 사진기, 분광계, 복사계, 광도계 및 기타 특수기구가 갖추어진 광학 및 망원경을 사용하여 천체현상을 연구하는 자를 말한다.

11130 **기상학자**

대기의 구성, 구조 및 역학에 관한 개념, 이론 및 운영 방법을 연구, 개선, 개발한다. 또한 풍속, 풍향, 기압, 기온, 습도, 구름의 형성과 강수량, 전기 방전 또는 태양열 복사 등의 기상현상을 조사하고, 기상관측소에서 수집한 자료를 분석하여 이를 항해, 운송, 농업 등의 분야에 사용할 수 있도록 하며, 장기 기상예보를 작성하는 자를 말한다.

11140 **화학자**

화학에 관한 개념, 이론 및 운영방법을 개선 · 개발하는 자를 말한다. 즉 각종 천연, 인조 또는 합성물질, 재료 및 제품의 화학적 성질과 변화를 조사하기 위하여 시험 및 분석하고, 제약 등 각종 산업의 재료, 제품 및 제조공정을 개선, 개발하기 위하여 관련 과학지식을 응용하는 자를 말한다.

11151 **지질학자**

지각의 성분과 구조, 암석, 광물 및 동식물 화석을 검사하여 지구 발전에 영향을 미친 작용을 측정하며, 생물의 진화과정을 추정하여 지질형성의 본질과 연대를 확정하고 지표의 형태와 침식, 빙하 및 침강작용과 같이 지표를 변형하는 힘의 본질과 작용을 연구하는 자를 말한다.

11152 **지구물리학자**

대기와 해양을 포함한 지구의 물리적 성질을 조사, 연구하는 자로서 지구에 작용하는 지진, 중력, 전기, 열, 자기의 힘과 대기에서의 광 및 음향 현상을 조사, 측정하고 지구의 모양, 무게, 크기 및 질량을 계산하며 지구 내부의 성분과 구조를 추정하는 자를 말한다.

11211 **식물학자**

식물의 분류, 형태, 생리, 분포, 유전, 생태 등을 연구하여 과학지식을 증진하고, 농업과 임업 등의 분야에 실제 응용될 수 있도록 개발하는 자를 말한다.

11212 **동물학자**

동물의 분류, 형태, 생리, 분포, 유전, 생태 등을 연구하여 과학지식을 증진하고,

농업과 임업 등의 분야에서 실제 응용될 수 있도록 개발하는 자를 말한다.

11213 **세균학자**

세균 또는 미생물의 본질과 특성을 연구하여 자연과학 지식을 증진하고 산업, 의료 등에서 실제 적용될 수 있도록 개발하는 자를 말한다.

11214 **유전학자**

인간, 동물 또는 식물에서 유전적 특성의 기원, 발전 및 전이에 관련된 인자에 관하여 연구하는 자를 말한다.

11215 **생태학자**

동물, 식물 등의 생물과 환경과의 상호작용을 연구하는 자를 말한다.

11216 **환경과학자**

대기오염, 수질오염 등 환경오염의 발생원인과 처리방법을 연구 · 분석하는 자를 말한다.

11219 **기타 생물학자 및 관련 전문가**

바다 및 담수생물을 전문으로 연구하는 자 등 상기 세세분류 어느 항목에도 포함되지 않은 유사한 직무를 수행하는 자가 여기에 분류된다.

11221 **해부학자**

사람과 동물의 형태, 구조 등 해부학적 특성을 연구하여 과학지식을 증진하고 의학 및 관계분야에 실제 적용될 수 있도록 개발하는 자를 말한다.

11222 **생화학자**

생물체의 화학적 성분과 작용을 연구하여 과학지식을 증진하고 의학 및 관계분야에 실제 적용될 수 있도록 개발하는 자를 말한다.

11223 **생리학자**

정상적, 비정상적 조건하에서 인체기관의 생물학적 기능과 작용을 연구하여 과학지식을 증진하고 의학 및 관계분야에 실제 적용될 수 있도록 개발하는 자를 말한다.

11224 **생물리학자**

살아 있는 세포 및 유기체의 전기 또는 기계적 에너지와 관련되는 현상에 관한 물리학적 원리를 연구하여 과학지식을 증진하고 의학 및 관계분야에 실제 적용될 수 있도록 개발하는 자를 말한다.

11225 **병리학자, 동물 병리학자 제외**

병리를 밝히기 위하여 병의 상태나 병체의 조직 구조, 기관의 형태 및 기능의 변화 등을 연구하는 자를 말한다. 또한 법 병리학과 같이 특수한 종류의 병리학을 연구하기도 한다.

11226 동물 병리학자

동물의 병리를 밝히기 위하여 병의 상태나 병체의 조직 구조, 기관의 형태 및 기능의 변화 등을 연구하는 자를 말한다.

11227 약학자

사람이나 동식물 등 생물의 기관, 조직 및 생명작용에 미치는 물질의 효과를 연구하여 개량된 새로운 의약품을 연구, 개발하는 자를 말한다.

11229 기타 의학자, 약학자 및 관련 전문가

상기 세세분류 어느 항목에도 포함되지 않은 유사한 직무를 수행하는 자가 여기에 분류된다.

11231 농경학자

전답작물과 목초에 관한 조사, 연구를 실시하여 새롭고 개선된 생산방법을 개발하는 자를 말한다. 또한 식물의 종자번식, 해충구제와 같은 전답작물 재배의 특정분야를 연구하는 자도 여기에 포함한다.

11232 원예학자

원예작물에 관한 조사, 연구를 수행하며 새롭고 개선된 생산방법을 개발하는 자를 말한다. 또한 과수와 같은 특별한 원예생산물을 연구하는 자도 여기에 포함한다.

11233 산림학자

나무번식 및 재배방법에 관한 연구를 수행하고 이를 개발하며 토양의 특징, 이용가능성 및 생산성 등에 관한 조사, 연구를 하여 농업, 원예 및 임산 시책의 개선에 응용하는 자를 말한다.

11234 축산학자

가축 유전학, 가축 개량법 등을 연구하고 자연과학 지식을 응용하여 혈통 개량법, 가축 사육법 및 생산품의 수확증대 방법 등을 개발하는 자를 말한다.

11239 기타 농경학자 및 관련 전문가

상기 세세분류 어느 항목에도 포함되지 않은 유사한 직무를 수행하는 자가 여기에 분류된다.

11310 경제학자 및 관련 전문가

재화, 서비스 및 노동에 대한 국내외 시장의 행태를 이해하고 설명하는 데 사용되는 경제개념, 이론 및 운영기법을 개선, 개발하기 위하여 연구하며, 현재 또는 예측된 경제문제의 해결안을 수립하는 데 조언 및 응용하는 자를 말한다.

11321 사회학자

인간사회의 발전, 구조, 사회유형 및 상호관계를 연구하는 자로 가족과 사회 또는 노사관계, 범죄 및 정치분야의 인간 행태 등 사회학적 측면의 현상을 연구하는 자를 말한다.

11322 **인류학자**

인간의 신체적 특징, 문화 및 사회제도와 생활상태의 변화에 관한 조사, 분석을 통하여 인간의 기원과 진화의 발자취 등을 연구하는 자를 말한다.

11323 **지리학자**

인간의 자연환경, 기후조건의 특징과 지리분포 등을 연구하는 자를 말한다.

11324 **정치학자**

정치체제, 제도에 대한 과거 및 현재의 이론과 실제 등의 분야를 연구하고 당대의 정치제도를 관찰하며, 관련자와의 접촉과 기타의 방법으로 자료를 수집하고 분석하는 자를 말한다.

11329 **기타 사회학자, 정치학자 및 관련 전문가**

상기 세세분류 어느 항목에도 포함되지 않은 유사한 직무를 수행하는 자로 종교에 대해 연구하는 자 등이 여기에 분류된다.

11331 **철학자**

인간행위, 경험 및 존재의 일반적인 원인과 원리를 주로 추론에 의하여 연구하며, 철학적 개념 및 이론을 해석하고 개발하는 자를 말한다.

11332 **역사학자**

과거 사건에 대한 원본 또는 당대 기록과 같은 일차적인 자료원과 고고학 또는 인류학적 발견물과 같은 이차 자료원을 조사하여 관련자료를 추론하는 자를 말한다. 또한 특정시기, 국가 및 지역의 역사와 경제, 사회, 정치 등과 같은 역사의 특정분야를 연구한다.

11333 **언어학자**

고대어와 현대어의 비교분석을 통하여 언어의 기원과 발전, 의미와 문법적 구조를 추적하며 구어에 사용된 발음과 다른 언어와의 결합된 방법을 연구하는 자를 말한다.

11339 **기타 철학자, 언어학자 및 관련 전문가**

상기 세세분류 어느 항목에도 포함되지 않은 유사한 직무를 수행하는 자로 교육학자 등이 여기에 분류된다.

11340 **심리학자 및 관련 전문가**

개인 또는 집단의 정신작용 및 활동을 조사, 연구하며 사회, 교육 또는 직업적 적응 및 발달을 증진시키기 위하여 관련지식을 응용하는 자를 말한다.

12011 **컴퓨터시스템 설계가 및 분석가**

컴퓨터시스템 입력 및 출력자료의 형식, 자료처리 절차와 논리, 자료접근 방법 및 데이터베이스의 특징과 형식 등 컴퓨터시스템의 전반요소들을 구체적으로 결정 및 설계하고 분석하는 자를 말한다.

12012 **데이터베이스 관리자**

수집자료의 효용성, 안전성 등을 확보하기 위하여 데이터베이스 관리 체계와 데이터를 유지, 보수 또는 개선하고 데이터베이스 운영을 통제하며 이용을 지원하는 자를 말한다.

12019 **기타 컴퓨터시스템 전문가**

상기 세세분류 어느 항목에도 포함되지 않은 유사한 직무를 수행하는 자로 정보보호에 관련된 내용을 개발, 분석 및 운용하는 자와 이를 감리하는 자 등이 여기에 분류된다.

12021 **컴퓨터네트워크 운영 전문가**

지역 네트워크, 광역 네트워크 및 기타 통신시스템을 운영하는 자로 네트워크를 관리하여 시스템 사용자를 지원하고 네트워크 보안조치를 시행하기도 한다.

12022 **인터넷 전문가**

웹서버 구축 및 홈페이지 운영, 관리 등 인터넷 또는 PC통신과 관련된 정보서비스 등의 각종 서비스를 개발하고 관련 정보를 제공하며, 이를 운영하고 관리하는 자를 말한다.

12029 **기타 네트워크관련 전문가**

상기 세세분류 어느 항목에도 포함되지 않은 유사한 직무를 수행하는 자가 여기에 분류된다.

12031 **시스템 프로그래머**

컴퓨터시스템의 자체기능 수행명령 체계인 시스템 소프트웨어를 설계, 작성, 유지 및 갱신하는 자를 말한다.

12032 **응용 프로그래머**

실제의 문제해결을 위한 명령체계인 응용 소프트웨어를 설계, 작성, 시험 및 유지하는 자를 말한다.

12040 **멀티미디어 자료제작 전문가**

멀티미디어 제작을 위한 그래픽, 영상, 음향 등의 모듈을 제작하고 테스트를 실시하며 표준안 및 시안을 제작하고 생산물의 품질을 점검, 보완하는 자를 말한다.

12090 기타 컴퓨터관련 전문가

소분류 120 : 컴퓨터관련 전문가의 어느 항목에도 분류되지 않은 컴퓨터 전문가가 여기에 분류된다.

13111 건물건축가

각종 건물에 관한 연구와 건물 건설, 유지 및 보수를 기획하고 설계하며 시공에 관한 전반적인 감독을 하는 자를 말한다.

13112 조경건축가

공원, 오락시설, 도로, 상업용, 공업용 및 주택용 부지와 공공건물 계획단지 등을 위한 조경을 계획하고 설계하는 자를 말한다.

13119 기타 건축 전문가

상기 세세분류 어느 항목에도 포함되지 않은 유사한 직무를 수행하는 자가 여기에 분류된다.

13121 도시설계가

도시지역의 개발을 설계, 입안하고 조정하는 자를 말한다. 또한 농촌의 개발을 계획하고 조정하기도 한다.

13122 교통설계가

교통안전을 증대시키고 혼잡을 최소화하기 위한 도로 교통의 노선과 통제에 관하여 연구, 기획 및 자문하는 자를 말한다.

13129 기타 도시 및 교통설계 전문가

상기 세세분류 어느 항목에도 포함되지 않은 유사한 직무를 수행하는 자가 여기에 분류된다.

13131 건물건설 토목기술자

건물건설 관련 토목공사를 설계하고, 기획, 조직 및 감독하는 자를 말한다. 즉 공장, 사무실 및 아파트 건물 등과 같은 산업, 상업, 공공 및 주택용 건물의 건설과 관련된 토목공사에 관하여 연구, 조언하고 설계하며 그 시행을 감독한다.

13132 도로 및 공항건설 토목기술자

고속도로 등 각종 도로 및 관련 구조물, 교량과 관련 구조물 또는 비행장 및 활주로를 설계하고 이들의 건설, 관리 및 보수활동을 계획하고 감독하는 자를 말한다. 또한 건물건설 기술자와 협의하여 격납고, 관제탑 및 기타 비행장 구조물의 설계와 건설을 조정한다.

13133 항만건설 토목기술자

선박 정박시설, 승객 승하선시설, 화물선적 · 하역시설 등 항만시설의 설치나 항만부지 조성 등에 관하여 연구 및 조언하고 설계하며 설치, 관리 및 보수활동을 기획, 지휘하는 자를 말한다.

13134 **철도건설 토목기술자**

철도의 노반, 역구내, 터미널 및 관련 철도 구조물 또는 터널과 관련 구조물 및 장비를 설계하고 이의 건설, 관리, 유지 및 보수작업을 기획, 지휘하는 자를 말한다.

13135 **댐건설 토목기술자**

댐 등의 수력발전 시설과 장비, 수문, 관개, 배수 및 홍수조절 시설, 저수지, 양수장 및 기타 관수, 용수 구조물과 장비 등을 설계하고 이들의 건설, 유지 및 보수작업을 기획, 지휘하는 자를 말한다.

13139 **기타 토목기술자**

상기 세세분류 어느 항목에도 포함되지 않은 유사한 직무를 수행하는 자로 등대, 굴뚝, 방송의 송 · 수신탑 등을 설계하고 이들의 건설, 유지 및 보수작업을 기획, 지휘하는 자 등이 여기에 분류된다.

13211 **발전설비 전기기술자**

발전시설 또는 장치에 관해서 연구, 설계 및 자문하고 이들의 건설, 운영, 유지 및 보수작업을 기획하고 지휘하는 자를 말한다.

13212 **송 · 배전설비 전기기술자**

전력의 송 · 배전조직 또는 장치에 관해서 연구, 설계 및 자문하고 이들의 개발, 건설, 유지 및 보수작업을 기획하고 지휘하는 자를 말한다.

13213 **전기안전 기술자**

전기 수용설비를 안전하게 유지 · 관리하기 위하여 전기설비의 설계, 시공, 감리, 유지 및 운용하는 자를 말한다.

13219 **기타 전기기술자**

상기 세세분류 어느 항목에도 포함되지 않은 유사한 직무를 수행하는 자로 신호 및 자동제어조직, 전기 견인장비, 전동기, 가정용 전기기기, 전기장치 또는 제품의 설계, 운용 및 유지 등을 기획하고 지휘하는 자 등이 여기에 분류된다.

13221 **통신 기술자**

각종 유 · 무선통신 설비 및 기기 또는 통신공학 문제에 관하여 연구 및 조언하며, 이들 설비 및 기기의 설계와 제조, 설치, 유지 또는 보수활동을 기획, 지휘하는 자를 말한다.

13222 **반도체 기술자**

연산장치, 기억장치, 제어장치 및 출력장치 등에 사용되는 집적회로를 설계하고 새로운 제조기술 및 제조방법 등에 관하여 연구 및 조언하며, 이들의 설치, 유지 또는 보수활동을 기획, 지휘하는 자를 말한다.

13223 **컴퓨터 하드웨어 설계 기술자**

컴퓨터 또는 주변기기를 제작 · 조립하는 데 사용되는 각종 설비 및 기기 등을 설계하고 연구하며, 이들의 설치, 유지 또는 보수활동을 기획, 지휘하는 자를 말한다.

13224 **전자장비 기술자**

각종 전자설비 및 기기나 전자공학 문제에 관하여 연구 · 조언하며, 이들의 설치, 유지 또는 보수활동을 기획, 지휘하는 자를 말한다.

13229 **기타 전자 및 통신기술자**

상기 세세분류 어느 항목에도 포함되지 않는 유사한 직무를 수행하는 자가 여기에 분류된다.

13231 **산업용기계 기술자**

농업, 광업, 제조업, 건설업 등의 산업용 기계 및 공구에 대하여 연구, 설계 및 자문하고 그의 개발, 유지 및 보수 등을 기획, 지휘하는 자를 말한다.

13232 **모터 및 기관기술자, 선박기관 제외**

선박기관을 제외한 기관차, 차량, 산업용 및 기타 기계의 추진에 사용되는 증기기관, 내연기관 등의 비전기식 모터와 기관을 연구, 설계 및 자문하며 이들의 개발, 설치, 유지 및 보수 등을 기획, 지휘하는 자를 말한다.

13233 **선박기관 기술자**

선박의 추진에 사용되는 증기기관, 내연기관 등 비전기식 모터 및 기관에 관하여 연구, 설계 및 자문하고 이들의 개발, 설치, 유지와 보수 등을 기획, 지휘하는 자를 말한다.

13234 **조선기술자**

선체와 선박의 상부구조 등에 관하여 연구, 설계 및 자문하고, 이들의 개발, 건설 및 유지, 보수를 계획하고 감독하는 자를 말한다.

13235 **항공우주 기술자**

항공기, 인공위성, 발사체(로봇)와 같은 비행체의 개발 · 제작 · 운용에 관하여 연구, 설계하고 이들의 제조 및 운용을 지휘, 통제, 조언한다.

13236 **자동차 기술자**

승용차, 상업 또는 군용차량, 농업용 트랙터 및 모터사이클과 같은 차량의 차체, 차대받이 장치, 제동장치, 기타 구성품에 관하여 연구, 설계 및 자문하고 이들의 개발, 제조를 계획하고 감독하며, 자동차기관 기술자와 차량설계 조정을 협의하는 자를 말한다.

13237 **냉 · 난방기 기술자**

산업용, 상업용, 주거용 등의 건물에 난방, 환기 및 공기조절용 장비와 제빙, 선박의 화물창고를 포함한 냉장시설에 관하여 연구, 설계 및 자문하고 이들의 개발, 제조, 유지 및 수리를 기획, 지휘하는 자를 말한다.

13238 **사무용기계 기술자**

자동자료처리장치, 계산기, 복사기, 현금등록기 등의 사무자동화기기에 관하여 연구, 설계 및 자문하고 이들의 개발, 제조, 유지 및 수리를 기획, 지휘하는 자를 말한다.

13239 **기타 기계기술자**

상기 세세분류 어느 항목에도 포함되지 않는 자로 원자력 설비 및 장치, 정밀기구, 카메라 및 영사기, 기계적 기능의 의료장비를 연구하고, 설계, 제조 또는 유지를 기획, 지휘하는 자 등이 여기에 분류된다.

13311 **석유화학 기술자**

원유정제와 석유연료, 윤활유 및 그리스와 같은 석유제품의 가공을 위하여 연구, 개발하는 자를 말한다.

13312 **음식료품 기술자**

신제품을 개발하고 제품을 개선하기 위하여 음식료품의 생산기술, 품질관리, 가공기술 등을 연구하고, 각종 음식료품을 시험 · 분석하는 자를 말한다.

13313 **고무 및 플라스틱화학 기술자**

고무 및 플라스틱 제품의 가공을 위하여 연구, 개발하는 자를 말한다.

13314 **농약 및 비료 기술자**

농약 및 비료제품과 원료를 시험 · 분석하여 제품을 개량하고 새로운 품목을 개발하기 위해 각종 시험을 실시하며 공정을 개선하는 자를 말한다.

13315 **도료 및 비누제품 기술자**

도료의 색상, 도막성능 등의 도료기술과 비누완제품, 분말 · 액상비누, 원료유지 등의 비누제품을 분석하여 기존 제품을 개선하고 새로운 제품을 연구 · 개발하는 자를 말한다.

13316 **섬유 기술자**

섬유를 제조하기 위해 사용되는 원료와 염색공정을 개선, 개발하는 자를 말한다.

13317 **의약품 및 화장품 기술자**

의약품·화장품 및 원재료의 각종 시험법을 연구하여 신제품을 개발하는 자를 말한다.

13319 **기타 화학 기술자**

상기 세세분류 어느 항목에도 포함되지 않은 자로 인삼제품 기술자 등이 여기에 분류된다.

13321 **에너지 기술자**

채광공학상의 문제에 관해 조사, 연구하고 석탄, 석유 등의 화석연료, 비화석 연료 및 태양, 풍력 등과 같은 에너지원의 채굴을 자문하며, 탐광시추 작업 및 광물채굴, 분배 또는 가공작업을 기획, 지휘하는 자를 말한다.

13322 **금속 기술자**

금속과 합금의 특성을 연구하고 새로운 합금을 개발하며, 금속추출의 기술적인 분야, 합금제조 및 가공에 관하여 기획, 지휘하는 자를 말한다.

13329 **기타 에너지 및 금속 기술자**

상기 세세분류 어느 항목에도 포함되지 않은 자로 석재, 대리석, 점토, 암염, 자갈 또는 다이아몬드와 같은 비금속광물과 지하수 또는 유황 및 기타 고형광물의 천공, 채굴이나 충적층의 광상에서 세척 또는 체질에 의한 주석, 금, 다이아몬드 등 고형광물의 채취 등에 관하여 연구, 개발 및 자문하는 자 등이 여기에 분류된다.

13401 **지도제작 기술자**

측량, 항공사진, 참고지도 등의 자료를 가지고 지형, 기후 등 각종 용도의 지도와 해도를 작성하는 자를 말한다.

13402 **토지 측량사**

경계 및 정확한 위치를 결정하기 위하여 토지표면을 측량하고 지형과 인위적 구조물을 묘사하며, 지도제작 및 건설작업을 위해 토지 면적을 측량하는 자를 말한다.

13403 **사진 측량 및 분석가**

사진 측량을 계획하고 수행하며, 지형학상의 해도 또는 도표를 작성하고 수정하기 위해 사진측량 자료를 분석하는 자를 말한다.

13409 **기타 측량 전문가**

상기 세세분류 어느 항목에도 포함되지 않은 유사한 직무를 수행하는 자로 광맥의 위치 및 석탄, 광석 등 지하 매장물의 표면과 지하지형을 측량하거나 해도제작, 항해가능 수로의 결정, 항구, 부두, 방파제 및 기타 해양구조물의 건설 및 보수 등을 위하여 수로지형 지세를 측량하는 자 등이 여기에 분류된다.

13501 산업안전 기술자

작업자의 직업적 재해예방 및 공해방지 등에 대한 안전성 여부를 점검하고 작업방법에 따른 위험요인을 사전에 예방하기 위하여 작업환경의 개선에 관한 사항을 조사, 분석하고 예방대책을 계획, 관리하는 자를 말한다.

13502 교통안전 기술자

도로에서 발생하는 교통사고에 대한 사항을 추적 · 분석하여 도로교통안전에 대한 연구를 전문으로 하는 자를 말한다.

13503 생산관리 기술자

산업체에서 작업효율성 제고를 위해 작업자 및 작업단위의 기능과 책임의 결정, 인력사용 기준개발, 작업 간소화 등 산업시설 또는 인력사용 분야를 연구, 개발 및 자문하는 자를 말한다.

13504 재료 기술자

광석, 철강재료, 비철재료, 요업재료 또는 기타 합성물질과 같은 각종 재료 및 제품의 가공, 제조에 관하여 연구 · 개발하고 이에 대하여 조언, 지휘하는 자를 말한다.

13505 적산 기술자

건설작업 시공에 소요되는 건설자재 및 노동력의 수량과 비용을 적산하고 적산서를 작성하는 것을 전문으로 하는 자를 말한다.

13506 환경 기술자

환경문제를 연구, 분석하는 자로 환경오염원을 분석하여 환경상태를 평가하고 기준을 세우며 환경통제에 관한 접근방법을 개발, 자문한다.

13509 그 외 기타 기술자

상기 세세분류 어느 항목에도 포함되지 않은 자로 가죽제품, 목재 또는 종이제품의 제조공정과 가공장비에 관하여 연구, 설계, 개발하는 자 등이 여기에 분류된다.

14111 내과 전문의사

인체 내부기관의 질병 및 장애를 진료하는 자로 의료 검사와 진찰을 실시하여 검진결과에 따라 치료를 위한 처방을 수행하며 환자의 증상에 따른 식이요법 및 생활방식 등에 관하여 조언한다.

14112 외과 전문의사

인체의 외과적 상해, 질환 및 장애를 진료하는 자로 환자를 검진하여 수술의 필요성을 확인하고 환자의 건강상태, 약물반응, 병력을 검토하여 수술방법을 결정하며 각종 외과 수술을 시행한다.

14113 **소아과 전문의사**

소아의 보건증진과 질병의 예방 및 치료를 담당하는 자로 소아를 검진하여 치료와 처방을 하며 예방접종과 기타 다양한 관련 의료활동을 수행한다.

14114 **산부인과 전문의사**

태아 출생 전 · 후의 임산부와 여성 생식기관의 질환을 진료하는 자로 임산부와 태아의 건강상태를 진단하고 질병을 치료하며 신생아의 분만을 돕고 필요한 경우 제왕절개 수술이나 기타 외과수술을 실시하고 피임수술을 수행한다. 또한 여성의 각종 질환을 진단하고 치료를 한다.

14115 **정신과 전문의사**

정신적, 정서적 장애에 대한 진료를 하는 자로 환자의 가족 및 환자의 정신적, 의학적인 자료 또는 환자의 친척 및 정신의료 사회사업가 등을 통해서 얻은 자료들을 검토하여 규정된 의료절차에 따라 환자를 검사하고 치료한다.

14116 **안과 및 이비인후과 전문의사**

눈 · 귀 · 코 · 목의 이상이나 질병에 대한 진료를 하는 자로 관련 신체기관을 검사하고 진단결과에 따라 외과적 수술을 하거나 약물을 처방 · 치료한다.

14117 **피부비뇨기과 전문의사**

피부와 비뇨 생식기관의 질병과 장애를 진료하는 자로 질병을 판단하기 위하여 각종 검사를 실시하거나 지시하고 검사자료를 분석하여 진단 · 치료한다. 남성의 성기능 장애, 피부질환 등을 치료하고 피부질환, 사마귀, 기타 피부에 불필요한 요소 등을 수술한다.

14118 **방사선 및 마취 · 병리과 전문의사**

X-Ray, 특수조영술, 방사선 동위원소 등을 이용하여 환자의 질병을 진단 · 치료하거나 수술전 · 후 환자의 안전을 위해 환자의 신체에서 발생하는 각종 징후를 점검하고 마취를 관장하며 환자에 대한 검사를 통해 질병의 원인 등을 진단 · 규명한다.

14119 **기타 전문의사**

상기 세세분류 어느 항목에도 포함되지 않은 유사한 직무를 수행하는 자가 여기에 분류된다.

14120 **일반의사**

의료 부분의 일반적인 질환, 장애 및 질병을 진료 · 예방하는 자로 간단한 의료기구를 사용하여 환자를 진찰하고 검사하며 결과를 분석하여 치료 및 약물을 처방한다. 또한 전염병 예방접종을 실시하고 환자에게 식사, 질병예방 등에 관하여 조언한다. 경우에 따라서는 환자를 위해 왕진을 하기도 한다.

14130 치과의사

치아와 잇몸, 구강조직의 질병, 상해 및 기능이상을 진료하는 자로 검사를 지시하며 치과기구를 사용하여 외과적 수술 및 약물치료를 한다. 또한 치아를 청소하고, 때우고 뽑고 교정하며, 의치로 대치하는 일을 수행한다.

14140 한의사

한방의료 원리와 기술을 바탕으로 하여 인체의 질병 및 장애를 진료 · 예방하는 자로 환자를 진단하고 한약재를 처방하며 침, 부항 등의 치료법을 사용하여 치료한다.

14150 수의사

동물의 질병, 외상 등의 병태에 대하여 진단하고 내과 및 외과적 치료를 하며 가축 등 각종 동물의 질병을 검사하고 전염병에 대한 예방 접종을 하는 자를 말한다. 또한 동물의 보호와 사육에 대하여 수의학적인 자문을 한다.

14201 약사

병원 또는 약국에서 약을 조제하는 자로 처방전 또는 기존의 공인된 처방에 따라 약을 조제하기 위하여 약품의 무게를 측정하고, 정확한 양과 구성비율로 혼합하며 환자에게 약의 복용방법, 부작용 가능성에 관하여 조언하는 자를 말한다.

14202 한약사

한약을 조제, 판매하는 자로 기존의 한약서에 기재된 처방 또는 한의사의 처방전에 의하여 한약재를 혼합 · 조제 및 판매하며, 한약에 대하여 환자 및 고객에게 조언한다.

14311 일반 간호사

병원, 진료소, 요양소 및 기타 의료기관에서 병약자, 상해환자, 장애자, 신생아 및 산모 등을 간호하는 자로 의사의 진료를 보조하며 의사 부재 시 비상처치를 한다.

14312 전문 간호사

병원, 보건소, 사업체 시설, 개인가정 및 기타 의료기관에서 전문적인 간호업무를 전담하는 자를 말한다.

14319 기타 간호사

상기 세세분류에 포함되지 않은 유사한 직무를 수행하는 자로 학교 양호사 또는 가정에서 환자에게 간호를 하는 자 등이 여기에 분류된다.

14320 조산사

조산소 및 가정에서 산모의 임신, 분만, 산후처치를 보조하고 정상분만을 유도하며 신생아 및 산전, 산후의 산모를 간호하는 자를 말한다.

14401 물리 치료사

신체기능장애 및 통증 등을 물리적인 방법으로 치료하는 자로 의사의 처방, 환자 기록 및 각종 검사를 실시하여 적절한 치료계획을 세우고 제반 운동치료와 물리치료를 수행한다. 치료에 대한 환자의 진전상태를 진료진과 협의하여 결과를 평가하고 치료계획의 변경 등을 검토한다.

14402 언어 치료사

언어 및 청각장애 환자를 치료하는 자로 환자와의 상담 및 검사를 통하여 장애의 원인을 진단하며 글자, 그림카드, 보청기 등을 이용하여 치료하고 환자 가족과 지도교사를 상대로 상담 또는 지도활동을 한다.

14403 작업 치료사

환자의 정신적 · 정서적 불안 및 질환 또는 신체적 장애를 치료하기 위해 작업훈련, 레크레이션 등의 치료활동을 수행하는 자로 수공예 활동, 오락활동, 예술치료활동 및 산업활동 등의 치료방법 중 환자의 지적 · 신체적 능력 및 흥미에 적합한 방법을 선정하여 실시하는 자를 말한다.

14409 기타 치료사

상기 세세분류 어느 항목에도 포함되지 않은 유사한 직무를 수행하는 자가 여기에 분류된다.

14501 임상 영양사

의료 관련기관에서 질병의 치료와 예방을 위하여 급식과 영양관리를 담당하며 영양치료를 수행하는 자로서 일반 및 특별치료식의 조리를 계획 · 감독하고 환자의 영양상태 판정, 섭취조사, 영양상담 및 교육, 영양지원에 관련된 직무를 수행한다.

14502 급식관리 영양사

집단급식소 및 급식을 실시하는 학교에서 급식을 관리하며 영양관리 및 영양교육을 실시하는 자를 말한다. 또한 근로자 및 학생을 대상으로 영양상담을 담당한다.

14503 보건 및 상담 영양사

지역사회에서의 영양과 식품문제에 관련된 제 요인을 평가하고 영양상태를 조사하여, 영양개선 계획을 수립하고 영양교육 및 영양증진 사업을 행하며 질병의 치료와 예방을 위해 영양상담을 수행하는 자를 말한다.

14509 **기타 영양사**

상기 세세분류 어느 항목에도 포함되지 않은 유사한 직무를 수행하는 자로 식품 가공업체, 식품판매업체 또는 식품가공설비 제조업자에 대하여 위생관리 등의 업무를 담당하는 자 등이 여기에 분류된다.

15101 **인문사회계열 교수**

대학에서 국문학, 영문학, 사학, 철학 및 경제학, 법학 등의 과목을 교육하는 자를 말한다.

15102 **이학계열 교수**

대학에서 물리학, 화학, 생물학 등의 교과를 교육하는 자를 말한다.

15103 **공학계열 교수**

대학에서 토목, 전기, 기계, 화학, 금속 및 산업공학, 건축 또는 도시계획 등을 교육하는 자를 말한다.

15104 **의약계열 교수**

대학에서 의학, 치의학, 수의학, 한의학 등의 교과를 교육하는 자를 말한다.

15105 **예체능계열 교수**

대학에서 미술, 음악, 체육 등의 교과이론과 실기를 교육하는 자를 말한다.

15106 **사범계열 교수**

대학에서 교육에 관련된 교과목을 교육하는 자를 말한다.

15109 **기타 대학교수**

대학에서 상기 세세분류 어느 항목에도 포함되지 않은 교과목을 교육하는 자를 말한다.

15201 **도덕 및 윤리 교사**

중 · 고등학교에서 도덕, 윤리 및 관련 과목을 교육하는 자를 말한다.

15202 **국어 교사**

중 · 고등학교에서 국어, 문법, 작문, 한문 및 관련 과목을 교육하는 자를 말한다.

15203 **수학 교사**

중 · 고등학교에서 수학 및 관련 과목을 교육하는 자를 말한다.

15204 **사회 교사**

중 · 고등학교에서 역사, 정치, 사회, 경제, 문화 등의 일반사회 과목을 교육하는 자를 말한다.

15205 **과학 교사**

중 · 고등학교에서 화학, 물리, 생물 또는 지학 과목을 교육하는 자를 말한다.

15206 **예체능 교사**

중 · 고등학교에서 미술, 음악, 체육과목을 교육하는 자를 말한다.

15207 **실업 및 전산 교사**

중 · 고등학교에서 상업, 공업, 전산 및 기타 산업 관련 과목을 교육하는 자를 말한다.

15208 **외국어 교사**

중 · 고등학교에서 외국어 및 관련 과목을 교육하는 자를 말한다.

15209 **기타 중등학교 교사**

중 · 고등학교에서 상기 세세분류 어느 항목에도 포함되지 않은 과목을 교육하는 자를 말한다.

15300 **초등학교 교사**

초등학교에서 초등교육 과목을 가르치는 자를 말한다.

15400 **유치원 교사**

통상적으로 만 3세 이상 초등교육 연령이하 어린이의 언어나 신체적, 사회적 기량의 발달을 촉진시키기 위하여 설계된 교육활동을 조직하는 자를 말한다.

15501 **시각장애학교 교사**

시각장애 교육을 전문으로 하고 이에 따른 교과과정을 채택, 점자의 독해와 작문 등을 가르치는 자를 말한다.

15502 **청각장애학교 교사**

청각장애 교육을 전문으로 하고 이에 따른 교과과정을 채택, 시독법과 대화를 위한 발성법 등을 가르치는 자를 말한다.

15503 **지체부자유학교 교사**

지체부자유 교육을 전문으로 하고 이에 따른 교과과정을 채택하여 지체부자유아를 가르치는 자를 말한다.

15504 **정신장애학교 교사**

정신지체 및 정서장애 교육을 전문으로 하고 이에 따른 교과과정을 채택하여 정신지체아 및 정서장애아를 가르치는 자를 말한다.

15509 **기타 특수학교 교사**

상기 세세분류 어느 항목에도 분류되지 않은 장애자의 교육을 전문으로 하는 자를 말한다.

15611 직업훈련기관 강사

직업훈련기관 및 산업체 등에서 학생들에게 특정 직업에 필요한 직업훈련을 실시하는 자로서 직업에서 필요로 하는 기술을 시범보이고 그 분야의 이론, 실기, 방법, 절차 및 용어 등에 관해 가르치며, 공장실습실에서 학생활동을 계획하고 지도하거나 학생들의 기술지식과 작업기술 능력을 검사하고 평가하는 자를 말한다.

15612 직업관련 연수기관 강사

기업체 부설 연수기관에서 현재 취업하고 있는 직업과 관련되어 학생들에게 교양 및 직무교육 등을 가르치는 자를 말한다.

15619 기타 직업교육 관련 강사

상기 세세분류 어느 항목에도 분류되지 않은 직업관련 교육을 전문으로 하는 자를 말한다.

15691 문리학원 강사

문리계열학원에서 수강생들에게 입시, 검정고시, 자격고시 및 국가고시를 위한 관련과목을 가르치며, 수강생들의 학습성과를 진단하기 위하여 시험을 실시, 평가하는 자를 말한다.

15692 어학원 강사

어학계열학원에서 수강생들에게 영어, 일어 등 외국어 관련 과목을 가르치는 자를 말한다.

15693 컴퓨터학원 강사

컴퓨터학원에서 수강생들에게 컴퓨터 관련 과목을 가르치는 자를 말한다.

15694 예능학원 강사

예능계열학원에서 수강생들에게 예술분야의 기능을 기르기 위한 이론과 실기를 가르치는 자를 말한다.

15710 교육연구 전문가

교과과정, 교육방법 및 기타 교육실무와 시청각 및 기타 교육교재를 연구하고 교육기관에 그들의 도입에 관하여 조언 및 기획하는 자를 말한다.

15720 장학사 및 관련 전문가

학교를 주기적으로 시찰하고 교과과정, 교육방법, 장비 및 기타 사안에 관련된 문제에 관하여 행정기관 및 교사와 협의하며, 교육기법을 관찰하고 교사의 수업능력과 학습결과를 평가하는 자를 말한다. 또한 교과과정, 교육방법 등의 개선에 관하여 보고서를 작성하여 교육당국에게 권고한다.

15790 **그 외 기타 교육 전문가**

소분류 157 : 기타 교육 전문가의 어느 항목에도 분류되지 않은 교육 전문가가 여기에 분류된다.

16110 **정부정책 기획 및 집행 행정 전문가**

정부정책과 그에 관련된 집행을 기획하는 자를 말한다. 재정, 세무, 통산, 보건, 교육, 고용 등의 업무를 취급하며 중앙 및 지방행정 기관의 부서 또는 정부산하 단체에서 정책과 관련된 의사결정을 하고 실무적인 책임을 지는 자로서 일반적으로 예하 직원의 협조를 받아 고위공무원으로부터 위임받은 직무를 수행한다.

16120 **기업경영 행정 전문가**

공공기업체나 사기업체의 경영정책을 기획하는 자를 말한다. 즉 경영기획, 홍보, 판매관리, 생산관리 등의 업무를 취급하며 경영과 관련된 의사결정 등 실무적인 책임을 지는 자를 말한다.

16130 **일반행정 전문가**

총무, 인사, 구매 및 회계관련 업무를 기획하는 자로 정부, 공공기업체 및 사기업체에 근무하며 일반행정과 관련된 의사결정을 하고 실무적인 책임을 지는 자를 말한다.

16211 **회계사**

회계용역업무를 계획하고 집행하며, 회계문제에 관한 상담과 개인, 기업 및 기관 등의 회계, 장부기록 및 재무제표의 회계감사를 계획, 수행하는 자를 말한다.

16212 **세무사**

개인, 기업 등을 대리하여 납세 신고서를 작성하고 부당 납부고지서에 대하여 세무서에 이의를 신청하며, 과오납 세금의 환급신청과 과세문제에 대한 상담에 응하는 자를 말한다.

16219 **기타 회계 전문가**

무역원가 계산 등을 하는 자와 생산단위당 총비용, 원료, 노동, 연료, 장비 등 비교적 중요한 비용과 전반적인 경비에 대한 비용과 투입력, 가격의 변동효과 등을 측정하는 자를 말한다.

16220 **재정 및 신용분석 전문가**

법인이나 개인의 재정상태와 금융자산에 대한 신용도를 조사·분석하는 자로 관계되는 자료를 수집하여 정밀분석 후 평가하여 등급을 결정한다. 또한 재정상태와 관련 이들의 신용을 검토·분석한다.

16301 **노사관계 전문가**

개인사무소 또는 기업체에 소속되어 노동관계 서류를 작성하거나 노사관리 업무를 수행하는 자로 노동관계 법령의 규정에 따라 각종 서류를 작성하고 법령 및 노무관리에 대하여 상담 · 지도한다. 또한 근로기준법의 적용을 받는 사업체에 대한 직무관리 및 진단업무를 수행하기도 하며 경영자 측과 협상을 하는 자를 포함한다.

16302 **직업연구 전문가**

조직적인 인사관리, 합리적인 직무평가 및 과학적인 직업훈련 등을 목적으로 사업체 및 공공기관 등에서 수행되는 업무의 내용, 수행요건, 근로조건 등과 같은 기술적인 정보를 조사 · 분석 · 평가하여 효율적인 직업정보를 제공하며 직무분석 기법을 개발한다.

16309 **기타 인사 및 노사관계 전문가**

상기 세세분류 어느 항목에도 포함되지 않은 유사한 직무를 수행하는 자가 여기에 분류된다.

16411 **증권 전문가**

증권에 관련된 각종 자료를 조사 · 분석하는 자로 시장의 장 · 단기 시황을 분석하고 예측하며 투자유망 종목을 개발하고 관리한다. 또한 관련 자료를 가공하여 투자를 위한 자료로 활용, 투자자에게 자문하고 투자설명을 위한 자료를 제공한다.

16412 **금융상품개발 전문가**

각종 예금, 투자신탁 등 금융에 관련된 각종 자료를 조사 · 분석하여 새로운 금융상품을 개발하고 고객의 연령, 직업, 환경 등을 분석하여 적합한 재정설계 및 상품선택 등에 대해 자문하는 자를 말한다.

16419 **기타 금융 전문가**

상기 세세분류 어느 항목에도 포함되지 않은 유사한 직무를 수행하는 자가 여기에 분류된다.

16420 **보험 전문가**

수학, 통계학, 재무이론의 지식을 응용하여 연금, 생명보험, 건강보험 및 재해보험 등을 설계하고 운용하는 자를 말한다.

16511 **홍보 전문가**

특정 기업 또는 사업체에 대하여 대중의 인식과 이해를 홍보하려는 PR 프로그램을 연구하거나 그에 대해 조언하는 자를 말한다.

16512 **조사 분석가**

고객의 요청에 의하여 통계학, 경제학 및 사회학 등의 전문지식을 활용하여 각종 조사, 연구 등을 실시하고 그에 대한 결과를 분석하여 현상 파악 및 잠재 수요와 장래 추세를 분석, 조언하는 자를 말한다.

16513 **판촉기법 전문가**

특정 상품 및 서비스에 관한 현재의 판매수준을 연구하고, 소비자의 현재 또는 장래취향을 조사, 분석하여 효율적인 판매전략을 수립하거나 그에 대해 조언하는 자를 말한다.

16514 **광고 대리인**

특정 고객을 위한 광고캠페인 제작을 기획, 감독 및 조정하는 자를 말한다.

16515 **경영지도 · 진단 전문가**

생산공정과 상업상 및 경영상의 절차와 조직을 연구하고 지도하는 자로 시간과 동작에 관한 연구를 계획, 감독하며 능률을 증대시키도록 조언하고 지도한다.

16516 **경영조사 분석가**

경영관리상 최적의 의사결정을 위한 경영관리 문제, 특히 투입 · 산출효과 측면에서의 논리적 분석을 하며, 컴퓨터에 의한 프로그램 작성 및 문제해결을 위하여 문제별 수학적 모델을 세우는 자를 말한다.

16517 **관세사**

수출입 상품에 대한 수출입신고를 해주고 수출입품에 대한 세율을 분류, 과세가격의 산정과 세액확인을 대행하는 자를 말한다. 또한 통관시 문제가 발생했을 때 이에 대한 해결을 대리하기도 한다.

16590 **기타 사업서비스 전문가**

상기 소분류 165 : 사업서비스 관련 전문가의 어느 항목에도 포함되지 않은 유사한 직무를 수행하는 자로 가정용품의 소비패턴 등을 분석하여 새로운 상품개발 촉진에 관하여 연구, 조언하는 자와 국제표준기구의 인증 여부를 심사하는 자, 국제회의 기획자, 기업창업 상담가 및 전자상거래 활동에 필요한 전략을 수립하고 인프라를 종합적으로 설계 · 관리하는 자 등이 여기에 분류된다.

17111 **검사**

형사사건에 관하여 공소를 제기하며 법의 정당한 적용을 법원에 청구하며, 재판의 집행을 지휘, 감독하고 법원의 권한에 속하는 기타 사항에 대하여서도 법원에 통지를 구하거나 의견을 진술하는 자를 말한다.

17112 **변호사**

법률적 사건의 당사자, 기타 관계인의 의뢰 또는 관공서의 위촉에 의하여 소송사건, 비송사건 및 소원, 심사청구, 이의신청 등 행정청에 대한 불복신청 사건에 관한 소송대행 및 기타 일반 법률사무를 행하는 자를 말한다.

17120 판사

법정에서 재판을 진행하고 판결을 내리는 자로서, 기소사실에 대한 공소장 낭독과 제안의 발표를 경청하고, 증인의 채택, 방식 및 기타의 재판절차를 정한다. 기존절차가 없는 경우에는 질의에 대한 절차를 정하거나 당사자들에 의해 제시된 증인을 심문하고 진술사항에 비추어 당사자의 권리, 의무를 판정하고 판결을 내리는 자를 말한다.

17131 특허 전문가

특허권을 비롯한 지적재산권에 관하여 출원, 등록, 심판 및 소송 등에 대한 법률행위를 하는 자를 말한다.

17132 법무사

의뢰인의 위촉을 받아 법원, 검찰청 등의 사법기관에 제출할 서류와 기타 법무에 관한 서류를 소정의 양식에 따라 작성하는 자를 말한다.

17133 공증인

당사자 또는 기타 관계인의 의뢰에 의하여 법률행위와 기타 사건에 관한 공증증서를 작성하고, 사서증서, 정관 등에 대해 인증하는 자를 말한다.

17139 그 외 기타 법률전문가

상기 세세분류 어느 항목에도 포함되지 않은 유사한 직무를 수행하는 자로 각종 법률을 연구하거나, 이에 대한 시행을 지휘 · 조언하며 사업상 발생된 법률문제에 대하여 검토 · 분석하는 자가 여기에 분류된다.

17210 사회복지 전문가

사회복지 전문가는 사회문제와 복지욕구를 가진 복지대상자들을 사회복지학 및 인접 사회과학의 전문지식을 바탕으로 문제에 대한 진단과 평가를 통해 궁극적인 문제해결을 할 수 있도록 지원한다.

17290 기타 사회서비스 관련 전문가

상기 세세분류 어느 항목에도 포함되지 않은 유사한 직무를 수행하는 자로 아동, 청소년, 노인 등의 복지, 고용 및 여가에 대한 사회서비스 활동 및 시민봉사활동 등을 수행하는 자가 여기에 분류된다.

17310 성직자

종교예식을 집행하고 신앙이나 종파의 의식을 관장하며 신자들에게 정신적, 도덕적 지도를 하는 자로서 교리의 해설과 설교를 하며, 종교의식을 집행한다.

17390 기타 종교 전문가

교리를 자국이나 외국에 선교하는 자와 종교의식과 회합을 집행하는 자가 여기에 포함된다.

18111 **기록 보관원**

역사적으로 가치 있는 각종 형태의 기록물을 수집하여 체계적으로 정리하고 보존하며 수집물의 목록, 서지학, 마이크로필름 복사물 및 관련 자료의 작성을 지휘하거나 직접 수행하며, 이를 이용자에게 제공하는 자를 말한다.

18112 **박물관 등 관리인**

미술관 또는 박물관에서 미술 수집품이나 문화적, 역사적으로 중요한 품목을 수집하여 체계적으로 분류하고 목록작성을 지휘하며 전시를 기획하는 자를 말한다.

18210 **사서**

장서, 정기간행물, 기록문헌 등을 체계적으로 정리하여 도서관 이용자에게 제공하는 자로서 장서의 취득, 분류, 목록작성 및 진열 등의 업무를 수행한다.

18211 **소설가**

주제를 결정하고 등장인물, 사건, 배경 등을 구상하여 일정 형식의 소설을 저술하는 자를 말한다. 또한 신문, 잡지 등의 정기간행물에 연재하는 자를 포함한다.

18212 **시인**

주제, 소재, 형식 등을 결정하여 일정 정서나 사상을 갖는 시를 창작하는 자를 말한다.

18219 **기타 작가**

출판이나 연극을 위한 문학작품을 쓰는 자로서 주제를 결정하고 사건내용과 배경 및 기타 필요한 자료를 수집하여 작품을 구상하고 자료를 편성한 뒤 원고를 작성하고 작품을 교정, 탈고하는 자를 말한다. 또한 특정한 현상이나 사물에 관한 느낌을 자유로운 문장형식으로 집필하는 자도 여기에 포함한다.

18221 **번역가**

원전의 정확한 의미가 유지되도록 문학작품, 법률, 기술 또는 과학서적을 번역하는 자를 말한다. 또한 번역의 생산성과 질을 개선하기 위하여 컴퓨터 및 기타 기구의 사용기법을 개발하는 자를 포함한다.

18222 **통역가**

회의 및 기타 행사 등에서 화자의 말의 의미가 정확하게 전달되도록 통역하는 자를 말한다.

18291 **기자**

신문, 정기간행물 등에 게재하거나 라디오 및 TV방송을 위하여 뉴스나 시사문제를 작성 및 논평하는 자를 말한다.

18292 평론가

문학작품, 미술, 음악, 연극, 영화 등 예술활동의 가치를 평가하고 방송 또는 출판을 위한 평론을 집필하는 자를 말한다.

18293 편집자

신문이나 정기간행물 등에 게재하기 위하여 제출된 기사, 사설 등의 자료, 방송을 위해 취재·제출된 기사자료와 서적 발간을 위해 제출된 각종 원고 등을 선정, 정리 및 편집하는 자를 말한다.

18294 광고문 작성가

특정 상품이나 서비스의 특징을 선전하는 광고문을 작성하는 자를 말한다. 또한 포스터, 신문, 라디오, 텔레비전 같은 특정 미디어를 전문적으로 이용하며 소책자나 광고 안내서 등을 작성하기도 한다.

18299 그 외 기타 작가 관련 전문가

백과사전 또는 기술관련 출판물을 편집 및 집필하며, 음악작품을 위해 가사를 쓰는 자와 라디오, 텔레비전 방송에서 스포츠경기와 같은 대중의 관심사에 관해 즉석 논평을 하는 자 등이 여기에 분류된다.

18311 조각가

목재, 석재, 진흙, 금속 등의 성형물질로서 삼원적인 장식과 구상적인 형체를 창작하고 금속, 목재 또는 기타 재료에 조판, 식각하는 자를 말한다. 또한 계획된 조각품의 형체를 묘사하고 밀초나 석고로 모형을 만들어서 본 조각품의 조형척도로 사용하기도 하며, 금속으로 조각품을 만들기 위해서 주형을 만들기도 한다.

18312 화가

여러 가지 도료와 기술을 사용하여 회화, 추상화 등의 예술품을 창조하는 자와 퇴색 또는 오손된 회화를 복원시키는 자를 말한다. 또한 접착제나 방부제를 사용하여 완성된 작품을 보호하기도 하고 특정한 재료, 기교, 유파, 주제를 전문으로 취급하기도 한다.

18313 상업 미술가

서적, 잡지, 광고, 영상매체 및 이와 유사한 목적으로 쓰일 그림을 창작하고 제작하는 자를 말한다.

18314 사진작가

바닷가, 산 등의 현장을 답사하여 작품의 소재를 구성하고 사진을 촬영할 수 있는 모델이나 장소를 선정하여 예술성 있는 작품을 촬영하며 촬영방법 및 현상기술을 연구하는 자를 말한다. 또한 사진작품을 전시하기도 한다.

18315 **만화가**

일정한 주제나 이야기에 따른 동작을 그리는 자로 등장인물 및 주변상황을 설정하고 적절한 내용을 구상하여 그린다. 경우에 따라서는 물감을 칠하거나 컴퓨터를 사용하여 그리기도 한다.

18316 **만화영화작가**

만화를 3차원적으로 그리거나, 어떤 줄거리가 있는 이야기를 연속된 그림과 대화로 엮는 자를 말한다.

18319 **기타 미술가 및 관련 예술가**

상기 세세분류에 포함되지 않은 유사한 직무를 수행하는 자로 유리나 도자기류의 공예품을 만드는 자 등이 여기에 분류된다.

18321 **제품 디자이너**

생활용품 · 가구 · 완구 및 산업기기, 전기 · 전자제품, 사무기기 및 통신기기 등 이와 유사한 목적으로 쓰일 제품을 디자인하는 자를 말한다.

18322 **패션 디자이너**

새로운 의상 디자인을 고안하기 위하여 유행경향을 분석 · 예측하고 제품생산에 필요한 모직, 합성섬유, 가죽 등의 재료를 비교 분석하여 적절한 제품을 디자인하는 자를 말한다.

18323 **인테리어 디자이너**

주택, 상가, 사무용 건물 등의 내부 장식을 계획하여 디자인하는 자로 내부 시설에 대한 이용계획, 가구나 시설의 배치, 색상의 배치 및 조성 등 내부 설계에 필요한 사항 등을 검토 분석하여 적절한 도안을 작성한다.

18324 **시각 디자이너**

시각을 통한 의사전달을 위해 디자인하는 자로 인간의 행위, 사고 등을 시각적인 형태로 표현, 전달할 수 있도록 이미지를 도안한다.

18329 **기타 디자이너**

상기 세세분류 어느 항목에도 포함되지 않은 유사한 직무를 수행하는 자가 여기에 분류된다.

18331 **작곡가**

선율법, 화성법, 대위법, 관현악법 등의 지식을 토대로 악곡을 작곡하거나 특정 악단, 악기 또는 행사를 위하여 음악을 각색하거나 편곡하는 자를 말한다.

18332 **관현악단 지휘자**

관악기, 현악기 및 타악기에 의한 합주를 지휘하는 자를 말한다.

18333 합창단 지휘자

여러 사람이 이부, 삼부, 사부 따위로 나뉘어 서로 화성을 이루면서 각각 다른 선율로 노래하는 합창단을 훈련시키며 지휘하는 자를 말한다.

18334 성악가, 대중가요 가수 제외

대중가요 가수를 제외한 독창 또는 합창단의 일원으로 노래를 부르는 자를 말한다.

18335 기악 연주자, 국악 제외

독주자, 반주자 또는 악단의 일원으로 악기를 연주하는 자를 말한다.

18336 대중가요 가수

대중가요를 부르는 자로서 화음, 멜로디, 리듬, 발성 등에 대한 지식을 기초로 하여 노래를 부르는 자를 말한다.

18337 국악인

우리 나라 전통음악인 판소리, 민요, 산조 등을 창하거나 국악을 연주하는 자를 말한다.

18339 기타 음악가 및 관련 전문가

상기 세세분류 어느 항목에도 포함되지 않은 유사한 직무를 수행하는 자가 여기에 분류된다.

18341 안무가

노래나 음악에 맞추어서 무용의 동작을 고안하여 연기자에게 가르치는 자를 말한다.

18342 무용가

독무로, 상대역과 함께 또는 무용단의 일원으로 무용을 연기하는 자를 말한다.

18349 기타 무용가 및 관련 전문가

상기 세세분류 어느 항목에도 포함되지 않은 유사한 직무를 수행하는 자가 여기에 분류된다.

18411 영화배우 및 탤런트

영화 및 텔레비전에 등장인물로 출연하여 연기하는 자를 말한다.

18412 연극배우

연극에 등장인물로 출연하여 연기하는 자를 말한다.

18413 코미디언 및 개그맨

방송이나 기타 공연장소에 출연하여 우스운 말과 몸짓으로 청중을 웃기는 자로 희극적인 주제에 따라 청중을 웃길 수 있는 말과 몸짓을 개발하고 즉흥적인 연기를 한다.

18414 **성우**

라디오 방송극이나 TV녹음 등에서 목소리로 연기를 하는 자를 말한다.

18415 **영화감독**

영화의 상연내용을 해석하고 시연을 감독하며, 영화제작의 모든 과정을 지휘하는 자를 말한다.

18416 **무대감독**

연출자를 도와 무대장치에서 연극 등의 진행을 종합적으로 지도, 감독하는 자를 말한다.

18421 **아나운서**

라디오와 텔레비전 방송에서 뉴스를 보도하는 자를 말한다.

18422 **전문 연예사회자**

라디오, 텔레비전에서 교양, 오락 등의 프로그램을 진행하는 자로 출연진이나 연예인을 소개하고 쇼나 프로그램의 진행을 맡아보는 자를 말한다.

18423 **디스크자키**

유선방송, 라디오 및 텔레비전 방송 등의 음악 프로그램에서 선곡하고 진행한다.

18429 **기타 프로그램 진행자**

상기 세세분류 어느 항목에도 포함되지 않은 유사한 직무를 수행하는 자가 여기에 분류된다.

2 기술공 및 준전문가 : 기술공 및 준전문가는 하나 이상의 자연 · 생명과학 및 사회과학 분야에서 기술적 지식과 경험을 기초로 전문가의 지휘하에 조사, 연구, 의료, 경영 및 상품거래에 관련된 기술적인 업무와 스포츠 활동을 수행한다.

21101 **통계 및 수학 준전문가**

수학, 통계자료의 수집, 처리 및 발표에 대한 기획과 실시업무를 수행하는 자로 통상 수학 및 통계 전문가의 지휘, 조언하에 직무를 수행한다. 조사에 필요한 재료, 노동의 양과 비용의 세부 견적서를 작성한다. 또한 조사표 및 표본틀의 설정, 유지 및 자료수집, 품질관리 활동과 관련된 기술적 업무를 수행하며 작업과정에서 일어날 수 있는 문제를 확인하고 해결하기 위하여 관련 원리와 지식을 응용하는 자를 말한다.

21102 **물리학 기술공**

물리현상의 연구 또는 적용이나 개발작업과 관련하여 물리학자의 지휘, 감독하에 기술적 업무를 수행하는 자를 말한다.

21103 **천문학 기술공**

천체현상을 관찰하고 해석하는 천문학자를 보조하여 기술적 업무를 수행하는 자를 말한다.

21104 **기상학 기술공**

대기의 구성, 구조 및 역학에 관한 개념, 이론 및 운영방법을 개선, 개발하는 작업과 관련하여 기상학자의 지휘, 감독하에 기술적 업무를 수행하는 자를 말한다.

21105 **화학 기술공**

화학현상의 연구, 응용 및 개발작업과 관련하여 화학자의 지휘 · 감독하에 기술적 업무를 수행하는 자를 말한다.

21106 **지질학 기술공**

지질학의 연구나 그에 대한 개념, 이론 및 운영방법을 개선, 개발하는 작업과 관련하여 지질학자의 지휘, 감독 하에 기술적 업무를 수행하는 자를 말한다.

21109 **기타 자연과학 기술공**

상기 세세분류 어느 항목에도 포함되지 않은 유사한 직무를 수행하는 자로 지구물리학 등의 분야에서 기술적 업무를 수행하는 자 등이 여기에 분류된다.

21211 **생물학 기술공**

생물학자의 지휘, 감독하에 생물 연구와 관련된 기술적 업무를 수행하는 자를 말한다.

21212 **의료과학 기술공**

의학자 및 약학자의 감독과 지휘하에 질병, 질환의 치료와 예방을 위한 실험, 검사, 분석에 관련된 기술적 업무를 수행하는 자를 말한다.

21219 **기타 생명과학 기술공**

상기 세세분류 어느 항목에도 포함되지 않은 자로 생물체의 연구와 관련된 기술적인 업무를 수행하는 자 등이 여기에 분류된다.

21221 **농경 및 원예 기술공**

농경학자 및 원예학자의 지휘하에 전답작물과 목초 및 원예작물에 관한 연구와 관련된 기술적 업무를 수행하는 자를 말한다.

21222 **임업 기술공**

영림학자의 지휘하에 나무번식 및 재배방법에 관한 연구와 관련된 기술적 업무를 수행하는 자를 말한다.

21229 **기타 농경 및 임업 기술공**

상기 세세분류 어느 항목에도 포함되지 않은 유사한 직무를 수행하는 자로 토양을 조사하는 자 등이 여기에 분류된다.

21231 **농업 자문가**

농축산 기법 및 문제에 관하여 기술적 지원과 조언을 제공하는 자를 말한다.

21232 **영림 자문가**

임업 기법 및 문제에 관하여 기술적 지원과 조언을 제공하는 자를 말한다.

21300 **사회과학관련 종사자**

사회과학자의 지휘, 감독하에 경제학, 사회학, 정치학, 철학 및 기타 사회과학의 연구에 관련된 자료 수집, 분석 등의 업무를 수행하는 자를 말한다.

22010 **컴퓨터관련 운영원**

소프트웨어를 설치하고 하드웨어와 운영체계에 새로운 프로그램을 입력하며, 컴퓨터 전문가의 지휘하에 소규모 변경 및 조절을 통하여 기존 프로그램을 유지, 보완하고 작업과정에서 일어나는 문제를 확인하고 해결하기 위하여 전산분야의 원리와 지식을 응용하는 자를 말한다.

22020 **컴퓨터 조작원**

이용자의 요구에 따라 콘솔을 조작하여 결과를 스크린, 종이 또는 필름 위에 나타내도록 컴퓨터 장비를 조작 및 통제하는 자를 말한다. 기계판독 형태로 처리, 기록하기 위하여 필요한 보조 기록장치에 보관하는 등 전산분야의 원리와 실제 지식을 응용하는 자를 말한다.

22030 **산업용 로봇 조종원**

산업용 로봇을 가동시키기 위하여 특별기능에 따라 프로그램을 작성하고, 운영을 통제하는 자를 말한다.

23101 **건설토목 기술공**

건설토목 기술자의 지휘, 감독하에 각종 건축 및 토목관련 축조에 관련된 기술적 업무를 수행하는 자를 말한다.

23102 **토목견적 기술공**

적산 기술자의 지휘, 감독하에 건설작업 시공에 소요되는 건설자재 및 노동력의 수량과 비용의 견적 및 견적서 작성에 관련된 기술적 업무를 수행하는 자를 말한다.

23103 **측량 기술공**

측량사의 지휘, 감독하에 임야 또는 대지 측량 작업을 보조하며, 측량 기구를 조정 · 조절하고, 측량실시 및 측량보고서 작성에 관련된 기술적 업무를 수행하는 자를 말한다.

23109 기타 건축 및 토목공학 기술공

상기 세세분류 어느 항목에도 포함되지 않은 직무를 수행하는 자로 청부인에게 작업계획 및 설계서를 설명해 주고 설계서를 건설관리 규정에 맞도록 조정해 주는 자 등이 여기에 분류된다.

23211 전력 송·배전 기술공

전기기술 전문가의 지휘하에 전력의 송·배전 조직 및 장치의 연구, 개발 및 유지, 보수에 관련된 기술적 업무를 수행하는 자를 말한다.

23212 전기안전 기술공

전기안전 기술전문가의 지휘하에 수용설비를 안전하게 유지·관리하기 위하여 전기설비의 시공, 감리, 유지 및 운용에 관련된 기술적 업무를 수행하는 자를 말한다.

23219 기타 전기공학 기술공

상기 세세분류 어느 항목에도 포함되지 않은 직무를 수행하는 자로 전기철도장비, 전기모터, 가정용 전기 기기 등 각종 전기장비 또는 기기의 설계, 개발, 건설, 운용, 보수에 관련된 기술적 업무를 수행하는 자 등이 여기에 분류된다.

23221 통신 기술공

통신 기술자의 지휘, 감독하에 유·무선 전화 및 전신 설비의 개발, 설치운용 및 보수에 관련된 기술적 업무를 수행하는 자를 말한다.

23222 컴퓨터 설계 기술공

컴퓨터 설계기술자의 지휘, 감독하에 컴퓨터의 설계, 개발에 관련된 기술적 업무를 수행하는 자를 말한다.

23223 전자장비 기술공

전자 기술자의 지휘, 감독하에 라디오 및 텔레비전 등 전자 장비의 개발, 설치, 유지 및 보수에 관련된 기술적 업무를 수행하는 자를 말한다.

23229 기타 전자 및 통신 기술공

상기 세세분류 어느 곳에도 포함되지 않은 유사한 직무를 수행하는 자로 신호, 자동제어 시설 및 기타 전자 또는 전기통신 장비의 개발, 유지 및 보수에 관련된 기술적 업무를 수행하는 자 등이 여기에 분류된다.

23231 산업용 기계 기술공

기계 기술자의 지휘, 감독하에 산업용 기계 및 공구의 설계, 유지 및 보수에 관련된 기술적 업무를 수행하는 자를 말한다.

23232 모터 및 기관 기술공

기계 기술자의 지휘, 감독하에 비전기식 모터, 증기, 내연기관 등의 설계, 유지 및 보수에 관련된 기술적 업무를 수행하는 자를 말한다.

23233 **조선 기술공**

조선 기술자의 지휘, 감독하에 선체와 선박의 상부구조 등에 대한 설계, 유지 및 보수에 관련된 기술적 업무를 수행하는 자를 말한다.

23234 **항공우주 기술공**

항공우주 기술자의 지휘, 감독하에 기체, 제동장치 등 각종 항공 및 인공위성관련 기계장비의 설계, 유지 및 보수에 관련된 기술적 업무를 수행하는 자를 말한다.

23235 **자동차 기술공**

자동차 기술자의 지휘, 감독하에 승용차, 화물 또는 군용차량과 같은 차량의 차체, 차대받이 장치, 제동장치 및 기타 구성품에 관한 연구, 개발 및 제조에 관련된 기술적 업무를 수행하는 자를 말한다.

23236 **냉 · 난방기 기술공**

냉 · 난방기 기술자의 지휘, 감독하에 산업, 주거 및 공공건물의 난방, 냉방, 환기시설에 대한 장비의 설계, 개발 및 보수에 관련된 기술적 업무를 수행하는 자를 말한다.

23237 **사무용기계 기술공**

자동자료처리장치, 계산기, 복사기, 팩스, 현금등록기 등의 사무자동화기기에 관한 설계, 개발 및 수리에 관련된 기술적 업무를 수행하는 자를 말한다.

23239 **기타 기계공학 기술공**

상기 세세분류 어느 곳에도 포함되지 않은 유사한 직무를 수행하는 자로 핵에너지의 방출, 통제, 이용에 필요한 설비 및 장비 등의 설계, 개발 및 유지에 관련된 기술적 업무를 수행하는 자가 여기에 분류된다.

23311 **석유화학 기술공**

석유화학 기술자의 지휘, 감독하에 제품생산에 필요한 원료를 검사 · 분석하고 공정에서 발생된 문제를 파악하며 완성된 제품을 시험 · 분석하는 등의 기술적 업무를 수행하는 자를 말한다.

23312 **고무 및 플라스틱화학 기술공**

고무 및 플라스틱화학 기술자의 지휘, 감독하에 합성고무 및 플라스틱의 원료를 제조하기 위해 원료를 시험, 분석하고, 제품생산을 원활히 하기 위하여 생산과정을 연구, 분석하는 등의 기술적 업무를 수행하는 자를 말한다.

23313 **농약 및 비료 기술공**

농약 및 비료 기술자의 지휘, 감독하에 원료의 배합비를 분석하고 제품을 시험하며 품질을 관리하는 등의 기술적 업무를 수행하는 자를 말한다.

23314 **도료 및 비누제품 기술공**

도료 및 비누제품 기술자의 지휘, 감독하에 제품생산에 필요한 원료를 분석하고 공정에서 발생된 문제를 파악하며 완성된 제품을 시험, 분석하는 등의 기술적 업무를 수행하는 자를 말한다.

23315 **의약품 및 화장품 기술공**

의약품 및 화장품 기술자의 지휘, 감독하에 원료를 시험, 분석하여 제품의 품질을 관리하는 등의 기술적 업무를 수행하는 자를 말한다.

23319 **기타 화학공학 기술공**

상기 세세분류 어느 항목에도 포함되지 않은 유사한 직무를 수행하는 자가 여기에 분류된다.

23321 **에너지 기술공**

에너지 기술자의 지휘, 감독하에 금속 및 비금속 광물의 채굴과 분류 또는 기술적 업무를 수행하는 자를 말한다. 또한 광산의 위치 및 광물 종류를 확인하기 위한 지질학적, 지형학적 탐사작업을 보조하며 도면, 견적서, 작업계획서를 작성한다.

23322 **금속제련 기술공**

금속제련 기술자의 지휘, 감독하에 광석으로부터 금속제련에 관한 시험, 분석을 하며, 정광 및 제련공정 관리 작업에 관련된 기술적 업무를 수행하는 자를 말한다.

23323 **금속주조 기술공**

금속주조 기술자의 지휘, 감독하에 금속주조에 관한 시험, 분석을 하여 금속제조 및 처리공정의 개발에 관련된 기술적 업무를 수행하는 자를 말한다.

23329 **기타 에너지 및 금속공학 기술공**

상기 세세분류 어느 항목에 포함되지 않은 유사한 직무를 수행하는 자가 여기에 분류된다.

23401 **기계 제도사**

기계, 기관, 차량, 비행기, 선박, 연계장치 등의 기계장치 및 관련 장비의 제조용 시공도와 상세한 설계서를 작성하는 자를 말한다.

23402 **전기 및 전자장비 제도사**

전기기계 및 기기, 전자장비 등 전기제품의 제조, 설치 또는 가선용 시공도와 상세한 설계서를 작성하는 자를 말한다.

23403 토목공학 제도사

교량, 댐, 터널, 철도, 도로, 산업용 건축물, 폐수처리, 홍수 조절시설 및 기타 토목건설용 시공도와 상세한 설계서를 작성하는 자를 말한다. 또한 대규모 철골조 및 보강콘크리트 구조물의 건설용 시공도를 작성하는 자를 포함한다.

23404 건축 제도사

건물 건설용 시공도 및 상세한 설계서를 작성하는 자를 말한다.

23405 지도 제도사

측량 및 기타 자료를 가지고 지도와 해도를 제도하는 자를 말한다.

23406 기술 도해사

기계 · 장비의 조립, 설치, 조작, 유지 및 보수에 대한 설명서 등에 쓰일 기술 도해를 하는 자를 말한다.

23409 기타 제도사

상기 세세분류 어느 항목에도 포함되지 않은 유사한 직무를 수행하는 자로 난방 및 환기장치의 설치용 시공도를 작성하거나 지리적 전술도 및 광맥의 위치를 나타낸 지도, 도해 및 단면도를 작성하는 자 등이 여기에 분류된다.

23511 사진가

인물, 상품, 기계, 건물 및 기타 광고 등에 사용되는 사진을 촬영하고 상업 및 산업목적용 사진을 전문으로 촬영하는 자를 말한다. 여기에는 과학, 의학, 건축용 사진이나 범죄수사를 위하여 경찰을 보조하기 위한 사진을 전문으로 하는 자를 포함한다. 경우에 따라서는 비디오 촬영을 하기도 한다.

23512 사진기자

신문, 잡지 및 유사 간행물에 게재하기 위하여 공공 관심사의 인물과 사건을 촬영하는 자를 말한다.

23513 촬영기사

영화나 비디오 제작, TV방송 등에 쓰일 각종 영상의 녹화장비를 조작하여 장면을 촬영하는 자를 말한다.

23514 녹음기사

영화, 레코드의 제작, 라디오방송 등의 목적으로 테이프, 필름, 디스크에 녹음하는 장비를 조작하는 자를 말한다.

23519 기타 광학 및 녹화장비 기사

상기 세세분류 어느 항목에도 포함되지 않은 직무를 수행하는 자로 다량의 복사를 위한 마스터테이프를 편집하거나 음향재생장비를 사용하여 압착레코드판을 검사하고, 음악과 대화가 조화되도록 효과음을 삽입하기 위하여 필름을 편집한다. 또한 라디오 및 TV방송에 표현되는 연기와 조화되도록 인위적인 수단 또는 테이프나 녹음으로 효과음을 만들고 연기 중 무대 뒤에서 음향 혼합판을 조작하는 자 등이 여기에 분류된다.

23521 **무선통신사**

무선통신기기를 조작하여 통신문을 송수신하는 자로 무전기 주파수를 조정하고 호출하는 중계소와 접촉하고 호출에 응답하는 자를 말한다.

23522 **전신장비 기사**

유 · 무선으로 통신문을 송 · 수신하기 위하여 전신설비를 조작하는 자를 말한다.

23523 **방송장비 기사**

라디오 및 텔레비전의 방송장비를 조작하는 자로서 마이크로폰 및 앰프를 조작하고 음악, 대화 및 음향효과 사이에 조화를 유지하고, 정규방송을 위한 TV 화면과 방송의 기술성능을 유지시키기 위하여 계기 및 제어장치를 조작하는 자를 말한다.

23524 **송신장비 기사**

송신장치를 조작하고 조정하는 자로서 송신기 개폐 및 구성품의 동작상태를 감청하고, 송신기의 주파수를 고정하거나 각종 계기를 관찰하며 방송되는 음조, 음량, 영사상태를 조정하는 자를 말한다.

23525 **영사기사**

영사기 및 음향재생장비를 조작하는 자로서 필름을 영사기에 장치하고 영사기를 가동시켜 음향과 상의 초점을 조정하는 자를 말한다.

23529 **기타 방송 및 통신장비 기사**

상기 세세분류 어느 항목에도 포함되지 않은 직무를 수행하는 자로 라디오 및 TV 이동방송장비를 조작하고, 확성장치를 조작하는 자 등이 여기에 분류된다.

23531 **임상병리사**

의사의 지휘하에 혈청검사, 소변검사, 조직검사 등 병리학, 미생물학, 생화학적 검사를 하고 심전도, 뇌파, 심폐기능 등 생리학적 검사를 하며, 가검물 채취 · 검사와 혈액의 채혈 · 제제 등을 하는 자를 말한다.

23532 **방사선사**

의사의 진료활동을 보조하기 위해 X-Ray 및 방사성물질을 이용하여 방사선 촬영을 하며 방사선 필름을 현상하고 방사선 기기 및 부속기자재를 선택 및 관리한다. 또한 라듐이나 방사선 동위원소를 이용하여 치료활동을 보조한다.

23539 **기타 의료장비 기사**

상기 세세분류 어느 항목에도 포함되지 않은 유사한 직무를 수행하는 자가 여기에 분류된다.

23611 **선박 기관사**

승선하여 선박기관실부를 조정하며 기관실의 선원을 감독하는 자로 선상에서 추진기관, 보일러 보조장비 및 갑판기계, 냉동 및 위생시설을 포함한 모든 기계의 운용, 유지 및 보수작업을 통제하고 기관실부의 운용기록을 유지하는 자를 말한다.

23612 **선장**

선박의 운행상 모든 책임을 지고 선상활동을 지휘, 조정 및 감독하는 자를 말한다.

23613 **항해사**

선장의 지시에 따라 선장을 보조하여 항해하며 항해도, 나침판, 레이더 및 기타 항해 보조구를 사용하여 선박 위치와 진로를 결정하고 신호기 및 무선전신을 이용하여 다른 선박 또는 육지와 통신을 하는 자를 말한다. 또한 선체, 배의 상부구조, 화물실 및 갑판 설비를 관리, 유지하고 화물의 선적 및 하역 작업을 감독한다.

23614 **도선사**

일정한 자격을 가지고 연해의 도선 구역을 통과하는 선박에 승선하여 뱃길을 인도하는 자를 말한다.

23619 **기타 선박 기술공**

상기 세세분류 어느 항목에 포함되지 않은 유사한 직무를 수행하는 자로 입항한 배의 기계장치와 전기장치를 검사 · 교체계획을 결정하고, 선박용품(식료품 제외), 갑판 및 항해 설비와 연료 등을 주문하여 선장의 요구에 따라서 반출하며, 갑판 승무원과 선원의 직무를 배당하는 자 등이 여기에 분류된다.

23621 **항공기 조종사**

여객, 우편, 화물항공 및 특수용도의 항공기를 조종하는 자로서 조종장치, 화물, 연료공급 및 기타 사항을 확인하여 비행 전 점검을 하고 항공기의 지상과 운항 중의 조종 이 · 착륙을 위하여 조종장치를 조작하는 자를 말한다.

23622 **항법사**

항공기에 탑승하여 항로를 지휘하는 자로서 레이더, 항공도, 기상관측, 추측항법 또는 육안 관측에 의하여 이를 유지한다.

23623 **항공기 기관사**

비행 전, 비행 후의 고장을 조사하고, 조정 및 경미한 보수작업을 수행하여 항공기의 안전비행을 유지하고 비행 중 기관사 관제판을 점검하는 자를 말한다.

23629 **기타 항공관련 기술공**

상기 세세분류 어느 항목에도 포함되지 않은 유사한 직무를 수행하는 자가 여기에 분류된다.

23631 **항공교통 관제사**

무선통신 및 레이더를 사용하여 영공과 지상에서 항공기 이동을 지휘하고, 항공기 운항에 관련된 정보를 제공하는 자를 말한다.

23632 **선박교통 관제사**

유선, 무선통신기 및 레이더를 활용하여 해상에서 선박교통의 흐름을 파악, 항행 정보를 제공하고 선박의 동정을 감시하며 선박의 안전한 운항을 지원하는 자를 말한다.

23633 **항공교통 안전기술공**

항행 및 항공기 탐색추적 시스템의 특정 인터페이스 접속회로 설계, 배치 또는 항공관제 및 안전장비를 위한 비용계산서와 기술 및 훈련명세서를 작성하여 항행 장비의 운영, 유지 및 정비의 기술적 감독을 보조하는 자를 말한다. 또한 항행, 이륙 또는 착륙의 안전성을 확보하기 위하여 항행기구를 통제 및 측정한다.

23711 **건물 검사원**

건물에 대한 건축 · 등급 · 구획관련 법규와 승인계획, 명세서 및 기준의 준수를 위하여 신축 및 기존주택, 산업설비, 호텔, 기타 건물 및 구조물을 검사하는 자를 말한다.

23712 **화재예방 및 감식원**

산업건물 및 기타 시설의 화재 위험을 찾아내고 제거 또는 감소시키며, 화재 발생 시 화재 원인을 알아내기 위하여 화재 현장을 조사하는 자를 말한다.

23719 **기타 건물안전 검사 및 화재감식원**

상기 세세분류 어느 항목에도 포함되지 않은 유사한 직무를 수행하는 자가 여기에 분류된다.

23721 **산업안전 및 보건 관리원**

사업체의 작업환경, 기계장치 및 장비가 법령이나 특정 기준에 적합하도록 작업장을 검사하고, 복지문제를 포함한 근로조건을 감독하는 자를 말한다.

23722 **환경 관리원**

환경오염물질 배출시설 및 방지시설을 관리하고 사업장 내에서 환경관련 업무를 수행하는 자를 말한다.

23723 **품질 검사원**

제조업자의 기준과 완성에 적합한가를 알아보기 위해 제조된 생산품이나 부분품을 검사하는 자를 말한다.

23724 **환경영향 평가원**

환경조건에 대한 자료를 조사 · 정리, 각 설비에 의한 지역환경오염과 민원발생 가능성을 예측, 방향을 수립하고 주기적으로 현장조사를 실시하여 관련부처에 통보하며, 환경영향평가의 신기술에 대한 국내외 자료를 분석 · 수집하는 자를 말한다.

23725 **교통영향 평가원**

대량의 교통수요를 유발할 우려가 있는 사업을 시행하거나 시설을 설치하는 경우 미리 당해 사업의 시행 또는 시설의 설치로 인하여 발생할 교통장해 등 교통상의 각종 문제점 또는 그 효과를 검토 · 분석하는 자를 말한다.

23801 **생산공학 기술공**

생산공학 기술자의 지휘하에 작업도면, 제조 설계서에 따른 상품의 모형을 검사하고, 작업절차를 감독하며 생산방법, 재료 및 사용장비를 고려하여 작업에 적당한 절차와 시기를 측정하는 등 세부 계획을 수립하는 자를 말한다.

23802 **산업능률 기술공**

산업능률 기술자의 지휘, 감독하에 능률적인 생산공정과 시간 및 동작에 관한 연구에 관련된 업무를 수행하는 자를 말한다.

23803 **재료 기술공**

재료 기술자의 지휘, 감독 하에 특정재료, 제품 개발에 따른 기술적 분야에 관련된 업무를 수행하는 자를 말한다.

23809 **그 외 기타 공학관련 기술공**

이 세세분류는 세분류 2380 : 기타 공학관련 기술 종사자의 어느 항목에도 포함되지 않는 공학관련 기술공을 포괄한다.

24101 **보건 진료원**

의사가 수행하는 것보다 범위와 복잡성에서 한정된 진단 및 치료 업무를 수행하는 자로서 주로 의사가 없는 의료 취약지역의 보건 진료소에서 치료를 하며, 산아제한, 위생, 영양 및 기타 예방처치에 관하여 지역사회 및 개인에게 조언한다.

진단된 질병, 장애 또는 상해에 의약 처방 및 치료를 하며, 간단한 수술을 한다.

24102 **간호 조무사**

병원 또는 의료 관련기관에서 의사 및 간호사의 지시에 따라 환자 진료보조 및 간호보조 업무를 수행하는 자로 환자가 진료를 받을 때 의료기구를 잡아주며 치료에 쓰이는 약품, 붕대 등 의약품을 소독한다. 일반의원 및 치과의원에서 간호사 업무를 수행하기도 한다.

24103 **구급요원**

응급환자가 발생한 현장에서 구조업무를 수행하고 현장 또는 이송 중에 응급처치를 하며 의료기관 내에서 진료를 보조하는 등 응급의료관련 업무에 종사하는 자를 말한다.

24109 **기타 의료진료 준전문가**

상기 세세분류 어느 항목에도 포함되지 않은 유사한 직무를 수행하는 자가 여기에 분류된다.

24211 **치과 위생사**

치아 예방치료를 수행하며, 집단과 개인에게 치아와 구강관리에 대하여 조언하는 자를 말한다.

24212 **치과 기공사**

치과의사의 진료에 필요한 치과기공물, 충전물 또는 고정장치의 제작 · 가공 및 기타 치과기공 업무에 종사하는 자를 말한다.

24219 **기타 치과 기술 종사자**

상기 세세분류 어느 항목에도 포함되지 않은 유사한 직무를 수행하는 자가 여기에 분류된다.

24220 **안경사**

안과와 관련된 간단한 검사를 실시하고 안경 및 콘택트렌즈를 처방해 주며, 고객에게 맞도록 안경테를 조정해 주거나 맞추어 주는 자를 말한다.

24230 **위생사**

위생상태의 개선에 관한 문제와 기법에 관하여 감시 및 조언하고 위생의 질을 유지 또는 개선하기 위한 조치를 취한다. 또한 전염병원체 및 공기 중 유해물질 통제, 위생식품 취급, 쓰레기의 적합한 처리 등의 개선된 방법에 대해 조언한다.

24310 **안마사**

혈액순환을 원활히 하고 신경을 진정 또는 자극하여 위축된 근육의 신장 및 기타 요법적 효과를 증진하기 위하여 안마하는 자를 말한다.

24320 **전통의료 치료사**

지역사회에서 전통적으로 사용되는 기법과 신앙의 힘과 영적인 조언에 의하여 인간의 정신 및 신체적 질환을 치료하는 자를 말한다.

25110 **대학교육 조교**

대학교육 조교는 대학교육 과정 수행 시 지도교수를 보조하여 수업 및 실험지도 등을 하며 관련 개념, 이론 및 운영기법의 연구와 관련된 업무를 보조하는 자를 말한다.

25121 **초등학교 보조교사**

초등학교에서 교사를 보조하여 학생을 지도하고, 교과목 이외의 시간에 학생을 가르치는 자를 말한다.

25122 **중등학교 보조교사**

중·고등학교에서 교사를 보조하여 학생을 지도하고, 교과목 이외의 시간에 학생을 가르치는 자를 말한다.

25211 **가정학원 강사**

가정계열학원에서 수강생들에게 조리, 꽃꽂이 등 가정생활의 기능을 기르기 위한 기본적인 지식과 기술을 가르치며 재료의 선정, 작업방법, 절차, 도구 등에 관하여 설명, 시범하고 수강생들의 실기를 지도하는 자를 말한다.

25212 **기술학원 강사**

기술계열학원에서 수강생들에게 특정교과에 대한 이론과 기술을 습득시키고 기본이론, 공구 및 기계의 사용, 안전관리 등에 관하여 설명하고 실습을 지도·감독하는 자를 말한다.

25213 **사무학원 강사**

사무계열학원에서 수강생들에게 사무능력을 기르기 위한 기초적인 이론과 실기를 가르치는 자를 말한다.

25219 **기타 교육기관 교육 준전문가**

상기 세세분류 어느 항목에도 포함되지 않은 유사한 직무를 수행하는 자가 여기에 분류된다.

25221 **문리 강사**

학생들에게 국어, 수학 등 주로 학교 교과목 중의 일부를 가르치는 자를 말한다.

25222 **예능 강사**

학생들에게 음악, 미술 등 주로 예능의 실기를 지도하는 자를 말한다.

25229 기타 강사

상기 세세분류 어느 항목에도 포함되지 않은 유사한 직무를 수행하는 자가 여기에 분류된다.

25301 자동차 운전교관

자동차 운전을 교습시키는 자로서 운전술을 설명하고 견습생과 동승하여 주요기술의 시범을 보이고 운전관련 법령을 설명하는 자를 말한다.

25309 그 외 기타 교육 준전문가

상기 세세분류 어느 항목에도 포함되지 않은 유사한 직무를 수행하는 자가 여기에 분류된다.

26111 외환중개인

자사를 대리하거나 위탁고객을 위하여 현물 또는 선물시장에서 외환을 취급하는 자로서 외환시장 추이를 분석하며 외환의 선물 및 현물을 매매하는 자를 말한다.

26112 증권중개인

유가증권에 관한 지식, 시장조건, 관련규정 및 고객의 재정적 상태를 분석하여, 개인이나 사업체를 대리해서 증권과 채권을 매매하는 자를 말한다.

26113 선물거래 중개인

원자재 또는 상품을 선물시장에서 개인이나 사업체를 대리하여 중개해 주는 자를 말한다.

26119 기타 금융 준전문가

상기 세세분류 어느 항목에도 포함되지 않은 유사한 직무를 수행하는 자가 여기에 분류된다.

26121 손해 사정인

보험에 가입된 선박, 항공기, 운송화물, 육상 시설물, 자동차 등의 화재 또는 사고로 인한 손해에 대한 손해액과 지급 보험금의 산출업무를 수행하는 자를 말한다.

26122 보험 대리인

생명, 재해, 자동차, 화재, 해상 및 기타형태의 보험에 관하여 고객에게 조언 및 판매하는 자로서 필요한 고객의 정보를 획득하고 보험에 포함된 위험부담의 형태와 정도, 보상정도 및 지불조건에 대하여 고객과 협의하고 계약을 체결한다. 또한 대규모 또는 특별한 형태의 프로젝트, 장치 및 위험을 위한 보험계약에 관하여 조언하고, 조건을 협의하여 계약을 체결한다.

26129 기타 보험 준전문가

상기 세세분류 어느 항목에도 포함되지 않은 유사한 직무를 수행하는 자가 여기에 분류된다.

26211 **부동산 중개인**

부동산매매 쌍방을 대리하여 수수료를 받고 건물, 대지, 가옥, 아파트 등 부동산의 매매 및 임대 · 교환을 알선 · 중개하는 자로서 지가시세와 부동산에 관한 정보를 수집하여 고객에게 제공하며 매매가격을 조정하고 계약을 주선한다. 계약이 체결된 경우 매매계약서에 매물에 대한 사항, 금액, 양도일시 및 매매조건 등을 기재한다.

26212 **부동산신탁 및 컨설팅원**

소유자의 편익이나 관리의 효율화를 위해 부동산을 관리 · 처분하거나 유용한 시설로 개발하는 업무를 대행하며, 부동산에 관련된 정보를 수집 · 분석하여 제공하며 부동산 세무나 관련 법규, 인 · 허가, 경매 등에 관하여 자문하는 자를 말한다.

26219 **기타 부동산 대리인**

상기 세세분류 어느 항목에도 포함되지 않은 유사한 직무를 수행하는 자가 여기에 분류된다.

26220 **여행상품 개발 및 상담 종사자**

여행상품을 기획하고 개발하는 자로서 고객을 위하여 여행일정 계획을 세우고 단체관광 여행을 조직하거나 판매하며 여러 가지 형태의 운송수단의 이용, 비용 및 편의성에 관한 정보를 획득하고, 여행계획에 관하여 조언한다.

26231 **산업용 기계장비 기술판매원**

공업용 기계장비의 사용법, 보수 등 기술에 관한 전문적 지식을 활용하여 기계장비를 판매하는 자를 말한다.

26232 **전자장비 기술판매원**

각종 전자장비의 사용법, 보수 등 기술에 관한 전문적 지식을 활용하여 전자장비를 판매하는 자를 말한다.

26233 **의료장비 및 용품 기술판매원**

각종 의료장비의 사용법, 보수 등 기술에 관한 전문적 지식을 활용하여 의료장비를 판매하는 자를 말한다. 여기에는 병원, 약국에 의약품을 판매하는 자를 포함한다.

26234 **농업용 기계장비 기술판매원**

각종 농업용 기계장비의 사용법, 보수 등 기술에 관한 전문적 지식을 활용하여 농업용 기계장비를 판매하는 자를 말한다.

26235 **상업판매원**

각종 제품을 제조업체에서 도매업체에 대량으로 판매하는 자를 말한다.

26239 기타 기술판매원

제품이나 설비의 성분, 사용법, 보수 등 기술에 관한 전문적 지식을 활용하여 상기 세세분류의 어느 항목에도 포함되지 않은 제품을 판매하는 자를 말한다.

26240 자동차 및 관련제품 기술판매원

자동차관련 전문지식을 이용하여 자동차, 모터사이클, 트럭과 같은 차량과 밧데리, 타이어, 모터, 차대부속품, 윤활유와 같은 부속품과 비품 등에 관해 영업활동을 하고 이를 판매하는 자를 말한다.

26251 도 · 소매업 구매대리인

도 · 소매업체 내에서 재판매할 상품을 구매하는 자로 사업상의 소요량을 검토하고 각 기업체에서 발행되는 정기간행물, 기타 정보로부터 상품의 종류, 품질 및 가격에 관한 시장정보를 분석한다. 또한 제조업자 및 판매자와 거래조건에 관해 면담을 하고 전시장을 방문하여 상품을 선정하고 주문한다. 인도계획을 마련하고 상품대금을 지불하며 관련서류를 작성 · 수령한다.

26252 농산물 구매대리인

재판매를 위하여 각종 농산물을 구매하는 자로 사업상의 소요량을 검토하고 각 기업체에서 발행되는 정기간행물 및 기타 정보로부터 제품의 종류, 품질 및 가격에 관한 시장정보를 분석하여 재배자와 거래조건에 관해 면담하고 재배지를 방문하여 구매한다. 인도계획을 마련하고 상품대금을 지불하며 관련서류를 작성 · 수령한다.

26259 기타 구매대리인

상기 세세분류의 어느 항목에도 포함되지 않은 구매대리인이 여기에 분류된다.

26261 보석 감정사

다이아몬드 · 비취 · 사파이어 · 루비 등 보석의 진품 여부, 품질 및 가치를 감정하며 평가하는 자를 말한다.

26262 미술품 감정사

그림, 조각 또는 골동품 등 미술작품의 진품 여부와 가치를 감정하며 평가하는 자를 말한다.

26263 부동산 감정사

토지, 주택, 공장, 기계, 자동차, 중기, 선박 등의 경제적 가치를 판정하기 위하여 대상 물건을 감정하고 평가하는 자를 말한다.

26264 음식료품 감정사

음식물, 주류 등의 적격 여부를 관능으로 감정하고 평가하는 자를 말한다.

26265 **경매사**

농산물, 수산물, 청과물, 축산물 및 공산품의 신품 또는 중고품과 동산, 부동산 등의 재산을 경매하는 자를 말한다.

26269 **기타 감정사**

상기 세세분류 어느 항목에도 포함되지 않은 유사한 직무를 수행하는 자로 상품이나 비품, 영업용 장비 또는 향수 등의 가치를 확인하기 위하여 감정하는 자 등이 여기에 분류된다.

26311 **상품중개인**

현물 또는 선물시장의 경매에서 대량으로 상품을 중개하는 자로 예정가격을 설정하여 현물 또는 선물시장에서 고객을 대리하여 입찰한다. 입찰에서 팔리지 않은 상품을 재약정에 의한 구매, 판매협의를 하거나 적하공간을 확보하고 고객으로부터 화물요금을 결정 · 수금한다.

26312 **머천다이저**

소비자의 구매 패턴과 소비유형을 파악하여 시장성 있는 물품을 선정하고 선정된 물품을 생산하는 제조업체와 매매조건, 수수료 등을 협의하고 계약을 체결하는 자를 말한다. 경우에 따라서는 외국 바이어를 대신하여 물품의 생산처 선정부터 주문, 선적까지 처리한다.

26313 **물류관리사**

화물의 유통 촉진과 물류비의 절감을 위해서 물류시스템 기획 및 개발, 물류센터 운영, 컨설팅 등의 물류관리에 필요한 직무를 수행하는 자를 말한다.

26320 **통관대리인**

관세사의 지휘하에 수출 또는 수입을 위한 통관절차를 수행하고 보험, 수출입 허가서 및 기타 서류를 규정에 맞도록 작성하는 자를 말한다.

26330 **직업상담원**

구직자의 학력, 경력, 원하는 직종 등을 토대로 직업을 알선해 주거나 훈련계획에 관하여 조언하고, 고용주에게 구인 알선을 해 주는 자를 말한다. 또한 개인의 직무능력을 측정하기도 하며, 법적 요건에 맞도록 고용계약을 확보하며 체결한다.

26341 **경기 프로모터**

운동선수의 사업문제를 관리하고 경기를 주선 및 관리하는 자를 말한다.

26342 **연예인 매니저**

연예인의 연예활동, 사업활동 등을 관리하는 자를 말한다.

26343 이벤트 대리인

전시회, 공연, 축제, 패션쇼 및 판촉행사 등 다양한 이벤트를 기획하고 출연자, 무대, 음향을 맡을 단체를 섭외하며 행사를 위해 예행연습과 실제행사를 지휘하는 자를 말한다.

26344 광고 판매인

신문, 정기간행물, 포스터 또는 기타 광고를 게재하기 위한 지면이나 라디오, 텔레비전 프로그램의 광고계약을 알선, 체결하는 자를 말한다.

26349 기타 개인 및 사업서비스 대리인

상기 세세분류 어느 항목에도 포함되지 않은 유사한 직무를 수행하는 자가 여기에 분류된다.

27111 아동 · 부녀자복지 상담원

아동상담소 및 관련 기관에서 아동 · 부녀자복지를 위한 상담, 조사를 실시하여 적절한 지도방침을 세우고 관련 조치를 취하는 자로 보호대상자의 상황을 파악하여 직접 지도하거나 관계기관에 보호요청을 하며 관련복지법인이나 시설에 대하여 지도 · 감독한다.

27112 생활지도원

양로원, 노인요양원, 심신장애재활원 등의 사회복지수용시설에서 수용자들의 생활교육을 계획 · 지도하는 자를 말한다.

27113 보육사

영아원, 육아원, 아동입양위탁시설 등의 아동복지시설에서 수용 또는 위탁된 영아를 보육하고 집단놀이를 지도하며 생활습관을 가르치는 자를 말한다.

27190 기타 사회서비스 준전문가

상기 세분류 2711 : 사회복지 준전문가를 제외하고, 복지시설 이외에서 유사한 업무를 수행하는 자가 여기에 분류된다.

27200 종교 준전문가

종교적인 업무에 참여하거나 특정 종교의 가르침을 설교하고 전파하는 자를 말한다.

28111 대중업소 악사

거리, 나이트클럽 등의 장소에서 혼자 또는 악단의 일원으로서 악기를 연주하는 자를 말한다.

28112 대중업소 가수

거리, 나이트클럽 등의 장소에서 대중음악을 노래하는 자를 말한다.

28113 대중업소 무용수

거리, 나이트클럽 등의 장소에서 혼자, 상대역과 함께 또는 무용단의 일원으로 무용하는 자를 말한다. 여기에는 대중가요 가수가 노래하는 것을 도와 무용하는 자도 포함된다.

28119 기타 음악 및 무용관련 준전문가

상기 세세분류 어느 항목에도 포함되지 않은 유사한 직무를 수행하는 자가 여기에 분류된다.

28120 미술관련 준전문가

미술과 관련된 전문가의 지휘를 받아 기술적인 작업을 수행하는 자를 말한다. 여기에는 거리에서 초상화를 그리는 자도 포함한다.

28131 대중업소 연예 사회자

나이트클럽 및 유사 장소에서 출연진을 소개하는 자로서 쇼나 프로그램 진행을 맡아보며, 음악을 선곡하고 진행하는 자를 말한다.

28139 기타 연예관련 준전문가

방송 연출가의 지시에 따라 방송프로그램 제작에 관련된 제반 사항을 보조하고 출연자에게 녹화일정을 통보하며 공개프로그램 제작시 스튜디오 내의 분위기를 조성하는 자와 연극, 영화 및 방송에서 주변 등장인물이나 특수한 기술을 요하는 역할을 배우를 대신하여 연기하는 자 등이 여기에 포함된다.

28211 직업운동선수

수입을 얻을 목적으로 경기에 참여하는 자로서 축구, 야구, 골프, 테니스 또는 다른 운동에 관한 실력을 향상시키기 위하여 지도자나 감독자의 지도하에 신체적 운동과 규칙적인 연습을 통해서 훈련하는 자를 말한다.

28212 직업경주선수

수입을 얻을 목적으로 자동차, 경륜, 경마 등의 경주에 참여하는 자를 말한다.

28213 바둑기사

바둑의 보급 · 교류활동에 참여하고 바둑을 연구하는 자로서 바둑대회에서 상대 전문기사와 대국을 하거나 명국이나 기타 실전 대국을 복기하며, 승부처를 분석 · 연구하는 자를 말한다.

28214 경기 감독 및 코치

운동선수의 지식, 능력 및 실력을 개발하기 위하여 감독 및 지도하는 자를 말한다.

28215 경기 심판

경기의 통제에 참여하는 자로서 신호기를 사용하여 경기를 집행하고 설정된 규칙에 따라 경기를 진행시킨다. 규칙위반 사항을 밝혀내고 위반자에게 적절한 벌칙을 부과하며, 시간을 기록하고 경기결과를 보고 또는 판정하는 자를 말한다.

28219 **기타 운동, 경기관련 준전문가**

상기 세세분류 어느 항목에도 포함되지 않은 유사한 직무를 수행하는 자로 직업적으로 장기, 당구를 가르치거나 경기를 하는 자와 컴퓨터 프로게이머가 여기에 분류된다.

28220 **체력훈련가**

체조 및 기타 연습방법으로 피훈련자의 신체적 적성을 개발하고 유지하도록 가르치는 자로서 체조장비를 사용하여 적성을 개발하고 유지하도록 하거나 특수운동에 대비해서 신체적인 훈련과정을 계획하고 필요한 훈련을 가르친다.

28310 **마술, 곡예 및 관련 준전문가**

마술, 곡예 및 관련 준전문가는 서커스나 기타 장소에서 각종 쇼를 공연하여 청중을 즐겁게 하는 자로 익살을 떨고 재미있는 이야기를 하며 마술과 곡예를 연출한다.

28320 **동물조련사**

시각장애자를 돕거나 범법자 등을 수색하도록 하기 위하여 개를 훈련시키거나 관중을 즐겁게 하기 위하여 동물을 재주부리도록 훈련하는 자를 말한다. 또한 동물에게 먹이를 주고 운동을 시키며 안전을 위하여 보살피기도 한다.

29111 **관리비서**

단위의 장을 지원하여 일정계획을 작성하며 외부방문자의 면담을 조정한다.

29112 **속기사**

속기로 회의록을 작성하는 자로 회의, 강연, 법정 및 기타 의사진행에 참석하여 속기로 축어적 의사록을 작성한다.

29119 **기타 관리비서 및 관련 준전문가**

상기 세세분류에 포함되지 않은 유사한 직무를 수행하는 자가 여기에 분류된다.

29191 **정부 관리 준전문가**

관리자의 총괄적인 감독하에 주로 직원 및 업무 관리 등의 부분적 · 제한적인 관리를 수행한다. 정부기관의 사무소 및 출장소 등에 근무하며 일상적인 업무를 계획하고 감독하는 자를 말한다.

29199 **그 외 기타관리 준전문가**

상기 세세분류 어느 곳에도 포함되지 않은 유사한 직무를 수행하는 자로 관리자의 총괄적인 감독하에 주로 직원 및 업무 또는 판매관리 등의 부분적 · 제한적인 관리를 수행한다. 공공기업체나 사기업체의 지점, 영업소 및 출장소 등에 근무하며 일상적인 업무를 계획하고 감독하는 자를 말한다.

29211 특허사무 준전문가

특허와 관련된 전문적인 사무를 수행하는 자로서 변리사의 지휘하에 고객이 고안한 발명이나 의장 등을 권리화하거나 등록된 권리를 방어·보존하기 위하여 특허권의 출원·등록·이의신청·심판청구 등의 제반 관련서류를 작성하는 자를 말한다.

29212 집달관

집행관 밑에서 영장의 송달, 차압, 강제집행 등의 사법적 사무를 맡아보는 자를 말한다.

29213 법무 준전문가

법률문제와 관련된 전문적인 사무를 수행하는 자로서 심리 중에 있는 사건에 관련된 자료를 작성하기 위하여 법률에 관한 기록을 조사하고 재산의 소유권이나 유언장에 의한 권리 등을 기재할 문서를 심사하거나 심사준비를 담당하는 자를 말한다.

29219 기타 법률 준전문가

대출승인, 기타 재무거래에 관한 사항의 법률기록 및 기타 관련서류의 검사 또는 준비를 하고 부동산, 채권 등의 양도, 기타 공식등록이 필요한 문제에 관하여 서류를 작성하는 것을 전문으로 하는 자 등이 여기에 포함된다.

29221 의무기록사

병원의 진료기록을 검토·분류하고 환자의 질병명에 코드번호를 부여하여 색인화한다.

29229 기타 의료사무 준전문가

상기 세세분류 어느 항목에도 포함되지 않은 유사한 직무를 수행하는 자로 각종 약제 및 진료에 대한 보험수가를 산정하는 자가 여기에 포함된다.

29291 감사 준전문가

감사 준전문가는 효율적인 감사업무를 수행하기 위하여 감사기획 및 지침 수립 등 감사실시에 따른 제반업무를 수행하는 자를 말한다.

29299 그 외 기타 법률, 의료 및 관련 사업 준전문가

상기 세세분류 어느 항목에도 포함되지 않은 유사한 직무를 수행하는 자로 전문가의 지휘하에 회계, 세무 등에서 전문적인 사무를 수행하는 자가 여기에 포함된다.

29310 세관 공무원

출입국에 따른 제반 업무를 수행하는 자로 출입국자와 휴대품 및 물품 또는 화물을 검사하고 허가한다.

29320 **조세 공무원**

개인 또는 사업체가 납부하는 세금, 부담금 및 기타 형태의 과징금 등의 금액을 결정하기 위하여 세금신고서, 판매영수증 및 기타 서류를 검사하고, 각종 세금의 결정과 납부에 관한 법령의 올바른 해석 및 국민의 권리와 의무에 관하여 단체, 기업 및 시민에게 조언하는 자를 말한다.

29330 **사회보장 공무원**

사회보장에 따른 수혜의 적격성과 수혜액을 결정하기 위하여 현금 또는 현물의 수혜신청서 및 관련 서류를 검사하며, 국민의 권리와 의무를 포함하여 정부의 수혜금 및 지불의 결정에 관한 법령의 올바른 이해에 관하여 개인 및 단체에게 조언하는 자를 말한다.

29340 **허가 공무원**

상품의 수출입 허가, 기업의 설립 허가, 주택 및 기타 구조물의 건축 허가 또는 여권발급을 위한 신청서 등을 검사하고 결정하는 자로서 요구되는 허가형태와 허가에 첨부된 조건에 대해 조언하는 자를 말한다.

29350 **병무 공무원**

국토방위의 근간이 되는 병역자원을 관리하고 병역의무자에 대한 징집, 소집 및 전시 병력동원 등 의무 부과와 향토예비군의 편성, 관리, 산업기능인력의 지원 및 병역의무자 국외여행 허가 등의 업무를 수행하는 자를 말한다.

29390 **기타 관세, 조세 및 관련 정부 준전문가**

이 세세분류 항목은 소분류 293 : 관세, 조세 및 관련 정부 준전문가의 어느 항목에도 분류되지 않은 자가 여기에 분류된다. 예를 들면, 여기에는 물가 또는 임금규칙을 검사하는 자 등이 포함된다.

3 사무 종사자 : 사무 종사자는 관리자, 전문가 및 준전문가를 보조하여 경영방침에 의해 사업계획을 입안하고 계획에 따라 업무 추진을 수행하며, 당해 작업에 관련된 정보 기록, 보관, 계산 및 검색 등의 업무를 수행한다. 또한 금전 취급활동, 여행알선, 정보요청 및 예약업무에 관련하여 많은 고객을 대상으로 하는 사무적인 업무를 수행한다.

31101 **총무 사무원**

사업체의 서무업무를 총괄하는 자로 각종 문서의 관리 · 수발과 기관 간의 행정업무 수행, 사업체 내의 각종 행사 및 직장교육 등을 주관한다.

31102 **인사노무 사무원**

인력의 적정수준 유지 및 관리를 위하여 직원 채용, 배치, 훈련, 승진, 보수, 노사관계 및 기타 인사 업무에 관련된 직무를 수행하는 자를 말한다. 또한 합리적인 노무관리를 위하여 사원의 인사, 급여, 복리후생 등과 관련된 업무를 수행한다.

31210 **기획 사무원**

정부의 정책 및 사업체의 경영방침에 따라 장 · 단기 사업계획을 입안하고 확정된 계획에 의해 관련 업무가 합리적 · 경제적으로 행해지도록 사업계획 추진상황을 점검, 분석하는 자를 말한다.

31220 **홍보 사무원**

사업체의 주요 홍보 및 광고사항에 관련된 업무를 수행하는 자로 홍보 내용을 매스컴, 안내장 및 슬라이드 또는 사보로 제작하며 이를 대외에 소개한다.

31300 **정부행정 사무원**

정부 고유의 행정업무인 주민등록, 출생, 사망, 혼인, 이혼, 호적 등에 관련된 서류 접수 및 발급 등의 업무를 수행하는 자를 말한다.

31411 **국내판매 사무원**

제품판매에 대한 관련 정보를 수집하고 시장조사 분석을 하며, 판매확대를 위하여 계획을 입안하고 관련 부서에 통보, 관리한다. 또한 시장상태를 분석하여 가격, 할인율 등을 조정하고, 판매효과를 증대시키기 위하여 판촉물 등을 만들어 고객에게 제공하며 영업지원과 관련된 업무를 수행한다.

31412 **해외판매 사무원**

해외 업체 및 바이어로부터 국내상품에 대한 구매요구가 접수되거나 해외고객에게 홍보활동을 하여 상품 판매와 관련된 제반 사무를 수행하는 자를 말한다. 또한 수출절차에 필요한 은행업무, 자금지원, 세관 등의 업무를 수행하며 해외시장 정보를 수집, 분석한다.

31491 **분양 및 임대 사무원**

주택 · 아파트 등 주거용이나 비주거용 건물의 분양, 임대 및 매매와 관련된 사무를 수행하는 자를 말한다.

31499 **그 외 기타 판매관련 사무원**

상기 세세분류에 포함되지 않은 판매사무와 관련된 유사한 직무를 수행하는 자가 여기에 분류된다.

31510 **회계사무원**

사업체의 재무거래에 대한 기록을 유지하고 부기원칙에 따라 재무에 관련된 업무를 수행한다. 또한 종업원이 작업한 시간이나 기록에 따라 임금을 산출하며, 사업에 부수하여 현금 거래를 담당하는 자를 말한다.

31521 **금융 사무원**

금융 거래에 관련된 사무업무를 수행하는 자를 말한다.

31522 **보험사무원**

생명보험, 화재보험, 해상보험, 자동차보험 또는 기타 보험거래에 관련된 사무적 업무를 수행한다.

31531 **통계자료집계 사무원**

일상적 업무상 발생한 특별한 정보의 출처에 바탕을 둔 통계적 기록을 작성하는 자를 말한다.

31532 **통계조사 사무원**

조사계획에 따라 작성된 조사표를 가지고 감독자의 지시를 받아 응답자를 면접하여 조사하는 자를 말한다. 경우에 따라서는 부호를 기입하고 내용검사를 하기도 한다.

31539 **기타 통계사무원**

상기 세세분류 항목에 포함되지 않은 유사한 직무를 수행하는 자가 여기에 분류된다.

31611 **자재관리 사무원**

상품의 발송과 수취를 조정 · 통제하고 상품, 설비 및 기타 물품을 수취하거나 지급하며 적절한 기록을 유지하는 자를 말한다.

31612 **검수 사무원**

수취, 지급 또는 발송될 물품의 중량을 달고, 사무 기록을 유지하는 자를 말한다.

31619 **기타 자재 사무원**

상기 세세분류 어느 항목에도 포함되지 않은 유사한 직무를 수행하는 자가 여기에 분류된다.

31621 **자재수급 사무원**

기업의 생산 또는 건설계획에 소요되는 원자재의 수량을 산정하고, 재고 수량을 확인하여 주문을 집행하고 확인하는 자를 말한다.

31622 **생산계획 사무원**

고객의 주문에서 얻은 자료, 생산능력에 관한 정보 및 실적을 이용하여 생산 작업계획을 수립하는 자를 말한다.

31629 **기타 생산 사무원**

상기 세세분류 항목에 포함되지 않은 유사한 직무를 수행하는 자가 여기에 분류된다.

31631 **항공운송 사무원**

항공운송 사업체에서 항공승무원의 비행계획 관리, 항공기 운항에 따른 비행노선, 기종, 출발시간 등의 작성, 정규 운항이 불가능한 경우 임시운항계획 마련 및 화물의 취급업무를 수행하는 자를 말한다.

31632 **철도운송 사무원**

철도운송 사업체에서 열차의 운행시간, 노선, 승무원 배정 및 지도와 화물의 크기 및 중량을 파악하여 적재량을 계산하고 작업원에게 할당하는 등의 일을 수행하는 자를 말한다.

31633 **도로운송 사무원**

도로운송 사업체에서 여객차나 화물차의 노선계획과 운행시간 설정, 차량 배차와 운전사 배치 및 화물의 적재, 하역작업 등 운영상의 서비스와 관련된 계획을 수립하거나 자료를 작성하는 자를 말한다.

31634 **수상운송 사무원**

선박 사업체에서 운항계획, 배선계획 등을 수립하기 위하여 선박의 동정, 하역상황, 운항비용, 하역비 등을 검토, 분석하고 운항일정, 운항노선 등의 확장 또는 단축에 관한 자료를 작성한다. 또한 여객선의 안전운항을 위하여 항만에의 여객선 입·출항을 통제하고 선원에 대한 운항관리 규정을 교육하는 자를 말한다.

31639 **기타 운송 사무원**

상기 세세분류 어느 항목에도 포함되지 않은 유사한 직무를 수행하는 자가 여기에 분류된다.

31711 **일반사무 보조원**

일반 사무직원의 업무를 지원하는 자로 문서정리 및 수발, 자료집계, 자료복사 등 사무기록의 유지와 관련된 일반적인 업무를 수행한다.

31712 **워드프로세서 조작원**

컴퓨터를 사용하여 여러 가지 서류를 입력, 편집 및 인쇄하는 자를 말한다.

31713 **사무용 기기 조작원**

회계기, 복사기 등 사무용 기기를 조작하는 자를 말한다.

31720 **자료입력 사무원**

운용지침에 따라 업무, 과학, 공학 또는 기타 자료를 처리하기 위하여 컴퓨터를 조작하고 자료를 입력하는 자를 말한다.

31730 **비서**

단위 장에 대한 내방객 접대, 대내외 연락 및 자료정리 등의 일상적 업무와 전화의 수·발신, 사내외로부터 접수된 편지, 안내장 및 각종 문서를 분류·정리하여 보관하는 일을 수행하는 자를 말한다.

31810 **도서 및 서류정리 사무원**

서적 및 기타 간행물의 구입, 대출, 회수 등의 기록을 유지하며 서류 또는 기록물 분류에 관련된 업무를 수행하는 자로 서류 및 기타 기록물을 복사, 재생하며 이를 분류하고 체계적으로 정리하는 자를 말한다.

31821 **우편물 분류 사무원**

우체국 또는 기타 사업체에서 우편물에 기재된 행선지에 의거하여 우편물을 분류, 발송하는 자를 말한다.

31829 **기타 우편관련 사무원**

우송료를 계산하고 발송하며, 우편물에 기계로 무료우편 송달표시를 하는 자를 말한다.

31830 **심사, 교정 및 관련 사무원**

조사된 자료에 부호를 부여하고 올바르게 조사되었는지 등의 여부를 심사하며, 인쇄 원고를 교정하는 자를 말한다.

31840 **대서사무원**

정부 및 기타 기관의 공식서식을 작성하는데 필요한 해석과 정보를 제공하며, 대리하여 서류를 완성시켜 주거나 개인에게 조언을 제공하는 자를 말한다.

32111 **대금수납 사무원**

백화점, 음식점 및 소매점 등에서 상품이나 서비스의 대가로 지불된 현금을 수취하거나 공과금 취급업무를 수행하는 자를 말한다.

32112 **매표사무원, 여행용 표 제외**

극장, 공원 및 유원지 등의 매표소에서 고객에게 입장표를 발행하고 현금을 받는 자를 말한다. 여기에는 버스 및 지하철 승차권을 판매하는 자를 포함한다.

32119 **기타 대금수납 및 매표 사무원**

상기 세세분류 항목에 포함되지 않은 유사한 직무를 수행하는 자가 여기에 분류된다.

32121 **은행출납 사무원**

은행, 투자신탁 등의 금융기관에서 예금, 인출과 관련되어 고객과 직접 거래하는 자를 말한다.

32122 **외환취급 사무원**

외국화폐를 국내화폐로, 국내화폐를 외국화폐로 환전하여 주는 자를 말한다.

32123 **우체국출납 사무원**

서신 및 소포를 접수하고 우표를 판매하며 우편환, 우편대체, 체신예금, 보험업무 등 우체국 출납업무를 관장하는 자를 말한다.

32129 **기타 금전출납 사무원**

상기 세세분류 항목에 포함되지 않은 유사한 직무를 수행하는 자가 여기에 분류된다.

32130 **수금 및 관련 사무원**

수금과 이에 수반된 사무적 업무를 수행하는 자로서 고객에게 수금사항을 전화 또는 서신으로 통지하고 수금을 위하여 고객의 주소를 추적 · 방문한다. 수금이 불가능한 경우 법적 조치를 권고한다.

32140 **복권판매 및 마권발매원**

발행된 복권 및 마권을 고객에게 판매하고 추첨 또는 경기결과에 따라 환급금을 지불하는 자를 말한다.

32211 **시설안내 사무원**

업체의 방문객에게 시설 및 업체현황 등을 안내하며 공항, 백화점 등에서 특정 위치 및 상품의 취급장소 등에 관한 고객의 질문에 응하는 자를 말한다.

32212 **방송안내 사무원**

고객의 편의를 돕기 위하여 열차 및 항공기의 착 · 발시간, 편의시설 및 분실물, 미아 등에 대한 방송과 병원 등 사업체 내의 연락방송을 하는 자를 말한다.

32221 **전화교환원**

전화교환기나 그에 부수된 기기를 조작하여 외부통화자의 요청에 의해 사업체 내부의 구내전화를 연결시키며, 숙박업소에 투숙한 고객의 전화를 연결하는 자를 말한다. 또한 고객이 요청할 경우 모닝콜업무를 하기도 한다.

32222 **전화번호 안내원**

고객이 전화를 걸어 문의하는 상호 및 인명을 듣고 즉시 컴퓨터에 연결된 단말기를 조작하여 고객에게 문의하는 번호를 안내하는 자를 말한다.

32231 **여행표 발행 사무원**

고객의 요구에 따라 승차권, 항공권 등의 여행표를 발행하거나 예약해 주는 자를 말한다.

32232 **여행 사무원**

고객에게 여행일정과 여행방법에 관하여 조언하고 필요한 경우 여권 및 비자의 발급을 대행하며 호텔예약 등을 수행하는 자를 말한다.

32239 **기타 여행관련 사무원**

상기 세세분류 항목에 포함되지 않은 유사한 직무를 수행하는 자가 여기에 분류된다.

32241 **호텔 접수원**

호텔이나 유사 사업체에서 고객을 맞이하여 객실 배정 및 각종 안내서비스, 귀중품 보관 및 예약 등의 업무를 수행하는 자를 말한다.

32242 **병원 접수원**

병원에서 환자를 맞이하여 접수 및 예약을 수행하는 자를 말한다. 경우에 따라서는 이름을 확인하고 기록카드를 찾아서 진찰실로 안내하기도 한다.

32243 **음식점 접수원**

음식점에서 고객이 음식점 이용에 관하여 문의하거나 예약신청이 있을 경우 문의에 응답하고 예약접수를 하며, 고객이 방문하였을 경우 예약을 확인하여 좌석을 배정하고 안내를 하는 자를 말한다.

32249 **기타 접수 사무원**

상기 세세분류에 포함되지 않은 유사한 직무를 수행하는 자로 전화, 가스 등의 이전, 고장에 대하여 접수를 받는 자가 여기에 분류된다.

32301 **고객상담 사무원**

방문고객 및 상담전화로 제기되는 각종 문의사항, 불편사항 및 상품에 대한 불만 등에 대해 설명하고 해당 부서에 통보하여 필요한 조치를 취하는 자를 말한다. 또한 창구의 이용자료 및 이용안내문 배치 등 각종 서비스를 제공한다.

32309 **기타 고객관련 사무원**

상기 세세분류 항목에 포함되지 않은 유사한 직무를 수행하는 자로 회사에서 고객에게 상품 카탈로그 및 안내장 발송, 내역서 발송 업무를 하는 자 등이 여기에 분류된다.

4 서비스 종사자 : 서비스 종사자는 개인보호, 이 · 미용, 조리 및 신변보호에 관련된 서비스를 제공하는 업무를 수행한다.

41111 **가정 보육사**

고용주의 아이를 돌보는 일에 종사하는 자를 말한다. 경우에 따라서는 어린이의 피복을 수선, 세척, 다림질하기도 하며 아이 양육에 관계되지 않은 가사업무를 수행하기도 한다.

41112 **보조 보육교사 및 시설 보조 보육사**

보육시설에서 아이를 돌보고, 간단한 놀이활동을 지도하며 학생을 가르치는 교사를 보조하여 교과활동이 원만히 이루어지도록 하는 자를 말한다.

41121 **간병인**

병원, 요양소, 산업체 및 기타 관련기관에서 환자를 돌보는 자로 거동이 불편한 환자를 목욕시키고, 옷을 갈아입히며 제공된 음식물을 환자에게 먹여 주는 일을 수행하는 자를 말한다.

41122 **산후 조리 종사원**

산후조리원 및 기타 관련기관에서 산모를 돌보는 자를 말한다. 산모의 상태를 점검하고 필요 시 환자를 부축하고 목욕을 도와주며 산모에게 적합한 음식을 제공하는 등의 일을 수행하는 자를 말한다.

41123 **치료사 보조원**

치료사를 보조하여 재활, 물리, 언어, 작업치료 등에 관련된 활동을 수행한다.

41129 **기타 시설 개인보호 종사원**

상기 세세분류 항목에 포함되지 않은 유사한 직무를 수행하는 자로 검사가 필요한 환자를 운반하는 자 등이 여기에 분류된다.

41130 **가정 개인간호 종사원**

신체적, 정신적 질환이나 장애 또는 노령으로 인한 장애 때문에 가정에서 보호가 필요한 사람에게 개인시중을 들어주는 자를 말한다.

41191 **약사 보조원**

약국에서 약사의 지시를 받아 기술을 필요로 하지 않는 작업을 수행하는 자를 말한다.

41192 **수의사 보조원**

가축병원 및 기타 동물을 치료하기 위한 수의시설에서 수의사를 보조하는 자를 말한다.

41199 **그 외 기타 개인보호 및 관련 종사원**

상기 세세분류 항목에 포함되지 않은 유사한 직무를 수행하는 자가 여기에 분류된다.

41210 **이용사**

머리를 자르거나 면도를 하고 수염을 손질해 주며, 기타 이용업무에 부수되는 서비스를 제공하는 자를 말한다.

41221 **미용사**

여자 머리를 자르고 다듬어 주며 기타 머리 손질에 부수되는 서비스를 제공하는 자를 말한다.

41222 **피부 관리사**

고객에게 여러 가지 피부미용 처리를 해 주는 자를 말한다.

41223 **욕실종사원**

손님의 목욕을 시중하고 기본적인 안마를 하는 자를 말한다.

41224 **애완동물 미용사 및 동물관리자**

애완동물을 가꾸고 치장하는데 관련된 서비스와 고객의 요청에 의하여 애완동물을 보관 · 관리하는 자를 말한다.

41291 **화장 및 분장사**

신랑 · 신부, 패션모델, 연예인 등에게 의상, 얼굴 특성에 따라 화장을 해 주는 자와 촬영이나 무대 공연 시 분장으로 외모를 변형시키는 자를 말한다.

41292 **코디네이터**

방송이나 공연을 위하여 연예인의 성격, 분위기 및 출연 프로그램의 특성 등을 검토하여 화장, 의상과 장신구를 조화롭게 연출시키는 자를 말한다.

41299 **그 외 기타 미용관련 종사원**

상기 세세분류 어느 항목에도 포함되지 않는 미용관련 종사자로 고객의 요구에 따라 가발을 맞춰주는 자 등이 여기에 분류된다.

41301 **말벗 및 개인 시중원**

고용주를 위해 개인서비스를 수행하는 자로 담화, 독서, 취미, 운동 등의 오락이나 휴식을 함께 하고 시중을 들며 의상과 소지품을 정리, 유지하는 등의 직무를 수행하는 자를 말한다. 또한 고용주의 몸이나 얼굴을 마사지 해 주거나 식사를 제공하기도 한다.

41302 **숙박시설 시중원**

호텔 또는 기타 시설의 손님에게 시중을 들고 서비스를 제공하는 자를 말한다.

41309 **기타 시중원**

상기 세세분류 항목에 포함되지 않은 유사한 직무를 수행하는 자가 여기에 분류된다.

41401 **장의사**

장례식 절차를 준비하고 거행하며 시체부패를 방지 또는 억제하기 위하여 방부제를 뿌리거나 화장을 위한 준비를 하는 자를 말한다.

41409 **기타 장의 및 관련 서비스 종사원**

상기 세세분류 항목에 포함되지 않은 유사한 직무를 수행하는 자로 대학 해부실에서 해부한 시체에 방부제를 주입하고 동물을 박제하는 자가 여기에 분류된다.

41511 **오락장 종사원**

유원지, 놀이동산 및 노래방 등의 오락장에서 질서를 유지하고 오락기구에 대한 설명과 조작을 하며 관리 및 간단한 수리를 하는 자를 말한다. 동전으로 운영되는 경우 동전을 교환해 주는 일을 하며 오락장비를 대여해 주기도 한다.

41512 **클럽 종사원**

클럽, 나이트클럽에서 손님에게 주류 제공 등의 서비스를 하는 자를 말한다.

41519 **기타 오락 서비스 종사원**

상기 세세분류 항목에 포함되지 않은 유사한 직무를 수행하는 자로 놀이동산에서 카퍼레이드를 하거나 동물분장을 하고 방문객에게 각종 서비스를 하는 자가 여기에 분류된다.

41521 **응원단원**

운동경기에서 소속팀의 사기를 북돋우기 위하여 응원복을 입고 춤, 동작을 취하며 관중이 따라 하거나 함성을 지르도록 유도하고 각종 구호를 연호하도록 선창하는 일을 하는 자를 말한다.

41522 **레크레이션 지도자**

각종 모임에서 오락 프로그램의 사회를 보고 노래, 율동, 게임 등을 지도하며 새로운 프로그램을 개발하는 자를 말한다. 경우에 따라서는 레크레이션 홍보를 위한 프로그램에 참여하며 레크레이션 지도자를 교육하기도 한다.

41529 **기타 여가관련 서비스 종사원**

상기 세세분류 항목에 포함되지 않은 유사한 직무를 수행하는 자로 골프장 캐디가 여기에 분류된다.

41530 **모니터요원**

라디오, 텔레비전의 방송상태나 전신, 전화의 송신상태를 감시하며 방송, 신문, 잡지 등의 내용 또는 상품의 품질에 대하여 일반 이용자의 입장에서 비평하는 자를 말한다. 또한 대기업이나 백화점 등에서 고객관리를 위해 의견이나 비판을 제시하는 일을 하기도 한다.

41541 **도박 진행자**

도박판에서 게임을 진행하는 자를 말한다.

41542 전당업자 및 대금업자

담보물로 제공된 건물, 자동차, 장신구, 카메라 및 기타 물품을 평가하고 그 물건을 담보로 금전을 빌려주거나 물품, 자산 및 기타 담보물을 잡고 금전을 빌려주는 자를 말한다.

41611 결혼상담원

결혼상담을 하러 온 사람에게 배우자 선택방법 등에 대하여 설명하고 회원 가입을 권유, 심사하여 하자가 없을 시 컴퓨터 시스템에 신상명세와 배우자 조건을 입력하고 이를 토대로 조건에 맞는 상대를 찾아내 만남을 주선하는 자를 말한다.

41612 예식 종사원

결혼식을 진행하기 위하여 의자, 카펫 등을 정리하고 필요한 자료를 준비하며 예식의 진행과정을 관찰하여 신랑 · 신부의 의상과 행동을 교정하는 자를 말한다. 또한 요청 시 주례업무를 대행한다.

41619 기타 결혼관련 서비스 종사원

상기 세세분류 항목에 포함되지 않은 유사한 직무를 수행하는 자가 여기에 분류된다.

41621 점술가

손금, 관상 또는 여러 가지 점치는 도구 등을 이용하여 고객의 장래에 발생할 수 있는 일을 예언하고 조언한다.

41622 점술 관련 종사원

상기 세세분류 항목에 포함되지 않은 유사한 직무를 수행하는 자로 굿을 하는 자가 여기에 분류된다.

42110 주방장

조리계획을 세우고 여관, 음식점 및 기타 시설 또는 열차 안에서 조리사와 조리실 보조의 작업을 감독, 조정하는 자를 말한다.

42121 한식 조리사

호텔, 음식점 등에서 한국음식을 만들기 위하여 각종 식료품을 준비하고 익히고 조리하는 자를 말한다. 경우에 따라서 간단한 외국음식 조리를 병행하기도 한다.

42122 양식 조리사

호텔, 음식점 등에서 양식을 만들기 위하여 각종 식료품을 준비하고 익히고 조리하는 자를 말한다.

42123 중식 조리사

호텔, 음식점 등에서 중국음식을 만들기 위하여 각종 식료품을 준비하고 익히고 조리하는 자를 말한다.

42124 **일식 조리사**

호텔, 음식점 등에서 일본음식을 만들기 위하여 각종 식료품을 준비하고 익히고 조리하는 자를 말한다.

42129 **기타 음식점 조리사**

상기 세세분류 어느 항목에도 포함되지 않은 유사한 직무를 수행하는 자가 여기에 분류된다.

42130 **간이 음식점 조리사**

이미 조리가 되어 있는 음식을 데우거나 혼합하고 샌드위치 및 간단한 음식을 조리하는 자를 말한다.

42141 **병원 조리사**

영양사가 작성한 식단표 및 조리지시에 따라 환자에게 제공할 음식을 조리하는 자를 말한다.

42142 **선박 조리사**

선박에서 음식물을 준비하고 조리하는 자를 말한다.

42143 **열차식당 조리사**

열차 식당에서 열차 승객과 승무원에게 제공할 음식을 조리하는 자를 말한다.

42149 **기타 음식점 이외 조리사**

상기 세세분류 어느 항목에도 분류되지 않은 조리사로서 식이용으로 특수한 음식물을 준비하고 건설현장, 광산, 농장 및 기타 근로자를 위해 임시막사에서 식품을 조리하고 제공하는 등 여러 가지 음식물의 조리작업을 수행하는 자가 여기에 분류된다.

42150 **차류 조리사**

커피전문점, 커피숍, 찻집 등에서 각종 차를 만들어 고객에게 제공하는 자를 말한다. 경우에 따라서는 고객의 주문에 따라 샌드위치, 토스트 등을 만들어 제공하기도 한다.

42190 **기타 조리사**

상기 세분류 어느 항목에도 포함되지 않은 유사한 직무를 수행하는 자가 여기에 분류된다.

42211 **음식업 서비스 종사원**

음식업소에서 고객에게 메뉴를 제시하고 음식을 주문받아 제공하는 자를 말한다.

42212 **주류 서비스 종사원**

주점, 클럽 등의 주류 접객업소에서 주류의 선택을 도와주고 제공하는 자로서 고객에게 주류목록을 제시하고 주류의 특성에 관한 질문 등에 응답하고 여러 가지 요리에 적합한 주류에 관해서 고객에게 조언해 주는 자를 말한다.

42213 **음료 서비스 종사원**

커피숍, 다방 등의 음료 접객업소에서 커피, 차, 과실음료, 청량음료, 아이스크림 및 기타 음료를 주문받고 이를 제공하는 자를 말한다. 경우에 따라서는 간단한 음식이나 주류를 주문받아 제공하기도 한다.

42219 **기타 서비스 종사원**

상기 세세분류 어느 항목에도 포함되지 않은 유사한 직무를 수행하는 자가 여기에 분류된다.

42220 **바텐더**

바 등에서 주류 및 비알코올성 음료를 제공하는 자를 말한다.

43101 **선박 승무원**

여객선이나 화물선에서 선실관리 및 음식물 조달에 종사하는 자의 작업을 계획, 조정, 감독하고 승객의 전반적인 요청에 대하여 편의를 도모하는 자를 말한다.

43102 **항공기 승무원**

항공기 여객의 편의와 안전을 도모하기 위해 각종 서비스를 제공하는 자를 말한다. 경우에 따라서는 항공표를 확인하여 좌석을 안내하고 미리 준비한 음식과 음료를 제공하며 면세물품을 판매한다. 또한 출입국서류에 필요한 항목이 모두 기록되었는가를 확인하기도 한다.

43103 **여객열차 승무원**

운행 중에 있는 여객열차(침대차 포함)에 대한 책임을 지는 자로서 기관사에게 출발 또는 정차신호를 하며 승객의 안전을 위해 예방조치를 취하는 자를 말한다. 경우에 따라서는 승차권, 무료승차권 및 요금을 승객으로부터 징수한다.

43109 **기타 운송수행원**

상기 세세분류 항목에 포함되지 않은 유사한 직무를 수행하는 자로 케이블카, 연락선에서 승객에 대하여 책임을 지는 자 등이 여기에 분류된다.

43211 **국내여행 안내원**

국내를 여행하는 개인 또는 단체의 내국인에게 관광지 및 관광대상물을 설명하거나 여행 안내하며, 교통기관, 숙박시설, 관광객 이용시설 및 편의시설의 이용에 대하여 안내하는 등 여행의 편의를 제공하는 자를 말한다.

43212 **국외여행 안내원**

국외를 여행하는 개인 또는 단체에 교통기관, 숙박시설, 관광객 이용시설 및 편의시설의 이용에 대하여 안내하는 등 여행 편의를 제공하는 자를 말한다.

43220 **관광통역 안내원**

국내를 여행하는 개인 또는 단체의 외국인에게 외국어를 사용하여 관광지 및 관광대상물을 설명하거나 여행을 안내하며, 교통기관, 숙박시설, 관광객 이용시설 및 편의시설의 이용에 대하여 안내하는 등 여행 편의를 제공하는 자를 말한다.

43290 **기타 여행안내원**

상기 세세분류 어느 항목에도 포함되지 않은 유사한 직무를 수행하는 자로 사업체의 단체 여행객을 안내하거나 수렵 또는 낚시와 같은 단체 여행객을 안내하는 자가 여기에 분류된다.

44101 **일반경찰관**

법률과 질서를 유지하고 위험과 범법행위로부터 인명과 재산을 보호하며 법률을 위반한 사람을 체포한다. 또한 교통정리를 하며 사고가 발생된 경우 직권으로서 응급조치를 취하고 필요한 수사작업을 수행하는 자를 말한다.

44102 **해양경찰관**

해상경비 및 어로보호를 하며 해양관련 각종 범죄를 단속 · 수사하고 선박의 운항을 관리하여 해양안전을 확보하고 해양오염 방지를 위한 감시 및 방제활동을 하는 자를 말한다.

44201 **소방관**

화재를 예방하고 화재가 발생했을 경우 진화작업을 수행하는 자를 말한다.

44202 **응급구조대**

화재 또는 사고가 발생하였을 경우 인명구조 작업을 수행하는 자를 말한다. 경우에 따라서는 소화작업을 병행하기도 한다.

44209 **기타 소방업무 종사원**

일반기업체나 사업장에서 화재예방과 소화작업을 수행하며 경우에 따라서는 사고 시 인명구조 작업을 수행하는 자를 말한다.

44301 **교도관**

교도소, 구치소 및 보호감호소의 수용자를 관리하고 교정 · 교화하는 자를 말한다.

44302 **보도관**

소년원 및 소년분류심사원에서 보호소년 및 위탁소년을 관리하고 이들에게 교화교육, 직업훈련, 생활지도 등 교정교육을 수행하는 자를 말한다.

44401 청원경찰

은행, 공공건물 또는 박물관 등의 사업체에서 재산 또는 시설의 치안을 유지하며 절도, 폭력, 법률위배 행위 또는 기타 불법행위를 방지하는 자를 말한다.

44402 안전 순찰원

안전을 위하여 공사장, 위험시설 등의 위험한 장소에서 안전여부를 정기적으로 순찰조사하고 일반인들의 접근을 막아 사고를 방지하는 자를 말한다.

44403 인명 구조원

수영장, 해수욕장, 스키장 등에서 안전사고를 방지하기 위해 순찰하고 사고 발생 시 응급조치를 하는 자를 말한다.

44404 경호원

개인의 신변을 보호하는 자로서 개인을 호위하여 신체적 상해나 납치를 방지하고 사생활의 침해를 예방하는 자를 말한다.

44409 그 외 기타 보안 서비스 종사원

상기 세세분류 항목에 포함되지 않은 유사한 직무를 수행하는 자로 금렵지 및 금렵기에 야생조수를 보호, 관리하는 자가 여기에 분류된다.

5 판매 종사자 : 판매 종사자는 도 · 소매상점이나 유사 사업체 또는 거리 및 공공장소에서 상품을 판매하며, 상품을 광고하거나 예술작품을 위하여 일정한 자세를 취하고 상품의 품질과 기능을 선전하는 등의 활동을 수행한다.

51101 농축산물, 음식료품 및 담배 도매판매원

산업용 농축산물, 과실 · 채소, 도살고기, 수산물 및 음료 등의 음식료품과 담배를 도매하는 자를 말한다.

51102 가정용품 도매판매원

의복, 가구, 전기기기 등 가정용품을 도매하는 자를 말한다.

51103 산업용 중간재 및 재생재료 도매판매원

연료 및 관련제품, 금속광석 및 1차 금속제품, 건설자재, 산업용 기초화합물, 비료 및 원료형태의 플라스틱 물질 등을 도매하는 자를 말한다.

51109 기타 도매 판매원

상기 세세분류 어느 항목에도 포함되지 않는 유사한 직무를 수행하는 자로 각종 상품을 종합적으로 도매하는 자가 여기에 포함된다.

51201 종합 소매판매원

슈퍼마켓, 편의점 등과 같이 각종 상품을 종합적으로 소매하는 자를 말한다.

51202 **음식료품 및 담배 소매판매원**

과일 및 채소, 육류, 빵 및 과자, 음료, 낙농 및 수산물, 담배 등을 소매하는 자를 말한다.

51203 **의복, 신발 및 관련 제품 소매판매원**

섬유, 의복, 모피, 의복 액세서리, 신발 등을 소매하는 자를 말한다.

51204 **가정용 기기, 가구 및 장비 소매판매원**

가정용 기기, 가구, 도기 및 유리제품, 텔레비전, 조명용품 등을 소매하는 자를 말한다.

51205 **서적, 문구 및 사무, 정밀기기 소매판매원**

서적, 문구용품, 컴퓨터 및 기타 사무용기기 또는 광학기기 등을 소매하는 자를 말한다.

51206 **주유원**

주유소에서 휘발유, 경유 등을 차량에 주유하는 자를 말한다.

51209 **기타 소매업체 판매원**

상기 세세분류에 포함되지 않은 상품을 소매하는 자를 말한다.

51310 **소매 방문판매원**

가정 또는 사업체 등을 찾아다니면서 각종 상품이나 서비스의 내용을 설명하고 상품을 소매하는 자를 말한다. 또는 선전을 하거나 할부금을 수금하기도 한다.

51320 **노점 및 이동판매원**

일정 매장을 개설하지 않고, 일정한 구역의 노상에 노점 등 임시매장을 설치하거나 순회하면서 각종 상품을 소매하는 자를 말한다. 고정된 판매대를 설치하여 판매하는 경우는 제외한다.

52100 **전화통신 판매원**

각종 상품을 전화 주문에 의하여 판매하는 자를 말한다. 또한 직접 고객에게 전화를 걸어 상품을 판매하기도 하며 판매한 상품의 취소, 하자 접수 등을 하는 자를 말한다.

52210 **통신서비스 판매원**

이동전화 또는 이동호출 등의 통신서비스를 판매하는 자를 말한다.

52220 **통신 재판매원**

기존 기간통신사업체로부터 통신설비나 서비스를 사거나 빌려서 원하는 고객에게 제공하고 고객이 원하는 별도의 서비스를 네트워크를 통해서 선택적으로 사용할 수 있도록 통신서비스를 재판매하는 자를 말한다.

53010 모델

최신 유행성이 있는 의복을 입거나 물품을 가지고 광고 또는 예술창작을 위하여 자세를 취하는 자를 말한다.

53020 홍보원

도·소매업체 및 기타 사업체 등에서 상품이나 시설의 구매욕구 및 시설 이용욕구 등을 유발시키기 위하여 홍보하는 자를 말한다. 또한 상품 및 시설의 장점, 기능을 설명하고 보여 주며 구매의욕을 불러 일으키도록 노력하는 자로 경우에 따라서는 제품을 팔기도 한다.

6 농업, 임업 및 어업 숙련 종사자 : 농업, 임업 및 어업 숙련 종사자는 농산물, 임산물 및 수산물의 생산에 필요한 지식과 경험을 기초로 전답작물 또는 과수작물을 재배·수확하고 동물을 번식·사육하며 산림을 경작, 보존 및 개발한다. 또한 물고기의 번식 및 채취 또는 기타 형태의 수생 동식물을 양식·채취하는 업무를 수행한다.

61110 곡식작물 재배자

쌀, 보리, 밀, 옥수수 등의 곡식작물을 재배하며 비료살포, 파종, 수확, 포장 및 적재 등과 같은 활동을 수행하는 자를 말한다.

61120 특용작물 재배자

채유작물, 약용작물, 섬유작물, 향신용작물(차, 커피 제외) 등을 재배하는 자를 말한다.

61130 채소 재배자

배추, 무, 감자, 고구마, 당근 등 채소를 재배·수확하는 자를 말한다. 산에서 식용 취나물, 고사리 및 더덕 등을 채취하는 자도 여기에 포함한다.

61211 사과 재배자

사과를 재배하고 수확하는 자를 말한다.

61212 배 재배자

배를 재배하고 수확하는 자를 말한다.

61213 복숭아 재배자

복숭아를 재배하고 수확하는 자를 말한다.

61214 포도 재배자

포도를 재배하고 수확하는 자를 말한다.

61215 차 재배자

차 관목의 증식, 재배에 속하는 여러 가지 작업을 수행하는 자를 말한다.

61219 **기타 과수작물 재배자**

상기 세세분류 어느 항목에도 포함되지 않은 유사한 직무를 수행하는 자로서 눈 접 붙이기 및 식용 수액을 채취하는 자가 여기에 분류된다.

61221 **감귤 재배자**

감귤을 재배하고 수확하는 자를 말한다.

61229 **기타 열대과일 재배자**

감귤을 제외한 바나나, 파인애플, 키위 등의 열대과일을 재배하고 수확하는 자를 말한다.

61311 **정원사 및 원예사**

공원이나 정원에서 꽃, 교목, 관목 기타 원예작물을 재배하거나 증식시키고, 종자, 구근을 생산하는 자를 말한다. 또한 온실 속에서 파종이나 밑둥 눈틔움, 기타 방법으로 작물을 증식시키기도 하며 정원에서 채소를 재배하거나 과수를 가꾸기도 한다.

61312 **육묘 재배자**

교목, 관목, 꽃, 기타 작물의 증식, 재배 및 구근과 씨앗의 생산에 따르는 여러 가지 작업을 수행하는 자를 말한다.

61319 **기타 정원사, 원예 및 육묘 재배자**

상기 세세분류 어느 항목에도 포함되지 않은 유사한 직무를 수행하는 자로 갈대 또는 버들 등의 온상재배하는 자를 말한다.

61320 **버섯 재배자**

각종 버섯을 재배하고 수확하는 자를 말한다.

61410 **복합작물 재배자**

전답작물, 전답채소, 과수작물 및 원예 및 육묘 생산물을 복합재배하고 수확하는 데 필요한 활동을 기획하고 수행하는 자를 말한다.

61420 **시설작물 재배자**

상추, 토마토, 당근, 완두콩, 양파 및 양배추 등의 채소를 집약재배 방법에 의해 재배하는 자를 말한다.

61510 **낙농품 생산자**

젖소, 젖양 등의 가축을 번식, 사육, 관리하며 기계를 사용하여 젖을 짜고 여과해서 냉각시킨 뒤 가공 공장으로 운반하는 자를 말한다. 경우에 따라서는 가공품을 생산하기도 한다.

61521 **육우 사육자**

육우를 번식, 사육하는 자를 말한다.

61522 돼지 사육자

양돈을 번식, 사육시키는 데 따르는 여러 가지 작업을 수행하는 자를 말한다.

61529 기타 가축 사육자

상기 세세분류 어느 항목에도 포함되지 않은 직무를 수행하는 자로 고양이, 개, 말, 염소, 양 등의 가축을 번식, 사육하는 자가 여기에 분류된다.

61530 가금 사육자

달걀 또는 가금고기를 얻기 위하여 닭, 오리 등의 가금을 사육하는 자를 말한다. 경우에 따라서는 가금을 도살, 손질, 포장하여 출하하거나 직접 판매하며, 가금 부화장 운영이나 특정 가금사육을 하기도 한다.

61540 양봉가 및 양잠가

벌꿀을 얻기 위하여 벌통의 설치 및 관리, 꿀의 채취에 속하는 여러 가지 작업을 수행하고 누에를 사육하는 데 필요한 활동을 수행하는 자를 말한다.

61550 복합동물 사육자

가금을 포함하여 소, 양, 돼지, 산양 및 말과 같은 가축을 번식, 사육하고 양봉 및 양잠생산물을 생산하는 데 필요한 활동을 수행하는 자를 말한다.

61591 기타 동물 및 조류 사육자

털가죽을 얻기 위한 목적으로 가축을 제외한 모피동물의 번식, 사육과 수렵용 또는 애완용 조류의 번식, 사육에 종사하는 자를 말한다. 경우에 따라서는 모피 동물의 체중, 급식 등의 사항을 기록하며 특수한 모피동물을 전문으로 사육하기도 한다.

61592 동물수정, 가금 부화 및 감별사

영리를 목적으로 동물 및 가금의 인공부화에 종사하는 자와 부화 후 30시간 이내에 암수를 감별하는 자를 말한다.

61599 그 외 기타 동물사육 및 관련 종사원

상기 세세분류 어느 항목에도 포함되지 않은 유사한 직무를 수행하는 자로 개구리, 뱀, 거북, 악어, 벌레 등을 사육하는 자 등이 여기에 분류된다.

61600 작물 및 동물 복합 생산자

작물과 동물을 복합 생산 또는 관련 생산물을 생산하는 복합형태의 영농에 필요한 활동을 기획하고 수행하는 자를 말한다.

61700 자급농업 종사자

가족의 생계를 위한 식품, 주거 및 금전을 마련하기 위하여 농작물을 생산하고, 수목을 재배하며 가축사육, 수렵, 채취, 어로행위 등을 하며 생산물의 일부를 시장에 판매하기도 한다.

61800 **수렵원**

포유류, 조류 및 파충류를 수렵하는 자로 덫을 놓거나 무기로 사냥을 한다. 또한 사냥물을 산채로 출하하거나 시판할 수 있도록 가죽을 벗기거나 기타 방법으로 처리를 한다.

62011 **조림원**

나무를 심거나 씨를 뿌리는 등 조림지를 조성하는 자를 말한다.

62012 **영림원**

숲 등 조림지를 관리하는 등 산림을 경영하는 자를 말한다. 경우에 따라서는 삼림통로의 건설 · 유지 작업과 일반 벌채원의 직무를 수행한다.

62013 **벌목원**

벌목하고, 통나무로 자르는 등 벌목작업을 수행하는 자를 말한다.

62014 **목재 답사자**

나무의 견본을 조사, 측정하여 목재의 시장공급 가능량을 계획, 견적하는 자를 말한다.

62019 **기타 조림 및 영림 관련 종사원**

상기 세세분류 어느 항목에도 포함되지 않은 유사한 직무를 수행하는 자로 채벌할 나무를 선정, 표시하고 산림을 순찰하며 보호규칙을 시행하는 자가 여기에 분류된다.

62021 **임산물 채취원**

전지가위 · 칼 · 삽이나 손 또는 수공구를 사용하여 산림 내에서 식용을 제외한 장식용 푸른잎, 약용초목과 껍질, 나무솔방울, 이끼 또는 임산물을 채취 · 수집하는 자를 말한다.

62022 **임업용 식물 증식원**

임업용 수목의 종자를 채취하거나 임업용 묘목을 생산하는 자를 말한다.

62031 **목탄굽기원**

전통적인 기법을 사용하여 나무를 가지고 숯을 굽는 자를 말한다.

62039 **기타 목탄굽기원 및 관련 종사원**

상기 세세분류 어느 항목에도 포함되지 않은 직무를 수행하는 자로 벌목장에서 나무토막으로부터 증류에 의하여 천연 수지를 짜내는 자가 여기에 분류된다.

63011 **물고기 양식원**

어류의 번식, 양육에 속하는 작업을 수행하는 자로서 물고기 알을 획득, 부화하거나 어류 부화소로부터 물고기를 구입하여 양식한다.

63012 **굴 양식원**

양식장에서 굴을 양식하는 자를 말한다.

63013 **해조류 양식원**

양식장에서 김, 미역, 다시마 등을 양식하는 자를 말한다.

63019 **기타 수생동물 양식원**

상기 세세분류 어느 항목에도 포함되지 않은 유사한 직무를 수행하는 자로 진주를 양식하는 자 등이 여기에 분류된다.

63021 **내수면 어부**

내수면 어로작업에 속하는 여러 가지 작업을 수행하는 자를 말한다.

63022 **연안어부**

연안어로 작업에 속하는 여러 가지 작업을 수행하는 자를 말한다.

63023 **해녀**

연안에서 부유구, 채취 소도구 등을 사용하여 바다 밑에 잠수하여 전복, 소라, 미역 등 갑각류, 연체동물 또는 해조류를 채취하는 자를 말한다.

63029 **기타 내륙 및 연안어업 종사원**

상기 세세분류 어느 항목에 포함되지 않은 유사한 직무를 수행하는 자가 여기에 분류된다.

63030 **원양 어업 종사원**

원양어로 작업에 관련된 업무를 수행하는 자로서 어로 도구 및 미끼를 준비하며, 원양 어로장비를 써서 고기를 잡아 분류한다. 경우에 따라서는 잡은 물고기를 씻어서 소금에 절이는 일을 하기도 한다.

7 기능원 및 관련 기능 종사자 : 기능원 및 관련 기능 종사자는 광공업, 건설업 분야에서 관련된 지식과 기술을 응용하여 금속을 성형하고, 각종 기계를 설치 및 정비한다. 또한 섬유, 수공예 제품과 목재, 금속 및 기타 제품을 가공한다. 작업은 손과 수공구를 사용하며 이러한 업무는 생산과정의 모든 공정과 사용되는 재료, 최종제품에 관련된 내용을 이해할 수 있어야 한다.

71111 **광원**

지하 또는 지표면 광산에서 석탄, 광물 및 기타 고형 광물을 채굴, 채취하고 광산과 지하작업장의 벽과 천정을 지지하기 위하여 갱목, 지주 및 아치를 절단하고 이를 조립, 설치하는 자를 말한다. 또한 광산에서 실험, 분석을 위해 특정위치로부터 소량의 석탄, 기타광물을 수집하는 자를 포함한다.

71112 **채석원**

채석장에서 화강암, 석회석, 점판암 또는 기타 광물을 채취하는 자를 말한다.

71119 **기타 광원 및 채석원**

상기 세세분류 어느 항목에도 포함되지 않은 유사한 직무를 수행하는 자로 폐쇄된 작업장에서 목제 및 철제 지주를 철거하는 자, 금속광물을 회수하는 세광통에 자갈이 들어가도록 고수압의 물줄기를 대는 자, 채석장에서 동력절단기로 석재를 재단하는 자 또는 노천광에서 백악, 점토, 자갈, 모래 및 천일염 등을 채취하는 자 등이 여기에 분류된다.

71120 **점화 및 발파원**

광산 및 채석장에서 석탄, 광석, 암석 또는 기타 고형광물을 분리시키기 위하여 폭발위치와 필요한 폭발력을 결정하는 등 필요한 폭파작업을 수행하는 자를 말한다.

71131 **석재 선별 및 절단원**

채취된 석재를 선별, 검사하는 자와 석재를 천공하고 쐐기를 박아 석판 또는 소량 석괴로 절단하는 자를 말한다.

71132 **석재 설계원**

석재의 절단, 재단과정에 들어가기 전에 본을 뜨고 석재에 설계하는 자를 말한다.

71133 **석재 재단 및 완성원**

건축용 또는 기념비용 석재를 재단, 절단, 분쇄 및 연마, 광택, 완성하는 자를 말한다.

71134 **석재 조각원**

수공 또는 소형 공기압착기 등의 공구를 사용하여 석재나 판석에 모양, 도안을 조각하는 자를 말한다.

71139 **기타 석재절단, 재단 및 조각원**

상기 세세분류 어느 항목에도 포함되지 않은 유사한 직무를 수행하는 자로 석재를 절단, 가공하는 선반을 조정 조작하는 자와 건축용으로 이미 가공된 석재에 구멍을 뚫어 전신 줄을 끼거나 물건을 고정시키고 올려놓을 수 있는 고리를 낄 수 있게 하는 자가 여기에 분류된다.

71210 **전통건물 건축원**

전통적인 건축기법으로 대, 건초, 짚, 갈대, 진흙, 판자, 나무 또는 나뭇잎과 같은 재료를 사용하여 가옥, 마구간 등과 같은 소규모의 구조물을 건축, 개조, 보수하는 등의 업무를 수행하는 자를 말한다.

71221 조적원

벽, 칸막이, 아치벽난로 및 기타 구조물을 만들기 위해 벽돌, 중공타일 및 유사 건물재료(석재 제외)를 쌓는 자를 말한다. 또한 용광로, 증기보일러, 전로 및 가마솥 등의 내화벽돌, 블록 또는 타일을 쌓는 자도 여기에 분류한다.

71222 석재 부설원

벽, 홍예받이, 홍예다리와 같은 석조물을 만들고 보도를 깔며, 기타 석조물을 만드는 자를 말한다.

71223 보도블럭 설치원

도로, 보도 및 도랑을 만들기 위해 모래나 기타 기초 위에 블럭, 포장석, 슬래브, 벽돌 및 가장자리 돌을 까는 자를 말한다.

71224 조립 콘크리트 설치원

아파트 등의 조립식 콘크리트 건축물을 건립하기 위하여 철구조물이나 콘크리트 기둥에 기제작된 외벽 또는 내벽을 설치, 고정하는 자를 말한다. 경우에 따라서는 조립 콘크리트 제품의 규격을 확인하고, 전화선이나 전기선을 설치하기 위한 PVC 파이프를 절단 · 가공하여 설치하기도 한다.

71229 기타 조적 및 석재 부설원

상기 세세분류 어느 항목에도 포함되지 않은 유사한 직무를 수행하는 자로 상하수도를 보호하는 맨홀을 건설하기 위해 벽돌, 콘크리트 블럭 또는 타일을 부착하는 자, 물과 증기 파이프를 단열시키고 보호하기 위해 배관에 타일을 붙이는 자와 고적의 석조물을 재건하거나 표면을 수리하고 기념비에 재단 또는 다듬은 장식용 석재를 붙이는 자, 땅의 침식을 막기 위해 제방이나 도랑에 석재를 까는 자, 분괴 주형 안에 내화벽돌과 몰탈 도안을 대는 자 등이 여기에 분류된다.

71231 거푸집 설치원

콘크리트를 부어 축성시키는 거푸집을 제작하여 제자리에 고정시키고 떼어내는 일을 하는 자를 말한다.

71232 철근원

콘크리트를 보강하기 위해 철근을 절단, 절곡하여 콘크리트 틀 속에 고정시키는 자를 말한다. 또한 콘크리트를 철사로 보강하고 철근을 절곡하여 고정시키는 일을 하기도 한다.

71233 시멘트 혼합 및 완성원

건설 현장에서 콘크리트를 만들기 위하여 시멘트, 모래, 자갈, 물을 혼합하는 자와 콘크리트 구조물 표면을 마지막으로 손질하여 콘크리트의 표면을 고르게 하는 자를 말한다.

71234 테라조원

시멘트, 모래, 안료, 대리석 조각 등으로 구성된 내구성이 있고 매끄러운 재료를 바닥에 붙이는 자를 말한다.

71239 기타 콘크리트 타설원, 완성원 및 관련 기능원

상기 세세분류 어느 항목에도 포함되지 않은 유사한 직무를 수행하는 자로 바닥, 벽, 탱크 및 콘크리트 구조물 부분과 장비를 보수하고 콘크리트 포장에 팽창 연결 부분과 덮개를 설치하고 물을 뿌려 빨리 마르는 것을 방지하는 자와, 압축 공기로 콘크리트를 배합하고 분사하는 기계를 사용하거나 철, 석조 또는 기타 표면에 보호 목적의 도포를 하는 자 등이 여기에 분류된다.

71240 건축 목공

건축 공사장에서 건물의 목조, 골조, 마루, 발판과 같은 목조틀 작업을 하는 자를 말한다.

71251 소목세공

주로 목공소에서 목조부분을 절단, 조립하며, 문, 창문, 계단, 널판, 간단한 가구 등의 목조물을 제작하거나 수리를 전문으로 하는 자를 말한다.

71252 장치물 목공

건축 공사장이나 작업장에서 문, 창틀 등의 부착물 또는 장치물 같은 목제품을 조립, 설치 및 수리를 하는 자를 말한다.

71253 선박 목공

건조 또는 수리중인 선박을 받치기 위한 임시 구조물을 제작하거나 선박의 목조부분을 제작, 부착시키며 진수대를 준비하고 이를 다루는 자와 선박의 갑판실, 브리지 보호실, 천정, 난간, 가구, 침상 등과 같은 목조의 부착물을 제작, 장치하는 자를 말한다. 또한 돛배, 모터보트, 평저선 및 나룻배와 같은 소형 목조 선박을 건조하고 수리하는 자와 선박의 승무원으로서 선박의 목조부분을 보수, 건조하는 자를 말한다.

71254 무대 목공

연극과 영화제작 또는 공연 등을 위해 계획서 또는 지시서에 따라 목조 무대 및 배경을 제작하고 이를 개조, 수리하는 자를 말한다. 경우에 따라서는 무대, 스튜디오 또는 현장에서 배경의 정돈과 이동을 감독하기도 한다.

71259 기타 목공 및 소목공

상기 세세분류 어느 항목에도 포함되지 않은 유사한 직무를 수행하는 자로 터널이나 광산에서 목공일을 하거나 나무다리 및 부두를 만드는 자를 말한다.

71291 **건물 구조물 설치원**

비전통적인 건축기법인 철골, 경량형강 등의 재료로 사무실, 아파트, 호텔 등의 구조물인 칸막이, 계단 등의 건축업무를 수행하는 자를 말한다.

71292 **건물 보수원**

사무실 건물, 아파트, 호텔, 공장과 같은 구조물을 보수하는 자를 말한다. 경우에 따라서는 칸막이를 세우고 간단한 기계장비로 소규모 수리도 한다. 또한 굴뚝, 물탱크, 깃대와 높은 구조물을 도장하거나 이를 유지, 보수하고 탑의 지붕, 석재 부분 등을 보수하는 자도 포함한다.

71293 **비계 설치원**

건축공사장에서 임시로 금속 또는 목제 비계를 장착하는 자를 말한다. 경우에 따라서는 밧줄로 달아 올리는 장치와 고가발판을 건립하기도 한다.

71294 **건물 해체원**

해머, 쇠지레, 공기압축해머 및 기타 도구로 건축물을 해체하고 구조강 및 목재 가운데 다시 쓸 수 있는 것을 골라내는 자를 말한다.

71299 **그 외 기타 건물골조 및 관련 기능원**

구조를 변경할 때 건물을 떠받치고 필요에 따라 금속, 목제의 받침대로 접속된 빌딩을 보강하고 내구성 아스팔트, 점토, 모래, 역청질 또는 석면섬유로 바닥표면을 바르거나 윈치와 기타 장비를 사용하여 지하로 무거운 케이블을 끌어내는 자와 하수도, 상수도 도관을 설치하기 위하여 땅을 파는 자 등이 여기에 분류된다.

71311 **대리석 부착원**

대리석을 바닥, 벽 및 기타 면에 붙이기 위해 블럭과 판석을 부착하는 자를 말한다.

71312 **타일 부착원**

벽과 바닥에 타일을 붙이는 자를 말한다.

71313 **마루 설치원**

마루판을 설치하기 위하여 바닥을 다듬거나 목재 또는 기타 재료로 마루를 까는 자를 말한다.

71314 **카펫공**

바닥에 카펫을 깔기 위하여 바닥을 다듬거나, 카펫을 까는 자를 말한다.

71319 **기타 마루설치 및 타일 부착원**

상기 세세분류 어느 항목에도 포함되지 않은 유사한 직무를 수행하는 자로 바닥, 벽 또는 기타 표면을 장식하기 위해 모자이크 패널을 부착하는 자와 건물의 내부에 충격흡수, 바닥포장 및 장식 목적으로 구성타일을 부착하는 자 등이 여기에 분류된다.

71321 **장식 미장원**

장식용 석회판을 만들어 장치하고 장식용 처마복을 만드는 자를 말한다. 경우에 따라서는 장식용 석회를 만들기 위해 주형을 만들기도 하며 장식용 재료를 붙이기도 한다.

71322 **외벽 미장원**

시멘트, 석회 및 기타 재료를 건물의 외부 표면에 바르는 자를 말한다. 경우에 따라서는 철망, 외대 또는 기타 부착용 재료를 석회로 바르기 전에 벽에 부착하기도 한다. 석회가 완성되면 브러시나 쇠손으로 손질하고 모래, 자갈 또는 석회를 뿌려 보호나 장식목적의 일을 하기도 한다.

71329 **기타 미장원**

상기 세세분류 어느 항목에도 포함되지 않은 유사한 직무를 수행하는 자로 석회물의 보수, 유지와 음향목적으로 특수 석회를 바르고 석회의 기저를 받치기 위해 벽, 천정 및 칸막이에 금속 또는 나무를 부착시키거나 섬유질 석회를 사용하여 장식용의 석회부착물을 부착시키는 자 등이 여기에 분류된다.

71331 **건물 단열원**

석면, 코르크, 유리사와 같은 단열재료의 판을 건물 바닥 및 천장 등에 부착시키는 자를 말한다. 또한 소리의 전달을 막기 위해 동력기로 천정과 기타 표면에 접착성 흡음성 단열재료를 부착하는 자도 여기에 분류한다. 경우에 따라서는 압축 코르크 블록에 시멘트를 바르면서 한 층씩 포개어 내부의 단열벽을 만들고 벽과 천정의 코르크 표면을 석회로 바르고 바닥 슬래브 위에 콘크리트를 바르기도 한다.

71332 **시설장치 단열원**

코르크, 석면 같은 물질로 냉동시설 장치에 단열재료를 부착하는 자와 배관의 노출 표면에 석면, 코르크, 펠트 또는 암면과 같은 단열재료를 부착시키는 자를 말한다.

71339 **기타 단열원**

상기 세세분류 어느 항목에도 포함되지 않은 유사한 직무를 수행하는 자로 석면, 직물을 절단하여 열의 손실을 방지하기 위해 포를 만들고 터빈에 이를 부착하는 자 등이 여기에 분류된다.

71341 건물 유리원

건물의 창문, 문, 칸막이 및 진열장 등에 유리를 부착하는 자를 말한다. 경우에 따라서는 채광창에 퍼티없이 유리를 끼우기도 하고 내부의 틀에 박은 나무틀에 유리를 부착시키기도 한다.

71342 판 유리원

상점의 전면, 칸막이, 회전문, 진열장 및 기타 개구부에 평판유리와 곡면 판유리를 끼우는 자를 말한다.

71343 장식 유리원

장식용 창문이나 유리판을 만들기 위해 납이나 동으로 만든 틀에 유리를 절단하여 조립하고 장치하는 자를 말한다.

71349 기타 유리원

상기 세세분류 어느 항목에도 포함되지 않은 유사한 직무를 수행하는 자가 여기에 분류된다.

71351 상하수 배관원

상수도, 하수도 및 배수도를 설치하기 위하여 배관, 도관, 부착물 및 장치물을 설치 및 수리하는 자를 말한다.

71352 가스 배관원

가스의 배관 조직, 부착물 및 장치물을 설치, 유지 및 수리하는 자를 말한다.

71353 선박 배관원

선박의 배관조직을 설치, 유지 및 수리하는 자를 말한다.

71354 항공기 배관원

항공기 내의 연료 및 유압관, 예비관, 환기통 및 기타 도관을 설치 및 수리하는 자를 말한다. 경우에 따라서는 수압 및 환기 등 기타시설만을 전문적으로 취급하기도 한다.

71355 관 부설원

상수도, 하수도 및 케이블용 도관을 만들고 토관, 콘크리트관, 주철관 및 기타 재료의 관을 매설하는 자를 말한다. 경우에 따라서는 주철관을 묻고 연결구로 접속시키기도 한다.

71359 기타 연관 및 배관원

상기 세세분류 어느 항목에도 포함되지 않은 유사한 직무를 수행하는 자로 화학 실험기구, 디젤기관, 철도차량의 제동장치, 전선, 냉각수, 위생시설 등을 설치하기 위하여 파이프를 절단, 굴곡하여 배관작업을 하는 자 등이 여기에 분류된다.

또한 설비배관원, 배관누수 탐지원 등도 여기에 포함된다.

71361 **건축물 전기원**

빌딩이나 기타 건축물에 전선 및 관계 장비를 가설하는 자를 말한다.

71362 **건물보수 전기원**

주택, 공장 및 상점, 학교, 병원 등에서 배선 및 전기장비를 수리, 유지하는 자를 말한다. 경우에 따라서는 새로운 전기장비의 설치, 코일의 재권선, 장비의 분해 및 수리를 하기도 하며 장비별 정비계획에 준하여 시설상태를 기록, 유지한다.

71363 **네온사인 전기원**

네온사인 등의 조명간판을 설치, 수리하는 자를 말한다.

71364 **무대 전기원**

극장, 방송스튜디오에서 사용되는 전기장치나 조명장치를 설치, 수리하는 자를 말한다.

71369 **기타 건축 및 관련 전기원**

상기 세세분류 어느 항목에도 포함되지 않은 유사한 직무를 수행하는 자로 광산의 배선 및 관계시설과 일률적인 조명과 전력공급을 위한 축전기를 설치하는 자 등이 여기에 분류된다.

71390 **기타 건물 완성원**

상기 세분류에 속하지 않은 자로 각종 지붕을 잇는 자 등이 여기에 분류된다.

71411 **건물 도장원**

보호 또는 장식하기 위하여 건물의 내·외부 표면, 장치 및 부착물에 페인트, 바니쉬, 셀락 및 유사물질을 도장하는 자를 말한다.

71412 **철구조물 도장원**

페인트, 연단, 역청액 및 기타 보호재를 교량, 금속상부 구조물, 건물의 강골조, 저장탱크 및 기타 금속 구조물에 도장하는 자를 말한다. 경우에 따라서는 적당한 색채를 내기 위하여 페인트와 아마인유, 색소 및 기타 물질을 혼합하고 도장하기 전 소염, 발염 장치로 표면을 부드럽게 손질하기도 한다.

71413 **무대장치 도장원**

무대 및 영화 촬영세트의 부분을 도장하는 자를 말한다.

71419 **기타 건물도장 및 관련 기능원**

상기 세세분류 어느 항목에도 포함되지 않은 유사한 직무를 수행하는 자로 도장하기 위해 표면을 손질하거나 선박의 목조부분 및 내부장치를 도장하는 자와 화차, 객차 도장원 등이 여기에 분류된다.

71420 도배원

건물 및 선박의 내부벽과 천정에 벽지, 실크 또는 기타 직물로 도배하는 자를 말한다.

71431 건물외벽 청결원

물, 수증기나 모래를 이용하여 돌, 벽돌 및 금속으로 된 구조물의 외부 표면 및 유리창을 청소하는 자를 말한다. 경우에 따라서는 증기분사기, 솔, 스크레이퍼 또는 세척액으로 표면을 청소하기도 한다.

71432 배관 청결원

가스관, 통풍관, 집진관 등의 연결관 내의 그을음, 먼지 및 퇴적물을 제거하는 자를 말한다. 경우에 따라서는 유사한 방법으로 보일러를 청소하기도 한다

71433 수조 청결원

아파트나 건물의 물탱크를 청소하는 자를 말한다.

71434 병충해 방역원

병충해 방역원은 구충, 병충해 박멸 또는 예방하는 자와 이와 유사한 직무를 수행하는 자가 여기에 분류된다.

71439 기타 건물 청결원

상기 세세분류 어느 항목에도 포함되지 않은 유사한 직무를 수행하는 자가 여기에 분류된다.

72111 금속모형 제조원

금속주조용의 모형을 수동작업으로 만드는 자와 주형을 제작하는 데 사용되는 금형을 제조, 수리하는 자를 말한다. 경우에 따라서는 모형을 훈열, 건조하고 모형내부에 특수가스를 주입시켜 주물의 경도를 높이고 부분품의 모형들을 한 단위로 조립하기도 하며, 상자에서 모형을 분리하기 위하여 기계장치를 이용하기도 한다.

72112 주형원

손으로 소형주물 모래주형을 만드는 자와 대형 금속주조를 만드는 데 쓰이는 주형을 만드는 자를 말한다. 경우에 따라서는 주형안에 가스의 출구를 뚫기도 하며, 용융금속을 주조형 속에 붓고, 대량생산 주조에 이용되는 비철금속의 주형을 겸용하여 만들기도 한다.

72113 금속 주입원

금속주물을 생산하기 위하여 취와에서 주형으로 용해된 금속을 주입하는 자 또는 용해된 금속을 주형에 부어 금속 주조물을 제조하는 자를 말한다.

72119 기타 금속 주형 및 모형 제조원

상기 세세분류 어느 항목에도 포함되지 않은 유사한 직무를 수행하는 자가 분류된다.

72121 가스 용접원

아세틸렌, 산소-아세틸렌 등으로 금속을 용접하는 자를 말한다.

72122 전기 용접원

전류에서 발생되는 열을 이용한 기계를 사용하여 금속을 용접하는 자를 말한다. 또한 전호로 열을 발생시키는 수동 용접기로 금속을 용접하는 자도 여기에 분류한다.

72123 초음파 용접원

초음파를 이용하여 금속을 용접하는 자를 말한다.

72124 화염 절단원

산소-아세틸렌이나 가스불꽃으로 금속을 절단하는 자를 말한다.

72129 기타 용접 및 화염절단원

상기 세세분류 어느 항목에도 포함되지 않은 유사한 직무를 수행하는 자로 황동합금 및 용제로 금속을 용접하는 자, 납땜원과 전기방전으로 금속을 절단하는 자, 귀금속 제조 납땜기계를 조작하는 자 등이 여기에 분류된다.

72131 구조강 가공원

작업장에서 건물, 선박, 기타 구조물에 사용될 철강을 천공, 절단, 성형하는 자를 말한다. 또한 건물, 선박 및 기타 구조물에 사용될 금속재의 절단, 천공, 재단될 부분에 표시하는 자도 여기에 분류한다. 경우에 따라서는 철판을 가공하여 작업장에서 구조용 부재의 조립을 완성하기도 한다.

72132 구조강 건립원

건물, 선박, 교량, 기중기 및 기타 구조물을 조립, 건립하는 자를 말한다. 또한 건조 금속부재에 리벳팅하는 자를 포함한다.

72133 선박구조물 건립원

선박구조의 골격과 기타 금속부분등의 구조물을 조립, 건립하는 자와 건조 또는 수리 중인 선박의 구조용 강판을 재단, 부착시키는 자를 말한다.

72139 기타 구조금속 준비 및 건립원

상기 세세분류 어느 항목에도 포함되지 않은 유사한 직무를 수행하는 자로 화덕에서 리벳을 가열하여 이를 받거나 리벳원에게 넘겨주는 자 등이 여기에 분류된다.

72141 건설인양장비 삭구원

건설 공사장에서 자재와 작업원을 올리고 내리는 승강기, 이동발판 및 기타 인양장비를 설치, 수리하는 자를 말한다.

72142 선박 삭구원

선박의 돛대 밧줄, 돛줄, 구난선, 무선가공선 인양기와 선내의 각종기둥 및 붐에 부착하는 케이블, 철선, 로프를 설치, 수리하는 자를 말한다. 경우에 따라서는 햇치, 보트덮개 및 기타 범포장치를 설치하기도 한다.

72143 케이블카 및 스키리프트 삭구원

케이블카 및 스키리프트의 와이어, 케이블 시설, 로프시설을 설치 및 수리하는 자를 말한다.

72144 현수교량 케이블 접속원

현수교량 건설공사에서 케이블, 로프 시설을 고착, 설치, 접속하는 자를 말한다.

72149 기타 삭구원 및 케이블 접속원

상기 세세분류 어느 항목에도 포함되지 않은 유사한 직무를 수행하는 자로 벌목작업과 관련된 시설업무를 수행하는 자와 로프 접속원, 항공기 삭구원, 유정굴정 삭구원 등이 여기에 분류된다.

72150 수중 기능원

침몰된 선체의 구난 또는 회수와 관련된 여러 가지 수중업무를 수행하고 시설과 구조물을 검사, 수리, 철거 및 설치하기 위하여 잠수복을 입고 수중에서 작업하는 자를 말한다.

72211 신선원

인발기를 수동 조절하여 특정 길이의 직경으로 된 금속선을 제조하는 자를 말한다.

72212 단조원

해머를 사용하여 가열된 금속을 단조 또는 폐쇄형 다이스가 장착된 단조압연기를 조작하여 금속제품을 제조하는 자를 말한다.

72213 금속 성형원

수공구, 척 및 모루를 이용하여 금속판과 철주를 다듬질하고 절곡하여 성형하는 자를 말한다.

72214 대장원

손이나 동력에 의해 움직이는 해머를 사용하여 철제 수공구, 철고리, 쇠사슬, 농기구 및 기타 철제 부속품들과 같은 철강제품을 제조하고 수리하는 자를 말한다.

72219 기타 대장원 및 단조관련 기능원

상기 세세분류 어느 항목에도 포함되지 않은 유사한 직무를 수행하는 자로 철제를 단조, 절단, 천공하여 모형을 제조하거나 동력해머를 대장원이나 해머원의 지시에 따라 가동, 정지시키며 단조압연기 기능원의 지시를 받아 단조기의 압력을 조정하는 자 등이 여기에 분류된다.

72221 공구 제조원

다이, 절삭공구 등의 수공구를 제조하고 수리하는 자를 말한다.

72222 게이지 제조원

지그, 고정구, 게이지 등을 제조하기 위해 부분품을 제조 및 조립하는 자를 말한다.

72223 자물쇠 조립원

자물쇠를 조립, 장치, 수리하는 자를 말한다. 경우에 따라서는 자물쇠 부속품을 만들기도 한다.

72229 기타 공구제조 및 관련 기능원

상기 세세분류 어느 항목에도 포함되지 않은 유사한 직무를 수행하는 자로 경기용 총기와 기타 소형 총기를 수리하고 개조하는 자, 기타 연삭공구나 다이아몬드를 끼우는 끝이 뾰족한 절단도구에 공업용 다이아몬드를 장치하는 자 등이 여기에 분류된다.

72231 절삭공구 갈이원

칼 및 기타 절삭공구를 연마휠을 이용하여 예리하게 연마하는 자를 말한다. 경우에 따라서는 예리하게 갈아진 도구를 담금질하기도 한다.

72232 톱날 연삭원

수동식 톱, 원형톱, 띠톱을 수리, 정비하여 날을 가는 자를 말한다. 경우에 따라서는 파손된 원판 톱을 다듬질하고 새로운 톱날로 교환하며 수공구로 톱날을 예리하게 가는 일도 한다.

72233 금속 세척원

전기도금, 아연도금, 에나멜도금 및 기타 가공을 위하여 금속물을 세척하는 자를 말한다.

72239 기타 금속연삭 기능원

상기 세세분류 어느 항목에도 포함되지 않은 유사한 직무를 수행하는 자로 금속을 광택내거나 연마하며 또한 직물정단기를 연마하거나 화학, 가열처리로 금속물에 청장, 방청, 무늬가공을 하는 자 등이 여기에 분류된다.

73111 자동차기관 정비원

자동차기관(엔진)을 수리, 손질, 분해, 점검하는 자를 말한다.

73112 자동차 경정비원

자동차기관(엔진)을 제외한 승용차, 택시 등의 간단한 정비와 차체를 수리, 손질, 분해, 점검하는 자를 말한다.

73113 이륜자동차 정비원

이륜자동차를 수리, 손질, 분해, 점검하는 자를 말한다.

73114 자전거 정비원

자전거를 수리, 손질, 분해, 점검하는 자를 말한다.

73120 특수차량 정비원

트랙터, 트레일러 등의 차량에 대한 자동동력 전달장치수리, 엔진조정, 브레이크 및 냉각장치 등을 손질, 분해, 점검하는 자를 말한다.

73130 항공기 정비원

제트엔진, 터보엔진, 피스톤엔진과 같은 항공기 엔진과 기타 항공기의 기계장비 및 동체, 기미, 기익 등의 기체를 점검, 수리, 분해, 조립하는 자를 말한다.

73141 철도 기관차 정비원

기관차의 정비, 점검 및 수리를 하는 자를 말한다.

73142 객화차 정비원

객차, 화차의 정비, 점검 및 수리를 전문으로 하는 자를 말한다.

73150 전동차량 정비원

전동차의 주요 기관 및 차체, 바퀴 등을 정비, 점검 및 수리를 하는 자를 말한다.

73160 선박기관 정비원

증기, 휘발유, 디젤 및 기타 형태의 선박기관을 정비하는 자를 말한다.

73211 농기계 설치 및 정비원

탈곡기, 경운기, 파종기, 콤바인, 트랙터 등의 농기계를 점검 및 수리하는 자를 말한다.

73212 광산기계 설치 및 정비원

착암기, 절단기, 운반기 등의 광산용 기계를 설치 및 수리하는 자를 말한다.

73221 건설기계 설치 및 정비원

포크레인, 쇼벨, 불도저, 굴착기의 점검, 정비 및 수리하는 자를 말한다.

73222 섬유기계 설치 및 정비원

방적기, 직조기, 편조기, 레이스 제조기 등의 각종 섬유기계를 설치, 정비 및 수리를 하는 자를 말한다.

73223 **금속공작기계 설치 및 정비원**

드릴링기, 밀링기, 보링기, 연마기, 평삭기, 선반 등의 금속공작기계를 설치, 정비 및 수리하는 자를 말한다.

73224 **인쇄기계 설치 및 정비원**

자동 주조기, 단형 주조기, 문자 인쇄기 등의 각종 인쇄기계를 설치, 정비 및 수리하는 자를 말한다.

73229 **기타 공업용 기계설치 및 정비원**

상기 세세분류 어느 항목에도 포함되지 않은 유사한 직무를 수행하는 자로 목공기계, 공장기계 및 엔진, 터빈(자동차기관 제외)등을 설치, 정비 및 수리를 하는 자 등이 여기에 분류된다.

73311 **전기발전, 송·배전장치 설치 및 정비원**

전기모터 및 발전기와 전기 송·배전 장치를 설치 및 정비하는 자를 말한다.

73312 **엘리베이터 및 에스컬레이터 설치 및 정비원**

엘리베이터, 에스컬레이터, 컨베이어 및 기타 유사장치의 설치 및 정비하는 자를 말한다.

73313 **전기 냉·난방장치 설치 및 정비원**

전기 냉·난방장치의 설치와 정비를 하는 자를 말한다.

73314 **기타 전기장치 설치 및 정비원**

전기 조광기, 신호기 및 변압기 등의 전기장치를 설치 및 정비하는 자를 말한다.

73315 **자동차 전기원**

자동차내의 배선 및 기타 전기기구를 설치, 수리하고 제너레이터, 시동모터, 자동차의 점화장치를 수리하는 자를 말한다.

73316 **항공기 전기원**

항공기의 배선 및 관계시설을 설치, 수리하는 자를 말한다.

73317 **선박 전기원**

케이블 가설, 화재경보장치, 내부통신 시설 등의 선박 내 배선 및 장비를 설치, 수리하는 자를 말한다.

73318 **전기기구 설치 및 정비원**

가정용, 산업용 기계 및 기타 기구, 항공기, 선박, 차량의 전기기구 구성품을 취급하는 자를 말한다.

73319 기타 전기 설치 및 정비원

상기 세세분류 어느 항목에도 포함되지 않은 유사한 직무를 수행하는 자가 여기에 분류된다.

73321 방송 통신장비 설치원

라디오 및 TV송신기, 레이더장비, 쌍방 무선통신장비를 설치, 조정하는 자를 말한다.

73322 전자음향장비 설치원, 방송장비 제외

방송통신장비를 제외한 전자음향장비를 전문적으로 설치, 조정하는 자를 말한다.

73323 신호장비 설치원

전자신호장비 및 시스템장치를 설치, 조정하는 자를 말한다.

73324 의료장비 설치원

X선, 전자 뇌파기, 심전도와 같은 전자 의료기구를 설치, 조정하는 자를 말한다.

73325 컴퓨터 설치원

컴퓨터 및 주변장치를 설치, 조정하는 자를 말한다.

73329 기타 전자장비 설치원

상기 세세분류 이외의 특수한 기계나 장비의 전자 구성품을 설치, 조정하는 자로 산업용 전자장비 설치원 등이 여기에 분류된다.

73331 전자음향장비 수리원

전자음향 장비를 수리, 정비하는 자를 말한다.

73332 사무기기 수리원

컴퓨터를 제외한 전자 사무기계를 수리, 정비하는 자를 말한다.

73333 컴퓨터 수리원

컴퓨터 및 주변기기를 수리, 정비하는 자를 말한다.

73339 기타 전자정비 및 수리원

상기 세세분류 어느 항목에도 포함되지 않은 유사한 직무를 수행하는 자로 위성안테나를 설치하는 자 등이 여기에 분류된다.

73341 전신, 전화 설치원

수동 및 자동식 전신, 전화장비를 설치하는 자를 말한다.

73342 전신, 전화 수리원

수동식이나 자동식 전신, 전화장비를 수리하는 자를 말한다.

73351 송·배전 설비 전기원

발전소 및 송·배전소와 연결하는 고가 전력선을 가설하고 수리하는 자를 말한다.

73352 **지중 전력 설비 전기원**

발전소 및 송·배전소와 연결하는 지하 케이블 및 전력선을 부설하고 수리하는 자를 말한다.

73353 **통신케이블 가설원**

전신, 전화, 정보송달을 위하여 고가 및 지하에 전선 및 케이블을 가설하고 수리하는 자를 말한다.

73354 **케이블 접속원**

지상가설 및 매설된 케이블을 접속하는 자를 말한다.

73359 **기타 전기배선, 수리 및 케이블 가설원**

상기 세세분류 어느 항목에도 포함되지 않은 유사한 직무를 수행하는 자로 전기 기관차, 전철 등에 전기를 공급하기 위한 전선을 가설, 수리하는 자 등이 여기에 분류된다.

74111 **시계 제조원**

손목시계, 탁상시계, 괘종시계를 제조하는 자를 말한다.

74112 **시계 수리원**

손목시계, 탁상시계, 괘종시계를 수리, 분해, 조정하는 자를 말한다.

74113 **정밀기구 제조 및 수리원**

기상 및 항해기구 등의 정밀기구를 제조, 수리하는 자를 말한다.

74114 **광학기구 제조 및 수리원**

카메라를 제외한 광학기구를 조절, 수리하며 정밀렌즈, 프리즘, 거울 등의 광학기구 부속품을 제조, 수리하는 자를 말한다.

74115 **카메라 수리원**

카메라를 수리, 분해, 조정하는 자를 말한다.

74116 **정형기구 제조 및 수리원**

의지 및 신체 보조기 등의 정형기구를 제조, 수리하는 자를 말한다.

74119 **기타 정밀기구 제조 및 수리원**

상기 세세분류 어느 항목에도 포함되지 않은 유사한 직무를 수행하는 자로 온도 조정기 또는 차량의 계기판을 제조, 수리하는 자 등이 여기에 분류된다.

74121 **현악기 제조 및 수리원**

바이올린, 첼로 등의 현악기를 제조, 수리하는 자를 말한다.

74122 목관악기 제조 및 수리원

클라리넷, 플루트, 오보에 등 몸통이 나무로 되고 그 악기 자체에 발음체가 달려 있는 관악기를 제조, 수리하는 자를 말한다.

74123 금관악기 제조 및 수리원

트럼펫, 트럼본, 튜바 등 금관악기를 제조, 수리하는 자를 말한다.

74124 건반악기 제조 및 수리원

피아노, 오르간 등 건반악기를 제조, 수리하는 자를 말한다.

74125 타악기 제조 및 수리원

드럼, 팀파니, 심벌즈 등의 타악기를 제조, 수리하는 자를 말한다.

74126 전통악기 제조 및 수리원

피리, 장구, 가야금 등의 전통악기를 제조, 수리하는 자를 말한다.

74127 조율사

정확한 음조를 내게 하고 정상 상태의 악기를 갖추기 위하여 피아노 및 오르간과 같은 악기의 성능을 시험하고 조절하는 자를 말한다.

74129 기타 악기 제조 및 수리원

상기 세세분류 어느 항목에도 포함되지 않은 유사한 직무를 수행하는 자로 오케스트리온, 톱악기와 악기용 현 및 악기부분품, 메트로놈 등을 제조, 수리하는 자 등이 여기에 분류된다.

74131 보석 세공원

반지, 브로치, 팔찌 등에 부착하기 위하여 루비, 사파이어, 다이아몬드 등의 보석 제품을 세공하는 자를 말한다.

74132 귀금속 세공원

금, 은 등의 귀금속 제품을 세공하는 자를 말한다.

74133 보석 부착원

보석을 장신구에 장식 또는 부착하는 자를 말한다.

74139 기타 장신구 및 귀금속 기능원

상기 세세분류 어느 항목에도 포함되지 않은 유사한 직무를 수행하는 자로 색칠이나 에나멜칠로 장신구를 장식하고 모조장신구를 제조, 수리하거나 장신구 제품의 틀을 만드는 자, 장신구를 수리, 개조하는 자와 귀금속 압연원, 귀금속 박판원 등이 포함되며, 장신구에 문자와 장식의 모양을 새기는 자 등이 여기에 분류된다.

74211 연마휠 성형원

연마 혼합물을 성형, 압착하여 연마휠을 제조하는 자를 말한다.

74212 **도자기 주형원**

도자기 제품 생산을 위하여 구운 석고주형을 제조하는 자를 말한다.

74213 **도자기 녹로원**

도공녹로에 회전시키면서 손으로 점토의 틀을 잡아 도자기의 모형을 제조하는 자와 반복작업을 하게 만든 반자동적인 도공녹로를 조작하여 도기를 성형하는 자를 말한다.

74214 **벽돌 및 타일 성형원**

손으로 특정 모형의 벽돌 및 타일을 성형하는 자를 말한다.

74215 **유약 처리원**

질그릇을 유약 또는 광택제에 담가 칠하는 자를 말한다. 경우에 따라서는 붓, 스펀지로 유약을 칠하기도 한다.

74219 **기타 연마휠 성형원, 도자원 및 관련 기능원**

상기 세세분류 어느 항목에도 포함되지 않은 유사한 직무를 수행하는 자로 점토벽돌 및 타일을 주형하기 위해 수동프레스를 조작하는 자, 수공구로 도자기를 매끄럽게 하고 다듬는 자, 프레스에서 사용할 점토덩이를 준비하는 자, 점토제품에 구멍을 뚫는 자와 도자기 압착원 및 점토추출 압착원 등이 여기에 분류된다.

74220 **유리가공 관련 기능원**

용해된 유리를 이용하여 제품을 만드는 자를 말한다. 유리제품의 모양을 바꾸거나 유리를 재단하고 연마하는 자 등이 여기에 분류된다. 또한 광학유리 제조 및 유리 조각원도 여기에 포함한다.

74231 **유리 장식원**

유리제품에 장식용 디자인을 그리는 자를 말한다. 또한 손으로 윤곽을 전사한 디자인을 완성하고 장식이 굳어 고착되도록 규정된 시간동안 용로에 제품을 넣어두기도 한다.

74232 **제경원**

거울유리에 초산은을 입히는 자를 말한다.

74233 **도기 장식원**

복사, 전사, 고무스템프와 기타 방법을 사용하여 도기와 자기에 디자인을 장식하는 자를 말한다.

74234 **간판 도장원**

간판을 제조하기 위해 문자와 디자인을 설계하고 도장하는 자를 말한다. 경우에 따라서는 간판을 제조하기 위해 절단, 조립하거나 표면에 금빛이나 은빛 물질을 부착시키기도 한다.

74235 도장원, 건설 도장원 제외

나무, 금속 등의 제조제품(유리 및 도기 제외)에 솔 및 롤러를 사용하거나 도장 분무기로 장식 또는 보호용의 페인트, 에나멜 및 래커칠을 하는 자를 말한다.

74239 기타 유리, 도기 및 관련 장식 도장원

상기 세세분류 어느 항목에도 포함되지 않은 유사한 직무를 수행하는 자로 물감이나 기타의 장식을 입힐 수 있도록 도기그릇에 줄을 긋는 자, 금으로 장식된 그릇을 모래로 닦아 광택을 내고 마노나 형석으로 완성시키는 자, 광택제를 분무하여 담그고 건조실로 옮기는 기계를 다루는 자와 도기를 제외한 제품을 보호 또는 장식 도장을 하기 위하여 페인트, 에나멜, 와니스, 래커 및 유사용액에 담그는 자 등이 여기에 분류된다.

74311 목 공예원

손 또는 수공구를 사용하여 각종 목제품을 전통적 기법에 의하여 제조하는 자를 말한다.

74312 등죽 공예원

손 또는 수공구를 사용하여 각종 죽제품 및 등제품을 전통적 기법에 의하여 제조하는 자를 말한다.

74313 인장 공예원

손 또는 수공구를 사용하여 각종 인장제품을 조각하는 자를 말한다.

74314 종이 공예원

손으로 각종 종이 및 수공예 제품을 전통적 기법에 의하여 제조하는 자를 말한다.

74319 기타 목재 및 관련재료 수공예원

상기 세세분류 어느 항목에도 포함되지 않은 유사한 직무를 수행하는 자가 여기에 분류된다.

74321 수편물원

손 또는 수동식 기계를 사용하여 양모, 면화 및 기타 섬유를 방적하고 레이스 제조와 의복 및 가정용 섬유를 직조, 편직 또는 자수하는 자를 말한다.

74322 한복 제조원

손 또는 재봉기를 사용하여 전통적 기법에 의해 한국 고유의 의복을 만드는 자를 말한다. 경우에 따라서는 한복의 옷감에 수를 놓기도 한다.

74323 가죽 수공예원

손 또는 수동식 기계로 손가방, 지갑, 가방, 트렁크, 혁대, 축구공 등과 같은 천연 또는 인조가죽으로 된 각종 제품을 제조하는 자를 말한다.

74329 기타 섬유, 가죽 및 관련재료 수공예원

상기 세세분류 어느 항목에도 포함되지 않은 유사한 직무를 수행하는 자로 방직공정에 있어서 보조업무를 수행하는 자 등이 여기에 분류된다.

74331 석 공예원

손 또는 수공구를 사용하여 각종 석제품을 전통적 기법에 의하여 제조하는 자를 말한다.

74332 조화 공예원

손 또는 수공구를 사용하여 각종 조화제품을 제조하는 자를 말한다.

74333 양초 공예원

손 또는 수공구를 사용하여 양초 수공예품을 제조하는 자를 말한다.

74334 자개 세공원

손 또는 수공구를 사용하여 개인용 또는 가정용, 장식 목적의 각종 자개 세공제품을 세공하는 자를 말한다.

74339 그 외 기타재료 수공예원

손 또는 수공구를 사용하여 각종 세공제품을 전통적 기법에 의하여 세공하는 자 중 상기 세세분류에 속하지 않은 유사한 직무를 수행하는 자가 여기에 분류된다.

74411 인쇄조판원 및 식각원

종이, 나무, 직물, 고무, 플라스틱 및 리놀륨 등의 각종 재료에 인쇄하는 데 사용되는 판을 조판하는 자와 컴퓨터를 이용한 전자 편집하는 자를 말한다. 또한 인쇄용의 평판 또는 롤러를 산으로 식각하는 자도 여기에 포함한다.

74412 사진 식자원

인쇄판에 식자하기 위하여 필름이나 감광지에 글자를 식자하는 자를 말한다.

74419 기타 인쇄조판원 및 관련 기능원

상기 세세분류 어느 항목에도 포함되지 않은 유사한 직무를 수행하는 자로 종이를 공급하거나 기계를 소제하는 자와 인쇄를 위해 활자를 자동적으로 주조하는 기계를 조정조작하는 자도 여기에 분류한다.

74421 연판 제조원

조판된 활자에서 연판제판 방법에 의해 인쇄판을 만드는 자를 말한다.

74422 전기 제판원

짜여진 활자에서 전기도금 방법에 의해 인쇄판을 만드는 자를 말한다.

74423 인쇄 제판원

연판, 고무판, 플라스틱판들의 제판과 식각에 의한 동판, 목판, 석판 등의 각종 제판을 짜는 자를 말한다.

74424 사진 제판원

인쇄에 사용하기 위해 그라비아 방식으로 인쇄용 금속판을 가공하는 자, 인쇄에 사용될 금속판 위에 사진원판을 대고 전사하는 자를 말한다.

74431 스크린 인쇄원

스크린 방식에 의해서 종이, 금속, 직물 등의 물질 위에 인쇄하는 자를 말한다. 경우에 따라서는 자동 또는 반자동식 스크린 인쇄기를 사용하기도 한다.

74432 날염원

조각이 된 인쇄용 롤러를 가지고 직물 위에 여러 가지 도안과 색채의 패턴을 날염하는 자를 말한다. 경우에 따라서는 색상을 조합하기 위해 잉크를 혼합하기도 한다.

74439 기타 직물 인쇄원

상기 세세분류 어느 항목에도 포함되지 않은 유사한 직무를 수행하는 자로 종이에 음각 또는 양각 인쇄를 하는 자 등이 여기에 분류된다.

74440 사진처리원

암실에서 화학약품과 물 등을 이용하여 촬영된 필름과 사진판을 현상 처리하는 자, 사진을 확대 또는 축소시키는 자, 사진을 인화하는 자를 말한다. 또한 현상된 영화필름의 결함을 찾아내기 위해 검사하는 자, 사진인화 세척기를 조작하는 자 등을 포함한다.

75111 도살원

가축을 도살하고 뼈를 제거하며 이를 일정하게 절단하여 적당한 크기의 고기를 만드는 자를 말한다.

75112 절육원

소비자용 또는 육류가공공장에서 사용하기 위해서 이에 알맞은 크기로 고기를 절단하는 자를 말한다.

75113 염장원

육류 및 어류를 염장하는 자를 말한다.

75114 수산물 가공원

어류를 잘게 썰거나 갈아서 생선소시지나 생선어묵 등을 제조하는 자, 해수 및 담수 수산품을 판매 또는 저장을 위해 가공하는 자를 말한다. 또한 해조류를 가공하는 자도 여기에 포함한다.

75119 **기타 도살, 생선가공 관련 기능원**

상기 세세분류 어느 항목에도 포함되지 않은 유사한 직무를 수행하는 자로 육류, 어류 및 기타 가공식품을 훈제하여 소시지 등 돼지고기 제품을 생산하거나 또는 육류가공에 쓰이는 부속기관만 처리하는 자를 말한다. 또한 장선현을 만들기 위해 솜이나 기계로 장선을 깨끗이 하고 가공하는 자도 여기에 분류된다.

75121 **제빵, 제과원**

빵, 케이크, 비스킷 등을 제조하는 자를 말한다.

75122 **떡 제조원**

쌀 및 기타 재료의 떡을 제조하는 자를 말한다.

75123 **두부 및 유사식품 제조원**

두부, 유부, 도토리묵, 메밀묵 등 전통 묵을 제조하는 자를 말한다.

75129 **기타 제빵, 제과원**

상기 세세분류 어느 항목에도 포함되지 않은 유사한 직무를 수행하는 자로 제조공장에서 사탕이나 캐러멜 등을 포장하는 자와 제빵과 관련된 밀가루 제품의 중간재료를 제조하는 자 등이 여기에 분류된다.

75131 **식품 선별원, 과실 제외**

품질을 결정하고 적합한 등급으로 선별하기 위하여 각종 식품(과실제외)을 검사, 선별하는 자를 말한다.

75132 **과실 선별원**

품질을 결정하고 적합한 등급으로 선별하기 위하여 과실을 검사, 선별하는 자를 말한다.

75133 **과실 및 채소 염장원**

과실, 채소를 염장하는 자를 말한다.

75139 **기타 식품선별 및 저장원**

상기 세세분류 어느 항목에도 포함되지 않은 유사한 직무를 수행하는 자로 통조림을 위해 과일조제, 가열처리로 과일에서 진수를 추출하고 농축물이나 분말을 만드는 자 등 과일 또는 채소의 저장과 관련된 업무를 수행하는 자가 여기에 분류된다.

75190 **기타 식품가공 및 관련 기능원**

상기 소분류 751 : 식품가공 및 관련 기능 종사자의 어느 항목에도 포함되지 않은 유사한 직무를 수행하는 자로 버터, 치즈, 아이스크림 등을 제조하는 자가 여기에 분류된다.

75211 **목재 선별원**

다듬은 목재나 거칠게 켠 목재를 검사하여 품질과 크기에 따라 선별하는 자를 말한다.

75219 **기타 목재 처리원**

상기 세세분류 어느 항목에도 포함되지 않은 유사한 직무를 수행하는 자로 목재를 건조시키거나 방부 처리를 하며 목재에 바늘구멍을 내어 방부제 침투를 촉진시키기 위한 물리적 처리를 수행하는 자 등이 여기에 분류된다.

75221 **장롱 제조원**

수공구와 목공기계를 사용하여 장롱을 제조, 수리하는 자를 말한다.

75222 **책상 및 탁상 제조원**

수공구와 목공기계를 사용하여 책상, 탁상 등을 제조, 수리하는 자를 말한다.

75223 **목재케이스 제조원**

수공구와 목공기계를 사용하여 시계케이스 등을 제조, 수리하는 자를 말한다.

75224 **목제통 및 상자제조원**

수공구와 목공기계를 사용하여 액체를 보관하거나 건조상품을 저장하는 목제통과 상자를 제조, 수리하는 자를 말한다.

75225 **목형 제조원**

수공구와 목공기계를 사용하여 목형을 제작하는 자를 말한다. 경우에 따라서는 금속주조에 쓰이는 모래주물을 만드는 데 필요한 목조본을 만들기도 한다.

75226 **조각무늬 세공원**

가구에 장식도안을 만들어 넣기 위해 장식목에 무늬를 박아 넣는 자를 말한다. 경우에 따라서는 나무위에 다른 물질을 사용하여 장식을 하기도 한다.

75227 **목제가구칠원**

왁스, 옻칠, 래커, 와니스 및 기타 다듬질에 쓰이는 재료를 표면에 칠하는 자를 말한다.

75229 **기타 가구제조 및 관련 기능원**

상기 세세분류 어느 항목에도 포함되지 않은 유사한 직무를 수행하는 자로 테니스라켓, 하키스틱, 체조용구 등의 목제품을 제조하며, 수공구 또는 목공기계를 사용하여 증기에 찐 목제품을 절곡하여 이를 조립하는 자와 목각원, 베니어장식원, 담배파이프 제조원 등이 여기에 분류된다.

75231 제재기 조정원

목재를 규격에 따라 제재하는 기계를 조정하는 자를 말한다.

75232 목재선반 조정원

목재선반을 조정하는 자를 말한다.

75233 목재성형기 조정원

목재 또는 목재 표면에 불규칙적인 형태의 도안을 깎는 목재 성형기를 조정하는 자를 말한다.

75234 목각기 조정원

부각 또는 각종 형태의 도안을 깎아내는 목각기를 조정하는 자를 말한다. 경우에 따라서는 도안, 설명서에 의하여 일을 하기도 하고 목재를 여러 깊이로 깎기 위한 자동장치가 구비된 목각기를 이용하거나 연속적으로 제품을 생산해 내는 데 쓰이는 지그를 만들어 내기도 한다.

75235 목재평삭기 조정원

목재의 표면을 평평하게 깎거나 두꺼운 목재를 엷게 깎는 평삭기를 조정하는 자를 말한다.

75239 기타 목재공작기 조정원

상기 세세분류 어느 항목에도 포함되지 않은 유사한 직무를 수행하는 자로 목재 만능기, 연마기와 목재 목각기 등을 조정하는 자들이 여기에 분류된다.

75241 바구니 세공원

고리버들, 버들, 등, 대나무 및 유사재료를 가지고 바구니와 기타 바구니 제품을 제조하는 자를 말한다.

75242 솔 제조원

돼지털, 섬유, 나이론 및 철사와 같은 재료로 솔을 제조하는 자를 말한다.

75243 목재 장난감 제조원

목재로 각종 장난감을 제조하는 자를 말한다.

75244 조물제품 제조원

껍질을 벗기고 연하게 만든 고리버들, 갈대, 대나무, 골풀, 버들가지 및 유사재료(등나무 제외)로 조물제품을 제조하는 자를 말한다.

75245 등가구 제조원

등으로 각종 가구를 제조하는 자를 말한다.

75249 기타 바구니 세공, 솔 제조 및 관련 기능원

상기 세세분류 어느 항목에도 포함되지 않은 유사한 직무를 수행하는 자로 손이나 기계로 등, 대나무 등을 쪼개는 자, 자동적으로 구멍을 뚫고 솔다발을 끼워 넣는 기계를 조작하는 자, 솔제조에 사용되는 돼지털을 깨끗이 하고 배합하는 자와 빗자루의 모양을 만들고 튼튼히 하기 위하여 기계로 꿰매거나 돼지털이나 기타 비슷한 물질을 철사의 사이에 끼고 손이나 기계로 그 철사를 단단히 비틀어 솔로 만들고 손이나 기계로 새끼와 가마니를 제조하는 자와 대나무로 우산대, 발, 참빗 등을 제조하는 자 등이 여기에 분류된다.

75311 섬유 선별원

천연섬유를 선별하고 분류하는 자로서 양모, 솜, 아마, 대마 및 기타 천연섬유의 조직, 색상, 길이를 검사하고 형태와 질에 따라 등급을 매기는 자를 말한다.

75312 양모 세척원

양모를 다음 공정에서 가공될 수 있도록 세척하는 자를 말한다. 경우에 따라서는 세척된 양모의 건조작업을 감독하며 양모에서 잡물을 제거하는 일을 하기도한다.

75319 기타 섬유 및 직조관련 기능원

상기 세세분류 어느 항목에도 포함되지 않은 유사한 직무를 수행하는 자로 슬라이버를 거칠은 실로 잣거나 아마, 황마, 대마섬유를 부드럽게 하고 두드리거나 또는 생모섬유(양모 제외)를 세척하는 자 등이 여기에 분류된다. 직물 및 카펫을 짜는 자, 수동식 기계로 직물, 의복, 기타 제품을 편직하는 자, 수공으로 각종 망을 제조하는 자 등도 여기에 분류된다.

75321 양복 제조원

코트, 양복 및 이와 유사한 의복을 제조하는 자를 말한다.

75322 양장 제조원

원피스, 투피스 및 이와 유사한 숙녀복을 제조하는 자를 말한다.

75323 모자 및 가발 제조원

펠트, 섬유 및 밀짚 등의 각종 재료로 모자를 제조하는 자, 모자형과 특수 목적용 모자를 제조하는 자와 가발제조원이 여기에 분류된다.

75324 셔츠 및 체육복 제조원

셔츠, 또는 체육복을 제조하는 자를 말한다.

75325 근무복, 작업복 및 유사의복 제조원

근무복, 작업복 및 유사한 의복을 제조하는 자를 말한다.

75329 기타 의복, 모자제조 및 관련 기능원

상기 세세분류 어느 항목에도 포함되지 않은 유사한 직무를 수행하는 자로 연극, 텔레비전 또는 영화출연자의 의상을 제조하는 자가 여기에 분류된다.

75331 모피 선별원

개별적인 의복이나 기타 제품을 제조하기 위하여 모피를 선별하고 등급을 매기고 서로 조화가 되는 것끼리 모으는 자를 말한다.

75332 모피옷본 제조원

옷본을 준비하고 제조하고자 하는 모피옷이나 모피제품이 크기가 동일한 옷본을 제조하는 자를 말한다.

75333 모피 재단원

제조, 수선하려는 의복이나 제품의 유형에 맞추어 모피를 재단하는 자를 말한다.

75334 모피의복 제조원

각종 모피의복을 제조 및 재생하는 자를 말한다.

75339 기타 모피제조 및 관련 기능원

상기 세세분류 어느 항목에도 포함되지 않은 유사한 직무를 수행하는 자로 모피를 재사용하기 위해 낡은 모피 의복을 분리하고 모피의복의 안쪽 가죽을 보강하기 위해 직물을 접착제로 붙여 주거나 의복이나 기타 제품의 원형에 맞추어 모피를 펴고 손질하는 자 등이 여기에 분류된다.

75341 옷본 제조원

양복, 양장, 셔츠, 블라우스 및 기타 재료(모피 제외)로 만들어지는 일체의 의류 부품의 옷본을 도안, 재단하는 자를 말한다. 경우에 따라서는 원형을 검사하기 위해 모형을 만들고 필요한 수정을 하거나 의복 디자인을 하기도 한다.

75342 모자본 제조원

모자본을 전문으로 제조하는 자를 말한다.

75343 의복 재단원, 가죽제외

한 벌 또는 여러 벌의 옷감(가죽 제외)으로 의복을 제조하기 위해 재단하는 자를 말한다. 경우에 따라서는 여러 벌의 옷감을 겹쳐놓고 수동식 전기재단기를 사용하여 재단하기도 한다.

75344 가죽의복 재단원

가죽의복을 만들기 위해 가죽을 재단하는 자를 말한다.

75349 기타 직물, 가죽관련 옷본 제조 및 재단원

상기 세세분류 어느 항목에도 포함되지 않은 유사한 직무를 수행하는 자로 가구용 린넨이나 실내장식품, 매트리스, 돛, 천막, 텐트, 우산 등을 제조하기 위해 본을 제조 또는 표시하거나 감을 재단하는 자들이 여기에 분류된다. 또한 가죽 이외의 재료로 장갑을 제조하기 위하여 재단하는 자도 포함된다.

75351 직물 재봉원

섬유 및 유사재료로 제품의 제조와 관련하여 공장, 상점 또는 기타 사업체에서 재봉을 하는 자를 말한다.

75352 가죽 재봉원

가죽제품 제조와 관련하여 재봉하는 자를 말한다.

75353 모피 재봉원

모피의복이나 기타 모피제품을 제조하기 위해 재봉하는 자를 말한다.

75354 신발 재봉원

신발 부품을 모아 재봉하기 위해 재봉하는 자를 말한다.

75355 천막 재봉원

천막 및 유사제품 등을 재봉하는 자를 말한다.

75356 인형 제조원

섬유제 인형을 제조하는 자를 말한다.

75359 기타 재봉관련 기능원

상기 세세분류 어느 항목에도 포함되지 않은 유사한 직무를 수행하는 자로 모자, 실내장신품, 매트, 돛, 차일 및 우산과 같은 제품을 재봉하고 자수하는 자가 여기에 분류된다.

75361 가구장식물 제조원

장식가구 틀에 스프링을 장치하고 속을 채우며 커버를 씌우는 자를 말한다.

75362 차량 시트 제조원

자동차, 철도객차, 비행기 등 차량의 내부 장식물과 시트에 쿠션과 커버를 붙이고 장치하는 자를 말한다.

75363 매트리스 제조원

매트리스와 관련 제품을 제조하는 자를 말한다.

75369 기타 가구장식물 제조관련 기능원

상기 세세분류 어느 항목에도 포함되지 않은 유사한 직무를 수행하는 자로 커텐, 버티컬, 브라인드, 가구류 커버와 홑이불, 안락가구, 소품 등을 제조, 조립, 설비하는 자 등이 여기에 분류된다.

75371 의복 수선원, 모피 및 가죽 제외

양복, 양장 및 기타 의복제품 또는 모자를 수선하는 자를 말한다.

75372 모피의복 수선원

모피의복을 수선하는 자를 말한다.

75373 **가죽의복 수선원**

가죽의복을 수선하는 자를 말한다.

75374 **신변잡화 수선원**

가방, 장갑 등의 신변 잡화를 수선하는 자를 말한다.

75375 **가구장식물 수선원**

가구에 씌우는 직물, 가죽 및 유사재료의 덮개, 매트리스 또는 실내 장식을 수선하는 자를 말한다.

75379 **기타 의복 수선 및 관련 기능원**

상기 세세분류 어느 항목에도 포함되지 않은 유사한 직무를 수행하는 자로 보수나 개조를 위해 원래의 장식물을 떼어내는 자 등이 여기에 분류된다.

75411 **펠트, 원피 선별원**

모피의 가공처리 이전 또는 이후에 원피를 분류, 선별하는 자를 말한다. 또한 양피에서 털 부스러기를 제거하고 다음 가공처리를 위해 양피를 보존케 하는 자를 말한다.

75412 **펠트 처리원**

건조 및 기타 가공처리 이전에 원피의 살점, 군더더기를 칼로 깎아 내거나 또는 표피 부분을 고정칼날장치 위로 밀고, 잡아당겨 군더더기를 제거하는 자를 말한다. 또한 모피에서 길고 거친 털을 뽑아내고 똑같은 길이로 털을 다듬는 자와 수공으로 모피를 염색하는 자, 산화세척, 기타 처리공정에서 모피나 원피를 침수하는 자와 완제품의 모피를 다림질 또는 바로 펴주는 자도 여기에 분류한다.

75419 **기타 펠트 가공관련 기능원**

상기 세세분류 어느 항목에도 포함되지 않은 유사한 직무를 수행하는 자로 피혁을 브러시나 솜털로 염색, 광택을 내는 자 또는 판상이나 구조물 위에 피혁을 못박는 자와 생피제육 제조원, 원피 분할원, 피혁조제원, 피혁염색 및 광택원 등이 여기에 분류된다. 또한 원피를 피혁으로 전환하기 위하여 용액으로 무두질하는 자도 여기에 분류한다.

75421 **제화원**

고객의 요청에 따라 가죽신을 제조하는 자를 말한다. 또한 발, 다리의 기형을 교정하기 위하여 개인의 요청에 따라 설명서, 도안 또는 명세서를 보고 정형신발을 전문으로 하는 자도 여기에 분류한다.

75422 **구두 재단원**

구두의 갑피를 재단하는 자, 재봉에 앞서 갑피를 손질하고 조립하는 자, 신발 밑창을 재단하는 자, 구두골에 조립하기 위해 마름질이 되지 않은 밑창을 손질하는 자, 갑피를 안창에 접합시키는 일을 하는 자를 말한다.

75423 **구두 완성원**

완성된 구두를 검사하고 끝손질을 하는 자를 말한다.

75424 **구두 수선원**

가죽으로 된 구두를 수선하는 자를 말한다.

75425 **구두 원형 제조원**

구두 부속품의 재단이나 다듬질에 사용되도록 또는 재단에 필요한 모형들을 제조하기 위해 구두의 원형을 제조하는 자를 말한다.

75426 **마구류 제조원**

말을 비롯한 동물에 사용하는 안장, 목걸이 및 마구를 제조하는 자를 말한다. 경우에 따라서는 안장과 마구를 수리, 장식하기도 한다.

75429 **기타 가죽신발 제조관련 기능원**

기타 가죽신발 제조관련 기능원은 등산화, 승마화, 발레용 신발 등의 특수한 형태의 신발제조 및 수선을 하는 자, 각종 가죽제품 제조에 필요한 가죽 부속품을 재단하는 자, 구절덮개, 무릎받이, 박차부착물 등의 가죽제품의 제조하는 자 등이 여기에 분류된다.

8 장치, 기계조작 및 조립 종사자 : 장치, 기계조작 및 조립 종사자는 대규모적이고 때로는 고도의 자동화된 산업용 기계 및 장비를 조작하고 부분품을 가지고 제품을 조립하는 업무로 구성된다. 작업은 기계조작뿐만 아니라 컴퓨터에 의한 기계제어 등 기술적 혁신에 적응할 수 있는 능력을 포함하여 기계 및 장비에 대한 경험과 이해가 요구된다.

81111 **굴착기 조작원**

광산작업장에서 갱도 착굴에 쓰이는 기계장비를 조작하는 자를 말한다. 경우에 따라서는 착굴한 후에 광차궤도를 부설하기도 한다.

81112 **착암기 조작원**

폭발물 매설을 위해 광산, 채석장에서 천공작업하는 기계장치를 조작하는 자를 말한다. 경우에 따라서는 천공된 곳에 폭발물을 삽입, 매설하고 점화를 행하기도 한다.

81113 **채광기 조작원**

지하탄광에서 자주식 연속채광기를 조작하는 자를 말한다. 경우에 따라서는 기계장치 위의 천정을 버티게 하는 수압 안전봉을 세우기도 한다.

81119 **기타 채광장치 조작원**

상기 세세분류 어느 항목에도 포함되지 않은 유사한 직무를 수행하는 자가 여기에 분류된다.

81121 **절할기 조작원**

맥석을 타격식 천공기에 압축공기 파이프를 연결하고 척에 비트를 삽입하여 석재절할기를 조작하는 자를 말한다.

81122 **파쇄 및 분쇄기 조작원**

화학물을 제외한 광물괴를 압착하여 파쇄 또는 분말화하는 기계 장치를 조작하는 자를 말한다.

81123 **선광기 조작원**

맥석에서 광물을 분리해 내는 선광기를 조작하는 자를 말한다.

81124 **세척기 조작원**

물을 흘려 보내서 광물로부터 불순물을 제거하는 세척기를 조작하는 자를 말한다.

81125 **재단기 조작원**

맥석을 절단 및 천공하는 등의 각종 석재재단기를 조작하는 자를 말한다.

81126 **연마기 조작원**

석재를 연마하는 연마기를 조작하는 자를 말한다.

81129 **기타 광석 및 석재 가공장치 조작원**

상기 세세분류 어느 항목에도 포함되지 않은 유사한 직무를 수행하는 자로 맥석에서 시안화반응으로 금, 은을 분해하는 기계를 조작하는 자, 금, 은을 침전시키는 장치를 조작하는 자, 곱게 마쇄된 광물 또는 석탄을 알탄 형태로 압착하는 기계를 조작하는 자와 석탄에서 광석탄, 암석을 분리하는 선탄기를 조작하는 자, 자석으로 광물을 분리하는 기계를 조작하는 자 등이 여기에 분류된다.

81131 **유정탑 조작원**

천공구를 통하여 진흙이 순환되도록 유정탑에 설치된 증기와 펌프를 조작하는 자를 말한다.

81132 **천공장비 조작원**

유정, 가스천의 천공을 위하여 관련 장비를 조작하는 자를 말한다. 경우에 따라서는 원유가스의 유출을 위하여 폭파를 맡기도 하며, 천공시설을 설치하기도 한다.

81133 **시추장비 조작원**

원유, 가스 이외의 물질을 채취하기 위하여 보링기, 천공기 등의 시추장비를 조작하는 자를 말한다.

81139 기타 유정 천공 및 시추장비 조작원

상기 세세분류 어느 항목에도 포함되지 않은 유사한 직무를 수행하는 자가 여기에 분류된다.

81211 금속 용광로 조작원

철 또는 비철금속의 생산을 위해 용광로를 조작하는 자와 주조하기 위하여 금속을 용해하는 용선로를 조작하는 자를 말한다.

81212 제강로 조작원

강철 생산을 위해 선철을 용해, 정련하는 평로를 조작하는 자, 산소 흡입로 및 보조시설을 조작하는 자, 용해된 선철을 강철로 전련시키는 전로를 조작하는 자, 용해, 정련된 강철로 고도의 합금강을 만들어내는 전기호광로를 조작하는 자를 말한다. 경우에 따라서는 전련 과정의 촉진을 위해 산소관을 로속에 장치하기도 하며, 전로를 기울게 하는 레버를 조작하기도 한다.

81213 제련로 조작원

비철금속의 정련을 위해 도가니, 전기로, 평로, 반사전로 등의 로를 조작하는 자를 말한다.

81219 기타 광석 및 금속 용광로 조작원

상기 세세분류 어느 항목에도 포함되지 않은 유사한 직무를 수행하는 자로 로에서 가단선철을 주로 만들고 로작업에서 재료 장입, 열풍과 열조절기를 맡으며 유출구의 개봉, 용해물의 취와이전 등 특수업무를 맡은 자 등이 여기에 분류된다.

81221 금속용해로 조작원

철 또는 비철금속을 주조하기 위하여 용해로를 조작하는 자를 말한다. 경우에 따라서는 용융물을 주조하거나 컨베이어 작업을 돕기도 한다.

81222 금속가열로 조작원

봉, 판, 기타 금속재를 단야, 압착, 압연 등의 가공을 위하여 가열 로를 조작하는 자를 말한다.

81223 열간압연기 조작원

다음 가공을 위해 가열 강괴를 블룸, 슬래브, 빌릿으로 만들거나 또는 가열된 반성품을 봉, 형강, 침목, 궤도, 강판 및 기타 완제품으로 만드는 열간압연장치를 조작하는 자를 말한다.

81224 냉간압연기 조작원

열간압연기의 조작원의 직무와 유사하나 냉간 압연장치를 조작하여 냉간 강, 대 또는 판 등의 완제품을 만드는 자를 말한다.

81229 **기타 금속용해 및 압연기 조작원**

상기 세세분류 어느 항목에도 포함되지 않은 유사한 직무를 수행하는 자로 빌릿으로 무계목 파이프 및 튜브를 제조하는 압연장치를 조작하는 자, 압연기 조작원의 신호에 따라 압연 정련장치의 조절장치를 조작하는 자 및 미리 지시받은 비율에 따라 금속을 배합, 용해하여 철 또는 비철금속의 합금을 생산하거나 로 작업에 있어 장입, 분사, 가열조절장치의 조작 및 용융물의 취와 이전 등에 종사하는 자 등이 여기에 분류된다.

81231 **연속주조기 조작원**

금속주물을 연속적으로 생산하기 위하여 각종 주조기를 조작하는 자를 말한다. 경우에 따라서는 기계에 금형장치를 설치하기도 하고 물로 각 주물을 냉각하기도 하며, 일정 규격의 주물을 측정하기도 한다.

81232 **주물주조기 조작원**

연속주조되지 않는 금속제품을 주조하는 주조기를 조작하는 자를 말한다.

81241 **금속소둔로 조작원**

로 속에서 금속물을 가열한 후 내부응력 완화, 연성회복, 입자의 미세화를 위해 정해진 속도로 이를 냉각시키는 자를 말한다. 경우에 따라서는 용접, 굴절 또는 상온 가공으로 내부 응력이 생긴 금속물체 소둔을 전문으로 하기도 한다.

81242 **금속표면경화로 조작원**

화학, 가열, 감열, 급냉동의 처리 방식으로 물체의 표면의 경도와 내부인성을 크게 하는 자를 말한다. 경우에 따라서는 다른 특수경화처리 방법을 사용하기도 한다.

81249 **기타 금속 열처리로 조작원**

상기 세세분류 어느 항목에도 포함되지 않은 유사한 직무를 수행하는 자로 용광로에 재료를 넣어 열처리 작업을 보조하는 자, 화학물 속에 금속물을 침지하거나, 냉각장치를 준비해 주는 자, 금속물을 냉각시키는 자와 경화된 물체를 로에 넣고 가열한 후 냉각하여 경화처리 중 발생한 응력을 제거하고 인성을 부여하는 자 등이 여기에 분류된다.

81251 **금속인발기 조작원**

일정 직경의 철, 비철금속의 관을 제조하는 인발기계 장치를 조작하는 자를 말한다.

81252 **금속압출기 조작원**

봉 또는 무계목 강관류를 제조하는 금속압출기를 조작하는 자를 말한다.

81253 연선기 조작원

철선 또는 강선을 연선기를 사용하여 여러 가지 종류의 와이어로프 또는 케이블을 제조하는 자를 말한다.

81259 기타 금속인발 및 압출기 조작원

상기 세세분류 어느 항목에도 포함되지 않은 유사한 직무를 수행하는 자가 여기에 분류된다.

81311 유리용해로 조작원

유리를 제조하기 위해 미리 혼합된 재료를 용해, 결합시키는 용해로를 조작하는 자를 말한다. 경우에 따라서는 광학유리와 같은 특수한 유리제조 또는 특정 형태의 로를 조작하는 것을 전문으로 하기도 한다.

81312 유리성형기 조작원

압착주형으로 유리제품을 제조하는 기계를 조작하는 자를 말한다.

81313 유리취주기 조작원

용해된 유리를 불어서 병, 밸브의 유리부분, 전구 등과 같은 제품을 제조하는 기계를 조작하는 자를 말한다.

81314 유리인발기 조작원

판유리의 연속판과 같이 제조하기 위해 용해된 유리를 인발하는 유리인발기를 조작하는 자를 말한다.

81315 유리조각 및 식각기 조작원

유리조각 및 식각기를 조작하는 자를 말한다.

81319 기타 유리 가공장치 조작원

상기 세세분류 어느 항목에도 포함되지 않은 유사한 직무를 수행하는 자로 용해된 유리를 판유리로 압연하는 기계를 조작하는 자와 판유리 표면을 연마하는 자, 생렌즈의 표면을 고도의 광택을 얻을 때까지 연마하는 기계를 조작하는 자와 유리를 절곡 및 구멍을 뚫는 기계와 유리주입기를 조작하는 자 등이 여기에 포함된다.

81321 벽돌 및 타일로 조작원

벽돌과 타일을 적당한 경도로 굽기 위한 소성로를 조작하는 자를 말한다.

81322 도자기로 조작원

도자기와 기타 내화성제품(벽돌과 타일 제외)을 굽고 광택과 장식을 위해 다시 굽는 데 사용되는 로를 조작하는 자를 말한다.

81329 기타 도기로 및 관련장치 조작원

상기 세세분류 어느 항목에도 포함되지 않은 유사한 직무를 수행하는 자로 도자기 제품 생산을 위한 요업용 성형기 및 천공기를 조작하는 자가 여기에 분류된다.

81391 점토제품 가공장치 조작원

도기제조에 사용하기 위해 점토를 분쇄, 혼합하는 기계장치와 진흙을 섞어 반액체의 진흙물을 만드는 기계, 점토를 띠 모양으로 빼내는 기계, 진흙에서 수분을 제거하기 위한 기계, 진흙을 갈고 체질하는데 사용되는 기계와 기포를 제거하는 기계를 조작하는 자 등이 여기에 분류된다.

81392 유리원료 혼합장치 조작원

모래, 소다, 잿물 및 유리제조에 쓰이는 원료들을 혼합하는 기계장치를 조작하는 자를 말한다.

81393 유리섬유제품 제조기 조작원

용해된 유리를 틀에 넣어 유리섬유 제품을 제조하는 기계를 조작하는 자를 말한다.

81394 유약제조기 조작원

유약을 제조하기 위해 붕사, 납, 모래 및 석회와 같은 성분을 혼합, 분쇄하는 기계장치를 조작하는 자를 말한다.

81399 그 외 기타 유리 가공장치, 도기로 및 관련장치 조작원

상기 세세분류 어느 항목에도 포함되지 않은 유사한 직무를 수행하는 자로 연마재, 광택제를 제조하기 위해 성분을 혼합하는 자와 도자기를 제조하기 위해 스크루 프레스 또는 유압식 프레스를 조작하는 자 등이 여기에 분류된다.

81411 제재기 조작원

제재소에서 제재기를 조작하는 자를 말한다.

81412 목재가공기 조작원

각종 목재 가공기를 조작하는 자를 말한다.

81413 목재건조기 조작원

목재를 건조시키는 기계장치를 조작하는 자를 말한다.

81414 목재처리기 조작원

부패, 부식을 방지하기 위해 화학약품으로 목재를 처리하는 기계를 조작하는 자를 말한다.

81415 단판절단기 조작원

원목을 단판으로 절단하는 회전선반, 슬라이서 또는 기타 목재가공 기계를 조작하는 자를 말한다. 경우에 따라서는 베니어를 얇은 판으로 절단하는 동력절단기를 조작하며, 절단기구를 교환하거나 특수형의 베니어 절단기와 이에 따르는 설비를 조작하기도 한다.

81416 합판제조기 조작원

합판을 제조하기 위해 베니어(단판)의 겉장과 속장을 일렬로 놓고 속장에 아교를 살포하는 기계를 조작하는 자와 접착제를 도포한 베니어장을 모아 접착하는 열판 압착기를 조작하는 자를 말한다.

81417 목재칩 제조 및 마쇄기 조작원

원목이나 목재를 펄프 제조용이나 재생목재용의 조각으로 만드는 목재칩 제조기 또는 섬유질 목재를 마쇄하는 기계를 조작하는 자를 말한다.

81418 재생목재기 조작원

목재를 파쇄 또는 섬유상태로 만든 다음 접착제와 혼합하여 성형 압착시키는 파티클보드 섬유판 등의 목질보드류를 제조하는 기계를 조작하는 자를 말한다.

81419 기타 목재가공장치 조작원

상기 세세분류 어느 항목에도 포함되지 않은 유사한 직무를 수행하는 자로 제재나 단판제조를 위해 통나무 껍질을 벗기는 자, 판자의 결함부분을 베어내는(다듬는) 자, 둥근 톱의 경사를 조작하는 자 등이 여기에 분류된다.

81420 펄프제조장치 조작원

펄프를 제조하는 일련의 장치를 조작하는 자를 말한다. 펄프제조 과정에서 화학처리에 의하여 넝마, 에스파르토, 짚, 스크랩 펄프와 같은 원료를 표백하는 기계를 조작하거나 원료로부터 불순물을 제거하는 회전 또는 고정보일러(디제스터)를 조작하는 자를 포함한다.

81431 해리장치 조작원

종이제조에 사용할 펄프, 고지를 기계적인 작용에 의하여 섬유성분을 풀어 슬러시(Slush) 상태로 만드는 펄퍼기를 조작하는 자를 말한다.

81432 고해장치 조작원

종이 원료에 필요한 강도를 갖게 하고 종이를 구성하는 섬유의 펴짐을 좋게 하기 위해 펄프와 기타 요소들을 섞고 휘젓고 수화시키는 기계를 조작하는 자를 말한다.

81433 조성장치 조작원

종이의 용도와 필요에 따라 두 가지 이상의 펄프를 선택 배합하여 펄프의 장단점을 보완하고 또한 공정의 효율을 높이기 위해 약품을 첨가하고 정선하는 기계를 조작하는 자를 말한다.

81434 초지기 조작원

펄프로 종이를 제조하기 위하여 종이 건조, 광택 및 코팅하는 기계를 조작하는 자를 말한다.

81435 재권치기 조작원

초지기에서 넘겨받은 종이를 소비자가 요구한 규격 또는 판매할 수 있는 롤지, 시트지 등의 규격으로 생산하는 기계를 조작하는 자를 말한다.

81439 기타 제지 관련장치 조작원

상기 세세분류 어느 항목에도 포함되지 않은 유사한 직무를 수행하는 자로 마분지, 은박지, 골판지를 만드는 자, 원형 주형기로 모조 수공지를 만드는 자, 종이의 표면을 손질하기 위해 아교, 전분, 수지, 기타 재료로 풀을 만드는 자, 종이에 왁스를 입혀 방수하는 기계를 조작하는 자, 카본지를 만들기 위해 잉크, 왁스, 카본 혼합물을 기계로 종이에 도포하는 자 등이 여기에 분류된다.

81511 분쇄기 조작원

화학 및 관련 공정에 사용되는 화학물 또는 관련 고체물질을 다음의 공정에 적합한 크기로 분쇄하는 기계를 조작하는 자를 말한다.

81512 마쇄기 조작원

화학 및 관련 공정에 사용되는 고형 화학물 또는 그 외 재료를 특정한 크기의 입자로 쌓고 분말로 만드는 마쇄기를 조작하는 자를 말한다. 경우에 따라서는 가루가 된 재료의 무게를 기록하기도 한다.

81513 혼합기 조작원

화학 및 화학관련 공정에 사용되는 고체 또는 액체를 혼합, 합성하는 기계를 조작하는 자를 말한다.

81519 기타 화학물 분쇄, 마쇄 및 혼합기 조작원

상기 세세분류 어느 항목에도 포함되지 않은 유사한 직무를 수행하는 자가 여기에 분류된다.

81521 조제장치 조작원

로, 가마에 화합물 및 관련재료를 혼합, 합성하여 특수한 성질로 제조하거나 또는 화학변화를 일으키게 하는 각종 조제장치를 조작하는 자를 말한다.

81522 하소장치 조작원

솥, 회전가마 또는 이와 비슷한 도구와 컨베이어, 공급기, 먼지수집기 등과 같은 보조장비를 조작하여 화학변화를 일으키도록 굽거나 기타 방법으로 처리하는 장치를 조작하는 자를 말한다.

81523 가공로 조작원, 시멘트 제외

로, 가마 또는 이와 비슷한 도구에 내용물을 넣고 열을 가하여 건조시키고 특수한 성질을 나타내게 하거나 화학변화를 일으키게 하는 각종 가공로를 조작하는 자를 말한다.

81524 시멘트 가공로 조작원

시멘트 가공로를 조작하는 자를 말한다.

81529 기타 화학물 가열처리장치 조작원

상기 세세분류 어느 항목에도 포함되지 않은 유사한 직무를 수행하는 자로 흡입 또는 분무공정에 의하여 화학용액을 건조시켜 분말을 생산하는 자, 운반장치를 부설한 건조실에서 재료를 건조하는 자, 탄소 전극을 흑연화하는 전열 난로를 조작하는 자 등이 여기에 분류된다.

81531 여과기 조작원

액체 농축물로부터 침전물, 불순물, 불가용액 물질을 제거하는 여과기를 조작하는 자를 말한다. 경우에 따라서는 여과기에 조정을 가하고 보조설비를 조절하기도 한다.

81532 원심분리기 조작원

원심력에 의해 액체로부터 고체 또는 중량이 다른 액체 상호간을 분리시키는 기계를 조작하는 자를 말한다. 경우에 따라서는 가열장치나 연속 공급장치가 부착된 기계를 조작하고 습기 함유량을 조사하기 위해 견본을 검사하기도 한다.

81533 원유처리장비 조작원

원유로부터 침전물, 수분을 제거하기 위해 유전에서 화학, 전기 또는 원심력 설비를 조작하는 자를 말한다. 또한 원유의 처리에 요구되는 온도까지 올리는 원유가열기를 조작하며, 유전에서 펌프로 원유를 퍼올리는 작업도 한다.

81534 화학물추출기 조작원

화학제품 또는 화학물의 혼합물에서 특수한 종류의 화학물질을 선별하는 특수여과기 및 분리기의 설비를 조작하는 자를 말한다.

81539 기타 화학물 여과 및 분리기 조작원

상기 세세분류 어느 항목에도 포함되지 않은 유사한 직무를 수행하는 자로 화학제품의 생산과정에서 화학물을 세척하는 특수설비를 조작하는 자, 특수한 종류의 화학물질을 가공하는 기타 특수여과기 및 분리기 설비를 조작하는 자 등이 여기에 분류된다.

81541 화학물 증류기 조작원

천연 액체성 화학물을 화학적 성분으로 분리 또는 정제시키는 증류기를 조작하는 자를 말한다.

81542 화학물 반응기 조작원

화학적 반응공정에 있어서 일련의 활동을 수행하는 기계설비를 조작하는 자를 말한다.

81543 증발기 조작원

과다 수분을 제거함으로서 현탁액을 농축시키는 증발탱크, 진공팬 또는 이와 비슷한 기기를 조작하는 자를 말한다. 경우에 따라서는 침전탱크, 예비가열탱크, 응축기, 냉각시설을 손질하며 특수화학 물질의 결정체를 다루기도 한다.

81549 기타 화학물 증류 및 반응기 조작원, 석유 및 천연가스 제외

상기 세세분류 어느 항목에도 포함되지 않은 유사한 직무를 수행하는 자로 벌목장에서 나무토막으로부터 증류에 의하여 천연수지를 짜내는 디제스터기를 조작하는 자와 천연수지를 정제하고 송진을 고무수지로 증류하거나 이미 마련된 혼합물로부터 주류를 증류하는 자와 증기의 도움을 얻어 식물 생산품을 증류하여 지방성 향료 및 방향성 물질을 얻는 자 등이 여기에 분류된다.

81551 탈황처리기 조작원

석유, 파라핀, 원유 및 왁스 등의 석유제품으로부터 유황 및 기타 불순물을 처리하는 장치를 조작하는 자를 말한다. 경우에 따라서는 장치로 유류를 순환케하는 펌프를 조작하고 냉동시설을 조절하기도 한다.

81552 정제기 조작원

원유, 반가공유, 완성된 석유생산품 및 화학용액을 정제하기 위하여 증기식 또는 전기식 펌프를 조작하는 자를 말한다.

81553 증류기 조작원

석유를 가솔린, 파라핀, 윤활유, 연료유 등과 같은 생산품으로 분리 또는 정제시키기 위해 증류하는 증류기를 조작하는 자를 말한다.

81554 제어기 조작원

석유정제, 가공 및 처리 과정의 온도, 압력, 탱크 수준 등을 조절하는 제어판을 조작하는 자를 말한다.

81555 배합기 조작원

연료를 생산하기 위해 석유에 화학약품 및 기타 첨가물을 배합하는 기계설비를 조작하는 자를 말한다. 경우에 따라서는 생산품을 검사하거나 조절장치를 사용하여 파이프관에서 배합하는 관내 배합제어판을 조작하기도 한다.

81556 **파라핀제조기 조작원**

파라핀 왁스로부터 파라핀 증류유를 분리시키는 파라핀제조기를 조작하는 자를 말한다.

81559 **기타 석유 및 천연가스 정제장치 조작원**

상기 세세분류 어느 항목에도 포함되지 않은 유사한 직무를 수행하는 자가 여기에 분류된다.

81591 **화학물 표백기 조작원**

화학용액의 색깔을 개선하기 위해 표백시약을 사용하여 처리하는 표백기를 조작하는 자를 말한다.

81592 **코크스제조기 조작원**

석탄으로부터 코크스를 만들어 내는 특수 가마와 석탄으로부터 가스를 생산하는 석탄가스 생산기를 조작하는 자를 말한다.

81593 **목탄생산기 조작원**

느린 연소공정에 의하여 나무를 목탄으로 변형시키는 가마를 조작하면서 목탄을 생산하는 자를 말한다.

81594 **화학섬유생산기 조작원**

천연 또는 혼합체로 레이온, 나이론 및 기타 합성섬유 제품을 제조, 성형하는 기계를 조작하는 자를 말한다.

81595 **비료제조기 조작원**

화학비료를 생산하는 기계 또는 장비를 조작하는 자를 말한다.

81596 **고무가공장치 조작원**

천연 또는 인조고무를 제조하는 데 사용되는 가열, 증류, 여과 등의 가공기계 및 장비를 조작하는 자를 말한다.

81597 **방사성물질 가공기 조작원**

원광으로부터 우라늄, 플로토륨 등의 방사선 물질을 분리, 추출하고 농축시키며 소비된 핵연료로부터 소모되지 않은 우라늄을 회수하는 화학장비를 조작하는 자를 말한다. 경우에 따라서는 방사성 물질에 화학 및 야금시험을 수행하는 원거리 조정설비를 조작하기도 한다.

81598 **소금제조장치 조작원**

정제염 및 가공염을 제조하는 기계 및 장비를 조작하는 자를 말한다.

81599 **그 외 기타 화학물가공장치 조작원**

상기 세세분류 어느 항목에도 포함되지 않은 유사한 직무를 수행하는 자로 화학약품 생산에 사용되는 전해조를 조작하는 자, 액화가스 제조기를 조작하는 자, 고무 라텍스를 화학약품으로 처리하여 응고시키는 기기를 조작하는 자 등이 여기에 분류된다.

81611 **화력발전장치 운전원**

화력발전소에서 보일러, 터빈, 발전기 및 보조시설을 통제하고 조작하는 자를 말한다.

81612 **수력발전장치 운전원**

수력발전소에서 전기발전기 및 관련기계와 수력시설을 조작하는 자를 말한다.

81613 **원자력발전장치 운전원**

원자력 발전소에서 원자로를 조작하는 자를 말한다. 경우에 따라서는 원자로의 연료를 준비, 운반, 적재 및 제거하는 일을 돕는다.

81614 **발전터빈 조작원**

전력을 생산하기 위해 발전기를 가동시키는 증기 또는 수력터빈을 조작하는 자를 말한다.

81615 **배전반 조작원**

수요에 따라 발전소에서 생산되는 발전량을 조절하고 배전반을 조작하는 자를 말한다.

81616 **급전 사령원**

소비자 수요를 충족시키도록 발전소에서 전력공급 및 분배를 통제, 관리하는 자를 말한다.

81619 **기타 발전장치 조작원**

상기 세세분류 어느 항목에도 포함되지 않은 유사한 직무를 수행하는 자로 풍력·태양력 발전장치를 조작하는 자, 발전소에서 발전장치 조작원을 보조하는 자, 개별산업 또는 기타 사업체에서 사용하는 발전기를 조작하는 자 등이 여기에 분류된다.

81620 **보일러 조작원**

주기관 및 보조기관에 증기를 공급하는 보일러를 조작하는 자와 이와 유사한 직무를 수행하는 자가 여기에 분류된다.

81631 **공기압축기 조작원**

압축공기를 이용하는 도구, 호이스트 또는 기타 장비에 압축공기를 발생 공급해 주기 위해 공기압축기를 조작하는 자를 말한다.

81632 **펌프장 조작원**

한 장소에서 다른 장소로 물, 가스, 반액체 및 기타 물질을 옮기기 위해 펌프와 흡수관 장치를 조작하는 자를 말한다.

81633 **정수장치 조작원**

수도용수나 공업용수를 정화시키는 처리기를 조작하는 자를 말한다.

81634 **소각장치 조작원**

소각장에서 폐기물을 소각시키는 장비를 조작하는 자를 말한다.

81635 **냉장 · 냉동장치 조작원**

식품저장용, 냉각매체용 및 건물냉방과 기타 목적용 냉장 · 냉동시설을 조작하는 자를 말한다.

81636 **하수처리장치 조작원**

폐수를 정화하는 하수처리 장치를 조작하는 자를 말한다.

81637 **환기장치 조작원**

난방 및 환기 장치에서 전기모터, 송풍기 및 기타 장비를 통제하는 자를 말한다.

81639 **기타 소각로, 상하수 처리 및 관련장치 조작원**

상기 세세분류 어느 항목에도 포함되지 않은 유사한 직무를 수행하는 자로 물의 유출을 조절하는 수도, 댐의 수문 밸브를 조절하는 분수계를 조작하는 자, 관개시설 속으로 들어가는 물에서 진흙찌꺼기를 제거하는 데 쓰이는 불순물 제거기를 조작, 관리하는 자, 시체를 처리하는 화장시설을 조작하는 자 등이 여기에 분류된다.

81710 **자동조립라인 조작원**

자동, 반자동 조립라인을 조작하는 자를 말한다.

81720 **산업용 로봇 조작원**

산업용 로봇을 장착 및 탈착하는 자를 말한다.

82111 **선반 조작원**

동력에 의해 움직이는 선반을 조정 조작하고 자동, 반자동 선반을 조작하는 자를 말한다.

82112 **평삭기 조작원**

왕복운동을 하는 기계 내에 고정된 금속재료에 절삭구를 이동하도록 되어 있는 평삭기를 조정 또는 조작하는 자를 말한다.

82113 **밀링기 조작원**

다인회전 절삭공구로 금속을 절삭하는 밀링기를 조정 또는 조작하는 자를 말한다.

82114 드릴링기 및 보링기 조작원

자동, 반자동 드릴링기 및 보링기를 조정 또는 조작하는 자를 말한다.

82115 금속연삭 및 광택기 조작원

자동, 반자동 정밀연삭기, 금속을 갈고 광택을 내는 데 사용되는 고정식, 이동식 연마기 및 광택기 절단도구를 동력 연삭휠로 예리하게 가는 연삭기를 조작하는 자를 말한다.

82116 프레스기 및 전단기 조작원

다이펀치 또는 기타공구로 금속물을 절단, 천공, 성형하는 금속압연기를 조작하는 자와 금속전단기를 조작하는 자를 말한다.

82117 금속공작기 조작원

동력으로 움직이는 여러 형태의 금속공작기를 조정하거나 각종 금속공작용 기계공구를 조작하는 자를 말한다.

82119 기타 기계공구 조작원

상기 세세분류에 속하지 않은 기계공구 조작원이 여기에 분류된다.

82121 차량 판금기 조작원

승용차, 버스, 트럭과 철도객차의 금속판 차체를 제조, 개조하고 수리하는 자를 말한다. 미리 제작된 자동차 차체부분의 조립과 용접작업과 볼트, 나사를 제자리에 갖다 맞추는 일에 종사하는 자는 적합한 항목에 분류된다.

82122 항공기 판금기 조작원

항공기의 금속판으로 된 부분을 조립 및 설치하기 위하여 판금기를 조작하는 자를 말한다.

82123 금속가구 판금기 조작원

금속가구를 조립하기 위하여 판금기를 조작하는 자를 말한다.

82124 보일러 판금기 조작원

보일러, 탱크, 통 및 기타 철판의 용기를 제조하기 위하여 판금기를 조작하는 자를 말한다. 경우에 따라서는 제작된 부분을 조립하거나 보일러를 설치하기도 한다.

82129 기타 판금기 조작원

상기 세세분류에 속하지 아니한 판금기 조작원으로 절단 또는 성형할 금속판에 표시를 하는 자와 동제품과 경합금 제품을 전문으로 하며, 또한 동관작업을 수행하는 자 또는 선박용 금속판의 비품과 부속품의 설치를 전문으로 하는 자, 함석판으로 가정용 집기 및 장식용 제품과 기타 함석부착물을 제조, 수리하는 자 등이 여기에 분류된다.

82131 **석재가공기 조작원**

석재제품을 제조 및 완성하거나 건물용 석재를 제조하는 압출, 주형, 혼합, 연마 및 절단기계를 조작하는 자를 말한다.

82132 **인조석제품 가공기 조작원**

건축에 사용된 판석 등을 제조하는 인조석제품 가공기를 조작하는 자를 말한다.

82133 **콘크리트제품 가공기 조작원**

도랑의 U형 블록, 콘크리트 벽돌, 타일, 블록, 판석, 울타리 기둥, 파일, 전신주 등의 각종 콘크리트제품을 제조하는 기계장치를 조작하는 자를 말한다.

82134 **콘크리트 혼합장치 조작원**

시멘트, 모래, 자갈, 물을 혼합하는 콘크리트 혼합장치를 조작하는 자를 말한다.

82135 **석면 시멘트제품 가공기 조작원**

건물용 판, 슬레이트, 파이프, 전선도관, 환풍장치, 연기 먼지추출 도관과 같은 석면 시멘트제품 가공기를 조작하는 자를 말한다.

82139 **기타 시멘트 및 광물제품용 기계 조작원**

상기 세세분류 어느 항목에도 포함되지 않은 유사한 직무를 수행하는 자로 산업용 다이아몬드 제조기를 조작하는 자, 모자이크 절단기 조작원, 연마석제품 제조기 조작원 등이 여기에 분류된다.

82211 **약제품 생산기 조작원**

의약품 생산에 사용되는 재료를 성형, 여과, 가열, 혼합, 분쇄, 충전 및 봉합하는 각종 약제품 생산기를 조작하는 자를 말한다.

82212 **화장품 생산기 조작원**

화장품 생산에 사용되는 재료를 성형, 여과, 가열, 혼합, 분쇄하는 화장품 생산기를 조작하는 자를 말한다. 경우에 따라서는 충전 및 봉합의 일괄공정을 하기도 한다.

82213 **세제 생산기 조작원**

세제 생산기를 조작하는 자를 말한다.

82219 **기타 약제품 및 위생용품용 기계조작원**

상기 세세분류 어느 항목에도 포함되지 않은 유사한 직무를 수행하는 자가 여기에 분류된다.

82221 **탄약 제품용 기계 조작원**

탄약을 제조하기 위하여 각종 화학물 및 기타 성분을 가공하는 기계를 조작하는 자를 말한다.

82222 **폭약용 기계 조작원**

포탄, 폭탄, 로켓, 지뢰 및 유사장치에 사용할 폭약을 제조하고 이를 장착하는 기계를 조작하는 자, 불꽃제품 및 불꽃제품용 퓨즈를 제조하는 기계를 조작하는 자를 말한다.

82223 **불꽃제품용 기계 조작원**

불꽃제품 및 불꽃제품용 퓨즈를 제조하는 기계를 조작하는 자를 말한다.

82229 **기타 탄약 및 폭약용 기계 조작원**

상기 세세분류 어느 항목에도 포함되지 않은 유사한 직무를 수행하는 자로 성냥 생산기 조작원 등이 여기에 분류된다.

82231 **금속 세척기 조작원**

전기도금, 아연도금, 에나멜도금 및 이와 유사한 가공처리를 위해 금속물을 세척하는 기계장치를 조작하는 자를 말한다. 또한 화학, 가열처리로 금속물에 청장, 방청, 무늬가공을 하는 기계장비를 조작하는 자도 여기에 분류된다.

82232 **전기 도금기 조작원**

전해방식으로 금속물체에 비철금속을 도금하는 기계장치를 조작하는 자를 말한다. 경우에 따라서는 도금처리 도중 도금액을 교반하거나 농도 등을 검사하기도 하며 도금처리가 끝난 뒤 통에서 귀금속의 잔여분을 건져내기도 한다.

82233 **용융 도금기 조작원**

철강제품을 황산화 비철금속으로 도포하는 용융도금기를 조작하는 자를 말한다.

82234 **금속 분무기 조작원**

보호 또는 장식도금을 하거나 낡고 파손된 표면을 재생하기 위해 금속제품에 용해 금속을 분무 도금하는 분무기를 조작하는 자를 말한다.

82235 **금속 완성용 기계 조작원**

금속 완성기 및 라미네이팅기, 광택기를 조작하는 자를 말한다.

82239 **기타 금속완성, 도금 및 도포용 기계 조작원**

상기 세세분류 어느 항목에도 포함되지 않은 유사한 직무를 수행하는 자로 산도금, 스텐 도금 및 고열화학처리 방식 등으로 금속물의 표피를 도금, 착색시키는 데 사용되는 기계장비를 조작하는 자, 산화막 처리를 위해 전호방식으로 알루미늄 또는 알루미늄 합금체를 처리하는 기계장비를 조작하는 자, 분말아연혼합물을 밀폐용기속에 가열하여 철강제품을 아연으로 도금하는 기계장비를 조작하는 자, 주물금속제품의 표피에 모래를 분사시키는 모래분사기를 조작하는 자, 페인트를 도장하거나 수지식 분무장치로 도장하는 자 등이 여기에 분류된다.

82240 **차량도장기 조작원**

승용차, 버스 및 트럭과 같은 차량에 페인트를 칠하기 위하여 도장기계를 조작하는 자를 말한다. 또한 완성제품의 검사단계에서 흠을 고치기 위해 도장을 하거나 액체가 들은 통에서 물체를 꺼낸 다음 액체를 제거하는 자 등도 여기에 분류된다.

82251 **사진처리기 조작원**

화학약품과 물 등을 이용하여 촬영된 필름과 사진판을 현상 처리하는 현상기를 조작하는 자, 투사 인화기로 사진을 확대 또는 축소시키는 장비를 조작하는 자, 밀착 인화기를 사용하여 사진을 인화하는 장비를 조작하는 자를 말한다.

82252 **필름생산기 조작원**

사진용 필름을 제조하는 기계장비를 조작하는 자를 말한다.

82253 **인화지생산기 조작원**

사진용 인화지를 제조하는 기계장비를 조작하는 자를 말한다.

82259 **기타 사진처리기 조작원**

상기 세세분류 어느 항목에도 포함되지 않은 유사한 직무를 수행하는 자로 영화필름을 현상하고 건조하는 기계를 조작하는 자, 결함을 찾아내기 위해 현상된 영화필름을 검사하는 자와 사진인화 세척기를 조작하는 자 등이 여기에 분류된다.

82291 **양초제조기 조작원**

양초제조기를 조작하는 자를 말한다.

82292 **리놀륨생산기 조작원**

리놀륨을 제조하는 기계장비를 조작하는 자를 말한다.

82293 **연필제조기 조작원**

연필제조기를 조작하는 자를 말한다.

82294 **가스생산기 조작원**

염소가스, 할로겐가스, 수소가스 생산기를 조작하는 자를 말한다.

82299 **그 외 기타 화학제품용 기계 조작원**

상기 세세분류 어느 항목에도 포함되지 않은 유사한 직무를 수행하는 자로 화학물 및 관련재료 세척기 조작원과 납을 제조하는 기계장비를 조작하는 자 등이 여기에 분류된다.

82311 **타이어 경화기 조작원**

타이어 경화기를 조작하는 자를 말한다.

82312 타이어 성형기 조작원

고무타이어를 성형기에 넣어 조작하는 자를 말한다. 경우에 따라서는 공기주머니나 안 튜브를 굳히는 일을 하기도 한다.

82313 타이어 재생기 조작원

중고 타이어의 외피를 다시 입히는 기계를 조작하는 자를 말한다. 경우에 따라서는 버팅, 외피 재부착 또는 주형업무를 별도로 수행하기도 한다.

82314 고무 성형기 조작원

고무를 주형에 넣어 성형하는 기계를 조작하는 자를 말한다.

82315 고무 압출기 조작원

혼합된 고무를 가열된 틀을 통해 압출해서 특정모양의 띠를 제조하는 압출기를 조작하는 자를 말한다.

82316 고무 캘린더기 조작원

압연공정으로 고무시트 및 고무도포직물을 제조하는 캘린더기를 조작하는 자를 말한다.

82317 고무 합성기 조작원

가공을 위해 생고무 또는 고무화합물을 혼합, 합성하는 기계를 조작하는 자를 말한다. 경우에 따라서는 생고무를 주름잡힌 기계 롤러와 살수장치를 통과하게 하여 씻거나 액체 또는 건조 화학약품의 분량이나 중량을 재어 고무가 이겨지고 있을 때 그 위에 뿌리기도 한다.

82319 기타 고무제품용 기계 조작원

상기 세세분류 어느 항목에도 포함되지 않은 유사한 직무를 수행하는 자로 고무코팅기, 양각기와 기타 고무제조기를 조작하는 자가 여기에 분류된다.

82321 플라스틱 성형기 조작원

플라스틱 물질을 주입, 주형 또는 압착방식으로 성형하는 기계를 조작하는 자를 말한다.

82322 플라스틱 압출기 조작원

틀을 통하여 플라스틱 물질을 봉, 관, 띠 및 기타 제품과 같은 계속적인 형태로 밀어내는 압출기를 조작하는 자를 말한다.

82323 플라스틱 적층기 조작원

플라스틱 또는 플라스틱제품의 표면에 접착물질, 금속물질 및 기타물질을 도포, 도장, 증착, 도금하는 적층기를 조작하는 자를 말한다.

82324 **플라스틱 사출기 조작원**

플라스틱 수지를 녹여 실린더에 저장한 후 이를 일정한 압력으로 금형에 주입하여 제품을 성형하는 사출기를 조작하는 자를 말한다.

82329 **기타 플라스틱제품용 기계 조작원**

상기 세세분류 어느 항목에도 포함되지 않은 유사한 직무를 수행하는 자로 플라스틱에 광택을 내고 홈, 구멍을 뚫고 마지막 손질을 하는 자, 특정 고무 또는 플라스틱 제품을 제조하는 기타 특수장비를 조작하는 자 등이 여기에 분류된다.

82401 **목공선반 조작원**

목재가공 선반을 조작하는 자를 말한다.

82402 **목재조각기 조작원**

목재 표면에 예술적이고 장식적인 도안을 조각하는 기계를 조작하는 자를 말한다.

82403 **목재완성기 조작원**

목재완성기를 조작하는 자를 말한다.

82409 **기타 나무제품용 기계 조작원**

상기 세세분류 어느 항목에도 포함되지 않은 유사한 직무를 수행하는 자로 목재식각기, 가장자리 다듬기, 만곡기, 경기용품 제조기와 목재도장기 및 목재인형제조기를 조작하는 자 등이 여기에 분류된다.

82511 **활판 인쇄기 조작원**

평판위에 고정시킨 잉크칠한 활자 위에 실린더로 낱장의 종이를 눌러 인쇄하는 기계를 조작하는 자를 말한다.

82512 **평판 인쇄기 조작원**

평판 인쇄기를 조작하는 자를 말한다.

82513 **윤전 인쇄기 조작원**

회전 실린더에 고정된 스테로판으로 연속적인 종이에 인쇄하는 윤전인쇄기를 조작하는 자를 말한다.

82514 **옵셋 인쇄기 조작원**

롤러가 석판에서 잉크인쇄가 되어 이를 다시 종이, 주석판 또는 기타 물질 위에 인쇄하는 옵셋인쇄기를 조작하는 자를 말한다.

82519 **기타 인쇄기 조작원**

상기 세세분류 어느 항목에도 포함되지 않은 유사한 직무를 수행하는 자로 섬유인쇄기, 벽지 인쇄기 등을 조작하는 자 등이 여기에 분류된다.

82520 **제책용 기계 조작원**

책을 제책하고 인쇄물을 모아 완성 작업을 수행하는 제책기를 조작하고, 엠보싱하는 기계를 조작하는 자 등이 여기에 분류된다.

82531 **종이상자 및 봉투제조기 조작원**

종이를 절단, 재단하여 풀칠해 접어 종이 가방이나 봉투, 상자나 기타 제품을 만들기 위하여 재단하고 접고 풀칠하거나 종이와 카드지를 크립으로 박는 여러 가지 종이상자 제조기를 조작하는 자를 말한다. 경우에 따라서는 봉투나 종이주머니 위에 인쇄까지 하는 장치가 부착된 기계를 조작하기도 한다. 또한 판지를 재단하고 접는 선을 내어 상자를 만들 수 있게 하는 상자재단 및 절곡기를 조작하는 자도 여기에 분류된다.

82532 **판지 라이닝기 조작원**

카드지에 종이를 발라 일정한 길이로 절단하는 판지 라이닝기를 조작하는 자를 말한다.

82533 **셀로판백 제조기 조작원**

셀로판이나 특수종이 또는 유사재료로 가방을 만드는 셀로판백 제조기를 조작하는 자를 말한다. 경우에 따라서는 가방 위에 글씨와 무늬를 인쇄하는 장치가 부착된 기계를 조작하기도 한다.

82534 **위생용 종이제품 제조기 조작원**

위생용지 및 위생용 종이 제품을 제조하는 기계를 조작하는 자를 말한다.

82539 **기타 종이제품용 기계 조작원**

상기 세세분류 어느 항목에도 포함되지 않은 유사한 직무를 수행하는 자로 종이를 압착하는 기계 조작원, 특수처리 판지로 여행가방 제조기를 조작하는 자, 종이모자, 화판 및 기타 종이 튜브 등을 제조하는 기계를 조작하는 자, 완성된 상자표면에 보호나 장식을 위한 종이를 풀칠하는 기계와 놀이를 위한 카드를 검사해 한 벌씩 짝을 맞추는 기계를 조작하는 자 등이 여기에 분류된다.

82611 **섬유혼합기 조작원**

섬유를 동일한 배합물로 섞는 기계를 조작하는 자를 말한다.

82612 **소면기 및 랩핑기 조작원**

스크랩 섬유를 골라내고 오물을 제거시키며 긴 섬유를 최초의 연사를 위해 1개의 슬라이버로 변형시키는 소면기를 조작하는 자와 몇 개의 슬라이버를 1개의 슬라이버 뭉치로 결합하거나 또는 몇 개의 슬라이버 뭉치를 1개의 리본뭉치로 결합하여 빗질할 수 있는 랩핑기를 조작하는 자를 말한다.

82613 **연조기 조작원**

몇 개의 슬라이버 가닥을 질과 무게가 고른 1개의 가는 가닥으로 결합시키는 연조기를 조작하는 자를 말한다.

82614 **조방기 조작원**

슬라이버를 거칠은 실로 잣는 조방기를 조작하는 자를 말한다.

82615 **정방기 조작원**

조사로부터 방사를 잣는 정방기를 조작하는 자를 말한다.

82616 **권사기 조작원**

다음 공정이나 수송에 편리하도록 실을 한 묶음으로부터 다른 묶음으로 감는 권사기를 조작하는 자를 말한다.

82617 **연사기 조작원**

2개 또는 그 이상의 실로서 섬유를 꼬아서 보다 굵은 1개의 실로 꼬는 연사기를 조작하는 자를 말한다.

82619 **기타 섬유 가공기계 조작원**

상기 세세분류 어느 항목에도 포함되지 않은 유사한 직무를 수행하는 자로 아마, 황마, 대마섬유를 부드럽게 하고 두드리거나 또는 생모섬유(양모 제외)를 세척하는 기계를 조작하는 자와 합사기 조작자 또는 합성섬유 방적기를 조작하는 자 등이 여기에 분류된다.

82621 **정경기 조작원**

실패로부터 실을 직접 직조기의 도토마리에 감거나 또는 원통자새에 감았다가 다시 도토마리에 감는 정경기를 조작하는 자를 말한다.

82622 **통경기 조작원**

방직에 앞서 날실을 베틀에 꿰는 통경기 또는 연경기를 조작하는 자를 말한다.

82623 **직조기 조작원**

자카드식 직조기를 포함한 각종 섬유직물가공 직조기를 조작하는 자를 말한다. 레이스직조기를 조작하는 자와 카펫 또는 양탄자를 직조하는 직조기를 조작하는 자를 포함한다.

82624 **편직기 조작원**

직물, 의복, 기타 제품을 편직하는 편직기를 조작하는 자를 말한다.

82625 **망제조기 조작원**

실 또는 끈을 얽고 일정한 간격으로 매듭을 지어 망을 직조하는 직조기를 조작하는 자를 말한다. 경우에 따라서는 베틀 가까이에 붙은 권사장치로 나머지 북에 실을 감아 두기도 한다.

82629 기타 직조, 편직기 조작원

상기 세세분류 어느 항목에도 포함되지 않은 유사한 직무를 수행하는 자로 자수기를 조작하는 자, 자카드식 카드재단기를 조작하는 자 등이 여기에 분류된다.

82631 표백기 조작원

섬유, 방사, 직물 또는 기타 섬유제품의 색상을 더 밝게 하기 위하여 표백기를 조작하는 자를 말한다.

82632 염색기 조작원

원하는 색상을 얻고자 의복, 직물, 사를 염색하는 기계를 조작하는 자를 말한다.

82639 기타 직물가공 기계 조작원

상기 세세분류 어느 항목에도 포함되지 않은 유사한 직무를 수행하는 자로 섬유직물을 세척하고, 일정한 길이와 폭으로 직물을 수축시키고, 화학물로 섬유를 방수처리하고, 마찰, 가열, 압연 등의 처리방법으로 직물을 압착, 신장하고 광택나게 하는 기계장비를 조작하는 자를 말한다. 경우에 따라서는 세탁물을 분류하고, 방수, 염색과정을 동시 작업하기도 하고 건조도 한다.

82641 직물제품용 재봉기계 조작원

섬유 또는 유사재료로 의복, 장갑 등의 제품을 만드는 데 사용되는 자동화된 재봉설비를 조작하는 자를 말한다.

82642 가죽제품용 재봉기계 조작원

가죽제 부속품들을 재봉하는 자동화된 재봉설비를 조작하는 자를 말한다.

82643 신발재봉기계 조작원

신발부품을 재봉하는 등 자동 재봉설비를 조작하는 자를 말한다.

82644 자수재봉기계 조작원

직물 또는 기타 재료에 장식 디자인을 자수하는 재봉기계를 조작하는 자를 말한다.

82649 기타 재봉기계 조작원

상기 세세분류 어느 항목에도 포함되지 않은 유사한 직무를 수행하는 자로 자동모피 재봉기를 조작하는 자 등이 여기에 분류된다.

82651 원피 제육기 및 제모기 조작원

원피에서 살점, 털 부스러기를 제거하는 제육기 및 제모기를 조작하는 자를 말한다.

82652 가죽 무두질기 조작원

원피를 피혁으로 전환하기 위하여 용액으로 처리하는 무두질기를 조작하는 자를 말한다.

82653 가죽 염색기 조작원

원하는 색상을 얻고자 가죽을 염색하는 염색기를 조작하는 자를 말한다.

82654 모피 완성기 조작원

완제모피를 다림질 또는 바로 펴주는 기계를 조작하는 자를 말한다.

82659 기타 모피 및 가죽가공기 조작원

상기 세세분류 어느 항목에도 포함되지 않은 유사한 직무를 수행하는 자로 가죽을 연화시키는 기계장치를 조작하는 자, 가죽세척기를 조작하는 자, 가죽광택기, 절단기와 모피제육기, 혼합기 등을 조작하는 자 등이 여기에 분류된다.

82661 의복세탁기 조작원

각종 의복을 세탁하는 세탁기를 조작하는 자를 말한다.

82662 드라이크리닝기 조작원

화학용액으로 의류, 가죽제품 및 유사물품을 드라이크리닝 하기 위하여 기계를 조작하는 자를 말한다. 경우에 따라서는 재료의 색깔, 상태 또는 성질에 따라 드라이크리닝할 물품을 분류하고 솔벤트로 문질러서 지저분한 얼룩을 빼기도 하며 용액을 재사용하기 위해서 여과하기도 한다.

82669 기타 세탁 및 관련 기계 조작원

상기 세세분류 어느 항목에도 포함되지 않은 유사한 직무를 수행하는 자로 세탁물에 풀을 먹이는 자 또는 정련기를 조작하는 자, 직물의 견착, 강화를 위해 마전기를 조작하는 자, 직물에 중량과 밀도를 더해 주기 위해 가중기를 조작하는 자 등이 여기에 분류된다.

82671 일반 신발생산기 조작원

일반 제화원의 직무와 유사하나 신발마크를 표시하고 신발을 생산하는 기계를 조작하는 자를 말한다.

82672 스포츠 신발생산기 조작원

스포츠용 신발을 생산하는 기계를 조작하는 자를 말한다.

82673 정형화 생산기 조작원

신체부분의 기형을 교정하기 위하여 개인의 요청에 따라 설명서, 도안을 보고 정형신발을 제조하는 기계를 조작하는 자를 말한다.

82679 **기타 신발제조 및 관련 기계 조작원**

상기 세세분류 어느 항목에도 포함되지 않은 유사한 직무를 수행하는 자로 등산화, 승마화, 발레용 신발 등 특수한 형태의 신발을 제조 및 수선하는 기계를 조작하는 자를 말한다.

82691 **모자제조기 조작원**

펠트, 비단, 벨벳, 밀짚 등 각종 재료로 모자를 제조하는 기계를 조작하는 자를 말한다.

82692 **매트리스제조기 조작원**

매트리스를 제조하는 기계를 조작하는 자를 말한다.

82693 **직물재단기 조작원**

직물재단기를 조작하는 자를 말한다.

82694 **끈제조기 조작원**

서로 엮어 짜서 관 모양의 끈 또는 가는 띠를 만드는 기계를 조작하는 자를 말한다.

82699 **그 외 기타 섬유, 모피 및 가죽제품용 기계조작원**

상기 세세분류 어느 항목에도 포함되지 않은 유사한 직무를 수행하는 자로 모자모형을 형성하기 위하여 펠트콘을 펴는 기계를 조작하는 자 등이 여기에 분류된다.

82711 **훈제기 조작원**

육류, 어류 및 기타 식품을 훈제하는 기계를 조작하는 자를 말한다.

82712 **햄, 소시지 제조기 조작원**

햄, 소시지를 비롯한 이와 유사한 육류제품을 생산하기 위하여 가공기계를 조작하는 자를 말한다.

82713 **통조림기 조작원**

육류 및 어류를 통조림하는 데 사용되는 기계를 조작하는 자를 말한다.

82714 **살균기 조작원**

육류, 어류를 통조림 하거나 병에 넣어 저장하기 전에 살균하는 압력솥이나 기타 기구를 조작하는 자를 말한다.

82715 **냉동기 조작원**

육류, 어류를 냉동시키는 냉동기를 조작하는 자를 말한다.

82719 **기타 육류 및 어류가공 기계조작원**

상기 세세분류 어느 항목에도 포함되지 않은 유사한 직무를 수행하는 자로 돼지고기 제품을 생산하거나 또는 육류 가공에 쓰기 위해 먹을 수 있는 부속기관만 전문적으로 처리하는 기계를 조작하는 자를 말한다.

82721 **우유 살균기 조작원**

우유와 기타 낙농품에서 해로운 세균을 제거하기 위한 우유 살균기를 조작하는 자를 말한다.

82722 **분유 생산기 조작원**

원유를 청정, 살균, 농축, 건조시켜 전지분유, 탈지분유, 특수조정 분유 등을 생산하는 각종 분유생산기를 조작하는 자를 말한다.

82723 **연유 생산기 조작원**

전지유, 탈지유 및 기타 액상유제품을 가당, 농축, 응축, 건조시켜 전지 또는 탈지가당연유, 무당연유 등을 생산하는 각종 연유생산기를 조작하는 자를 말한다.

82724 **버터, 치즈 제조기 조작원**

버터 또는 치즈를 제조하는 기계를 조작하는 자를 말한다.

82725 **아이스크림 제조기 조작원**

우유, 설탕 및 기타 재료로 아이스크림을 제조하는 기계를 조작하는 자를 말한다.

82729 **기타 낙농제품 제조기 조작원**

상기 세세분류 어느 항목에도 포함되지 않은 유사한 직무를 수행하는 자로 낙농제품에 쓰이는 박테리아를 배양하는 기계를 조작하는 자 등이 여기에 분류된다.

82731 **도정기 조작원**

벼, 쌀보리 등을 도정하는 기계를 조작하는 자를 말한다.

82732 **제분기 조작원, 조미료 제외**

조미료를 제외한 각종 곡물로 가루와 동물사료를 만들기 위해 곡물을 제분하는 기계를 조작하는 자를 말한다.

82733 **조미료제분기 조작원**

양념용 농산물을 제분기에 넣고 일정한 밀도로 빻아 가공하는 제분기를 조작하는 자를 말한다.

82739 **기타 곡식 및 조미료 제분기 조작원**

상기 세세분류 어느 항목에도 포함되지 않은 유사한 직무를 수행하는 자로 제분하기 위한 준비로서 곡물을 씻고 깨끗하게 하며, 껍질을 벗기는 기계를 조작하는 자, 제분과정에서 생산된 제품을 검사하는 자 등이 여기에 분류된다.

82741 **빵, 과자 제조기 조작원**

밀가루 및 여러 가지 곡물 가루로 빵, 케이크, 비스킷, 파이, 과자 등의 제품을 제조하는 기계를 조작하는 자를 말한다.

82742 **사탕, 껌 제조기 조작원**

설탕, 초콜릿과 기타 재료를 써서 사탕을 제조하는 기계를 조작하는 자를 말한다. 또한 껌 제조기를 조작하는 자도 여기에 분류된다.

82743 **초콜릿 제조기 조작원**

초콜릿을 제조하는 분쇄기, 압착기, 배합기 및 기타 기계를 조작하는 자를 말한다.

82744 **면류 제조기 조작원**

국수, 마카로니 및 기타 유사한 밀가루 제품의 면류를 제조하는 기계를 조작하는 자를 말한다.

82749 **기타 곡류제품 제조기 조작원**

상기 세세분류 어느 항목에도 포함되지 않은 유사한 직무를 수행하는 자로 파스타제품과 기타 곡물제품을 제조하는 기계를 조작하는 자 등이 여기에 분류된다.

82751 **과실 및 채소 통조림기 조작원**

과실 및 채소를 통조림 저장하는 기계를 조작하는 자를 말한다.

82752 **과실 및 채소 살균기 조작원**

과실 및 채소 등을 통조림 하거나 병에 넣기전에 살균하는 압력솥이나 기구를 조작하는 자를 말한다.

82753 **과실 및 채소 냉장기 조작원**

과실, 채소를 냉장시키는 냉장기를 조작하는 자를 말한다.

82754 **과실 및 채소 건조기 조작원**

과실, 채소 및 기타 식품에서 습기를 제거하기 위하여 탈수, 건조시키는 기계를 조작하는 자를 말한다.

82755 **과실 및 채소 주스기 조작원**

압착기를 써서 과실 및 채소로부터 주스를 추출하는 기계를 조작하고 이를 저장하는 자를 말한다.

82759 **기타 과실, 채소 가공기 조작원**

상기 세세분류 어느 항목에도 포함되지 않은 유사한 직무를 수행하는 자로 과실 및 채소저장 가공처리기, 세척기, 에센스 농축기 및 진공팬을 조작하는 자와 식용견과 세척기와 가공기를 조작하는 자 등이 여기에 분류된다.

82761 **식용유 착유기 조작원**

기름이 함유된 씨앗, 견과 또는 과일 등에서 식용유를 추출하는 착유기를 조작하는 자를 말한다.

82762 **식용유 정제기 조작원**

대두유, 낙화생유, 면실유 및 기타 식용유를 정제시키는 기계를 조작하는 자를 말한다.

82763 **마가린 제조기 조작원**

마가린을 제조하는데 사용되는 유지를 가공하는 기계를 조작하는 자를 말한다.

82769 **기타 유지제조 기계 조작원**

상기 세세분류 어느 항목에도 포함되지 않은 유사한 직무를 수행하는 자로 착유용 식용견과 세척기와 가공기를 조작하는 자가 여기에 분류된다.

82770 **설탕제조 기계 조작원**

사탕수수 및 사탕무에서 설탕액을 추출 및 가공하고 설탕액을 정화하거나 뜨거운 설탕액으로부터 정제설탕을 제조하는 기계를 조작하는 자를 말한다.

82791 **식사용 조제식품 가공기 조작원**

육류, 채소, 곡물 등의 재료를 혼합 및 가공하여 식사용으로 직접 먹거나 먹기 전에 가열하여 먹을 수 있는 식사용 조제식품 제조기를 조작하는 자를 말한다.

82792 **강장식품 가공기 조작원**

건강증진을 목적으로 하는 식품인 강장식품 제조기를 조작하는 자를 말한다.

82799 **그 외 기타 식품 가공기 조작원**

상기 세세분류 어느 항목에도 포함되지 않은 유사한 직무를 수행하는 자가 여기에 분류된다.

82811 **커피원두 가공기 조작원**

여러 등급의 생커피를 배합하는 기계를 조작하는 자, 배합된 커피원두를 가열된 회전 원통기에 넣고 볶는 기계를 조작하는 자와 커피하소장비를 조작하는 자를 말한다. 경우에 따라서는 기계로 커피를 빻기도 한다.

82812 **차 가공기 조작원**

여러 등급의 차를 배합하는 기계를 조작하는 자를 말한다. 경우에 따라서는 가공이 끝난 차를 포장기로 옮겨주기도 한다.

82813 **코코아두 가공기 조작원**

코코아두를 가열된 회전기통에 넣고 볶는 기계를 조작하는 자와 코코아두 하소장비를 조작하는 자를 말한다. 경우에 따라서는 코코아두의 껍질을 벗기고 빻는 기계를 조작하기도 한다.

82819 **기타 차, 커피 및 코코아 가공기 조작원**

상기 세세분류 어느 항목에도 포함되지 않은 유사한 장비를 조작하는 자를 말한다.

82821 **맥아제조기 조작원**

증류주나 맥아주를 제조하기 위해 맥아에 물을 넣어 끓이는 자와 보리나 기타 곡물 또는 발아된 곡물을 건조하는 기계를 조작하는 자를 말한다.

82822 **발효장비 조작원**

증류주, 맥아주 및 기타 곡식주를 만드는 데 있어서 발효기를 조작하는 자를 말한다.

82823 **배합장치 조작원**

주정, 포도주를 배합하는 장치를 조작하는 자를 말한다.

82824 **증류장치 조작원**

주정증류 장치를 조작하는 자를 말한다.

82825 **포도주 제조장치 조작원**

포도주를 제조하는 데 필요한 여러 가지 기계를 조작하는 자를 말한다.

82826 **비알콜성 음료 생산장치 조작원**

천연광수 또는 탄산수를 생산하는 기계, 설탕, 감미료 또는 향신료를 첨가하여 음료를 생산하는 기계를 조작하는 자를 말한다. 또한 광수 및 탄산수 이외의 청량음료 또는 기타 비알콜성 음료를 생산하는 기계를 조작하는 자도 여기에 분류된다.

82829 **기타 양조, 주조 및 음료용 기계 조작원**

상기 세세분류 어느 항목에도 포함되지 않은 유사한 직무를 수행하는 자로 맥아와 엿기름물에 호프와 설탕을 넣고 끓이거나 포도주와 증류주를 합성하는 자와 재강에서 포도주를 짜내고 숙성케 하며 주기적으로 병을 회전시키거나 화학작용으로 포도주를 정화시키는 자, 샴페인을 만들기 위해 포도주를 처리하는 자 등이 여기에 분류된다.

82831 **조미식품 제조장치 조작원**

천연조미식품을 생산하거나 천연, 정제 및 발효조미료, 향신료를 혼합, 조제하여 혼합조제 조미료를 제조 또는 발효, 정제 및 기타 유사한 방법으로 가공하여 장류, 식초, 아미노산 등을 제조하는 기계를 조작하는 자를 말한다.

82832 **식품첨가물 제조장치 조작원**

조미식품 이외의 양조용 또는 제빵용 첨가물을 제조하거나 색소용 식품, 식품 향미료, 고기 유연제 등의 식품 첨가물을 제조하는 기계를 조작하는 자를 말한다.

82841 엽연초 배합기 조작원

독특한 맛을 내게 하는 배합공식에 따라 엽연초를 배합하는 배합기를 조작하는 자를 말한다.

82842 엽연초 절단기 조작원

엽연초를 굵게 혹은 엷게 써는 절단기를 조작하는 자를 말한다.

82843 엽연초 진공조절기 조작원

담배제품을 제조하기 위해 잎담배를 물에 담그거나 잎담배에 물을 뿌려서 가공하기에 알맞도록 해 주거나 개방된 엽연초 저장통에 습기를 주는 진공조절기를 조작하는 자를 말한다.

82844 엽연초 제경기 조작원

엽연초의 크고 작은 줄기를 제거시키는 제경기를 조작하는 자를 말한다. 경우에 따라서는 속을 채우거나 거죽을 포장할 담뱃잎 같은 특정 담뱃잎만 전문적으로 취급하기도 한다.

82845 담배 생산기 조작원

담배제품의 생산을 위해 품질, 등급별로 선별하거나 절단하고 여송연 또는 궐련 등 각종 담배를 제조하는 기계를 조작하는 자를 말한다. 또한 향기를 내는 혼합물을 준비하고 이것으로 잎담배에 향내를 가미시킨다든가 연하게 하여 잎담배를 말리거나 식히는 일 따위를 하는 자 등도 여기에 분류된다.

82911 전기장비 제조기계 조작원

전기장비에 사용되는 부분품을 제조하는 기계를 조작하는 자를 말한다.

82912 전자장비 제조기계 조작원

전자장비에 사용되는 부분품을 제조하는 기계를 조작하는 자를 말한다.

82991 주입, 포장 및 봉합기 조작원

출하 또는 보관을 하기 위해 물건을 포장하거나 물품 및 액체물질을 주입, 봉합하는 기계를 조작하는 자를 말한다.

82992 케이블 및 배관 부설기 조작원

케이블 및 전선과 배관 또는 파이프를 부설하는 기계를 조작하는 자를 말한다.

82993 도로표시기 조작원

도로, 고속도로에 선을 긋는 도로표시기를 조작하는 자를 말한다.

82994 상표 및 라벨 부착기 조작원

제품의 상표 또는 라벨을 부착하는 기계를 조작하는 자를 말한다.

82995 병 세척기 조작원

병을 세척하는 세척기를 조작하는 자를 말한다.

82999 그 외 기타 기계 조작원

상기 세세분류 어느 항목에도 포함되지 않은 유사한 직무를 수행하는 자로 로프 접속기를 조작하는 자 등이 여기에 분류된다.

83110 자동차 조립원

자동차 조립라인의 각종 기계를 조작하는 자와 내연기관 차체를 조립하는 자를 말한다.

83121 항공기 조립원

항공기 조립라인의 각종 기계를 조작하는 자와 제트, 피스톤, 가스터빈 및 기타 항공기 기관을 조립하는 자를 말한다.

83122 선박기관 조립원

휘발유, 디젤 및 기타 선박기관과 터빈을 조립하는 자를 말한다.

83131 광산용기계 조립원

천공기, 절단기, 스크레이핑기 등 채광에 사용되는 기계를 조립하는 자를 말한다.

83132 농업용기계 조립원

탈곡기, 경운기, 곡물포장기 등의 농업용 기계를 조립하는 자를 말한다.

83133 건설용기계 조립원

동력삽, 불도저, 운토기 등의 건설용 기계를 조립하는 자를 말한다.

83134 기계공구 조립원

드릴링기, 밀링기, 보링기, 정밀연마기, 평삭기, 선반 등의 기계공구를 조립하는 자를 말한다.

83139 기타 기계 및 관련제품 조립원

상기 세세분류에 포함되 않은 자동주조기, 단형주조기, 문자인쇄기 등의 인쇄기계와 방적기, 직기, 레이스제조기 등의 섬유기계 및 목재에 구멍을 뚫는 기계, 틀 및 목각기 등의 목공기계를 조립하는 자와 특수한 산업용 기계를 조립하는 자 등이 여기에 분류된다.

83211 전기장비 조립원

전동기, 변압기 등 전기장비의 구성부품을 조립하는 자를 말한다.

83212 영상, 음향장비 조립원

텔레비전, 라디오 등의 영상, 음향장비를 조립하는 자를 말한다.

83213 사무용기기 조립원

계산기, 복사기 등의 사무용 기계를 조립하는 자를 말한다.

83214 전자정밀기구 조립원

정밀기구, 광학기구, 전자시계의 부속품을 조립하는 자를 말한다. 경우에 따라서는 부속품을 설치, 고정시키기 위해 리벳, 압축기, 용접기 등을 이용하기도 하며 조립된 기계가 정확히 가동하는가를 확인하기 위해 기계를 조정해 보기도 한다.

83219 기타 전기 및 전자장비 조립원

가정용 전기제품을 제외한 상기 세세분류에 포함되지 않은 전기 및 전자장비 조립원으로서 보청기 조립원 등이 여기에 분류된다.

83220 가정용 전기기구 조립원

엄격하게 설정된 절차에 따라 가정용 전기기구의 구성품이나 부품을 조립하는 자를 말한다.

83311 금속제품 조립원

엄격하게 설정된 절차에 따라 여러 가지 형태의 금속제품 구성품 또는 부품을 조립하는 자를 말한다.

83312 고무제품 조립원

물병, 얼음주머니, 장난감, 권투링 쿠숀 및 경기용품과 같은 고무 제품을 조립하는 자를 말한다.

83313 플라스틱제품 조립원

가방, 장난감 등의 플라스틱 제품을 조립하는 자를 말한다.

83320 목재 및 관련제품 조립원

엄격하게 설정된 절차에 따라 여러 가지 형태의 목재가구와 여러 가지 형태의 목재 또는 관련 재료로 만든 구성품 또는 부품을 조립하는 자를 말한다.

83330 섬유, 가죽 및 관련제품 조립원

엄격하게 설정된 절차에 따라 가죽, 섬유로 만든 구성품 또는 부품을 조립하고 기타 부착물을 부착하는 자를 말한다.

83390 기타제품 조립원

엄격하게 설정된 절차에 따라 상기 세분류 이외의 재료로 만든 구성품 또는 부품을 조립하고 기타 부착물을 부착하는 자를 말한다.

84111 열차 기관사

객차와 화차를 끄는 전기 또는 디젤기관차, 디젤동차를 운전하는 자를 말한다.

84112 **지하철 기관사**

여객수송을 위한 지하철을 운전하는 자로서 운행지시, 운행시간표, 차장의 신호 및 철로변의 신호표시에 따라 열차를 운전하는 자를 말한다.

84119 **기타 철도차량 기관사**

상기 세세분류 어느 항목에도 포함되지 않은 유사한 직무를 수행하는 자로서 광산 또는 채석장의 지하 또는 지표면에서 탄차를 견인하는 기관사 등이 여기에 분류된다.

84121 **화물열차 차장**

화물열차의 안전한 운행을 담당하는 자를 말한다.

84122 **철도 신호원**

통제탑과 신호소에서 신호기와 전철기를 조작하여 철도교통의 유통을 통제하는 자를 말한다. 경우에 따라서는 신호조정 외에 건널목의 차단기를 올리고 내리는 일을 하기도 한다.

84123 **철도 수송원**

철도 조차장과 측선에서 상, 하역 열차의 구성, 차량의 연결, 분리 등에 관한 지시에 따라 철도차량을 전철시키는 자를 말한다. 경우에 따라서는 전철된 차량에 올라 핸들바퀴를 돌려 차량의 속도를 통제하거나 특정장소에 정차시키기도 한다.

84129 **기타 화물열차 차장, 신호 및 수송원**

상기 세세항목에 분류되지 않은 화물열차 차장, 신호원 및 수송원으로서 유사 직무를 수행하는 자가 여기에 분류된다.

84210 **택시 운전원**

요금을 받고 승객을 수송하는 택시를 운전하는 자를 말한다.

84221 **일반 승용차 운전원**

일반 승용차를 운전하는 자를 말한다.

84222 **경화물차 운전원**

밴을 운전하는 자를 말한다.

84223 **구급차 운전원**

구급차를 운전하는 자를 말한다.

84224 **우편배달차 운전원**

우편배달차를 운전하는 자를 말한다.

84229 기타 승용차 및 경화물차 운전원

상기 세세분류 어느 항목에도 포함되지 않은 유사한 직무를 수행하는 자로 신형 자동차를 항구의 선착장, 총판매 또는 기타 장소에 끌어다 주는 운전원 등이 여기에 분류된다.

84231 시내버스 운전원

시내버스를 운전하는 자를 말한다.

84232 시외버스 운전원

일반 시외버스를 운전하는 자를 말한다.

84233 고속버스 운전원

고속버스를 운전하는 자를 말한다.

84234 관광버스 운전원

관광 및 전세버스를 운전하는 자를 말한다.

84235 승합차 운전원

7~15인승의 소형버스를 운전하는 자를 말한다.

84239 기타 버스 운전원

상기 세세분류 어느 항목에도 포함되지 않은 유사한 버스 운전원이 여기에 분류된다.

84241 일반 트럭 운전원

각종 화물을 수송하는 트럭을 운전하는 자를 말한다.

84242 유조차량 운전원

유류를 수송하는 유조차를 운전하는 자를 말한다.

84243 트레일러 트럭 운전원

트레일러 트럭을 운전하는 자를 말한다.

84244 덤프트럭 운전원

건설공사장, 광산 또는 기타 집적장에서 흙, 자갈, 돌, 광물 등을 운반하는 덤프트럭을 운전하는 자를 말한다.

84245 레미콘차량 운전원

시멘트 혼합물을 수송하는 레미콘 차량을 운전하는 자를 말한다.

84246 광산왕복차 운전원

광산의 채벽으로부터 컨베이어 또는 궤도차 활송로로 광물을 운반하는 자체 추진력을 가진 단거리 왕복차를 운전하는 자를 말한다.

84247 콘크리트 펌프카 운전원

건축, 교각, 댐 등의 건설시 거푸집 및 균열부위의 충전 또는 미장작업을 위하여

호스를 통하여 콘크리트, 시멘트 혼합물, 시멘트, 그라우트를 펌프질해 주는 차량을 운전하는 자를 말한다.

84249 **기타 특수차 운전원**

상기 세세분류 어느 항목에도 포함되지 않은 유사한 직무를 수행하는 자로 트레일러가 부착되지 않은 로리를 운전하는 자가 여기에 분류된다.

84311 **농기계 운전원**

농기계 또는 장비를 조작하는 자를 말한다.

84312 **산림용 기계 및 임업장치 운전원**

주로 제재소, 목재 집적소 및 기타 사업체에서 통나무, 제재목 및 유사한 짐을 기중대에 달아 단거리를 운반하는 차량을 운전하는 자와 동력 산림용 기계 장치를 운전하는 자를 말한다.

84319 **기타 동력 농림업장치 운전원**

상기 세세분류 어느 항목에도 포함되지 않은 농림업장치 운전원이 여기에 분류된다.

84321 **굴삭기 운전원**

흙, 돌, 자갈 및 유사한 물질을 굴착, 이동 또는 하수도, 배수구, 송수관, 송유관, 가스관 및 기타 도관 매설을 위하여 동력구동 기계를 운전하는 자를 말한다.

84322 **불도저 운전원**

흙을 이동, 분배 및 정리하기 위하여 오목한 강철 날을 장비한 동력구동 기계를 운전하는 자를 말한다.

84323 **준설기 운전원**

물밑의 모래, 자갈 및 진흙을 파내기 위하여 준설기를 조작하는 자를 말한다. 경우에 따라서는 간단한 수리를 하고 광물질을 함유한 흙을 파내기도 한다.

84324 **항타기 조작원**

나무, 콘크리트 및 철주를 땅 또는 물밑에 박기 위해 동력해머나 낙하추를 장비한 동력구동기계를 조작하는 자를 말한다. 경우에 따라서는 가압 해머를 사용하기 위해 공기압축기를 조작하기도 한다.

84325 **도로정지기 운전원**

건물, 도로, 활주로의 건설이나 기타 목적으로 땅을 고르기 위해 스크레이퍼 또는 그레이더를 운전하는 자를 말한다.

84326 **도로포장기 운전원**

도로, 활주로의 건설과 기타 경기장을 위해 땅에 깔은 돌, 자갈, 흙, 콘크리트 및 아스팔트 등의 재료를 다지고 고르게 하는 도로포장기를 운전하는 자를 말한다.

84327 **터널굴착기 운전원**

터널 굴착기를 운전하는 자를 말한다.

84329 **기타 흙 운반 및 관련장치 운전원**

상기 세세분류 어느 항목에도 포함되지 않은 유사한 직무를 수행하는 자로 도로 표면에 역청물이나 타르를 뿌리는 트랙터 또는 추진력을 가진 기계를 운전하는 자와 콘크리트 포장 분사기를 조작하는 자 등이 여기에 분류된다.

84331 **브리지 크레인 운전원**

궤도 위로 움직이는 고가교를 따라 인양기어가 움직이도록 동력 크레인을 운전하는 자를 말한다.

84332 **타워크레인 운전원**

궤도 위로 움직이는 회전 금속탑으로 되어 있고 그 꼭대기에 이동식 또는 고정식 붐이 장비되어 있으며, 붐을 따라 기중장비를 지탱하는 동차가 움직이게 되어 있는 크레인을 운전하는 자를 말한다.

84333 **이동크레인 운전원**

자체의 동력으로 어느 방향으로도 움직일 수 있는 바퀴나 무한궤도 크레인을 운전하는 자를 말한다.

84334 **호이스트 운전원**

건설공사 또는 광산에서 고용된 근로자와 물건을 끌어 오르내리는 승강기 또는 승강대로 구성된 동력호이스트를 운전하는 자를 말한다.

84335 **리프트 조작원**

리프트를 조작하는 자를 말한다.

84336 **갑문 조작원**

운하, 독 등에서 선박을 통과시키기 위하여 수위를 조절하는 장치를 조작하는 자를 말한다.

84339 **기타 크레인, 호이스트 및 관련장치 운전원**

상기 세세분류 어느 항목에도 속하지 않은 크레인, 호이스트 및 관련장치 운전원으로서 데릭보트 조작원, 부유크레인 조작원, 기관차크레인 조작원, 철도크레인을 조작하는 자가 여기에 분류된다.

84340 **적재용 차량 운전원**

창고, 저장소 또는 기타 시설물에서 화물, 나무상자, 종이상자 및 기타 물건들을 들어올려 운반하고 이를 기계적으로 쌓기 위해 포크형인 상판이나 인상대를 장비한 동력구동 트럭을 운전하는 자를 말한다.

84401 **갑판장**

선박(기관실 제외)에서 청소 및 정비작업에 종사하는 갑판원들을 감독하는 자를 말한다. 경우에 따라서는 갑판용품의 보관 및 지급을 하기도 한다.

84402 **갑판원**

해양선박에서 갑판원으로 일하는 자를 말한다. 단, 선원으로서 어로에 종사하는 자는 어업 종사자로 분류한다.

84403 **등대지기**

등대 또는 등대선의 경보등 및 신호장치를 조종하는 자를 말한다.

84404 **바지선 선원**

운하, 하천, 항만에서 화물을 수송하는 데 사용되는 바지선에서 종사하는 자를 말한다.

84409 **기타 선박갑판 관련 승무원**

상기 세세분류 어느 항목에도 포함되지 않은 선박관련 승무원으로 거룻배 선원 및 뱃사공 등이 여기에 분류된다.

9 단순노무 종사자 : 단순노무 종사자는 주로 수공구의 사용과 단순하고 일상적이며, 어떤 경우에는 상당한 육체적 노력이 요구되고, 거의 제한된 창의와 판단만을 필요로 하는 업무를 수행한다.

91111 **가사 보조원**

거실을 쓸고 청소기로 청소하며, 의복을 세탁한다. 또한 음식을 만들고 대접하는 등의 여러 가지 가사업무를 수행하는 자를 말한다.

91112 **가사 쇼핑 대행원**

여러 가지 가정용품의 구입을 전문적으로 대행하는 자를 말한다.

91121 **사무실 청소원**

공공건물, 사무실, 상업건물(호텔 등의 숙박시설 제외) 등의 건물 내부를 청소, 정돈 및 관리하는 자를 말한다. 경우에 따라서는 세탁, 다림질 및 기타 활동을 돕기도 하며, 건물관리인의 직무를 수행하기도 한다.

91122 **아파트 청소원**

아파트의 복도, 계단 등을 청소 및 관리하는 자를 말한다.

91129 **기타 건물 청소원**

기타 건물의 내부를 청소하는 자를 말한다.

91131 **호텔 및 숙박시설 청소원**

호텔 또는 숙박시설에서 객실 청소 등을 하는 자를 말한다.

91132 **병원 청소원**

병원시설에서 병실 등을 청소하는 자를 말한다.

91133 **음식업소 보조원 및 청소원**

음식업소에서 재료를 미리 다듬고, 씻고, 준비하고 음식점을 청소하는 자를 말한다.

91139 **기타 호텔 및 음식업소 청소원**

상기 세세분류 어느 항목에도 포함되지 않은 유사한 직무를 수행하는 자가 여기에 분류된다.

91141 **세차원**

승용차를 세차하거나 광택을 내는 자를 말한다.

91149 **기타 차량 및 관련 청소원**

상기 세세분류 어느 항목에도 포함되지 않은 유사한 직무를 수행하는 자로 여객열차, 버스 및 항공기를 청소하는 자가 여기에 분류된다.

91150 **세탁 및 다림질원**

의류, 섬유직물 및 유사물품을 손으로 세탁 또는 다림질한다.

91211 **빌딩 관리인**

소유자 또는 경영대리인을 대리하여 시설물에 대한 전반적인 관리를 하는 자를 말한다. 즉 빌딩을 깨끗이 하고 질서 있게 유지하며, 사용자를 위해 열과 더운물을 제대로 공급할 수 있도록 운용하는 자를 말한다.

91212 **공동주택 관리인**

소유자 또는 경영대리인을 대리하여 아파트 또는 다세대주택을 관리하는 자를 말한다.

91213 **교구 관리인**

종교건물의 내부시설 및 집기를 돌보는 자를 말한다.

91219 **기타 건물 관리인**

별장 또는 개인 주택 등 상기 세세분류에 포함되지 않은 기타 건물을 돌보는 자를 말한다.

91221 **수위 및 경비원**

건물에서 방문자의 출입을 점검하고 필요한 정보를 제공하며 불법침입 또는 도난, 화재 및 기타 위험 방지와 재산을 감시하는 자를 말한다.

91222 물품 보관원

수하물을 일정한 장소에 보관하여 주고 수수료를 받는 자를 말한다.

91223 집표원

극장, 공원 및 관련 장소에서 표를 받는 자를 말한다.

91224 공원 관리원

공원에서 안내, 출입 통제, 질서유지, 잔디밭 손질, 시설 보존 등 단순업무에 종사하는 자를 말한다.

91225 주차장 관리원

주차장에서 자동차의 출입을 통제하고 주차요금을 징수하며, 자동차의 손상 및 파손을 방지하고 자동차의 안전한 주차를 유도하는 자를 말한다.

91229 기타 수위, 경비 및 관련 종사원

상기 세세분류 어느 항목에도 포함되지 않은 유사한 직무를 수행하는 자로 유원지, 경기장 등에서 안내하는 자가 여기에 분류된다.

91311 우편물 집배원

우체국에서 번지와 가호에 따라 분류된 우편물을 개인의 가정이나 기업체로 우편물을 배달하는 자를 말한다.

91312 신문 배달원

정기 구독자에게 신문을 배달하는 자를 말한다.

91313 물품 배달원

사업체 또는 기타 기관 내에서 사무실로 통신문, 소포를 배달하는 자와 사업체나 가정에서 다른 장소로 문서, 문서철, 소포 및 통신문 등을 배달하는 자를 말한다.

91314 수하물 운반원

호텔, 역, 공항 및 시장 등의 장소에서 수하물을 운반하는 자를 말한다.

91319 기타 배달 및 수하물 운반원

상기 세세분류 어느 항목에도 포함되지 않은 유사한 직무를 수행하는 자로 연탄배달원 등이 여기에 분류된다.

91320 계기 검침원

전기, 가스 또는 수도 계량기 등을 검침하고 소비량을 기록하는 자를 말한다.

91330 자동판매기 유지 및 수금원

자동판매기에 물품을 보충하고 자동판매기의 동전박스에서 동전을 수거하는 자를 말한다. 또한 주차계기 등의 박스에서 돈을 수거하는 자도 여기에 포함된다.

91410 **쓰레기 수거원**

건물, 야적장, 거리 및 기타 공공장소에서 쓰레기를 수집하고 제거하는 자를 말한다.

91420 **거리 미화원 및 관련종사원**

거리, 공항, 역 및 기타 공공장소를 쓸고 청소하는 자를 말한다.

91501 **구두 미화원**

거리에서 구두를 닦아주거나 광내고 간단한 수선을 해 주는 자를 말한다.

91502 **심부름원**

문서송달 이외에 시장, 거리 등에서 간단한 심부름을 제공하는 자를 말한다.

91503 **물품 분류원**

뒤섞인 물건들을 정리하거나, 수집한 재활용품 및 고물을 종류별로 구분하여 분리하는 자를 말한다.

91509 **그 외 기타 서비스관련 단순노무자**

상기 세세분류 어느 항목에도 포함되지 않은 유사한 직무를 수행하는 자로 거리의 게시판에 벽보를 붙이는 자 등이 여기에 분류된다.

92011 **전답작물 관련 단순노무자**

전답작물 생산에 관련된 전반적인 영농을 보조하는 자로서 농작물을 심고 솎아주거나 제초작업을 해 주며, 논밭에 물을 대고 도랑을 파거나 삽질을 한다. 경우에 따라서는 시장에 공급할 농산물을 손질해서 분류하고 무게를 달아서 포장을 하기도 한다.

92012 **과수작물 관련 단순노무자**

과수작물 생산에 관련된 전반적인 영농을 보조하는 자를 말한다.

92013 **축산 관련 단순노무자**

축산과 관련된 여러 가지 간단한 농사일을 수행하는 자로서 동물에게 사료 또는 물을 주며 이들을 씻어주거나 축사를 청결하게 관리한다.

92019 **기타 농업관련 단순노무자**

상기 세세분류 어느 항목에도 포함되지 않은 농업 관련 단순노무자가 여기에 분류된다.

92020 **임업 관련 단순노무자**

여러 가지 간단한 영림 업무를 수행하며 천연산림이나 영림장에서 작업을 보조하는 자로서 나무를 심기 위하여 구덩이를 파고 통나무 및 목재를 쌓거나 임목지의 관목을 제거하는 자를 말한다.

92030 **어업 관련 단순노무자**

간단한 수공구를 사용하여 해초, 바다이끼, 조개 등 연체동물의 채취활동을 하는 자를 말한다.

93010 **단순 조립원**

제품을 분류하고 구성품을 간단히 수동으로 조립하는 자를 말한다.

93021 **포장원**

상자, 가방, 통나무 및 기타 출하 또는 저장용 용기에 손으로 자재나 제품을 포장하는 자를 말한다.

93022 **상표 부착원**

손으로 상표를 부착하는 자를 말한다.

93091 **제품 운반원**

제조업이나 수리 및 정비업소에서 원재료 또는 제품을 이동, 운반하는 자를 말한다.

93099 **그 외 기타 제조 관련 단순노무자**

제조업과 관련된 간단한 일상적인 업무를 수행하는 자로서 원재료 또는 제품을 인양, 적하 및 하차하는 자를 말한다.

94110 **광업 단순노무자**

광산 또는 채석장의 폐쇄된 작업장에서 목제 및 철제 지주를 제거, 노천광에서 백악, 점토, 자갈 또는 모래를 채굴하는 일에 부속된 단순하고 일상적인 일을 수행하는 자를 말한다.

94121 **교통 정리원**

건설현장을 출입하는 차량을 통제 또는 유도하거나, 건설현장 주변의 원활한 교통흐름을 위하여 차량의 통행을 통제하거나 유도하는 일에 종사하는 자를 말한다.

94122 **철로 보수원**

철도 노반과 철로의 보수 또는 정비에 관련된 간단한 작업에 종사하는 자를 말한다.

94123 **토공 작업원**

도로, 댐 및 유사 건설의 정비와 연결된 간단하고 일상적인 업무를 수행하는 자로서 구덩이를 파고 메우며 자갈과 관련 재료를 살포하고 도로건설 및 정비와 관련된 기타 업무를 수행한다.

94124 건물건설 잡역부

건물건설 작업과 연결된 간단하고 일상적인 일을 수행하는 건설공사 현장을 청결히 하고 해체작업장에서 기타 간단한 작업을 수행하며, 장애물을 제거하는 자를 말한다.

94125 건물건축 운반인부

건설현장에서 벽돌, 모르타르 등 여러 가지 물품을 운반하는 자를 말한다.

94211 부두 하역원

가스 및 액체를 제외한 선박화물의 하역작업을 하는 자를 말한다.

94212 육상화물 하역원

트럭, 화차 및 기타 차량에서 화물을 하역하는 자와 항공화물의 하역작업을 하는 자를 말한다. 경우에 따라서는 로프나 기타 재료로 화물을 묶어주고 파손을 막기 위해 제품 사이에 솜을 끼워주고 포장하며, 싣고 내리는 화물을 기록하며 싣기 전에 중량을 달아보기도 한다.

94213 선박 하역원, 가스

해안의 주 시설물의 파이프와 나룻배, 유조선 및 기타 선박의 탱크 사이에 호스를 연결하고 석유, 액화가스 및 기타 액체물질의 하역작업을 하는 자를 말한다.

94214 화물 운반원

창고, 시장 또는 이와 비슷한 시설물에서 물품을 운반하고 쌓는 자를 말한다. 경우에 따라서는 트럭이나 화차에 짐을 싣거나 부리며 컨베이어, 화물용 엘리베이터, 적재기 등을 조작하고 물품을 포장하거나 중량을 달며 이들에 확인표시를 하기도 한다.

94219 기타 화물취급원

상기 세세분류 어느 항목에도 포함되지 않은 유사한 직무를 수행하는 자로 한 장소에서 다른 장소로 운반하기 위하여 사무실 또는 가정용 가구 및 기기를 운반, 하역하는 자를 여기에 포함한다.

94220 교통 지도원

복잡한 출퇴근 시간대에 시내버스 정류소에서 정차질서 계도 및 승객의 노선안내, 장애인 노약자의 안전한 탑승을 돕기 위하여 근무하는 자와 전철 탑승을 돕는 자를 말한다.

A 군인 : 의무 복무 중인 사병을 제외하고 현재 군복무에 종사하는 자로 민간고용이 자유롭지 못한 자를 말한다. 국방과 관련된 정부기업에 고용된 민간인, 경찰, 세관원 및 무장 민간 복무자, 국가의 요청에 따라 단기간 군사훈련 또는 재훈련을 위하여 일시적으로 소집된 자 및 예비군은 제외한다. 대분류의 범위를 정하는 직무능력에 관한 사항은 적용되지 않았다.

A1110 영관급 이상

육 · 해 · 공군의 소령 이상의 장교로서 지휘관과 참모를 포괄한다.

A1120 위관급

육 · 해 · 공군의 소위, 중위 및 대위를 포함한다.

부록 2

직업안정기관 주소록

1. 노동부 전국고용안정센터

관할관서센터명		소 재 지	전화번호
서울청	서울종합 고용안정센터	서울 종로구 수송동 51-8 거양빌딩 3, 6층	02)2004-7301
	서울강남종합 고용지원센터	서울 강남구 대치4동 889-13 금강타워 8~10층	02)3468-4794
	서울동부종합 고용지원센터	서울 성동구 고산자로 10(행당동 7번지) 성동구청사 내 12, 13층	02)2142-8911
	서울서부종합 고용지원센터	서울 마포구 도화동 173 삼창프라자빌딩 4~5층	02)701-1919
	서울남부종합 고용지원센터	서울 영등포구 당산동 4가 93-1 동양타워 11, 12층	02)2639-2300
	서울북부종합 고용지원센터	서울 동대문구 용두1동 45-1 대학빌딩 2, 5층	02)2171-1700
	서울관악종합 고용지원센터	서울 구로구 구로3동 222-30	02)3281-2400
	춘천종합 고용지원센터	강원 춘천시 석사동 885-3번지 넥서스프라자 빌딩 2~5층	033)250-1900
	태백종합 고용지원센터	강원 태백시 황지동 25-14	033)552-8605
	강릉종합 고용지원센터	강원 강릉시 포남동 1117-14번지	033)645-4977

관할관서센터명		소 재 지	전화번호
서울청	원주종합 고용지원센터	강원 원주시 단계동 862 신협강원연합회 4층	033)734-9090
	영월종합 고용지원센터	강원 영월군 영월읍 영흥5리 976-1	033)374-1727
	의정부종합 고용지원센터	경기 의정부시 가능동 754 신동아파라디움빌딩	031)828-0900
부산청	부산종합 고용지원센터	부산 부산진구 양정2동 150-3 1~5층	051)860-1919
	부산동래종합 고용지원센터	부산 동래구 명륜동 510-6 대한생명빌딩 6층	051)743-0194
	부산북부종합 고용지원센터	부산 북구 화명동 2270-3	051)330-9900
	창원종합 고용지원센터	경남 창원시 용호동 7-2번지 오피스프라자빌딩 3, 4층	055)261-7742
	양산종합 고용지원센터	경남 양산시 동면 석산리 1440-2(626-821)	055)387-0806
	진주종합 고용지원센터	경남 진주시 칠암동 414-10 아이비타워 2층	055)547-6277
	울산종합 고용지원센터	울산시 남구 옥동동 126-1	052)228-1919
	통영종합 고용지원센터	경남 통영시 북신동 696 삼성생명빌딩 10층	055)648-5280
대구청	대구종합 고용지원센터	대구광역시 수성구 범어동 45-31번지	053)667-6000
	대구북부종합 고용지원센터	대구시 달서구 상인동 1511 월곡빌딩 8층	053)606-8000
	구미종합 고용지원센터	경북 구미시 송정동 73번지 LG 화재빌딩 8층	054)440-3300
	포항종합 고용지원센터	경북 포항시 북구 죽도2동 49-1 대한생명빌딩 6~7층	054)284-1350
	영주종합 고용지원센터	경북 영주시 휴천3동 36	054)631-1919
	안동종합 고용지원센터	경북 안동시 태화동 715-3번지	054)858-2390
경인청	경인종합 고용지원센터	인천광역시 남동구 구월3동 1112번지 대륭빌딩 2~5층	032)460-4700
	인천북부종합 고용지원센터	인천시 계양구 계산동 1063-12번지 영산빌딩 2, 3, 4층	032)512-1919

관할관서센터명		소 재 지	전화번호
경인청	수원종합 고용지원센터	경기 수원시 팔달구 인계동 939번지 신동아오피스텔 2, 3층	031)231-7800
	부천종합 고용지원센터	경기 부천시 원미구 상동 538-4 그린힐빌딩 4층	032)320-8900
	안양종합 고용지원센터	경기 안양시 만안구 안양6동 534번지 현대센터빌딩	031)463-0748
	안산종합 고용지원센터	경기 안산시 단원구 고잔동 526-1번지	031)439-1907
	성남종합 고용지원센터	경기 성남시 중원구 금광동 12번지 영원무역빌딩 5~7층	031)739-3120
	평택종합 고용지원센터	경기 평택시 지산동 775-19 송산빌딩 2층	031)611-5500
광주청	광주종합 고용지원센터	광주광역시 동구 금남로 5가 42번지 대신증권(주)무등지점빌딩	062)239-8000
	전주종합 고용지원센터	전라북도 전주시 덕진구 진북동 410-1	063)270-9100
	익산종합 고용지원센터	전북 익산시 어양동 626-1	063)839-0081
	군산종합고용 지원센터	전북 군산시 조촌동 852-1	063)4500-560
	목포종합 고용지원센터	전남 목포시 상동 975번지	061)280-0500
	순천종합 고용지원센터	순천시 연향동 1326-1 GS빌딩 4층	061)720-9114
대전청	대전종합 고용지원센터	대전광역시 서구 탄방동 659번지	042)480-6000
	청주종합 고용지원센터	충북 청주시 흥덕구 사창동 171-5	043)230-6740
	충주종합 고용지원센터	충북 충주시 문화동 1054번지 교보빌딩 4층	043)850-4052
	천안종합 고용지원센터	충남 천안시 두정동 698번지 말우물빌딩 3, 4층	041)620-7400
	보령종합 고용지원센터	충남 보령시 동대동 1170	041)930-6200

2. 서울 및 수도권 지역 시 · 군 · 구청 취업정보센터

지역	취업정보은행	소 재 지	전화번호
서울 (02)	종로구청 취업정보은행	서울특별시 종로구 삼봉길 50(수송동 146-2)	731-0846
	중구청 취업정보은행	서울특별시 중구 배오개길 76	2260-1919
	용산구청 취업정보은행	서울특별시 용산구 백범로 78(원효로1가 25)	710-3735
	성동구청 취업정보은행	서울특별시 성동구 고산자로 10(행당동 7)	2286-5482
	광진구청 취업정보은행	서울특별시 광진구 자양로 150(자양동 777)	450-1740
	동대문구청 취업정보은행	서울특별시 동대문구 하정로 145(용두동 39-9)	2127-4919
	중랑구청 취업정보은행	서울특별시 중랑구 봉화산길 179(신내동 662)	490-3614
	성북구청 취업정보은행	서울특별시 성북구 보문로 168	920-3617
	강북구청 취업정보은행	서울특별시 강북구 구청길 12(수유3동 192-59)	901-2244
	도봉구청 취업정보은행	서울특별시 도봉구 마들길 656(창동 320)	2289-1919
	노원구청 취업정보은행	서울특별시 노원구 노해길 183(상계동 701-1)	950-3254
	은평구청 취업정보은행	서울특별시 은평구 은평구청길 8(녹번동 84)	350-1799
	서대문구청 취업정보은행	서울특별시 서대문구 연희로 165(연희동 168-6)	330-1419
	마포구청 취업정보은행	서울특별시 마포구 성산로 557(성산동 275-3)	330-2997
	양천구청 취업정보은행	서울특별시 양천구 목동동로 75(신정동 321-4)	2642-5181
	강서구청 취업정보은행	서울특별시 강서구 화곡로 153(화곡동 980-16)	2600-6171
	구로구청 취업정보은행	서울특별시 구로구 가마산길 340(구로동 435)	860-2159
	금천구청 취업정보은행	서울특별시 금천구 시흥대로 483(시흥동 890-4)	890-2150
	영등포구청 취업정보은행	서울특별시 영등포구 당산로 124(당산동3가 385)	2670-4101
	동작구청 취업정보은행	서울특별시 동작구 노량진 2동 47-2	820-1363
	관악구청 취업정보은행	서울특별시 관악구 봉천7동 853-1	880-3637
	서초구청 취업정보은행	서울특별시 서초구 남부순환로 2584(서초동 1376-3)	529-1919
	강남구청 취업정보은행	서울특별시 강남구 학동로 426(삼성동 16-1)	2104-1919
	송파구청 취업정보은행	서울특별시 송파구 올림픽로 326(신천동 29-5)	410-3355
	강동구청 취업정보은행	서울특별시 강동구 성내동길 27(성내동 540)	476-2840
인천 (032)	중구청 취업정보은행	인천광역시 중구 중구청길 100 (관동1가 9번지)	760-6953
	동구청 취업정보은행	인천광역시 동구 금곡길 175	770-6450
	남구청 취업정보은행	인천광역시 남구 독정이길 151	880-4387
	연수구청 취업정보은행	인천광역시 연수구 원인재길 33	810-7375
	남동구청 취업정보은행	인천광역시 소래길 88(만수동)	453-2500
	부평구청 취업정보은행	인천광역시 부평구 부평로 266(부평4동 879)	509-6582
	계양구청 취업정보은행	인천광역시 계양구 계산새길 148	450-5527
	서구청 취업정보은행	인천광역시 서구 서곶길 323(심곡동 244)	560-4476
	강화구청 취업정보은행	인천광역시 강화군 강화읍 관청리 163	930-3023
	옹진구청 취업정보은행	인천광역시 남구 낙섬길 166	899-2114

3. 시 · 도 민간 무료직업 소개소

지역	무료직업소개소	소 재 지	전화번호
서울 (02)	대한민국재향군인회	종로구 인의동 101-1	763-9254
	서울대학교병원	종로구 연건동 28	2072-2114
	(사)대한갱생보호회	종로구 당주동 171 삼록빌딩 601호	722-9877
	(사)종합금융협회	종로구 관훈동 197-28 백상빌딩 10층	720-3664
	(사)국민문화연구소	종로구 동숭동 192-10 우당기념관 내 1층	765-7651
	서울장애인	종로구 계동 67-26	447-0277
	대한YWCA연합회 후원	중구 명동1가 1-3	774-9702
	(사)대한주부클럽연합회	중구 남창동 1-2 새로나백화점 2층	752-4222
	(사)전국은행연합회	중구 명동1가 4-1	3705-5275
	(사)한국음식업중앙회	중구 신당동 410-1	2253-9884
	(사)가정보건복지연구소	중구 신당동 366-18	2264-0065
	(사)대한노인회중앙회	용산구 효창동 9	713-1015
	(사)한국무역대리점협회	용산구 한강로2가 218	792-1581
	(사)대한노인회서울특별시연합회	용산구 효창동 산 9-1	707-0650
	(사)한국장애인고용안정협회	용산구 갈월동 11-16	754-7755
	(사)대한치과의사협회	성동구 송정동 81-7	498-9142
	대한불교조계종사회복지재단	광진구 자양동 553-632	458-1664
	은천복지재단	동대문구 답십리동 465-18	2249-9980
	한국불교교화원	동대문구 청량리동 56-16	964-8044
	장애인 무료직업소개소	중랑구 면목동 186-78	438-8195
	생명의 전화	성북구 월곡동 96-155	916-9193
	한국봉사회	노원구 상계1동 1146-11	934-7711
	하봉복지재단	노원구 하계동 170-1	974-0065
	이화여자대학사회복지	서대문구 대신동 22	360-2599
	서울치과의사신용협동조합	마포구 합정동 413-7	362-1604
	한국경영자총협회	마포구 대흥동 276-1 경총회관 6층	3270-7300
	사회복지법인 연꽃마을	마포구 아현동 603-15	363-7884
	서울노인회유지재단 양천노인종합복지관	양천구 신정7동 325-3	2649-0653
	사회복지법인천사종합복지원	강서구 가양동 택지개발 5-2블럭 가양 5	668-4603
	한국복지재단	구로구 구로5동 25-1 구로노인복지회관	838-4600
	기계공구단지직업소개소	구로구 구로본동 604-1	633-0081
	여성노동자회직업소개소	구로구 구로본동 409-54	867-0516
	한국노인복지회	영등포구 양평동1가 205	2631-3212
	서울특별시의사회	영등포구 당산동 121-99	676-9751

지역	무료직업소개소	소 재 지	전화번호
서울 (02)	중소기업협동조합	영등포구 여의도동 16-2	785-0010
	한국증권업협회	영등포구 여의도동 34	767-2733
	(사)한국교통장애인협회	영등포구 당산동2가 48-1	632-2201
	전국건설노동자취업알선센터	영등포구 대림1동 700-4	848-9191
	한국사회복지사협회	영등포구 여의도동 24-2 월드비젼 941호	786-0190
	(사)한국장애인재활협회	동작구 신대방동 400	841-2077
	한국산업단지공단	구로구 구로동 188-5	6300-5625
	대한전문건설협회서울특별시회	동작구 신대방동 395-70 전문건설회관 9층	3284-0609
	보라매재활센터	동작구 신대방동 395 보라매공원 내 서울시립정신지체인 복지관	846-9275
	자선단	관악구 봉천1동 726-3	888-9455
	한국전력기술인협회	관악구 신림본동 1411-24	888-4224
	한국신체장애인복지회 관악구지회 (선한이웃)	관악구 신림2동 131-32	873-0140
	실로안시각장애인 무료취업상담소	관악구 봉천본동 931-7	880-0563
	서초노인복지관	서초구 양재동 7-44 서초노인복지관 내	578-1515
	장애우직업지원센터	서초구 방배1동 922-16 장애우권익문제연구소 내	521-5364
	(사)한국알투루사	강남구 역삼동 660-4	762-3977
	(사)한국건설기술인협회 건설기술회관	강남구 논현동 238-5	3416-9251
	(사)한국무역협회	강남구 삼성동 159-1	551-5375
	대한건설협회	강남구 논현동 71-2	547-6101
	대한섬유산업연합회	강남구 대치동 944-31	528-4032
	대한건설기계협회	강남구 역삼동 648-26	501-5701
	(사)대한어머니회	강남구 논현동 100-4	545-9295
	태교기독교사회복지관	강남구 수서동 741	2226-2555
	(사)한국모델협회	강남구 삼성동 114-15(3층)	555-9777
	강남고령자취업알선센터	강남구 역삼동 760-3	558-8771
	강동종합사회복지관	강동구 천호동 555	488-4585
	성내종합사회복지관	강동구 성내동 508-1	478-2555
부산 (051)	부산종합사회복지관부설 노인취업알선센터	부산광역시 수영구 망미동 774번지 269호	758-6181
	부산지역일일취업안내소	부산광역시 동구 범일동 88번지 1호	245-8090
	부산진구여성인력개발센터	부산광역시 부산진구 부전동 467번지 1호 영동플라자 2층	807-7944

지역	무료직업소개소	소 재 지	전화번호
부산 (051)	영진무료직업소개소	부산광역시 해운대구 반여동 1247번지	529-0005
	송국무료직업소개소	부산광역시 해운대구 우동 1069번지 7호	747-0578
	대한건설기계협회 부산광역시지회무료직업소개소	부산광역시 부산진구 전포동 635번지 13호	807-0345
	부산인권상담센터 부설무료직업소개소	부산광역시 기장군 기장읍 청강리 18번지 2호 현대아파트 상가 A동 501호	722-6181
	금정 노숙인고용지원센터	부산광역시 금정구 서동 295번지 6호	526-1033
대구 (053)	서대구산업단지관리공단 무료직업소개소	대구광역시 서구 중리동 1082번지 8호	558-7880
	염색산업단지관리공단무료직업소개소	대구광역시 서구 평리동 404번지 2호	355-1521
	대구성서산업관리공단 무료직업소개소	대구광역시 달서구 갈산동 123번지 4호	582-2917
	사회복지법인 베네스터직업소개소	대구광역시 남구 대명동 1681번지 16호	628-5865
	밀알무료직업소개소	대구광역시 달서구 이곡동 1000번지 156호	581-4610
	대구홈리스고용지원센터	대구광역시 북구 칠성동2가 302번지 273호	423-6243
	대구취업지원센터	대구광역시 북구 노원동3가 1206번지	359-3732
인천 (032)	인천광역시여성복지관	인천광역시 남구 주안동 946번지 1호	435-1447
	인천광역시지체장애인협회	인천광역시 남구 숭의동 146번지	884-2373
	인천광역시장애인정보화협회	인천광역시 남구 숭의동 146번지	887-8500
	(사)인천농아인협회	인천광역시 남구 숭의동 137번지	882-2776
	인천시각장애인복지관	인천광역시 남구 학익동 709번지 1호	876-3500
	사)실업극복국민운동 인천본부무료직업소개소	인천광역시 남구 숭의동 424번지	889-1982
	(사)대한노인회인천광역시연합회	인천광역시 남구 숭의동 441번지 3호	883-3751
	(사)한국장애인재활협회인천시지부	인천광역시 남구 숭의동 146번지	891-2491
	장애인직업상담센터인천지사	인천광역시 남구 학익동 240번지 46호 정동법조빌딩 403호	766-6012
	세화종합사회복지관부설 무료직업소개소	인천광역시 연수구 연수동 533번지	813-2791
	연수복지관	인천광역시 연수구 연수동 582번지 2호	811-8012
	인천서구개발인력센터	인천광역시 서구 가정동 517번지 주암프라자 2층	577-6091
	섬나장애인무료취업소개소	인천광역시 계양구 계산동 1082번지 7호 라이즈빌 205호	555-4138
	인천광역자활지원센타 무료직업소개소	인천광역시 남동구 구월동 1127번지 한국씨티은행 8층	437-4051

지역	무료직업소개소	소 재 지	전화번호
인천 (032)	(재)인천교구천주교회유지재단 남동장애인종합복지관무료직업소개	인천광역시 남동구 만수동 1007번지	472-3300
	인천동구자활후견기관	인천광역시 동구 화수동 79번지 2호	761-0766
	재향군인회직업소개소	인천광역시 중구 신흥동2가 54번지 7호	884-3372
	정신지체인자립지원센터 장애인직업소개소	인천광역시 남구 숭의동 146번지 16호	888-8369
	인천경영자협회무료직업소개소	인천광역시 남동구 구월동 1460번지 1호	431-3700
	인천광역시노인취업정보센터	인천광역시 남구 숭의동 441번지 48호 인천시노인복지회관 1층	886-1853
	인천광역시여성문화회관	인천광역시 부평구 갈산동 375번지 1호	511-3141
광주 (062)	광산구근로자노인종합센터 취업정보센터	광주광역시 광산구 운남동 799번지 1호	959-9004
	(사)한국농아인협회광주협회	광주광역시 남구 월산동 1050번지 26호 신우빌딩 4층	351-2634
	청소년알바지원센터	광주광역시 동구 수기동 5번지 4호	234-0755
	(사)광주시장애인정보화협회 무료직업소개소	광주광역시 동구 학동 85번지 13호	232-2858
대전 (042)	사)대전실업극복시민연대 일어서는사람들무료직업소개소	대전광역시 중구 대흥동 423번지 5호 2층	223-8712
	월평종합사회복지관	대전광역시 서구 월평동 218번지	484-6181
울산 (052)	(사)한국음식중앙회 울산광역시지회남구지부	울산광역시 남구 신정동 778번지 31호	227-4644
	시니어고용정보센터	울산광역시 중구 우정동 219번지 5호	248-2889
	울산고용정보센터	울산광역시 중구 반구동 446번지 8호	295-1300
	울산광역시시각장애인복지관 무료직업소개소	울산광역시 남구 달동 636번지 17호	256-5244
	울산지역건설플랜트 노동조합무료취업알선센터	울산광역시 남구 야음동 453번지 10호	269-0482
	울산청년실업극복센터	울산광역시 남구 우거동 617-10번지 2층	291-2039
	울산농아인협회무료직업소개소	울산광역시 남구 신정동 1265번지 1호 청운빌딩 5층	265-0144
경기 (031)	밝은미래알림터무료직업소개소	경기도 부천시 원미구 중동 1041번지 덕유사회복지관	325-2161
	온터두레회	경기도 부천시 원미구 중동 1162번지 4, 5 중동프라자	326-3004
	한신무료직업소개소	경기도 부천시 원미구 춘의동 209번지 2호 202호	663-0611
	호스피스클럽마리아직업소개소	경기도 파주시 아동동 332번지 8호	945-9004

지역	무료직업소개소	소 재 지	전화번호
경기 (031)	광명장애인무료직업소개소	경기도 광명시 광명동 166번지 8호 광명장애인복지관체육관 1층	2681−9555
	여주자활후견기관직업소개소	경기도 여주군 여주읍 창리 94번지 1호	881−0871
	함사람무료직업소개소	경기도 광명시 하안동 476번지 12호	898−7982
	대한성공회유지재단	경기도 구리시 수택동 851번지 1호	562−0068
	무봉직업소개소	경기도 수원시 장안구 연무동 256번지 2호	254−6779
	남양주장애인복지회 장애인일자리지원센터	경기도 남양주시 금곡동 414번지 20호 실로암B/D 2층	511−7918
	양평자활후견기관	경기도 양평군 양평읍 양근리 210번지	775−0454
	평택일자리지원센터	경기도 평택시 합정동 734번지 6호 4층	658−4788
	정신지체장애인무료직업소개소	경기도 고양시 덕양구 성사동 369번지 3호	969−4182
	전국건설노동자무료취업알선센터 하남지부	경기도 하남시 신장동 510번지 1호	795−5419
	사단법인송탄관광특구 무료직업소개소	경기도 평택시 서정동 839번지	611−0001
	경기수원자활후견기관 일자리지원센터	경기도 수원시 권선구 권선동 939번지 6호 2층	235−0719
	성진인력직업소개소	경기도 평택시 비전동 790번지	240−1105
	직업상담실	경기도 부천시 원미구 상동 394번지 2호 복사골 문화센타 501호	320−6344
	장애인무료직업소개소	경기도 동두천시 상패동 83번지 1호 상패동사무소 별관 1층	862−0420
	복사골장애인무료취업소개소	경기도 부천시 원미구 심곡동 314번지 17호	326−1782
	안양시수리장애인종합복지관	경기도 안양시 만안구 안양동 477번지 1호	465−0950
	시흥장애인종합복지관부설 시흥장애인취업알선센터	경기도 시흥시 정왕동 1800번지 9호	431−9114
	시흥상공회의소 무료직업소개소	경기도 시흥시 정왕동 1367번지 1호 시화공단 3다 101호	430−5700
	평택상공회의소 무료직업소개소	경기도 평택시 신대동 1번지 1호	665−5813
	시흥시 취업안내센터	경기도 시흥시 장현동 300번지	433−1919
	징검다리	경기도 부천시 소사구 소사본동 148번지 30호	349−2355
	건설노동자무료취업알선센터	경기도 양주시 덕정동 157번지 75호	861−9804
	경기실버	경기도 수원시 팔달구 인계동 953번지 11호 두호빌딩 4층	222−6097
	하남장애인무료취업알선센터	경기도 하남시 하산곡동 69번지 1호 하남시복지회관(3층)	792−1417
	늘푸른 자활의 집 무료직업소개소	경기도 파주시 문산읍 이천리 485번지 1호	953−3492
	부락종합사회복지관	경기도 평택시 이충동 281번지	611−4820

지역	무료직업소개소	소 재 지	전화번호
강원 (033)	장애인무료직업소개소	강원도 태백시 황지동 621-211번지	553-1065
	속초시근로자종합복지관 무료직업소개소	강원도 속초시 교동 668번지 32호	637-2257
	강릉장애인무료직업소개소	강원도 강릉시 사천면 방동리산 40번지 4호	643-1801
	동해시장애인무료직업소개소	강원도 동해시 송정동 958번지 20호	521-1388
	대한YWCA연합회후원회 무료직업소개소	강원도 원주시 일산동 194번지 5호	742-6090
	원주상공회의소	강원도 원주시 우산동 73번지 8호	743-2991
	전국건설노동자취업알선센터	강원도 원주시 명륜동 193번지	765-6292
	장애인무료직업소개소	강원도 태백시 백산동 151번지 1호	553-9930
	진폐재해인무료직업소개소	강원도 태백시 황지동 211번지 1호	552-5881
충청북도 (043)	충청북도장애인종합복지관 무료직업소개소	충청북도 충주시 호암동 751번지 7호	856-1100
	지장정사간병인무료직업안내소	충청북도 청원군 문의면 남계리 353번지	298-8014
	충북건설인력종합지원센터	충청북도 청주시 상당구 수동 442번지 9호 2층	221-3105
	충북여성인력취업지원센터	충청북도 청주시 흥덕구 운천동 540번지 12호 2층	264-8848
충청남도 (041)	사랑의직업소개소	충청남도 아산시 영인면 아산리 125번지 1호	542-2308
	충청남도장애인협회아산지회	충청남도 아산시 온천동 199번지 59호	546-1515
	아산시장애인직업재활센터	충청남도 아산시 실옥동 181번지 15호	549-2580
	아산자활고용지원센터 무료직업소개소	충청남도 아산시 권곡동 551번지 9호	546-1814
	논산시무료장애인직업소개소	충청남도 논산시 지산동 459번지 종합사회복지관	733-0337
	예산장애인무료직업소개소	충청남도 예산군 예산읍 산성리 727번지	334-6500
	보령여성인력개발센터 무료직업소개소	충청남도 보령시 동대동 1687번지	935-9663
전라북도 (063)	군산노인종합복지관부설 무료직업소개소	전라북도 군산시 중앙로2가 140번지 8호	442-4227
	다솜무료직업소개소	전라북도 익산시 창인동1가 155번지	857-4031
	군산장애인무료직업소개소	전라북도 군산시 산북동 3612번지 4호	466-7981
	장애인무료직업소개소	전라북도 군산시 미원동 22번지	445-5990
	YWCA무료직업안내소	전라북도 군산시 삼학동 787번지 2호	462-4491
	전북인력무료직업소개소	전라북도 전주시 완산구 풍남동2가 5번지 3호	231-3938

지역	무료직업소개소	소 재 지	전화번호
전라 북도 (063)	(사)새힘암환자후원회 무료직업소개소	전라북도 전주시 완산구 중화산동1가 300번지	230-8490
	(재)전북여성교육문화센터 무료직업소개소	전라북도 전주시 덕진구 금암동 664번지 55호	254-3813
	사)전북지체장애인협회 무료직업소개소익산사업소	전라북도 익산시 남중동 482번지 17호	857-4437
	사)전북지체장애인협회 무료직업소개소완주사업소	전라북도 완주군 봉동읍 은하리 1030번지 54호	263-8478
	사)전북지체장애인협회 무료직업소개소정읍사업소	전라북도 정읍시 수성동 1013번지 7호	535-2558
	사)전북지체장애인협회 무료직업소개소김제사업소	전라북도 김제시 요촌동 141번지 8호	547-5858
	사)전북지체장애인협회 무료직업소개소고창사업소	전라북도 고창군 고창읍 월곡리 620번지 군민복지회관	561-1080
	사)전북지체장애인협회 무료직업소개소임실사업소	전라북도 임실군 임실읍 이도리 696번지 3호	644-7755
	전라북도남원의료원	전라북도 남원시 고죽동 200번지	620-1114
	마음건강무료직업소개사업소	전라북도 전주시 완산구 평화동2가 299번지 1호	232-7032
	은빛무료직업소개소	전라북도 전주시 덕진구 금암동 1546번지 1호	273-5590
전라 남도 (061)	(사)전남농아인협회무료직업소개소	전라남도 목포시 용당동 1동 1091-9	278-2165
	목포장애인무료직업소개소	전라남도 목포시 남교동 28-4	245-6153
	(사)한국지체장애인협회	전라남도 목포시 산정동 1612-2	245-2363
	청소년일자리지원정보센터	전라남도 목포시 무안동 5-52	243-1450
	순천장애인종합복지관	전라남도 순천시 풍덕동 1282번지 11호	744-0456
	YWCA	전라남도 순천시 저전동 194번지 3호	744-7990
경상 북도 (054)	전국건설노동자 무료취업알선센터안동센터	경상북도 안동시 태화동 665번지	851-6237
	대한YWCA연합회후원회 안동YWCA무료직업소개소	경상북도 안동시 목성동 60번지	854-5482
	(사)한국음식업중앙회 무료직업소개소	경상북도 안동시 목성동 36번지 3호	857-7657
	휴게업종사자무료직업소개소	경상북도 안동시 옥야동 344번지 4호	856-5651
	칠곡상공회의소무료직업소개소	경상북도 칠곡군 왜관읍 왜관리 227번지 4호	974-0850
	청도장애인무료직업소개소	경상북도 청도군 청도읍 월곡리 300번지 12호	373-0014

지역	무료직업소개소	소 재 지	전화번호
경상북도 (054)	(사)경북농아인협회	경상북도 구미시 원평동 1041번지 14호 강산면옥 3층	451－4494
	경주장애인종합복지관 무료직업소개소	경상북도 경주시 황성동 792번지 1호	776－7522
	영천자활후견기관	경상북도 영천시 금호읍 신월리 5번지 10호	337－1919
	사)한국농아인협회경북협회 영천지부	경상북도 영천시 화룡동 200번지 7호	331－0350
	사)한국지체장애인협회 경상북도협회경산시지회	경상북도 경산시 삼북동 278번지 12호	816－8555
	상주시장애인복지회관 무료직업소개소	경상북도 상주시 만산동 60번지 2호	534－6933
	영주시가흥종합사회복지관	경상북도 영주시 가흥동 1385번지	636－0834
	포항시학원차량무료직업소개소	경상북도 포항시 남구 대도동 124번지 31호	281－3051
	경상북도장애인정보화협회 안동시지회	경상북도 안동시 운안동 344번지 52호 2층	857－2257
	포항종합무료직업소개소	경상북도 포항시 북구 중앙동 112번지 소망교회 교육관 2층	242－6421
	도원교회무료직업소개소	경상북도 안동시 태화동 267번지 19호	852－5041
	한국노총경북지역노동조합 포항건설지부	경상북도 포항시 남구 송도동 444번지 9호	282－5457
	(사)한국농아인협회경북협회 문경지부무료직업소개소	경상북도 문경시 흥덕동 225번지 7호	554－2257
	구미여성인력개발센터 무료직업소개소	경상북도 구미시 원평동 1070번지 6호	456－9494
경상남도 (055)	경남청소년아르바이트지원센터 무료직업소개소	경상남도 창원시 두대동 145번지 창원종합운동장 151-1호	264－2311
	운전전문취업무료직업소개소	경상남도 창원시 팔용동 34번지 2호 동진빌딩 301호	237－21978
	(사)경남고용복지센터 무료직업소개소	경상남도 창원시 두대동 145번지 창원종합운동장 내	261－8219
	진주YWCA무료직업소개소	경상남도 진주시 상대동 33번지 106호	753－6133
	대한정신보건가족협의회 경상남도부설무료직업소개소	경상남도 진주시 망경동 526번지 93호	752－6838
	사천상공회의소	경상남도 사천시 동금동 422번지 5호	833－2204
	양산농아인무료직업소개소	경상남도 양산시 북부동 331번지 2호	388－8722
	장애인무료직업소개소	경상남도 통영시 무전동 441번지 1호	649－4787
	마천공단무료직업지원센터	경상남도 진해시 남양동 365번지 9호	551－8840
	(사)한국음식업중앙회마산시지부	경상남도 마산시 회원동 46번지 18호	224－4964

지역	무료직업소개소	소 재 지	전화번호
경상남도 (055)	마산일하는여성의집	경상남도 마산시 산호동 323번지 3호	245-9383
	경남농아인협회무료직업소개소	경상남도 마산시 석전동 22번지 5호	252-8809
	거제사회복지지원센터부설 무료직업소개소일마루	경상남도 거제시 옥포동 660번지 4호 옥포종합사회복지관 2층	688-5890
	경남장애인연맹(DPI)	경상남도 창원시 중앙동 95번지 3호 공성상가 203호	264-3290
	한국산재노동자협회	경상남도 창원시 팔용동 7번지	
제주도 (064)	제주상공회의소무료직업소개소	제주도 제주시 이도이동 1176번지 53호	757-2164
	탐라장애인무료직업소개소	제주도 제주시 이도일동 1660번지	722-9990

4. 주요 헤드헌팅 업체 분야

업체명	소 재 지	전화번호
베스트 네트워크	서울시 강남구 도곡2동 대림아크로빌 C동 1806호	02)2057-2116
솔로몬 코리아	서울시 서초구 방배동 915-10 우성빌딩 4층	02)3486-2006
(주)헤드웨이 코리아	서울시 서초구 서초동 151-5 유엔케이 빌딩 4층	02)597-1244
(주)피플케어 서치	서울시 강남구 삼성동 157-27 경암빌딩 18층	02)565-2025
엔터웨이	서울시 강남구 대치동 891-43 MSA 빌딩 8층	02)6281-5000
코리아헤드	서울시 강남구 삼성동 157-21 소석빌딩 5층	02)3453-8100
(주)헤더헌트 코리아	서울시 강남구 삼성동 144-22 삼영빌딩 502호	02)557-8108
HR 파트너스	서울시 강남구 역삼1동 735-36 YC빌딩 6-9	02)538-9115
커리어 센터	서울시 강남구 대치동 1000-12 코래드빌딩 4층	1577-9577
커리어 케어	서울시 강남구 삼성동 154-8 C&H빌딩 6층	02)2286-3800
스카우트 서치	서울시 강남구 역삼동 186-18 비즈허브타워	02)2188-6762
솔루션	서울시 강남구 삼성동 141-28 동신빌딩 15층	02)565-5362
코아 컨설팅	서울시 서초구 서초동 1337-20 대륭서초타워 307	0500-5500
유니코 서치	서울시 강남구 삼성동 159-9 도심공항타워 1705	02)551-2300
아데코 코리아	서울시 강남구 삼성동 159-1 아셈타워 35층	02)6000-3800
OK커리어	서울시 강남구 역삼동 738 KS빌딩 3층	02)561-8292
EM 컨설팅	서울시 종로구 동승동 1-5 동승아트센터202호	02)3672-7700
코리아 브레인	서울시 서초구 서초동 1669-8 선인빌딩 2층	02)597-5199
P&E 컨설팅	서울시 마포구 도화동 마포트라팰리스	02)719-7902
KK 컨설팅	서울시 중구 을지로5가 273-4 수도빌딩 3층	02)2268-8108
HR Bridge	서울시 종로구 관훈동 백상빌딩 13층	02)738-3444
피플 컨설팅그룹	서울시 강남구 삼성동 159-9 도심공항타워 1207호	02)2016-6600

업체명	소 재 지	전화번호
프로매치 코리아	서울시 강남구 삼성동 157-13 다형빌딩 9층	02)564-1912
잡코디	서울시 강남구 대치동 890-3 잡코디빌딩 8층	02)3452-3800
굿캐리어	서울시 서초구 서초동 1308-4 실버타운빌딩 601호	02)599-6177

부록 3

자격제도 관련법규 및 관련단체

1. 국가기술자격법

시 행 일 2007. 7. 1
법 률 제8406호
일부개정 2007.4.27

제1조 (목적) 이 법은 국가기술자격제도의 운영을 효율화하여 산업현장의 수요에 적합한 자격제도를 확립함으로써 기술인력의 직업능력을 개발하고, 기술인력의 사회적 지위의 향상과 국가의 경제발전에 이바지함을 목적으로 한다.

제2조 (정의) 이 법에서 사용하는 용어의 정의는 다음과 같다. 〈개정 2007.4.27〉

1. "국가기술자격"이라 함은 「자격기본법」에 따른 국가자격 중 산업과 관련이 있는 기술 · 기능 및 서비스 분야의 자격으로서 이 법에서 정하는 것을 말한다.
2. "국가기술자격의 등급"이라 함은 기술인력이 보유한 직무수행능력의 수준에 따라 차등적으로 부여되는 국가기술자격의 단계를 말한다.
3. "국가기술자격의 직무분야"라 함은 산업현장에서 요구되는 직무수행능력의 내용에 따라 국가기술자격을 분류한 것으로서 노동부령이 정하는 것을 말한다.
4. "국가기술자격의 종목"이라 함은 국가기술자격의 등급을 직종별로 구분한 것으로 국가기술자격 취득의 기본단위를 말한다.

제3조 (국가 등의 책무) ① 국가는 산업현장에서 필요로 하는 직무수행능력 등을 국가기술자격제도에 효과적으로 반영하고, 국가기술자격제도가 교육 · 훈련 및 고용과 연계될 수 있도록 필요한 시책을 마련하여야 한다.

② 국가는 국가기술자격과 관련되는 다른 국가자격 간의 호환성 및 국가기술자격의 국제적 통용성 확보를 위하여 필요한 시책을 마련하여야 한다.

③ 국가 및 지방자치단체는 국가기술자격 취득자의 경제적 · 사회적 지위를 유지 또는 향상시키고, 그 취업 및 신분을 보장하는 데 필요한 시책을 마련하여야 한다.

제4조 (사업주 등의 협조) 사업주 · 사업주단체 및 근로자단체는 국가기술자격이 산업현장의 수요를 효과적으로 반영할 수 있도록 국가기술자격제도의 운영에 참여하는 등 국가기술자격제도의 발전에 적극 협조하여야 한다.

제5조 (국가기술자격제도발전기본계획의 수립) ① 노동부장관은 국가기술자격제도를 효율적으로 관리하기 위하여 국가기술자격제도발전기본계획(이하 "기본계획"이라 한다)을 3년마다 수립 · 시행하여야 한다.

② 기본계획에는 다음 각호의 사항이 포함되어야 한다.

1. 기술인력의 수급전망에 관한 사항
2. 국가기술자격 취득자의 활용증진에 관한 사항
3. 산업현장에서 필요로 하는 직무수행능력의 조사에 관한 사항
4. 국가기술자격의 종목의 신설 · 변경 및 폐지에 관한 사항
5. 국가기술자격제도 운영의 성과 및 평가에 관한 사항
6. 제3조의 규정에 의한 국가 등의 책무에 관한 사항
7. 제7조의 규정에 의한 국가기술자격 정보체계의 구축 등에 관한 사항
8. 그 밖에 국가기술자격제도의 운영을 위하여 노동부장관이 필요하다고 인정하는 사항

③ 노동부장관은 기본계획을 수립함에 있어서는 관계중앙행정기관의 장과의 협의를 거친 후 제6조의 규정에 의한 국가기술자격정책심의위원회의 심의를 거쳐야 한다.

④ 노동부장관은 기본계획을 수립한 때에는 이를 국무회의에 보고하고 공표하여야 한다.

⑤ 노동부장관은 관계중앙행정기관 및 관계 기관 · 단체(이하 "관계중앙행정기관등"이라 한다)에 대하여 기본계획을 수립하는데 필요한 자료를 제출할 것을 요청할 수 있으며, 관계중앙행정기관등은 특별한 사정이 없는 한 이에 협조하여야 한다.

제6조 (국가기술자격정책심의위원회) ① 국가기술자격제도에 관한 중요한 사항을 심의하기 위하여 노동부에 국가기술자격정책심의위원회(이하 "정책심의회"라 한다)를 둔다.

② 정책심의회는 다음 각호의 사항을 심의한다.

1. 기본계획의 수립에 관한 사항
2. 제3조의 규정에 의한 국가 등의 책무 중 주요시책에 관한 사항
3. 제7조의 규정에 의한 국가기술자격 정보체계의 구축 등에 관한 사항
4. 국가기술자격의 등급 · 직무분야 및 종목의 신설 · 변경 및 폐지에 관한 사항
5. 국가만이 검정을 행할 수 있는 국가기술자격의 종목의 확정 등에 관한 사항
6. 국가기술자격의 국가간 상호인정에 관한 사항
7. 제23조 제2항의 규정에 의한 권한의 위탁에 관한 사항
8. 제24조의 규정에 의한 수탁기관에 대한 평가에 관한 사항
9. 그 밖에 국가기술자격제도의 효율적 운영을 위하여 노동부장관이 필요하다고 인정하는 사항

③ 정책심의회의 위원장은 노동부장관이 되며, 위원은 다음 각호의 자가 된다.

1. 대통령령이 정하는 관계중앙행정기관의 차관급 공무원
2. 과학기술, 직업교육 · 훈련 및 자격제도에 관한 학식과 경험이 풍부한 자로서 노동부장관이 위촉하는 자
3. 사업주단체 또는 근로자단체의 관계자 중 노동부장관이 위촉하는 자

④ 정책심의회를 효율적으로 운영하기 위하여 필요하다고 인정하는 때에는 정책심의회에 분야별로 전문위원회를 둘 수 있다.

⑤ 정책심의회 및 전문위원회의 구성 · 기능 · 운영 그 밖의 필요한 사항은 대통령령으로 정한다.

제7조 (국가기술자격 정보체계의 구축 등) ① 노동부장관은 국가기술자격 취득자의 경력(다른 법령의 규정에 의하여 경력정보가 관리되는 국가기술자격 취득자의 경력을 제외한다) 및 국가기술자격에 관련된 정보 등 국가기술자격제도의 운영에 필요한 국가기술자격 정보체계(이하 "정보체계"라 한다)를 구축 · 운영할 수 있다.

② 노동부장관은 정보체계를 구축 · 운영하기 위하여 관계중앙행정기관 등 및 국가기술자격 취득자에게 대통령령이 정하는 바에 따라 필요한 자료의 제출을 요청할 수 있으며, 관계중앙행정기관 등은 특별한 사정이 없는 한 이에 협조하여야 한다.

③ 노동부장관은 필요하다고 인정하는 경우에는 정보체계의 구축 · 운영에 관한 업무의 전부 또는 일부를 대통령령이 정하는 자에게 대행하게 할 수 있다.

④ 노동부장관은 제3항의 규정에 따라 업무를 대행하게 하는 경우에는 그 소요경비를 지원할 수 있다.

⑤ 정보체계의 구축 · 운영에 관하여 그 밖에 필요한 사항은 대통령령으로 정한다.

제8조 (국가기술자격의 조사 · 연구) ① 노동부장관은 국가기술자격제도를 효율적으로 운

영하기 위하여 필요한 조사와 연구사업 등을 할 수 있다.

② 노동부장관은 국가기술자격의 종목이 산업현장에 적합한지 여부 등에 대하여 정기적으로 조사·연구하고 그 결과를 공개할 수 있다.

③ 노동부장관은 필요하다고 인정하는 경우에는 제1항 및 제2항의 규정에 의한 업무의 일부를 대통령령이 정하는 자에게 대행하게 할 수 있다.

④ 노동부장관은 제3항의 규정에 따라 업무를 대행하게 하는 경우에는 그 소요경비를 지원할 수 있다.

⑤ 제1항 및 제2항의 규정에 의한 조사와 연구사업 등의 원활한 수행을 위하여 필요한 사항은 대통령령으로 정한다.

제9조 (국가기술자격의 등급 및 응시자격 ① 국가기술자격의 등급은 다음 각 호의 구분에 따른다. 〈개정 2005.12.30〉

1. 기술·기능분야 : 기술사, 기능장, 기사, 산업기사 및 기능사

2. 서비스분야 : 국가기술자격의 종목별로 3등급의 범위 안에서 대통령령으로 정하는 등급

② 국가기술자격의 응시자격에 관하여 필요한 사항은 대통령령으로 정한다. 〈신설 2005.12.30〉

③ 국가기술자격의 종목은 대통령령이 정하는 절차와 기준 및 기준에 따라 노동부령으로 정한다.

제10조 (국가기술자격의 취득 등) ① 국가기술자격을 취득하고자 하는 자는 당해 국가기술자격에 관한 사항을 관장하는 중앙행정기관의 장(이하 "주무부장관"이라 한다)이 시행하는 국가기술자격 검정에 합격하여야 한다. 다만, 다른 법령에 의한 자격 중 노동부령이 정하는 바에 따라 이 법에 의한 국가기술자격에 상당하다고 인정되는 자격을 취득한 자는 이 법에 의한 국가기술자격을 취득한 자로 본다.

② 국가기술자격 검정별 소관주무부장관과 국가기술자격 검정의 기준·방법 및 절차에 관하여 필요한 사항은 대통령령으로 정한다.

③ 주무부장관이 국가기술자격 검정을 시행하고자 하는 때에는 노동부장관과 협의하여야 한다.

④ 주무부장관은 국가기술자격의 검정에서 부정행위를 한 응시자에 대하여는 당해 검정을 정지 또는 무효로 한다.

제11조 (응시의 제한) 다음 각호의 1에 해당하는 자는 국가기술자격 검정에 응시할 수 없다.

1. 제10조 제4항의 규정에 의하여 국가기술자격 검정의 정지 또는 무효처분을 받고 그

처분이 있는 날부터 3년이 경과되지 아니한 자

2. 제16조 제1항의 규정에 따라 국가기술자격의 취소처분을 받은 후 그 처분을 받은 날부터 3년 이내에 동일한 국가기술자격의 종목에 응시하고자 하는 자

3. 제16조 제1항의 규정에 따라 국가기술자격의 정지처분을 받은 자로서 그 정지기간 중에 동일한 국가기술자격의 종목에 응시하고자 하는 자

제12조 (국가기술자격 검정과목의 면제) ① 주무부장관은 다음 각호의 1에 해당하는 자가 국가기술자격 검정을 받고자 하는 경우에는 대통령령이 정하는 바에 따라 검정과목의 전부 또는 일부를 면제할 수 있다. 〈개정 2007.4.27〉

1. 국가기술자격 취득자로서 취득한 국가기술자격의 종목과 동일한 직무분야 및 등급에 해당하는 다른 국가기술자격의 종목의 검정을 받고자 하는 자

2. 외국과의 협약에 의하여 국가 간에 상호 인정되는 관련 외국자격을 취득한 자 또는 노동부령이 정하는 관련 외국자격을 취득한 자

3. 검정받고자 하는 국가기술자격과 관련되는 다른 법령의 규정에 의한 자격을 취득한 자

4. 「자격기본법」에 의하여 국가의 공인을 받은 관련 민간자격을 취득한 자

5. 검정받고자 하는 국가기술자격과 관련되는 자격을 군사분계선 이북지역에서 취득한 자

6. 그 밖에 국가기술자격과 동등한 정도 이상의 수준을 갖추었다고 인정되는 자로서 대통령령이 정하는 자

② 검정과목 면제의 범위 · 기준 및 절차 등에 관하여 필요한 사항은 대통령령으로 정한다.

제13조 (국가기술자격증) ① 주무부장관은 제10조의 규정에 의한 국가기술자격 검정에 합격한 자에 대하여 국가기술자격증을 교부한다.

② 국가기술자격증을 교부받은 자가 국가기술자격증을 잃어버린 경우, 헐어 못쓰게 된 경우 또는 국가기술자격증의 기재사항이 변경된 경우에는 주무부장관에게 재교부를 신청할 수 있다.

③ 국가기술자격증의 교부 · 재교부 및 그 관리에 관하여 필요한 사항은 대통령령으로 정한다.

제14조 (국가기술자격 취득자에 대한 우대) ① 국가 및 지방자치단체는 국가기술자격의 직무분야에 관한 영업의 허가 · 인가 · 등록 또는 면허를 하거나 그 밖의 이익을 부여하는 경우에는 다른 법령에 어긋나지 아니하는 범위 안에서 그 직무분야의 국가기술자격 취득자를 우대하여야 한다.

② 국가기술자격 취득자를 해당 직무분야의 근로자로 고용하는 사업주는 대통령령이 정하는 바에 따라 그 근로자를 우대하여야 한다.

③ 국가기술자격 취득자는 노동부령이 정하는 바에 따라 그 국가기술자격과 같은 종류로서 동등한 수준의 다른 법령에 따른 자격을 취득한 자와 그 법령상 같은 대우를 받는다.

④ 제1항 내지 제3항의 규정은 제16조의 규정에 따라 국가기술자격정지처분을 받아 그 국가기술자격이 정지되어 있는 자에 대하여는 이를 적용하지 아니한다.

제15조 (국가기술자격 취득자의 의무 등) ① 국가기술자격 취득자는 성실하게 그 업무를 수행하여야 하며, 그 품위를 손상하여서는 아니된다.

② 제13조의 규정에 따라 교부받은 국가기술자격증은 이를 다른 사람에게 대여하거나 대여받아서는 아니 되며, 대여를 알선하여서도 아니 된다. 〈개정 2007.4.27〉

제15조의 2 (국가기술자격 취득자의 교육훈련) ① 노동부장관은 국가기술자격 취득자의 직무수행능력을 향상시키기 위하여 국가기술자격 취득자에 대한 교육훈련을 실시할 수 있다.

② 제1항에 따른 교육훈련의 대상이 되는 국가기술자격의 종목 및 교육훈련의 절차 등에 관하여 필요한 사항은 관계 중앙행정기관의 장과 협의를 거쳐 노동부령으로 정한다.

[본조신설 2007.4.27]

제16조 (국가기술자격의 취소 등) ① 주무부장관은 국가기술자격 취득자가 다음 각호의 1에 해당하는 경우에는 그 국가기술자격을 취소하거나 3년 이내의 범위에서 정지시킬 수 있다. 다만, 제1호에 해당하는 경우에는 그 국가기술자격을 취소하여야 한다.

1. 거짓 그 밖의 부정한 방법으로 국가기술자격을 취득한 경우
2. 제15조 제1항의 규정을 위반하여 그 업무를 성실히 수행하지 아니하거나 품위를 손상시켜 공익을 해하거나 타인에게 손해를 가한 경우
3. 제15조 제2항의 규정을 위반하여 국가기술자격증을 다른 사람에게 대여한 경우

② 제1항의 규정에 의한 국가기술자격의 취소 또는 정지에 관한 기준은 그 처분의 사유와 위반의 정도 등을 고려하여 노동부령으로 정한다.

제17조 (청문) 주무부장관은 제16조 제1항의 규정에 따라 국가기술자격을 취소하는 경우에는 청문을 실시하여야 한다.

제18조 (명칭의 사용금지) 누구든지 국가기술자격을 취득하지 아니하고는 국가기술자격의 등급 및 종목에 따르는 명칭을 사용하지 못한다.

제19조 (유사자격 등의 검정의 금지) ① 국가가 아닌 자는 다음 각호의 1에 해당하는 분야의 국가기술자격의 검정과 동일하거나 유사한 자격의 검정을 하여서는 아니 된다.

1. 사회질서 또는 선량한 풍속을 해할 우려가 있는 분야
2. 국민의 생명 · 건강 및 안전에 직결되거나 고도의 윤리성이 요구되는 분야

② 제1항의 규정에 따라 국가만이 검정을 행할 수 있는 국가기술자격의 종목은 정책심의회의 심의를 거쳐 노동부령으로 정한다.

제20조 (민간기술자격의 공인협의) 주무부장관 및 노동부장관은 「정부출연연구기관등의설립 · 운영및육성에관한법률」에 의하여 설립된 한국직업능력개발원의 원장으로부터 「자격기본법」에 의하여 민간자격의 공인을 위한 협의를 요청받은 때에는 당해 민간기술자격(「자격기본법」에 의한 민간자격중 기술분야의 자격)의 검정수준 등이 이 법에 의한 국가기술자격 검정수준에 상당한지 여부를 검토하여야 한다. 〈개정 2007.4.27〉

제21조 (국가기술자격의 국가 간 상호인정) ① 국가는 외국자격 또는 국제적으로 통용되는 자격이 국가기술자격과 같은 종류이고 동등한 수준이며 해당 자격취득자가 이 법에 따른 국가기술자격 취득자와의 업무교류 등이 가능하다고 판단되는 경우에는 국가 간 협약 등에 의하여 이를 인정할 수 있다.

② 제1항의 규정에 의한 국가기술자격의 상호인정에 관하여 필요한 사항은 대통령령으로 정한다.

제22조 (수수료) 다음 각호의 1에 해당하는 자는 노동부령이 정하는 바에 따라 수수료를 납부하여야 한다.

1. 제10조의 규정에 따라 국가기술자격 검정을 받고자 하는 자
2. 제13조의 규정에 따라 국가기술자격증을 교부받거나 재교부받고자 하는 자
3. 국가기술자격과 관련된 증명서를 발급받고자 하는 자

제23조 (권한의 위임 · 위탁) ① 주무부장관은 대통령령이 정하는 바에 따라 이 법에 의한 권한의 일부를 소속기관의 장 · 특별시장 · 광역시장 또는 도지사에게 위임하거나 다른 행정기관의 장에게 위탁할 수 있다.

② 주무부장관은 국가기술자격 검정업무의 일부를 대통령령이 정하는 위탁기준을 충족하는 관련 전문기관 또는 단체에 노동부령이 정하는 절차에 따라 위탁할 수 있다. 〈개정 2007.4.27〉

③ 노동부장관은 제15조의 2 제1항에 따른 교육훈련에 관한 업무를 대통령령이 정하는 관련 전문기관 또는 단체에 위탁할 수 있다. 〈신설 2007.4.27〉

④ 주무부장관 또는 노동부장관은 제2항 또는 제3항에 따라 업무를 위탁하는 경우에는 업무를 위탁받은 기관 또는 단체에 대하여 위탁업무의 처리 및 운영에 필요한 경비를 지원할 수 있다. 〈개정 2007.4.27〉

⑤ 노동부장관은 제2항의 규정에 따라 업무를 위탁받은 기관 또는 단체(이하 "수탁기

관"이라 한다)에 대하여 대통령령이 정하는 바에 따라 위탁업무의 처리에 필요한 기술 지원을 할 수 있다. 〈개정 2007.4.27〉

제24조 (수탁기관에 대한 평가) ① 노동부장관은 국가기술자격 검정업무의 질적 수준을 높이기 위하여 수탁기관에 대하여 다음 각 호의 사항을 평가하고 그 결과를 공개할 수 있다. 〈개정 2007.4.27〉

1. 국가기술자격 검정수행능력에 관한 사항
2. 검정시설 및 장비의 적절한 보유 및 운영에 관한 사항
3. 검정시행계획, 출제, 채점, 시험의 보안 등 국가기술자격 검정의 관리 · 운영에 관한 사항
4. 국가기술자격 취득자의 관리에 관한 사항
5. 그 밖에 수탁기관의 질적 수준의 향상을 위하여 노동부장관이 필요하다고 인정하는 사항

② 노동부장관은 제1항에 따른 평가 결과를 주무부장관에게 통보하여야 한다. 〈개정 2007.4.27〉

③ 노동부장관은 필요하다고 인정하는 경우에는 제1항의 규정에 의한 평가업무의 전부 또는 일부를 대통령령이 정하는 자에게 대행하게 할 수 있다.

④ 노동부장관은 제3항의 규정에 따라 업무를 대행하게 하는 경우에는 그 소요경비를 지원할 수 있다.

⑤ 제1항의 규정에 따른 평가방법 등에 관하여 필요한 사항은 대통령령으로 정한다.

제24조의 2 (수탁기관에 대한 위탁 취소 등) ① 주무부장관은 수탁기관이 다음 각 호의 어느 하나에 해당하는 경우에는 시정명령을 하거나 제23조 제2항에 따른 검정업무의 위탁을 취소할 수 있다. 다만, 제1호에 해당하는 경우에는 검정업무의 위탁을 취소하여야 한다.

1. 거짓 그 밖의 부정한 방법에 따라 검정업무를 위탁받은 경우
2. 제23조 제2항에 따른 위탁기준을 충족하지 못하게 된 경우
3. 제24조 제2항에 따라 노동부장관으로부터 통보받은 평가 결과 개선조치가 필요하다고 인정되는 경우
4. 위탁받은 검정업무를 거짓 그 밖의 부정한 방법으로 처리한 경우

② 노동부장관은 수탁기관이 제1항 각 호의 어느 하나에 해당한다고 판단되는 경우에는 시정명령 또는 검정업무의 위탁 취소를 주무부장관에게 권고할 수 있다.

③ 주무부장관은 검정업무의 위탁을 취소하는 경우 그 사실을 노동부장관에게 통보하여야 하고, 노동부장관은 검정업무의 위탁이 취소된 사실을 공고하여야 한다.

④ 주무부장관은 검정업무의 위탁이 취소되는 경우 수탁기관이 새로 지정될 때까지 검정업무를 대통령령이 정하는 기관 또는 단체로 하여금 대행하게 할 수 있다.

[본조신설 2007.4.27]

제24조의 3 (국가기술자격 검정 시설 등의 확보) ① 주무부장관 및 노동부장관은 산업현장의 수요 및 기술변화에 따르는 국가기술자격의 검정 시행을 위하여 필요한 시설 또는 장비를 확보하여야 한다.

② 주무부장관 또는 노동부장관은 국가기술자격의 검정 시행을 위하여 노동부령이 정하는 기업, 교육훈련기관 등의 시설 · 장비를 사용할 수 있다. 이 경우 해당 기업 또는 기관 등에 대하여 필요한 비용을 지원할 수 있다.

③ 제2항 후단에 따른 비용의 지원요건, 지원금액 및 지원절차 등에 관하여 필요한 사항은 노동부령으로 정한다.

[본조신설 2007.4.27]

제25조 (벌칙적용에 있어서의 공무원의제) 주무부장관이 제23조 제2항의 규정에 따라 위탁하는 경우 당해 업무에 종사하는 수탁기관의 임원 및 직원은「형법」제129조 내지 제132조의 적용에 있어서 이를 공무원으로 본다. 〈개정 2007.4.27〉

제26조 (벌칙) ① 제19조 제1항의 규정을 위반하여 검정을 한 자는 2년 이하의 징역 또는 2천만 원 이하의 벌금에 처한다.

② 다음 각 호의 어느 하나에 해당하는 자는 1년 이하의 징역 또는 500만 원 이하의 벌금에 처한다. 〈개정 2007.4.27〉

1. 제15조 제2항의 규정을 위반하여 국가기술자격증을 대여하거나 대여받은 자 또는 대여를 알선한 자
2. 제18조의 규정을 위반하여 국가기술자격의 등급 및 종목에 따르는 명칭을 사용한 자

제27조 (양벌규정) 법인의 대표자나 법인 또는 개인의 대리인 · 사용인 그 밖의 종업원이 그 법인 또는 개인의 업무에 관하여 제26조 제2항 제1호의 위반행위를 한 때에는 행위자를 벌하는 외에 당해 법인이나 개인에 대하여도 동조의 벌금형을 과한다.

부칙 〈제7171호, 2004.2.9〉

제1조 (시행일) 이 법은 2005년 1월 1일부터 시행한다.

제2조 (기본계획에 관한 적용례) 이 법 시행 후 최초의 기본계획은 2006년 12월 31일까지 수립하여야 한다.

제3조 (응시제한에 관한 적용례) 제11조 제2호의 개정규정은 이 법 시행 후 최초로 국가기술자격취소처분을 받는 자부터 적용한다.

제4조 (국가기술자격 검정과목의 면제에 관한 적용례) 제12조 제1항 제1호의 개정규정은 2006년 1월 1일 이후 시행되는 국가기술자격검정을 받고자 하는 자부터 적용한다.

제5조 (기술자격취득자에 대한 경과조치) 이 법 시행 당시 종전의 제4조의 규정에 의하여 기술자격을 취득한 자는 이 법에 의한 국가기술자격을 취득한 것으로 본다.

제6조 (다른 법령에 의한 자격취득자에 대한 경과조치) 이 법 시행 당시 종전의 제14조의 규정에 의하여 기술자격을 취득한 것으로 보는 자는 이 법에 의한 국가기술자격을 취득한 자로 본다.

제7조 (국가기술자격 검정업무의 위탁에 관한 경과조치) 이 법 시행 당시 국가기술자격 검정을 위탁받은 자에 대하여는 이 법 시행일부터 3년간 제23조 제2항의 개정규정에 의한 위탁기준을 충족한 것으로 본다.

제8조 (다른 법률의 개정) ① 건설기술관리법 중 다음과 같이 개정한다.

제28조의 3 제3호 중 "국가기술자격법 제18조"를 "국가기술자격법 제26조 제2항"으로 한다.

② 기술사법중 다음과 같이 개정한다.

제2조 및 제6조 제2항 중 "국가기술자격법 제4호"를 각각 "국가기술자격법 제10조"로 한다.

제11조 제2항 중 "국가기술자격법 제4조"를 "국가기술자격법 제10조"로 한다.

제15조 중 "국가기술자격법 제4조"를 "국가기술자격법 제10조"로 한다.

③ 도로교통법중 다음과 같이 개정한다.

제72조 제2호 중 "국가기술자격법 제4조"를 "국가기술자격법 제10조"로 한다.

④ 전기공사업법 중 다음과 같이 개정한다.

제28조의 2 제2항 중 "국가기술자격법 제12조 제1항 또는 제2항"을 "국가기술자격법 제16조"로 한다.

⑤ 중소기업인력지원특별법 중 다음과 같이 개정한다.

제28조 제2호 중 "국가기술자격법 제4조"를 "국가기술자격법 제10조"로 한다.

제9조 (다른 법령과의 관계) 이 법 시행 당시 다른 법령에서 종전의 국가기술자격법 또는 그 규정을 인용한 경우에는 이 법중 그에 해당하는 규정이 있는 때에는 종전의 국가기술자격법 또는 그 규정에 갈음하여 이 법 또는 이 법의 해당 조항을 인용한 것으로 본다.

부칙 〈제7830호, 2005.12.30〉

이 법은 공포 후 3월이 경과한 날부터 시행한다.

부칙 〈제8406호, 2007.4.27〉

이 법은 2007년 7월 1일부터 시행한다.

2. 국가기술자격법 시행령

제 정 97. 3. 27
법 률 대통령령 제20003호
일부개정 2007. 4. 12

제1조 (목적) 이 영은 「국가기술자격법」에서 위임된 사항과 그 시행에 관하여 필요한 사항을 규정함을 목적으로 한다. 〈개정 2006.6.22〉

제1조의 2 (국가기술자격제도발전기본계획의 수립) 노동부장관은 「국가기술자격법」(이하 "법"이라 한다) 제5조 제3항에 따라 관계 중앙행정기관의 장과 협의를 함에 있어서 기술사와 관련된 사항에 관하여는 과학기술부장관의 의견을 반영하여 국가기술자격제도발전기본계획을 수립하여야 한다.

[본조신설 2006.6.22]

제2조 (국가기술자격정책심의위원회의 구성) ① 법 제6조의 규정에 의한 국가기술자격정책심의위원회(이하 "정책심의회"라 한다)는 위원장 1인 및 부위원장 1인을 포함한 30인 이내의 위원으로 구성한다. 〈개정 2006.6.22〉

② 법 제6조 제3항 제1호에서 "대통령령이 정하는 관계중앙행정기관의 차관급 공무원"이라 함은 교육인적자원부차관 · 과학기술부차관 · 산업자원부차관 · 노동부차관 · 건설교통부차관 및 국무조정실 정책차장과 정책심의회의 위원장(이하 "위원장"이라 한다)이 정책심의회의 안건과 관련이 있다고 인정하여 지명하는 중앙행정기관의 차관급 공무원을 말한다. 〈개정 2006.6.22〉

③ 위원장은 제2항의 규정에 의한 차관급 공무원 중에서 부위원장을 지명한다.

④ 법 제6조 제3항 제2호 및 제3호의 규정에 따라 위촉되는 위원의 임기는 3년으로 한다. 다만, 보궐위원의 임기는 전임자의 잔임기간으로 한다.

⑤ 제4항의 규정에 의한 위촉위원은 연임할 수 있다.

제3조 (위원장의 직무 등) ① 위원장은 정책심의회를 대표하고, 정책심의회의 업무를 통할한다.

② 부위원장은 위원장을 보좌하며, 위원장이 부득이한 사유로 직무를 수행할 수 없는 때에는 위원장의 직무를 대행한다.

제4조 (정책심의회의 회의) ① 위원장은 정책심의회의 회의를 소집하고, 그 의장이 된다.

② 정책심의회의 회의는 재적위원 과반수의 출석으로 개의하고, 출석위원 과반수의 찬성으로 의결한다.

제5조 (전문위원회) ① 법 제6조 제4항의 규정에 따라 정책심의회에 제도발전전문위원회, 기술사제도발전전문위원회 및 세부직무분야전문위원회를 설치한다. 〈개정 2006.6.22〉

② 제도발전전문위원회는 위원장의 명을 받아 국가기술자격제도의 발전을 위하여 필요한 전문적인 사항을 조사 · 연구하고, 기술사제도발전전문위원회는 위원장의 명을 받아 기술사제도의 발전을 위하여 필요한 전문적인 사항을 조사 · 연구하며, 세부직무분야전문위원회는 위원장의 명을 받아 세부직무분야별 국가기술자격에 관한 전문적인 사항을 조사 · 연구 · 심의한다. 〈개정 2006.6.22〉

③ 제도발전전문위원회의 위원은 직업교육 · 훈련 및 자격제도 등에 관하여 학식과 경험이 풍부한 자 중에서 위원장이 위촉하는 20인 이내의 위원으로 한다.

④ 기술사제도발전전문위원회의 위원은 과학 · 기술 및 자격제도 등에 관하여 학식과 경험이 풍부한 자 중에서 과학기술부장관의 추천을 받아 위원장이 위촉하는 20인 이내의 위원으로 한다. 〈신설 2006.6.22〉

⑤ 세부직무분야전문위원회의 위원은 분야별로 당해 분야에 대하여 학식 및 현장경험이 풍부한 자중에서 각각 위원장이 위촉하는 10인 이내의 위원으로 하되, 그 과반수를 해당 분야 기업, 사업주단체 또는 근로자단체 등에 소속된 산업현장의 전문가로 하여야 한다. 〈개정 2006.6.22〉

⑥ 법 제6조 제2항 제4호 및 제5호의 규정에 의한 정책심의회의 심의사항은 위원장의 명을 받아 해당 세부직무분야전문위원회의 심의로써 정책심의회의 심의에 갈음할 수 있다. 〈개정 2006.6.22〉

⑦ 전문위원회의 위원의 임기는 3년으로 하고 연임할 수 있으며, 제도발전전문위원회의 위원, 기술사제도발전전문위원회의 위원 및 세부직무분야전문위원회의 위원은 겸직할 수 있다. 〈개정 2006.6.22〉

⑧ 전문위원회의 위원은 정책심의회에 출석하여 발언할 수 있다. 〈개정 2006.6.22〉

⑨ 전문위원회의 구성 · 운영 등에 관하여 그 밖의 필요한 사항은 정책심의회의 의결을

거쳐 위원장이 정한다. 〈개정 2006.6.22〉

제6조 (간사) ① 정책심의회에 간사 1인을 두되, 노동부소속 공무원 중에서 위원장이 지명하는 자로 한다.

② 간사는 위원장의 명을 받아 정책심의회의 서무를 처리하고, 회의에 출석하여 발언할 수 있다.

제7조 (수당 및 여비) 정책심의회 및 전문위원회의 위원에 대하여는 예산의 범위안에서 수당 및 여비를 지급할 수 있다. 다만, 소관업무와 직접적으로 관련되는 공무원인 위원에 대하여는 그러하지 아니하다.

제8조 (국가기술자격 정보체계 구축 및 운영) ① 노동부장관이 법 제7조 제2항의 규정에 따라 자료의 제출을 요청하는 때에는 정보의 사용목적 및 사용방법을 기재하여야 한다.

② 법 제7조제3항에서 "대통령이 정하는 자"라 함은 「한국산업인력공단법」에 의하여 설립된 한국산업인력공단(이하 "공단"이라 한다) 또는 「상공회의소법」에 의하여 설립된 대한상공회의소(이하 "대한상공회의소"라 한다)를 말한다. 〈개정 2006.6.22〉

제9조 (국가기술자격의 조사와 연구 업무의 대행) 법 제8조 제3항에서 "대통령령이 정하는 자"라 함은 다음의 자를 말한다. 〈개정 2006.6.22〉

1. 공단
2. 「정부출연연구기관등의설립 · 운영및육성에관한법률」에 의하여 설립된 한국직업능력개발원
3. 「정부출연연구기관등의설립 · 운영및육성에관한법률」에 의하여 설립된 한국노동연구원

제10조 (국가기술자격의 등급과 응시자격) ① 법 제9조 제1항 제2호에 따른 서비스분야 국가기술자격의 등급은 별표 1과 같다. 〈개정 2006.6.22〉

② 법 제9조 제2항에 따른 국가기술자격의 응시자격 중 기술 · 기능분야 국가기술자격의 응시자격은 별표 1의 2와 같으며, 서비스분야 국가기술자격의 응시자격은 실무경력 및 학력 등을 고려하여 국가기술자격의 종목별로 노동부령으로 정한다. 〈개정 2006.6.22〉

제11조 (국가기술자격 종목신설 등의 기준) 국가기술자격의 종목을 신설 · 변경 또는 폐지(이하 "종목신설등"이라 한다)하고자 하는 때에는 다음의 사항을 검토하여야 한다.

1. 종목신설등의 필요성
2. 해당 자격종목의 직무내용 · 직무범위 및 직무난이도
3. 해당 자격취득자의 수요 및 전망
4. 해당 분야 종사인원 및 인력양성 실태

5. 검정 응시인원의 적정성 및 검정시행의 가능성
6. 해당 자격종목의 산업현장 적합도
7. 유사 자격의 존속여부 및 운영실태
8. 법 제19조의 규정에 의한 국가외 검정금지 분야에의 해당여부
9. 그 밖에 노동부장관이 당해 국가기술자격에 관한 사항을 관장하는 중앙행정기관의 장(이하 "주무부장관"이라 한다)과 협의하여 필요하다고 인정하는 사항

제12조 (종목신설등의 절차) ① 국가기술자격의 종목신설등과 관련이 있는 단체는 제11조 제1호 내지 제6호에 관한 검토의견을 첨부하여 주무부장관 또는 노동부장관(기술사 등급의 종목신설등의 경우에는 과학기술부장관을 말한다. 이하 제2항 내지 제6항 및 제8항에서 같다)에게 종목신설등을 서면으로 요청할 수 있다. 〈개정 2006.6.22〉

② 주무부장관이 제1항의 규정에 의한 요청 등에 따라 종목신설등이 필요하다고 인정하는 때에는 제11조 각호의 사항에 대한 검토의견을 기재한 종목신설등 요청서를 노동부장관에게 제출하여야 한다.

③ 노동부장관은 제1항의 규정에 따라 종목신설등을 요청받은 때에는 관계중앙행정기관의 장에게 제11조 각호의 사항에 대하여 검토를 요청하여야 한다.

④ 노동부장관은 제1항 및 제2항의 규정에 따라 종목신설등을 요청받은 때에는 제9조의 규정에 의한 대행기관에 종목신설등의 타당성 검토를 의뢰하여야 한다.

⑤ 제4항의 규정에 의하여 타당성 검토를 의뢰받은 대행기관은 관계중앙행정기관, 이해당사자 및 관련 전문가 등의 의견을 수렴하여 타당성을 검토하고 그 결과를 노동부장관에게 통보하여야 한다.

⑥ 제5항의 규정에 따라 종목신설등의 타당성 검토를 한 대행기관은 그 검토 결과 종목신설등의 타당성이 인정되는 때에는 노동부장관에게 타당성 검토를 통보한 날부터 6월 이내 산업현장의 의견수렴 및 수요조사 등을 통하여 해당 종목의 직무내용·검정방법 및 출제기준 등을 개발하고 그 결과를 노동부장관에게 제출하여야 한다. 다만, 노동부장관이 필요하다고 인정하는 경우에는 그 기한을 연장할 수 있다.

⑦ 노동부장관은 제6항의 규정에 의하여 제출받은 결과를 토대로 주무부장관과 협의한 후 정책심의회 또는 제5조의 규정에 의한 전문위원회의 심의를 거쳐 종목신설등을 확정하여야 한다. 다만, 기술사 등급의 종목신설등의 경우에는 과학기술부장관이 제6항에 따라 제출받은 결과를 토대로 주무부장관과 협의한 후 그 결과를 노동부장관에게 제출하여야 하고, 노동부장관은 과학기술부장관으로부터 제출받은 결과에 대하여 정책심의회 또는 제5조에 따른 전문위원회의 심의를 거쳐 종목신설등을 확정하여야 한다. 〈개정 2006.6.22〉

⑧ 노동부장관은 제5항의 규정에 의한 대행기관의 검토결과 그 타당성이 인정되지 아니하는 때에는 관계중앙행정기관과 협의하여 종목신설등을 하지 아니할 수 있다.

제13조 (검정별 소관 주무부장관) 법 제10조 제2항의 규정에 의한 국가기술자격 검정별 소관 주무부장관은 별표 2와 같으며, 국가기술자격의 종목별 소관 주무부장관은 노동부령으로 정한다.

제14조 (국가기술자격 검정의 기준 등) ① 법 제10조 제2항의 규정에 의한 국가기술자격 검정의 기준은 별표 3과 같다. 〈개정 2006.6.22〉

② 법 제10조 제2항의 규정에 의한 국가기술자격 검정의 방법은 필기시험 · 실기시험 · 면접시험 등으로 구분하되, 기술 · 기능분야 및 서비스분야별 검정의 방법은 별표 4와 같다.

③ 기술 · 기능분야의 기술사 · 기능장 · 기능사 등급의 필기시험은 국가기술자격의 종목별로 시험과목을 구분하지 아니하여 실시하고, 기술 · 기능분야의 기사 · 산업기사등급의 필기시험 및 서비스분야의 필기시험은 해당 국가기술자격의 종목의 시험과목별로 각각 실시한다.

④ 법 제10조 제2항의 규정에 의한 국가기술자격 검정의 절차는 필기시험, 실기시험 또는 면접시험 순으로 실시하고, 앞 순위의 시험에 합격하지 아니한 자는 다음 순위의 시험에 응시할 수 없다. 다만, 노동부령이 정하는 국가기술자격의 종목은 필기시험의 합격여부와 관계없이 실기시험을 실시할 수 있다.

⑤ 「산업교육진흥및산학협력촉진에관한법률」 제4조 제1항 제4호의 규정에 의한 현장실습계획에 따라 행하여지는 1년간의 현장실습과정의 100분의 70 이상을 이수한 전문계고등학교졸업자 또는 졸업예정자가 기능사 등급의 검정에 응시하는 때에는 그 소속 전문계고등학교의 장이 요청하는 장소에서 실기시험을 실시할 수 있다. 이 경우 국가기술자격 검정의 방법 등에 관하여 필요한 사항은 노동부령으로 정한다. 〈개정 2006.6.22, 2007.4.12〉

⑥ 노동부령이 정하는 국가기술자격의 종목에 대하여는 노동부령이 정하는 바에 따라 응시자의 재직 중 기술개발, 공정 및 품질개선 등의 업무수행 실적에 대한 평가결과를 실기 또는 면접시험 성적에 반영할 수 있다.

제15조 (국가기술자격 검정의 시행 등) ① 주무부장관은 매년 1회 이상 국가기술자격검정을 시행하여야 한다. 다만, 당해 국가기술자격 종목의 검정을 받을 자가 아주 적거나 없을 것으로 예측되는 경우 등 노동부령이 정하는 사유가 있는 때에는 그러하지 아니하다.

② 주무부장관은 다음 연도의 검정의 시행계획서를 매년 10월 31일까지 노동부장관에

게 송부하여야 한다. 다만, 제1항 단서의 규정에 따라 다음 연도의 검정을 시행하지 아니하는 때에는 10월 31일까지 그 사실을 노동부장관에게 통보하여야 한다.

③ 주무부장관은 제2항의 규정에 따라 시행계획서를 작성하는 때에는 다음의 사항에 관하여 노동부장관과 협의하여야 한다. 이 경우 기술사와 관련된 사항은 과학기술부장관의 의견을 들어야 한다.

1. 검정을 시행하고자 하는 국가기술자격의 종목
2. 검정을 시행하고자 하는 국가기술자격의 종목의 예상 응시인원
3. 검정의 시행시기 및 시행지역

④ 노동부장관은 제2항의 규정에 따라 시행계획서를 통보받은 때에는 관계중앙행정기관과 협의를 거쳐 검정의 시행계획을 확정하고, 이를 다음연도 개시 25일 전까지 주무부장관에게 통보하여야 한다.

⑤ 주무부장관은 제4항의 규정에 따라 확정된 시행계획을 통보받은 때에는 이를 다음 연도 개시 15일 전까지 일간신문, 인터넷 등에 공고하여야 한다.

⑥ 주무부장관은 노동부령이 정하는 사유가 있는 때에는 노동부장관과 협의하여 제4항의 규정에 의하여 확정된 시행계획을 변경할 수 있으며, 시행계획이 변경된 때에는 그 사유를 명시하여 검정시행일 60일 전까지 그 변경된 내용을 일간신문, 인터넷 등에 공고하여야 한다.

제16조 (국가기술자격 검정과목의 면제기준 등) ① 법 제12조 제1항 각호의 어느 하나에 해당하는 자에 대한 국가기술자격의 검정과목의 면제기준은 다음과 같다.

1. 법 제12조 제1항 제1호의 규정에 의한 자 : 취득한 국가기술자격과 중복되는 과목 전부를 면제
2. 법 제12조 제1항 제2호의 규정에 따라 외국과의 협약에 의하여 국가간에 상호 인정되는 관련 외국자격을 취득한 자 : 당해 외국과 체결된 협약의 내용에 따라 그 전부 또는 일부를 면제
3. 법 제12조 제1항 제2호의 규정에 의한 노동부령이 정하는 관련 외국자격을 취득한 자 : 주무부장관이 검정기준 등을 고려하여 동일하거나 유사하다고 인정하는 국가기술자격 종목에 대하여 노동부령이 정하는 바에 따라 검정과목의 전부 또는 일부를 면제
4. 법 제12조 제1항 제3호 내지 제5호의 규정에 의한 자격을 취득한 자 : 주무부장관이 검정기준 등을 고려하여 동일하거나 유사하다고 인정하는 국가기술자격의 종목에 대하여 노동부령이 정하는 바에 따라 그 전부 또는 일부를 면제

② 법 제12조 제1항 제6호의 규정에 의한 "대통령령이 정하는 자"와 그에 대한 면제기준은 다음과 같다. 〈개정 2006.6.22〉

1. 「기능장려법」 제2조 제4호의 규정에 의한 기능경기대회 등 노동부령이 정하는 기능경기대회의 입상자 : 기능경기대회의 수준을 고려하여 노동부령이 정하는 바에 따라 기술 · 기능분야 중 산업기사 · 기능사검정 또는 서비스분야 중 기초사무분야 검정의 전부 또는 일부를 면제
2. 노동부령이 정하는 기술훈련과정을 이수한 자 등 노동부령이 정하는 자 : 노동부령이 정하는 바에 따라 기술 · 기능분야 중 기능사검정 또는 서비스분야 중 기초사무분야의 검정의 전부 또는 일부를 당해 과정을 마친 날부터 2년간(2년 이내에 검정이 시행되지 아니하는 경우에는 다음에 이어지는 1회에 한한다) 면제

제17조 (검정과목의 면제신청 절차 등) ① 법 제12조 제2항의 규정에 따라 검정과목을 면제받고자 하는 자는 면제신청서에 면제사유를 증명하는 서류를 첨부하여 주무부장관에게 제출하여야 한다. 이 경우 면제받고자 하는 자가 「북한이탈주민의보호및정착지원에관한법률」 제2조 제2호의 규정에 의한 보호대상자인 경우에는 통일부장관이 대행하여 이를 제출할 수 있다. 〈개정 2006.6.22〉

② 주무부장관은 검정과목의 전부 또는 일부를 면제하기 위하여 필요하다고 인정하는 때에는 신청인에게 필요한 서류 그 밖에 증거물의 제출을 요구하거나 면제사유의 확인을 위한 정보를 관계기관에 조회할 수 있다.

③ 검정과목의 면제에 관하여 그 밖의 필요한 사항은 노동부령으로 정한다.

제18조 (시험문제의 공개) 제29조 제2항의 규정에 의하여 시험문제의 출제, 검정시행 · 관리 및 채점에 관한 주무부장관의 업무를 위탁받은 기관 또는 단체는 수험자의 기술향상 및 능력배양을 위하여 필요하다고 인정하는 때에는 주무부장관의 승인을 얻어 출제대상이 되는 시험문제 전부를 미리 공개할 수 있다.

제19조 (시험위원) ① 주무부장관은 필기시험 또는 실기시험을 시행하는 때에는 국가기술자격의 종목별로 2인 이상의 출제위원을 위촉하되, 산업현장의 경험이 풍부한 자를 우선적으로 위촉하여야 한다.

② 주무부장관은 필기시험을 시행하는 때에는 국가기술자격의 종목별로 2인 이상(논문형 필기시험의 경우에는 3인 이상)의 채점위원을 위촉하여야 한다. 다만, 전산으로 채점하는 때에는 채점위원을 위촉하지 아니할 수 있다.

③ 주무부장관은 실기시험을 시행하는 때에는 국가기술자격의 종목별로 필요한 수의 채점위원을 위촉하여야 한다. 다만, 전산으로 채점하는 때에는 채점위원을 위촉하지 아니할 수 있다.

④ 주무부장관은 면접시험을 시행하는 때에는 국가기술자격의 종목별로 3인 이상의 면접위원을 위촉하여야 한다.

⑤ 주무부장관은 노동부령이 정하는 기준에 따라 국가기술자격의 검정업무에 종사할 관리위원과 시험감독위원을 위촉하여야 한다.

⑥ 주무부장관은 제1항 내지 제5항의 규정에 의한 시험위원 또는 시험위원이었던 자가 시험의 공정성을 떨어뜨리거나 관계규정 등을 위반하는 때에는 당해 시험위원을 해촉하거나 다음에 실시하는 시험에서 시험위원으로 위촉하지 아니하는 등 필요한 조치를 하여야 한다.

⑦ 제1항 내지 제5항의 규정에 의한 시험위원은 노동부령이 정하는 자격이 있는 자 중에서 위촉하여야 한다.

⑧ 제1항 내지 제5항의 규정에 의한 시험위원에 대하여는 예산의 범위 안에서 수당을 지급할 수 있다.

제20조 (합격결정기준) ① 기술 · 기능분야 중 기술사 · 기능장 · 기능사 등급의 국가기술자격 검정에 있어서의 필기시험 합격결정기준은 100점을 만점으로 하여 60점 이상으로 한다.

② 기술 · 기능분야 중 기사 및 산업기사 등급의 국가기술자격 검정에 있어서의 필기시험의 합격결정기준은 1과목당 100점을 만점으로 하여 매 과목당 40점 이상 전 과목 평균 60점 이상으로 한다.

③ 기술 · 기능분야의 국가기술자격 검정에 있어서의 실기시험 및 면접시험의 합격결정기준은 100점을 만점으로 하여 60점 이상으로 한다. 다만, 실기시험에 있어서 시험의 일부 과정에 응시하지 아니하는 등 노동부령이 정하는 경우에는 득점에 관계없이 불합격으로 한다.

④ 서비스분야 중 전문사무분야 국가기술자격검정의 합격결정기준은 제2항 및 제3항의 규정을 준용하고, 기초사무분야 국가기술자격 검정의 합격결정기준은 국가기술자격 검정의 종목별로 구분하여 노동부령으로 정한다.

제21조 (검정의 일부합격 인정) ① 국가기술자격 검정의 필기시험에 합격한 자에 대하여 당해 필기시험에 합격한 날부터 2년간(2년 이내에 검정이 시행되지 아니하는 경우에는 다음에 이어지는 1회에 한한다) 당해 국가기술자격의 종목의 필기시험을 면제한다.

② 서비스분야의 기초사무분야 종목의 필기시험에 합격한 자에 대하여 당해 필기시험에 합격한 날부터 2년간(2년 이내에 검정이 시행되지 아니하는 경우에는 다음에 이어지는 1회에 한한다) 당해 국가기술자격 종목의 하위 등급의 필기시험을 면제한다.

제22조 (합격결정기준의 예외) 주무부장관은 국가기술자격취득자가 현저히 부족한 경우 해당 국가기술자격의 종목에 대하여 제20조의 규정에 의한 합격결정기준에 불구하고 노동부령이 정하는 바에 따라 합격인원을 예정하여 선발할 수 있다.

제23조 (합격자의 공고) 주무부장관은 검정종료 후 60일 이내에 노동부령이 정하는 바에 따라 합격자를 공고하여야 한다.

제24조 (국가기술자격의 이중취득금지) 국가기술자격취득자는 이미 취득한 국가기술자격의 종목과 동일한 국가기술자격을 이중으로 취득하지 못한다.

제25조 (국가기술자격증의 교부신청 등) ① 법 제13조 제1항의 규정에 따라 국가기술자격증을 교부받고자 하는 자는 주무부장관에게 국가기술자격증 교부신청서를 제출하여야 한다.

② 국가기술자격취득자가 법 제13조 제2항의 규정에 따라 국가기술자격증의 재교부를 신청하는 경우에는 국가기술자격증을 잃어버린 경우를 제외하고는 그 국가기술자격증을 주무부장관에게 반납하여야 한다.

③ 주무부장관은 제1항 및 제2항의 규정에 의하여 국가기술자격증의 교부 또는 재교부 신청을 받은 때에는 국가기술자격취득자에게 이를 교부 또는 재교부하여야 한다. 이 경우 기재사항이 변동되는 때에는 변동된 사항을 확인하여 국가기술자격증에 이를 기재하여 교부할 수 있다.

제26조 (국가기술자격증의 관리 등) ① 법 제16조 제1항의 규정에 따라 국가기술자격이 취소 또는 정지된 자는 지체 없이 국가기술자격증을 주무부장관에게 반납하여야 한다.

② 주무부장관은 제1항의 규정에 따라 반납된 국가기술자격증을 제29조 제3항의 규정에 따라 국가기술자격증의 교부 · 재교부 및 그 관리에 관한 권한을 위탁받은 기관 또는 단체에 송부하여야 한다.

③ 주무부장관은 국가기술자격이 정지된 자의 국가기술자격증에 그 정지기간 및 정지사유를 기재하여야 하며, 정지기간이 경과한 때에는 이를 당해 국가기술자격취득자에게 교부하여야 한다.

④ 주무부장관은 국가기술자격취득자에 관하여 다음의 사항이 기재된 국가기술자격취득자관리대장을 작성 · 관리하여야 한다.

1. 성명 · 주민등록번호 · 주소 등 국가기술자격취득자의 인적사항
2. 직무분야 · 종목 등 취득한 국가기술자격에 관한 사항
3. 취업하고 있는 사업장의 명칭 및 소재지에 관한 사항
4. 국가기술자격의 취소 · 정지 그 밖의 필요한 사항

제27조 (국가기술자격취득자의 취업 등에 대한 우대) ① 국가 · 지방자치단체 및 「정부투자기관관리기본법」에 의한 정부투자기관(이하 "정부투자기관"이라 한다)은 공무원 또는 직원의 채용에 있어 당해 분야의 국가기술자격취득자를 우대하여야 한다. 〈개정 2006.6.22〉

② 국가 · 지방자치단체 및 정부투자기관은 국가기술자격취득자인 공무원이나 직원에 대하여는 관계법령에 저촉되지 아니하는 범위 안에서 보수 · 승진 · 전보 · 신분보장 등에 있어서 우대하여야 한다.

③ 사업주는 근로자의 채용 · 보수 및 승진 등에 있어 해당 직무분야의 국가기술자격취득자를 우대하여야 한다.

제28조 (국가기술자격의 국가 간 상호인정) ① 주무부장관은 법 제21조의 규정에 따라 국가기술자격의 국가 간 상호인정을 추진하고자 하는 때에는 노동부장관과 협의하여야 한다.

② 주무부장관은 국가기술자격의 국가 간 상호인정의 내용, 교류범위 등을 관계중앙행정기관의 장에게 통보하여야 한다.

③ 제2항의 규정에 의하여 통보를 받은 관계중앙행정기관의 장은 관련제도의 정비 등이 원활히 추진될 수 있도록 협력하여야 하며, 그 결과를 주무부장관 및 노동부장관에게 통보하여야 한다.

④ 기술사의 국가 간 상호인정은 제1항 내지 제3항에 불구하고 과학기술부장관이 노동부장관 및 관계 중앙행정기관의 장과 협의하여 이를 추진한다. 〈신설 2006.6.22〉

제29조 (권한의 위임 · 위탁) ① 법 제23조 제1항의 규정에 따라 현역군인 및 군무원에 대한 검정시행에 관한 주무부장관의 권한은 이를 국방부장관에게 위탁한다. 다만, 노동부령이 정하는 국가기술자격의 종목의 검정시행에 한한다.

② 법 제23조 제2항의 규정에 따라 시험문제의 출제, 검정시행 · 관리 및 채점에 관한 주무부장관의 업무는 다음 각호의 기준을 모두 충족하는 관련 전문기관 또는 단체에 위탁한다.

1. 비영리법인일 것
2. 국가기술자격의 검정실시를 위한 조직 · 인력 · 시설을 갖추고 있을 것
3. 산업계 및 관련단체의 의견수렴 체계를 갖추고 있을 것
4. 해당 국가기술자격의 종목에 대한 전문성 및 대표성을 확보하고 있을 것
5. 그 밖에 국가기술자격 검정의 원활한 시행을 위하여 노동부령이 정하는 요건을 충족할 것

③ 법 제23조 제2항의 규정에 따라 법 제13조의 규정에 의한 국가기술자격증의 교부 · 재교부 및 그 관리에 관한 권한은 제2항의 규정에 따라 당해 국가기술자격의 검정에 관한 주무부장관의 업무를 위탁받은 기관에 위탁한다. 다만, 노동부령이 정하는 국가기술자격의 종목에 대한 주무부장관의 권한을 제외한다.

④ 제2항의 규정에 따라 주무부장관의 권한을 위탁받은 기관(이하 "수탁기관"이라 한

다)은 국가기술자격 검정의 관리·운영에 필요한 사항으로서 노동부령이 정하는 사항을 포함하는 검정관리운영규정을 작성·시행하여야 한다.

⑤ 제2항 각호의 기준을 충족하는 관련 전문기관 또는 단체의 선정 등에 관한 절차는 노동부령으로 정한다.

제30조 (수탁기관에 대한 지원) 노동부장관은 법 제23조 제4항의 규정에 따라 수탁기관에 대하여 국가기술자격 검정관련 자료의 제공 및 자문 등 기술지원을 할 수 있다.

제31조 (수탁기관 평가 등) 노동부장관은 법 제24조 제1항의 규정에 따라 수탁기관을 평가하기 위하여 서류조사 및 현장조사 등을 실시할 수 있다.

제32조 (국가기술자격취득자 관리현황의 통보) 수탁기관은 제29조 제2항의 규정에 따른 위탁업무의 수행에 관한 내용을 매분기마다 당해 국가기술자격에 관한 주무부장관 및 노동부장관에게 통보하여야 한다. 이 경우 기술사와 관련된 사항은 과학기술부장관에게도 통보하여야 한다.

제33조 (검정에의 협력) 수탁기관은 국가기술자격 검정의 소관 주무부장관·서울특별시장·광역시장·도지사·정부투자기관 그 밖의 기관이나 단체에 대하여 국가기술자격 검정에 필요한 시설·장비의 이용 등에 관한 협력을 요청할 수 있으며, 요청을 받은 기관의 장은 특별한 사유가 없는 한 이에 협력하여야 한다.

부칙 〈제18608호, 2004.12.28〉

제1조 (시행일) 이 영은 2005년 1월 1일부터 시행한다.

제2조 (기술·기능분야 국가기술자격의 응시자격에 관한 경과조치) ① 제10조 제2항 및 별표 1의 규정에 불구하고 기술·기능분야 국가기술자격의 응시자격은 2006년 12월 31일까지 다음 표에 의한다.

등급	응시자격
기술사	다음 각호의 어느 하나에 해당하는 자 1. 기사의 자격을 취득한 후 응시하고자 하는 종목이 속하는 직무분야(노동부령으로 정하는 유사직무분야를 포함한다. 이하 "동일 직무분야"라 한다)에서 4년 이상 실무에 종사한 자 2. 산업기사의 자격을 취득한 후 응시하고자 하는 종목이 속하는 동일 직무분야에서 6년 이상 실무에 종사한 자 3. 기능사의 자격을 취득한 후 응시하고자 하는 종목이 속하는 동일 직무분야에서 8년 이상 실무에 종사한 자

등급	응시자격
기술사	4. 4년제대학 졸업자 또는 이와 동등 이상의 학력이 있다고 인정되는 자(이하 "대학졸업자등"이라 한다)로서 졸업 후 응시하고자 하는 종목이 속하는 동일 직무분야에서 7년 이상 실무에 종사한 자 5. 기술자격 종목별로 기사의 수준에 해당하는 교육훈련을 실시하는 기관으로서 노동부령이 정하는 교육훈련기관의 기술훈련과정을 이수한 자로서 이수후 동일 직무분야에서 7년 이상 실무에 종사한 자 6. 전문대학 졸업자 또는 이와 동등 이상의 학력이 있다고 인정되는 자(이하 "전문대학졸업자등"이라 한다)로서 졸업 후 응시하고자 하는 종목이 속하는 동일 직무분야에서 9년 이상 실무에 종사한 자 7. 기술자격종목별로 산업기사의 수준에 해당하는 교육훈련을 실시하는 기관으로서 노동부령이 정하는 교육훈련기관의 기술훈련과정을 이수한 자로서 이수 후 동일 직무분야에서 9년 이상 실무에 종사한 자 8. 응시하고자 하는 종목이 속하는 동일 직무분야에서 11년 이상 실무에 종사한 자 9. 외국에서 동일한 등급 및 종목에 해당하는 자격을 취득한 자
기능장	다음 각호의 어느 하나에 해당하는 자 1. 별표 1에서 응시하고자 하는 종목이 속하는 동일 직무분야의 산업기사 또는 기능사의 자격을 취득한 후 기능대학법에 의하여 설립된 기능대학의 기능장과정을 이수한 자 또는 그 이수예정자 2. 산업기사의 자격을 취득한 후 동일 직무분야에서 6년 이상 실무에 종사한 자 3. 기능사의 자격을 취득한 후 응시하고자 하는 종목이 속하는 동일 직무분야에서 8년 이상 실무에 종사한 자 4. 응시하고자 하는 종목이 속하는 동일 직무분야에서 11년 이상 실무에 종사한 자 5. 외국에서 동일한 등급 및 종목에 해당하는 자격을 취득한 자
기사	다음 각호의 어느 하나에 해당하는 자 1. 산업기사의 자격을 취득한 후 응시하고자 하는 종목이 속하는 동일 직무분야에서 1년 이상 실무에 종사한 자 2. 기능사자격을 취득한 후 응시하고자 하는 종목이 속하는 동일 직무분야에서 3년 이상 실무에 종사한 자 3. 다른 종목의 기사의 자격을 취득한 자 4. 대학졸업자등 또는 그 졸업예정자(4학년에 재학 중인 자 또는 3학년 수료 후 중퇴자를 포함한다) 5. 전문대학졸업자등으로서 졸업 후 응시하고자 하는 종목이 속하는 동일 직무분야에서 2년 이상 실무에 종사한 자

등급	응시자격
기사	6. 기술자격종목별로 산업기사의 수준에 해당하는 교육훈련을 실시하는 기관으로서 노동부령이 정하는 교육훈련기관의 기술훈련과정을 이수한 자로서 이수 후 동일 직무분야에서 2년 이상 실무에 종사한 자 7. 기술자격 종목별로 기사의 수준에 해당하는 교육훈련을 실시하는 기관으로서 노동부령이 정하는 교육훈련기관의 기술훈련과정을 이수한 자 또는 그 이수예정자 8. 응시하고자 하는 종목이 속하는 동일 직무분야에서 4년 이상 실무에 종사한 자 9. 외국에서 동일한 등급 및 종목에 해당하는 자격을 취득한 자 10. 학점인정등에관한법률 제8조의 규정에 의하여 대학졸업자와 동등 이상의 학력을 인정받은 자 또는 동법 제7조의 규정에 의하여 106학점 이상을 인정받은 자 11. 학점인정등에관한법률 제8조의 규정에 의하여 전문대학졸업자와 동등 이상의 학력을 인정받은 자로서 응시하고자 하는 종목이 속하는 동일 직무분야에서 2년 이상 실무에 종사한 자
산업기사	다음 각호의 어느 하나에 해당하는 자 1. 기능사의 자격을 취득한 후 응시하고자 하는 종목이 속하는 동일 직무분야에 1년 이상 실무에 종사한 자 2. 다른 종목의 산업기사의 자격을 취득한 자 3. 전문대학졸업자등 또는 그 졸업예정자(2학년에 재학 중인 자 또는 1학년 수료 후 중퇴자를 포함한다) 4. 기술자격종목별로 산업기사의 수준에 해당하는 교육훈련을 실시하는 기관으로서 노동부령이 정하는 교육훈련기관의 기술훈련과정을 이수한 자 또는 그 이수예정자 5. 국제기능올림픽대회나 노동부장관이 인정하는 국내기능경기대회에서 입상한 자와 기능장려법에 의하여 명장으로 선정된 자 6. 응시하고자 하는 종목이 속하는 동일 직무분야에서 2년 이상 실무에 종사한 자 7. 외국에서 동일한 등급 및 종목에 해당하는 자격을 취득한 자 8. 학점인정등에관한법률 제8조의 규정에 의하여 전문대학졸업자와 동등 이상의 학력을 인정받은 자 또는 동법 제7조의 규정에 의하여 41학점 이상을 인정받은 자
기능사	제한없음

② 2007년 1월 1일 전에 제1항의 규정에 의한 응시자격을 갖춘 자가 국가기술자격의

검정의 필기시험에 합격하여 제21조의 규정 또는 종전의 제25조의 규정에 의하여 검정의 일부합격을 인정받은 경우에는 제10조 제2항 및 별표 1의 규정에 불구하고 검정의 일부합격을 인정받은 기간 내에는 이 영에 의한 응시자격을 갖춘 것으로 본다.

제3조 (기술기능분야의 등급에 관한 경과조치) 1999년 3월 28일 전에 국가기술자격을 취득한 자로서 당해 자격의 등급이 기사 1급인 자는 기사 등급의 자격을, 기사 2급 · 다기능기술자 · 기능사 1급인 자는 산업기사 등급의 자격을, 기능사 2급 또는 기능사인 자는 기능사 등급의 자격을 각각 취득한 것으로 본다.

제4조 (기능사보 폐지에 따른 경과조치) 1998년 5월 9일 전에 기능사보 등급의 국가기술자격을 취득한 자가 1998년 5월 9일 이후 2001년 12월 31일까지 해당 직무분야에 계속 재직한 경우에는 1998년 5월 9일 전에 취득한 자격의 해당 종목 기능사 등급의 국가기술자격을 부여한다.

제5조 (다른 법령과의 관계) 이 영 시행 당시 다른 법령에서 종전의 국가기술자격법시행령 또는 그 규정을 인용한 경우에는 이 영중 그에 해당하는 규정이 있는 때에는 종전의 국가기술자격법시행령 또는 그 규정에 갈음하여 이 영 또는 이 영의 해당 조항을 인용한 것으로 본다.

부칙 〈제19544호, 2006.6.22〉

이 영은 공포한 날부터 시행한다.

부칙(초 · 중등교육법 시행령) 〈제20003호, 2007.4.12〉

제1조 (시행일) 이 영은 공포한 날부터 시행한다.

제2조 (다른 법령의 개정) ①내지 ⑧생략

⑨국가기술자격법 시행령 일부를 다음과 같이 개정한다.

제14조 제5항 전단 중 "실업계고등학교"를 각각 "전문계고등학교"로 한다.

⑩내지 ⑫생략

제3조 생략

별표1 서비스분야 국가기술자격의 등급[제10조 제1항 관련]

별표1의 2 기술 · 기능분야 국가기술자격 응시자격[제10조 제2항 관련]

별표2 검정별 소관 주무부장관[제13조 관련]

별표3 기술 · 기능분야검정의 기준[제14조 제1항 관련]

별표4 국가기술자격검정의 방법[제14조 제2항 관련]

3. 자격시험 관련 한국산업인력공단 지역본부 및 지방사무소

지방사무소	주소	검정안내 전화번호		
		필기시험	실기시험	등록
서울경인지역본부	서울특별시 마포구 공덕2동 370-4	3273-9651~1	3274-9642~4	1644-8000
대전지역본부	대전광역시 중구 문화1동 165	042)580-9100		
부산지역본부	부산광역시 북구 금곡동 1877	051)330-1910		
광주지역본부	광주광역시 북구 대촌동 958-18	970-1701	970-1702	970-1703
대구지역본부	대구광역시 달서구 갈산동 971-1	586-7601	586-7602	586-7603
서울동부지방사무소	서울특별시 광진구 노유동 63	461-8644	461-3283~6	461-3283
서울남부지방사무소	서울특별시 관악구 신림본동 1638-32	876-8323	876-8324	876-8322
인천지방사무소	인천광역시 남동구 고잔동 625-1	032)820-8600		
경기지방사무소	경기도 수원시 권선구 탑동 906	031)249-1201		
경기북부지방사무소	경기도 의정부시 신곡동 801-1	031)853-4285		
강원지방사무소	강원도 춘천시 온의동 58-18	254-6690	254-6992	255-4563
강릉지방사무소	강원도 강릉시 사천면 방동리 649-2	033)644-8211~4		
충북지방사무소	충청북도 청주시 흥덕구 신봉동 244-3	043)279-9000		
충남지방사무소	충청남도 천안시 신당동 434-2	041)620-7600		
전북지방사무소	전라북도 전주시 덕진구 팔복동2가 750-3	062)210-9200~3		
전남지방사무소	전라남도 순천시 조례동 1605	061)720-8500		
목포지방사무소	전라남도 목포시 대양동 514-4	061)282-8671~4		
울산지방사무소	울산광역시 남구 달동 572-4	276-9031	276-9031	276-9032
경북지방사무소	경상북도 안동시 옥동 791-1	855-2121	855-2122	855-2123
포항지방사무소	경북포항시 남구 대도동 120-2	054)278-7702~4		
경남지방사무소	경상남도 창원시 중앙동 105-1	285-4001	285-4001	285-4003
부산지방사무소	부산광역시 남구 용당동 546-2	051)620-1910~3		
제주지방사무소	제주도 제주시 일도2동 361-22	723-0701	723-0701	723-0702

4. 자격검정 관련 부처 및 기관명단

주관부처	분야	자격종목	시행처	
			기관명	전화번호
건설교통부 www.moct.go.kr	건축	건축사	대한건축사협회	02)581-5711
	경영	감정평가사	부동산평가팀	02)504-9127
		물류관리사	물류정책팀	02)504-9085
		주택관리사보	주거환경팀	02)504-9136
	교통	도로교통 안전관리자	교통안전팀	02)2110-8121
		삭도교통 안전관리자		
		선박교통 안전관리자		
		철도교통 안전관리자		
		택시운전면허	시 · 도 택시 운송사업조합	02)555-1635
		항공교통 안전관리자	교통안전팀	02)2110-8121
		항만하역교통안전관리자		
	토지	공인중개사	한국토지공사 중개사시험관리단	1544-0234
경찰청 www.police.go.kr	교통	기능 검정원 및 강사	경찰청	02)313-0674
		원동기운전면허	교통안전과 면허계	02)313-0674
		자동차운전면		
		경비지도사	한국산업인력공단	1644-8000
관세청 www.customs.go.kr	세무	관세사	관세청	042)481-7687
		보세사		
소방방재청 www.nema.go.kr	소방방재	소방시설관리사	중앙소방학교	041)550-0952
		화재조사관		
교통안전공단 www.kotsa.or.kr	관리/통제	운항관리사	항공안전본부	02)2669-6342
		항공교통관제사		
	기관/정비	항공공장정비사		
		항공기관사		
		항공정비사		
	조종	사업용 조종사		
		운송용 조종사		
		자가용 조종사		
	운송	화물자동차운송종사자	물류산업팀	02)504-9085

<table>
<tr><th rowspan="2">주관부처</th><th rowspan="2">분야</th><th rowspan="2">자격종목</th><th colspan="2">시행처</th></tr>
<tr><th>기관명</th><th>전화번호</th></tr>
<tr><td rowspan="2">국세청
www.nta.go.kr</td><td>세무</td><td>세무</td><td>국세공무원교육과</td><td>031)250-2272</td></tr>
<tr><td>주조</td><td>주조사</td><td>국세청</td><td>02)397-1855</td></tr>
<tr><td rowspan="6">금융감독원
www.fss.or.kr</td><td rowspan="2">보험</td><td>보험계리사</td><td rowspan="5">보험개발원</td><td rowspan="5">02)368-4000</td></tr>
<tr><td>보험중개사</td></tr>
<tr><td rowspan="3">손해사정</td><td>손해사정사 1종/2종</td></tr>
<tr><td>손해사정사 3종 대물/대인</td></tr>
<tr><td>손해사정사 4종</td></tr>
<tr><td>회계</td><td>회계</td><td>금융감독원</td><td>02)3771-5114</td></tr>
<tr><td>노동부
www.molab.go.kr</td><td>직업능력개발</td><td>직업능력개발훈련교사</td><td>능력개발지원팀</td><td>02)503-9759</td></tr>
<tr><td rowspan="5">농림부
www.maf.go.kr</td><td>가축배양</td><td>가축인공수정사</td><td>축산정책과</td><td>02)500-1894</td></tr>
<tr><td>농업</td><td>환지사</td><td>유통정책과</td><td>02)500-1828</td></tr>
<tr><td>수의</td><td>수의사</td><td>가축방역과</td><td>02)500-1933</td></tr>
<tr><td>어업</td><td>어업사</td><td>농림부</td><td>02)503-7216</td></tr>
<tr><td>전통식품</td><td>전통식품명인</td><td>식품산업과</td><td>02)504-9417</td></tr>
<tr><td>농수산물유통공사
www.naqs.or.kr</td><td>유통</td><td>경매사</td><td>유통정책과</td><td>02)500-1828</td></tr>
<tr><td rowspan="10">대한상공회의소
www.korcham.net</td><td>비서</td><td>비서1급/2급/3급</td><td rowspan="2">대한상공회의소
검정사업단</td><td rowspan="2">02)2102-3600</td></tr>
<tr><td>영어</td><td>무역영어1급/2급/3급</td></tr>
<tr><td>유통관리</td><td>유통관리사</td><td>유통물류과</td><td>02)2110-5145</td></tr>
<tr><td rowspan="3">컴퓨터</td><td>워드프로세서 1급/2급/3급</td><td rowspan="7">대한상공회의소
검정사업단</td><td rowspan="7">02)2102-3600</td></tr>
<tr><td>전자상거래관리사
1급/2급/3급</td></tr>
<tr><td>컴퓨터활용능력
1급/2급/3급</td></tr>
<tr><td>판매관리</td><td>판매관리사 1급/2급/3급</td></tr>
<tr><td>한글속기</td><td>한글속기 1급/2급/3급</td></tr>
<tr><td rowspan="2">회계</td><td>세무회계 1급/2급/3급</td></tr>
<tr><td>전산회계운용사
1급/2급/3급</td></tr>
</table>

주관부처	분야	자격종목	시행처	
			기관명	전화번호
문화관광부 www.mct.go.kr	교육	사서	한국도서관협회	02)535-4868
		청소년상담사	한국청소년상담원	02)2253-3813
		청소년지도사	한국청소년 개발원	02)2188-8811
	무대	무대예술전문인	공연예술팀	02)3704-9531
	문화재	문화재 수리 기능자	문화관광부	02)3704-9114
		문화재 수리 기술자	문화관광부	02)3704-9114
	전시	학예사	국립중앙박물관	02)2077-9126
법원행정처 www.scourt.go.kr	법무	법무사	인사담당관	02)3480-1286
보건복지부 www.mohw.go.kr	간호	간호조무사	보건자원과	031)440-9120
		정신보건간호사	정신보건과	02)503-7544
	복지	장애인복지지도원	보건복지부	02)2110-6271
		정신보건사회복지사		
	안마	안마사		
	의료	전문의	보건자원과	031)440-9120
	임상심리	정신보건임상심리사 1급/2급	정신보건과	02)503-7544
산림청 www.foa.go.kr	산림토목	산림토목기술자	치산과	042)481-4276
	영림	영림기술자	산림정책과	042)481-4132
산업자원부 www.mocie.go.kr	품질경영	ISO9000 인증심사원	한국품질 환경인증협회	02)393-3876
	환경경영	ISO14000 인증심사원		
정보통신부 www.mic.go.kr	무선기사	아마추어무선기사	한국무선국 관리사업단	02)3140-1601
	무선통신사	무선통신사		
중소기업청 www.smba.go.kr	품질경영 진단	품질경영진단사	기술지도과	042)472-3291
체육과학연구원 www.sports.re.kr	경기지도자	경기지도자1급/2급	체육과학연구원	02)970-9500
	생활체육 지도자	생활체육지도자 1급/2급/3급	생활체육과	02)3704-9830
특허청 www.kipo.go.kr	특허	변리사	산업재해보호과	042)481-5931

주관부처	분야	자격종목	시행처	
			기관명	전화번호
한국관광공사 www.knto.or.kr	지배인	호텔경영사	관광정책과	02)3704-9830
		호텔관리사		
	통역	관광통역안내원		
한국기술컨설턴트협회 (한국경영기술지도사회) www.kmtca.or.kr	경영지도사	경영지도사	한국경영기술 컨설턴트협회	02)569-8121
	기술지도사	기술지도사		
한국보건의료인 국가시험원 www.kuksiwon.or.kr	간호	간호사	보건자원과	031)440-9120
	물리치료	물리치료사		
	방사선	방사선사		
	간호	간호조무사		
	물리치료	물리치료사		
	방사선	방사선사		
	응급구조	응급구조사		
	의무기록	의무기록사		
	의사	의사		
	임상병리	임상병리사		
	작업치료	작업치료사		
	조산	조산사		
	안경	안경사		
	제약	약사		
	영양	영양사	식품정책과	031)440-9115
	위생	위생사	질병정책과	02)503-7543
	치과	치과기공사	구강정책과	02)507-6102
		치과위생사		
	치의	치과의사		
	의지보조 기기	의지보조기기사	재활지원과	02)503-8500
	한의	한약사	한약담당관실	02)503-7529
		한약조제사		
		한의사		

주관부처	분야	자격종목	시행처	
			기관명	전화번호
한국산업안전공단 www.kosha.or.kr	산업안전	산업안전지도사	산업안전국 안전보건정책팀	02)503-9744
	산업위생	산업위생지도사		
한국산업인력공단 www.hrdkorea.or.kr	기계분야	건설기계/건설기계정비 /공유압/공조냉동기계굴착,성토,정지용건설기계 /궤도장비/금형/기계가공/기계공정설계/기계설계/기계정비/기계제작/기계조립/농업기계/메카트로닉스/배관/보일러/산업기계/설비보전/수상용건설기계/양화장치/용접/일반기계/자동차검사/자동차보수도장/자동차정비/적하용건설기계/전산응용가공(CAM)/전자부품장착(SMT)/정밀측정/제관/차량기술/천장크레인/철도운송/철도차량/철도차량정비/치공구설계/판금/포장용건설기계	산업안전국 안전보건정책팀	02)503-9744
	금속분야	금속재료/비철야금/비파괴검사/압연/제련주조/표면처리	한국산업인력공단	1644-8000
	화공 및 세라믹 분야	세라믹/위험물/화공/화약류제조/화학분석	산업안전국 안전보건정책팀	02)503-9744
	전기분야	건축전기설비/발송배전/전기/전기공사/전기기기 /전기응용/전기철도/철도신호	산업안전국 안전보건정책팀	02)503-9744
	전자분야	산업계측제어/전자/전자계산기	한국산업인력공단	1644-8000
	통신분야	무선통신/전파전자/전파통신/정보기기운용/정보통신/통신선로	한국산업인력공단	1644-8000
	조선분야	선박건조/선박기관정비/선박설계	한국산업인력공단	1644-8000

주관부처	분야	자격종목	시행처	
			기관명	전화번호
한국산업인력공단 www.hrdkorea.or.kr	항공분야	항공설계/항공정비	한국산업인력공단	1644−8000
	토목분야	건설재료시험/농어업토목/도로 및 공항/상하수도/석공/수자원개발/지도제작/철도보선측량및지형공간정보 콘크리트/토목/항만 및 해안	한국산업인력공단	1644−8000
	건축분야	건축도장/건축목공/건축설계/건축설비/건축시공/건축품질시험/도배/방수/비계/실내건축/온수온돌/유리시공/창호제작/철근	한국산업인력공단	1644−8000
	섬유분야	/방사/섬유공정/섬유기계/섬유디자인/양복/염색/의류/패션디자인/패션머천다이징/한복	한국산업인력공단	1644−8000
	광업자원 분야	광산보안/광해방지/지하자원개발/화약류관리	한국산업인력공단	1644−8000
	정보처리 분야	/사무자동화/전자계산기조직응용/정보처리	한국산업인력공단	1644−8000
	국토개발 분야	도시계획 /조경/지적/지질및지반	한국산업인력공단	1644−8000
	농림분야	농림토양/농화학/버섯종균/산림/시설원예/식물보호/식육처리/유기농업 /임산가공/임업종묘/종자/축산/화훼장식	한국산업인력공단	1644−8000
	해양분야	수산양식/수산제조/어로/잠수/항로표지/해양공학	한국산업인력공단	1644−8000
	산업디자인 분야	시각디자인/웹디자인/제품디자인/제품응용모델링	한국산업인력공단	1644−8000
	에너지 분야	열관리/원자력	한국산업인력공단	1644−8000
	안전관리 분야	가스/건설안전/산업안전/산업위생관리/소방설비/인간공학	한국산업인력공단	1644−8000

<table>
<tr><th rowspan="2">주관부처</th><th rowspan="2">분야</th><th rowspan="2">자격종목</th><th colspan="2">시행처</th></tr>
<tr><th>기관명</th><th>전화번호</th></tr>
<tr><td rowspan="7">한국산업인력공단
www.hrdkorea.or.kr</td><td>환경분야</td><td>대기환경/소음진동/수질환경/자연환경/폐기물처리</td><td>한국산업인력공단</td><td>1644－8000</td></tr>
<tr><td>산업응용분야</td><td>공정관리/광학/기상/사진/생물공학/승강기/식품/신발류제조/영사/인쇄/전자출판/제판/포장/품질관리/피아노조율</td><td>한국산업인력공단</td><td>1644－8000</td></tr>
<tr><td>교통분야</td><td>교통</td><td>한국산업인력공단</td><td>1644－8000</td></tr>
<tr><td>공예분야</td><td>가구제작/광고도장/귀금속가공/금속도장/도자기공예/목공예/보석가공/보석감정/석공예/자수/조화공예/패세공,칠기</td><td>한국산업인력공단</td><td>1644－8000</td></tr>
<tr><td>음,식료품분야</td><td>제과,제빵/조리/조주</td><td>한국산업인력공단</td><td>1644－8000</td></tr>
<tr><td>위생분야</td><td>미용/세탁/이용</td><td>한국산업인력공단</td><td>1644－8000</td></tr>
<tr><td>전문사무분야</td><td>게임/공인노무/기획멀티미디어/사회조사/소비자상담/스포츠경영/임상심리/직업상담/텔레마케팅</td><td>한국산업인력공단</td><td>1644－8000</td></tr>
<tr><td rowspan="7">한국원자력
안전기술연구원
www.kins.re.kr</td><td rowspan="3">방사성
동위원소
취급</td><td>방사선취급감독자 면허</td><td rowspan="3">원자력실
방사선안전과</td><td rowspan="3">02)503－3677</td></tr>
<tr><td>방사성동위원소취급(RI)면허[일반]</td></tr>
<tr><td>방사성동위원소취급(RI)면허[특수]</td></tr>
<tr><td rowspan="2">원자로
조종</td><td>원자로조종감독자면허</td><td rowspan="2">원자력안전과</td><td rowspan="2">02)503－7625</td></tr>
<tr><td>원자로조종사면허</td></tr>
<tr><td rowspan="2">핵연료
물질 취급</td><td>핵연료물질취급면허[감독자]</td><td rowspan="2">방사선안전과</td><td rowspan="2">02)503－3677</td></tr>
<tr><td>핵연료물질취급면허[취급자]</td></tr>
</table>

주관부처	분야	자격종목	시행처	
			기관명	전화번호
해양수산부 www.momaf.go.kr	선박운항	구명정수/기관사/소형선박조종사/운항사/위험화물적재선박승무원/통신사/항해사	선원노정과	02)3674-6114
	수산	수산질병관리사	양식개발과	02)3674-6441
	의료	의료관리자	선원노정과	02)3674-6114
	해운	감정사/검량사검수사/도선사	항만운영과	02)3674-6654
행정자치부 www.mogaha.go.kr	변호	변호사	법무지원팀	02)503-7301
	행정	행정사	주민제도팀	02)3703-4860

5. 민간자격국가공인

소관부처	자격종목	등급	시행처	현 유효기간	연락처
금융감독위원회(2)	신용관리사		(사)신용정보협회	'06.2.15~'08.2.14	02)3775-3543
	CRA (신용위험분석사)		(사)한국금융연수원	'06.2.15~'08.2.14	02)3700-1642~5
재정경제부(4)	신용분석사		(사)한국금융연수원	'07.1.20~'10.1.19	02)3700-1642
	여신심사역				
	국제금융역				
	자산관리사			'05.1.5~'08.1.4	
	재경관리사		삼일회계법인	'07.4.01~'10.3.31	02)3781-9493
	회계관리	1급/2급		'07.4.01~'10.3.31	02)3781-9493
	재무설계사		한국 FPSB	'07.4.01~'10.3.31	02)3270-7609
교육인적자원부(14)	한자능력급수	1급/2급/3급/3II급	(사)한국어문회	'05.2.10~'08.2.9	02)525-4951~3
	실용영어	1급/2급/3급	(사)한국외국어평가원	'06.2.10~'09.2.9	02)780-2360
	TEPS (영어능력검정)	1+급/1급/2+급/2급	(재)서울대학교 발전기금 TEPS 관리위원회	'05.2.10~'08.2.9	02)886-3330
	한자실력급수	사범/1급/2급/3급	(사)한자교육진흥회	'06.2.10~'09.2.9	02)766-7691~2
	실용한자	1급/2급/3급/4급	(사)한국외국어평가원	'06.2.10~'09.2.9	02)780-2360

소관부처	자격종목	등급	시행처	현 유효기간	연락처
교육인적 자원부(14)	한자급수 자격검정	사범/1급/ 준1급/2급/ 준2급	(사)대한민국 한자교육연구회	'06.2.10~'09.2.9	02)708-4949
	영어회화능력 평가시험	ESPT-성인 1급/2급	(주)이에스피 평가아카데미	'06.2.10~'09.2.9	02)365-0572~3
	한국영어검정	1급/2급/2A급	(사)한국평생 교육평가원	'06.2.10~'08.2.9	02)849-3930
	한국한자검정	1급/2급/3급/준3급		'06.2.10~'08.2.9	02)849-3930
	한자능력자격	1급/2급/ 준2급/3급	(사)한국한자 한문능력개발원	'05.2.10~'08.2.9	031)705-8851
	Mate Speaking	Expert expert ~Moderate Mid(8개 등급)	숙명여자대학교	'06.2.10~'08.2.9	02)710-9167
	Mate Writing	Expert ~Moderate Mid(5개 등급)		'06.2.10~'08.2.9	02)710-9167
	FLEX 중국어	1A~3C (9개등급)	대한상공회의소	'07.4.13~'09.4.12	02)6717-3614
	FLEX 일본어	1A~3C (9개등급)		'07.4.13~'09.4.12	02)6717-3614
행정 자치부(2)	옥외광고사	1급/2급	(사)한국광고 사업협회	'03.2.6~'08.2.5	02)889-8855
	행정관리사	1급/2급/3급	(사)한국행정 관리협회	'04.2.1~'09.1.31	02)3493-9944
문화 관광부(3)	실천예절 지도사		(사)범국민예의 생활실천운동본부	'06.2.17~'08.2.16	02)742-4986
	종이접기 마스터		(사)한국종이 접기협회	'06.2.27~'11.2.26	02)2264-4561
	한국어 교육능력		(재)한국어 세계화재단	'06.2.17~'11.2.16	02)2661-9783
산업 자원부(7)	산업기계정비사		대한상공회의소	'06.2.9~'11.2.8	
	사출금형제작사				
	프레스금형제작사				
	전기계측제어사				
	무역영어	1급/2급/3급/4급			
	샵마스터	3급	(사)한국직업 연구진흥원	'04.1.17~'09.1.16	02)3676-0500

소관부처	자격종목	등급	시행처	현 유효기간	연락처
산업 자원부(7)	지역난방 설비관리사		(사)한국열관리사 협회	' 07.2.1~' 10.1.31	02)2675-3436~8
정보 통신부(12)	E-TEST Professionals	1급/2급/3급/4급	(주)삼성SDS	' 07.2.17~' 11.2.16	02)3429-5085
	정보시스템 감리사		(사)한국정보사회 진흥원	' 07.2.17~' 11.2.16	02)2131-0481
	PC활용능력 평가시험(PCT)	A급/B급	피씨티	' 07.2.17~' 11.2.16	02)927-7911
	인터넷정보 관리사	전문가/1급/2급	(사)한국정보 통신산업협회	' 07.2.17~' 11.2.16	02)563-8485
	리눅스마스터	1급/2급		' 07.1.15~' 11.1.14	
	공무원정보이용 능력평가(NIT)			' 05.2.17~' 09.2.16	
	디지털정보활용 능력(DIAT)	초급/중급/고급		' 05.2.17~' 09.2.16	
	네트워크관리사	2급	(사)한국정보통신 자격협회	' 04.1.20~' 08.1.19	02)515-3820
	PC정비사	1급/2급		' 07.1.15~' 11.1.14	
	정보기술자격 (ITQ)시험	A급/B급/C급	한국생산성본부	' 04.1.20~' 08.1.19	02)724-1160
	정보보호전문가 (SIS)	2급	(사)한국정보보호 진흥원	' 06.1.20~' 10.1.19	02)4055-114
		1급		' 07.2.17~' 11.2.16	
	PC Master (정비사)		(사)정보통신컴퓨터 자격관리협회	' 06.2.23~' 08.2.22	02)3676-0600
보건 복지부(3)	점역・교정사	1급/2급/3급	(사)한국시각장애인 연합회	' 07.4.1~' 12.3.31	02)950-0154
	병원행정사		(사)대한병원행정 관리자협회	' 07.2.1~' 12.1.31	02)677-0823~4
	수화통역사		(사)한국농아인협회	' 06.2.20~' 11.2.19	02)461-2262

소관부처	자격종목	등급	시행처	현 유효기간	연락처
노동부(13)	기계전자제어사		대한상공회의소	'06.2.9~'11.2.8	02)2102-3614
	치공구제작사				
	CNC기계절삭 가공사				
	기계설계제도사				
	기계 및 시스템 제어사				
	공작기계절삭 가공사				
	자동화설비 제어사				
	산업전자기기 제작사				
	컴퓨터 운용사				
	가구설계제도사				
	문서실무사	1급/2급/3급/4급	한국정보관리협회	'06.2.9~'11.2.8	02)454-9154
	펜글씨검정	1급/2급/3급	대한글씨검정교육회	'06.2.9~'11.2.8	02)732-5346
	전산세무회계	전산세무1급/2급,전산회계 1급/2급	한국세무사회	'07.1.17~'12.1.16	02)521-8398~9
경찰청(2)	열쇠관리사	1급/2급	(사)한국열쇠협회	'05.1.3~'08.1.2	02)442-7981~2
	도로교통사고 감정사		도로교통 안전관리공단	'07.4.06~'12.4.5	02)2230-6114
산림청(2)	수목보호 기술자격	수목보호 기술자	한국수목보호 연구회	'05.1.15~'10.1.14	02)967-5048
	분재관리사	분재관리사 1급/2급, 분재전문 관리사	한국분재조합	'05.2.01~'08.1.31	02)3463-5038
11개 부처	67개 자격종목		39개 기관		

근로조건 및 작업환경 관련기관

1. 근로조건 관련기관

노동부 본부 : 과천시 관문로 88(중앙동/과천청사 제5동) 427－718 / 2110－2114

종합상담센터 : 안양시 만안구 6동 534－14 현대센터빌딩 4층 430－824 / 031)345－5002

기관명	소재지	전화번호
서울지방노동청	서울시 중구 싸전2길 16(홍인동 13－1 한성프라자 8층)	2250－5810
서울강남지청	서울시 서초구 방배로 233(방배3동 1022－10)	598－0513
서울동부지청	서울시 송파구 올림픽로 100(방이동 160 그랜드프자자빌딩)	2142－8801
서울서부지청	서울시 마포구 도화동 173(삼창플라자빌딩 2, 3층)	2077－6112
서울남부지청	서울시 영등포구 버드나룻길 114(당산동 6가 121－103)	2639－2142
서울북부지청	서울시 동대문구 고산자로 179(용두동 45－1 대학빌딩 4, 5층)	963－0236
서울관악지청	서울시 구로구 창조길 49(구로3동 222－30)	3281－3282
의정부지청	의정부시 용현동 526－1	031)851－9013
춘천지청	춘천시 후평동 240－3(춘천지방합동청사 2층)	033)258－3560
강릉지청	강릉시 포남서2길 49(포남1동 1117－14)	033)646－2400
원주지청	원주시 단계로 283(단계동 783 정부합동청사)	033)748－2401
태백지청	태백시 황지동 25－14	033)552－8601
영월지청	강원도 영월군 · 읍 영흥5리 976－1	033)374－1722

기관명	소재지	전화번호
부산지방노동청	부산시 연제구 연제로 13(연산2동 1470-1)	051)851-7472
부산동래지청	부산시 동래구 충렬로 32(명륜동 529-5)	051)552-3727
부산북부지청	부산시 사상구 백양로 314(덕포2동 761-2)	051)304-3212
창원지청	창원시 용호동 7-5	055)275-7630
울산지청	울산시 남구 옥동 126-1	052)228-1812
양산지청	양산시 동면 석산리 1440-2번지	055)388-4256
진주지청	진주시 금산면 중천리 299-1번지	055)752-5701
통영지청	통영시 무전동 356-130	055)644-1919
대구지방노동청	대구시 동구 동부로 220(신천3동 77)	053)753-9162
대구북부지청	대구시 북구 구암로 83(관음동 1372-1)	053)321-6701
포항지청	포항시 남구 대잠동 940	054)284-7991
구미지청	구미시 송정동 51	054)456-4671
영주지청	영주시 휴천3동 36	054)633-4854
안동지청	안동시 태화동 715-3	054)853-0751
경인지방노동청	인천시 남동구 노동청길 91(구월3동 1113)	032)421-4712
인천북부지청	인천시 계양구 등기소길 8(계산3동 1077-1)	032)556-0921
수원지청	수원시 장안구 서부우회로 337(천천동 575-5)	031)259-0211
부천지청	부천시 원미구 석천로 225(중4동 1032-2)	032)323-9816
안양지청	안양시 만안구 샘물길 31(안양7동 204-6)	031)463-1050
안산지청	안산시 단원구 원고잔1길 16(고잔동 526-1)	031)412-1904
성남지청	성남시 수정구 공원로 77(신흥3동 2550)	031)748-0002
평택지청	평택시 서정동 814 CK빌딩 3~5층	031)646-1135
광주지방노동청	광주시 동구 서석로 3(광산동 1-4)	062)2207-100
전주지청	전주시 덕진구 신덕1길 708(인후동1가 807-8)	063)240-3310
익산지청	익산시 어양동 626-1	063)839-0001
군산지청	군산시 조촌동 852-1	063)450-0510
목포지청	목포시 상동 976	061)283-7811
여수지청	여수시 문수동 111-1	061)6500-111
제주지청	제주시 연신로 14(이도2동 417-3)	064)753-2450
대전지방노동청	대전시 서구 시청북2길 12(둔산동 1303)	042)480-6220
청주지청	청주시 흥덕구 제1순환로 104(분평동 1427 합동청사 3층)	043)299-1114
천안지청	천안시 두정동 원두정1길 792	041)560-2811
충주지청	충주시 봉방동 21-38	043)845-7760
보령지청	보령시 옥마로 28(명천동 58-6)	041)931-6640

기관명	소재지	전화번호
중앙노동위원회	서울시 마포구 표석길 14(산업인력공단 7층)	3273-0226
서울지방노동위원회	서울시 강남구 언주로 218(논현동 71 구, 관세청별관 4층)	541-1192
부산지방노동위원회	부산시 동구 광장5길 120(초량동 1154-6 명진빌딩 5층)	051)462-9504
경기지방노동위원회	수원시 장안구 서부우회로 337(천천동 575-5)	031)271-3816
인천지방노동위원회	인천시 남동구 시청앞길 8(구월동 1135-10)	032)442-6723
강원지방노동위원회	춘천시 후평공단3길 60번지(후평1동 240-3 합동청사)	033)258-3508
충북지방노동위원회	청주시 홍덕구 분평동 1427 합동청사 5층	043)285-0052
충남지방노동위원회	대전시 서구 시청북2길 12(둔산동 1303)	042)483-3182
전북지방노동위원회	전주시 덕진구 신덕1길 78(노동부 종합청사 3층)	063)246-1502
전남지방노동위원회	광주시 서구 천변좌로 1253(양동 60-37 금호생명빌딩 28층)	062)350-1702
경북지방노동위원회	대구시 동구 동대구로 194(신천3동 107 대구상공회의소빌딩 8층)	053)752-9791
경남지방노동위원회	창원시 북16로 43(상남동 73-6 농협중앙회 4층)	055)266-1744
제주지방노동위원회	제주시 연삼로 495(이도2동 390 중소기업센타 4층)	064)702-4043
고용보험심사위원회	과천시 관문로 88(중앙동 1 정부과천청사 4동 108호)	502-6831
최저임금위원회	서울시 강남구 언주로 218(논현동 71 구, 관세청별관 4층)	541-1493
산재심사위원회	서울시 강남구 언주로 218(논현동 71 구, 관세청별관 3층)	540-5142
근로복지공단	서울시 영등포구 명화1길 6(영등포동 2가 94-267)	2670-0300
산업인력공단	서울시 마포구 마포로 156-1(공덕동 370-4)	3271-9114
산업안전공단	인천시 부평구 기능대학길 25(구산동 34-4)	032)5100-500
장애인고용촉진공단	성남시 분당구 구미로 165(구미동 297-1)	031)728-7001
노동교육원	경기도 광주군 오포면 문형리 28-1	031)760-7716
산재의료관리원	서울시 영등포구 명화1길 6(영등포동 2가 94-267)	2165-7000
기능대학	서울시 마포구 마포로 156-1(공덕동 370-4)	2125-6500
기술교육대학교	천안시 병천면 가전리 307	041)560-2552
노동연구원	서울시 영등포구 여의도동 16-2 중소기업회관 9층	782-0141
직업능력개발원	서울시 강남구 청담10로 15(청담2동 15-1)	3485-5020
노사정위원회	서울시 영등포구 여의도동 23-8 동양증권빌딩 20층	3215-3800

2. 산업재해 관련기관

지도원명		소재지	전화번호
서울지역 본부 (02)	서울지역본부	서울특별시 동작구 대방동 49-6 유한양행빌딩 14, 15층	828-1600
	서울동부지방노동사무소	서울특별시 송파구 잠실동 181-2	418-2812
	서울남부지방노동사무소	서울특별시 영등포구 당산동 121-103	2675-9101

지도원명		소재지	전화번호
서울지역 본부 (02)	서울관악지방노동사무소	서울특별시 구로구 구로3동 222-30	328-5021
	서울강남지방노동사무소	서울특별시 서초구 방배3동 1022-10	598-1671
서울북부 지도원 (02)	서울북부지도원	서울특별시 중구 봉래동1가 10 우리빌딩 7층	3783-8340
	서울지방노동청	서울특별시 중구 홍인동 13-1한성프라자 3층	2250-5772
	서울북부지방노동사무소	서울특별시 도봉구 창4동 12-3	963-0145
	서울서부지방노동사무소	서울특별시 마포구 염리동 156-1	701-1320
의정부 지도원 보건지원 (031)	의정부지도원보건지원	의정부시 용현동 526-1	851-8851
인천 지도원 보건지원 (032)	인천지도원보건지원	인천광역시 서구 가정동 491	570-250
	경인지방노동청	인천광역시 남동구 구월동 1113	421-4721
	인천북부지방노동사무소	인천광역시 계양구 계산3동 1077-1	556-0933
	부천지방노동사무소	부천시 원미구 중동 1032-2	323-9823
수원 지도원 보건지원 (031)	수원지도원보건지원	수원시 팔달구 이의동산 111-8 중소기업센타	259-7141
	수원지방노동사무소	수원시 장안구 율전동 528-5	259-0256
	성남지방노동사무소	성남시 수정구 신흥3동 2550	749-0270
안산 지도원 보건지원 (031)	안산지도원보건지원	안산시 고잔동 519 기업은행빌딩 2, 3층	414-0049
	안양지방노동사무소	안양시 만안구 안양7동 204-6	445-4949
	안산지방노동사무소	안산시 단원구 고잔동 526-1	412-1970
부산 지역 본부 (051)	부산지역본부보건지원	부산광역시 해운대구 반여1동 1486-49	5200-551
	부산지방노동청	부산광역시 연제구 연산2동 1470-1	851-7420
	부산동래지방노동사무소	부산광역시 동래구 명륜동 529-5	552-3025
	부산북부지방노동사무소	부산광역시 사상구 덕포동 761-2	305-4949
춘천 지도원 (033)	춘천지도원보건지원	춘천시 온의동 513 교원공제회관 2층	243-8314
	춘천지방노동사무소	춘천시 효자3동 757	241-1916
	태백지방노동사무소	태백시 황지1동 25-14	552-8603
	영월지방노동사무소	영월군읍 영흥5리 976-1	374-1724
	강릉지방노동사무소	강릉시 포남동 1117-14	641-4949
	원주지방노동사무소	원주시 단계동 783	744-3370
대구 지도원 보건지원 (053)	대구지도원보건지원	대구광역시 북구 노원3가 1205-1 범삼공빌딩	6090-546
	대구지방노동청	대구광역시 북구 관음동 1372-1	321-6712
	대구남부지방노동사무소	대구광역시 동구 신천3동 78-2	753-4909

지도원명		소재지	전화번호
구미 지도원 보건지원 (054)	구미지도원보건지원	구미시 송정동 34-2 삼원빌딩	453-0102
	영주지방노동사무소	영주시 휴천3동 36번지	632-4545
	구미지방노동사무소	구미시 송정동 51번지	456-4676
	안동지방노동사무소	안동시 동문동 130	852-0009
대전 지도원 보건지원 (042)	대전지도원보건지원	대전광역시 대덕구 오정동 449-7	625-3216
	대전지방노동청	대전광역시 서구 둔산동 1303번지	480-6301
	보령지방노동사무소	보령시 명천동 58-6	930-6141
천안 지도원 보건지원 (041)	천안지도원보건지원	천안시 성정동 721-8 LG하이플라자빌딩	579-890
	천안지방노동사무소	천안시 두정동 택지개발지구 67블럭 2롯트	560-2861
청주 지도원 보건지원 (043)	청주지도원보건지원	청주시 흥덕구 가경동 1171 한국통신빌딩	2307-1411
	청주지방노동사무소	청주시 흥덕구 분평동 1427	299-1314
	충주지방노동사무소	충주시 봉방동 21-38	845-7766
전주 지도원 보건지원 (063)	전주지도원보건지원	전주시 덕진구 인후동1가 807-8	240-8555
	전주지방노동사무소	전주시 덕진구 인후동1가 807-8	245-2088
	군산지방노동사무소	군산시 조촌동 852-1	452-4900
	익산지방노동사무소	익산시 마동 181-7	842-4906
여수 지도원 보건지원 (061)	여수지도원보건지원	여수시 선원동 1285	689-4931
	여수지방노동사무소	여수시 문수동 111-1	651-6885
창원 지도원 보건지원 (055)	창원지도원보건지원	창원시 용호동 7-3	269-0540
	창원지방노동사무소	창원시 용호동 7-5	289-6609
	진주지방노동사무소	진주시 상대동 285-1	752-1752
	통영지방노동사무소	통영시 무전동 356-130	643-2467
울산 지도원 보건지원 (052)	울산지도원보건지원	울산광역시 남구 달동 615-8 국민은행빌딩	260-6992
	울산지방노동사무소	울산광역시 남구 옥동 126-1	228-1882
양산 사무소 산업안전 (055)	양산사무소산업안전	경상남도 양산시 북부동 483-14	372-6914
	양산지방노동사무소	양산시 북부동 695-6	387-0805
포항 지도원 보건지원 (054)	포항지도원 보건지원	포항시 북구 죽도2동 703-30 황제빌딩	277-0733
	포항지방노동사무소	포항시 남구 대잠동 940	275-6875

지도원명		소재지	전화번호
광주지역 보건지원 (062)	광주지역본부보건지원	광주광역시 광산구 우산동 1589−1 무역회관빌딩	943−8275
	광주지방노동청	광주광역시 동구 광산동 1−4	227−3814
	목포지방노동사무소	목포시 삼동 976	283−7814
제주 사무소 보건지원 (064)	제주사무소보건지원	제주시 노형동 997−1	747−5431
	제주지방노동사무소	제주도 제주시 이도2동 417−3	755−0453

참고문헌

제1장 직업정보의 이해

- 김병숙(1995). 고용촉진을 위한 직업정보 활용방안, 한국기술교육대학교
- 김병숙 · 김판욱 · 강순희 · 김중한(1999). 직업정보론, 서울 : 박문각
- 삼성경제연구소(1999). 지식경영과 한국의 미래
- 안문석(1995). 정보체계론, 서울: 학현사
- 중앙고용정보원(2003). 한국고용직업분류
- 중앙고용정보원(2003). 한국직업사전
- 최성모 편(1998). 정보사회와 정보화 정책, 나남출판
- 통계청. www.nso.go.kr
- 한국고용정보원(2005). 사용자매뉴얼(취업알선)
- 한국고용정보원. www.work.go.kr
- 한상근(2005). 직업연구의 현황과 과제, 진로교육연구, 제18권 1호, 한국진로교육학회, pp. 168－186
- LG커뮤니카토피아 연구소 편(1999). 정보혁명, 생활혁명, 의식혁명, 서울 : 백산서당
- Davis, G. B & Olson. M. H.(1985), *Management information system* : *Conceptual foundations, structure and development*, NY : McGraw-Hill
- 국립직업정보조정위원회(NOICC), http://www.noicc.gov/files/nwhatwed.html
- 일본노동성. http://www.mol.go.jp/english/outline/02-5.html

제2장 직업정보 관리

- 김병숙(1995). 고용촉진을 위한 직업정보 활용방안, 한국기술교육대학교
- 김병숙 · 김판욱 · 강순희 · 김중한(1999). 직업정보론, 서울 : 박문각
- 장지홍(2004). 표준직업정보의 가독성 분석연구, 경기대학교 행정대학원 직업학과 석사학위 논문
- 중앙고용정보관리소(1999, 2001, 2003, 2005). 한국직업전망서
- Brown. D. (2007), *Career information, career counseling, and career development*, 9th ed. Pearson
- Davis, G. B and Olson. M. H.(1985), *Management information system* : *Conceptual foundations, structure*,

and development, NY : McGraw-Hill
- U. S. Department of Labor, Employment and Training Administration(1993), *Dictionary of Occupational Titles*
- www.krivet.re.kr
- youthpanel.work.go.kr
- www.kli.re.kr
- hccp.nhrd.net
- www.youthnet.re.kr

제3장 직무분석과 직업정보

- 김병숙 · 김판욱 · 강순희 · 김중한(1999). 직업정보론, 서울 : 박문각
- 김병숙(2007). 직업심리학, 서울 : 시그마프레스
- 김판욱(1989). 능력중심 교육과정으로서의 공업고등학교 교육과정, 충남대학교 공업교육연구소 논문집, 12(1), pp. 1~9
- 김판욱(1990). 직무분석을 통한 공업고등학교 교육과정 개선방안, 대한공업교육학회지, 17(1), 서울 : 동학회
- 김판욱(1992). 직무분석에 의한 공업고등학교 교육과정 개발과 교과서 개선방안, 대한공업교육학회지, 17(1), 서울 : 동학회
- 중앙고용정보관리소(1999). 미국직업전망서
- 중앙고용정보원(2003). 한국직업사전
- 한국고용정보원(2007). 한국직업전망서
- 한국교육개발원(1994). 공고 3+1 체제 교육과정 모형개발을 위한 직무분석 지침서, 서울 : 동원
- 한국직업능력개발원(1999−2004). 직업교육훈련과정 개발을 위한 직무분석 지침서
- Employment and Immigration Canada(1971), *Canadian Classification and Dictionary of Occupations*
- JIST(1998), *The O*NET Dictionary of Occupational Titles*, Indianapolis : JIST Works, Inc.
- U. S. Department of Labor(1991), *Dictionary of Occupational Titles*, Indianapolis : JIST Works, Inc.
- U. S. Department of Labor(1998), *Occupational Outlook Handbook*, Indianapolis : JIST Works, Inc.

제4장 노동시장 분석기법

- 교육인적자원부, 교육통계연보, 각 연도
- 김병숙 편저(1999). 노동시장론, 박문각
- 김병숙 · 김판욱 · 강순희 · 김중한(1999). 직업정보론, 서울 : 박문각
- 김승택 외, 노동시장 조기경보 시스템 지표개발연구, 한국노동연구원
- 나영선 외(2003). 장기실업자의 재취업촉진을 위한 직업능력개발방안, 한국직업능력개발원

• 나영선(2005). 취약계층, 한국의 인적자원, 도전과 새패러다임, 법문사
• 노동부 고용정책본부(2006. 1). 고용정책현황 및 과제
• 노동부(2003). 장애인 고용현황 및 고용촉진대회
• 노동부(2006a). 2006 노동백서
• 노동부(2006b). 2006 고용보험백서
• 박덕제 · 조우현 · 이원덕(1989). 노동경제학, 비봉출판사
• 박일규(1993). 노동경제학, 박영사
• 배무기(1998). 노동경제학, 경문사
• 배무기 · 조우현 편저(1998). 한국의 노동경제2쟁점과 전망, 경문사
• 사람입국일자위위원회(2006. 4). 비정규직 실태 및 정책과제
• 통계청(2005. 8). 경제활동인구 부가조사
• 통계청, 경제활동인구연보, 각 연도
• 한국노동교육원(1995). 노동경제학
• 한국노동연구원(2005). 향후 10년 노동환경변화와 대응방향
• 한국은행, 국민계정, 각 연도
• OECD(2003). *Employment Outlook*
• www.nso.go.kr(KOSIS)

제5장 고용보험과 직업안정

• 김병숙 · 김판욱 · 강순희 · 김중한(1999). 직업정보론, 서울 : 박문각
• 노동부 고용정책본부(2006. 1). 고용정책현황 및 과제
• 노동부(2003). 장애인 고용현황 및 고용촉진대회
• 노동부(2006a). 2006 노동백서
• 노동부(2006b). 2006 고용보험백서
• 강현국 역(1997). TCP/IP 인터넷 네트워킹, 원저자 : Douglas E. Comer, 그린
• 고영국(1998). 인터넷과 전자상거래, 글로벌출판사
• 김근재 역(1997). (웹 관리자를 위한) 인터넷 전문가 솔루션, 원저자 : Mike Morgan, Jeff Wandling, 인포북
• 김성희 · 박홍국 · 전기성(1994). 경영자를 위한 정보기술과 의사결정, 영지문화사
• 김실현(1997). 인터넷 접속환경 설정, 아이콘
• 김판국(1999). 인터넷 상거래, 홍진출판사
• 남경두(1999). 인터넷 이해와 활용, 법문사
• 윤은기(1992). 경쟁전략과 SIS, 유나이티드 컨설팅그룹
• 이두희 · 한영주(1997). 인터넷 마켓팅:글로벌 정보화 시대의 새로운 경쟁법, 영진출판사
• 이진주 · 박성주 · 이재규 · 김은홍 · 정운상(1992). 사용자 중심의 경영정보시스템, 다산출판사

- 임춘성 · 김범조 공역(1998). 전자상거래, 원저자 : Ravi Kalakota, Andrew Whinston, 북플러스
- 주석진 · 성태경 · 김중한 · 김재경(1998). 정보화 사회와 MIS, 무역경영사
- Cash, J. I., F. W. McFarlan, J. L. KcKinney and L. M. Applegate(1993), *Corporate information Systems* : Text and Cases, IRWIN, Homewood, IL.
- Davis, G. B. and M. H. Olson(1985), *Management Information Systems : Conceptual Foundations, Structure and Development*(2nd Ed. McGraw-Hill, NY)
- Dickson, G. W. and J. C. Wetherbe(1985), *The Management of Information Systems*, McGraw-Hill
- Lee W. McKnight and Joseph P. Bailey(Eds.)(1997), *Internet Economics*, MIT Press
- Miller, G. A., The Magical Number Seven, Plus or Minus Two : Some Limits on Our Capability for Processing Information, *The Psychological Review*, 63:2, March 1956, pp. 81~97
- Simon, H. A.(1960), *The New Science of Management Decision*, Harper & Row, NY

제6장 직업훈련과 자격제도

- 강경종 · 이수경(2005). 학습사회와 e-Learning, 한국의 인적자원 고전과 새패러다임, 한국직업능력개발원, 법문사
- 김병숙(1990). 기업의 OJT 실시여건 조사, 직업훈련연구소
- 김병숙(1998). 대량실업하의 직업훈련의 실태와 과제, 한국직업능력개발원
- 김병숙 · 김판욱 · 강순희 · 김중한(1999). 직업정보론, 서울 : 박문각
- 김병숙(2007). 직업심리학, 서울 : 시그마프레스
- 김현수(1999). 인적 자원 개발 담당자의 직무능력과 역할수행에 관한 연구, 서울대학교 대학원, 박사학위 논문
- 김형만(2005). 인적자원정책의 전개, 한국의 인적자원 도전과 새패러다임, 한국직업능력개발원, pp. 63~93, 서울 : 법문사
- 노동부. 직업훈련사업현황, 1987, 1995
- 노동부. 노동백서, 1999, 2006
- 노동부(2006). 직업능력개발사업
- 노동부(2006). 직업능력개발사업 현황 및 정책과제
- 노동부(2006). 2007년도 우선선정직종 고시
- 노동부(2007). 평생직업능력개발 기본계획(2007~2011)
- 신명훈 외(1998). 자격제도의 종합적 실태분석과 개선방안 연구, 한국직업능력개발원
- 손태근(1990). 인간자원 개발과 교육훈련, 집문당
- 서울YMCA 고용지원센터(1998. 12). 공공직업안정기관에 대한 이용자 만족도 및 직업상담원 의견조사
- 이동임(2004). 자격제도의 현황과 과제, working paper 2004－10, 한국직업능력개발원
- 한국산업인력공단(1999). 국가기술자격검정 통계연보

- Nadler, L.(1984). *The handbook of human resource development*, N. Y : John Wiley & Sons
- Gilley, J. W. & Eggland, S. A.(1989), *Principles of human resource development*, Addison-Wesley
- www.hrdkorea.or.kr
- www.krivet.re.kr

제7장 근로조건과 작업환경

- 김병숙 편(1999). 노동시장론, 박문각
- 김병숙(1990). 기업의 OJT 실시여건 조사, 직업훈련연구소
- 김병숙(1993). 산업재해와 안전, 신경영추진자 과정, 삼성중공업
- 김병숙(2007). 직업심리학, 시그마프레스
- 김병숙 · 김판욱 · 강순희 · 김중한(1999). 직업정보론, 서울 : 박문각
- 김용열(1999). 한국기업의 분사화전략, 산업연구원
- 노동부. 임금구조기본통계조사보고서, 각 연도
- 노동부(1999). 산업체노동실태 조사보고서
- 노동부(1999). 직업능력개발훈련 사업현황
- 노동부(1999, 2006). 노동백서
- 노동부(2006). 직업능력개발사업
- 노동부(2006). 직업능력개발사업 현황 및 정책과제
- 노동부. laborstat.molab.go.kr
- 이필상 외(2005). 경영분석, 박영사
- 중앙고용정보관리소(2003). 한국직업사전
- 통계청. www.nso.go.kr(KOSIS)
- 한국경영자총협회(1999). 1998 노동경영연감
- 한국노동연구원(1998). 경영상 해고의 제한
- 한국노동연구원(2005). 사업체근로실태조사 분석

제8장 우리나라 표준직업정보

- 김병숙(1998). 대량실업하의 직업훈련 실태와 과제, 한국직업능력개발원
- 김병숙 · 김판욱 · 강순희 · 김중한(1999). 직업정보론, 서울 : 박문각
- 이지연(2001). 주요국의 직업전망서 비교분석연구, 한국직업능력개발원
- 중앙고용정보관리소(1999). 한국직업전망서
- 중앙고용정보관리소(1999). 효율적 취업알선을 위한 직종코드 설명집
- 중앙고용정보원(2003). 한국고용직업분류
- 중앙고용정보원(2003). 한국직업사전

- 통계청. www.nso.go.kr
- 통계청(2000). 한국표준직업분류
- 통계청(2000). 한국표준산업분류
- 한국고용정보원(2005). 사용자매뉴얼(취업알선)
- 한국고용정보원. www.work.go.kr
- alba.work.go.kr
- Canada The Minister of Employment and Immigration(1971), *Canadian Classification & Dictionary of Occupation*, Vol. 1, Vol. 2
- youth.work.net
- JIST(1997), The enhanced occupational outlook handbook
- know.work.go.kr
- senior.work.go.kr
- U. S. Department of Labor Employment and Training Administration(1991), *Dictionary of Occupational Titles*, 4th ed, Vol. I, Vol. II
- www.q-net.or.kr
- www.hrdkorea.go.kr
- www.日本勞動研究機構(1997), 職業ハンドズック
- 日本勞動研究機構(1997), 職業ハンドズック

찾아보기 | 인명 |

찾아보기 |주제|

|ㄱ|

| ㄴ |

| ㄷ |

| ㄹ |

| ㅁ |

| ㅂ |

| ㅅ |

| ㅇ |

| ㅈ |

| ㅊ |

| ㅋ |

|기타|

저자소개

김병숙(金炳淑)

고려대학교 문과대학 심리학과(문학사)
고려대학교 교육대학원 상담심리학과(교육학석사, 상담심리전공)
건국대학교 대학원 교육학과(교육학박사, 직업심리학전공)
현) 경기대학교 대학원 직업학과 주임교수(www.timeschange.co.kr)
(사)한국직업상담협회 이사장(www.kvoca.org)
한국진로교육학회 회장(www.careeredu.net)
교육인적자원부 교과과정 심의위원
여성가족부 women-net.net 전문가상담/직업상담
여성가족부 성매매방지위원
대한 YMCA 실행위원
경기도 여성정책포럼 대표
노동부 국가기술자격정책심의위원
김병숙 잡엔멘탈클리닉(Job & Mental Clinic) 원장(www.jobclinic.net)

〈주요 저술〉
비행청소년의 이해와 지도(이정근과 공편, 1987). 서울 : 정민사
진로상담기술과 기법(김충기와 공역, 1995). 서울 : 현민시스템
EBS방송교재 직업상담사(김완석 등과 공저, 1998). 서울 : 박문각
한국인의 직업의식 조사(강일규 등과 공저, 1998). 서울 : 한국직업능력개발원
직업상담자가 되는 길(1999). 서울 : 한얼
직업상담심리학(1999). 서울 : 박문각
직업심리학(김완석 등과 공저, 1999). 서울 : 박문각
직업정보론(김판욱 등과 공저, 1999). 서울 : 박문각
노동시장론(편저, 1999). 서울 : 박문각
현대진로상담(이현림 등과 공저, 2003). 서울 : 학지사
여성인력개발센터 프로그램 실무자 직무매뉴얼(2003). 서울 : 여성인력개발센터 중앙협의회
여성인력개발센터 사업분석 및 발전방향(2003). 서울 : 대한YWCA연합회
생애주기별 노년준비프로그램 개발(양옥남 등과 공저, 2003). 서울 : 대한은퇴자협회
인간관계론(지용근 등과 공저, 2004). 서울 : 박영사
직업심리학 핸드북(2005). 서울 : 시그마프레스
직업상담심리학(2006). 서울 : 시그마프레스
한국직업발달사(2007). 서울 : 시그마프레스
직업심리학(2007). 서울 : 시그마프레스